한국현대문학비평사

한국현대문학비평사

초판 1쇄 발행 2024년 6월 7일

지은이 권영민

펴낸곳 서울대학교출판문화원
주소 08826 서울 관악구 관악로 1
도서주문 02-889-4424, 02-880-7995
홈페이지 www.snupress.com
페이스북 @snupress1947
인스타그램 @snupress
이메일 snubook@snu.ac.kr
출판등록 제15-3호

ISBN 978-89-521-3198-0 93810

이 연구는 한국연구재단의 '우수학자지원(인문사회)' 연구지원을
받아 수행되었음.

한국현대문학 비평사

韓國現代文學批評史

권영민 지음

서울대학교출판문화원

머리말

이 책은 한국 현대문학 비평의 역사적 전개 양상에 대한 통합적 이해와 그 사적(史的) 체계화를 목표로 삼고 있다. 한국 현대문학 연구 가운데 통사적 연구를 기본으로 하는 시, 소설, 희곡 등의 양식사 연구와 개별 작가 연구 등은 상당한 수준에 이른 것으로 평가된다. 그러나 비평사 연구는 그 연구 내용과 성과가 많지 않은 형편이다. 한국 현대문학의 비평적 인식과 그 방법의 정착 과정은 비평의 역사적 연구를 통해서만 전체적인 성격을 이해할 수 있다. 이 경우 문학비평은 문학을 하나의 문화적 산물 또는 문화적 담론의 형태로 인식하는 데 필요한 방법과 관점을 요구한다. 문학비평이란 본질적으로 문학이 그 자체를 정당화할 필요가 있을 때 긴요하게 요구되는 인식 행위다. 문학비평은 삶에 대한 다양한 관점을 함께 드러낼 수 있는 문학의 전체적인 모습에 균형을 잡아 주고 그 범위를 확정해 준다. 여기서 중요한 것이 바로 비평적 방법의 확립이다. 방법이란 하나의 목표에 이르는 과정이다. 문학비평의 방법에 대한 다양한 논의는 작품으로 떳떳이 돌아오고자 하는 목표에서 이루어지는 것이다. 그러므로 문학비평의 확립이란 그 방법론의 모색이 어느 정도 성공적이냐를 따지는 것으로 만족할 수 없으며, 그러한 방법론의 적용이 얼마나 작품의 의미에 활기를 불러일으키느냐에 더 큰 의미가 부여된다.

이 책에서는 다음과 같은 세 가지 영역에서 한국 현대문학 비평의 전체적인 흐름과 그 성격을 이해할 수 있는 새로운 관점과 방법을 제시하고자 한다. 첫째, 현대문학 비평의 역사적 연구를 통해 문학의 새로운 개념과 문학을 보는 기본적인 관점과 태도의 변화를 추적함으로써 한국문학의 정신사 또는 한국문학 사상사의 확립에 접근할 수 있다. 문학비평의 역사는 궁극적으로 문학의 정신사 혹은 사상사를 지향한다는 것이 필자의 생각이다. 둘째, 현대문학 비평의 역사적 연구를 통해 비평적 방법의 수용과 그 실천을 확인하고 방법론의 역사를 확립할 수 있다. 여기서 외래적 비평 방법의 수용 양상 연구에서는 자연스럽게 비교문학적 접근 방법을 활용할 수 있게 된다. 특히 한국적 특수성에 기반해 확립된 문학관과 외래적 비평 방법론의 통합 과정에서 한국문학의 특수성과 보편성의 문제가 확연하게 드러날 수 있다. 셋째, 현대문학 비평의 역사적 연구를 통해 궁극적으로는 한국문학 연구의 역사 또는 한국문학 연구사를 확립할 수 있다. 문학에 대한 다양한 접근 방법과 그 연구의 성과가 어떻게 축적되고 있는지 밝히기 위해서는 비평사를 통하지 않을 수 없다. 문학비평사는 곧 문학연구사와 직결된다.

이 책에서 필자는 한국 현대문학의 비평적 성과를 실증적으로 확인하고 이를 통합적으로 해석하고자 힘썼다. 이러한 접근은 현대문학이 지향하는 한국인의 정신사 또는 사상사의 맥락과도 궤를 같이하는 중요한 요소라고 생각한다. 이 책에서 제시하고자 하는 현대문학 비평사의 구도는 개화계몽시대 문학비평 → 식민지시대 문학비평 → 분단시대 문학비평이라는 세 단계로 구분된다.

개화계몽시대 문학은 주체적인 근대 지향 의식의 문학적 형상화 과정을 논리적으로 규정하면서 그 개념과 방법을 확립하고자 했다는 점에서 현대문학 비평의 성립이라는 비평사적 의미를 인정받을 수 있다. 이 시기에 등장한 신문과 잡지 등을 통해 문학의 대중적 기반이 확대되자, 새로운 문학 양식이 시대적 요구에 부합하는 주제를 담고 국문 문학의 형태로 성립된다. 신소설이 대중적인 문학 양식으로 자리 잡고, 새로운 시 형식이 실험되기 시작한다. 그리고 근대적인 연극 공연이 처음으로 무대 위에서 이루어지기도 한다. 현대문학 비평은 국어 국문에 관한 다양한 논의를 문학의 영역으로 끌어들임으로써 출발한다. 더구나 문명개화의 중요성이 강조되면서 사상적 전환과 관련해 유교와 불교에 대한 개혁론이 함께 등장한 것도 주목을 요한다. 일제강점기 문학은 식민지 현실의 인식과 그 정신적 극복 의지의 논리적 구성이라는 점에서 반식민주의적 담론의 성격을 지니고 있으며, 이 시기에 이르러 문학의 다양한 방법과 정신을 문학 자체 내에서 확립하고 그 성격을 이론화하면서 비평의 방법적 탐구가 가능해진다. 특히 일본을 통해 받아들인 서구 문학의 다양한 사조 경향과 기법을 기반으로 한국문학 자체의 예술성을 확립하고 독자성을 구현할 수 있게 된다. 상징주의, 사실주의, 자연주의, 모더니즘 등에 대한 논의를 통해 서구 문예사조의 수용과 그 실천 과정을 보여 주었으며, 비평 방법으로서의 마르크스주의 미학, 심리학적 방법, 형식주의의 관점, 문헌학적 방법 등에 대한 논의를 통해 방법론의 확대가 가능했다. 한국의 해방은 민족문학의 방향과 지표를 재정립하고자 하는 새로운 전기가 된다. 일제강점기의 모든 반민족적 문화 잔재를 청산하고 새로운 민족국가의 수립과 함께 참다운 민족문학을 건설해야 한다는 것은 당연한 시대적 요청이었다. 그러나 한국 민족은 국토의 분단에 이어 1950년 한국전쟁의 비극을 겪는다. 이 전쟁으로 한국 사회는 이념적 분열을 심각히 드러낸 채 분단 논리에 빠져들고, 민족 전체의 삶에 대한 총체적인 전망이 불가능한 상태가 된다. 1960년 4·19혁명은 민족 분단과 전쟁으로 인한 한국 민족의 피해의식과 정신적 위축을 현실적으로 극복할 수 있는 계기가 된다. 현대문학 비평은 이 시기부터 새로운 감수성의 변화를 겪으면서 개인적인 삶과 사회적 현실에 관한 관심을 참여론을 통해 폭넓게 제기한다. 한국문학의 성격을 민족문학이라는 개념 속에서 새롭게 논의하는 가운데 민중론이 대두되어 군사 독재에 저항하는 반체제 문화운동을 선도한다. 시의 경우 일상적 경험의 진실성을 중시하고, 소설은 분단의 현실과 상황 문제를 포괄하면서 창조적 확대를 가능하게 한다.

2014년부터 2022년까지 8년 동안 미국 캘리포니아주립 버클리 대학에서 한국문학을 강의하며 이 책의 원고를 마무리했다. 많은 자료를 수시로 열람할 수 있도록 도와준 버클리 대학 동아시아도서관 장재용 박사께 감사드린다. 지난 5년간 연구 작업을 도와준 서울대학교 현대문학 교실의 노태훈 박사, 가브리엘 실비안 박사, 안서현 박사, 이지훈 박사, 서여진 선생, 임희연 선생 등에게 고마움을 표한다. 어려운 경제 여건에서도 이 책을 출판해 준 서울대학교출판문화원에도 감사드린다.

2024년 3월

권영민

차례

| 제2부 |

| 제3부 |

| 제4부 |

| 제5부 |

| 제6부 |

일러두기

1. 참고한 문헌 가운데 주요 참고문헌은 책 뒤에 수록하였고, 우리말 번역서가 나와 있는 경우에는 괄호 안에 표시하였다.
2. 본문에 등장하는 인명이나 지명 등 고유명사의 표기는 국립국어원 외래어표기법에 준하였으며, 학계에서 관행적으로 굳어진 표현은 그에 따랐다.
3. 신문기사·논문·단편소설은 「 」로, 단행본·학술지·장편소설은 『 』로, 신문과 잡지는《 》로 표시하였다.
4. 인용문의 경우 띄어쓰기는 현대 맞춤법에 따랐다. 1945년 해방(광복)을 기준으로 그 이전에 발표 또는 출판된 경우는 원문 표기를 준수하였고, 그 이후의 문헌은 현대어역을 적용하였다. 다만, 현대어역으로 출판된 것을 재인용하는 경우에는 그 표기에 준하여 표시하였다.

서설: 비평사란 무엇인가?

1 비평과 비평사

비평의 개념

비평이란 무엇인가? 비평은 무엇을 할 수 있는가? 이러한 질문은 '비평'의 본질적 개념을 규정하기 위한 것이지만 비평이라는 용어 자체가 어떤 담론적 실천과 직결되어 있음을 전제한다. 비평은 문학에 대한 해석과 평가를 핵심으로 하며, 비평이라는 말에는 문학 텍스트에 대한 '판단'과 '식별'의 의미가 내포되어 있다. 그렇지만 문학을 문학의 자리에 온전히 남아 있도록 하기 위해서는 판단의 의미보다 식별의 의미에 더욱 주력하기도 한다. 최고의 비평은 문학의 내용이나 의미에 관한 판단에 따라 수립되는 것이 아니라, 문학의 전체적인 모습을 있는 그대로 드러내어 보여 주는 데에서 성립된다.

비평은 문학이라는 양식과 공존해 온 담론의 형식이다. 여기서 먼저 주목해야 할 것은 문학과 비평의 관계다. 문학은 개념 정의 자체가 불필요할 정도로 관습화된 의미를 지니고 있다. 문학은 언어를 통해 이루어지며, 작가가 독자에게 작품을 내놓는 일종의 소통 과정에 따라 성립된다. 물론 작품이라고 하는 언어 텍스트는 현실의 삶의 내용과 연관된다. 그리고 이것은 어떤 특별한 동기로 이루어진 의미 구조를 지닌다. 언어 텍스트로서 문학의 속성은 몇 가지 질문을 통해 그 본질을 이해할 수 있다. 첫째, 문학이 언어적 텍스트라면, 모든 언어적 텍스트 가운데 문학 텍스트의 속성을 어떻게 규정할 수 있는가? 둘째, 문학이 언어적 텍스트라면, 텍스트의 소통 과정에서 작가와 독자의 관계를 어떻게 이해할 것인가? 셋째, 텍스트와 현실의 관계를 어떻게 볼 수 있는가? 이러한 질문에 대한 정당한 해명을 요구할 때 비로소 문학에 대한 논의는 비평이라는 논리적 담론의 형태에 이르게 된다.

비평은 문학을 다른 어떤 사상으로 대치시켜 놓는 일이 아니라 문학이 문학으로서 존재하는 의미를 가능하게 하는 여러 가지 속성을 밝혀내는 작업이다. 비평은 언어로 이루어진 독특한 예술 형태인 문학 텍스트를 대상으로 한다는 점에서 역사나 철학, 과학과 기술 등 지적 활동과 구별된다. 문학 텍스트는 그 본질 자체가 이미 스스로 범주를 규정하는 독특한 속성을 지니고 있으므로, 문학에 대한 비평적 논의는 어느 시대에도 그것이 언어적 산물이자 상상적 산물이라는 사실에서 크게 벗어난 적이 없다. 그러나 문학의 존재 의미는 전체적인 사회·문화적 맥락 속에서 규정될 수밖에 없다. 문학은 넓은 의미에서 사회·문화적 산물이기 때문이다.

비평이 어떤 의미와 성격을 지니는 것인지에 대해서는 르네 웰렉의 『비평의 개념』을 통해 그 윤곽이 어느 정도 드러나 있는데, 그에 따르면 서구 문학에서 비평의 개념은 다음과 같다.[1] 첫째, 원전비평이라고 말할 수 있는 것으로 문학 텍스트 자체에 대한 모든 논의를 포함한다. 둘째, 작품에 대한 감식(鑑識) 또는 감정(鑑定)이라는 의미의 비평이다. 이는 예술작품에 정통한 사람으로서 비평가의 감식 행위를 말하기도 한다. 셋째, 문학비평이라는 말의 약어로서의 비평이다. 문학작품에 관해 쓴 모든 글이 여기 포함된다. 넷째, 비평이라는 일반적 개념으로서 작품의 잘잘못을 따지는 비판적 행위를 의미한다. 이와 같은 넓은 의미를 종합해 본다면 비평은 문학 텍스트를 대상으로 그 텍스트의 새로운 가능성을 끊임없이 독자들을 향해 열어 주는 지적 작업이다. 문학 텍스트의 성격을 밝혀내기 위해 주도면밀하게 텍스트를 읽어 낸다는 것은 그 텍스트에 담긴 내용과 의미를 최대한 온전하게 드러내기 위한 일이다.

비평이란 비평가가 추구하는 가치나 이념이나 방법이 중심이 되는 것은 아니다. 비평은 '상상적 문학' 텍스트를 분석하고 해석하는 작업에서 출발하며 그 의미와 가치가 문화권에 작동할 수 있도록 실천적으로 기능한다. 비평 행위는 문학의 창조적인 힘과 그 독창성에 대한 확신과 기대에서 출발한다. 문학 텍스트는 작가 자신이 도달할 수 있는 직접적인 자기 인식과 그 표

---

1 René Wellek, *Concepts of Criticism*(Yale University Press, 1963), pp. 21-36.

현의 형식이라는 가치를 가진다. 문학의 세계는 주관성의 전 영역이 객관적 현실을 향해 개방되어 있는 것이라고 할 수 있다. 비평의 영역 안에서 볼 때 문학 텍스트는 역설적이기도 하지만 모든 영감의 원천이면서 동시에 내면화된 타자성의 한 측면이기도 하다. 비평은 바로 이 특이한 타자성에 관심을 기울이고 거기에 해석을 가하거나, 타자성과 동일시되거나 그에 동화되는 과정을 보여 주게 된다. 비평이 의도하든 의도하지 않든 작품을 통해 작가를 지워 버리고자 하는 경향을 보이는 것은 이 때문이다.

비평의 영역은 문학에 관한 모든 담론을 포괄한다. 비평은 문학과 문화 사이를 중재함으로써 문학의 개념과 그 범위를 규정하는 방법과 관점에 따라 문학과 문화의 관계를 좁히기도 하고 넓히기도 한다. 문학 텍스트의 내재적 요건에 의해 문학적인 것, 이른바 문학성의 본질을 규명하고자 한다면, 비평은 당연히 문학과 문학 외적 요소로서의 사회 또는 문화를 분리할 것이다. 반대로 문학이라는 것을 사회·문화적 산물로 이해하고 그 전체적인 맥락 속에서 문학의 속성을 규정하고자 할 때 비평은 그만큼 문학의 영역을 폭넓게 이해하고자 하는 관점을 유지하게 될 것이다. 그러므로 비평은 개념·태도·관점·실천의 상반성을 드러내는 요건들에 의해 그 영역을 한정받게 된다. 예컨대 문학 텍스트가 사회적 문맥 속에서 존재하는 것인가, 독자적인 존재를 드러내는 것인가를 결정해야 한다. 비평 자체에서도 어떤 평가 기준을 제시해야 하는가, 기술적인 분석에만 치중할 것인가를 정해야 한다. 비평이란 판단과 상상력의 문제인가, 객관적인 과학의 세계인가를 결정할 필요도 있다.

비평의 방법과 기능

비평은 궁극적으로 삶에 대한 관점을 함께 드러낼 수 있는 문학의 전체적인 모습을 보여 주고 그 속성을 규정하는 것을 목표로 한다. 이 경우에 중요한 것은 비평의 방법 수립이다. 방법이란 하나의 목표에 이르는 과정이며 무질서하게 분산된 상태의 어떤 대상에서 개별적 인식을 가능케 해주는 방식이다. 비평의 방법이란 그러나 결정론적 사고방식을 가장 경계한다. 방법이란 방법 그 자체로서의 의미에 국한되는 것이지, 결코 그것이 목표가 되는 것은 아니다. 비평의 방법은 대상이 되는 작품이 없으면 성립되기 어려우며, 비평의 방법에 대한 다양한 논의는 결국 다시 작품으로 떳떳이 돌아오고자 하는 목표에서 이루어진다. 그러므로 비평은 방법론의 확립이 무엇보다도 중요하며, 그 방법론의 적용이 얼마나 작품의 의미에 활기를 불러일으켜 주느냐에 큰 의미를 부여하게 된다.

비평의 위상은 문학 텍스트와의 관계에서 그것이 차지하는 지위에 따라 결정된다. 비평은 문학 텍스트에 대해 군림할 수도 있고 지도적 역할을 하기도 한다. 한국문학에서 일찍이 비평의 본질과 기능을 문제 삼았던 김동인과 염상섭의 논쟁은 비평이 문학 텍스트에 대해 차지하는 역할과 지위에 대한 것이었다고 할 수 있다. 비평가의 관점에서 염상섭은 작가가 지녀야 할 자질 문제까지 거론하면서 비평적 역할을 중시한다. 하지만 문학 텍스트를 창조하는 작가로서 김동인은 창작자라는 지위를 지키면서 비평을 이차적 인식 행위로 격하한다. 그는 비평이란 문학 텍스트에 대한 독자의 이해를 돕기 위한 안내자 역할을 하는 것이라고 주장한다. 이 논쟁은 그 전후 맥락을 놓고 보면 비평의 개념과 기능에 관한 질문으로 요약된다. 비평가와 작가가 벌였던 이 논쟁에서 비평의 개념화가 가능했다. 여기서 만들어진 비평 개념은 작품에 대한 올바른 이해를 위한 안내로서 비평적 지각 과정을 인정했던 것이다. 물론 문학 텍스트와 비평이 어떻게 대등한 교환관계를 유지할 수 있는지 하는 문제는 여전히 쟁점으로 남는다. 계급문학운동을 주도했던 비평가 박영희는 마르크스주의 이데올로기의 구현을 문학의 목표로 내세운다. 이러한 비평적 재단은 독자가 아니라 창조적 주체인 작가를 향한 이념적 요구로 이어진다. 비평이 창작적 지침으로 작용해야 한다는 이 주장은 '투쟁기'의 비평이 지니는 지도적 역할이라는 이름으로 합리화된다. 박영희는 문학작품에 대해 가지고 있던 비평의 이차적 지위를 거부하고 오히려 비평이 문학 위에 군림하도록 요구한다. 계급문학운동에서 언제나 비평이 그 담론의 우위를 차지하게 된 것은 이러한 논쟁의 과정을 거치면서 가능해진 일이다. 이처럼 '비평'이라는 말이 중요한 문학의 개념으로 확립되는 과정을 보면 모든 비평적 담론에서 중심을 차지하는 것이 문학 자체임을 알 수 있다.

비평의 실천적 작업은 문학 텍스트에 대한 정확한 해석에서 시작된다. 텍스트의 해석은 원전 자체를 바르게 이해하기 위한 필수 작업이다. 텍스트의 구조를 밝히고 거기에 사용된 언어의 의미를 밝히는 일은 텍스트 해석의 기초가 된다. 작가의 생애와 그 시대적인 배경을 이해하는 일도 중요하다. 문학 텍스트에는 작가의 개인적인 체험과 현실에 대한 태도가 녹아 있기 때문이다. 비평은 문학 텍스트의 미적 가치를 평가하는 작업으로 종결된다. 비평에서 평가 작업은 작품의 전체적인 인상과 느낌을 통합해 새로운 미의 세계를 재창조하는 데까지 나아가야 한다. 그리고 텍스트에 담긴 작가의 인생관과 세계관까지 깊이 있게 음미하는 일이 필요하다. 이 경우에 모든 기준은 비평 방법의 과학성과 객관성에 뒷받침된다. 문학작품의 다양한 의미를 정확하게 해석하고 그 미적인 성과를 충분히 음미해야만, 작품의 문학적 가치에 대한 종합적 평가가 가능해진다. 그런데 한 가지 주목해야 할 것은 문학 텍스트의 범주가 사회적으로 크게 확대되고 있다는 점이다. 특히 비평의 관심도 문학 텍스트 자체만이 아니라 그 텍스트가 생산되고 수용되는 사회·역사적 조건에 이르기까지 확대하고 있다. 다시 말하면, 비평이 텍스트 중심으로부터 '텍스트성'으로 그 관심을 확대하고 있다고 할 것이다. 한정된 범주에 갇혀 있던 문학 텍스트의 개념이 확대되면서 나타난 가장 중요한 현상은 비평의 영역이 자연스럽게 문학의 다양한 인접 분야와 연관을 맺기 시작했다는 점이다. 비평이 그 영역을 확장하게 될 경우 먼저 문제 삼게 되는 것은 문학과 사회·문화적 요소의 상관관계다. 문화적 생산과 문화적 실천이라는 관점에서 볼 때, 비평은 예술적 창조 과정과 생산 형태만이 아니라 언어, 제도, 양식, 이념의 문제를 모두 포괄해야만 한다. 이러한 현상은 필연적으로 비평의 영역을, 문학을 포함한 문화 전반으로 확대할 필요가 있음을 말해 준다.

비평사의 성격

비평사는 비평에 관한 역사적 연구다. 비평사는 그 대상이 되는 비평적 담론과 문학적 현상에 대한 연관성을 연구하고 그 역사적 의미를 규정하는 데 목표를 둔다. 비평사는 문학사의 영역에서 이루어진 문학에 관한 모든 논의가 대상이 된다. 비평은 문학작품의 독자적인 가치와 그 존재 의미를 구현할 수 있는 문학성의 발견에 목표를 두지만, 비평사는 그 방법과 관점의 객관성을 인정받기 위해 문학이 기반을 두고 있는 역사적 현실과 시대 상황을 포괄할 수 있는 통합적 관점과 방법론이 필요하다. 특히 문학의 역사적 전개 양상은 이른바 시대정신의 향방과 밀접한 관계가 있으므로 그 시대의 문학을 총체적으로 이해하기 위해서는 시대적 상황 자체에 대한 이해가 전제됨은 물론이다. 비평사 연구는 한편으로는 역사적 사실로서의 문학작품에 대한 비평적 논의를 조사, 검토하고 거기서 확립된 개념들의 의미 변화를 확인하는 작업으로 이어 나가야 한다. 이를 위해서는 문학을 둘러싼 모든 사회·문화적 조건을 검토하고 이를 양식의 변화 양상과 결합해 나가야 한다. 한국 현대문학 비평사라는 커다란 영역을 놓고 볼 때 개화계몽시대의 문학적 담론은 주체적인 근대 지향 의식과 연결할 경우 그 비평사적 의미를 인정받을 수 있다. 식민지시대 비평은 문학을 통해 식민지 현실의 인식과 그 정신적 극복의 의미를 논리적으로 구현하는 경우 그 의의가 인정된다. 그리고 분단시대 비평은 분단의 극복과 민족 전체의 삶에 대한 총체적인 인식을 문제 삼는 경우 그 정신사적 의미를 평가할 수 있을 것이다.

비평사 연구에서 문학의 양식 개념은 기본적인 출발점이면서 동시에 그 기술의 핵심 대상이 된다. 비평의 역사적 전개 과정을 이해하는 데 문학의 양식 개념이 없다면 한 시대의 문학이 다른 시대의 문학과 서로 연결될 수 있는 보편적 성격과 공통된 경향을 쉽게 찾아낼 수 없게 된다. 문학의 흐름 속에 등장하는 수많은 문학작품과 작가들의 활동을 놓고 그들이 보여 주는 어떤 경향이나 방법을 확인할 수 있는 경향은 양식 개념에 기초한다. 문학의 양식은 구체적이며 개별적인 텍스트를 어떤 하나의 개념 속으로 끌어들여 논의할 수 있는 유일한 역사적 실체이기 때문이다. 그러므로 비평사 연구는 다양한 문학 양식에 대한 비평적 담론 가운데 그 핵심 개념을 역사적으로 통합해 나가는 종합에 대한 감각이 필요하다. 비평사 연구는 문학 양식에 대한 본질적 이해와 함께 각각의 텍스트에 대한 비평적 해석을 동시에 포괄해야 한다.

비평사 연구의 방법은 문학의 현상을 논리적으로 설명하기 위한 하나의 체계를 확립하는 데 의미가 있다. 그러나 비평사적 체계의 논리적 완결성에 집착한 나머지 문학 자체의 다양성을 단순화해서는 안 된다. 문학의 전체적인 흐름에서 어떤 질서를 발견하고자 하는 것은 비평사 연구자의 욕망이다. 문학비평을 역사적으로 연구한다는 것은 문학의 다양한 현상을 놓고 거기서 어떤 질서와 의미를 발견하고자 하는 탐색의 과정이라고 할 수 있다. 그러므로 비평사 연구는 문학비평의 역사적 연구라고 하는 방법론적 차원에서 논의될 성질의 것만은 아니다. 비평사는 창조적인 예술인 문학을 비평이라는 논리적 범주 속에서 해석하고 평가하는 것을 목표로 한다. 물론 여기서 해석과 평가라는 것 자체가 가지는 실천적 의미를 무시할 수는 없다. 비평사 연구는 모든 문학적 현상을 대상으로 그 핵심적 개념과 담론의 다양한 의미를 역사적으로 해석해 내고자 하는 논리적 실천이다.

2 비평사의 논리와 형태

비평사는 개념사로부터 출발한다

비평사 연구는 개념사 연구에서부터 출발한다. 비평사가 비평의 개념과 그 방법에 대한 모든 논의를 포괄하므로 문학의 영역과 그 다양한 방법 등을 역사적으로 규명하기 위해서는 문학과 비평에 관한 다양한 개념의 역사를 주목해야 한다. 비평사에서 문학에 대한 모든 관점과 견해를 다루기 위해서는 작품을 통해 드러나는 특징적인 미학적 요건이나 문학적 기법 등을 논의의 대상으로 삼게 된다. 여기에는 작품에 대한 독자층의 수용 방식이나 선호도 등도 포함된다. 그리고 중요한 것은 각각의 시대에 따라 등장하는 비평적 개념과 그 논의가 비평사의 기술에서 중심에 자리한다는 점이다. 결국 비평사 연구는 비평적 개념의 역사를 통해 체계화가 가능해진다.

독일의 역사학자인 라인하르트 코젤렉(Reinhart Koselleck)은 역사학에서 개념사 연구의 방법론을 체계화했다.[2] 개념사는 언어와 정치·사회적 실재 사이의 관계를 주목하고 언어와 실재의 상호 영향 관계를 전제로 하여 두 영역이 어떻게 서로 얽혀 있는지를 탐구하는 역사의미론의 한 분야다. 개념사(Begriffsgeschichten, Conceptual History)라는 용어는 18세기 이후 등장했지만 엄밀히 말하자면 프리드리히 헤겔에서 유래한 것으로, 개념사 연구는 인문학과 모든 사회과학을 위한 기본적인 접근 방법으로 널리 적용되고 있다. 개념

---

2 Reinhart Koselleck, "Social History and Conceptual History," *The Practice of Conceptual History*, translated by Todd Samuel Presner et al. (Stanford University Press, 2002), pp. 20-37. 개념사의 본질과 방법에 관한 본격적 논의는 나인호, 『개념사란 무엇인가』(역사비평사, 2011) 참조.

사 연구에서 특히 강조되는 것은 인간이 자신들이 경험해 온 삶의 현실을 어떻게 인식하고 해석하며 그것을 어떻게 표현하고 있는가 하는 점이다. 이를 위해서는 인간의 주관적 인식과 내적 경험이 시간의 흐름에 따라 어떻게 변화해 왔는가를 살펴야만 한다. 개념사는 언어와 텍스트에 의해 역사적 실재가 어떻게 구성되고 있는가를 연구하지만 그 핵심은 개념 속에 담겨진 의미의 성층을 새롭게 분석하고 이를 질서화하는 작업이다.

코젤렉은 역사학자와 철학자에게 세 가지 주요 과제가 있다고 생각한다. 첫째는 역사를 성격화하는 데 필요한 개념들을 찾아내는 것, 둘째는 특정 시기의 사회·정치적 담론과 의견 충돌의 맥락에서 그 개념들의 위치를 규정하는 것, 셋째는 역사적 사실의 분석에 유용하도록 이 개념들을 다양하게 비판적으로 평가하는 것이다. 여기서 말하는 개념은 인간 경험의 세계라든지 역사·사회적 맥락을 초월해 불변하는 단단한 실재가 아니며, 구체적인 역사적 맥락 속에서 서로 다른 의미를 드러내면서 다르게 작동하기도 하는 유동적인 언어 구성물이다.[3]

코젤렉의 개념사 연구를 보면 많은 부분이 다양한 수준의 역사적 개념을 식별하고 설명하는 것과 관련되어 있다. 역사를 재현하기 위해서는 우리가 이야기해야 할 사물을 구별해 주는 어떤 용어를 사용해야 한다. 어떤 용어가 개념이 되기 위해서는 그 용어에 역사성의 의미가 착색되어야 한다. 그 용어가 사용되면서 지시하고자 했던 사회·문화적 의미와 맥락이 한꺼번에 그 용어에 담겨질 수 있으면 개념이 될 수 있다. 개념사 연구는 하나의 개념을 어떻게 이해하는가, 그 개념은 시간이 지남에 따라 어떻게 변화하는가를 밝혀야만 한다. 역사는 그것을 말해 주는 역사학자, 정치인, 일반 시민의 입장에서 과거를 개념화한 결과다. 따라서 과거를 특징짓는 데 사용된 역사적 개념들을 조사하는 것은 중요한 과제다. 코젤렉은 '현대성(modernity)'이라는 개념에 특히 관심을 두었다. 이 접근법은 더 넓은 의미의 지성사 분야에 속하는 것으로 보인다. 코젤렉은 역사적 개념들이 실제로 한 기간 내에 발생하는 구체적인 역사적 발전에서와 똑같이 중요한 역할을 담당한다고 믿는다.

개념사는 역사의 인지 가능성을 기반으로 사고의 범주를 탐색한다는

---

3 나인호, 『개념사란 무엇인가』, 38면.

점에서 칸트적 관념론을 배경으로 하는 것처럼 보일 수 있다. 그러나 이러한 표면적인 특징은 코젤렉의 의도가 아니며 그의 접근 방식은 선험적인 것이 아니다. 오히려 그는 비교적 구체적인 사건(프랑스혁명)보다 추상적 개념(혁명적 변화)에 관심을 기울인다. 그는 추상이라는 스펙트럼 위에서 역사적 개념들을 살펴본다. 또한 역사적 맥락에서 이러한 개념의 의미와 그 사용의 차이를 발견하기 위해 힘쓴다. 코젤렉의 개념사에 대한 목표는 두 가지 방향으로 진행된다. 먼저 역사적 사건과 과정을 설명하는 데 사용된 개념의 논리와 의미를 밝히는 데 관심을 둔다. 그리고 시간이 지남에 따라 이러한 개념 중에서 나타나는 역사적 변화를 주의 깊게 살핀다. 이를 다시 말하자면 코젤렉의 목표는 서로 다른 역사적 단계에 주요한 역사 개념들과 관련되어 있는 의미의 층을 발굴하는 것이다. 그러므로 개념사는 주로 텍스트와 단어에 관심을 기울이지만 사회사는 텍스트 자체에 포함되지 않은 상황과 움직임을 추론하기 위한 수단으로 텍스트를 사용한다. 예를 들어, 사회사가 사회 형성 또는 제도의 설립 등을 조사할 때 그것은 개별 사건과 행동 과정을 면밀히 조사할 수도 있다. 하지만 개념사는 이와는 달리 용어라든지 역사 철학, 사회의미론 등을 기반으로 하며, 그 작업 결과는 텍스트의 주석을 통해 지속적으로 평가할 수 있다.[4] 결국 코젤렉은 역사적 개념들에 대한 형태 의미론에 초점을 둔 방법론을 염두에 두게 된다. 인류에게 충격을 주는 것은 행위와 사건이 아니라 그 행위와 사건을 묘사하는 말이다. 인간의 모든 행동과 감정은 다시 경험할 수 없으며, 다른 사람들이 그것을 이해하기도 어렵다. 그러므로 개념사에서는 이러한 행동이나 감정과 관계없는 단어의 자율적인 힘에 주목한다. 이러한 접근 방법은 역사의 의미들에 연관되는 것이지만 해석학적인 순환과는 관계가 없다. 개념사 연구자는 역사학자처럼 엄격하게 역사적 사실을 발굴하지만, 경험주의자나 환원주의자의 방법을 따르는 것이 아니다. 역사를 사는 사람들과 역사를 말하는 사람들 사이에서 개념적 자료들의 연관성을 강조하면서도 상대주의적인 것도 아니다. 개념이란 사회·정치적 실재의 주관적 반영물이며 현실 속에서 그 변화를 추동하는 요소로 작동한다. 그러므로 개념은 실재의 지표인 동시에 그 의미 요소가 된다.

---

4 Koselleck, *The Practice of Conceptual History*, p. 20.

비평사 연구는 '문학'이라는 용어의 개념에서부터 문학의 양식과 방법에 관한 다양한 개념으로 그 영역이 넓어진다. 시대별로 등장한 문예사조의 새로운 개념도 마찬가지의 접근법이 필요하다. 특히 한국 현대문학의 경우 문학에 대한 개념들은 대부분 외래적이다. 이 개념들은 수용과 굴절의 과정을 거치면서 한국문학의 양상들과 결합해 비평적 개념으로 정착한다. 오늘날 널리 사용되는 '문학'이라는 말이 외래 용어였다는 것은 이러한 사실을 그대로 말해 준다. 한문에 근거한 전통 사회의 글쓰기에는 '문학'이라는 말 대신에 일반적인 글을 가리키는 '문(文)'이라는 말이 널리 쓰였다. 글쓰기와 글읽기를 모두 포괄하는 이 '문'이라는 말은 넓은 뜻으로 교양과 지식을 의미한다. 글을 읽고 쓴다는 것은 인간의 삶의 도리를 익히는 수양의 과정이다. 글은 인간의 감성이나 취향의 영역에 속하는 것이 아니라, 본질적인 가치의 영역에 속하는 '인간의 삶의 도리를 담아 놓는 그릇(載道之器)'에 해당한다. 그러므로 조선시대 지배 계층은 글이란 인간의 삶의 도리를 배우는 것이라는 전통적인 효용론적 관점을 바탕으로 한문의 권위와 품격을 지키기 위해 노력했다.[5] 그런데 개화계몽시대부터 새로운 글쓰기로서 '문학'이라는 개념이 등장한다. 국문을 기반으로 하여 개방적이며 대중적인 문자 생활이 가능해지자, 다양한 글쓰기 방식이 실험되는 가운데 서양의 '문학(literature)'이라는 개념이 수용, 정착되었다. 이광수는 일찍이 '문학은 정적 분자를 포함한 문장'이라고 한정한 바 있다.[6] 이것은 문학이라는 말이 전통적인 글 또는 '문'의 개념을 벗어나 새로운 정서적 영역의 글쓰기로 규정되고 있음을 말한다. 이광수가 전통적인 '문'의 개념과는 다른 '문학'의 가치를 강조한 것은 일본에서 습득한 서구적 지식에 근거하는 것이지만, 이 같은 관점의 변화를 통해 가치와 윤리의 영역까지 포괄하던 '문'의 개념이 정서와 취향의 영역에 자리하고 있는 새로운 '문학' 개념으로 전환되고 있음을 확인할 수 있다. 이것은 학식과 교양과 덕망을 뜻하던 전통적인 '문'의 개념 대신에 '문학'이라는 것이 상상력과 창조력의 소산이라는 특별한 예술의 영역으로 구분되기 시작했음을 의미한다. 이러한 인식의 변화는 심미적인 것이 하나의 새로운 인간적인 가치로

---

5 권영민, 『한국현대문학사 1 개정판』(민음사, 2020), 64면.

6 李光洙, 「文學의 價値」(大韓興學報 제11호, 1910. 3).

자리 잡기 시작했음을 뜻한다.

'비평(criticism)'이라는 용어도 마찬가지다. 서구 문학의 경우 영어로 '비평'이라는 개념이 처음 등장한 때는 17세기로 알려져 있다. 이 용어는 그리스어의 krino(판단하다)와 krites(판사, 배심원)에서 비롯된 것이다. 이미 기원전 4세기경부터 kritikos(문학의 심판자)라는 말이 사용되었다는 사실을 놓고 보면 비평이라는 말이 아주 긴 역사를 가졌음을 알 수 있다. 비평이라는 말은 17세기 프랑스에서 문법학이나 수사학에 예속되어 있던 영역을 벗어나 부분적으로 시학의 요소를 흡수하면서 자체의 영역을 확보하기 시작했다. 그리고 18세기를 거치면서 문학에 대한 이해와 판단은 물론 과학과 인식의 영역까지 포섭할 수 있는 넓은 개념을 드러낼 수 있게 되었다. 19세기 중반을 지나면서 과학적 객관성을 중시하는 비평적 방법이 더욱 확고해졌다.[7]

한국문학의 경우 20세기 초부터 근대적 비평 개념이 수용되었으며 오늘날과 같이 비평의 영역이 확대되었다. 이광수는 근대에 새롭게 등장한 '비평문' 또는 '평론문'을 문학의 영역에 포함해 놓았다. 여기에는 특정 문학작품에 대한 설명, 분석, 해석 그리고 평가가 포함되며, 문학 자체의 원리와 이론, 미학에 관한 논의, 시학이나 수사학에서 이루어지는 모든 논의가 포함된다.[8] 그렇지만 이광수는 비평의 관점과 방법의 확립이라는 근본적인 과제를 제대로 해결하지 못한 상태로 비평의 개념을 수용했을 뿐이다. 실제로 현대문학의 성립 과정에서 초기 비평은 전통적인 심미 사상을 제대로 계승하지 못했으며, 그 자체의 방법을 논리적으로 정착시키지 못한 것도 사실이다. 본격적인 의미에서 문학비평은 3·1운동을 전후한 시기에 등장했으며 1920년대 중반을 지나면서 비평의 독자성을 확보할 수 있는 정도로 그 영역을 확대했다.

비평사는 지성사를 지향한다

비평사 연구는 인간의 사상을 대상으로 한다는 점에서 지성사(intellectual

---

7 Wellek, *Concepts of Criticism*, p. 36.

8 李光洙, 「文學이란 何오」(每日申報, 1916. 11. 10-23)에서 다음과 같이 비평의 개념을 논하고 있다. "近代에 新成한 一體가 有하니, 즉 소위 批評文 又는 評論文이라. 人이 文學的 作品, 卽 論文이나 小說, 詩, 劇 등에 表現된 主旨를 自家의 頭腦 중에 一旦 溶入하였다가 更히 自家의 論文으로 發表함을 謂함이니, 現代 文學界의 一半을 占하니라."

history)[9]를 지향하게 된다. 여기서 '사상'이란 물론 인간의 지적 활동 가운데 정서적 영역과 직접적으로 연결된 문학예술에 관한 모든 논의를 의미한다. 문학예술에 대한 인간의 실제적 행동이나 그 변화에 드러나는 인간 표현의 모든 영역을 대상으로 한다는 말이다. 물론 문제가 되는 인간의 이성적 사고와 정서적 표현은 아주 복잡한 요소들이 함께 작동한다는 점을 전제할 필요가 있다. 지성사는 넓은 의미에서 시간의 흐름 속에서 등장하는 지적 사고와 사상의 형태를 연구한다. 물론 지성사 자체는 사상사(history of ideas)와 서로 겹친다. 사상사는 커다란 범주의 어떤 개념들을 살피는 것인데 이것들은 역사의 과정에서 등장하고 변형된다. 사상사 연구자는 하나의 중요한 사상의 변화 과정을 중시한다. 그러므로 하나의 중요한 사상을 중심으로 그 역사적 추이를 하나의 서사로 구성하는 경향이 있다. 이러한 연구는 특정 개념이 서로 다른 상황 속에서 어떤 식으로 인식되었는지를 고찰할 수 있게 해준다. 물론 어떤 상황과 시대적 맥락의 변화에도 사고방식 자체가 동일한 것처럼 규정할 수 있는 논리적 허점을 드러낼 수도 있다. 사상사는 어떤 중요 개념의 역사와 매우 흡사해, 그 시대적 변화에 대한 논의는 그러한 개념의 본질적인 경향이 마치 자체에 내재해 있는 논리처럼 드러나게 하기도 한다.

지성사 연구에서는 지식이 진보한다든지 발전한다고 하는 식의 주장에 회의적이다.[10] 과거 어느 시점에서든 사상의 역사를 연구하기 위해서는 그 시대에 나온 저술의 내용을 철저하게 조사하고 검토해야 한다. 이러한 기본적인 텍스트를 자료로 취급하지 않고 이에 대한 연구자들의 해석에 기대는 것은 상상조차 할 수 없는 일이다. 지성사 연구에서는 과거를 목적론적으로만 바라보지 않는다. 지성사 연구가 목표하는 바는 과거 사상의 복잡성을 인식하고 이를 더 섬세하게 파악할 수 있는 능력을 제공하는 것이다. 그러므로 하나의 사상이 특정 시기에 어떻게 출현하게 되었는지 조사한다. 어째서 역사적 과제를 해결하고자 하는 서로 다른 사상이 각각 자체의 방법론의 타당성을 입증받게 되었는지를 따진다. 지성사 연구는 역사 속의 행위자라고 할

---

9 여기서 말하는 지성사의 개념은 Richard Whatmore, "The Identity of Intellectual History," *What is Intellectual History?*(Polity Press, 2015), pp. 12-20 참조. 이 책은 『지성사란 무엇인가?』(이우창 역, 오월의봄, 2020)로 번역 출간되었다.

10 리처드 왓모어, 『지성사란 무엇인가?』(이우창 역, 오월의봄, 2020), 189면.

수 있는 사상가의 태도에 공감하거나 동조할 수 있지만, 과거의 사상과 행동을 정당화하는 결과로 이어지게 만들어서는 안 된다. 삶에서 마주하는 이데올로기의 체계가 역사 속의 인간 행위에 어떤 의미를 부여하고 한계를 표시하는지를 이해하도록 하는 것이 중요하다. 그러므로 지성사 연구는 언제나 인간과 사회가 완전한 상태에 도달할 수 있다고 하는 전망에 대해 결과적으로 회의적인 결론에 도달할 수 있다. 그러나 그 자체를 부정하거나 긍정하는 방향을 따라갈 필요는 없는 일이다.

지성사 연구는 과거를 다루는 것이지만 그 관심이 현재의 문제들과 끊임없이 연결된다. 역사에 등장하는 모든 사상과 텍스트는 그것이 산출되는 순간의 의미로 고정되어 존재하지는 않는다. 시간의 흐름에 따라 그것을 수용하는 독자들이 새롭게 해석하고 평가하면서 수정된다. 과거의 지점과 전혀 다른 맥락 속에 놓여 있는 새로운 세대에 의해 전혀 새로운 의미를 부여받을 수도 있다. 이러한 현상은 그만큼 지성사의 주제가 복잡하다는 사실을 말해 준다. 지성사 연구는 인간이 과거에 그리고 현재도 계속해서 자신의 지적인 삶을 구성하는 여러 사회·문화적 층위를 형성한다는 사실을 알아야 한다. 과거에 하나의 관념이 왜 중요했고 그것이 인간의 삶에 어떤 영향을 미쳤는지를 밝혀야 한다. 역사상의 관념이 인간의 사고와 행동에 영향을 미치고 그 영향이 시간의 흐름에 따라 지속되기도 한다는 사실은 지성사 연구의 필요성을 다시 제기하는 것이다. 역사 속에서 이루어진 인간의 모든 사상적·지적 행위는 개개의 인간과 사회적 삶의 여러 층위에서 연관성을 맺기 마련이다.

비평사가 지성사의 한 형태를 지향한다는 것은 비평사 자체의 성격과 관련된다. 비평사는 문학에 관한 어떤 관념이나 특정 개념에서 출발해 그 방법과 관점에 대한 수용과 영향 등의 관계를 문학사의 큰 흐름 안에서 기술한다. 비평사는 문학에 대한 모든 비평적 담론을 대상으로 하는 것이며 그 자체가 인간의 의식적·지적 활동의 결과임은 물론이다. 그러므로 비평사에서는 문학의 개념과 거기서 비롯된 어떤 관념을 따로 분리시켜 설명하는 것이 불가능하다.[11] 지성사도 마찬가지다. 지성사는 위대한 사상을 고립된 상태로

11 애나벨 브렛, 「오늘날 지성사란 무엇인가?」, 데이비드 캐너다인 편, 『굿바이 E. H. 카』(문화사회학회 역, 푸른역사, 2002), 204면.

놓고 연구하는 데에서 출발하지만 비평사는 사상의 실체가 없는 메타적 역사가 아니라 그 자체의 차별적 관심을 문학이라는 넓은 영역 안에서 통합적으로 접근할 것을 요구한다.

비평사 연구에서도 해석이 개입되지 않는 관념이나 개념의 역사를 서술한다는 것은 불가능하다. 물론 여기에 역사적·시대적 변화라는 개념이 포함된다. 이것은 논리적으로 확정된 시간의 전후 관계 속에서 문학에 관한 모든 논의를 대상으로 한다는 점에서 비평적 담론의 시대적 변화를 중시하게 된다는 뜻이다. 비평사의 성격은 지적인 요소와 정서적 반응을 함께 묶어서 이를 합리적으로 서술해야 한다는 점 때문에 더욱 복잡해진다. 비평사는 그것이 다루어야 할 자료들의 다양성과 복잡성에 어떤 논리와 체계를 부여하는 작업이기 때문에 만족할 만한 서술 형태를 얻어 내기 어렵다는 것도 사실이다. 때로는 저급한 문단 저널리즘에서부터 가장 심오한 사상적·미학적 탐구에 이르기까지 모든 논의가 포함된다. 그러므로 지성사로서의 비평사 연구는 다양한 문학적 담론을 조사, 분류하고 이를 기술하는 데에서 만족할 수 없는 일이다. 비평사는 문학의 전체적 흐름 안에서 각각의 시대적 의미를 구현하는 주제들을 엄격하게 선별하고 그 성격을 역사적으로 규정하는 중요한 개념들을 발견해야 한다. 비평사가 지성사를 지향한다는 것은 흔히 말하는 문학의 '시대정신'이라는 개념을 주목한다는 의미로 해석된다. 시대정신이라는 용어 개념은 개별적 주체의 창조적 상상력을 강조하는 문학의 경우 설득력을 드러내기 어려운 측면도 없지 않다. 그러나 특정 시대의 문학이 그 시대상을 반영하기 위해 채택하게 되는 어떤 특정의 방법과 관점이 작동할 수 있다는 사실은 부인하기 어렵다. 말하자면 문학의 시대정신은 특정 시기의 문학적 경향이나 조류를 통해 드러나는 어떤 관점이나 태도라는 점에서 그 의미가 인정된다.

한국문학 비평사 연구에서 시대정신이라는 의미로 다루어야 할 과제가 '민족문학'이라는 개념이다. 민족문학이라는 용어에 함축된 민족의 자기 존재에 대한 문학적 인식 문제는 민족 전체의 삶의 의미와 그 역사적 조건에 대한 철저한 이해를 전제하고 있다. 민족문학은 19세기 중반 이후의 급격한 사회변동에서 드러난 전통문학의 근대적 변혁 과정을 통해 그 개념과 성격이 논의되기 시작했다. 당시 한국 사회는 자체 내의 모순 극복을 위한 개혁운동이 사회의 각 방면에서 이루어졌으며, 특히 침략적인 외세의 위협에 대응하기 위한 자주독립운동이 활발하게 전개된 바 있다. 반봉건 반외세의 이념으로 자리 잡은 당시의 시대정신은 정치·사회·문화 전반에 걸쳐 폭넓게 확대되었다. 정치적인 차원에서는 갑신정변(1884), 갑오개혁(1894) 등의 근대화 운동이 시도되었고, 동학농민혁명(1894)으로 민중적 의식의 성장을 분명히 보여 주었다. 독립협회(1896)와 만민공동회(1898)가 결성되어 자주민권운동이 적극적으로 추진되기도 했다. 사상적인 차원에서의 위정척사 사상, 동학사상, 개화사상 등이 모두 이러한 사회운동의 정신적 기반이 되었음은 물론이다. 그렇지만 일본 제국주의 침략 세력의 영향력이 커지자 자주적 근대화의 실현은 더욱 기대하기 어려워졌으며, 민족과 국가의 존립이 위태로운 지경에 이르렀다. 일제의 침략 야욕에 대항하기 위해 무력 투쟁을 통한 국권 회복을 목표로 의병운동이 잇달아 일어났으며, 민족의 자주독립을 지키기 위해 많은 지식인이 애국계몽운동에 앞장서기도 했다.[12] 이와 같은 사회적 격동기를 거치면서 한국문학에도 커다란 변화가 이루어졌다. 새로운 시대 이념의 요구에 따라 전통문학의 형식과 내용 면에서 변혁이 이루어지면서 신문학의 성립을 보게 된 것이다. 전통문학의 근대적 변용 과정에서 당시의 시대 상황과 사회 이념이 문학정신의 방향을 결정하는 가장 핵심적인 역할을 했다. 문학은 개인적인 정서의 영역에 머무르지 않고, 침략적인 외세의 위협에 대응하기 위한 민족의식을 구현하는 수단이 되었으며, 사회 현실의 부정과 비리를 비판하고 봉건적인 유습을 개혁하고자 하는 새로운 삶의 요구를 대변하기도 했다. 이러한 문학정신의 변화는 문학의 사회적 교화 기능만을 강조하는 것처럼 보이지만, 새 시대의 정신을 대변할 수 있는 문학 형식의 새로움을 추구하는 것이기도 했다. 그리고 바로 여기서 민족문학의 요건과 그 본질에 대한 자각과 인식이 함께 자리 잡게 되었던 것이다.

한국문학이 민족문학의 요건을 갖추기 위해서는 우선 국문문학이 되어야만 했다. 전통적으로 문자 생활을 지배해 온 한문은 중국의 문자이기 때문에, 한국문학은 이제 자국 문자인 국문으로 써야 한다는 주장이 폭넓은 지지를 얻었다. 19세기 후반부터 사회계몽운동으로 추진된 국어국문운동은 새

12 권영민, 『한국 민족문학론 연구』(민음사, 1988), 111-113면.

로운 문학을 형성하고 그 대중적 수용 기반을 확대하는 데 중요한 계기가 되었다. 국문의 실용적 기능성은 신교육의 실시와 함께 더욱 강조되었다. 더구나 자주독립 의식의 성장과 자기 문화에 대한 각성이 이루어지면서, 민족문화의 정신을 형성해 온 국어 국문의 중요성에 대한 인식이 널리 자리 잡게 되었다. 국어 국문으로 이루어진 문학만이 진정한 민족문학이라는 주장이 일반화되자, 문학작품의 형태도 국문문학의 요건을 더욱 분명히 갖추게 되었다. 조선시대 사대부들에 의해 부정되어 온 소설은 '언문소설'이라는 명칭을 벗어 버리고 '국문소설'로서의 지위를 확보했으며, 지식인들이 국문소설 창작에 임하면서 소설 문학이 확대되기에 이르렀다. 시의 경우 한시를 배격하고 국문으로 시를 써야 한다는 국시개혁론이 제기되기도 했으며, 실제 창작 방면에서도 국문 시가의 새로운 형태적 변화가 나타나게 되었다.

그렇지만 이러한 문학적 변화는 중요한 역사적 의미를 가졌음에도 민족 전체의 삶의 의미를 총체적으로 구현할 수 있는 현대성의 확립에 도달하지 못했다. 그 이유는 일제의 침략과 강압적인 식민 정책에서 찾을 수 있다. 일제의 약탈 체제는 정치·외교·군사·경제 등의 분야로 확대되었고, 자주 의식을 바탕으로 민족적 저항에 앞장선 언론에 대한 탄압으로 이어졌다. 이러한 강압 정책으로, 민족의 자주독립 쟁취를 위한 노력도 구체적인 실천 방략을 세우기 어렵게 되었다. 그러나 한국 근대문학은 정신적 기반 자체가 민족문학에 대한 확고한 인식 위에서 확립된 것이기 때문에, 식민지 정책에 대응하기 위한 일상적 생활감정을 자연스럽게 촉발할 수 있는 민족의식을 그 바탕에 담고 있었다. 일제는 한국 민족에 대한 정신적 지배를 꾀하기 위해 일본어 교육을 확대하고 민족어를 말살하고자 획책했으나, 국어의 이해·정리·보급을 위한 민족의 노력은 민간 차원에서 꾸준히 지속되었다. 더구나 한국문학은 외세의 침략에 대응하고 봉건적인 사회구조의 변혁을 요구하는 가운데에서 비판과 저항의 문학정신을 이미 갖추고 있었다. 강압적 식민지 정책으로 이러한 문학정신이 일시적으로 위축되기도 했지만, 그것은 한국문학이 추구해 나아가야 할 절대적인 가치 개념으로 존속되었다.

비평사가 지성사를 지향해야 한다는 것은 부인할 수 없는 사실이지만 비평사와 지성사 연구는 분명하게 구별되는 지점이 있다. 지성사는 넓은 사회적 영향력을 발휘한 어떤 사상이 어떤 상황에서 출현하게 되었는지에 관한 역사적 관심만이 아니라 그 사상 자체의 본질과 가치에 큰 관심을 부여한다. 하지만 비평사에서는 다양한 비평적 개념 자체의 문학적 기능에 관심을 기울이고 그 사회·문화적 영향을 관찰한다. 즉, 비평사에서는 하나의 개념이 문학 사상으로 발전하는 과정을 주목한다. 비평의 개념이 변화하는 것은 미셸 푸코가 '담론'이라고 부른 것과 같은 사회 문화적 의미를 지닌다.[13]

비평사는 문학사에 포섭된다

비평사는 문학에 관한 비평의 관점과 방법의 역사적 변화와 시대적 양상을 기술한다는 점에서 문학사 연구의 한 영역인 분류사에 해당한다. 다시 말하자면 비평사는 소설사, 시문학사, 극문학사와 마찬가지로 문학사 연구의 한 영역이다. 문학사는 문학의 역사다. 역사라는 말이 지시하듯이 시대적 연속성을 기반으로 문학의 특질과 그 변화를 기술하는 것이 문학사다. 문학사의 대상과 그 범주는 문학의 보편성과 역사적 실재성에 근거한 논리적 체계로 이해되어야 한다. 이 경우 필연적으로 직면하게 되는 문제가 문학과 역사의 본질에 대한 인식의 문제다. 여기서 주목되는 것이 문학이 추구해 온 보편적 특성과 그 역사적 이해라고 할 수 있다. 비평사도 마찬가지다. 비평사는 비평의 역사다. 문학사의 대상이 문학이듯이 문학에 관한 모든 비평적 논의가 비평사의 대상이다. 즉, 비평사는 문학에 관해 기술한 모든 담론의 역사라고 할 수 있다. 여기서 문학에 관한 담론이라는 말은 문학 또는 개개의 문학작품에 관한 관심의 표현에 해당한다. 서로 다른 비평가들의 비평적 기준이나 방법이나 문학작품에 대한 강조점이나 관점이 모두 여기에 포함된다.

여기서 주목되는 것이 '문학'이라는 개념의 본질적 속성이다. 문학은 그것이 어느 시대에 등장한 것이든지 간에 그 시대적인 위상이나 역사적 조건만 강조되는 것이 아니다. 문학이란 인간의 사상이라고 하는 합리적 논의의 영역만이 아니라 인간 감정이라고 하는 개인적 정서까지도 함께 다룬다. 언어를 통해 이루어지는 인간 표현의 모든 영역이 문학 속에 포함되기 때문이다. 문학적 사실로서의 개개의 문학 텍스트는 어떤 원인과 결과를 통해 드러나는 일련의 사건으로 인식될 수 없다. 문학 텍스트는 언제나 그 자체의

---

13 Sara Mills, *Discourse* (Routledge, 1997), p. 19.

존재가 중시되며 당대의 현실 속에서 재인식되고 재평가된다. 그러므로 문학 텍스트는 특정 시대에 등장한 것이지만, 반드시 그 특정의 문맥에 고정되는 것이 아니라 전체적인 사회 문화적 맥락을 통해 그 의미를 구체화시킨다.

문학 텍스트는 본질이 고정된 것이 아니며 역동적이다. 문학의 체계 역시 선험적인 것이 아닌, 가능성의 구조라고 할 수 있다. 여기서 주의해야 할 것은 모든 문학 텍스트가 이미 주어진 것이 아니라 역사적 체계로서 새롭게 구성해야 할 대상이라는 점이다. 문학 텍스트는 완결된 형태로 고정된 위치에 자리하는 것처럼 보이지만, 언제나 열려 있는 역동적 실체로 존재한다.[14] 그것은 분명 그때 거기에 있었던 것임에도, 언제나 새로운 가능성으로 새 시대의 독자와 만난다. 문학 텍스트는 각 시대의 개별적인 작가 의식의 창조적 산물이다. 그렇지만 그 시대와 함께 사라지는 것이 아니라 언제나 당대의 문학 속에 어울려 존재한다. 다시 말하면, 과거의 것들과 현재의 것들이 함께 뒤섞여 있는 것이다. 문학 텍스트는 어떤 발전의 단계를 따라 연속적인 역사적 흐름을 보여 주지 않는다. 그러나 역사적 실체로서 문학 텍스트를 이해하기 위해서는 문학 텍스트로서의 본질적인 속성만이 아니라 역사적으로 형성·부여되는 시대적 의미를 포괄해야 한다. 문학 텍스트의 의미와 가치는 그 사회·문화적 기반에 대한 이해를 통해서만 더욱 풍부하게 조직화될 수 있기 때문이다.

문학사의 영역에서 비평사 연구는 개별적으로 존재하는 비평적 텍스트를 역사적 실체로 취급하며, 그 존재 방식과 의미와 가치를 하나의 역사적 관점으로 설명하고자 한다. 비평사 연구에서 다루는 비평 텍스트는 과거에 남아 있는 것이지만 시대의 흐름 속에서 그 존재 의미를 실현한다. 그러므로 역사적 실체로서 비평 텍스트가 제기하는 문학적 주제들에 대한 역사적 해석이 필요하다. 문학사는 과거의 문학 텍스트를 통해 새로운 시대의 의미를 능동적으로 발견하고 재구성해야 할 논리적 체계라고 할 수 있다. 비평사 연구 역시 문학사의 영역에서 이루어지는 문학에 대한 끊임없는 질문인 동시에 그 해답을 발견하는 방법이라고 할 수 있다.

---

14 권영민, 『한국현대문학사 1 개정판』, 24-25면.

3 비평사의 방법과 시대 구분

현대문학 비평의 성격

한국 현대문학 비평은 한국 사회의 현대적 변혁 과정을 배경으로 성립된 새로운 문학과 함께 등장한다. 19세기 후반부터 한국 사회는 봉건적인 사회체제의 모순을 극복하기 위해 각 방면에서 개혁운동이 활발하게 전개되었고, 침략적인 서구 제국의 위협에 대응하기 위한 자주독립운동이 지식층을 중심으로 점차 확대된 바 있다. 정치적인 차원에서는 갑신정변, 갑오개혁 등의 변혁 작업이 시도된 바 있으며, 동학농민혁명을 통해 민중적인 의식의 성장도 분명하게 드러냈다. 그리고 독립협회와 같은 사회단체가 결성되어 자주민권운동이 전개되었으며, 많은 지식인이 국권 회복을 위한 애국계몽운동을 추진했다. 이러한 사회 변화 속에서 현대문학은 국어국문운동을 사회·문화적 기반으로 새롭게 성립된다. 개화계몽운동의 일환으로 확산된 국어국문운동은 한문을 문화의 중심 영역에서 밀어내고 새로운 국문 글쓰기를 일반화시켜 놓았다. 과거제도의 폐지와 함께 한문 중심의 교육 방식도 새롭게 변화되었으며, 《독립신문》(1896)의 창간 이후 한문 대신에 국문을 통한 새로운 글쓰기 방법이 지식층을 중심으로 다양하게 실험된다. 국문 글쓰기와 글읽기는 대중적인 언어 문자 활동에 근거해 성립되는 것이므로 한문학의 경우와 같이 지배 계층의 이념을 대변하고 그 정서를 표현하는 독점적이면서도 폐쇄적인 문화 공간을 별도로 구성하지 않는다.

현대 비평의 성립 과정을 보면, 국문 글쓰기를 기반으로 하는 문학 양식에 대한 새로운 인식 방법에 있어서 매우 중요한 두 가지의 특징을 드러내고 있다. 하나는 전통문학의 구술적 성격을 탈피하고 기록문학으로 전환하는 과정에서 문제가 된 문체 변혁에 대한 인식이며, 다른 하나는 문학의 고정된 양식에서 벗어나 유기적이고 개방적 양식으로 변화하는 과정에 대한 이해다. 문학에 있어서 구술적 요소의 극복은 국문 글쓰기의 확대와 함께 구비문학의 영역이 점차 축소된 것과 관련된다. 특히 창(唱)에 의존해 전승된 시조와 단가 등이 개화계몽시대 이후 음악으로서의 창과 분리되면서 새로운 변화를 겪게 되는 것도 이와 연관된다. 문학 양식의 개방성에 대한 지향은 한문학 양식이나 전통문학 양식에서 볼 수 있는 형태적 고정성이 붕괴되고 새로운 문학 양식이 그 형식과 정신의 자유로움을 추구하는 과정을 말하는 것이다. 이 같은 변화를 인식하는 방법으로서 비평이 성립된 것은 문학사적 전환에 해당한다. 현대문학 비평은 봉건적 사회제도와 관습이 붕괴된 자리에 새롭게 등장한 현대문학의 영역에 속하는 것이므로 전통문학 양식의 변화를 통해 새로운 시대정신을 형상화하고 한국인의 새로운 삶의 방식과 그 가치를 대변하게 된다. 현대문학 비평은 외래적 영향으로 야기된 사회 문화적 변혁 과정에서 서구의 기독교 사상뿐만 아니라 다양한 문예사조를 토착화하고 변용시키면서 한국적인 미의식을 확립하는 데 기여한다. 현대문학의 세계는 경험적인 일상의 현실이 중심이 된다. 전통문학의 경우에는 신화적 상상력에 의해 인간의 삶이 초현실적인 신성의 세계와 함께 표현된 경우가 많았지만, 현대문학에서 볼 수 있는 세계는 인간이 살아가는 일상적이면서도 현실적인 실재의 공간뿐이다. 현대문학은 경험주의적 합리성에 근거해 초월적 존재가 주재하던 신성의 세계에서 벗어난다. 이러한 탈마법화 현상은 현대문학의 성립 자체가 개화계몽시대에 이루어진 문명개화에 대한 새로운 각성과 인식에 근거하고 있음을 의미한다.

현대 비평은 새롭게 등장한 문학 양식의 새로움을 '신문학'이라고 개념화해 지칭하는 데에서부터 그 관점과 방법의 지향성을 분명하게 드러낸다. '신문학'이라는 개념은 지시 범위가 포괄적이고도 모호하지만, 당시의 신문이나 잡지를 통해 그 의미와 성격을 어느 정도 파악할 수 있다. 조선시대부터 오랫동안 읽혔던 소설은 모두 '구소설'이라고 불렸고, 개화계몽시대에 새롭게 등장한 소설은 '신소설'이 된다. '신시'라는 말도 마찬가지 의미로 일반화된 새로운 용어다. 여기서의 '신'과 '구'는 단순히 시대적인 차이만이 아니라, 더 중요하게는 문학의 내용과 형식의 차이를 의미한다. '신'이라는 투어가 붙어 있는 문학 양식은 기존의 문학과 구별되는 형식과 내용상의 새로움으로 인해 그 존재 의미가 비평적 차원에서 인식된 것이다. 그리고 무엇보다도 그 내용에 반영된 새로운 시대상이 중요한 특징으로 평가되었음을 알 수 있다.

한국 현대문학에서 비평의 전개 양상은 비평 방법의 모색과 그 적용의 역사라고 할 수 있다. 비평 방법의 확립이라는 문제를 놓고 본다면 일제강점기의 계급문학운동에서 과학적 방법으로서 마르크스주의 비평을 내세웠던 점이 우선 주목된다. 1930년대의 모더니즘 이론도 비평과 과학을 등치관계로 내세웠다. 그러나 이러한 비평의 방법은 실제로 일제강점기의 문학이 추구해야 할 가치와 이념을 명확하게 제시하지 못해, 그 방법론의 확립 자체에도 문제가 있었음을 확인할 수 있다. 식민지시대 계급문학의 논리적 근거가 되었던 마르크스주의 비평은 식민지 지배 논리의 모순을 계급적인 모순 구조로 인식하는 진보적 관점을 지녔었으나, 실제로 당대 문학의 여러 가지 현상을 미학적으로 해명하고 그 문제성을 제시하는 데 있어서는 많은 한계를 드러냈다. 1930년대의 모더니즘론은 근대적 문명의 발달에 대한 비판적 인식을 내세웠지만 식민지 근대의 모순을 지적하는 데에는 미흡할 수밖에 없었다. 식민지 현실 속에서 삶의 조건이 모더니즘의 문명 비판적인 인식 방법으로 이해되기란 가능하지 않았기 때문이다. 그러므로 모더니티의 인식 자체가 서구적인 취향의 지적 분위기를 연출하는 표피적인 현상으로 파악된 경우가 많았다. 특히 문학의 순수예술적 가치를 존중한다는 입장에 설 때 삶의 현실적 조건을 외면하는 논리로 귀결되었고, 자유주의적 휴머니즘을 내세우고 개인성을 강조하면서도 개인이 서야 할 삶의 기반으로서의 사회 현실을 생각하지 않는 모순도 드러나고 있었다. 이러한 문제성은 결국 방법론의 이상에 함몰되어 그 대상에 대한 인식 자체에 소홀했다거나, 방법론의 성격을 빙자해 대상을 외면했던 것이라고 할 수밖에 없을 것이다.

한국문학에서 지속적인 관심사가 되었던 비평적 쟁점은 문학의 가치에 대한 인식을 둘러싸고 이루어진 일련의 논쟁이다. 문학이 언어예술의 하나로, 독자적 예술성과 그 순수한 미적 가치가 강조된다는 관점은 한국 현대문학의 성립 단계에서부터 등장한다. 일제강점기에 민족문학과 계급문학이 대립하는 과정에서도 논쟁의 핵심은 전면에 내세워진 문학의 예술적 가치였으며, 해방 공간의 민족문학론이나 1960년대 문학의 사회 참여 문제에서도 언제나 그 쟁점은 문학의 가치에 관한 규정이 중심이었다. 이 논쟁은 그 성격상 효용론의 범주에 속하는 것인데, 문학 외적인 시대 상황의 변화에 따라 그 방향이 결정되면서 관점의 편향성을 드러내고 있다.

문학의 예술적 순수 가치에 관한 관심은 일제강점기와 해방 이후 이데올로기의 대립과 분열, 한국전쟁을 통한 분단의 비극을 체험하면서 '순수문학'이라는 개념을 만들어 내면서 더욱 확대된 것이 사실이다. 남북 분단과 정치적 이념의 좌우 분열이 이루어지는 동안 민족문학은 순수문학을 지향해야 한다는 주장이 대두되었고, 정치와 이념으로부터 분리된 문학의 순수성이 강조되었다. 문학과 이데올로기를 전혀 무관한 것처럼 단절시켜 버린 이 같은 태도는 결국 분단 논리의 범주 안에서 문학의 자율성과 자족성에 만족하고자 하는 경향을 대변하게 되었다. 그러므로 '순수문학'은 그 자체가 문학의 자율성을 강조하면서 순수 미적 가치를 절대개념으로 내세우더라도, 이미 분단 논리 안에 안주하면서 그 논리에 의해 구축되고 있는 정치 이데올로기를 암묵적으로 추종하는 또 다른 하나의 이데올로기로 확대되는 아이러니를 연출하게 되었다. 정치와의 무관, 이데올로기의 배격이라는 신념 자체가 다른 각도에서 볼 때 또 하나의 정치적인 이데올로기로 자리 잡게 되었기 때문이다. 순수문학에 대한 신념은 현실 비판적 문학 활동이나 문학의 진보적 주장을 불온시하는 편협성을 드러내기도 했다. 이러한 관점의 편향을 극복하지 않고서는 통합적인 문학사 연구와 비평적 관점의 개방성이 불가능하다는 점을 인정하지 않을 수 없는 것이다.

비평은 궁극적으로 한 시대의 삶과 정신을 바라보는 어떤 관점과 시각을 요구한다. 그런데 이러한 비평의 근대적 성격의 확립은 그 방법론의 추구 과정과 직결되어 있다. 물론 방법론 자체에만 치중할 때 비평은 실패하는 경우가 많다. 방법론을 적용할 대상에 대한 심각한 검토와 깊이 있는 이해가 전제되지 않기 때문이다.

비평사의 시대 구분

현대 비평은 한국 현대문학의 성립과 그 전개 과정에 따라 방법과 성격이 바뀌어 왔다. 특히 문학 자체의 미학적 의미보다는 사회적 요건을 더욱 중요시하는 태도가 비평의 성격을 좌우했다. 문학의 사회적 기능이나 이데올로기의 선택 문제가 비평적 담론의 중요 쟁점으로 앞세워졌고, 이로 인한 비평적 태도와 방법의 편향이 오늘의 평단에까지 지속되고 있다. 그러므로 비평이 대상으로서의 작품과 작품 외적인 현실 또는 이념을 통합적으로 인식하지 못할 경우, 결과적으로는 비평 영역의 확대만이 아니라 문예 미학의 확립에도 부정적 의미를 크게 드러낼 수 있다. 문학비평의 방법과 성격이 시대 상황이나 역사적 조건에 따라 어떻게 변화하는지를 검토하기 위해서는 이른바 '메타비평(metacriticism)'이라는 '비평의 비평'이 우선 요구된다. 비평이란 논리적인 방법과 객관적인 관점이 확립되지 못할 경우, 그 존재 의미가 인정되기 어렵다. 문학적 가치의 다양한 측면을 포괄할 수 있는 비평적 관점을 유지하면서, 문학정신의 지향과 시대 상황의 상호관계를 파악하지 않고서는 비평의 경향과 문제성을 제대로 이해할 수 없다.

비평은 문학의 시대적 변화에 따라 관점과 방법을 달리한다. 그러므로 비평사 연구에서는 비평의 전개 양상을 놓고 그 시간적·공간적 범위를 규정하는 작업이 필요하다. 비평사의 시대적 단위를 설정하는 시대 구분이 필수 과제라는 뜻이다. 비평사의 시대 구분은 현대문학 성립 이후 비평의 전개 양상을 그 관점과 방법에 따라 구획하는 것이지만 문학사의 커다란 흐름과 그 역사적 체계를 따를 수밖에 없다. 한국 현대문학은 그 시대적 순서 개념을 따른다면 개화계몽시대 문학 → 식민지시대 문학 → 분단시대 문학이라는 세 단계로 구분된다.[15] 여기서 주목해야 할 것은 일반적으로 식민지시대 이전의 문학을 '근대문학'이라고 부르고 해방 이후의 문학을 '현대문학'이라고 명명하기도 한다는 점이다. 물론 이러한 구분법은 엄밀한 시대적 순서 개념을 드러내기 위한 것은 아니지만 서구적 개념의 '모던'을 '근대' 혹은 '현대'라고 번역할 수 있는 해석과 적용 문제에서 비롯된 것이다. 비평사의 시대 구분도 문학사의 시대 구분과 마찬가지의 기준을 적용할 수 있다.

개화계몽시대는 한국 현대문학이 성립된 시기로, 비평에서는 이 시기에 비평적 시각과 관점이 다양한 사회·문화적 담론 가운데 형성된다. 한국 사회의 현대적 변혁 과정을 배경으로 하여 성립된 새로운 문학을 현대문학이라고 한다. 19세기 후반부터 한국 사회는 봉건적인 사회체제의 모순을 극복하기 위해 각 방면에서 개혁운동이 활발하게 전개되었고, 침략적인 서구 제국의 위협에 대응하기 위한 자주독립운동이 지식층을 중심으로 점차 확대된 바 있다. 개화계몽운동의 하나로 확산된 국어국문운동의 결과로 한문이 문화의 중심 영역에서 밀려나고 언문 대신에 국문이라는 새로운 개념의 글쓰기가 일반화된다. 이 시기의 국어국문운동은 국문의 교육과 보급, 국문 신문과 도서의 출판, 국문에 대한 체계적 정리와 연구 등으로 확대되어, 한국인

---

15 권영민, 『한국현대문학사 1 개정판』, 26면.

의 말과 글을 국문이라는 하나의 언어체로 통합시켜 놓는다. 이러한 사회 변화 속에서 국문을 기반으로 하는 '문학'이라는 새로운 개념 아래 '신소설', '신체시' 또는 '신시', '신극' 등의 근대적 양식 개념이 등장한다. 현대문학은 한국 사회에서 새롭게 형성되기 시작한 현대적 가치를 구현할 수 있는 핵심적인 문화의 영역으로 자리 잡는다.

1910년부터 1945년까지 지속된 일제의 식민지 통치는 한국 민족의 모든 권한과 소유를 박탈하는 것으로 시작되어 민족의 존재와 그 정신마저 말살시키고자 하는 방향으로 전개된다. 그렇기 때문에 한국 사회에는 모방과 굴종, 창조와 저항이라는 양가적 속성을 지니는 독특한 식민지 문화가 성립된다. 하지만 식민지 현실 문제에 대한 비판적 인식을 바탕으로 다양한 문학 양식이 정착되면서 민족적 주체의 확립과 그 인식 문제가 문학의 핵심 주제가 된다. 1919년 3·1운동을 거치면서 식민지 현실에 대한 비판적인 인식을 주축으로 문학의 주제 의식이 확대된다. 근대적 문학 양식의 장르 개념이 이 시기에 확립되었으며 각각의 문학 양식에 필요한 방법과 정신에 대한 비평적 논의가 적극적으로 전개된다. 그리고 한국 민중의 궁핍한 생활상을 총체적으로 형상화하고 그 모순을 비판하는 현실주의적 문학의 경향이 마르크스주의와 결합하면서 조직적인 계급문학운동으로 전개된다. 이 시기에 본격적인 의미의 '비평'이라는 개념이 등장하고, '자유시', '단편소설', 극문학으로서의 '희곡' 등의 새로운 양식 개념이 문학적 실천을 통해 정착한다. 식민지 상황으로 왜곡된 한국 사회의 근대화 과정에서 드러나는 사회적 모순에 가장 치열하게 대응하는 탈식민주의적 비평 담론이 확산되면서 '민족', '계급', '무산계급', '부르주아계급', '계급의식' 등의 개념이 비평의 중심 개념으로 등장한다. 계급문학운동에서 '신경향파문학', '농민문학', '노동문학' 등의 개념이 정착한 것도 이 시기의 일이다.

1930년대 한국문학은 집단적 이념 추구의 경향이 사라지고 개인적 정서에 기초한 문학의 다양한 경향이 뚜렷하게 드러난다. 이 새로운 문학에서는 주제 의식에서 일상성의 의미가 강조되며, 문학의 기법과 언어와 문체를 중시한다. 시정신의 건강성을 강조함에 따라 인간의 원초적인 생명력을 관능적으로 표현하는 시적 경향이 확대되면서 삶의 허무를 극복하고자 하는 의지의 표상들이 시 속에 많이 등장한다. 한국문학은 일제강점기를 거치면서 일본어라는 제국의 언어에 대응하는 민족어의 보루로서 문화적 자기 정체성을 지켜 나갈 정신적 근거가 된다. 이 시기의 비평에서는 '사실주의', '사회주의적 사실주의', '낭만주의', '모더니즘', '초현실주의' 등의 문예사조에 대한 논의가 깊이 있게 이루어졌으며, 문학의 '미적 자율성', '모더니티' 등에 관한 관심이 증대된다.

한국의 현대사에서 해방 이후의 시대는 민족 분단의 시대에 해당하며, 같은 맥락에서 이 시기의 문학을 '분단시대 문학'이라는 말로 지칭할 수 있다. 1945년 한국의 해방은 민족문학의 방향과 그 지표를 재정립하고자 하는 새로운 계기가 되었다. 식민지시대의 모든 반민족적인 문화 잔재를 청산하고 참다운 민족문학을 건설해야 한다는 목표가 새로운 문학적 쟁점으로 제기되자 '민족문학'의 개념을 둘러싼 논쟁이 좌우 문단에 확대된다. 그러나 국토의 분단에 이어 1950년 발발한 한국전쟁으로 한국 사회는 이념적 분열을 심각히 드러낸 채 분단 논리에 빠져들고, 민족 전체의 삶에 대한 총체적인 전망이 불가능한 상태가 된다.

1960년 4·19혁명은 민족 분단과 전쟁으로 인한 한국 민족의 피해의식과 정신적 위축을 자유와 민주에 대한 열망을 통해 현실적으로 극복할 계기를 제공한다. 이 시기부터 새로운 감수성의 변화를 기반으로 개인적인 삶과 사회적 현실에 대한 비평적 관심이 폭넓게 제기된다. 한국 사회가 1970년대 폭력적인 정치 상황 속에서 급격한 산업화 과정을 겪게 되자 문학은 이러한 시대적인 상황에 첨예하게 내립하면서 사회적 민주화를 지향하게 된다. 비평의 영역에서 '민주', '자유' 등의 관념적 주제가 쟁점이 되기도 했고, '참여문학', '민중문학' 등의 개념에 대한 논의가 새롭게 전개되는 가운데 민중론이 군사독재에 저항하는 반체제 문화운동을 선도한다. 시의 경우 일상적 경험의 진실성을 중시하고, 소설은 분단의 현실과 상황 문제를 포괄하면서 창조적 확대를 가능하게 한다. 한국 사회는 1990년대에 이르러 정치·사회적 민주화를 완성했으며 산업화 과정에서 겪어야 했던 혼란을 수습하기 시작한다. 민주화 과정에서 문학을 통해 추구했던 치열한 역사의식이나 비판 정신 대신에 문학 자체의 예술적 가치를 고양하고자 하는 움직임이 뚜렷하게 나타난다. 특히 오늘의 문학은 세계화의 추세에 따라 인류적 보편성의 가치 구현에 더 큰 관심을 기울이고 있다.

4 비평사의 목표

문학은 시대 상황에 치열하게 대응하고 있는 정신 영역이다. 비평에 한정시켜 본다면, 문학에 대한 대부분의 논의가 문학 외적인 현실 이념에 깊이 연관되어 있으므로 문학정신 자체가 시대적 조건이나 상황 변화에 밀착되는 것이 아닌가 생각되기도 한다. 그러나 비평의 방향이 어떠한 속성을 드러내고 있든지 비평은 당대 문학의 논리적 자기 구현에 해당한다.

문학이란 언제나 한 시대의 살아 있는 정신으로 기록된다. 그 정신의 자체 내의 척도가 비평이라면, 문학비평은 문학의 양심이다. 여기서 척도라는 말의 의미를 정확하고 면밀한 기준으로 한정시킬 필요는 없다. 비평의 의미는 문학에 대한 어떤 요구에 있는 것이 아니다. 비평이 직접적으로 창작에 대해 요구할 수 있는 것이 있다면, 그것은 이념에의 추종이 아니라, 우리의 실제적인 자아가 현실에서 살고 있는 것처럼 새로운 인생을 제시할 수 있도록 하라는 것뿐이다. 비평은 예술적 체험으로 이루어진 작품을 지적 표현으로 바꾸어 놓긴 하지만, 문학을 어떤 다른 사상으로 대치시켜 놓지는 않는다. 문학이 문학으로서의 존재 의미를 가능하게 하는 여러 가지 속성을 밝혀 주면서, 비평가 자신의 자아에 대한 비전의 진실한 표현이 가능해질 때에 비평의 확립이 가능한 것이다.

비평의 방법이란 무질서하게 분산된 것처럼 보이는 문학 현상을 하나의 전체적인 질서 속에서 인식할 수 있도록 논리를 추구하는 것이다. 그것은 비평의 목적에 도달하기 위한 과정으로서의 의미도 중요하지만, 자체의 논리성도 갖추어야 한다. 한국 문학비평은 그 방법론의 모색 과정에서 서구 문학이론의 수용에 급급해 왔던 것이 사실이다. 방법론 자체에 대한 인식도 부족할 뿐만 아니라, 그 방법에만 매달려 문학작품 자체의 이해를 그르친 경우도 적지 않다. 비평 방법의 미숙으로 인해, 대부분의 실천비평은 작품에 대한 이해보다 작품의 가치판단에만 매달린다. 대체로 가치론에 중심을 두는 비평일수록 엄격한 논리나 객관성이 결여된 경우가 많으며, 평자의 개인적인 세계관이나 도덕적 신념을 척도로 내세우거나 작품의 내용에 대해 불필요한 간섭을 도모한다.

문학의 창작 과정에서 작가는 자기대로의 인생관이나 철학을 가지고 작품에 임하지만, 그것을 자신의 철학으로 내세우지 않는다. 오직 작품을 내놓을 뿐이다. 그가 지니는 인생관이나 철학은 그의 창조적 상상력이 포괄해야 할 여러 가지 대상 중에서 한 부분에 지나지 않는다. 그럼에도 비평이 특정 세계관이나 도덕적 신념에 따라 가치판단에만 매달린다면, 작품의 본질적인 속성을 폭넓게 이해하기 어려울 것이다. 비평이 작가의 인생관이나 사회적 태도 등을 작품 속에서 확인하고 그것을 해명하는 데 만족한다는 것은 작품을 말하는 것이 아니라 작품의 창작 경위만을 말하는 것이 된다. 문학비평이 궁극적으로 자리해야 할 곳은 문학의 영역이다. 문학비평은 대상으로서의 작품이 지니는 작품 내적인 상황과 현실을 면밀하게 식별하고 판단해야 한다. 이것을 무시할 경우 그릇된 해석과 오도된 판단이 따르게 된다. 오늘의 문학비평이 문학의 영역에 진실한 시대의 양심으로 존재하기 위해서는 다양한 방법, 포괄적인 관점, 비판적인 정신이 조화를 이루어야 한다. 그것만이 문학을 문학의 자리에 있게 하고, 비평의 독자적인 자기 논리로 문학적 관습과 전통을 이해하며, 새로운 전망을 약속한다. 비평의 관점과 방법의 확립을 위해서는 비평적 시각과 논리의 주체화가 필수다. 문학은 초월적 가치를 담고 있는 것도 아니며, 신에 가까운 창조자로서의 작가가 상상력으로 창조해 낸 것도 아니다. 문학은 경험적 세계를 지배하는 사회·역사적인 규범과 질서 아래에서 생산된다. 그러므로 이러한 문학의 위치를 규명할 가치판단의 기준은 심미적인 요건이 아니라 일종의 경험주의에 기초한 합리성이다. 바로 이 합리성의 기준에 의해서만 인간적인 사회, 사회적인 인간성을 추구하는 문학의 지향을 긍정적으로 평가할 수 있다.

비평사 연구의 궁극적인 목표는 문학에 대한 모든 관심과 그 접근 방법의 시대적 변화를 역사적으로 체계화하는 데 있다. 물론 비평사는 문학적 자료의 역사적인 나열이 아니라, 문학에 관한 관점과 해석 방법을 논리화하고 체계화한 것이다. 그러므로 비평사는 결국 문학작품에 대한 비평의 역사적 종합 또는 집적에 해당한다. 문학작품에 대한 비평적 수용의 역사를 비평사라고 한다면, 비평사 연구가 지향해야 할 통합적 관점이란 비평의 방법과 관점의 확대를 통해서만 획득할 수 있다.[16] 문학은 역사적 상황과 이념적인 충

16 서구 문학비평사의 체계화 작업에서 주목되는 작업 모델은 르네 웰렉이 오랜 기간에 걸쳐

동과 삶의 방향에 따라 달라지며, 그 모든 것을 인간의 삶의 영역에 포괄시켜 예술적으로 형상화하기 마련이다. 그러므로 문학은 사회·역사적 산물이며 문화적 현상에 속하기 때문에 역사와 이념과 지역과 종족을 넘어서는 절대적 가치 개념으로서의 순수에만 머물러 있는 것은 아니다. 비평도 마찬가지다. 비평은 그 자체가 지적 탐구의 대상도 아니며, 심미적인 가치 개념에만 얽매인 편협된 논리도 아니다. 비평의 관점과 방법은 문학이 무엇인가라는 본질적 질문에서부터 논의가 이루어져야 한다.

이룬 *A History of Modern Criticism 1750-1950*, 8 vols(Yale University Press, 1955-1992)로, 서구 현대문학 비평의 역사적 전개 양상을 언어권별·시기별로 정리한 방대한 규모의 비평사다. 체코의 '프라하 언어학파'의 일원으로 활동하다가 미국으로 건너가 신비평의 성립에 지대한 영향을 미친 그가 문예학의 관점에서 비평의 방법과 그 실천 양상을 역사적으로 정리했다는 점에서 관점의 일관성과 함께 1920년대 이후 자기 경험의 영역을 상대화하는 방법으로서 비평사 연구를 지성사적 차원에서 체계화한 점이 주목된다. 서구 문학 전반에 걸친 비평사 정리 작업인 *The Cambridge History of Literary Criticism*, 9 vols(Cambridge University Press, 1990-2013)의 제1권은 *Classical Criticism*이며 마지막 9권은 해체론 이후의 낭대 비평을 다루고 있다. 영어권 문학에서 포섭할 수 있는 서구 문학 전반에 걸친 비평의 역사라고 할 수 있다. 각 권의 편자가 다르고 각 권의 내용도 장별로 집필자를 달리해 서술의 전문성을 높였다.

제1부

1

민족어의 발견

1) 개화계몽시대의 국어국문운동

국어와 국문의 인식

한국 현대문학은 19세기 중반 이후 전통 사회가 붕괴되고 새로운 현대적인 사회로 변모되기 시작하는 상황에서 성립된다. 이 변혁의 시대에 전통적인 한문 글쓰기가 주도권을 상실하고 국어와 국문이라는 단일한 언어 문자를 기반으로 하는 국문 글쓰기가 자리 잡는다. 그러므로 한국문학사에서 현대문학의 성립은 한문의 쇠퇴와 국문 글쓰기의 새로운 탄생을 의미하는 것으로 이해할 수 있다.

동아시아의 한자문화권에 속한 한국에서는 전통적으로 한문 중심의 글쓰기가 지배 문화의 주류를 이루어 왔다. 조선시대 이전에 시를 쓴다는 것은 한문으로 한시를 짓는다는 것을 뜻한다. 한국어로 만들어진 전통적인 시조나 가사 등은 모두가 가창하기 위해 만들어진 노래로서 가요, 가사, 가곡 등의 명칭으로 불려 왔다. 시로서의 한시와 노래로서의 가곡이나 가사가 양립해 발전해 온 것은 한국인들이 오랫동안 중국으로부터 전래된 한자를 중심으로 하는 이원화된 언어 문자 생활을 영위했던 데에서 비롯된 일이다. 자기주장을 내세워 어떤 문제를 논하거나 어떤 사실을 설명할 때에도 한문으로 글을 쓸 수밖에 없었다. 조선시대 이전부터 지배층의 이념과 사상을 대변해 온 언어체로 지배층의 전유물이었던 한문은 중화적 사상의 근거로서, 지배층이 필요로 하는 지식과 이념을 생산하고 그것을 대변해 왔다. 한국인들이 일상적인 언어생활에서 한국 고유의 언어를 사용했음에도 중국의 한문을 유일한 진리의 언어로 부각시킨 것은 이 때문이다. 훈민정음을 창제하면서 구술언어와 문자언어가 국어와 국문이라는 단일한 언어 문자 체계로 일원화할 수 있는 가능성을 확보했지만, 조선 사회의 문화적 특수성으로 인해 오히려 문자 생활의 이중성은 더욱 강화되었다.

그러므로 훈민정음 창제와 함께 등장한 국문 글쓰기는 공식적인 사회·문화적 제도와 일정한 거리가 있었다. 조선시대 지배층은 국문 사용을 거부하고 그 지위를 '언문'이라는 이름으로 격하시켜 놓았다. 국문은 한문을 번역하는 수단으로 이용되거나, 아녀자들의 의사 전달 수단으로 고정되어 시조, 가사, 소설과 같은 문학 양식에서 '언문체'라는 고유의 문체로 남게 되었다. 조선시대에 국문 글쓰기를 공식적으로 활용한 것은 경서의 언해 작업이다. 경서의 번역 문체로 널리 이용된 '언문체'는 인간의 삶의 규범과 이념의 제시를 목표로 하는 장중한 문체로 고정되어 있어서, 언어의 실제적인 가치를 규정해 주는 대화적 공간을 제대로 유지하지 못했다. 아녀자들이 주고받는 편지 역시 '언문체'가 주종을 이루었지만, 편지글이라는 격식을 지키기 위해 어조의 단일성을 유지하고 있으며, 시조나 가사의 경우는 가창되는 음악 형식에 따라 그 표현 구조가 고정된다. '언문체'를 폭넓게 구현했던 고전소설도 어조의 단일성이 강하다. 고전소설은 서술자의 어조가 작가의 단일한 목소리로 고정되기 때문에 일상어의 다양성을 제대로 반영하지 못하는 한계를 드러내고 있다.

그런데 19세기 중반에 이르러 개화계몽운동의 일환으로 국어국문운동이 대중적으로 확산된다.[1] 국어국문운동은 국문이라는 언어체를 통해 언문일치의 이상을 실현한 문체 변혁운동이다. 19세기 말부터 전개된 국어국문운동은 민족의 주체적 인식이 사회적으로 확대되는 과정에서 자연스럽게 촉발된 것으로서, 문자 생활의 변혁을 통해 지식과 정보의 대중화를 가능하게 한다. 그리고 출판 인쇄물의 증가, 사회 활동과 교육의 확대 등을 통해 언어 문자의 사용에 대한 새로운 질서를 확립하게 된다. 국어국문운동은 개화계몽운동의 중심에 자리하면서 봉건적인 조선 사회의 낡은 제도와 관습과 가치의 붕괴를 촉진시키고 새로운 시대에 적응할 수 있는 모든 가치 개념을 국문 글쓰기를 통해 대중적으로 확산시킨다.

---

1 이기문, 『개화기의 국문연구』(일조각, 1970) 참조.

국어국문운동은 1894년 갑오경장 이후 근대적인 교육제도가 확립되면서부터 그 사회적 실천 기반을 확립한다. 고종은 1895년 조선왕조의 자주독립을 서고(誓告)하면서 이른바 '홍범(洪範) 14조'를 통해 근대 교육제도의 필요성을 강조한 바 있으며, 교육 전담 부서로서 학무아문(學務衙門)을 설치하고 교육제도를 새롭게 정비한다. 그리고 교육입국조서(敎育立國詔書)(1895)에서 구체적인 시행 방침을 규정하고 있다. 그 후 한성사범학교를 개교해 체계적인 교사 양성이 가능하도록 조치하고, 소학교령(小學校令)(1895)에 의해 수업연한을 6년으로 하는 관공립 소학교를 전국 각 지방에 설립한다. 이같이 교육제도가 정비되면서 민간에 의한 교육운동이 활발하게 전개된다. 기독교 선교 활동을 기반으로 설립된 배재학당(1885)과 이화학당(1886) 같은 학교들이 대중 교육에 앞장섰고, 1900년대에 접어들어서는 사립 중등교육기관으로 양정의숙(1905)에 이어 휘문의숙, 숙명학교, 진명여학교 등이 동시에 개교한다. 1905년 보성학교, 한성법학교 등의 고등교육기관도 설립된다. 이 새로운 교육기관들은 대체로 국어, 국사, 수신 등을 중요 교과목으로 편성 교육하면서, 서구의 새로운 문물과 제도, 근대적 이념과 가치를 수용하고자 하는 개화사상을 널리 강조하게 된다. 학부에서는 이들 학교 교육을 위해 국문 또는 국문과 한자를 혼용한 국한문을 활용해 교과용 도서를 발간, 보급한다.

갑오경장 이후 개혁 방안에 따라 한문에 의존했던 관료 등용 제도인 과거제도를 폐지하자 한문 교육의 전통 자체도 크게 약화된다. 반면에 국가에서 실시하는 보통 시험에 국문이 정식 과목에 포함되어 국문의 중요성이 더욱 강조된다.[2] 의정부 학무아문에는 국문 표기법의 규정과 국문 교과서 편집을 담당하는 편집국을 신설(1894. 7. 19)한다. 국가 차원에서 개혁적인 어문 정책의 기초를 담당하기 위해서다. 그리고 모든 법률 칙령을 국문으로 기본을 삼고 한문으로 번역하거나 국한문을 혼용한다는 칙령을 공포(1894. 11. 21)함으로써, 모든 공적인 언어 문자 생활에서 국문 사용을 공식화하게 된다.

이처럼 국문 사용이 공식화되자 대중 독자층을 상대로 하는 국문 신문과 잡지가 간행된다. 그리고 각급 학교의 교과용 도서 출판은 물론 대중적인 읽을거리로서 다양한 국문 서적 출판이 이루어진다. 1896년 창간한《독

2 「銓考局條例」(1894. 7. 12).

립신문》이 순국문으로 간행되었고, 《독립신문》의 발간 이후 《대한황성신문》이 국문으로 발간되다가 뒤에 《황성신문》으로 개제하면서 국한문으로 편집이 바뀐다. 《제국신문》은 창간 당시부터 국문 신문으로 일관된 성격을 유지했고, 종교 계통의 신문 가운데 《그리스도신문》도 창간 당시부터 국문 전용의 신문으로 출발하고 있다. 《대한매일신보》는 창간 당시부터 국한문 신문이었으나, 1907년부터 국문판 《대한매일신보》를 별도로 발간한 바 있다. 《만세보》는 한자에 국문으로 음을 병기한 특이한 국한문 표기 방식을 수용했고, 《대한민보》의 경우에도 국한문을 채택하고 있다.

개화계몽시대의 국어국문운동은 전문 연구자들의 여러 연구 작업을 통해 언어문자의 규범과 그 이론적 기반을 확립한다. 이 시기에 지석영의 『국문론(國文論)』(1896), 『신정국문(新訂國文)』(1905), 『언문(言文)』(1909), 리봉운의 『국문정리(國文正理)』(1897), 유길준의 『대한문전(大韓文典)』(1908), 주시경의 『대한국어문법(大韓國語文法)』(1906), 『국어문전음학(國語文典音學)』(1908), 『국어문법(國語文法)』(1910), 『말의 소리』(1914) 같은 본격적인 저술이 나오면서 국어 국문 연구에 새로운 장을 열게 된다. 특히 1907년 학부 안에 국문연구소(國文硏究所)를 개설해 국어 국문에 대한 연구를 국가적인 사업으로 추진하면서 국문의 원리, 연혁, 사용법, 장래의 발전 등을 연구하게 된다. 이 연구 작업에 윤치호, 이능화, 권보상, 이종일, 어윤적, 주시경 등이 가담한다. 국문연구소는 1909년 「국문연구의정안(國文硏究議定案)」을 통해 국문의 문자 체계 정리, 맞춤법 규정, 용자법 확정 등 여러 논의를 종합하면서, 국문 사용의 확대 과정에서 나타난 표기 체계의 혼란을 극복하기 위해 국문에 관한 새로운 여러 가지 규범을 제정하고자 노력한다.

2) 국문 글쓰기의 사회적 확대

《독립신문》의 국문 전용

개화계몽시대의 국어국문운동이 당시 언어 문자 생활에서 국문 사용을 사회·문화적으로 확대시키는 데 《독립신문》의 국문 창간(1896)이 결정적인 기여를 한다. 《독립신문》의 국문 글쓰기는 누구나 쉽게 국문으로 신문을 읽게 하면서 국문 해독층 증가와 함께 국문 글쓰기를 기반으로 하는 다양한 양식과 담론의 분화 현상을 촉발한다. 국문 글쓰기의 확대는 민중을 문자 생활의 지적 공간으로 새롭게 끌어들임으로써 국문을 이용한 글쓰기 방식을 다양하게 발전시켰고, 글쓰기의 주제와 양식, 문체와 표현 방법 등도 새로운 실험과 변화를 통해 그 규범을 확립하게 된다. 《독립신문》은 국문 전용이라는 혁신적인 조치에 대해 다음과 같은 논설로 설명한다.

> 우리 신문이 한문은 아니 쓰고 다만 국문으로만 쓰ᄂᆞᆫ 거슨 샹하귀쳔이 다 보게 ᄒᆞᆷ이라 ᄯᅩ 국문을 이러케 귀졀을 ᄯᅦ여 쓴즉 아모라도 이 신문 보기가 쉽고 신문 속에 잇ᄂᆞᆫ 말을 자세이 알어 보게 ᄒᆞᆷ이라 각국에셔ᄂᆞᆫ ᄉᆞᄅᆞᆷ들이 남녀 무론ᄒᆞ고 본국 국문을 몬저 ᄇᆡ화 능통ᄒᆞᆫ 후에야 외국 글을 ᄇᆡ오ᄂᆞᆫ 법인ᄃᆡ 죠션셔ᄂᆞᆫ 죠션 국문은 아니 ᄇᆡ오드ᄅᆡ도 한문만 공부ᄒᆞᄂᆞᆫ ᄭᆞ닭에 국문을 잘 아ᄂᆞᆫ ᄉᆞᄅᆞᆷ이 드믈미라 죠션 국문ᄒᆞ고 한문ᄒᆞ고 비교ᄒᆞ여 보면 죠션 국문이 한문보다 얼마나 나흔거시 무어신고 ᄒᆞ니 첫ᄌᆡᄂᆞᆫ ᄇᆡ호기가 쉬흔이 됴흔 글이오 둘ᄌᆡ는 이 글이 죠션 글이니 죠션 인민들이 알어셔 ᄇᆡᆨᄉᆞ을 한문 ᄃᆡ신 국문으로 써야 샹하귀쳔이 모도 보고 알어보기가 쉬흘 터이라 한문만 늘 써 버릇ᄒᆞ고 국문은 폐ᄒᆞᆫ ᄭᆞ닭에 국문만 쓴 글을 죠션 인민이 도로혀 잘 알어보지 못ᄒᆞ고 한문을 잘 알아보니 그게 어찌 한심치 아니ᄒᆞ리요 ᄯᅩ 국문을 알아보기가 어려운 건 다름이 아니라 쳣ᄌᆡ는 말마ᄃᆡ을 ᄯᅦ이지 아니ᄒᆞ고 그져 줄줄 ᄂᆞ려 쓰ᄂᆞᆫ ᄭᆞ닭에 글ᄌᆞ가 우희부터ᄂᆞᆫ지 아ᄅᆡ부터ᄂᆞᆫ지 몰나셔 몃번 일거본 후에야 글ᄌᆞ가 어ᄃᆡ부터ᄂᆞᆫ지 비로소 알고 일그니 국문으로 쓴 편지 한 쟝을 보자ᄒᆞ면 한문으로 쓴 것보다 더듸 보고 ᄯᅩ 그나마 국문을 자조 아니 쓰ᄂᆞᆫ고로 셔툴어셔 잘 못 봄이라 그런고로 정부에셔 ᄂᆡ리는 명녕과 국가 문젹을 한문으로만 쓴즉 한문 못ᄒᆞᄂᆞᆫ 인민은 나모 말만 듯고 무ᄉᆞᆷ 명녕인 줄 알고 이편이 친이 그 글을 못 보니 그 ᄉᆞᄅᆞᆷ은 무단이 병신이 됨이라 한문 못ᄒᆞᆫ다고 그 ᄉᆞᄅᆞᆷ이 무식ᄒᆞᆫ ᄉᆞᄅᆞᆷ이 아니라 국문만 잘ᄒᆞ고 다른 물정과 학문이 잇스면 그 ᄉᆞᄅᆞᆷ은 한문만 ᄒᆞ고 다른 물정과 학문이 업ᄂᆞᆫ ᄉᆞᄅᆞᆷ보다 유식ᄒᆞ고 놉흔 ᄉᆞᄅᆞᆷ이 되는 법이라 죠션 부인네도 국문을 잘ᄒᆞ고 각ᄉᆡᆨ 물정과 학문을 ᄇᆡ화 소견이 놉고 ᄒᆡᆼ실이 정직ᄒᆞ면 무론 빈부귀쳔 간에 그 부인이 한문은 잘ᄒᆞ고 다른 것 몰으ᄂᆞᆫ 귀족 남ᄌᆞ보다 놉흔 ᄉᆞᄅᆞᆷ이 되ᄂᆞᆫ 법이라 우리

> 신문은 빈부귀천을 다름업시 이 신문을 보고 외국 물정과 ᄂᆡ지 ᄉᆞ정을 알게 ᄒᆞ랴ᄂᆞᆫ 뜻시니 남녀노소 상하귀천이 간에 우리 신문을 ᄒᆞ로 걸너 몃ᄃᆞᆯ간 보면 새 지각과 새 학문이 ᄉᆡᆼ길 걸 미리 아노라.[3]

위의 논설을 보면 《독립신문》이 국문 전용을 실천하게 된 이유를 크게 두 가지로 설명하고 있다. 하나는 누구나 쉽게 알 수 있는 국문을 통해 지식과 정보를 널리 공유한다는 점을 강조한 것이다. 이것은 《독립신문》이 추구하는 문화적 민주주의 의식의 출발점에 해당한다. 상하 귀천을 떠나 남녀노소 누구나 국문으로 쓴 기사를 읽고 새로운 지식과 학문을 지니게 된다는 것은 조선 사회의 계급적 폐쇄성과 차별성을 파괴한다는 뜻이 포함된다. 국문이 바로 이 같은 신문의 사회·문화적 역할의 기반이 되는 셈이다. 또 하나의 이유는 조선의 글로서 국문의 독자성과 고유성을 강조하고 중국의 한문과 구별한 점이다. 이것은 국문을 통해 민족적 자기 정체성을 인식하게 함으로써 주체의 확립을 위한 다양한 계몽 담론을 구성하는 데 국문이 가지는 의미를 분명하게 밝힌 것으로 볼 수 있다.

《독립신문》의 국문 전용에서 주목되는 특징 중 하나는 띄어쓰기를 처음으로 규범화해 글쓰기에 실제로 적용하는 점이다. 이 새로운 규칙은 국어의 언어적인 특성에 대한 이해에서 비롯된 것인데, 띄어쓰기를 통해 국문 글쓰기는 그 이전의 '언문체'와는 다른 새로운 담론 기능을 부여받는다. 어휘 형태소와 문법 형태소를 경계 지어 공백으로 표시하는 이 띄어쓰기 방법은 조선시대의 '언문체'가 줄글로 이어져 있던 것과는 전혀 다른 시각적 인식의 효과를 거둔다. 조선시대의 '언문체'는 산문 양식인 고전소설에서도 줄글로 이루어지며, 구술성에 의존해 음절량의 규칙적 분절에 의한 율격 패턴을 유지하게 한다. 그러므로 구술의 시간성에 의존하고 청각적인 것에 호소하는 특성이 있다. 그러나 《독립신문》의 국문 글쓰기는 띄어쓰기를 통해 시각적인 인식을 중시함으로써 글 읽기의 기능성을 한층 높인다.

《독립신문》은 국문을 이용한 여러 가지 글쓰기 양식의 새로운 가능성을 실천적으로 보여 준다. 《독립신문》의 지면 구성 내용은 대체로 제1면 논

---

3 「창간호 논설」(독립신문, 1896. 4. 7).

설, 제2면 관보, 외국 통신, 잡보, 제3면 잡보, 선박 출발표, 우체 시간표, 광고 등으로 구분되어 있고, 제4면은 'The Independent'라는 표제 아래 영문 논설과 중요 기사로 채워져 있다. 신문 기사의 중심을 이루었던 '논셜'은 오늘날의 사설이나 해설 기사와 성격이 같은, 논설 양식의 대표적인 형태다. 《독립신문》에서 논설 양식이 정착된 것은 지식과 교양을 계몽하기 위한 실용적 글쓰기에 국문 글쓰기가 적용되기 시작했음을 말해 준다. 논설은 어떤 문제에 대해 명백하게 풀이해 줌으로써 구체적이고 상세한 내용을 알아볼 수 있도록 하는 데 목적을 둔다. 그리고 어떤 근거를 내세워 신문사가 추구하는 이념에 동조하도록 독자들에게 요구해 따르도록 한다. 이러한 논리적인 국문 글쓰기는 조선시대 문헌에서는 찾아보기 어려운 것이다. 신문의 '외국 통신'이나 '잡보'에 소개되는 기사들은 넓은 의미의 서사 영역에 속하며, 어떤 사실을 이야기하고 정확하게 전달하고자 하는 데 목적을 둔다. '잡보'의 기사들은 어떤 사건의 진행 과정이나 변화를 시간적 추이에 따라 구체적으로 풀어 이야기하는 방법이다. 그러므로 '무엇이 일어나고 있는가?'라는 질문에 대한 대답의 형식이 되며, 하나의 일관된 줄거리를 갖는 이야기 형태로 표현된다. 여기서 의미 있는 내용을 정리해 체계 있게 진술하기 위해서는 '행위', '시간', '의미'를 정확하게 구획할 수 있어야 한다. 신문 기사는 어떤 각도에서 그 상황을 부각시키며 진술하느냐에 따라 내용의 전달과 이해의 성패를 결정하게 된다.

《독립신문》의 기사는 결국 논설과 서사라는 두 가지 양식을 정착시켜 놓음으로써 국문 글쓰기의 사회·문화적인 공식성을 가능하게 한다. 《독립신문》의 기사는 그 내용이 신문 지면에 오르는 순간에 시간적 동시성의 의미를 지닌다. 독자는 신문에 소개되는 군주의 근황이나 국가 행정의 변화나 지방에서 일어난 어떤 사건을 아무런 거리감 없이 동시적으로 접한다. 군왕의 이야기와 하찮은 지방 평민의 일을 동일한 지면 위에 펼쳐 보이는 국문 글쓰기의 위력을 통해 독자는 《독립신문》이 지향하는 평등의 의미가 무엇인가를 깨닫는다. 외국 통신을 통해 전해지는 다양한 해외 소식은 한국의 독자에게 공간적인 거리와 간격을 좁혀 준다. 한국에서 일어나는 여러 사건과 함께 외국에서 일어나는 일들을 동시적으로 인식한다는 것은 지구상의 모든 인류가 함께 살아가고 있음을 깨닫는 것과 같다. 이러한 세계 인식은 국문 글쓰기를 통해 인간의 보편적 가치의 구현이 가능해지고 있음을 말해 주는 것이다.

《독립신문》은 국문 글쓰기를 통해 현실 속에서 살아 있는 모든 사회적 담화의 유형을 기록할 수 있게 했다. 국문 글쓰기가 삶의 세계에 존재하는 말의 다양성을 그대로 문자로 구현하게 되자, 국문체는 일상의 언어에 담겨 있는 사건, 의미, 이념, 감정 등을 구체적인 담론의 형태로 산출할 수 있게 된 것이다. 《독립신문》의 국문 글쓰기는 언어와 문자를 통한 사물에 대한 인식방법의 통합을 가능하게 함으로써, 언어체의 변혁이라는 문화적 기호의 전환이 한 사회의 사상과 이념과 가치를 혁명적으로 전환시킬 수 있음을 보여 준다.

국문과 한자의 혼용 문제

개화계몽시대의 국어국문운동은 실제의 언어 문자 생활 가운데에서 일상적인 말과 글을 완전히 일치시키는 이른바 언문일치(言文一致)를 목표로 한다. 그러나 국어 어휘의 절대다수를 차지하는 한자어의 국문 표기에 적지 않은 저항이 야기된다. 국문 글쓰기에 대한 높아진 관심에도, 개념어의 한자 혼용 문제가 자연스럽게 대두되었던 것이다.

국문 글쓰기에서 한자 혼용의 문제가 어떻게 변화되었는가를 가장 잘 보여 주는 것은 관공서의 공문이다.[4] 이미 1894년 칙령에 의해 국문을 본위로 하는 공문서의 표기를 정했음에도 1900년대에 들어서면서 이 같은 규범이 점차 흔들려 1908년에는 모든 정부 공문서에 한자 혼용을 공식화[5]하기도 한다. 그리고 교과용 도서의 출판에서도 국문과 한자의 혼용이 점차 일반화된다. 1908년 11월 최남선이 간행한 잡지 《소년(少年)》이 상당 부분의 기사를 국문으로 표기했던 경우를 제외하고는 이 당시의 여러 사회단체에서 발간한 대부분의 잡지가 또한 한자 혼용을 채택하게 된다. 국문 글쓰기에서 한자 혼

4 송철의, 「한국 근대 초기의 어문운동과 어문정책」, 이병근·송철의 외, 『한국 근대초기의 언어와 문학』(서울대학교출판부, 2005), 60-65면.

5 관보 3991호(1908. 2. 7)에 의하면 다음과 같은 새로운 내규가 시행되기 시작했음을 확인할 수 있다: "一 各官廳의 公文書類는 一切히 國漢文을 交用ᄒᆞ고 純國文이나 吏讀나 外國文字의 混用홈을 不得홈. 一 外國官廳으로 接受ᄒᆞᆫ 公文에 關ᄒᆞ야만 原本으로 正式處辨을 經ᄒᆞ되 譯本을 添付ᄒᆞ야 存檔케 홈."

용 방식[6]의 채택 과정은 복잡한 문화적 배경을 지니고 있기 때문에, 언어체의 선택과 표기만이 문제가 되는 것은 아니다. 한문의 쇠퇴와 국문 글쓰기의 발전, 국문 글쓰기에서 한자 혼용의 확대는 각각의 문자 표기 체계를 담당하던 사회계층의 의식 변혁에 그대로 대응한다. 그렇기 때문에 그 자체가 곧 사회사상 체계의 변혁을 의미한다고 할 수 있다. 한문의 쇠퇴가 그것을 기반으로 했던 지배층의 몰락을 뜻한다면, 국문 글쓰기의 발전은 사회계층의 계급적 구분을 넘어서 민중의 성장을 말하는 것이다.

국문 글쓰기의 한자 혼용은 개화계몽운동을 주도했던 지식층의 사상적 절충성을 보여 준다. 국문 글쓰기의 한자 혼용은 통사적으로는 국문의 어법적인 규범을 따르면서도 관념적이고 추상적인 개념어와 고유명사 등을 한자로 표기한다는 문자 표기의 절충성에 그 본질적 특성이 있다. 이것은 문자로서의 한자가 지닌 표의성과 국문의 감응력을 결합시킨 새로운 기능성을 창출하고 있음을 의미한다.

국문 글쓰기의 한자 혼용을 적극적으로 실천하는 데 크게 기여한 유길준은 『서유견문(西遊見聞)』(1895)을 국문과 한자 혼용 방식으로 펴내면서 그 서문에서는 말뜻을 평순하게 하여 문자를 조금 아는 사람도 알기 쉽게 하며, 스스로 글을 쓰는 데 편리하며, 우리나라 칠서 언해의 방식을 따르고 있음을 밝혔다. 유길준의 지적대로 한자 혼용 방법은 이미 그것이 대상으로 삼고 있는 독자 계층을 '문자를 조금 아는 사람'으로 지정하고 있다는 점에서부터 수용 계층을 고려한 것임을 알 수 있다. 유길준이 한자 혼용의 규범을 경서의 언해 방식에서 차용하고 있다고 밝힌 것은 국문 글쓰기의 한자 혼용 방식이 가지는 본질적인 속성을 암시해 주는 중요한 지적이다. 그것은 한자 혼용의 글쓰기가 번역체로서의 속성을 지니고 있음을 말해 주기 때문이다.

국문 글쓰기의 한자 혼용은 새로운 지식과 사상을 매개해 일상의 언어에 가깝게 지시, 전달할 수 있다는 점에 그 특성이 있다. 실제로 한자 혼용을 매개로 했던 개화계몽시대의 새로운 사상과 지식 자체가 상당 부분 자생적인 것이 아니라 외래적인 것을 번역 또는 번안하는 수준이었다는 점은 부

---

6 흔히 '국한문체'라는 용어가 사용되고 있지만 이는 '국문과 한자의 혼용'이라고 해야 한다. 국한혼용체라는 표현이 오히려 적절하다.

인할 수 없다. 당시 국한 혼용 방식으로 발간된 중요 교과용 도서와 신문·잡지 등은 문명개화의 이상을 논하고 새로운 학문을 소개하는 것이 대부분이다. 그 원전 자체는 상당 부분 중국이나 일본에서 들어왔다. 이 같은 외국 서적을 번역하기 위해, 개념의 핵심을 이루는 말들은 원문의 한자를 살려 두고, 나머지를 국문으로 바꾸어 표기함으로써 자연스럽게 한자 혼용을 선택하게 된 것이다.

국문 글쓰기에서 한자 혼용이 지니고 있는 기능적 절충성에 대해서는 개화계몽시대의 지식인들 사이에 두 가지의 서로 다른 관점이 충돌한다. 전통적인 한학자로서 학문적인 면에서 보수적 태도를 고수했던 황현(黃玹)은 국문 글쓰기의 한자 혼용을 놓고 "국문과 한문을 섞어 쓰는 방식이 일본 문법을 본뜬 것"이라고 비판한다.[7] 이것은 일본의 정치·문화적 영향력의 확대 과정 자체를 담론의 형식 문제로까지 연결시켜 논박하는 경우에 해당한다. 한자 혼용의 절충적 기능성보다 그것이 지니는 정치성에 더욱 민감했던 보수주의자의 관점을 잘 보여 주는 대목이다. 국문 글쓰기의 한자 혼용이 과연 일본풍의 새로운 언어체인가에 대해서는 논란의 여지가 없지 않다. 유길준도 경서의 언해 방식을 따라 한자 혼용을 택했다고 밝혔기 때문이다. 그러나 당시의 시대 상황으로서는 황현의 경우와 같은 정치적인 해석이 가능할 정도로 일본의 문화적 영향력이 컸던 것이 사실이다.

이러한 일부의 비판적인 견해에도 국문 글쓰기의 한자 혼용의 기능성 자체를 크게 강조하는 견해가 많다. 대표적인 예로 이광수의 다음과 같은 논설을 찾아볼 수 있다.

> 國文의 過渡關係는 如左 三者니
> 一, 國文을 專廢ᄒᆞ고 漢文을 專用ᄒᆞᆯ가,
> 二, 國文과 漢文을 竝用ᄒᆞᆯ가,
> 三, 漢文을 專廢ᄒᆞ고 國文을 專用ᄒᆞᆯ가
> 以上 三者中 詳密히 利害關係를 斟酌商量ᄒᆞ야 一을 定치 아니치 못ᄒᆞᆯ지라
> 一, 國文을 專廢ᄒᆞ고 漢文을 專用ᄒᆞᆯ가

7 黃玹, 『梅泉野錄』(卷二, 甲午年).

此ᄂᆞᆫ 以上에 開論한 바이며 又 日本 某學者ᄂᆞᆫ 言論ᄒᆞᄃᆡ 愛國精神의 根源은 國史와 國文에 在하다 하니 如何한 境遇로 論之하야도 不可홀 것이요

二, 國文과 漢文을 幷用할가.

現今我邦各教科書와 新報紙가 採用하ᄂᆞᆫ 者니 則漢文으로 經을 삼고 國文으로 緯를 삼ᄂᆞᆫ 者라 此ᄂᆞᆫ 비록 漢文을 專用함보다ᄂᆞᆫ 優하리로ᄃᆡ 亦是 漢文不可不學의 廢가 有ᄒᆞ니 其宜를 得ᄒᆞ얏다 하지 못하리로다 假定한 三者中 二者ᄂᆞᆫ 이믜 否定되얏스니 不可不第三을 採用하리로다.

國文을 專用하고 漢文을 專廢ᄒᆞᆫ다 함은 國文의 獨立을 云함이요 絶對的 漢文을 學하지 말나 함이 아니라 此萬國이 隣家와 갓치 交通ᄒᆞᄂᆞᆫ 時代를 當ᄒᆞ야 外國語學을 研究홈이 學術上實業上政治上을 勿論ᄒᆞ고 急務될 것은 異議가 無홀 바이니 漢文도 外國語의 一課로 學홀지라 此重大ᄒᆞᆫ 問題를 一朝에 斷行ᄒᆞ기ᄂᆞᆫ 不可能ᄒᆞᆫ 事라 할듯ᄒᆞᄂᆞ 遷延히 歲月을 經ᄒᆞ야 新國民의 思想이 堅固케 되고 出刊書籍이 多數히 되면 더옥 行ᄒᆞ기 難ᄒᆞ리니 一時의 困難을 冒ᄒᆞ야 我邦文明의 度를 速ᄒᆞ게 함이 善策이 아닌가 玆의 淺薄ᄒᆞᆫ 意見을 陳ᄒᆞ야 有志同胞의 注意를 促ᄒᆞ며 幷ᄒᆞ야 方針의 講究를 願ᄒᆞ노라.[8]

今日의 我韓은 新知識을 輸入홈이 汲汲ᄒᆞᆫ ᄯᅢ라 이 ᄯᅢ에 解키 어렵게 純國文으로만 쓰고 보면 新知識의 輸入에 沮害가 되깃슴으로 此意見은 아직 잠가두엇다가 他日을 기다려 베풀기로 ᄒᆞ고 지금 餘가 主張ᄒᆞᄂᆞᆫ 바 文體ᄂᆞᆫ 역시 國漢文併用이라 그러면 무어시 前과 다를 거시 잇깃느냐고 讀者諸氏ᄂᆞᆫ 疑問이 싱길지나 그ᄂᆞᆫ 그럿치 아니로다 우에도 죠곰 말ᄒᆞᆫ 것과 갓히 今日에 通用ᄒᆞᄂᆞᆫ 文體ᄂᆞᆫ 名 비록 國漢文併用이나 其實은 純漢文에 國文으로 懸吐ᄒᆞᆫ 것에 지ᄂᆞ지 못ᄒᆞᄂᆞᆫ 거시라 今에 餘가 主張ᄒᆞᄂᆞᆫ 거슨 이것과ᄂᆞᆫ 名同實異ᄒᆞ니 무어시뇨 固有名詞나 漢文에서 온 名詞 形容詞 動詞 등 國文으로 쓰지 못ᄒᆞᆫ 것만 아직 漢文으로 쓰고 그밧근 모다 國文으로 ᄒᆞ쟈홈이라 이거슨 實로 窮策이라고 홀 수 잇깃스나 그러나 엇지ᄒᆞ리오 경우가 이러ᄒᆞ고 又 事勢가 이러ᄒᆞ니 맛은 업스나 먹기ᄂᆞᆫ 먹어야 살지 아니ᄒᆞ깃는가 이럿케 ᄒᆞ면 著者 讀者 兩便으로 利益이 잇스니 넓히 닑히움과 理解키 쉬운 것과 國文에

8 李寶鏡(이광수), 「國文과 漢文의 過渡時代」(太極學報 제21호, 1908. 5), 17-18면.

> 鍊熟ᄒᆞ야 國文을 愛尊ᄒᆞ게 ᄒᆞᄂᆞᆫ 것이 讀者의 便의 利益이오 著作ᄒᆞ기 容易홈과 思想의 發表의 自由로움과 複雜ᄒᆞᆫ 思想을 仔細히 發表홀 슈 잇슴이 著者 便의 利益이며 ᄯᅩᄒᆞ로혀 國文의 勢力이 오를지니 國家의 大幸일지라.[9]

위의 인용에서 이광수는 국문만으로는 신지식의 수입에 저해가 되기 때문에, 고유명사나 한문에서 나온 명사, 형용사, 동사 등 국문으로 쓰지 못하는 것은 한자로 쓰고, 그 밖의 것은 국문으로 써야 한다고 주장한다. 국문만으로는 개화계몽시대에 새로운 지식을 수입하는 데 어려움이 있다는 것이다. 이것은 이광수가 한자의 표의성을 중시하고 있음을 말해 주는 대목이다. 그는 한자의 표의성을 주목하면서 개념적인 단어를 한자로 쓰고 나머지는 국문으로 써야 한다고 주장한다. 이것이 바로 한자 혼용의 기능성을 강조하는 점이다. 그러나 이것은 국문 글쓰기의 한자 혼용을 매개로 하는 개화계몽시대의 새로운 사상 체계와 지식 개념에 대한 담론의 표현 방식이 번안 또는 번역의 수준임을 말해 주는 것이라고 할 수 있다. 물론 이광수는 자신의 방안이 궁책이라고 분명히 밝히며, 순 국문을 쓰는 것이 당연하지만 만년대계로 단행할 수밖에 없다고 지적한다.

> 我國文은 邦人의 固有ᄒᆞᆫ 思想을 記出ᄒᆞ기 爲ᄒᆞ야 自然ᄒᆞᆫ 理勢로 發見된 文字니 字數ᄂᆞᆫ 비록 日本假名 (諺文)과 羅馬字보담 數多ᄒᆞᄂᆞ 習得키 容易ᄒᆞ고 應用에 便利ᄒᆞᆷ은 世界에 無比라 可謂홀지라 嗟홉다 (중략) 日本은 最後에 我國으로셔 傳敎된 漢文을 移用ᄒᆞ야 假名을 製出ᄒᆞ며 和(日本)漢兩文의 調用法을 實施ᄒᆞ니 極히 簡括ᄒᆞ고 平易홀 ᄲᅮᆫ 아니라 西學의 翻譯에도 大效力이 有ᄒᆞᆫ 고로 民智가 速히 發達되야 不過四十年에 歐米列强과 爭雄ᄒᆞ니 此로 因ᄒᆞ야 比較ᄒᆞ면 文字의 國家의 關係가 尋常티 아니홈을 可知ᄒᆞ리로다.
>
> 然而國漢文의 關係를 皮解ᄒᆞᄂᆞᆫ 者ᄂᆞᆫ 煩雜ᄒᆞᆫ 漢文은 全廢ᄒᆞ고 簡易ᄒᆞᆫ 國文만 收用홈이 便宜ᄒᆞ다 ᄒᆞ니 此ᄂᆞᆫ 그 詳細ᄒᆞᆫ 裏由의 密接ᄒᆞᆫ 關係를 不知홈이로다 何者오 我國文은 原來一般人民의 純粹ᄒᆞᆫ 語音으로 組織되야 個字의 意味가 無홈으로 漢文과 倂用ᄒᆞ여야 비로소 解繹이 分明ᄒᆞ니 萬一漢文과 調和

9 李光洙, 「今日 我韓 用文에 對ᄒᆞ야」(皇城新聞, 1910. 7. 27).

키 不能ᄒᆞ면 엇지 言語上 說明을 得ᄒᆞ리오. 假令 孝悌忠信과 仁義禮智ᄅᆞᆯ 한갓 音으로만 人民을 教育ᄒᆞᆯ딘ᄃᆡ 무삼 意味가 其 中에 含有ᄒᆞᆫ지 確知티 못ᄒᆞᆯ디라. 由是로 現今 日本에셔는 漢文廢止ᄒᆞ다는 論者가 起ᄒᆞ야 多年運動ᄒᆞᆯ ᄲᅮᆫ더러 甚至於國漢文을 幷廢ᄒᆞ고 純全히 羅馬字를 採用ᄒᆞ댜 ᄒᆞ야 集會를 組織ᄒᆞ고 當局者의게 建議ᄉᆞᆺ디 ᄒᆞ얏스나 時勢에 適當티 못ᄒᆞᆷ으로 遽然히 實行되디 못ᄒᆞ니 以若 日本의 現勢로 오히려 如此ᄒᆞ거든 하믈며 漢文만 專尙ᄒᆞ든 我韓이리오. 此는 過度ᄒᆞᆫ 愚論이라 顧察ᄒᆞᆯ 必要가 更無ᄒᆞ거니와 오즉 時宜에 合ᄒᆞᆫ 者는 國漢文을 調和幷用ᄒᆞ는 一法ᄲᅮᆫ이라.[10]

국문 글쓰기에서 한자 혼용은 한문을 버리고 국문 글쓰기를 수용하는 과정에서 등장한 과도기적인 글쓰기의 방법이다. 당시의 지식층에서도 한자 혼용 자체를 국문 글쓰기의 완전한 실현을 위한 중간 단계로 인식했다. 국문 글쓰기의 한자 혼용을 흔히 국한문체라고 부르기도 하지만 이것은 추상적인 관념 체계와 새로운 사상과 지식을 수용하고 전달하기 위해 만들어진 정보적·기능적 문체라고 할 수 있다. 여기서 다시 주목해야 할 것은 국문 글쓰기에서 한자 혼용의 공식적인 확대 과정을 통해 보여 주고 있는 새로운 담론 질서의 형성이다. 한자 혼용은 개화계몽시대 지식층이 지니던 지식과 교양과 사상을 대변하고, 외래적인 사상과 지식에 대한 번안과 전달의 기능성을 추구한다. 그러므로 국문 글쓰기에서 한자 혼용은 주로 개화계몽 담론을 표현하는 논설 양식의 문체로 널리 활용되면서 추상적인 관념의 체계로 고정된 표현 구조를 지탱한다. 물론 초기의 논설에서는 순 한문에 국문으로 토를 달아 놓은 수준으로 문장의 구조 자체가 한문의 통사 구조를 벗어나지 못한 것도 많다. 이러한 표기 방식은 일상적인 언어의 실체와는 거리가 먼 한문투를 벗어나지 못하고 있다. 그러므로 이 문장은 엄밀한 의미에서 국어 문장이라고 할 수 없다. 이 경우 토를 제외한다면 전체 문장이 그대로 순 한문으로 바뀐다. 그러나 국문 글쓰기가 확대되면서 특정의 어휘를 한자로 적는 한자 혼용 방식이 일반화된다. 이 경우에는 국어의 통사 구조를 바탕으로 국문과 한자를 혼용하는 글쓰기 방식을 택하고 있기 때문에 일부 단어만 한자로 표

10 韓興教, 「國文과 漢文의 關係」(大韓留學生會學報 제1호, 1907. 3), 29-30면.

기되는 셈이다.

국문 글쓰기에서의 한자 혼용 방식은 새로운 지식과 정보를 전달하고 개화사상을 계몽하기 위한 논설 양식을 통해 널리 통용된다. 한문의 '논(論)', '설(說)', '책(策)'과 같은 양식이 국문 글쓰기의 논설 양식과 비슷한 것이지만, 조선시대 지식층이 국문으로 이러한 양식의 글쓰기를 실천한 경우가 없다. 국문 논설 양식의 등장은 국문 글쓰기에서 가장 획기적인 변화라고 할 수 있다. 국문 글쓰기의 논설 양식은 정보의 정확한 이해와 전달, 의견이나 주장의 논리적인 진술, 독자에 대한 설득 등을 목적으로 한다. 이 경우 소통 구조의 맥락에서 본다면, 논설 양식은 화자가 어떤 메시지를 청자에게 전달하는 방식으로 구성된다. 이것은 화자의 견해나 감정을 직접적으로 드러내어 주관적인 의지를 분명하게 표출할 수 있도록 한다. 그리고 모든 사건, 내용, 상태, 행동 등을 시간적으로 현재화하는 동시에 화자의 의지를 강하게 드러내어 준다. 그 결과 독자 또는 청자의 정서적인 반응과 행동을 쉽게 유발한다. 논설 양식에서 흔히 볼 수 있는 이 같은 특성은 국문 글쓰기의 한자 혼용 방식 자체가 독자 또는 청자 중심적인 언술로서보다는 화자 중심적 언술의 기능을 지니고 있음을 말하는 것이다.

국문 글쓰기의 한자 혼용 방식은 글쓰기의 주체가 되는 지식층의 선택에 의한 것이다. 여기서는 한자를 알지 못하는 독자층에 대한 배려보다는 글쓰기의 주체가 되는 지식층의 편의가 우선시되고 있다. 개념의 명료성, 의미 전달의 신속성 등을 고려한 한자 혼용의 글쓰기는 설명이나 논설의 기술 방법에 적응하는 문체로서 자연스럽게 정착된다. 그리고 개화계몽 담론의 다양한 분화에 따라 그 기능이 확대된다. 그러나 국문 글쓰기의 한자 혼용은 살아있는 실체로서의 일상적 언어 현상을 제대로 반영하지 못한다. 지식층 위주의 글쓰기로서 한자를 읽지 못하는 일반 대중 독자와 거리를 두고 있기 때문이다. 한자 혼용을 요구하는 추상적인 언어 기반과 그것을 통해 드러내는 관념이 일상적인 언어 현실과 부딪치면서 노정하게 되는 간격은 개화계몽시대의 사상 체계와 이념이 일상적인 현실과 거리를 두고 있음을 말해 주는 셈이다.

국문 글쓰기와 국문체

국어국문운동은 봉건적인 조선 사회의 낡은 제도와 관습과 가치의 붕괴를 촉진하고 새로운 시대에 적응할 수 있는 모든 가치 개념을 국문 글쓰기를 통해 대중적으로 확산시켰다. 국어국문운동을 통해 가능해진 국어 국문에 대한 독자적인 인식과 그 중요성에 대한 자각은 봉건적인 조선 사회의 붕괴와 함께 확대된다. 외세의 위협에 대응하기 위해 독립의식을 강조하고 정치·사회적 변혁을 요구하는 동안, 민족의식과 문화의 바탕이 되는 언어와 문자의 민족적 고유성이 강조된다. 언어와 문자의 고유성이란 민족 동일성과 정체성의 핵심 요건이다. 그리고 자주독립의 당위성을 주장할 수 있는 근거가 되기도 한다. 그런데 여기서 그동안 지배층만 사용해 온 한문이 주체로서의 민족의 글이 아니라, '타자로서의 중국'의 글이라는 사실이 문제가 된다. 한문의 사용은 언어 문자의 민족 동일성과 배치되기 때문이다. 이러한 인식에 근거해 한문 배제의 논리가 자연스럽게 확대된다. 그리고 국어 국문의 민족적 독자성을 통해 자기 정체성에 대한 인식을 분명하게 가지면서 자국의 고유한 문자를 의미하는 '국문'이라는 새로운 개념을 '언문'이라는 명칭 대신에 부여하게 된다.

국어국문운동은 국문 글쓰기를 통해 누구나 새로운 지식과 정보에 쉽게 접근할 수 있다는 사실을 신문과 같은 매체를 통해 실천적으로 보여 준다. 국문 글쓰기의 확대 보급은 지식과 정보, 문화와 교양을 계급적인 구분이 없이 대중적으로 확산시킨다. 이 과정에서 한문은 지배층의 문자로서의 절대적 지위를 잃고, 교육·문화적 기능과 정보 기능이 현저하게 약화된다. 그 반면에 민족의 독자적인 문자로서의 국문의 대중성과 실용적인 가치가 크게 주목되면서 국문 글쓰기를 통한 지식과 정보의 사회적 확대가 가능해진다. 누구나 국문을 쉽게 배우고 국문으로 글을 쓸 수 있게 된다. 그리고 서구의 새로운 문물과 지식과 가치가 모두 국문을 통해 수용되고 재창조된다. 한국인의 세계 인식도 여기서부터 새로워진다. '중화'와 '변방'이라는 이원적 논리로만 구획했던 세계는 지식을 통해 새로운 세계와 낡은 세계, 문명의 세계와 야만의 세계로 구분된다. 한국 민중은 국문을 통해 새로운 서구의 문물과 제도와 가치를 받아들이는 대신 그동안 자신들을 억압했던 낡은 것들을 한문과 함께 모두 버리게 된다. 그리고 민중을 자발적으로 움직이게 하는 것이

권력이 아니라 지식이라는 새로운 힘임을 알아차리게 된다. 이와 같이 국문 글쓰기를 통한 새로운 문화와 교양의 대중적 확산은 한국 사회의 문화 민주주의적 기반을 형성하는 데 크게 기여한다. 국어국문운동과 국문 글쓰기의 확대가 개화계몽시대 이후 이루어진 사회·문화적 변혁의 근대성[11]을 말해 주는 핵심 징표가 되는 이유가 바로 여기에 있다.

3) 주시경과 국어국문론

근대 학문으로서의 국어 연구

국어국문운동에서 선구적 역할을 담당했던 인물은 주시경(周時經)[12]이다. 주시경은 전통적인 한문의 운학(韻學)에서 벗어나 서구 언어학의 관점에서 근대적인 국어 연구의 이론적 기반을 확립했다. 그는 국어의 문법 연구를 비롯해 국문 사용에 관한 여러 가지 연구를 지속하면서, 특히 국문 전용 문제에 커다란 관심을 기울였다. 그의 국문 전용 주장은 언어와 문자가 지니는 민족적 독자성을 강조하고자 하는 측면도 있지만, 무엇보다도 국문의 대중성과 실용성에 주목해 문자 생활의 변혁을 추구하고자 한 점에 주안점을 둔 것이라고 할 수 있다. 그의 국어 국문 연구와 그 사회적 실천 운동은 1896년 독립신문사 안에 설립된 '국문동식회'에 가담하면서부터 시작되어 1907년 설립된 국문연구소에서의 연구를 통해 더욱 발전되었고, 여러 교육기관을 통한 국어 강습 활동으로 확대되었다. 이 같은 그의 계몽 활동은 지식층이 한문만을 고집해 씀으로써 생겨난 이중적인 문자 생활의 폐단을 극복하고 국어와 국문을 사용해 언어 문자 생활을 일치·통일시켜야 한다는 점에서, 뜻있는 사람들의 관심을 불러일으켰다.

---

11 권영민, 「국어국문운동과 담론의 근대성」, 『서사양식과 담론의 근대성』(서울대학교출판부, 1999), 30면.

12 주시경에 대해서는 이기문, 『개화기의 국문연구』; 김민수, 『주시경 연구』(탑출판사, 1978); 고영근, 『한국의 언어연구』(역락, 2001); 송철의, 『주시경의 언어이론과 표기법』(서울대학교출판문화원, 2010) 참조.

> 사ᄅᆞᆷ들 샤ᄂᆞᆫ ᄯᅡ덩이 우희 다섯 큰 부쥬 안에 잇ᄂᆞᆫ 나라들이 졔 각금 본토 말들이 잇고 졔 각금 본국 글ᄌᆞ들이 잇서셔 각기 말과 일을 긔록 ᄒᆞ고 혹간 말과 글ᄌᆞ가 남의 나라와 ᄀᆞᆺ흔 나라도 잇ᄂᆞᆫᄃᆡ 그즁에 말ᄒᆞᄂᆞᆫ 음ᄃᆡ로 일을 긔록ᄒᆞ야 표ᄒᆞᄂᆞᆫ 글ᄌᆞ도 잇고 무ᄉᆞᆷ 말은 무ᄉᆞᆷ 표라고 그려놋ᄂᆞᆫ 글ᄌᆞ도 잇ᄂᆞᆫ지라 글ᄌᆞ라 ᄒᆞᄂᆞᆫ 거슨 단지 말과 일을 표ᄒᆞᄌᆞᄂᆞᆫ 거시라 말을 말노 표ᄒᆞᄂᆞᆫ거슨 다시 말ᄒᆞ잘 거시 업거니와 일을 표ᄒᆞᄌᆞ면 그 일의 ᄉᆞ연을 자셰히 말노 이약이를 ᄒᆞ여야 될지라 그 이약이를 긔록ᄒᆞ면 곳 말이니 이런 고로 말ᄒᆞᄂᆞᆫ 거슬 표로 모하 긔록ᄒᆞ여 놋ᄂᆞᆫ 거시나 표로 모하 긔록ᄒᆞ여 노흔 것슬 입으로 닑ᄂᆞᆫ 거시나 말에 마듸와 토가 분명ᄒᆞ고 서로 음이 ᄯᅩᆨᄀᆞᆺᄒᆞ야 이거시 참 글ᄌᆞ요 무ᄉᆞᆷ 말은 무ᄉᆞᆷ 표라고 그려 놋ᄂᆞᆫ 거슨 그 표에 움작이ᄂᆞᆫ 토나 형용ᄒᆞᄂᆞᆫ 토나 ᄯᅩ 다른 여러 가지 토들이 업고 ᄯᅩ 음이 말ᄒᆞᄂᆞᆫ 것과 ᄀᆞᆺ지 못ᄒᆞ니 이거슨 ᄭᅩᆨ 그림이라고 일홈ᄒᆞ여야 올코 글ᄌᆞ라 ᄒᆞᄂᆞᆫ 거슨 아죠 아니 될 말이라. (중략) 우리 큰 셩인ᄭᅴ셔 ᄒᆞ신 ᄉᆞ업이여 글ᄌᆞ 음이 음률에 합당ᄒᆞ고 반졀속이 문리가 잇서 어리셕은 어린 아ᄒᆡ라도 하로 동안ᄆᆞᆫ 공부ᄒᆞ거드면 넉넉히 다 알 ᄆᆞᆫᄒᆞ도다 젼국 인민들의 공연히 ᄯᅢ 허비 ᄒᆞᄂᆞᆫ 거슬 덜어 주시고 남녀노쇼 샹하 빈부귀쳔 업시 다 일톄로 편리케 ᄒᆞ셧시며 더욱 오날ᄂᆞᆯ 우리나라 문명 졍치 상에 몬져 쓸 큰 ᄉᆞ업이로다 (중략) 지금 우리나라 ᄒᆞᆫ시 동안은 남의 나라 하로 동안보다 더 요긴ᄒᆞ고 위급ᄒᆞ오니 그림 ᄒᆞᆫ가지 ᄇᆡ호쟈고 이러케 앗갑고 급ᄒᆞᆫ ᄯᅢ를 허비 식히지 말고 우리를 위ᄒᆞ야 ᄉᆞ업ᄒᆞ신 큰 셩인ᄭᅴ셔 ᄆᆞᆫ드신 글ᄌᆞᄂᆞᆫ ᄇᆡ호기가 쉬고 쓰기도 쉬우니 이 글ᄌᆞ들노 모든 일을 긔록ᄒᆞ고 사ᄅᆞᆷ마다 졀머슬 ᄯᅢ에 여가를 엇어 실샹 ᄉᆞ업에 유릭ᄒᆞᆫ 학문을 익혀 가기 ᄒᆞᆯᄆᆞᆫᄒᆞᆫ ᄉᆞ업을 직혀셔 우리나라 독립에 기동과 주초가 되어 우리 대군쥬 폐하ᄭᅴ셔 남의 나라 님군과 ᄀᆞᆺ치 튼튼ᄒᆞ시게 보호ᄒᆞ야 드리며 ᄯᅩ 우리나라의 부강ᄒᆞᆫ 위엄과 문명ᄒᆞᆫ 명예가 셰계에 빗나게 ᄒᆞᄂᆞᆫ 거시 ᄆᆞᆺ당ᄒᆞ도다.[13]

주시경이 국어 국문의 민족적 독자성과 고유성을 주장하면서 특히 강조한 것은 조선시대 지배층의 전유물이던 한문이 한국 민족의 언어와 어울리는 문자가 아니라 중국인들이 쓰는 글이며 남의 것이라는 사실이다. 그는

---

13 주시경, 「국문론」(독립신문, 1897. 4. 22, 24).

한문이 남의 글이기 때문에 국어와 어울리지 못하며, 배우기도 쓰기도 어렵다는 점을 지적하면서 한문을 익히기 위해 한국인들이 너무 많은 노력을 기울이고 있다고 했다. 그는 국문을 쉽게 배우고 사용함으로써 지식과 기술을 널리 보급할 수 있음을 강조하면서 국어 국문을 통해 민족의 자존과 독립을 지킬 것을 주장하기도 했다.

주시경은 국어 국문의 본질을 언어민족주의적 관점에 근거해 설명하고 있다. 앞의 인용에서도 볼 수 있듯이, 주시경은 각 민족의 언어가 지역과 인종에 알맞게 천명에 따라 자연 발생적으로 형성되었다고 주장하면서 국어가 지닌 민족적 독립성과 특수성을 강조한 바 있다. 그는 지역 공동체, 혈연 공동체, 언어 공동체라는 세 가지 요소의 통합적인 요건을 지니고 있는 것이 바로 민족임을 분명히 했고, 다른 민족과 이들 세 가지 요건의 차이를 통해 민족의 독립과 발전은 더욱 확고해질 수 있다고 했다. 그는 국가의 독립이란 우선 그 기반이 되는 지역이 확보되어야 하며, 그 주체로서의 종족의 집단이 이루어져야 하며, 그 특성을 구성하는 언어의 독자성을 인정받아야 한다고 했다. 이에 따라 주시경은 민족의 언어를 수리하는 일이야말로 국가의 독립과 발전에 기초가 된다고 생각했다. 국성을 장려하고 보존하기 위해 국어와 국문을 애중히 해야 하며, 와전·오용되고 있는 어문을 바로잡는 것이 국가의 위세를 회복할 수 있는 길이라고 믿었다.

주시경은 국어 국문에 대한 자신의 관심을 사회적으로 확대하기 위해 계몽 활동을 전개하면서 한편으로는 국어 국문의 체계적인 연구 작업을 스스로 실천했다. 《독립신문》이 폐간된 후 주시경은 국어 국문 교육을 위한 개인교수 활동을 벌이면서 사회 계몽 단체에 참여했다. 그는 1906년부터 약 1년간 《가정잡지》의 편집인으로 활약하면서 논설을 통해 여성 교육의 중요성을 널리 계몽했다. 서우학회(西友學會)의 협찬원과 대한협회(大韓協會) 교육위원이 되어 이들 단체의 기관지 발행과 학교설립운동도 적극적으로 지원했다. 그리고 《서우(西友)》, 《대한협회월보(大韓協會月報)》에 각종의 논설을 발표하면서 대중의 민족적 각성을 촉구해 갔다.

주시경의 국어 국문 연구에서 첫 성과로 손꼽는 것은 1906년 국어 국문에 대한 교재의 형태를 띤 『대한국어문법』의 발간이다. 이 책은 국어강습소에서 학생들을 가르쳤던 교재를 정리해 묶어 낸 것으로 그 표제가 '국문강의(國文講義)'로 표시되어 있다. 문답 형식으로 서술된 이 책의 내용을 보면 주시경의 문자론, 음(音)학, 국어 맞춤법 등에 대한 초기의 관심이 잘 드러나 있다. 이 책은 말과 글, 소리, 사람의 말소리, 국문 창제, 자모음의 분별 성질 등으로 내용이 구성되어 있는데, 당시 국어국문운동의 핵심 관심사였던 문자와 소리, 표기 문제를 체계화한 실천적 성격을 띠고 있다. 이 책의 발문에서 주시경은 자신의 주장을 분명하게 밝힌다.

> 社會는 여러 사람이 그 뜻을 서로 통ᄒᆞ고 그 힘을 서로 聯ᄒᆞ어 그 生活을 經營ᄒᆞ고 保存ᄒᆞ기에 서로 依賴ᄒᆞ는 因緣의 한 團體라. 말과 글이 업스면 어찌 그 뜻을 서로 通ᄒᆞ며 그 뜻을 서로 通치 못ᄒᆞ면 엇지 그 人民이 서로 聯ᄒᆞ어 이런 社會가 成樣되리오. 이럼으로 말과 글은 한 社會가 組織되는 根本이요, 經營의 意思를 發表ᄒᆞ어 그 人民을 聯絡케 ᄒᆞ고 動作케 ᄒᆞ는 機關이라. 이 機關을 잘 修理ᄒᆞ어 精鍊ᄒᆞ면 그 動作도 敏活케 ᄒᆞᆯ 거시요, 修理치 안이ᄒᆞ어 魯鈍ᄒᆞ면 그 動作도 窒礙케 ᄒᆞ리니 이런 機關을 다ᄉᆞ리지 아니ᄒᆞ고야 엇지 그 社會를 鼓振ᄒᆞ어 發達케 ᄒᆞ리오. 그ᄲᅮᆫ 안이라 그 機關은 漸漸 녹슬고 傷ᄒᆞ어 畢竟은 쓸 수 업ᄂᆞᆫ 地境에 至ᄒᆞ리니 그 社會가 어찌 혼자 될 수 잇스리오. 반ᄃᆞ시 敗亡을 免치 못ᄒᆞᆯ지라. 이런즉 人民을 가ᄅᆞ쳐 그 社會를 保存ᄒᆞ며 發達케 ᄒᆞ고자 ᄒᆞ는 이야 그 말과 글을 닥지 아니ᄒᆞ고 엇지 되기를 바ᄅᆞ리오. 이러므로 옛날 羅馬가 强盛ᄒᆞᆯ ᄯᅢ에 그 말과 글을 유로바와 아시아 서편과 아프리카 북편 여러 나라에 行ᄒᆞ다가 마ᄎᆞᆷᄂᆡ 隷屬ᄒᆞ거나 併呑ᄒᆞ엿스며, 東亞에 支那가 그 글을 近方에 行ᄒᆞ여 이내 附庸ᄒᆞ는 弊가 만코 예로 지금ᄭᆞ지 아시아든지 유로바에 그 祖先의 말과 글을 닥지 아니ᄒᆞ고 他國의 말과 글이 들어옴을 받아 因ᄒᆞ여 主權을 일코 그 奴隷가 되ᄂᆞᆫ 者ᄂᆞᆫ 이루 다 말할 수 업거니와 아메리카와 아프리카와 大洋洲 여러 區域에 各各 그 地方 말이 잇스되 말이 다 零星ᄒᆞ고 혹은 글도 잇스나 글이 ᄯᅩ한 疏陋ᄒᆞ더니 現今에 天下가 서로 通ᄒᆞ여 그 生活을 爲ᄒᆞ는 競爭時代를 當ᄒᆞ매 모두 그 疆土를 他人에게 見奪하고 人種도 거진 滅ᄒᆞᆫ지라.[14]

14 주시경, 「대한국어문법 발문」, 국어학회 편, 『국어학자료선집』 V(일조각, 1973), 239-240면에서 재인용.

위의 인용에서 확인되는 것처럼 주시경은 언어의 사회적 성격을 특히 강조하고 있다. 그는 인간 사회에서 중시되는 소통의 원리로서 언어와 문자의 중요성을 강조하면서 그 사회적 연대의 기반이 바로 언어 문자에 있음을 주장하고 있다.

그런데 여기서 주목되는 것이 국가 사회의 발전을 언어 문자의 경우와 연결시켜 놓는 일종의 '사회진화론'의 관점이다. 주시경은 당대의 현실을 놓고 천하가 서로 연결되어 그 생활을 위하는 경쟁 사회가 도래했음을 지목하면서 언어 문자가 소루해지면 결국 그 강토와 인종이 타 인종의 침탈을 모면하지 못하고 멸망한다고 경고한다. 이러한 새로운 관점은 이미 주시경 자신이 적극 참여했던 서우학회의 취지서에서도 제시된 바 있다.[15] 여기서 당대 세계의 생존경쟁이 천연(天演)이며 우승열패가 공례(公例)라고 하는 주장은 사회진화론의 근본적인 원리를 천명한 것이다. 주시경은 조선이 처한 위기의 현실을 두고 생존경쟁과 우승열패의 논리가 일반화되는 상황을 주목하면서 민족의 존립을 위해 반드시 그 경쟁에서 이겨야 함을 깨달았다. 그는 민족의 독자적인 경쟁력을 갖출 수 있도록 하기 위해 민족의 자기 정체성을 의미하는 언어 문자를 바탕으로 폭넓은 교육 계몽을 이루어야 함을 강조하게 된다. 그에게 조선 민족의 문명개화의 길은 경쟁력을 갖추는 것이었으며 그것은 언어 문자의 교육에서부터 이루어져야만 했던 것이다. 결국 그는 국어 국문의 사회적 기능을 사회진화론의 입장에서 강조한 것이다.

주시경의 국어 국문에 대한 진화론적 관점은《황성신문》을 통해 발표한 논설 「필상자국문언(必尙自國文言)」을 통해 구체적으로 제시되고 있다. 이 논설은 서두에서 동물 세계의 약육강식(弱肉强食)의 현상을 일반화하면서 인간이 바로 그 동물사회의 최강자로서 세계를 지배하고 있음을 천명하고 있다. 그리고 이러한 진화론의 관점에서 언어 문자의 중요성을 논한다.

15 "凡物이 孤ᄒᆞ면 危ᄒᆞ고 群ᄒᆞ면 强ᄒᆞ며 合ᄒᆞ면 成ᄒᆞ고 離ᄒᆞ면 敗ᄒᆞᆷ은 固然之理라. 矧今 世界에 生存競爭은 天演이오. 優勝劣敗ᄂᆞᆫ 公例라 謂ᄒᆞᄂᆞᆫ 故로 社會의 團體成否로써 文野를 別ᄒᆞ며 存亡을 判ᄒᆞᄂᆞ니 今日 吾人이 如此히 劇烈ᄒᆞᆫ 風潮를 撞着ᄒᆞ야 大而國家와 小而身家의 自保自全之策을 講究ᄒᆞ면 我同胞青年의 教育을 開導 勉勵ᄒᆞ야 人才를 養成ᄒᆞ며 衆智를 啓發ᄒᆞᆷ이 卽 是國權을 恢復ᄒᆞ고 人權을 伸張ᄒᆞᄂᆞᆫ 基礎라." 「本會趣旨書」(西友 제1호, 1906. 12), 1면.

動物競爭

吾地球가 成軆된 後로 其上에 不動物과 動物이 生ᄒᆞ니 不動物은 草木金石之屬 感覺性 업고 動作지 못ᄒᆞ는 物質이요. 動物은 吾人及禽獸 魚鼈 昆虫之屬 感覺性人이 잇고 動作ᄒᆞ는 物軆라 此地球上에 動物이 始生ᄒᆞᄆᆡ 各各食慾이 有ᄒᆞ여 强者는 弱者를 捕食ᄒᆞ고 弱者는 强者의 肉이 되니 虎豹 等屬은 力强爪銳ᄒᆞ여 獐鹿 犬兔 等屬을 捕食ᄒᆞ며 鷹鶻 等屬은 羽捷嘴利ᄒᆞ여 鳥雀鳩雉 等屬을 捕食ᄒᆞ며 蜘蛛ᄂᆞᆫ 設網ᄒᆞ여 飛虫을 捕食ᄒᆞ며 水族도 相會ᄒᆞ야 大魚는 中魚食ᄒᆞ고 中魚는 小魚食ᄒᆞ며 鵲은 鳶이 其巢를 奪據ᄒᆞ면 同類를 請ᄒᆞ여 衆力으로 退出ᄒᆞ며 蜂은 羣居를 作ᄒᆞ야 法則를 約定ᄒᆞ고 春夏秋節에 同役貯蜜ᄒᆞ여 冬節를 備ᄒᆞ며 其蜜을 奪取ᄒᆞ코자 ᄒᆞᄂᆞᆫ 者ㅣ 來ᄒᆞ면 衆蜂이 羣出여 쏘더라.

人爲最强動物

人이라 稱ᄒᆞ는 動物은 天然軆具ᄂᆞᆫ 甚히 軟弱ᄒᆞ나 智慧는 萬物에 特越ᄒᆞ며 羣居를 好ᄒᆞ여 同類를 相護ᄒᆞ며 智術로 手藝를 習ᄒᆞ여 金石 草木 水火를 治用ᄒᆞ여 生活을 講求ᄒᆞ매 各種 猛獸及其他 水陸一般 動物을 制壓ᄒᆞ여 可食者는 食ᄒᆞ고 可用者는 用ᄒᆞ여 天下에 第一强盛ᄒᆞ는 動物은 人이라 稱ᄒᆞ는 動物이러라.

人以文言得享最强之權

人이라 稱ᄒᆞ는 動物이 如此ᄒᆞᆫ 權利를 能享ᄒᆞ는 것은 其實際를 窮究ᄒᆞ면 猛獸는 軆具의 猛利ᄒᆞᆷ이 人보다 몃 十倍더 强ᄒᆞ고 智慧도 不少ᄒᆞ되 但 言語가 不足ᄒᆞ며 文字가 업셔 其生活의 法을 變通ᄒᆞᆯ 줄 몰나 今日 虎窟이 古日虎窟과 如ᄒᆞᆯ 것이요. 今日 鵲巢가 古日 鵲巢와 如ᄒᆞᆯ지라 人이 他動物과 特異ᄒᆞᆫ 것은 智慧가 最多ᄒᆞᆯ뿐더러 言語가 具備ᄒᆞ며 文字를 制用ᄒᆞ는 緣由라 大事는 個人의 獨力單旋으로 能成치 못ᄒᆞᄂᆞ니 言語라 ᄒᆞᄂᆞᆫ 것은 其智慧로 窮理ᄒᆞ야 經營ᄒᆞ는 意思를 發表ᄒᆞ야 相告相應ᄒᆞ며 相導相助케 ᄒᆞᄂᆞᆫ 紹介라 人이 各種 動物中에 相愛ᄒᆞ는 倫義와 相助ᄒᆞ는 經綸이 最多ᄒᆞ나 其道의 實行됨은 言語가 最備ᄒᆞ여 其意를 無疑相通ᄒᆞᆷ이요 人事가 漸興ᄒᆞ는 ᄃᆡ로 智術를 더욱 發達ᄒᆞ여 其道 其業을 益精케 ᄒᆞ랴고 文字를 乃制ᄒᆞ여 事實을 記載ᄒᆞ며 學識을 講究ᄒᆞ니 制度作設이 益善ᄒᆞ여 於是焉 人道가 極備ᄒᆞ여 萬物로다. 그 屈用을 삼으니 人이 天下에 最强ᄒᆞ는 權을 能得ᄒᆞᆷ이다 文言이 具備ᄒᆞᆷ에셔 成ᄒᆞ더라.

人類競爭文言有關

古昔에 人種이 漸漸 繁盛ᄒᆞ매 各自生活之慾을 爲ᄒᆞ여 他種動物과만 競爭ᄒᆞᆯ ᄲᅮᆫ이 안이라 人種ᄭᅵ리도 其黨을 各結ᄒᆞ여 相奪ᄒᆞ기를 始作ᄒᆞ니 自是로 人種競爭이 大起ᄒᆞ여 彼黨을 此黨을 擊取ᄒᆞ기 圖謀ᄒᆞ며 此黨은 彼黨을 防禦ᄒᆞ기 經營ᄒᆞ니 人世에 智術을 講求ᄒᆞᆷ이 더욱 要緊ᄒᆞᆯ지라. 이에 文言을 修益修ᄒᆞ여 其衆의 智術를 精益精케 ᄒᆞᄂᆞᆫ 者ᄂᆞᆫ 他衆를 壓服ᄒᆞ며 興盛ᄒᆞ고 文言을 不修ᄒᆞ며 其衆의 智術이 不興ᄒᆞᄂᆞᆫ 者ᄂᆞᆫ 他衆의 壓勢를 受ᄒᆞ며 衰亡ᄒᆞᄂᆞ니 是以文言修不修의 利害關係가 如斯ᄒᆞ더라.[16]

이 글에서 주시경은 인간이 만물의 영장이 된 연유가 언어와 문자의 사용에 의한 것임을 분명히 지적한다. 인간은 개개인으로 놓고 본다면 그 체구가 작고 힘이 약하지만 언어와 문자를 사용하게 됨으로써 지혜롭게 궁리하고 자기 의사를 정확히 전달하며 서로 힘을 합칠 수 있게 되었으며, 문자를 통해 학식을 강구하고 각종 제도를 구비하게 된 것이다. 인간은 언어와 문자를 구비함으로써 최강의 힘을 갖추게 된다. 그런데 인간은 다른 동물들과 경쟁할 뿐만 아니라 세계의 여러 종족이 서로 다투어 자기 세력을 확대하기 위해 경쟁한다. 그리고 상대방을 방어하기 위한 지략을 도모하는 데 언어 문자의 역할이 중요해진다. 자기 민족의 언어와 문자를 갈고닦아서 지식과 학술을 발달케 하는 것이 자기 민족을 강성하게 만드는 길이 되기 때문이다.

주시경은 이 같은 논리에 근거해 자기 민족과 국가의 기초가 되는 언어 문자의 중요성을 강조하면서 세종의 훈민정음 창제가 가지는 위대함을 높이 평가하게 된다. 그는 한문을 버리고 국어 국문을 통해 새로운 지식과 기술을 배우고 새로운 학문을 육성하는 길이 조선 민족이 강성해질 유일한 방도임을 주장한다. 국어 국문을 먼저 익혀야만 백성의 지혜가 발달하고 민족의 단합을 더욱 공고하게 할 수 있기 때문에 자국의 언어와 문자를 마땅히 애호하고 개선해 나가야 한다는 것이다. 국가 사회를 조직하고 운영하는 것만이 아니라 국정을 수행하는 데도 자국의 언어와 문자를 통해 그 제도가 발달할 수 있다는 것이 주시경의 판단이다. 그는 모든 지식분자가 국문 천시

16 周時經, 「必尙自國文言」(皇城新聞, 1907. 4. 1).

의 태도에서 벗어나 국문으로 모든 법률과 제도를 강구하고 자전(字典)과 문전을 저술해 어문의 규범을 정교하게 할 것을 주장한다. 그리고 국어 국문을 민족의 정체성을 표시하는 근거로 하여 국가와 민족이 더욱 강성해질 수 있기를 촉구하게 된다.

주시경은 자신의 언어민족주의 관점과 사회진화론의 논리를 바탕으로 국어 국문의 교육과 연구를 강조하면서 세종대의 언문청과 같은 국가적 차원의 국문 연구 기관 설치를 주장해 이를 관철시킨다. 주시경의 상소를 통해 정부에서 1907년 7월 학부 안에 국문연구소를 설치하자, 그는 연구위원으로 선임되어 중심적인 역할을 수행한다. 그는 『대한국어문법』을 통해 제시한 말과 소리에 대한 음학(音學) 이론과 표기법에 관한 논리를 수정하고 심화 발전시켜 국문의 연원, 자체와 발음의 연혁, 철자법 등 11개 항목의 '국문연구안'(주시경 안)을 냈고, 이를 토대로 국문연구소가 '국문연구의정안'을 만들어 내각에 제출할 수 있게 했다. 그리고 1908년 8월 주시경은 상동 청년학원의 국어강습소 졸업생 및 유지들과 함께 국문연구회를 발족시켰으며, 자신의 국어 국문에 관한 연구를 정리한 『국어문전음학(國語文典音學)』을 출판한다.

주시경의 국어 국문 연구의 결정체는 1910년에 발간한 『국어문법(國語文法)』이다. 이 책은 국어 국문에 대한 근대적인 과학적 연구의 출발점에 해당한다. 이 책의 내용은 국어의 특성에 따라 '국문의 소리(음운론)', '기난갈(품사론)', '짬듬갈(문장론)', '기갈래의 난틀(개별 품사론)', '기몸박굼(품사전성론)' 등으로 크게 나뉘어 있다. 이러한 체재로 본다면 이 책은 국어 문법 연구의 중심 영역에 해당하는 음운론, 품사론, 문장론 등을 모두 구비한 셈이다. 이 책에서 주시경은 국어 문장의 성분을 알기 쉽게 제시하기 위해 최초로 구문도해(構文圖解)의 방법을 활용한다. 특히 근대 언어학의 용어를 순우리말로 고안해 이를 체계화시키고 학문적으로 정착시켜 놓은 것은 매우 주목할 만하다. 중국의 한문이나 일본으로부터 수입한 한자어를 배격하고 우리말로 학문하기를 실천한 것이기 때문이다.

국어와 국문에 관한 다양한 담론의 전개 과정에서 주시경의 관점은 언어민족주의와 사회진화론에 기반하지만 그의 국어 국문 연구의 방법은 관념적인 사고의 틀에서 크게 벗어나고 있다. 그는 언어 문자라는 것을 때로는 추상적 관념에 의거해 규정하기도 했지만 말하기와 글쓰기라는 개인적 행위 또는 수행으로서의 언어에 특별한 관심을 기울였다. 그가 당대 국어의 표기 문제에 관심을 갖게 된 것은 언어 문자의 보편적 속성만이 아니라 그 개별적 특성으로서의 글쓰기를 중시한 데에서 비롯된 일이라고 하겠다. 주시경 이전의 조선시대에는 '문'이라는 개념이 중국의 한문을 뜻했다는 것은 주지의 사실이다. 그러므로 '문'으로서의 글이란 언제나 일상적 현실과는 일정하게 거리를 둔 채 분리된 것이었다. 한문이 '진서(眞書)'로서 누리던 문화적 위상은 범접하기 어려울 정도였다. '문'은 곧 인간과 사회의 모든 법칙으로서의 '도(道)'와 일치하는 개념이었다. 그러나 주시경은 이런 식의 인식 체계에서 드러나는 관념성보다는 개인의 행위로서의 말하기와 글쓰기라는 실천적 의미를 언어 문자에서 중시했다. 이를 위해 그는 표기법의 기준을 정하고 언어의 형태적 요소에 착안한 문법을 만들었다. 이러한 주시경의 관점은 결과적으로 한국어에 대한 근대적인 과학적 연구를 가능하게 했다.

국어국문론의 이념

주시경의 노력이 한편으로는 국어 국문의 학문적 연구로 심화되고 다른 한편으로는 계몽운동으로서의 국어국문운동으로 확산되는 동안, 1905년을 전후해 개화계몽운동을 주도했던 박은식, 장지연, 신채호 등 여러 지식인도 국어 국문에 대한 새로운 관심을 기울이면서 국문 사용의 타당성과 필연성을 강조한다. 이들은 한문을 통해 학문과 사회 경륜을 키워 왔으나 자기 학문의 근거를 부정하고 국문의 가치와 그 중요성을 역설하고 있다. 박은식은 국가의 문명이 융성하고 백성이 학식을 지닐 수 있도록 하기 위해 국문전용 교육이 필요하다고 역설한다.[17] 그는 국어국문운동에 적극적으로 참여하면서, 모든 한문 서적의 국문 번역이 필요함도 강조한다. 그리고 국민교육을 위한 방편으로서 국문 교육을 제안한다. 새로운 지식을 일반 백성들에게 계도하기 위한 전제 조건은 국문 교육이기 때문이다.

이러한 주장은 장지연의 「국문관계론(國文關係論)」에서도 확인할 수 있다. 장지연은 전통적인 한학을 수학했지만, 애국계몽운동에 나서면서 누구보

17 박은식, 「論國文之敎」, 『박은식전서(중)』(단국대학교출판부, 1975) 참조.

다도 먼저 국문 사용을 적극 주장했다. 「국문관계론」의 내용을 보면, 언어 문자의 독립적인 특질, 한문의 폐해, 국문의 필요성 등을 논하고 있다.

신채호도 장지연과 마찬가지로 언어 문자의 민족적 고유성을 강조한다. 그는 국문으로 쓴 문학만이 참된 민족문학이 될 수 있다는 새로운 인식을 보여 준다.[18] 그리고 국문의 소중함을 강조하면서 국문을 통한 민족문화의 형성을 중시한다. 그는 자국의 언어로 자국의 문자를 편성하고 그것으로 자국의 역사 지지를 편찬해 백성들이 받들어 읽고 전할 수 있게 해야만 고유한 민족의 정서를 보유, 지탱하고 애국심을 고양할 수 있을 것이라고 주장한 바 있다.

개화계몽시대 지식층이 내세운 국문의 필요성에 대한 주장은 시대적 요청으로 받아들여졌다. 그리고 이것은 언어생활의 실용성만이 아니라 국가의 자주독립의 징표처럼 인식되기도 했다. 다음의 인용에서 볼 수 있듯이 국문이야말로 국가 독립의 기초임을 분명히 하고 있으며, 누구나 그것을 익히고 일상에 사용함에 쉽고 편리함을 강조하였다.

> 欽惟我韓의 世宗朝 御筆刪定ᄒᆞᄋᆞᆸ신 訓民正音은 卽我 聖神ᄒᆞᄋᆞᆸ신 先王ᄭᅴᄋᆞᆸ셔 丙枕을 屢回ᄒᆞᄋᆞᆸ시고 宸襟을 寔煩ᄒᆞᄋᆞᆸ셔 風氣通塞과 音調運化의 蘊奧奇妙ᄒᆞᆷ을 階前萬里에 洞察無遺ᄒᆞᄋᆞᆸ셔 精巧完全ᄒᆞᆫ 國文을 編成ᄒᆞᄋᆞᆸ시기에 至ᄒᆞ야 人民에게 頒賜ᄒᆞᄋᆞᆸ셔 智識을 開牖ᄒᆞ고 福利를 享有케 ᄒᆞ옵신바 先王의 巍巍蕩蕩ᄒᆞᄋᆞᆸ신 盛德懿烈이 愈久愈著ᄒᆞ심을 엇지다. 敢히 名言ᄒᆞ야 拜謝ᄒᆞ리요. 余ᄂᆞᆫ 謂ᄒᆞ되 我韓의 獨立精神은 此 時代의 此 國文에 胚胎ᄒᆞ얏스나 今日에 至토록 效蹟을 能히 奏치 못ᄒᆞᆷ은 但 利用ᄒᆞᄂᆞᆫ 方法을 擴張치 못ᄒᆞᆫ 緣故인즉 從玆以往으로 奮勵를 大加ᄒᆞ야 用路를 恢拓ᄒᆞ면 맛당이 億千萬年을 閱ᄒᆞ도록 百折不回ᄒᆞ야 世界에 屹立ᄒᆞᆯ 獨立基礎가 此에 在ᄒᆞ다 ᄒᆞ노라.
>
> 國文의 便利ᄂᆞᆫ 其 字體의 結搆가 精當ᄒᆞ고 子母合音의 變化가 詳簡ᄒᆞ며 規模가 確實ᄒᆞ고 意味가 眩亂치 아님으로 學習키 甚히 容易ᄒᆞ야 雖 三尺의 童과 倡優隷儓의 賤이라도 三四日의 工夫만 勉ᄒᆞ면 豁然 解了ᄒᆞ야 日用事物

18 申采浩, 「國漢文의 輕重」, 단재신채호선생 기념사업회 편, 『단재신채호전집 별집』(을유문화사, 1972), 75면.

과 往復書翰에 隨機酬應ᄒᆞ기가 極히 敏速ᄒᆞ야 平生에 用ᄒᆞ야도 限이 無ᄒᆞ고 漢文의 弊害ᄂᆞᆫ 髮을 結ᄒᆞ고 書를 讀ᄒᆞᆷ이 膏油를 焚ᄒᆞ고 日光을 繼ᄒᆞ야 孜孜矻矻히 頭童齒闊토록 口에 吟ᄒᆞ기를 絶치 안코 手에 披ᄒᆞ기를 停치 안트릭도 成業ᄒᆞᄂᆞᆫ 日에ᄂᆞᆫ 陳腐ᄒᆞᆫ 套句例題만 掇拾ᄒᆞ야 等身의 書를 得ᄒᆞ기에 過치 못ᄒᆞ고 卓越ᄒᆞᆫ 學問을 發明ᄒᆞ거ᄂᆞ 顯赫ᄒᆞᆫ 勳烈를 建樹ᄒᆞ기도 ᄒᆞ야 國民的 義務를 盡키 難ᄒᆞ고 或 世에 出ᄒᆞ야 榮進의 塗에 登ᄒᆞᆫ 者ᄂᆞᆫ 一時 僥倖에 付ᄒᆞ야 ᄌᆞ못 鮮少ᄒᆞᆫ즉 統計ᄒᆞ야 論ᄒᆞ면 漢學者ᄂᆞᆫ 畢生토록 蠹書蟲을 作ᄒᆞ야 耳聞目見이 固陋頑迷ᄒᆞ고 肢肧를 惰怠ᄒᆞ며 菽麥을 不辨ᄒᆞᄂᆞᆫ 者가 多ᄒᆞ니 肉袋飯囊에 不過ᄒᆞ고 石怪木偶에 是同ᄒᆞ야 其 身勢가 淸冷ᄒᆞᆫ 境遇를 當ᄒᆞᆯ 뿐 아니라 國家 進取的 勢力의 分子된 臣民의 職責을 擔任치 못ᄒᆞᄂᆞᆫ도다.[19]

또한 신채호는 국문이 배우고 쓰기 쉽고 간편하기 때문에 이를 통해 교육의 이천만 동포가 모두 새로운 학문을 익혀 각종 기술과 실업을 개발할 수 있을 것이라고 주장하고 있다.

夫國文者ᄂᆞᆫ 勿論東西何邦ᄒᆞ고 皆以易學爲本ᄒᆞ야 原文이 不過 三四十字則雖至愚之姿라도 不費幾個月之工而能學習其字ᄒᆞ야 致於高等學問이라도 只學其義오. 切無學字之勞也어니와 此 漢文者ᄂᆞᆫ 非特言文不合而難學이라 字數甚多ᄒᆞ야 文章巨擘이 老於學海라도 未聞有盡學其字者로다.

惟我國文則徒以 二十八字로 能成千言萬語之奇文이오. 其學法이 亦易ᄒᆞ야 無過一二日四五日內에 能曉其義ᄒᆞ야 對卷輒讀ᄒᆞᄂᆞ니 其便宜易曉之術이 可居於世界國文中 第一地位也오. 且論 運用之方而較諸國漢文則其孰勝孰負ᄂᆞᆫ 不待問而自明矣라. 可使國文으로 敎之以孝悌忠信則能不孝不悌乎아 敎之以政治法律則能拒捕不服乎아 敎之以農工商業則穀不熟器不成物不通行乎아 政治焉可敎오 外交焉可敎오 以至天文地理 許多學問을 莫不敎授而知得이오. 一若敎授則各隨其學而履行은 少不讓於學以漢文者也니 使我韓二千萬衆으로 除其通曉漢文者外에 勿論男女老幼ᄒᆞ고 一切敎育이되 洞各設校ᄒᆞ야 晝學夜學을 隨宜分課ᄒᆞ야 初自小學修身學等으로 以至本國歷史地誌算術物理化學法

19 姜銓,「國文便利及漢文弊害의 說」(太極學報 제6호, 1907. 1. 24), 16-17면.

律政治等을 次第教授則不過四五年에 二千萬民族이 莫不通曉時務ᄒᆞ야 養成愛國之誠而獻身於國家者衆矣오. 農商工實業이 自可開發ᄒᆞ야 可進於文明之域을 指日可期니 若有奮發於爲人奴隸等事ᄒᆞ야 少有復權之血誠者면 勿歸此論於狂妄而劈破前日漢文之痼癖ᄒᆞ고 務圖國文之振發則此豈非國家之大幸哉아.[20]

이와 같은 지식층의 국문론은 국문을 통한 교육과 신지식의 보급이라는 실용적인 요구를 담고 있을 뿐만 아니라, 언어와 문자라는 것이 한 나라의 국민의 심성을 바로잡고 국가의 독립을 완전히 할 수 있다는 언어민족주의적 관념을 바탕에 깔고 있다. 언어와 문자가 각 민족마다 다르고 바로 그 유별난 특징이 민족의 특수성을 규정해 주는 요건이 된다는 생각은 언어와 민족의 일치를 강조하고 민족의 독자성을 내세우기에 필요한 것이다. 이들의 주장은 언어 문자의 민족적 특성에 대한 인식을 통해 위기에 처한 민족의 자주독립에 대한 요건을 그 가운데서 새롭게 각성시켜 주고 있다는 점에서 그 의의를 평가할 수 있다.

20 李鍾一, 「論國文」(大韓協會會報 제2호, 1908. 5. 25), 13-14면.

2

개화계몽운동과 문명개화론

1) 개화계몽운동의 방향

개화계몽운동과 사회변혁

한국 사회는 개화계몽시대[21]에 새로운 변혁 과정을 거치면서 극심한 혼동을 겪어야 했다. 이 시기에 한국 사회에는 대내적인 면에서 반봉건운동을, 대외적으로는 반외세운동을 주축으로 하는 계몽운동이 사회 전체의 근대적인 변혁을 추구하는 커다란 힘으로 확산되었다. 이 과정에서 한국 사회는 침략적인 외세에 대응해 민족과 국가를 지켜 나갈 수 있는 주체적 역량을 확보해 나가는 과정에서 보수와 진보, 수구와 개화의 대립과 갈등을 겪으면서 혼란을 거듭했다.

한국 사회의 근대적인 변혁 과정에서 그 문제성을 가장 상징적으로 드러내는 역사적인 사건은 외세의 압력에 의해 이루어진 1876년의 문호 개방이다. 개항은 당시 한국인에게 주체적인 진로의 선택이 아니라 외세의 강요에 따라 이루어진 일방적인 개방이었기 때문에 개항 이후 밀려드는 외세의 힘을 막아 내기엔 역부족이었다. 돌이켜 보면, 이미 조선 사회 내부에서

---

21 김윤식·김현의 『한국문학사』(민음사, 1973)에서는 이 시기를 '계몽주의시대'라고 했고, 조동일의 『한국문학통사 4』(지식산업사, 1986)에서는 '근대문학으로의 이행기'라고 했다. 이름은 서로 달리 붙였지만, 두 책이 모두 19세기 중반부터 3·1운동 직전까지를 이 시기에 포함시키는 것은 마찬가지다. 이것은 이전의 백철의 『조선신문학사조사(상)』(수선사, 1947)에서 '신문학 태동기'로, 조연현의 『한국현대문학사』(인간사, 1961)에서 '근대문학의 태동'으로 이 시기를 명명했던 것과도 시대 구분이라는 점에서는 큰 차이를 드러내지 않는다. 이 책에서는 '개화계몽시대'라고 명명하고 그 시기를 19세기 중반에서 1910년까지로 한정한다.

18세기 후반부터 북학파들이 해외 통상의 중요성을 제기한 적이 있다. 그러나 조선왕조를 이끌고 있던 보수적인 세력 집단은 오히려 세도정치를 통해 정치를 문란하게 하는 한편 중국을 거쳐 들어오기 시작한 서구 문물을 양이(洋夷)의 것이라고 외면했다. 특히 '서학(西學)'으로 불린 천주교를 탄압하면서 집권 세력의 권력 연장에만 집착했다. 물론 이 같은 폐쇄적인 정책은 일시적으로 사회 전반을 위압하는 효과를 거두기는 했다. 그렇지만 조선왕조는 자율적인 문호 개방으로 새로운 서구 문물을 주체적으로 수용할 수 있는 기회를 상실했고, 결국은 일본의 강압에 굴복해 문호 개방을 서둘러야만 했다.

조선의 문호 개방은 전통적인 봉건사회의 대변혁을 예고하는 첫 장면이지만, 이를 자세히 들여다보면 정치 세력 내부에 서구 문물을 배척하고 통상을 거부하는 보수적인 위정척사파와 서구 문물의 수용과 개화를 주장하는 개화파의 극렬한 대립이 있었음을 확인할 수 있다. 일본의 강요에 따라 문호를 개방한 후 조선왕조는 서구의 열강에게도 모두 문호를 열어 준다. 물론 일본 세력의 조선 진출을 막기 위해 한때 청국과 러시아에 의존하고자 했지만, 외세를 막기 위해 다시 외세를 끌어들임으로써 더 큰 갈등을 키웠던 것이다. 그러나 개화파 세력은 청국과의 오랜 종속 관계를 청산하고 국가적인 독립의 기반을 확립해야 한다는 명분 아래 일본의 힘을 빌려 급진적인 정치 개혁을 시도하게 된다. 그것이 바로 유명한 1884년의 갑신정변이다. 갑신정변은 이름 그대로 하나의 정변에 불과하다. 사회체제의 근본적인 변혁을 위한 혁명으로 이어지지 못한 채 초기 단계에서 실패하고 말았다. 개화파들이 시도했던 이 위험스러운 정치적 모험은 사회적 지지 기반도 취약했으며 그에 대한 보수 세력의 저항 또한 완강했다.

이러한 정치·사회적 혼란 속에서 체제 변혁의 새로운 가능성을 보여 준 것이 1894년에 일어난 동학농민운동이다. 동학농민운동은 조선사회의 기층 세력이라고 말할 수 있는 농민 계층이 동학의 조직을 통해 거대한 세력 집단으로 봉기한 혁명운동이다. 동학농민운동은 권력의 유지를 위해 청국에 의지했던 보수파와 일본이라는 새로운 강자에 매달려 정치 권력을 전복하려 했던 개화파의 실패와 그 한계를 극복할 수 있는 새로운 가능성을 보여 준다. 이 운동의 혁명적 의의도 봉건적인 사회체제와 지배층의 횡포에 저항하면서 침략적인 외세를 배척해 조선 사회를 주체적으로 변혁시키고자 했다는 점에서 찾아진다. 그러나 지배 계층은 농민들의 주체적인 개혁운동을 외면하고 이들의 사회적 세력화를 막기 위해 청국과 일본의 군대를 끌어들여 동학운동을 탄압한다. 그리고 이때 불러들인 청국과 일본의 군사적인 갈등이 빌미가 되어 청일전쟁을 자초하게 되었고 이 전쟁의 승자가 된 일본이 한반도에서부터 대륙으로 그 정치적 영향력을 확대할 수 있는 근거를 제공하게 된다. 동학농민운동은 정치적 혁명에 이르지 못한 채 실패했지만 이 운동을 통해 제기된 여러 가지 개혁 담론의 혁명성을 주목할 필요가 있다. '동학'이라는 말은 글자 그대로 '서학'에 대응한다. 동학의 이념이 되었던 '인내천(人乃天)' 사상은 인간의 가치를 신성의 하늘과 연결해 놓음으로써, 개인의 권리와 존재의 평등성을 인식하게 한다. 조선 사회의 엄격한 신분적 계급 질서에 묶여 있던 평민 계층에게 이 같은 새로운 이념은 자기 주체에 대한 인식의 변화를 가능하게 한다. 혁명적 운동의 주체로 등장한 농민 계층은 원래 조선 사회에서 가장 중심이 되는 생산력을 지니고 있었지만 정치·사회·문화의 지배 권력에 철저하게 종속되었던 집단이다. 그런데 동학농민운동을 통해 이 집단이 정치·사회·문화의 변혁을 주도하는 새로운 주체로서 등장했고, 이들의 주장이 당시 사회의 계몽적 담론의 핵심을 이루게 되었던 것이다. 그렇기 때문에 동학농민운동은 정치적 혁명으로서의 실패에도 기층 세력의 근대적 개혁운동의 이념적 기반이 된다. 특히 이 혁명운동의 수습 과정에서 이른바 갑오경장(甲午更張, 1894)이라고 지칭되고 있는 정치·사회적 개혁이 실현되었던 것은 눈여겨볼 만한 장면이다.

갑오경장은 조선 후기 실학자들이 주장했던 여러 가지 사회제도의 개혁론, 갑신정변에서 볼 수 있었던 개화파의 정치 개혁 방안, 그리고 동학농민운동에서 농민이 주장한 사회 개혁을 어느 정도 절충해 봉건적인 정치·사회제도를 개혁하는 데에 성공했다. 비록 조선왕조의 정치체제를 근본적으로 바꾸어 놓지는 못했지만, 갑오경장은 조선왕조의 각종 행정제도를 개혁하고 조선 사회의 경제체제와 사회체제를 변혁시켰다. 그 결과로 정치적인 면에서는 내각제도가 성립되어 전제적인 군주제를 약화시켰고, 경제적인 면에서는 은본위제의 화폐제도를 확립했다. 사회적인 면에서는 반상제도 타파, 공사 노비법 폐지, 과부 재가 허용 등을 통해 재래의 폐습을 제도적으로 개혁했다. 특히 정부의 공문서에 해당하는 법률 칙령을 모두 국문으로 발표하고 한문을 곁들여 쓰거나, 국한문을 혼용해 쓰도록 한다는 고종의 황제 칙령(1894)을 발표함으로써, 공적인 문체의 변혁과 함께 문자 생활과 문학 활동의 새로운 변화를 가능하게 했다.

동학농민운동과 함께 주목되는 또 하나의 민중운동은 독립협회(獨立協會)를 중심으로 이루어진 정치개혁운동이다. 독립협회는 1896년에 결성되어 1898년에 해체되기까지 한국 사회의 정치제도와 체제를 개혁하기 위한 다양한 방안을 제시하고 그 실천을 위해 대중적인 사회계몽운동을 전개한 바 있다. 독립협회 운동은 민간 주도의 근대적인 정치운동의 출발점이라는 점에서 그 역사적 의의를 인정받고 있거니와, 대외적으로는 자주독립을, 대내적으로는 근대적 민권 사상에 기초한 정치개혁을 목표로 하고 있다. 독립협회 운동을 통해 제시된 정치개혁의 기본적 방향은 입헌군주제의 실현이었지만, 집권 보수 세력의 반발로 조직이 해체됨으로써 개혁운동의 목표를 실현하지는 못했다. 그러나 《독립신문》이라는 국문 신문을 처음으로 민간 주도로 창간했고 이 신문을 통해 다양한 정치적 담론을 대중적으로 확산시켰다. 특히 '만민공동회(萬民共同會)'라는 대중적인 정치 집회를 활용해 조직적인 정치 활동을 처음으로 시도한 점은 한국 사회에서 근대적 정치 이념과 그 사회적 실천의 새로운 가능성을 제시한 것으로 평가된다.

동학농민운동과 독립협회 운동이 이루어지는 동안 집권층에서는 갑오경장에 이어서 1897년에 국호를 대한제국(大韓帝國)으로 개칭하고 국왕을 황제로 격상시켜 왕권을 강화하고자 했다. 그리고 이른바 '광무개혁'이라고 지칭되는 일련의 제도적 개혁을 실시했다. 이 과정에서 한국 내의 여러 산업 시설에 대한 지배력을 강화한 것은 일본이었다. 일본은 러시아의 세력 확대를 막기 위해 러일전쟁(1904)을 일으켰고, 이 전쟁에서도 승리하자 한국에 대해 절대적인 영향력을 행사하게 되었다. 절대적 강자로서 한반도에 그 정치·군사적 지배력을 확보하게 된 일본은 대한제국의 외교·군사 부문에 대한 모든 권한을 1905년 을사조약을 통해 장악한다. 그리고 1910년 강제적으로 한일합병조약을 체결하게 된다. 조선왕조는 문호 개방 후 근대적인 사회체제로 변혁을 이루지 못한 채 일본의 식민지로 전락하게 되었으며 한국 사회의 근대화 과정 전체가 크게 왜곡될 수밖에 없었다.

민족 주체의 인식

개화계몽시대는 새로운 정치·사회적 개혁 담론이 구성되고 그것이 치열하게 서로 부딪치면서 갈등하던 시대였다. 진보 세력과 보수 세력의 갈등을 말해 주는 개화와 척사의 논리도 그렇고, 주체적인 지식층을 중심으로 전개된 계몽운동도 모두 각각의 위상과 세력을 드러내는 담론의 공간을 형성했다. 여기서 주목해야 할 것은 개화계몽운동의 사상적 기반이 되었던 반외세론과 반봉건론이다. 침략적인 외세를 막아내고 자주와 독립을 지켜야 한다는 반외세론은 대외적인 상황에 대한 대응 논리에 해당한다. 이 새로운 담론은 민족과 국가의 자주독립이라는 현실적 과제와 맞물려 있다. 특히 주체로서의 민족에 대한 인식을 새롭게 하고 침략적 외세를 '타자'로서 배격하게 된다는 점에서 민족주의의 정론적 성격이 강하다.[22] 일반적으로 민족주의라고 하는 독특한 이념은 자민족의 존립에 위협이 되는 외세에 대항하기 위해 민족의 결속을 강화하고 자주독립적 지위를 지켜 나가기 위한 정치적 운동의 성격을 강하게 드러낸다. 그러므로 민족적 주체를 내세우고 침략적 외세를 배격하는 데 중요한 것은 민족으로서의 주체와 이에 대립하는 타자로서의 외세의 관계가 어떻게 설정되고 있는가 하는 점이다.

주체/타자의 새로운 정립 과정을 통해 먼저 적대적 타자로 지목된 것은 '양이(洋夷)'라는 이름으로 배격된 서양과 거기서 들어오는 문물이다. 위정척사(衛正斥邪)의 논리가 바로 여기에 해당한다. 위정척사론의 핵심은 철저한 외세 배격과 자기 보전이다. 하지만 붕괴하기 시작한 조선 사회의 봉건 체제를 방치하고 민족 내부에서 자력갱생할 수 있는 능력을 독자적으로 키운다는 것이 불가능했다. 그러므로 오히려 서구 사회의 선진 문물을 적극적 수용하고 국력을 배양함으로써 외세의 침략 위협을 극복해야 한다는 개화론이 등장하게 된다. 갑신정변을 주도했던 진보 세력의 개화론도 민족과 국가의 자주독립을 지켜야 한다는 하나의 목표를 지향하고 있었다. 서재필을 중심으로 전개된 독립협회 운동에서도 이와 같은 민족주의적 성격이 그대로 드러난다. 독립협회를 통해 먼저 강조한 것이 실질적인 독립국가의 위상을 유지해야 한다는 신념이었다. 청국과의 종속 관계를 청산하기 위해 모화관(慕

---

22 송건호·장만길 편, 『한국민족주의론』(창작과비평사, 1982) 참조.

華館)을 철거하고 그 자리에 독립문을 건립한 것은 민족주의 이념을 강조하는 상징적 사건이다. 현실적인 정치 영역에서도 민족주의 이념이 크게 부각된 것은 대한제국의 성립을 통해 확인할 수 있다. '조선'이라는 국가의 명칭을 '대한제국'으로 개칭하고 조선의 국왕을 '황제'로 칭하며 중국의 연호를 따라 쓰던 관습에서 벗어나 독자적인 연호를 사용하게 하는 것 등은 모두 조선이 소중화(小中華)로서 지키고자 했던 모든 낡은 명분을 벗어던지는 일에 해당하기 때문이다.

그런데 1905년 을사조약 이후부터 주체와 타자의 분리 구획은 새로운 의미를 가지게 된다. 일본의 강압에 따라 을사조약을 체결하고 실질적으로 국권을 상실하게 되자 이에 대응하는 저항적인 반식민주의적 담론이 사회적으로 확산한 것이다. 이 시기부터 개화계몽운동은 일본의 식민주의적 지배 전략에 대항하면서 민족공동체의 정체성을 회복하기 위한 저항적인 민족주의적 색채를 강하게 드러낸다. 그러나 일본은 통감부 설치와 함께 전국적으로 확산한 의병운동을 강압적으로 무산시키기 위해 막강한 군사력을 동원한다. 그리고 모든 사회운동도 정치 지향적인 집단적 행동과 실천의 구체성을 제거당하기 시작한다. 1905년을 전후해 활발하게 전개된 국권회복운동은 민간 사회단체들이 주도했는데, 이 사회단체들은 정치적 결사체가 아니라, 지연과 학연에 따라 구성된 것이다. 이들 가운데 당대의 정치 문제에 직접적으로 개입해 실천적인 사회운동으로 확대된 것으로는 국채보상운동이 있다. 그러나 대부분의 계몽 담론은 서구의 새로운 제도와 문물을 적극적으로 수용하고 전래의 봉건적인 사회제도와 가치 체계를 변화시키고자 하는 사회·문화적 활동으로 전개되고 있음을 확인할 수 있다.

개화계몽시대의 대내적인 사회변혁 과정을 보면, 낡은 가치와 이념, 제도와 관습의 붕괴를 목표로 하는 반봉건론이 크게 대두되고 있었다. '새것'과 '낡은 것'의 대립적 표상을 강조하는 반봉건론은 새로운 시대 변화를 인정하고 그 대응책을 모색하는 것에서 출발하며, 그 과정에서 중요 과제로 대두된 것이 바로 신/구를 구획 짓는 작업이다. 무엇이 낡은 것이며 어떻게 낡은 것을 새로운 것으로 개혁할 것인가 하는 것은 개화계몽 담론의 핵심적인 실천 과제에 해당한다. 당시 집권층은 자신들의 기득권을 지키기 위해 눈에 보이는 제도의 개혁을 추진했지만 민중은 동학농민운동에서 보듯이 본질적인 계층 구조의 모순에 반발하고 있었다. 특히 개화계몽운동은 주체로서의 민족과 침략적 외세를 구획 짓는 주체/타자에 관한 계몽 담론과 새로운 가치와 제도를 위해 낡은 가치와 인습을 제거하기 위한 신/구의 계몽 담론이 서로 혼재된 상태로 전개되었다. 주체로서의 민족을 강조하면서도 여전히 낡은 사고와 관습과 가치를 고수하고자 했던 보수적 경향도 있었고, 새로운 것을 추구하면서 주체의 정립보다는 타자로서의 외세를 따르는 외세 의존적 개혁론도 존재했다.[23] 이러한 담론의 상호 관계 가운데 민족 주체의 확립과 함께 사회개혁을 지향한 것은 동학농민운동이나 독립협회 운동과 같은 사회운동이었다. 이 새로운 사회운동은 민족의 자주와 독립을 강조하면서 낡은 사회제도의 개혁을 집권층에 강력하게 요구한 것이 특징이다. 그러나 당시 집권층은 이러한 요구를 권력의 존립 근거를 위협하는 정치적인 것으로 판단하여 동학농민운동이나 독립협회 운동이 민중의 집단적 조직을 기반으로 하여 정치 세력화하는 것을 막기 위해 이를 강압적으로 억제하였다.

신교육과 전통 사상의 개혁

개화계몽시대의 계몽운동은 구시대를 청산하고 새로운 문물을 받아들이기 위한 제도의 확립과 그 교육적 실천을 구체적으로 제시하는 신교육운동이 중심을 이룬다. 신교육운동은 1896년 새로운 교육을 위한 제도적 정비가 이루어지면서 사회적으로 확산되었다. 정부에서는 근대적인 교육을 전담하는 부서로서 학무아문을 설치하고 교육조서를 발표했으며, 교사 양성을 위해 한성사범학교를 개교하고 전국에 걸쳐 관공립 소학교를 설립한다. 이와 함께 전국적으로 사설 교육기관 수백 개가 세워짐으로써 신교육의 사회적 기반이 확립되었다.

신교육운동의 실천은 국문 교육으로부터 시작된다. 국어·국문에 대한 이해가 대중적으로 확대되자 한문의 교육·문화적 역할이 축소되기에 이른다. 국문은 누구나 쉽게 배우고 쓸 수 있는 기능성을 가지고 있었기 때문에,

---

23 이 점과 관련해 김용직이 제시한 개화기 문인의 의식 유형은 많은 시사점을 던져 준다. 그는 개화기 문인들의 출신 계층과 행동의 성격을 유형화해 그 유형 간의 상호 관계를 논한 바 있다. 김용직, 「개화기 문인의 의식유형」, 김용직 외 편, 『한국문학연구입문』(지식산업사, 1982), 481면.

국문을 통한 읽기와 쓰기가 널리 가능해지면서 한문으로 이루어졌던 기존의 낡은 글쓰기 방식이 무너지게 된다. 한문으로 글을 읽고 쓰는 일이 권위를 잃게 되자, 세상의 모든 가치를 한문에서 구하면서 그 가치의 중심이 중국에 있다고 생각했던 중화(中華)적 사고도 서서히 무너지기 시작한다. 중국을 중심으로 하여 그 나머지를 모두 변방으로 생각했던 중화주의가 의미를 잃게 되면서 세계에 대한 인식도 새로워졌다. 세계는 중화와 변방으로 나누어지는 것이 아니라 새로운 세계와 낡은 세계, 문명의 세계와 야만의 세계로 구분된다는 인식이 싹트게 된 것이다.

신교육운동을 통해 한국의 민중이 만나게 된 것은 새로운 서구의 문물과 제도와 가치다. 낡은 것은 무너지고 새로운 것이 그 자리에 대신 들어서는 이 변혁의 과정이야말로 참으로 의미심장한 부분이다. 중국과 일본을 매개로 수용된 서구의 새로운 사상과 문물은 이미 18세기 전후부터 '서학'이라는 이름으로 조선 사회에 충격을 던지며 전파되기 시작했다. 특히 천주교의 전래와 그 파급은 그에 대한 집권층의 박해에도 인간의 삶과 그 가치에 대한 인식을 새롭게 전환하는 계기가 되었다. 민족과 국가의 개념에 대한 자각과 각성도 신교육운동으로 가능해졌다고 할 수 있다. 서구의 발달된 산업 기술이 소개되는 가운데, 전기 기술이 도입되고 통신망을 건설하고 철도를 부설하게 되자, 일상적인 삶에서 거리와 시간의 개념도 완전히 바뀌게 된다. 새로운 서구 의술이 도입되고 근대적인 병원이 설립되자, 보건과 위생에 대한 새로운 인식이 가능해졌다. 활판 인쇄술의 도입과 신문·잡지·도서 등의 대량 출판은 지식의 대중화를 더욱 촉진하였다. 신교육운동을 바탕으로 이루어진 이러한 변화는 개화계몽시대의 모든 담론의 질서를 재구성했다.

여기서 주목해야 할 것이 전통 사상의 자기 혁신에 관한 다양한 논의가 계몽 담론의 핵심 요소로 등장하는 점이다. 전통적인 인습과 제도의 개혁을 위해서는 이를 지지해 온 이념과 가치에 대한 자기비판과 혁신의 노력이 필요하다. 낡은 것을 버리고 새로운 것을 받아들이고자 하는 근대적 변혁 과정에서 표출된 신구의 대립은 보수와 진보의 갈등으로 인식되기도 한다. 하지만 이러한 사회적 갈등은 사회계층의 대립과 같은 본질적 개념은 아니다. 낡은 가치와 제도가 새로운 가치와 제도로 변화하는 것은 사회와 역사의 발전을 의미한다. 바로 여기서 사회진화론[24]의 초기 형태를 발견할 수 있다. 당시 개화계몽운동을 주도한 지식층 인사들은 대부분 일본과 중국을 통해 자연스럽게 유입되기 시작한 이른바 사회진화론의 논리를 그대로 받아들였다. 이들은 인류 사회 본연의 모습을 상호경쟁과 생존투쟁으로 인식했으며, 인류 사회에도 적자생존의 원칙이 적용된다고 보고 있었다. 대한제국의 성립 후부터 등장하기 시작한 각종 잡지와 신문에는 '적자생존', '생존경쟁', '약육강식', '우승열패' 등의 주제와 관련되는 수많은 논설이 등장했는데 이것은 모두 당대의 지식층이 사회진화론을 적극적으로 받아들이고 있었음을 말해 준다. 일반적으로 사회진화론은 적자생존과 우승열패의 논리에 의해 인류 사회가 갈수록 진화하게 된다는 점을 내세운다. 이러한 사고방식은 인류 사회가 도덕과 윤리의 타락으로 점차 퇴보하고 있다고 생각했던 유교적 세계 인식과 정면으로 충돌하기도 했지만 결국은 낡은 가치와 이념을 몰아내는 데 기여한다.

개화계몽시대의 대표적인 개신(改新) 유학파로 손꼽히는 박은식과 장지연은 개인의 교육과 사회의 개량을 통한 엄격한 자조(自助)의 노력을 강조했다. 이들은 한국 사회의 문명개화라는 목표를 내세우면서 한국의 고유한 문화에 주목했다. 이들은 문화로서 자국의 언어와 역사를 중시하면서 거기서 얻어 낼 수 있는 고유한 특성과 그 통합의 힘에 의해 한국 사회의 문명개화가 가능할 것을 믿었다. 게다가 이들은 한국 민족의 특수한 민족의식으로서의 '정신력'에 주목해 '국혼'을 내세웠고 한국 민족의 지력(知力)에 기초해 교육을 통한 지식의 보급이 문명개화의 첩경임을 내세웠다. 이들이 주장한 자강론의 핵심이 교육 계몽이라는 것은 의미하는 바가 크다. 사회진화론의 논리에 따르면 낡은 것도 다시 새것으로 바뀔 수 있다. 그러므로 낡은 조선이 새로운 조선으로 변화·발전할 수 있다는 신념을 제시하고 그 가능성을 보여 준 것이 문명개화를 강조했던 모든 사회 담론의 본질이었다는 사실은 주목되어야 한다.

24 사회진화론의 한국적 수용 양상에 관해서는 전복희, 「사회진화론의 한국으로의 유입」, 『사회진화론과 국가사상』(한울아카데미, 1996) 참조.

2) 유길준의 『서유견문』과 개화사상

유길준과 『서유견문』

개화계몽시대의 문명개화에 대한 다양한 논의는 넓은 의미에서 '개화사상'이라는 개념으로 포괄할 수 있다. 개화사상은 우선적으로 봉건적인 사회체제를 근대적으로 개혁하고 서구의 선진적인 과학기술 문명을 적극적으로 수용해 국력을 키워 나가는 데 그 목표를 두고 있다. 그리고 대외적으로는 열강의 침략에 대비해 군사력을 강화하고 민족의 독립을 수호한다는 것이 그 근본적인 취지다.

개화사상의 대두와 그 전개 양상은 개화파를 중심으로 추진되었던 진보적인 개혁운동을 통해 그 실상을 확인할 수 있다. 개화사상은 갑신정변의 실패로 일시적인 퇴조의 경향을 보이기도 했지만, 조선의 집권층은 밀려오는 서구 문물의 영향과 새로운 시대 변화의 요구를 막을 수는 없었다. 당시 개화사상에 기초해 전개된 개혁운동의 방향을 보면 서구 문물의 소개와 문명개화의 필요성에 대한 논의와 갑오경장을 거치면서 문명개화의 이상을 실천하기 위한 제도적 개혁과 사회계몽이 대중적으로 확대되었다. 그리고 이러한 사회계몽운동은 독립협회의 등장과 함께 대중적인 조직 운동으로 발전하게 되었다. 그런데 을사조약으로 일본에 의해 국권이 박탈되자 국가와 민족의 자주독립을 주창하는 국권회복운동이 개혁운동의 중요한 목표가 되었다.

개화사상은 조선 후기의 실학사상으로까지 거슬러 올라가 그 연원을 논하기도 한다. 하지만 개화사상의 등장은 중국에서 일어났던 아편전쟁(1840-1842) 이후의 이른바 양무운동(洋務運動)을 통한 서양 문물의 수용 과정에서 직접적인 자극을 받았음을 알 수 있다. 당시 중국으로부터 수입된 『해국도지(海國圖志)』라든지 『영환지략(瀛環志略)』과 같은 서책을 통해 세계의 지리와 문물에 대한 새로운 이해를 갖게 되었다. 특히 황준헌의 『조선책략(朝鮮策略)』은 당시 집권층의 세계 인식의 변화에 중요한 계기가 되었다. 이 책은 러시아의 남하를 방어하기 위해서는 조선이 친중국(親中國), 결일본(結日本), 연미국(聯美國)의 정책을 통해 자강을 도모해야 한다는 주장을 담고 있다. 이 책이 유입된 후 정부에서는 이러한 정책에 대한 찬반 논의가 격렬했고 보수적인 지방의 유생들을 중심으로 거국적인 위정척사운동이 일어나기도 했다. 한국 사회의 근대적 변혁 과정을 놓고 본다면 갑신정변 이후 이루어진 개화파의 급진적인 개혁운동은 일본 메이지유신시대의 '문명개화'를 실천 논리의 근거로 삼고 있음을 확인할 수 있다. 실제로 갑신정변의 주역이었던 박영효(朴泳孝), 김옥균(金玉均), 서광범(徐光範), 서재필(徐載弼), 유길준(兪吉濬) 등의 급진적 정치 개혁운동이 일본에 기대어 이루어졌다는 점은 누구도 부인하기 어렵다.

유길준은 자기 학문의 변혁을 통해 문명개화의 길을 추구하고자 했던 개화운동가라고 할 수 있다.[25] 그는 급진 개화파의 외곽에 서서 『서유견문(西遊見聞)』[26]을 통해 개화사상의 체계화와 그 사회적 확산에 주도적 역할을 담당했다.

유길준은 과거에 응시하기 위해 전통적인 한학을 수학했지만 박규수(朴珪壽)의 문하에서 김옥균, 박영효, 서광범 등과 어울리면서 조선 후기의 실학사상을 익혔고 중국으로부터 유입된 『해국도지』와 같은 서적을 통해 서구의 문물과 해외 사정에 눈을 뜨게 되었다. 특히 그는 일본과 미국에 유학할 수 있는 아주 드문 기회를 얻으면서 문명개화의 현장을 직접 체험했다. 그는 1881년 어윤중(魚允中)의 수행원으로 신사유람단에 참가해 일본을 방문한 후 게이오의숙[慶應義塾]에 입학해 조선 최초의 일본 유학생이 되었다. 그는 국내에서 임오군란(壬午軍亂, 1882)이 일어나자 학업을 중단한 채 1883년 1월에 귀국했지만, 일본 유학 중에 조선, 중국, 일본 등 동양 삼국의 단결을 목적으로 조직된 흥아회(興亞會)에도 참가해 일본의 학자 및 정치가들과 교유하기도 했다. 한미수호통상조약이 체결되자 1883년 7월 보빙사(報聘使)로 미국으로 파견되는 민영익(閔泳翊)의 수행원으로 선발되어 미국으로 간 그는 미국의 발달된 문물을 직접 눈으로 확인하면서 공식 업무를 마쳤지만 곧바로 귀국하지 않았다. 민영익의 도움으로 미국에 혼자 체류하면서 대학 진학을 준비했던 것이다. 하지만 그는 자신과 친분이 깊었던 김옥균, 박영효 등이 주도

---

25 중요 문헌으로 李光麟, 「兪吉濬의 開化思想: 서유견문을 중심으로」, 『歷史學報』 75·76합집(1977); 홍종선, 「근대 전환기 선진 지식인의 국문·국어의 인식과 실천 양상: 유길준, 지석영, 주시경을 중심으로」, 『한국어학』 81호(2018); 허동현, 「1880년대 개화파 인사들의 사회진화론 수용양태 비교 연구: 유길준과 윤치호를 중심으로」, 『史叢』 55집(고려대학교 역사연구소, 2002); 尹炳喜, 『兪吉濬研究』(국학자료원, 1998) 등 참조.

26 유길준은 1889년 이 책의 원고 집필을 마쳤는데, 이 책에 소개된 개화론의 핵심은 일본 후쿠자와 유키치(福澤諭吉)의 '문명론'의 영향을 받았던 것으로 널리 알려져 있다.

했던 갑신정변(甲申政變, 1884)이 실패한 것을 알고는 대학 진학을 포기한 채 1885년 6월 귀국했다.

그는 귀국하자마자 포도청에 감금되고 두 달 만에 우포대장 한규설(韓奎卨)의 집에 유폐되었다. 그는 이곳에서 2년 정도 은둔하면서 틈틈이 자신의 해외 체험 내용을 정리하기 시작했다. 이 과정에서 그는 각종 외국서적을 살펴보고 특히 후쿠자와 유키치가 저술한 『서양사정』의 내용과 그 체재를 두루 참고하면서 개화계몽시대의 문명개화론을 대표하는 『서유견문』을 완성했다. 이 책의 내용은 제목 자체가 말해주듯이 '여행 서사(travel narrative)'의 성격을 띤 것은 아니다. 물론 유길준이 조선인 최초로 미국에서 유학했고 귀국 과정에서 두루 세계를 돌아본 경험이 이 책의 저술 내용과 직결되어 있다. 하지만 여행의 견문이라는 주관적 서술보다는 한국 사회에 새로운 충격을 주면서 등장하게 된 서구의 문명에 대한 다양한 지식을 소개하는 데에 더 큰 비중을 두고 있는 것이 사실이다.

『서유견문』의 제1, 2편의 내용은 이 책의 저술 방법과 그 관점을 미리 제시하고 있는 하나의 서론에 해당한다. 이 부분에서는 지구과학과 인문지리에 관한 폭넓은 지식을 기반으로 지구의 형성, 대륙과 해양의 구분, 지구상의 인종, 세계 각 지역의 물산 등을 소상하게 소개하고 있다. 여기서 소개하는 세계 인문지리에 대한 모든 논의는 19세기 서구 과학 문명이 만들어낸 새로운 지식에 근거한다. 그런데 여기서 주목되는 것은 유길준이 강조하고자 하는 경험주의적 세계관이 서두에서부터 그대로 드러나고 있다는 점이다. 유길준은 편협하고 낡은 중화주의적 관점을 거부하고 자연적 지리적 공간마저 위계화해 구획했던 관념론으로부터 벗어나고 있다. 그는 지구가 구형이며 그 위에 여러 대륙이 흩어져 있고, 각각의 대륙에 다양한 인종이 살고 있음을 밝힌다. 이러한 새로운 관점으로 본다면, 세계의 중심에 중국이 자리한 것이 아니라 중국은 지구상에 분포해 있는 국가 중의 하나일 뿐이다. 조선도 마찬가지다. 이런 식의 인식은 결국 조선이 지구상의 한 나라이며 조선 민족이 지구상의 한 종족이라는 사실을 더욱 분명하게 한다.

『서유견문』의 본론에 해당하는 문명개화의 실질적인 측면에 대한 논의는 제3편부터 시작된다. 특히 제3편과 제4편에서 '국가의 권리'와 '인민의 권리'를 논의하고 있는 부분은 국가 성립의 기본적 요건과 국민의 권리를 설명하고 있다. 이 책을 저술하던 당시의 조선이 처해 있던 국제적 정치 질서의 변화와 외세의 위협에 따른 국권의 자주적인 보전과 독립의 방안을 제시해 놓고 있다는 점에서 중요한 의미를 지닌다.

> 夫邦國은 一族의 人民이 一方의 山川을 割據ᄒᆞ야 政府를 建設ᄒᆞ고 他方의 管轄을 不受ᄒᆞᄂᆞᆫ 者니 然ᄒᆞᆫ 故로 其國의 最上位를 占ᄒᆞᆫ 者ᄂᆞᆫ 其君主며 最大權을 執ᄒᆞᆫ 者도 其君主라 其人民은 其君主를 服事ᄒᆞ며 其政府를 承順ᄒᆞ야 一國의 體貌를 保守ᄒᆞ고 萬姓의 安寧을 維持ᄒᆞᄂᆞ니 一國을 比ᄒᆞ건ᄃᆡ 一家와 同ᄒᆞ야 其家의 事務ᄂᆞᆫ 其家가 自主ᄒᆞ고 他家의 干涉ᄒᆞᆷ을 不許ᄒᆞ고 又一人과 同ᄒᆞ야 其人의 行止ᄂᆞᆫ 其人이 自由ᄒᆞ야 他人의 指揮를 不受ᄒᆞᆷ과 一様이니 邦國의 權利도 亦然ᄒᆞᆫ지라. 此權利ᄂᆞᆫ 二種에 分ᄒᆞ야 一曰 內用ᄒᆞᄂᆞᆫ 主權이니 國中의 一切 政治 及 法令이 其政府의 立憲을 自尊ᄒᆞᆷ이오 二曰 外行ᄒᆞᄂᆞᆫ 主權이니 獨立과 平等의 原理로 外國의 交涉을 保守ᄒᆞᆷ이라 是를 由ᄒᆞ야 一國의 主權은 形勢의 强弱과 起原의 善否며 土地의 大小와 人民의 過多를 不論ᄒᆞ고 但 其內外關係의 眞的ᄒᆞᆫ 形象을 依據ᄒᆞ야 斷定ᄒᆞᄂᆞ니 天下의 何邦이든지 他邦의 同有ᄒᆞᆫ 權利를 不犯ᄒᆞᄂᆞᆫ 時ᄂᆞᆫ 其獨立自守ᄒᆞᄂᆞᆫ 基礎로 其主權의 權利를 自行ᄒᆞᆫ즉 各邦의 權利ᄂᆞᆫ 互係한 職分의 同一ᄒᆞᆫ 景像을 有ᄒᆞ야 其德行及習慣의 限制를 立ᄒᆞᆷ이라 如此히 邦國에 歸屬ᄒᆞᄂᆞᆫ 權利ᄂᆞᆫ 國의 國되ᄂᆞᆫ 道理를 爲ᄒᆞ야 其 現體의 緊切ᄒᆞᆫ 實要니 是故로 此를 立本ᄒᆞᆫ 權利라 謂ᄒᆞᄂᆞᆫ 者라.[27]

> 夫人民의 權利ᄂᆞᆫ 其 自由와 通義를 謂ᄒᆞᆷ이라 今其自由及通義를 釋ᄒᆞ건ᄃᆡ 自由ᄂᆞᆫ 其心의 所好ᄒᆞᄂᆞᆫ ᄃᆡ로 何事든지 從ᄒᆞ야 窮屈拘碍ᄒᆞᄂᆞᆫ 思慮의 無ᄒᆞᆷ을 謂ᄒᆞᆷ이로ᄃᆡ 決斷코 任意放蕩ᄒᆞᄂᆞᆫ 趣旨 아니며 非法縱恣ᄒᆞᄂᆞᆫ 擧措 아니오 又他人의 事體ᄂᆞᆫ 不顧ᄒᆞ고 自己의 利慾을 自逞ᄒᆞᄂᆞᆫ 意思 아니라 引國家의 法律을 敬率ᄒᆞ고 正直ᄒᆞᆫ 道理로 自持ᄒᆞ야 自己의 當行ᄒᆞᆯ 人世 職分으로 他人을 妨害ᄒᆞ지도 勿ᄒᆞ며 他人의 妨害도 勿受ᄒᆞ고 其所欲爲ᄂᆞᆫ 自由ᄒᆞᄂᆞᆫ 權利며 通義ᄂᆞᆫ 一言으로 蔽ᄒᆞ야 曰 當然ᄒᆞᆫ 正理라 今에 數例를 擧ᄒᆞ건ᄃᆡ 假令 官職을 供ᄒᆞᄂᆞᆫ 者ᄂᆞᆫ 其任責을 行ᄒᆞ기에 相當ᄒᆞᆫ 職權을 保有ᄒᆞᆷ이 其當然ᄒᆞᆫ 正理며 家

---

27 유길준, 『유길준전서 1』(일조각, 1971), 85-86면.

> 宅을 持有ᄒᆞᆫ 者가 主人의 名實을 備存ᄒᆞ야 自己의 物이라 稱ᄒᆞᆷ이 亦當然ᄒᆞᆫ 正理며 錢財를 他人에게 假貸ᄒᆞᆫ 者가 其約償ᄒᆞᆫ 利息을 討求ᄒᆞᆷ과 田土를 他人에게 假借ᄒᆞᆫ 者가 其收穫의 分與를 要問ᄒᆞᆷ이 亦且 當然ᄒᆞᆫ 正理니 千事萬物에 其當然ᄒᆞᆫ 道理를 遵ᄒᆞ야 固有ᄒᆞᆫ 常經을 勿失ᄒᆞ고 相稱ᄒᆞᆫ 職分을 自守ᄒᆞᆷ이 乃通義의 權利라.[28]

국가의 자주독립과 그 자존의 의미를 이렇게 강조하는 것은 전통적인 상하 종속 관계를 유지해 온 청국과의 관계가 단절되고 일본이라든지 서구 제국과의 관계를 평등한 관계로 발전시켜야 한다는 의미가 포함된다. 특히 그는 조선과 타국 간의 교역에 청국이 개입하는 것의 부당함을 주장한다. 그는 공법에 의거해 국내외의 정치와 외교를 자주적으로 결정하고, 외국의 지휘를 받지 않는 나라가 진정한 독립국이라고 말하면서 청국에 맹목적으로 복속해 조선을 청의 속국으로 전락시킨 수구파에게도 불만을 분명히 나타낸다.

유길준은 『서유견문』에서 서구 문명의 발전에 주목하면서 그 발전의 요체를 이루는 중요한 요소를 국가의 자주독립과 인민의 자유 민주에 있음을 천명한다. 그리고 이에 기반해 제5편부터 제13편에 이르기까지 정치와 제도, 과학과 교육, 상업과 기술 등에 대한 폭넓은 식견을 소상하게 소개하고 있다. 그는 서구 제국의 발전과 그 부강함이 동양보다 크게 앞서게 된 이유를 정치체제의 차이에서 찾고 있다. 서구 제국의 경우 그 정치체제의 특징은 인민의 권리를 잘 지키고 이를 바탕으로 국가의 권리를 보존하게 된 것이다. 이러한 체제의 법치국가가 되기 위해서는 봉건적인 통치 체제에서 벗어나 모든 인민의 권리를 보장하고 이를 통해 인민이 국가 구성원이 되어 국가의 권리를 존중하는 길이 있을 뿐이다. 이러한 정치체제의 전환에 대한 이상은 거의 혁명적이라고 할 만큼 획기적이지만 그 구체적인 실천 방안에까지는 이르지 못하고 있다.

유길준은 국가의 권리를 보전하는 근본적인 방법은 교육과 법률이라고 주장한다. 인민이 자신의 권리를 자각하기 위해서는 교육을 통한 지식의 획득이 필수다. 인민 한 사람 한 사람이 각자 자신의 권리가 소중함을 인

---

28 유길준, 『유길준전서 1』, 109면.

식할 수 있을 때 국가의 권리를 존중하게 된다. 그리고 타국으로부터 국가의 권리가 부당하게 침해당했을 때 인민이 이에 저항할 수 있게 된다는 것이다. 특히 인민의 권리를 보장하기 위해서는 국가의 법률이 분명하게 제도화되어야 한다. 그렇지 못하면 서로 간의 권리에 침해가 일어나고 갈등이 생기게 되기 때문에 빈부귀천을 따지지 않고 모든 인민에게 공정한 법률을 제정해 권리의 용도를 정해야 한다는 것이 그의 주장이다. 이러한 새로운 견해는 당시 조선이 처해 있던 전환기적 상황과 그 분명한 위치를 규정하기 위한 것이라고 하겠다. 그는 당시 서구 제국에 통용되고 있던 만국공법과 같은 새로운 국제질서를 위한 법리를 제시함으로써 조선의 자주독립에 대한 권리를 주장할 수 있게 된다. 여기서 인민의 개인적인 권리와 자유에 대한 기본적인 법적 보장이 이루어져야 한다는 점을 강조한 것은 서구 민주주의에 대한 유길준의 폭넓은 인식을 보여 주는 것이라고 할 수 있다.

유길준이 기술하고 있는 국가 제도 가운데 눈여겨볼 대목은 제5편에 정부와 정치제도에 관한 내용이다. 그는 정부라는 것이 가지는 가장 중요한 본분이 인민의 평화와 행복을 보장하고 도모하는 것임을 분명히 한다. 그는 입헌군주제를 가장 이상적인 정치체제로 평가한다. 군주와 인민이 함께 다스리는 정치체제는 그 제도가 공평해, 조그만 사심도 개입할 수가 없다. 서구의 작은 국가도 거대한 제국 속에서 자주적 권리와 독립적 지위를 유지하고 있는 것은 입헌군주제를 통해 사회가 안정되면서 경제적 부를 축적할 수 있었기 때문이라고 설명하고 있다.

문명개화의 성격과 원리

유길준이 『서유견문』을 통해 제시하는 거대한 사상적 전환과 정치 사회적 변혁의 내용들은 이 책의 제14편에서 '개화'라는 하나의 개념 속에 결집되고 있다. 그러므로 이 부분이 실상은 이 책에서 제시하는 결론에 해당한다. 유길준이 사용하는 '개화'라는 말은 일본의 후쿠자와 유키치가 사용했던 '문명'이라는 말과 등치의 관계에 놓인다. 개화는 곧 문명으로 나아가는 길이며 그 방법이면서 동시에 실체이기도 하다. 그러므로 유길준이 『서유견문』을 통해 서술하는 것은 서구 선진국가에서 이루어 낸 문명개화의 실상이라고 할 수 있다. 여기서 개화는 단순한 물질문명과 과학기술의 발전을 의미하는 것만은 아니다. 인간의 삶의 내용을 더욱 풍부하게 할 수 있는 사회·문화적 발전을 의미한다.

> 大槪 開化라 ᄒᆞᄂᆞᆫ 者ᄂᆞᆫ 人間의 千事萬物이 至善 極美ᄒᆞᆫ 境域에 抵ᄒᆞᆷ을 謂ᄒᆞᆷ이니 然ᄒᆞᆫ 故로 開化ᄒᆞᄂᆞᆫ 境域은 限定ᄒᆞ기 不能ᄒᆞᆫ 者라 人民 才力의 分數로 其 等級의 高低가 有ᄒᆞ나 然ᄒᆞ나 人民의 習尙과 邦國의 規模ᄅᆞᆯ 隨ᄒᆞ야 其 差異ᄒᆞᆷ도 亦生ᄒᆞᄂᆞ니 此ᄂᆞᆫ 開化ᄒᆞᄂᆞᆫ 軌程의 不一ᄒᆞᆫ 緣由어니와 大頭腦ᄂᆞᆫ 人의 爲不爲에 在ᄒᆞᆯ ᄯᆞ름이라. 五倫의 行實을 純篤히 ᄒᆞ야 人이 道理ᄅᆞᆯ 知ᄒᆞᆫ 則 此ᄂᆞᆫ 行實의 開化며 人이 學術을 窮究ᄒᆞ야 萬物의 理致ᄅᆞᆯ 格한 則 此ᄂᆞᆫ 學術의 開化며 國家의 政治ᄅᆞᆯ 正大히 ᄒᆞ야 百姓이 泰平ᄒᆞᆫ 樂이 有ᄒᆞᆫ 者는 政治의 開化며 法律을 公平히 ᄒᆞ야 百姓이 寃抑ᄒᆞᆫ 事가 無ᄒᆞᆫ 者ᄂᆞᆫ 法律의 開化며 器械의 制度ᄅᆞᆯ 便利히 ᄒᆞ야 人의 用을 利ᄒᆞ게 ᄒᆞᆫ 者ᄂᆞ는 器械의 開化며 物品의 製造ᄅᆞᆯ 精緊히 ᄒᆞ야 人의 生을 厚히 ᄒᆞ고 荒麤ᄒᆞᆫ 事가 無ᄒᆞᆫ 者ᄂᆞᆫ 物品의 開化니 此 屢條의 開化ᄅᆞᆯ 合ᄒᆞᆫ 然後에 開化의 具備ᄒᆞᆫ 者라 始謂ᄒᆞᆯ디라 天下 古今의 何國을 顧考ᄒᆞ든지 開化의 極盡ᄒᆞᆫ 境에 至ᄒᆞᆫ 字ᄂᆞᆫ 無ᄒᆞ나 然ᄒᆞ나 大綱 其 層級을 區別ᄒᆞ건ᄃᆡ 三等級에 不過ᄒᆞ니 曰 開化ᄒᆞ는 者며 曰 半開化ᄒᆞᄂᆞᆫ 者며 曰 未開化ᄒᆞᆫ 者라.
>
> 開化ᄒᆞᄂᆞᆫ 者ᄂᆞᆫ 千事와 萬物을 窮究ᄒᆞ며 經營ᄒᆞ야 日新ᄒᆞ고 又日新ᄒᆞ기ᄅᆞᆯ 期約ᄒᆞᄂᆞ니 如此ᄒᆞᆷ으로 其 進取ᄒᆞᄂᆞᆫ 氣像이 雄壯ᄒᆞ야 些少의 怠懶ᄒᆞᆷ이 無ᄒᆞ고 又人을 對ᄒᆞᄂᆞᆫ 道에 至ᄒᆞ야ᄂᆞᆫ 言語ᄅᆞᆯ 恭遜히 ᄒᆞ며 形止ᄅᆞᆯ 端正히 ᄒᆞ야 能ᄒᆞᆫ 者ᄅᆞᆯ 是傚ᄒᆞ며 不能ᄒᆞᆫ 者ᄅᆞᆯ 是矜ᄒᆞ고 敢히 慢侮ᄒᆞᄂᆞᆫ 氣色을 示ᄒᆞ지 못ᄒᆞ며 敢이 鄙悖ᄒᆞᆫ 容貌ᄅᆞᆯ 設하지 못ᄒᆞ야 地位의 貴賤과 形勢의 强弱으로 人品의 區別을 不行ᄒᆞ고 國人이 其心을 合一ᄒᆞ야 屢條의 開化ᄅᆞᆯ 共勉ᄒᆞᄂᆞᆫ 者며
>
> 半開化ᄒᆞᆫ 者ᄂᆞᆫ 事物의 窮究도 不行ᄒᆞ며 經營도 不有ᄒᆞ야 苟且ᄒᆞᆫ 計圖와 姑息ᄒᆞᄂᆞᆫ 意思로 小成ᄒᆞᆫ 域에 安ᄒᆞ고 長久ᄒᆞᆫ 策이 無호ᄃᆡ 猶此 自足ᄒᆞᄂᆞᆫ 心性이 有ᄒᆞ야 人을 接待ᄒᆞ기ᄂᆞᆫ 能ᄒᆞᆫ 자ᄅᆞᆯ 許與ᄒᆞᆷ이 少하고 不能한 者ᄅᆞᆯ 凌侮ᄒᆞ야 恒常 倨傲ᄒᆞᆫ 氣色을 帶ᄒᆞ고 妄意自重ᄒᆞ야 貴賤의 地位와 强弱의 形勢로 人品의 區別을 其甚히 行ᄒᆞᄂᆞᆫ 故로 國人이 各其一身의 榮華와 慾心을 經綸ᄒᆞ고 屢條의 開化에 心을 不專ᄒᆞᄂᆞᆫ 者며
>
> 未開化ᄒᆞᆫ 者ᄂᆞᆫ 즉 野蠻의 種落이니 千事와 萬物에 規模와 制度가 無有

홀뿐더러 當初에 經營도 不爲ᄒᆞ고 能ᄒᆞᆫ 者가 如何ᄒᆞᆫ지 不能ᄒᆞᆫ 者가 如何ᄒᆞᆫ지 分別도 不能ᄒᆞ야 居處와 飮食에도 一定한 規度가 不存ᄒᆞ며 且人을 對ᄒᆞ기에 至ᄒᆞ야ᄂᆞᆫ 紀綱과 禮制가 無ᄒᆞᆫ 故로 天下에 最可矜ᄒᆞᆫ 者라.[29]

유길준이 제시하는 개화의 개념은 추상적인 측면이 강하다. 인간의 천사만물이 최고의 선미(善美)한 경지에 이른 상태를 개화라고 말한다. 이를 보다 구체적으로 설명하기 위해 그는 사람의 도리를 안다면 행실이 개화된 것이고, 학문을 연구해 사물의 이치를 밝힌다면 학문이 개화된 것이며, 정치를 공명정대하게 하면 정치가 개화된 것이고, 물건을 정교하게 만들어 백성들의 삶에 이바지한다면 물산이 개화된 것이라고 한다. 그리고 궁극적으로는 이 모든 조항이 두루 합해진다면 개화를 이룬 것이라고 규정한다. 하지만 동서고금을 통틀어 이같이 지극한 경지의 개화가 이루어진 국가는 아직 없다는 것이 그의 지적이다.

유길준의 개화론은 당시 서구 사회는 물론 일본에서도 널리 유행했던 사회진화론의 논리[30]를 따르고 있다. 그는 서구 사회의 문명 진화를 바르게 인식하고 근대 문물을 적극적으로 수용할 것을 주장하면서 자기 나름의 개화론을 개진했다. 그는 개화의 등급을 개화/반개화/미개화로 구분한다. 후쿠자와가 문명/반문명/야만을 구분한 것과 그 발상이 흡사하다. 유길준은 『서유견문』 제14편에서 '반개화'의 상태에 놓여 있는 조선이 개화의 길로 나아갈 수 있는 방도를 그 나름대로 제시한다.

여기서 주목되는 것이 현실적 상황을 고려해 남의 장기를 취하면서 자기 자신이 갖고 있는 가치를 보전해야 한다는 일종의 절충적 입장이다. 유길준은 시세의 변화를 헤아리고 무엇이 중요하고 무엇이 우선되어야 하는지를 깨달아 실질적으로 발달한 기계와 기술을 배우고 이를 이용할 수 있게 하

29 유길준, 『유길준전서 1』, 375-377면.

30 사회진화론은 1880년대 일본을 통해 수입되었다. 福澤諭吉의 『文明論の概略』(1875)은 사회진화론을 국가 간의 생존경쟁에 적용시킨 책으로 유길준을 비롯한 조선 개화기 지식인들에게 큰 영향을 끼쳤다. 이광린, 「구한말 진화론의 수용과 그 영향」, 『한국개화사상연구』(일조각, 1979); 전복희, 『사회진화론과 국가사상』(한울, 1996); 허동현, 「1880년대 개화파 인사들의 사회진화론 수용 양태 비교연구: 유길준과 윤치호를 중심으로」, 『中叢』 55(고려대학교 역사연구소, 2002) 등 참조.

는 것이 올바른 개화라고 하면서 개화의 방식을 세 가지로 구분한다. 지혜로써 하는 방식, 용단으로써 하는 방식, 위력으로써 하는 방식이 그것이다. 이 중 지혜로 하는 방식이 가장 좋고, 용단으로 하는 방식이 그 다음이며, 마지막으로 위력으로 하는 방식이다. 유길준은 이 가운데에서 개인의 자각과 지혜로 개화를 실천하는 것이 가장 이상적이지만 조선의 현실에서는 개화에 저항하는 수구 세력이 여전히 큰 힘을 가지고 완강하게 버티고 있기 때문에 정부가 주도해 용단과 위력의 방식으로라도 개화를 실천할 것을 주장한다. 주체적 역량을 모아 스스로 개화를 실천하는 길이 얼마나 중요한 것인가를 역설하는 한편, 외국의 간섭이나 압력으로 이루어지는 수동적 개화는 조선 사회를 개화의 노예로 전락시켜 놓을 가능성이 크다는 점을 경계하였다.

개화하는 일은 남의 장기를 취하는 것에만 있는 것이 아니다. 자신의 훌륭하고 아름다운 것을 보전하는 데에도 개화의 의의가 있다. 그는 몰주체적인 개화운동도 경계하면서 완고한 수구파를 개화의 원수로 규정하기도 한다. 결국 유길준의 개화론은 곧바로 서구화를 의미하는 것은 아니다. 자주적인 역량을 키우면서 서구의 발전된 문물제도를 취하는 점진적인 개혁의 과정이 그가 구상했던 문명개화의 길이었다고 할 수 있다.

3) 서재필과 《독립신문》의 자유민권운동

갑신정변과 정치개혁

서재필(徐載弼)의 개화계몽운동은 크게 두 단계로 나누어 설명할 수 있다.[31] 첫 단계는 그가 문명개화의 이상을 실현하고자 급진 개화파 인사들과 함께 갑신정변을 주도했던 정치개혁운동을 말한다. 둘째 단계는 그가 미국 망명 생활을 마치고 귀국해 《독립신문》을 창간하고 독립협회를 결성하면서 펼쳤던 폭넓은 사회계몽운동이 이에 해당한다.

---

31 서재필의 계몽운동에 대해서는 한국프레스센터 편, 『서재필과 독립신문』(한국프레스센터, 1996); 이정식, 『구한말의 개혁·독립투사 서재필』(서울대학교출판부, 2003); 신용하, 『독립협회연구(상)·(중)·(하)』(일조각, 2006); 심재기, 「서재필과 한글 발전운동」, 『관악어문연구』 26집(서울대학교, 2001) 등 참조.

서재필의 정치개혁에 대한 이상은 청년 시절 수학 과정에서 자연스럽게 교유하게 된 김옥균, 박영효 등과의 만남을 통해 터득하게 된 개화운동에 대한 신념에서 비롯된 것이다. 그는 1882년 3월 별시(別試) 문과에 급제한 후 관료 사회로 진출하게 되었고, 문과에 급제했음에도 1883년 김옥균의 권유로 일본으로 유학해 도야마(戶山)육군학교에 입학해 1년여 동안 근대식 군사교육과 지리학 등 신학문을 익혔다. 그는 짧은 일본 유학을 계기로 문명개화의 필요성을 절실하게 깨닫게 되었으며 특히 개화운동을 적극 실천해 부국강병을 이루어야만 국권을 지켜 낼 수 있다는 신념을 확고하게 지니게 되었다. 서재필은 1884년 7월 일본 유학 생활을 마치고 귀국한 후에 신식 군대의 양성을 위한 사관학교의 필요성과 그 설립을 고종에게 설립을 건의했고 이를 준비하기 위한 조련국(操鍊局) 사관장(士官長)에 임명되었다. 하지만 임오군란(壬午軍亂) 이후 정부 정책 자체가 수구적으로 회귀하고 친청(親淸) 세력이 득세하면서 식신 사관학교 설립은 지체될 수밖에 없었다.

그는 정치개혁의 필요성을 절감하고 개혁의 이상을 실현시키기 위해 1884년 12월 4일 김옥균, 박영효, 서광범, 홍영식 등 급진 개화파 인사들과 함께 갑신정변을 일으켰다. 우정국(郵政局) 개국 축하연을 기회로 수구파 세력의 제거에 돌입한 정변에서 그는 청년 사관 생도들을 지휘해 고종을 호위하는 한편 무력으로 수구파 인사들을 제거하는 일을 맡았다. 개혁파 세력을 곧바로 새로운 정부를 조직하고 사회개혁 이념을 담은 14개조 개혁 강령을 발표했다. 그러나 이들의 개혁 정부는 청나라의 무력 개입으로 3일 만에 붕괴되고 말았다. 정변이 실패하자 서재필은 김옥균, 박영효, 서광범 등과 함께 일본으로 탈출했다가 1885년 4월 다시 미국으로 망명했다.

갑신정변을 통해 개화파 세력은 일부 수구파를 제거하고 새로운 정부를 조직하는 데까지 성공했지만 권력을 유지하는 데 필요한 지지 기반을 확보하지는 못했다. 그들이 내세운 혁신 정강에는 조공을 폐지하고 국권의 독립을 유지하며, 문벌의 폐지를 통해 봉건적 사회제도를 개혁하고, 토지제도와 조세법을 개혁하며, 군사 제도를 재정립하고 관리제도를 정비하는 등의 개혁안이 포함되어 있었다. 하지만 이를 실행하기 위한 구체적인 방안이 제대로 만들어지기도 전에 청나라 군사의 공격으로 권부를 지켜 내지 못했다. 당시 한국 사회는 개혁운동을 이해하고 적극적으로 지지해 줄 새로운 사회

계층이 성립될 수 있는 상황이 아니었으며, 민중 세력도 급진적인 사회변혁을 지지하지 않았다. 그렇지만 갑신정변은 한국 사회가 새롭게 나아갈 사회개혁의 방향을 가장 적극적으로 제시해 준 첫 번째의 자주적인 개혁운동이 되었다. 갑신정변을 통해 추구하고자 했던 자주적인 부국강병의 근대국가는 중국의 절대적 영향권을 벗어난 독립국가를 지향하는 것이었다는 점에서 외세의 침략에 대한 저항과 독립 의지를 담고 있다고 할 것이다.

서재필과 《독립신문》

서재필이 한국 사회의 문명개화를 다시 주창하면서 개화계몽운동에 앞장선 것은 그가 미국으로 망명한 지 10년이 지난 뒤의 일이었다. 서재필은 미국으로 건너가 온갖 고난을 이겨 내고 후원자의 도움으로 정식 고등학교를 마쳤으며 이 과정에서 미국 국적을 취득해 1888년 필립 제이슨(Philip Jaisohn)으로 개명했다. 그리고 1894년 조지워싱턴 대학 의과대학을 졸업한 뒤에 그는 워싱턴에서 개인 병원을 개업했으며 1895년 6월 미국 여성 뮤리얼 암스트롱(M. S. Armstrong)과 결혼했다. 당시 한국은 1894년 갑오개혁(甲午改革)을 추진했다. 갑신정변 주동자에 대한 사면령도 내려져 일본에 있던 박영효, 서광범은 귀국과 함께 복권되었다. 특히 1895년 5월 박정양(朴定陽) 내각이 성립되자 내무대신의 자리에 오른 박영효는 미국에 망명해 있던 서재필을 외무협판으로 임명하고 귀국을 종용했다. 그는 이해 12월에 귀국했는데 1896년 1월 갑오개혁에 의해 입법기관으로 설치된 중추원(中樞院) 고문에 임명되었다. 그러나 서재필은 현실 정치에 참여하는 것보다는 문명개화의 중요성을 널리 민중에게 알리기 위한 사회계몽에 관심을 두고 있었다. 그는 먼저 한국의 독립국가로서의 기반을 확립하기 위해 민중을 폭넓게 계발할 수 있는 신문 발간을 추진했다.

한국 사회에서는 1883년에 발간된 《한성순보(漢城旬報)》가 근대적인 신문의 효시로 손꼽히고 있는데, 이것은 민간 신문이 아니라 정부에서 일어나고 있는 일들을 널리 알리기 위한 일종의 관보였다. 이 신문은 1886년 《한성주보(漢城週報)》로 제호가 바뀌고 한문 기사 외에도 국한문혼용으로 또는 순국문으로 기사를 게재하면서 그 체제도 변화를 이루게 된다. 서재필은 자신의 출사(出仕)를 사양하고 국민 계몽의 수단으로 신문 발간을 계획하면서

정부에 건의해 신문 출간을 위한 보조금을 받았고 개화파 인사들의 후원으로 1896년 4월 7일 민간 대중 신문인 《독립신문》을 창간했다. 이 신문의 간행 목적과 그 역할에 대해서는 창간 논설을 통해 자세히 밝혀 놓고 있다.[32]

창간호에 실린 서재필의 논설에서 《독립신문》이 지향하는 목표를 보면 첫째, 보도의 객관성과 공정성을 다할 것임을 밝히면서 '편벽되지 않게 정부의 일을 널리 알리고 백성들의 형편을 사실대로 알리는' 데 힘쓸 것임을 천명하고 있다. 둘째, '영리의 목적 없이 구독료를 낮추고', 누구나 쉽게 읽고 이해할 수 있도록 국문만을 사용하는 등 《독립신문》의 공공성을 강조하고 있다. 셋째, 《독립신문》이 국내의 사정만을 다루는 것이 아니라 국내의 일을 해외에도 알리고 외국의 사정도 폭넓게 보도해 '국민 모두의 소견과 지혜가 진보'할 수 있도록 계도하는 역할을 다할 것임을 표력하였다.

《독립신문》이라는 새로운 대중적 매체의 등장은 당시 한국 사회에서는 획기적인 사건이 아닐 수 없었다. 황제에서부터 하층민에 이르기까지의 모든 일이 신문 기사라는 이름의 하나의 서사 형식으로 엮어져 동시적[33]으로 제시되고 있는 것이다. 이 신문은 지구 반대쪽의 영국과 미국에서 일어나는 일들을 조선에서 일어나고 있는 일과 함께 전달하고 있다. 그러므로 한국인들의 삶과는 아무런 관계가 없이 거기에 그렇게 살고 있던 사람들의 삶이 한국인들의 삶 속에 서사적인 담론의 형태로 끼어들 수 있는 담론의 공간을 제공한다. 높은 곳에서 일어나는 일과 낮은 곳에 벌어지는 일, 가까운 곳의 일과 먼 곳의 일들이 모두 이 신문의 지면을 통해 동시적으로 제시된다. 이 동시성의 의미는 전혀 다른 두 공간의 이야기를 하나의 지면에 동시에 올려놓는 정보성이라는 매체의 속성뿐만이 아니라 결코 함께 한자리에 오를 수 없는 서로 다른 계급이 동시에 한 지면에서 이야기되고 있다는 평등의 이념성을 표상한다. 즉, 신문의 지면을 통해 신문을 보는 주체로서의 대중 독자와 독자를 둘러싸고 가까운 곳과 먼 곳, 위와 아래에 존재하는 타자로서의 대상이 함께 인식된다는 뜻이다. 이 같은 동시성에 대한 인식은 문명개화를 향한

---

32 「창간호 논설」(독립신문, 1896. 4. 7).

33 신문이라는 매체가 지니고 있는 이 동시성이라는 성격은 베네딕트 앤더슨이 사용한 개념이다. 베네딕트 앤더슨, 『민족주의의 기원과 전파』(윤형숙 역, 나남, 1991), 89면.

계몽의 시대를 주도할 수 있는 대중매체로서《독립신문》의 위상을 높일 수 있게 된다. 결국《독립신문》은 새로운 지식과 정보의 대중적 보급을 통해 문명개화의 계몽 담론에 대한 대중적 확산을 가능하게 했다. 이 신문에는 1면에 논설이라는 고정난을 두어 독자적인 정론적 주장들을 널리 펼치고 있으며, 잡설이라는 일반 기사에서 국내는 물론 세계 각국에서 일어나고 있는 새로운 사건들을 보도했다. 3면은 광고를 순 한글로 실었고, 4면은 영문으로 논설을 비롯한 국내 정치 활동을 소개했다. 이 가운데 서재필은 대부분의 논설 기사를 직접 작성한 것으로 알려져 있다.

서재필은《독립신문》의 논설을 통해 조선의 자주독립을 강조하면서 그 중요성을 독자 대중에게 인식시키고자 했다. 이러한 의도는 이미《독립신문》의 제호에서도 그대로 강조되고 있는 점이지만 갑오경장 이후의 정치적 상황 자체가 국가의 자주독립에 대한 시대적 인식이 고조되었던 것은 물론이다.

> 죠션 인민이 독립이라 ᄒᆞᄂᆞᆫ 거슬 모로ᄂᆞᆫ ᄭᆞᄃᆞᆰ에 외국 사ᄅᆞᆷ들이 죠션을 업수히 녁여도 분ᄒᆞᆫ 줄을 모로고 죠션 대군쥬 폐하ᄭᅴ셔 쳥국 님군의게 ᄒᆡ마다 ᄉᆞ신을 보내셔 ᄎᆡᆨ력을 타 오시며 공문에 쳥국 년호를 쓰고 죠션 인민은 쳥국에 쇽ᄒᆞᆫ 사ᄅᆞᆷ들노 알면셔도 몃ᄇᆡᆨ 년을 원슈 갑흘 ᄉᆡᆼ각은 아니 ᄒᆞ고 쇽국인 쳬ᄒᆞ고 잇서스니 그 약ᄒᆞᆫ ᄆᆞ음을 ᄉᆡᆼ각ᄒᆞ면 엇지 불샹ᄒᆞᆫ 인ᄉᆡᆼ들이 아니리요 ᄇᆡᆨ셩이 놉아지랴면 나라히 놉하져야 ᄒᆞᄂᆞᆫ 법이요 나라와 ᄇᆡᆨ셩이 놉흐랴면 그 나라 님군이 ᄂᆞᆷ의 나라 님군과 동등이 되셔야 ᄒᆞᄂᆞᆫᄃᆡ 죠션 신민들은 말노 님군ᄭᅴ 츙셩이 잇서야 ᄒᆞᆫ다고 ᄒᆞ되 실샹은 님군과 나라 ᄉᆞ랑ᄒᆞᄂᆞᆫ ᄆᆞ음이 ᄌᆞ긔의 몸 ᄉᆞ랑ᄒᆞᄂᆞᆫ 것만 못ᄒᆞᆫ ᄭᆞᄃᆞᆰ에 몃ᄇᆡᆨ 년을 죠션 대군쥬 폐하ᄭᅴ셔 쳥국 님군보다 나진 위에 게셧스되 그 밋ᄒᆡ셔 벼슬ᄒᆞ든 신하들과 ᄇᆡᆨ셩들이 ᄒᆞᆫ번도 그거슬 분히 녁이ᄂᆞᆫ ᄉᆡᆼ각이 업서 죠션 대군쥬 폐하를 쳥국과 타국 님군과 동등이 되시게 ᄒᆞᆫ번을 못ᄒᆞ여 보고 삼 년 젼ᄭᆞ지 ᄭᅳ어러 오다가 하ᄂᆞ님이 죠션을 불샹히 녁이셔셔 일본과 쳥국이 싸홈이 된 ᄭᆞᄃᆞᆰ에 죠션이 독립국이 되야 지금은 죠션 대균쥬 폐하ᄭᅴ셔 셰계 각국 뎨왕들과 동등이 되시고 그런 ᄭᆞ닭에 죠션 인민도 셰계 각국 인민들과 동등이 되얏ᄂᆞᆫ지라.[34]

수삼년 이릐로 우리가 듯고 말ᄒᆞᄂᆞᆫ 것이 항샹 ᄌᆞ쥬 독립이라 ᄒᆞ되 실샹은 나라이 그젼보다 더 ᄌᆞ쥬 독립된 일이 업스니 이ᄂᆞᆫ 다ᄅᆞᆷ 아니라 우리가 다ᄆᆞᆫ 나라이 독립 ᄌᆞ쥬ᄒᆞ여야 죠흔 줄ᄆᆞᆫ 알고 우리가 독립ᄒᆞ여야 죠흔 줄은 모르며 ᄯᅩ 나라이라 ᄒᆞᄂᆞᆫ 것은 그 쇽에 잇ᄂᆞᆫ ᄇᆡᆨ셩들을 모하 된 것이니 만일 그 ᄇᆡᆨ셩들이 ᄂᆞᆺᄂᆞᆺ이 ᄌᆞ쥬 독립ᄒᆞᄂᆞᆫ ᄆᆞᄋᆞᆷ과 ᄒᆡᆼ위가 업스면 엇지 그 나라ᄆᆞᆫ 독립되기를 ᄇᆞᆯᄋᆞ리요 독립이라 ᄒᆞᄂᆞᆫ 것은 스ᄉᆞ로 밋고 남의게 기ᄃᆡ지 아니ᄒᆞᆫ다ᄂᆞᆫ 말이라. (중략) 사ᄅᆞᆷ마다 남의게 의지ᄒᆞᆯ ᄆᆞᄋᆞᆷ을 ᄯᅦ여 버리고 내 슈죡과 내 이목과 내 춍명을 의지ᄒᆞ야 스ᄉᆞ로 버러셔 스ᄉᆞ로 의식ᄒᆞᆯ 결심으로 ᄒᆞᆫ 몸의 독립을 쳔금 ᄀᆞᆺ치 넉이지 아니ᄒᆞ면 우리가 혜가 돌토록 ᄌᆞ쥬 독립을 말ᄒᆞ여도 나라가 독립될 리ᄂᆞᆫ 만무ᄒᆞ며 사ᄅᆞᆷ마다 ᄌᆞ쥬 독립ᄒᆞ랴면 쳣ᄌᆡ 부지런ᄒᆞ여야 ᄒᆞᆯ 것이니 게으른 사ᄅᆞᆷ은 젼로 의식지계가 업슨즉 ᄌᆞ연히 남의게 의탁ᄒᆞᆯ ᄆᆞᄋᆞᆷ이 ᄉᆡᆼ기나니라 우리 동포들은 만일 우리 나라이 독립ᄒᆞ기를 ᄇᆞᆯᄋᆞ거던 말로ᄆᆞᆫ 말고 몸쇼 시ᄒᆡᆼᄒᆞ야 하ᄂᆞᆯ이 주신 몸과 ᄆᆞᄋᆞᆷ을 게으른ᄃᆡ 썩여 버리지 말고 버셔 붓치고 무ᄉᆞᆷ 일이던지 ᄉᆡᆼᄋᆡ될 일을 ᄒᆞ야 디톄니 모양이니 보지 말고 ᄆᆞᆺᄒᆞᆫ 일을 모군셔ᄂᆞᆫ 게던지 대신 노릇ᄒᆞᄂᆞᆫ 게던지 일심으로 힘써 ᄒᆡᆼᄒᆞ야 남의게 구ᄎᆞᄒᆞᆫ 쇼릐 아니 ᄒᆞ고셔도 내 일신에 의식ᄆᆞᆫ 죡ᄒᆞᆯ ᄲᅮᆫ외라 부모를 효양 ᄒᆞ고 쳐ᄌᆞ를 보호ᄒᆞ거드면 ᄌᆞ연히 내 ᄆᆞᄋᆞᆷ에 독립ᄒᆞᄂᆞᆫ ᄉᆡᆼ각이 날 것이요 사ᄅᆞᆷ마다 독립ᄒᆞᄂᆞᆫ ᄉᆡᆼ각이 나면 나라ᄂᆞᆫ 걱정 아니 ᄒᆞ여도 스ᄉᆞ로 독립이 될 터이니 부지런ᄒᆞᆫ ᄆᆞᄋᆞᆷ ᄒᆞ나ᄆᆞᆫ 가지고 풍우ᄒᆞᆫ셔를 무셔워 말고 내 손으로 버리들을 ᄒᆞᄂᆞᆫ 풍쇽이 젼국에 퍼지게 ᄒᆞ기를 깁히 ᄇᆞᆯᄋᆞ노라.[35]

《독립신문》의 여러 논설에서 강조하는 '독립'은 한국의 자주독립을 의미하는 것이었다. 이를 위해서는 백성이 애국애족의 정신으로 일치단결하는 것이 필수이지만 모든 백성이 평등하게 자신의 권리를 인정받을 때에만 자주적인 애국이 가능한 일이었다. 서재필이 《독립신문》 논설에서 남녀의 차별을 폐지하고 양반과 평민에게 대등한 권리를 인정하는 등의 민권사상을 강조하게 된 것은 그가 미국에서 익힌 자유 평등사상에 기초한 것이라고 할 수

34 「조선독립」(독립신문, 1896. 6. 20).

35 「독립ᄒᆞᄂᆞᆫ 샹칙」(독립신문, 1898. 7. 15).

있다. 이러한 획기적인 사회사상은 인간의 기본적인 권리에 대한 깊은 이해가 없이는 불가능한 것이다. 백성에게 평등한 권리를 인정해야만 자유롭게 사회 활동에 참여할 수 있게 된다는 것은 민주사회로 나가기 위한 전제 조건임은 물론이다. 실제로 독립협회의 사회계몽 활동 가운데 자유 민권 사상을 유별나게 강조한 것은 이러한 인식에 근거한 것이라고 하겠다. 특히 나라가 자주독립을 이루기 위해서는 무엇보다도 백성들의 교육이 필요하다는 것이 서재필의 생각이었다.《독립신문》의 사설 가운데에는 백성에 대한 교육의 중요성을 주장한 것이 많다. 이처럼 서재필이《독립신문》사설에서 교육의 중요성을 특히 강조한 것은 나라의 선진적 개혁은 백성에게 달려 있음을 알고 있었기 때문이다. 백성들이 각자의 권리를 평등하게 인정받고 새로운 지식과 학문에 자연스럽게 접해 세계의 사정에 눈을 떠야만 나라의 개혁도 가능한 것이다. 그러므로 서재필은 새로운 교육을 일으키기 위해서는 나라가 앞장서서 학제를 개편하고 각 지역에 학교를 세워 교육의 기회를 고루 보급할 것을 주문하고 있다. 물론 이를 위해서는 학제에 따라 소학교, 중학교, 대학교 등을 따로 두어야 하고 여학교, 사범학교, 의학교 등을 설립해야 한다는 것이다. 모든 학교에서는 교육을 국문으로 하고 외국어 교육도 치중하며 실제의 생활에 도움을 주는 과학과 산업에 관한 내용도 교육할 것을 요구하고 있다. 국가는 이 같은 새로운 교육을 위해 하루빨리 유능한 교사를 양성하기 위해 재능 있는 사람을 선발해 외국으로 유학을 시키고, 외국의 학문을 널리 보급하기 위해 해외 서적의 번역, 출판 보급에도 힘을 쓰며 민간에서도 이에 힘을 쓸 것을 주장한 것이다.

서재필과 독립협회 활동

서재필은 중추원 고문으로 활동하면서《독립신문》을 창간했고 매주 배재학당에 출강해 젊은 학도들을 가르쳤다. 배재학당 강의 내용은 구체적으로 전해지는 것이 없지만 세계 지리와 역사 그리고 국제 정치에 대해 강의한 것으로 알려지고 있다. 학생들은 서재필의 강의를 통해 차츰 세계 역사와 지리에 대한 지식을 갖추고 국제 정세에 대한 이해를 넓히면서 당시 한국이 처한 위기 상황에 대해서도 분명한 식견을 가지게 되었다.

서재필은 배재학당 학생들을 위해 교내에 협성회(協成會)라는 학생 자치단체를 결성하게 했다. 이 조직을 통해 학생들은 학교생활의 여러 가지 문제뿐만 아니라 당대 한국 사회가 직면하고 있는 과제들에 대해서 자신의 의견을 개진하고 서로 토론하면서 그 해결책을 모색하는 방법을 터득했다. 학생들이 자율적으로 참여하고 서로 의견을 모아서 구체적 방안을 세우고 이를 실천하도록 하는 것은 학생들 각자가 책임 있는 시민으로서 자신의 권리와 책임을 인식하고 이를 책임 있게 수행한다는 민주적 참여와 자율적 실천의 중요성을 가르치기 위한 것이었다. 배재학당의 협성회 운동은 그 뒤 일반 민중을 상대로 하는 독립협회 운동으로 확대되었다.

서재필이 동지들을 규합해 조직한 독립협회는 《독립신문》에서 강조했던 새로운 자주독립, 민권평등의 사상을 널리 전파하면서 반상 제도의 계급 타파, 남녀 차별 폐지, 국민교육 등의 실질적인 사회개혁을 실천하기 위한 여론을 형성하고 사회적 역량을 결집시키는 데 주력했다. 특히 독립협회는 독립문과 독립관을 건립해 자주독립의 중요성을 상징적으로 보여 주었으며, 러시아, 일본, 프랑스, 독일 등 외국의 경제적 침탈에 맞서서 국가의 산업을 발전시키고자 하는 방안을 제시하기도 했다. 그리고 의회 설립을 주장하면서 민의를 바탕으로 하는 민주적 정치제도의 확립을 요구하기도 했다. 이러한 사회운동을 조직적으로 전개하기 위해 만민공동회를 개최해 폭넓게 여론을 모으기도 했다.

독립협회는 이와 같은 운동을 통해 자주독립 사상을 민중의식과 결합시키는 데 성공하고 있다는 평가를 받고 있다.[36] 이것은 독립협회가 당시의 시대적 상황을 정확하게 파악하고 민중 의식의 성장을 개화계몽사상으로 자연스럽게 결합시키는 데에 일정한 성과를 거두었음을 의미한다. 물론 이러한 독립협회 운동의 성과는 자주독립과 함께 민권의 중요성을 강조했던 서재필의 민주주의적인 민권 사상에 힘입은 바 크다고 할 것이다.

그렇지만 독립협회 운동은 한국 정부의 서재필 추방으로 사회개혁의 커다란 목표에 도달하지는 못했다. 당시 권력층에서는 독립협회의 사회운동이 점차 정치적 성향을 강하게 드러내자 서재필을 미국으로 추방한다.

---

36 신용하, 『한국근대사회사상사연구』(일지사, 1987), 254면.

독립협회의 영향력이 증대해지자 한국의 관리들뿐만 아니라 러시아 일본 등의 외국인들도 이를 두려워하기 시작했는데, 그 까닭은 이들이 한국 국민들에게 여론을 불러일으키는 일을 좋아할 리가 없었기 때문이다. 독립협회 회원들은 관직에 있지 않은 사람도 이 협회의 집회에서 마음대로 발언할 수 있는 특권을 누렸기 때문에 그들은 사리사욕에 급급해서 한국에서 어떤 음모를 꾸미려고 수작하는 외국인들은 물론 한국의 관리들까지도 아무 거리낌 없이 비판해 마지않았다. 그리하여 협회가 결성된 지 1년 반이 되는 때부터 이 협회의 반대세력이 국민 가운데서가 아닌 소수 정부 관리와 그리고 몇몇 외국 공사관 사절들 사이에서 눈에 띨 정도로 싹텄다.[37]

독립협회 운동은 한국 사회에서 정치·사회적 이념과 그 가치를 둘러싼 다양한 논의에서 언제나 벗어나 있었던 민중을 그 실천적 주체로 끌어들이는 데 크게 기여했다. 이것은 참여 민주주의의 가능성을 보여 주는 사회변혁의 실마리를 제공하는 것이었다. 그러므로 당시의 권력층은 독립협회의 진보적 주장과 요구에 위기를 느낄 수밖에 없었다. 독립협회 운동을 주도적으로 이끌고 있던 서재필이 다시 미국으로 추방된 것은 집권층의 위기의식 때문이었다고 할 수 있다.

그러나 독립협회가 추구하던 사회변혁운동과 문명개화를 위한 사회계몽 운동은 독립협회가 해체된 이후 을사조약을 전후한 시기에 크게 확대되었던 이른바 애국계몽운동을 통해 상당 부분 그대로 이어졌다. 애국계몽운동은 국가적 위기를 극복하기 위해 국권을 회복하는 일을 보는 국민을 계몽하고 그 실력을 양성하는 일에서부터 시작하고자 했다. 그리고 강대국들의 부당한 요구에 당당하게 맞서면서 국가 민족의 자주와 독립을 지키는 일은 민족 전체의 막중한 과제라고 생각했다. 그러므로 모든 백성을 새로운 국민으로 만들어 그 민지의 계발과 실력 양성을 위한 교육과 계몽에 앞장섰다. 이와 같은 애국계몽운동은 대한자강회(大韓自强會), 서우학회(西友學會), 기호흥학회(畿湖興學會), 대한협회(大韓協會) 등의 사회단체를 중심으로 사회 전반에 걸쳐 확대되었다. 애국계몽운동의 전개 과정에서 크게 강조되었던 교육

37 서재필, 「독립협회」, 천관우·이광린 외 편, 『한국의 근대사상』(삼성출판사, 1977), 250면.

구국운동과 언론계몽운동은 독립협회가 지향했던 목표와 그대로 일치한다. 게다가 민족 산업을 진흥시켜야 한다는 실업구국운동이나 국채보상운동 등도 민중의 큰 지지를 얻었다.

3

전통 사상의 자기 변혁

1) 박은식과 유교개혁론

교육구국론의 성격

박은식(朴殷植)은 개화계몽시대에 치열하게 전개된 유학의 자기 혁신에 관한 계몽적 담론의 중심에 있었던 전통적인 지식인이다.[38] 그는 주자학을 공부하면서 인간과 현실에 눈을 뜨게 되었지만, 개항을 전후해 일기 시작한 한국 사회의 변화를 새롭게 인식하면서 주자학의 이념 자체에 대한 근본적인 회의에 직면한다. 이것은 지배 계층의 이념에 충실했던 주자학이 급변하는 현실에 적응할 수 있는 새로운 문물과 제도에 관해 아무런 대안을 제시할 수 없게 된 데에서 비롯된 것으로 볼 수 있다. 실제로 박은식은 1898년 창간된《황성신문》에 참여하면서 자신의 학문적 기반인 주자학의 세계에서 벗어난다. 그는 1896년 독립협회의 등장과 만민공동회를 통한 자주민권운동의 사회적 파장을 목도하면서 변화하는 현실에 실천적 방안을 제시하지 못하는 주자학의 본질적인 문제성을 인식한다. 이러한 비판적 인식은 자기부정의 의미를 내포하는 것이지만 박은식은 현실 사회의 한복판으로 뛰어들면서 스스로 자신의 정신적 위기를 극복할 수 있게 된다.

박은식은《황성신문》을 비롯해《대한자강회월보(大韓自强會月報)》,《서우(西友)》,《서북학회월보(西北學會月報)》등을 통해 당대 현실의 문제를 실천

38 박은식의 계몽사상에 대해서는 신용하,『박은식의 사회사상연구』(서울대학교출판부, 1982); 노관범,「대한제국기 박은식 유교개혁론의 새로운 이해」,『한국사상사학』63(한국사상사학회, 2019) 참조.

적으로 개혁하기 위한 문명개화의 방안을 적극적으로 제시했다. 그는 당시 사회의 모든 측면을 움직일 수 있는 중요한 사상이면 무엇이든지 관심을 보였고, 정치·경제·사회·문화 등에 걸친 새로운 학문의 영역에 접근하면서 신문이라는 매체를 이용한 새로운 방식의 글쓰기를 통해 시대적 변화에 대응할 수 있는 새로운 학문의 중요성을 강조했다. 그것은 바로 그가 개화 진보하는 시세를 긍정적으로 파악하고 있음을 뜻하는 것이다. 국가적 위기와 민족적 고난을 극복하기 위해서 무조건 새로운 기술과 지식을 요구하는 것이 아니라, 시대적 조건과 필요에 의해 그것을 선택하는 것임을 강조하고 있기 때문이다.

박은식의 계몽사상의 핵심은 전통적인 교육의 개혁과 신교육에 관한 실천 방안을 제시한 『학규신론(學規新論)』(1904)에 드러나 있다. 박은식은 이 책에서 학문의 기본자세를 「논학요활법(論學要活法)」, 「논학요손지(論學要遜志)」, 「논학유발분(論學由發憤)」을 통해 먼저 제시한다.

> 오늘의 오활한 선비들은 눈을 감고 단정히 앉아 성정을 함양시키는 일을 철두철미한 공부로 여기고 사물을 도외시하고 그 몸은 소상(塑像)처럼 만들고 마음이 시들어 마른 나무 등걸이나 식은 재처럼 되어서 마치 불(佛), 노(老)의 법문(法門)과도 같으니 이러고서야 또한 무엇을 할 것인가? 공자는 나라를 경륜하는 데에 있어서는 사대의 제도를 참작하여 이를 손익할 것을 주장했으며, 정자(程子)는 『주역』을 찬양해서 말하기를 '수시로 변역(變易)해서 도에 따르는 것이라' 하였다. 시대의 학자들로 하여금 고금의 변역을 밝게 살피고 시대에 맞는 조치를 깊이 강구하여 유교의 원리에 따라 고안하고 새롭게 한다면 정치가 어찌 밝아지고 여유 있지 않겠는가? 어려서 기르고 자라서 익히는 것이니 모두 침체하고 활동적이 아닌 것이기 때문에 세상이 필요로 하는 현명한 인재가 많이 나타나는 것을 볼 수가 없는 것이다. 어찌 애석한 일이 아닌가? 그와 같이 되는 원인을 생각하여 활동적인 방향으로 나아가서 종전과 같이 허수아비가 되는 행동을 되풀이하지 말아야 할 것이다.[39]

39 박은식, 「論學要活法」, 천관우·이광린 외 편, 『한국의 근대사상』, 134면에서 재인용.

『학규신론』의 서두에서 강조하는 것은 사물의 현상과 시대의 변화를 깊이 살펴 그 시대가 요구하는 새로운 방법을 찾는 것이 교육의 출발이 되어야 한다는 점이다. 박은식은 심지(心知)와 신체의 수련을 강조하며 학문이라는 것이 실제적이고 활동적이어야 함을 논하고 있다. 이런 취지에서 교육은 실제 삶에 편리함을 제공하고 생활을 풍요롭게 하는 데 있음을 주장한다. 그리고 모든 교육은 학문에 임하는 개개인의 분발하는 데서 이루어짐을 지적함으로써 학문하는 기본 자세가 중요하다는 점을 밝히고 있다.

『학규신론』의 핵심 내용은 교육의 구체적인 방법과 내용을 폭넓게 설명하는 「논유학지익(論遊學之益)」, 「논보통급전문(論普通及專門)」, 「논국문지교(論國文之教)」, 「논설숙지무(論設塾之務)」, 「논인서지선(論印書之宣)」, 「논권징지규(論勸懲之規)」, 「논시험지법(論試驗之法)」, 「논임우이학(論任優而學)」 등을 통해 깊이 있게 논의된다. 우선 새로운 지식과 기술을 습득하기 위해 선진국으로의 유학이 필요하다는 점, 일반교육과 전문교육을 구분하고 각급 학교를 널리 설립해 인재를 양성해야 한다는 점을 주장한다. 그리고 국문 교육을 통해 누구나 쉽게 새로운 학문과 지식에 접근할 수 있도록 하고 새로운 지식을 소개할 수 있는 많은 서책을 발행해야 한다는 점도 강조하고 있다. 교육의 성취를 격려하기 위해 상벌을 주는 규정을 시행하고 그 성과를 바르게 평가할 수 있는 시험제도를 만들어야 한다는 점 등을 제시하는 것도 주목된다.

『학규신론』은 국가의 운명이 교육과 학문에 직결되어 있음을 논한 「논국운관문학(論國運關文學)」과 유교의 진리를 생활화하기 위한 방법으로 이를 종교화하는 취지를 밝힌 「논유지종교(論維持宗教)」로 결론을 삼고 있다. 『학규신론』은 박은식 자신이 자기 학문의 기반이 되었던 주자학의 전통을 비판하면서 새로운 시대적 변화에 부응하기 위해 실질적인 교육의 변화를 강조하는 점이 주목된다. 특히 그가 「논국운관문학」에서 나라는 사람에 의해 서고 사람은 학문에 의해 이루어지므로, 나라를 나라답게 하려면 마땅히 사람의 사람다움을 근본으로 해야 하고, 사람의 사람다움을 논하려면 마땅히 학문의 학문다움을 논해야 한다고 강조한 것은 그의 교육에 대한 기본적인 태도를 잘 보여 준다.

아, 우리 대한은 인민이 천오백여만이 된다. 이들을 모두 가르침이 있는 백성으로 만든다면 넉넉히 좋은 나라가 될 수 있을 것인데 지금은 가르침이 없는 백성으로 만들었으니 딴 나라의 천만 명 가르침이 있는 백성과 비교할 때 과연 대적할 수 있겠는가? 대체로 과거를 폐지하고 학교를 설치하게 한 것은 그 뜻이 어찌 시부의 누습을 없애고 쓸 곳이 있는 실학을 일으키자는 것이 아니었겠는가? 그런데 한갓 옛 학문을 폐지한 것만 볼 수 있고 새 학문의 이룩된 것은 볼 수 없어 학부의 예산과 학교의 비용을 무익하게 쓰게 하는 것은 무엇 때문인가?

대개 한국 사람의 심정은 예전 것을 그대로 행하는 것을 좋아하고 흥작하는 것을 꺼린다. 조그만 이익은 아끼면서도 큰 유익함은 잊고 있다. 당장 당한 일만 지키고 먼 식견에는 어둡다. 자기의 단점을 지켜서 고칠 것을 생각지 않고 남의 장점을 보고서 본받으려고 생각지 않는다. 고루한 것을 달갑게 받아 그대로 나아간다면 장차 천오백만 민중으로 하여금 일종의 비야한 백성을 만들어서 오인의 업신여김을 싫도록 받고 외인의 학대를 참혹하게 입도록 할 것인가? 이야말로 진실로 어진 사람과 뜻있는 선비의 깊이 생각하고 맹렬히 살필 때인 것이다.

사실 학문을 진흥시키는 일은 나라를 보존하고 백성을 편안케 하는 것이 첫째의 요점이다. 그러나 이 일은 일조일석에 능히 효험을 볼 수 없는 것이니 스스로 이치에 밝은 사람이 먼저 과감히 용기를 일으키고 계속하여 항구히 게으르지 않는 마음을 갖지 않는다면 그 누가 능히 좋은 법을 얻어서 이 백성들을 진작시키겠는가? 그러면 학문을 진흥시킨다는 것은 이미 동서의 개명한 여러 나라에서 이루어놓은 법이 있으니 이것을 보고 구하는 것이 옳고 가져다가 행하는 것이 옳다.

그러나 각국의 정형이 일치할 수가 없으니 저들의 학문은 반드시 모두 우리의 형편에 합치할 수가 없고 우리의 학문도 모두 저들의 것만 못한 것이 아니다. 또한 역대로 서로 계속되는 풍속과 법도가 사람의 마음에 편한 것을 어떻게 능히 그 옛것을 온전히 바꿀 수 있겠는가? 다만 그 옳지 못한 것을 고치고 옳은 것은 그대로 두고서 피차의 것을 서로 비교하고 참작하여 장점을 취한다면 어찌 아름답지 않겠는가?[40]

---

40 「興學說」, 천관우·이광린 외 편, 『한국의 근대사상』, 156-157면에서 재인용.

박은식이 변혁의 시대를 맞아 새로운 교육을 강조한 것은 민족의 자주적 역량을 제대로 발휘하지 못하고 국권을 상실하게 된 가장 큰 원인이 국민에 대한 실질적인 학문의 결여였다는 인식 때문이었다. 박은식의 신교육사상의 궁극적인 목표는 다음과 같은 두 가지 내용으로 요약된다.

첫째, 현실적으로 요구되는 새로운 기술과 산업에 대한 교육을 통해 민족 전체의 삶이 윤택해지고 국가가 부강해질 수 있는 길을 요구한다. 한국 사회가 새로운 교육에 대한 이해의 부족으로 민지의 계발에 실패함으로써 국권 상실의 위기를 자초했다는 비판적 인식, 새로운 기술과 산업을 널리 교육시켜 실제 생활에서 자강의 목표에 도달한다는 것이 주장의 핵심이다.

둘째, 민족의 자각과 주체적인 각성을 위해 국사와 국어와 국문을 제대로 교육하는 것이 필요하다고 강조한다. 이러한 자기 각성은 결국 민족과 국가의 자주독립을 요구하는 시대적 요구를 그대로 반영한 것이다. 아무리 새로운 지식과 기술에 의해 민지를 계발하고 국력을 부강하게 한다고 하더라도 민족적 주체에 대한 자기 각성과 주체의 확립이 없으면 결국은 그것이 헛된 일로 돌아간다는 것이 그의 생각이었다. 그러므로 박은식은 자국의 역사에 대한 교육을 통해 국혼을 배양하고 자기 민족문화에 대한 자긍심을 키우는 일이 중요하다고 생각했다.

유교의 개혁과 양명학의 수용

박은식은 「유교구신론(儒教求新論)」을 통해 전통 유학의 새로운 변혁을 직접적으로 주장했다. 그는 이 글에서 전통 주사학의 시대적 한계를 지적하면서 그 문제점을 세 가지로 나누어 제시하고 있다.

> 夫我 東洋數千年 教化界에 中正純粹ᄒᆞ고 廣大精微ᄒᆞ야 列聖이 傳授ᄒᆞ고 群賢이 講明ᄒᆞᄂᆞᆫ 儒教가 終是 印度의 釋迦教와 西洋의 基督教와 如히 世界에 大發展을 不得ᄒᆞᆷ은 何故이며 近世에 至ᄒᆞ야 寢微不振이 極度에 達ᄒᆞ야 殆히 來復의 望이 無ᄒᆞᆫ 것은 又 何故이뇨. 余ᄂᆞᆫ 大韓 儒教界에 一分子라. 我의 祖先과 我의 平生이 孔子의 恩賜를 受ᄒᆞᆷ이 莫大ᄒᆞᄃᆡ 現今 孔子의 教가 日就黯淡ᄒᆞ고 日益凜綴ᄒᆞᆫ 景況을 對ᄒᆞ야 匪直懍然而 懼라. 實惕然發汗ᄒᆞᆷ이 有ᄒᆞᆫ 故로 其 原因을 溯考ᄒᆞ며 末流을 推測ᄒᆞ니儒教界에 三大 問題가 有ᄒᆞᆫ지라.

> 該 三大 問題에 就ᄒᆞ야 改良求新을 不爲ᄒᆞ면 我儒教ᄂᆞᆫ 不惟不能興旺이라. 究竟滅絶을 不免ᄒᆞᆯ지니 天이 斯文을 喪코져 아니ᄒᆞ실진ᄃᆡ 此 問題에 對ᄒᆞ야 改良求新ᄒᆞᆫ 豪傑之士가 出ᄒᆞᆯ지나 我 大韓 世界에 在ᄒᆞ야 儒林의 現況을 觀察ᄒᆞ건ᄃᆡ 此를 改良求新ᄒᆞᆯ 識見과 魄力이 有ᄒᆞᆫ 者를 姑未得見이로다. 嗚呼라 疾痛이 方劇에 狂言이 自發이오. 窮到極處에 自力을 宜奮이라 寧其得罪於諸先輩ᄒᆞ고 取怒於儒林派언정 不忍使吾孔子之道로 終爲墜地而已라. 於是乎 敢히 不韙을 犯ᄒᆞ고 三大問題를 擧ᄒᆞ야 改良求新의 意見를 呈ᄒᆞ노라. 所謂 三大問題ᄂᆞᆫ 何也오 一은 儒教派의 精神이 專히 帝王側에 在ᄒᆞ고 人民社會에 普及ᄒᆞᆯ 精神이 不足ᄒᆞᆷ이오 一은 轍環列國ᄒᆞ야 思易天下의 主義를 不講ᄒᆞ고 匪我求童蒙이라. 童蒙이 求我라ᄂᆞᆫ 主義를 是守ᄒᆞᆷ이오 一은 我韓儒家에서 簡易直切ᄒᆞᆫ 法門을 不要ᄒᆞ고 支離汗漫ᄒᆞᆫ 工夫를 專尙ᄒᆞᆷ이라.[41]

박은식이 제기하는 유교의 문제는 유교의 본질이나 그 성격을 부정하고자 하는 것은 아니다. 오히려 공맹(孔孟)의 시대에 유교가 보여 줬던 특성이 후대로 내려오면서 변질되어 버린 데 대한 비판적 반성을 포함하는 것이다. 그는 유교가 당면한 세 가지의 문제를 제시하는데, 그 해결 방도를 유교의 본래적 특성 안에서 찾아내고 있다.

첫째는 유학이라는 것이 인민의 삶과 그 현실을 외면하고 있다는 점이다. 유학이 오로지 제왕의 편에만 서서 거기에 영합하고자 했다는 점을 지적한 것이다. 물론 공자의 대동 사상이나 맹자의 애민주의에는 백성을 소중히 해야 한다는 정신이 근간을 이룬다. 그러나 소인배들이 이를 잘못 알고 제왕의 편에 기대어 거기에 영합하고자 했을 뿐이다. 그 결과로 유학이 백성의 입장에서 그 처지를 이해하고 그 막힌 정신을 열어 주면서 새로운 그 삶의 지혜를 깨우칠 수 있는 실천적 방안을 제공하지 못했던 것이다. 제왕의 권위에 기대어 자기만족에 빠져들었던 유학이 백성들을 외면하게 되면서 사회 현실 속에서 실천적 기능을 발휘하지 못하게 되었으며 불필요한 허례와 명분에 치중하면서 백성들과 거리를 만들게 된 것이다. 그러므로 급격하게 변화하는 현실에 적응해 유학의 폐단을 바로잡아야 한다.

---

41 박은식, 「儒教求新論」(西北學會月報 제10호, 1909. 3), 12-13면.

둘째, 유학의 방법이 실천적이지 못한 점을 지적하고 있다. 공자가 열국을 돌아다니면서 자신의 신념과 가치를 전파하려 했던 것과는 달리 조선의 유교는 배우려는 자가 찾아오기만 기다리고 백성을 경계하는 목탁을 제대로 사용하지 않고 있다. 유학자 자신도 세상 물정을 모르니 그 견문이 고루해 삶에 아무런 도움도 주지 못하는 것이다. 사회가 개방되고 백성들의 민지가 발달하고 있는데 유학자들은 이를 제대로 알아차리지 못하고 관념적인 가치론에 빠져들어 시대적 변화에 전혀 대응하지 못하고 있다. 그러므로 사회 현실에 대두되는 긴요한 문제를 개혁하고 바로잡는 실천적인 노력을 기울이는 일은 드물고 오로지 대의명분만 따지면서 노력을 허비한다. 세상의 변화를 외면하고 백성들의 생활과 격리된 채 아무런 변통을 구할 수가 없게 된 유학의 허세를 개혁해야 한다.

셋째, 유학의 내용이 실질적인 학문과는 거리가 멀다는 점이다. 오늘날 각종 학문과 과학과 기술이 발달하고 인간의 삶이 더욱 복잡해지는데 실제의 현실에 필요한 방법을 찾지 않고 난삽한 문장과 추상적이고도 관념적인 논리에만 매달리니 학문의 요체를 얻기 어렵고 그 핵심도 알기 어렵다. 오늘날은 각종 학문이 날로 복잡해지고 사람의 삶과 사업도 그에 따라 복잡해지고 있기 때문에 변화하는 현실이 요구하는 실질적인 학문이 필요하다.

박은식은 이와 같은 문제의 해결 방안을 제시하면서 조선의 유학이 안고 있는 근본적인 한계를 주자학에 대한 지나친 경도에서 찾고자 한다. 그는 주자의 학문이 원대하다는 것을 인정하면서도 후대의 유학자들이 주자의 문구를 암송하는 데 몰두하고 분구에만 매달림으로써 그 근본을 얻기 어렵게 된 점을 분명하게 지적한다. 그는 새로운 대안으로서 양명학(陽明學)의 간단하면서도 절실한 법문을 제시한다. 양명학에서 강조하는 지행합일(知行合一)의 학설이 마음의 깊은 곳을 성찰하는 법이 긴요하고 절실하며 사물을 응용하는 데 있어서도 과감한 힘이 활발하다는 점을 주목하고 있다. 그는 결국 유학의 본류 속에서 그 개혁의 길을 찾아내고자 하는 셈이다.

過去 十九世紀와 現今二十世紀ᄂᆞᆫ 西洋文明이 大發達ᄒᆞᆫ 時期오 將來二十一二世紀ᄂᆞᆫ 東洋文明이 大發達ᄒᆞᆯ 時期니 吾 孔子의 道가 豈終墜地哉리오. 將次 全世界에 其 光輝ᄅᆞᆯ 大顯ᄒᆞᆯ 時斯가 有ᄒᆞᆯ지니 嗟呼라 我韓 儒林이여

明目以觀察ᄒ고 奮身而擔着홀지어다. 彼西洋教界로 觀홀지라도 羅馬舊教時代ᄂᆞᆫ 卽 歐洲墨闇天地라. 萬一 馬丁路得의 大膽과 熱血로 改良求新홈이 無ᄒ얏스며 歐洲 日月이 至今ᄭᅡ지 黑闇中에 在ᄒ야도 可홀지라. 宗教之於世運에 其 關係가 果何如哉아 我韓儒者의 結習은 改良이라 ᄒ면 變事로 認ᄒ나 天下之物이 大小를 莫論ᄒ고 久則必弊오 弊則當改니 若弊而不改ᄒ면 終焉熄滅而己니 可不念哉며 求新이라 ᄒ면 別件으로 認ᄒ나 新之一字ᄂᆞᆫ 吾道의 固有ᄒᆞᆫ 光明이라. 孔子ㅣ 曰 溫故而知新이라 ᄒ시며 張子 曰 濯去舊見ᄒ야 以來新意라 ᄒ엿스니 道德은 以日新而輝光ᄒ고 邦命은 以維新而增長ᄒ나니 求新之義가 非自外來라. 嗟我儒林諸君이여.[42]

박은식의 개혁 사상의 핵심은 그가 정신적 기반으로 삼았던 유교에서 구신(求新)하는 방법이었기 때문에 유교 자체의 변혁을 목표로 한다는 특징을 보여 준다. 이를 위해 그가 내세우는 것이 양명학이다. 박은식은 『왕양명실기(王陽明實記)』(1910)를 통해 양명학의 사상 체계를 소상하게 설명하고 있다.[43] 그는 왕양명의 전기를 읽으면서 그 속에서 유연히 피어나는 것이 있고, 척연히 놀라는 것이 있고, 뛸 듯이 기쁜 것이 있고, 맹연히 살피는 것이 있으며, 깊이 생각하고 그칠 줄 모르게 뛰고 춤추게 하는 것이 있음을 서문에서 밝혔다. 그 이유는 왕양명이 주장하는 새로운 사상의 활연하고도 직관적인 성격에 있음은 물론이다. 박은식이 왕양명의 사상에서 주목한 것은 '지행합일', '치량지(致良知)' 등의 원리다. 이것은 양명학의 근본 원리이면서 동시에 그의 사상 발전의 지표를 그대로 가리키기도 한다.

양명학의 근본 원리인 지행합일은 지(知)와 행(行)이 모두 마음의 활용으로 하나의 개념에 속한다는 논리다. 이것은 주자가 지(知)에 중점을 두어 강조한 바 있는 '선지후행(先知後行)'에 대립한다. 성리학에서 도에 이르는 길이라든지 성인의 경지에 오르는 것은 끊임없는 수련과 배움을 통해 도달할 수 있는 일이다. 하지만 양명학에서는 인간이 태어날 때부터 본래적으로 지니고 있는 것을 발현함으로써 거기에 도달할 수 있다고 설명한다. 마음[心]의

42 박은식, 「儒教求新論」, 18면.

43 이혜경, 「박은식의 양명학 해석」, 『철학사상』 55(서울대학교 철학사상연구소, 2015) 참조.

본체가 성(性)이므로 마음을 떠나서는 사물의 이치를 따질 수 없고 물상(物象)도 있을 수 없다는 것이다. 모든 실재가 심(心)의 일원(一元)에 존재한다고 하는 심즉리 사상이 바로 여기서 나온다. 예컨대 충이든 효든 배움으로 터득하는 것이 아니라, 나라를 위하고 어버이를 받드는 인간 본성이 발현되는 것이다. 그러므로 양지(良知)는 실천적 행위를 통해 그 본질이 구현되는 것을 뜻한다. 양명학이 '지행합일'의 학문으로 주목되었던 이유가 여기 있다.

박은식은 양명학의 실천적 성격을 주목하면서 사민평등과 사회변혁을 위한 유교의 역할을 새롭게 규정하고자 했다. 이러한 유교 개혁의 주장은 침체된 유학에 새로운 기풍을 불어넣기 위한 노력이었다. 하지만 그가 기획했던 대동교(大同教) 운동을 중심으로 하는 종교개혁은 여전히 주관적이고 형이상학적인 성리학의 범주를 크게 벗어나지 못했으며, 시세(時勢)의 변화에 대응할 수 있는 역동적인 요건을 제대로 갖추기 어려웠다.

2) 장지연의 자강주의

자강주의의 성격

장지연(張志淵)[44]은 전통적인 한학을 수학하고 유학의 이념을 따랐지만 시대적 변천에 직면해 새로운 역사의식을 체득하게 되자 자기 학문과 사상을 개신했다. 그리고 구국이라는 실천적 과제를 놓고 앞장서서 사회계몽 운동을 전개했다. 장지연은 언론 활동을 시작하면서 자기 학문의 방향을 바꾸게 되었다. 그는 1899년에 《시사총보(時事叢報)》의 주필에 임명되었고, 이해 9월 《황성신문》의 주필이 되어 언론인으로서의 새로운 생활을 시작했다. 그는 신문이라는 것을 『사기(史記)』의 기사와 마찬가지로 생각했으며, 신문을 통한 사회계몽으로 자신의 신념을 키워 나갈 수 있었다. 을사조약이 체결되자 유명한 「시일야방성대곡(是日也放聲大哭)」이라는 논설을 발표해 결국은 언론계를 떠나게 되었으나, 그의 사회 활동은 대한자강회를 통해 적극적인 애국계몽운동으로 확대되었다. 그러므로 그의 생애 가운데에서 언론 활동과

44 장지연에 관해서는 천관우 외, 『위암 장지연의 사상과 활동』(민음사, 1993) 참조.

애국계몽운동의 시기가 특히 주목된다. 한말의 유교적 전통에 기반을 두고 있던 지식인이 자기 개신을 꾀해 개화운동에 나서게 되는 과정을 여기서 찾아볼 수 있는 것이다.

장지연의 사회 계몽 사상의 근본은 밖으로부터 받아들여진 것이 아니라 그가 기대고 있던 유학 사상에서 비롯된 것이라고 할 수 있다. 이와 같은 특징은 '유교 구신'을 강조했던 박은식의 경우와 사상적으로 동궤에 서 있음을 말해 준다. 물론 그는 전통적 유학 사상을 스스로 개신하고자 하는 입장에서 유교의 본질을 새롭게 해석하고자 했다. 그의 유학 사상은 단편적이기는 하지만 「유교연원(儒教淵源)」, 「유교변(儒教辨)」 등의 논설에 집약되어 있다. 한국의 유학을 역사적으로 새롭게 체계화하고자 하는 「유교연원」을 보면 그동안 정통 유학에서 소외되었던 양명학의 흐름에도 주목했고, 각 지방의 유학의 분파를 비교적 균형 있게 논의하고 있다. 특히 그는 성호(星湖) 이익(李瀷)에서 다산(茶山) 정약용(丁若鏞)으로 이어지는 실학의 계보 속에 홍대용(洪大容) 등을 포함시킴으로써 유학의 새로운 발전에 특히 관심을 기울인다. 이러한 상대적 관점은 그가 유학의 근본을 현실적 삶의 원리에서 그대로 찾고자 했기 때문에 가능한 일이었다. 그는 유학의 본질적 가치가 인간과 현실에 있음을 긍정하면서 『주역(周易)』에서 강조하는 '수시찰변(隨時察變)'의 변역(變易) 원리를 따라 새로운 시대적 변화와 개화 진보의 시세를 주목했다. 그러므로 낡은 사고와 제도를 개량하고 새로운 지식을 수용하는 것은 시의(時宜)를 얻는 것이요, 변통(變通)하는 도리였다. 그는 모든 사물은 오래되면 낡아지고 낡아지면 썩으며 패하는 것이 자연의 이치라는 것을 내세우면서, 진부한 낡은 구시대의 문화를 혁신하고 새로운 신문화를 받아들이는 것이 시의를 얻는 일임을 분명히 강조하고 있다.

장지연은 「유교변」에서 유학의 본질 자체를 공자의 말을 통해 전하고 있다. 넓게 배워서 끝이 없게 하고 독실하게 행해 게으르지 아니하다는 원칙을 내세우면서 천도를 밝히고 인륜을 바로잡으며 지치(至治)를 다해 법도를 이루는 것이 유가 학문의 이치임을 강조한다. 그러므로 명예를 탐하거나 교묘하게 출세를 꿈꾸거나 당파를 만들어 사사로운 계책을 꾸미는 것은 유가의 본면이 아니다. 유학을 빌려서 세상을 속이고 이름을 도적질하는 것은 유학이 아님을 분명이 하고 있다. 그는 조선이 붕당의 폐해에서 벗어나지 못한 것은 유학의 문제가 아니라 당대의 정치가 그렇게 길들여 놓았기 때문이라고 했다. 또한 유학의 이름을 빌려 임금을 속이고 나라를 어지럽힌 것은 결국 참된 선비를 등용하지 않은 정치의 잘못이라고 비판했다.

> 우리 朝鮮이 衰微해진 것도 이른바 魯나라에서처럼 참다운 선비를 등용하지 아니한 때문인 것이다. 士禍의 처참함과 朋黨의 피해는 이미 앞에서도 기술하였거니와 燕山君 때의 戊午 이래로 名儒와 큰 學者가 대대로 없어지지 아니하였는데도 모두 刑獄에 걸려들거나 구치소에서 困厄을 당하여 제 명대로 산 이가 적었다. 또한 당파가 분열된 뒤에는 다같이 공경하고 서로 조심하여 같이 한 수레를 떠밀 수 있는 사람이 있었다고 그대는 생각하는가. (중략) 栗谷 같은 어진 이로서도 東西의 黨派를 조정하고자 하였으나 할 수 없었으며, 英祖 같은 성스러움으로서도 老論과 少論을 蕩平코자 하였으나 할 수가 없었다. 전현들이 일러 말하기를 백년토록 잘 다스려지지 않은 것은 朋黨의 피해 때문이 아니겠는가라고 하였으니 이것은 어찌 儒敎가 시켜서 그렇게 된 것이라고 할 수 있겠는가. 실은 政治가 그렇게 길들여 놓는 것이거나 또한 儒學의 이름을 빌려서 임금을 속이고서도 의젓이 부끄러운 죄인 줄을 알지 못하고 있었기 때문이니, 이것은 비단 先王의 죄인일 뿐만 아니라 곧 孔孟의 죄인인 것이니 이것을 가지고 儒敎를 꾸짖는다면 儒가 어찌 수긍하겠는가.[45]

이와 같은 관점에서 장지연은 오히려 유학을 시의에 맞게 개량하고 새로운 학문을 수용해 나아갈 수 있는 유학의 자기 개신을 강조했다. 그는 현실 문제에 접근할 수 있는《황성신문》,《시사총보》등의 언론 활동을 통해 급변하는 현실을 자각했고, 문명개화의 이상을 실현할 수 있는 사회계몽에 직접 참여하면서 위기의 한국 사회를 바로 세울 수 있는 방안을 모색하게 되었다. 그의 개화사상은 그 자신의 사상적 근원이었던 유학의 혁신에서 출발하는 것이지만 새로운 문명의 기운을 현실적 상황에 맞게 적극적으로 받아들이는 것이 그 목표였다.

---

45 張志淵,「儒敎辨」, 천관우·이광린 외 편,『한국의 근대사상』, 290-291면에서 재인용.

장지연의 개화사상의 핵심은 그가 역설했던 '자강주의(自强主義)'라는 말로 요약할 수 있다. 그는 1906년 4월 문명개화를 위해 국민교육을 고양하고 식산(殖産)을 증진해 부국강병을 이루어 굳건한 독립의 기초를 마련한다는 목적으로 대한자강회의 조직을 주도하고 국민계몽을 위한 강연회를 개최하면서 기관지인《대한자강회월보》발행에 앞장섰다. 장지연은 이 잡지에 발표한「자강주의」와「자강회 문답」이라는 논설을 통해 자강론을 상세하게 개진했다. 그의 자강론은 흔히 청국의 캉유웨이(康有爲)나 량치차오(梁啓超)의 변법자강론(變法自疆論)의 영향을 받은 것으로 알려져 있지만 그 본질은 유학 사상의 틀을 벗어난 것은 아니었다. 그 이유는 그가『주역』의 '건건(乾健)' 괘에 있는 '자강불식(自强不息)'에서 '자강'이라는 말의 의미를 찾아내기 때문이다.

> 余ㅣ 曰 足下之疑問이 固其然也라. 然而足下ㅣ 旣知乾健自强不息之義ᄒᆞ니 是ᄂᆞᆫ 眞正自强主義之不二法門也라 自强之義ᄂᆞᆫ 實取諸乎此也오 非南方之强과 與北方之强也니 若矯矯其强이 豈今日自强之眞義歟아 如波蘭埃及安南方之義士英男이 糾結團體ᄒᆞ야 張空拳冒白刃ᄒᆞ고 雪涕洒血에 以徒死於礮烟彈雨者ᄂᆞᆫ 非吾自强之本意也니 如彼者ᄂᆞᆫ 不過一時血氣之勇强耳라 謂之勇則勇矣오 謂之烈則烈矣나 毫髮無補於國家ᄒᆞ고 徒使千古英雄으로 汪汪悲淚滿襟ᄒᆞ니 嗚乎라 此ᄂᆞᆫ 足下之誤者ㅣ 一也오.
>
> 且 凡 我國이 以累百年崇拜華夏主義로 其 風俗 習慣이 便成依賴靠着的痼性ᄒᆞ고 亦以其擩染於虛文浮詞之末ᄒᆞ며 束縛於壓制鞭策之下ᄒᆞ야 萎靡柔弱에 懶怠苟媮ᄒᆞ야 所以馴致今日之莫振이어ᄂᆞᆯ 論者ㅣ 動曰 某是誤國이오 某是殃民이오 某爲賣國之官이오 某爲迎附之魁라 ᄒᆞ야 雌黃紛紜에 論評沸騰ᄒᆞᄂᆞ니 若是者ㅣ 余亦不敢謂不然이로ᄃᆡ 雖然이나 政府ᄂᆞᆫ 何自而成이며 官吏ᄂᆞᆫ 何自而出고 斯非天上世外之別種落來者오 亦是來自國民中者耳라 某甲某乙은 非國民之一分歟아 夫聚群盲이라도 不能成一離婁ᄒᆞ며 聚群聾이라도 不能作一師曠ᄒᆞ며 聚群怯이라도 不能做一烏獲ᄒᆞᄂᆞ니 以若是之國民으로 得若是之政府官吏ᄂᆞᆫ 所謂種瓜得瓜ᄒᆞ며 種荳得荳者라 其又奚尤리오. 然則 此 皆 國民之自罪也라 今에 不能反省而自咎ᄒᆞ고 獨責政府之無能ᄒᆞ며 惟怨外人之壓力이면 是ᄂᆞᆫ 猶責娩於牡牛ᄒᆞ고 求活於餓虎也니 惡乎其可哉리오 此ᄂᆞᆫ 足下之誤解者ㅣ 二也오.

> 余於曩日或成者之問에도 略己言之어니와 大抵 我國之勢ㅣ 譬之如潰癰廢疾之人ᄒᆞ야 必期歲月奏效오 難望其急速之奏效矣니 今日에 起自强之會어던 明日에 生自强之力은 天下에 決無是理ᄲᅮᆫ더러 自强之主義ᄂᆞᆫ 非强暴强勇之强也라 實乃勉勵自强之術者니 今足下之所問은 實屬誤解者ㅣ 多也로다.[46]

위의 인용에서 볼 수 있듯이 '자강'이라는 말은 강폭(强暴)이나 강용(强勇)의 '강(强)'이 아니라 스스로 힘을 기르고 실력을 쌓는 것을 의미한다. 이것은 실력의 배양을 위해 교육을 촉진하고 산업을 양성하며 국민의 단결된 힘으로 국권을 회복하는 것을 목표로 삼고 있다. 장지연은 서구의 다양한 기술과 학문을 받아들이기 위해 학교를 설립하고 우수한 인재를 키우는 일이 무엇보다 소중하다는 것을 강조하며, 산업의 발전과 식산의 부흥으로 국가가 부강해질 길을 찾아야 한다는 점을 강조한다. 이런 점에서 본다면 그의 자강주의는 중국의 변법자강과는 그 실천 방향이 서로 다른 특징을 드러낸다. 캉유웨이나 량치차오는 정치제도의 개혁을 그 중심에 놓고 변법자강운동을 실천하고자 했던 것이지만 장지연의 경우는 국민교육의 발전과 물산의 부흥을 통한 국력의 배양을 우선으로 했던 것이다.

국문 글쓰기와 실용 학문

장지연은 전통적인 한학을 수학했지만 자강주의를 내세우면서 누구보다도 먼저 국문 사용을 적극적으로 주장했다. 이미 《독립신문》이 국문 전용을 실현한 후 국어국문운동이 사회적으로 크게 확대되는 과정에서 그는 한학자로서 자기 학문의 근거를 부정하고 국문을 내세웠다. 장지연이 국문에 관한 관심을 구체적으로 피력한 것은 「국문관계론」을 통해서였는데, 이 글에서 그는 언어 문자의 독립적인 특질, 한문의 폐해, 국문의 필요성 등을 다음과 같이 논했다.

> 저 문자란 것은 각각 그 나라의 말과 소리이니, 말에서 나오고 소리에서 발하는 것은 모두 글자인 것이다. 그러므로 전하여 이르기를 '말이라는

---

46 張志淵, 「自强主義」(大韓自强會月報 제3호, 1909), 3-6면.

것은 몸의 글이요, 글은 말과 떨어질 수가 없으며, 소리는 글과 떨어질 수는 없는 것이다.'라고 하였다.

앵무새를 억지로 제비의 소리를 내게 하여도 반드시 그렇게 할 수 없는 것이고 원숭이를 권하여 승냥이의 소리를 내게 하여도 반드시 그렇게 도지 아니하는 것은 무슨 까닭인가? 소리에는 치우친 바가 있고 습성에는 구애되는 바가 있으니 이것은 세계 각국의 말이 다르고 글이 다른 까닭인 것이다. (중략) 그러므로 서양 학자는 '나라 글이란 것은 그 나라를 한결같이 고르게 하여 독립하게 하는 것이다.'라고 하였다. 우리나라의 세종대왕은 천성의 성(聖)으로 백성의 '정음'을 제작하여 자음과 모음 스물여덟 글자를 처음으로 만들었으니 정밀하면서도 간략하고 간략하면서도 긴요하여 비록 어리석은 여염 부인이나 어린이라 할지라도 배우기가 편리하고 알아듣기가 쉬우니 참으로 우리나라 독립하는 지극한 보배인 것이다.

만약 국문을 가지고 온 국민을 교육한다면 한 사람도 글자를 알지 못하는 이가 없을 것인데 습관에 얽매여 쓸데없이 까다롭고 알기 어려운 한문을 가지고 총명하고 준수한 자제들을 잘못 가르침은 어찌하랴. 늙어 죽도록 세월을 허비하여 머리카락이 하얗게 세어서야 겨우 한문의 문리를 터득하게 되니 이 어찌 애석하지 아니한가.

더구나 또한 그 말은 말대로 하고 글자는 글자대로 한문을 쓰는 까닭에 국민 중 글자 모르는 사람이 십중 칠팔이 되고 민지가 어둡고 우매하게 되니 어찌 이로 말미암아 그렇게 되는 것이 아니겠는가? 진실로 교육을 발달시키고 독립을 만회코자 한다면 오직 국문을 확장하는 데에 있나니 한문 같은 것은 마땅히 폐지할 것이라고 하지 아니하겠는가.[47]

장지연은 나라의 글이 그 나라의 독립을 완전하게 할 수 있다고 믿었다. 언어와 문자의 개별적인 특수성을 강조하는 태도나 문자의 우열을 논하는 방법 등은 언어의 보편적인 특질을 강조하는 근대적인 언어관과는 거리가 멀다. 그러나 언어와 문자가 각 나라마다 다르고 그 다른 속성이 민족의 특성을 규정하는 점이라는 주장은 민족주의적 관점에서 볼 때 오히려 충분

47 장지연, 「국문관계론」, 천관우·이광린 외 편, 『한국의 근대사상』, 292면에서 재인용.

히 인정될 수도 있는 것이다. 장지연이 각 나라의 말이 그 나라의 인습과 풍속의 차이에 따라 서로 다르고, 각기 그 나라 안에서 하나의 문자로써 언어를 통일시켜 나간다고 말한 것이나, 주시경이 나라마다 독특한 언어와 문자를 갖고 유지, 발전시켜 나라를 지켜 나간다고 한 것은 모두 언어 문자의 국가적·민족적 특수성만을 강조한 것이었다. 이러한 견해는 언어 문자의 특수성에서 민족 국가의 전통성이나 고유성에 대한 관심으로 확대되고, 그것이 다시 민족 국가의 독립과 자주에 대한 인식으로 발전하게 되었다. 이러한 관점은 언어 문자에 대한 민족 사상이라고 할 수 있을 것이다.

장지연은 훈민정음이 정밀·간략·간결·긴요의 요건을 지니고 있다는 점, 배우기 편리하고 알기 쉽다는 점, 바로 그러한 요건과 함께 독립의 보배라는 점 등을 강조한다. 그리고 국문으로 모든 국민을 교육한다면 한 사람도 무식자가 없을 것이라고 하면서, 습관에 얽매여 난해한 한문을 고집하는 것이 문제라고 했다. 장지연은 말은 말대로 우리말을 쓰면서도 그 기록은 한자에 의존할 수밖에 없었기 때문에 이중적인 언어생활의 고충이 적지 않은 점과 글자를 모르는 사람이 많아 민지가 우맹함을 면치 못하게 되었다는 점을 한문의 폐단으로 지적하기도 했다. 장지연은 교육의 발달과 독립의 만회를 위해 한문을 폐지해야 하며 국문을 확장해야 한다고 했다. 그리고 무엇보다도 전문학교를 설립해 뛰어난 자제들을 모아 국문을 교육시키는 것이 마땅히 오늘의 할 일이라고 결론지었던 것이다.

장지연의 국문 글쓰기는 「애국부인전」(1907)의 발간으로 그 실천적 의미를 더하고 있다. '신소설'이라는 표제로 광학서포에서 발간한 「애국부인전」은 순 국문으로 서술된 영웅전기다. 이 작품은 프랑스 백년전쟁 당시의 여성 영웅이었던 잔 다르크의 일생을 그린 것으로, 10회로 구분되어 있고, 작품의 말미에 잔 다르크의 생애에 대한 작가의 찬사를 덧붙이고 있다. 이 작품에서 회장체(回章體)의 구성 방식은 전통적인 서사 양식에서 흔히 볼 수 있는 서술 방식이다. 그리고 이야기의 내용에서 주인공의 출생과 성장 과정을 서술하고, 고전소설에서 볼 수 있는 상투적인 표현이 아주 많이 등장한다. 그러므로 이 작품은 어떤 특정한 외국 작품의 텍스트를 그대로 번역한 것이라기보다는 잔 다르크의 생애를 서사적으로 재구성한 작품으로 볼 수 있다.

이 작품의 주인공 잔 다르크는 가난한 농가의 외동딸로 태어났지만,

영국의 침략으로 프랑스가 위기에 처하자 직접 전쟁터로 나가 용맹스럽게 영국군에 대항한다. 그러나 잔 다르크는 영국군과 내통한 프랑스 장수의 속임수에 걸려 포로가 되고 결국 화형에 처해진다. 물론 프랑스 국민은 잔 다르크의 애국심을 본받아 일심으로 영국에 대항해 국가를 위기에서 구하게 된다.

여기서 작가가 강조하는 것은 침략적 외세인 영국군과 위기에 몰려 있는 프랑스의 상황이다. 이 같은 역사적 상황은 통감부의 설치 이후 일제의 침략 위협에 처한 당시 한국의 현실을 우의적으로 드러낸다. 그리고 영국의 침략으로 위기에 몰렸던 프랑스를 구출하기 위해 몸을 바친 잔 다르크의 용맹과 애국 충정을 그대로 본받아 국가의 자주독립이 위협받는 상황에 모두가 힘을 합쳐 대응해야 함을 역설하는 것이다. 이 작품은 잔 다르크의 생애를 그려 낸 것이지만, 결국 그 내용 속에서 외세 침략의 위기를 맞고 있는 한국민들에게 경각심을 던져 주면서 동시에 애국심을 고취하기 위한 목적 의식이 분명하게 드러난다. 작품의 말미에서도 "슬프다 우리 나라도 약몰튼 영웅호걸과 ᄋᆡ국충의의 녀ᄌᆞ가 혹 잇는가."라고 말한 것은 이 같은 작가의 의도를 암시한다.

장지연은 한학을 수학했고 유학 사상에 깊이 빠져 있었으나 새로운 학문을 적극적으로 수용했다. 그의 내면에서는 전통적인 학문의 세계가 그 자체 안에서 근대적 지향성을 드러내면서 변혁을 이루었고, 새로운 학문이 수용되어 이에 접맥되었던 것이다. 장지연은 전통 사상이 외래문화와 충돌하면서 그 자체 속에서 새로운 균형을 모색하는 변화의 소용돌이 속에 서 있었다. 그는 전통적인 한학을 포기하고 새로운 시대정신을 포괄하기 위해 유교를 새롭게 변혁시키고자 했다. 이러한 노력은 급격하게 밀려오는 서구 문화의 충격에서 벗어나 전통 사상의 근대적 변혁 과정과 외래문화의 토착화 과정이 서로 균형과 조화를 이루도록 하기 위한 것이었다. 그의 사상과 정신세계는 전통적인 학문의 세계가 그 자체 안에서 근대적 지향성을 드러내면서 변혁을 이루었고, 새로운 학문이 수용되어 이에 접맥되었던 것이다.

장지연이 지니고 있었던 새로운 학문에 관한 관심은 그가 주도했던 자강주의의 논리를 따라 실질적인 가치를 지향한다는 점이 특징이다. 그는 '문(文)'의 개념을 정치제도의 도구라는 뜻으로 설명한다.

대체로 文이라는 것은 정치제도의 도구라고 할 수 있다. 문화가 융성하면 그 문채가 빛나고 그 이치가 빛나기 때문에 광휘 찬란하여 휘황하게 밝아진다. 그러므로 정치가 태평해진 자취를 칭하여 반드시 문명이라 하며, 풍화가 아름다워진 효력을 찬미하여 반드시 문화라고 하는 것이다. 나라의 광대함과 사회의 모듬에서부터 한 집안과 한 사람의 일신의 사사로움에 이르기까지 文이 아니면 유지 성립되지 못한다. 무릇 문이란 것은 참으로 잠시도 버릴 수 없는 것이다.[48]

위의 인용에서 말하는 '문'은 전통적인 '사장(詞章)'의 개념보다 포괄적인 것이어서 넓은 의미로 '학문' 그 자체를 말하는 것이라고 할 수 있다. 그러므로 그것은 문명 또는 문화의 기반이 되며, 국가와 사회를 유지하고 성립시켜 주는 요건이 되고 있다. 장지연은 '문'의 중요성은 지대하지만 '문' 자체에 대한 숭상이 지나치면 그 폐단으로 국가와 민족이 멸망할 수도 있다고 했다. 장지연이 우려하는 바는 '문'에만 집착할 경우에 초래되는 '문승(文勝)'과 '문성(文盛)'의 폐단이었다. 그는 지나치게 '문' 자체에 얽매이면 거짓으로 꾸미고 속임수를 쓰게 되어 결국은 나라에 혼란이 온다고 했으며, '문'이 너무 성행하면 그 가치를 제대로 발휘하지 못하게 될 것이니 백성들의 뜻이 나약해져서 결국 나라가 멸망에 이를 것이라고 했다. 결국 '문'은 국가의 흥성과 멸망을 좌우하는 중요한 요건이 된다고 했다. 그는 동서양의 문명국이란 '문'을 숭상하면서도 실질적인 것을 찾으며 무력을 갖추어 '문무(文武)'를 병용하고 있음을 말하면서, 문명의 실질이 바로 그러한 것임을 강조했던 것이다.

장지연이 실질적인 학문에 관심을 기울이게 된 것은 이미 그의 사상적인 자기 개신이 이루어졌음을 의미하는 것이었다. 그는 개화·진보하는 시세의 변화를 긍정적으로 바라보면서 그러한 시세의 변화에 적극적으로 대응할 것을 요구했다. 그리고 세계 풍조의 발달로 새로운 기계가 나오고 기술이 날로 새로워지는 것은 자연의 시세이며, 그로 말미암아 지식의 범위도 확대되고 생활의 정도가 변화하는 것은 당연한 이치라고 했다. 그런데 이러한 시세 풍조의 변화를 깨닫지 못하고 옛날의 고루한 습관에 젖어 시서나 읊조리

48 장지연, 「文弱之弊」, 『위암문고』(국사편찬위원회, 1971), 351면.

고 있을 수는 없는 것이다. 장지연은 이와 같은 견지에서 새로운 학문에 관심을 갖고 적극적인 자세로 이에 임할 것을 요구하면서, 고담준론에 얽매여 새로운 학문을 배척하는 사람을 나라의 좀벌레라고 비난했다. 신학문에 대한 이러한 관심이 장지연의 핵심 사상이라고 할 수 있는 자강주의로 집약된 것이며, 그의 방대한 저술로 구체화되었음은 물론이다.

장지연은 애국계몽운동을 주도하면서 민중에게 새로운 시대사상을 불어넣기 위해 새로운 서구 문물에도 적극적으로 관심을 기울였다. 그가 지니고 있던 지식이나 경험은 모두 봉건적인 조선 사회와 근대적인 서구 정신이 충돌하는 혼란된 사회 현실 속에서 얻어진 것들이었기 때문에 그의 주장은 당대적 현실 문제에 연관될 수밖에 없었다. 특히 그들은 대부분 인간 행위의 공통된 가치 기준으로 깊이 터득했던 유교적 교리의 권위가 용납되지 않는 현실에 직면하자, 그 공백을 극복하기 위해 스스로 자신의 학문적 기반을 변혁시켜 새로운 이념과 시대정신을 내세워야만 했다. 학문에 대한 그의 관심은 새로운 기술과 지식까지 포함하는 근대적 성격의 실질적 학문을 지향하는 것이었음은 물론이다.

3) 한용운의 불교 유신론

한용운의 『조선불교유신론』

한국의 불교는 조선왕조의 지속적인 불교 배척 정책으로 대중적 성격이 상당 부분 위축되어 있었다. 물론 조선왕조의 불교 억압은 불교를 말살하고자 하는 것은 아니었다. 승과(僧科) 폐지로 불교의 위상을 크게 위축되었지만 지방의 사찰이 누리던 모든 혜택을 몰수하지는 않았다. 중앙의 권력 중심부로부터 밀려난 불교는 산중에서 민간의 종교로 그 명맥을 이어오면서 종교 자체의 순수성을 유지했다.

조선 불교의 변화는 개화계몽시대를 거치면서 일제의 침략 세력이 확대되는 동안 서서히 일어났다. 일본 통감부가 내린 '종교의 선포에 관한 규칙'[49]은 모두 6개 조항으로 이루어져 있다. 이 규칙은 한국의 종교 활동에 대한 규정이라기보다 일본 불교의 조선 포교 활동에 관한 사항이 중심 내용이며, 일본 불교의 한국 내 활동 전반에 대한 법적인 근거를 보장해 주고자 하는 의도를 담고 있다. 이 규칙이 제정 발표된 후 일본 불교의 여러 종파에서 한국의 여러 사찰에 대한 관리 신청을 통감부에 제출했으며, 한국의 승려들도 '관리 청원'을 잇달아 제출하면서 일본의 불교 종파와 연합해 그 말사(末寺)로 가입하고자 했다. 이러한 현상은 오랜 불교 탄압으로부터 벗어나 일본 정부의 도움을 얻고자 하는 불교 승려들의 일시적 방편으로 볼 수도 있다. 하지만 일제 강점을 맞으면서 일부 불교 승려들의 친일적 성향도 노골화되었다. 1910년 당시 원종(圓宗)의 대종정이던 이회광(李晦光)은 일본 조동종(曹洞宗)과 연합을 시도하기도 했다. 하지만 박한영(朴漢永), 한용운(韓龍雲) 등이 중심을 이루어 임제종 설립 운동을 전국적으로 전개하면서 이에 적극 대응했다.

한용운은 일본 불교의 영향에서 벗어나 한국 불교의 정통을 지켜야 한다는 점을 자각한 승려였다.[50] 그는 새로운 시대정신에 맞도록 불교를 대중적이면서도 현대적인 종교로 변혁하고자 하는 불교운동에 앞장서면서 불교개혁에 관한 많은 저작과 논설을 발표했다. 한국 불교의 대작으로 알려진 『조선불교유신론(朝鮮佛教維新論)』(1913), 『불교대전(佛教大典)』(1914), 『십현담주해(十玄談註解)』(1926) 등은 모두 한용운의 불교 운동의 정신적 깊이와 그 방향을 가늠할 중요한 자료다. 이 가운데에서 불교의 새로운 변혁과 대중화를 선언한 『조선불교유신론』은 한용운이 일본 불교계를 돌아보고 귀국한 후에 한국 불교의 변혁을 위해 저술한 불교개혁론이다. 한문투의 국한혼용체로 이루어진 이 논설이 발표되었던 비슷한 시기에 한국 사상사에서는 유교의 개량과 구신(求新)을 주장한 박은식의 논설 「유교구신론(儒教求新論)」(1909)이 사상계에 제출되어 큰 방향을 일으킨 바 있다. 한국 사회의 근대적 변혁기에 유교의 영역에서만이 아니라 불교에서도 민족적 실천윤리의 방향을 제시하는 새로운 개혁론이 한용운에 의해 제기되었다는 점에서 그 의의를 높이 평가할 수 있다.

---

49 明治39年 11월 17일 統監府令 第45號로 선포되었으며 이해 12월부터 시행되었다.

50 한용운의 생애와 민족사상에 관해서는 김광식, 『한용운 연구』(동국대학교출판부, 2011) 참고.

『조선불교유신론』은 전체 17장으로 구성되어 있는데, 전통 불교의 교리를 근대적으로 새롭게 해석해 사회의 변화에 적응하도록 요구한 것이 2장과 3장에서 이루어진 불교의 성질과 불교의 주의(主義)에 대한 논의다. 그리고 4장인 '논불교지유신의선파괴(論佛敎之維新宜先破壞)'에서 불교 개혁의 필요성과 그 전체적 방향을 제시하고 5장부터 16장까지 구체적인 개혁 방법을 논한다. 그는 불교 유신의 취지를 제시하면서 불교개혁의 책임이 다른 곳에 있는 것이 아니라 불교 자체 내에 있음을 분명히 하고 있다.

한용운이 『조선불교유신론』을 발표한 직접적인 계기는 일본 불교계의 현실을 돌아보고 새로운 문물을 접하게 된 과정에 있었던 것으로 보인다. 일본의 식민지 지배가 자행되기 시작한 시기에 발표된 이 글은 시대적 조건으로 그 영향력이 사회적으로 크게 확산되지는 못했다. 그렇지만 한국 불교의 역사 가운데 가장 본격적이고도 구체적인 개혁론이라는 점에서 그 실천적 성격을 높이 평가할 수 있다.

불교의 본질과 그 지향

한용운은 먼저 자신이 터득해 온 불교의 성격을 『조선불교유신론』의 2장에 해당하는 '논불교지성질(論佛敎之性質)'에서 구체적으로 논한다. 그는 불교의 성격을 종교의 차원에서 논하면서 동시에 불교가 추구하는 가치를 철학의 의미와 대등하게 설명하고자 한다. 불교는 사람들이 믿고 따르고자 하는 종교다. 종교를 믿는 까닭은 거기에 사람들의 큰 희망이 있기 때문이다. 여기서 말하는 사람의 희망이란 생존과 진화를 위해 필요한 것이다. 하지만 종교로서 불교의 본질은 이런 문제와는 차원을 달리한다. 불교의 참된 의미는 중생으로 하여금 큰 깨달음으로 부처님의 지혜의 바다에 들어가게 하는 데 있다. 불경에 이르기를 '지옥과 천당이 다 정토(淨土)가 된다'고 했고 '중생의 마음이 보살의 정토'라 했는데, 이로 미루어 생각하면 불교에서 말하는 극락정토는 상식으로 생각되는 그런 천당이 아니라 자기 마음속에 건설되는 천당임을 알 수 있다. 헤아릴 수 없이 많은 세계와 그 속에 있는 삼라만상이 다 중생의 마음속에 갖추어져 있는 것이므로 불교에서 말하는 불생불멸은 다른 종교의 영생(永生) 등속과는 다르다. 한용운은 불교의 중심 개념으로 진여(眞如)를 강조한다. 이것은 '불변'의 뜻으로 이해할 수 있는데, 생사의 개념을 넘어서는 것이다.

불교는 깨달음의 종교이며 지혜로 믿는 종교인데, 이러한 깨달음의 의미는 다분히 철학적인 것이다. 불교에서 강조하는 '천상천하에 유아독존'이라는 말은 사람마다 각각 한 개의 자유스러운 진정한 자아를 지니고 있음을 밝힌 것이다. 모든 사람에게 진정한 자아를 강조하는 이런 주장은 서구의 철학이 추구해 온 인간의 발견, 개인적 주체의 인식, 자기 존재의 의미 등을 모두 포괄한다. 한용운은 칸트의 자기 존재의 발견은 물론 루소의 평등에 대한 주장, 육상산(陸象山)이 논했던 선학(禪學)의 원리 등이 모두 불교의 사상과 부합하는 바가 있음을 지적하면서 철학이 동서고금에 있어서 금과옥조로 삼아 온 내용이 기실 불경의 주석 구실을 하고 있음은 새삼 논할 필요도 없는 일이라고 강조하고 있다. 사람마다 지닌 불성(佛性)이 같고 진리가 원래 하나인 까닭에 방법과 과정이 달라도 동일한 결론으로 돌아가는 것이다. 하지만 문명의 정도가 날로 향상되면 종교와 철학이 점차 높은 차원으로 발전하게 된다. 그렇게 되면 그릇된 철학적 견해나 그릇된 신앙 같은 것은 우리의 관심사가 될 수 없다. 앞으로 인간 세계가 더욱 발전해 가면 미래의 인간에게 필요한 도덕과 문명의 기초가 되는 모든 요소는 결국 종교이면서 철학적인 성격이 강한 불교에서 나올 수밖에 없다. 불교가 미래 사회의 인간 문명을 이끌어 가는 착실한 지침이 될 수 있기 때문이다. 한용운이 불교의 근본적인 성격을 깨달음의 종교, 지혜의 종교라고 규정하면서 문명의 발달에 따라 인간에게 필요한 도덕과 가치를 불교에서 구할 수 있으리라고 본 것은 불교의 성격을 개방적이면서 포용적인 것으로 재해석한 것이라고 할 수 있다.

한용운은 『조선불교유신론』의 3장에 해당하는 '논불교지주의(論佛敎之主義)'에서 불교의 주장이나 방침의 핵심적인 논리를 크게 두 가지로 나누어 설명한다. 하나는 평등주의요, 다른 하나는 구세주의(救世主義)다. 중생은 같은 만물이지만 어떤 것은 나기도 하고 어떤 것은 죽기도 하며, 어떤 것은 강한 반면 어떤 것은 약하다. 이리하여 불평등이 불평등과 서로 어울려서 무수한 불평등을 빚어낸다. 만약 만물을 불평등의 견지에서 바라본다면 무엇 하나 평등함이 없을 것이며, 반대로 평등의 견지에서 바라본다면 무엇 하나 불평등함이 없을 것이다. 평등이란 공간과 시간을 초월해 얽매임이 없는 자유로운 진리를 이름이다. 불교에서는 변화하는 처지에서 바라보면 천지도 한 순간을 머물지 못하고 불변의 처지에서 바라보면 사물과 내가 다 무진장임을 알게 된다고 가르친다. 이로 판단할진대 평등이란 결국 진리를 지적한 것이며 겉에 드러나는 현상을 말한 것이 아님을 알 수 있다. 그런데 근세의 자유주의라든지 세계주의라든지 하는 주장이 모두 평등의 진리에서 나온 것임을 주목할 필요가 있다. 자유의 법칙을 놓고 본다면, 사람들이 각자 자유를 보유해 남의 자유를 침범치 않을 때 각자의 자유에 사소한 차이도 없게 되니 여기서 평등의 이상이 실현된다. 세계주의라는 말도 이와 다를 바 없는 것이다. 이런 연유를 놓고 본다면 앞으로의 문명 세계는 다름 아닌 불교의 세계라고 할 수 있다. 불교에서 추구하고 있는 평등이나 자유가 그대로 실현될 것이기 때문이다.

한용운이 불교의 교리 가운데 주목하는 또 다른 요소는 구세주의다. 불교를 논하는 사람들이 흔히 불교는 자기 한 몸만을 위하는 종교라고 말하는 것을 볼 수 있지만 이는 불교를 충분히 이해한 것이라고 할 수 없다. 불교의 모든 가르침은 중생을 구제하고자 하는 뜻에서 벗어남이 없다. 불타가 구세의 일념에 철저했던 것을 보면 이를 확인할 수 있다. 불교도들이 참선과 기도를 통해 자기 구제를 꾀하고 해탈을 꿈꾸는 것을 보고 자기 자신만을 위한 이기주의적 종교로 생각하기 쉽지만 불교의 가르침 가운데 중생제도의 자비로움이 미치지 않는 곳이 없다.

한용운은 불교의 정신을 평등과 구세의 뜻으로 파악하고 있다. 여기서 평등은 불교 정신의 근본인데, 한용운은 이를 서구 근대정신의 요체가 되는 넓은 의미의 자유와도 연결시켜 놓고 있다. 그리고 불교의 사회적 역할 또는 실천으로서의 구세를 강조한다. 한용운은 이러한 불교 정신에 입각해 사회계몽과 현실개혁에 앞장선다. 그가 일제의 식민지 지배 모순에 철저하게 저항한 것도 이러한 평등주의의 실현을 위한 것임을 알 수 있다. 한용운이 주도했던 불교운동이라는 것이 단순한 종교 활동이 아니라 실천적인 계몽운동이 되고 있는 점도 이와 직결되는 것이다.

불교개혁의 방향

한용운이 『조선불교유신론』을 통해 제시하고자 했던 불교개혁 방안은 현대 종교로서 불교가 나아갈 방향을 모색하기 위한 것이지만 불교의 승려로서 자기비판적 성격이 강하다. 그러므로 이것은 원론적인 차원에서 불교의 종교적 원리를 새롭게 정립하고자 하는 이론적인 탐구 작업은 아니다. 오히려 혼란을 거듭하고 있는 변혁기의 한국 사회에서 오랜 침체 상태에 빠져 있던 불교를 새롭게 살려 내고 한국 사회를 새로운 불교 정신으로 계도하기 위한 실천적 개혁론이라고 할 수 있다. 한용운의 불교개혁 방안은 전통적인 불교의 교리에 충실하면서도 이를 한국 사회의 변혁 과정에서 요구되는 합리적인 서구의 현대사상과 접맥시키면서 그 개혁의 논리를 찾아내고 있다는 점이 주목된다.

> 유신(維新)이란 무엇인가, 파괴의 자손이다. 파괴란 무엇인가, 유신의 어머니다. 세상에 어머니 없는 자식이 없다는 것은 대개 말들을 할 줄 알지만 파괴 없는 유신이 없다는 점에 이르러서는 아는 사람이 없다. 어찌 비례(比例)의 학문에 있어서 추리(推理)해 이해함이 이리도 멀지 못한 것일까. 그러나 파괴라고 해서 모두를 무너뜨려 없애 버리는 것을 뜻하지는 않는다. 다만 구습 중에서 시대에 맞지 않는 것을 고쳐서 이를 새로운 방향으로 나아가게 한다는 것뿐이다. (중략) 대저 누가 일이 더욱 오래 유지되면서도 폐단이 안 생기기를 바라지 않겠는가. 그러나 세월이 더욱 깊어지고 보면 어디서 오는지 모르는 폐단이 뜻하지 않은 곳에서 발생하여 급속도로 악화해 전일(前日)의 면모가 없어지고 만다. 우리 조선에 불교가 시작된 지도 일천 오백여 년이나 되었다. 오랜 시일을 거치며 폐단이 생기고 폐단이 다시 폐단을 낳으니 지금에 이르러서는 폐단이 그 극치에 달했다. 그런데 앞에서도 말한 바와 같이 소위 폐단이란 실로 파괴해야 할 자료일 뿐인데도 불구하고 파괴해야 할 자료를 지닌 채 피상적(皮相的)인 개량이라 추구한다는 것은 있을 수 없는 일이다. 무릇 불교의 유신에 뜻을 둔 이라면 유신하지 못함을 걱정할 것이 아니라 파괴하지 못함을 걱정해야 할 것이다.[51]

한용운이 제기하는 불교 유신은 시대에 맞지 않는 구습을 고쳐서 이를 새로운 방향으로 나아가게 하는 데 목표를 둔다. 하지만 불교의 폐단이

51 한용운, 『한용운전집2: 조선불교유신론』(신구문화사, 1974), 46면.

극치에 이르러 피상적인 개량으로는 이를 고쳐 나갈 수 없다는 것이 한용운의 생각이다. 그는 불교가 안고 있는 여러 가지 문제를 혁파하는 길이 불교 유신의 방향임을 분명히 하고 있다. 그리고 깨달음의 종교라는 불교의 본연의 성질에 근거해 평등주의와 구세주의를 실천할 수 있는 불교의 사회적 역할을 강화하기 위해 수행자로서 승려에 관한 문제, 승려가 소속된 사찰의 문제, 불교의 의식과 제도의 문제에서 방치되어 온 폐단을 지적하고 그 개혁 방안을 구체적으로 제시하고 있다.

한용운이 가장 먼저 제기하는 것은 승려 교육 문제다. 문명이 빠르게 발전, 변화하고 그 영향의 확대 과정이 무한하기 때문에 그 조류를 따르지 않고서는 결코 불교를 발전시킬 수가 없다. 오늘날 불교가 쇠미에 빠져든 것은 불교의 가르침을 제대로 배우고 익혀서 수행자로서 도리를 다해야 하는 승려들이 제대로 배우지 못한 채 그 몸을 망친 것이 가장 큰 원인이라고 할 수 있다. 한용운은 배움의 요령으로 첫째는 지혜로 자본을 삼고, 둘째는 사상의 자유로 법칙을 삼고, 셋째는 진리로 목적을 삼을 것을 강조하는데, 특히 사상의 자유를 중시하고 있다. 한국의 승려들이 구습에 젖어 자유로운 사상을 제대로 논하지 못하고 독단에 빠져 진리를 탐구하려는 노력을 게을리하며 식견이 편협해 사리를 제대로 분별하지 못하는 점을 바로잡기 위해 승려 교육의 필요성을 역설하고 있다.

그는 승려 교육의 급선무를 세 가지로 나누어 보통학(普通學)과 사범학(師範學)과 외국 유학을 주장한다. 보통학이란 모든 승려가 전문적인 종교로서 불교의 교리를 공부하기 위해 필요한 폭넓은 일반교양에 대한 학습을 의미한다. 승려들이 대개 불교의 전문적 학문에 매달려 승려로서 갖추어야 할 일반적인 교양과 지식을 가벼이 여기고 이를 제대로 터득하지 못해 사리에 어두워지는 것을 볼 수 있다. 그러므로 일반교양과 기초 지식을 미리 교육받고 나서 불교의 전문 영역을 공부해야 한다는 것이 한용운의 생각이다. 한용운은 승려 교육에서 일반교양과 기초 지식을 습득케 한 후에 반드시 사범학을 교육시킬 것을 주문한다. 여기서 말하는 사범학은 불교의 교리를 일반 대중에게 계도하는 승려가 갖추어야 할 사범으로서의 덕목을 교육하는 일이다. 사범학교를 설립하고 젊은 승려 가운데 재덕(才德)이 있는 자를 가려서 배우게 하고 그 교육과정에 보통학·사범학·불교학을 화합하고 가감하면

4-5년 내에 이들을 교사로 내보내어 교육에 앞장서게 할 수 있을 것이라고 한용운은 강조하였다.

한용운의 승려 교육 방안 가운데에는 승려의 외국 유학에 대한 제안도 포함되어 있다. 인도에 가서 부처님과 조사(祖師)들의 참다운 발자취를 찾게 하며, 우리나라에 전해지지 않은 경전을 널리 구해 그 중요한 것을 골라 번역해 세계에 펴게 할 필요가 있다. 또 중국에 유학해 불교가 중국에 건너온 이래의 역사와 그 조사들의 기문이적(奇聞異蹟)과 그 밖의 불교와 관계있는 것들을 일일이 수집해 참고 자료를 삼아야 한다. 그리고 구미(歐美)의 여러 문명국에 유학해 그 종교의 연혁(沿革)·현황(現況)과 기타의 여러 가지 일을 배우도록 해야 한다. 지식의 교환과 학문의 교류는 진리를 널리 구하고 사리에 통하는 길이기 때문이다.

한용운은 불교 승려의 입장에서 참선(參禪)의 중요성을 강조하지만, 승려들의 참선이 겉으로는 성황을 이루는 것처럼 보여도 참선의 본연의 의미를 제대로 구현하지 못하고 있음을 지적하였다. 불교에서 참선이란 말은 궁극적인 진리를 추구하는 종교적 실천 수행을 의미한다고 할 수 있다. 흔히 참선과 선(禪)을 같은 뜻으로 사용한다. 하지만 선은 마음의 고요한 본연의 상태를 말하는 것이고 참선은 그 마음의 상태, 곧 자기 마음의 본연의 상태를 드러내는 적극적인 실천적 의미를 지닌다.

> 요즘의 참선하는 사람들은 참 이상하다. 옛사람들은 그 마음을 고요하게 가졌는데, 요즘 사람들은 그 처소를 고요하게 가지고 있다. 옛사람들은 그 마음을 움직이지 않았는데, 요즘 사람들은 그 몸을 움직이지 않고 있다. 그 처소를 고요하게 가지면 염세(厭世)가 되는 것뿐이며, 그 몸을 움직이지 않으면 독선(獨善)이 안 되려야 안 될 수 없을 것이다. 불교는 구세의 가르침이요 중생 제도의 가르침인 터에 부처님의 제자 된 사람으로서 염세와 독선에 빠져 있을 따름이라면 잘못된 것이 아니겠는가. 최근 조선의 사찰은 외로운 암자나 쇠잔한 절을 제외하고는 절 치고 선실(禪室)이 거의 없는 곳이 없는 형편이니, 어찌나 그리도 선의 풍조가 떨치는 것이겠는가. 그러나 자세히 그 내용을 살펴보면 반드시 모두가 선을 일으키는 본의에서 나온 것이라고는 할 수 없다. 혹은 선실로 절의 명예의 도구를 삼기도 하고,

> 혹은 선실로 이익을 낚는 도구로 삼는 곳도 있어서 이런 종류의 것이 함부로 나오는 데 따라 선실이 차차 많아지는 것과는 반대로 진정한 선객(禪客)이 아주 희귀한 현상을 빚어냈다. 그래서 형편상 부득불 신통치 않은 인가들을 몰아다가 수효를 채울 수밖에 없게 되었다. 그 폐단이 점차 축적되어 오늘에 이르러서는 선객 총수 십분(十分) 중에 진정한 선객은 일분(一分)에 불과하고, 먹기 위해 들어온 자가 이분(二分)이요, 어리석고 게으른 데다가 먹기 위해 들어온 자가 칠분(七分)이나 된다.[52]

한용운이 '논참선(論參禪)'에서 지적한 것은 불교 승려에게 가장 중요한 수행 방식인 참선조차도 형식적 틀에 얽매어 전혀 내실을 기하지 못하고 있는 점이다. 그는 이러한 참선의 문제점을 개혁해 본연의 의미를 되찾기 위해 절간 사찰마다 세워 둔 선실, 선원을 폐지하고 이들을 합쳐서 큰 규모의 선학관(禪學館)을 한두 곳에 세울 것을 제안한다. 그리고 선의 이치에 밝은 사람을 스승으로 삼아 여기에 참가하기를 원하는 사람은 승속(僧俗)을 가리지 않고 다 수용하며, 일정한 시간적 규제를 두어 선에 정진할 수 있도록 하는 등 구체적인 방안을 내놓는다. 이 새로운 개혁 방안은 승려의 수행 방법인 참선을 통해 불교의 가르침을 대중적으로 널리 확산시키고자 하는 한용운의 의도를 그대로 보여 준다.

불교 의식과 제도의 개선

한용운은 불교의 의식과 제도에 대해서도 불교 본연의 성질이나 주의와 어긋나는 것들을 과감히 혁파할 것을 주문한다. 그 가운데 획기적인 것이 염불당(念佛堂)의 폐지와 불교 포교 방식의 개선이다. 한용운은 「논폐염불당(論廢念佛堂)」에서 사찰의 승려들이 힘쓰고 신도들이 모여드는 염불 풍토를 비판했다. 불교의 가르침에서 마음이 곧 부처라고 했다. 그러므로 자신이 마음을 고요히 하여 성불할 만하면 스스로 깨달음의 경지에 이르러 정토에 들게 된다. 그런데 절간에서 먼 곳에 있는 부처를 부르면서 복록을 비는 것은 미신을 따르게 하는 거짓된 염불에 불과하다. 진실로 부처의 마음과 말씀과

52 한용운, 『한용운 전집2: 조선불교유신론』, 54-55면.

행(行)함을 염(念)하면서 스스로 마음을 닦는 것이 참다운 염불이다. 그러므로 불교의 본연의 가르침을 따르고자 한다면 사찰의 염불당을 폐지해야 한다. 한용운은 이러한 낙후된 불교를 다시 융성하게 하기 위해서는 불교의 가르침으로 따르는 신도를 늘리고 대중에게 널리 불교의 참된 의미를 알리는 포교가 필요함을 역설하고 있다. 「논포교(論布教)」에서 한용운은 불교가 쇠미해지면 승려가 홀로 번성할 수 없음을 명확히 지적하면서 승려가 불교를 다시 일으키고자 포교에 힘쓰는 것은 당연한 이치라고 했다. 그리고 포교가 곧 중생을 제도하는 길임을 강조했다. 그는 포교의 방법으로 불교의 교리를 널리 연설하고, 신문·잡지를 통해 불교를 알리고, 불경을 쉽게 번역해 그 참뜻을 소개하는 등 대중적이면서도 사회적인 실천 방법을 제시하기도 했다. 이와 함께 그는 산중의 사찰이 인가와 멀리 떨어져 있기 때문에 민중의 삶의 현장에서 유리될 수밖에 없다는 점을 지적했다. 「논사원위치(論寺院位置)」에서 한용운은 사찰이 산중에 있기 때문에 승가(僧伽) 본연의 중생과 화합하는 모습을 드러내지 못하게 되었음을 비판했다. 산중의 깊은 골짜기에 사찰이 있으니 불교에는 진보 사상이나 모험 사상을 찾기 어렵고 구세주의를 목표로 함에도 구체적인 중생제도의 방안을 내지 못한다는 것이다. 그는 불교가 민중의 삶에 깊숙이 파고들기 위해서는 사찰을 도시에 지어 불교의 가르침을 널리 교육시키고 포교 활동을 적극적으로 실천할 수 있도록 해야 한다고 새롭게 제안했다. 이러한 주장은 한용운이 불교를 통해 실천적이면서도 대중적인 종교운동을 꿈꾸었음을 말해 준다.

한용운은 불교에서 각종 소상(塑像)과 회화(繪畵)를 사찰 안에 봉안하고 이를 받들면서 복을 비는 폐단이 너무 커졌음을 지적하고 있다. 그는 「논불교숭배지소회(論佛教崇拜之塑繪)」에서 사원 안에 봉안된 각종의 소상과 회화를 모두 철거할 것을 주장했다. 그는 소상과 회화를 봉안하고 이를 받는 것은 진정한 불교의 믿음이 아니라 미신에 지나지 않음을 지적하면서 이 번잡스럽고 혼란스런 제도를 폐지하고 사찰에 신앙과 예배의 대상으로는 당연히 석가모니 한 분만을 모셔 놓는 것이 바람직하다고 보았다. 그리고 「논불가지각양의식(論佛家之各樣儀式)」에서는 불교의 겉치레에 불과한 번잡한 의식 절차를 간소화하고 예불은 하루 한 번씩 삼정례(三頂禮)만 할 것을 주장했다. 그리고 사찰에서 시행하는 재공양(齋供養) 등도 모두 폐기할 것을 제안했다. 재공양과 제사가 사찰 운영의 재원과 경비를 조달하는 중요한 방법이 되었지만 한용운은 불교의 근본 성질에 따라 부처가 길흉화복을 점지하는 주관자가 아니라는 점을 밝히면서 불교의 진정한 발전은 본연의 위상을 되찾는 것임을 강조했다.

한용운은 사찰의 운영과 승려의 존재 그리고 그 역할에 대해서도 혁신적 방안을 제시했다. 그는 사찰에서의 승려의 존재와 그 역할을 설명하면서 「논승려지극복인권필자생화시(論僧侶之克復人權必自生和始)」에서 특히 승려의 인권 회복을 강조했다. 조선시대 억불 정책으로 승려가 미천한 신분으로 전락했는데, 승려가 억압받아 온 근본 원인을 일하지 않으며 도식(徒食)하는 데에서 찾았다. 한용운은 그 폐단을 버리고 승려 스스로 자기 생활을 위해 생산적 활동에 나설 것을 주문했다. 사찰 주변의 산림과 토지를 이용한 각종 생산 활동에 승려가 직접 나선다면 그 공동의 노력에 의해 자기 생활을 이끌어 갈 수 있는 힘이 생긴다고 했다. 한용운은 「관어승려지가취여부자(關於僧侶之嫁娶與否者)」에서 불교를 부흥시키기 위해서는 불교에 몸을 담고 직접 그 교리를 따라 수행하는 수행자로서의 승려가 결혼할 수 있도록 하는 것도 중요한 새로운 대책이 될 수 있다고 주장했다. 승려의 가취(嫁娶)는 불교의 교리에서 어긋난다고 모두 알고 있지만 이는 하나의 방편으로 계율을 설정해 제한한 데 불과하다는 것이 한용운의 판단이다. 그는 승려가 독신 생활을 계속하면 혈손이 끊어지고 생산이 없으니 인구가 줄어 국가적으로도 손실이라고 했다. 더구나 불교의 확산을 위한 포교에도 도움을 주기도 어려우며 결혼 금지가 오히려 음란을 만들어 풍속에 해로울 수 있음을 지적했다.

한용운은 승려들이 모여 살며 수행 정진하고 불교의 교리를 설법하고 부처를 모셔 두고 각종 의식을 거행하는 사찰의 운영과 관련해서도 과감한 개혁을 주문했다. 「논사원주직선거법(論寺院住職選擧法)」에서는 사찰 주지를 뽑을 때 선거를 하지 않고 돌아가면서 한 번씩 맡거나 권리가 있는 자에게 의뢰하거나 무력으로 그 지위에 오르는 등으로 해왔음을 지적하면서 불교 사찰의 성쇠를 책임지고 있는 주지는 마땅히 선거법을 강구해 선출하고, 일정한 급료를 지급해 사찰 행정을 합리적이고도 투명하게 처리할 것을 주장했다. 그리고 「논사원통할(論寺院統轄)」에서는 전국 각지에 흩어져 있는 사찰이 사무 절차에 규범이 없고 불교 의식에도 통일성을 갖지 못하고 있기 때문에 불교 의식을 법도에 맞게 통일해 모든 사찰이 이를 따르도록 하고 전국의 사찰을 통합해 그 재산을 일률적으로 통괄할 수 있는 조직과 기구를 만들 것을 요구했다. 그는 「논승려지단체(論僧侶之團體)」에서 승려들이 모두 똑같은 불제자임을 인식하고 독선적 이기주의에서 벗어나 단합하고 대중을 불교의 가르침으로 이끌며 봉사의 정신으로 단결해야만 불교 유신이 가능하다고 주장했다.

불교 유신의 사상사적 의미

한용운의 불승으로서의 자세와 그 정신의 깊이를 보여 주는 『조선불교유신론』은 그가 남긴 「조선 독립의 서」와 같은 논설이라든지 「심우장(尋牛莊) 만필(漫筆)」 등에 포함되어 있는 여러 수상(隨想)과도 궤를 같이하고 있다. 한용운의 산문은 경험적 진실에 맞닿아 있기 때문에 그 내용이 언제나 설득적이다. 여기서 말하는 경험적 진실이란 삶의 현실에 대한 진지한 탐구의 산물이라는 뜻에서 하는 말이다.

『조선불교유신론』은 불교가 새로운 대중적인 종교로 발전하기 위해 필요한 변혁의 과제를 구체적으로 논한다. 한용운은 불교가 인류 문명의 이상에 부합되는 깨달음과 지혜의 종교임을 천명하면서 한국의 불교가 오랜 역사를 통해 그 발전보다 사회적 폐단이 극심하게 되었기 때문에 그 근본적 개혁이 필요하다는 점을 역설한다. 그는 불교의 커다란 가르침이 인류의 평등과 중생에 대한 구원이라는 원칙에 따르는 것이므로 한국 불교도 이 같은 방향과 목적에 따라 실질적인 유신을 감행하고 사회적 현실과 대중 생활에 적극 참여해야 한다는 점을 제시한다.

『조선불교유신론』에서 한용운은 불교의 교리에 대한 새로운 근대적 해석에서부터 시작해 승려에서부터 사찰에 이르는 불교의 제도와 의식에 관한 여러 가지 문제를 비판하고 사찰의 조직이 안고 있는 불합리를 지적하면서 그 개혁의 방안을 제시했다. 그는 훌륭하게 유신(維新)하는 자는 훌륭하게 파괴하는 자라고 주장하면서 기존의 모든 제도와 관습을 파괴해야만 새로운 제도와 가치를 바로 세울 수 있다고 강조했다. 그의 불교개혁론은 부정적 비판으로 일관하는 것이 아니라 낡은 제도와 구습을 새로운 시대의 요구에 맞도록 고치고자 하는 비판적 개혁론으로서의 특징을 드러내고 있다. 특히 그가 제기한 불교의 유신은 자기 내부로부터의 개혁을 의미한다는 사실이 중요하다. 한용운은 깨달음의 종교로서 불교의 본연의 성질을 회복하기 위해 모든 허식과 불필요한 요소의 제거를 주장한 것이다.

4

'신문학'의 성립

1) 국문 문학으로서의 신문학

신문학의 개념

개화계몽시대에 '신문학'이라는 개념은 국문 글쓰기와 함께 시작된, 전통문학의 새로운 변혁 과정에서 등장했다. '신문학'이라는 말은 그 지시 범위가 포괄적이고도 모호하지만, 당시의 신문이나 잡지를 통해 그것이 지칭하는 바를 짐작할 수 있다. 조선시대부터 향유했던 중요한 읽을거리로서 소설은 모두 '구소설'이라는 명칭으로 불리고, 개화계몽시대에 새롭게 등장한 소설은 '신소설'이 된다. '신시(新詩)'라는 말도 마찬가지 의미로 일반화된 새로운 용어다. 여기서 '신'과 '구'는 시대적인 차이만을 뜻하는 것이 아니며, 문학의 내용과 형식의 차이가 더욱 중요한 요건이 된다. '신'이라는 투어가 붙어 있는 문학 양식은 기존의 문학 양식과 구별되는 형식과 내용상의 새로움이 있어야 하며, 무엇보다도 그 내용에 반영된 새로운 시대상이 중요한 특징으로 인식되었음을 알 수 있다. 그러므로 신문학이라는 개념은 새로운 언어와 형식을 통해 새로운 시대정신을 형상화한 문학으로 규정할 수 있다.

신문학은 전통문학의 요소를 계승하는 한편 외래적인 문학의 경향을 수용하면서 새로운 미의식을 지향하게 된다. 전통문학의 경우에는 신화적 상상력에 의해 인간의 삶이 초현실적인 신성의 세계와 함께 표현된 경우가 많지만, 신문학에서 볼 수 있는 세계는 인간이 살아가는 일상적이면서도 현실적인 실재의 공간뿐이다. 그러므로 신문학은 경험주의적 합리성에 근거해 초월적 존재가 주재하던 신성의 세계에서 벗어난다. 이러한 탈마법화 현상은 근대문학의 성립 자체가 개화계몽시대의 문명개화에 대한 새로운 각성과 인식에 근거하고 있음을 의미한다.

신문학의 성립은 전통문학 양식의 변혁 과정과 서구적인 문학 형태의 수용 과정을 동시에 보여 준다. 그러므로 새로운 문학 양식의 등장은 외래 문학의 수용과 그 토착화의 과정으로만 설명할 수는 없는 일이다. 문학 양식 자체가 지니는 복합적인 문화적 속성을 생각할 경우, 한 시기의 특정한 문학 양식의 출현과 소멸은 그렇게 단순화된 논리로 해명되지는 않는다. 한국 현대문학을 외래적인 영향과 새로운 문학 양식의 등장을 중심으로 논할 경우, 전통문학과의 역사적 단절이라는 자기모순에 빠지기 쉽다. 특히 한국 현대문학의 성립 자체를 서구 문학의 주변성에 한정하게 되는 논리적 모순을 극복하기 어렵다. 현대문학을 한국 사회의 문화적 모더니티라는 커다란 범주 안에서 이해하는 것은 물론이고, 전통문학의 근대적 변혁 과정에서 그 새로움의 의미를 정확하게 파악하는 것이 중요하다.

신문학과 국문 글쓰기

개화계몽시대의 신문학은 국문 글쓰기를 통해 그 사회·문화적 기반을 확보하였다. 국문 글쓰기는 말하기를 그대로 글을 통해 재현한다. '언문일치'는 말하는 것을 그대로 따라 쓰는 과정에서 도달하게 되는 궁극적인 언어·문자 생활의 일체성을 뜻한다. 말하기의 속성이나 그 방법을 문자를 통해 실질적으로 재현하기 시작한 것이 개화계몽시대의 국문 글쓰기라고 한다면 이 같은 언문일치의 실현이야말로 새로운 사회·문화적 가치의 실천이라고 할 수 있다.

조선시대는 봉건적인 계급사회였기 때문에 말하기와 글쓰기에 엄격한 계급적 제약이 가해졌다. 평민 이하의 계층은 함부로 자기주장이나 의견을 말할 수 없었고, 글을 배우지 못했으므로 자기 생각을 글로 표현할 수도 없었다. 이러한 사회적 제약은 갑오경장 이후 반상 계급의 철폐와 함께 풀어졌다. 국문 글쓰기의 확대는 바로 그 사회 변화의 중요한 징표가 되었다. 말문을 닫고 살아야 했던 사람들이 누구나 자기 생각을 자유롭게 말하고 글로 써낼 수 있는 시대가 된 것이다.

말은 인간의 머릿속에 추상적 관념으로 저장된 것이 아니라, 사회생활 속에서 작동하고 삶의 한가운데에서 능동적으로 기능하는 인간 행위다. 일상적 삶의 현실 속에서 살아 있는 발언들은 다양한 사회적·이념적 의식에 의해 그 대상의 주변에 얽혀 있는 살아 있는 말들과 충돌한다. 이것은 말 자체가 사회적 담론의 살아 있는 능동적 참여자임을 말해 준다. 다시 말하자면 말하기란 살아 있는 인간 경험의 주체적 표현이며 동시에 현실 속에서 역동적으로 작용하는 개인적 사회 활동에 해당한다. 말하기는 일상생활에서 이루어지는 것이므로 비공식적이며 개인적 성격이 강하지만 실재적이며 그 목표가 분명하다. 개화계몽시대의 변혁 과정부터 사회적 약자로 주변에 밀려나 있던 장애인도 중심부를 향해 자기주장을 내세우고, 사회·정치적 담론의 공적 영역에서 소외되었던 여성도 그 담론의 공간 한복판으로 나선다. 사회 변화에 무관심했던 촌로와 샌님까지도 모두 자신의 생각을 말하고자 한다. 아무것도 모른다고 치부되었던 상것들도 자기네 주장을 분명하게 내세운다. 심지어는 동물까지도 사람처럼 말할 수 있는 기회를 갖기도 하고, 살아있는 사람이 천상으로 올라가 죽은 자들과 대면하고 대화한다. 말의 시대가 열린 것이다. 이러한 말하기 방법의 새로운 서사화 경향은 전통적으로 '문(文)'의 의미와 가치를 중시했던 세계와는 전혀 다른 가치의 갱신을 보여 준다. '문'으로 표시되었던 이데올로기와 그것이 표상하던 고정된 가치와 질서를 전복하기 위해서는 이제 말이 필요해진 셈이다. 말의 직접적 기능이 그만큼 중요시되기 시작한 것이다. 결국 말하기는 그것을 행하는 주체로서의 개인의 사회적 위상이 그만큼 공고해지고 있음을 의미한다.

그런데 국어국문운동을 통해 사회적으로 확대된 국문 글쓰기는 말하기를 그대로 글로 옮기는 문체의 새로운 기능성을 보여 준다. 말하는 그대로 글로 옮기는 이 새로운 형식의 글쓰기는 현실 사회 속에서 그 텍스트가 실현하는 구체적이고도 변화 가능한 역할에 대한 섬세한 접근이 필요하다. 현실 사회의 여러 가지 상황은 이미 사회·역사적 변화와 맞물려 있고 그것을 추동시키는 이데올로기에 따라 바뀐다. 《독립신문》 이후 새로운 국문체가 발전함에 따라 한국인은 구체적인 삶 속에서 요구되는 사회적인 관계와 이념과 가치를 국문체로 표현할 수 있게 된다. 국문체는 말하는 것과 그것을 글로 쓰는 것이 그대로 일치되고 있음을 보여 주는 새로운 언어체로 고정됨으로써 일상적 언어를 기반으로 하는 살아 있는 말을 그대로 기록할 수 있다. 다시 말하면, 국문체는 구체적인 삶과 현실의 언어적 표현에 해당한다. 사물을 일상의 언어로 명명하고 그것을 그대로 글로 적을 수 있다는 언문일치의 이상은 일상적 언어에 기반을 두고 있는 국문체에 의해서만 실현될 수 있는 것이다.

개화계몽시대에 국문체를 기반으로 성립된 새로운 문학이 신문학이다. 당시 새로운 대중매체로 관심 대상이 되었던 신문과 잡지 등을 보면, 국문을 이용한 여러 가지 새로운 글쓰기 방법이 등장한다.《독립신문》의 경우 국문 글쓰기의 새로운 가능성을 보여 주는 다양한 기사와 논설을 수록하고, 독자 투고 형식으로 여러 형태의 시가를 싣고 있다.《독립신문》이후 대중매체로 여론의 중심에 자리 잡은 민간 신문과 잡지는 새로운 지식과 교양, 흥미와 오락에 관련되는 많은 읽을거리를 기사로 싣는다. 대부분의 신문은 '사조'란이나 '학예'란을 두어 한시, 시조, 가사, 창가 등을 싣고 있으며, '소설'란을 고정해 놓고 다양한 이야기 양식을 제공한다.

국문 글쓰기의 사회적 확대 과정에서 다양한 분화를 보인 것이 신소설을 비롯한 서사 양식이다. 서사 양식은 국문체를 통해 그 자체가 추구했던 독특한 표현 구조를 확립하게 된다. 국문체는 조선시대 구소설(고전소설)의 '언문체'를 계승한 것으로, 현실 속에서 살아 있는 모든 사회적인 언술 유형을 포괄할 수 있는 서사 양식의 문체로 변화해 왔다. 국문체가 다양한 언어 형식의 내적 분화를 통해 서사의 새로운 질서를 구현하는 현상은 국문 글쓰기를 통해 추구하는 이념과 가치가 서사 양식의 이념과 직결되고 있음을 말해 준다. 실제로 개화계몽시대의 신문이나 잡지에서 가장 많이 찾아볼 수 있는 것이 서사다. 신문·잡지의 사건 기사는 물론이고, 사건에 대한 해설 기사도 서사가 주축을 이룬다. 서사는 양식적인 면에서 이야기와 그 이야기를 말해 주는 화자의 존재로서 그 기본 구조가 결정된다. 그리고 각각의 양식이 추구하는 가치에 따라 설명, 묘사 등의 일반적인 산문 형태에서부터 논설, 대화, 토론, 연설, 풍자 등의 다양한 기술 방법이 수용된다. 경험적 사실에 근거하는 전기, 역사물 등과, 허구적 사실에 근거하는 신소설, 우화 등은 서사 양식 가운데 문학적 형상성을 추구하는 대표적인 형태로서 이 시기 대중 독자에게 널리 수용된다.

그런데 서사 양식만이 아니라 새로운 시 형식의 발견도 국문 글쓰기를 통해 가능해졌다. 조선시대에 시조와 가사 등 전통 시가는 음악과 결합해 널리 향유되었지만 시와 음악의 분리라는 근대적 변혁 과정을 거치면서 새로운 시적 형식을 추구하게 된다. 시와 음악의 분리는 전통시가가 그 형식적 균형을 외형적으로 규제해 온 음악적 틀을 벗어나게 되었음을 의미한다. 그러므로 국문 글쓰기를 기반으로 새로운 시 형식을 창조하는 일은 새로운 시적 인식과 함께 그 미적 가능성을 확립하는 것이라고 할 수 있다. 국문 글쓰기를 기반으로 시가 하나의 주제를 발견하고 그 주제에 적합한 새로운 시적 형식을 구축해 가는 과정은 국문 글쓰기의 시적 재탄생이라고 할 수 있다.

개화계몽시대 국문 글쓰기의 사회적 확대와 국문체의 발전은 국문 사용을 보편화해 언문일치를 실현할 수 있도록 함으로써, 사물에 대한 사고와 인식의 체계를 전환시키는 일종의 문체 혁명을 가능하게 한다. 일상의 언어가 하나의 구체적인 행위라면, 그 행위를 문자화한 국문체를 기반으로 성립된 신문학은 새로운 담론의 생산이며 창조에 해당한다고 할 수 있다. 그러므로 국문체는 언어와 문자를 통해 개인의 사고와 감정을 표현하고 사물에 대한 인식 방법을 기술할 수 있는 신문학의 새로운 표현 구조로 정착된 것이다.

2) 문학 양식의 분화와 '신소설'

소설의 개념

개화계몽시대에 널리 사용된 '소설'이라는 말은 그 범위가 매우 넓어서, 오늘날 사용하는 장르 명칭이라기보다는 더 큰 범주의 서사 양식 전반을 지칭하는 것으로 볼 수 있다. 실제로 개화계몽시대의 신문이나 잡지에서 사용하고 있는 소설이라는 말의 범위를 자세히 검토해 보면, 어떤 경우에는 야담이나 전설을 소설이라고 표시하기도 하고, 어떤 경우에는 전기를 소설이라고 지칭하기도 했다. 풍자나 우화도 모두 소설이라는 명칭으로 불렸다. 그러므로 당시에 사용된 소설이라는 말과 함께 신소설이니 구소설이니 하는 명칭이나, 정치소설, 과학소설, 교육소설, 실업소설, 연극소설 등의 명칭이 어떤 분류 기준에 의해서 성립된 것인가를 검토하는 문제는 간단하지 않다. 이것은 이 시기 서사 양식 전체의 장르 체계에 대한 이해를 요구하기 때문이다. 더구나 이 시대의 문필가들이 어떤 명칭을 사용하면서, 그 대상이 되는 작품의 형태를 어떻게 이해하고 있었는지를 확인한다는 것은 쉬운 일이 아니다. 이 명칭들은 작가 자신이 붙인 것도 있고, 출판사에서 편의상 붙인 것도 있다. 어떤 경우에는 내용상의 구분을 생각한 것 같기도 하고, 어떤 경우에는 형태적인 특성을 중요시한 것 같기도 하다. 그러나 어떤 경우에도 그 자체 내에서 소설의 장르 체계 전반을 포괄할 수 있는 논리적인 구분법을 명확하게 드러내지 못하는 것이 사실이다.

개화계몽시대에 '소설'이라는 문학 양식에 대한 관심과 이해는 크게 세 가지 방향으로 그 논의가 이루어지고 있다. 첫째는 소설의 양식에 대한 시대 구분이다. 이 경우에 등장한 것이 구소설과 구별되는 신소설이라는 명칭이다. 조선시대에 등장해 오랫동안 읽혀진 소설들은 모두 구소설이라는 명칭으로 불리고, 개화계몽시대에 새롭게 등장한 소설은 신소설[53]이 된다. 신소설은 구소설과 구별되는 형식상의 새로움으로 그 존재 의미를 인정받는데, 무엇보다도 내용에 반영된 새로운 시대상이 중요한 요소로 인정되고 있다.

둘째는 소설의 내용에 관한 관심이다. 개화계몽시대에 드러나기 시작한 소설에 대한 여러 가지 논의 가운데 주목되는 것 중 하나는 구소설이 허탕무거하다고 비판하는 점이다. 실제 사실을 바탕으로 하는 새로운 소설을 만들어야 한다는 소설 개혁에 대한 주장은 바로 여기서부터 비롯된다. 구국적인 역사 기록이나 영웅적인 인물의 생애를 그런 전기를 소설이라는 이름으로 소개하게 된 것은 모두 이러한 소설관과 연관되어 있다. 당시에 간행된 역사서나 전기는 거기에 담긴 실제 사실에 대한 이해만이 아니라, 그 사실을 모범으로 하여 당면한 현실적 위기에 대한 비판적 인식을 촉구하는 데 목표를 두고 있다. 그런데, 이와 같이 소설의 실재성을 강조하는 태도와는 달리, 소설의 이야기가 지니는 허구적인 속성을 적극적으로 강조하는 견해도 나타난다. 소설 속의 이야기가 눈에 보이고 귀에 들리는 실적만 기록한다면 하나의 기사에 지나지 않기 때문에 소설이라고 할 수 없다는 것이다. 이야기의 실감을 위해 인물과 사건을 꾸민다는 허구성의 논리가 이 시기에 처음으로 적극화된 것은 신소설의 새로운 성격을 규정할 수 있는 중요한 단서다.

셋째로 소설의 사회적 기능에 관한 논의다. 개화계몽시대의 소설은

53 전광용의 『신소설연구』(새문사, 1986), 11면에 따르면, '신소설'이라는 말은 이인직의 『혈의 누』가 김상만서포(金相萬書鋪)에서 단행본으로 간행되었던 1907년 3월 그 초판본의 표지에 처음 나타나고 있다.

사회계몽의 수단으로서 그 존재 의미가 중시되고 있다. 소설은 한 사회의 민심과 풍속을 보여 주는 지침이다. 그러므로 민심을 계도하고 풍속을 개량하는 수단으로서 소설의 사회적 역할이 강조된다. 신소설이 대중적으로 확대되면서부터는 소설의 기능을 교훈적인 측면에만 한정하지 않고 유희적 측면, 즉 소설을 읽는 재미를 강조하기도 한다. 소설이 지니고 있는 담론의 속성을 정치적인 것과 유희적인 것으로 이해하고자 하는 태도가 개화계몽시대에 공존했다는 사실은 매우 중요한 의미를 가진다.

개화계몽시대의 소설에 대한 논의는 그 용어를 사용하는 사람에 따라 서로 다른 가치 개념을 드러낸다. 그러므로 소설이라고 지칭되는 여러 형태의 작품들 사이에 나타나 있는 특징과 차이를 분별해 내는 일이 중요하다. 여기서 문제가 바로 개화계몽시대 서사 양식 전반의 양식적 특성과 담론 구조를 새롭게 해명할 수 있는 서사 양식의 체계를 구축하는 작업이다. 서사 양식의 하위 개념으로서 소설의 장르 문제에 대한 규명 없이는 이 시기 서사 양식의 장르 분화 현상 자체에 대한 체계적인 해명이 불가능하다. 개화계몽시대에 등장한 다양한 서사 양식의 장르적인 속성을 정확하게 이해하기 위해서는, 당시에 이루어진 소설에 대한 여러 방향의 논의들을 그것과 관련된 작품들과 함께 검토하면서 거기서 드러나는 어떤 개념적인 틀을 확인하는 일이 필요하다. 이것은 개화계몽시대라는 특정 시기의 소설이 보여 주는 양식적 특성을 이해하는 데 필수적인 작업이다.

서사의 본질

개화계몽시대의 국문 글쓰기는 다양한 양식과 방법을 통해 확대되면서 한문으로 구성되었던 모든 지배 담론의 구조를 붕괴시키고 문체의 변혁과 양식의 분화를 초래한다. 이 과정에서 다양한 분화를 드러내기 시작한 서사 양식은 새로운 매체로 등장한 신문과 잡지를 통해 대중적 관심을 끌게 된다. 신문과 잡지의 기사 내용은 대부분 서사로 가득 채워져 있다. 사건의 보도 기사, 현장의 취재 기사, 논설 속에 삽입된 이야기, 짤막한 삽화를 중심으로 엮는 단평, 소설이라는 이름으로 연재된 다양한 이야기는 모두 서사에 해당한다. 이러한 서사 양식의 속성을 명확하게 이해하기 위해서는 장르 이론에서 이루어지고 있는 서사에 관한 논의를 참조할 필요가 있다.

일반적으로 문학의 양식은 '서정적', '서사적', '극적'이라는 세 가지 개념으로부터 출발한다. 이 세 가지 개념은 인간의 내면에서 형성된, 대상에 대한 본질적인 태도를 말하는 것이다. 이 기본적인 태도를 바탕으로 하나의 목소리로 읊조린다든지, 등장인물의 행위를 통해 보여 준다든지, 이야기를 말해 준다든지 하는 제시 방법이 연결된다. 그리고 여기서 기본적인 문학 양식으로서의 서정적 양식·서사적 양식·극적 양식이 각각의 표현 범주를 드러내는 것이다. 이 같은 문학의 세 가지 양식은 각 시대와 여러 문화에 걸쳐 가장 보편적이며 지속적인 유형으로 이해되고 있기 때문에, 역사적·사회적·문화적 범위가 매우 넓다. 이들 문학 양식은 다양한 하위 장르로 형상화되고 구체화되어 문학사에 등장하게 된다. 문학 양식의 하위 부류에 해당하는 장르는 문학의 사회·문화적 또는 역사적 실체로 등장하는 여러 갈래의 문학 형태를 말한다. 문학의 장르는 그 소재와 형식의 구성 방법에 따라 각각의 특징이 규정된다. 이것은 고정 불변하는 것이 아니라 시대적으로 변화하며, 공간적으로 특정의 지역이나 민족에 따라 그 형태나 구조가 달라지기도 한다. 특히 사회사적인 환경의 절대적인 영향을 받는다. 그러므로 문학의 하위 장르의 개념과 속성은 보편적인 문학 연구의 방법에 의해 규정되기보다는 대개 그 장르가 존재하는 현실적인 조건에 의해 해명된다. 문학의 하위 장르의 범주와 그것들이 보여 주는 여러 가지 양상은 문학사 연구에서 특정 시대의 문학적 경향을 이해하는 데 가장 주목되는 요소다.

이 가운데 서사는 인간의 의사소통 활동에서 가장 다양한 기능을 수행하는 양식이다. 서사는 어디에서든지 흔하게 볼 수 있다. 일상생활의 모든 영역은 기본적으로 하나의 서사로 인식되고 설명될 수 있기 때문에, 서사를 통해 인간 생활의 모든 부문을 쉽게 이해할 수 있다. 그러므로 서사를 형성하는 것은 사물에 대한 기본적인 인식 행위에 속한다. 서사는 매우 다양한 형태로 존재한다. 신문의 사건 기사와 취재 일지, 역사의 기록물은 모두 서사에 속한다. 자서전과 전기, 소설과 논픽션도 서사다. 의사가 쓴 환자의 병상 기록이나 과학자의 실험 일지, 예술가의 공연 일지도 모두 서사다. 이런 식으로 나열한다면, 서사는 거의 모든 인간 활동에 대해 정보를 제공하는 하나의 양식이라고 할 수 있다.

모든 서사 양식은 기본 구조가 이야기로 되어 있다. 그리고 그 이야기는 경험적 요소와 허구적 요소로 구성되며 이들 요소는 이야기 속에서 이미 일어났던 일처럼 제시된다. 서사에서의 이야기는 언제나 시간과 공간을 필요로 한다. 때와 장소는 이야기의 구성과 그 진행에 구체성을 부여한다. 시간과 공간의 결합 없이는 서사의 성립 자체가 불가능하다. 서사에서 시간과 공간은 '어떤 일이 일어났던 구체적인 시간과 공간'을 의미한다. 물론 실제로 일어난 것에 기초해 그 사실의 실재성을 재현하고자 하는 경우도 있지만, 일어날 수 있는 것을 마치 일어났던 것처럼 꾸며 내기 위해 인물을 만들어 어떤 행위를 지어내고 그 행위에 시간과 공간의 구체성을 부여하기도 한다.

서사에서 이야기는 인물과 그 인물의 행위를 바탕으로 어떤 의미를 드러내며 이어진다. 그리고 이 이야기는 화자(話者)가 말해 주는 방식으로 제시된다. 그러므로 모든 서사 양식에는 이야기를 말해 주는 화자가 있고, 화자에 의해 말해지는 이야기가 있다. 서사에서의 화자는 이야기를 실제의 사실처럼 말해 주는 서술 행위의 책임을 맡는다. 그러므로 화자는 서사 담론을 생산하는 실질적인 주체로서의 발화자를 의미한다. 서사의 화자는 서로 다른 두 영역에 위치한다. 예컨대 실재적인 화자는 작가다. 작가는 이야기인 텍스트를 실재하는 독자에게 제공한다. 그러나 서사 내적인 상황에서 화자는 텍스트 내적 세계의 한 영역을 담당하는 허구적인 이야기꾼이다. 여기서 화자는 서사의 내용이 되는 이야기를 텍스트의 세계에 존재하는 허구적인 청자에게 전달한다. 그러므로 작가-독자, 화자-청자에 의해 이루어지는 소통 구조는 텍스트 외적인 실재 공간과 텍스트 내적인 허구적 공간이라는 서로 다른 두 공간에 자리한다. 그렇지만 이들은 서로 긴밀하게 연결되어 있다. 작가는 마치 화자인 것처럼 이야기를 말하고 독자는 마치 자신이 청자인 것처럼 그 이야기를 듣는다. 그러므로 서사에서 화자는 그들이 말하는 이야기의 내용에 참여하는 방식에 따라 여러 가지로 구분된다. 예컨대 이야기의 내용 속에 등장하는 작품 내적 화자와 이야기의 외부에서 이야기를 말해 주는 작품 외적 화자가 있을 수 있다.[54]

---

54 H. Porter Abbott, *The Cambridge Introduction to Narrative* (Cambridge University Press, 2002), pp. 62-64.

서사 양식과 담론 구조

개화계몽시대에 등장한 다양한 서사를 보면, 이야기의 구성이나 가치 지향성 등이 모두 담론적 속성에 좌우된다. 서사의 이야기는 경험적 요소와 허구적 요소로 구성되지만, 두 요소는 서로 뒤섞여 통합되기도 하고 긴장 관계를 드러내며 나누어지기도 한다. 어떤 서사에서는 경험적 요소가 지배적인 경우도 있고, 어떤 서사에서는 허구적 요소가 중심을 이루는 경우도 있다. 이 두 가지 요소의 상호 관계에 긴장과 이완 그리고 균형을 부여해 하나의 이야기를 구성하는 방식이 바로 담론의 구조와 연결되어 있다. 그러므로 서사 양식에서 가장 중요한 것은 서사 양식의 본질과 그것을 가능하게 하는 담론의 구조다. 서사를 통해 전해지는 이야기의 내용과 그 이야기를 말하는 방법은 사회적 또는 제도적 요구와 결합되어 있는 담론의 구조에 의해 규정되기 때문이다.

여기서 '담론'[55]이란 매우 중요한 의미를 지닌다. 담론이란 어떤 가치와 신념을 드러내는 말하기와 글쓰기를 의미한다. 여기서 말하는 가치와 신념이란 세계를 보는 관점, 경험을 구성하는 방법을 뜻한다. 그러므로 서로 다른 담론의 양식은 서로 다른 관점과 경험을 드러낸다.[56] 우리가 인식하는 세계는 단순히 거기에 존재하는 것이 아니라 어떤 하나의 담론을 통해서 그 존재가 부여된다. 다시 말하면, 대상으로서의 세계는 그것을 인식 가능하게 만드는 담론에 의해 존재성이 인정된다. 담론의 형태 내에서 화자-청자 또는 작가-독자의 관계가 구체적으로 정립된다. 담론이란 대상으로서의 세계가 그 안에서 인식되는 언술의 한 체계라고 할 수 있기 때문에, 담론이라는 것을 사회적 존재를 구성하는 기호의 복합체라고 말하기도 한다. 모든 담론에는 어떤 진술이 발화될 수 있고 어떤 진술이 발화될 수 없는지를 조정하는 보이지 않는 규칙이 그 자체 내에 존재한다. 그리고 그 규칙이 바로 담론의

---

55 여기서 '담론'이란 'discourse'를 의미한다. 미셸 푸코의 경우, 세 가지의 의미를 여기에 부여하고 있다. 첫째는 모든 언술의 보편적인 영역으로서의 담론, 둘째는 어떤 하나의 특징적인 언술의 집합체로서의 담론, 셋째는 다양한 언술에 대한 규제 방법으로서의 담론이다. Michael Foucault, *The Archeology of Knowledge*, translated by A. M. Sheridan Smith (Tavistock Publications, 1972), p. 80.

56 Sara Mills, *Discourse*, p. 6.

본질을 지배하는 것이다. 어떤 진술은 가능하고 어떤 진술은 불가능하다든지, 그 진술의 내용과 방향에 어떤 질서를 부여한다든지, 어떤 진술의 화자 또는 작가에 대한 구별을 가능하게 하는 것은 모두가 담론의 규칙에 의한 것이다. 이 규칙이야말로 그 담론에 의해 진술되기도 하고 제약되기도 하는 세계에 대한 지식을 배분하고 분류하고 순서를 부여한다. 그러므로 푸코가 지적한 대로 담론은 지식과 권력을 서로 결합시킨다.[57] 권력을 가진 자는 어떤 사실이 알려지는 것을 조절할 수 있으며, 그것이 알려지는 방법에 대해서도 조절할 수 있다. 그러므로 그러한 지식을 가진 자는 그것을 지니지 못한 자를 억제할 수 있는 힘을 가지게 되는 것이다.

그런데 앞에서 언급한 대로 모든 서사는 이야기를 담고 있고 그 이야기는 어떤 의미를 지닌다. 서사 양식의 이야기는 일정한 가치 지향성을 드러낸다. 모든 이야기의 내용은 그 이야기의 실재성을 구현하는 데 목표를 두기도 하고, 반대로 실재성과는 관계없이 어떤 이상적인 세계 또는 이념을 추구하는 것에 목표를 두기도 한다. 이 같은 이야기의 가치 지향성은 담론의 규칙과 밀접하게 연결되어 있다. 그러므로 서사 양식에서의 이야기가 지향하는 가치는 그 이야기를 산출하는 개인으로서의 작가 또는 그 작가가 소속되어 있는 사회집단의 이념과도 관련된다. 개화계몽시대의 서사에서 이야기의 구성 요소가 되는 경험성과 허구성, 이야기의 가치 지향을 말해 주는 실재성과 이념성은 모두 담론의 구조와 규칙에 의해 서로 결합되면서 특징적인 담론의 공간 또는 영역을 구획 짓는다. 그리고 이 공간을 좌우하는 담론의 규칙과 구조를 통해 그것이 구현하는 담론의 사회·정치적인 성격이 드러난다. 그렇기 때문에 서사를 구성하는 담론의 구조와 규칙은 권력과 연결될 수 있으며, 권력의 간섭에 의해 담론의 자연스런 질서가 왜곡되어 특정의 담론 공간을 비정상적으로 확대 또는 축소시킬 수 있다. 서사의 담론 공간은 매우 유동적이며 복합적이다. 이 담론의 공간 안에서 모든 담론은 서로 경쟁하지만, 담론의 규칙과 구조에 대한 간섭이 없는 경우 언제나 자체의 질서를 구현하며, 바로 그 질서를 바탕으로 다양하게 분화되어 있는 서사의 하위 양식을 쉽게 분별해 낼 수 있다. 서사에서 이야기의 구성 원리가 되는 것은 경험

57 Sara Mills, *Discourse*, p. 19.

성과 허구성이다. 이 두 가지의 요소가 결합되는 방법은 그 이야기의 담론의 구조와 관련된다. 경험성과 허구성이라는 서사 구성의 요소는 서로 팽팽한 긴장 관계를 형성하며 담론의 방식에 따라 서로 영향을 미친다. 서사에서의 이야기가 지향하는 가치의 영역에서도 비슷한 현상이 나타난다. 모든 서사의 이야기는 실재성과 이념성이라는 서로 다른 가치의 지향성을 지닌다. 이 상반된 가치 지향성을 통제하고 조절하는 것이 담론의 규칙이다. 어떤 이야기의 경우는 실재성의 구현에 더 큰 의미를 부여하고 어떤 이야기에는 이념성의 구현만을 중시하도록 만든다. 이처럼 서사의 구성 요소와 가치, 그리고 담론의 구조와 규칙이 상호 간에 통합 조절 관계를 유지하면서 하나의 이야기를 이루는 것이다.[58]

서사의 구성과 담론의 규칙 사이의 상호작용을 분명히 드러내기 위해 다음과 같은 도식을 그려 보자.

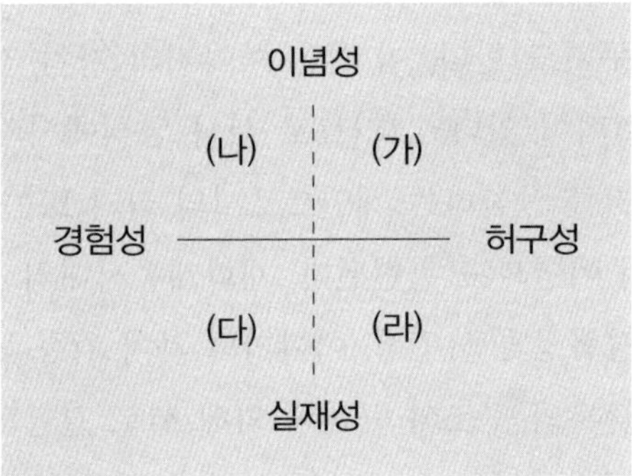

[도표 1]

가로축과 세로축에 의해 (가), (나), (다), (라)의 네 영역으로 평면이 구획된다. 여기서 구획된 네 개의 평면은 서사에서 이야기의 구성 요소와 가치 지향성이 서로 통합 조절되는 어떤 질서를 보여 준다. 그러므로 이 네 개

58 이러한 접근 방식은 Robert Scholes, "An Approach through Genre," Mark Spilka (ed.), *Towards a Poetics of Fiction* (Indiana University Press, 1977), pp. 41-51에서 시사한 바 있다. 이 글에서 로버트 스콜즈는 소설의 근원적 양식이라는 것을 허구적 세계와 경험적 세계 사이의 가능한 세 가지 관계에 기초한다고 설명하고 있다. 필자는 스콜즈가 제시하는 이 관계의 도식을 확장해 서사 구성의 원리로서의 허구성과 역사성, 서사의 가치 지향으로서의 이념성과 실재성을 구분하고, 이들의 상호 관계에 의해 서사의 담론 공간이 구획되는 방법을 통해 서사 양식의 분화를 설명하고자 한다.

의 평면은 서사 담론의 어떤 유형 또는 공간을 표시한 것으로 생각할 수 있다. 이 담론의 공간을 좀 더 자세히 검토해 보면, 서사 양식에서 다양한 여러 속성이 담론화하는 과정을 이해할 수 있다.

가로축은 서사에서 이야기의 구성 요소가 되는 경험성과 허구성이 서로 결합되는 긴장 관계를 표시한 것이다. 오른쪽 방향은 허구성을, 왼쪽 방향은 경험성을 지향한다. 이 수평의 축에서 허구성과 경험성의 상호 긴장이 무너지면, 이야기가 어느 한쪽의 요소에만 의존해 구성된다. 경험성에만 의존하는 이야기는 실재했던 사실을 이야기하게 된다. 반면에 허구성에 의존하는 이야기는 실재의 사실과는 관계없이 꾸며 낸 이야기가 된다. 이때 이야기를 구성하는 경험성과 허구성이라는 두 요소의 긴장·결합 관계를 통해 서사의 담론 구조가 확연하게 드러난다. 세로축은 서사에서 이야기의 가치 지향성에 해당하는 이념성과 실재성의 관계가 담론의 규칙에 의해 조절되는 관계를 표시한 것이다. 서사에서 이야기는 어떤 가치 지향성을 지니고 있다. 이 가치 지향성은 이야기가 실재하는 사실을 말한 것이라는 점을 강조하기도 하고, 이야기 내용의 실재성보다는 다른 어떤 의도와 이념을 드러내기도 한다. 이 두 가지의 가치 지향을 실재성과 이념성으로 구분한 것이다. 위쪽 방향은 이념성의 가치 지향을, 아래쪽 방향은 실재성의 가치 지향을 각각 표시한다. 물론 이러한 이야기의 가치 지향은 담론의 규칙에 의해 결정된다.

오른쪽 평면을 차지하고 있는 (가)와 (라)의 영역을 보자. 이 두 영역에서 성립되는 이야기는 서사 구성의 요소가 허구성에 근거한 경우다. 모든 이야기는 실재의 사실과는 상관없이 꾸며 낸 것이므로 허구적 서사에 해당한다. 이야기의 등장인물도 실재하는 인간과는 상관없이 꾸며 낸 인물이다. 시간과 공간도 실재의 때와 장소와는 관계없이 꾸며 낸 것이다. 그러나 이 두 영역에서 서사의 이야기는 서로 다른 가치 지향성에 의해 다시 (가)와 (라)로 나뉜다. (가)의 경우는 허구성이라는 서사 구성의 원리에 근거해 담론의 구조가 형성되고 있지만, 다시 이념성의 지향이라는 담론의 규칙에 따라 (라)의 경우와는 다른 서사를 형성한다. 허구적 인물을 허구적인 공간과 시간에 배치하면서 어떤 의도와 관념을 분명히 드러내야 한다. 이 경우에 그 의도와 관념을 강조하기 위해 인간이 아닌 동물을 주인공으로 내세울 수도 있고, 인간의 세계와는 다른 비현실의 공간이 배경을 이룰 수도 있다. 등장인물의 행위와 그 행위로 이루어지는 어떤 사건을 뚜렷하게 드러내지 않고 이념성이라는 가치 지향성을 위해 어떤 의도와 관념 자체를 강조할 수도 있다. 이 담론의 공간에서는 대상으로서의 세계를 실재의 현실 자체보다도 더욱 비하시켜 조롱하거나 비판함으로써 오히려 구현하고자 하는 이념적 가치를 두드러지게 강조하는 경우도 있다. 반대로 실재의 현실보다 훨씬 우월한 이상적인 세계를 설정하고 그 속에서 이념적 가치를 드러내는 서사적인 고안이 이루어지기도 한다. 그렇기 때문에 이 담론의 공간에서는 심미적인 요구보다는 현실 상황을 빗댄 지적 또는 윤리적 요구를 강하게 드러내는 담론들이 서로 경쟁한다.

(라)의 경우는 (가)와 마찬가지로 서사 구성의 요소가 허구성에 근거하고 있지만, 그 가치 지향성을 실재적인 것에 둔다. 이 담론의 공간에서도 서사의 모든 요소는 허구적 상상력으로 구성된다. 실재하는 현실과는 관계없이 꾸며 낸 공간 위에 꾸며 낸 인물과 사건이 배치된다. 그러나 여기서는 허구성 자체가 서사적 원리가 되고 있지만, 그 가치 지향성으로서의 실재성을 추구하도록 담론의 규칙이 작용한다. 비록 꾸며 낸 인물을 꾸며 낸 시간과 장소에 배치해 이야기를 만들어 가지만, 모든 이야기의 요소가 현실 세계와 흡사해야 한다. 인물도 실재의 인물과 같아야 하며, 그 인물이 행동하는 시간과 장소도 실재의 시공간과 같아야 한다. 인물과 관련된 주변 사회의 모든 요소도 실재 사회의 모습을 그대로 드러내야 한다. 그러므로 비록 꾸며 낸 이야기이지만, 이야기 속의 인물과 사회의 관계를 통해 그 인물이 속해 있는 현실 사회의 실재성을 드러내야 하는 것이다. 이러한 담론화 과정으로 (라)의 영역에서는 현실과 같은 배경 속에서 실제로 존재하는 사람처럼 인물의 삶의 과정이 그려진다. 이때 인물은 사회적인 관계 속에서 그 존재를 드러내므로, 실재적인 것에 대한 심미적 충동이 중요시된다. 그렇기 때문에 이 영역에서 서사 담론은 허구성과 실재성의 조화를 추구함으로써 그 담론적 특성을 유지한다.

이제 도표에서 왼쪽 평면을 차지하고 있는 (나)와 (다)의 경우를 보기로 하자. (나)와 (다)의 영역에서는 서사 구성 요소가 경험성에 근거한다. 이 영역에서 이루어지는 이야기는 모두 실재의 현실 속에서 경험했던 것이거나, 역사적으로 존재했던 것을 말한다. 이야기가 꾸며 낸 것이 아니라 실재로 있었던 사실이라는 점에서 경험적 서사에 해당한다. 그러나 이 영역에서도 서사의 가치 지향성에 따라 담론의 공간과 서사의 영역이 (나)와 (다)로 구획된다. (나)의 담론 공간에서 모든 담론은 역사적인 경험에 따라 실제 있었던 사실을 그대로 그려 내야 하지만, 실재적인 사실 그 자체의 제시보다는 그 속에서 어떤 이념적인 가치를 발현하는 것이 중요하다. 경험적 사실을 이야기로 만들면서 그 가운데에서 어떤 이념적 가치를 추구한다는 말이다. 그러므로 역사적인 경험이나 사실에 근거해 서사가 구성된다고 하더라도 어떤 이념적인 것을 드러내야 하고, 실재했던 인간의 모습을 그린다 하더라도 그 인물을 통해 어떤 가치를 드러내야 한다. (다)의 영역은 경험성이라는 서사 구성의 요소에 근거하면서 실재성을 추구하는 경우다. 다시 말하면, (다)에서는 서사의 내용과 그 구성 원리가 모두 사실 있었던 그대로를 따른다는 뜻이다. 역사적 경험에 따라 실제 있었던 내용을 그대로 그려 내야 하므로, 객관적으로 사실의 실재성을 제시하는 것이 중요하다. 흔히 볼 수 있는 신문의 사건 기사나 역사의 기록 등은 모두 이 서사 담론의 공간에서 이루어진다. 이 영역에서 이루어지는 서사의 담론적 형태는 그 내용과 표현에서 미적 형상성을 지닐 수 없기 때문에, 그 담론적 속성이 문학적인 것을 벗어난다. 즉, 이 담론의 공간은 주로 비문학적 서사가 장악한다.

서사의 양식적 분화

모든 서사 양식은 그 구성 요소가 경험성과 허구성에 근거하기 때문에 서사가 지향하는 가치에도 그 성격에 따라 허구적 서사와 비허구적 서사(경험적 서사)로 양분된다. 허구적 서사는 허구적인 장치와 기법을 바탕으로 어떤 형상성을 추구한다는 점에서 문학적 서사에 해당한다. 그러나 비허구적 서사에는 문학적인 것도 있고 비문학적인 것도 있다. 예컨대 역사적 인물의 생애를 그려 낸 전기나 실존 인물이 자신의 삶의 과정을 기록한 자서전 또는 회고록은 문학적 고안을 활용한다. 그러나 사실을 그대로 기록한 기사나 역사 기록 등은 실재성과 그 실재성의 기록 자체가 중시되므로 문학적 고안을 필요로 하지 않는다.

개화계몽시대의 서사도 역시 이 같은 일반적인 분류법을 따라 경험적 서사와 허구적 서사로 나눌 수 있다. 그리고 다시 경험적 서사는 문학적인 것과 비문학적인 것을 구별할 수 있다. 이 같은 서사 양식을 [도표 1]의 영역에서 구획 지어 본다면, (가)와 (라)에는 허구적 서사가 자리하고, (나)에는 경험적 서사 가운데 문학성을 지닌 전기나 자서전이 자리한다. (다)의 경우는 사건 기사와 역사 기록 등이 자리한다. 그러므로 개화계몽시대의 경험적 서사는 그 담론의 공간이 쉽게 구획되는 셈이다. 여기서 문제가 바로 (가)와 (라)에 위치하는 다양한 허구적 서사의 층위다. 이 허구적 서사가 (가)와 (라)의 담론 공간에서 차지하는 영역은 그 서사의 가치 지향성을 규정하는 담론 규칙에 따라 달라지기 때문이다.

(가)의 담론 공간은 이념성을 앞세운 서사 담론이 자리한다. 허구적 구성 요소를 근간으로 하는 담론의 구조가 바탕이 되지만, 여기에 자리하는 서사에서는 말하고자 하는 어떤 의도와 가치로서의 이념을 구현하는 것이 가장 중요하다. 이념성의 구현을 위해서는 어떤 허구적인 장치도 동원할 수 있으며, 실재성의 가치와 연관되는 시간과 공간의 구체성이나 인물의 행위의 구체성을 모두 희생시키기도 한다. (라)의 경우는 이와 반대로 실재성의 구현에 최대의 관심을 기울인다. 시간과 공간도 실재의 시공간처럼 구체화되어야 하며, 인물의 행위와 삶의 과정이 또한 실재의 인간처럼 보여야 한다. 모든 등장인물에게는 그 존재의 사회적 기반과 개인적 성격이 부여되기 때문에 그 인물의 삶의 과정 자체가 삶의 총체적인 리얼리티를 구현하게 된다. 이러한 담론의 성격을 생각한다면, (라)의 영역을 차지하고 있는 것은 신소설임을 쉽게 분별할 수 있다. 물론 여기서 말하는 신소설이라는 용어는 전광용에 의해 그 양식적 성격이 부여된 이인직 이후의 창작소설로서의 신소설을 의미한다.

다시 (가)의 공간으로 돌아가 보자. 이 공간은 (라)를 차지하고 있는 신소설 이외의 모든 허구적 서사 양식의 몫이다. 기왕의 연구자들이 희문우화소설, 토론체소설, 몽유록 계통의 산문, 동물 우화 형식의 토론문, 문답체소설 등의 다양한 명칭을 부여했던 서사 양식들이 여기에 해당한다. 이 서사 양식은 이야기를 구성하는 인물, 행위, 시간 공간 등의 여러 가지 요소가 지니는 실재성의 가치를 훼손시킴으로써 오히려 어떤 이념적 가치의 구현을 두드러지게 한다. 신성의 세계를 그려 내는 신화를 제외하면, 대체로 서사에서의 모든 이야기는 인간을 중심으로 이루어진다. 그런데 등장하는 수인공을 사람이 아닌 동물로 꾸며 내는 이야기가 있다. 주인공으로 등장하는 동물은 인간 존재의 실재성을 훼손시킴으로써 오히려 그 상징성이 강조된다. 그리고 인간보다 열등한 지위에 있는 동물이 오히려 인간의 존재를 비판하거나 그 가치를 비하하기 때문에 우의적인 풍자가 성립된다. 이 같은 담론의 규칙에 의해 창조된 성격을 우화적 성격이라고 할 수 있다. 서사에서 시간과 공간은 이야기의 실재성을 부여하는 중요한 요소다. 그런데 시공간이 드러내 주는 실재성을 훼손시켜서 이야기가 이루어지는 상황을 강조하는 경우도 있다. 꿈이라든지 이상향과 같은 환상적인 공간을 꾸며서 이야기를 구성한 경우다. 이러한 이야기들은 시간과 공간을 모두 비현실의 상황으로 처리해 경험적 시공간을 쉽게 초월해 버리기 때문에, 현실적인 상황과 반대가 되는 어떤 이상적인 세계와 이념적 가치의 직접적인 구현이 용이해진다. 여기서 차용된 꿈이라는 비현실적인 시공간은 우화적 상황이다. 서사 양식 가운데 우화적 성격과 우화적 상황을 중심으로 이루어지는 이야기는 모두 우화라고 할 수 있다.

서사에서 등장인물의 행위는 사건의 지속과 발전과 변화를 가능하게 하며, 이야기의 전체적인 짜임새를 이루게 한다. 그런데 인물의 구체적인 행위와 그 행위를 통해 구현되는 실재성을 훼손시키는 경우도 있다. 등장인물이 주어진 공간 안에서 어떤 구체적인 행동도 보여 주지 않고 오직 자기가 생각하고 있는 문제를 말로만 전달하는 이야기가 여기에 해당한다. 이러한 이야기에서는 등장인물의 구체적인 행위가 제거되어 있기 때문에 주어진 공간 속에서 등장인물이 하는 말 자체가 중시된다. 등장인물이 어떤 주제를 놓고 연설을 하거나 여럿이 대화와 토론을 벌이는 경우, 아무런 행동의 변화도 없고 거기서 비롯되는 서사의 진행도 없지만, 그 연설이나 대화와 토론의 과정에서 어떤 이념적 가치와 주제가 구현된다. 흔히 토론체 소설이라고 불리는 이 새로운 서사 양식을 여기서는 풍자[59]라고 명명하기로 한다.

---

59 여기서 '풍자'라는 명칭은 문학의 일반적 특질 가운데 '풍자적'이라고 하는 속성과는 구분된다. 이것은 노스럽 프라이, 『비평의 해부』(임철규 역, 한길사, 1982), 312-337면에서 시사한 바 있는 독자적인 장르로서의 풍자를 의미한다. 그러므로 이 책에서는 토론체 소설 또는 문답체라는 말을 장르 명칭으로 사용하지 않기로 한다. 토론체 소설이라든지 문답체라든지 하는 명칭은 비토론체 소설, 비문답체 소설이라는 명칭의 성립 가능성을 전제할 때만 사용이 가능하다.

이상에서 논의한 담론 공간의 분할을 다시 정리해 본다면 (가), (나), (다), (라)의 네 가지 담론의 공간 속에서 개화계몽시대의 다양한 서사 담론들이 서로 경쟁하고 있음을 알 수 있다. 이들을 (가), (나), (라)의 담론 공간에 각각 구분해 넣으면, 가장 대표적인 서사 양식의 하위 장르로서 우화, 풍자, 전기, 신소설 등이 이에 대응하고, (다)의 공간에는 기사, 역사 기록 등이 자리한다.

서사의 구성원리 / 서사의 가치 지향	허구성	경험성
이념성	우화, 풍자	전기
실재성	신소설	역사, 기록

[도표 2]

[도표 2]에서 우화와 풍자는 (가)라는 서사 담론의 공간을 차지하고 있으며, 서사의 구성 원리가 허구성에 근거하면서도 이념적인 가치를 추구한다. 풍자는 주제로, 우화는 성격과 상황으로 이상적인 가치 지향을 드러낸다. 우화는 우화적인 성격과 우화적 상황에 의해 그 구조가 달라진다. 우화의 대표적인 형태는 동물을 주인공으로 등장시키는 이야기다. 꿈이라는 비현실적인 우화적 상황을 설정해 이야기를 전개시키는 몽유록도 일종의 우화에 속한다. 우화는 인간의 행동 원리나 도덕적인 명제를 예시하는 짤막한 이야기로서, 교훈적인 성격과 비판적인 성격이 함께 나타난다. 우화와는 달리 풍자는 성격이나 상황을 강조하지 않는다. 풍자는 인간의 여러 가지 정신적 태도를 다룬다. 그러므로 이것은 관념적인 주제나 쟁점을 다루며, 어떤 주제에 대해 강하게 비판하기도 한다. 풍자에도 물론 인물이 등장하지만, 여기에 등장하는 인물은 어떤 구체적인 행동의 주체로서 이야기를 이끌어 가는 것이 아니라 하나의 이념의 대변자일 뿐이다. 그러므로 풍자에서는 인물의 행동 대신에 말과 토론이 중심을 이루며, 일정한 이야기의 줄거리도 없다. 풍자는 이념과 공상과 도덕의 결합체다. 풍자의 가장 중요한 담론적 특징은 대화,

토론, 연설 등에 의해 그 내용이 기술된다는 점이다. 그러므로 풍자에서는 등장인물의 갈등이 성격과 행동을 통해 구체화되는 것이 아니라, 진술되고 있는 주제와 가치와 관념의 대립에 의해 이루어지는 지적인 갈등이 흥미의 초점을 이룬다.

[도표 2]에 드러나 있는 전기는 [도표 1]의 (나)의 담론 공간에 위치해, 경험성에 의해 구성되는 서사를 통해 어떤 이념적인 가치를 추구한다. 개화계몽시대의 전기는 서사의 원리가 경험성에 기초하지만, 그 인물의 성격이 이념적인 것으로 표상된다. 전기에서는 역사적인 인물의 삶을 통해 이상적인 인간의 모습을 보여 주고자 하기 때문에, 사실에 근거한 서사 구성이 이루어진다 하더라도 인물의 성품, 인격, 덕망 등을 구체적으로 형상화하는 작업이 필요하다. 이 같은 형상화의 작업에 필요한 담론적 속성으로 인해 전기는 경험적 서사 양식 가운데 역사 기록이나 사건 기사와는 달리 문학적인 것으로 분류된다.

개화계몽시대의 대표적인 서사 양식인 신소설은 (라)의 영역에서 그 독자적인 담론의 공간을 형성한다. 신소설은 소설이 요구하는 사실성과 허구성의 전체적인 조화에는 도달하지 못하고 있지만, 허구적인 서사 양식으로서 소설이 갖춰야 할 요건을 구비하고 있다. 그러므로 신소설은 한국소설사에서 소설의 장르적 규범을 상정할 경우 그 전대의 소설과 후대의 소설 사이의 소설사적인 연관성이 특히 중요시되는 것이다. 신소설은 허구적인 성격에 착안해 등장인물의 삶에 내재한 개인적인 운명의 양상에 관심을 기울인다. 다시 말하면, 신소설은 사회적 현실 문제에 직접적으로 관여하는 풍자나 우화 등과는 달리, 주인공의 개인적인 운명에 관심을 집중해 그 실재성을 구현하는 담론의 규칙을 따르고 있다. 그러나 당대의 사회 현실과 생활양식의 문제들이 주인공의 삶을 통해 총체적으로 형상화되지 못한 채, 그 인물의 개인적인 국면에 귀착되어 버린 점이 문제가 된다. 개화계몽시대의 신소설은 신문에 대부분 연재되고 다시 단행본으로 발간되어 널리 읽힘으로써 대중적인 문학 양식으로 확대되지만, 당시에 통용되던 대중적 독자층의 도덕원리나 취미 기준에 지나치게 의존하다가 통속화되어 그 시대적 존재 의미를 상실한다.

신소설의 장르적 성격

개화계몽시대의 서사 양식 가운데 대표적인 하위 장르인 신소설의 등장은 일본이나 중국을 통한 서구 문학의 수용과 밀접한 관계를 지니는 것으로 생각되고 있다. 새로운 문학 양식에 드러나 있는 근대적 요소들이 전통적인 문학 양식에 기원하는 것이라기보다는 서구적인 문학 형태의 수용과 그 토착화 과정에 기원하는 것으로 이해되고 있기 때문이다. 그러므로 신소설을 외래적인 영향과 새로운 문학 양식의 등장을 중심으로 논하는 문학사 연구가 많다. 신소설이 전통소설과 역사적 단절을 초래하고 있음을 지적한 경우가 적지 않고, 신소설의 성립 자체를 서구 문학의 주변성 문제와 관련지어 과장적으로 서술한 경우도 쉽게 찾아볼 수 있다. 그러나 문학 양식 자체가 지니는 복합적인 문화적 속성을 생각할 경우, 한 시기의 특정한 문학 양식의 출현과 소멸을 그렇게 단순화된 논리로 규정하기는 어렵다.

신소설의 등장을 한국 사회의 문화적 근대성이라는 커다란 범주 안에서 이해하기 위해서는 전통문학의 변혁 과정을 정확하게 파악하는 일이 중요하다. 신소설은 신화적 상상력에 기반하여 그 서사 구조를 유지하고 있던 고전소설과는 달리, 경험주의적 상상력에 의해 일상의 현실을 이야기 속에서 재현한다. 신소설은 인간의 현실적인 삶과 그 의미를 중시하며, 그 경험적 시간에 근거해 서사의 형식을 구성한다. 신소설이 추구하는 이러한 현실성은 이야기 속에 등장하는 인물이 자기 주체를 인식하고 자신에게 부여된 삶을 살아갈 수 있도록 하기 위한 서사의 요건에 해당한다. 신소설의 등장인물은 구체적인 현실의 조건에 얽매임으로써 주체로서의 존재가 명료해지며 그 실재성을 획득하게 된다. 신소설의 서사적 성격은 '일상적인 개인의 발견'이라는 명제로 규정된다. 신소설의 서사적 주인공은 일상적인 개인이다. 그는 신성의 세계가 개입해 만들어 낸 고귀한 신분도 아니고, 천상에서 인간의 세계로 하강한 인물도 아니다. 신소설은 이야기의 중심을 이루는 주인공을 일상적인 평범한 개인으로 내세움으로써 그 서사적 성격을 개인적인 운명의 양상을 추구하는 데 고정시킨다. 신소설의 주인공은 자신을 둘러싸고 있는 모든 대상에 대해 일정한 간격을 유지하면서 스스로 신화적 금기로부터 벗어나고 주술의 마력에서 헤어난다. 그리고 일상의 세계 속에서 자신의 운명을 스스로 살아가게 된다. 그의 운명은 신에 의해서 계시되는 것이 아니라,

자기 스스로 삶의 방식에 의해서 결정하는 것이다. 이처럼 신소설의 주인공이 대상으로서의 세계와 분명한 구획을 짓고 거리를 두는 것은 개인으로서의 자기 범주를 규정하고 주체로서의 위상을 세우고 있음을 의미한다.

신소설의 서사 구조에서 주목되는 것은 경험적 시간의 재구성이다. 경험적 시간은 서사에서 인물 또는 행위자의 존재와 그 행위의 진행을 구체화시켜 준다. 신소설은 고전소설처럼 사건과 행동을 시간적 순차 구조에 따라 배열하는 것이 아니라, 인식의 논리에 의해 재구성한다. 이때 서사 구조의 변형이 일어나고 이야기 구조의 재질서화가 가능해진다. 이러한 서사 구조는 자연의 시간이 인간의 인식 논리에 의해 얼마든지 변형될 수 있음을 보여준다. 자연적 시간에 대한 이 같은 배반은 신성의 세계가 주도하는 자연적 질서에 대한 인간의 도전이 이미 시작되었음을 말하는 것이다. 신소설은 경험적 시간 위에서는 아무것도 다시 처음부터 시작할 수 없다는 한계를 분명히 보여 줌으로써, 영원성의 신화에 대한 환상과 그 마법으로부터 벗어난다. 그리고 모든 것이 일정한 진행에 따라 어떤 결말에 이른다는 근대적 서사의 질서를 이야기 속에서 구체적으로 재현하게 된다.

3) 소설개혁의 방향

신채호와 계몽으로서의 소설

개화계몽시대에 신문 연재를 통해 대중적으로 확대된 다양한 서사 양식은 신문이라는 매체의 속성과 같이 그 담론의 정치성과 유희성을 함께 포괄하고 있다. 당시의 지식층은 서사 양식이 독자 대중에게 미치는 정서적 감응력을 특히 주목한다. 이들이 보여 주는 소설에 대한 새로운 관심은 당시 사회가 직면한 시대적 위기에 대한 사회·문화 방면의 대응 방안이나 그 실천 작업과 직결된 경우도 있고, 일상의 변화에 따른 문화의 유희적 수용에 대한 대중의 요구에 호응한 경우도 있다. 당시에 단편적으로 발표되었던 소설에 대한 견해는 작품의 서문이나 후기 또는 신문·잡지의 논설 등을 통해 표명된 것인데, 그 내용은 대체로 소설이 지니고 있는 사회계몽적 기능과 그 내용의 정치성과 유희성에 관한 관심이 중심을 이룬다. 이것은 이 시기에 형성되기 시작한 새로운 문학 양식으로서의 소설에 관한 관심과 이해의 한 측면을 보여 주는 것이라고 할 수 있다.

개화계몽시대에 이루어진 소설에 대한 논의 가운데 가장 주목되는 것은 그 담론의 정치성에 관한 관심이다. 신채호(申采浩)[60]는 량치차오의 『이태리건국삼걸전』(1907)을 번역 출간하면서부터 소설의 사회적 기능을 주목했다. 이 작품이 간행될 무렵에는 이미 사회계몽과 문명개화의 이상을 내세워 많은 역사서와 영웅전기 등이 발간되고 있었다. 그중에서도 각국의 구국적인 전사나 독립을 위한 민족 투쟁의 기록을 통해, 외세 침략의 위협에 당면한 우리 민족의 각성을 촉구한다는 실질적인 의미를 담고 있는 것들이다.[61] 영웅적인 인물의 생애를 기록한 전기로서는 장지연의 『애국부인전』(1907), 이해조의 『화성돈전』(1908) 등이 관심사가 되었으며, 정치소설이라는 이름으로 일본과 중국에 널리 소개되었던 『경국미담(經國美談)』(1908), 『서사건국지』 등도 독자들의 주목을 받았다. 그런데 이러한 시대적 분위기에도, '구소설'이라고 지칭되는 국문 고전소설이 활자화되면서 대중 독자층의 읽을거리로 널리 성행했고 새로이 창작된 신소설 『혈의 누』(1906) 등이 출간되었다. 소설에 대한 일반 대중의 관심이 높아지자, 일부 지식층의 인사들은 소설이 사회에 미치는 영향 문제에 주목하면서 통속에 빠져들기 시작한 소설의 경향에 심각한 우려를 표명했다. 개화계몽운동의 주도적 역할을 담당하고 있던 박은식은 『서사건국지』를 번역 출간하면서 그 서문을 통해 소설이 백성들을 계몽하고 국민적 심성을 배양할 수단이 된다는 점을 강조하고 당대의 국문소설이 민심 풍속에 아무 도움을 주지 못하고 통속적인 흥미에 빠져 있음을 『서사건국지(瑞士建國誌)』의 역자 서문에서 다음과 같이 밝혔다.

---

60 신채호의 문필 활동은 크게 두 단계로 나누어진다. 그 하나는 1905년 《황성신문》에 관여하면서부터 《대한매일신보》를 거치는 동안 발표한 애국계몽 논설과 전기물의 집필 과정을 들 수 있다. 다른 하나는 일제의 식민지 통치가 시작된 1910년 중국으로 망명해 그곳에서 주력했던 한국사에 대한 연구와 저술 작업이 포함된다. 이러한 문필 활동 가운데 그가 가장 깊이 있게 추구해 온 것이 한국사 연구라고 할 수 있다. 신채호의 사상에 대한 본격적인 논의는 《나라사랑》 제3집(1971)의 '신채호 특집' 이후 최홍규, 『신채호의 민족주의 사상』(단재신채호선생기념사업회, 1983); 신일철, 『신채호의 역사사상연구』(고려대학교출판부, 1981); 신용하, 『신채호의 사회사상연구』(한길사, 1984) 등 참고.

61 권영민, 『한국 민족문학론 연구』(민음사, 1988), 58면.

夫小說者ㅣ 感人이 最易ᄒᆞ고 入人이 最深ᄒᆞ야 風俗 階級과 敎化 正道에 關係가 심거ᄒᆞᆫ지라 故로 泰西哲學家가 遺言ᄒᆞ되 其國에 入ᄒᆞ야 其小說의 何種이 盛行ᄒᆞ는 거슬 聞ᄒᆞ면 可히 其國의 人心風俗과 政治思想이 如何ᄒᆞᆫ 거슬 觀ᄒᆞ리라 ᄒᆞ엿스니 善哉라 焉乎여. (중략) 我韓은 由來 小說의 善本이 無ᄒᆞ야 國人所著는 九雲夢과 南征記 數種에 不過ᄒᆞ고 自支那而來者는 西廂記와 玉樓夢과 剪燈新話와 水滸誌 등이오 國文小說은 所爲 蘇大成傳이니 少學士傳이니 張風雲傳이니 淑英娘子傳이니 ᄒᆞᄂᆞᆫ 種類가 閭巷之間에 盛行ᄒᆞ여 匹夫匹婦의 菽粟茶飯을 供ᄒᆞ니 是는 豈荒誕無稽ᄒᆞ고 淫靡不敬ᄒᆞ여 適足히 人心을 蕩了하고 風習을 壞了ᄒᆞ여 正敎와 世道에 關ᄒᆞ여 危害不淺ᄒᆞᆫ지라.[62]

위의 인용에서 확인할 수 있는 것처럼, 소설은 한 나라의 인심과 풍속, 정치와 사상 등에 밀접한 연관성을 지니고 있으며, '민지의 계도'와 '국성의 배양'에 기여할 수 있는 방법으로 인식된다. 이러한 관점은 소설에 대한 효용론적 태도를 말해 주는데, 소설이 지니고 있는 사회·역사적인 계몽적 기능을 특히 주목하는 것이다. 물론 이것은 조선시대의 유학자들이 지니고 있던 소설에 대한 부정적인 태도와는 거리가 있다. 그런데 소설이라는 것이 이처럼 중요한 사회적 기능을 담당하는데, 전래하는 소설은 지식과 경륜에 전혀 도움을 주지 못하면서 오히려 황당무계해 민심과 풍속을 해치는 소설이 많다는 것이 이들의 지적이다. 이것은 지식층 인사들이 소설을 가벼이 여기고 소설 짓는 일을 대수롭지 않게 생각했기 때문에 생겨난 폐단이라는 것이다. 그렇기 때문에 나라와 백성에게 도움을 줄 수 있는 새로운 소설을 만들어 내는 것이 새로운 지식과 교육을 위해 급선무임을 강조하고 있다. 바로 여기서 기존의 소설에 대한 비판과 함께 새로운 소설개혁의 방향이 제시된다.

위의 인용에서 가장 크게 문제가 되는 것은 기존의 소설이 지니고 있는 내용의 비현실성과 비도덕성이다. '황탄 무계', '음미 불경' 등으로 지적되고 있는 소설의 문제성은 모두가 그 내용과 주제에 대한 불만이며, 이를 바로잡는 것이 소설의 올바른 개혁 방향이라고 할 수 있다. 여기서는 '애국심의 분발'이라는 정치적 의도가 함께 제시되고 있다. 결국 『서사건국지』 같은 작

62 『서사건국지(瑞士建國誌)』(박은식 역, 대한매일신보사, 1907).

품을 역술한 것도 국민의 애국심을 분발케 한다는 계몽적인 의도에 따른 것임은 물론이다. 이와 비슷한 견해는 『경국미담』의 서문에도 찾아볼 수 있다. 여기서도 소설이 독자들에게 지식과 경륜을 심어 줄 수 있는 계도적 기능을 가져야 한다고 강조하고 있다.

신채호는 소설의 통속성을 비판하는 박은식 등의 주장에 동조하면서 애국 사상을 고취하기 위한 소설개혁을 강조했다. 그가 발표한 「근금(近今) 소설 저자(著者)의 주의」와 「소설가의 추세(趨勢)」는 그의 소설관을 엿볼 수 있는 논설이다. 이 글에서 신채호가 주목하는 것은 소설이라는 양식이다. 그는 국민의 부패가 극도에 달하고 도덕과 지식이 전무한 상태에서는 을지문덕이나 연개소문 같은 영웅호걸이 나온다고 해도 천하 사업을 논할 수 없음을 전제한다. 사물의 이치와 인간 심성의 오묘함을 논한다 하더라도 그것을 알아들을 자가 많지 않기 때문이다. 누가 어떤 경륜을 내세운다 해도 혼돈의 시대에 국민의 기질을 전이시키는 일이 쉽지 않다. 그런데 신채호는 남녀노소가 모두 국문소설을 좋아한다는 사실을 놓치지 않고 있다. 소설을 제대로 쓰면 그 사조와 필력에 따라 어떠한 정치, 종교, 학문보다도 자연스럽게 인간의 덕성을 감화시킬 수 있다는 것이 그의 생각이다. 신채호는 소설의 사회적 기능과 정치성에 근거해 소설에 대한 새로운 개혁 방안을 제시한다.

> 萎靡淫蕩的 小說이 多하면 其國民도 此의 感化를 受홀지며 俠情慷慨的 小說이 多할지면 其國民이 此의 感化를 受홀지니, 四儒의 云훈바 小說은 國民의 羅針盤이라 홈이 誠然ᄒᆞ도다. 韓國에 傳來ᄒᆞᄂᆞᆫ 小說이 殆半 桑園薄土의 怪談과 崇佛乞福의 怪話로다. 此亦 人心風俗을 敗壞케 ᄒᆞᄂᆞᆫ 一端이니 各種 新小說을 著出ᄒᆞ여 一掃홈이 亦 汲汲ᄒᆞ다 云홀지로다. (중략) 近今 新小說이라 云ᄒᆞᄂᆞᆫ 者 刊出이 稀罕홀뿐더러 又 其刊出者를 觀훈 卽 只是 一時 牟利的으로 草草撰出ᄒᆞ여 舊小說에 比홈이 更是 百步五十步의 間이라 足히 新思想을 輸入홀 者가 無ᄒᆞ니. 噫라, 余가 此를 慨ᄒᆞ여 管見을 陳ᄒᆞ야 小說 著者에게 警ᄒᆞ노라.[63]

63 申采浩, 「近今 小說 著者의 注意」(大韓每日申報, 1908. 7. 8).

嗚呼라 小說은 國民의 羅針盤이라 其說이 俚ᄒᆞ고 其筆이 巧ᄒᆞ여 目不識丁의 勞動者라도 小說을 能讀치 몯ᄒᆞᆯ 者이 無ᄒᆞ며, 又 嗜讀치 아니ᄒᆞᆯ 者이 無ᄒᆞᆷ므로, 小說이 國民을 强ᄒᆞᆫ ᄃᆡ로 導ᄒᆞ면 國民이 强ᄒᆞ며 小說이 國民을 弱ᄒᆞᆫ ᄃᆡ로 導ᄒᆞ면 國民이 弱ᄒᆞ며 正ᄒᆞᆫ ᄃᆡ로 導ᄒᆞ면 正ᄒᆞ며 邪한 ᄃᆡ로 導하면 邪ᄒᆞ나니, 小說家가 된 者이 맛당히 自愼ᄒᆞᆯ 바어늘 近日 小說들은 誨淫을 主旨로 ᄉᆞᆷ으니 이 社會가 將次 엇지ᄒᆞ리오.[64]

신채호가 지니고 있는 소설에 관한 관심은 상당한 문제성을 지닌다. 그것은 단순히 소설이라는 서사 양식의 문제에만 국한되는 것이 아니라 개화계몽시대에 새로이 등장하는 여러 가지 담론의 공간에 대한 비판적인 논의로 확대될 수 있기 때문이다. 신채호는 소설을 '국민의 혼' 또는 '국민의 나침반'이라고 규정한다. 이 규정에는 소설이라는 양식이 대중의 생활감정과 사고방식을 폭넓게 포괄할 수 있다는 소설 긍정론을 전제하고 있다. 그런데 여기에 덧붙여서, 소설은 누구나 좋아하고 누구나 읽기 쉽고 누구나 이해할 수 있기 때문에, 신분 계층과 남녀노소를 불문하고 누구에게나 영향을 미쳐 인심을 전이시킬 수 있는 능력을 갖는다고 말하고 있다. 소설의 대중적 성격과 요건을 수준 높게 지적한 것이다. 신채호는 어떤 정치적 경륜이나 학식이나 종교보다도 직접적으로 자연스럽게 인간의 생활감정에 접근할 수 있는 소설의 감화력을 대중 계몽의 수단으로 이용해야 한다고 주장하고 있다.

이 같은 소설관에 근거하고 있는 신채호의 소설개혁론은 구소설이라고 지칭되고 있는 전대 소설의 허탕함과 상업적인 요구에 치중하고 있는 신소설의 음예성을 혁파하는 데에서 출발한다. 그는 구소설이 지닌 비현실적인 내용과 당대의 새로운 소설들이 지닌 비윤리성을 동시에 비판함으로써 내용과 주제에 있어서 새로운 시대정신의 지향을 문제 삼을 수 있는 새로운 소설을 창작할 것을 주장한다. 신채호의 소설개혁론의 핵심은 실제의 사실에 바탕을 두고 민중을 계도할 수 있는 신사상을 담은 신소설을 만들어야 한다는 것이다.[65]

64 申采浩, 「小說家의 趨勢」(大韓每日申報, 1909. 12. 2).
65 권영민, 「신채호의 소설개혁론과 애국계몽소설」, 『한국 민족문학론 연구』, 62면.

그런데 이러한 주장 속에는 소설 내용의 두 가지 측면에 대한 신채호의 관심이 잘 드러나 있다. 그 하나는 소재의 사실성이며, 다른 하나는 내용의 윤리성이다. 소설의 사실성에 대한 인식은 묘사의 사실성(寫實性)이 아니라 성격과 행위의 실재성을 문제 삼고 있는 점이 특이하다. 신채호는 소설이 실제의 역사 속에서 그 소재 내용을 찾아내 백성에게 모범을 보일 수 있어야 한다는 생각을 갖고 있다. 그는 구국적인 역사 이야기나 영웅적인 인물의 생애를 그린 전기를 소설이라는 이름으로 소개했고, 그것을 통해 위기에 처한 민족의 현실에 대처할 수 있는 강력한 이념을 제시하고자 한 것이다. 신채호가 지니고 있던 소설 내용의 윤리성에 대한 관심은 소설의 대중성에 대한 새로운 인식으로부터 비롯된 것이다. 소설은 일반 대중에게 널리 읽히기 때문에, 그 자체를 배격할 것이 아니라 계몽적 수단으로 이용해야 한다는 것이 신채호의 견해였다. 신채호는 소설의 윤리성을 회복하고 새로운 시대사상을 소설 속에 수용해 대중들에 널리 읽혀야 한다고 주장한다. 이를 위해서는 지식층의 인사들이 소설에 더욱 적극적인 관심을 기울이고 소설의 올바른 개혁 방향에 대해서도 올바른 인식을 가져야 한다는 것이다. 이러한 소설개혁의 방향은 당대적 현실에 대응해 개화계몽운동에 적극 참여했던 지식인들이 내세운 모든 사회 영역의 개혁론과 그 담론의 정치적 지향이 일치한다.

신채호가 이상적인 것으로 생각하는 소설의 형태는 새로운 사상을 담을 수 있는 지식과 경륜의 문학이다. 그는 작가가 국민을 계도하는 입장에서 보다 신중하게 소설의 창작에 임할 것을 요구하기도 했고, 시대가 요구하는 이상적인 인간상을 보여 주면서 새 시대의 정신을 고취시켜 나갈 것을 강조하고 있다. 이러한 태도는 『서사건국지』의 서문에서 소설이 한 나라의 인심과 풍속, 정치와 사상 등에 밀접한 연관성을 지니는 것이므로, '민지의 계도'와 '국성의 배양'을 기할 수 있는 방법이 될 수 있음을 지적한 것과도 그대로 일치한다. 신채호의 주장에서 주목해야 할 또 다른 문제는 새로운 소설을 국문으로 써야 한다는 조건을 내세운 점이다. 신채호는 국문소설은 사람들이 누구나 쉽게 읽을 수 있다는 편의성을 지니고 있으며, 그만큼 사회적 전파력과 효용적 기능성을 발휘할 수도 있다는 점을 강조했다. 신채호가 국문으로 씌어진 문학만이 참된 민족문학이 될 수 있다는 인식을 지니고 있었다는 점은 국문체의 확대와 맞물려 있는 근대문학의 성립 과정을 이해하는 데에도 매우 중요한 단서가 된다.

량치차오의 '중국 소설계 혁명'의 수용

신채호의 소설 개혁에 대한 주장은 중국에서 량치차오(梁啓超)가 내세웠던 '중국 소설계 혁명(中國小說界革命)'에 크게 영향받고 있다. 량치차오는 일찍이 일본에 유학해 일본의 현대화 과정에 깊은 관심을 갖게 되었으며, 귀국한 뒤부터 중국의 전통 학문과 사상을 새로운 서구 문화의 수용을 통해 개혁해 보고자 노력했다. 현대 중국의 사상사에서 량치차오는 구국계몽운동의 민중적 확대를 주도했던 계몽가이며 신학문 형성의 선구자로 평가되고 있다.

량치차오가 소설에 관심을 기울이고 그 사회적 기능에 주목한 것은 소설의 대중적 성격을 주목했기 때문이다. 그는 소설이 정치·사회의 변화와 밀접한 관계가 있으며, 서구 제국의 정치적 변동과 국민의 사상 변혁이 모두 소설을 통해 이루어진 것이라고 여겼다. 일본에서도 정치소설이 등장해 메이지 유신 이후의 사회 상황에 막대한 영향을 미친 바 있는데, 량치차오는 일본 유학의 과정에서 이를 분명하게 확인할 수 있었다. 량치차오는 소설이 지니고 있는 독자 대중에 대한 감응력을 중요시하면서 새로운 서구 사상의 수용 과정에서 소설의 영향력을 충분히 활용하기 위해 노력했다. 량치차오의 소설개량론은 그의 대표적 저술인 『음빙실문집(飮氷室文集)』에 수록되어 있는 「역인정치소설서(譯印政治小說序)」와 「논소설여군치지관계(論小說與群治之關係)」 등을 통해 널리 알려졌다. 그리고 그의 저작 가운데에서 『청국무술정변기(淸國戊戌政變記)』(1900), 『월남망국사(越南亡國史)』(1906), 『이태리건국삼걸전(伊太利建國三傑傳)』(1907), 『중국혼(中國魂)』(1908) 등이 번역 소개되면서 상당한 관심을 끌었다. 량치차오가 소설의 정치적인 기능을 강조했던 소설 개혁론은 국내의 작가들에게 신선한 감흥을 불러일으켰다. 소설이라는 것을 국성(國性)을 배양하고 민지를 개도해 우매한 백성을 똑똑한 국민으로 양성시킬 유용한 수단이자 일종의 교과서로 내세웠기 때문이다.

량치차오는 서구 및 일본과 같은 문명국들이 공통적으로 정치개혁의 수단으로 소설을 유용하게 쓴다는 사실을 주목했다. 그는 소설의 사회·정치적 기능을 강조하면서 소설 양식 자체가 인간의 정서를 지배하는 힘을 지니고 있다고 설명한다. 그리고 소설이 인간을 새로운 세계로 이끌어 주기도 하며, 자신이 살고 있는 세계에 대한 경험을 공감할 수 있도록 보여 준다고 말한다. 그 이유는 소설이 지니고 있는 '훈(熏)', '침(浸)', '자(刺)', '제(提)'의 네 가지 힘이 인간을 지배할 수 있다고 믿었기 때문이다.

량치차오가 제시하는 소설의 힘에서 '훈'과 '침'은 소설이 독자층에게 미치는 간접적 영향력을 말하는 것이다. '훈'이란 소설적 영향의 공간적 확대를 뜻하며 '침'은 시간적인 지속을 의미한다. 이 두 가지의 영향력은 점진적이기는 하지만 오랫동안 지속될 수 있는 것이다. 한 사람에게서 다른 사람으로 이어지기도 하고 한 장소에서 다른 장소로 퍼져 나가기도 한다. 그리고 그 힘은 오랜 시일에 두고 계속적으로 작용할 수도 있다. 소설의 힘의 또 다른 측면은 '자'와 '제'라는 직접적인 영향을 통해 나타난다. '자'는 소설이 직접적으로 독자에게 주는 정서적인 충동을 뜻한다. 인간의 어떤 감정이 소설의 내용에 따라 갑작스럽게 새로운 방향으로 작용할 수 있다. '제'는 독자 자신이 소설의 세계에 빠져드는 현상을 말하는데, 독자가 소설 속의 주인공의 행위나 감정과 사고에 따라 자기 자신을 동일시해 나가는 과정을 말한다고 할 수 있다. 소설은 바로 이러한 네 가지의 영향력을 갖고 있기 때문에 독자 대중의 인심 풍속과 종교 도덕 그리고 정치·사회의 변화에 크게 작용한다는 것이 량치차오의 생각이다.[66]

량치차오는 당시 중국에서 널리 읽히고 있는 소설의 경향에 대해 비판적인 입장에 서 있었다. 그는 인심 풍속에 막대한 영향을 미칠 수 있는 것이 소설이긴 하지만, 중국의 독자들이 즐겨 찾고 있는 소설은 시국과 풍속에 아무런 도움을 줄 수 없는 부도덕한 내용만을 일삼고 있다고 지적한다. 소설이 유희의 한 부류가 되어 버림으로써 군자들이 멀리하는 바 되었으며, 세상의 풍기를 더욱 문란하고 부패하게 만들었다는 것이다.

이러한 소설적 현상의 진단을 바탕으로 량치차오가 제시하는 것이 바로 '중국 소설계 혁명'이다. 량치차오가 제시하는 중국 소설의 개혁 방향은 크게 세 가지 내용으로 요약된다. 첫째, 정치소설의 번역 간행을 촉구하고 있

---

66 량치차오의 소설개혁 이론에 대해서는 엽건곤(葉乾坤)의 『양계초와 구한말문학』(법전출판사, 1980)과 우림걸(牛林杰)의 『한국 개화기문학과 양계초』(박이정, 2002)에서 자세하게 검토된 바 있다.

다. 여기서 말하는 정치소설이란 정국의 변화에 도움을 줄 수 있는 소설을 뜻한다. 량치차오는 서구의 제국과 일본 등지에서 발표된 소설 가운데 중국의 시국에 도움을 줄 수 있는 것을 모두 번역해 널리 읽을 수 있도록 간행해야 한다고 주장하고 있다. 둘째, 언문일치의 구어체로 소설을 쓰자는 주장이다. 구어체로 씌어진 소설은 누구나 읽기 쉽고, 묘사의 생동력이 생겨나서 그만큼 독자에 대한 감응력도 커지게 마련이다. 셋째, 위인전기의 번역과 저술을 강조하고 있다. 이것은 진취적인 기상과 모험적인 정신을 통해 애국심을 계발하고자 했던 량치차오의 개인적 희망과 직결된다고 하겠다. 이러한 주장은 그대로 한국의 계몽적 지식인들에 의해 수용되었으며, 개화계몽시대의 소설개혁운동으로 이어진다.

신채호는 자신의 소설적 관심과 그 개혁 방안을 구체화하기 위해 량치차오의 『이태리건국삼걸전』을 역술하면서 국가적 위기를 구출할 수 있는 영웅적 인간상의 필요성을 강조했다. 그리고 이 작품의 내용을 모범 삼아 한국 민족의 영웅상을 소설이라는 이름으로 형상화하게 된다. 『을지문덕(乙支文德)』(1908), 「수군제일위인 이순신」(1908), 「동국 거걸 최도통전(崔都統傳)」(1909) 등이 바로 여기에 해당한다. 신채호는 자신이 저술한 영웅전기를 당대 현실이 요구하는 소설의 새로운 영역이라고 주장한다. 이 작품들은 엄밀한 의미에서 소설과는 그 성격이 다른 서사 양식의 하위 부류로서, 민족과 국가의 운명을 바로잡을 수 있는 구국적 영웅상을 제시한 영웅전기에 해당한다. 물론 이들 영웅전기는 신채호가 내용의 실재성과 윤리성을 들어 주장한 소설 개혁의 방향에 적응되는 궁극적인 양식이라고 할 수 있다. 영웅전기는 역사 속의 실재 인물의 생애가 중심을 이루고 있으나, 시간과 공간의 정확한 계산이나 사건의 인과적 해석에 얽매이지 않고 있다는 점에서 역사와 구별된다. 역사적 사실 자체의 입증이나 해명보다 그 속에 담겨진 인간상과 시대 상황의 의미를 중요시하고 있기 때문에, 인간적인 감동을 유도하도록 되어 있다. 특히 이 작품들은 애국 사상의 계발, 역사 지식의 보급, 민족의식의 자각 등 계몽적인 의도를 그대로 드러낸다. 역사를 거울 삼아 현실을 경계한다는 전통적인 역사의식을 내포하고 있으며, 자주독립의 의지와 민족의식을 분명하게 나타내고 있다. 결국 신채호의 영웅전기는 역사적 영웅의 생애를 중시함으로써 일상적인 개인의 삶을 통해 현실의 총체적 인식에 도달하고자 하는 소설의 현대적인 속성과 상당한 거리를 두고 있다.

신채호가 국권의 회복과 독립의 유지를 위해 영웅의 출현과 그 활동을 주목하면서 번역 간행한 량치차오의 『이태리건국삼걸전』은 이탈리아의 독립 과정에서 활동했던 마치니, 카보우르, 가리발디의 생애와 그 민족애의 정신을 예찬한 것이다. 이 작품에서 신채호는 이탈리아 건국에서 볼 수 있는 세 사람의 독립활동을 애국적 영웅의 표본으로 내세운다. 그리고 당시 한국의 정세에 비춰 국가적 위기를 극복할 수 있는 애국적인 영웅의 출현을 기대하는 간절한 소망을 담고 있다. 앞의 진술에서도 확인할 수 있는 것처럼 이 작품은 단순히 이탈리아의 영웅을 소개하기 위한 것이 아니라, '대한 중흥'의 애국자와 영웅을 대망하는 것임을 알 수 있다.

신채호가 '소설'이라는 이름으로 발표한 영웅전기 가운데 널리 알려진 것이 『을지문덕』이다. 이 작품은 단행본으로 간행되었지만, 일본 통감부의 설치 이후 반일본적인 언론을 규제하기 위해 만들어진 광무 신문지법과 출판법 이후 발매금지 도서 목록에 올랐다.[67] 『을지문덕』은 한문투의 국한문체로 이루어져 있으며, 고구려의 장군 을지문덕의 행적을 서술한 전기로, 이 책은 역사 속의 영웅의 행적을 펼쳐 보고 새로운 민족적 영웅의 출현을 대망한다는 뜻을 담고 있다.

이 작품 속의 서술자 '무애생'은 한국 민족의 기력이 쇠약해진 요인으로, 영웅에 대한 사적인 기록이 부족함을 지적한다. 특히나 왜곡된 판단과 기

---

67 1915년 조선총독부가 발표한 '敎科用圖書一覽'을 보면 출판법 제12조 및 제16조에 의해 발매·반포 금지한 도서 목록을 제시하고 있다. 이 목록에 따르면, 출판물에 대한 발매 반포 금지 조치는 1910년 5월 5일부터 본격적으로 시행된 것으로 나타나 있다.

(1) 1910년 5월 5일 금지: 越南亡國史, 禽獸會議錄

(2) 1911년 11월 16일 금지: 大韓新地誌, 愛國精神, 愛國精神談, 夢見諸葛亮, 乙支文德, 伊太利建國三傑傳, 華盛頓傳, 埃及近世史, 美國獨立史

(3) 1912년 7월 10일 금지: 瑞士建國誌

(4) 1913년 6월 26일 금지: 愛國婦人傳, 羅蘭婦人傳

(5) 1913년 10월 16일 금지: 夢拜金太祖

(6) 1914년 1월 27일 금지: 經國美談

(7) 1914년 6월 5일 금지: 比律濱戰史

(8) 1914년 7월 3일 금지: 自由鐘

(9) 1914년 11월 25일 금지: 崔都統

록으로 인해 4,000년의 신성한 역사와 위대한 영웅을 매몰시켜 온 것을 한탄하면서 위업 있는 영웅을 찾아내어 전파할 것을 강조한다. 한 나라를 구성하는 강토와 민족은 영웅이 피와 땀을 흘려 지켜 온 결과로, 영웅이 있었기에 조선이라는 강토와 민족이 보전될 수 있었다고 바라본다. 이렇게 영웅의 중요성을 설파한 다음, 무애생은 왜곡된 역사의 그늘에 가려진 참된 영웅을 가려내어 그 자취를 되살려야 할 것을 말한다. 이와 같은 전제 아래 한국 민족사에서 가장 강인하고 용맹한 정신을 지닌 을지문덕 장군을 가장 먼저 호명하고 있다.

작품 속에서는 곧바로 을지문덕이 활약했던 역사의 현장으로 무대를 옮겨 수(隋)나라 30만 대군이 고구려를 침공했던 살수(薩水) 대첩의 전쟁터가 펼쳐진다. 을지문덕이 등장하기 전에 한국과 중국의 관계는 이미 국경을 사이에 두고 잦은 마찰을 반복하면서 서로 팽팽하게 대립하고 있던 상황이었다. 이 대목에서 무애생은 을지문덕의 등장을 마치 크고 강성한 수나라를 재패하기 위한 운명을 지니고 나타난 것처럼 바라보고 있다. 이는 을지문덕이야말로, 한국과 중국이 더 이상 화합할 수 없는 상태에서 첨예한 대립 끝에 한 번은 꼭 치러 내야 할 전쟁을 예감하는 시점에서, 시기적절하게 등장한 영웅이라는 것을 말해 준다. 이 작품 속의 주인공인 을지문덕은 평화로운 시대를 살아가면서 후일에 일어날지도 모르는 전쟁에 대비해 미리 군사를 정비하고 군량을 비축하고 전쟁에서 승리할 수 있는 전략을 구체적으로 도모한다. 그런데 수나라의 대군이 고구려를 침공하자 을지문덕은 수나라 군사를 고구려 영토 깊숙이 끌어들이고는 이들을 청천강으로 유인해 낸다. 수나라 군사는 평양성 아래에서 두어 달 지내며 노략질을 일삼다가 식량이 떨어지자, 을지문덕의 의도대로 청천강으로 군사를 돌리려고 한다. 을지문덕은 이 기회를 틈타 적군을 기습함으로써 그 자리에서 적을 전멸한다. 이러한 쾌거를 놓고 서술자인 무애생은 을지문덕의 공덕을 높이 찬양하면서 그 영웅적 기개와 용맹을 조금만 가지고 있어도 능히 국가의 독립을 보전하고 그 역사를 빛낼 수 있을 것이라 거듭 강조한다. 『을지문덕』의 이야기는 그의 이름이 역사에 자세히 기록되어 널리 전파되지 못한 것을 안타까워하는 심정을 토로하는 것으로 마무리된다. 물론 을지문덕이 용맹한 전사, 뛰어난 전략가이기도 하지만 진실한 인간이라는 점이 다시 강조된다. 그리고 대한에 을지문덕과 같은 영웅이 탄생 부활해 대한제국을 세계의 강국으로 끌어올려야 할 것을 역설하는 것이다.

신채호가 『을지문덕』에 이어 창작한 영웅전기는 「수군 제일 위인 이순신」이다. 이 작품은 을지문덕의 서술에서 드러나는 논설적 방식과는 다르게 이순신의 생애와 활동을 서사적으로 기술한다. 그리고 새로운 강국으로 부각되고 있는 일본의 침략을 경계하면서 일본과 대적했던 민족의 영웅으로서 현금에도 주목의 대상이 되어야 할 인물이 이순신이라는 것을 명시해 준다. 이 작품에서 주목되는 사실은 이순신의 공적이야말로 임진왜란으로 조선의 국토가 피로 물들었을 때, 그나마 조선을 다시 일으킬 수 있었던 힘의 동력이 되었다는 점이다. 이순신은 강직한 성품, 뛰어난 지략, 끈질긴 수련, 민족과 국가에 대한 충성심 등이 남다른 것으로 설명된다. 특히 7년 여의 전쟁에서 백성을 위해 헌신한 이순신의 공로와 애국 충절을 높이 평가한다. 결론에서는 이순신이 영국의 넬슨 제독보다 훨씬 뛰어난 바다의 장수임을 천명하면서, 당면한 국가의 위기를 극복해 나갈 수 있는 제2의 이순신이 등장하기를 고대하는 자신의 간절한 희망을 밝히고 있다.

「동국 거걸 최도통전」은 고려 말기 최영 장군의 행적을 그려 낸 영웅전기다. 이 작품에서 최도통은 외세에 짓눌려 가는 자국을 구원하기 위해 '시대가 부른 영웅'처럼 등장한다. 위대한 영웅의 출현을 고대하던 시대에 최도통이 나타난 것이다. 고려 말기에 원나라와의 갈등 속에서 최영은 북방으로 진출해 강토를 회복하고자 했지만 뜻을 이루지 못한다. 이 작품은 최도통이 끝없이 북벌 정책에 헌신해 독립국으로서의 자국의 위상을 확보하려 했다는 활약상에 초점이 맞추어짐과 동시에 당시 이러한 영웅의 뜻을 방해하고 가로막았던 부조리한 시국에 대한 비판이 가세되어 있다. 신채호는 최영이 차라리 왕위와 조정을 전복한 후에 북벌 정책을 이루는 것이 보다 빠른 길이 아니었을까를 묻기도 한다. 그러면서 최도통이 그 자신의 뜻을 제대로 펼칠 수 없었던 국가적 현실과 공민왕의 무능력함에 대한 비판을 함께 보여 준다.

영웅전기의 서사적 성격

신채호는 자신이 쓴 영웅전기를 모두 소설이라고 지칭했다. 이것은 서사 양식 일반을 소설이라고 불렀던 당시의 통념을 그대로 따른 것이다. 이들 영웅전기는 개화계몽시대에 새로이 등장한 것이지만 그 서사 구조가 전통적인 한문학의 한 장르인 '전(傳)'의 전통과 맥을 같이한다. 신채호의 영웅전기가 전통적인 전의 양식을 따른다는 것은 우선 그 구조적 특성을 통해 확인할 수 있다. 전통적으로 전은 그 이야기의 서술 단계가 도입, 전개, 종결이라는 내용상의 단계를 구분하고 있는 것이 보통이다. 『을지문덕』이나 『동국거걸 최도통전』 등도 모두 앞뒤에 서론과 결론을 붙이고 있으며, 그 대상 인물의 행동과 인품을 소개하는 전개 부분을 크게 확대하고 있다. 그리고 이들 전기의 창작 의도와 서술 태도도 전의 경우와 그대로 일치하고 있다. 『을지문덕』은 영웅을 알아보지 못하는 민족에게 영웅의 존재를 인식시키기 위해 '과거의 영웅을 사해 미래의 영웅을 초'한다는 의도를 분명히 전제하고 있으며, 다른 전기에서도 비슷한 목적이 드러나 있다.

신채호의 영웅전기에는 위기의 상황과 그 역사적 현실을 극복하는 영웅적 인간의 존재와 역할이 강조되어 있다. 신채호는 영웅적 활동의 구체성보다는 그 활동을 통해 드러나는 영웅적 이상과 의지를 강조하며, 그 속에 자신의 이념을 투영시켜 놓고 있다. 이러한 서술 방식과 담론적 특징으로 인해, 전통적인 전에서 볼 수 있는 요약적인 진술보다 그 논의의 범위가 확대되고 있으며, 소설의 경우와는 달리 전체적인 이야기의 계기적인 연속성보다 논리적 일관성을 추구하고 있다. 전기의 내용을 이루고 있는 여러 가지 삽화도 행위 구조의 긴밀한 연관성을 위해서보다는 영웅적 의지와 신념을 다양한 측면에서 확인할 수 있도록 나열하고 있다.

신채호의 영웅전기는 그 문체에 있어서 설화적인 측면을 거세하고 논설적 요소를 확대한 점이 특징이다. 개화계몽시대에 논설적 산문 양식이 국한혼용체의 확대와 함께 가능했음을 생각한다면, 신채호의 전기들이 서사의 형식에 논설적 특성을 수용하는 것은 당연한 현상이라고 할 수 있다. 국한혼용체는 한문이 지니는 표의성과 국문이 갖는 정서적 감응력의 결합으로 이루어졌으며 지식 전달의 정보성으로 인해 논설 양식의 대표적인 문체가 되었다. 신채호가 쓴 전기의 문장을 보면, 고전소설의 문장에서 흔히 볼 수 있는 '-더라'체의 서술 종결법 대신에 '-노라', '-이라' 등의 의도법을 표시하는 종결 방식을 다양하게 활용하고 있다. 이러한 서술 방식은 모든 행위와 사건을 현재화하면서 자신의 의도와 견해를 결합시킬 수 있는 기능을 가지기 때문에, 독자층을 이해시키고 설득하기 위해서는 이러한 서술 방식이 기능적으로 활용될 수 있었을 것으로 생각된다. 신채호의 영웅전기는 결국 전통적인 전의 양식을 서사적으로 확대시키면서 그 담론 구조를 논설적으로 변형한 것이라고 할 수 있다. 이러한 변화는 전통적인 전의 서사적 확대 과정에서 매우 중요한 의미를 갖는다. 구소설을 개혁하고자 했던 신채호가 전통적인 서사 양식인 전의 형태를 바탕으로 소설의 범위를 벗어난 논설적 담론을 위주로 하는 전기를 썼다는 것은 전통문학 양식의 현대적 변용 과정을 보여 주는 중요한 사례다.

신채호의 영웅전기는 당대의 대표적인 서사 양식인 신소설이 문명개화를 내세우면서 일본적 식민주의 담론에 포섭되었던 것과는 달리, 역사 영웅의 서사적 창조를 통해 민족 공동체 의식의 구현, 외세에 대한 저항과 자주독립을 강조한다. 이 영웅전기는 역사적으로 실재했던 인물의 영웅적인 일생을 그려 낸다는 점에서 흔히 역사소설과 혼동되기도 하고 현대적인 역사소설의 선행 형태로 인식되기도 한다. 그러나 영웅전기는 역사소설도 아니고 역사소설의 형성 기반을 제공하는 자료도 아니다. 영웅전기 자체가 지니는 독자적인 서사 구성의 원리가 있고, 그 담론의 가치 지향성도 전기만이 지니는 특성에 의해 구성된다. 그러므로 이 시기의 영웅전기가 하나의 독자적인 장르적 성격을 부여받고 있는 것임을 알 수 있다.

신채호의 영웅전기는 이인직이나 이해조 등의 신소설의 경우와 마찬가지로 당대 현실을 위기의 상황으로 인식하고 있다. 그러나 이 위기의 현실을 타개하는 방식을 모색하는 방법은 전혀 다르다. 신소설은 낡은 세계에 대한 단호한 비판과 거부를 보여 주면서 새로운 세계로의 지향을 강조한다. 그리고 새로운 세계로의 지향을 위해 서구 문명을 일찍 수용한 일본의 도움이 필요함을 강조한다. 구원자로서의 일본이나 문명 세계로의 안내자로서의 일본의 역할은 이미 조선보호론이라는 담론을 정치적으로 실현한 을사조약과 통감부 설치를 통해 허구임이 드러난 것들이다. 그러나 신소설은 새로운 세계를 지향해야 한다는 개화지상주의로 인해 조선에 대한 일본의 보호라는 일본적 식민주의 담론의 허구성을 인식하지 못하고 오히려 그러한 식민주의 담론의 질서 위에 자리한 것이다.

이와 달리 신채호의 영웅전기에서 가장 중시되는 것은 일본적 식민주의 담론이 만들어 낸 조선보호론 자체를 거부하는 일이다. 이것은 일본의 실체를 타기해야 할 침략적인 외세로서의 타자로 인식하는 주체/타자 구획의 논리에 의거하는 것이다. 이 경우에 주체로서의 민족이 강조된다. 그러므로 과거의 역사 속에서 민족이 주체적 역량을 발휘해 역사적 위기를 타개했던 사례를 찾아내고, 그것을 통해 민족 공동체에 대한 의식을 강조하게 되는 것이다. 구국적인 민족 영웅의 출현을 강조한 것도 현실의 위기를 타개할 수 있는 가능성이 외세 의존적인 보호를 통해서가 아니라 주체적인 민족의 내부 역량의 구현에 의해 찾아진다는 점을 주장하기 위한 것으로 볼 수 있다. 이 같은 논리는 당대에 팽배해 있던 패배주의적인 역사 인식의 방법을 거부하고 나아가서는 반식민주의적인 담론 구성에 앞장서고 있다는 점에서 그 민족주의적 성격을 확인하게 된다.

신채호가 내세운 소설개혁에 대한 주장은 일제의 통감부 정치 이후 훼손된 민족의 정체성과 자주독립 의식과 구국 이념을 계몽하는 가운데 이루어진 것이므로 그 주체/타자의 구획을 중요시했던 민족주의적 정치 담론의 성격이 강하다. 신채호는 소설의 서사 담론이 구현할 수 있는 정치성에 특히 관심을 두고 있으며, 침략적 외세에 적극적으로 대응했던 구국적인 영웅의 삶을 통해 애국 정신의 감화를 목표로 삼고 있다. 그러므로 신채호의 소설적 관심은 근대적인 의미의 소설 개념과는 거리가 멀다. 소설의 근대적인 개념을 전제할 경우, 신채호가 소설이라는 것이 지니는 양식적인 통합성 가운데 특정한 일면을 강조한 것도 문제이지만, 영웅적인 인간의 구국적 활동만을 중시한 것도 문제가 된다. 그렇지만, 신채호는 소설의 개념을 문제 삼는 것이 아니다. 그가 사용하던 '소설'이라는 말은 전통적으로 사용되어 온 '이야기'로서의 서사 양식을 통칭하고 있을 뿐이다. 그의 소설개혁론도 서사 양식의 정치성에 대한 인식을 바탕으로 바로 그 정치성을 소설이라는 양식을 통해 대중적으로 확대하고자 한다는 점에 의미가 있다. 그러나 바로 이 같은 담론은 그 정치적 성격 때문에 식민지시대에는 담론적 공간을 개방적으로 형성하지 못하게 된다. 일제강점기에 접어들면서부터 신채호의 주장과 같은 소설개혁론은 강압적인 규제로 논의 자체가 불가능해졌고, 이러한 주장과 함께 발표되었던 애국 계몽적인 역사 이야기나 영웅의 일생을 그린 전기는 모두 출간이 금지되고 기존의 출판물조차 압수되어 버렸던 것이다.

이해조의 구소설 비판

개화계몽시대의 지식인들이 사용한 '소설'이라는 용어의 개념은 매우 유동적이며 가변적이다. 신채호는 소설의 개념을 계몽의 담론으로서의 정치성에 국한시킨다. 그러나 이 같은 개념적 규정만으로 개방적인 서사 양식으로서의 소설을 개혁한다는 것은 사실상 불가능하다. 신채호가 이 불가능성을 인정하지 않고 소설을 통한 '민지의 계도'와 '국성의 배양'만을 주장하는 것은 그의 학문적·사상적 기반과 관련된다. 그는 '글이란 인간의 삶의 도리를 담아야 한다'는 전통적 가치관을 유지하고 있었던 것이다. 소설이라는 것도 지식인의 문자 행위에 속한다면 당연히 인간의 도리에서 벗어날 수 없는 것이다. 허탕 무계하고 음탕한 글을 만들어 민심을 유혹한다는 것은 더구나 생각할 수 없는 일인 것이다.

그렇다면 이제는 신채호의 입장과 다른 차원에서 소설의 성격을 문제 삼은 지식층이 있었는지를 알아보아야 한다. 신소설 작가 중에서 소설에 대해 가지고 있는 개인적 확신을 가장 분명하게 제시한 사람은 이해조다. 그는 이인직의 뒤를 이어 최찬식, 김교제, 조중환 등과 함께 이른바 신소설의 전성기를 누리면서 신소설의 경향을 일상적인 소재를 바탕으로 한 통속적인 이야기로 바꾸어 놓았다. 소설이라는 양식의 사회적인 기능을 중시하고 있던 그의 소설에 대한 개념적 인식은 『자유종』(1910)을 통해 그 일단이 드러나 있다. '토론소설'이라는 이름으로 간행된 『자유종』은 엄밀한 의미에서 소설이 갖추어야 하는 서사적 요건으로서의 '행위'의 개념이 결여되어 있다. 등장인물이 각기 제시된 주제에 따라 자신의 견해를 개진하고 토론을 벌이는 내용이 전부이기 때문이다. 이 작품에서 가장 두드러지게 드러나는 토론의 주제는 신교육 사상이다. 새로운 교육의 중요성을 역설하기 위해, 국가 발전을 위한 근대적 학문의 필요성을 강조하고, 신학문 교육의 실천 과제로서 국어 국문의 확대, 여성 교육의 실시, 교육제도의 개선, 자녀 교육의 방법 등을 논하며, 교육 기회의 균등화를 위해 봉건적 사회제도인 서얼 문제와 반상 제도의 해체를 주장하고 있다. 『자유종』의 내용 가운데에서 국문에 대한 견해와 구소설에 대한 비판은 신소설 작가로서 이해조가 지녔던 소설이라는 개념의 인식을 이해하는 데 중요한 단서가 된다. 우선 국문에 대한 논의를 살펴보자.

(1) 우리나라 지식을 보통케 ᄒᆞ랴면 그 소위 무슨 변에 무슨 자 무슨 아ᄅᆡ 무슨 ᄌᆞ라ᄂᆞᆫ 녯날 상뎐으로 알든 즁국글을 폐지ᄒᆞ여야 필요ᄒᆞ겟소 대뎌 글이라 ᄒᆞᄂᆞᆫ 것은 말과 쇼와 갓하셔 그 나라의 범ᄇᆡᆨ 졍신을 실어 두ᄂᆞ니 우리나라 소위 한문은 곳 지나의 말과 쇼라 다만 지나의 졍신만 시럿스니 우리나라 사람이야 평ᄉᆡᆼ을 쓸고 단긴들 무슨 리익이 잇겟소 그런 즁에 그 말과 소가 대단히 ᄉᆞ오나와 ᄉᆞ체 사ᄅᆞᆷ은 쓸지 못ᄒᆞ오.

그 글은 줄업 긔한이 업고 일평ᄉᆡᆼ을 읽을지라도 리ᄐᆡᄇᆡᆨ 한퇴지ᄂᆞᆫ 못 되며 혹 상등으로 춍명ᄒᆞᆫ 쟈가 물 쥐어먹고 십 년 이십 년을 읽어셔 실ᄌᆡ라 거벽이라 ᄒᆞ야 눈압에 영웅이 업고 셰샹이 돈짝만 ᄒᆞ야 ᄂᆡ가 ᄂᆡ로라고 돌이질 치더ᄅᆡ도 그 사ᄅᆞᆷ다려 졍치를 무르면 모른다 법률을 물으면 모른다 쳘학 화학 리학을 물으면 모로노라 농학 상학 공학을 물으면 모로노라 그러면 우리 대종교 공부자 도학의 셩질은 엇더ᄒᆞ냐 뭇게 되면 그 신셩ᄒᆞ신 진리ᄂᆞᆫ 모로고 다만 아노라 ᄒᆞᄂᆞᆫ 것은 공ᄌᆞ님은 ᄭᅮ러안지셧지 공ᄌᆞ님은 광슈의 입의셧지 ᄒᆞ야 가장 도통을 이은듯이 녁이니 다만 광슈의만 입고 ᄭᅮ러만 안졋스면 사ᄅᆞᆷ마다 쳔만년 죵교 부ᄌᆞ가 되오릿가.(『자유종』, 7-8면)

(2) 대톄 글을 무엇에 쓰자고 읽소 ᄉᆞ리를 통ᄒᆞ랴고 읽ᄂᆞᆫ 것인ᄃᆡ ᄂᆡ 나라 디지와 력ᄉᆞ를 모로고셔 졔갈량젼과 비ᄉᆞᄆᆡᆨ젼을 쳔번만번이나 읽은들 현금 비참ᄒᆞᆫ 디경을 면ᄒᆞ겟소 일본 학교 교과셔를 보시오 소학교 교과ᄒᆞᄂᆞᆫ 것은 당초에 대한이라 쳥국이라ᄂᆞᆫ 말도 업시 다만 ᄌᆞ국 인물이 엇더ᄒᆞ고 ᄌᆞ국 디리가 엇더ᄒᆞ다 ᄒᆞ야 ᄌᆞ국 졍신이 구든 후에 비로소 만국력ᄉᆞ와 만국디지를 가ᄅᆞ치니 그런고로 무론 남녀ᄒᆞ고 ᄌᆞ국의 보통 지식 업ᄂᆞᆫ 쟈이 업셔 오ᄂᆞᆯ날 뎌러ᄒᆞᆫ 큰 셰력을 엇어 나라의 영광을 ᄂᆡ엿소.

우리나라 남ᄌᆞ들은 거륵ᄒᆞ고 고명ᄒᆞᆫ 학문이 잇ᄂᆞᆫ 듯ᄒᆞ나 우리 녀ᄌᆞ샤회에야 그 썩고 ᄂᆡ암ᄉᆡ나ᄂᆞᆫ 텬디 현황 글잘나 아ᄂᆞᆫ 사ᄅᆞᆷ이 몃이나 되오 남ᄌᆞ들도 응당 귀도 잇고 눈도 잇스리니 타국 남ᄌᆞ와 갓치 학문을 힘쓰려니와 우리 녀ᄌᆞ도 타국 녀ᄌᆞ와 갓치 지식이 잇셔야 우리 대한 ᄉᆞᆷ쳔리 강토도 보젼ᄒᆞ고 우리 녀ᄌᆞ 루ᄇᆡᆨ 년 금슈도 면ᄒᆞ리니 지식을 넓히랴면 하필 어렵고 어려온 십 년 이십 년 ᄇᆡ와도 텬치를 면치 못ᄒᆞᆯ 한문이 쓸 ᄃᆡ 잇소 불가불 ᄌᆞ국 교과를 힘써야 되겟다 ᄒᆞᆸ니다.(『자유종』, 9-10면)

(3) 우리나라 국문은 미샹불 됴흔 글이나 닥달 아니훈 직목과 갓ᄒᆞ니 만일 한문을 발이고 국문만 쓰랴면 한문에 잇는 쳔만ᄉᆞ와 쳔만법을 국문으로 번역ᄒᆞ야 유루훈 것이 업슨 연후에 셔셔히 한문을 폐ᄒᆞ야 지라 ᄉᆞ룸을 되쥬든지 우리가 휴지로 쓰든지 ᄒᆞ고 그졔야 국문을 가위 글이라 훌 것이니 이일을 예산훈즉 오십 년량이라야 셩공ᄒᆞ겟소.

만일 졸디에 한문을 업시ᄒᆞ랴면 남의 집이라고 몸만 나오는 것과 무엇이 다르오 남의 집은 쥬인이 잇서 혹 닉여노라고 독촉도 ᄒᆞ려니와 한문이야 뉘가 닉여노라 ᄒᆞ는 말이 잇소 셔셔히 형편을 보아 폐지홈이 가훌 것이오 국문만 쓸지라도 녯날 보던 츈향젼이니 길동젼이니 심쳥젼이니 그 외에 여러 가지 음담픽셜을 다 엄금ᄒᆞ여야 국문에 영향이 정대ᄒᆞ고 광명ᄒᆞ지 그러치 못ᄒᆞ면 슈쳔 년 슝상ᄒᆞ던 한문만 일어바리리니 정대훈 국문만 쓸진딕 누가 편리치 안타 ᄒᆞ오릿가.

가령 한문의 부ᄌᆞ군신이 국문의 부ᄌᆞ군신과 경즁이 잇소 국문의 빅량쳔량이 한문의 빅량쳔량과 다소가 잇소 국문으로 픽독산 방문을 닉여도 발산되기는 일반이오 국문으로 솜히쥬 방법을 빙거ᄒᆞ야도 취ᄒᆞ기는 한 모양이오 국문으로 욕셜ᄒᆞ면 탄ᄒᆞ지 안켓소 한문으로 층찬ᄒᆞ면 더 조아ᄒᆞ겟소 국문의 호랑이도 무셥고 국문의 원앙식도 어엽부리라.(『자유종』, 13-14면)

앞에 인용한 (1), (2), (3)은 국문에 관한 논의 중에서 핵심 내용을 가려 뽑은 것이다. (1), (2)는 국문의 중요성을 주장한 것이고, (3)은 국문의 현황, 그 사용에 따른 문제점과 개선 방안을 제시한 것이다. 이해조가 지니고 있던 국문에 대한 인식은 당시 계몽적 지식인들의 공통된 견해이며, 특히 국문이야말로 우리 민족의 정신이 담긴 문자라고 하는 민족주의적인 문자관도 마찬가지다. 하지만 국문의 중요성과 그 실용적인 가치에도 그것은 '닥달 아니한 재목'에 비유되는 것처럼 제대로 정비되지 못한 것이 사실이다. 이해조는 국문의 정비가 그 사용 이전에 선결되어야 할 과제라고 생각하고 있으며, 국문 전용을 위해서는 한문으로 된 모든 기록을 국문으로 번역해 놓은 후에 서서히 한문을 폐지할 것을 주장하고 있다. 이와 같은 견해는 국문 전용의 참뜻을 정확하게 지적한 것이며, 신소설 문체로서의 국문체의 확립 과정에서 볼 수 있는 그의 실천적 노력을 충분히 인정하지 않을 수 없다. 『자유종』

에서 확인할 수 있는 이해조의 소설관은 국문 문제와 연관된 이전 시대의 국문소설에 대한 비판을 통해 암시된다.

> 국문은 우리나라 세죵대왕씌셔 만드실 ᄯᆡ 젹공이 대단ᄒᆞ셧소 ᄉᆞ신을 여러 번 즁국에 보ᄂᆡ여 그 셩음 리치를 알아다가 ᄌᆞ모음을 만드시니 반졀이 그것이오 우리 세죵대왕 근로ᄒᆞ신 셩덕은 다 말ᄉᆞᆷᄒᆞᆯ슈 업거니와 반졀 몃쥴에 나라 돈도 만이 드럿소 그럿컨만는 ᄇᆡᆨ셩들은 ᄌᆞᆺ드른 한문ᄌᆞ만 슝상ᄒᆞ고 국문은 바려두어셔 암글이라 지목ᄒᆞ야 부인이나 쳔인이 ᄇᆡ호되 반졀만 ᄭᆡ치면 다시 읽을 것이 업스니 보ᄂᆞᆫ 것은 다만 츈향젼 심쳥젼 홍길동젼 등물뿐이라 츈향젼을 보면 뎡치를 알겟소 심쳥젼을 보고 법률을 알겟소 홍길동젼을 보아 도덕을 알겟소 말ᄒᆞᆯ진ᄃᆡ 츈향젼은 음탕교과셔오 심쳥젼은 쳐량교과셔오 홍길동젼은 허황교과셔라 ᄒᆞᆯ 것이니 국민을 음탕교과로 가ᄅᆞ치면 엇지 풍속이 아름다오며 쳐량교과로 가ᄅᆞ치면 엇지 장진지망이 잇스며 허황교과로 가ᄅᆞ치면 엇지 졍대ᄒᆞᆫ 긔상이 잇스릿가 우리나라 란봉 남ᄌᆞ와 음탕ᄒᆞᆫ 녀ᄌᆞ의 졔반 악징이 다 이에셔 나니 그 영향이 엇더ᄒᆞ오.
>
> 혹 발명ᄒᆞ랴면 츈향젼을 누가 가ᄅᆞ쳣나 심쳥젼을 누가 ᄇᆡ오라나 홍길동젼을 누가 읽으라나 비록 읽으라 ᄒᆞᆯ지라도 다 졔게 달녓지 ᄒᆞᆯ 터이나 이것이 가ᄅᆞ친 것보다 더ᄒᆞ지 휘문의슉 갓ᄒᆞᆫ 슈층양옥과 보셩학교 갓ᄒᆞᆫ 너른 교장에 칠판 괘죵 칙상 걸상을 벌여노코 고명ᄒᆞᆫ 교ᄉᆞ를 월급 쥬어 가ᄅᆞ치ᄂᆞᆫ 것보다 더 심ᄒᆞ오 그것은 구역과 시간이나 잇거니와 이것은 구역도 업고 시간도 업시 젼국 남녀들이 자유권으로 틈틈이 보고 곳곳이 읽으니 그 됴흔 멋ᄇᆡᆨ만 쳥년을 음탕ᄒᆞ고 쳐량ᄒᆞ고 허황ᄒᆞᆫ 구멍에 쓰러뭇ᄂᆞᆫ단 말이오.(『자유종』, 10-11면)

이해조가 『심청전』이나 『홍길동전』 등을 예로 든 이유는 국문 교육과 그 확대 문제를 지적하기 위한 것이다. 국문은 배우기 쉽지만, 일단 배우고 난 후에 그것을 활용할 수 있는 사회적인 뒷받침이 이루어지지 못해 국문으로 이루어진 소설이나 읽을 도리밖에 없다는 것이 이해조의 지적이다. 그런데 일반 대중이 즐겨 읽는 소설류는 새로운 사상이나 지식 경륜에 도움을 주지 못하고 오히려 인심 풍속에 폐해를 끼치고 있으므로 국문으로 이루어진보다 차원 높은 읽을거리를 준비해야 한다는 것이다. 이러한 이해조의 견해는 국문 서적의 간행과 보급을 문제 삼은 것이지만, 소설에 대한 개인적인 인식과 태도를 드러내고 있다. 그는 소설이 민중을 계도해 나갈 수 있는 교과서로서의 사회적 기능을 가졌다고 믿고 있으며, 백성들에게 새로운 이상을 심어 줄 수 있는 소설을 써야 한다는 생각도 은연중에 보여 주는 셈이다.

소설의 '영향'과 '재미'

이해조는 일제 강점 직후 총독부의 기관지인《매일신보》에 관여하면서 직업적인 소설작가로 변신했고 사회계몽에 대한 신념보다는 대중적 독자에게 주는 소설적 흥미에 더 큰 관심을 기울였다. 이러한 소설에 인식과 태도는『화의 혈』(1912)의 서언과 후기,『탄금대』(1912)의 후기에 잘 표현되어 있다. 그는 이 글들에서 소설의 본질적인 속성을 허구성과 사실성으로 구분해 인식하고 있으며, 소설의 흥미를 강조하면서 신채호와 같은 작가가 내세웠던 효용론적 소설관에서 크게 벗어나고 있다.

(1) 무릇 쇼셜은 톄ᄌᆡ가 여러 가지라 한 가지 젼례ᄅᆞᆯ 들어 말ᄒᆞᆯ 슈 업스니 혹 졍치ᄅᆞᆯ 언론ᄒᆞᆫ 자도 잇고 혹 졍탐을 긔록ᄒᆞᆫ 자도 잇고 혹 샤회ᄅᆞᆯ 비평ᄒᆞᆫ ᄌᆞ도 잇고 혹 가졍을 경계ᄒᆞᆫ 자도 잇스며 기타 륜리 과학 교졔 등 인셩의 쳔ᄉᆞ만ᄉᆞ즁 관계 안이되ᄂᆞᆫ 자이 업ᄂᆞ니 샹쾌ᄒᆞ고 악착ᄒᆞ고 슯흐고 즐겁고 위티ᄒᆞ고 우슌 것이 모도다 됴흔 ᄌᆡ료가 되야 긔자의 붓끗을 짜라 ᄌᆞ미가진〻ᄒᆞᆫ 쇼셜이 되나 그러나 그 ᄌᆡ료가 ᄆᆡ양 옛ᄉᆞᄅᆞᆷ의 지나간 자최어나 가탁의 형질업ᄂᆞᆫ 것이 열이면 팔구ᄂᆞᆫ되〻 근일에 져술ᄒᆞᆫ 박정화 화셰계 월하가인 등 슈삼죵 쇼셜은 모다 현금의 잇ᄂᆞᆫ 사ᄅᆞᆷ의 실지샤젹이라 독자졔군의 신긔히 넉이ᄂᆞᆫ 고평을 임의 만히 엇〻거니와 이졔 쏘 그와 ᄀᆞᆺ튼 현금 사ᄅᆞᆷ의 실젹으로 화의혈(花의血)이라 ᄒᆞᄂᆞᆫ 쇼셜을 ᄉᆡ로 져술ᄒᆞᆯᄉᆡ 허언랑셜은 한 구절도 긔록지 안이ᄒᆞ고 뎡녕히 잇ᄂᆞᆫ 일동 일졍을 일호차착업시 편즙ᄒᆞ노니 긔자의 ᄌᆡ됴가 민쳡지 못ᄒᆞᆷ으로 문쟝의 광ᄎᆡᄂᆞᆫ 황홀치 못ᄒᆞᆯ지언졍 ᄉᆞ실은 젹확ᄒᆞ야 눈으로 그 사ᄅᆞᆷ을 보고 귀로 그ᄉᆞ졍을 듯ᄂᆞᆫ 듯ᄒᆞ야 션악간 족히 밝은 거울이 될 만ᄒᆞᆯ가 ᄒᆞ노라.[68]

(2) 긔쟈왈 소셜이라 ᄒᆞ는 것은 ᄆᆡ양 빙공착영(憑空捉影)으로 인졍에 맛도록 편즙ᄒᆞ야 풍쇽을 교졍ᄒᆞ고 샤회를 경셩ᄒᆞ는 것이 뎨일 목뎍인즁 그와 방불ᄒᆞᆫ 사ᄅᆞᆷ과 방불ᄒᆞᆫ 사실이 잇고 보면 ᄋᆡ독ᄒᆞ시는 렬위부인 신ᄉᆞ의 진진ᄒᆞᆫᄌᆞ미가 일층 더 ᄉᆡᆼ길 것이오 그 사ᄅᆞᆷ이 희ᄀᆡᄒᆞ고 그 ᄉᆞ실을 경계ᄒᆞ는 됴흔 영향도 업지 안이 ᄒᆞᆯ지라 고로 본 긔쟈는 이 쇼셜을 긔록ᄒᆞᆷᄋᆡ 스ᄉᆞ로 그 ᄌᆞ미와 그 영향이 잇슴을 바ᄅᆞ고 ᄯᅩ 바ᄅᆞ노라.[69]

(3) 긔쟈 쇼셜을 져술ᄒᆞᆷᄋᆡ 이미 십여재광음이라 놀로 붓슬 드러 수쳔만언ᄋᆞᆯ 긔록ᄒᆞᆷ이 실노 지리 신산ᄒᆞᆷ을 왕왕 견디기 어려운 ᄯᆡ가 만흐나 한갓 결심ᄒᆞ기ᄅᆞᆯ 아모쪼록 힘과 졍신을 일층 더ᄒᆞ여 악ᄒᆞᆫ 쟈ᄅᆞᆯ 징계ᄒᆞ고 착ᄒᆞᆫ 쟈ᄅᆞᆯ 찬양ᄒᆞ여 혹 직셜도 ᄒᆞ며 혹 풍자도 ᄒᆞ여 사ᄅᆞᆷ에 칠졍에 각출될 만ᄒᆞᆫ 공전절후의 신쇼셜을 져술코자 ᄒᆞ나 ᄆᆡ양 붓슬 들고 죠희에 임ᄒᆞᆷᄋᆡ ᄉᆡᆼ각이 삭막ᄒᆞ고 문견이 고루ᄒᆞ야 마음과 글이 갓지 못ᄒᆞᆷ므로 애독 졔씨의 진진ᄒᆞᆫ 취미ᄅᆞᆯ 돕지 못ᄒᆞ얏도다. (중략) 쇼셜에 셩질이 눈에 뵈이고 귀에 들리ᄂᆞᆫ 실젹만 더러 긔록ᄒᆞ면 취미도 업슬 ᄲᅮᆫ 아니라 ᄒᆞᆫ 긔사에 지나지 못ᄒᆞᆯ 터인즉 쇼셜이라 명칭ᄒᆞᆯ 거시 업고…….[70]

앞에 인용한 글은 이해조가 신소설의 창작에 몰두하면서 소설의 본질적인 측면에 대해 자신의 견해를 구체적으로 제시해 놓은 대목이다. 이 글들을 보면 이해조가 소설의 본질적인 속성을 허구성과 사실성으로 인식함으로써 개화계몽시대에 박은식, 신채호 등이 보여 주었던 공리적 소설관과는 일정한 거리를 두고 있음을 확인할 수 있다. 소설에 대한 이해조의 관심은 비록 소설의 서문이나 후기 또는 신문의 광고 등에 단편적으로 표명된 것이긴 하지만, 크게 두 가지 방향으로 집중되어 있다. 그 하나는 구소설에 대한 부정적인 태도와 비판이며 다른 하나는 소설의 사회적 기능에 대한 강조다.

이해조의 주장에 따르면, 소설은 정치·사회·정탐·가정·윤리·과학 등

68 「서언」, 『花의 血』(普及書館, 1912).
69 「후기」, 『花의 血』(普及書館, 1912).
70 「후기」, 『彈琴臺』(新舊書林, 1912).

의 제 문제와 인간의 생활 전반을 포함할 수 있다. 그러나 이러한 여러 소재 중에서 그가 내세우는 것은 옛사람의 지나간 자취나 형질 없는 허무한 것이 아니라 현금에 있는 사람의 실제 사적이다. 그리고 있는 하나하나의 사실을 눈으로 그 사람을 보고 귀로 그 사정을 듣는 듯이 그려 내야만 한다. 소설의 내용 중 허언과 낭설을 용납하지 않겠다는 그의 견해에는 두 가지의 뜻이 포함되어 있다. 하나는 사실적인 소재를 내세움으로써 독자들의 호기심을 자극할 수 있다는 점이며, 다른 하나는 고전소설이 지니고 있는 비현실적인 속성을 비판하기 위한 것이라 하겠다. 그런데 현실적인 소재를 있는 그대로 그린다는 것은 단순한 기사화를 뜻하지 않는다. 그는 소설이란 '빙공착영(憑空捉影)'으로 인정에 맞도록 편집하는 것임을 주장한다. 소설의 성질이 눈에 보이고 귀에 들리는 실적만 기록한다면 그것은 소설이 아니라 기사에 불과하기 때문이다. 여기서 바로 소설의 허구성에 대한 인식이 나타난다. 특히 소설 속에서 사건의 결말을 지루하게 기록하지 않고 독자들에게 상상의 여지를 남겨 주어야 한다는 그의 견해는 소설 구성의 원칙을 그 나름대로 정립해 나가고 있음을 보여 주는 근거가 된다.

이해조가 소설의 목적을 '영향'과 '재미'라는 두 가지 측면으로 구분해 놓은 것은 흥미로운 사실이다. 소설의 영향이란 풍속을 교정하고 사회를 경성하는 것이므로, 소설이 갖는 사회적 효용성에서 주로 교화적인 기능을 뜻하는 것이다. 더구나 소설을 밝은 거울에 비유한 것은 이러한 측면을 잘 말해 주고 있다. 그런데 소설의 기능에 대한 그의 견해는 신소설의 초기 단계에 형성되었던 소설에 대한 태도와 상당한 차이를 나타낸다. 작품으로서의 흥미나 예술성 여부를 따지기 전에 국가의 자주독립과 문명개화라는 현실 문제에 깊은 관심을 보였던 역사소설 『서사건국지』나 『경국미담』 등은 민중 계몽의 수단으로서 그 시대적 사명이 중요시될 수밖에 없었던 것들이다. 하지만 일제의 침략과 함께 개화운동이 실질적으로 퇴조하게 되자, 문학작품을 통한 적극적인 시대정신의 구현도 불가능하게 되었다. 애국심의 분발로 대변되는 자주독립에 대한 강한 의지는 점차 소극적인 계몽주의로 그 성격이 변질된 것이다. 이해조가 내세운 소설의 영향이라는 것이 고작 풍속의 교정과 사회에 대한 경성에 머무르게 된 점은 이러한 시대적 상황을 잘 말해 주는 셈이다.

이해조는 소설의 소극적인 교화적 요소 이외에 '재미'라는 요소를 그 기능에 부여함으로써 신소설의 초기 단계에 팽배했던 공리적인 소설관에서 크게 벗어난다. 소설에서의 '재미'란 흥미를 추구하는 오락성을 의미한다. 그러므로 작가는 작품 속에서 사상이나 이념의 구현을 문제 삼지 않으며, 다만 독자들의 기호에 맞도록 이야기를 흥미진진하게 꾸며 나가야 한다. 소설의 흥미는 이미 고전소설에서도 파한의 재미로 인식되었지만, 그것이 소설의 목적 자체는 아니다. 소설이 독자들에게 준 유쾌한 기분은 하나의 부산물로서, 목적에 대한 수단이라고 말할 수 있다. 그런데 소설의 재미는 각양각색의 독자들에게 비슷하게 느낄 수 있는 흥미의 요소를 담아야 하기 때문에 대중적인 속성을 갖게 마련이다. 이같이 신소설이 통속적인 내용을 담게 된 것은 시대적 상황의 변화와도 연관되는 것이긴 하지만, 신소설이 신문에 연재되어 독자에게 소개되었다는 사실과도 깊은 관계가 있다. 초창기의 신문들은 독자들을 끌어들이기 위해서 보다 더 재미있는 읽을거리를 마련하게 되었고, 신소설의 연재도 독자들의 흥미를 유발하기 위해 이루어졌으리라는 추측이 가능하다. 이해조의 소설들도 대부분 신문 연재로 독자들에게 소개되었고, 연재가 끝난 후에는 단행본으로 간행되었다. 게다가 신소설은 개화기에 일반화된 국한혼용체를 탈피하고 오히려 고전소설에서부터 전통적으로 소설 문체의 주류를 형성해 온 국문체를 수용한다. 국문체의 가장 확실한 기반이 민중의 일상적인 언어라고 할 경우, 신소설은 그 문체의 측면에서도 대중과 밀접하게 연결되는 것이다.

그런데 이해조는 소설의 목적을 사회적 공리성을 표방하는 '영향'과 통속적인 오락성을 뜻하는 '재미'라는 상대적인 요소로 규정하고 있지만, 대중성을 바탕으로 한 '재미'에 더 큰 관심을 기울임으로써, 독자들이 '재미'를 느낄 수 있도록 하기 위한 실감 나는 표현을 문제 삼기도 했다. 소설 속에 실제와 방불한 사람과 사실이 있으면, 독자들의 진진한 재미가 더욱 생길 것이라는 그의 태도는 바로 작품을 통해 느낄 수 있는 실감을 강조한 것이며, 표현에 있어서의 사실성에 대한 작가로서의 관심을 나타낸 것이다. 그리고 이러한 태도가 소설의 구성뿐만 아니라 문장의 표현에 이르기까지 크게 작용하며, 신소설이 고전소설의 내용과 다른 새로운 일면을 갖출 수 있게 해 준 큰 힘이 되었을 것은 물론이다. 소설이 주는 재미란 문학이 갖는 본질적인 기능과 밀접한 관계가 있다. 예술적인 체험에 수반되는 정신 현상으로서의 재미는 충실한 체험의 자기의식과 연결되는 것이다. 작가의 주제에 대한 표현 과정이 성공적으로 수행되고, 작가의 내적인 체험의 세계가 작품을 통해 충실하게 전달될 때, 실감으로서의 재미가 얻어진다. 이해조는 '방불한 사람과 방불한 사실'을 작품 속에 그리는 것으로서 실감을 강조하는데, 이것이 사실에 대한 인식의 기쁨보다는 오히려 흥미 본위의 오락성을 추구하는 수법으로 작용하고 있다. 물론 이러한 사실적인 표현으로 인해 소설 문체와 그 수법의 세련성을 얻게 된 것은 인정할 만하다. 하지만 인간적인 선악의 기초를 주로 가족 관계에서 구하고 있는 그의 소설들은 현실적인 삶에 대한 새로운 해석의 시각이나 새로운 인식 방법을 갖지 못한 채, 장식적인 언어 구사와 기교에 밀려 통속적인 가정소설로 전락한다. 결국 이해조의 신소설은 그것이 지향하고 있던 바 사회적 이념의 구현이라는 초기의 선도적 기능을 점차 잃고 만다.

여기서 한 가지 덧붙여야 할 것은 소설의 '재미'라는 것이 결코 소재의 신기성에서 비롯되는 것은 아니라는 점이다. 전부터 내려오던 것에 약간의 손질을 가한 정도에서 그 흥미의 새로움이 환영을 받은 것이다. 이해조는 자신이 음탕교과서라고 혹평했던 『춘향전』을 결국 『옥중화(獄中花)』(1912)라는 이름으로 제목만 바꾸어 펴냈고, 비슷한 방식으로 『강상련(江上蓮)』, 『연(燕)의 각(脚)』 등을 펴내어 고전소설의 독자층을 자신의 독자로 끌어들이고자 했다. 이러한 독자에 대한 지나친 관심은 작가의 창조적인 실험보다는 기존의 흥미와 모럴에의 동조를 드러냄으로써 신소설의 형태를 고전소설의 유형에서 크게 벗어나지 못하도록 후퇴시킨 감이 없지 않다. 이해조와 최찬식의 작품이 이인직의 『혈의 누』가 지니고 있는 신소설의 새로움을 전혀 능가하지 못하는 큰 이유는 바로 이러한 측면에 있다.

신소설의 통속화 과정

이해조가 보여 주는 소설적 '재미'에의 집착은 신소설의 대중적 확대에 큰 영향을 미쳤다고 할 수도 있다. 그는 현실에 대한 인식을 바탕으로 독자를 이끌어 가는 입장에 서기보다는 독자 대중의 취미 기준에 맞는 '재미' 있는 작품을 쓰고자 노력했다. 이러한 경향에 힘입어 신소설은 대중적 지지를 얻으면서 확대되었지만 일제강점기에 들어서면서 문명개화의 시대정신이 퇴조하자 그 서사적 속성 자체의 통속화 과정을 피할 수 없게 되었다. 이해조는 스스로 이야기의 통속성에 안주해 버림으로써 결국 구소설의 유형과 관습을 극복하지 못한 채 신소설을 가정소설의 부류로 머물러 있게 했다. 신소설이 초기에 보여 주었던 현실에 대한 새로운 해석의 시각을 잃어버린 채 고전소설과 비슷한 부류로 잔류하게 된 것도 이러한 과정에서 그 연유를 찾아볼 수 있을 것이다.

여기서 우리는 신소설의 수용 계층에 대한 문학 사회학적인 관심을 환기할 필요가 있다.[71] 이 시기에 등장한 신문과 상업적인 출판사와 서적상 등은 모두 신소설의 대중적인 유통을 가능하게 만든 문화적 기반이다. 그리고 삶의 방식의 변화와 여가의 확대도 독서의 증가를 가능하게 한 것으로 볼 수 있다. 특히 국문 교육에 따라 국문을 해독할 수 있는 독자층이 급증하게 된 것도 매우 중요한 문화적 현상이라고 할 수 있다. 물론 독자 대중의 증가나 여성의 문자 해독 능력 증가를 직접적으로 입증할 근거는 없지만, 이들이 소설을 가장 중요한 독서 대상으로 삼았으리라는 것은 충분히 짐작할 수 있다. 이들 대중 독자의 소설에 대한 취향도 새로운 이야기에 대한 호기심을 중심으로 변화하는 것은 얼마든지 가능하다.

이해조는 신소설의 작가로서 바로 이 같은 대중 독자의 취향을 외면하지 않았다. 그리고 독자들의 취향에 대한 관심이 실제로 그의 작품 속에 상당 부분 그대로 반영되어 있다. 그는 소설 자체의 대중적인 속성에 충실함으로써 오히려 통속적인 흥미를 추구한다. 그의 소설은 사회 교화적인 요소를 외면하지는 않았지만, 개인의 운명에 관심을 집중함으로써 개화계몽시대의 사회변혁 과정과 당대인들의 생활양식이 소설의 등장인물의 개인적 국면으로 귀착되어 버리는 특징을 드러낸다. 이러한 경향으로 인해 신소설은 이해조 이후부터 개화·계몽의 사회적 이념 구현이라는 초기의 선도적 기능을 점차 잃었다. 그리고 작자들의 새로운 창작적 욕구가 뒷받침되지 못함으

71 신소설 연구에서 문예학적 관심을 새롭게 제기했던 이재선의 『한국 개화기 소설 연구』(일조각, 1972) 17-18면을 보면, 이 시기의 일상생활의 변화 가운데 중산층 이상의 여성 독자층의 증가와 여가를 위한 독서 활동, 상업적인 출판업의 등장 등을 신소설 형성 과정과 관련해 모두 주목하고 있다.

로써, 재미를 추구하는 독자들의 욕구대로 개인적인 취향물로서의 통속적인 이야기책으로 변모되기에 이르렀다. 결과적으로 이해조와 같은 작가들이 보여 준 소설의 재미에 대한 관심은 이른바 신소설의 사회계몽적 기능을 약화시킨 대신, 그 방향을 개인적인 취향 문제로 전환시켜 놓았다고 할 수 있다. 작가가 자신이 현실에 대한 인식을 바탕으로 독자를 이끌어 가는 입장을 버리고 독자들의 흥미와 그들의 취미 기준에 맞는 작품을 쓰고자 노력했다는 것은, 일제강점기에 들어서면서 작가 의식이 퇴조한 대신 신소설의 상업주의적 경향이 그만큼 강해졌다는 점을 말해 준다.

4) 전통시가의 변화와 신체시

전통시가의 근대적 변혁

개화계몽시대의 시문학은 전통적인 국문 시가 양식의 근대적 변혁 과정과 새로운 시 형식의 모색 과정을 통해 그 특성이 드러난다. 먼저 이 시기의 시가문학에서 한문학의 퇴조와 함께 한시의 전통이 쇠퇴하는 점을 주목할 필요가 있다. 조선시대의 시문학은 한시를 중심으로 이루어진 것이다. 시조나 가사와 같은 국문 시가문학은 시라는 문학적 글쓰기의 영역이라기보다는 창곡과 결부되어 가창되었던 노래로서의 성격이 더 강하다. 조선시대의 지식인층은 시를 지을 때는 한시를 짓고 노래를 부르고자 할 때는 국문으로 시조를 지어 노래한 것이다. 조선 말기의 이건창, 김택영, 황현, 강위 등과 같은 한학자들은 한시의 전통을 이어가기 위해 노력했고, 장지연과 같은 계몽운동가의 경우에도 많은 한시를 남겼다. 그러나 국어국문운동을 통한 대중적인 국문 보급과 신교육을 통한 국문 교육이 확대되면서 한문의 사회·문화적 기능이 축소되고 한문으로 이루어지던 문필 활동도 위축되기에 이른다. 그 결과로 시문학의 중심적인 위치에 자리하던 한시의 영역이 축소되기 시작한 것이다. 그러므로 이 시대의 시문학은 새로이 국문을 기반으로 이루어진 시가 형태들을 중심으로 그 문학사적인 의미를 부여받게 된다.

개화계몽시대 시문학에서 먼저 주목해야 할 것이 전통시가의 변혁과정이다. 조선시대의 시조는 창곡과 결부되어 대중적으로 확내된 것이며, 기사의 경우에도 부분적으로 가창되었던 양식이다. 그러나 개화계몽시대에 들어서면서는 시가문학의 향수 방식이 변화된다. 시가문학의 중요한 요소였던 창곡이 문학의 영역과 분리되어 독자적인 예술의 한 영역인 음악으로 정착되기 시작한 것이다. 개화계몽시대의 시가문학은 창가의 형식 가운데 일부 작품을 제외하고는 노래로 가창된 것이 아니다. 시와 음악이 분리되고 있었기 때문에 가사의 형식이든 시조의 형식이든 개화계몽시대의 시가 양식은 모두 글로 읽거나 읊조리는 방식으로 존재한다. 이 같은 변화는 설화성에 근거해 이야기 형태로 발전한 고전소설이 이 시기에 이르러 그 설화성을 벗어나 근대적인 산문 문학의 형태로 자리 잡기 시작한 것과도 상통한다. 시와 음악의 분리는 전통적인 시가 문학의 형태적인 변혁을 가능하게 하는 가장 중요한 요인이다. 노래로 불려지는 전통시가는 창곡의 음악적인 구조와 형식이 시적 형식을 지배한다. 시조의 3장 분장 형식이라든지 가사의 율격적인 규칙은 음악적 형식에 의해 규정되었던 것이다. 그러나 창곡으로서의 음악적인 형식이 분리되면, 창곡이 요구했던 형태적 고정성을 탈피하게 된다. 이 같은 특징은 조선시대의 사설시조가 창곡에서 요구하는 3장 형식을 고려하지 않을 경우 그 형식적인 개방성으로 인해 자유시형에 근접하게 되는 것과 마찬가지다.

이 시기의 새로운 시 형태는 국문 글쓰기를 수용하면서 전통시가의 형식적인 고정성을 파괴하고 개방적인 형식을 추구하는 특징을 보여 준다. 이 같은 변화는 국문이 대중적으로 널리 보급되고 국문체가 일반화되면서 문자를 해독할 수 있는 계층이 확대된 것에서 비롯된다. 대부분의 시 작품은 신문이나 잡지에 수록되어 독자 대중에 읽힌다. 이같이 문체의 변혁과 인쇄 매체의 보급에 따라 글쓰기와 글읽기 문화가 정착되기 시작하면서 새로운 시 형식의 모색도 이루어진 것이다. 그리고 여기서 자연스럽게 형식의 개방성이 추구되는 것이다. 그리고 이러한 형식의 개방성은 개화계몽시대의 다양한 이념과 사상을 포괄하기 위한 새로운 시적 형식의 추구 방법을 의미하는 것으로 이해할 수 있다.

「천희당시화」의 '국시(國詩)' 개혁론

개화계몽시대 문학에 대한 논의 가운데 가장 본격적인 형태의 문학론은 시가문학의 새로운 개혁을 주장하는 「천희당시화(天喜堂詩話)」[72]이다. 전통적인 한문 시화(詩話)와 유사한 형태를 보여 주는 이 글의 내용은 시의 본질과 그 기능, 우리 시의 현황과 문제점, 시 개혁의 방향, 시인의 위치와 사명 등을 서술하고 있다. 「천희당시화」에서 주목되는 것은 시의 본질 개념인데, 시란 국민 언어의 정화로서 인간의 여러 가지 감정 상태를 결합해 놓은 글이라고 규정되어 있다. 여기서 말하는 국민 언어의 정화란 국어와 국문과 국음으로 만들어진 언어예술 형식을 뜻하는 것임은 두말할 필요도 없다.

> 詩란 者는 國民言語의 精華라 故로 强武훈 國民은 其詩부터 强武후며 文弱훈 國民은 其詩부터 文弱후나니 一國의 盛衰治亂은 大抵其國詩에셔 可驗홀지오 又其國의 文弱을 回후야 强武에 入코즈 홀진딘 不可不其文弱훈 國詩부터 改良홀지라 余가 近世我國에 流行후는 詩歌를 觀후건딘 太半流靡淫蕩후야 風俗의 腐敗만 釀홀지니 世道에 關心후는 者가 汲汲히 其改良을 謀홈이 可후며 又其中에셔 特히 民俗에 有益홀 만훈 詩歌를 蒐集후야 詩界의 國粹를 保全홈이 可홀지나 但古스가 殘缺후야 三國時代에 眞正强武훈 詩歌는 得見키 難후니 惜哉로다.[73]

「천희당시화」에서 주장하는 시의 기능과 목적은 시의 도덕적 감화력에 근거한 사회적 효용성으로 집약되고 있다. 이러한 관점은 조선시대 이전부터 한학자들이 보여 왔던 도덕적 관점과 그대로 이어지는 것이지만, 시도(詩道)와 국가의 흥망을 연결시킴으로써 당대적 현실의 위기를 정신적으로 극복해 나아가기 위한 계몽적 사상이 분명하게 드러나 있다. 예컨대 “시가 성하면 국도 성하며, 시가 쇠하면 국도 쇠하며, 시가 존하면 국도 존하며, 시가 망하면 국도 망한다.”라고 하는 주장은 전통적인 효용론적 관점을 강조한 것이다. 특히 한 나라의 기상이 시에 좌우되며 인간 세상의 선악(善惡) 미추(美醜)가 모두 시의 지배력을 받지 않는 것이 없다고 말할 정도로 시적 감화력의 중요성을 높이 평가하고 있다.

---

72 《대한매일신보》(1909. 11. 9-12. 4)에 연재된 것인데, 신채호의 논설로 추측되고 있다.
73 「天喜堂詩話」(대한매일신보, 1909. 11. 11).

이와 같은 시적 기능에 대한 인식에 근거해 볼 때 동국의 시계(詩界) 현황은 부정적인 것으로 판단되고 있다. 이 글에서는 우선 한시의 오랜 역사와 막강한 영향으로 국문시가가 위축되어 있음을 지적하고 있다. 한시는 한문의 유입과 함께 하나의 문학 양식으로 오랫동안 향수되었지만 음풍농월에 지나지 않는 퇴영적인 것이 대부분이며 결과적으로 사대주의를 심어 주는 데 그쳤을 뿐이라는 것이 문제점으로 제기된다. 비록 시는 많다 하더라도 그 내용의 면에서는 이미 시의 타락과 멸망을 드러내게 되었다는 것이 그 현상적 진단에 해당한다.

> 漢詩ᄂᆞᆫ 漢文과 共히 我國에 輸入ᄒᆞ야 一種 文學을 成ᄒᆞᆫ 者라 箕聖이 傳敎ᄒᆞᆯ 時에 必也殷周에 行用ᄒᆞᄂᆞᆫ 풍雅頌等으로 國人을 敎ᄒᆞᆫ 事가 有ᄒᆞᆯ지나 古사에 可徵ᄒᆞᆯ 處가 無ᄒᆞ며 或麥秀歌를 箕聖의 作ᄒᆞᆫ ᄇᆡ라 ᄒᆞ나 此ᄂᆞᆫ 張谿谷이 微子詩로 昭晳히 辨正ᄒᆞᆫ ᄇᆡ라 再次置疑ᄒᆞᆯ 餘地가 無ᄒᆞ니 我東의 漢詩鼻祖ᄂᆞᆫ 不得不 類利王黃鳥詩로 推ᄒᆞᆯ지나 其詩旨가 自家夫婦間缺感을 敍述ᄒᆞᆷ에 不過ᄒᆞ니 足히 稱道ᄒᆞᆯ ᄇᆡ 無ᄒᆞ고 其後에 乙支文德이 平壤城下兵馬공惚의 際에 五言一首를 著ᄒᆞ야 于仲文을 欺弄ᄒᆞ엿스니 其臨陣閑雅의 풍度를 足히 想見ᄒᆞᆯ지나 將軍의 詩라 詩人의 詩가 아니며 又一時誘敵의 語라 任情率意의 作이 아니니 足히 諷詠ᄒᆞᆯ ᄇᆡ 無ᄒᆞ고 其後에 許多詩學士가 輩出ᄒᆞ엿스나 皆李杜韓蘇의 唾餘를 拾ᄒᆞ야 戰事를 悲觀ᄒᆞ고 苟安을 謳歌ᄒᆞ야 事大主義만 鼓吹ᄒᆞᆯ ᄲᆞᆫ이오 能히 眼光을 大放ᄒᆞ야 東國尙武的精神을 發揮ᄒᆞᆫ 者ㅣ 無ᄒᆞ니 嗚乎라 外語外文의 國魂을 移奪ᄒᆞᆯ 魔力이 果然如此ᄒᆞᆫ지 余가 勝朝及本朝千餘年間 漢詩家人物을 歷數ᄒᆞᄆᆡ 欷歔를 不堪ᄒᆞᄂᆞᆫ ᄇᆡ로라.[74]

「천희당시화」에서는 한시를 배격하면서 누구나 쉽게 짓고 즐길 수 있는 국문시가의 중요성을 강조하고 있다. 물론 전래하는 국문시가라는 것도 '한담(閑談)의 시'나 '음탕(淫蕩)의 시'가 많기 때문에 새로운 시대정신을 바르게 담아내지 못하고 있다. 그러므로 이러한 시의 문제점을 개혁하고 시도(詩道)를 바로잡기 위해 세 가지 방향의 국시 개량 방안을 구체적으로 제시한다.

---

74 「天喜堂詩話」(대한매일신보, 1909. 11. 13).

첫째는 국어 국문으로 시를 써야 한다는 주장이다. 이 주장은 이미 앞에서 검토한 바 있는 사실적인 모범을 보여 줄 수 있는 국문소설을 널리 펴내야 한다는 소설개혁론과도 그 성격이 일치한다. 예를 들면 다음과 같은 구절 속에서 '동국시'의 요건을 보면 이를 확인할 수 있다. "盖東國詩가 何오 ᄒᆞ면 東國語, 東國文, 東國音으로 製ᄒᆞᆫ 者가 是오 東國詩革命家가 誰오 ᄒᆞ면 東國詩中에 新手眼을 放ᄒᆞᄂᆞᆫ 者가 是라." 여기서 국어, 국문, 국음으로 만들어진 시가 바로 '국시'에 해당한다. 민족의 고유한 심성이 그 민족의 언어와 문자에 의해 시로서 표현될 수 있다는 당시의 일반적인 견해와 견주어 본다면 국민 언어의 정화로서 '국시'의 개념이 갖는 특성을 이해할 수 있을 것이다. 특히 '국시'의 개념을 '국어 국문으로 씌어진 시'라고 규정하고 있는 것은 주목을 요한다.

둘째는 국민사상을 진작시킬 수 있는 정신을 담아야 한다는 점이다. 이 주장은 시적 주제의 사회적 효용성을 강조한 것이라고 할 수 있다. 시정신의 흥성과 쇠망에 따라 나라의 흥망이 좌우된다고 하는 견해에서도 확인할 수 있는 것처럼, 시의 공리적 기능에 착안해 새로운 시대정신과 신사상을 시를 통해 전달할 수도 있는 것이다. 그런데 이러한 시의 효용적 기능은 개인적 서정성보다는 사회적 이념과 가치를 지향하기 때문에 개인적인 시적 상상력이나 정서를 크게 중시하지 않게 된다.

셋째로 시의 새로운 형식을 발견해야 한다는 점이다. 「천희당시화」에서 예시하고 있는 국시의 형태는 시조, 가사, 민요 등의 전통적인 시가들이다. 새로운 시 형태에 대한 구체적인 인식이 제대로 확립되어 있지 않음을 말해 주는 것이다. 하지만 '국시 개량'의 방법 가운데 형식적 구투(舊套)를 탈피해야 한다는 주장은 새로운 시가 형태의 성립 가능성을 예견케 하는 중요한 요건이라고 할 수 있다. 시조나 가사만이 아니라 아리랑 같은 민요에 이르기까지 그 고루한 형태를 고쳐 새로운 사상을 담을 수 있도록 만든다는 데 국시 개량의 목표를 두고 있음을 알 수 있다.

개화가사와 개화시조

「천희당시화」에서 강조된 국시 개량의 구체적인 실천 과정은 개화계몽운동이 활발하게 전개되었던 을사조약 직후의 신문과 잡지에 수록된 시가를 통해 확인해 볼 수 있다. 당시의 국시개량운동을 솔선해 선도했던《대한매일신보》의 경우를 보면, 「천희당시화」가 발표되기 전인 1907년 말부터 현실 비판적인 '개화가사'를 계속 시사만평의 방식과 유사하게 수록했으며, 1908년부터는 현실 정치를 풍자하는 '개화시조'를 매일같이 수록했다. 특히 민요나 타령의 변형적 형태를 꾀한 특이한 시가 형식도 자주 등장하고 있음을 확인할 수 있다.[75]

개화계몽시대 시가문학의 경향을 보면 조선시대 시가 양식의 주축을 이루었던 가사가 그 주제 내용과 형식에 있어서 새로운 분화를 보이는 점이 두드러진다. 이 시기에 가사 양식이 여전히 관심의 대상이 된 것은 가사가 지니고 있던 형식의 개방성에 기인한다. 조선시대의 가사는 3·4조 또는 4·4조의 단순한 반복적 율격에 의해 그 형태를 유지하며 내용에 따라 얼마든지 그 길이를 확대 또는 축소할 수 있다. 가사는 일정한 음절수를 형식에 맞춰 반복시킴으로써 얻어지는 리듬의 효과를 중시한다. 이러한 율문의 형태는 사물을 구체적으로 관찰하고 분석 기술하는 데에는 적절하지 않다. 율문은 논리를 세우거나 사실을 밝히기보다는 손쉽게 자기주장이나 감정을 효과적으로 토로할 수 있는 기능적 특성을 지니고 있다.

가사는 그 형식적 개방성 때문에 조선 후기에 들어서면서 다양한 내용상의 분화를 보인 바 있다. 조선 초기의 가사는 대개가 서정적인 노래로 불려진 것들이다. 그러나 조선 후기에는 가사에 서사적인 요건이 가미된다. 조선 후기에 많이 등장한 기행가사는 여행의 과정을 드러내는 서사적인 요소가 내용의 골격을 이룬다. 규방에 널리 전파된 내방가사는 서정적인 것을 바탕으로 감계와 교훈을 강조하면서 여성의 삶의 과정을 서사적으로 전개하기도 한다. 개화계몽시대에 들어와서도 가사는 그 주제 내용이 다양하게 분화되었다. 개화계몽시대의 가사는 내용상으로는 의병가사, 동학가사, 개화가사 등으로 구분된다. 이 같은 구분은 이 시기의 가사 양식의 향수층과 그 주제 의식을 감안한 것이다. 동학가사는 동학의 이념을 구현하고자 하는 종교적 성격이 강하며 주로 농민층의 동학교도들이 널리 암송했던 것이다. 의병가사는 의병 활동에 참여했던 보수적인 지식층의 소산이다. 개화가사는 진

75 권영민, 『한국현대문학사 1 개정판』(민음사, 2020), 151-154면.

보적인 지식층에 의해 신문과 잡지에 발표됨으로써 가장 폭넓은 독자층을 가지고 있었던 가사 형식이다. 특히 개화가사는 '사회등(社會燈) 가사'라는 명칭으로 이미 많은 연구자의 관심을 끌어 왔다. 개화가사는 대체로 외세 침략에 대한 저항과 현실 사회의 모순에 대한 비판 의식을 대변하고 있으며, 국민의 각성과 궐기를 촉구해 새로운 시대 상황에 대한 철저한 인식을 계도하고 있다.

개화계몽시대의 가사 형식은 전통적인 율격을 고수하면서도 그 주제 내용의 효과적인 전개를 위해 하나의 작품을 몇 개의 단락으로 구획하는 분장 형태를 취하는 점이 특징이다. 그리고 분장된 각 장의 말미에 동일한 시구를 후렴 형태로 반복해 형태적인 분장 의식을 분명히 드러내면서 주제를 강조하고 있다. 가사의 전통적인 4·4조의 율격은 일제강점기에 접어든 후에 그 형태적인 변형이 이루어져 새로운 7·5조의 유형이 등장한다. 이 새로운 율격 형태의 가사를 흔히 '창가'라고 지칭한다. 창가는 가사의 율격적인 변형으로 이루어진 것이므로 본질적으로 가사 양식과 구별되는 새로운 시가 양식이라고 보기는 어렵다.

개화가사의 형태적인 변화가 율격적인 변형으로 고정되어 나타난 것은 1910년을 전후한 시기부터다. 이 시기에 개화가사는 4·4조의 율격이 무너지고 새로운 율격적인 패턴이 나타나게 된다. 이 새로운 변형된 시가를 흔히 '창가'라고 부르기도 한다. 창가라는 명칭은 원래 서양식의 악곡에 맞춰 가창되었던 노래를 지칭한다. 새로 설립된 기독교 계통의 학교에서 불려진 찬송가와 함께 등장한 신식 노래가 창가다. 그러므로 창가는 문학의 영역에서보다는 음악의 영역에서 서양 음악의 도입 과정을 이해하는 데 중요한 근거가 된다. '창가'라는 명칭으로 일컬어지는 이 시기의 시가 형태는 음악으로 가창되었던 찬송가의 가사 또는 창가의 가사와는 구별된다. 최남선(崔南善)[76]의 「경부철도노래」, 「세계일주가」와 같은 창가는 음악으로서 가창되기보다는 문학적인 영역의 시가 형태로 더 널리 읽힌 것이다. 이 작품들은 개

---

76 최남선에 대해서는 정한모 편, 『최남선작품집』(형설출판사, 1977); 김열규 편, 『최남선과 이광수의 문학』(새문사, 1986); 류시현, 『최남선 연구』(역사비평사, 2009); 육당연구학회, 『최남선 다시 읽기』(현실문화, 2009) 등 참고.

화가사와는 달리 그 율격적 패턴이 주로 3음보격의 4·3·5조 또는 7·5조로 나타난다. 그리고 그 형태적인 면에서 길이 제한이 없이 개방적이다. 이 같은 창가의 등장은 최남선이 일본 유학 과정에서 받아들인 일본 창가의 영향과도 무관하지 않다. 물론 그 기본적인 형식을 놓고 볼 때 4·4조 2음보격의 가사를 율격적으로 변형시킨 것으로 보는 것이 타당하다. 그 이유는 이 시기의 시가들이 4·4조 2음보격의 전통적인 가사의 율격 체계로부터 벗어나기 시작하면서 다양한 율격의 실험과 형식의 파괴를 시도하고 있지만, 가사의 형식적 개방성과 그 분장(분련) 방식을 여전히 유지하고 있기 때문이다. 이런 관점에서 본다면, 창가는 독자적인 시가 양식으로서의 장르적 성격을 인정하기 어렵다. 창가의 범주에 속하는 작품들은 최남선 개인의 창작에 속하는 것이 대부분이며, 시적 형태의 실험 과정에서 나온 다양한 변형에 속한다고 할 수 있다.

개화가사는 창가가 등장하면서 보여 준 가사 형식의 일탈과 그 변화를 끝으로 율문의 기능성을 상실하고 시적 형태로서의 존재가 소멸된다. 이러한 변화 과정은 고정적인 율격의 파괴를 지향하고 있던 시정신의 방향이라든지 산문의 영역의 확대와도 연관된다. 개화가사가 담아 놓고 있던 다양한 소재 내용과 개방성은 산문의 특성과 다를 바가 없는 것이다. 그러므로 가사 양식의 소멸은 근대적인 문학 양식의 등장과 산문의 확대 과정 속에서 쉽게 이해될 수 있다.

개화시조는 주로 신문과 잡지 등에 수록되었던 것들로서, 1908년 11월 27일부터 《대한매일신보》에 신설된 「사조」란을 통해 발표되었던 약 350여 편의 시조가 대표적이다. 이 밖에도 《국민신보》, 《대한민보》 등에 약간의 시조가 발표되었고, 《대한유학생학보》와 《소년》, 《청춘》 등의 잡지에도 여러 편의 시조가 실려 있다. 이 시조들은 대부분 그 작가가 정확하게 밝혀져 있지 않다. 대개 작품마다 제목이 붙어 있고 주로 단형시조의 형식을 취하고 있다. 작가의 표시가 되어 있는 경우에는 개세자(概世子), 지아생(知我生), 선봉청년(先鋒青年)과 같은 익명을 사용하기 때문에, 전문적인 시조작가의 등장 여부를 고려할 아무런 근거가 없다. 신원을 밝히지 않은 독자층의 투고를 그대로 신문에 실은 것이거나, 신문의 편집인들 중에서 누군가 고정적으로 사조난을 담당했을 것으로 추측된다.

시조가 개화기에 들어서면서 창곡과 분리되어 그 전통적인 존재 방식이었던 음악과의 공존 관계를 벗어나게 되었다는 것은 매우 중요한 변화다. 물론 시조창 자체는 여전히 존속하고 있었지만, 개화기 시조는 지상에 발표되어 읽히면서 시로서의 새로운 출발을 기하게 되었던 것이다. 그러므로 개화기 시조의 등장은 시조라는 전통적인 문학 장르의 계승이라기보다는 오히려 시조라는 새로운 시의 장르를 재창조하게 된 것으로 생각할 수 있다. 개화시조의 중요한 특징은 각각의 작품마다 제목을 붙인 점이다. 앞의 인용에서도 확인할 수 있는 것처럼, 작품의 주제 내용을 당시의 시대적 상황과 연관시켜 암시하는 제목이 많다. 원래 시조에 제목이 붙는 경우는 조선시대의 시조에서는 흔하지 않았다. 조선시대의 가집을 보면 시조는 대부분 곡조의 명칭에 따라 분류되어 있다. 개화시조에서 제목을 붙여 놓은 것은, 작품이 지니고 있는 주제 내용에 대한 작가의 의식을 강조하기 위한 것이라고 할 수 있다. 시조를 통해 말하고자 하는 내용에 대한 관심의 크기가 각 시조의 제목을 중심으로 나타나 있기 때문이다. 작가가 표현하고자 하는 내용의 중요성이 그 제목을 통해 크게 부각되는 것으로 보아, 이들 시조가 가창을 염두에 두고 창작된 것이 아니라 활자화되면서 눈으로 읽어야 하는 문학으로서의 입장을 취하고 있다는 사실을 쉽게 이해할 수 있다. 가창을 목표로 했을 경우 당연히 그 곡조의 구분 문제가 중요시될 수 있었을 것인데, 개화시조에서는 그러한 요소를 찾아보기 어렵다. 개화시조는 시조 자체가 지니고 있는 전아한 서정적 기품보다는 주체적인 민족의식에 근거해 현실 상황을 철저히 인식해 비판하고자 하는 행동적 의지를 담고 있다. 이러한 주제 의식의 변화는 개화시조가 국시개량론에서 제기되었던 웅건한 시의 면모를 보여 주는 단적인 예가 된다. 그러나 개화시조는 조선시대 시조의 우의적 변형 또는 패러디화의 단계에 머물기 때문에, 그 장르적 존재 의미가 지속될 수는 없었다.

최남선은 전통적인 시조가 지켜 온 3장 분장의 형태적인 정형성을 지키면서 평시조라는 단형시조의 특성보다는 연작 형태인 연시조를 널리 창작했다. 이것은 단형시조가 추구해 온 시적 주제의 압축과 긴장보다는 시적 의미의 확대에 더 큰 관심을 두고 있음을 말하는 것이다. 그리고 이러한 연작 시조가 반복적인 시적 율격의 실현에도 형태적으로 더욱 용이했던 것을 알 수 있다.

연작시조는 단형의 평시조를 중첩시켜 시적 의미를 확대시켜 놓는 특징을 지닌다. 이것은 시조의 단형적 형태가 지니는 한계를 극복하고자 하는 시도와 상통한다. 최남선이 시조 창작을 실험하면서 연시조에 관심을 가지게 된 것은 시적 형식에 대한 배려보다는 그 형식에 담아내고자 하는 내용의 풍부성을 감당할 수 있는 시적 형식의 추구에 더 큰 관심이 있었던 때문으로 이해된다. 개화시조의 연작성은 현대 시조의 형식적인 특성으로 자리 잡은 가장 중요한 형태적인 요소다. 이것은 시조의 형식적인 확대를 의미하는 것으로서 시조가 담아야 하는 시적 의미 내용이 그만큼 다양하고 포괄적인 것이 되었음을 말하는 것이다. 이러한 시조의 형태적 개방성은 단형시조로서의 평시조가 지니고 있는 형태적인 고정성과 제약성을 벗어나기 위한 것이라고 할 수 있다. 실제로 시조가 그 창곡과 분리되어 시적 형태로 고정되는 근대적 변혁 과정에서 연작에 의한 형태적인 개방성의 추구가 가장 커다란 내적 변화임을 알 수 있다.

그러나 이 같은 개화시조의 연작 실험은 시조의 형식에서 느낄 수 있는 전아한 기품과 그 특유의 균제미를 오히려 이완시킬 우려도 없지 않다. 앞의 예에서 볼 수 있듯이 이 작품은 그 형식적인 확대를 전체적으로 균형 잡아 주며 시적 긴장을 이끌어 갈 수 있는 시적 긴장과 그 형태적인 요건이 결여되어 있다. 오직 각각의 단형시조에 담긴 시적 의미의 지속과 결합만이 전체 작품의 연작성을 지탱하게 하는 요소로 작용하고 있을 뿐이다. 그러므로 이 같은 연작성의 실험이 시적 율격의 반복성과 그 효과를 개화가사나 창가와 마찬가지로 구현하기 위한 고안임을 알 수 있다.

신체시의 개념

개화계몽시대에 등장한 새로운 시 형식은 전통시가가 유지하고 있던 형식의 고정성을 벗어나는 데에서 출발한다. 전통시가 양식의 근대적 변화 과정은 1910년을 전후한 시기부터 새로운 시 형태를 모색하기 위한 여러 가지 시도로 이어진다. 이 과정에서 가장 주목되는 것은 전통시가의 고정적 형식이 파괴되는 점이다. 이를 달리 설명한다면 규칙적인 율격과 고정적인 형태의 파괴 현상으로 그 특징이 드러난다. 가사의 경우 분장의 방식이 일반화되고, 개화시조는 연작의 형식을 통해 오히려 그 완결된 형식을 개방적으로 확대한다. 그리고 4·4조의 규칙적인 율격에 변화가 나타나면서 4·3·5조 또는 7·4조의 새로운 3음보격의 율격이 나타난다. 율격의 규칙성과 형태적 고정성을 벗어나는 것은 시적 형식의 자유로움과 개방성을 지향하는 것으로 볼 수 있다. 이 같은 작은 변화가 시적 형식을 유기적인 형태로 이끌어 간 것이 바로 새로운 시 형태로서의 신시 또는 신체시의 성립이라고 할 수 있다.

최남선의 신체시는 개화가사의 형식적 개방성과 개화시조의 형식적 완결성을 결합한 새로운 절충적 형태에 해당하지만, 시적 형식의 완결성을 시도하고 있다. 실제로 신체시라는 이름으로 발표된 작품들은 어떤 일관된 고정적인 형식을 지니고 있는 것이 아니라 각 작품마다 개별적으로 완결성을 지닌 유기적인 시 형식을 확립하고 있다. 「해에게서 소년에게」의 경우는 전체 작품이 4연, 각 연이 7행으로 구성되는 형태적인 균형을 취하고 있다. 이 같은 연의 구분은 당시에 일반화되어 있던 가사의 분장 형태와 유사한 성격을 지니고 있지만, 고정된 율격의 규칙성을 벗어남으로써 시적 형식의 자유로움을 어느 정도 획득하고 있다. 「꽃두고」는 「해에게서 소년에게」보다 더욱 형태적인 개방성을 보여 준다. 시적 진술의 서두와 결말을 의도적으로 일치시켜 놓는 것을 제외한다면 이 작품은 자유시의 형태에 근접하고 있다. 이 같은 시적 형식의 새로운 실험은 한국문학사에서 시를 그 형식적 정형성으로부터 해방시키기 위한 시도라는 점에서 매우 소중한 의미를 지닌다. 신체시의 형태적 실험이 결국 자유시형을 지향하는 것임을 여기서 확인할 수 있다. 그리고 이 새로운 시 형식의 모색 과정을 근대시 성립의 첫 단계로 규정하는 이유가 여기에 있다.

최남선의 신체시에서 또 한 가지 중요한 것은 시적 언어의 문제다. 개화가사나 시조가 여전히 한문투의 관념적인 한자어를 많이 동원하는 것과는 달리 「해에게서 소년에게」와 같은 새로운 작품에는 일상어의 시적 활용이 눈에 띄게 드러나고 있다. 의성·의태어의 대담한 구사가 시적 대상에 대한 표현의 구체성을 살리는가 하면, 구어체를 활용함으로써 경험적 구체성을 실감 있게 표출하는 것도 특징적인 면이다. 이 같은 언어적인 변화는 국문체의 시적 가능성을 확인할 수 있는 근거가 되기도 한다. 그러나 이 같은 형식적인 실험의 가능성에도, 이들 작품은 시적 대상의 인식과 그 형상화 방법에 있어서 서정성의 결여가 확연하게 드러나고 있다. 그것은 시적 대상을 시인의 주관적인 의지와 일치시키고자 하는 데서 나타나는 부자연스러움과도 연관된다. 그리고 시적 표현에 있어서 정서적인 측면을 외면하고 이념적인 주제에 집착하고 있는 것은 이 시기의 시가들이 지니고 있던 공통적인 특징이라고 할 것이다. 말하자면, 새로운 시적 형식의 실험을 시도하면서도 여전히 이 시기의 시대정신을 외면하지 못하고 시를 통한 계몽의식의 구현에 힘썼던 것이다. 최남선이 실험하는 새로운 형식의 작품들에서 공통적으로 지적되는 것은 시적 미학의 결여와 근대적인 자아의식의 결여다. 시 이전의 모든 목적의식을 배제한 철저한 시 의식과 시적 미의 창조를 생명으로 하지 않고서는 근대시로서 성립되기 어렵다. 개인적인 정감의 심미적 재구성이라는 근대시의 요건을 놓고 볼 때, 최남선의 작품들이 보여 주는 시 의식 결여는 근대시의 성립 과정에서 드러나는 과도기적인 특징이라고 할 수 있다.

결국 개화계몽시대의 시가 양식 가운데 신체시는 자유시를 지향하는 형식적인 실험의 소산이라고 할 수 있다. 그러므로 신체시는 일시적인 문단적 개념일 뿐 하나의 문학사적인 의미를 지니는 시가 양식의 성립을 의미하는 것은 아니다. 신체시라는 이름으로 지칭되는 새로운 시 형태는 잡지《소년》에서부터《청춘》에 이르기까지 최남선이 발표한 몇 편의 작품에 불과하다.[77] 더구나 최남선 자신도 이 새로운 시 형식에 대해 확고한 장르 의식을 지니지 못했던 것 같다. 그는 이 새로운 시 형태를 '신체시가'나 '신시'라고 지칭하면서도 이 명칭을 기존의 시가 형식과 다른 '새로운 형태의 시가'라는 일반적인 의미로 쓸 뿐이다. 그러므로 '신체시'라는 명칭은 특정의 문학적 양식과 그 경향에 대한 인식을 바탕으로 성립된 문학 양식이 아니며, 이것을 하나의 장르 개념으로 규정할 수는 없는 일이다. 하나의 문학 형태가 양식적인 위상을 부여받기 위해서는 다양한 경향의 작품과 함께 그 형태를 공유하는 창조적 주체가 폭넓게 존재해야 하며, 그 형태를 향유하는 사회적 기반이 형성되어야만 한다. 신체시는 이 모든 조건을 제대로 구비하지 못하고 있다.

77 김영철, 「최남선과 신시의 성립」, 김용직 외, 『한국현대시사연구』(일지사, 1983), 41면.

제2부

1 일제 강점과 반식민운동

1) 일본의 식민지 지배 정책

한국 사회는 1910년 일본의 강점에 의한 식민지 지배가 시작되면서 그 이전에 추구해 오던 개화계몽운동을 더 이상 지속할 수 없게 되었다. 일본은 한국 민족의 모든 권한과 소유를 박탈하는 것부터 시작해 민족의 존재와 그 정신마저 말살하는 방향으로 식민지 지배 정책을 확대하고 강화한다. 일본은 '대한제국'이라는 국호를 폐지했으며, 한국에 대한 경제적 수탈 정책과 한국 민족에 대한 차별 정책을 강압적으로 시행했다. 일본은 조선총독부의 설치와 함께 1910년 12월 회사령(會社令)을 선포해 기업 활동을 강제 지배하고, 토지와 임야에 대한 전국적인 조사를 거쳐 토지와 임야를 수탈해 한국인의 경제적 지위를 박탈한다. 이로 인해 한국 사회는 궁핍한 경제 조건 속에서 왜곡된 근대화의 과정을 거치게 된다. 일본은 교육의 제한, 언론에 대한 규제, 사상에 대한 통제 등을 강제적으로 시행하면서 한국 민족에 대한 차별화 정책을 조직적으로 확대해 한국 민족의 독자성을 부정하고 그 역사와 문화를 말살하고자 했다.

일본은 한국에 대한 식민지 경영의 기초를 확보하기 위해 한국인을 철저하게 차별화하는 식민지 교육 정책을 시행했다. 조선총독부가 발표한 조선교육령(1911. 8)은 한국인을 충량한 일본 국민으로 만들고자 하는 것이 목표였다. 조선교육령은 한국인에 대한 교육을 보통교육, 실업교육, 전문교육으로 한정한다. 여기서 보통교육이란 한국인들에게 식민지 백성으로서의 자질을 심어 주기 위해 일본어를 보급시키기 위한 것이다. 일본어를 '국어'라는 과목으로 소학교에서부터 교육하는 대신에, 일본어 교육을 위한 방편으로 '조선어'라는 이름으로 한국어 교육을 제한적으로 허용했고, 1930년대 말에는 한국어와 한글 사용 자체를 금지하기에 이르렀다. 실업교육은 농업이나 상공업 분야의 하급 직업교육을 위한 것이고, 전문교육이라고 해도 약간의 전문성이 필요한 지식과 기술을 습득시키기 위한 것에 불과했다. 한국인에게는 자율적으로 대학을 설립할 수 없게 만들었으며, 대학 교육과 같은 고등교육은 제한적으로만 허용했다. 그리고 사립학교 규칙(1911. 10)을 통해 사립학교의 설립 요건을 강화함으로써 사립학교의 설립 자체를 불가능하게 하고, 그 교육 과정과 교과 내용도 엄격하게 통제했다. 개화계몽시대에 설립되었던 사립학교 상당수는 이 규칙에 따라 합방 이전의 교과 내용을 모두 강제 폐기당했고, 문을 닫는 곳도 속출했다.[1] 이 같은 교육 정책은 일본의 식민지 지배 자체가 한국 민족에 대한 부정은 물론이며 민족의 역사와 문화를 말살하고자 하는 것이었음을 말해 준다.

일본은 한국인의 사회·문화 활동을 규제하기 위해 언론·출판에 대한 검열 정책도 강화했다. 이미 합방 직전에 일본은 신문지법(1907)이라고 불리는 언론 규제법을 만들고 출판법(1909)을 시행해 사전 검열을 통해 출판을 규제, 탄압하고자 했다. 조선총독부 설치 후에는 여러 사회단체가 발간하던 기관지나 잡지는 모두 폐간하고, 총독부 기관지 《매일신보》(1910. 8. 30)를 발간하기 시작한다. 그리고 일본의 식민지 지배에 대해 비판적 이념을 심어 주거나 한국인의 민족의식을 자극할 만한 것은 모두 발매·반포 금지 도서로 지정 압수했다. 더구나 일본은 3·1운동 이후 한국 사회의 민족운동이 활발해지자, 이를 강압적으로 규제하기 위해 치안유지법(1925)을 발동했다.

이와 같은 일제의 강압적인 식민지 지배 정책은 차별화와 동질화라는 이중적 논리로 작동한다. 일본이 만들어 낸 '내지(內地)'로서의 일본과 식민지로서의 조선에 대한 정치·경제·군사·문화적 구획은 차별화의 논리에 근거한 식민주의 담론 구조의 전형에 해당한다. '내지'는 모든 권력의 근거, 정치 행위의 주체, 문화의 중심이다. 그러므로 식민지 조선에서 '내지'는 꿈이며 환상이다. 개화된 문명, 발달한 산물, 풍부한 지식, 정비된 제도, 자유로운 활동을 상징하는 것은 모두 '내지'다. 그러나 당시 조선을 거쳐 간 일본의 지식인

---

1 駒込 武, 『植民地帝国日本の文化統合』(岩波書店, 1996), 76-103면.

들이 조선에 대해 서술한 대부분의 견문 기록은 조선을 미개의 땅으로 기술하며, 반도적(半島的) 근성으로서의 창조력의 결핍, 오랜 당쟁으로 인한 인간적 신뢰성의 붕괴를 꼬집기도 하고 조선인은 나태한 관습과 사기적인 행위, 비위생적인 생활 습관을 가졌다고 조소하기도 한다. 이 같은 식민지 조선에 관한 서술은 일본의 지배 아래 놓인 조선 식민지의 비참한 상황과 일본인들의 포악한 강제적인 지배력의 문제성을 모두 은폐시켰다. 더구나 일본의 지배 이후에 이루어지는 식민지 조선의 제도적인 정비, 산업의 개발, 문화의 발전 등을 강조함으로써 일본의 지배력을 대내에 널리 알렸다. 이러한 일본적 식민주의 담론은 식민지시대를 살았던 한국인의 행동과 사고에 큰 영향력을 미쳤다.

일제강점기의 식민지 지배 정책의 한 축에는 이른바 동화 정책이라는 특이한 지배 논리가 자리 잡고 있었다. 이 지배 논리의 형태는 일찍이 서구 제국 가운데 프랑스가 아프리카에서 행했던 것으로, 프랑스는 아프리카의 식민지를 모두 자국의 해외 부속 영토로 통합했다. 그러므로 이것은 형식적인 면에서 볼 때 식민지가 아니었지만 여전히 그 통치 형태는 식민지에 대한 착취였다. 결국 이 같은 제국의 지배 아래 이루어진 동화 정책은 그 자체가 커다란 모순이었다. 일본이 내세운 동화 정책은 표면적으로는 지배 민족인 일본인과 식민지 피지배 민족인 한국인이 동등하다는 평등주의를 지향하는 것처럼 보였다. 하지만 식민지 지배 과정에서 일본은 한국에 대한 엄청난 민족적 차별을 자행했다. 제국 일본과 식민지 조선은 '내지'와 '조선'이라는 공간적 차별을 통해 표상되었으며 한국인은 '조센진'으로 억압되었다. 일본 제국주의의 지배 논리에는 그 내면에 문화적 인종 이데올로기의 속성이 그대로 잠복되어 있다.

일제의 식민지 통치는 한국의 언어와 문화와 제도를 완전히 파괴하고자 하는 방향으로 강화되었다. 한국 사회는 일제의 강점과 강압적인 식민지 지배로 인해 개화계몽시대에 추구했던 문명개화의 이상을 실현하지 못한 채 핍박과 굴종의 시대에 접어들었다. 한국 사회의 근대화 과정 자체가 식민지 지배에 따라 왜곡되었으며, 한국의 모든 산업이 식민지 지배에 종속되었다. 특히 식민지 교육 정책에 의한 일본어 교육의 강화로 한국인의 언어와 생활에 일본어가 깊숙이 침투했다. 그 결과로 일제강점기 한국 사회에는 모방과 굴종, 창조와 저항이라는 양가적 속성을 지니는 독특한 식민지 문화가 형성되었다.

2) 민족의식과 반식민주의

일본의 식민지 지배가 시작되면서 일어난 반식민운동의 그 중심에는 민족주의가 자리하고 있었다. 한국에 대한 일본의 식민지 지배는 반인간적인 착취와 파괴 행위였다. 한국 민족의 지도층에서는 식민지 상황 자체를 강대한 일본 민족이 약소민족인 조선을 지배한다는 민족적 모순 구조로 파악하게 되었다. 그러므로 반식민운동은 피지배 민족인 한국 민족 자체의 문제로 초점이 모아졌고 그것이 작동하는 영역도 민족 내부에 한정되어 있었다. 특히 일제는 식민지 통치를 시작하면서 자신들의 지배 권력을 지지해 줄 수 있는 상층 계급의 보호 육성책을 쓰면서 식민지 지배 민족과 피지배 민족 간의 갈등 관계를 조선 내부의 계급적 갈등 관계로 은폐하려 했다. 그 결과 식민지 조선 내에서 민족과 계급의 문제는 일본 제국주의의 지배라는 상황적 조건 속에서 통합적으로 파악해야 할 문제로 인식되기에 이르렀다. 식민지 지배 정책이 무단통치라는 강압적인 방식으로 자행되자 한국의 지도층에서는 인도주의 원칙을 내세우면서 일본에 저항했고 국제사회에 그 부당성을 알리고자 했다. 이것은 당시 제1차 세계대전을 전후해 국제사회에서 논의되기 시작했던 민족자결주의의 원칙을 승인하는 방식과도 맥을 같이했다. 한국인들은 일본의 통치 방식 자체가 가지는 폭력성과 비인도적인 요소들에 크게 반발했다.

일본에 대한 한국 민족의 저항 의식이 행동으로 집약되어 표출된 것은 1919년의 3·1운동이다. 3·1운동은 자주독립의 쟁취라는 민족적 숙원을 이루는 데까지 진전되지는 못했지만, 한국 민족 전체의 적극적인 참여와 성원으로 이루어진 독립만세운동이었다. 한국 민족은 3·1운동을 통해 일본 제국주의라는 침략 세력의 정체를 분명하게 인식하고, 민족적 자기 인식을 기반으로 식민지 상황 속에서 민족운동이 나아가야 할 방향을 새롭게 모색하게 되었다. 3·1운동은 민족적 자기 정체성을 기반으로 일본에 대한 한국 민족의 저항 의식을 비폭력 독립 투쟁이라는 실천적 활동으로 확대한 민족해방운동의 성격이 강했다. 그러므로 3·1운동의 이념과 정신에 근거해 한국 근대사의 전환을 가능하게 하는 새로운 민족운동이 여러 방면에서 적극적으로 실천되었다. 한국 민족은 일본 제국주의의 식민지 지배 상황을 극복하기 위해 민족의 실력을 양성하고, 정치·경제·사회·문화 등 모든 부문에서 민족의 역량을 최대한 발휘하며, 결국은 민족적 동등권을 실현해 독립을 쟁취하고자 했다. 이 같은 민족운동은 한국 사회 전반에 걸쳐서 폭넓은 반제국주의 사상을 확산시켰으며, 한국 사회 내부의 모순을 극복하기 위한 반봉건 의식도 촉발했다.

이러한 의미에서 3·1운동은 한국 민족운동의 전개 과정에서 역사적 전기를 이룬다. 민족운동의 주도 세력이라든지 그 이념적 지향이나 실천적 과정 자체가 식민지 지배에 대한 저항과 민족의 자주독립을 목표로 하는 3·1운동을 통해 통합 가능성을 보여 주었기 때문이다. 3·1운동의 주도 세력은 개화계몽시대에 형성된 새로운 민족 엘리트였지만 민족의 자주와 독립을 위해 민족 구성원 대부분을 차지하는 농민 계층까지 참여해 민족 전체의 통합을 이루어냈고, 이는 상층부와 하층부가 계층적 통합을 이루었다는 점에서 더욱 실천적 의미를 지닌다. 특히 3·1운동은 반제국주의적 탈식민운동으로서 한국 민족이 추구하는 민족국가의 이상을, 절대 왕권의 회복이 아니라 새로운 민주적 공화제의 형태로 제시했다는 점에서도 매우 중요한 의미를 지닌다.

3·1운동 이후 전개된 한국의 민족운동을 문화적 차원에서 이해하고자 할 때 먼저 주목해야 할 것은 민족언론운동이다. 일제는 1907년의 광무신문지법 제정을 기점으로 민족 언론을 탄압하고, 식민지 지배에 들어가면서 모든 민간 언론 매체를 강제로 폐간시켰기 때문에 무단통치시대에는 한국의 현실과 한국인의 삶을 대변할 어떠한 수단도 없었다. 3·1운동 직후 조선총독부가 이른바 '문화통치'라는 이름으로 민간 신문과 잡지의 간행을 허가하자, 새로이 등장한 민간 언론이 중심이 되어 일제의 식민지 정책을 비판했고, 민족의식을 각성시키기 위한 각종 계몽운동이 일어나게 되었다. 당시의 민족사회운동은 이 민족 언론 기관을 기반으로 폭넓은 계몽운동을 전개해 민족문화에 대한 새로운 인식을 대중적으로 확산시켰다. 이로써 식민지

지배 상황에서도 한국 민족문화운동의 기틀이 마련될 수 있었다.

한국 민족의 반식민운동은 민족교육운동을 통해 더욱 구체적인 실천의 길로 나갔다. 일제는 한국인의 교육을 제한하기 위해 사립학교 설립을 억제하고 교육의 기회를 박탈했다. 그러나 3·1운동 이후 민족 엘리트들은 교육의 중요성을 널리 대중에게 계몽하고, 민립대학설립운동과 야학설립운동을 활발하게 전개해 독자적인 민족교육운동을 실천했다. 그 결과 전국적으로 각 지방의 청년 단체, 기독교회 등에 의해 야학이 설립되어 계몽 활동이 이루어졌다. 또한 한국 민족의 언어와 역사에 관심이 커지고 교육열이 높아져 일본 유학생도 크게 늘어남에 따라 새로운 지식층이 형성되기 시작했다.

일본 제국주의 자본 침략에 대응하기 위한 경제자립운동도 이 시기에 활발하게 전개되었다. 일본은 한국을 발판으로 대륙 진출을 꿈꾸었기 때문에, 농산물과 원료를 싼값으로 한국에서 조달하고 공업 생산품을 판매해 한국 내의 경제권을 지배했다. 이 같은 상황에서 한국 민족의 경제적 실력을 배양해 민족 자본을 보호하고 기업을 일으켜 경제적 자립을 도모해야 한다는 경제참여운동이 일어나기 시작했다. 즉, 자작자급(自作自給)을 통해 민족 산업을 진흥하자는 물산장려운동이 범국민적으로 전개되었고, 노동자와 농민이 일제의 자본 침략과 그 횡포에 대항하며 생존권을 지켜 나가기 위해 임금 투쟁, 소작쟁의 등 투쟁 활동을 점차 치열하게 전개했다. 조선물산장려회(1920), 조선노동공제회(1920), 조선노동연맹회(1922), 조선청년회연합회(1920) 등의 여러 단체가 조직되자, 민족운동은 사상운동, 노동운동, 청년운동, 여성운동, 형평운동 등으로 확산되면서 더욱 조직적인 실천이 가능해졌다. 그리고 점차 그 사상적 계보와 이념적 성격도 분화되었다.

3·1운동 직후 민족운동의 사상적 기조는 민족의식 고취, 신교육 확대, 민족산업 육성 등에서 확인되는 것처럼 반식민주의적 민족주의에 근거하고 있다. 일제의 식민지 정책이 한국 민족의 전통과 그 존재에 대한 정당한 의식을 부정하는 방향으로 강화되었지만, 한국 민족은 민족적 자기 인식을 확립하고 민족자존의 의지를 세우기 위해 일본에 저항했다. 민족의 현실 문제에 대한 인식을 바탕으로 민족문화 확립을 위해 노력하면서 일본의 식민지 지배 논리를 거부했던 것이다. 이와 같이 한국의 반식민운동은 3·1운동 이후 비로소 특정한 사회·문화적 관점과 논리에 의해 정식화된다. 한국 사회는 일

본의 강압적 통치 방식이 '무단통치'에서 '문화통치'라는 이름으로 전환하는 과정에서 다양한 문화적 대응 방식을 창안한다. 이것은 문화적 민족주의 운동이라고 일컬을 정도로 언론을 통해 대중적으로 확대되었으며, 특히 언어, 역사, 문학의 영역에서 일본의 제국주의적 통치 권력이 자행했던 이념적 요구와 식민주의 담론의 허구성에 대항하기 위한 독자적 논리를 발전시켜 나가게 되었다.

이러한 사회상의 변화를 좀 더 면밀히 검토해 보면, 3·1운동 이후 민족운동이 보다 조직적인 사회운동으로 확대되었고, 민족운동 자체에 대한 경험적 비판도 가능해지고 있다는 점을 확인할 수 있다. 당시 민족운동은 일제의 자본주의적 착취에 대한 농민들의 소작쟁의와 노동자들의 노동쟁의로 확산되었고, 많은 민족 사회운동 단체의 결성과 함께 민족운동의 사상적 지향과 그 투쟁 방식도 다양해진다. 특히 러시아혁명 이후 세계적인 사조로 유포된 사회주의 사상이 국내에도 소개되면서 민족운동으로서의 반제·반식민 운동의 사상적 성격이 점차 뚜렷하게 드러난 것이다. 일제는 이러한 상황 변화를 이용해 이른바 문화 정책에 따라 한편으로는 한국 민족에 대한 유화 공작을 펴면서 사상 면에서는 오히려 치밀하게 계획된 강압책을 시행했다. 그렇기 때문에 일시적으로는 민족문화 전반의 회복이 가능한 것처럼 보이기도 했지만, 일제의 식민지 정책은 민족의 자기 전통과 그 존재에 대한 정당한 의식을 부정하는 방향으로 압축되었다. 그들이 시행한 식민지 교육은 민족적 자기의식을 말살시키려는 예속화의 방향으로 고정되어 있었으며, 역사의식의 왜곡과 조장을 통해 민족자존의 의지를 붕괴시키고자 했던 것은 널리 알려진 사실이다. 실제로 3·1운동을 전후해 문학의 영역에는 퇴폐적인 문화주의적 경향이 나타나기도 하지만, 일제의 기만 술책에 빠져들지 않고, 민족의 현실 문제에 대한 폭넓은 관심이 작품을 통해 제기되었다. 문학에 대한 근대적인 인식이 이루어지면서 자기 각성에 근거한 민족문학의 확립이 가능해지자, 일본을 통해 유입된 서구적인 문학 형식을 놓고 민족문학의 형식에 대한 반성이 제기되기도 했으며, 문학을 통한 민족의식의 추구가 더욱 강조되기도 했다.

3) 문학의 사회·문화적 성격

한국문학이 현대적 문학 양식으로 발전하는 과정은 개화계몽시대에 전개된 국어국문운동의 확대와 밀접한 관계가 있다. 새로운 문학 양식의 정착, 대중 독자층의 확대, 민간 신문과 잡지의 등장 등이 모두 국어국문운동을 통해 가능해졌기 때문이다. 그런데 여기서 한 가지 주목해야 할 것은 일제의 식민지 지배로 국어와 국문이 그 공식적인 기능을 상실하게 되었음에도 국문을 읽고 쓸 수 있는 독자층이 꾸준히 증가했다는 사실이다. 특히 3·1운동 직후 민간 신문과 다양한 대중 잡지의 간행이 가능해지면서 국어·국문의 문화적 기능이 되살아나게 되었다. 이 시기에 일본 유학을 거친 지식층이 국문을 기반으로 하는 문필 활동을 시작하면서 국문을 위주로 하는 국한혼용체가 주도적인 문체로 자리 잡았으며 세련된 국문체가 문학을 통해 정착하게 된다. 3·1운동 직후 국어·국문에 대한 연구도 활발히 진행된다. 주시경의 문하에서 국어·국문을 학습한 장지영, 권덕규, 이병기, 신명균, 김윤경 등은 조선어연구회(1921)를 조직하고 국어·국문에 대한 보다 체계적인 연구를 시작한다. 조선어연구회는 1926년 훈민정음 반포 8회갑을 기념해 '가갸날'을 제정하고, 《한글》(1927)이라는 잡지를 창간해 국어·국문 연구 성과를 축적해 나갔다. 조선어연구회는 1931년 그 명칭을 조선어학회로 개정하면서 더욱 강력하게 국어와 한글의 수호를 위한 여러 가지 사업을 추진했는데, 한글 맞춤법 통일안(1933)의 완성과 국어의 표준어에 대한 사정 작업이 이에 해당한다. 이러한 연구 작업과 그 사회적 보급은 식민지 상황에서 이루어 낸 중요한 문화적 성과라 하겠다. 특히 국어·국문이 일상생활만이 아니라 새로운 학문의 연구와 문화의 창조를 위한 기반으로서 당당하게 그 규범성을 갖추게 되었다는 사실을 높이 평가할 필요가 있다.

한국문학은 3·1운동을 전후해 등장한 신문, 잡지 등의 대중매체를 통해 구체적인 작품 활동의 성과를 보여 준다. 이러한 문학 활동은 일본을 통해 수입된 서구 문학의 양식과 기법에 대한 새로운 인식을 그대로 보여 주는 것이라고 하겠다. 그렇지만 한국문학은 모방과 이식의 과정을 극복하면서 민족문학으로서의 독자적 위상을 확립했으며 문학 자체의 예술적 가치에 대한 인식을 사회 문화적으로 확대하게 되었음은 물론이다. 실제로 3·1운동 직후에 창간된《조선일보》,《동아일보》는 학예 면을 통해 문예 활동을 널리 소개함으로써 문학과 독자를 연결하는 매개적 역할을 담당하면서 폭넓은 작품 활동의 기반을 제공했다. 또한 대중 독자들을 위해 장편소설을 연재하고 현상 문예 제도를 통해 신인을 배출함으로써 왕성한 문학 창작 활동을 촉발하는 데 기여했다. 최남선이 주도한《소년》과《청춘》은 종합적인 성격의 대중 잡지였지만, 새로운 글쓰기로서의 문학의 사회적 확대에 큰 영향을 미쳤다. 특히《청춘》은 현상 모집 방법으로 소설을 공모해 새로운 문필가를 발굴하고, 여러 가지 형태의 글쓰기에 적합한 국문체의 가능성을 실제 작품을 통해 보여 주었다. 조선유학생학우회가 발간한《학지광(學之光)》(1914)은 종합 학술 잡지의 성격을 갖춤으로써, 이 시기의 새로운 학문 분야에 대한 관심과 그 이해의 정도를 확인할 중요한 자료가 된다.《태서문예신보(泰西文藝新報)》(1918)는 문예를 중심으로 하는 주간지로 서구 문학의 여러 경향을 소개하고 작품을 번역, 수록했다.

3·1운동 이후 일본에서 본격적으로 문학을 수학한 문인들이 문학 활동의 무대에 등장하기 시작했다. 순수 문학 동인지《창조(創造)》(1919)는 일본 유학생이었던 김동인, 주요한, 전영택, 김환, 최승만 등이 동인으로 참가해 도쿄에서 창간되었다. 한편 국내에서 창간된 문학 동인지《폐허(廢墟)》(1920)에는 김억, 황석우, 민태원, 남궁벽, 염상섭, 오상순, 나혜석, 김일엽 등이 참여한다. 1922년 창간되어 낭만주의 문학운동의 구심점 역할을 한 순수 문예지《백조(白潮)》에는 홍사용, 박종화, 현진건, 이상화, 나도향, 노자영, 박영희, 안석영 등이 동인으로 참가했다. 이 밖에도 1920년대에는《장미촌(薔薇村)》(1921),《금성(金星)》(1923),《영대(靈臺)》(1924) 같은 동인지가 지속적으로 발간된다. 이러한 문학 동인지들은 대개 단명했지만, 문학 동인 활동은 일제강점기에 가장 중요한 작품 활동 방식으로 자리 잡으면서 1930년대에도 크게 유행한다. 문학 동인 활동은 비슷한 성향의 문학인들이 모여 작품 활동을 전개하는 계기가 되었으며, 그 자체가 이른바 문단이라고 하는 문인 계층의 사회문화적 활동 기반으로 확대되었다. 이 시기에 대중적인 종합 잡지로 등장한《개벽(開闢)》(1920)은 현상 공모 제도를 도입해 신인을 발굴했으며,《조선문단(朝鮮文壇)》(1924) 같은 문학 종합지는 신인 추천 제도를 통해 문학 활동의 기반 확대에 크게 기여했다.

이와 같은 사회·문화적 배경 속에서 문학은 자아의 발견이라는 근대 의식의 발현에서부터 민족적 현실의 새로운 인식으로 그 주제 의식을 확대해 나갔다. 시는 폐허의 현실을 개탄하고 어둠의 시대를 저주하면서도 한국인의 정서와 호흡에 근거한 시적 리듬을 발견했으며, 근대시 형태로서의 자유시를 한국적 토양에 정착시켰다. 소설은 고통스런 현실에서 방황하는 지식인의 고뇌를 그리는 한편, 노동자·농민의 비참한 삶을 외면하지 않았다. 소설이라는 양식을 통해 개인과 현실을 전체적으로 인식하고자 하는 실천적인 노력도 지속되었다. 그리고 외래적인 문학 형태로서의 희곡을 한국어를 통해 한국문학의 형태로 재창조했고 그 무대 공연을 실현함으로써 새로운 예술 양식이 정착되기에 이르렀다. 이처럼 한국문학은 자기 각성에 근거해 국어 국문을 통한 문학적 실천을 확대했고, 식민지 상황에서도 민족의 정서와 생활상을 국어와 국문을 통해 예술적으로 형상화하는 창조적인 활동을 지속해 나갔다.

2

문학의 본질과 범주

1) '문학'의 개념

한국문학에서 서구의 현대적인 '문학' 개념은 일본을 통해 수용, 정착되었다. 예술적 글쓰기의 영역에 문학이라는 새로운 개념을 심어 놓은 이광수는 자아에 대한 각성과 자기 발견을 내세우면서 문학의 독자적인 가치를 강조했다. 그는 문학의 개념을 '정(情)적 분자를 포함한 문장'이라고 규정하며 '문학'이라는 용어가 서양의 'literature'라는 개념을 번역한 말이라고 밝힌 바 있다. 그는 문학의 목적이 '정의 만족'에 있다고 했으며, 정에 충실할수록 가치 있는 문학이 된다고 주장했다. 구시대의 윤리적 속박과 모든 관념으로부터의 해방이 정의 해방임을 강조한 이광수의 문학적 관점은 일본에서 습득한 지식을 통해 서구 낭만주의자들의 견해를 받아들인 것이다.

> 文學의 範圍ᄂᆞᆫ 甚히 넓으며, 또 其境界線도 甚히 朦朧ᄒᆞ야 到底히 一言으로 蔽之ᄒᆞᆯ 슈ᄂᆞᆫ 無ᄒᆞ나 大概 情的 分子를 包含ᄒᆞᆫ 文章이라 하면 大誤ᄂᆞᆫ 無ᄒᆞ리라. 故로 古來로 幾多學者의 定義가 紛紛ᄒᆞ되 一定ᄒᆞᆫ 者ᄂᆞᆫ 無ᄒᆞ고, 詩, 歌, 小說等도 文學의 一 部分이니 此等에ᄂᆞᆫ 特別히 文藝라ᄂᆞᆫ 名稱이 有ᄒᆞ니라. 元來 文學은 다못 情的 滿足 卽 遊戲로 싱겨나실디며 또 多年間 如此히 알아와시나 漸漸 此가 進步發展홈에 及ᄒᆞ야ᄂᆞᆫ 理性이 添加ᄒᆞ야 吾人의 思想과 理性을 支配ᄒᆞᄂᆞᆫ 主權者가 되며 人生問題 解決의 擔任者가 된지라. 此를 譬하건된 熱帶에 住ᄒᆞᄂᆞᆫ 者-一日에 林檎을 食ᄒᆞ다가 其核를 地中에 埋하엿더니 幾十年을 디ᄂᆞᆫ 後에ᄂᆞᆫ 其林檎樹가 枝盛葉茂ᄒᆞ야 如燬ᄒᆞᄂᆞᆫ 陽炎에 清凉ᄒᆞᆫ 蔭을 成ᄒᆞ야 其子其孫이 燬死를 免ᄒᆞᄂᆞᆫ 處所가 된 것과 如ᄒᆞ도다. 故로 今

日 所謂 文學은 昔日 遊戲的 文學과는 全혀 異하ᄂ니 昔日 詩歌 小說은 다 뭇 銷閑遣悶의 娛樂的 文字에 不過ᄒ며 쏘 其作者도 如等ᄒᆫ 目的에 不外ᄒ여 시나(悉皆 그러하다 홈은 안이나 其大部分은) 今日의 詩歌 小說은 決코 不然ᄒ야 人生과 宇宙의 眞理를 闡發ᄒ며 人生의 行路를 硏究ᄒ며 人生의 情的(卽 心理上) 狀態及 變遷을 攻究ᄒ며 쏘 其作者도 가장 沈重ᄒᆫ 態度와 精密ᄒᆫ 觀察과 深遠ᄒᆫ 想像으로 心血을 灌注ᄒᄂ니 昔日의 文學과 今日의 文學을 混同티 못홀디로다. 然ᄒ거늘 我韓同胞 大多數ᄂ 此를 混同ᄒ야 文學이라 ᄒ면 곳 一個 娛樂으로 思惟ᄒ니 춤 慨歎홀 바ㅣ 로다.[2]

위의 글에서 이광수가 문학의 개념을 '정(情)적 분자를 포함한 문장'이라고 한정한 것은 전통적인 글 또는 '문'의 개념에서 예술적 글쓰기를 별도로 분리함을 말하는 것이다. 이 같은 태도는 문학을 예술의 차원으로 독립시켜 그 독자성을 인식하기 시작했음을 뜻한다. 국문 글쓰기의 일반화 과정에서 이루어진 실용적 글쓰기와 예술적 글쓰기의 구분은 문(文), 사(史), 철(哲)의 개념을 포괄하던 전통적인 글의 개념이 각각 독자적인 영역으로 분화되고 있었음을 의미한다.

문학이 예술적 글쓰기의 양식으로서 그 개념을 새롭게 정립하는 과정은 현대문학의 성립 과정과 그대로 일치한다. 예술적 글쓰기는 학식과 교양과 덕망 대신에 개인의 예술적 창조력과 그 재능을 강조한다. 글쓰기의 영역을 개인의 예술적 창조력과 상상력과 연결해 규정하는 과정은 매우 복잡하다. 서구적인 의미에서의 현대라는 것은 새로운 사회적인 질서와 함께 도래한 것이다. 현대라는 새로운 단계에 들어서면서 인간의 존재는 노동이라는 특수한 개념으로 범주화된다. 언어와 문자가 사회적인 지위나 학식과 덕망을 상징하는 것이 아니라, 누구에게나 새로운 지식과 정보를 전달하는 합리적이고도 공공적인 매체로 인식된다. 인간과 사회의 여러 관계가 인습에 따라 규정되는 것이 아니라, 정치·경제·문화적 질서 내에서의 특수한 기능들로 규정되기에 이른다. 이러한 변화 속에서 인간은 외부 세계로부터 가해지

2 이광수, 「文學의 價値」(大韓興學報 제11호, 1910. 3). 이 글은 이광수가 이보경(李寶鏡)이라는 이름으로 일본 메이지학원(明治學院) 중학부를 졸업하던 해에 발표했다.

는 모든 제약을 벗어나 충만하고도 해방감을 주는 상상력 혹은 창조성을 지향한다. 글쓰기에서도 상상력과 창조력이라는 특수 영역을 구분하게 되는데, 이는 심미적인 것이 새로운 인간적 가치로 자리 잡기 시작했음을 말해 주는 사회 문화적 징표이기도 하다.

2) 문학의 본질과 성격

문학과 예술의 영역

이광수가 문학의 본질과 그 양식 개념을 폭넓게 제시한 것은 「문학(文學)이란 하(何)오」(每日申報, 1916. 11. 10-23)라는 논설을 통해서다. 이 글은 이광수가 일본 와세다대학에 재학 중에 발표한 것으로 그가 중학 시절에 발표했던 「문학의 가치」와는 비교할 수 없을 정도로 논리적이며 치밀하다. 이광수는 이 글에서 문학의 개념이 서구의 'literature'에서 비롯된 것임을 다시 분명히 밝히면서 문학의 본질, 양식, 기법, 범주 등에 대한 전반적인 논의를 전개하고 이러한 논의를 기반으로 '조선문학'의 개념과 그 범주를 새롭게 규정했다. 그가 조선문학의 창조적 주체로서 한국 민족을 내세우고, 국어 국문이라는 매체를 통해 성립된 문학이라는 언어 문자 중심의 범주를 설정한 것은 당시로서는 매우 새로운 견해였다.

> 文學이란 그 範圍가 廣大하고 內容이 극히 漠然하여 諸般科學과 如히 一言으로 概括할 定義를 下하기 極難하며, 極難할 뿐만 아니라 嚴正하게 言하자면 不能하다 하리로다. 然이나, 旣히 一學이라 稱하는지라. 全然 定義가 無치 못하리니 文學 批評家들은 흔히 如左히 定義한다.
>
> 文學이란 特定한 形式下에 人의 思想과 感情을 發表한 者를 謂함이니라. 此에 特定한 形式이라 함은 二가 有하니, 一은 文字로 記錄함을 云함이니, 口碑傳說은 文學이라고 稱키 不能하고, 文字로 記錄된 後에야 비로소 文學이라 할 수 有하다 함이 其一이요, 其二는 詩·小說·劇·評論 등 文學上의 諸形式이니 記錄하되 體制가 無히 漫錄한 것은 文學이라 稱키 不能하다 함이며, 思想 感情이라 함은 그 內容을 云함이니 비록 文字로 記錄한 것이라

> 도 物理·博物·地理·歷史·法律·倫理 등 科學的 知識을 記錄한 者는 文學이라 謂키 不得하며, 오직 人으로의 思想과 感情을 記錄한 것이라야 文學이라 함을 謂함이로다. 嚴正하게 文學과 科學을 區別하기는 極難하거니와 物理學과 詩를 讀하면 兩者間의 差異를 覺할지니, 此가 文學과 科學의 漠然한 區別이니라. 아무러나 他 科學은 此를 讀할 時에 冷靜하게 外物을 對하는 듯하는 感이 有한데, 文學은 마치 自己의 心中을 讀하는 듯하여 美醜喜哀의 感情을 伴하나니 此感情이야말로 실로 文學의 特色이니라.
>
> 文學은 실로 學이 아니니, 大槪 學이라 하면 某事, 或은 某物을 對象으로 하여 其事物의 構造·性質·起源·發展을 硏究하는 것이로되, 文學은 某 事物을 硏究함이 아니라 感覺함이니, 고로 文學者라 하면 人에게 某 事物에 關한 知識을 敎하는 者가 아니요, 人으로 하여금 美感과 快感을 發케 할 만한 書籍을 作하는 人이니, 科學이 人의 知를 滿足케 하는 學門이라 하면 文學은 人의 情을 滿足케 하는 書籍이니라.[3]

이 글에서 문학의 독자적 성격을 강조하면서 과학으로서의 학문과는 다른 분야임을 지적한 점이 주목된다. 이러한 인식은 문학의 의미를 '감정(정서)'의 영역을 중심으로 개념화함으로써 예술의 한 분야로서의 문학에 대한 이해에 접근하고 있음을 말해 준다. 이광수는 문학이라는 것이 문자로 기록되며, 시, 소설, 극, 평론 등의 일정한 형식을 갖추는 것임을 분명히 하고 있다. 특히 문학은 감정을 수반하는 것으로서 지식을 가르치는 과학과 구별되며 '지(知)'를 만족하게 하는 학문이 아니라 '정(情)'을 만족하게 하는 서적이라고 규정한다. 인간의 마음이 지(知)·정(情)·의(意)의 세 요소로 작용되고 이들이 대등하게 정신을 구성한다고 말한 바 있는 이광수는 그중에서 특히 정의 문제를 문학에 연관시켰고 정에 충실할수록 가치 있는 문학이 된다고 생각했다. 이러한 관점은 구시대의 윤리적 속박과 모든 관념으로부터의 해방이 결국은 정의 해방임을 강조한 데서부터 출발하는데, 당시 상황으로 보아서 다분히 이상주의적이면서 예술지상적인 태도라고 할 수 있다. 물론 이광수는 정의 문제를 현대문학에 대한 논의에서 핵심이 되는 개성의 문제로 심

3 李光洙, 「文學이란 何오(1)」(每日申報, 1916. 11. 10).

화, 확대하지는 못했다. 그의 장편소설 「무정」(1917)을 발표하면서 벌써 정의 만족뿐만 아니라 지(知)와 의(意)에도 충실해야 한다는 그 나름대로의 계산을 가지게 되었다. 「무정」에서는 남녀 간 애정에 얽힌 삼각의 갈등 관계가 기본적인 골격으로 작용하면서 그 흥미와 쾌감이 정의 만족을 위해 충분히 작용할 수도 있었다. 하지만 이러한 소설적 경향이 문학의 통속화라는 문제를 야기할 수 있게 되자, 이광수는 세태인정을 교화하고 윤리 도덕을 함양할 수 있는 교훈적 요소를 가미시키고자 했다.

이광수가 주장한 문학의 개념에서 정의 문제는 그 범위를 인간의 감정이나 정서로 국한할 경우 정의 만족만을 추구하게 되면서 한계를 드러낼 수밖에 없었다. 물론 정이란 인간의 원동력이며 활동의 근거라고 말한 적도 있지만, 그러한 보편적 의미는 실상 아무런 뜻도 없는 것과 마찬가지였다. 이광수가 생각했던 대로 정이 문학의 핵심이라고 한다면, 문학에서 정, 즉 감정의 문제가 관여될 수 있는 방식은 대체로 두 가지 방향으로 설명할 수 있다. 우선 감정은 문학의 주체적인 의미를 지니는 것이므로 문학에서의 모든 선택 원리로 작용할 수 있다. 개인적인 미적 감각, 대상을 보는 관찰의 각도, 작품을 통해 표출되는 인간과 세계에 대한 관점 등이 모두 여기에 포함된다. 또 다른 측면에서 문학의 대상, 문학의 재료가 바로 감정이라는 말이 되기도 한다. 이러한 두 가지 측면의 감정은 실제로 예술적 창조 행위의 하나인 문학에서는 그 본질에 해당하기 때문에, 문학의 주체와 대상 그리고 목표가 되기도 한다. 그런데 이광수는 정의 문제를 중시하면서도 그것이 근거해야 하는 주체로서의 개인을 깊이 생각하지 않았고 그 개인이 근거하는 현실을 폭넓게 고려하지 않았다. 오직 정 자체의 만족만을 중요시한다면 정의 문제는 심정적인 차원을 넘어설 수 없다. 그러므로 정의 문제가 예술과 개성의 문제로 확장되기 위해서는 이광수 이후의 새로운 문학 세대를 기다려야만 했다.

문학의 형태

이광수는 문학의 종류를 평론, 소설, 극, 시 등으로 구분하고 있다. 그가 산문문학에 평론·소설·극을 포함하고 운문문학에 시를 내세운 방식은 다분히 기술적이지만, 문학의 양식 개념과 그 하위 개념으로서 장르의 구분을 시도한 최초의 사례다. 일반적으로 시, 소설, 극이라는 세 가지 양식을 문학의 분류 방식으로 내세우는 것에 비한다면 논문을 문학에 포함시킨 것은 특이한 관점이다.

문학에 대한 이광수의 현대적 인식은 문학과 언어 문제를 논하는 자리에서 분명하게 드러난다. 그는 문어(文語)였던 한문을 배격하고 구어(口語)인 말로 된 문학의 출현을 촉구한다. 그가 강조하는 것은 순 국문, 순 현대어로 된 살아 있는 문체의 실현이다. 그러므로 그는 한글 문학을 비천한 것으로 여겼던 조선시대의 관습을 비판하면서 여전히 난삽한 한문투에 매달려 있는 구태를 배격하고자 했다.

> 朝鮮學者의 時間과 精力의 大部分은 此 難澁한 漢文을 學하기에 虛費되었나니, 此 時間과 精力을 他에 用하였던들 文化가 大開하였을 것이며, 文學으로 觀하여도 漢文을 廢하고 國文을 使用하었던들 優秀한 朝鮮文學이 많이 生하였을 것이로다. 近年에 至하여 純漢文을 使用하는 者가 滅하였으나 아직도 餘風이 尙存하여 難澁한 漢文 文句를 用하기를 務하며, 文格도 漢文格을 用하려 하도다. 각 學校의 作文을 보거나, 出版物의 文體를 보더라도 漢文에 國文으로 吐를 단 듯한 文이 盛行하니 過渡期에 不可思한 現象이라 할지나, 속히 打破하여야 할 惡習이라. 現代에 在하여 現代를 描寫함에는 가령 있는 現代語를 用하여야 할지니, 가령 '工夫'라 할 것을 구태 螢雪이니, 琢磨니, 磨杵니 하는 廢語를 用할 필요가 何이며, '에그, 좋아라' 할 것을 구태 康熙字典에서 取하여 發表할 것이 何리오. 近來 朝鮮 小說이 純國文, 純現代語를 使用함은 余의 欣喜不已하는 바이나, 如此히 生命 있는 文體가 더욱 旺盛하기를 望하며, 國漢文을 用하더라도 말하는 模樣으로 最히 平易하게, 最히 日用語답게 할 것이니라. 日本文의 變遷을 보더라도 由田美妙氏가 三十餘 年 前에 言文一致體를 主唱한 이래로 文學的 作品은 물론이어니와, 科學書, 政治, 論文 등에 至하기까지도 純現代語를 採用하게 되니, 此는 一國 文化에 至大한 影響을 及하는 進步라. 고로, 新文學은 반드시 純現代語, 日用語 卽 何人이나 知하고 用하는 語로 作할 것이니라.[4]

4 李光洙, 「文學이란 何오(6)」(每日申報, 1916. 11. 19).

위의 인용에서 볼 수 있듯이 이광수는 문학이 누구나 알 수 있고 사용하고 있는 현대적 일상어를 사용해야 한다고 강조한다. 이것은 문학의 본질을 그대로 말해 주는 중요한 요건이다. 그는 생명 있는 문체로서의 언문일치를 중시하면서 소설이 순 국문을 지향하게 된 것은 그 일상적 언어 사용의 요체임을 분명히 했다. 특히 국한문을 혼용하는 경우라 하더라도 일상어의 평이성을 추구할 것을 주문한다.

3) '조선문학'의 개념과 범주

문학에 관한 이광수의 논의 가운데에서 '조선문학'이라는 개념이 주목된다. 그는 '조선문학'이라는 용어의 성격과 범주를 개념화해 제시함으로써 그 역사적 특수성을 분명하게 규정하고 있다. 이광수는 조선문학을 '조선인이 조선문으로 작(作)한 문학'이라고 규정한다. 이 규정은 조선문학의 성격과 그 범주를 말해 주는 명제로서 그 의의를 인정받게 된다. 문학의 창조적 주체로서의 '조선인'과 문학의 매체로서의 '조선문'이 하나의 상수(常數)가 되는 것임은 물론이다. 그가 인종과 언어를 중심으로 하는 관점으로 조선문학의 범주를 규정하는 것은 문학의 본질을 염두에 둔 접근임을 알 수 있다. 이처럼 문학의 본질적 개념을 전제하면서 민족어 문학으로서의 조선문학의 성격을 구체적으로 설명한 것은 주목할 만하다.

> 朝鮮文學이라 하면 毋論 朝鮮人이 朝鮮文으로 作한 文學을 指稱할 것이라. 然이나 三國以前은 邈矣라 물론하고, 三國時代에 入하여 薛聰이 吏讀를 作하였다. 吏讀는, 文字는 漢字로되 朝鮮文으로 看做함이 當然하다. 當時 文化 程度의 高함을 觀하건대, 此 吏讀로 作한 文學이 應當 贍當하였을지나, 爾來 千餘年의 數多한 變亂에 전혀 喪失하고, 當時 文學으로 至今 可見할 者는 三國遺事에 載한 十數百의 歌뿐이라, 此 歌도 아직 讀法과 意味를 解치 못하니, 此를 解하면 此를 通하여 不充分하나마 當時의 文學의 狀態와 思想을 窺知하리로다. 爾後 高麗로부터 李朝 世宗에 至하기까지는 朝鮮文學이라 稱할 者 無하다. 但 太宗과 鄭圃隱의 唱和한 二首歌가 有하니, 此도 漢字

로 記하였으나 文格語調가 朝鮮式이라 하겠고, 世宗朝에 國文이 成하고, 龍飛御天歌가 作하니 此가 眞正한 意味로 朝鮮文學의 嚆矢요, 爾來로 歷代君主와 臣民이 此文을 用하여 作한 詩文이 頗多하려니와 漢文의 奴隷가 되어 旺盛치 못하였도다. 余는 日本 文學史를 讀할 때 遠히 奈良朝에 漢文이 入하여 勢力을 得하면서도 假名의 勢力이 全失치 아니하여 萬葉集, 古今集, 源氏物語 等 國民文學을 産出하고 明治維新 以前까지도 一邊, 漢文의 勢力이 膨脹하면서도 國文學이 絶하지 아니하여 近松, 西鶴, 馬琴, 白右 등 國文學者를 出하였음을 讚嘆 不已하노니, 朝鮮人이 적이 自我라는 自覺이 有하였던들 世宗의 國文 製作이 動機가 되어, 新文學이 蔚興하여야 可할 것이라. 念及 此에 退溪, 栗谷 등 中國 崇拜者의 續出을 怨하는 생각도 나도다. 然이나, 經書와 史略, 小學 등 飜譯文學이 出함은 朝鮮文學 蔚興의 先驅가 될 번하였으나 科學의 制로 因하여 마침내 朝鮮文學의 興할 機會를 作치 못하였고, 僅히 春香傳, 沈淸傳, 놀부 흥부傳 등의 傳說的 文學과 中國小說의 飜譯文學과 時調·歌詞의 作이 有하였을 뿐이라. 坊間에 流行하는 國文小說 중에는 朝鮮人의 作品도 頗多할지니, 此는 應當 朝鮮文學의 部類에 編入할 것이어니와 此等 國文小說도 대개 材料를 中國에 取하고, 또 儒敎 道德의 束縛下에 自由로 朝鮮人의 思想 感情을 流露한 者 無하며, 近年에 至하여, 耶蘇敎가 入함이 新舊約及 耶蘇敎文學의 飜譯이 生하니 此는 朝鮮文의 普及에 至大한 功勞가 有하였고, 실로 朝鮮文學의 大刺激이 되었으며, 十數年來로 百餘種의 國文小說이 刊行되었으나 그 文學的 價値의 有無에 至하여는 斷言할 만한 硏究가 無하거니와 아무려나, 朝鮮文學의 新興의 豫告가 됨은 사실이라.[5]

위의 인용에서 확인할 수 있는 것처럼 '조선문학'이라는 개념에서 문제는 바로 '조선문'이라는 문자 언어적 제약이다. 이광수는 세종의 국문 창제가 본격적인 의미에서 조선문학의 발흥을 가능하게 하는 계기가 되었음을 밝힌다. 그러나 한문 위주의 과거제도로 국문의 발전이 크게 위축되었기 때문에 조선문학의 발전은 오히려 그 장래를 기대해야 할 것이라고 말한다. 특

5 李光洙, 「文學이란 何오 (8)」(每日申報, 1916. 11. 23).

히 조선문학의 본질이 조선인의 사상 감정을 표현하는 데 있음을 강조함으로써 조선문학의 의미를 더욱 명확하게 규정한다.

이광수가 새롭게 제시한 조선문학의 개념은 조선문학의 역사적 체계화에 앞장섰던 안확(安廓)의 주장에서도 확인된다. 안확은 문학을 '미감상(美感想)을 문자로 표현한 것'이라고 규정함으로써 이광수의 관점과 동일하게 예술로서의 문학의 본질적 성격을 명확하게 제시한다.

> 文學은 其範圍가 廣范하고 其種類가 複雜하야 能히 簡明한 定義를 立하고 解釋하기 頗難하도다. 然이나 强히 表面上으로 解論하자면 曰 文學은 美 感想을 文字로 表顯하는 것이라 할지라. 大抵 人이 春風和氣를 乘하야 景佳한 處에 臨하면 塵想이 不來하고 感情이 激動하야 心이 醇酒에 醉함가치 忘我의 懷가 起하는 同時에 自然의 趣味를 感하야 詩歌의 情이 生함이니 此 詩歌의 情이 生함은 卽 吾人이 生存을 要한 剩餘에셔 其心을 自慰케 하며 娛樂케 하는바 美를 審하는 思想活動이라. 此가 卽 文學 發生의 源因이니 換言하면 敵과 戰하야 凱勝할진대 樂을 奏하고 盃를 擧하야 祝賀함가치 凡人은 生存力이 足하고 競爭力이 餘한 後에는 必 文學이 發生하야 社會를 慰勞하며 人心을 娛樂케 하나니라.
>
> 다시 文學의 功効로 말할진대 一面으로 觀하면 娛樂의 料와 消閑의 具가 될 뿐이나, 然이나 他面으로 보면 또한 人의 思想을 活動식히며 理想을 振興식히는 機械니라. 蓋吾人이 生存競爭間에 立하야 其複雜히 使用하는 心思를 高潔케 하고 深遠케 하고 理想의 境에 遊치 아니키 不可하니 是가 文學의 終極的 目的이라. 然則 道義上으로 말하면 人의 精神을 左右함은 文學美術이나 宗教가 無異할 듯하나 其實은 不同하니, 宗教는 命令的이오 又教導的이나 文學과 美術은 但 感銘을 興할 뿐이니라. 故로 文學 美術의 獨立은 教訓的 意識을 去하고 自由의 思想을 藝術上에 顯하되, 習慣的 時代 及 法規와 如한 것은 必脫하야 宇宙의 大法과 人心의 最後要求 等을 取하여야 完全한 文學美術이라 하니나, 故로 文學은 道德과 宗教와 繩墨과 秘序에 黙從치 안이함이 其原理니라.
>
> 以上에 말함과 가치 文學의 本領은 純文學이라 하는 詩歌 小說 叙事文 抒情文 等과 雜文學이라 하는 敍述文 評論文 等을 勿論 다 人間의 精神上 感

銘과 理想上 活動을 與하는 바이라. 今에 文學과 政治와 比見하면 政治는 人民의 外形을 支配하는 者오, 文學은 人民의 內情을 支配하는 者이라. 故로 一國民의 文明을 考함에는 政治의 變遷보다 文學의 消長을 察함이 大하며, 또한 政治를 復興코쟈 할진대 몬져 人民의 理想을 復興하여야 其功을 可得하나니라.[6]

안확은 문학을 '미적 감상을 문자로 표현한 것'이라고 규정하고 있다. 이러한 개념은 그가 도쿄의 니혼대학에서 수학하면서 습득한 것이지만 문학을 인간 정서의 언어적 표현이라고 규정했던 서구적 개념의 문학에 대한 인식에 도달해 있음을 말해 주는 것이라고 하겠다. 그는 문학의 기능을 '오락의 재료이면서 동시에 인간의 사상을 활동시키며 이상을 진흥시키는 것'이라고 말함으로써 문학이 지니는 오락적 기능과 그 예술적 가치를 동시에 인정했다. 그가 문학의 영역을 순문학(純文學)과 잡문학(雜文學)으로 크게 나누고 시가, 소설, 서정문, 서사문 등은 순문학으로, 서술문, 평론문 등은 잡문학으로 나누어 문학의 장르를 분류해 놓은 것도 그 분류 체계의 단순 명료한 논리성을 인정하지 않을 수 없다.

안확은 한국의 전통문학이 유교의 구습과 한문의 악폐로 말미암아 전혀 발전하지 못했음을 개탄하면서, 한문의 질곡에서 벗어나 민족의 감정과 사상을 올바로 표현할 수 있는 새로운 문학을 발전시켜야 한다고 주장한다. 그리고 민족의 경쟁이란 근본적으로 민족성의 경쟁이라고 전제하면서 신문학의 건설은 동서 사상의 조화를 통해 한국 민족의 특질을 발휘할 수 있는 독자적인 '조선문학'의 확립을 뜻하는 것이라고 말하고 있다. 그는 조선의 문운이 새롭게 서구 문명을 접해 그 기운을 받아들임으로써 구시대 문학으로부터 탈피할 수 있게 되었음을 강조하고 구미의 문학은 물론 일본 문학을 통해 새로운 문학의 건설을 도모해야 한다고 주장한다.

本來 我朝鮮人은 同化力이 大한지라 二千年來 傳授하던 三神의 道를 卒變하야 佛教로 化하고, 又五百年間 佛의 哀觀主義로 來하다가 儒教로 忽變

6 安廓, 「朝鮮의 文學」(學之光 제6호, 1915. 7), 64면.

하야 六百年間 儒의 物質主義로 化한지라. 如斯히 同化力이 大한 性質로 今日歐風의 複雜한 思潮에 接觸하매 또한 舊思想을 厭하던 餘에 다시 歐風에 全靡하기 易할이니 此가 엇지 杞憂할 바 안일이오. 想컨대 佛國의 文學을 招하다가 其短所의 輕跳한 性質과 無政府主義에 惑키 易하며 西班牙文學을 學하다가 其缺點 自利主義와 孤立主義를 移來키 易하며, 英獨人의 氣風을 頌하다가 驕慢自尊의 風潮에 染키 易하며, 米人의 公平正直을 嘗하다가 陰沈內兇을 舐하기 易하며 露人의 特性을 窺하다가 放逸散慢을 襲키 易하며, 島國人의 銳敏을 讚하다가 狡猾殘忍을 摸키 易하고, 其他 厭世主義 自然觀念에 目이 眩키 易할이니, 噫라 今日 新文學者들도 腦髓가 複雜하야 其思想이 混亂에 陷할이로다. 今日 若干의 新刊한 小說과 詩歌로 보드래도 七五體의 양시조 왜가락의 노다가 流行하며 戀愛觀의 外國小說을 飜譯함이 多하며, 又修辭造句에만 能事를 삼을 쑨이라. 萬一 文學者가 新風潮에만 惑하야 純全한 外來文學만 尙하다가는 前儒佛에 迷惑함갓치, 朝鮮固有의 特性을 永滅하고 다시 外風에 化할 쑨이니 엇지 措心치 안을이오.

今日 人種競爭이라 民族競爭이라 하는 事實은 一面으로 觀하면 政治的現狀이라 할지나, 一層 其根抵를 對究하면 民族性 競爭이라 畢竟民族思想을 普及하야 同化作用에 歸着하나니, 是以로 列國이 自國思想을 發揮하야 各各民族性을 競爭함에 勃勃한지라. 故로 文學에 有意한 者는 반다시 此에 眼을 擧하야 新文學을 建設할진대, 東西兩洋의 思想을 調和하야 我의 特質을 發揮하야 新時代 朝鮮文學을 起할지라. 要컨대 吾人의 希望은 聖火가 烈燃한 大牧師의 說法도 隨喜치 안코, 萬千의 與衆을 殺活하는 大政治家의 雄辯도 感歎치 안코, 彼健筆이 天荒을 破하는 大文學家의 著作도 悅服치 안한다. 惟苦待하고 祝願하는 바는 偉大한 思想을 赤心에서 發하야 獨特한 理想으로 世界를 同化케 함이 第一 心叩함이로다.[7]

안확이 주목하는 것은 새로운 외국 문학의 수용에 있어서 그 사상의 혼란을 극복하지 못할 경우에 자칫 조선문학의 고유성을 놓치기 쉽다는 점이다. 그는 동서양 사상의 조화를 통한 자국 문학의 특질을 발휘할 수 있도

7 安廓, 「朝鮮의 文學」(學之光 제6호, 1915. 7), 73면.

록 새로운 시대의 '조선문학'을 건설할 것을 주문한다. 이것은 구시대의 문학이 한문의 질곡과 유교 사상의 구각을 벗어나지 못한 상태였다는 점을 강조하기 위한 새로운 대안임을 알 수 있다. 이 글에서 안확이 내세운 새로운 '조선문학'은 그 기본 방향만 제시되어 있을 뿐 관념적인 논의에 그치지만, 그의 『조선문학사』(1922)를 통해 조선문학이 동서양 사상의 조화를 통해 민족의 고유성을 살려 나가는 과정에 대한 역사적 기술이 가능해진다.

3

문학의 양식과 방법

1) 소설의 본질과 기법

단편소설의 정착

한국문학의 주류를 이루는 소설은 개화계몽시대 성립된 이른바 '신소설'의 시대를 거쳐서 3·1운동을 전후한 시기에 다양한 양식과 방법이 정착된다. 이 시기부터 소설은 자아의 각성에서부터 식민지 상황이라는 현실 인식으로 그 관심의 방향을 확대한다. 그리고 작가의 경험적 삶을 소설의 세계에서 서사적으로 형상화하기 시작한다. 이 시기의 소설에 제시된 현실의 문제는 식민지 상황 속의 경제적인 궁핍화 현상이 주를 이루고 있다. 이 시기의 소설은 사회적 진출의 출구가 막혀 좌절하는 지식인이나 생존의 기본 요구조차 충족시키기 어려운 생활고에 허덕이는 노동자와 농민의 모습 등 고통스런 현실에 얽매여 삶의 가치를 상실해 가는 인간상을 보여준다.

이 시기의 소설 양식이 변화하는 과정을 보면 단편소설의 새로운 전개 양상이 특히 주목된다. 단편소설은 삶의 전체적인 양상을 그려 내는 장편소설과는 달리, 현대적 서사 양식으로 정착하면서 인생의 단면에 대한 세부적인 묘사와 치밀한 구성을 그 기본 요건으로 삼고 있다. 그러므로 구성의 단일성과 인상의 통일성을 위한 기법의 세련을 요구한다. 소설의 기법과 문체의 측면에서 볼 때 이 시기의 소설은 근대적인 산문체를 실현하고 있다. 특히 소설의 서술 시점에 대한 인식과 그 확립은 서사 양식의 기법적인 측면에서 서사적 모더니티를 확립하는 데 중요한 요건이다. 대상의 객관적 서술을 위주로 하는 3인칭 소설과 주체의 내면 분석이 가능하게 되는 1인칭 소설이 서술 방식상으로 이 시기부터 분화되기 시작한 점은 이러한 특성을 말해준다.

한국 단편소설 양식의 정착 과정에서 소설의 정신과 기법에 일찍부터 관심을 가진 이가 김동인(金東仁)이다.[8] 김동인은 동인지 《창조》를 기반으로 문단에 진출한 소설가이지만 소설의 양식적 특성에 대한 관심을 보이면서 자신의 견해를 발표한 바 있다. 「소설(小說)에 대(對)한 조선(朝鮮)사람의 사상(思想)을」이라는 평문을 보면 그는 소설의 의미를 흥미 위주의 이야기나 그 내용의 도덕적 관념에서만 구하는 기존의 소설관을 부정하고 있다. 그리고 예술로서의 소설이라는 관점에서 소설의 생명, 예술적 가치, 미적 성과와 그 조화된 정도 등과 더불어 작가의 정신과 독창성을 강조하고 있다. 그는 예술가로서 소설가의 위치를 강조했고 소설은 하나의 예술로서 인간의 정신이며, 자기를 대상으로 하는 참사랑이며, 사회 개량과 신인합일(神人合一)을 수행하는 것이라고 규정했다.

> 現今 西洋에 流行하는 모든 思潮—超人生主義, 人道主義, 虛無主義, 自然主義, 로-만쓰主義, 데가단主義, 享樂主義, 個人主義, 社會主義, 樂觀主義, 厭世主義, 共他 헤일 수 업시 만흔 모든 思潮—들을 支配하는 者는 누구냐 하면 文學者—널븐 意味의—들이오. 創造한 者, 亦是 文學者들이요. 이졔 撲滅하고 改正하고 改造할 者도 다 文學者들이요. 文學者들의 使用한 武器는 論文과 小說이오! 小說의 힘이 엇더하오? 小說을 可히 不必要品이라 稱하겟소! 西洋의 文明의 思潮를 支配하고 創造한 이 小說을!!(여긔 特別히 誤解하면 안 될거슨 「模倣」과 「感化」의 區別이오, 이 性質이 全然 다를 兩者를 혼돈하여 생각하는 데셔 큰 실수가 만히 나오).
>
> 이러한 貴하고, 重하고, 要하고, 緊한 小說을, 浮浪者나 볼 거시라는 사람들이 불상하오. 그러치만 이것도 그들의 罪가 아니라 할 수가 잇소. 몃百年間 專制政治下에 눌니워 生活하든 朝鮮사람들은 藝術을 나치를 못하엿소. 그쁜만 아니라 其前 先祖들의 가졋든 藝術까지 다 닛고 마럿소! 일허버

8 김동인의 문학론은 신동욱, 「김동인의 형식주의 비평」, 『문학의 해석』(고려대학교출판부, 1976)에서 전반적 성격이 논의된 바 있다.

렷소! 이러케 藝術을 모르고 世上에 나셔 藝術을 모르고 生長하여 成人하고, 或은 中老, 或은 眞老에짜지 드른 그들은 小說에 對하여 그와 가튼 思想을 가질 수밧게는 업게 되엿소. 그들도 萬若, 藝術의 眞理, 小說의 眞味를 알고만 보면, 至今과는 正反對로 自己들도 小說을 愛讀하고 他人에게 勸자지 할 거슨 定한 일이오. 그들이 小說을 不必要品이니 有害無益이니 惡評을 하는 데 참罪가 잇지 안코—勿論 알지도 못하고 惡評을 하는 罪는 免치 못하지만—그들의 참죄는 小說을 理解치 못하는 데 이셧소. 小說을 理解치 못하는 原因은 祖先에게 잇고, 壓制政治에 잇고, 進取思想이 업는 孔子敎에 잇소. (중략)

通俗小說에셔는 우리는 卑코, 劣코, 汚코, 추한 것밧게는 아모것도 發見치를 못하오. 거긔는 獨創의 閃이 업소. 思想의 烽이 업소. 사랑의 엄이 업소. 아모것도 업소. 讀者를 끄르랴는 卑劣한 아텸의 思想이 이슬 뿐이오. 이러한 低級小說을 보아셔 有益이 업소. 우리는 小說에 對한 誤解의 思想을 곳치고—卽 極幼稚한 通俗小說에 健全한 文學的 小說로 代하고 小說과 墮落을 聯想하는 思想에 小說과 文化를 聯想하는 思想으로 代하여 우리 社會를 純藝術化한 社會로 만드릅시다. 멧百 年 前에 어느 나라가 멧千 年 前에 어느 나라가 發達하엿댓다 함은, 그 나라의 藝術的 進化를 稱함이오—.[9]

위의 글에서 김동인이 강조하는 소설의 생명 또는 예술적 가치가 무엇인지 분명하게 확인하기는 어렵다. 그 의미 영역이 추상적이고 관념적 성격을 띠기 때문이다. 그러나 김동인이 하나의 예술로서 소설을 인식하고 있다는 것은 부인할 수 없다. 김동인이 소설에 지닌 확신은 개성에 대한 인식과 소설의 특질을 연결한다는 점에서 그 특징이 드러난다. 그는 개인의 정신, 자기를 대상으로 하는 참사랑, 개인 그 자체가 곧 문학 또는 소설의 세계라고 말하는데, 이것은 신소설 작가가 개인의 삶이나 운명과는 상관없이 기존의 도덕관념이나 윤리 의식에 의존해 소설에 대한 논의를 전개했던 점과 전혀 다른 것이다.[10]

---

9 金東仁, 「小說에 對한 朝鮮사람의 思想을」(學之光 제18호, 1918. 8), 45면.

10 이러한 견해는 金東仁, 「自己의 創造한 世界」(創造 제7호, 1920. 7)에서 더욱 구체적으로

이와 같이 김동인이 소설을 문학 또는 예술의 한 영역으로 규정하는 태도는 소설이 예술적 독자성을 갖는 문학의 한 장르임을 인식했다는 뜻이다. 신소설의 시대에 널리 쓰였던 소설이라는 용어가 포괄적인 서사문학 양식 전반을 지시한 점을 생각한다면, 이것은 소설에 대한 인식에 중대한 변화가 이루어지고 있음을 말해 준다. 소설을 독자적 문학의 한 장르로 인정한다는 것은 그 자체가 요구하는 원리와 규범을 모두 승인한다는 뜻이 되며, 소설에 대한 논의도 바로 그 독자적 원리와 규범을 중심으로 전개해 나갈 수 있음을 의미한다. 물론 초창기의 김동인에게서 그러한 이론의 체계적인 확립을 문제 삼는다는 것은 가능한 일이 아니다. 그는 문학이 개인적 욕구에 따라 이루어지는 것이며, 예술이란 것이 개인 전체라는 신념은 분명하게 제시하고 있다. 그가 창작한 소설은 개인의 경험 세계를 주축으로 그 신념의 실현 과정을 추구해 나가고 있다는 점에서, 소설에 대한 인식이 개인성에 대한 자각과 함께 가능해지고 있음을 확인할 수 있는 것이다.

김동인의 소설 세계는 주로 단편소설을 중심으로 그 특성이 잘 드러난다. 그는 자신이 개척하고 있는 단편소설 양식의 정착 과정을 기반으로 문학적 독자성을 인정함과 동시에 그 순수한 미적 가치에 대한 관심도 새롭게 제기했다. 그는 문학과 예술이란 모두 인간의 위대한 창조적 정신에 의해 이루어지는 것임을 분명히 하면서, 문학과 예술이 '자기를 대상으로 하는 참사랑'에서 비롯되는 것이라는 예술에 대한 자아 중심적 태도를 그대로 드러낸다.[11] 그는 예술이란 인생에 관계되는 한에 있어서는 결국 자기의 통절한 요구로 이루어질 수밖에 없다고 강조한다. 그가 이와 같은 예술관을 내세우는 이유는 예술을 통해 구현하고자 하는 진실이든 미든 그것이 인간의 현실적인 삶에 긴밀하게 연결되어 있더라도, 개인적인 욕구와 그 창조적 직관이 언제나 예술의 모든 선택의 원리로 작용함을 부인할 수 없기 때문이다. 그의 견해에 따르면, 예술이란 '인생의 그림자'이며 참인생과는 다른 창조된 인생이다. 작가는 자기가 창조한 삶의 세계인 예술을 완전히 지배해야 하며, 바로 여기서 그 작가의 위대성 여부가 결정된다. 결국 김동인이 강조하는 예술 개

개진된 바 있다.

11 金東仁, 「自己의 創造한 世界」(創造 제7호, 1920. 7).

념은 그 자체로서 완전한 삶의 새로운 창조를 말하는 것이다. 그리고 그것은 일체의 현실적 상황과 관계없이 독자적인 의미를 지닐 수 있기 때문에 그 자체로서 자족적일 수밖에 없다. 김동인은 단편소설에서 단일한 인물을 중심으로 짤막하게 전개되는 이야기를 만들어 내면서도 그 인물의 성격화 방법의 변화에 치중한다. 모든 단편소설이 등장인물을 반드시 한 사람으로 고정하는 것은 아니지만, 이야기의 중심을 이루는 인물을 한두 사람으로 제한하는 것은 단편소설의 일반적인 특징이다. 단편소설에서는 이야기 속의 인물을 한둘로 고정해 놓기 때문에, 그만큼 인물의 성격에 관심을 집중할 수 있다. 그리고 그 인물의 삶의 특징적인 면을 통해 거기에 나타난 성격을 특징적으로 제시할 수 있다.

김동인은 소설의 서술 방법과 시점의 중요성을 인식함으로써 소설에 새로운 변화와 발전을 가져왔다. 그는 다양한 서술적 시점을 작품에 활용함으로써 현대적 소설 기법의 확립을 기했는데, 이로써 김동인 이후 소설에서 이야기의 서술 방식과 거기에 적합한 시점의 선택이 가능해졌다. 단편소설은 하나의 중요한 사건이 이야기의 골격을 이룬다. 하나의 사건이 하나의 상황 속에서 단일하게 제시되기 때문에 이야기의 구성이 단순하다. 단편소설에서 단순 구성이란 하나의 인물을 중심으로 하나의 사건을 다루기 때문에 생겨난 말이다. 단편소설은 인상의 단일성이 그 본질이라고 할 수 있다. 작품 속에 등장하는 인물도 단일하고, 그 인물을 둘러싸고 일어나는 사건도 하나로 집약되어 있으며, 이야기가 전개되는 상황 자체도 단일하기 때문에 전체적으로 시점의 고정을 통한 일관된 인상을 유지하게 된다. 초기 단편소설에서 1인칭 시점의 활용이 많은 것은 이와 관련이 있다.

소설에서 시점은 누가 어떤 각도에서 이야기하는가를 결정하는 일이다. 소설에서 화자의 위상 변화는 대상으로서의 세계와 분명한 구획을 짓고 거리를 두는 방식을 인식하게 되었음을 뜻한다. 이것은 개인이 스스로 범주를 규정하고 주체로서의 위상을 세우면서 바깥 세계를 일정한 각도에서 바라볼 수 있는 전망을 지니게 되었음을 의미한다. 이 경우에 사물을 보는 각도와 거리가 인식되고 서술의 초점이 분명해지는 것이다. 모든 것이 무한하게 열려 있는 것이 아니라 자신의 관점에 따라 인식된다는 것은 중요하다. 결국 서사에서 서술상의 초점이 명확해지고 거리가 생긴다는 것은 개별적인 인간이 주체로서 자기 정체성을 확보하기 시작했음을 뜻한다. 예컨대 한국의 고전소설에서는 서술상의 시점에 대한 인식이 뚜렷하게 드러나지 않고 절대적인 권위를 지닌 화자가 모든 것을 서술하기 때문에 서술의 거리가 유지되지 않는다. 서술적 간격과 초점이 명확하지 않기 때문에 서술 주체와 대상 사이의 거리가 무너지고 서사적 긴장을 유지하기 어렵다. 이것은 합리적인 주체가 제대로 확립되지 못한 시대의 서사 양식에서 볼 수 있는 담론적 특징이다. 이 같은 현상은 신소설에서부터 어느 정도 달라지고 있으나, 이광수의 소설 「무정」에도 그 흔적이 이어진다. 서사적 공간의 외부에 존재하는 화자가 서사 내적 공간을 완전히 장악하는 전지적인 태도를 보여 주기 때문이다.

김동인은 「배따라기」를 위시해 「붉은 산」, 「광화사」 등에서 서사 내적 화자를 설정하기도 하고, 「약한 자의 슬픔」, 「감자」 등에서는 서사 외적 화자를 내세우기도 한다. 소설에서 1인칭 화자가 일반화된 시점은 김동인이 시도했던 서사 내적 화자의 설정에서부터라고 할 수 있다. 특히 그는 서술적 주체와 대상의 거리를 엄격하게 유지하기 위해 소설의 문체에서 서사적 과거 시제를 정착시킨다. 「무정」에서 확인할 수 있듯이 '-더라', '-ㄴ다'와 같은 종결어미가 혼용됨으로써 나타나는 시제의 불일치는 서술적인 거리가 여전히 불완전하게 유지되고 있음을 말해 준다. 김동인은 소설의 지문에서 '-았(었)다'라는 과거 시제 종결어미를 활용해 서술적 거리를 완벽하게 확보함으로써 대상에 대한 객관적인 묘사와 서술의 가능성을 문체를 통해 확인할 수 있게 해준다. 결국 소설에서 '서사적 과거 시제'의 문체론적 확립이 김동인에 이르러서야 가능해졌음을 알 수 있다.

소설의 창작 방법을 소개하는 「소설작법(小說作法)」이라는 글에서 김동인은 소설의 요건을 크게 구상의 측면과 문체의 측면으로 나누어 설명하고 있다.[12] 소설의 구상은 사건, 인물, 배경이라는 세 가지 구성 요소로 이루어진다. 구상에서는 우선적으로 사건을 중시할 수밖에 없다. 소설의 사건과 결부되는 중요한 요소는 인물이다. 소설 속의 인물을 살아 있는 인간처럼 그려 내기 위해서는 그 성격의 특징을 잘 살려 내야 한다. 그리고 인물과 사건의 구체성을 돕는 배경과 분위기가 또한 중시된다. 소설에서 어떤 분위기를

12 金東仁, 「小說作法」(조선문단 제7-10호, 1925. 4-7).

붙들어 거기에 알맞은 인물과 사건을 만든다면 더욱 짜임새 있는 작품 세계를 보여 줄 수 있다. 그리고 이와 같은 구상의 세 가지 요건이 서로 조화를 이루려면 전체적인 통일성과 완결성이 요구된다. 이와 같은 설명은 소설의 구성에 대한 기초적 설명에 해당한다.

김동인의 「소설작법」에서 주목되는 내용은 소설의 '문체'에 대한 설명이다. 김동인에게 있어 '문체'라는 개념은 문장의 규범이나 기법이라는 언어학적 개념으로 사용되는 것이 아니라 소설의 서술 방식을 뜻한다. 그리고 덧붙여서 작가의 서술적 관점을 함께 설명하는데, 이는 소설에서 서사 미학의 요건을 규정짓는 서술 시점에 대한 인식을 말해 준다는 점에서 특히 중요한 의미를 갖는다. 김동인은 소설의 서술 방식으로서 문체를 '일원묘사체(一元描寫體)', '다원묘사체(多元描寫體)', '순객관묘사체(純客觀描寫體)'로 구분한다.

첫째, '일원묘사체'란 소설 속의 경치라든지 인물의 정서나 심리를 작중 중요 인물의 눈에 비친 것에 한해 묘사하거나 서술하는 방식을 말한다. 중요 인물의 눈에 벗어난 일은 아무것도 쓸 권리가 없다. 중요 인물 이외의 인물의 눈에 비친 사물은 아무리 중요한 것일지라도 묘사할 수 없는 것이다. 일원묘사는 '나'를 주인공으로 하는 1인칭 소설에서 흔히 볼 수 있지만, 작품 속의 중요 인물인 주인공을 통해 모든 국면을 설명하거나 묘사하도록 만든 경우에도 이에 해당한다.

둘째, '다원묘사체'는 작품에 등장하는 모든 인물의 심리를 통관하며 때와 경우를 가리지 않고 작가가 어느 작중 인물에게든 묘사를 가할 수 있는 방식이다. 전지적이면서도 분석적인 이 방식은 장편소설에서 흔히 쓰인다. 이와 같이 작자가 작품 속 모든 인물의 심리를 통관하며 모든 움직임을 다 그려 내는 것을 다원묘사라 한다. 등장인물이 보지도 듣지도 못한 일이라도 이야기 속 사건에 관련되는 일이라면 작자는 얼마든지 쓸 권리가 있다.

셋째, '순객관묘사'는 작가가 중립지에 서서 작중 인물의 행동을 묘사하는 방식을 말한다. 이 경우 작품에 등장하는 인물의 심리는 직접 설명하거나 묘사할 수 없고, 그 행동의 묘사를 통해 인물의 심리를 간접적으로 드러나게 만들어야 한다. 근대의 단편소설에 이런 예가 많다.

김동인은 이와 같은 서술 방법의 적절한 선택과 그 활용을 주문하면서 소설의 구조적 완결성을 위해 전제되는 '단순화'와 '통일'과 '연락'이라는 세 가지 요건을 강조하고 있다. 이 세 가지 요건은 소설의 스토리를 이루는 부분과 부분, 부분과 전체 사이의 유기적인 통일과 상호 연관성을 뜻한다고 할 수 있다. 하지만 소설의 형식에서 플롯의 일관성을 유지하고 통일과 연락을 이루는 것은 하나의 목표에 해당한다. 특히 장편소설의 복합적인 구성에서 플롯의 일관성을 논하기는 어려운 일이다.

일본 자연주의 소설론의 수용

현철(玄哲)은 초창기 문단에서 소설의 양식적 특성과 그 연구 방법을 「소설개요(小說槪要)」와 「소설연구법(小說硏究法)」이라는 글을 통해 소개한 바 있다.[13] 이 글에서 소설이라는 양식 자체의 구성적 요소와 그 특징이 구체적으로 설명됨으로써 소설의 개념에 대한 근대적 인식의 기초가 확립되었다. 현철은 소설이라는 양식이 자기와 동일한 여러 가지 사상과 감정을 포함한 채 외계에서 행동하는 인물을 그 마음같이 묘사하려는 동기에서 비롯된다고 규정한다. 소설의 요소를 사건, 인물, 배경, 문장(문체), 작가의 인생관 등으로 나누어 각각의 특징을 설명하는 부분은 오늘날 흔히 볼 수 있는 소설의 본질에 관한 논의와 크게 다를 바 없다.

> 大抵 小說이란 것은 엇더한 事件을 記錄한 것이라 事件이 없고는 小說이 編成되지 못함은 勿論이라. 그러나 다만 事件만 가지고는 事情 自體가 小說 되지 못할 것이요, 卽 事件의 配置로 因하야 趣向이라던지 마련(組織)이라고 하는 것이 생기는 故로 事件의 마련이라고 하는 것이 小說의 第一成分이라고 謂치 안이치 못할 것이요. 人間의 行動이 없고는 事件이 일어나지 안이하는 故로 小說의 第二成分은 人間 됨을 可이 알 것이라. 事件이라던지 人間이라고 하는 것은 한便으로 時間的인 同時에 空間的이니 事件이 일어나는 以上은 반듯이 엇더한 場所와 엇더한 時間이 잇슬 것이고 또한 人間이 行動하는 대도 場所와 時間과는 떠나지 못할 것이니 小說의 第三成分

13 현철은 그가 일본 유학 당시 동경 예술좌(東京藝術座) 연극학교에서 수업한 필기 노트와 연예강습소(演藝講習所)의 속성 교과서를 따라 소설에 관한 이론을 간단하게 편술(編述)한 것이라고 밝힌 바 있다(開闢 제1호, 1920. 6). 현철의 문필 활동에 대해서는 김학동, 『한국문학의 비교문학적 연구』(일지사, 1972)의 '전신자로서의 현철' 참조.

은 場所와 時間 卽 背景이라고 하는 것이 없지 안이치 못할 것이다. 이러한 成分은 두말없시 作者의 特有한 文章으로써 쓰지 안이치 못할 것이니 談話의 體制로 쓰던지 敍事의 體制로 쓰던지 이는 모다 作者의 文章에서 울어나오는 故로 文章 卽 文體가 小說의 第四成分이라고 할 수 잇도다. 이제 第五의 成分 될 것은 作者가 目的하는 바 著作의 內容이니 作者가 小說을 著作할 때에는 반듯이 무슨 目的하는 바가 잇슬 것이라. 다시 말하면 小說에는 반듯이 作者가 이 宇宙라던지 社會라던지 或은 人間에 對한 觀察이 잇슬 것이니—作者의 宇宙觀, 社會觀, 人生觀이 또한 表現된 것이라—이러한 宇宙觀이라든지 社會觀이라든지 人生觀이라고 하는 것을 作者가 表現코자 하는 目的이 小說의 한 成分 될 것은 勿論이라.[14]

이 글에서 주목해야 할 점은 소설을 독자적인 문학 형태로 이해하면서 소설의 형식이 그 나름의 고유한 원리와 역사를 지니고 있다는 사실을 전제한 점이다. 그는 소설을 이루는 요소들의 특징을 설명하면서 소설이 독자적인 의미 체계를 지닌 문학 양식임을 강조하고 있다. 이와 같은 소설에 대한 구성주의적 관점이 현대소설의 정착 단계에서 소개되는 것은 특기할 만한 일이다.

현철은 소설의 본질을 다섯 가지 요소로 요약하고 있다. 첫째, 소설에서의 '사건'은 인생의 진상을 드러내는 것이어야 한다. 진기한 것만이 아니라 평범한 것이라도 인생의 참다운 의의와 연관을 지닐 수 있다면 그 가치가 인정된다. 여기서 한 가지 흥미로운 것은 '플롯'이라는 말로 일컬어지는 사건의 구성과 그 전개 방식을 현철이 '마련'이라는 고유어로 지칭한다는 점이다. 소설에서의 '마련'은 사건의 자연스런 전개가 가능하도록 이루어져야 한다. 현철은 소설의 '마련'을 써나가는 방법을 화설방법(話說方法)이라고 명명했다. 이는 일본에서 쓰던 용어를 그대로 옮긴 것으로, 소설의 서술 방법을 뜻한다. 사건 서술의 방식은 작가가 직접 사건의 경위를 설명하는 '직접담화법(直接談話法)', 작중 인물이 자신의 경험을 말하는 '자서적담화법(自敍的談話法)', 주인공의 편지를 통해 사건을 드러내는 '서간체담화법(書簡體談話法)', 작가가 객관

14 玄哲, 「小說概要」(開闢 제1호, 1920. 6), 132-133면.

적인 입장에서 사건을 그려 나가는 '가탁적담화법(假托的談話法)' 등으로 구분한다. 이 용어들에는 소설의 시점과 서술 방법이 서로 뒤섞여 있다. 소설에서 사건의 구성과 서술 방법이 서로 긴밀하게 연결된다는 점을 강조하고 있다.

둘째, 소설에서는 인물이 활동하는 상태가 '묘사'되어야 한다. 인물의 묘사는 그 성격의 완전한 표출이 유일한 요건인데, 외부에서 인물을 관찰해 그 성격을 설명해 주는 '해부(解剖)적 방법'과 독자가 인물의 대화와 동작을 통해 그 성격을 스스로 깨닫게 하는 '희곡(戲曲)적 방법'이 있다. 현대소설의 가장 중요한 과제는 성격의 변화와 발전을 자연스럽고 교묘하게 포착하는 일이지만 사건의 조직과 전개를 위한 '마련'과 균형 및 조화를 이루어야만 한다.

셋째, '배경'이란 소설에 등장하는 인물과 그 인물에 연관되는 사건을 명료하게 구획시켜 주는 것이다. 작품 속에서 인물의 동작이 약동하는 것은 배경의 결과다. 화가가 풍경을 앞에 두고 화필을 드는 심경으로 인물과 사건에 조화를 이룰 수 있도록 묘사해야 한다. 배경은 사건이 일어나는 시간과 장소이며 구체적인 시간과 장소가 제시되어야만 인물의 활동이 생생하게 드러난다.

넷째, 소설의 '문장'은 사건의 진전과 인물의 대화를 기술하는 것이다. 인물과 인물, 인물과 사건의 관계를 설명하는 데 그 중요한 임무가 있다. 소설의 문장에서 중요한 역할을 담당하는 것이 대화다. 인물의 대화는 인물 및 사건과 관계가 깊고, 자연스럽게 나오는 담화여야 한다. 대화는 항상 인물의 성격에 부합해야만 효과를 거둘 수 있다.

다섯째, 소설은 어떤 목적, 즉 '주제'를 지니고 있다. 작가의 가슴속에 비치는 인생에 대한 인상이 곧 인생관이며 그 인생관을 실현하는 것이 소설이다. 작가에게 항상 인생의 진상과 사회의 진면목을 표시할 만한 사건이 그의 심경에 비쳐 오게 되는데, 그 사상을 포착해 구체적으로 묘사함으로써 세상의 진미와 정확을 발휘하는 것이 소설이다. 소설이 예술로서 영원한 생명력을 갖는 것은 그 인생관의 실현을 볼 수 있기 때문이다.

현철이 설명하는 소설의 다섯 가지 요소는 소설의 본질적인 특성을 말해 주는 것으로 작품 속에서 밀접한 상호 관계를 유지하는 것이다. 현철은 소설에서 특히 성격의 문제를 중요시하며, 성격의 발전을 깊이 있게 표출해 낼 수 있는 소설이 영구성을 갖는다고 말하고 있다. 그러나 그는 성격을 '마련'과 구별하지 않고 있다. 성격은 곧 사건의 '마련'이며, '마련'이 곧 성격이라는 유기적인 관점을 내세움으로써 성격과 행위를 구별하는 일반적인 통념을 거부한다. 다시 말하면 성격의 발전과 사건의 변화를 동일시해 소설의 세계에서 구현되는 의미의 본질적인 요건으로 간주하는 것이다.

이러한 관점에서 본다면, 작품 속의 성격은 이미 행위화한 것, 하나의 사건으로 형상화된 것이기 때문에 전체적인 '마련'과 분리될 수 없는 것이 된다. 그리고 소설의 배경 또한 인물과 사건에 합치되어 정확하고도 심오한 인상을 부여해야 함은 물론이다.

그런데 현철은 소설에 드러나는 작가의 인생관에 대해서도 특별한 관심을 보였다. 작가가 어떤 윤리 의식이나 도덕관념에 입각해 작품을 쓴다면, 그것은 하나의 수신담(修身談)이나 설교에 지나지 않을 것이다. 그러므로 작가가 인생의 진상과 사회의 진면목을 보여 줄 구체적인 사회 현상을 묘사해 진미와 정확을 발휘할 때 비로소 예술로서의 영원한 생명이 있는 소설이 이루어질 것이라고 했다. 물론 그는 작가의 인생관이라는 것을 어떤 관념이나 이상이 아니라, 작가의 흉중에 비치는 인생에 대한 인상이라고 규정하고 있다. 소설은 바로 이러한 작가의 인상에 근거해 영구불변하는 '시적 진리'를 표현한다. 그리고 이러한 시적 진리는 소설의 모든 요소가 서로 결합되어 조화를 이룰 때 얻어질 수 있다고 주장했다. 소설을 이루는 여러 가지 요소의 전체적인 조화 속에서 그 의미를 찾고자 하는 이러한 태도는 개성을 속박하던 기성의 도덕관념에서부터 벗어나고자 하는 의욕과 맞닿아 있다는 점에서 새로운 소설관의 기반을 형성하는 데 중요한 역할을 담당하고 있는 것으로 생각된다.

현철은 이와 같은 소설의 일반적인 특성을 설명하면서 소설의 세계를 바르게 이해하기 위한 소설 연구 방법을 구체적으로 제시한다. 이는 소설 양식의 특성에 대한 분석적 접근 방법의 기본 절차를 정리해 놓은 것이다. 그가 소개하는 소설 연구 방법은 ㉠ 소설의 정독(精讀), ㉡ 소설의 내용과 주지의 파악, ㉢ '마련'의 문제에 대한 이해, ㉣ 인물의 성격 파악, ㉤ 배경의 효과 분석, ㉥ 소설의 유형 구분, ㉦ 소설의 작풍에 대한 구분, ㉧ 다른 작품과의 비교 등으로 요약된다. 이 중에서도 특히 '마련'의 문제, 즉 소설 구성에 대한 연구가 소설 연구의 가장 긴요한 요건임을 강조하고 있다. 이러한 소설 연구 방법은 하나의 문학 양식으로서 소설의 세계에 좀 더 가까이 접근할 수 있는 구체적인 통로를 제공해 준다.

2) 시의 언어와 형식

자유시의 개념

한국의 현대시는 개화계몽시대에 전통시가의 변혁 과정을 통해 시 정신의 자유로운 표현과 기법적 실험을 바탕으로 자유시 형태로 발전했다. 한국의 시인들은 3·1운동을 전후해 민족의 정서를 민족의 언어로 표현할 수 있는 새로운 가능성을 모색하기 시작했다. 김억, 황석우, 백대진 등은 일본 유학을 통해 문학에 대한 관심을 키웠으며, 1919년 3·1운동 직전부터 새로운 시 운동을 주도했다. 이들은《청춘》,《학지광》등의 잡지를 통해 문예에 관한 글을 발표했으며,《태서문예신보》(1918)의 발간과 함께 본격적인 시 창작을 선보였다. 특히《태서문예신보》에 프랑스의 상징주의 시단을 비롯한 서구의 시의 경향을 논하면서 서구 근대시를 번역, 소개했다. 이러한 활동은 서구 근대시에 대한 새로운 인식에 기초해 시적 형식과 율격의 문제에 각별한 관심을 지니면서 자유시의 성립 기반을 확립하는 데 기여했다. 앞서 최남선이 신체시를 통해 보여 준 시적 형식의 실험이 전통시가 형식의 근대적 변혁 과정에서 등장한 초기 단계의 형식적 실험이었다면, 이들은 외래적인 시적 형식의 토착화 과정을 통해 새로운 시적 형식의 가능성에 도전했던 셈이다.

김억은《태서문예신보》의 창간과 때를 같이해 본격적인 창작 활동을 시작했다.[15] 그는 이 신문에 프랑스 상징주의 시인 폴 베를렌의 시를 주로 번역해 수록했으며, 창작시로「봄」,「봄은 간다」,「북방의 짜님」,「악군(樂群)」등을 발표한다. 김억이《태서문예신보》에 발표한 초기 시들은 최남선의 작품에 비해 안정적인 형식을 갖추고 있으며, 시적 서정성에 대한 인식이 두드러

15 김억의 시작 활동에 대해서는 정한모,『한국 현대시문학사』(일지사, 1974); 김용직,『한국근대시사(상)』(학연사, 1986); 최라영,『김억의 창작적 역시와 근대시 형성』(소명출판, 2014) 등 참조.

지게 드러난다. 이 작품들은 시적 표현에서 정서의 문제에 대한 자각을 작품을 통해 분명하게 드러내며, 시적 형식과 시적 운율에 대한 배려를 무엇보다도 우선하는 특징을 지니고 있다. 이 두 가지 요소는 현대시의 본질적인 속성에 해당하기도 한다.

김억은 시의 형식과 리듬이 미의식의 기반이 된다는 것을 분명하게 인식하고 있다. 그는 최남선이 거의 무의식적으로 수용한 전통적인 시가의 리듬을 보다 새롭게 변형하고자 하는 노력을 보여 준다. 최남선은 가사나 시조와 같은 기존 시가 양식에 근거해 시적 작업을 전개한 반면, 김억의 경우는 일본 유학 과정에서 체득한 서구 현대시의 형태에 대한 관심으로부터 시적 작업을 출발한다. 그러므로 김억의 초기 시는 시조나 가사와 같은 고정적인 형식의 잔재를 거의 보여 주지 않는다. 시상의 전개 과정에 따라 두 행을 합쳐 하나의 연으로 구성하는 방법이라든지, 각 연의 마지막 음절에 유사한 음성적 자질을 지닌 음절을 배열해 압운법의 효과를 노린 것 등은 시적 형식과 리듬에 대한 관심의 결과라고 할 수 있다. 이 같은 그의 노력은 서구 근대시의 번역 과정에서도 그대로 나타난다. 그가 번역한 서구의 시들을 보면, 서구 시의 형식적인 특성과 그 리듬 의식을 한국어로 구현하기 위해 시행의 길이와 그 호흡, 강약의 리듬과 시적 여운을 살릴 수 있는 압운을 실현하고자 고심한 흔적을 볼 수 있다.

김억이 《태서문예신보》에 발표한 「시형(詩形)의 음률(音律)과 호흡(呼吸)」(1919)이라는 평문은 그가 지니고 있던 시적 형식과 리듬에 대한 인식의 일단을 잘 보여 준다. 이 글에서 먼저 주목해야 할 것은 예술의 개별성에 대한 인식이다. 이것은 문학을 가치의 영역으로부터 정서의 영역으로 옮겨 놓고자 했던 이광수의 태도와도 상통한다. 그는 시를 '찰나의 생명을 찰나에 느끼게 하는 예술'이라고 정의한다. 그에게 시는 더 이상 가치와 이념의 표현이 아니다. 시의 정서적 가치에 대한 인식이라는 문제를 놓고 본다면, 김억은 시적 정서의 중요성을 일찍 체득한 시인임을 알 수 있다.

> 呼吸의 長短에는 生理的 機能에도 關係되는 것이지요마는 다시 말하면 즉 맘이 肉體의 調和인 이상에는 그 文章도 그 調和를 具體化된 것인 것을 말씀하여야 하겟슴니다. 因襲에 起因되기 쌔문에 佛文詩와 英文詩가 다른

것이지요. 조선 사람에게도 조선 사람다운 詩體가 생길 것은 무론이외다. 內部와 外部의 生活이 달은 것만큼 鼓動도 달라지지요. 심하게 말하면 血液 돌아가는 힘과 心臟의 鼓動에 말미암아서도 시의 音律을 좌우하게 될 것임은 分明합니다. 여러 말 할 것 업시 말하면 人格은 肉體의 힘의 調和이고요, 그 肉體의 한 힘, 呼吸은 시의 音律을 形成하는 것이겟지요. 그러기에 單純한 보다 더 詩味를 주는 것이요, 音樂的 되는 것도 또한 할 슈 업는 한아한아의 呼吸을 잘 言語 또는 文字로 調和식힌 까닭이겟지요. 詩에 音樂이 들어오게 된 것은 말하면 여러 가지 되겟지요. 音樂은 驚異의 藝術의 極致라 하는 말도 드렷습니다. 한데 조선 사람으로는 엇더한 音律이 가장 잘 表現된 것이겟나요. 조선말로의 엇더한 詩形이 適當한 것을 몬저 살펴야 합니다. 일반으로 共通되는 呼吸과 鼓動은 엇더한 詩形을 잡게 할가요. 아직까지 適合한 것을 發見치 못한 조선 詩文에는 作者 個人의 主觀에 맛길 수밧게 업습니다. 眞正한 意味로 作家 個人이 表現하는 音律은 不可侵의 領域이지요.[16]

김억은 시적 형식과 리듬에 각별한 관심을 표명하면서, 시적 형식이 개인이 지니는 호흡과 고동의 장단에서 비롯된다고 규정한다. 이러한 관점은 시적 형식의 유기체적인 속성을 지적한 것으로 볼 수 있다. 그는 시의 형식 자체가 시인의 호흡과 심장의 고동에서 비롯된 리듬을 통해 자연스럽게 형성되는 것임을 강조함으로써, 시적 형식의 독자성과 자율성을 인정한다. 이러한 인식에 근거해 조선과 조선인에게 알맞은 시형을 찾는 일이 시인에게 중요하다는 점도 지적한다.

시적 형식은 시 자체의 내적인 요구로 결정된다. 위의 인용에서 볼 수 있듯이 시의 리듬 또는 음악성은 '하나하나의 호흡을 언어 또는 문자와 조화시켜' 얻어 내는 것이며, 이것이 시적 형식을 결정하는 요소가 됨은 물론이다. 그는 시에서 개인적인 음률이 불가침의 영역이라고 주장함으로써 시적 리듬과 형식의 독자성을 다시 한번 강조하고 있다. 이 같은 시적 인식은 자유시의 성립의 이론적인 기반을 제공하고 있다는 점에서 그 문학사적 의의가 인정된다. 특히 그가 개개인의 호흡과 고동에 근거해 성립되는 시적 음률

16 金億, 「詩形의 音律과 呼吸」(泰西文藝新報 제14호, 1919. 1. 13), 5면.

의 중요성을 강조한 점, 시인마다 특유의 리듬을 가지는 것을 지적한 점은 자유시에 대한 인식의 지평을 열어 놓은 것으로 평가되고 있다.[17]

김억은《태서문예신보》이후 서구 시의 번역 수용 작업에 누구보다 적극적으로 나선다. 실제로 김억은 서구 시를 번역한 최초의 시집 『오뇌(懊惱)의 무도(舞蹈)』(1921)를 발간한 후에 『신월(新月)』(1924), 『잃어진 진주(眞珠)』(1924), 『망우초(忘憂草)』(1934), 『동심초(同心草)』(1943) 등의 번역 시집을 출간했으며, 시의 번역에 관한 이론적 탐구 작업에도 관심을 기울였다. 시집 『오뇌의 무도』에는 베를렌, 보들레르 등의 프랑스 상징주의 시인들의 작품이 주로 번역, 수록되어 있다. 김억은 이러한 번역 작업을 통해 시적 서정성에 대한 깊이 있는 이해를 가지게 되었으며, 서구 시의 시적 리듬을 한국어로 재현하는 데 상당한 노력을 기울인다. 특히 시적 언어의 표현에 있어서 구어체의 적극적인 활용이라든지, 비유적인 시적 표현 기교의 다채로운 활용은 한국 시의 새로운 전개 과정에 커다란 영향을 미친다.

김억과 함께 활동한 황석우(黃錫禹)는《태서문예신보》에 「은자(隱者)의 가(歌)」, 「어린 제매에게」 등을 발표하면서 일찍이 시단에 합류했다.[18] 그는 「조선 시단의 발족점과 자유시」(1919)라는 평문을 통해 한국 현대시의 출발점을 자유시 형태의 정착으로 이해하고자 했다. 황석우는 먼저 '신체시'라는 용어를 거부한다. 그는 '신체시'라는 말이 일본 메이지 초기의 시단에서 만들어진 것임을 지적하면서 일본의 시문학이 현대시로 전환하기 위해 거쳤던 과도기적 시형을 한국 시단이 답습할 필요가 없다고 주장한다. 초창기의 한국 시단에서 독창적이고도 고유한 시 형식의 수립을 기대하기 어려운 상황에서 그는 자유시를 새로운 시단의 발족점이라고 주장한다.

> 自由詩의 發祥地는 더 말할 것 업시 저 불란서임니다. 자유시 이전에 在훈 西詩는 音數, 體裁 등에 관한 복잡한 법칙에 지배되여 잇엇슴니다. (중략) 저 이런 不自由의 고전적 외적 制律이 시인의 자유, 奔放의 情想을 구속

17 정한모, 『한국 현대시문학사』, 290면.

18 황석우에 대한 연구는 양왕용, 『한국근대시연구』(삼영사, 1982); 김학동, 『현대시인연구 II』(새문사, 1995); 정우택, 『황석우 연구』(박이정, 2008) 등 참조.

압박하여 왓습니다. (중략) 이 專制 詩形에 반항하여 立흔 자가 곧 자유시임니다. 자유시는 그 律의 根底를 個性에 置하엿습니다. 자유시의 創開者는 저 유명한 상징시단의 벨네인, 마랄메, 베르하렌 등 제 시인입니다. 此外에 프란시쓰, 림쏘, 레늬에 등도 이 자유시파의 혁혁한 시인이엇슴니다. (중략) 근일 구미와 일본에서 보통 시라 운운홈은 곧 이 자유시를 指홈입니다. (중략) 律이라 홈도 이 자유시의 性律을 일음임니다. 이 律名에 至ᄒᆞ야는 사람의게 依ᄒᆞ여 각각 內容律, 혹 內在律, 혹 內心律, 혹 內律, 心律이라고 呼함니다. 그러나 이는 모다 자유율 곧 個性律을 형용하는 동일 의미의 말임니다.[19]

위의 글에서 황석우는 자유시가 19세기 말 프랑스 상징파 시인들의 시작 활동에서 기인한다고 설명한다. 자유시는 전통적으로 지켜져 내려온 시의 운율과 그 규칙적 제약을 벗어나면서 성립된다. 그러므로 그 시적 효과를 주로 개인적인 내적 리듬과 규칙을 벗어난 시행에 의존한다. 황석우는 자유시가 내재율을 가진 운문이라는 점을 분명히 함으로써 그 본질적 속성에 대한 이해에 접근한다.

황석우가 강조하는 현대시의 출발로서의 자유시는 전통시가에서 볼 수 있었던 운율의 규칙이나 형태적 제약에서 벗어난다는 점에서 기본적으로 전통으로부터의 이탈이며 시의 외적 제약성으로부터의 탈격을 의미한다. 그러므로 외형적 요소의 규칙이 없는 대신에 시인 각자의 개성에 따라 유기적으로 구성된다. 그 결과 자유시는 자유분방한 정서의 표출을 통해 그 형식 자체가 다양한 형태를 띨 수밖에 없다. 정해진 형식이나 외적 규범 대신에 시인의 개성을 그만큼 중시하게 된 것이다. 그런데 이 같은 자유시의 논리적 추구에도, 실제 황석우의 작품은 관념에 대한 집착으로 시적 대상에 대한 구체적인 형상성이 부족하다는 평가를 받는다. 그가 1920년대 후반에 펴낸 시집 『자연송(自然頌)』(1929)에 수록된 작품들을 보면 이를 확인할 수 있다.

김억의 초기 시에서 볼 수 있는 시적 형식과 리듬에 대한 실험과 황석우가 주창한 자유시의 확립 문제는 김소월을 통해 시적 리듬의 규칙성에 대

---

19 黃錫禹, 「朝鮮 詩壇의 發足點과 自由詩」(每日申報, 1919. 11. 10).

한 발견, 시적 형식에 대한 균제, 시적 의미와 조화를 이루는 율격의 실현으로 새로운 차원으로 발전한다. 그리고 주요한, 이상화, 한용운 등에 이르러서는 시적 형식의 개방성에 기초한 자유시형이 정착된다.

주요한의 「노래를 지으시려는 이에게」(朝鮮文壇 제1-3호, 1924. 10-12)를 보면 이러한 시적 형태를 정착 과정을 성찰하면서 새로운 가능성을 모색하던 당시 상황을 자세히 확인할 수 있다. 주요한은 '시'라는 문학 양식의 본질적 속성을 '노래하는 형태의 문학'이라고 규정하면서 한국 전통문학 가운데는 중국의 시를 그대로 따른 '한시(漢詩)', 그 형식은 다르지만 중국의 것을 모방하고 있는 '시조(時調)' 그리고 국민적 정조를 드러내는 민요와 동요가 있다고 설명한다. 그가 시조를 중국 모방이라고 한 것은 한문투의 일부 시조를 두고 한 말이지만 시조에 대한 오해에서 비롯된 것이 아닌가 생각된다. 이러한 세 가지 형태 가운데 그는 한국의 현대시가 국민적 정조에 기반한 민요와 동요의 정신에서 새롭게 출발해야 한다는 점을 강조한다.

주요한은 현대시의 출발점이 기독교의 '찬미가'에 있음을 밝히면서 갑오경장 이후 일본의 영향을 받은 창가로 이어지면서 전래의 민요나 동요와는 다른 형태의 '신체시'가 성립되었다는 그 나름의 새로운 설명을 붙였다. 하지만 그는 자신의 시작 활동을 이러한 시가의 전통과는 무관한 것으로 설명한다. 그는 자신이 참여한 동인지 《창조》의 창간호에 「불놀이」 등과 이미 일본에서 《학우(學友)》라는 잡지에 「에튜-드」라는 시험적 작품을 발표한 바 있는데 이들 작품이 모두 프랑스와 일본 현대시의 영향 아래 만들어진 것이라고 고백한다.

주요한은 '자유시'라는 개념을 황석우의 경우와 마찬가지로 주로 프랑스 상징파의 새로운 시 운동에서 찾고 있다. 그는 전통적인 시작법에서 지켜져 내려오던 규칙과 라임(운율)을 파괴하고 시인이 각자 자연스러운 리듬에 맞추어 쓰기 시작한 시의 형식을 자유시라고 정의하고 있다. 그는 자신이 자유시의 형식을 취하게 된 것은 그 시대의 영향이 아주 컸음을 부연해 설명한다. 그리고 조선어 자체의 성질로도 그렇게 하지 않을 수밖에 없었던 이유를 밝힌다. 과거에 조선 말 시가의 형식으로 말하자면 시조든 민요든 운(韻)을 다는 법은 없었고 글자 수를 일정하게 맞추는 규칙을 따를 뿐이었다. 민요의 형식 중에는 8.8조가 가장 많았다. 그러나 이런 형식이 심히 단조로운 것이어서 이를 그대로 따를 수 없었다는 것이다. 그는 이러한 새로운 실험을 김억 등의 시에서 발견할 수 있음을 밝히면서 앞으로 전개해야 할 신시운동의 목표를 다음과 같이 제시한다.

> 신시운동이 아직까지도 초창시대에 잇는 것은 여러분이 다 아실 것이외다. 이 초창시대에 잇는 우리는 긔성한 시대의 셰력을 가진 것 업고 일반 독서계급의 싸른 감샹력을 가짐도 업고 또 긔성한 시가의 형식도 업시 다만 빈손으로 무슨 새론 문학의 창조를 꾀하는 것이외다. 일이 어렵기도 하려니와 그 동시에 흥미도 잇는 것입니다. 그러면 이 신시운동의 전도의 목표는 무엇인가 적어도 나의 생각으로는 두 가지의 목표가 잇다고 합니다. 첫재는 민족뎍 정조와 사샹을 바로 해석하고 표현하는 것, 둘재는 조선말의 미와 힘을 새로 차저내고 지어내는 것입니다.[20]

> 신시운동의 내용은 엇더하여야 될가. 이것이 우에 말한 두 가지 목표의 첫재올시다. 곳 '민족뎍 정서와 사샹을 바로 표현하는 것'이외다. 모든 예술뎍 표현에 내용과 형식이란 논흐지 못할 물건이외다. 형식을 극단으로 파괴하려는 운동 즉 근내의 미래파 심지어 다다이즘 가튼 운동은 형식에 치우치는 타락뎍 경향에 대한 반동, 자극제는 될지언정 그 형식파괴라는 무긔만 가지고 얼마나 오랜 예술뎍 생명을 가질런지는 의문이외다. 예술이라 칭하지 아느면 모르거니와 예술이라 칭하는 이샹 박게 나타남이(즉 표현이) 잇서야 할 것이요, 표현이 잇는 이상 형식이 업슬 수 업습니다. 가령 음악이라 하면 음악을 다른 예술 미술, 혹, 문학에서 구별하는 특수한 형식이 잇슬 것이외다. 그러치 안코 가령 동물표본을 진렬하고 이것이 음악이라 하면 누가 그것을 긍뎡하겟습니싸. 노래로 말하여도 이는 문학에 속한 것이니 음악이나 무도나 됴각과 달리 문자라는 형식을 취하야 할 것이오. 문자 중에도 음률을 직히는 운문의 형식을 취하야 할 것이외다. 적어도 이 범위 안에 잇는 것이라야 노래라 하엿지 그 범위를 버셔나면 노래라 할 수가 업겟습니다.
>
> 형식이 이와 가치 중요한 물건이나 그 밋흐로 더 드러가 보면 결국 형

20 주요한, 「노래를 지으시려는 이에게 (1)」(朝鮮文壇 제1호, 1924. 10), 50면.

식보다도 더 중요한 것은 내용인 것을 알 수 잇습니다. 프란스의 자유시가 장래 시가상에 샹당한 디위를 차지한다 하면 이는 그 형식이 파괴뎍임보다 그 내용의 영원성에 의할 것이외다. 고래로 뎐하는 걸작이 그 기교 여하보다도 그 속에 잇는 사샹과 졍서의 가치에 의한 것이외다. 그럼으로 베를렌과 베라란이 가치 탄상을 밧고 휫트맨이 가치 대시인의 칭을 엇는 것이외다. 그와 마츤가지로 오늘날 우리가 창작코저 시험즁에 잇는 조선의 신시도 그 신시라는 형식으로 인하야 생명을 어들 것이 아니라 신시의 속에 실린 사샹과 졍셔의 독창뎍이고 아님에 그 생명이 달릴 것이외다. 만일 오늘 신시의 작가들이 참 새론 정신과 새론 미를 발견하면 우리 신시운동은 성공할 것이요, 그러치 못하면 얼마 가다가 쇠하고 말 것입니다. 만일 이 신시운동이 실패된다 하면 조선 민족에게 거긔서 더한 불행이 업슬 것이오, 그것이 성공되면 우리 당대와 후손에게 그런 보배가 업슬 것입니다. 그럼으로 오늘 이 운동에 참가한 우리(그 수효가 손으로 곱으리 만치도 못 되는 우리)는 우리의 책임이 얼마나 중한 것을 깨다러야 하겟습니다.[21]

주요한은 위의 인용에서처럼 신시운동의 목표를 첫째, 민족적 정서와 사상을 바르게 해석하고 이를 표현하는 것이며, 둘째는 조선어의 미와 힘을 새로 찾아내고 지어내는 것이라고 규정한다. 그는 신시가 그 형식을 통해서가 아니라 사상과 정서의 독창성 여부에 따라 성패가 결정될 것임을 주장하면서 새로운 정신과 미를 발견하는 일이 급선무임을 강조한다. 오늘날 조선의 신시는 그 신시라는 새로운 형식으로 인해 생명을 얻을 것이 아니라 신시 속에 실린 독창적 사상과 정서를 발견하는 일이 중요하다는 점을 지목하고 있다. 이를 위해 무엇보다도 개성에의 충실을 강조하는데, 이는 물론 조선 사람으로서의 개성이라는 단서를 달고 있다. 그렇기 때문에 조선 사람의 사상과 정서를 제대로 발견할 수 있는 길이야말로 신시의 발족점이며 민요가 바로 거기에 해당한다고 했다. 그는 신시운동은 한시나 시조에서 비롯되는 것이 아니라 조선말로 쓴 노래로서 민요와 동요에서 출발해야 한다고 했다.

21 주요한, 「노래를 지으시려는 이에게 (2)」(朝鮮文壇 제2호, 1924. 11), 47-48면.

그러면 무엇을 가르처 조선말의 진정한 미라 할가. 이것은 아모도 예언할 것이 못되며, 리론할 것이 못된다 합니다. 이는 다만 예술뎍 텬재의 발견과 챵작에서 나올 것이라 합니다. 그러나 멧 가지 이것은 아니다 하는 것은 잇겟습니다. 첫재, 외국어의 직역은 결코 조선말이 못될 것이외다. 이 의미에 잇서서 오늘날 신시의 다부분은 조선말이 아니라 하겟습니다. 다 외국말이 조선옷을 닙고 나온 것뿐이외다. 엇더케 외국어가 조선화하고 외국 사샹이 조선화할는지는 역시 예술가가 스스로 해결할 문뎨입니다. 둘재, 고어의 부활이 결코 조선말이 아닙니다. 한때에 순젼한 조선말이 잇고, 그 시대의 조선사람의 가슴에 고상한 정서를 니르키던 말이라도 임의 오래 사용되지 안은 이샹, 현대 조선인에게 그런 숭고한 정서를 니르키지 못하는 이샹, 그것이 현대 조선말의 진정 의미라 할 수 업슬 것이외다. (중략)

그러나, 이샹 두 가지는 일종 소극뎍 제한에 불과하고 적극뎍으로 엇더한 것이 조선말의 미라고 하는 것은 리론으로 말할 수 업습니다. 그것을 발견하고 챵작하는 것이 시인의 직무요 그것을 감상하고 소개하는 것이 비평가의 직무이겟습니다. 그런 즁에 이 문뎨에 대하야 각 작가가 제각기 자긔의 도그마가 잇습니다. 엇던 이는 이것이 참말 조선 노래다운 노래라 하고 엇던 이는 저것이라 합니다. 필자도 제게 맛는 도그마가 잇습니다. 우에도 말한 것 가티 필자의 의견으로는 조선의 신시운동이 성공하려면 반드시 민요를 긔초 삼고 나아가야 되리라 합니다. 이것은 엇던 나라 문학사를 보드래도 증명할 수 잇는 것이외다. 문학 발생의 초챵시대에 잇어서 그 새문학의 출발뎜이 언제든지 민요에 잇섯습니다.[22]

주요한이 신시운동의 또 다른 목표로 내세운 것은 조선어의 미와 그 힘을 찾아내어 표현하는 일이다. 그는 과거 우리 문학은 조선어의 아름다움을 제대로 살려 낸 경우가 없었음을 지적하면서 일상적 현실 속에서 생명 있는 우리말을 찾아내어 그 아름다움을 살려 낼 것을 주문하고 있다. 이를 위해서는 생경한 외국어의 번역투를 그대로 따라서는 안 되며 신시운동이 반드시 민요를 기초로 새롭게 출발해야 한다는 것이 그의 생각이다. 여기서 한

22 주요한, 「노래를 지으시려는 이에게 (3)」(朝鮮文壇 제3호, 1924. 12), 44면.

가지 주목해야 할 것은 주요한이 신시운동의 기초를 민요에 두어야 한다고 주장한 것은 민요의 집단적 정서라든지 그 가락과 율격을 중시하고자 하는 것은 아니라는 점이다. 오히려 삶의 경험적 현실에서 우러나오는 일상적 언어의 생생한 감각을 더 긴요한 요건으로 주목했다고 보아야 한다.

시조부흥운동과 '현대시조'

한국 현대시의 형성 과정에서 김억, 주요한 등이 자유시의 확립에 주력했다면, 1920년대 중반에 최남선과 이병기를 중심으로 이루어진 시조부흥운동은 시적 형식의 고정성과 그 전통에 대한 새로운 논의를 제기한 바 있다. 시조부흥운동은 전통적 문학 형식이었던 시조를 현대적으로 다시 창작하자는 데 그 목표를 둔 것으로서, 현대시조의 새로운 가능성에 대한 관심을 제고했다는 점에서 그 의의가 인정된다. 시조부흥운동은 시조시학의 성립을 촉진했으며, 시조의 전아한 기풍과 새로운 시대정신의 결합을 시험할 계기가 되었다.

시조부흥운동은 최남선의 「조선 국민문학으로서의 시조」(1926)라는 글에서 그 실천적 논리를 획득한다. 이 글은 시조 부흥에 대한 그의 신념을 단적으로 드러내는 것으로서 '국민문학'이라는 용어의 출현을 낳기도 했다. 최남선은 신문학의 초창기부터 신시운동에 앞장서서 신체시와 창가 등의 새로운 시 형식을 시험한 바 있다. 그는 민족문화에 대한 폭넓은 관심을 가지고 이른바 '조선정신'의 탐구에 주력했다. 그가 신시운동에서 중요한 역할을 담당했음에도 시조에 대한 애착을 보인 것은 '조선적인 것'에 대한 착안과 관계가 깊다. 최남선은 '조선의 밖에 자기를 어디다가 수립해 조선을 떼어낸 무슨 자기의 표현 발전 완성이 있을 것이랴.'라고 말하면서 자신의 이 같은 입장을 '조선주의'라고 명명하기도 한다. 그러므로 최남선이 주장하는 시조 부흥은 '조선적인 것'의 시적 형상화의 가능성에 대한 탐구를 의미한다. 그는 신시운동 자체가 서구적인 새로운 시 형태에 무분별하게 몰두하고 있음을 비판하면서 '조선의 시는 무엇보다도 조선스러움을 갖추어야 한다.'라는 조건을 내세운다. 그리고 바로 이러한 조건에 알맞은 '조선적인 시'의 형태가 시조임을 강조한다.

時調는 朝鮮人의 손으로 人類의 韻律界에 提出된 一詩形이다. 朝鮮의 風土와 朝鮮人의 性情이 音調를 빌려 그 運動의 한 形象을 具現한 것이다. 音波의 위에 던진 朝鮮我의 그림자이다. 어쩌케 自己 그대로를 가락 잇는 말로 그려낼가 하야 朝鮮人이 오랜 동안 여러 가지로 애를 쓰고서 이때까지 도달한 막다란 곧이다. 朝鮮心의 放射性과 朝鮮語의 纖維組織이 가장 壓縮된 狀態에서 表現된 공든 塔이다. 남으로 우리를 알려 할 때에 그 가장 要緊한 材料일 것도 무론이지마는 우리를 觀照하고 味驗하는 것으로도 時調는 아직까지 唯一最高의 準的일 것이다. 다른 것으로도 그러치마는 더욱 藝術上으로 더욱 詩로 그러치 안흘 수 업는 것이다. 웨 그러냐 하면 朝鮮은 文學의 素材에 잇어서는 아모만도 못하지 아니하고 또 그것이 胞胎로 어느 程度 만콤의 發育을 遂한 것도 事實이지만 대체로는 文學的 成立, 乃至 完成文學의 國又國民이라기는 어렵다. (중략) 오직 詩에 잇서서는 形式으로 內容으로 用法으로 相當한 發達과 成立을 가진 一物이 잇스니 이것이 時調다. 時調가 朝鮮에 잇서서 唯一한 成立文學임을 생각할 때에 時調에 對한 우리의 親愛는 一段의 深厚를 더함이 잇지 아니치 못한다.[23]

최남선은 시조란 '조선의 국토, 조선인, 조선어, 조선 음률을 통해 표현한 필연적인 양식'임을 강조하면서 시조의 새로운 가능성을 확신한다. '조선심'의 탐구에 몰두하면서 최남선은 문학의 영역에서 시조를 발견하게 되었지만 하나의 시 형식으로서 시조가 지니고 있는 속성을 '조선적인 것'이라는 추상적인 요건만으로 설명한다는 것은 가능한 일이 아니다. 문학의 형식은 그 자체의 미학적 요건과 함께 그러한 형식을 가능케 하는 시대적 상황과 사회 기반의 상호 관계를 깊이 있게 인식할 경우에 그 의미가 드러날 것이다. 최남선의 경우처럼 시조를 우리 민족의 유일한 문학 형식이라는 단순한 논리로만 평가하고자 한다면, 유교적 사고에 근거한 미의식에서 출발해 그 미의식 자체를 극복하는 과정에서 형태적 분화를 겪어야 했던 시조 형식의 시대적 의미와 그 속성을 제대로 이해할 수 없을 것임은 물론이다.

최남선은 시조집 『백팔번뇌(百八煩惱)』(1926)를 통해 스스로 시조부흥

---

23 崔南善, 「朝鮮 國民文學으로서의 時調」(朝鮮文壇 제16호, 1926. 5), 4면.

운동의 실천적 작업에 앞장섰다. 그는 이 책의 서문에서 시조를 문학 유희의 구렁에서 건져 내어 '엄숙한 사상의 용기'로 만들어 보겠다는 포부를 밝힌 바 있는데, 여기서 말하는 '엄숙한 사상'은 최남선이 늘 강조해 온 '조선정신'과 같은 맥락임은 쉽게 짐작할 수 있는 일이다. 최남선은 '조선정신'을 노래하기 위한 시적 형식을 모색했던 셈이며, '조선정신'을 발현할 수 있는 '조선적인 시의 창조'라는 의미로 시조 부흥의 성격을 규정하고 있었던 것이다.

최남선이 시조부흥운동에 앞장서면서 보여 준 시조 창작 방법의 특징은 연작의 활용이다. 이러한 특징은《소년》지에서부터 비롯된 시조에 관심과 그 시적 가능성에 대한 탐색 과정에서 일관되게 나타난다. 『백팔번뇌』에는 국토를 순례하면서 민족의 역사를 더듬으며 그 감상을 노래하는 작품들이 주로 수록되어 있는데, 시적 대상으로서의 '님'을 노래한 것이 상당수다. 최남선의 시조는 전통적인 시조의 형식을 연작의 방법으로 확대하면서 '조선적인 것'에 대한 관심이 실제 작품에서는 '님'에 대한 노래로 변용되어 나타난다. 시적 대상만이 아니라 정서 자체를 놓고 본다면, 시조를 통해 표현할 수 있는 사상적 가치의 면에서 '조선적인 것'에 착안한 최남선의 의도는 그 나름대로 의미를 갖는다. 그러나 시조를 하나의 문학 형식으로 부흥한다는 것은 그 전통적인 형식의 재현이나 정서를 공유하는 것만으로는 가치를 인정받기 어려운 일이다. 시조는 조선시대에 창곡과 함께 공존해 왔고 신문학의 성립 이후, 그 실질적인 기능을 상실했다. 음악으로서의 창곡과 공존 관계를 청산하고 하나의 시 형식으로서 시조가 재출발하기 위해서는 부흥보다는 재창조의 과정을 거쳤어야만 하는 것이다. 말하자면 전통적인 형식의 현대적인 변용이 창작상의 과제로 제기될 수 있었어야 한다는 점이다. 시조가 지켜 온 특유의 기품이나 전아성을 포기한다는 것은 시조 자체를 포기하는 일이 되지만, 그렇다고 해서 외형적인 규제라는 전통적인 형식에만 주력해 하나의 문학 형태가 필연적으로 요구하게 되는 내용의 포괄성이나 광범위한 시대감각을 외면할 수도 없는 일이다.

최남선이 주장한 시조부흥운동은 이병기, 이은상, 주요한, 조운 등으로 이어지면서 두 가지 측면의 실천을 가능하게 했다. 그 하나는 시조의 시적 창작 활동이 활성화되었다는 점이며, 다른 하나는 시조에 대한 학문적 연구가 본격화되었다는 점이다. 여기서 시조의 창작 활동과 함께 시조의 본질적인 연구가 시조부흥운동에 즈음해 활발하게 전개된 것은 전통문학에 대한 새로운 인식을 가능하게 했다는 점에서 그 의의를 높이 평가할 수 있다. 이 가운데 주목해야 할 인물이 이병기(李秉岐)다.[24] 1920년대 중반 최남선이 주창한 시조 부흥은 이병기를 통해 비로소 현대시조의 새로운 탄생이라는 실천적 의미를 가졌기 때문이다. 실제로 이병기에 의해 시조의 시적 혁신과 그 창작이 가능해졌고 시조에 대한 이론적 탐구와 그 시학의 원리가 정립되었다. 이병기는 「시조란 무엇인고」(1926), 「시조와 그 연구」(1928), 「시조 원류론」(1929) 등을 통해 시조문학의 본령을 깊게 논의하고, 「시조는 혁신하자」(1932)와 같은 글에서 시조를 하나의 시 형식으로 새롭게 인식하면서 이념적인 도그마에서 벗어나 시조 창작의 새로운 시야를 제공한다. 특히 그의 창작 시조집 『가람시조집』(1939)은 현대시조의 가장 주목되는 성과로 손꼽힌다.

이병기는 「시조란 무엇인고」라는 글을 통해 시조의 기원과 그 양식적 특성을 개괄적으로 검토한다. 이병기는 이 글에서 시조의 종류와 형식, 율격과 체제, 표현과 기법 등에 대한 이론적 근거를 제시함으로써 본격적인 의미에서 시조에 대한 양식적 논의를 통한 시조시학의 체계를 확립할 수 있게 된다. 이 글에서 주목되는 것은 시조라는 명칭에 대해 '시절가(時節歌)'로서의 개념을 정확하게 규정했다는 점이다. 그리고 시조의 기원과 그 형태, 시적 형식과 율격, 시조의 표현과 기법 등에 대한 논의를 구체화했으며, 시조 창곡의 특성과 시조의 시적 형식에 대한 논의를 구분해 놓고 있다. 특히 시조론의 핵심에 해당하는 시조의 3장 형식에 대한 새로운 인식이 이 글에서 분명하게 드러난다.

> 朝鮮 自來의 歌客들이 놀애에만 쓰는 말이 따로 잇스니 그 一例를 들어 말하면 놀애의 初章을 첫치, 中章을 둘재치, 終章을 셋재치라 하며 句를 마루라 하여 한 마루, 두 마루, 세 마루…… 이러케 부르는데 時調의 初中終三章으로 된 것은 朝鮮 自來의 歌詞를 代表하엿슬 것이다. 원악 朝鮮 自來의 歌詞는 三章式으로 된 것이 만흔데 時調만큼 合理한 形式으로서 發達되

24 이병기의 시조 활동에 대해서는 김제현, 『이병기: 그 난초 같은 삶과 문학』(건국대학교출판부, 1995); 최승범, 『스승 가람 이병기』(범우사, 2001) 등 참조.

고 一般的으로 傳誦되는 文學的 價值 잇는 것은 업다.

그런데 時調는 單語가 모혀 한 句가 되고 두 句式 모여 初章, 中章이 되고 네 句가 모여 終章이 되나니 初中終의 章이란 말은 漢文에서 니르는 字가 모여 句, 句가 모여 節(段), 節이 모여 章이 된다는 意味와 다르다. 그리고 初中終 三章이 모여 한 首(마리)가 되나니 이 首를 또는 章이라고도 하여 自來로 일컬엇다. 그러면 이 章은 初中終의 章과 混同하기 쉬울 듯하니 初中終의 章은 반듯이 章 한 字만 가지고 일컷지 안코 初中終의 어느 字든지 우에부터 한 名詞를 맨들어 朝鮮 音樂 歌詞에만 쓰는 한 特殊語다.

以上을 綜合하여 보아도 알려니와 時調의 形式은 漢詩에서나 어데서든지 模倣하여 온 것이 아니다. 朝鮮의 國有한 것이다. 그러나 이것도 高麗磁器 製造法과 가치 뒤에 傳하지 못하면 낡은 休紙만 되여 쓸에기桶으로 들어갈 것이 아닌가.[25]

이병기가 설명하는 시조 3장의 속성은 음악적인 것과 시적인 것의 형태적 조화를 의미한다는 사실을 확인할 수 있다. 여기서 시조 형식의 핵심을 이루는 '장(章)'의 개념을 한문의 그것과 구별 지은 것은 탁월한 인식이다. 전통적으로 시조는 그것이 창곡으로 가창되던 시대에도 3장이라는 음악적 형식에 묶여 있었고, 자연스럽게 시적 형식으로서의 3장 분장 형식을 고수하고 있다. 시조가 지니고 있는 시적 특성은 이 불변의 3장 형식에서 비롯된다고 할 수 있다. 시조에 대한 시학적 해명 또한 이러한 시적 형식에 대한 새로운 해석에 기초해야 한다는 것은 당연한 일이다.

이병기는 시조의 새로운 변화와 그 현대적 시작법을 모색하기 위해 크게 세 가지 방안을 제시한다. 첫째로 시조의 내용에서 참신성과 충실성을 살릴 것을 주문한다. 짧은 시 형식이지만 시조가 과거의 틀과 내용에서 완전히 벗어나 새로운 생활감정을 풍부하게 담아낸다면 문학적 가치와 지위를 높일 수 있을 것임을 강조하는 것이다. 둘째로 구조(句調)의 변화를 요구한다. 여기서 '구조'라는 말은 시조 어구의 표현 방법을 뜻하는 것으로 이병기가 고안해 낸 용어인데, 내용의 참신성과 함께 시적 표현의 변화를 도모한다는 뜻

25 李秉岐, 「時調란 무엇인고」(東亞日報, 1926. 12. 2).

이다. 전대의 시조에서 볼 수 있는 한문 구절이나 구결식(口訣式) 표현 문구에서 벗어나 순수한 고유어로서의 표현을 통해 실감의 정서를 살려 내야만 한다. 셋째는 시조 형식의 활용과 그 확장에 대한 방안이다. 평시조는 3장의 형식 자체가 아주 짧고 단조롭기 때문에 현대적인 생활 감각을 풍부하게 담아내는 데 한계가 있다. 그러므로 평시조의 형식을 반복적으로 연결해 연작시조의 형태를 만들어 냄으로써 변화를 꾀할 수 있게 된다. 이병기는 이와 같은 새로운 시조의 창작 방법을 「시조의 현재와 장래」(1929)라는 글에서도 반복적으로 강조한다.

> 나는 時調道復興을 하자는 것보다도 時調新運動을 하자고 하고 있다. 종래의 時調를 그대로 因襲한대야 암만해도 現在 及 將來 사람에게는 맞지 아니할 것이다. 어떤 이는 時調의 內容만 아니라 時調의 形式까지 사뭇 고쳐라 하기도 하나, 이는 一朝一夕에 아니 될 것이며, 잘못하다는 時調 그것만 抹殺시키고 말 것이다. (중략) 그런데 이 新運動에 대하여 생각하는 바를 이에 統括하여 말하면, 첫째 朝鮮語의 美를 찾아 쓰자. 둘째 寫生法을 힘쓰자. 셋째 新律格을 지어내자. 넷째 唱法을 고치자함이다.[26]

위의 인용에서 언급한 것처럼 이병기는 '시조도(時調道)'의 부흥이 아니라 시조의 신운동을 강조한다. 그리고 이 신운동에서 첫째 방법으로 조선어의 미를 찾아 쓰는 것을 든다. 그는 시조의 생명과 가치가 언어에 매여 있음을 주목하면서 살아 있는 조선어의 미를 살려 낼 수 있어야만 시조가 비로소 조선의 노래가 될 것이라고 주장한다. 둘째 방법으로 그가 주장하는 것이 '사생법(寫生法)'을 힘쓰자 함이다. 여기서 말하는 사생법이란 시적 대상에 대한 정밀한 묘사를 의미한다. 관념에 매달리지 말고 진지한 감정과 조밀한 관찰을 통해 시적 대상을 묘사할 수 있을 때 시조의 독창적인 아름다움을 완성할 수 있다. 그리고 마지막으로 시조의 새로운 형식과 격조에 맞는 리듬과 율격을 창조할 것을 주장한다. 오늘날과 같이 변화 많은 생활에 인간의 사상과 감정도 격렬한 변화를 하고 있으므로 이에 따라 시조의 언어와 음조도 역

---

26 李秉岐, 「時調의 現在와 將來(완)」(新生 제9호, 1929. 6), 32면.

시 새로운 변화가 필요하다는 것이다.

이병기의 시조에 대한 논의 가운데 주목되는 것은 시조의 시적 형식 문제다. 시적 형식으로서의 시조의 형태는 오늘의 현대시조가 왜 시조로 존재하는지 이해하는 데 결정적인 단서를 제공한다.

> 時調도 한 文學이다. 小說, 戲曲, 童謠, 民謠, 新詩와 가튼 한 文學이다. 더구나 우리 조선에서는 歷史와 그 意義가 깊은 한 文學이다. 古代 民謠의 한 形式으로서 發達되어 적어도 千餘年 동안을 거쳐 오늘날까지 오는 것이며 우리의 過去의 文學을 말하자면 과연 이 時調가 가장 소중한 것이다. 다른 歌謠보다도 또는 小說이나 其他 무엇보다도…….
>
> 그러나 時調는 다만 이러한 意味만이 아니라 旣定한 小詩型으로도 가장 合理하게 되어 잇다. 旕時調, 辭說時調는 그만두고 보통 쓰이는 平時調 하나만 가지고 말하드라도, 그것이 定型은 定型이면서도 꼭 限定된 것이 아니라 대개 그 字數를 몇 字 以下, 몇 字 以上에서 암만이라도 取捨할 수 잇게 되었다. 그 形式을 七七七七의 四句로 된 漢詩絶句나, 五七五七七의 五句로 된 日本短歌와 같이 꼭 一定한 字數만으로 하여 된 건 지금 전하는 千餘首 되는 古時調 가운데에, 三百餘 가지나 되겠다. 어떤 이는 이것이 너무 複雜하다 하고, 다시 標準形式이 잇어야 하겠다 하는 이도 잇지마는, 그 標準形式이란 무엇으로 定할는지 알 수 없다. 가령 七八, 七八, 八七로 하여 初章이나 中章의 첫句는 七字, 끝句는 八字로 하고, 終章의 첫句는 三字, 둘째句는 五字, 셋째句는 四字, 끝句는 三字로 하자는 이가 잇으나, 이 形式이 무슨 意味로서 標準形式이 될는지는 알 수 없다. 위에 말한 三百餘 가지나 된다는 古時調의 形式을 본다면, 이 形式보다도 달리된 形式으로서 더 많이 쓰인 것이 잇다.
>
> 그러면 在來의 時調形式으로는 이 形式이 한 少數에 지나지 못한다. 이런 統計로 보아서는 標準形式이 될 수 없다. 다만, 어느 作家의 獨斷과 字數記憶의 便宜로나 하여 한 符號처럼 定한다면 모르거니와, 그렇지 않다면 다른 理由는 없을 것이고, 그 字數로 말미암아 생기는 音調나 韻律로 본대도 이 形式이 꼭 標準 된다고 하지는 못할 것이다. 그러나 이 近來 어떤 이들은 이 形式만을 時調의 形式으로 아는 이도 잇고 쓰는 이도 잇어, 千篇一律

로 하여 이 形式의 字數만 채워 지어 낸다. 그리하여 퍽 自由스럽게 되어 잇던 時調의 形式을 도리어 不自由하게시리 하지나 않는가 하는 느낌이 난다. 이 自由스러운 것이야말로 과연 다른 나라의 旣定한 小詩型들과도 다른 점이고, 또한 特性인 것이다. 이 特性이 現在나 將來에 잇어 永遠히 그 生命을 뻗어 갈 만한 것이다.

왜 時調를 排斥할까? 그 排斥하는 것을 보면 첫째는 時調의 形式, 둘째는 時調의 內容에 대하여서다. 첫째, 時調의 形式은 定型인 것과 古典的인 것이다. 하나 古典도 古典나름이요, 定型도 定型 나름이지 반드시 定型이라고 古典이라고 하여 덮어놓고 다 버려야 할 것은 아니다. 時調는 定型이며 古典的이면서도 꼭 잇어야 할 까닭은, 도리어 그 定型과 그 古典的에 잇다. 漢文이나 英語와 같은 外國의 文學을 맛보는 우리로서, 그래도 朝鮮語文學의 맛을 보자면 무엇이 잇나. 漢詩나 英詩처럼 發達은 못되었다 하더라도, 적어도 조선말로써 조선말답게 적은 것이며 조선말로서의 목숨과 넋이 잇는 것 아닌가. 그리하여 조선말에 쓰인 典型과 軌範을 보여 주는 것이 아닌가. 우리는 이것을 보고 일일이 그대로 模倣을 하거나 引用을 하거나 할 건 아니라도 거기에서 무슨 傳統이나 暗示를 얻을 것 아닌가. 이것이 과연 우리들과는 남다른 깊은 關係가 잇는 바이다. 마치 日本人이 和歌와 같은 文學을 저버릴 수 없음과, 支那人이 漢詩와 같은 文學을 저버릴 수 없음과 같은 일이다. 日本에서 自由詩 運動, 支那에서 白話詩 運動이 맹렬하여도, 또 그 한편에는 漢詩나 和歌 같은 定型詩가 또한 못지않게 展開되고 잇으며, 그 中 日本 같은 데서는 歌人 自身으로도 한때 和歌滅亡論을 지어 떠들고, 오히려 歌壇 한편에서 猛將노릇을 하는 뻔뻔한 이도 잇으며, 지금 와서는 프롤레타리아 短歌運動까지도 생겼다. 지금 우리의 時調도 이렇다 저렇다 云云함은 그 展開의 科程에 있어 면할 수 없는 事實이다.[27]

이병기는 시조의 시적 속성을 규정해 주는 요소로서 정형적인 것과 고전적인 것에 주목하고 있다. 시조는 고정적 형식의 규제성을 특징으로 하지만 3장의 형태적 구성 안에서 어구의 배열에 상당한 융통성과 자유로움

27 李秉岐, 「時調는 革新하자」(東亞日報, 1932. 1. 23).

을 드러내고 있다. 그리고 이 형식적 특징은 시조가 추구하는 시정신과 밀접한 관련을 지닌다. 시조를 통해 추구하는 시적 기품과 격조가 거기서 비롯되기 때문이다. 그러므로 시조가 하나의 문학적 형식으로 재창조되기 위해서는, 그것이 지녀 온 외형의 균제라는 형식적 특성만을 고집하면서 시인의 개인적 시정신이라든지 새로운 시대감각을 외면해서는 안 된다. 그렇다고 해서 시조가 지녀 왔던 특유의 기품이나 형태적 전아성을 포기한다면 시조는 결국 파괴되고 만다. 시조는 이러한 두 가지의 조건이 조화를 이루는 곳에서 그 시적 가능성을 확고히 할 수 있는 것이다. 이병기가 주목하는 점도 바로 여기 있다.

이병기가 시조 창작에서 주력한 연작시조는 단형의 평시조를 중첩시켜 시적 의미를 확대시켜 놓고자 하는 형식적 실험의 소산이다. 이것은 시조의 단형적 형태가 지니는 한계를 극복하고자 하는 시도와 상통한다. 이미 연시조의 형태는 조선시대 이퇴계의 「도산십이곡(陶山十二曲)」이나 윤선도의 「오우가(五友歌)」와 같은 작품을 통해 그 시적 가능성을 입증받았던 형식이다. 이병기가 새로운 시조 창작 과정에서 연작시조에 관심을 가지게 된 것은 시적 형식의 이완에 대한 기법적 인식과 함께 그 형식에 담아내고자 하는 내용의 풍부성을 감당할 수 있도록 하기 위한 고안으로 이해된다. 이병기 시조의 연작성은 현대시조의 형식적인 특성으로 자리 잡은 가장 중요한 형태적인 요소다. 이것은 시조의 형식적인 확대를 의미하는 것으로서 시조가 담아야 하는 시적 의미 내용이 그만큼 다양하고 포괄적인 것이 되었음을 말하는 것이다. 그가 즐겨 활용하는 연작시조는 외형적으로 각각 독립된 두 편의 평시조를 병렬적으로 연결한 것처럼 보이지만, 텍스트의 구조 자체가 통합된 하나의 작품을 위해 견고하게 짜여 있음을 알 수 있다. 그러므로 연작을 통한 시조의 형식적 확장에 전체적인 균형을 부여하며 시적 긴장을 이끌어 가는 것은 형식적 고안에 의해서만 이루어진 것이 아니다. 시적 주제의 응축과 그 확산 과정을 전체적으로 통제하고 있는 내적인 질서에 의해 가능해지는 것이다. 그리고 이 같은 형식적인 실험을 통해 개방적이면서도 유기적인 연시조 형식의 창조에 이르는 것이다.

이병기의 시조에서 발견하게 되는 또 하나의 중요한 특징은 시조의 형태적 고정성에서 파격을 추구했던 엇시조나 사설시조의 미학에 대한 적극적인 관심과 그 실험이다. 시조의 장르 변화 과정에서 볼 때, 평시조의 극복 양식으로 이해되고 있는 사설시조의 형태적 특성이 이병기의 시조에 와서도 발전적으로 계승되는 것은 주목할 만하다. 모든 예술의 형태는 언제나 그것이 존재할 수 있는 시대적 위상에 조응하기 마련이고 사설시조의 등장은 조선 후기 서민의식의 성장과 새로운 미의식을 기반으로 한다. 사설시조에서 볼 수 있는 고정적인 율격 파괴와 산문화 경향은 조선 후기 서민층의 미의식을 대변하는 것으로 이해되는 게 보통이다.

이병기는 현대시조의 시적 형식에 감각성이라는 고도의 미의식을 부여함으로써 현대시조가 추구하는 시적 모더니티를 온전하게 구현한다. 이병기의 시조는 전아한 기품을 자랑하지만, 기실은 단조로움에 빠져들기 쉬운 시적 진술에 특유의 감각성을 부여하는 것이 두드러진 특징이다. 이병기는 시조를 통해 우리말의 음절량과 그 이음새에서 나타나는 말의 마디를 자연스럽게 변형시키면서 율격을 지켜 나간다. 이것은 시조의 시적 형식이 어떤 틀로 고정되어 있는 것이 아니라 그렇게 형성되는 것임을 말해 주는 요건이 된다. 절제된 감정과 언어의 감각이야말로 이병기 시조의 미학이라고 규정할 수 있다.

이병기는 현대시조가 연작성에만 안주함으로써 시적 형식의 압축미를 얻지 못한 채 기교와 수사에 얽매인 산문으로 기울고 있는 점에 착안해 '격조'를 강조했다. 여기서 말하는 격조는 추상적인 관념이 아니라 시적 상상력의 감각성을 의미한다. 시조라는 단형의 시 형식에 동원되는 모든 단어에 생기를 불어넣어 주며 사고와 감정의 기저에까지 침투하는 감각을 말한다. 이러한 상상력은 물론 언어와 그 의미를 통해서 작용하지만 시조의 경우 전통적 의식과 가장 현대화된 정신을 결합하는 것이다.

그러므로 이병기의 시조는 시조의 부흥이 아니라 새로운 시적 형식과 감각의 발견에 해당한다. 이것은 시조라는 형식을 기반으로 하지만 하나의 주제를 발견하고 그 주제에 적합한 새로운 시적 형식과 언어와 감각을 구축했다는 점에서 그렇다. 발견으로서의 형식과 감각은 고정된 틀의 확립을 의미하는 것이 아니라, 시적 형식을 끊임없이 추구하고 시적 대상을 새로운 언어로 사고하는 방법이며 과정이다. 이병기의 시조에서 확인되는 시적 형식과 그 감각은 일상어의 시적 활용이라는 점에서 현대시조의 새로운 탄생과 직결된다는 점을 주목할 필요가 있다. 모든 관념어를 배제하고 감각적인 일상어만으로 이루어진 이병기의 시조는 시적 언어의 감각적 구현에 있어서 현대시조가 도달할 수 있는 궁극의 지점에 도달한 셈이다.

3) 극문학과 신극운동

신극과 신파극

한국의 전통문학에는 서구적인 개념의 희곡이라는 문학 양식이 존재하지 않는다. 그러나 구전의 전통을 따랐던 판소리가 조선 말기에 분창(分唱) 방식을 거쳐 창극(唱劇)의 형태로 공연되면서 극적 성격이 분명하게 드러나기 시작했다. 그러므로 이 시기의 창극은 전통적인 연희 형태의 현대적 변혁 과정을 이해하는 데 가장 중요한 근거를 제공한다. 창극은 판소리의 분창에서 비롯되었지만, 그 공연 형태의 변화가 여러 가지 사회·문화적 의미를 드러낸다. 전통적인 연희 형태의 근대적 변혁은 옥내 무대의 등장과 함께 가능해지고 있다. 그리고 그에 따른 연희 방식의 변화 자체가 근대적인 성격을 갖추게 되는 것이다.

개화계몽시대에 서양식 옥내 무대의 형태를 지닌 공연장이 처음 등장한 것은 협률사(協律社, 1902)의 역할 변화와 직결된다. 협률사는 조선 왕조 궁내부(宮內部)의 장악원(掌樂院)에 설치된 기관으로, 대한제국의 선포와 고종 즉위 40주년을 기념하기 위한 칭경예식 준비 과정에서 대중적인 공연장으로 활용된다. 그러나 이 같은 대중적 공연장의 등장이 풍속의 폐해를 가져온다는 주장에 따라 협률사가 폐쇄(1906)된 지 2년 만에 그 자리에 원각사(圓覺社)가 설립되어 본격적인 상업 공연이 이루어진다. 이 같은 새로운 공연장의 등장은 전통적인 연희 형태의 연희 방식에 새로운 변화를 불러왔다. 전통적인 연희 형태는 고정된 무대가 존재하지 않고, 무대와 객석의 구분도 명확하지 않으며, 대개 지방의 호족이나 특권층의 후원에 의존해 공연을 했다. 그러나 새로운 공연장은 서구식 극장의 형태를 따른 것이기 때문에, 공연 무대가 설치되고 무대와 객석을 구분해 놓았으며, 연희 자체가 대중 관객들의 관람료로 운영되는 상업적인 공연물로 자리 잡게 되었다. 더구나 판소리와 같이 명창이 노래하고 고수가 장단을 치는 단순한 공연 형태가 남녀 등장인물들이 각각 그 배역을 정해 노래하는 분창 형태로 변화한다. 바로 여기서 창극의 형태가 비롯된 것이다.

창극의 성립 과정에서 문제가 되는 것이 신소설 작가 이인직이 원각사 무대에 올린「은세계」다. 이는 근대적 성격의 희곡을 무대에 올린 것이 아니라, 신소설「은세계」를 바탕으로 한 창극 형태의 공연이었다. 이 같은 새로운 형태의 창극은 점차 무대극으로 발전해, 일제강점기에 본격적인 창극의 형태가 정립된 것으로 볼 수 있다.

개화계몽시대 창극의 성립이 전통적인 연희 형태의 현대적 변화를 말해 준다면, 일본의 강점을 전후해 소개된 일본 신파극(新派劇)은 외래적인 공연 형태의 한국적 수용 과정을 보여 준다. 일본 신파극은 을사조약 직후 경성에 거주하는 일본 거류민들에 의해 초청 공연이 이루어지면서 처음으로 소개되었는데, 임성구가 최초의 신파극단인 '혁신단'을 조직(1911. 12)해「불효천벌(不孝天罰)」이라는 작품을 무대에 선보이면서 대중적인 관심을 모으게 된다. 이 무렵의 신파극은 대체로 일본 신파극을 번안하거나 번역한 작품들이다. 신파극은 그 내용이 권선징악과 의리, 인정과 세태, 은혜와 복수, 애정 갈등 등을 위주로 하는 멜로드라마적 성격이 강했으며, 절제되지 않은 감상주의가 특징이었다. 신파극은 일제강점기에 대중적인 인기를 모으며 널리 풍미했으며, 1930년대 들어서면서 동양극장 건립(1935)과 더불어 토착적인 대중극으로 확고한 위치를 마련했다.

1930년대 신파극의 대표 작품으로 이서구의「동백꽃」,「어머니의 힘」과 임선규의「사랑에 속고 돈에 울고」,「동학당」, 김춘광의「검사와 여선생」등이 있다. 이 작품들은 일본 신파극의 속성을 그대로 이어받아 멜로드라마의 특성을 갖추고 있었으며, 전통 윤리와 근대적 삶의 방식 사이의 갈등이라든가 국권 상실에 따른 민족의 좌절과 고통을 감상적으로 표현했는데, 특히 전통적인 한의 정서와 연결 지어 대중적 호응이 높았다. 일제강점기 신파극은 대중적으로 확산되었으나 현존하는 작품이 많지 않다. 신파극 자체가 지식층에게 고급 예술로 인정되지 못한 데다가 무대 공연을 위한 대본으로 쓰여진 작품들이 공연 후 제대로 보존되지 못했기 때문이다. 그러나 신파극이 대중의 삶에 크게 영향을 미친 대중적 공연 형태였다는 점은 부인할 수 없다.

3·1운동 직후부터는 일본 유학생을 주축으로 학생극운동이 점차 확대되면서 본격적인 연극 공연이 이루어졌다. 이때부터 새로운 공연 형식으로서 연극에 대한 인식이 가능해졌으며, 극문학으로서의 희곡도 전문적인 극작가의 등장으로 새로운 기반을 확보하게 되었다. 이 시기에 민중계몽을 목표로 연극 공연을 기획한 학생극단 '극예술협회', '갈돕회', '형설회', '토월회(土月會)' 등이 등장한다. 이 가운데 토월회는 박승희, 김기진, 김복진, 이서구, 김을한 등의 일본 유학생들이 중심을 이루어 조직했으며, 학생연극운동으로 출발해 뒤에 전문 극단으로 발전했다. 토월회의 공연은 연극을 통한 민중계몽을 목적으로 했으며, 외국 작품이 주로 무대에 올려졌다. 토월회는 1924년 제3회 공연부터 본격적인 상업 극단으로 변신함으로써, 학생극운동에서 출발해 전문 극단으로 발전한 초창기의 대표적 극단이 되었다.

1920년대 초기의 연극운동은 학생극운동을 바탕으로 출발한다는 점에서 일정한 한계를 드러낸다. 학생극단은 극단의 경영 문제를 극복하기 어려웠고, 희곡 작품을 창작하는 대신에 외국 작품의 번역 공연에 치중하면서 연극 공연의 전문성도 살리지 못했다. 그러므로 극단이 전문 극단으로 탈바꿈하는 과정에서 초기의 실험 정신을 상실한 채 상업주의로 치달으면서 결국 연극운동 자체의 실패를 경험하지 않을 수 없었다.

희곡문학의 성립

1920년대 문단에서 희곡은 연극운동과 함께 새로운 관심의 대상이 된 영역이었다. 희곡문학은 연극을 위해 만들어지는 대본이라는 점에서 그 양식적 속성 자체가 완전히 외래적인 것이었다. 전래의 가면극이나 인형극은 모두 구전의 전통 속에서 전승되어 왔으므로, 문자로 기록된 대본이 필요하지 않았다. 그러나 새로운 연극은 먼저 문학 양식으로서의 희곡을 그 대본으로 삼아야 했다. 이광수도 '문학의 일종으로 극이라 하면 무대상에서 연출할 수 있게 쓴 대본을 말하며 이를 무대상에서 실연하는 연극은 문학에서 독립한 일종의 예술'이라고 간략하게 그 성격을 규정한 바 있다.[28] 희곡은 무대 위에서 공연되는 것을 전제로 한다는 점에서 소설이나 시와는 근본적으로 다

28 李光洙, 「文學이란 何오(5)」(每日申報, 1916. 11. 17).

른 성격을 지니고 있다. 대화와 행동이 중심을 이루는 문학으로서 희곡은 당시의 문단적 관습으로 본다면 가장 실험적인 문학 양식이 되었다.

희곡문학의 본질과 그 구성적 특성에 대한 비평적 논의는 현철의 「희곡의 개요」를 통해 본격적으로 이루어졌다.[29] 그는 먼저 당대에 유행하고 있는 신파극과 창극 등을 모두 유희로 치부하고 극문학 또는 극예술의 영역으로부터 배척한다.

> 戱曲과 小說의 相異한 點은 戱曲이 小說과 달라 舞臺의 背景이 잇고 俳優의 行演이라고 하는 것이 添附됨으로 이 二個의 條目下에서 符合되는 事件과 人物이 發主되는 것이다. 이러함으로 如何히 事件과 人物이 우리 人生에 眞理를 가졋더래도 舞臺라고 하는 特種의 場所를 忘却하고 俳優라고 하는 特殊行動에 符合이 되지 못하면 이는 곳 劇文學으로는 全혀 價値가 업는 바이다. 一例를 들면 現時 所謂 新派라고 하는 것은 各種의 演題下에서 共通의 背景을 使用하여 場所의 觀念이 업고 科白를 臨時로 自作하여 表情과 動作이 前後가 矛盾되고 對話에 條理가 업서 統一과 係連이 업슴으로 性格의 表現이 업고 人物의 生脉이 업스니 이는 演劇이 아니고 遊戱에 不過한 것이다. 戱曲上 價値는 勿論이고 文藝上으로도 秋毫 半點의 關係가 업는 것이요 所謂 舊派라고 하야 春香이니 沈淸이니 하는 것은 實質上이나 形式上으로 決코 戱曲이라고 하며 演劇이라고 할 수 업스니 春香傳 沈淸傳의 自體가 文學上 小說로써는 勿論 價値가 잇다고 하겟지마는 戱曲으로서는 價値를 認定할 수 업스니 이는 戱曲的 모든 條件이 缺乏된 까닭이다. 다못 唱夫가 小說 朗讀을 歌調로 變한 것에 不過한 것이다.[30]

현철이 보여 주는 극문학으로서의 희곡에 대한 개념은 철저히 서구적 근대극의 인식에 근거한다. 그는 극적인 구성 요소의 결여라든지 희곡적 요건의 결핍을 문제 삼아 신파극을 부정하고 구식의 창극도 예술적·문학적 가

29 현철의 「희곡의 개요」는 1920년 11월부터 1921년 1월까지 잡지 《開闢》 제5호부터 제7호까지 연재된 바 있다.

30 玄哲, 「戱曲의 槪要」(開闢 제5호, 1920. 11), 121-122면.

치를 인정하지 않고 있다. 이러한 태도의 문제점은 1930년대 김재철이 자신의 『조선연극사』에서 전통 연희에 가면극과 인형극이라는 연극적 개념을 새롭게 부여하면서 극복된다.

현철은 희곡이라는 문학 양식이 연극의 한 요소로 존재하는 것이라는 점을 강조한다. 그러나 희곡은 문학의 한 분야이므로 소설과 마찬가지로 언어를 표현 수단으로 택하고 있으며, 일정한 배경 속에서 인물들의 행위와 사건을 통해 하나의 이야기를 보여 주며 그 속에서 하나의 주제를 드러내게 된다. 그렇지만 희곡은 소설과는 그 성격이 다르다.

희곡은 연극으로의 무대 상연을 전제하는 것이므로 여러 가지 극적인 특성을 지니게 된다. 우선 행동과 대사를 통해 직접적으로 하나의 사건을 제시한다. 작가가 직접적으로 대상을 묘사하거나 설명할 수가 없다. 희곡에 나타난 행동과 대사를 통해 극의 진행을 상상해 보아야 한다. 희곡은 시간적·공간적 제약이 많다. 소설은 그 이야기가 얼마든지 길어질 수도 있고, 독자가 마음 내키는 대로 읽다가 중단할 수도 있다. 그러나 희곡은 일단 연극으로 상연되었을 경우 관객의 육체적·정신적 지속력과 흥미의 연속성에 제한을 받기 마련이다. 따라서 희곡은 이와 같은 한정된 시간과 공간 속에서 일정한 이야기를 행동화시키기 위해서 보다 압축되어야 하고 극적이라야 한다. 더구나 희곡의 배경은 무대 위에서 상연될 수 있는 내용이어야 하며, 전체적인 내용이 완결된 극적인 구조를 갖추어야 한다.

현철은 희곡이 대화를 위주로 하는 문학이라는 점을 강조한다. 소설에서도 대화가 등장하지만, 희곡에서는 대화의 비중이 매우 크다. 희곡의 형태를 보면 간단한 무대 지시를 제외하고는 전체 내용이 등장인물의 대화로 이루어져 있다. 물론 배우의 독백조차도 성격 묘사를 위한 장치가 된다.

> 小說家는 作中에 性格을 描出할 때에 스스로 說明者의 位置에 잇서 讀者에게 이르게 할 便利가 잇지마는 戱曲家는 이러한 自由가 업는 것이다. 그러함으로 戱曲家의 人物描寫는 마련과 對話에 企待함이 만다. 그런즉 戱曲家가 이 目的을 達하기 위하야 마련과 對話에 非常히 依賴하는 일이 만타. 例하면 마련 가운대 作中人物의 境遇上 難關이라고 할 만한 個所를 設置하고 性格을 躍動케 하는 것과 그 難關에 當하야 그 人物이 어떠한 擧動

을 하는지 이 擧動으로 因하야 性格을 表現하게 되는 것이다. 다시 말하면 果實을 보고 그 나무가 무슨 나무인지 아는 것과 가티 幸不幸의 處地에 이르러 其人의 性格 아는 것은 우리가 往往 目睹하는 바다. 이러함으로 傑作의 戲曲일스록 그 마련이 반듯이 性格에 根據를 두어 性格의 發展을 보이기 爲하야 事件이 마련된다고 하야도 可한 것이다. 그러나 마련의 大體를 말하면 人物을 前後左右로 操縱하는 것이요 性格을 表現하는 데는 오즉 漠然한 形體만 表示할 뿐이다. 까닭에 性格의 細微한 點에 이르러서는 對話에 힘입지 안한 수 업는 事勢이다. 이러한 方式은 人物描寫를 主力하는 戲曲, 特히 人物의 胸中을 解剖하는 心理的의 戲曲에 가장 確証을 볼 수 잇다. 그中에 獨白의 效用도 이러한 戲曲에 多數 使用하는 것이니 이 獨白(Monologue)이라고 하는 것이 全혀 性格 描寫의 目的으로부터 나온 것은 勿論이다. 그러나 大體上 獨言이라고 하는 것은 自然에 갓갑지 못한 것이니 小說에서는 이러한 일이 全然 업슬 것이나 戲曲에 이르러서는 달리 조흔 方便이 적음으로 不得已 이러한 獨白을 使用하야 心的 狀態를 觀覽者에게 알리게 하는 것이 間間이 잇는 것이다.[31]

위의 설명에서 볼 수 있듯이 희곡의 대화는 인물의 성격을 드러내고 사건의 진행을 가능하게 한다. 인물의 성격은 대화를 통해 구체화된다. 희곡의 대화는 구체적인 행동을 수반하기 때문에, 인물의 심리 상태나 성격을 암시해 준다. 대화는 인물의 성격을 창조하는 절대적인 요소다. 대화는 사건을 설명해 주고 행동을 유발한다. 대화를 통해 인물과 인물 사이의 관계가 암시되기 때문에 극의 진행에 관여하게 된다. 극적인 분위기를 지속적으로 살려 나가기 위해서는 대화 속에 긴장이 담겨야 한다.

현철은 희곡 구성의 원리에 특히 관심을 기울인다. 그는 희곡 구성의 원리를 극중의 사건 또는 행동의 발생과 그 충돌, 그 충돌이 해결되는 경로를 통해 설명한다. 희곡의 구조는 극적인 효과를 거두는 데 그 목표가 있다. 극적 효과는 극의 발단에서부터 긴장감을 주는 위기를 설정해, 그 위기가 지속적으로 쌓여서 절정에 이르는 과정에서 자연스럽게 이루어진다. 극적인 상

31 玄哲, 「戲曲의 槪要」(開闢 제5호, 1920. 11), 123-124면.

황이 대립과 갈등 속에서 지속될 수 있도록 희곡을 구성해야만 극적 효과를 얻을 수 있을 것이다. 여기서 희곡의 극적 구조는 극의 시작과 끝 사이에 5단계(발단-전개-절정-반전-결말)의 구분을 두는 것이 보통이다. 이 단계의 과정을 줄여서, 발단-전개-결말의 3단계로 구분하기도 한다. 이러한 단계를 거쳐 비로소 하나의 극은 효과적인 작품이 될 수 있다.

현철은 극을 희극과 비극으로 크게 구분해 설명한다. 그는 극중의 주인공이 자신의 뜻을 이루지 못하고 불행에 빠지거나 사망하는 것으로 끝맺는 것이 비극이요, 이와 반대로 주인공이 자기의 목적에 도달하고 의지의 만족을 얻어 양양자득하는 것으로 결말을 짓는 것이 희극이라고 간단히 규정한다. 그리고 동서양의 연극을 비교해 설명하면서 조선에는 연극이 없다고 단언하기까지 한다.

> 우리 朝鮮은 新羅時代에나 高麗時로부터 劇의 萌芽가 發生되지 아니한 것은 아니나 이것을 잘 培養할 人才가 업서 今日의 이러한 慘境에 이른 것이다. 十餘年來로 春香傳이니 沈淸傳이니 하여 自稱 舊派라고 行演하는 것은 劇으로써 모든 條件이 不合理함으로 演劇이라는 名稱을 참아 줄 수 업는 것이요 또 自稱 新派라 하야 무슨 團 무슨 座하고 떠드는 그이네들의 劇도 今日의 眼目으로는 到底히 劇이라고 할 수 업스니 藝術의 生命이 업는 그네의 所謂 劇은 一種의 遊戱요 決코 演劇은 아니다. 吾人은 이러한 意味에서 朝鮮에는 演劇이 업다고 한다.[32]

현철의 「희곡의 개요」는 일본을 통한 새로운 희곡 이론의 수용에 해당하지만 근대적인 극문학의 개념을 최초로 제시한 것이라고 할 수 있다. 그는 스스로 연극운동에 참여하면서 조선배우학교 설립(1924)을 적극 주도했다. 현철은 신파극의 시대에서 근대극으로 이행하던 전환시대에 연극운동에 투신해 근대적인 극문학 이론을 전수했던 것이다.

---

32 현철, 「戱曲의 槪要」(開闢 제7호, 1921. 1), 126-127면.

김우진과 극문학

1920년대 희곡문학의 기반은 극작가 김우진(金祐鎭)에 의해 확립된다.[33] 김우진은 일본 유학 시대에 극예술협회를 주도했고, 학업을 마친 후 귀국해 희곡 창작에 힘을 기울여 「이영녀(李永女)」(1925)를 비롯해 「정오」(1925), 「두더기 시인의 환멸」(1925), 「난파(難破)」(1926), 「산돼지」(1926) 등을 남겼다. 그의 희곡은 주로 전통 사회의 완고한 인습 때문에 불행한 결말을 맞는 여성 혹은 예술가의 삶에 초점이 맞춰져 있지만, 그 자신이 확립하고 있던 '근대극'에 대한 신념에 기초한 것이라고 할 수 있다. 김우진이 발표한 「소위(所謂) 근대극에 대하야」라는 글을 보면 극문학과 그 예술성에 대한 그의 깊은 이해와 신념을 확인할 수 있다.

> 近世 獨逸 天才의 國民的 藝術의 創造에 心身을 沒頭한 이난, 반다시 그 活動의 根源 되난 共通한 歸結을 볼 것이다. 그것은 卽 國民的 傳統의 統合으로부터 出發된 사람의 靈魂 解放과 救濟에 다름업다. 過去의 文化의 歷史를 蒸溜하야 創造的 術藝의 媒介로 사람의 靈魂에 報與한 天才를 우리난 얼마나 尊敬할가. 게데가 그러하엿다. 왁넬이 그러하고 또 입센, 셀링, 니체가 그러하엿다. 人類 活動의 何部門을 勿論하고, 그 活動의 結果보다 活動 그것에 意味가 잇난 것이다. 그럼으로 國民劇의 創設에 努力하야, 韻律的 成功에 喝采를 밧은 왁넬이나, 誤謬된 國民劇 創興의 目的으로 演劇을 改革하려다가 할쓰 中心의 風光으로부터 失敗의 一聲으로써 退步한 에룬스트 바하넬이나 모다 우리의 參考할 바이다.
>
> 新演劇의 理想은 이러한 確信으로붓터 出發하지 안으면 無意味이다. 웃토 부람이 佛國의 自由劇場의 餘波에 應하야 自由舞臺를 創始할 째 볼서 近代演劇의 開幕이 되엿섯다. 입센이 序幕을 연 近代演劇이 부람의 淸新한, 過去의 因襲에 拘束되지 안은 演行을 할 때, 將來의 네오로만티시슴의 胚胎가 잇섯다. 舞臺上의 이러한 主義와 諸派난 그네들의 行動의 標榜으로 알

33 김우진의 연극운동에 대해서는 유민영, 『한국 현대 희곡사』(홍성사, 1982); 양승국, 「1920-30년대 연극운동론 연구」(서울대학교 박사학위논문, 1992); 서연호, 『한국 근대희곡사』(고려대학교출판부, 1994) 참조.

수 잇스나 입센이 새 演劇으로 近代社會를 批評한 精神은, 以上의 人類의 靈魂의 解放과 救濟에 잇섯다. 또 왁넬의 國民的 文化를 結晶코저, 舞臺에서 直接表現의 手段을 取한 것은 一民族의 文化統合을 理由로 함이다. 그럼으로 舊習과 傳統에 가득한 家庭에 「人形의 家」와 「幽靈」이 얼마나 두려운 誘感者가 되엿스며, 獨逸의 國民性이 얼마나 셸링, 게데, 왁넬의 努力으로 하야 新文化의 創造가 國民化되엿난지 볼 수 잇다.[34]

김우진이 꿈꾸는 신연극의 이상은 국민적 예술의 창조라고 할 수 있다. 그는 독일 낭만주의 문학의 전통에 대한 이해를 바탕으로 국민적 전통의 통합에서 출발한 인간 영혼의 해방과 그 구제를 새로운 연극의 목표로 삼았다. 과거의 인습에서 벗어나지 못하는 사회 현실을 비판하면서 새로운 문화와 가치를 창조하는 것이야말로 근대극의 지향점이었다.

그러므로 김우진은 근대극이 인습의 굴레를 벗어나지 못하는 무지한 대중을 어떤 방식으로 극복해야 할지 고민할 것을 주문한다. 안일과 무기력에서 벗어나지 못하고 있는 속중(俗衆)의 영혼을 해방시키기 위한 도전적인 근대극운동은 결국 사회계몽이라는 일차적 목적으로 외면하지 못한다. 그러나 동시에 인간의 영혼을 해방한다는 예술적 성격과 그 위치를 떠날 수는 없는 것이다. 이 같은 관점에 따라 김우진이 보여 준 당대의 연극운동에 대한 관심은 「우리 신극운동의 첫 길」(1926) 등의 비평에도 잘 드러난다. 그는 서구의 연극운동, 특히 소극장운동을 소개하면서 이를 우리 현실에 적용하기 위한 실천적 방법을 모색하고자 했다. 그리고 당시 한국의 절박하고 암울한 사회와 인생을 묘사하기 위해 표현주의의 방법을 적극 소개하고 자신의 창작을 통해 이를 실천함으로써 근대적인 극문학의 가능성을 열어 놓는다.

김우진의 희곡 가운데 「난파」는 상극인 부자 관계를 통해 전통 인습과 근대의식의 갈등을 첨예하게 형상화한 작품이며, 「이영녀」는 한 여성의 기구한 삶의 과정을 극적으로 재구성해 식민지시대 여성의 삶의 문제를 새롭게 제기한 주제의 선구성이 높이 평가된다. 또한 「산돼지」는 동학혁명을 소재로 하고 있으면서도 사랑을 복선으로 깔고 작가 자신의 고백을 담아 표

34 金焦星, 「所謂 近代劇에 對하야」(學之光 제22호, 1922. 6), 68면.

현주의적 형식과 주제를 잘 구현한 것으로 평가받는다. 이 가운데 「산돼지」는 역사적 상황과 개인의 운명을 하나의 무대 위에 제시하고자 한 작품이다. 이 작품은 3막으로 구성되어 있는데, 극적 구성의 핵심을 이루는 주인공의 방황과 좌절을 그 내면 묘사를 통해 표현하는 점이 특징이다. 주인공의 아버지는 동학도(東學徒)로서 불운하게 세상을 떴고, 그의 어머니도 그를 낳자마자 죽고 만다. 주인공은 부모를 잃고 양부마저 감옥에서 얻은 병으로 주인공이 아홉 살 때 죽고 만다. 양부는 자신이 못다 이룬 동학의 이념이 자식들의 대에 가서는 이루어지기를 기대하는 마음에서 주인공이 성장하면 자신의 딸과 결혼시키라는 유언을 남긴다. 이 같은 내력 때문에 주인공은 누이동생(양부의 딸)과 자기 애인 사이에서 고뇌와 방황을 보인다. 이 작품에서 주인공은 동학의 이념으로 표상되는 부성(父性)과 개인적 운명으로 표상되는 애정 가운데 선택을 강요받는다. 동학의 이념을 구현하기 위해 싸우다가 희생된 아버지의 뜻을 역사 위에서 다시 이어 가는 길, 그것은 어쩌면 식민지 상황 속에서 개인의 사회적 역할을 강조하는 것일 수도 있다. 그러나 양부의 유언대로 누이동생처럼 여기는 양부의 딸과 결합하는 것은 진정한 사랑의 길이 아니다. 그러므로 주인공은 자신을 '산돼지'라고 지칭하면서도 산돼지의 야성을 발휘하지 못하고 집 안에 틀어 박혀 집돼지처럼 살아갈 것을 강요하는 현실에 반항한다.

이 작품은 사실주의 무대를 뛰어넘는 표현주의적 방법에 따른 무대의 전환과 같은 극적 기법에 의해 그 새로운 면모가 잘 드러나고 있거니와 개인의 운명과 역사적 조건을 주인공의 내적 갈등을 통해 극적으로 구현하고자 한 점 등이 수준 높은 극문학의 경지를 성취한 것으로 평가된다. 그리고 바로 이러한 극작의 방법과 성과가 새로운 극문학으로서의 희곡의 가능성을 열어 놓은 김우진의 선구적인 업적으로 인정되는 것이다.

4) 비평의 개념과 방법

비평의 본질

비평은 문학을 정의하고 작품의 가치를 분석하며 평가하는 인식 행위다. 한국문학에서 비평의 개념이 직접적인 논의의 대상이 된 시기는 불분명하지만, 문학에 대한 현대적 인식을 기반으로 '비평'이라는 용어를 문학의 하위 분류 개념으로 사용한 것은 이광수다. 이광수는 문학의 분류 가운데 형식상 산문으로 이루어진 문학을 논문, 소설, 극, 산문시 등으로 구분하는데, 그가 명명하는 '논문'이 바로 비평에 해당한다.

> 毋論 政治的 又는 科學的 論文을 指함이 아니라 小說家가 小說로, 詩人이 詩로, 發表하려는 바를 小說과 詩의 技巧的 形式을 取하지 아니하고 '말하듯이' 發表함을 謂함이니, 陶淵明의 歸去來辭, 蘇軾의 赤壁賦, 屈原의 離騷經 등 古來 소위 文學이라던 者의 大部와 西洋에 칼라일, 에머슨 등의 著書와 如한 者가 此에 屬하니라. 此外에 近代에 新成한 一體가 有하니, 즉 소위 批評文 又는 評論文이라. 人이 文學的 作品, 卽 論文이나 小說, 詩, 劇 등에 表現된 主旨를 自家의 頭腦 중에 一旦 溶入하였다가 便히 自家의 論文으로 發表함을 謂함이니, 現代 文學界의 一半을 占하니라.[35]

이광수는 비평의 개념을 문학작품에 표현된 주지를 자신의 두뇌 속에 넣었다가 이를 논문으로 표현한 것이라고 규정한다. 이 짤막한 문장 속에 비평의 대상, 내용, 방법, 형식이 설명되어 있다. 비평의 내용은 문학 또는 문학작품을 대상으로 한다. 문학에 표현된 주지를 산문의 형식으로 서술한 것이 비평이다. 비평은 주관적 판단이 중심을 이룬다. 이광수는 문학작품의 내용에 대한 주관적 판단이 비평의 성격을 좌우하는 것임을 분명하게 밝히고 있다. 물론 여기서 비평의 방법이나 주관적 판단의 기준에 관한 논의가 더 이상 진전되지는 않았지만 비평의 개념에 대한 인식이 정착되는 과정은 문학에 대한 이론적 탐색 과정 자체와 자연스럽게 겹친다. 문학에 관한 모든 형태의 글쓰기는 메타적 속성을 드러내는 이론비평의 영역에 포함된다. 그러므로 비평이라는 개념에 대한 논의와는 관계없이 이미 비평적 행위는 존재했던 셈이다.

서구 문학에서 형성된 비평의 개념에는 문학 텍스트에 대한 해석과

35 李光洙, 「文學이란 何오(5)」(每日申報, 1916. 11. 17).

평가가 그 중심을 차지하고 있다. 문학 텍스트 자체에 대한 모든 논의가 비평에 해당한다. 비평은 문학이라는 양식이 존재한 이래로 공존해 온 담론의 형식이다. 비평은 본질적으로 평가적인 성격이 강하다. 비평의 중점적 대상은 텍스트로서의 작품이기 때문에 비평가가 추구하는 가치나 이념은 비평의 본질이 될 수 없다. 비평은 문학작품의 새로운 가능성을 끊임없이 독자들을 향해 열어 주는 방법이어야 한다. 여기서 작품의 성격을 밝히기 위해 정밀하게 텍스트를 읽어 낸다는 것은 그 텍스트에 담긴 내용과 의미를 분석하고 평가하기 위한 방법을 뜻한다.

한국문학의 경우 현대문학의 성립 단계에서부터 비평이란 무엇이며 무엇을 할 수 있는가에 대한 광범위한 논의와 논쟁이 벌어진 바 있다. 다양한 비평의 방법과 관점이 충돌하면서 많은 논의가 서로 뒤엉켜 있는 것이다. 비평적 입장의 다양성은 곧 방법의 다양성을 의미한다. 하지만 방법의 다양성에도, 초창기의 비평에서 이성적이며 세심한 분석 방법이 제대로 문학 텍스트를 위해 실천된 경우는 별로 없다. 비평이 텍스트 자체의 의미와 그 미학적 성격을 밝혀내는 것이 아니라 객관적 방법론에 근거하지 않고 모호한 비평적 개념들을 늘어놓거나 불확실한 개념으로 재단하는 경우도 흔히 볼 수 있다. 초창기 문단에서는 비평의 본질과 기능에 대한 논의만이 아니라 비평가의 존재와 역할에 대해서도 시비가 적지 않았다. 비평가는 문학에 대해 어떤 특권적인 지위를 가지지 않는다. 그러므로 실제로는 작가라든지 시인이라든지 하는 직업적 성격을 비평에 부여하기도 힘들다. 그 이유는 누구나 작품에 대해 설명할 수 있고 작품을 분석해 볼 수 있으며 자신의 견해를 말할 수 있기 때문이다.

비평의 기능과 성격

한국문학에서 비평의 본질적 개념과 그 기능에 대한 논의는 3·1운동을 전후해 초기 문단 형성 과정에서 돌출했던 흥미로운 논쟁을 통해 구체적으로 드러난다. 비평의 본질이라든지 비평의 기능과 방법에 대한 문단의 논쟁은 엄격히 말해 문학에 관한 사실적 명제와는 거리가 있고, 이른바 관점의 문제에 관한 것이다. 작가 김동인과 비평가 염상섭 사이에 벌어진 비평에 관한 논쟁이 바로 거기에 해당한다.

비평가로서의 염상섭의 존재를 이해하기 위해서는 그의 문학적 출발 과정을 일별할 필요가 있다. 염상섭의 문학적 출발은 비평적 글쓰기로 시작된다. 그는 100여 편에 달하는 평론을 발표했으며 1920년대 평단에서 민족문학의 이론적 선구의 역할을 담당했다. 그는 첫 평론인 「정사(丁巳)의 작(作)과 '이상적 결혼'을 보고」(1919)에서 문학은 능필(能筆)과 달필(達筆)의 미문만으로는 이루어질 수 없다는 견해를 피력한 바 있다. 황석우의 시와 유지영의 희곡에 대한 작품 평의 형식으로 이루어진 이 글에서 염상섭은 생활과 교섭함으로써 이루어지는 문학을 내세운다. 생활이 결여된 문학은 아무리 능란한 글솜씨로 이루어졌다 하더라도 결국은 내용이 없는 빈껍데기에 지나지 않는다는 것이 그의 주장이었다. 그는 사회의 진상을 깨닫고 인생의 기미(機微)에 부딪칠 때 진정한 문학이 성립된다는 점을 강조한다. 비평가로서 염상섭이 자기 존재를 드러낸 것은 「백악(白岳) 씨의 '자연의 자각'을 보고서」(1920)라는 글이다. 이 글은 《창조》의 동인으로 김동인, 주요한 등과 함께 문학 활동을 하던 김환(백악은 그의 호)의 소설 「자연의 자각」에 대한 짤막한 비평이다. 염상섭은 이 글에서 「자연의 자각」이 작가의 사적 체험에서 벗어나지 못하고 자기 표백의 내용에 머물러 버린 점을 비판했다. 그는 소설이 자기 세계에서 출발한다 하더라도 그것을 객관적으로 형상화할 수 없을 때, 소설로서 실패하는 것임을 강조했다. 당시의 상황을 김동인은 이렇게 회고한 바 있다.

> 그때 나하고 염상섭하고의 새에 論戰이 한 번 벌어졌다. 당시에 《創造》 동인이라 하면 조선 文化界의 한 빛나는 存在로 되어, 김환도 《創造》 동인이 된 덕에 동경 유학생 기관잡지 《學之光》의 編輯委員이 되어 있었다. 그 위풍(?)으로서 동경 조선인 YMCA의 기관잡지 《現代》에 무슨 소설을 하나 썼다. 김환은 자기가 同人 관계를 갖고 있는 《創造》에 자기의 소설을 발표하고자 했지만 내가 그것을 엄금하기 때문에 하릴없이 《現代》에 발표한 것이었다. 《現代》는 《創造》 동인인 최승만이 편집책임자였다. 그런데 그 《現代》에 실은 김환의 소설에 대하여 염상섭이 批評文을 써서 《現代》 잡지에 보냈다. 그 염상섭의 비평문 가운데는 '내가 이전에 무슨 소설을 써서 《學之光》에 기고하였더니 그 《學之光》 편집위원 김환이 내 소설을 沒書하였기에

김환은 얼마나 소설을 잘 쓰는 사람인가 했더니 이번《現代》에 난 것을 보니 이 꼴이다.' 하는 序頭로 김환의 소설을 욕하였다.

그 序頭文은 즉 感想文이라 편집원 최승만이 예전에 삭제하고 原文만을《現代》에 실어주고 그 사정을 내게 편지로 알리었다. 나는 그때 文學에 대하여 清教徒 같은 결백을 가지고 있던 사람이라(그러니만치 김환의 소설은《創造》지상에는 신지 못하게 한 것이다) 염상섭의 이 個人攻擊的 批評을 문학의 冒瀆이라 보아 성냈다. 그리고 상섭이 봉직하고 있는 창간 초기의《東亞日報》에 염상섭의 批評 態度를 공격하는 글을 썼다. 한 개 작품에 대하는 批評家는 그 작품의 작가에게는 이래라 저래라 할 아무 권한도 없고, 독자에게 대하여 그 작품의 好不好, 즉 鑑賞 方法을 설명하는 데 그치는 것이 마치 活動寫眞에의 辯士의 지위와 같은 것이다. 그런데 이번에 염상섭이 김환의 소설을 비평한 것은 '이전《學之光》편집원 시대에 운운' 하여 과거의 怨恨을 들고 나왔으니 이는 不純한 批評이요, 따라서 염의 태도는 좋지 못하다는 것이 나의 論旨였다. 거기 대하여 염상섭은 같은《東亞日報》지상에 대답하여 作品 批評家는 犯罪에 대한 裁判官같이 그 작품을 쓰게 된 動機며 原因까지도 추궁할 권한이 있다는 것이었다.[36]

이 글에서 주목되는 것은 비평가의 역할과 비평 태도를 비유적으로 설명한 부분이다. 김동인은 비평가의 역할을 '활동사진의 변사'라고 했고 염상섭은 '범죄의 재판관'이라고 했다는 비유적 진술은 비평의 기능과 비평가의 역할을 요약적으로 보여 준다.

염상섭은 「백악 씨의 '자연의 자각'을 보고서」에서 김환의 소설 「자연의 자각」에 대해 세 가지 문제점을 구체적으로 적시한다. 첫째는 문장 표현의 허술함이다. 염상섭은 이를 두고 '대패질 안 한 문장'이라고 했다. 둘째는 등장인물의 개성 결핍으로, 소설의 중심 생명이라고 할 수 있는 개성에 대한 암시가 없다. 셋째는 등장인물과 작가가 일정한 거리를 유지하지 못한 점이다. 소설 속의 주인공 K를 통해 노골적인 자기 광고를 하는 것이 문제다. 이런 식의 자기 광고에 빠져들면 작품은 타락한다. 이와 같은 내용의 평문이

36 金東仁, 「文壇 30年의 자취」(新天地 제24호, 1948. 3).

발표되자, 《창조》의 동인으로 활약했던 김동인이 이에 대한 반론을 제기한다. 김동인은 동료인 김환의 작품에 대한 염상섭의 비평이 인신공격에 치중되어 있음을 들어 염상섭의 평자적 가치를 부정한다. 그리고 이에 대한 염상섭의 재반론이 발표된다. 이 논쟁은 소설 작품의 미비점에 대한 비판에서 비롯된 것이지만 오히려 비평의 기능과 비평가의 태도 등에 대한 시비로 이어지면서 근대적인 비평의 개념을 정착시키는 계기가 된다.

> 첫재는, 作品을 批評하려는 눈은 絶對로 作者의 人格을 批評하려는 눈으로 삼지 말 것이다. 人格이 完全한 作家의게도, 련습이 업스면 不完全한 作品을—비우슴을 바들 만한 作品을 만드는 수가 잇다. 만약 作者의 人格을 볼 境遇가 잇다 하면, 그거슨 그 作者가 엇던 私怨이 이서서 그 사람을 侮辱하려고 作品을 쓴—그와 가튼데나 할 것이다. 둘재는, 한 個 作品을 批評하는 作品批評家의 자격으로는, 그 作品의 作者인 人物批評家는 될 權利가 없다. 만약 잇다 하면, 亦是 첫 條目에 쓴 그런 경우에나 할 바이다. 우에 쓴 條目을 간단하게 말하자면, 作品批評家는 다만 그 作品批評에만 진실하여라, 그 作品이 自我廣告이던 무어시던 그거슨 볼 必要도 없거니와 볼 權利도 없다 하는 말이다. 自我廣告가 그리 셩이 나면, 뎨목을 「白岳氏의 自然의 自覺을 보고서」라는 것보다도, 오히려 「自然의 自覺을 미루어 白岳氏의 人格을 評함」이라고 고치는 편이 낫-다 하는 말이다. (어늬덧 本論에 들엇다)
>
> 霽月氏의 批評?을 처음부터 씃까지 通貫한 思想은, 다른 것 아니라 다만 作者인 白岳氏에 대한 人身攻擊(私怨이 잇는지 없는지는 모르지만)이다. 作品의 調和된 程度를 論한 것보다 白岳氏의게 대한 理由없는(?) 人身공격뿐이다. 여긔 우리는, 霽月氏의 評者的 常識과 人格과 資格의 極下劣함을 發見치 아늘 수가 없다.[37]

위의 인용에서 김동인은 비평가로서 염상섭의 태도가 작품에 대한 비평이 아니라 작가에 대한 비판과 인신공격에 치우쳐 있다고 지적한다. 김동인은 작가의 입장에서 비평의 객관성과 공정성을 강조하는 셈이다. 그러나

---

37 金東仁, 「霽月氏의 評者的 價値: 「自然의 自覺」에 대한 評을 보고」(創造 제6호, 1920. 5).

염상섭은 이러한 비판을 용납하지 않는다.

> 第一. 作品을 批評하랴는 눈은 絶對로 作者의 人格을 批評하랴는 눈으로 삼지 말 것이라 하얏다. 그러나 이것은 맛치 裁判官더러 犯人의 身分을 調査하지 말나는 것과 異口同音이다. 내가 白岳君의 '自然의 自覺'을 評하는 一文中에 果然 白岳君의 人格을 評하얏는지 안이하얏는지 別問題려니와 何如間 그 作家의 人格이 作物의 背後에 潛伏함은 엇더한 評家의 論이든지 一致하는 바며 또 事實上 그러한 것이다. '짠테', '쬐테'나 或은 '유-고', '톨스토이'와 갓흔 大作家 더러 低級의 卑近한 通俗物을 지으랴는 要求는 無理가 안일가. 그뿐만 아니라 評家가 一個의 作을 評코자 할진대 반듯이 그 作者의 執筆하든 當時의 境遇, 性格, 趣味, 年齡, 思想의 傾向……等 諸方面에 綿密한 考察이 有하여야 完全함을 期할 수 잇으며 또 此等 諸條件이 實로 一個人의 人格을 構成하는 바인 以上 作을 評함에 際하야 그 作者의 人格을 吟味함이 當然한 事가 안인가. 그러하나 이 人格이라는 말은 決코 在來에 道德을 唯一의 標準으로 삼고 査定하는 바는 아니다. 오즉 眞理에 살겟다는 藝術家로서의 良心에 빗취여서 論評함이다.
>
> 第二. 人身攻擊이라 하야, 나의 評者的 常識과 人格과 資格이 極下劣타 하얏고 또 人身攻擊이라고 論斷한 唯一의 論據는 '自己廣告'라고 한 나의 白岳君의 作에 對한 評이다. 余는 試問하노니 人身攻擊의 意義如何오. 人身攻擊이라는 것은 公人으로 批判할 時에 私的 行爲 더욱히 그의 破廉恥的 方面을 摘發하야 羞恥를 暴露케 함을 云함이니 余가 白岳君의 作을 評하야 自己廣告라 함이 무삼 理由로 그의 破廉恥한 私的 行爲를 難詰함과 同類視할 수 잇슬가. 또 白岳君이 그 作中에 'K'라는 人物을 主人公으로 하야 노코 그 'K'가 某月 某日에 每日申報의 '每日文壇'에 寄稿한 作 (鄕村의 누의로부터라는 散文)이 優勝타는 것을 極力 讚揚함이 結局 自我自讚에 不過하얏다는 事實을 發表함이 그릇되얏다 할지라도 그것은 決코 人身攻擊 卽 「프라이비이트」의 行爲 白岳君 自身이 極力 隱諱코자 하는 事實을 惡無로써 公衆에 暴露함이 아니요 每日 文壇에 發表된 「鄕村의 누의로부터」라는 一文과 「自然의 自覺」이라는 所謂 小說을 쓴 분이 同一한 作者요 또 「自然의 自覺」 中의 'K'라는 人物이 白岳君 自身임을 아는 者는 누구든지 公知하는 事實인 以上 내가

決코 그가 現露됨을 忌憚하는 바를 惡意로 摘發치 안음은 勿論이요, 짜라서 人身攻擊이 안임은 自明한 事實이다. 그러나 百步를 讓하야 이것을 人身攻擊이라 할지라도 萬一 내가 갓흔 事實을 가지고 讚揚을 하얏을 境遇에도 亦是 人身攻擊이라 할가.[38]

김동인은 이 논쟁을 마무리하면서 비평의 존재 이유를 감상력이 부족한 민중에게 감상법을 가르치는 것이라고 규정한다.[39] 작품에 대한 독자의 감상력을 높이기 위한 해설과 안내와 지도라는 교양적 역할이 비평의 직책이며 비평의 존재 이유라는 것이다. 그는 비평가가 어떤 선입견이나 주관에 치우친 비평을 해서는 안 된다는 점을 강조한다. 작품 자체를 대상으로 하는 비평의 본질을 놓고 본다면 이러한 주장은 객관주의 비평의 관점을 고수하는 것이라고 하겠다. 선입견에 빠지면 공정한 비평을 할 수 없다는 것은 당연한 논리다. 비평은 비평가가 자기 사상이나 관점을 강조하기 위한 것이 아니다. 비평가는 작품의 조화된 정도라든지 그것이 드러내는 예술적 가치를 평하는 것에 목표를 두고 있으므로 작가에 대해서는 아무 권한이 없다.

이와 같은 김동인의 주장은 김유방에 의해 새로운 방향으로 논의가 보충되면서 논리적 체계를 갖추게 된다. 김유방은 작품에 대한 비평가의 역할을 두고 해설과 평가라는 두 가지 측면에서 갈등했던 김동인과 염상섭의 태도를 동시에 비판한다. 그는 비평가의 존재를 작품의 해부를 통해 그 작품의 운명을 논단하는 심판자의 사명을 지니는 것으로 인정한다. 그리고 비평의 종류를 의고비평(擬古批評), 과학비평, 인상비평, 감상비평, 설리비평(說理批評)으로 구분해 다음과 같이 설명한다.

擬古批評을 말ᄒᆞ자면 이는 擬古主義 時代 作品에 限ᄒᆞ야서만 適當ᄒᆞᆫ 形式批評일다. 卽-詩를 批評ᄒᆞᆷ에 韻의 適不適이라든지 律이라든지 句章ᄭᅡ지에 니르도록 全然히 엇쩌ᄒᆞᆫ 形式的 標準을 가지고 此에 比準ᄒᆞ야 適合ᄒᆞ고 안이ᄒᆞᆷ으로 말무여 그 運命의 制定을 지여부리는 마치 六法全書를 表準으

38 廉想涉, 「余의 評者的 價値를 論함에 答함 (一)·(二)」(東亞日報, 1920. 5. 31, 6. 1)
39 金東仁, 「批評에 대하여」(創造 제9호, 1921. 5), 55면.

로 ᄒᆞ야서 罪科를 判斷ᄒᆞ는 判事의 地位와 다름이 업는 批評일다. 이 批評의 標準은 東洋은 唐詩, 唐畵, 그他 支那藝術의 形式이 그 標準이 되엿고 西洋은 알리스트텔렷스의 詩學 等이 絶對標準이 되여 잇섯다. 그他 五大藝術에 이러ᄒᆞᆫ 形式的 標準을 가지지 안음이 업다 ᄒᆞᆫ다.

다음에 例擧ᄒᆞᆫ 科學批評이라 ᄒᆞᆷ은 自然主義 作品에서 생겨난 客觀批評이라 ᄒᆞᆫ다. 卽 批評家의 主觀은 全然히 沒覺ᄒᆞ고 다못 그 作品을 解剖ᄒᆞ며 ᄯᅩᄒᆞᆫ 그 作品을 ᄒᆞᆫ 거름 지나가서 그 時代의 '周圍' 卽 미류-에 對ᄒᆞᆫ 硏究를 ᄒᆞ여 그 作品에 對ᄒᆞᆫ 모든 暗示를 解釋ᄒᆞ야 써 그를 明白히 ᄒᆞ려 ᄒᆞ는 客觀批評, 卽 科學精神이 팽창ᄒᆞᆫ 自然主義의 作品을 通ᄒᆞ야 發生된 批評이다. 이는 마치 活動寫眞의 辯士가 觀客을 爲ᄒᆞ야 그 寫眞의 內容을 說明ᄒᆞ며 或은 그 寫眞의 模糊ᄒᆞᆫ 點을 說破키 爲ᄒᆞ야 그 範圍를 지나가 그 나라의 人情 習慣ᄭᅡ지 說明ᄒᆞ는 卽 一案 內者의 地位에 處ᄒᆞᆫ 批評이라고 ᄒᆞ겟다.

다음에 印象批評이라 ᄒᆞ는 것은 現代藝術批評의 所謂 根底가 된다는 主觀批評이다. 卽 一모든 形式 ᄯᅩ는 그他 모든 客觀에서 ᄯᅥ나 다못 批評家 自身의 主觀的 感情으로 엇ᄯᅥᄒᆞᆫ 作品에 對ᄒᆞᆫ 印象을 그대로 記錄ᄒᆞᆷ이다. 그럼으로 이는 特히 批評家의 素質及修養을 가지지 못ᄒᆞᆫ 사람이라도 ᄒᆞᆯ 수 잇다 ᄒᆞᆫ다. 自己自身이 感得ᄒᆞᆫ 엇ᄯᅥᄒᆞᆫ 感情을 그대로 그것을 披瀝ᄒᆞᆯ ᄲᅮᆫ이라 ᄒᆞ는 象徵藝術의 適合ᄒᆞᆫ 批評이라 ᄒᆞ겟다. 엇더ᄒᆞᆫ 先輩는 이러ᄒᆞᆫ 批評家의 特質을 말ᄒᆞ기를 "가장 價値잇는 批評家는 作品으로부터 엇는 自己自身의 感情을 巧妙히 表現ᄒᆞᆷ에 잇다." ᄒᆞ엿다. 이 批評의 先唱者는 아나톨푸랜스, 헨리 쩸스, ᄯᅩ-덴, 等이엿다. 그러나 이는 自然主義 以前 浪漫主義時代 批評家에도 이러ᄒᆞᆫ 傾向이 업섯든 것이 안이다. 그것이 一時 科學批評의 壓倒를 밧어 暫時 沈默ᄒᆞ엿든 것이라고 나는 解釋ᄒᆞᆫ다.

다음은 鑑賞批評이라 ᄒᆞᆫ다. 이것은 印象批評에서 過히 억으러짐이 엄는 大同小異ᄒᆞᆫ 批評이다. 오-스카와일드는 鑑賞批評에 對ᄒᆞ야 이리 말ᄒᆞ엿다. "創作家는 美의 創始者이며, 批評家는 作品의 美를 다른 様式으로써 表白ᄒᆞ는 美의 表白者이라." ᄒᆞ엿다. 그러면 鑑賞批評과 印象批評에 다른 點은 印象批評은 다못 作品에 表現된 그것을 批評家 自身의 主觀的 感情에 印象된 대로 表現ᄒᆞᆫ다는 意味에 잇고 鑑賞批評은 批評家 自身이 엇ᄯᅥᄒᆞᆫ 作品에서 엇ᄯᅥᄒᆞᆫ 印象을 밧은 그것을 다른 様式으로 藝術化를 식혀서 表白ᄒᆞ라는

卽一鑑ᄒᆞ야 賞ᄒᆞ라는 意味에 잇겟다 ᄒᆞᆫ다.

다음에 例擧ᄒᆞᆫ 所謂 說理批評은 엇쪄ᄒᆞᆫ 것이냐? 以上에 例擧ᄒᆞᆫ 印象批評及 鑑賞批評을 根底로 ᄒᆞᆫ 現代最新批評家의 主唱이 그것이다. 却-印象批評이나 鑑賞批評은 批評家 自身에게 共鳴이면 共鳴 違反이면 違反을 그대로 表白홈에 ᄒᆞᆫ 거름 더 거듭ᄒᆞ야 엇쪄ᄒᆞᆫ 理由로써 自己自身과 共鳴됨이 잇쓰며 또는 엇쪄ᄒᆞᆫ 理由로써 自己自身과 違反됨이 잇짜는 그 理由를 말홈이라 ᄒᆞᆫ다. 그러나 이는 決코 엇쪄ᄒᆞᆫ 것을 標準으로 ᄒᆞ야 그 作品의 運命을 支配ᄒᆞ는 判事의 地位에는 잇지 안이ᄒᆞ다. 勿論 客觀的 案內를 意味ᄒᆞᆫ 活動寫眞의 辯士의 地位에도 處치 안이ᄒᆞᆫ 것은 말홀 바도 안이다.[40]

김유방이 제시하는 비평의 종류에는 비평 방법과 관점이 뒤섞여 있다. '의고비평'은 고전주의 비평으로 고쳐 볼 수 있고, 과학비평은 자연주의 비평 또는 실증주의 비평을 의미한다고 할 수 있다. '설리비평'은 문학작품을 대상으로 하는 것이 아니라 비평의 이론이나 방법 자체를 다루는 '이론비평'을 의미한다. 김유방은 현대 비평의 방향을 감상비평에서 구하며 비평 자체가 하나의 독립된 예술적 작품이 될 것을 주문한다. 그는 비평가에 대한 정의를 새롭게 내리기 위해 세 가지 원칙을 내세웠다. 첫째, 비평가는 반드시 창작가의 소질을 가져야 한다. 둘째, 작품에 대한 비평은 결코 작품의 소개나 해설이 아니라 작품에 대한 비평가 자신의 감정의 고백이어야 한다. 셋째, 작품에 대한 비평은 반드시 예술적 가치가 있는 것이어야 한다. 이와 같은 예술적 비평에 대한 가능성의 인식은 비평에 대한 근대적 개념의 확립에 기여하는 것으로 판단된다.

비평의 실천적 성격과 그 방법에 대한 논의는 박종화의 연간 총평에 대한 시인 김억의 비판을 통해 문단의 관심을 모았다.[41] 초창기 문단에 등장

40 金惟邦, 「作品에 對ᄒᆞᆫ 評者的 價値」(創造 제9호, 1921. 5), 58-60면.

41 이 논쟁은 朴月灘, 「文壇의 一年을 追憶하야: 現狀과 作品을 概評하노라」(開闢 제31호, 1923. 1)에서 비롯되었으며 金億, 「無責任한 批評: 「文壇의 一年을 追憶하야」의 評者에게 抗議」(開闢 제32호, 1923. 2); 朴月灘, 「抗議갓지 안흔 抗議者에게」(開闢 제35호, 1923. 5)로 이어졌다. 논쟁의 중재로 등장한 梁柱東은 「'作文界'의 金億 對 朴月灘 論戰을 보고」(開闢 제36호, 1923. 6)라는 평문을 발표한 바 있다.

한 연간 총평은 지나간 한해 동안 발표된 작품들에 대한 단평의 형식으로 오늘날까지 이어지고 있다. 작품의 개요를 소개하고 그 특징을 지적하는 방법으로 이루어진다는 점에서 연간 총평은 실천비평의 성격이 강하다. 박종화가 이 총평 작업의 서두에서 제시한 '역(力)의 예술'이라는 개념은 문학의 현실 지향적 경향을 미리 예견한 명제로 유명하다. 그는 한국문학이 헐가의 연애문학, 미온적의 사실문학만으로는 시대적 불안을 위로할 수 없다고 지적하면서 가장 강하고 뜨겁고 매운 힘있는 예술을 요구한다. 그는 '힘(力)의 예술'을 가진 자, '힘(力)의 시'를 읊는 자만이 시대적 고뇌를 극복할 것이라고 선언한다.

이와 같은 전제 아래 그가 논의의 대상으로 삼았던 작품 가운데 김억의 시가 포함되어 있다. 박종화가 이 작품들을 직접적으로 평한 대목은 다음과 같다.

> 岸曙氏의 「大同江」(開闢二十五號)이라는 여섯 篇의 詩는 抒情의 노래이엇스나 사람으로 하야금 앗질한 法悅 속에 醉케 할 만한 무드가 업스며 또한 그의 질겨하는 베로렌의 마음 썩는 懊惱의 심뽈도 업다. 例의 그 「여라」, 「서라」, 「러라」가 空然히 讀者를 苦롭게 할 뿐이다. 同氏의 作인 「삶의 노래」(開闢十一月號)는 近來에 그의 詩에서 보지 못하든 귀여운 作品이엇다. 諧調된 메로듸 새일 틈업는 鄕土情調의 表現 그리고 또 가슴 무여지는 느쟈 쎠는 듯한 리듬 가장 맘에 드는 詩이엇다. 그 미테 「가을」이란 詩도 「大同江」이란 詩에 比하야 얼마나 조흔 作品일지 모른다. 그러하나 그 다음에 「喪失」이란 詩는 또한 粗作이라 함을 免치 못할 것이다. 大槪 그의 詩는 全體를 通하야 앨써 넘우 技巧를 取하랴 하는데 큰 缺點이 잇다. 例를 들면 「가을」 第二節 一二三行에
>
> "只今이야 야릇하게도 웃음을 띈 눈이나,
> 핼금하게 파리한 가이도업든 그 얼굴과,
> 하야케도 病的의 연약한 손가락이나마"
>
> 이것을 보면 얼마나 그가 詩想 그것보다도 말 맨들기에 苦心焦思하는 것을 알 수 있다.

또한 同氏의 「가을바람과 함쎄」란 詩 속에 「十一月의 저녁」, 「가을」, 「설은 喜劇」 等은 다 感謝를 올릴 만한 作品이엇다. 그中에 「설은 喜劇」은 氏에게서 보지 못하든 强하고 날카라운 힘잇는 노래이엇다.[42]

박종화의 평문을 보면 비평의 실천적 작업에서 필수 요소인 작품에 대한 정확한 해석이 결여된 상태다. 작품의 해석은 원전 자체를 바르게 이해하기 위한 작업이다. 작품의 구조를 밝히고 작품에 사용된 언어의 의미를 밝히는 일은 작품 해석의 기초다. 작품에 대한 해석의 단계를 거친 뒤에는 작품을 전체적으로 감상하는 일이 필요하다. 작품의 감상이란 단순히 작품의 내용에 공감하는 정도의 소극적인 행위가 아니다. 작품의 전체적인 인상과 느낌을 통합해 새로운 미의 세계를 재창조하는 데에까지 나아가야 한다. 하지만 이 글은 작품에 대한 단편적 인상의 나열로 이어질 뿐이다.

김억은 박종화의 비평에 반론을 제기하면서 시에 대한 비평에는 반드시 시상에 대한 분석이 필요하고 리듬의 감각을 살피고 그 무드를 이해해야 한다는 점을 전제한다. 그는 비평가의 주관적 감정으로는 비평이 성립될 수 없다는 점을 지적하면서 비평에는 날카로운 객관적 이지가 필수임을 강조한다.

月灘氏여, 文壇의 一年을 追憶하야의 評者여, 月灘氏는 그 一文을 偶感으로 썻습니까, 또는 批評으로 썻습니까? 나는 구태여 물어보랴고 합니다. 만일 偶感이라고 하면, 나는 緘口結舌하겟습니다, 마는 그러치 아니하고 批評이라고 하면, 어찌하야 月灘氏는 無責任하게도 主觀的 感情의 言辭로써 남의 詩를 批評하얏습니까. 客觀的이어야 할 것을 主觀的으로, 道義的으로 하여야 할 것을 偏見으로 評筆을 잡앗습니까. 「大同江」의 詩評에 分析(詩想의)이 업섯습니다, 또 詩想과 무드에 對한 調和 不調和의 評이 업섯습니다. 만일에 作者가 "어대가 조치 안습니까?" 하는 抗議를 하면 評者인 月灘氏는 "사람으로 하여금 앗질한 法悅 속에 醉케 할 만한 '무드'가 업스며」 하는 것으로 辯明을 하랴고 합니까? 무드는 詩想과 리듬의 合一로 생기는 것입니

42 朴月灘, 「文壇의 一年을 追憶하야: 現狀과 作品을 槪評하노라」(開闢 제31호, 1923. 1), 8-9면.

다, 그러면 詩想과 리듬에 對한 아모러한 말이 업시, 무드만을 (毋論 完全하게 무드를 말한 것이 못됩니다, 이는 詩想의 分析과 리듬에 對한 말이 업섯기 때문입니다.) 말한 것밧게 더 意味할 것이 업지 안습니까. 이것을 評이라고 생각합니까? 나는 詩評이라고 할 수가 업습니다. 抗議합니다. 그러고 또한 그의 질겨하는 『베르렌』의 마음썩는 懊惱의 심쏠도 업다."(심쏠은 썸볼?) 한 것은 무엇을 뜻함인지, 不幸히 나는 이 引用文句를 理解할 만한 힘을 가지지 못하얏습니다. 이 文句로써 評者는 作者의 傾向과 內生活을 안다 함을 보임입니까. 이 文句의 뜻을 解釋하여야 할 것입니다. 또 "例의 그「여라」,「서라」,「러라」가 空然히 讀者를 苦롭게 한다." 한 그 '例의 그'란 것이 무엇을 뜻합니까? 이 引用文句의 背後에는 所謂 評者라는 月灘氏의 非道義的 偏見이 숨어 잇습니다. 만일 이 引用文句가 評者의 偏見엣 嘲笑의 뜻이 아니고 가장 嚴正한 道義的, 또는 客觀的 評者的 價値의 評句라고 하면, 나사렛 聖者의 "너희들 가운대에서 罪업는 者는 먼저 돌우 이 女子를 짜려라." 하는 한마듸를 힘잇게 들이겟습니다.

月灘氏, '귀여운 作品', '맘에 드는 詩', '粗作이라 함을 免치 못할 것'이 무엇입니까? 分明한 評을 한 뒤에 이러한 結辭되는「總會計」를 할 것입니다. '感謝를 올릴 만한 作品'이라 하는 純主觀的 感情의 偶感은 나는 구태여 바드랴고 하지 안습니다. 다시 이 偶感을 돌려보냅니다. 分明한 評을 하면 어쪄한 것이라도 抗議업시 고맙게 밧겟습니다, 마는 그러치 아니한 限에서는 나는 밧기는 姑捨하고 抗議하지 안홀 수 업습니다. (중략) 그러고, 思想의 表現과 技巧에 對하야 말하지 아니할 수가 업습니다. 이것은 "大槪 그의 詩는 全體를 通하야 앨써 넘우 技巧를 取하랴 하는데 큰 欠點이 잇다." 한 評이 잇기 째문입니다. 한데 여긔 技巧라는 뜻은 言語 또는 文字의 過重 形容이라는 意味입니다. 웨 그러냐하면 "詩想 그것보다도 말 맨들기에 苦心焦思한다." 한 月灘氏 自身의 解釋이 잇는 까닭입니다.[43]

김억의 비판은 시인으로서 자신의 작품에 대한 옹호와 해명이 중심을

43 金億,「無責任한 批評: '文壇의 一年을 追憶하야'의 評者에게 抗議」(開闢 제32호, 1923. 2), 3-4면.

이루고 있지만 비평의 본질과 그 방법을 논급하는 부분이 중요하다. 김억의 주장에 따르면 비평은 방법의 과학성과 객관성이 뒷받침되어야만 설득력을 발휘한다. 작품을 특정한 이념적인 가치에 기준을 두어 평가하거나, 어떤 부분적인 요건만 중시해 평가하거나, 지나치게 주관에 치우쳐 평가하는 경우에는 공감을 얻을 수 없다. 비평의 본질은 작품의 가치에 대한 평가에 의미가 있지만 작품의 의미를 하나의 평가 기준으로 고정시킬 수는 없는 일이다.

한국문학에서 초창기 비평의 개념에는 문학작품에 대한 '평가'의 의미가 과도하게 강조되어 있다. 문학작품의 속성을 제대로 분석하기 위해서 비평은 우선적으로 평가의 의미보다 식별과 판단의 의미에 더욱 주력할 필요가 있다. 하지만 초창기의 비평은 섣부른 평가에 치중한다. 그리고 문학을 다른 어떤 사상으로 대치시켜 놓고자 하거나 비평가 자신의 주관적 관점으로 작품의 의미를 재단하고자 한다. 이러한 경향은 초기 비평의 논리와 방법의 미숙성에서 비롯된 현상이다.

비평의 대상은 문학작품이지만 작품에 대한 평가를 통해 문화의 여러 영역 사이를 중재한다. 비평은 문학의 개념과 그 범위를 규정하는 방법과 관점에 따라 문화의 영역 안에서 문학의 위상을 좁히기도 하고 넓히기도 한다. 작품의 내재적인 요건에 의해 문학적인 것의 본질을 규명하고자 한다면, 비평은 당연히 문학과 문학 외적인 요소로서의 사회 또는 문화를 분리시키고자 한다. 반대로 문학이라는 것을 사회·문화적 산물로 이해하고 그 전체적인 맥락 속에서 문학의 속성을 규정하고자 할 경우 비평은 그만큼 문학의 영역을 폭넓게 이해하고자 하는 관점을 유지하게 된다. 그러므로 초기 비평은 그 개념의 확립 단계에서부터 비평적 태도와 관점과 실천의 상반성을 드러내는 요건들에 의해 그 영역을 한정받고 있다. 예컨대 문학작품이 사회적 문맥 속에서 존재하는가, 독자적인 존재를 드러내는가를 결정해야 하고, 비평이 스스로 어떤 판단과 평가의 기준을 제시해야 하는가를 정해야 했던 것이다.

4

문학과 문화적 민족주의

1) 문학의 주체적 인식

문학과 민족과 현실

1920년대 초기의 문학적 경향은 자아의 발견에서부터 민족적 현실의 비판적 인식이라는 구체적인 주제의식으로 확대된다. 시에서는 폐허의 현실을 개탄하면서 어둠의 시대를 저주했고, 소설은 고통스런 현실 속에서 방황하는 지식인의 고뇌를 그리면서도 비참한 노동자와 농민의 고통을 외면하지 않았다. 이러한 문학의 지향은 일제강점기에 접어들기 전부터 이미 문학의 정신적 기반으로 살아 있던 민족적 저항의식이 시대적으로 구현된 것이라고 할 수 있다. 이 같은 현실 지향적 문학의 등장은 당시의 사회 상황으로 볼 때, 민족운동의 사상적 영향과도 관계가 깊다. 특히 민족의식의 추구 방식 자체가 개성적인 것에서 집단적인 것으로, 정신적인 것에서 물질적인 것으로 점차 전환되기에 이른 것은 민족운동이 사상적 분화를 드러낸 것이라고 할 수 있다. 실제로 식민지 상황에 대응하기 위해 문학은 민족의식의 추구라는 정신사적 과제를 놓고 민족적인 것과 계급적인 것의 내적 갈등을 노정했다. 3·1운동 직후부터 드러나기 시작한 문학의 현실 지향적 경향이 사회주의 사상과 접맥되면서 계급문학운동으로 발전하게 된 것이 바로 이러한 상황을 말해 주는 단적인 증거다. 이러한 과정은 문학을 통한 민족의식 추구의 방법이 이념적 지향에 따라 민족주의 문학과 사회주의 문학으로 양분되는 단계에 들어서 있음을 뜻하는 것이다.

사회주의 이념을 내세운 문학운동의 계급주의적 경향은 1925년 조선프롤레타리아예술동맹(이하 '조선프로예맹')의 결성을 통해 계급문학운동을 더욱 조직적으로 확대했다. 그리고 일제의 식민지 지배의 성격 자체를 자본주의적 침략으로 분명하게 인식하게 됨으로써 반제 반식민의 논리를 더욱 분명하게 드러낼 수 있었다. 식민지 상황의 현실 인식이라는 점에서 계급문학운동은 사회발전단계를 계급 간의 투쟁 과정으로 파악하는 계급의식을 강조한다. 이것은 물론 마르크스주의에서 비롯된 변증법적 유물론을 사상적 기반으로 삼고 있으며, 무산계급의 역사적 사명을 강조함으로써 그 투쟁의식을 제고하는 데 역점을 두었다. 계급문학운동은 계급 모순을 은폐시킬 수 있는 이데올로기라는 점에서 민족의식을 배척하고 계급의식만을 강조하면서 민족 해방이라는 구호 대신에 계급 해방을 앞세운다. 결국 계급투쟁을 내세워 일제의 식민지 지배에 대응하려 한 계급문학운동은 자연히 그 사상성과 정치적인 목표에 치중할 수밖에 없었다.

일제의 식민지 지배 상황에 계급의식의 고양과 투쟁으로 대응한 계급문학운동과는 달리, 민족적 전통의 새로운 인식과 민족의식의 각성을 내세우는 문학적 경향이 계급문학운동에 반발하면서 문단의 세력으로 등장한다. 당시 문단에서 '국민문학운동'으로 지칭되기도 한 이 움직임은 문학을 통해 '조선적인 것'을 찾고 '조선적인 것'으로 돌아가자는 민족주의적 지향을 분명히 드러낸다. 이러한 민족주의 경향의 문학운동은 계급문학운동에 대한 대타적 인식에서 비롯된 것이지만, 궁극적으로는 식민지 상황에 대한 극복의 의지를 문학적으로 구현하고자 한다는 점에서 계급문학운동과 공통의 목표를 지향하고 있다. 그러나 민족문학운동의 실천 방향은 민족문화의 전통에 대한 자각과 그 적극적인 계승, 문학을 통한 민족의식의 구현, 민족문학의 형식에 대한 탐구 등으로 확대되면서 계급문학운동과 충돌한다. 민족문학운동이 이념적 지향성을 분명히 드러내면서 계급문학운동과 대립하게 된 것은 계급성을 초월한 민족의식을 문학 정신의 기조로 내세운 데서 비롯되었다. 계급문학운동은 계급의식을 강조하면서 계급적 투쟁의 전선에 문학이 자리할 것을 주장했고 민족문학운동에서는 계급의식을 초월한 자리에 진정한 민족문학이 설 수 있다고 했다. 이와 같은 계급문학운동과 민족문학운동의 이념적 갈등은 신간회의 결성과 함께 민족 사회운동의 단일 노선에 대한 지지에 힘입어 보다 넓은 의미의 민족문학으로의 절충과 통합이 요구되면서 해소되는 듯했다. 그러나 일제 군국주의의 확대와 민족의식 말살 정책의 강화로 민족문학운동의 실천이 불가능해짐으로써, 그 사상성이 내면화의 단계에 접어든다.

문학의 계파적 분화

3·1운동 이후 문학의 계파적 분화와 그 대립 갈등의 양상을 이해하기 위해서는 당시 민족문학운동의 이념을 선도했던 이광수, 계급문학의 성립을 주장한 김기진, 중간적 절충을 시도했던 염상섭의 주장을 다시 검토해 볼 필요가 있다.

이광수는 신문학의 선도자로서 새로운 사상과 이상을 선전할 수 있는 문예의 사회적 기능을 강조한다. 그는 신문화의 중심이 되는 문학은 마땅히 민족을 위한 문학이 되어야 한다고 믿었다. 그러므로 문학의 건설을 담당할 문학자의 역할을 중요시했으며 문학자는 모두 사회의 지도자로서 모범을 보여야 한다고 말한다. 또한 그는 민족이 당면한 현실의 불합리를 극복하기 위해서는 문학과 예술의 발전을 통한 새로운 민족정신의 계발이 필요하다고 한다. 그는 민족의 현실이 정치적인 측면에서 투쟁과 살육 상태를 벗어나지 못하고 있으며 경제적인 면에서 의식주의 기본 조건도 제대로 갖추지 못한 상태임을 전제하면서, 이러한 상태에 놓인 민족을 행복하게 하는 방법으로 '인생의 예술화'와 '인생의 도덕화'를 제시했다. 그는 도덕과 예술을 동일한 범주로 생각했기 때문에 도덕적이 아닌 예술은 참예술이 아니며 예술적이 아닌 도덕은 참도덕이 아니라고 했다. 결국 그에게 있어서는 도덕화한 생활과 예술화한 생활이란 결코 다른 종류의 것이 아니었다.

이광수는 인생의 도덕화 또는 예술화의 방법을 '개인의 주관적 개조'라고 천명하면서 그 방향을 도덕적 개조와 예술적 개조로 나누어 설명한다. 그의 견해에 따르면 도덕적 개조는 개인이 지닌 허위, 증오, 분노, 시기 등의 감정을 버리는 것으로, 도덕적 수양을 통해 열등 감정을 억제한다면 쉽게 이루어질 수 있다는 것이다. 인간의 불행이 주관적인 내심의 평정을 잃은 상태라고 규정하는 그는 정치·사회·경제적 측면의 변혁이 인생의 개조에 별다른 의미를 지닐 수 없으며 오직 도덕적 개조가 필요하다고 역설했다. 이광수가 생각하는 예술적 개조는 도덕적 개조를 뒷받침해 더욱 적극적으로 인생을 행복하게 할 수 있는 방법이었다.

민족의 예술적 개조에 대한 이광수의 신념은 그 뒤에 민족성 자체에 대한 개조를 요구하는 것으로 구체화되어 나타난다. 이광수는 민족의 비극적인 현실이 모두 민족의 감정 또는 기질에서 오는 것이라고 생각했기 때문에 민족성의 개조야말로 가장 시급한 과제라고 믿었다. 그는 민족의 생활이라는 것이 정치·경제·문화 등 다양한 방면으로 구성된다는 것을 시인하면서도 그 근본은 민족성에 의해 좌우된다고 했다. 민족이 지닌 허위, 나태, 비겁, 이기심, 비사회성 등을 버리자는 주장으로 요약되는 민족개조론은 결국 민족의 예술적·도덕적 개조를 부연한 것에 지나지 않았다. 다만 그 실천 방법에 있어서 개인의 도덕적 수양으로 출발해 전 민족의 도덕적 개조를 가능하게 할 수 있는 비정치적 단체 운동을 내세우는 것이 다를 뿐이다.

이광수가 민족의 예술적 개조를 내세워 문학의 사회적 기능을 강조하는 동안, 김기진은 1923년《백조》의 동인으로 참여하면서 일본의 사회주의 문학 운동을 통해 자극된 현실 비판의식을 바탕으로, 계급적 현실 인식과 그 투쟁의식의 실천을 강조하게 되었다. 김기진은 우선 문단에 유포되어 있는 문화주의적 경향을 배격하고 예술을 내세워 현실을 외면하는 퇴영적인 문단 분위기를 비판한다. 예술은 곧 생활 자체여야 하며, 현실 속에서 문학을 찾고 그 속에서 문학을 창조해야 한다는 것을 주장하는 그의 현실주의적 태도는 생활의 예술적 개조를 내세웠던 이광수의 논지와 그 발단의 유사성을 보여준다. 그러나 이광수는 민족의식의 도덕적 개조라는 관념주의로 빠져들었기 때문에, 미의식의 원천을 실세의 현실에서 찾는 김기진과는 그 방향을 달리할 수밖에 없었다.

김기진은 문학예술에서의 미의식이 현실적인 삶의 비극성을 인식하는 데서 비롯된다고 한다. 그렇기 때문에 그는 현실을 보는 태도와 감각의 혁명을 요구하고, 신흥 문학으로서 계급문학의 출발이 그러한 관점의 혁신에서부터 이루어져야 한다고 주장한다. 그는 당시 국내의 상황을 '환멸기의 조선'이라고 규정하면서 이러한 비극적 조건을 극복하기 위해서는 문학인들의 양심적인 각성과 적극적인 태도의 확립이 선결되어야 한다고 말한다. 김기진이 내세운 '생활의 문학'은 현실을 개조할 수 있는 '힘의 예술'이라는 개념으로 발전하고, 창작의 방면에서도 현실적 관심이 점차 고조되었다. 박영희는 이러한 문학적 현상을 '신경향파문학'이라고 규정하는데, 참된 인생의 적극적인 개방과 긍정을 통해 새로운 이상주의 문학을 개척해야 한다는 주장에 많은 문학인이 동조했다.

1925년 조선프로예맹의 결성과 함께 신경향파문학은 그 자연 발생적인 단계를 벗어나 더욱 의식적인 목적성을 추구하는 계급문학으로 자리 잡았다. 김기진은 계급문학이 현실 상황에 대한 철저한 부정에서 출발하는 것이며, 생활 상태와 조건의 분열 대립에 따라 계급문학의 성립은 필연적임을 역설했다. 그가 내세운 계급문학의 본질은 착취와 침략과 혹사에 대한 부정을 그 근본정신으로 삼는 것이며, 말초적이고 유희적인 데서 벗어나 열정적이고 전투적인 문학이 되어야 하는 것이었다. 그러나 조선프로예맹의 조직 내에 강경론자들이 자리 잡고 계급문학운동의 전투성을 강조하면서, 이미 이 운동은 문예의 영역을 벗어나고 있었다. 계급문학운동은 식민지 현실에 대한 비판적 인식의 적극화라는 커다란 전환을 가져오고, 문학운동의 실천에 있어서 조직성과 전투성을 실험할 기회를 제공했다. 하지만 현실적인 삶에 대한 계급적 도식화로 문학에서의 실재성을 획득하는 데 성공하기 어려웠다.

그런데 민족문학의 관념적 허구성을 극복하고, 계급문학의 이념적 도식성을 지양해야 한다는 주장을 민족문학과 계급문학의 중간 지대에 서 있던 염상섭이 제기한다. 염상섭은 민족문학운동이 주장하는 관념적인 민족의식을 민족적 현실 영역으로 끌어내리고, 계급문학운동이 내세우는 계급의식을 식민지 지배하에서의 민족 문제로 규정해 보려고 했다. 염상섭은 문학이 특정의 이념에 매달려 그 본질을 외면해서는 안 된다는 입장에 있으면서도 일제의 지배하에 놓인 민족적 현실의 특수성을 감안해 민족문학과 계급문학의 공통의 목표를 제시하고자 노력했다. 그는 당대 현실의 특성을 '반동'이라고 규정했는데 이것은 인습적인 전통에 대한 모반과 현실 조건에 대한 모반을 동시에 포괄하는 개념이기 때문에, 한마디로 말해 현실 타파의 정신이라고 할 수 있다. 염상섭은 반동운동의 입각점에서 인습적인 관념과 구시대의 전통을 파기한다는 본질적인 임무를 위해서 문예의 효과를 이용할 수 있음을 말하면서 봉건적인 계급적 관념의 파기를 위해 계급문학과 국민문학이 모두 적극적인 실천을 보여야 할 것이라고 했다.

염상섭은 당시 사회에서 민족운동과 사회운동이 동일한 지향점을 목표로 하고 있음을 주장한다. 그는 민족운동에서 3·1운동의 실패와 함께 계몽운동의 한계점을 자각함으로써 침략 세력의 정체가 경제적 이론을 갖고 있는 제국주의임을 인식하게 되었다고 했다. 그는 민족운동의 방향이 타민족의 착취를 방어하기 위해 우리 민족 내의 자본주의적 발달이라는 과제를 향해 전개되고 있음을 분명히 하면서 사회운동도 타민족에 의한 피지배와 착취를 인식하고 거기서 비롯되는 민족의식을 인식한다면 민족운동과 사회운동이 그 실제에 있어서 일치할 수 있다는 절충적인 견해를 내세운다. 당시 상황으로 보아 염상섭의 이러한 입장은 다분히 긍정적으로 받아들여질 수 있다. 그러한 운동이 경제적 민족주의를 자각한 민중의 행동 방식일 수 있으며 식민지에서 벗어나기 위한 민족의 독립운동에 귀결되는 것임을 알 수 있기 때문이다. 더구나 당시 사회 일변에서 1926년경부터 민족운동과 사회운동의 합작이 추진되어 민족 단일 노선으로서 신간회가 결성된 것도 염상섭의 주장을 더욱 확실하게 뒷받침한다.

이와 같이 염상섭이 민족의식에 대한 자각과 현실적 상황에 대한 철저한 인식을 함께 강조하는 것은 민족문학운동과 계급문학운동의 방향을 통일시켜 더 큰 민족문학의 범주로 끌어들이고자 하는 모색이었다. 이것은 단순한 방법론적 타협이 아니며 보다 근본적인 문예상의 본질 문제에 해당되는데, 이러한 목표를 위해 그는 생활 현실에 대한 철저한 인식을 다시 강조한다. 그의 견해에 따르면 현실 위에서 성립되는 생활에는 시대의식, 사회의식, 민족의식이 모두 포함되며 문예는 바로 이러한 생활의 표백이요, 기록이요, 주장이라는 것이다. 그러므로 문예에서 생활을 제거할 경우, 다시 말하면 시대의식이나 사회의식 또는 민족의식을 제거할 경우 그 가치를 생각하기 어렵다. 그런데 생활이란 언제나 현실의 견제에서 벗어나기 어려운 것이며 자칫 현실에 동화되거나 맹목적으로 현실의 흐름에 추종하게 된다. 인간은 자기 생활에서 큰 파탄을 발견하거나 오랫동안 현실에 억눌려 있을 때 비로소 자기 현실을 자각하고 이에 반발해 새로운 현실을 만들지만 그 생활은 다시 순치된 현실에 타협하게 된다. 결국 생활은 영원히 유동적일 수밖에 없고 생활한다는 것은 영속적으로 자기 현실을 새로운 방향으로 타개하는 인간의 과업인 것이다. 현실과 생활 사이에 개재하는 이와 같은 본질적인 관계를 현실 타파라는 끝없는 인간 행위에 연결시켰을 때 바로 거기에 인생의 고민상으로 일관되는 문예의 존재가 성립된다는 것이 염상섭의 핵심 주장이다. 이러한 주장은 문예의 본질을 인간의 생활에 내재하는 자아와 현실의 상호 관계를 통해 변증법적으로 파악한다는 점에서 중요한 의미를 갖고 있다. 그는 인간이 생활의 발판이 되는 현실을 어떻게 지배하며 현실에 의해 어떻게 지배되고 있는가 또는 어떻게 그 현실을 지지하고 어찌해 그것을 타파하려 하며 어떻게 개조하는가를 예술적 방법으로 묘사하고 사상과 의지로 주장하는 것이 문예이며, 동일한 시대의식과 사회 환경의 생활감정을 지니고 있는 독자들에게 이를 제공하는 것이 진정한 가치를 지닌 문예라고 규정한다. 그렇기에 그는 생활에 대한 철저한 인식, 인생에 대한 깊이 있는 통찰, 현실에 대한 명철한 관조 없이는 가치 있는 문예가 성립될 수 없다고 결론짓는데 이러한 인식에 근거해 계급문학을 포함한 폭넓은 민족문학에 대한 인식에 도달할 수 있었던 것이다.

이처럼 1920년대 민족문학운동은 계급문학운동과 분화되면서 그 자체 내의 논리적 모순을 스스로 드러낸다. 특히 계급의식과 문학의 사회적 기능만을 강조한 계급문학운동은 문학의 예술성에 대한 무관심으로 치달았음에도 문학을 통한 현실인식의 철저성에 눈뜨게 하고, 민족의식을 내세운 민족문학운동에서는 관념적인 요건에 매달려 있으면서도 문학의 예술성을 강조했다는 것은 특이한 대조를 보이는 사실이다. 두 가지의 문학적 경향이 모두 궁극적으로는 이데올로기의 문제에 연관되는 것이었음에도 전자가 비예술을 지향하고 후자가 예술을 지향한 것은 문학사에서 이들의 위치를 가늠하는 중요한 기준이다.

2) 이광수와 계몽주의 문학

문학의 사회윤리적 기능

3·1운동 직후 한국 사회는 식민지 현실의 억압과 궁핍에 서서히 관심을 기울이는데, 문학에 대한 근대적 인식도 자아의 각성, 개성의 발견으로부터 촉발되면서 현실적 삶의 문제의 방향을 확대하게 되었다. 이러한 시기에 이광수는 윤리와 도덕, 교화와 계몽이라는 문학의 사회적 기능을 강조하면

서 문단의 한복판으로 나섰다.[44] 그는 새로운 문예운동의 선도자로서 문학자의 역할을 중요시하고, 인심을 자극하고 새로운 사상과 새로운 이상을 선전할 수 있는 문예의 사회적 기능을 강조한다.

> Arts for art's sake라는 藝術上의 格言은 藝術을 他部門의 文化(政治나 教育이나 宗教나)의 奴隷狀態에서 獨立식히는 의미에 잇서서는 대단히 훌륭훈 格言이지마는, 그 範圍를 지나가서 使用ᄒᆞ면 이는 '個人의 自由'라 하는 格言을 無制限으로 使用홈과 같은 害惡에 빠지는 것이외다. 生에 對ᄒᆞ야 貢獻이 업는 것, 더구나 害를 주는 것은 그것이 무엇이든지 다 惡이니 文藝도 만일 個人의, 특히 우리 民族의 生에 害를 주는 者면 맛당히 두두려 부실 것이외다. Arts for life's sake야말로 우리의 取홀 바라 홈이외다.[45]

'생을 위한 예술'을 내세우는 이광수의 견해는 문학의 독자적 가치를 강조한 초기의 입장과 상당한 차이를 드러낸다. 그는 '생을 위한 예술'을 목표로 하기 때문에, 신문화의 선구가 되는 문학은 마땅히 민족을 위한 문학이 되어야 한다고 믿었다. 그러므로, 문학의 건설을 담당할 문학자의 역할을 또한 중요시했으며, 문학자는 모두 사회의 지도자요 사회 개량가로서의 모범을 보여야 한다고 했다. 그는 자기 수양을 통해 덕성을 함양하고 폭넓은 지식을 겸비한 완전한 인격자만 문사로서 민중의 인도자가 되고 목민의 성직으로서 문학자의 역할을 할 수 있으리라고 믿었다.

> 最後에 한 가지 文學者나 文士 되기에 그中에도 民衆의 精神을 支配하는 힘이 잇는 文士 되기에 가장 重要하고 가장 必要한 것이 잇스니 진실로 工夫보다도 天才보다도, 글 잘 짓는 것보다도 必要한 것이 잇스니 그것은 곳 健全한 人格이외다. 무슨 知識이나 무슨 能力이나 健全한 人格者에게 잇고야 그것이 民族이나 全人類에게 利益을 주는 것이지, 不健全한 人格者가

44 이광수의 문학론에 대해서는 김윤식, 『이광수와 그의 시대 1·2·3』(한길사, 1986); 권영민, 『한국 민족문학론 연구』(민음사, 1988); 이재선, 『이광수 문학의 지적 편력』(서강대학교출판부, 2010) 참조.

45 李光洙, 「文士와 修養」(創造 제8호, 1921. 1), 11면.

知識이나 能力을 가지면 돌이어 害毒을 끼치게 되고 그 가진 知識이나 能力이 클스록 그 주는 害毒이 더욱 클 것이외다. 그中에도 民衆의 精神을 支配하는 一種의 魅力을 가진 文學的 作品을 짓는 文士에서 더욱 그러합니다. 그럼으로 나는 우에 引用한 일이 잇는 「文士와 修養」에서도 社會가 不健全한 人格者인 文士를 가짐은 不健全한 醫師를 가지는 것 以上 危險한 일이라고 하엿습니다. 그런데 不幸히 우리 朝鮮에서는 文士라 하면 의례히 酒色에 沈溺하고 의례히 不拘小節이라 하야 人生으로 맛당히 지켜야 할 만한 道德을 아니지키는 特權을 가진者로 아니 이는 朝鮮의 文壇과 밋 民族의 將來를 爲하야 크게 憂慮할 現象이외다. 그런즉 새로 文士가 되랴는 여러 弟妹께서는 決코 決코 現代의 墮落한 惡習에 물들지 아니하고 진실로 民衆의 精神的 師友가 될 만한 健全한 人格의 修養에 努力하여야 합니다.

健全한 人格이란 特히 異常한 것이 아니니 衣服居處를 恒常 淨潔히 하고 言語動作을 甚히 法度잇게 하며 決코 酒色 其他의 道德的 罪惡을 멀리하야 누구던지 尊敬할 만하고 信賴할만한 眞實하고 敬虔한 行爲의 所有者를 일커름이외다.[46]

이광수가 내세운 '문사(文士)'라는 말은 전통시대에 널리 쓰였던 '글 하는 선비'라는 말과 그대로 통한다. 그는 문학자가 예술적 천재를 발휘하는 것도 중요하지만 무엇보다도 건전한 도덕성과 윤리의식을 가지기 위해 민중의 정신적 지도자로서 인격을 수양해야 할 것을 주장한다. 문학자의 인격과 품성은 건전한 양식을 갖춘 의사와 마찬가지이기 때문에, 결코 현실의 타락에 물들지 말고 건전한 인격 수양에 힘쓸 것을 주문하는 것이다.

이광수는 민족을 행복하게 하는 방법으로 「예술과 인생」이라는 글에서 '인생의 예술화', '인생의 도덕화'라는 두 가지 방향을 제시한다.

各 個人이 幸福되랴니 人生의 藝術化가 必要하고, 各 個人이 社會的 生活을 하랴니 人生의 道德化가 必要한 것이외다. 무릇 個人의 生活에는 分離할 수 없는 兩面이 잇스니, 가론 個人的 生活과 社會的 生活이외다. 다시 말

46 李光洙, 「文學에 뜻을 두는 이에게」(開闢 제21호, 1922. 3), 15면.

하면, 個人의 生活을 個人이라는 見地에서 보면 個人生活이오, 社會라는 見地에서 보면 社會生活이오, 單一한 한 生活인데 보는 점이 다를 쑨이외다. 그럼으로 道德化한 生活과 藝術化한 生活이란 것도 決코 二種의 生活이 아니요, 單一한 生活의 兩面이라 하겟습니다.

人生의 生活을 藝術化하되 道德的으로 한다 하면 人生의 生活은 藝術이 되고 말고, 또 人生의 生活을 道德化하되 藝術的으로 한다 하면 人生의 生活은 道德이 되고 마는 것이외다. 이러한 生活은 '愛와 깃븜의 生活'이라 하겟고, 더욱 緊切히 말하면, '愛와 깃븜의 生活'이라 하겟습니다. 道德은 愛요, 藝術은 기쁨이외다. 道德과 藝術은 하나이니, 道德的 아닌 藝術은 참 藝術이 아니오, 藝術的 아닌 道德은 참 道德이 아니외다. 人生에게 罪惡을 주는 藝術이라 하면, 그것은 人生의 背斥할 藝術이오, 또 人生에게 苦痛을 주는 道德이라 하면, 그것은 人生에 唾棄할 道德이외다.

그러면 어찌하야 道德化하고 藝術化한 人生을 맨들고? 이에는 두 가지 길이 잇스니, 그 根本은 한 가지외다. 그 두 가지란 무엇이뇨-.

첫재는 個人의 肉的 改造, 卽 主觀的 改造외다. 여긔도 無論 道德的 及 藝術的의 兩方面이 잇는데, 道德的으로는 虛僞와 詭譎과 憎惡와 憤怒, 怨嫌, 猜忌를 버림이니, 이 中에 虛僞와 詭譎은 知的이오, 其他는 모두 感情이외다. 그런데 行爲의 動力은 知보다도 情意作用이기 째문에 道德的 修養의 中心은 劣等感情의 抑壓에 잇는 것이외다. (중략) 사람아, 너를 먼저 改造하여라! 이것이 個人의 肉的 改造의 道德的 一面이니, 이것만 가지고 될 수 업습니다. 이것으로써 사람의 葛藤과 肉的 不平을 除할 수 잇지마는 더욱 積極的이오, 建設的으로 人生의 幸福을 發하게 하는 것은 人生의 藝術的 改造외다. 藝術的 改造라 함은 個人이 自然과 人事를 對할 째에 가지는 心的 態度의 方向을 變換함을 가르침이외다. (중략) 人生은 幸福될 수 잇는 것이오. 幸福되는 것이 當然합니다. 다만 人生 自身의 心的 態度 如何와 努力 如何에 달렷슬 쑨이외다.[47]

민족에 대한 예술적 또는 도덕적 개조를 내세운 이광수의 주장은 본

47 李光洙, 「藝術과 人生」(開闢 제19호, 1922. 1), 4-6면.

질적인 측면에서 톨스토이의 예술론에 접근한 것이며,[48] 실천적인 면에서는 도산 안창호의 '무실역행(務實力行)'의 주장에 기대어 있다. 톨스토이의 「예술이란 무엇인가」에서 논의되었던 몇 가지 문제가 이광수의 문학론에서 유사한 방향으로 드러나고 있음을 주목할 필요가 있다. 톨스토이는 예술의 본질을 정의하는 데 있어서, 예술론의 혼란과 한계를 자초했던 '미'와 '쾌락'이라는 용어를 배격한다. 그의 견해에 따르면, 예술이란 어떤 사람들이 자기가 느낀 감정을 일정한 기호에 의거해 다른 사람에게 전달해, 다른 사람들도 그 감정에 감염되어 똑같은 감정을 경험할 수 있도록 만드는 인간 활동이다. 다시 말해 자신이 느낀 감정을 다른 사람에게 감염시킬 수 있다면, 그것이 바로 예술의 창조가 되는 셈이다. 이른바 '예술감화론'이라고 지칭되고 있는 톨스토이의 예술관은 생활의 예술화, 예술에 의한 인간 개조를 내세운 이광수의 주장에서 그대로 확인해 볼 수 있다. 인간 개조라는 것이 결국은 인간의 감정을 개조하는 것이고, 그 방법으로 제시되는 예술적 개조가 도덕화의 길로 통한다는 이광수의 생각이 쾌락을 배격하는 톨스토이의 견해에 빚지고 있음은 분명한 사실이다. 예술이 선택받은 소수에게 국한되어 향유됨으로써 타락의 길을 걷게 되었다고 말하는 톨스토이는, 진정한 예술이란 만인에게 참신한 감정의 일치를 가능케 해야 한다고 했다. 톨스토이는 이를 위해 예술가의 개성·명석성·성실성이 가장 중요한 요건이라 했고, 예술가와 독자 대중의 개성과 개성의 합일 상태를 위해 예술은 만인 공통의 감정을 전달해야 한다고 했다. 이러한 신념에 근거해 그는 모든 인간을 하나로 결합시킬 수 있는 예술을 지고의 목표로 내세우게 되었고, 그렇게 될 경우에 예술은 소수의 전유물이 아니라 모든 사람의 것으로 되돌아오리라고 결론지었던 것이다.

민족 개조의 논리

이광수는 자신이 강조했던 민족의 예술적 개조에 대한 신념을 「민족개조론」이라는 논설을 통해 폭넓은 사회적 계몽의 논리로 확대한다. 이 글은

48 이러한 특징은 일찍이 申東旭, 「韓國에 있어서의 톨스토이의 理解와 適用」(人文論集 제17호, 1972); 丘仁煥, 「李光洙小說에 受容된 톨스토이」, 『이광수소설연구』(삼영사, 1983)에서 상세하게 논의된 바 있다.

조선 민족의 장래를 위해 현재의 쇠퇴에서 벗어나 행복과 번영을 장래로 인도해야 한다는 목표 아래 집필한 것이다. 이광수의 조선 민족 개조라는 구체적 과제는 '개조'라는 말 자체에 역점을 둔다. 그는 일시적·부분적 방편이 아니라 근본적이며 전반적인 그리고 조직적인 변혁을 '개조'라고 규정한다. 개혁이라든지 갱신이라든지 하는 말보다 훨씬 더 강력하고 본질적인 변화를 촉구한다는 뜻이다.

> 大體 民族改造란 무엇인가. 一民族은 다른 自然現象과 가티 時時刻刻으로 어떤 方向을 取하야 變遷하는 것이니 한 民族의 한 歷史는 그 民族의 變遷의 記錄이라 할 수 잇습니다. 檀君時代의 朝鮮民族, 三國時代의 朝鮮民族, 高麗나 朝鮮時代의 朝鮮民族, 또는 가튼 朝鮮時代로 보아도 壬亂 以前과 以後, 甲午 以前과 以後, 이 모양으로 朝鮮民族은 쓴힘업시 變化하여 나려왓습니다. 우리가 난 뒤 三十年間으로 보더라도 朝鮮이 어써케나 變하엿나, 政治는 말 말고 衣服, 住居, 習慣 等 밧게 들어나는 것뿐 아니라 우리의 思想의 內容, 感情의 傾向까지 몰라보게 變하여 왓습니다. 男子가 상투를 버이고 女子가 쓰개를 버서버린 것이 어써케 무서운 變化오니까. 過去에만 그런 것이 아니라 只今도 나날이 變하여 갑니다. 더욱이 再昨年 三月 一日 以來로 우리의 精神의 變化는 무섭게 急激하게 되엇습니다. 그리고 이러한 變化는 今後에도 限量업시 繼續될 것이외다.
>
> 그러나 이것은 自然의 變化외다. 또는 偶然의 變化외다. 마치 自然界에서 쓴힘업시 行하는 物理學的 變化나 化學的 變化와 가티 自然히, 우리 눈으로 보기에는 偶然히 行하는 變化외다. 또는 無知蒙昧한 野蠻人種이 自覺업시 推移하여 가는 變化와 같은 變化외다.
>
> 文明人의 最大한 特徵은 自己가 自己의 目的을 定하고 그 目的을 達하기 爲하야 計劃된 進路를 밟아 努力하면서 時刻마다 自己의 速度를 測量하는 데 잇습니다. 그는 本能이나 衝動을 짤하 行하지 아니하고 生活의 目的을 確立합니다. 그리하고 그의 一擧手一投足의 모든 行動은 오직 이 目的을 向하여 統一되는 것이오, 그럼으로 그의 特色은 計劃과 努力에 잇습니다. 그와 가티 文明한 民族의 特徵도 自己의 目的을 意識的으로 確立하고 그 目的을 達하기 爲하야 一定한 組織的이오, 統一的인 計劃을 세우고 그 計劃을

實現하기 爲하야 組織的이오 統一的인 努力을 함에 잇슴니다.[49]

이 글에서 내세우는 민족 개조는 현실 생활의 목적에 따라 그 목적을 달성하기 위해 자기 변화에 조직적·통일적으로 노력을 기울이는 것에 의의를 두고 있다. 여기서 민족 개조는 민족의 생활 진로를 바꾸는 일종의 방향전환으로서 그 목적과 계획 자체의 근본적이면서도 조직적인 변환을 의미한다.

그는 고도의 문명을 성취한 위대한 민족은 언제나 자신의 목적을 이루기 위해 의식적 개조 과정을 거쳤다고 설명하면서 그 역사적 사례로서 고대 희랍시대 철인 소크라테스와 플라톤의 등장과 그 역할을 주목한다. 이들은 철학의 건설과 윤리의 재건을 통해 이기적이면서 타락한 삶에 젖어 있던 희랍인들을 구제하기 위해 민족개조운동에 앞장섰던 것이다. 그리고 러시아의 근대적 변혁을 이끌었던 지식층의 계몽적 역할이라든지 일본의 메이지유신을 주도했던 지식인들의 사회변혁운동이 민족 개조의 좋은 사례임을 강조하고 있다. 그렇지만 조선의 경우를 보면, 봉건 조선이 붕괴되고 근대적 변혁과정에 접어들면서 시도했던 갑신정변이라든지 독립협회운동이라든지 하는 개혁운동이 모두 실패하고 말았다. 그 이유는 조선의 근대적 개혁운동은 생활과 동떨어진 면만이 아니라 그 조직적인 면에서도 모든 민중이 함께하지 못한 일부의 주장이 되고 말았다는 것이 이광수의 주장이다.

여기서 이광수가 민족 개조의 방향을 도덕적 방면에서 시작해야 한다는 새로운 견해를 강조한 점이 주목된다. 이광수는 조선 민족 쇠퇴의 원인이 새로운 문명에 대한 이해나 지식의 부족에 온 것이 아니라 근본적으로 도덕의 부패에서 온 것이라고 주장한다. 도덕의 붕괴가 문제라는 사실을 알지 못한 채 지식의 결핍에서 그 해결책을 구하고자 한 것이 더 큰 문제라는 것이다. 그러므로 그는 민족 개조를 근본적으로 실천하기 위해 먼저 도덕의 개조가 필요하다는 점을 강조한다.

이광수는 민족 개조의 방향을 민족 생활의 무수한 부문을 모두 변혁시키고자 하는 것이 아니라는 사실을 분명히 하면서 민족 개조를 '민족성 개조'라는 의미로 구체화시켜 놓고 있다. 그 이유는 민족 생활의 양식과 내용은

49 李光洙, 「民族改造論」(開闢 제23호, 1922. 5), 19-20면.

모두 그 민족성의 여하에 달려 있는 것이기 때문이다. 그는 민족성이라는 것이 한두 가지의 단순한 근본 도덕으로 결정된다는 점을 강조한다. 이광수가 민족 개조를 다시 '민족성 개조'라고 고쳐 부르는 것은 그가 참조하는 19세기 말 프랑스의 심리학자 귀스타브 르봉(Gustave Le Bon)의 민족심리학 이론에 근거한 것이다. 그는 르봉의 주장을 직접 인용하면서 르봉이 강조했던 이른바 민족 진화의 심리학적 법칙을 자신의 민족개조론의 논거로 삼고자 했다.

이광수는 르봉의 이론에 의거해 민족성이라는 개념을 민족적·근본적 성격과 부속적 성격으로 구분한다. 여기서 부속적 성격은 가변적이나 근본적 성격은 거의 변화가 없는 요소로서 오직 유전적 축적으로 거의 눈에 보이지 않는 변화가 있을 뿐이다. 르봉은 주위의 사정이나 어떤 큰 사변 혹은 교육에 따라서도 민족의 부속적 성격은 변화할 수 있지만 그 근본적 성격은 변화하지 않는다는 사실을 강조한다. 그리고 그는 민족의 성격을 해부적 성격과 심리적 성격으로 나눠 놓는다. 우리가 흔히 민족성이라고 일컫는 바를 심리적 성격이라 했으며, 체질상의 특징을 해부적 성격이라고 규정하고 있다. 한 민족의 해부적 특징의 근본적인 몇 가지가 변할 수 없는 모양으로 그 심리적 특징, 즉 민족성의 근본적인 몇 가지도 변할 수는 없는 것이다. 다시 말하자면 각 민족에게는 변화하지 않는 근본적 성격이 있다고 보는 것이 르봉의 관점의 핵심이다.

> 그러면 朝鮮民族의 根本性格은 무엇인고. 漢文式 觀念으로 말하면 仁과 義와, 禮와 勇이외다. 이것을 現代式 用語로 말하면 寬大, 博愛, 禮儀, 禁慾的(廉潔), 自尊, 武勇, 快活이라 하겟습니다. 具體的으로 말하면 朝鮮民族은 남을 容恕하야 怒하거나 報復할 생각이 업고 親舊를 만히 사귀여 物質的 利害觀念을 써나서 愉快하게 놀기를 조와하되(社交的이오), 禮儀를 重히 여기며 自尊하야 남의 下風에 立하기를 실혀하며, 物慾이 淡한지라 齷齪한 맛이 적고 悠長한 風이 만흐며 짤하서 商工業보다 文學, 藝術을 즐겨하고, 恒常 平和를 愛好하되 一旦 不義를 보면 '投死救之'의 勇을 發하는 사람이외다.
>
> 이제 그 反面인 缺點을 보건댄 寬大博愛하므로 現代國民이 가지는 排他的 愛國心을 가지기 어려우니, 그러면서 四千年來 能히 國家를 維持한 것은 그의 自尊心과 武勇性이 잇슴이외다. 그의 性이 廉潔한지라 異民族의 領

土를 侵略할 野心이 업슬뿐더러, 致富之術이 拙하여 저 三國時代를 보더라도 美術의 發達은 當時 世界에 冠이 될 만하면서도 商工業의 發達은 보잘 것이 업섯습니다. 또 禮儀를 崇尙하는 反面은 眞情의 流路를 沮害하야 虛僞에 흐르기 쉬우며, 自尊心이 만흠은 指導者의 指導에 順從함을 絶對要件으로 하는 鞏固한 團體의 組織을 못하게 하는 原因이 되고 그의 樂天的이오, 現實的인 本性은 그로 하야곰 彼岸의 樂園을 求하는 宗敎나 深奧한 哲學的 思索이나 科學的 探究에 對한 努力을 輕視하게 하엿습니다. 朝鮮民族을 今日의 衰頹에 끄은 原因인 虛僞와 懶惰와 非社會性과 밋 經濟的 衰弱과 科學의 不振은 實로 이 根本的 民族性의 半面이 가져온 禍입니다. 그러나 그러타고 이 民族性 그것이 惡한 것은 아니니, 이것은 우리 民族의 타고난 天稟이라, 어대까지든지 發揮하여야 할 것이외다.[50]

이광수는 르봉의 민족심리학에 근거해 조선 민족이 쇠퇴하게 된 원인을 민족성의 타락에서 찾는다. 조선 민족은 오늘날 허위, 나타(懶惰), 비사회성과 경제적 쇠약과 과학의 부진으로 쇠퇴의 늪에 빠져 있는데, 이것은 근본적 민족성에서 비롯된 것이라고 이광수는 주장한다. 그는 민족의 흥망성쇠가 모두 민족성에 달려 있음을 분명히 하면서 민족성의 개조를 통해 민족의 개조가 가능하다는 논리에 이른다.

이광수는 민족 개조 방법의 첫 단계로 개인의 자기 각성에서부터 출발해야 한다고 주장한다. 그리고 함께 자기 각성으로 나아갈 동지를 규합하고 그 사상을 선전함으로써 점차 더 큰 조직과 단체를 결성할 수 있을 것이라는 생각이다. 물론 이 과정은 상당한 시간이 걸릴 수 있지만 오히려 굳은 신념과 의지를 가진 동지들이 모여들어 착실한 개조의 과정을 실현하게 된다는 것이 그의 관점이다. 그러므로 그의 개조론은 단계론적인 성격을 드러내며 일종의 준비론에 해당한다고 할 수 있다.

이광수가 제시하는 민족의 개조는 개인이 문명사회의 일원으로서 독립한 생활을 경영하고 사회적 직무를 담당할 만한 성의와 실력을 갖도록 한다는 구체적 실천 항목을 거느리고 있다. 그러므로 이러한 민족 개조는 종교

---

50 李光洙, 「民族改造論」(開闢 제23호, 1922. 5), 45면.

적인 성격을 지니는 것도 아니고 정치적 색채를 드러낼 이유가 없다.

> 그러면 이 改造主義의 內容은 무엇인가. 各 사람으로 하여곰,
>
> (一) 거즛말과 속이는 行實이 업게,
>
> (二) 空想과 空論은 버리고 올타고 생각하는바, 義務라고 생각하는 바를 부즈런히 實行하게,
>
> (三) 表裏不同과 反覆함이 업시 義理와 許諾을 鐵石가티 지키는 忠誠되는 信義 있는 者가 되게,
>
> (四) 姑息, 逡巡 等의 怯懦를 버리고 올흔 일, 작정한 일이어든 萬難을 무릅쓰고 나가는 者가 되게,
>
> (五) 個人보다 團體를, 卽 私보다 公을 重히 여겨 社會에 對한 奉仕를 生命으로 알게, (以上 德育方面)
>
> (六) 普通常識을 가지고 一種 以上의 專門學術이나 技藝를 배워 반듯이 一種 以上의 職業을 가지게, (以上 知育方面)
>
> (七) 勤儉貯蓄을 尙하야 生活의 經濟的 獨立을 가지게, (以上 經濟方面)
>
> (八) 家屋, 衣食, 道路 等의 淸潔 等 衛生의 法則에 合致하는 生活과 一定한 運動으로 健康한 體格을 所有한 者가 되게 함이니,
>
> 이것을 다시 줄여 말하면 德·體·知의 三育과 富의 蓄積, 社會奉仕心의 涵養이라 할 수 잇습니다.[51]

이광수는 이와 같은 구체적인 개조의 내용을 제시하면서 이를 무실(務實)과 역행(力行)의 사상이라고 규정했다. 여기서 '무실역행'이란 도산 안창호의 사상[52]을 그대로 옮겨 온 것이다. 무실과 역행의 사상에서 무실은 참되기를 힘쓰고 역행은 행하기를 힘쓰자는 주장이다. 도산 안창호는 무실에 반대되는 것으로 거짓과 허위를 지목했다. 남을 속이고 거짓을 꾸미는 일은 인간이 갖추어야 할 기본적인 신뢰를 저버리는 그릇된 태도다. 역행에 반대되는

51 李光洙, 「民族改造論」(開闢 제23호, 1922. 5), 55-56면.

52 박명규, 「도산 안창호의 사회사상」, 도산사상연구회 편, 『도산 안창호의 사상과 민족운동』(학문사, 1995) 참조.

것은 공리공론이다. 실속이 없이 시비만 따지는 것은 헛된 망상이나 마찬가지다. 안창호는 한국 민족의 쇠망의 근본 원인이 바로 거짓과 공리공론에 있었음을 지적하면서 이를 개조하기 위해 무실역행을 강조한 것이다. 무실이 진실한 정신 또는 믿음을 얻을 수 있는 마음가짐이라면 역행은 실천의 자세, 무슨 일이든지 솔선수범해 행하기에 힘쓰는 태도를 말한다. 그러므로 무실역행의 사상은 도산 안창호가 내세운 개조론의 기본 정신임은 물론이다.

계몽주의의 한계

이광수가 주장한 민족개조론 가운데에는 민족이라든지 민족성이라는 개념 자체에 대한 인식의 문제성과 함께 몇 가지 성급한 추론을 발견할 수 있다. 이광수는 '민족'이라는 말을 '민족성'이라는 말과 등치의 관계로 설명한다. 그런데 여기서 문제가 되는 것이 바로 '민족성'이라는 개념이다. 민족성이라는 개념을 분명히 하기 위해서는 사실 민족이란 무엇인가를 다시 물어야만 한다. 그런데 역사적 실체로서의 민족의 본질과 그 성격에 대한 명확한 개념 정의도 없이 이광수는 '민족' 개념을 간단하게 '민족성'이라는 말로 바꾸어 놓고 있다. 이 과정에서 이광수는 르봉이 강조했던 논리를 그대로 자기주장에 끌어들인다. 예컨대, 르봉은 앵글로 색슨족이 자유를 좋아하고 실제적이요, 진취적이요, 사회적인 국민성을 갖고 있다든지, 독일인이 이지적이요, 사색적이요, 조직적인 국민성을 갖고 있다고 설명한 바 있다. 그리고 중국인은 이기적이요, 개인주의적 민족성을 지니고 있다고 규정하고 있다. 이러한 설명은 전혀 사실적 근거도 부족할뿐더러 그 논리적 비약도 심하다. 특정 민족의 역사적 삶 가운데 부분적으로 발견할 수 있는 어떤 특징을 두고 그것을 민족 전체의 근본적 특성으로 확대 해석하는 것은 논리적 비약일 뿐이다. 더구나 이 같은 논리가 곧바로 민족의 우열을 구분하는 것을 정당화하고 민족성 자체의 도덕적 우열을 차별적으로 바라보게 하는 것임은 물론이다.

더구나 이광수가 주장하는 민족성 개조는 그 실천의 가능성 여부를 떠나서 논의의 출발 자체가 당대 현실에 대한 지극히 심정적이며 패배주의적인 관점에 서 있다는 사실을 부인할 수 없다. 그는 한국 민족의 쇠망을 적시하고 그 고통을 말하면서도, 그것이 일제의 강점과 강압적 식민지 지배 정책에 의한 자본주의적 착취에서 비롯된 것임을 전혀 언급하지 않았으며, 오히려 그는 민족 쇠퇴의 원인을 민족 내부에서 찾고자 한다. 이러한 태도는 일본인들이 조선 강점을 정당화하기 위해 만들어 낸 식민주의적 민족 담론[53]과 비슷한 논리를 드러내고 있다. 한국 민족의 쇠락이 민족성 곧 도덕적 심성의 타락에서 비롯된 것이라고 강조하는 이광수는 민족에 대한 패배주의적 인식으로부터 자신의 논의를 전개하는 셈이다.

물론 이광수는 한국 민족의 심성이 본래는 도덕적으로 선했다는 것을 증명하고자 했으며, 무실역행의 방법을 통해 민족성 개조가 가능하다고 강조했지만 민족성 자체를 도덕적인 것으로 판단하는 태도 자체가 그릇된 출발임을 인식하지 못했다. 그는 무실역행을 내세워 개인의 도덕적 수양을 강조했으나, 이러한 개인적 각성과 자각을 통한 민족 전체의 도덕적 완성이란 시대 상황으로 보아 가능한 일이 아니었음은 물론이다.

이광수의 민족 개조의 논리는 일본 식민주의가 내세운 '조선의 문명적 후진성과 문화적 지체'에 부정적으로 대응하고 있다. 그러나 일본적 식민주의의 표면에 등장하고 있는 조선에 대한 오리엔탈리즘의 시각에 의해 조작된 여러 가지 재현과 연결된 것들이 많다. 이광수는 일본의 문화가 기술적으로 조선을 앞서고 있다는 사실을 인정하면서도 조선의 문화는 오랜 역사와 함께 고유한 정신적 가치를 유지하고 있다는 사실을 긍정하고 이를 내세운다. 그러므로 이광수는 기술적 후진성과 정신적 우월성이라는 모순 관계를 극복하기 위해 민족 개조를 주장한 것이라는 설명도 가능하다. 그는 일본이 식민 지배를 통해 전수하고 있는 근대적 기술 문명을 받아들이고 이를 조선 문화의 정신과 접합시키고자 했던 것이다. 실제로 이광수는 식민 지배 권력과 민중을 분리시켜 이들을 독자적으로 계몽하고자 했다. 이 과정에서 문제가 되는 것은 일본 식민주의로부터 물려받은 현대적 의미의 문명 기술에 대한 피지배 민족으로서의 민중의 지지를 어떻게 얻어 낼 수 있는가 하는 문제다. 피식민 주체로서 한국 민족이 식민주의 민족주의 개념을 전유하면서 그 식민주의적 속성을 얼마나 제거해 내느냐 하는 것이 중요한 과제였기 때문

53 이 같은 경향은 조선 유학의 停滯性과 비독창성을 부각시키고 정치적 당파성을 지적했던 다카하시 도루의 '朝鮮儒學論' 등에서 쉽게 찾아볼 수 있다. 정일균, 「일제의 식민통치와 식민주의적 근대지식의 형성: "다카하시 도루(高橋亨)의 조선학"의 사례를 중심으로」, 『사회와 역사』 제91집(한국사회사학회, 2011) 참조.

이다. 여기서 이광수가 주장하는 민족 개조의 논리가 과연 한국 민족의 목표와 염원을 충실하게 구현할 수 있는가 하는 문제는 별도의 논의가 필요하다.

3) 염상섭과 사실주의의 인식

예술적 개성의 발견

염상섭은 3·1운동 직후 문학 동인 《폐허》에 가담하면서 초창기 문단에 진출해 민족문학의 이론적 선구의 역할을 담당했다.[54] 문학의 이념적 분화 과정 속에서 문단에 나선 그는 계급문학에 반대하면서 자연스럽게 민족문학파로 지목되었지만, 민족적 개성과 계급적 현실의 조화에 의해 빚어지는 민족문학을 강조함으로써 절충주의적 성격의 민족문학의 개념을 분명히 제시한 바 있다. 그의 문학론은 자아의 발견을 주축으로 하는 개성론에서 출발해 민족의 계급적 현실에 대한 인식을 문제 삼는 생활론으로 확대되지만, 민족의식의 추구를 언제나 그 중요한 지표로 삼고 있다. 특히 그는 민족문학운동과 계급문학운동의 동질성에 근거해 문학적 절충론을 주장함으로써 민족문학운동과 계급문학운동이 대립을 보인 1920년대 문단 한가운데에 나서게 되었던 것이다. 그의 민족문학론이 갖는 의미의 중요성은 바로 이러한 그의 문단적 위치의 중요성과도 관계가 깊다.

염상섭의 초기 문학론의 특징을 잘 보여 주는 것은 「개성과 예술」이라는 평문이다. 이 글은 근대 사회의 성립과 개인의 발견을 전제로 개인의 특질로서의 개성 표현을 중시하는 예술의 성격을 논하는 예술론의 의미를 지닌다. 염상섭은 일본 유학 시절부터 만세운동의 경험과 투옥 생활, 공장 노동, 신문기자로서의 취재 경험 등을 통해 현실에 대한 폭넓은 관심과 인식을 가졌다. 그리고 현실의 모순과 갈등을 극복하기 위해 자아의 각성과 자기 발

54 염상섭의 비평 활동에 대한 검토는 김종균, 『염상섭연구』(고려대학교출판부, 1974)의 「작품론 평론부분」에서 상세히 이루어졌고, 김윤식의 『염상섭연구』(서울대학교출판부, 1987)와 『근대한국문학연구』(일지사, 1973)에서도 그 비평사적 의미가 규정된 바 있다. 권영민, 『한국 민족문학론 연구』(민음사, 1988)의 '염상섭의 민족문학론과 그 성격'에서는 염상섭의 비평을 리얼리즘론과 연관시켜 설명했다.

견의 중요성을 자각한다. 그의 초기 문학론의 핵심이 '개성론'에 입각한 문예에의 접근이었음은 바로 이러한 과정과 직결된다고 하겠다.

> 自我의 覺醒이니, 自我의 尊嚴이니 하는 것은, 무엇을 意味함인가. 이를 略言하면, 곳 人間性의 覺醒, 또는 解放이며, 人間性의 偉大를 發見하얏다는 意味이다. 짤아서 一般的 意味를 써나, 個人에 就하야 一層 深刻히 考察할 地境이면, 個性의 自覺, 個性의 尊嚴을 意味함이라고도 할 수 잇는 것이다. 다시 말하면, 近代人의 自我의 發見이라는 것은, 一般的 意味로는 人間性의 自覺인 同時에, 個個人에 就하야 考察하면, 個性의 發見이요, 高調요, 굿센 主張이며, 새롭은 價値賦與라 하겟다.
>
> 그러한데 以上에, 나는, 自我의 覺醒은, 靜으로부터 動에 血 잇고 肉 잇고 涙 잇는, 知情意의 活躍 잇는 生命的 飛躍이라고 말하얏다. 함으로 近代人이 自我를 覺醒함으로써, 各個의 個性을 發見 確立하고, 그 偉大와 尊嚴을 自覺하며 主張함도 또한 生命的 勇躍이 아니면 아닐 것이다. 그러하면, 所謂 個性이라는 것은 무엇인가. 卽 個個人의 稟賦한 獨異的 生命이, 곳 그 各自의 個性이다. 함으로 그 거룩한 獨異的 生命의 流露가 곳 個性의 表現이다. 이것은 一見하면 甚히 難解한 듯하나, 百萬事物에 個性이 업슴이 업고 그 個性은 곳 그 事物自體의 生命임을, 容易히 了解할 수가 잇는 것이다. 只今 一例를 擧하야 譬喩할진대, 一般으로 紙類는 共通한 使命 잇는 것이다. 卽 同一한 需用的 價値가 잇는 것이다. 更言하면 紙類로서의 共通한 生命이 잇다. 그러나 洋紙는 鐵筆로 씨우거나 塗壁에 適當하고, 朝鮮紙는 毛筆로 씨우거나 窓戶紙로 使用될 紙品을 享有한 것이다. 勿論 兩種紙類의 用途를 絶對로 轉換하야서는 아니 된다 함은 아니나, 그 特性을 짤아서 適用하여야 充分한 效果를 어드리라 함이다. 함으로 鐵筆로 씨우거나 塗壁用으로 使用되는 데에, 洋紙의 個性이 잇고 짤아서 그 生命이 잇는 것이며, 朝鮮紙는 毛筆로 씨우며 窓戶紙에 需要되는 거긔에, 朝鮮紙된 特長 卽 個性이 表現되며, 生命이 流露되는 것이다.
>
> 함으로 以上에 내가, 一般的 人間性이라 하고, 獨異的 生命이라고 한 것도 亦是 이러한 意味에 不外한다. 人間性이니 個性이니 하얏지만, 都是 生命의 發現인 點은 一般이다. 함으로 自我의 覺醒이 一般的 人間性의 自覺인

> 同時에 獨異的 個性의 發見이라 함은, 結局 紙類는 共通한 使命과 同一한 需要價値 卽 共通한 生命이 잇는 同時에, 個的 特性이 잇다 함과, 異曲同音이다. 이를 要컨대 個性의 表現은 生命의 流露이며, 個性이 업는 곳에 生命은 업다는 것만 깨다르면 될 것이다.[55]

염상섭은 자아의 각성을 인간성의 해방으로 보고 그것을 자기 발견 또는 개성의 발견이라고 규정짓는다. 그리고 개성이란 인간 개개인이 지니고 있는 특이한 생명, 바로 그것이라고 규정한다.

예술이란 작자의 개성, 즉 작자의 독이(獨異)적 생명을 통해 투시한 창조적인 직관의 세계이며, 이를 투영한 것이 예술적 표현이다. 그러므로 개성의 표현, 개성의 약동에 미적 가치가 있을 수 있으며, 모든 예술은 생명의 유로이자 활약이라고 할 수 있다. 이러한 염상섭의 개성론은 결국 특이한 개성 속에 약동하는 생명의 표현을 예술(또는 문학)의 이상으로 생각한다는 점에서 다분히 관념론적인 예술론의 성격에 기울어져 있다고 할 것이다.

염상섭은 예술미란 작가의 개성을 통해 투시한 창조적 직관의 세계에 의해 이루어지는 것이라고 했는데, 이 경우 개성이란 예술의 주체일 수도 있고, 그 수단일 수도 있다. 예술에 있어서 개성의 문제가 표현의 주체로 이해된다면, 그것은 표현 주체로서의 작가 자신이며, 특수한 개인적 인물을 뜻한다. 그리고 그것이 수단의 문제에 연결될 경우 개성은 예술에 있어서의 모든 선택의 원리가 되기 마련이며, 개인적인 관찰의 각도, 미적 감각, 작품 속에 포함되는 인생관 등이 이에 관련된다. 이러한 방식대로 논리가 전개되면, 당연히 개성을 수단으로 표현되는 것은 작가의 외부 현실이나 객관적 사물이어야 할 것이다. 하지만 염상섭은 모든 예술의 대상이나 그 목적도 개성의 문제에 직결된다고 주장한다.

> 藝術美는, 作者의 個性, 다시 말하면, 作者의 獨異的 生命을 通하야 透視한 創造的 直觀의 世界요, 그것을 投影한 것이 藝術的 表現이라 하겟다. 그러함으로 個性의 表現, 個性의 躍動에 美的 價値가 잇다 할 수 잇고, 同時

55 廉想涉, 「個性과 藝術」(開闢 제22호, 1922. 4), 4-5면.

에 藝術은 生命의 流露요, 生命의 活躍이라 할 수 잇는 것이다. 이에 이르러 上述한 바 高麗磁器의 曲線美가 快美의 對象으로 볼 때에는 無意味한 것이지만, 그 內在的 生命의 流露를 볼 때에는 藝術的 價値를 認定할 수 잇스며, 또 그 模作品은 商品에 不過하다는 論據가 明確히 된 줄 안다. 果然, 柳氏는 朝鮮美術品을 通하야, 朝鮮民族性을 發見할 수 잇다 한다. 이를 換言하면 朝鮮民族의 民族的 個性을 한줄기 線으로부터 發見하얏다 함이다. 四千餘年의 歷史的 背景, 風土, 境遇로부터 傳統하야 오며 發展하야 나가는 朝鮮民族에게 特有한 民族性이, 우리의 피에 사모쳐 無窮히 흐르는 거긔에, 우리의 朝鮮魂이 잇고, 民族的 生命의 리슴이 잇는 것이다. 다시 말하면, 여긔에 民族的 個性이 形成되는 것이다. 그리하야 이 尊嚴하고 崇高한 民族的 個性이, 纖細蜿蜒한 一條曲線에 托하야 表現될 때에, 一個의 土塊에, 永遠한 藝術的 價値를 賦與하며, 創造的 生命의 永遠한 生長과 發展과, 活躍이 잇는 것이다. 그리고 同時에 神祕不可知한 感激이, 그에 무티엇고, 民族的 生命과 가티, 人類의 光榮이 그로 因하야 빗나는 것이다. 이를 要컨대, 그 曲線의 內部에는 作者自身의 個性이 表現된 同時에, 民族的 個性이 表現되고, 民族的으로 獨異한 生命이 潛流하고 活躍함으로써 藝術的 價値가 생긴 것이라 함이다. 이와 가티 藝術은, 이미 個性의 獨創에, 生命이 잇는 것인 以上, 模造模寫에 藝術的 價値가 업슴은 名畫를 石版에 複寫한 데에 藝術的 生命이 업슴과 다를 것이 업는 것이다. 一作品에 就하야, 그 作者와 同一한 材料 同一한 技巧 同一한 手法으로, 얼마나 巧妙히 製作한다 하드라도. 그것은 結局 機械요, 生命잇는 個性의 表現은 아니다. 또한 藝術은 模倣을 排하고 獨創을 要求하는지라, 거긔에 何等의 範疇나 規約과 制限이 업슬 것은 勿論이다.[56]

위의 인용에서 예술이 개성을 표현한 것이라고 하는 말은 예술의 내용 또는 그 재료 자체가 바로 개성이라는 것을 의미한다. 작가 개인이 지니고 있는 독특한 정신 내용(생명 또는 영혼) 자체가 예술의 본질이기 때문에, 그만큼 특수하고 남다른 것이 중요시되며, 예술의 생명도 개성의 독창성에 있다고 강조되기도 한다. 이러한 논의의 전개 과정으로 볼 때, 결국 개성이란

56 廉想涉, 「個性과 藝術」(開闢 제22호, 1922. 4), 8면.

예술의 본체이며, 수단이 되기도 하고, 그 대상 또는 목적이 되기도 한다는 결론에 이른다.

그런데 예술의 위대성이란 염상섭이 주장한 대로 반드시 개성의 독창성에서만 비롯된다고 하기는 어려운 일이다. 작가가 개인적인 남다른 신념을 지니는 것도 바람직한 일이며, 독특한 심미적인 감각을 지닐 수 있다면, 그것은 더욱 말할 나위도 없다. 그러나 예술작품에서 중요시될 수 있는 것은 작가가 지닌 개인적 신념이나 미적 감각의 독창성뿐만 아니라 작품 속에 담겨진 전체적인 시대의식이다. 작가의 개인적인 체험의 특이성이나 독특한 감각만을 내세울 경우, 그것이 보편적인 의미로 승화될 수 있으리라는 보장은 아무것도 없다. 예술이란 언제나 개인적인 신념이나 사고방식이나 독창적인 미적 감각을 포함하면서도, 그것이 바로 그 시대의 감각이며 신념이 될 수 있을 때 그 진정한 가치를 지니게 된다. 그리고 이러한 경우에나 독창성과 보편성이 함께하는 위대한 예술이 성립될 수 있다.

염상섭의 개성론은 개성적 가치의 추구와 인생의 진상에 대한 새로운 인식 등을 문제 삼고 있다는 점에서 기존의 연구에서 자연주의 문학론으로 인식해 온 것이 사실이다. 그러나 개인의 발견이 갖는 근대지향적인 요건을 제외한다면 그의 개성론은 개성의 표현과 그 가치의 중요성을 강조하고 있다는 점에서 낭만주의적 속성마저 드러낸다고 할 것이다. 그런데 염상섭은 개성론에서 개인적인 자기 각성이나 개성 표현의 문제만을 중시하는 것은 아니다. 그는 개성의 문제를 개인의 내적 영역에만 국한시키지 않고 이것을 민족적 차원의 문제로 확대시켜 나갔다. 그가 말하는 민족적 개성이란 민족사의 흐름에서 민족의 역사적 배경을 이루는 기후 풍토뿐만 아니라 시대적 상황 등을 통해 형성된 민족의 고유한 정신을 뜻한다. 그리고 바로 이러한 민족적 개성의 표현을 통해 민족 특유의 예술의 가치가 발현될 수 있다는 것이다. 이처럼 염상섭은 개성론의 출구를 민족 문제로 확대 해석함으로써 3·1운동 직후의 당대 상황과 관련한 민족적 자기 각성 문제를 자연스럽게 문예의 영역 안으로 끌어들인다. 이러한 방향은 뒤에 민족적 현실 문제에 대한 보다 구체적인 언급을 통해 드러나는 '생활론'을 근거로 보다 넓은 민족문학론의 가능성을 예견케 하고 있다. 염상섭의 초기 문학론에서 핵심적인 위치에 자리 잡고 있는 개성론은 문학예술의 독자성과 그 본질적인 가치 문제에 대한 염상섭 자신의 신념을 뜻한다고 할 수 있다.

염상섭은 3·1운동 이후 문학과 현실이 점차 민족 현실과 계급 갈등 문제를 내세워 민족적인 것과 계급적인 것으로 대립되자, 계급문학의 성립을 부정하는 입장에서 그의 개성론에 입각한 문학적 태도를 분명하게 제시한다. 이러한 염상섭의 입장을 당시 문단의 상황과 함께 연관 지어 볼 수 있는 가장 주목할 만한 근거는 계급문학의 성립 문제를 둘러싼 문인들의 견해를 집약시켜 놓은 《개벽》지의 특집 기사다. 이 특집에는 김기진, 박영희, 김석송, 박종화 등의 계급문학에 대한 적극적인 지지 또는 동조론과 이광수, 김동인, 염상섭, 나도향 등의 반대론이 함께 수록됨으로써, 당시의 문단 경향을 한눈에 확인할 수 있다.

여기서 염상섭은 특정 계급에 예속되어 특정한 이념만을 추구하는 계급문학의 부당성을 지적하면서 예술로서 문학이 지니는 독자성을 강조한다. 그는 문학이 지니는 독자적인 예술성에 대한 신념을 강조하면서 계급문학의 요구를 부정한다. 이러한 견해는 자유로운 작가정신으로서의 개성에 대한 인식에 근거한다는 점에서 결국 '개성론'의 연장선상에 놓여 있음을 쉽게 짐작할 수 있다. 물론 그가 내세운 주장 가운데에서 유산계급이 존재하고 있는 현 사회에서는 무산계급에서만 작품의 제재를 취한다는 것이 무리한 주문이라고 지적한 것이라든지, 계급문학의 방향을 작품의 통속화와 쉽게 연결시켜 놓고 있는 것은 계급문학에 대한 피상적 인식이라고 지적할 수도 있다. 당시의 계급문학을 주장하던 김기진이 문학이 민족성과 시대적 환경을 떠날 수 없는 것임을 전제하고, 계급문학이 착취와 침략과 혹사와 정복 등의 사회악에 대한 일체의 부정에서 출발한다고 적극적으로 주장하는 것과는 서로 대조적인 입장임을 그대로 드러내고 있다. 하지만 염상섭은 계급문학의 출현 자체를 불합리한 것으로 보는 것이 아니라, 다만 그것을 적극적인 운동으로 무리하게 형성시키는 태도 자체를 문제 삼고 있다. 그는 시대상의 필연적 경향으로 계급문학이 출현한다면, 문학의 자연스런 하나의 현상으로 받아들일 수밖에 없다는 소극적 입장을 유지하고 있다. 이것은 예술의 본질적인 속성으로서의 개성과 생활과의 교섭에서 생기는 문학의 가치에 대한 인식을 지니고 있던 염상섭으로서는 어쩔 수 없는 태도 표명이 아닌가 생각된다. 예술의 근본적인 속성으로서의 개성이나 그 확대 개념이라고 할 수 있는 민족적 개성 문제에 집착할 경우, 사회 현실에 다양하게 관련지어져 있는 여러 문제를 모두 포괄하기란 사실상 불가능하다. 그렇다고 계급적 현실에만 관심을 기울인다면, 필연적으로 개성의 표현으로서의 예술의 순수성에 소홀하기 쉽다는 결론에 이른다. 결국 염상섭은 이러한 상호 모순을 제거하기 위해, 개성의 표현으로서의 예술의 순수성을 내세워 계급문학의 획일적인 공리주의를 배격하면서 한편으로는 개성론에 빠져들기 쉬운 관념적인 독단을 제거하기 위해 예술적 기반으로서의 현실의 중요성을 강조하는 것이다.

생활과 현실의 인식

염상섭의 문학론은 계급문학론자들과의 논쟁[57]을 거치면서 초기의 관념적인 개성론의 한계를 벗어나고 있다. 조선프롤레타리아예술동맹의 결성과 함께 계급문학운동이 조직적인 정비를 꾀하고 그 세력의 확대를 보이자, 염상섭은 계급문학의 본질적인 모순을 그 이념 중시의 태도에서 찾으면서도 시대상의 필연적 경향으로 대두되는 계급문학의 출현을 문학의 자연스런 현상으로 받아들일 수밖에 없게 된다. 그는 1920년대 중반을 넘어서면서 보다 폭넓게 문학운동의 전반적 경향을 검토했으며, 계급문학이 계급의식에만 매달려 문학의 본질을 외면하는 점을 비판하면서도 일제의 식민지 치하에 놓여 있는 민족의 현실적 특수성을 문학의 중요한 요건으로 내세운다. 염상섭이 1920년대 중반 이후에 발표한 문학론의 골격은 초기 개성론의 핵심을 견지하면서도 생활 현실에 근거한 문학을 강조하는 점[58]이 눈에 띈다. 그는 개성의 표현에 의해 이루어지는 문예라고 하더라도 현실 생활의 기반을 떠나서는 아무 의미도 지닐 수 없다고 말한다.

염상섭의 주장의 핵심은 개성의 문제보다 생활 쪽에 기울고 있다. 그는 개성론이 빠져들기 쉬운 관념적인 허구성을 극복하기 위해 거기에 생활이라는 것을 결부시켰으며, 결국 문예란 개성의 표현이면서 동시에 생활의 표현이라는 결론에 이른 것이다. 이러한 내용으로 볼 때, 현실 생활에 대한

---

57 염상섭이 계급문학을 비판한 「階級文學을 論하야 所謂 新傾向派에 與한다」(朝鮮日報, 1926. 1. 22-2. 2), 「朝鮮文壇의 現在와 將來」(新民 제21호, 1927. 1), 「昨今의 無產文學」(東亞日報, 1927. 5. 6) 등의 글이 논쟁적 성격을 띠고 있다.

58 이러한 변화는 「文藝와 生活」(朝鮮文壇 제19호, 1927. 2)이라는 글에서 집약적으로 표현된다.

염상섭의 새로운 인식은 그의 문학론의 한 전환점을 이루고 있음이 분명하다. 그것은 우선 개성론에 근거해 한편으로 민족적 개성 또는 민족 관념의 표현 문제로 발전한 그의 문학론이, 창작의 방면에서 거의 아무런 구체적인 방법론을 지니지 못했던 한계를, 현실에 기반을 둔 생활에 착안함으로써 비로소 극복할 수 있는 가능성을 지니게 된 점과 연결된다. 이러한 관점의 변화는 단순히 시기 편승적인 것이 아니라, 현실과 생활 그리고 문예의 본질에 대한 변증법적인 인식에서 비롯된 것이기 때문에, 민족문학론이라는 제한된 영역만이 아니라 문예 일반에 대한 원칙론적 성격에도 관계되고 있음은 물론이다. 그의 생활론이 지니는 또 하나의 중요한 의미는, 생활의 표현이라는 것이 삶의 전체적인 모습을 구현한다는 리얼리즘의 정신에 대한 접근을 가능하게 한다는 점이다. 추상적인 관념을 배제하고 경험 세계로서의 현실과 그를 기반으로 하는 생활을 중요시한다든지, 그 생활 속에서 시대정신과 사회의식을 추출한다든지 하는 것은 모두 리얼리즘의 판단 근거가 될 수 있기 때문이다.

절충적 통합주의의 관점

염상섭의 문학론의 핵심은 '개성론'과 '생활론'의 통합과 절충에 있다. 개성론에서 생활론에 이르는 문학론의 변화 과정은 이미 앞에서 검토했거니와, 예술적 주체에 대한 발견으로서의 개성론과 예술적 객체에 대한 인식으로서의 생활론이 동시에 포괄되는 자리에서 염상섭의 문학적 입장이 분명하게 나타나는 셈이다. 이러한 문학론의 변화는 민족운동과 사회운동을 보는 염상섭의 태도에도 그대로 드러난다. 조선프로예맹의 결성과 함께 계급문학운동이 그 세력을 확대해 나가자, 염상섭은 인습적인 전통과 기존 질서에 대한 반동을 중시하면서 현실 생활을 파기하고자 하는 변화의 시기를 반동기라고 지적한다. 그는 계급문학이라는 것이 결국 반동기의 문학에 해당한다는 점에서 그 존재를 인정한다. 하지만 반동기에 있는 프롤레타리아는 자기의 문화가 없을 뿐만 아니라 적극적으로는 기성 문화의 파괴밖에 꾀하지 못하므로 계급문학의 기조와 목표가 사회적으로 관념의 강조에 있을 뿐이라고 규정한다. 물론 그는 반동 운동의 입각점에서 인습적인 관념과 구시대의 전통을 파기한다는 본질적인 임무를 위해서 문예의 효과를 빌 수 있음을 지적

한다. 그리고 봉건적인 계급적 관념의 파기를 위해 프로문학이든 민족문학이든 모두 적극적 실천이 필요하다는 점을 역설한다.

> 푸로레타리아 文學者가 傳統을 否認하랴고 애만 써서는 아니될 것이다. (중략) 새로운 生活을 自律하고 支持할 만하고 새로운 社會를 가질 새 사람의 새 觀念을 밧구어 가저야 할 것이다. 이를 要컨대 '觀念의 改造'에 過渡期의 文學-現在 用語로 '푸로'文學의 基調와 目標가 잇다는 말이다. (중략) 反動 以後의 民衆은 人類生活 人間生命의 中心要求와 背反되는 것을 眞情眞心으로 認識하게 되는 것과 한가지로 精神物質 할 것 업시 凡百에 對한 觀念을 改造하게 하는 것이 反動期의 文藝가 그 運動에 供獻할 수 잇는 最大限度의 實行力이라는 말이다. 그러나 이것이 文藝의 唯一한 存在理由도 아니요 또한 文藝自體로 보아서 重要한 要素가 된다는 것도 아니요 또 그러한 功利的 一面이 一部人의 主張과 가티 宣傳文을 써도 조타고 하는 等 沒分曉의 意見에 對한 論據가 되는 것도 아니다. 文藝는 文藝다운 價値가 잇고서야 비롯오 文藝의 効果를 빌어 宣傳의 功利도 나타나는 것이요. 文藝의 獨立性도 保持되는 것이다. 그러나 다만 反動運動이 立脚地에서 보면 文藝가 直接的인 効果는 적드라도 本質的인 重要한 任務를 가진 것인고로 利用하랴는 것이다. 웨 그러냐 하면 反動運動의 教化的 根本義는 傳統破棄에 잇고 傳統과 觀念은 實로 그 表요 그 裏이기 때문이다.[59]

> 反動의 對象은 두 가지로 볼 수 잇다고 생각한다. 間接對象과 直接對象 혹은 唯心的 對象과 唯物的 對象의 두 가지로 區分함이 便利할 것 갓다. 間接對象 卽 唯心的 對象은 '傳統' 또는 傳統的 觀念을 가르침이요 直接對象 卽 唯物的 對象은 政治生活 經濟生治을 가르침임은 勿論이겟다. 그러나 이 小論은 그中에서 特히 唯心的 對象을 論하야 民族運動과 社會運動의 實際的 關係를 考察하랴 함인고로 唯物的 對象은 且置하고 먼저 傳統에 對하야 槪說하야 보랴 한다.
>
> 傳統이란 平面的 혹은 心理的으로 보면 사람과 '흙'을 貫通한 本流的 血

59 廉想涉, 「民族·社會運動의 唯心的 考察(二)」(朝鮮日報, 1927. 1. 5).

統이요 이에 對立하야 立體的 혹은 社會的으로 보면 物質과 사람을 聯結한 支流的 傍系로서 精神 또는 慣習의 觀念的 活動이라고 볼 수 잇다. 그러나 前者에서 特히 '흙'이라는 地理的 條件에 中心을 두고 後者에서는 '物質'이라는 經濟的 條件에 一層 더 着眼한 것은 다만 比較問題에 不過한 것이요 如何히 心靈에 關한 것이라도 文化의 創生的 見地에서 보면 어느거나 '흙' 또는 物質의 束縛에서 脫却할 수 업는 것은 一般이다. 그리고 또 前者에 잇서서 血統이라 하고 心理的이라 함에 對하야 後者는 社會的 觀念的이라 한 것도 잇던 程度까지의 差異임은 勿論이니 血統이라는 것이 人類結合의 大本인 結婚에서 出發할 것인 다음에야 이미 社會的 現象임은 勿論이요 觀念도 또한 心理作用이기 때문이다.[60]

염상섭은 반동기의 문예운동이 파기해야 할 관념을 전통에 대한 파괴라고 규정한다. 그는 전통을 인간과 흙을 관통한 '본류적인 혈통'으로서의 본능적이고도 선천적인 측면과 인간의 물질을 연결하는 '지류적 방계'로서의 정신이라는 사회적 측면으로 구분한다. 그리고 전자를 평면적 전통이라고 하고 후자를 입체적 전통이라고 한다. 여기서 반동기 문예운동의 개혁 목표가 되는 봉건적 계급관념이 바로 후자에 속한다는 점에 주목해야 한다.

염상섭의 관점에서 볼 때 평면적 전통은 사람(인종)과 흙(지리)을 관통한 본류적 혈통에 해당한다. 이것은 인종이나 지리적 환경 등에 의해 결정된 전통이기 때문에, 인위적으로 파기할 수 없는 자연적 약속이며 생물학적 조건이다. 민족에 대한 관념은 바로 여기서 비롯되어 오랜 역사를 통해 형성되어 온 전통이다. 이것은 부정될 수 없는 본질적 요건이며 반동기 문예운동이 목표로 하는 관념의 파기와는 하등의 관계가 없다. 이와 반대로 입체적 전통은 사회적인 것으로서 물질과 사람을 연결한 지류적 방계로서 정신이나 관습의 관념적 활동에 해당한다. 반동기 문예운동의 근본 목표가 되는 전통과 관념의 파기는 결국 이러한 사회적 전통에서 비롯된 봉건적 계급관념의 파기를 의미한다. 그러므로 어떤 경우에도 본류적 혈통으로서의 민족의식은 더욱 강조되는 것이다.

60 廉想涉, 「民族·社會運動의 唯心的 考察 (三)」(朝鮮日報, 1927. 1. 8).

여기서 분명히 해두어야 할 것은 종족·환경·언어에 의해 필연적으로 성립되는 이른바 평면적 전통 속에서 염상섭이 추출해 내는 민족 관념 또는 민족적 특성이란 어떠한 의미가 있는가 하는 점이다. 염상섭은 민족적 전통을 사회계급적 전통과 자연적 전통으로 구분하며, 민족적 전통 가운데 민족문학은 사회계급적 전통을 파괴하는 데 힘을 쓸 것을 강조했으나 계급문학에서는 오히려 민족의 자연적 전통의 필연성을 자각해야 한다고 했다. 그는 계급적 전통에 대한 파기를 내세우면서도 민족적 전통(자기 민족에 대한 자각과 인식이 주축이 되는)에 대한 지지를 내세우기 때문에, 민족의식에 대한 자각과 현실적 상황에 대한 철저한 인식을 함께 강조했다. 이와 같은 염상섭의 주장은 민족의식을 역사적 실체로 인정하지 않고 그 불변성을 강조하는 점에서 분명한 한계를 보여 준다. 물론 이러한 한계는 이미 이광수의 경우에도 확인되는 것처럼 당대 민족주의에 대한 인식 수준을 말해 주는 것이기도 하다.

그런데 염상섭은 다음과 같이 한국 사회에 본격적으로 전개된 민족운동과 사회운동이 상반된 특성을 지니고 있음을 분명히 지적한다. 그리고 당시의 민족운동은 3·1운동의 실패와 함께 민족 자체 내의 계몽 운동의 한계점을 자각함과 동시에 침략 세력의 정체가 경제적 논리를 갖고 있는 제국주의임을 인식하게 되었음을 적시하고 있다.

> 民族運動은 民族 傳統의 擁護者로서 政治上으로나 文教上으로나 民族魂의 鼓吹와 大義名分的 정신에 입각하려 하므로 보다 더 唯心的 傾向을 가질 것이요, 經濟 方面으로는 民族 對 民族의 勞資關係를 인식하므로 自民族의 內國的 資本主義를 肯定 또는 獎勵하는 경우가 있겠으므로 一般 社會運動에 對하여 消極的 態度를 취할 것이다. 그러나 社會運動은 이에 反하여 一切의 傳統을 否認하고 民族魂을 不問에 附하여, 反動의 對象을 自己 民族에 對한 壓迫民族에 局限하는 것이 아니요 自民族 內의 '쁘르조아'를 包含한 全世界의 '쁘르조아' 階級과 그 帝國主義 國家에서 發見하는 것은 呶呶할 바 아니다. 그리고 精神 文化上으로 보면 民族主義를 自民族의 個性에 中心을 둔 文化-國民文學의 樹立을 企圖하는 反面에, 社會運動 側에서 普遍性的으로 '푸로레타리아' 文化-階級文學의 高調로서 傳統的 觀念의 破棄 및 改造에 奔忙하게 될 것도 必然한 理勢일 것이다.[62]

염상섭은 민족운동의 방향이 결국은 민족에 대한 타민족의 착취를 방어하기 위해 우리 민족 내의 자본주의적 발달이라는 과제를 향해 전개되고 있음을 지적한다. 그러므로 민족운동과 사회운동이 이념적으로 차이를 드러내는 것 같지만, 그 실제에 있어서 일치할 수 있다는 타협적인 입장을 내세우게 되는 것이 그의 주장이다.

이와 같은 염상섭의 절충론적 민족문학론은 생활 현실에 대한 인식을 근거로 하여 문학과 사회 상황의 연관 문제를 본격적으로 제기하는 단계에까지 발전한다. 그는 하나의 문학적 현상은 역사적 상황과 시대적인 위치, 사회적 형세, 민중과의 관계뿐만 아니라 작가의 지식·감정·사상 등에 이르기까지 이들을 모두 종합적으로 검토한 후 설명할 수 있다고 했다. 문학이라는 것을 작가의 개인적인 특징과 작가의 생활을 조직하고 지배하는 시대정신의 소산으로 설명한 바 있는 염상섭은 더 나아가서 혈통·유전·환경·시대정신 등의 모든 조건과 동기를 포착함으로써 계급적 현실과 민족의식을 동시에 포괄할 수 있는 문학에 대한 폭넓은 이해에 이를 것이라고 했다. 당시 상황으로 보아 염상섭의 이러한 입장은 다분히 절충적인 것으로 받아들여질 수 있는데, 그것은 1920년대 후반 민족운동의 노선이 통합되는 과정에서 노정된 현실적인 타협안임을 알 수 있다.

염상섭의 절충주의적 관점은 헤겔주의와 자연주의적 생리학을 결합시킨 것으로 알려진 프랑스 비평가 텐(Hippolyte Taine)의 방법에 기댄 것처럼 보인다. 텐의 문학예술에 대한 관점과 방법은 그의 『예술철학(Philosophie de l'art)』(1865)이 히로세테시(廣瀨哲士)에 의해 일본에 번역 소개된 것을 계기로 일본 문단에 관심사로 대두되었다. 이 무렵 염상섭이 일본에 머물면서 발표한 여러 평문은 텐의 이론에 상당 부분 의존하고 있다. 염상섭은 민족문학을 말하면서 동시에 현실적 상황을 의식하지 않을 수 없었으며, 민족적 개성이라는 심리적 측면과 민족의 현실이라는 사회적 측면을 동시에 포괄하기 위해 텐의 종족·환경·시대라는 요건을 받아들였던 것으로 보인다. 염상섭은 위대한 문학의 출현은 민중과 민중을 현재로 이끌어 온 생활의 퇴적한 역사가 매듭지어 주는 시대의 제반 양상이 서로 어우러져 인간의 심정 속에 흐르는

61 廉想涉, 「民族·社會運動의 唯心的 考察 (六)」(朝鮮日報, 1927. 1. 15).

미묘한 기운을 기를 때에 가능하다고 했다. 여기서 민중이라는 것을 쉽게 민족 또는 종족으로 풀이할 수 있으며, 그가 강조했던 생활은 환경이라는 요건과 마찬가지임을 알 수 있다.

텐은 『예술철학』에서 역사주의 방법과 고전주의적 이상을 절충 통합시켜 보고자 하는 특이한 관점을 제시한 바 있다. 그는 인간 정신의 산물로서 예술은 자연 형태처럼 그것이 태어난 환경에서만 설명될 수 있다는 관점에서 출발한다. 회화, 조각, 문학 등은 결코 고립되어 존재하는 것이 아니라 필연적으로 작가와 그가 속한 시대적 경향과 상통하며 그 시대와 사회의 가치 척도에 의존한다. 그는 모든 시대와 모든 국가의 모든 예술적 형태의 발전을 사실적으로 과학적으로 설명하고자 했으며 모든 예술의 공통적인 특성은 현실의 어떤 본질적인 특성을 나타낸다는 점을 강조한다.

염상섭은 식민지시대 문예의 부진 상태를 '위축 쇠미(衰微)의 단계'로 규정하고, 그러한 상황의 본질을 이해하기 위해 문예의 역사적인 요건과 시대적 의의, 사회적 형세, 민중적 관계 등을 철저히 규명하고자 했다. 그는 문예의 쇠미를 시대적·사회적 여건에서 논의하면서도 텐의 이론에 따라 민족의 예술적 정신 또는 독창적 능력도 문제 삼았다. 그는 텐의 『예술철학』에서 논의되었던 이탈리아의 예술적 부흥을 예로 들면서, 한국 민족의 '문약(文弱)'이 남들이 지적하는 것처럼 민족성에서 나온 것이 아니라 원래 서민계급이 예술의 혜택에서 유리되어 있을 수밖에 없던 시대적 요건이 문제라고 지적한다. 그는 민중의 대다수가 한자 문화권에서 소외되고 있었다는 사실을 들어 이를 뒷받침하고자 한다. 그는 현실 생활의 핍박으로 문화의 발전을 기대하기 어렵고 특히 문예의 영역에서 소외되었던 민중에게 문학이 침투되기를 기대하기 어렵다는 사실을 거듭 강조한다. 문예의 발전의 계기를 정치·사회적 여건에서 폭넓게 찾고 있는 염상섭에게는 당시의 상황이 문학의 근본 요건을 결여하고 있는 가장 불리한 시대로 보일 수밖에 없었던 것이다.

사실주의의 인식

염상섭의 통합론적인 문학관이 궁극적으로 목표하는 것은 리얼리즘의 정신이라고 할 수 있다. 그는 우리의 현실이 집합성의 위압 아래서 개성이 질식하는 부자연·불합리한 상태에 놓여 있기 때문에, 자유롭고 광명한 천지를 향해 문학의 세계에 들어서게 되었음을 천명하면서, 문예는 개인성에서 출발해 개인성의 자유와 집합성의 정당이 혼일적으로 조화되는 사회를 이상으로 하는 윤리적 사명을 지녀야 함을 강조한다. 그리고 이러한 목표에 도달하기 위한 유일한 방법으로 사실주의의 요건을 다음과 같이 지적한다.

> 寫實主義—科學의 洗禮를 바든 우리의 到達한 表現手段이 이것이다. 將來의 일은 모른다. 그러나 文藝思潮의 엇더한 流派를 막론하고 우리는 '리알리씀'을 노코는 다시 수단이 업다. 생활의 '眞'을 가리움 업시 속임 업시 表現하는 것이 文藝道의 영원한 鐵則이라 할진대 우리는 여기에 '리알리씀'의 굿건한 土臺를 가질 것이다. 그러나 그 眞은 작가의 눈을 통하야 본 眞이다. 작가의 눈이란 작가의 主觀이다. 寫實主義는 主觀主義가 아니다. 그러나 순전한 客觀主義도 아니다. 主와 客을 分裂的으로 보는 것이 아니라 客을 主에 걸러서 보는 것이 寫實主義다. (중략) 客과 主가 혼연히 一體가 되는 데에 묘미가 잇는 것이요, 생명이 약여하고 발랄한 개성이 활동하는 것이다. 客觀에 固着하여 主觀을 沒覺할 때 그 속에 自己는 업다. (중략) 대상의 내부에서 自己의 生命, 自己의 個性이 활약함으로써 대상을 生命化하고 다시 자기의 심경을 客觀化함으로써 對象과 自己를 끈일라 하야 끈흘 수 업는 밀접한 관계에 合體시킬 때 거기에서 事實的 生動하는 작품을 낫케 되는 것이다. 主觀과 客觀의 融合, 自己 生命(자기 개성)과 客體와의 合體, 이外에 다른 아모 副作用을 우리는 생각할 수 없다.[62]

리얼리즘이라는 용어가 불러일으키는 여러 가지 의미의 혼란을 생각한다면, 이 글은 리얼리즘의 핵심을 정확하게 제시한 것이라고 할 만하다. 특히 염상섭이 끈질기게 추구해 온 개성과 생활의 표현으로서의 문예라는 것이 결국 리얼리즘의 정신에 기반을 둔 문예라는 사실을 쉽게 확인할 수 있다. 이러한 인식의 탁월성은 리얼리즘이라는 외래의 사조를 일방적으로 수용하고자 한 것이 아니라, 민족문학의 본질에 대한 지속적인 탐구 작업을 통해 그 정신에 도달하게 되었다는 점에서 확인할 수 있다. 「개성과 문예」로 집

62 廉想涉, 「文藝上의 集團意識과 個人意識」(文藝公論 제1호, 1929. 5), 9-10면.

약된 염상섭의 개성론은 문예의 본질적 측면으로서 개성에 대한 인식을 가능하게 했고, 개성의 문제를 민족적 개성으로 확대했다. 그런데 이 개성론이 관념의 허구에 빠져드는 것을 막기 위해 「문예와 생활」에서 개성이 근거할 현실과 생활의 중요성을 강조했다. 결국 문예는 개성의 표현인 동시에 생활의 표현이라는 결론에 도달했으며, 그 구체적인 문학 형태로서 소설이 유한 한 방식임을 내세울 수 있었다. 그리고 소설의 창작이 결국 리얼리즘의 정신과 방법에 근거해야 함을 인식하게 되었던 것이다.

이와 같은 리얼리즘에 대한 인식의 과정으로 보면, 염상섭의 리얼리즘은 단순한 창작 방법론의 차원에 머물러 있지 않다. '주'와 '객'을 분열적으로 보지 않고 '객'을 '주'에 결쳐서 본다는 것은 표현의 사실성을 말하는 것이 아니라 작가의 정신을 말한 것이며, 소설의 본질적 영역에 속하는 문제다. 소설이 삶에 대한 총체적 인식과 그 형상화라고 한다면 그것은 리얼리즘의 정신 바로 그 자체에 해당된다. 자기 생명과 객체와의 합일은 바로 삶의 총체성의 의미를 뜻하기 때문이다. 염상섭은 이와 같은 리얼리즘에 대한 인식에 근거해 많은 장편소설을 창작했으며, 우리 소설사에서 개인의 삶이 곧 사회 전체의 관심사가 되고 사회 전반의 문제가 개인의 삶을 통해 구체화되는 리얼리즘 소설의 전형을 창조할 수 있었다.

1920년대 민족문학론의 전개 과정에서 볼 때, 염상섭의 문학적 견해는 자아의 발견과 철저한 현실 인식이라는 포괄적인 사회 비평의 형태에서 출발해 개성론으로 발전했다고 할 수 있다. 그는 문예의 본질로서 개성 문제에 착안함으로써 3·1운동 직후의 혼란스러운 상황에서 일찍이 문학에 대한 근대적 인식의 기반을 확립한다. 그런데 당시 문단에 계급문학론이 대두되자 염상섭은 문학의 본질 면에서 그 부당성을 주장하고, 개성에 대한 자신의 관심을 민족적 개성으로 확대시켰다. 그가 내세운 민족적 개성이란 최남선이 주장한 '조선정신'이나 이광수의 '민족성'과는 전혀 다르다. 최남선이나 이광수는 추상적 관념으로서 민족성을 내세움으로써 시대적 변화와 사회 계층 의식의 다양성을 포괄하는 문학의 속성을 제대로 파악할 수 없는 한계를 지닌다. 그러나 염상섭은 민족적 개성이란 종족이나 환경, 언어와 역사를 통해 형성된 전통이라고 했다. 그리고 문학은 이 전통을 지지하면서 현실 속에 내재한 봉건적인 계급관념을 파기하기 위해 적극적으로 현실에 대응해야 한다고 했다. 그가 식민지 지배하에 놓인 민족적 현실에 대한 총체적 인식을 목표로 했을 때, 바로 거기에서 민족문학의 참뜻이 발현되고 있음을 알 수 있다. 그는 민족문학의 실천적 방법으로서 삶의 모든 문제의 핵심에 돌입할 수 있는 리얼리즘의 방법을 타진하게 되었는데, 그 자신의 문학적 견해를 실천에 옮겨 놓음으로써 한국 소설문학의 새로운 장을 열었다.

제3부

1

문학·민족·계급

1) 민족운동과 사회운동

3·1운동과 민족사회운동

일제의 강점은 한국 민족에 대한 반인간적 착취와 파괴 행위로 이어졌다. 일제는 식민지 조선에서 자신들의 지배 권력을 지지해 줄 수 있는 상층 계급의 보호 육성책을 쓰면서 지배 민족과 피지배 민족 간의 갈등을 조선 내부의 계급적 갈등 관계로 은폐했다. 그러므로 조선 내에서 민족과 계급의 문제는 일본 제국주의의 지배라는 상황적 조건 속에서 통합적으로 파악해야 할 문제로 인식되기에 이르렀다. 한국의 반식민운동의 중심에는 개화계몽운동의 정신적 기반이 되었던 민족주의가 자리하고 있었다. 그것은 식민지 상황 자체를 강대한 일본이 약소민족 조선을 지배한다는 민족적 모순 구조로 파악하는 데에서 출발했다. 그렇기 때문에 반식민운동 자체가 당연히 피지배 민족으로서 한국 민족 자체의 문제에 초점을 두었고 그것이 작동하는 영역도 민족 내부에 한정되어 있었다.

3·1운동은 민족적 자기 정체성을 기반으로 일본의 식민 지배에 대한 한국 민족의 저항의식을 비폭력 독립 투쟁이라는 실천적 활동으로 확대하게 된 민족해방운동이었다. 3·1운동은 자주와 독립이라는 목표를 향해 민족 전체의 통합을 이루어 냈으며, 식민지 지배 세력의 정체를 분명하게 인식할 계기를 마련해 주었다. 3·1운동 이후 사회적으로 확대된 민족운동의 사상적 기조는 민족의식 고취, 신교육 확대, 민족 산업 육성 등에서 확인되는 것처럼 반식민주의적 민족주의에 근거한다. 일본의 식민지 정책이 한국 민족의 자기 전통과 그 존재에 대한 정당한 의식을 부정하는 방향으로 강화되었지만,

한국 민족은 민족적 자기 인식을 확립하고 민족자존의 의지를 세우기 위해 일제에 저항했다. 민족의 현실 문제에 대한 인식을 바탕으로 민족문화의 확립을 위해 노력하면서 일본의 식민지 지배 논리를 거부했던 것이다. 이와 같이 한국의 반식민운동은 3·1운동 이후 비로소 특정한 사회적·문화적 관점과 논리로 정식화되었다. 이 과정에서 문화가 그 중심 영역을 차지했으며, 특히 언어·역사·문학 영역에서 일본의 제국주의적 통치 권력의 이념적 요구와 식민주의 담론의 허구성에 대항하기 위한 독자적 논리를 발전시켜 나가게 되었다.

민족운동과 사회운동의 분열

한국의 민족 지도자들은 3·1운동 직후부터 민족운동의 새로운 방향을 모색하면서 그 전환을 시도했다. 이러한 전환은 민족운동의 내부에서 일어났는데, 특히 진보적인 지식인과 청년층에서는 민족운동의 방향에 대해 더 이상 관념성에 매달려서는 안 된다는 주장이 제기되었다. 실제로 당시 민족운동 단체의 지도자들은 대부분 소시민적인 지식층과 민족 자본가들이었고, 그만큼 그들이 주도한 민족운동의 성격 또한 보수적일 수밖에 없었다. 이들이 주도한 민족운동으로는 폭압적인 일제의 식민지 통치 아래에서 민족 계몽이나 실력 양성을 통한 민족 동등권을 실현하기 어렵다는 사실을 확인하게 되면서, 보다 진취적이고도 개혁적인 운동이 요구되었다.

1922년을 기점으로 한국의 반식민운동은 민족주의적 경향과 사회주의적 경향을 분파적으로 나타났다. 일부 지식층 청년들은 국내뿐만 아니라 일본, 중국, 만주 등지에서 민족의 독립과 해방을 위한 여러 가지 방안을 모색하는 과정에서 레닌주의적 혁명 사상에 접근하게 되었다. 그들은 1917년 러시아혁명의 성공 이후 하나의 시대사조로 유행하게 된 마르크스주의를 바탕으로 신사상 연구, 노동문제 연구 등에 관심을 기울이면서 그들이 학습한 새로운 사상을 국내에 유포시키고자 했다. 그리고 민족진영이 추구해 온 민족운동과는 달리 탈식민의 가능성을 입증할 수 있는 이론적 체계와 실천 방안을 제시했다. 그들은 한국을 식민지로 지배하는 일본의 제국주의적 구상을 비판할 수 있는 근거를 마르크스주의에서 찾았고, 식민지 상황의 모순을 지배계급과 피지배계급의 계급적 모순 구조로 인식하게 되었다. 부르주아계급이 무산계급을 지배하면서 이루어 내는 계급적 착취 구조와 식민지의 상황이 다를 바 없다는 사실을 확인했기 때문이다. 이 같은 인식에 따라 한국 사회의 반식민운동에서 볼 수 있었던 민족주의적 성향 자체가 점차 민족주의와 사회주의라는 서로 다른 이념 성향으로 분화하고, 사회주의 경향의 여러 단체가 성립되기에 이르렀다.

한국의 반식민운동에서 마르크스주의의 등장은 초기에는 오히려 넓은 개념의 민족운동으로 인식되기도 했다. 그러나 1920년대 중반부터 민족주의 운동과 사회주의(마르크스주의) 운동으로 양분되어 갈등과 대립을 거듭했다. 마르크스주의와 민족주의는 서로 다른 계층을 겨냥하고 서로 다른 목표를 지향하고 있었지만 지식층의 이데올로기라는 공통점을 가지고 있었다. 식민지 상황에서 마르크스주의 운동과 민족주의 운동은 반식민운동으로서의 행동주의적 속성이 강하다는 공통점도 있었다. 그리고 두 가지 운동은 모두 대중 동원에 의존하며 문화예술계의 엘리트 집단과 농민·노동자가 서로 연대하도록 지속적으로 요구했다. 궁극적으로는 두 가지 운동이 모두 탈식민주의 혹은 반제국주의를 지향했지만 그 실천 방법은 언제나 상호 적대적이었다.[1] 한국의 반식민운동에서 마르크스주의가 점차 영향력을 발휘하자 민족주의자들은 마르크스주의가 민족문화의 정신적 차원을 경시한다고 비판했다. 마르크스주의자들은 물질적 조건들이 이데올로기적 정치적 상부구조의 기초를 형성하며 사회 변화를 설명할 수 있는 열쇠를 제공한다고 주장했다. 반면에 마르크스주의자들은 인간의 정신과 문화적 산물이 경제적 생산 조건들에 정반대의 영향을 미칠 수 있다는 것을 인정하면서도 모든 현상을 놓고 그 경제적 뿌리와 물질적 조건을 강조했던 것이다.

민족주의자들은 모든 정신적·문화적 현상을 물질적 조건에 맞춰 설명하려는 마르크스주의자들의 태도를 철저히 거부했다. 민족주의자들에게 물질적인 힘은 인간의 삶을 결정하거나 조건 짓지 못하는 부수적인 것에 불과했다. 그들은 물질적인 힘이 인간의 의지와 목표에 따라 얼마든지 통제될 수 있다고 믿었고, 민족의 삶과 생존의 문제를 경제적인 조건이 아니라 그 정신

1 이러한 대립적 관점을 가장 잘 보여 주는 초기 자료는 「사회운동과 민족운동: 차이점과 일치점」(동아일보, 1925. 1. 2-5)이라는 특집 기사다.

적 위상에서 찾고자 했다. 민족주의자들에게 있어서 반민족적인 대상은 언제나 민족의 자존을 해치고 억압하고 민족의 공동체 의식을 손상시키며 그 정체성을 훼손하는 이질적인 외래의 적대 민족이었다. 민족주의자들은 문화라든지 민족의 전통이라든지 정신적 가치 등을 지속적으로 강조하며, 민족의 새로운 발전을 위해 과거부터의 전통과 그 연속성에 큰 의미를 두고 민족 공동체의 과거로부터 영감을 얻고자 했다. 3·1운동 이후 민족주의자들은 다양한 엘리트 집단을 조직화하고 이를 기반으로 민족 개량을 위한 새로운 기획을 시도했다. 우선 민족주의 운동은 토착 전통과 지방의 연고를 강조하면서 기존의 제도를 파괴하기보다는 이를 새로이 통합하는 데 많은 힘을 기울였다. 이들은 자기 민족의 경제적 생산능력을 제고하기 위해 물산장려운동을 펼치는 한편, 민족의 정신적 위상을 높인다는 취지 아래 민족교육운동을 강조하고 민립대학설립운동을 전개했다. 또한 민족의 문화적 전통과 그 존엄성을 강조하기 위해 민족사와 민족어를 내세우고 가갸날을 제정해 한글 창조의 위대성을 찬양하기도 했다.

이와 같은 민족운동의 전개 양상과 달리 마르크스주의자들은 먼저 노동자·농민의 계급적 각성을 촉구하고 프롤레타리아 계급의식을 고취하기 위해 사회운동의 조직을 적극화했다. 1920년대 초기의 사회운동은 민족주의 운동과 서로 연결되어 있었지만 1922년에 들어서면서 그 사상적 경향과 이념적 성격이 확연하게 구분된다. 무산자동지회의 결성(1922. 1)에 뒤이어 조선노동공제회가 해체되고 조선노동연맹회가 조직되면서 사회운동의 조직이 구체화된다. 1923년 일본 도쿄에서 북성회(北星會)가 조직되었고, 서울에서는 토요회(土曜會), 신사상연구회(新思想硏究會) 등이 결성되면서 마르크스주의를 기반으로 하는 사상운동 조직들이 그 독자적 노선을 드러내기 시작했다. 이들 조직은 크게 분파를 이루면서 그 조직 강화와 세력 확장을 위해 충돌하다가 1924년에는 이 분산된 조직들이 새로운 조직 통합을 꾀했고, 1925년 조선공산당이 출현하면서 마르크스주의에 기반한 사회운동이 정치적 조직으로 변모하기에 이르렀다.[2]

---

2 강동진, 「일제하의 한국사회운동사 연구」, 안병직·박성수 외, 『한국근대민족운동사』(돌베개, 1980), 514-515면.

이와 같은 민족사회운동의 전개 양상은 그 주도권을 놓고 복잡한 세력 갈등을 드러내기 때문에 좀 더 섬세한 검토가 필요하다. 3·1운동 이후부터 1925년 조선공산당의 조직에 이르기까지의 민족사회운동의 변모를 가장 잘 요약하는 다음과 같은 당시의 기록을 참조할 필요가 있다.

> 朝鮮의 民衆的 運動의 經路를 살펴보면 最初의 運動은 民族的 意識으로 始作된 것이 事實이다. 그리하야 階級的 意識의 運動으로 方向을 轉變하얏다. 民族的 解放運動에서 階級的 解放運動에로—. 이는 資本主義的 最後段階인 現代社會에서 民族的解放運動의 無産階級的 解放運動으로 轉變하는 民衆運動의 一種 法則的 歸結이니, 現代 民族運動 共通的으로 것게 되는 必要의 길이다. 여긔에서 나는 朝鮮民衆運動의 지내온 行程을 年期로 區分하야 그 運動의 質的 量的으로 變遷推移한 經路를 비록 確然치는 못하나마 大概 아래와 같이 簡單히 表示하랴 한다.
>
> 1. 民族運動期(1919-1920): 純粹 民族運動期
> 2. 社會運動 第1期(1920-1921): 民族 對 社會 界線의 不分明한 運動期
>   (1921-1923): 民族 對 社會의 分立運動期
>   (1923-1924): 部分的 分化運動期
>   (1924-1925): 量的의 組織運動期
> 3. 社會運動 第2期(1925-이후): 質的의 組織運動期[3]

위의 설명을 보면 3·1운동 직후부터 미약하나마 민족사회운동의 사상적 분화의 징조가 나타나고 있음을 확인할 수 있다. 국내의 진보적 지식층은 서적을 통해 사회주의를 접하고, 국외에서는 일본 유학생들이 먼저 사회주의 운동에 관심을 기울였다. 중국의 상하이, 소련의 연해주 등지를 근거로 하던 사회운동 조직도 이러한 움직임에 영향을 미쳤다.

1920년대 한국의 반식민운동이 마르크스주의를 수용하면서 조직화된 것은 마르크스주의 자체가 반제 운동의 보편적 가치와 논리를 국제적으로 확장할 수 있는 근거를 제공했기 때문이다. 한국의 식민지 상황과 거기서

3 裵成龍, 「朝鮮 社會運動의 史的 考察」(開闢 제67호, 1926. 3), 32면.

야기된 민족 문제는 3·1운동으로 세계 각국에 알려졌고 레닌에 의해 창설된 코민테른 조직 안에서의 여러 정책과 연계되면서 국제적인 문제로 부상했다. 1917년 러시아혁명 이후 레닌은 사회적 혼란이 지속되는 동안 제3인터내셔널인 코민테른의 결성을 위해 노력했다. 그가 내세운 국제주의 원칙에 따라 마르크스주의 정치 이론 속에 민족주의 문제와 식민주의 문제가 함께 등장한 것은 당연한 일이었다.

한국 대표가 참석한 1920년 7월 코민테른 제2차 대회에서 채택된 「민족 및 식민지 문제에 관한 테제」는 한국의 지식층과 사회운동가들에게 충격을 주었다. 이 테제에서 레닌은 전 지구적 현상으로 드러난 식민주의의 확대와 관련하여 탈식민화를 위한 구체적이고도 체계적인 강령을 제시하고자 했다. 이것은 3·1운동 이후 좌절감에 빠져 있던 한국의 지식인들에게 이념적 출구가 되었다. 그러므로 이들 지식인이 관심을 기울이기 시작한 사회주의 운동은 일종의 반식민적 민족운동 위에 계급 담론을 덧씌운 것이 되었다. 코민테른은 식민지 피지배 민족의 민족 해방 투쟁의 역량을 사회주의 세계혁명의 방향으로 결집시키면서 그 투쟁의 성격을 프롤레타리아적인 것으로 변화시키고자 했으며, 코민테른이 제시한 새로운 방책은 한국 민족운동자들의 관심을 끌기에 충분했다.

코민테른은 1928년 제6차 대회에서 「식민지·반식민지 국가에 있어서의 혁명운동에 대하여」라는 새로운 테제를 채택했고, 이를 기초로 만들어진 이른바 '12월 테제'에 따라서 식민지 한국에 있어서 사회주의 운동의 좌경화가 더욱 강화된다. 레닌이 직접 기초하고 코민테른 제2차 대회에서 채택된 「민족 및 식민지 문제에 관한 테제」에서 강조하는 핵심적인 요건은 경제 정세에 대한 구체적이고도 정밀한 역사적 고찰의 필요성이며, 지배계급과 피지배계급의 이해에 대한 철저한 분리와 구별이다. 그리고 극소수 선진 자본주의 국가가 전 세계 인민을 식민지화하고 경제적으로 예속시키는 것이 금융자본과 제국주의의 특질이라는 사실을 바르게 인식하고, 이를 은폐하는 부르주아 민주주의의 기만성을 지적해야 한다는 점이다. 이를 위해서는 타민족을 억압하고 착취해 특권을 누리는 민족과 예속당하고 박탈당해 있는 피지배민족에 대한 엄격한 구별이 필요했다.

코민테른을 통해 식민지 민족 문제가 세계사적 문제로 제기되자, 이 문제는 제국주의와 피지배민족의 문제로 구체화되고, 부르주아 자본주의와 프롤레타리아의 문제로 환원되었다. 그러므로 코민테른의 「민족 및 식민지 문제에 관한 테제」는 식민주의에 대한 공산주의적 관점을 실현시키기 위한 방책이었다고 할 수 있다. 이 테제에서 특히 강조하는 것은 식민주의가 민족적 불평등의 제도화된 체제에 다름 아니라는 사실이다. 부르주아 민주주의에서 강조하는 평등, 즉 민족적 평등이란 물질적 평등이 아니라 형식적 통념에 불과했기 때문에 반식민운동은 자본주의 자체가 가진 민족적·개인적 불평등과 억압의 기초를 타도하는 폭넓은 투쟁이 되어야 한다는 것이다.[4]

이와 같은 코민테른의 「민족 및 식민지 문제에 관한 테제」의 규정은 마르크스주의에 경도되기 시작한 한국의 지식층에게 식민지 문제가 민족 해방에 관한 것임을 새롭게 각인시켰다. 민족 해방이라는 과제는 일본 제국주의와의 투쟁의 산물이며 그 목표였기 때문에 정치적·실천적 각도에서 다루어져야 할 문제였다. 한국의 진보 지식층들은 '세계의 노동자여, 단결하라.'라고 선언했던 '공산주의 선언'의 단순하면서도 원대한 계급적 국제주의의 슬로건에서 민족운동의 새로운 출구를 찾았다.

2) 계급문학의 인식

생활의 문학과 힘의 예술

한국의 반식민운동이 마르크스주의 계급 이념을 수용하면서 문학의 영역에서도 계급문학의 가능성에 대한 새로운 논의가 비평적 관심사로 제기되었다.[5] 계급문학의 성립 과정에서 계급문학의 개념과 성격을 논하고자 할

4 Robert C. Young, *Postcolonialism: An Historical Introduction* (Blackwell Publishing Ltd., 2001), Chapter 10 참조.

5 계급문학운동에 대한 기존의 연구 업적으로는 백철의 『조선신문학사조사(하)』(백양당, 1949), 김윤식의 『한국근대문예비평사연구』(일지사, 1976), 역사문제연구소 문학사연구모임의 『카프문학운동연구』(역사비평사, 1989) 등이 있으며, 권영민의 『한국계급문학운동연구』(서울대학교출판문화원, 2014)에서 조직 운동으로서의 실체가 전반적으로 검토된 바 있다. 당시 자료는 권영민 편, 『한국현대비평사 1-5』(단국대학교출판부, 1981-1982); 임규찬·한기형 편, 『카프 해산 후의 문예동향』(태학사, 1990); 김재용 편, 『카프비평의 이해』(풀빛, 1989) 등에서 확인할 수 있다.

때 먼저 검토해야 할 것은 계급문학운동을 선도했던 김기진과 박영희의 문단 활동이다. 김기진(金基鎭)은 식민지 현실의 계급적 인식을 적극적으로 강조하면서 초기 계급문학운동을 주도했다.[6] 김기진은 1923년《백조》의 창립 동인에 합류하면서 문단 활동을 시작했다. 그는 일본 유학 과정에서 수학한 사회주의 문학 이론에 근거해 사회 현실에 대한 문학의 비판적 인식을 강조하고, 문학을 통한 계급의식의 고취를 주장했다. 이러한 주장은 낭만적 이상을 추구하면서 현실 도피적인 퇴폐 성향에 빠져들었던《백조》동인의 붕괴를 촉발했으며, 뒤에 조선프로예맹의 조직과 계급문학운동의 한 방향을 설정하는 기본 요건이 되었다.

김기진은 한국 문단이 3·1운동의 좌절과 함께 현실의 고뇌를 외면하고 삶으로부터 도피해 예술이라는 이름의 환상 속에 빠져들고 있음을 지적하면서, 현실을 떠나서 낭만적 이상을 추구할수록 비극적인 현실이 더욱 부각될 수밖에 없다는 점을 강조했다. 그리고 현실주의의 예리한 사상을 가지고 현실에서 문학을 찾고 그 속에서 문학을 창조해야 한다고 주장했다. 그는 「떨어지는 조각조각」(1923)이라는 수필에서 "생활을 인도할 사람은 누구냐? 예술가이다. 예술가의 할 일이다. 예술가는 모든 의미의 창조자이다. 생활에 대한 선각자이다. 생활은 예술이오, 예술은 생활이어야만 할 것이다."라고 하면서 생활의 예술화를 내세웠다.

김기진의 이 같은 견해는 미감의 원칙이 실재적 현실 그 자체에 있다고 하는 반영론의 미학에 기대어 있다. 그는 수필의 형식을 빌려 쓴 「마음의 폐허」(1923) 이후 「눈물의 순례」, 「지배계급교화, 피지배계급교화」, 「금일의 문학, 명일의 문학」 등의 논설을 통해 거듭 생활의 문학을 주장하면서 계급 이념에 대한 자신의 주장에 논리를 덧붙였다. 그는 자본주의의 발달 아래에서 예술이 장식품으로 전락하면서 유희만을 위해서 생산되고 있음을 비판하고, 예술을 그 본연의 위치로 살려 내기 위해 프롤레타리아와 손을 잡고 새로운 의식 세계에 눈을 떠야 한다고 주장했다. 그리고 신흥문학, 즉 프로문학의 성립을 위해 '감각의 혁명'을 감행할 것을 역설했다. 김기진의 주장에는

6 김기진에 대해서는 김윤식, 『한국근대문예비평사연구』(일지사, 1976); 이주형, 「김기진의 통속소설론」, 『국어교육연구』 제15권(1984) 참조.

크게 두 가지 목표가 드러나 있다. 하나는 문학에 있어서의 사회 현실에 대한 비판적 인식이며, 다른 하나는 문학을 통한 계급의식의 고취와 투쟁의식의 강조다. 이것은 뒤에 조선프로예맹 조직과 그 예술운동의 한 방향을 설정하는 기본 요건이 되었다.

김기진이 문학 활동과 사회 현실 문제에 깊은 관심을 지니게 된 것은 일본에서의 사회주의 문화운동에 자극된 바 컸다.[7] 프롤레타리아 문학운동의 씨를 뿌리겠다는 김기진의 결심은 문학 활동으로 실천되기 시작했다. 그는 잡지《개벽》에 프랑스 문단에서 일어났던 '클라르테(Clarté)' 운동을 집중적으로 소개하면서[8] 일본에서와 같은 사회주의 예술운동이 한국에서도 일어나야 한다는 점을 강조했다. 김기진이 신념처럼 주장한 클라르테 운동은 프랑스의 소설가 앙리 바르뷔스에서 비롯된 일종의 사회·문화운동이었다.[9]

바르뷔스는 그의 강연에서 공산주의를 선전하는 정치적 발언을 일삼았고 예술이란 것이 사회적 조건에 제약되는 것이므로, 예술의 본질을 자유롭게 해방시키기 위해서는 먼저 현대 사회의 조직과 데카단적이며 부르주아적인 문화를 근본적으로 파괴해야 한다고 주장했다. 김기진은 이와 같은 바르뷔스의 클라르테 운동 내용을 한국 문단에 소개하면서 예술이 곧 생활 자체여야 한다고 주장했다. 그는 현실주의적 태도를 가지고 현실 생활에서 문학을 찾고 그 속에서 문학을 창조하자고 주장하면서 문단의 중심부로 나서게 되었다.

> 生活을 인도할 사람은 누구냐? 藝術家이다. 藝術家의 할 일이다. 藝術家는 모든 意味의 創造者이다. 生活에 관한 先覺者이다. 生活은 藝術이오, 藝術은 生活이어야만 할 것이다. 生活의 藝術化가 되지 안흐면 안 될 것이다. 世界의 人類生活의 極限에까지 이러한 理想을 實現하여야 할 것이다. 책상 앞에서 맨들어 내는 藝術은 우리에게는 無用한 것이다. 世界의 백성들

7 金基鎭, 「白潮·土月會 시절', 나의 回顧錄」(世代 제14호, 1964. 7).

8 김기진은 「클라르테運動의 世界化」(開闢 제39호, 1923. 9), 「빠르쀼스 對 로맨·로란 間의 爭論」(開闢 제40호, 1923. 10), 「또다시 '클라레테'에 對하야」(開闢 제41호, 1923. 11) 등을 발표했다.

9 '빛' 또는 '광명'을 뜻하는 '클라르테'라는 말 자체는 바르뷔스가 1916년에 발표한 소설의 제목에 처음 등장했다.

> 의 生活과 生活이 일치되고 世界의 百姓들의 靈魂과 靈魂이 融合되는 때에 일어나는 偉大한 交響樂은 藝術 그것이어야만 될 것이다. 그 外에는 藝術이 없어야만 한다. 그 外에 무엇이 藝術이라고 불리는 것이 잇다면, 그것은 遊戲 以上의 아모것도 아니다. 그러하다. 그것은 遊戲일 뿐이다. 自慰의 文學은 手淫 以上의 아모것도 아닌 것이니까. 사람이 낫다가 죽고 잇다가 업서지는 것을 어찌하여 유희시하느냐, 生命은 嚴肅한 實在이다. 우리는 이 실재 앞에 눈을 크게 떠야만 한다. 手淫文學의 붓대라는 붓대는 살려 업새야만 한다. 生命이라는 것을 단단히 붙잡아야만 한다.[10]

김기진은 미의식의 출발을 생의 비극에서 찾으면서, 생의 비참을 의식하는 데서 미의식이 출발되며 그에 따라 예술의 본능이 생겨난다고 말한다. 예술은 심미성과 공리성의 양면을 가지고 있으나, 자본주의의 발달 아래 예술은 장식품으로 전락되고 유희만을 위해서 생산되고 있다. 예술을 그 본연의 위치로 살려내기 위해서는 주관과 개성에 철저한 보편성이 문제시될 수밖에 없다. 그리고 개성에의 철저, 보편화, 새로운 주관의 표현을 중심적으로 하는 신흥문학은 세계의식에 눈을 뜨면서 프롤레타리아와 손을 잡게 된다는 것이다. 바로 이러한 논의 과정에서 '프롤레타리아문학'이라는 용어가 김기진에 의해 구체화되어 자연스럽게 드러난다.

> 今日의 文學은 쩨카단쓰 文學으로서 超脫해 나온 文學이다. (文學이 안이면 안 된다.) 人生에 對한 感激, 積極的 情熱, 힘의 驅歌, 生命에 對한 哲學, 이것이 今日의 文學의 要素이다. 過去의 社會組織에서 決定된 生命意識에서 出發된 그릇된 美意識 우에 立脚한 쑤르즈와의 文學에 對抗해서 일어난 오늘의 프로레타리아의 文學은, 프로레타리아의 美學 우에 서 잇는 同時에 그 文學은, 프로레타리아의 文學으로서의 理由로 存在해 잇는 것이다. ×× 後에 잇슬 本然한 文學과 ×× 前에 잇슬 本然한 要求의 文學은, 다만 價値論에 잇서서만 틀니는 것이다. 卽, ×× 後에 잇슬 文學은 그 文學自體로서 第一義的 價値로 存在할 것이요, ×× 前에 잇슬 文學은 ××을 爲한 第二義的

10 金基鎭, 「떨어지는 조각조각」(白潮 제3호, 1923. 9), 140면.

價値로서 存在할 理由를 갓는다.

이와 갓티 말하면 대강은 나의 생각의 輪廓을 그린 것이라고 말할 수 잇다. 그러면 오늘의 朝鮮에 잇는 文學家(?)는 이 聖스러운 運動에 參加하여야만 하겟다. 靈性의 解放을 爲해서, 그릇된 組織의 改革을 爲해서, 그릇된 美學의 槪念을 부시기 爲해서 이르키는 文學運動, 널니 말하면 藝術連動과, ××××을 目的하는 社會運動과 提携하야 써 그 步調를 갓티 해야 한다. 더 길게 말할 必要도 업고 조희도 업다. 全人類의 靈性을 解放식히고자 하는, 生命의 哲學을 붓잡고자 하는, 人生에 對한 感激을 가지고 써 나아가는 全 프로레타리아의 運動과 目的을 爲해서. 虐待밧어오든, 拘束밧어오든, 우리의 藝術의 解放을 爲해서, 唯一의 眞理의 目標를 向해서, 全世界의 極限짜지 넘처 흘으고자 하는 情熱을 모라가지고서, ××을 爲한 所任을 다하자. 이것이 文學家의 任務, 智識階級의 任務, 藝術家의 義務의 一部다. 文學의 第二義的 價値의 存在의 理由가 여기에 잇다.[11]

위의 인용에서 김기진은 '프롤레타리아문학'을 부르주아문학에 대항해서 일어난 문학이라고 규정한다. 그가 말하는 부르주아문학은 과거의 사회조직에서 결정된 생명 의식에서 출발한 그릇된 미의식에 기초하고 있다. 여기서 과거의 사회조직은 지배계급과 피지배계급의 계급적 차별을 암시한다. 그러므로 새로운 시대의 문학은 부르주아문학에 대항해 성장하는 계급인 프롤레타리아의 미학을 적극적으로 구현하는 문학이 되지 않으면 안 된다. 김기진은 새로운 예술운동에 문학가가 적극적으로 참여할 것을 요구한다. 이 예술운동은 영성(靈性)의 해방, 그릇된 사회조직의 개혁, 그릇된 미학 개념을 부수기 위한 문학운동이며 계급투쟁을 목적으로 하는 사회운동과 제휴해 그 보조를 같이할 것을 주문했다.

김기진은 당시 국내의 상황을 '환멸기의 조선'[12]으로 규정하고 이러한 현실을 극복하기 위한 착실한 실천 운동의 하나로서 예술인의 양심적인 각성과 지식계급의 적극적 자세를 요구했다. 이와 같은 주장을 따라 김기진은

11 金基鎭, 「支配階級敎化 被支配階級敎化」(開闢 제43호, 1924. 1), 26-27면.
12 金基鎭, 「幻滅期의 朝鮮을 넘어서」(開闢 제46호, 1924. 4), 10-17면.

그 스스로 의도했던 것처럼 신흥문학의 선도자로서 사회주의 예술운동의 씨앗을 뿌리는 작업에 앞장서게 된다.

신경향파문학

김기진의 주장을 가장 적극적으로 받아들인 이는 박영희(朴英熙)다.[13] 그는 현실도피적이며 퇴폐적 경향을 보여 주는 시편들을 《백조》를 통해 발표하다가 김기진이 강조한 생활의 문학, 프롤레타리아의 문학에 동조하여 1924년 이후부터 적극적인 현실주의 방향으로 문학적 태도를 전환하기에 이른다. 박영희가 소설을 통해 발견한 현실의 문제성은 주로 궁핍한 삶을 모면하지 못하는 농민들의 삶이었다. 이러한 삶의 문제성은 사회구조적인 계급 차별과 식민지 지배 구조의 모순에서 비롯된 것으로 파악되고 있다. 당시 한국문학은 3·1운동의 좌절과 함께 식민지 현실 문제에 대한 관심을 확대했다. 예술을 통한 개성의 발견이라든지 민족적 자각 등이 강조되고 식민지 현실에 대한 비판적인 의식이 강조되자, 일본의 식민지 지배와 경제적 착취에서 비롯된 삶의 궁핍화 현상이 이 시기 소설의 중요한 소재가 되었다. 도시를 배경으로 가난한 지식인의 삶과 좌절을 보여 주거나 궁핍한 노동자의 고통을 그린 작품들도 등장했고, 농민들이 겪는 가난을 집중적으로 조명하면서 착취를 견디지 못하고 농촌을 떠나는 농민들의 고통스런 삶을 그려 낸 작품도 나타났다. 이러한 소설은 대체로 '빈궁의 문학'이라는 이름으로 지칭되기도 했는데, 이 새로운 경향에 대한 개념과 성격에 관해 박영희는 다음과 같이 규정했다.

> 나는 朝鮮文學은 다시 模倣업는 純眞한 浪漫主義에서 自然主義에 自然主義에서 新理想主義에 기우러지겟다는 가장 愚劣한 推測을 하라고 하면 할 밧게는 업다. 나타난 作品에는 아즉도 그것을 完成치는 못하엿다. 新理想主義라는 것을, 나의 뜻으로 말하면 文壇의 傾向보다도 豫言이라는 것

---

13 김용직, 「30년대 중반기 한국문학의 방향전환과 그 해석 문제: 박영희의 전향에 관한 일관점」, 『동양학』 제5권(단국대학교 동양학연구원, 1975); 김시태, 「박영희의 문학비평연구」, 『한국학논집』(한양대학교 동아시아문화연구소, 1985); 조남현, 「박영희 소설 연구」, 『인문과학논총』 제18집(건국대학교, 1986); 김윤식, 『박영희 연구』(열음사, 1989) 참조.

이 더 茫然한 意味에서 알 듯하다. 우리의 現代狀態는, 文藝가 우리의 生活을 創造한다는 것보다도 우리의 生活이 우리의 文藝를 創造한다는 것이다. 그럼으로 나의 新理想主義로 기우러진다는 것은 由來에 나려 오든 文學史에 잇는 新理想主義와는 意味가 좀 다른 것이다. 現今 朝鮮의 作家는 지낸날 盲目的으로 模倣하는 옛 時代는 確實이 넘어선 것이다. 그럼으로 그들은 그의 生活과 그의 環境을 가장 健全한 觀察과 智的 態度로 마음 깁히 색이려는 때가 卽 現代이다. 또는 消極的 悲觀主義가 가로 걸리든 때에 比하야, 新理想主義는 어대까지든지 積極的으로 人生을 肯定하고, 生命을 사랑하고 努力을 힘쓰는 것이다. 自然主義는 傍觀的이며, 意志를 버리고 感情보다도, 다만 現實을 客觀的으로 描寫하려는 데 比해서 新理想主義는 가장 堅實하고 참된 人生의 積極的 開放일 것이다. 自然主義를 主唱할 만한 暗黑의 時代는 비록 完全치는 못한 文學이나, 지내가고 말 것이다. 우리의 生活이 暗面으로만잇지 안이 할 것에 推測해서 우리의 압헤는 아즉 出生치도 안이한 幻滅時代도 잇고 (生活은 幻滅時代에 잇스나 文藝는 아즉 到達치 안이함) 새 光明을 기다리는 英雄主義時代도 잇슬 것이다. 그러나 實際로 우리 압헤는 큰 幻滅의 深淵이 가로거처 잇는 것이다. 이것은 朝鮮 全民族의 生活이 그러한 까닭이다. 그럼으로 이 幻滅을 넘어서 비로소 健全한 人生 참된 生活을 잡게 되는 것을 나는 新理想主義라고 意味하엿다. 幸福에 실증난 사람은 不幸을 일부러 기다리고 暗面에 오래 잇스면 光明을 쉬업시 기다리는 것은 人類歷史上으로도 明確한 事實이다. 또한 이와 가튼 推論이 잇다. 모든 內的生活은 外的生活의 美化된 것에 不過하다. 文藝는 個性의 內的生活의 所産이라 하면 그것은 外的生活의 美化된 形式에 不過하다. 그럼으로 朝鮮人의 現代의 生活을 外的이라 하면 그 文藝는 外的生活의 美化일 것임으로, 만일 그것을 明確히 그리려는 作家일 것이면 반다시 幻滅을 넘어서는 理想主義에 기우러질 것이다.[14]

위의 인용에서 확인할 수 있는 것처럼 박영희는 새로운 문학의 경향

14 朴英熙, 「自然主義에서 新理想主義에 기우러지려는 朝鮮文壇의 最近傾向」(開闢 제44호, 1924. 2), 95-96면.

을 '신이상주의'라고 규정했다. 그는 김기진이 언급한 바 있는 '프롤레타리아문학'이라는 개념을 곧바로 수용하지 않았다. 대신에 그는 조선 민족이 환멸의 상황을 극복하고 건전한 인생, 참된 생활을 잡게 되는 '신이상주의'로 바뀌고 있다고 주장한다. 물론 '신이상주의'라는 개념 자체도 구체성이 결여된 것이지만 그는 문학의 새로운 경향 자체에 주목하면서 '신경향문학' 또는 '신경향파문학'이라는 개념을 내세운다. 이 말에는 새로운 경향으로서의 사회주의적 색채를 띤 문학이라는 의미와 함께 새롭게 등장하는 신사조(新思潮)의 문학이라는 뜻이 섞여 있다.

박영희는 김기진과 달리 자신이 내세우는 신경향파문학을 프롤레타리아문학의 준비 단계로 설정했다. 신경향파문학은 빈궁과 고뇌의 생활상을 자연주의적 수법으로 그려 냈지만, 그것은 삶의 현실에 대한 절망적 감정을 개인적으로 표출한다는 한계를 지니고 있었다. 그러나 무산자문학은 궁핍한 삶과 사회적 모순을 적극적으로 비판하고 조직적으로 대응하기 위해 성장하는 무산계급의 투쟁의식을 강조하는 데 목적을 두었다. 그러므로 박영희는 신경향파문학이 자연 생장적 단계를 거쳐 목적의식적 무산자문학, 즉 프롤레타리아문학으로 전환할 것임을 분명히 했다. 이러한 주장은 뒤에 조선프롤레타리아예술동맹이 결성되면서 그대로 적중했다. 프롤레타리아문학은 조선프롤레타리아예술동맹의 조직적 기반 위에서 계급의식을 구현하는 문학으로서 그 성격이 명확해졌기 때문이다.

계급문학시비론

김기진이 내세운 새로운 프롤레타리아문학과 박영희가 주장한 신경향파문학에 대한 문단의 반응은 계급문학 자체의 성립 여부를 따지는 「계급문학시비론(階級文學是非論)」(1925)을 통해 확연하게 상반되게 드러났다. 계급문학에 대한 당시 문단의 전체적 견해를 종합해 볼 기회를 제공하는 이 특집에는 이광수, 김동인, 염상섭, 박종화, 나도향, 김석송, 박영희, 김기진 등이 각기 계급문학의 개념과 성격에 관한 견해를 솔직하게 드러냈다. 이광수의 경우에는 모든 이념과 계급을 초월한 예술의 존재만이 가치를 인정받을 수 있다는 순수지향적 예술론을 폈고, 김동인도 예술이란 예술가의 예술적 욕구에서 나오는 것이므로 어떠한 선전적인 주의나 명칭도 예술의 가치 위에 올려놓을 수 없다고 했다. 염상섭은 계급문학이 시대상의 필연으로 출현된다면 그것은 문학의 한 현상으로 인정할 수 있으나, 모든 문학이 특정 이념이나 계급에 예속될 수는 없다고 중도적 입장을 표명한다. 이에 반해 박영희, 김기진, 김석송, 박종화 등은 계급문학 등장의 시대적 필연성을 역설하면서 그 의의와 가치를 강조하고, 착취와 침략과 혹사와 정복의 제도 조직에 대응하는 전투적인 의식의 예술적 발현으로서 계급문학은 사회악을 부정하는 계급의식에서 비롯된다고 말했다.

> 階級空氣며 階級飮料水라는 것이 存在할 可能性이 업는 것과 마찬가지로 階級文學이라는 것도 存在치 못할 것이겟지오. 文學에 '푸로레타리아'니 '뿔조아'니 구별하자고 하는 것도 그 구별하자는 사람 자긔의 沒常識함을 나타내이는 데 지나지 못합니다. 엇지 文學에 그런 구별을 하겟슴니까? 無産階級의 事情을 쓴 作品이라고 그것을 푸로레타리아 文學이라 하며 上流階級의 사정을 쓴 것이라고 그것을 뿔조아 文學이라 하면 즘승의 사정을 쓴 作品은 禽獸文學이라 하겟슴니까? 文學은 道德의 武器가 아니며 敎訓긔관이 아니며 그 目的이 온전히 다른지라 엇던 宣傳的 主義의 名稱을 그 우에 올려노흘 수가 업는 일이외다. 만약 대담히 그런 名稱을 부치는 사람이 잇다 하면 그 사람은 偉人이던 狂人이던 어느 편이겟슴니다.
>
> 이와 가치 存在할 可能性도 업는 것인지라 否存在者에게 可否를 云云할 수는 업습니다. 藝術은 人生을 위하여서도 아니고 藝術自身을 위하여서도 아니오. 다만 藝術家 自身의 막지 못할 藝術慾 때문의 藝術이외다.[15]

위의 인용에서 확인할 수 있는 것처럼 김동인은 문학이 도덕의 무기가 아니며 교훈 기관도 아님을 분명히 했다. 그는 문학 앞에는 어떤 선전적 주의의 명칭을 올려놓을 수 없다고 단호하게 주장했다. 문학은 예술적 욕망에서 비롯되는 것이므로 계급문학이란 존재할 가능성도 없다고 그 성립 자체를 부정했다. 김동인이 내세우는 문학주의적 관점은 그가 일관되게 강조

15 金東仁, 「階級文學是非論: 藝術家 自身의 막지 못할 藝術慾에서」(開闢 제56호, 1925. 2), 48-49면.

하는 예술로서의 문학이 지니는 본질적 속성과 맥을 같이한다.

> 나는 階級文學이라는 말에 對하야 그다지 큰 興味를 가지지 아니합니다. 毋論 知識階級만이 조와할 만한 文學도 잇겟고 特히 有產階級의 趣味에 맛는 文學도 잇겟고 또는 多數의 無識無產民衆이 조와할 만한 文學도 잇겟지오. 만일 이러한 意味로 階級文學이라 하면 나는 後者가 만히 생기기를 願합니다.
>
> 그러나 作家가 作品을 만들 째에는 다만 거미가 거미줄을 내이고 누에가 고치를 짓는 것 모양을 짓는 것이니 거미더러 누엣고치를 지으라 하더라도 無理겟지오. 그럼으로 階級文學을 絶叫하더라도 그것은 批評家의 소리쁜이지 別로 큰 收益은 업스리라고 생각합니다.
>
> 나는 階級을 超越한 藝術의 存在를 밋습니다. 人生의 生活의 底流에 觸한 文學은 階級을 超越하여서 사람이면 누가 보아도 볼 줄을 모르면 듯기만 해도 文學의 効果를 生할 수 잇는 文學의 存在를 밋습니다. 그럼으로 나는 다만 '참으로', '自然스럽게', '힘을 다하야' 文學을 지으려 할 쑨입니다.[16]

이광수는 김동인의 경우보다 구체적 논점을 거론하면서 계급문학의 존재를 부정했다. 그는 계급문학이 일종의 문학의 대상 또는 계층의 문제라면 유산계급의 취향에 맞는 문학이라든지 무산계급을 위한 문학이라는 것이 가능할지 모르지만, 예술로서의 문학은 계급을 초월한 존재임을 강조했다. 물론 그는 다수의 무산대중이 좋아할 만한 문학이 있을 수 있고 그런 문학이 많이 생겨나기를 기대한다면서도, 계급문학을 문학적 취향 정도로 취급할 뿐이다. 김동인이나 이광수가 보여 주는 계급문학에 대한 부정적 태도에는 문학의 본질을 예술적 가치로 이해하고자 하는 순수주의가 자리 잡고 있다. 물론 거기에는 사회주의 운동과 계급문학의 등장 자체에 대한 몰이해적 관심이 작동하고 있다는 사실도 간과할 수 없다. 한편 염상섭처럼 중도적 입장에서 계급문학을 관망하고자 하는 견해도 등장했다.

---

16 李光洙, 「階級文學是非論: 階級을 超越한 藝術이라야」(開闢 제56호, 1925. 2), 55면.

所謂 階級文學이란 말의 意義를 좀 생각하야 볼 必要가 잇슬가 한다. 普通 '階級意識'이라는 말이 無産階級의 階級的 自覺으로 생기는 그 意識을 意味하는 모양인즉 이러한 意味의 階級文學을 云謂하면 그것은 勿論 無産階級의 文學라는 뜻일 것 갓다. 그러나 여긔에도 여러 가지 解釋이 잇슬 것이다. 첫재에는 作品의 取材를 無産階級의 生活과 그 雰圍氣에서 求한다는 뜻, 둘재로는 階級意識을 鼓吹하고 그 自覺을 促進하야 階級戰을 督勵하고 鼓舞하는 宣傳的 態度와 그 作品, 셋재에는 어쩌한 意味로는 敎養이 不足한 無産階級이 容易히 理解하도록 表現하라는 뜻 等으로 解釋할 수 잇슬 것 갓다.

그러나 文學의 獨立性을 是認하고 文學을 낫는 데는 作者의 素質이 至重한 關係를 가지고 잇는 것을 알진대 決코 外的으로 無理한 干涉을 할 것도 못될 것이요 作者 自身이 어쩌한 規範에 追從함도 許諾지 못할 일이다. 그럼으로 '階級文學'이라는 一種의 部門을 만들어 노코 그 規模에 드러맛는 作品을 만들랴고 하거나 또는 만들라고 注文하는 것은 아니될 일이다. 비록 作者 自身이 熾烈한 階級意識을 가지고 階級戰의 急先鋒으로서 文學的 製作에 從事하드라도 自己의 作品을 階級戰에 利用하랴는 方便으로 생각하면 階級解放의 鬪士로서는 忠實하다 할지 모르나 文學者로서는 失敗요 '제로'다. 그것은 文學의 獨立性을 抹殺하고 作家로서의 自己를 自縛하는 結果에 빠지기 때문이다.

그뿐 아니라 實際에 잇서서 作品의 題材를 無産階級에서만 求한다는 것은 現社會에 잇서서—다시 말하면 反對階級 卽 有産階級이 存在한 現社會에 잇서서는 無理한 注文이다. 그러면 적어도 無産者의 立地에서 製作하라는 注文이 잇슬지 모르나 그 亦 作家의 素質問題에 잇는 것이요 決코 强要할 性質의 것이 아니다.

그다음에 階級戰의 宣傳的 使命을 要求함도 萬一 이것을 是認한다면 裕餘한 特殊階級이 藝術을 遊戲視하고 玩弄物視함 가튼 不純한 態度를 免치 못할 것이니 이는 前述한 바와 갓다.

끗트로 低級의 敎養을 가진 多大數 民衆을 標準하야 作品의 難解를 避하라 함은 一理가 업지 안치만 그리타고 作品을 通俗化할 수는 업는 것이다. 俗談에 살찐 놈 따라 붓는다는 세음으로 趣味가 低劣하고 理解力이 幼稚한 一般民衆에게 迎合키 爲하야 藝術的 力量이나 良心을 犧牲하야 作者 스스로가 卑下할 수는 업는 것, 이는 文化의 進展이라는 見地로도 取할 바 아닐 것이다.

이를 要컨대 階級文學이 出現되지 못하리라는 것도 아니요 또 그 出現이 不合理하다는 것도 아니나 다만 一種의 積極的 運動으로 이를 無理히 形成시키랴고 애를 쓸 必要가 업다는 말이다. 必要가 업다는 것보다도 그리함은 文學의 根本義에 어그러진다는 말이다. 그럼으로 時代相의 必然的 傾向, 或은 物産, 또는 어쪄한 作家의 素質로 因하야 所謂 階級文學이라는 것이 形成되고 出現된다 하면 그는 文學界의 自然한 一現象으로 容認할 짜름일 것이다.[17]

염상섭은 계급문학의 등장을 인정하면서도 의식적으로 계급문학을 추구하는 것은 문예의 본질에서 벗어난다는 원칙론을 내세웠다. 그는 시대상의 필연으로 계급문학이 등장한다면 그 자체는 자연스런 현상으로 인정할 수밖에 없음을 분명히 하고 있다. 그러나 계급문학이 문학의 독립성을 저해하고 작가를 그 목적에 종속시켜서는 안 된다는 것이 염상섭의 주장이다. 작품의 제재를 무산계급에서만 구한다는 것도 불가하고 문학을 계급투쟁의 수단으로 여기는 것도 용납할 수 없는 일이었다. 염상섭과 비슷한 관점에서 나도향은 현대와 같은 경제적 토대 위에서 프로문학이 등장하는 것은 인정할 수 있다고 하면서도 아직은 시기상조라는 점을 분명히 함으로써 유보적 입장을 보여 주었다. 김석송은 인간 사회가 계급의 분화를 낳게 되면서 지배계급의 문예만이 아니라 계급문예의 등장을 가능하게 했다고 지적하지만 계급을 위해서라기보다 인간을 위한 문예를 추구하고자 하는 태도도 드러냈다. 이와 반대로 김기진, 박영희 등은 계급문학의 등장을 적극적으로 지지하면서 계급문학 자체의 개념과 그 역사적 성격을 구체적으로 설명했다.

社會狀態는 變遷하야 階級의 對立을 세워 노앗다. 이것은 生活狀態의 分裂이다. 그리고 이 生活狀態의 分裂은 生活意識의 分裂을 이르키엿다. 이것이 近代的 資本主義가 가져온 커드란 功果다. 그리고 生活意識의 分裂은

17 廉想涉, 「階級文學是非論: 作家로서는 無意味한 말」(開闢 제56호, 1925. 2), 52-54면.

美意識의 分裂을 이르키엿다. 여긔서 쑤르조아의 美感과 푸로레타리아의 美感이 달라젓다. 技巧의 美를 찻고 忍從의 美를 說하는 것은 쑤르조와의 美感 乃至 美學이다. 이와 反對로 어듸싸지든지 正義의 美를 찻고 反逆의 美를 高唱하는 것은 푸로레타리아의 美感 乃至 美學어다. 이것은 美意識의 分裂에 關한 一二例를 들어슴에 不過한 것이다.

何如튼 生活狀態의 分裂은 쑤르와 푸로의 對立은 人生觀, 處世觀, 倫理觀, 文藝觀의 分裂을 이르킨 것은 事實이다. 그러하야 쑤르조아의 人生觀, 處世觀, 倫理觀은 쑤르조아의 生活意識을 構成하야써 그들의 文學이 眞實로 이곳에서 出發하며 푸로레타리아의 人生觀, 處世觀, 倫理觀은 푸로레타리아의 生活意識을 構成하야써 그들의 文學은 眞實로 이곳에서 出發한다.

世上에는 이러케 말하는 사람이 만타. "쑤르文學이니 푸로文學이니 하는 것은 실업슨 말이다. 勞動者의 生活을 題材로 하엿다고 그것이 푸로文學이며 資産家의 家産을 題材로 하엿다고 그것이 곳 쑤르文學이 된다면 강아지를 그린 文學은 강아지 文學이 되고 도야지의 生活을 題材로 붓잡아 쓰면 그것은 도야지 文學이 되지 안켓는냐. 階級文學이란 밋친 놈의 헌수작이라."고. 이와 가튼 생각은 그 根本에 誤謬가 잇다. 階級文學이란 本質的 傾向問題이요 決코 皮相的 題材問題가 아니다. 作品 中에 나타난 作家의 主觀과 作中의 人物에 對한 作者의 用意와 態度 如何에 싸라서 다시 말하면 作者가 쑤르意識을 가지고 이 作品에 對하얏느냐 또는 作者가 푸로意識을 가지고 이 作品을 制作하얏느냐 하는 것이 그 根本問題이다.

지금 여긔에서 階級文學의 相違點을 들어 볼 것 갓흐면 쑤르文學은 첫재 社會惡을 肯定한 우에 모든 것을 始作함에 反하야 푸로文學은 첫재 이 社會惡을 否定하고서 出發한다. 或은 否定하는 準備로써 出發한다. 社會惡이라는 것은 搾取와 侵略과 酷使와 征服의 制度와 組織을 일카름이다. 쑤르文學이 技巧的 末梢神經的 遊戱的임에 反하야 푸로文學은 熱情的 本質的 戰鬪的이다. 以上은 그 差異點의 一二를 例든 것에 不過하다.

何如間 文學上에 階級文學의 分立이 생긴 것은 事實이다. 이에 對하야 徹底한 說明을 하자면 이곳에서 歷史觀的 文明 批評을 쓰지 안으면 어렵게 되얏스닛가 이러한 張遑한 짓은 하지 안키로 한다. 나는 이것을 階級文學의 存在를 事實로 是認한다고만 決論하고 말겟다.

지금 여긔에서 더 한마듸 말을 하여 두고자 한다. 最近 日本에서 푸로레타리아 文學이라는 것이 擡頭하얏지만 그것은 찰하리 智識階級의 '푸로레타리아를 爲한 文學'이라 할 것이라고 나는 밋는다. 푸로文學이란 푸로의 意識-生活感情 속에서 지여진 文藝일 것이요 一部 自覺한 識者들의 푸로를 爲하야 階級意識을 高吹하고 社會○○을 使唆하는 말하자면 無産階級을 爲한 文學은 아닐 것이라고 생각한다.

푸로文學이 한 개의 文學인 以上 그것이 純眞한 푸로레타리아의 生活意識에서 出發한 바 自我-個性에 忠實한 全人格的 온전한 '마음'의 投影이 아니면 안 될 것은 莫論이다. 피투성이 된 푸로레타리아의 魂의 表白이 아니면 안 된다. 이것이 眞正한 푸로文學일 것이다. 푸로를 爲한 文學 '푸로의 文學' 거긔에도 相當한 區別이 잇는 것도 事實이다. 나는 今日의 現狀에 잇서서 階級藝術-文學의 存在를 是認하는 사람 中의 한 사람인 것을 明言하고 붓을 놋는다.[18]

김기진은 계급문학의 본질과 그 역사적 성격을 보다 구체적으로 논급한다. 우선 계급문학의 성립 문제를 두고 그는 사회발전에 따라 계급의 분화와 대립이 이루어졌음을 인정하면서 부르주아에게는 부르주아의 세계관과 미의식이 있고 거기 기반해 부르주아문학이 가능한 것이라고 전제한다. 그리고 프롤레타리아에게는 프롤레타리아 생활의식과 미감에 따라 프롤레타리아문학이 산출된다고 주장한다. 이러한 논리는 물질적 기반으로서 현실의 변화와 상부구조로서 문학예술의 성립을 논하는 마르크스주의의 관점을 그대로 수용한 것이라고 할 수 있다.

그는 계급문학은 미적 본질의 문제이지 결코 피상적 제재나 취향의 문제가 아니라고 주장하면서 김동인과 이광수의 견해를 반박한다. 계급문학은 프롤레타리아의 의식과 생활감정에 의해 이루어지는 문학이다. 그리고 착취와 침략과 혹사와 정복의 제도와 조직에 따라 비롯되는 일체의 사회악을 부정하는 데서 프롤레타리아문학이 출발한다. 그는 계급문학의 존재

18 八峰(김기진), 「階級文學是非論: 피투성이 된 푸로魂의 表白」(開闢 제56호, 1925. 2), 43-45면.

를 역사적 사실로서 인정하면서 프롤레타리아 생활의식에서 출발한 계급문학이야말로 '피투성이 된 프롤레타리아의 혼의 표백'이 아니면 안 된다고 역설한다. 이와 같은 김기진의 설명에 따라 계급문학은 그 개념과 성격이 더욱 명료하게 규정된다.

> 現代의 社會는 産業的 社會이다. 그리해서 이 産業社會에 健全한 藝術의 價値如何를 말하기 爲해서 爲先 資本主義의 正體를 吟味할 必要가 있다. 資本主義는 商業主義가 完全히 發達한 것이나 或은 過度이 發達한 것이다. 그런 故로 資本主義의 商業이라는 것은 人生이 그 商業을 所有한다는 것보다도 人生이 商業을 爲해서 存在하게 된다는 말이다. 平易하게 말하면 사람이 金錢을 支配하는 것이 안이라 金錢이 사람을 支配한단 말이다. 人生을 支配하는 그 金錢이 資本主義의 資本이다. 이리해서 그 資本은 所有者의 願하는 것보다도 尤甚하게 다른 弱小한 것을 奪取하려 하며 그럼으로 巨大하게 되려 하는 것이다. 이와 가티 利慾的 衝動에 支配를 밧는 資本家는 勞働力을 購入할 째에 그 勞働者의 先天的 素質 如何라든지 或 勞働者의 個性的 價値 如何로 勞働力의 品質 如何로 吟味하려고는 안이한다. 오히려 個性을 無視하고 勞働力에만 充實하도록 强制로 機械와 가티 使用하는 것이다. 多量의 生産만을 主題로 하고 極端으로 近代的 分業을 할 째에 資本者는 勞働者를 무슨 物件의 斷片으로써 使用한다. 그리는 中에 쏘한 그 分業보다도 몟百 倍 더 急速히 生産하는 器機가 發明됨을 싸러 貪慾 만흔 吸血鬼의 資本은 더한 層 勞働者를 蹂躙한다. 이와 가티 近代의 社會는 商業主義의 社會이며 싸러서 資本主義化한 社會이다. 이럼으로 資本階級은 無産者를 壓迫하고 搾取하려는 것이다. 그런 故로 쏘한 資本主義에서는 無産階級을 支配하며 自體의 力을 完全히 發揮하려는 데서 快樂을 어드려 하며 쏘한 廉價로써 巨大한 勞働力을 買入하려는 것이 그들의 實際이며 自己 自體의 利慾享樂이 그들의 藝術이다. 그럼으로 그들의 藝術은 專用的 或 獨占的 藝術이니 이에 人生 全般의 平衡을 喪失한 文學이 資本主義 文學일 것이다. 그러나 人類의 眞實한 覺醒이 無産階級에서 生기며 無産階級의 反省이 비롯될 째에 그들은 反抗과 自由와 生活의 革命을 武器로 하고 資本階級에 對抗하려 하며 이러한 意味에서 文學을 要求하엿다. 이럼으로 無産者의 文學은 反抗의

文學이며 革命의 文學이며 自由의 文學일 것이다. 그것은 다른 까닭이 안이라 資本主義化한 階級의 支配的 利慾的 專制的의 生産意識과 無産階級의 反抗的 革命의 生活意識이 相違한 까닭이다. 이럼으로 生活意識의 支配를 밧는 美意識도 다르고 말 것이다. 美意識이 다름으로 말미암아서 그들의 快樂이 相違하고 快樂이 다름으로써 文學의 留意的 方面이 相違하게 된다. 쏘한 資本階級의 實際는 利慾에 잇고 無産者의 實際는 革命에 잇으니 도모지 兩者의 文學이 相違할 것이다.

階級과 階級이 分類되는 째에 文學뿐이 團結을 가질 수 업겟고 階級과 階級이 鬪爭하느데 文學뿐만이 平和를 維持할 수 업는 事實로써 이에 階級文學이 分類되는 것이니 하나는 뿌르즈와文學 하나는 푸로레타리아文學이라. 이에 階級鬪爭으로써 생기는 無産階級의 革命的 思想이 時代精神이라면 이 時代精神의 文學의 功利的 部分은 無産階級文學의 革命的 使命일 겻이다.[19]

박영희의 주장도 김기진의 논리와 크게 차이를 드러내지 않는다. 박영희는 자본주의 발전 과정에서 비롯된 자본가와 무산계급의 대립과 갈등을 역사적 현실로 수용한다. 그에 따르면 근대사회는 자본주의 사회다. 자본계급은 무산자를 압박하고 착취하면서 무산계급을 지배하게 된다. 자본계급은 이욕과 향락을 위한 예술을 요구하기 때문에 그 예술은 독점적 예술이며 인생 전반의 평형을 상실한 예술이다. 그러나 무산계급은 자본계급에 대항해 자유와 생활 혁명을 요구하는 새로운 무산계급의 문학을 요구하게 된다. 그러므로 무산계급의 문학은 반항의 문학이며 혁명의 문학이자 자유의 문학이다. 그는 무산계급의 혁명적 사상이야말로 자본주의 시대의 정신이라는 점을 강조하면서 부르주아문학에 대립하는 무산계급의 문학을 필연적인 것으로 인정한다.

이처럼 '계급문학시비론'을 통해 타진된 계급문학에 대한 문단의 전반적인 인식과 그 반응은 계급문학에 대한 부정론과 지지론으로 양분되어 나타나는데, 일부 중도적 입장을 취한 경우도 확인할 수 있다. 여기서 계급문학

19 朴英熙, 「文學上 功利的 價値如何」(開闢 제56호, 1925. 2), 50-52면.

의 개념과 역사적 성격이 분명하게 규정되며 계급문학이 하나의 문학적 경향으로 인식되기 시작했음은 물론이다.

2

문학운동의 조직과 이념

1) 문학운동의 조직

염군사의 등장

한국 계급문학운동은 1925년 조선프롤레타리아예술동맹(이하 조선프로예맹)의 결성과 함께 조직적인 예술운동으로 전개되었다. 1927년에는 조직의 확대를 꾀하면서 마르크스주의를 기반으로 하는 계급문학의 실천 방향을 분명하게 제시했다. 조선프로예맹은 무산계급문화의 새로운 건설이라는 목표를 위해 느슨하고 편의적인 분파로 나누어져 있었지만, 1927년 이후 이념적 성격이 분명한 새로운 조직으로 탄생했다. 이 조직은 강령과 규약을 내걸고 계급문학운동의 실천을 위해 《문예운동》이라는 기관지를 발간하고 문학 강연 등을 개최했고, 조직의 맹원들에게 절대적 권위를 인정받았다. 이 같은 조직의 등장은 집단적 목적을 위해 문화예술 지식인들을 동원하고 그 재능을 도구화했음을 뜻하며, 나아가 그것을 투쟁과 혁명의 무기로 전환할 수 있도록 했음을 말한다. 특히 고립되고 소외된 문화예술인들을 무산계급문화 선봉으로서 그 투쟁에 주도적 역할을 담당하게 함으로써 존재의 의미와 정체성에 대한 인식을 확립할 수 있게 했다.

일제강점기 계급문학운동의 이념적 지침이 되는 마르크스주의 또는 사회주의 사상은 변증법적 유물사관에 근거해 역사 발전의 단계를 계급 간의 투쟁 과정으로 파악하는 계급의식을 주축으로 삼고 있다. 그러므로 한 사회의 발전이라는 것도 사회주의로 향하는 하나의 단계에서 또 다른 단계로 이어지는 변증법적 진보를 뜻하는 것으로 설명하며 이 과정에서 무산계급이 주도적인 기능을 행사한다. 무산계급은 현실의 계급적 모순을 극복하기 위해 끊임없이 계급투쟁에 앞장서야 한다. 무산계급의 투쟁은 프롤레타리아 국제주의의 확립을 목표로 하므로, 계급 간의 모순을 은폐하는 민족의식을 배척하며, 오직 계급의식만을 강조한다. 그러므로 민족 해방이라는 구호 대신에 계급 해방을 먼저 내세운다. 1920년대 계급문학운동가들은 바로 이러한 사회주의 사상에 따라 한국의 식민지 현실을 일본 제국주의의 침략과 자본주의 지배라는 계급적 지배 논리로 파악하게 되었다. 계급문학운동의 근본적인 목표를 무산대중이 계급적 각성을 갖게 하고 계급투쟁에서 자신의 역할을 인식할 수 있도록 선동하는 것으로 규정했던 근거가 바로 여기에 있다. 계급문학운동가들은 무엇보다 먼저 스스로 무산계급의 일원으로서 계급적 세계관을 지니고 있어야 하고, 계급투쟁의 효과를 문학을 통해 직간접적으로 보여 줌으로써 독자가 묘사된 현실의 투쟁 대열에 참여하고 있다고 느낄 수 있도록 해야 했다. 이러한 요건 때문에 계급문학가들은 기왕의 모든 문학적 성과를 거부하고 기존의 문학적 방법을 파기하고자 했다. 문학을 통한 민족의식의 추구 문제를 간단히 거부했고, 계급의식을 내세우면서 일체의 문학적 관념을 부정하기에 이른 것이다. 더구나 문학을 통해 계급 혁명을 위한 투쟁전선에 진출하고자 함으로써 일제 식민지 지배 세력의 혹독한 탄압의 대상이 되었다.

계급문학운동은 조선프로예맹을 통해 이론투쟁, 조직 확대, 창작적 실천을 도모했고, 정치적 진출을 시도하기도 했다. 그러나 바로 일제의 탄압과 와해 공작으로 조직이 붕괴되자 계급문학운동의 실천이 불가능하게 되었다. 조선프로예맹의 조직운동 자체가 계급문학운동의 본질을 이해하는 데 가장 중요한 요건인 이유가 여기에 있다. 일제강점기 계급문학운동이 일정한 성과를 거두었다면 그것은 식민지 지배 아래 지식층의 고립감과 무력감을 피지배 세력의 억압 아래 피식민지 민족이 겪는 정치적·경제적 굴욕과 일체화시킨 점에서 찾아진다. 마르크스주의자들은 노동계층을 동원하고 농민들을 선동해 계급 혁명을 위한 투쟁에 내세움으로써 자신들의 요구를 충족시킬 수 있는 새로운 출구를 마련했다. 실제로 계급문학운동은 농민과 노동자의 계급적 연대를 강조하면서 투쟁 의욕을 고취하고자 했다. 이들이 적대적인 세력으로 지목하는 부르주아는 실상 민족 내부에 있는 것이라기보다 식민지 상황이라는 민족 모순을 만들어 낸 외세인 일본 제국주의였다. 그러므로 이들이 강조한 계급투쟁도 민족해방투쟁의 성격이 더 강했고, 그 적대 세력은 늘 식민지 지배 세력이었다. 그러므로 계급문학운동은 그 자체가 탈식민주의적인 성격을 강하게 드러내면서 넓은 의미의 민족문학운동이라는 범주에 포괄될 수밖에 없었다. 계급문학운동은 마르크스주의를 내세우고 자본주의적 착취를 거부하면서 계급 혁명을 주장했지만, 그 자체는 일본 식민주의와 제국주의의 지배와 착취의 현실에 대한 저항적 산물이었던 것이다.

조선프로예맹의 설립 과정에서 드러난 무산계급문화에 대한 자각은 이미 염군사(焰群社)와 같은 단체의 등장을 통해 확인된다.[20] 염군사는 1922년 한국 계급문학운동의 성립기에 등장한 최초의 무산계급문화 단체다. 이 단체의 조직과 그 활동을 설명해 줄 구체적인 자료는 남아 있지 않다. 그러나 무산계급문화운동을 내세우면서 등장했던 이 조직의 실체와 성격은 다음과 같은 세 가지 차원에서 검토할 필요가 있다. 첫째는 3·1운동 이후 민족사회운동의 전개 과정 속에서 이루어진 계급문화운동의 조직이라는 점을 중시해야 한다. 둘째는 신문학 운동을 주도한 문단적 조직과 문학 외적인 사회운동 단체들을 중심으로 염군사의 기반과 거점을 확인해야 한다. 셋째는 염군사의 조직에 가담한 구성원들의 사회·문화적 활동과 그 전개 방향을 확인해야 한다.

염군사는 송영, 이적효, 이호, 박세영, 김홍파 등이 주동해 조직했지만 그 구체적인 활동 내용을 보여 주는 자료가 별로 없다. 염군사의 실체가 문단에 알려진 것은 1923년 염군사의 기관지《염군(焰群)》창간호가 발매 금지 당하면서였다.[21] 염군사의 동인들은 자신들의 새로운 신념을 바탕으로 염군사의 조직 강령을 '무산 계급 해방 문화의 연구 및 운동을 목적으로 한다.'고 정했다. 그리고 이 같은 강령의 사회·문화적 실천을 위해 기관지《염군》의 간행을 계획했다. 하지만《염군》의 창간은 일본 경찰의 사전 검열로 불가능해진 것이다. 염군사의 출발부터 엄청난 장애에 부딪치자 이들은 곧바로 다시

20 임화는 염군사의 존재 의미를 사회적 자각을 통한 문화 영역에 대한 인식이라고 규정한 바 있다. 이 같은 규정은 조선프로예맹의 조직을 파스큐라만을 중심으로 논의할 수 없다는 점을 암시하는 중요한 요건이다. 임화, 「송영론」, 『문학의 논리』(학예사, 1940), 527-530면 참조.

21 《염군》은 조선총독부로부터 발매금지 명령을 받아 모두 압수당하게 된다. 「《焰群》은 不許可」(朝鮮日報, 1923. 12. 9).

일본인의 이름을 빌려 제2호의 간행을 준비한다. 1924년 2월 발행 예정으로 편집된 제2호는 '국제 부인 데이' 기념호로서 여성의 사회운동을 촉구하는 내용으로 채워져 있었다. 그러나 제2호도 내용의 불온성을 이유로 조선총독부가 발행금지 처분을 내리자 송영은 잡지 발행을 포기한다. 그는 무산계급 문화운동 단체로서 염군사의 조직 확장에 손을 쓰기 시작하면서 조직 부서를 문학부·음악부·극부로 나누고 부원을 모은다. 그 결과 최승일, 김영팔, 심대섭 등이 가담하고 윤기정 또한 동조해 그 면모를 새롭게 전환하게 된다.

염군사의 사상적 경향과 실체를 이해하기 위해서는 1920년대 초기 민족사상운동의 전개 양상에 대한 간단한 개관이 필요하다.[22] 3·1운동 직후 사회운동은 수많은 운동 단체의 조직과 해체 과정을 통해 서서히 그 사상적 경향을 드러내게 되었다. 이를 일별해 보면 1922년 초 일본 유학생 가운데 사회주의 사상에 경도되어 있던 김약수, 박열, 정태성, 원종린, 김사국 등은 도쿄에서 조선고학생동우회(朝鮮苦學生同友會)를 조직했다. 이 조직의 간부들은 신사상의 국내 보급을 꾀하기 위해 귀국했다. 이들은 귀국 직후 이른바 '동우회 선언'으로 알려진 '전국 노동자 제군에게 격함'(1922. 2. 4)이라는 선언문을 발표했다. 이 선언은 일본의 중요 사상 단체 및 노동단체와 연대해 노동운동을 전개하고, 계급투쟁의 직접적인 행동 기관이 될 것을 명시했다. 여기서 일본 내의 사회주의 단체와의 조직적인 연대를 강조한 점과 계급투쟁을 행동의 목표로 내세운 점이 주목된다. 이 같은 선언은 국내의 민족운동과 사회운동에 큰 충격을 주었으며, 노동운동과 계급투쟁을 새로운 사회적 담론의 쟁점으로 부각시켰다.

동우회 선언을 계기로 국내에서 처음으로 사회주의 운동 단체가 등장했다. 바로 1922년 3월 결성된 무산자동맹회(無産者同盟會)다. 이 새로운 조직은 무산자동지회로부터 출발했다. 윤병덕, 김한, 신백우, 이혁로, 김태환 등의 발기로 조직된 무산자동지회(1922. 1)는 노동자의 단결과 상호 부조를 내세우면서 3월에는 조직의 활동 목표에 동조하는 단체들을 규합해 무산자동맹회로 발전했다. 무산자동맹회는 국내파 사회주의 운동가들이 조직을 주도

22 이에 대해서는 김준엽·김창순, 「제7장 좌익운동의 생성과 발전」, 『한국공산주의운동사 2』(청계연구소, 1986), 29-176면 참조.

했지만, 이들은 모두 도쿄 유학생 출신이었기 때문에 동우회 선언의 주역들과 일정한 관계를 유지하고 있었다.

비슷한 시기에 서울에서 박희도, 이승준, 김명식 등이 주도해 신생활사(新生活社)가 결성되었다. 신생활사는 1922년 3월 무산대중의 황량한 현실을 개조·혁신한다는 목표로 잡지 《신생활(新生活)》을 창간했다. 그러나 그해 11월 이 잡지는 적화사상의 선전 혐의로 발매 금지당했으며, 박희도 등은 일본 경찰에 구속 수감되었다. '신생활사 사건'으로 알려진 이 필화 사건은 식민지 조선의 언론 규제의 대표 사례가 되었고, 특히 사회주의 사상에 대한 일본의 강압적인 탄압을 말해 주는 첫 번째 사례가 되었다.

1923년에 들어서면서 사회주의 운동은 국내외에 걸쳐 조직적으로 확대되었다. 도쿄에서 북성회 조직, 서울에서 신사상연구회와 토요회 결성 등이 이루어지면서 사상운동의 경향이 독자적 노선을 드러낸 것이다. 이 무렵 사회운동은 신사상연구회를 바탕으로 이루어진 화요회(火曜會), 동경에서 결성된 북성회 그리고 서울청년회 등으로 크게 분파를 이루고 있다. 1924년에 들어서면서 이들 조직이 서로 세력 확장을 위해 갈등과 충돌을 드러내며 새로운 조직 통합을 꾀하게 되었다.

1923년 1월 도쿄에서 김약수, 김종범, 송봉우, 변희용, 이여성 등이 조직한 북성회는 그 세력과 영향력에서 재일본 조선인 사회주의 운동가들을 망라한 단체가 되었다. 이들은 사회주의 사상의 국내 전파를 위해 북성회의 국내 본부로 북풍회(北風會)를 조직했으며, 사회운동의 계급적인 확대를 위해 국내 기반의 장악을 꾀했다. 북풍회의 이념 성향은 국제적 계급주의의 원칙을 따르는 것처럼 보이지만, 한국의 특수한 정황을 생각해 민족운동과 사회운동의 시간적 협동을 당분간 인정할 수밖에 없다는 타협적인 측면도 드러낸다. 이들은 특히 조선의 혁명을 위해 계급적 국제주의의 원칙에 따라 조선과 일본의 무산계급 운동가들이 상호 연계 투쟁을 전개할 것을 내세우기도 했고, 사회운동의 대중주의에 입각해 대중의 실제적 요구에 부응할 수 있는 노동운동, 농민운동, 청년운동, 여성운동, 형평운동을 지지하는 강령을 발표한 바 있다.

1923년 7월 서울에서는 신사상연구회가 발족되었다. 홍명희, 윤병덕, 심병희, 이준태, 김찬, 박일병 등이 발기한 이 단체는 초기에는 새로이 수입되는 사상 조류를 연구하기 위한 연구 단체를 표방했다. 그러나 1년쯤 지나 1924년 11월 명칭을 화요회라고 개칭하고 그 조직을 확대하면서 실천적인 행동 조직으로서의 전환을 선언했다. 화요회의 중심 인물이었던 김찬, 홍증식, 조봉암 등은 조선공산당(朝鮮共產黨) 창립을 주도했으며, 북풍회와도 일정한 유대 관계를 유지하다가 1925년 공산당 결성을 위해 조직 기반을 정비하는 과정에서 두 단체의 합동을 이루게 되었다.

여기서 북풍회, 화요회와는 일정한 거리를 두었던 국내의 사회운동 조직으로 서울청년회를 주목할 필요가 있다. 서울청년회는 1921년 1월에 창설된 국내 최초의 청년단체로, 김사국, 이영, 장덕수, 김명식, 김한, 오상근 등이 중심을 이루었다. 발족 당시 서울청년회는 민족주의 경향의 청년 계몽 운동 단체였다. 그러나 이 단체의 중심 인물이었던 김사국, 이영, 김명식 등이 사회주의 사상에 경도되면서 조직의 주도권을 쥐자 그 이념적 성향이 급속하게 좌경화했다. 이들은 장덕수 등 민족주의자들을 조직에서 추방하고 사회주의자동맹, 전조선사회운동자동맹 등의 결성을 주도했고, 조직의 확대를 꾀하면서 북풍회, 화요회 등과 사회주의 운동의 주도권을 놓고 대립하게 되었다.

이와 같은 사회주의 운동의 조직 확대와 갈등 양상 속에서 무산계급 문화운동을 목표로 내세운 염군사는 북풍회와 조직적으로 연대했다. 우선 염군사가 북풍회와 관계를 갖게 된 배경은 그 중심 인물이었던 이호의 사회운동 경력과 관련되어 있음을 알 수 있다. 이호는 염군사의 창립 구성원으로, 도쿄 북성회의 후원을 받아 1923년 5월에 결성된 토요회의 핵심 인물로 참여한다. 토요회는 뚜렷한 강령이나 선언을 내세우지는 않았으나 공산주의 청년회 조직을 위해 기반을 닦았다. 토요회는 북풍회와 긴밀한 관계를 맺고 있으면서 서울청년회에 대립했고, 1924년 2월 신흥청년동맹(新興青年同盟)으로 확대·개편되었다. 염군사는 이호의 중간적인 역할을 통해 토요회와 신흥청년동맹과 직접적인 연락을 맺게 된다. 그리고 이들 조직을 후원하던 북풍회의 영향을 받고 있던 것으로 생각된다. 특히 신흥청년동맹에는 송영, 최현 등도 가담하고 있었기 때문에, 신흥청년동맹과의 직접적인 연관성을 생각해 볼 수 있다. 이 같은 관계의 설정은 염군사의 조직과 운명이 문단 권내에서의 존재로 국한되지 않고 사회주의 운동 조직과 내밀한 사상적 통로를 두고 있음을 뜻하는 것이다. 당시의 사회운동 단체들이 사회주의 사상의 유포와 그 계몽에 힘썼던 점을 생각한다면, 염군사의 사회·문화운동상의 계몽적인 역할이 중시되었으리라는 점을 짐작할 수 있다. 그러나 염군사는 1924년에 들어서면서 그 조직 활동의 구체적인 정황을 확인할 자료가 없다. 조직을 기반으로 하는 사회운동을 전개하지 못하게 되자 점차 문인들은 개인적인 작업에 관심을 두기 시작했다. 이들은 모두 새로운 사회운동 조직에 가담해 보다 적극적인 활동을 전개하느냐, 기성의 문단에 진출하느냐 하는 문제를 놓고 중대한 선택의 기로에 서 있었다.

파스큘라의 결성

계급문학의 조직운동에서 염군사와 함께 주목되는 것이 파스큘라(PASKYULA)라는 단체의 등장이다. 파스큘라는 《백조(白潮)》 동인의 해체와 이념적 분화 과정에서 새로이 등장했다. 박영희, 이상화, 나도향, 박종화, 현진건, 홍사용 등이 참여한 동인지 《백조》는 1922년에 창간호가 나왔다. 여기에 참여한 문인들의 문학적 경향이 대개 현실도피적인 이상주의 색채를 짙게 드러내고 있음은 주지의 사실이다. 일본에 유학해 있던 김기진은 이들의 문학을 '도피적 영탄'의 문학으로 비판하면서 스스로 생활의 문학, 인생을 위한 예술을 강조했다. 김기진은 1923년 《백조》 제3호에 등장했지만 이후 동인지 《백조》의 간행은 경제적인 어려움으로 더 지속되지 못했다. 박영희는 종합지 《개벽》의 학예부 기자가 되어 동인들의 문단 활동을 도왔다. 이러한 《백조》 동인의 변화는 당시 사회 상황의 조류 자체가 현실 인식의 새로운 국면에 접어들어 각종 사회운동이 확대되는 과정과 관련지어 볼 때, 더욱 그 성격이 분명하게 나타난다. 이 무렵 민족사회운동은 이미 분명하게 사회주의 경향과 민족주의 색채로 구분되고 민족운동의 방향도 그 이념적 지향에 의해 양분되고 있었다. 문학의 경우에는 식민지 현실에 대한 비판적 인식과 함께 저항성의 표출이 강하게 드러나 《백조》 동인이 초기에 추구했던 이상적인 세계나 낭만적인 요건이 시대적 분위기와 괴리되기 시작했음을 쉽게 알 수 있다. 결국 현실의 상황 변화와 사상의 새로운 인식이 《백조》 동인의 예술적 분위기를 더 이상 지속할 수 없도록 만들었다.

김기진은 도쿄 유학생 중심의 연극 단체 토월회에 김복진, 이서구, 박승희, 김을한 등과 가담했고, 토월회의 국내 2차 공연(1923. 9)이 끝난 후 도쿄 유학을 중도에서 포기했다. 김기진은《백조》의 붕괴를 보면서 생활의 문학이 필요함을 역설했고 박영희, 이상화 등과 시대가 요구하는 새로운 문학운동을 구상했다. 그리고 이익상, 김석송, 연학년, 안석주, 김복진 등과 어울려 파스큘라를 결성했다. 이 새로운 문학 동인의 결성은《백조》의 일부 동인과 토월회의 일부 구성원 그리고 이익상, 김석송과 같은 사회적 성향이 강했던 시인의 참여로 가능했다. 파스큘라는 그 명명이 갖는 자의성에서도 볼 수 있는 것처럼 확고한 조직 기반을 갖추거나 어떤 강령이나 이념을 공표한 적이 없었다. 이것은 문단 교류로 자연스럽게 만들어진 사교 모임이라고 할 수도 있을 것이다. 물론 이들은 인생을 위한 예술, 현실과 싸우는 예술을 지향해야 한다는 견해를 서로 나누어 가졌기 때문에, 이들의 행동 양식이나 문학적 경향이 기왕의《백조》동인과는 사뭇 달라질 수밖에 없었음은 물론이다.

> 파스큐라—여긔에는 여러 사람이 모히게 된 것이다. 톨스도이안도 잇고, 화잇도맨의 師徒가 잇섯스며, 투나챠루스키의 信奉者에다 나와 가튼 따위의 不得要領이 가담하엿던 珍妙한 會合이엿다. 그러나 여긔에는 다 가티 現狀에 對한 不滿들을 가지고 잇섯던 것이다. 이 현상의 不滿으로만 가지고써 雜多한 種族이 모임에 엇더케 그 壽命이 길기를 바랏스리요. 사람마다 그 壽命의 延長을 기다린다는 것보다는 엇더한 運動 氣運의 醱酵의 促進을 꾀하려 하엿고, 따라서 未久한 將來에 分解가 잇슬 것도 豫期하여 왓섯던 것이다.
>
> 더 손쉽게 말한다 하면 自己네들의 啓蒙을 爲하고 또 속 빠르게 思想的으로 純化되기를 꾀하엿던 것이다. 한 거름 더 예술의 존엄이다든지 이로 하야 胎生되는 藝術家네의 통트러 갓고 있는 優越感을 갖는 이보다는 生活과 處地에 想念의 全部를 바치엿섯고 生活 構造의 推移에 六感을 集中하엿던 것이다. 잘들 밤을 새여가면서 新興藝術論을 되푸리도 하엿섯던 것이요 文化의 侵入됨에 얼골을 붉키기도 하여 왓던 것이다.[23]

---

23 金復鎭,「파스큐라」(朝鮮日報, 1926. 7. 1).

위의 인용에서 확인할 수 있는 것처럼 파스큘라는 잡다한 문학적 경향을 지닌 문인들의 모임이었고, 현실에 대한 불만으로 모인 문인들의 회합이었다. 1925년 2월 8일 서울 천도교기념관에서 열린 파스큘라 문예 강연회는 박영희의 '체홉 연구', 이익상의 '문예의 시대성' 등의 강연뿐만 아니라 김기진, 연학년, 이상화, 안석영, 김석송 등의 출연으로 상당한 관심을 불러일으켰다.

파스큘라에서 중심 역할은 김기진과 박영희가 담당했다. 김기진은 비평적 산문을 발표해 새로운 문학 경향의 이념을 대변하고, 박영희는《개벽》지를 통해 문학적 실천 기반을 확보함으로써 그 실질적인 선도적 입장에 나섰다. 파스큘라는 물론 조직의 이념을 구현하기 위한 기관지를 간행한 적도 없고 몇 차례의 문학 강연 이외에 뚜렷한 조직 행동을 보인 경우도 없다. 하지만 김기진이 제기한 현실주의적인 문학 이념은 폭넓은 공감을 불러일으키면서 문단의 관심을 끌어모았다. 더구나 파스큘라의 김복진, 박영희 등은 사회주의 운동 단체였던 서울청년회 계열의 정백, 김사국, 이성태 등과 교유하면서 사회운동에 관한 관심을 수없이 논의했고 자신들의 이념을 분명하게 정비했다. 파스큘라의 사회적 기반이 확고해지고 그 문학적 실천이 더욱 명백한 지향을 드러낼 수 있었던 것도 이 같은 사회운동 조직과의 연관 속에서 이루졌다고 할 수 있다.

파스큘라의 이 같은 면모를 염군사의 조직과 비교하면 양자는 여러 측면에서 대조되는 차이점을 보인다. 파스큘라의 조직은 특별한 의도나 목표를 처음부터 표방하고 있지 않은 비교적 자유로운 문인 모임이라고 할 수 있다. 이 조직에 가담한 문인들은 대개 기성문단에서 공인받는 문필가로서 상당한 발표 지면을 확보한 사람들이라는 점에서도 염군사의 경우와는 다르다. 특히 구성원 대부분이 일본 유학을 체험한, 지식층의 문인들이라는 점도 염군사의 경우와는 구별된다. 사회운동의 차원에서 파스큘라가 서울청년회 계열에 서 있다는 점도 북풍회 계열의 염군사와 대조되는 사실이다.

사회주의 운동의 주도권을 놓고 갈등과 대립을 거듭했던 북풍회와 서울청년회는 1924년, 봄 청년 사회운동의 조직적인 단일 노선을 택하기로 합의한다. 당시의 상황을 좀 더 자세히 살펴보면, 염군사의 조직에 깊은 영향을 미친 신흥청년동맹이 북풍회 계열의 청년운동 조직으로 확대되자, 1924년

2월 서울청년회 측에서도 이에 대응해 조선청년총동맹을 구성하기로 결의했다. 그런데 조선청년총동맹의 조직사업이 계급적 대단결을 목표로 청년운동의 통일을 기한다는 취지와 함께 전국적인 규모로 확대되자, 신흥청년동맹 측에서는 우선 전국적인 조직의 통일과 조직에 대한 실력으로의 장악이라는 전술론을 내세워 서울청년회가 주도하는 조선청년총동맹에 참여해 함께 청년운동 조직의 통일을 이룬다. 그 결과 1924년 4월 21일 조선청년총동맹의 창립을 보게 된다.[24] 조선청년총동맹의 창립은 3·1운동 이후 사분오열되어 있던 수백 개의 청년 사회운동 조직이 단일화되고 있음을 뜻하는 것이었으며, 사회주의 이념에 의한 청년운동의 노선이 정비되고 있음을 뜻했다. '조선 민중 해방운동의 선구'로서, '대중 본위인 신사회의 건설을 기한다'는 강령을 내세운 조선청년총동맹의 발족은 북풍회 계열의 신흥청년동맹과 관계를 맺고 있던 염군사와 서울청년회의 영향권에 있던 파스큘라의 합작을 촉진하는 중요한 계기가 되어, 청년 사회·문화운동의 조직적 단일화를 필연적인 것으로 이끌어 갈 수 있는 상황을 제공한다.

이와 같은 사회운동의 변화에 따라 1925년 문화운동의 영역에서 염군사와 파스큘라와의 합작도 원칙적인 합의에 이른다. 이것은 염군사가 창립 당시에 내걸었던 무산계급 문화운동의 지표를 구체화할 수 있는 조직의 확대를 실천한 것이라고 할 수 있다. 당시의 감회를 송영은 이렇게 적고 있다.

> 이 두 기지 그룹(염군사)과 파스큐라를 한데 놓고 보면, 전자(염군사)는 觀念이 앞서고 行動이 政治的이기는 했으나 文學的으로 뒤떨어진 감이 있었으며, 후자 파스큐라는 한 개의 作品을 가지고 새로운 傾向에 合流하느라고 노력들은 했으나 메데(노동절) 행사에 붓 대신에 붉은 깃발을 들고 나서겠다는 氣魄들은 약하였었다.
>
> 그러나 그때 客觀的 情勢는 그들로 하여금 分散的으로 헤어져 있어서 弱體가 되어 있는 부족을 용납치 않았다. 그보다 한 줄기 歷史의 巨流는 同一 目的을 위해서 나아가는 그들로 하여금 統一된 큰 힘을 가지지 않으면 안될 必然을 강조하였다. 이리하여 기어코 두 줄기의 젊은 藝術家들은 손

24 김준엽·김창순, 『한국공산주의운동사 2』, 136-149면 참조.

을 맞잡고 한 개의 主體를 創建하게 되었으니 이것이 곧 두 그룹 동인들이 되어 가지고 창립한 조선프롤레타리아예술동맹(연맹이 아니고 동맹임)이다.[25]

송영이 회고하는 것처럼 염군사와 파스큘라는 사회·문화운동을 위한 통일된 힘의 조직을 위해 합작을 이루었고, 염군사의 조직 구성원들은 파스큘라와 만남으로써 기성의 문단권에 들어서게 됐다. 위의 글에서도 북풍회 계열과 서울청년회 계열의 모든 청년운동 조직이 조선청년총동맹으로 단일화하는 과정에서 염군사와 파스큘라 합작을 필요로 했음을 충분히 감지할 수 있다.

염군사의 조직 이후 무산계급문화운동의 실천에 별다른 성과를 내놓지 못하던 송영, 최승일 등은 앞장서서 파스큘라의 박영희, 김기진 등에게 두 단체의 통합을 제기했다. 염군사의 통합 제안은 염군사 계열의 이념성이 파스큘라를 중심으로 하는 기성 문단의 경향과 어떻게 결합되고 있는가를 되묻게 하는 대목이다. 기성 문단권에 거의 발을 들여놓지 못하던 염군사 동인들의 문단 진출 욕구와 함께 조직의 확대라는 시대적 요청이 이 같은 통합의 요구를 가능하게 했으리라 생각되지만, 실제로 염군사의 맹원들이 파스큘라와의 통합을 제기하게 된 배경은 당시의 문단 상황 및 사회운동의 전개 과정과 밀접한 연관성을 갖고 있다. 특히 염군사와 파스큘라의 배후에 있던 사회운동 단체들의 사상적 성향과 그 운동의 방향이 일정하게 영향을 미치고 있었다. 여기서 주목되는 것은 염군사의 구성원들이 파스큘라와의 합작을 제의함으로써 문단에서 사회주의 문화운동의 새로운 조직에 관심을 기울였다는 점이다. 파스큘라와의 합작 제의는 새로운 조직 통합을 위한 기존 조직의 해체를 보여 주는 특이한 예가 되며, 무산계급문화운동의 조직적 통합을 시도하는 첫 단계라고 할 수 있다.

그런데 파스큘라 측은 이 같은 염군사의 통합 제의에 동의하면서도 실질적인 통합 작업에 적극성을 보이지 않았다. 파스큘라가 염군사와의 합작에 소극적인 태도를 보인 이유는 다음의 두 가지 사실로 설명할 수 있다.

첫째, 파스큘라와 염군사의 구성원의 성격과 그 사상적 성향의 차이

---

25 宋影, 「朝鮮프로藝術運動小史」(藝術運動 제1호, 1945. 12), 62-63면.

를 생각할 수 있다. 파스큘라의 구성원은 《백조》라는 문예지를 통해 기반을 확보한 기성 문인인 박영희, 김기진, 이상화 등이 주축을 이루고 있었으며, 《생장(生長)》지를 주재했던 김석송을 비롯해 도쿄 유학생 중심의 연극 단체 토월회의 김복진, 연학년, 안석영이 가담하고 있었다. 이들은 모두 일본 유학을 경험했으며, 문학에 대한 어느 정도의 서구적 교양을 갖추고 있었다. 《백조》를 통한 낭만적인 문학 활동과 토월회에서의 연극 체험을 기반으로 사회 현실에 대한 열정적인 인식을 키워 온 파스큘라의 구성원들은 당시 문단의 중심 세력을 이루면서 《개벽》지를 통한 창작 활동을 활발하게 전개했다. 반면 염군사 구성원은 최승일을 제외하고는 당시 문단에 거의 이름이 알려지지 않은 인물들이었기 때문에, 파스큘라의 입장에서 본다면 염군사의 존재가 대수롭지 않게 느껴졌을 것이며, 통합의 요구도 별다른 관심을 불러일으키기 어려웠을 것이다.

둘째, 파스큘라와 염군사의 조직과 연관되어 있는 사상단체의 대립과 갈등이 두 조직의 통합에 장애가 되었다. 북성회 계열의 신흥청년동맹과 연결되어 있던 염군사는 서울청년회의 지원을 받고 있던 파스큘라와 조직 운동의 노선에서 이념적으로 일치하기 어렵다. 물론 서울청년회에서 조선청년총동맹을 결성하고 신흥청년동맹이 이에 가담함으로써 사회주의 청년운동의 조직 통합을 이루기는 한다. 그렇지만 공산당 조직에 있어서의 주도권 문제로 이들 사이의 갈등이 노골화되었고, 북성회 계열의 국내 통합 조직인 북풍회(1924. 11)의 결성 이후에는 북풍회, 화요회, 서울청년회로 나누어진 사상단체의 대립이 더욱 치열했음은 물론이다. 이 같은 이유로 염군사와 파스큘라의 합작 제의는 처음에는 뚜렷한 진전을 보이지 않았다.

그렇지만 이러한 사회적 분위기에서도 염군사와 파스큘라의 통합은 1925년 8월 결국 성사되었다. 파스큘라 구성원들이 당초에 보여 주었던 통합에 대한 소극적 반응에도 두 조직은 계급문학의 문단적 진출과 그 세력의 확대 과정에서 서로 손을 잡을 수밖에 없게 된 것이다. 염군사와 파스큘라의 조직 통합은 계급문학에 대한 인식의 확대와 세력화의 과정으로 이해할 수 있다. 1923년 후반에 등장한 새로운 문학 경향에 대한 관심을 생각한다면, 이른바 '계급 문단'의 조직으로 규정할 수 있는 염군사와 파스큘라의 통합은 조직 운동의 자연스러운 귀결이라고 할 수 있다. 1925년에 들어서면서 사회운동은 그 조직과 실천에 있어서 질적 전환을 맞이하기 때문이다. 새로운 전위 조직인 조선공산당과 고려공산동맹(高麗共産同盟)이 1925년 비밀리에 결성되었던 것이다. 조선청년총동맹(朝鮮青年總同盟), 조선노동총동맹(朝鮮勞動總同盟) 등으로 통합된 사상단체를 기초로 결성된 공산당의 조직 과정에서 노출되는 사회운동 단체들의 갈등과 대립에도, 공산당의 결성 자체가 갖는 의미는 국내 사회운동 조직이 코민테른을 중심으로 국제적인 조직과의 연대성을 확보하게 되었다는 점이다. 이러한 사회운동의 조직과 그 실천 과정의 질적 전환이 계급문학운동에도 커다란 영향을 미쳤으리라는 점은 충분히 짐작되며, 이 같은 사회운동의 현실적인 변화와 보조를 같이하기 위해 계급 문단의 조직화가 요구되었으리라는 점도 예상할 수 있다.

염군사와 파스큘라의 통합은 1925년 8월 23일 두 조직 구성원들의 회동을 통해 정식으로 이루어졌다. 이 회동의 직접적인 계기는 일본 계급문학 운동가인 나카니시 이노스케(中西伊之助)의 방한이었다.[26] 나카니시는 1925년 8월 서울에서 열린 사상단체연합회의 대중 강연에 연사로 초청된 일본 작가다. 그의 강연에 청중 수백 명이 몰려들었고, 강연 도중 일본인 청중의 폭동으로 강연이 저지된 사건도 당시 신문들이 대서특필했다. 나카니시 초청 강연은 조선 문단에도 상당한 파장을 불러일으켜 놓았다. 나카니시의 문학적인 경향이나 문단적 위치를 알던 문인들은 그를 적극적으로 환영했다. 나카니시가 입경하던 8월 14일에는 최승일, 이호, 김영팔 등이 영등포까지 출영한 바 있고, 각 신문에 환영의 말들이 수록되기도 했다. 특히 《시대일보》가 1925년 8월 17일 학예면의 특집으로 꾸민 「동지 나키니시(中西氏)를 맞이(迎)하여」라는 기획 란에는 송영, 이적효, 박용대, 김영팔, 최승일 등의 문인들이 참여하는데, 이들은 모두 염군사의 맹원으로서 사회주의 이념을 근거로 하는 새로운 문화운동을 전개하고자 노력하던 인물들이었다. 염군사의 구성원들은 염군사의 배경 세력인 북풍회를 중심으로 하는 4단체합동위원회의 대외 사업인 초청 강연을 성공적으로 개최하기 위해 나카니시를 환영하고 나카니시 환영 문인 간담회를 1925년 8월 17일 저녁에 개최했는데, 이 자리에

26 권영민, 「나카니시 이노스케와 1920년대 한국 계급문단의 성립」, 『소설과 운명의 언어』(현대소설사, 1992), 287-300면.

파스큘라의 박영희 등이 합류한다. 당시 상황을 박영희는 '때마침 일본에서 사회주의자요 또 프롤레타리아 작가로 이름이 높던 나카니시 씨가 조선에 오게 되었다. 그리하여 서울의 사상단체들은 그를 환영하기 위해 준비에 바빴다. 따라서 문학 방면에서도 무슨 준비가 있어야 하겠으나 아직 문학단체가 결성되어 있지 않으므로 개인 단위로 하루저녁 모여서 나카니시 씨를 중심으로 좌담회나 열자는 데 의견이 일치되어 이호, 박용대, 최승일, 김기진, 송영 등 제군과 나와 그 외에도 몇 사람이 태서관에서 저녁을 같이 먹은 일이 있었다.'라고 술회했다.[27] 박영희의 진술에서 확인할 수 있는 것처럼 나카니시 환영 좌담회는 파스큘라의 박영희와 김기진과 염군사의 구성원 대부분이 참여했다. 참가 인물의 확인을 통해 조선프로예맹의 초기 조직 단계에 염군사가 주도적이었음을 알 수 있다. 파스큘라의 박영희, 김기진 등이 참여함으로써 염군사와 파스큘라의 합동을 가시화한 이 환영 모임은 결국 당시 계급문학 운동가들을 한데 묶는 결정적인 계기가 된다. 이 모임을 기반으로 조선프로예맹을 결성하게 된다.

2) 조선프롤레타리아예술동맹

조선프로예맹은 1925년 8월 23일 염군사와 파스큘라의 통합을 기반으로 결성된 문단 조직이다.[28] 조선프로예맹은 초기부터 현실적 제약을 받지 않을 수 없었다. 일본은 조선총독부를 통해 1925년 5월 7일 치안유지법(治安維持法)을 한국 내에서 시행하도록 공포했다. 치안유지법은 3·1운동 이후 한국 내에서 일어나기 시작한 사회주의 운동을 비롯한 반일·반제운동을 직접적으로 탄압하는 데 그 목적이 있었다. 전체 7개조를 이루어진 치안유지법은 '국체를 변혁 또는 사유재산제도를 부인할 목적으로 경사를 조직하거나 그 정을 알고 이에 가입한 자'를 처벌하는 것을 골자로 했다. 여기서 가장 큰 문

27 박영희, 「초창기 문단측면사(4)」(現代文學 제60호, 1959. 12), 264면.

28 염군사와 파스큘라의 통합 과정은 권영민, 『한국계급문학운동연구』(서울대학교출판문화원, 2014), 85-98면 참조.

제는 공산주의 또는 무정부주의와 같은 과격 사상을 탄압하기 위한 치안유지법이 한국 민족운동 전체에 대한 탄압으로 확대될 가능성을 열어 놓고 있었다는 점이었다. 당시 《개벽》지는 '치안유지법의 실시와 금후의 조선 사회 운동'이라는 표제로 사회운동 단체들의 대표자들에게 사회운동의 추이를 진단하는 설문을 실시했다.[29] 이 설문에 응한 권오설(조선노농총동맹), 이영(조선청년총동맹), 조봉암(신흥청년동맹), 이정윤(서울청년회), 김찬(화요회), 신철(북풍회) 등은 대부분 치안유지법이 한국의 사회운동과 민족운동을 심각하게 위축시킬 것을 우려하면서도 한국 내에서 일어나고 있는 새로운 사상운동의 기운이 이 같은 악법에 가혹한 취체를 받을 만큼 확산되고 있다는 점을 주목했다. 이들은 대체로 운동의 실천을 통해 이 탄압과 규제를 극복해야 한다는 점도 강조했다. 당시의 정황으로 볼 때 치안유지법은 조선프로예맹의 조직적인 활동에도 보이지 않는 위협으로 작용했을 것으로 생각된다.

더구나 조선프로예맹은 1925년 11월의 제1차 공산당 사건으로 사회적 상황 자체가 더욱 악화되자 조직의 실체조차 표면화하기 어려운 형편으로 내몰렸다. 조선공산당은 1925년 4월 17일 김재봉, 김약수, 김찬, 주종건, 윤덕병, 조봉암, 송봉우, 유진희 등에 의해 서울에서 비밀리에 결성되었다. 조선공산당 출범과 비슷한 시기인 1925년 4월 18일 김찬, 박헌영, 권오설, 조봉암, 홍증식, 김단야 등이 고려공산청년회를 창립했다. 이들은 공산당 조직에 대한 국제적인 승인을 위해 코민테른과 접촉하고 국내의 활동을 극비리에 전개했다. 그러나 1925년 11월 하순 신의주에서 공산당의 하부 조직이 일본 경찰에 발각되면서 중요 당원 대부분이 체포되기에 이르렀다.[30] 제1차 공산당 검거 사건에는 조선프로예맹의 맹원이었던 이호도 연루되어 있었다. 그러므로 조선프로예맹은 결성 이후 제대로 조직적인 활동을 전개하기 어려웠다.

조선프로예맹은 조직의 실체와 성격을 1926년 12월에 공표했다. 이것은 조선프로예맹이 임시 총회를 통해 강령과 규약을 새롭게 개정했다는 언론 보도를 통해 확인된다.[31] 보도에는 조선프로예맹의 결성 시기가 1925년이

29 「治安維持法의 實施와 今後의 朝鮮 社會運動」(開闢 제60호, 1925. 6), 10-18면.

30 김준엽·김창순, 『한국공산주의운동사 2』, 291-337면.

31 《中外日報》(1926. 12. 26)와 《東亞日報》(1926. 12. 27) 등에서 그 내용을 상세하게 보도하고 있다.

며 조직의 강령이나 규약도 창립 당시 만들어져 있었던 것으로 설명하고 있다. 그러나 앞에서 검토했듯이 1926년 12월 24일 이전의 조직 상황을 확인할 수 있는 출범 당시의 구성원, 강령이나 규약은 밝혀진 바 없다. 조선프로예맹은《문예운동》의 간행을 통해 계급 문단의 기반을 확대하고 조직을 정비하게 되었으며, 1926년 12월 24일의 임시총회를 통해 조직의 이념적 성격과 운동 노선을 분명하게 공표했다. 당시의 신문 기사 내용을 종합해 볼 경우 다음과 같은 조직의 규모, 강령과 규약 내용을 확인할 수 있다. 그동안 1927년 9월 방향전환 이후의 조선프로예맹의 강령, 규약만이 널리 알려져 왔던 점을 생각한다면, 이 내용은 계급문학운동 초기 단계의 문단 조직과 성격을 판단해 볼 수 있는 중요한 자료다.

조선프로예맹(1926년 12월 24일 현재)[32]

「동맹원」 이기영, 김영팔, 이량, 조명희, 홍기문, 김경태, 임정재, 양 명, 이호, 김온, 박용대, 권구현, 이적효, 김기진, 이상화, 김복진, 최학송, 최승일, 박팔양, 박영희, 김동환, 안석주

「위원」 김복진, 김기진, 이 량, 박영희, 최승일, 안석주, 김경태

「강령」 우리는 단결로서 여명기에 있는 무산계급 문화의 수립을 기함.

「규약」

1. 본회의 명칭은 조선프롤레타리아예술동맹이라 칭함.
2. 본회의 위치는 경성에 치함.
3. 본회의 회원은 본 동맹의 강령 규약을 승인하는 자로 함.(단, 위원 1인 이상의 추천에 대하여는 위원회에서 결정함.)
4. 본동맹은 본 동맹의 강령을 달성키 위하여 좌기[아래-인용자]의 4부를 치하고 사업을 실행함.

서무부·교양부·출판부·조사부

5. 좌기[위-인용자] 4부의 책임위원은 각 위원의 협조로서 직무를 분담함.

---

32 《中外日報》(1926. 12. 26)와《東亞日報》(1926. 12. 27)의 기사에 따름.

6. 본 동맹은 7인의 위원을 선정하여 사업의 실천에 당함.(단, 위원이 사직할 시에는 위원회에서 보선함.)
7. 위원의 임기는 만 1년으로 함.
8. 본 동맹은 1년 1회의 총회를 개하고 수시 필요에 의하여 위원 2/3 이상의 요구에 의하여 또는 위원회에서 소집함을 규정함.
9. 본 동맹원은 경상비 1개월 20전을 납입함.(단, 매월 5일 이내)
10. 본 동맹은 동맹의 강령 및 규약에 배반하는 자는 위원회의 결정으로 제명함을 정함.

조선프로예맹의 초기 조직과 이념 노선 등을 살펴보면, 조선프로예맹의 문단적 위상은 동맹원 22명이 가담하고 있다는 사실로 그 윤곽이 드러난다. 최남선과 이광수를 위시해 김동인, 전영택, 주요한, 오상순, 변영로, 노자영, 박종화, 양주동 등 《창조》, 《폐허》, 《금성》의 동인이 완전히 외면해 버린 이 조직에는 염군사, 파스큘라의 구성원과 《개벽》을 통해 등단한 일부 진보 성향의 문인들이 가담하고 있었다. 당시 사회운동의 조류를 놓고 볼 때, 아나키스트 계열(권구현 등)이나 민족주의 계열(김동환 등)의 문인들도 뒤섞여 있음을 확인할 수 있다. 한편으로 조선프로예맹 조직의 핵심 세력인 위원 7인은 파스큘라 구성원들이 대부분을 차지하고 있었다. 이러한 현상은 계급 문단의 통합을 꾸준히 요구해 왔던 염군사 계열이 조선프로예맹의 조직 과정에서 주도권을 잃어 가고 있었음을 뜻한다. 초기의 주도권을 쥐고 있던 파스큘라 계열은 조선프로예맹의 해체를 전후해 사상적 전향 축의 중심을 이루게 되었다.

조선프로예맹의 조직은 무산계급문화의 수립을 목표로 내세웠다. 조선프로예맹의 조직론의 근거는 박영희의 대담에서 구체적으로 제시되고 있다.[33] 그는 조선프로예맹의 목적을 '자본주의 사회의 모든 문화와 투쟁하는 전야에 있어서 무산계급문화를 수립하는 것이며, 무산계급 해방전선에 나가는 과정에서 문예가로서 단체적 훈련을 실행하는 것'이라고 분명하게 밝혔고, 계급문학운동에서 문학가의 임무를 '우리 프롤레타리아 문화 건설의 한

33 탐방 기사「文士訪問記: 朴英熙」(朝鮮文壇 제20호, 1927. 3)에서 박영희가 밝힌 내용 참조.

부분이 되는 프롤레타리아 예술가는 무산계급 문화 건설을 위해 투쟁하는 일원인 까닭에 그 계급을 위한 해방전선에 한 투사가 되는 것'이라고 주장했다.

박영희는 조선프로예맹의 문단적 조직이 무산계급 문화운동의 주체임을 강조했다. 이 같은 규정은 초기 계급 문단의 조직이 갖는 이념적 성격을 해명할 중요한 단서다. 조선프로예맹은 단순한 예술가의 집합이 아니라, 예술가의 사회적 단결이며, 그 조직이라는 것이 핵심 요건이었다. 여기서 말하는 사회적 단결이란 무산계급운동이 문화의 영역에서 필연적으로 요구하게 되는 계급의식의 확립을 위한 집단적 기관의 조직을 의미했다.

> 朝鮮 푸로레타리아 藝術同盟! 이 集團은 否定만을 意味하는 것은 안이다. 否定에서 한거름 나가서 卽 한 過程을 지내서 無産階級의 藝術을 創造하려는 鬪士들의 集團이다. 그러나 또한 世俗的으로 흔이 잇는 文人協會니 藝術家俱樂部와 갓튼 職業別의 團體도 안이다. 그러면 푸로文士들의 集團이란 무엇을 意味하는 것인가. 우리는 藝術同盟을 말하기 前에 無産階級文學의 性質을 簡短히 말할 必要가 잇다고 본다. 無産階級文學이라 하면 흔히 생각하기를 浪漫派文學이나 自然派文學이나 理想派文學과 갓치 文學上 한 流派로만 볼는지 모르나 無産階級의 文學이란 全階級을 包含하엿짜는 似而非的으로 廣範한 文學은 안이다. 짜라서 旣成社會에 立脚한 平凡한 流派도 안이다. 無産階級文學은 無産階級的 生活에서 생기는 無産階級 ××××, 無産階級 ××××× 無産階級 文學運動을 一元的으로 볼 수 잇고 理解할 수 잇는 範圍에서 意味하는 것이다. 그럼으로써 無産階級××과 그 ××에 對한 理論은 必然的으로 階級××의 文化를 出生시키는 것이며 無産文學이 階級××의 影響을 바더서 그것을 文學的 價値로써 獨立시키려는 것은 안이다. 階級鬪爭의 藝術은 또한 ××의 文化는 이 階級××의 意識鞏固를 感染시키는 機能을 하는 것이다. 그럼으로써 無産階級文學의 文士들은 無産階級××에 잇서서 ×××의 部分的 任務를 履行함에 잇다고 볼 수 잇다. 이리해서 또한 푸로文士는 組織되며 集團되며 團結되지 안으면 안이 될 것이다. 그럼으로 朝鮮 푸로레타리아 藝術同盟은 이 集團的機關일 것이다.[34]

34 朴英熙, 「無産藝術運動의 集團的 意義」(朝鮮之光 제66호, 1927. 3), 57-60면.

앞의 인용에서 박영희는 계급문학운동을 사회적으로 실천하기 위해 문단 조직이 필요하다고 주장했다. 그는 사회적 계급의 인식과 자기 계급의 해방을 위해서 문단이 조직되지 않으면 안 된다고 역설했다. 예술가가 자기 계급에 충실한 작품을 만들기 위해서는 스스로 투철한 계급의식 위에 서야 했으며, 이러한 계급 문인의 사회적 교양과 수련은 조직을 통해 가능했다. 조선프로예맹이 바로 그 집단적·사회적 조직체가 되었음은 물론이다.

그렇다면 조선프로예맹의 이념 노선은 두말할 필요도 없이 마르크스주의 예술관에 입각해 있다고 할 수 있다. 조선프로예맹의 조직 맹원 가운데 아나키스트라든지 민족계열 좌파분자 등이 포함되긴 하지만, 조선프로예맹의 노선은 무산계급 문화의 확립과 그것을 위한 투쟁에의 참여로 규정되어 있다. 하지만 이 같은 노선의 확정은 계급문학운동의 초기 단계에서 문학운동과 사회운동을 계급투쟁이라는 일원론적 관점에서 통합하고자 하는 의욕을 보이고 있음에도 여러 가지 논쟁을 야기한다. 방향전환이라는 말로 요약되는 1927년 이후의 조선프로예맹의 조직 개편 과정이 바로 이 같은 이념 노선의 재확인 과정에 해당한다.

3) 문학운동의 방향전환

사회운동의 방향전환

조선프로예맹은 그 조직을 기반으로 무산계급 문예운동을 주도하기 위해 이른바 '제1차 방향전환'을 통해 운동 노선을 전환한 바 있다. 1926년 말부터 계급 문단의 쟁점으로 부각된 방향전환론은 일제강점기 사회운동 이 요구하는 방향전환의 요건을 문학운동의 차원에서 그대로 수용했다. 그러나 계급문학운동의 방향전환은 계급문학운동 자체의 내적인 성숙이 이루어지지 못한 상태에서 외부적 상황의 변화에 따라 제기되었기 때문에, 그 논리와 실천에 있어서도 서로 다른 관점의 충돌과 이념적 갈등을 야기할 수밖에 없었다.

계급문학운동의 방향전환은 어디서 연유하며, 어떤 논리와 지향을 드러내는가? 이러한 질문에 접근하기 위해서는 방향전환론의 논리적 성격을 당시 이론투쟁의 전개 양상을 통해 면밀하게 검토해야만 한다. 조직 외적인 차원에서는 1920년대 중반을 지나면서 전반적으로 제기된 사회운동의 방향 전환 과정과 그 문단적 영향에 대한 이해가 필요하다. 특히 조직 내적인 차원에서 이른바 내용·형식 논쟁과 아나키즘 논쟁을 통해 노출되었던 계급문학운동의 이념과 노선의 갈등이 마르크스주의 이념 노선으로 수렴 통합되는 과정을 포괄적으로 이해할 필요가 있다.

1920년대 후반의 사회운동에서 새롭게 제기된 방향전환이란 노동자 대중의 자연 발생적인 경제투쟁으로부터 의식적인 정치투쟁으로의 운동 노선의 전환을 말하는 것이다. 이러한 요구는 3·1운동 이후 전개된 민족사회운동이 무분별한 분파투쟁과 이념적 혼란을 거듭하면서, 반봉건·반식민의 목표를 실현하기 위한 실천적인 노력을 제대로 기울이지 못했다는 반성을 포함하고 있었다. 특히 사회운동의 주체가 소부르주아 인텔리 계층에 국한되어 그 대중적 조직과 기반 조성을 효과적으로 수행하지 못한 채 추상적인 이념 논쟁을 거듭했다는 비판도 있었다. 당시 사회운동의 방향전환론을 요약적으로 제시하는 '정우회(正友會) 선언'(1926. 11)의 핵심 내용을 간추려 보면 첫째로 이념 노선의 전환, 둘째로 조직의 전환, 셋째로 실천 방법의 전환을 강조하고 있다.

정우회 선언의 핵심은 사회운동 노선을 의식적인 정치투쟁으로 전환해야 한다는 점이었다. 이것은 사회운동의 이념적 급진성을 의미하는 것이지만, 실제로 기초 조직의 확립이 없이는 실천적 의의를 인정할 수 없다. 그러므로 정치투쟁으로의 의식적 방향전환은 당연히 조직 정비 문제를 전제하게 된다. 정우회 선언 속에는 과거의 모든 분파투쟁을 청산하고 사상단체의 조직적 통합을 기해야 한다는 주장이 담겨 있다. 더 나아가서는 진보적인 민족주의자, 타락하지 않은 민족 세력과의 제휴를 통해 민족적 통일전선의 결성을 이루어야 한다고 주장한다. 이 같은 노선과 조직론에 근거해 사회운동의 실천 방향은 대중의 무지와 자연 생장적인 요건을 퇴치하고, 대중을 의식화하고 조직화해 정치투쟁으로의 방향전환을 꾀할 것을 내세우고 있다.

정우회 선언에서 내세우는 사회운동의 방향전환은 일본 사회주의 운동에서 큰 파장을 일으켰던 후쿠모토이즘(福本主義)을 이론적 배경으로 삼고 있다. 후쿠모토이즘은 1920년대 중반 일시적으로 일본의 사상운동에 커다란 영향을 주었던 후쿠모토 카즈오(福本和夫)의 이른바 '분리 통합의 이론'이라는 좌익운동 이론을 말한다.[35] 그 핵심은 의식적으로 불철저한 마르크스주의자들을 이론투쟁을 통해 분리시키고 진정한 마르크스주의자만을 다시 결합시켜야 한다는 데 있다. 후쿠모토는 이러한 자신의 주장을 '결합에 관한 마르크스적 원리'라고 내세우면서, 일본의 무산계급운동이 경험해 온 여러 분파의 분열을 오히려 필연적인 것이며 변증법적 발전을 의미하는 것이라고 설명함으로써 새로운 관심의 대상이 되었다.

그의 주장을 더 자세히 검토해 보면, 일본의 무산계급운동은 조합주의적 투쟁에서 정치투쟁으로 방향을 전환할 단계에 이르렀다는 점을 전제하고 있다. 일본은 자본주의의 후진국이기 때문에, 제국주의적 단계에서 이 같은 전환을 이루기 위해서는 모든 정치투쟁이 직접적인 마르크스주의적 정치투쟁이 되어야만 한다는 것, 그리고 이러한 정치투쟁을 위해 투쟁의 주체를 어떻게 전취하느냐가 문제가 된다는 것이다. 그가 주장하는 '결합에 관한 마르크스적 원리'란 결국 정치투쟁의 단계에서 불철저한 구성 분자를 제거하고 진정한 마르크스주의자를 중심으로 새로운 주체를 결정하기 위한 전략이라고 할 것이다. 이러한 주장이 적극적인 지지를 얻자, 일본 노동조합과 농민조합, 무산정당의 급작스런 분열이 이루어졌고 무산계급운동에는 적지 않은 혼란이 초래된다. 후쿠모토이즘은 1927년 5월 제 3인터내셔날에서 '일본에 관한 테-제'를 통해 실천적·분열적 종파주의로 낙인찍히고 그 오류가 비판됨으로써 그 경향이 청산되기에 이르지만, 방향전환기의 이론적 근거로 널리 확산되었다.[36]

그런데 식민지 조선의 입장에서 사회운동의 방향전환이 의식적 정치투쟁이라는 노선의 전환을 목표로 한다고 하더라도, 그 실천 과정에는 여러 가지 어려움이 있었다. 사회운동의 방향전환을 통해 요구되는 정치투쟁이란 결국은 식민지 상황에서 피지배 민족의 해방투쟁으로 전개될 수밖에 없는 일이었기 때문이다. 당시 조선은 내적으로 봉건주의 모순을 여전히 안고 있

35 栗原幸夫, 『プロレタリア文學とその時代』(平凡社, 1971), 28-40면 참조.

36 小島 亮編, 『福本和夫の思想』(こぶし書房, 2005)에 수록되어 있는 高橋彦博의 「日本における「社会主義の分裂」と統一戦線党の確立」 참조.

고 외적으로 일제의 식민지 지배라는 정치·경제적 예속 상태에 놓여 있었으므로, 자본주의 생산관계의 전형적인 발전 과정을 거쳐 온 서구 제국과는 전혀 다른 상황에 있었다. 그러므로 경제투쟁이라는 것도 부분적인 소작쟁의나 노동쟁의 등만이 아니라, 오히려 3·1운동 이후 폭넓게 전개되어 온 민족사회운동을 모두 그 범주에 포함시켜 볼 수 있다.

정우회 선언에서는 이 같은 현실 상황을 놓고 맹목적인 계급투쟁만을 고집하는 것이 아니라 민족해방운동의 실천에 앞장설 것을 강조하는 점이 특히 주목된다. 그리고 민족해방투쟁을 전민족적으로 전개하기 위해 진보적인 민족 세력과 통합해야 한다는 주장도 매우 중요한 의미를 갖는다. 물론 정우회 선언 이전에도 민족운동과 사회운동의 통합을 주장하는 견해가 있었지만, 민족진영 내에서 비타협주의 노선과 타협주의적 개량주의 노선이 지속적인 갈등을 보였고, 사회운동의 경우에도 급진 좌파와 온건파의 계급투쟁운동 실천 방법이 서로 대립하고 있었다. 정우회 선언 이후 사회운동이 이념적 분파성을 극복하고 전 민족적 해방투쟁을 위해 1927년 '신간회'라는 민족 통일전선의 확립으로 진전될 수 있었던 것은 방향전환의 중요한 성과로 이해될 수 있다. 신간회의 조직 기반이 대중의 획득이라는 차원에서 전국적으로 확대되었던 것도 마찬가지로 설명될 수 있다.

방향전환과 목적의식

계급문학운동에서 방향전환 문제를 가장 먼저 제기한 이는 박영희다. 박영희의 방향전환론[37]은 문예상에 있어서 작가 의식 전환과 관계가 깊다. 그는 식민지 조선의 현실을 '성장의 현실'로 파악할 것을 요구했다. 자본주의의 비정상적인 성장에서 비롯된 계급 모순(민족 모순까지 포함된다)으로 인해 무산계급 혁명의 필연성을 노정하고 있다는 그의 현실 진단은 무산계급의 성장에 대한 관념적인 인식이 강하다. 그러나 몰락하는 자본주의의 현실에 얽매여 비탄과 한숨과 절망을 표백하는 부르주아문학에 대한 그의 비판은 설득적이다. 그는 문예운동의 계급적 성장과 그 현실성의 의미를 강조하면서, 문

---

37 방향전환론은 박영희가 발표한 평문 「문예운동의 방향전환」(朝鮮之光 제66호, 1927. 4)과 「문예운동의 목적의식론」(朝鮮之光 제69호, 1927. 7)을 통해 본격적으로 제기된다.

학이 붕괴되고 있는 현실만을 좇을 것이 아니라 성장하는 의식, 신흥하는 무산계급의 의식을 표출해야 한다고 강조했다.

朝鮮에 잇서서 文藝運動의 內容은 그 일홈하는 바 自然生長的(일홈한 新傾向派) 文學의 內容과 갓치 階級人으로서의 階級意識이 自然生長期인 그 만콤 作品에도 그러하엿다. 또한 朝鮮의 階級的 社會性이나 갓치 作品에 나타난 經濟鬪爭은 그리 만치 안엇다. 經濟鬪爭에서 政治鬪爭으로의 方向轉換期에 잇슴을 말하는 朝鮮의 社會性은 文藝運動으로 하여금 엇더한 鬪爭을 갓게 할 것일까? 또한 方向轉換期에 잇는 朝鮮社會의 現實性을 文藝運動으로 하여금 엇더케 方向轉換을 하게 할 것인가? 그것은 勿論 階級의 自然生長的 現實로부터 目的意識에 이르게 하는 것이니, 文藝運動에 잇서서 現實을 認識하는 方法이 또한 그러하다.

이러한 意味에서 所謂 新傾向派文學이나 經濟鬪爭의 文學은 自然生長的이라고 하는 일홈밋헤 드러갈 수 잇는 것이니, 하로하로 賃金을 닷투는 勞働者나 差別과 ××에서 必然的으로 생기는 個人的 ××쁜만으로는 無產階級의 階級的 意識을 엇기 어렵다. 이에 잇서서는 目的意識的으로 나가야 한다. 原來 階級文學은 그 機能을 다하기 爲해서 늘 새로운 過程을 지내가게 되는 것이다. 階級意識을 高揚하든 階級文學은 經濟鬪爭에서 目的意識的으로(政治的 意味에서) 이르게 되는 것이다. 朝鮮에 잇서서는 自然生長的 文學에서 目的意識的 文學으로 過程한다는 것이 지금 必然한 現實이다. 그러하면 無產階級文學의 階級的 任務로써 그 社會性과 한 가지 方向轉換에 이르럿다 하면 그 所謂 政治的 暴露란 엇더케 해야 할까 하는 問題가 文藝運動에 잇서서 甚히 討議할 問題라고 아니할 수 업다.[38]

박영희는 그동안 계급문학운동이 계급의식의 추종에 얽매여 실천적 구체성을 획득하지 못한다는 점을 지적한다. 따라서 보다 적극적인 계급투쟁을 위해 문예운동의 전선적 진출이 요구된다고 주장했으며 이는 그가 방향전환론을 제기하는 동기가 되었다. 그는 계급문학운동의 제1기적 과정을

38 朴英熙, 「文藝運動의 方向轉換」(朝鮮之光 제66호, 1927. 4), 64-65면.

자연 생장적 문예로 규정했다. 그리고 이 같은 자연 생장기의 이른바 신경향파문학에서 볼 수 있는 부분적·분열적 관념을 극복하기 위해 문예운동의 방향전환을 요구했다.

박영희가 내세우는 문예운동의 방향전환의 근본 목표는 무산계급의 자연 생장적 현실로부터 목적의식에 이르게 하는 것이었다. 무산계급은 자연적으로 생장하는 것이며, 그 의식의 구체적 발현이 바로 무산계급문예가 된다. 무산계급의 성장을 따라 나타난 자연 생장적 신경향파문학의 경험주의적 한계를 극복하기 위해 계급문학은 스스로 무산계급의 투쟁 목적을 자각했다. 계급문학운동은 결국 자연 발생적인 무산계급 문학에 목적의식을 심어 주는 운동이라고 할 수 있으며, 바로 이러한 과정에서 전체적인 무산계급운동에 진출하게 되었다. 박영희는 계급문학운동에서 방향전환 문제를 목적의식론이라는 원칙에 묶어 놓고 있었다. 그는 목적의식에 입각해 계급문학의 창작적 실천을 적극화하는 길만을 강조하고 있기에, 대중적 조직과 정치투쟁에의 직접적인 진출을 논의하지는 못했다.

박영희는 계급문학운동의 방향전환론에서 예술운동의 영역을 대중적 정치투쟁과 별개로 구분한다. 문예는 문예로서의 특수성을 지니므로, 그 특수성의 완벽한 구현을 통해 오히려 문예운동의 효과를 고양할 수 있다고 주장했다. 그렇기에 목적의식에 입각한 창작의 적극적 실천과 작품을 통한 정치적 투쟁의식의 고양 등만을 계급문학운동의 정치적 기능으로 설명했다. 박영희의 방향전환론은 시대적 요구의 당위성을 인정할 수 있지만, 조선프로예맹 내부에서 정치적 진출이라는 실천 방법을 놓고 심각한 갈등을 야기했다. 박영희는 물론 조합주의적 문학을 극복하고 정치투쟁의 전선에 진출해 계급투쟁의식을 고양할 것을 요구했지만, 예술의 특수성에 대한 인식을 바탕으로 계급문학운동의 절약된 한계와 제한된 효용을 명확히 이해할 수 있도록 방향전환기의 계급문학운동을 위한 이론투쟁이 필요함을 강조했다.

박영희가 계급문학운동의 방향전환을 적극적으로 강조하면서 구체적 방법으로 제시한 것은 일본 계급 문단에서 새롭게 제기되었던 계급문학운동의 목적의식론[39]이다. 일본 계급 문단에서 목적의식론은 아오노 스에키치(青

39 山田淸三郞,『プロレタリア文學史 上』(理論社, 1954), 24-30면 참조. 목적의식론은 青野季

野季吉)가 주도했다. 아오노는 초창기 일본의 계급문학이 명백히 자연 생장적임을 지적하면서, 마르크스주의에 입각해 계급투쟁의 목적의식을 고양하며, 무산계급운동에 참여하는 계급문학운동으로의 전환을 내세웠다. 아오노의 주장은 제2의 투쟁기에 접어든 계급문학운동의 사상적 통일과 조직을 강조했기 때문에, 계급문학운동의 주체와 이념을 마르크스주의적으로 규정하게 만든 중요한 계기로 평가된다.

박영희는 사회운동의 방향전환 문제가 제기되자, 이 문제를 아오노의 목적의식론에 의존해 계급 문단의 또 다른 쟁점으로 확대시킨다. 그는 계급문학운동의 방향전환을 선도하면서 구체적인 이념 노선을 구축하기 위해 목적의식이라는 과제를 다시 제기한다.

> 方向轉換期에 잇는 우리 朝鮮의 文藝運動은 엇더한 任務가 잇스며, 이 任務는 엇더한 客觀的 條件의 發展에 짜러서 그 스스로의 內部의 潛伏한 相對의 矛盾을 克服하고 止揚할 것인가? 하는 問題가 매우 重要하고 重大한 것이다.
>
> 먼저 우리는 朝鮮의 無産階級運動과 無産者文藝運動의 現在의 發展段階의 究明과 解決을, 그 相互關係를 참으로 無産階級的으로 解決하지 안으면 안이 된다. 그럼으로 ××××××× 方向轉換期에 잇는 朝鮮의 無産階級運動은 文藝運動으로 하여금 이 全線的 進出을 敢行하지 안이치 못하게 되엿다. 그리해서 우리는 흔이 말하기를 "卽 푸로레타리아文藝運動은 社會主義的 意識을 把握하고 '쑤르쥬와'××××××××××× 文藝運動의 任務를 다해야 할 것이다"라고 말하엿다. 그러나 우리는 目的意識的 方向轉換論에 잇서서 더 明確한 分析과 究明을 必要로 한다. 朝鮮의 無産階級運動의 客觀的 條件×××××의 展開는 無産階級運動으로 方向轉換을 行케 하엿스나 現今 朝鮮의 客觀的 條件의 發展은 엇더한 것인가? 卽 朝鮮人의 政治××××(××××××運動)-은 무엇을 뜻한 것이며 이에 對한 無産階級的 進出은 엇더한 것인가? 하는 問題에 이르럿다. 特殊한 環境에 잇는 朝鮮의 ××××× 먼저 ×

吉이 발표한 「自然生長과 目的意識」(文藝戰線 제9호, 1926. 9)에서 비롯되어 일본 계급 문단의 중요 쟁점이 되었다.

××××××× ×××××××××××××××× 解放되려는 運動이며 쏘한 植民地에 잇는 無産階級의 運動도-(×××××××××××××× 그 過程으로 하게 되는 까닭에)-이 客觀的 發展을 理解하며 이 歷史的 瞬間의 各環을 全力을 다해서 把握해야 할 것이다. 그럼으로써 朝鮮의 民族運動은 始作되는 것이며 現今 全鮮的으로 始作되여서 잇스며 朝鮮의 無産階級運動은 全力을 다해서 ×××××××× 高揚하고 잇는 것이다. 그것은 無産階級이 歷史的任務와 그 使命을 다하기 爲해서 ××××××으로부터 始作해야 할 必然性, 特殊性을 가지고 잇는 까닭이다. 朝鮮의 無産階級運動의 現段階에 잇서서 無産階級的으로 解決해야 할 文藝運動의 相互關係의 究明은 무엇이냐?

文藝運動의 方向轉換期에 잇서서 먼저는 組合主義的 文學을 克服해야 한다. 그리고 全線的 ×××××線에서 ×××××××××意識을 高揚하지 안으면 안이 될 現段階에 이르럿다. 이리해서 朝鮮의 無産階級運動의 全線的-(×××××)-進出과 文藝運動의 全線的 進出-(×××××××)-이 始作될 것이다. 맑스主義者는 自身을 社會主義者나 ×××× 或은 그의 追隨者로 自處하는 것으로 滿足하지는 안는다. 各瞬間에 ××××特殊한 各環을 發見하는 것을 理解하지 안으면 안이 된다. 그리해서 그 全連鎖를 잡고 그 各環의 過渡를 繼續的으로 準備하기 爲해서 그 特殊의 各環을 全力을 다헤서 잡는 것이 必要하다는 것이다.

그리해서 朝鮮의 無産階級文藝는 上論한 特殊한 環境을 理解하여 把握하기 爲헤서 方向轉換을 하지 안으면 안이 된다. 그러나 우리는 朝鮮의 無産階級文藝運動을 所謂 그 保守的 쁘르쥬와的 國民文學으로 變節하는 것이라고 誤解해서는 안이 된다. 우리는 이 保守的 쁘르쥬와的 國民文學을 排斥한다. 그리고 그 反動思想을 撲滅한다. 다만 우리는 現段階에 ××××잇는 運動인 한 特殊한 過程을 理解하여 그것을 高揚하게 하는 것은-(×××××××××××××)-그 全過程을 잡고 그 各過程의 過渡를 繼續的으로 準備하기 爲해서 그 特殊한 各過程을 스스로 過程하는 것이다.[40]

박영희는 사회운동의 방향전환 문제를 계급문학운동 속으로 끌어들

40 朴英熙, 「文藝運動의 目的意識論」(朝鮮之光 제69호, 1927. 7), 4-5면.

이면서 이를 이슈화하고 그 구체적 실천 방법으로 목적의식론을 강조했다. 그가 세목화해 제시하는 목적의식은 계급문학운동의 이론과 실천의 현실적 통합을 의미하는 것으로 진정한 문예운동의 임무로 규정되고 있다. 그는 계급문학이 목적의식에 이르기 위해서는 분산적·부분적 투쟁에서 전체적·조직적 투쟁으로, 경제적 투쟁에서 정치적 투쟁으로 나아가는 것이 첫 번째 과제라고 설명했다. 둘째로는 계급문학운동의 전선적 이론투쟁을 선행시키고 제2선적 문예에서 제1선적 문예로 전환할 것을 주문한다. 셋째는 문예운동의 조합주의적 성격을 극복하고 보수적 부르주아 국민문학을 배격하며 역사적·필역적 도정으로서 민족문학운동을 전개할 것 등을 주장한다. 이러한 방안은 결국 식민지 상황에서 계급문학운동이 어떻게 좌익의식을 전취하고 투쟁의 선봉이 될 수 있는지의 문제로 귀결되었다.

박영희가 제기한 방향전환과 목적의식론은 계급문학운동과 사회운동의 통일이라는 거대한 구상을 지니고 있었고, 이것은 조직운동에서 실현된 신간회와의 연계, 전국적인 지부 조직을 통한 대중적 진출 등으로 구체화되었다. 방향전환론이 제기된 후, 조선프로예맹의 이념 노선의 전환, 조직의 전환, 문예운동의 실천 방법의 전환 등이 잇달아 이루어지는 가운데 계급문학운동의 성장과 성장을 위한 투쟁이 계속된 것은 이 같은 과정을 그대로 말해 주는 근거가 된다.[41] 방향전환론 이후 조선프로예맹은 아나키스트의 제거라는 조직 개편과 사회적 확대를 기함으로써 계급문학운동의 실천적 기반을 획득할 수 있었으며, 계급문학운동의 노선 정립과 함께 그 내부의 실천 논리를 중심으로 하는 새로운 이론투쟁의 단계에 접어들었다.

4) 계급문학과 마르크스주의

문학의 내용과 형식 문제

계급문학운동은 조선프로예맹의 조직을 기반으로 방향전환을 꾀하면

41 朴英熙, 「文藝運動의 理論과 實際」(朝鮮之光 제75호, 1928. 1)에서 이 같은 다시 내용을 강조한다.

서 그 이념적 성격을 분명하게 제시했다. 여기서 주목되는 것은 계급문학의 이념 문제와 관련해 조직 내부에서 야기되었던 이른바 '내용·형식 논쟁'[42]이다. 이 논쟁은 계급문학의 이념 정립 과정에서 운동을 이끌던 김기진과 박영희 사이에서 일어난 주도권 경쟁처럼 보였지만, 계급문학 자체의 이념성을 마르크스주의에 입각해 규정하게 된 중요한 계기가 되었다.

내용·형식 논쟁은 김기진이 박영희의 소설 「철야(徹夜)」(1926. 11)와 「지옥순례」(1926. 11)를 평한 간단한 평문[43]에서 비롯되었다. 논쟁의 전말은 당사자들이 회고하는 다음 기록을 보면 더욱 분명하게 드러난다.

> 1926년 12월호 『조선지광』지에 김기진군의 작품 월평이 발표되었었는데 그중에 나의 단편소설 「철야」와 「지옥순례」의 두 편에 대하여 매우 불쾌한 비평이 있었다. 즉 그의 論調를 요약하여 말하면, 문학의 形式 등은 어쩨되었든 階級意識만 내세우면 작품이 되느냐는 것이었다. 그때쯤은 문학의 형식 문제를 논해야만 할 적당한 시기였기는 하였다. 쏟아져 나오는 意識小說에 거진 식상한 시대라고 할 수 있었다. 그러한 千篇一律的인 작품에는 권태가 생기기 시작했었다. 그러나 팔봉은 그러한 타당성에서 형식 문제라든지 혹은 침체된 문학의 打開策을 논한 것이 아니라 당시 군도 프롤레타리아예술동맹의 중요한 요원의 한 사람으로서 階級意識을 말살하려는 듯한 애매한 논조에 대하여 나를 불쾌하게 하였고 또 盟友들의 분노를 일으키게 되었던 것이었다. 또 군의 악평을 받은 나의 작품 「철야」와 「지옥순례」의 두 편 중에 「철야」라는 작품은 굶주린 사람의 식욕과 아울러 그 심리묘사가 작품의 전부였으니 그때 정도로 보아서 형식이 불비된 작품이라고는 말하기 어려웠고, 「지옥순례」만은 다분히 형식이 거칠다고 할 만한 작품이었다. 그러나 이 작품도 飢餓로부터 생기는 殺戮의 地獄相을 표현하려고 하였고 드러나게 계급의식을 나타내려고는 아니 하였다. 그런데 이러한

---

42 이 논쟁에 연관되는 김기진과 박영희의 당시 평문들을 열거하면 다음과 같다.
金基鎭, 「文藝時評」(朝鮮之光 제62호, 1926. 12); 朴英熙, 「鬪爭期에 있는 文藝批評家의 態度」(朝鮮之光 제63호, 1927. 1); 金基鎭, 「無産文藝作品과 無産文藝批評」(朝鮮文壇 제4호, 1927. 2); 朴英熙, 「文藝批評의 形式派와 맑스主義」(朝鮮之光 제64호, 1927. 2).

43 金基鎭, 「文藝時評」(朝鮮之光 제62호, 1926. 12).

> 세밀한 해부와 분석도 없이 그저 쓸데없는 물건을 뱉아 버리듯이 계급 운운의 말을 쓰기만 하면 작품이 되는 것이 아니라고 극히 무성의한 비평을 내렸기 때문에 이 문제는 문학상 技術 문제를 떠나 예술동맹의 내부 붕괴 공작이나 시작된 것 같이 일반에게 인상을 주었으며 따라서 결함만을 엿보고 있었던 우익평론가들의 쾌재를 부르게 하였던 것이었다.[44]

위의 인용에서 박영희가 술회하는 경위를 자세히 살펴보면, 이 논쟁이 지니는 의미가 가볍게 다루어질 성질의 것이 아님을 알 수 있다. 김기진이 논쟁에서 제기하는 소설의 형식 문제는 내용 우선을 원칙으로 하는 계급문학의 이념적 속성을 비판하면서 그 미적 형식 문제에 대한 불만을 제기하고 있다는 점과 직결된다. 김기진은 계급문학을 프롤레타리아 생활의식에서 산출된 것이며 진정한 프롤레타리아의 혼의 표백이라고 말한 바 있는데, 그는 계급문학도 하나의 문학이라는 점에서 문학적인 독특한 형태의 발전이 있어야 한다고 생각했다. 그리고 계급문학에도 문학이라는 명제 앞에서 문학적 완결성을 요구하고, 계급문학의 형식 문제를 문예 일반의 미학적 과제로 끌어올리고자 했다.

그러나 박영희는 계급문학운동의 방향전환을 위해 계급문학자의 의식과 이념 노선의 통일을 강조했다. 그는 계급문학의 이념성을 마르크스주의로 규정했고 문학의 내용이 지니는 이념적 가치를 앞세웠다. 박영희는 계급문학이 무산계급을 주제로 하며 무산계급의 계급의식을 바탕으로 하기에 계급문학 가치는 그 구성과 묘사에서 나타나는 것이 아니라 작품에 나타난 계급의식에서 규정된다는 원칙을 내세워 김기진 논조를 반박했다. 그리고 계급문학 비평가는 작품을 주석할 것이 아니라 잘못을 지적하고 올바른 방향을 지시해야 하며, 예술작품을 일개의 사회 현상으로서, 예술가를 일개의 사회적 존재로서, 그 존재 그 현상의 사회적 의의를 결정하는 비평, 이른바 문화사적 비평에 주력해야 한다고 비평가의 임무를 규정하면서 김기진의 비평적 태도에 계급적 명확성이 결여되어 있다[45]고 공박했다.

---

44 박영희, 「나의 논전시대를 생각하면서: 초창기의 문단측면사 6」(현대문학 제6권 제2호, 1960. 2), 85면.

45 朴英熙, 「鬪爭期에 있는 文藝批評家의 態度」(朝鮮之光 제63호, 1927. 1), 67면.

김기진과 박영희의 사이에서 야기된 소설의 형식 문제는, 두 사람의 대립적인 입장 그대로 내용·형식의 이원적 분리론을 벗어나지 못하고 있다. 김기진이 형식과 내용은 하나라고 말하는 것은 통일적 결합 관계로서의 문학 형식에 대한 발견을 의미하는 것처럼 보이지만, 그는 여전히 계급문학이 그 자체의 형식을 가져야 한다는 주장을 내세우고 있다. 더구나 그가 박영희의 소설에서 계급의식이나 계급투쟁에 대한 관념을 추상적으로 설명하기 때문에 형식에 대한 착안이 부족하다고 비판하지만, 그러한 비판은 결국 계급문학작품의 형식상의 기법의 미숙성에 대한 지적으로 평가되어야 할 것이다. 박영희의 경우를 보면, 내용 우선의 원칙론을 강조하는 계급문학의 요건을 고수하고 있다. 그는 문학작품에 나타나는 계급의식에 의해 그 가치가 규정된다는 점을 강조했다. 특히 그는 계급 문단의 이념투쟁이라는 측면에서 김기진과의 사이에 야기된 내용·형식 논쟁을 의식하고, 러시아 형식주의자와 마르크스주의자 사이에 일어났던 형식 논쟁[46]을 끌어들이면서 마르크스주의의 이념을 계급문학운동의 이념으로 고정시키고자 했다.

러시아의 형식주의자와 마르크스주의자들의 문학 이론투쟁은 형식주의자들에 대한 레온 트로츠키(Leon Trotsky)의 비판이 그 핵심을 이루고 있다. 형식주의 문학 이론[47]은 10월 혁명 이후 러시아에서 일어난 문학 연구 방법으로서, 전통적인 문학 연구가 보여 주는 방법론의 혼란을 극복하고 '문학의 과학'을 지향하는 특징이 있다. 형식주의자들은 문학작품에 대한 여하한 종류의 전기적·심리학적 해석도 거부하고 동시에 어떤 종류의 사회학적 해석에도 반대한다는 입장을 고수했다. 마르크스주의자의 미학적 원칙에 상치되는 이러한 입장은 문학 연구의 자율성을 확보하고, 문학작품 자체와 그 구성 요소들에 대한 해석을 통해 문학의 미적 특질을 규명해 낸다는 방법론의 기본 방향에서도 잘 드러난다. 그러나 이러한 기본 입장이나 방법은 어떤 조직적인 운동을 통해 구체화된 것은 아니다. 형식주의라는 이름조차도 그들이 선택한 것이 아니라 혁명 후 러시아의 혼란된 비평계에서 그들과 대립되는

---

46 박영희의 토로츠키 수용에 대해서는 한계전, 『한국현대시론연구』(일지사, 1983), 113-127면에서 상세하게 검토된 바 있다.

47 빅토르 어얼리치, 『러시아 형식주의』(박거용 역, 문학과지성사, 1983), '제10장 기본개념들' 참조.

입장에 놓여 있던 문학론자들에 의해 비판적인 의미로 붙여진 것이다.

러시아 형식주의 문학론자로 알려진 빅토르 슈클로프스키(Victor Shklovsky), 보리스 아이헨바움(Boris Eichenbaum), 유리 티니아노프(Jurij Tynyanov) 그리고 로만 야콥슨(Roman Jacobson) 등의 문학론은 형식주의 이론으로 통칭되는 몇 가지의 공통점을 지니고 있었다. 첫째, 이들은 문학 연구를 과학적 기반 위에서 확립시키고 문학 자체에 맞는 방법과 절차를 사용해 자율적인 과학을 이루도록 해야 한다고 주장했다. 이들은 문학작품이 다른 형태의 담화나 산문적인 언어와 구분될 수 있는 점에 착안해 이른바 문학성의 개념을 확립했고, 그것을 문학의 형식적이고 언어학적인 특질을 통해 밝혀 보고자 했다. 이들에게 형식주의라는 명칭을 붙이게 된 가장 근본적인 이유는 바로 이러한 방법과 관심 때문이었다. 이들은 문학 텍스트의 형식적 특질을 통해서만 문학의 특수성이 밝혀질 수 있다고 생각했기 때문에, 문학작품의 구성에 역동적으로 작용하고 있는 외부적인 요건이나 역사의 충동은 전혀 고려할 필요가 없다고 믿었다. 둘째, 이들은 문학이 현실의 반영이 아니라 특이하게 기호로 구성된 현실의 의미화일 뿐이라고 주장함으로써 문학 이론에서 모방론에 연관된 일체의 해석 방법을 거부했다. 문학작품은 현실을 반영하기는커녕, 현실 세계를 새로운 관심의 대상으로 만들기 위해 습관적인 인식을 배제하고 '이채롭게 하기(defamiliarization)'의 경향을 갖는다고 주장했다. 그들은 문학성의 의미를 주로 '이채롭게 하는 경향'을 드러내는 문학의 형식적 장치에 대한 분석을 통해 해명했다. 결국 형식주의자들의 입장에 따르면, 문학은 다양한 형식적 장치를 통해 사고와 표현의 공인된 범주의 변형을 행사하는 실천 행위로 간주된다. 문학이 대상을 알게 하는 수단이 아니라 대상에 대한 비전을 창조한다는 주장도 여기에서 비롯된 것이다. 문학은 과학처럼 세계를 개념적으로 구성하지 않고 오히려 예견할 수 없는 새로운 국면을 볼 수 있도록 어떤 창구를 열어 줄 뿐이다.

이러한 관점에서 볼 때, 모든 문학 형식은 현실 자체에 대응한다 하더라도 사실주의적인 것으로 간주될 수 없다. 문학은 필연적으로 현실의 의미화에 지나지 않으며, 단지 그 의미화 작업에 효과를 주는 장치의 강약에 정도의 차이가 나타날 뿐이다. 이와 같은 인식으로 인해 형식주의 문학 이론은 반영론에 관심을 기울이기 시작한 마르크스주의자들의 주장과 충돌했다. 마르크스주의자들은 문학이 역사 발전의 근본적인 논리와 방향을 어느 정도 정확하게 묘사하고 반영하느냐에 따라 그 가치를 판단할 수 있다고 믿었다. 문학의 가치를 외재적 요건, 즉 정치·사회·경제·역사 등에 의해 평가하고자 하는 마르크스주의자들은 문학의 가치를 글 자체의 내재적 요건들로 규명하는 형식주의 문학론자들을 비난하고 공격했고, 그것은 형식주의 문학 이론에 압력으로 작용하게 되었다.

형식주의 문학론에 가장 영향력 있는 비판을 가한 것은 트로츠키[48]다. 형식주의에 대한 그의 태도는 매우 비판적이었지만, 전적으로 적대적인 것만은 아니었다. 그는 형식주의 예술 이론이 피상적이고 반동적인 특징을 가지고 있음에도 형식주의자들이 행한 문학에 대한 연구의 특정 부분은 유효하다고 말했다. 그리고 형식주의 방법이 문학 형식의 예술적이고 심리학적인 특성들을 밝히는 데 도움이 될 것이라고 밝혔다. 그러나 그는 형식주의를 완결된 문학 이론으로 내세우는 것을 부정했다. 형식주의는 보조 수단으로 평가될 때 분명 가치 있지만, 세계관으로 확립될 때는 허위적이고 반동적인 개념이 되기 때문이다.

트로츠키가 형식주의를 신랄하게 비판하는 것은 형식주의적 세계관이었다. 그는 문학의 인과적 해명을 제공할 수 있는 유일한 철학은 마르크스주의라고 했다. 그는 문학 형식의 예술적 특성들을 조명하려는 형식주의자들의 시도를 인정하면서도, 그들이 문학 전반을 그 언어적 표현 양식으로 환원시키는 것은 잘못이라고 주장했다. 트로츠키는 예술적 창조란 예술의 독특한 법칙에 따른 현실의 굴절이며 반영이라고 말하며, 마르크스주의만이 예술의 특정한 경향이 왜 어떻게 특정한 시대에 발생했는가를 설명할 수 있다고 주장했다. 트로츠키는 예술의 시대적 경향 문제를 놓고 그런 질문을 하려고도 하지 않았다는 사실을 비판했다. 그는 형식주의자들이 언어적인 기법에 몰두하는 것을 놓고, 언어는 그 행동의 음성적인 그림자일 뿐이라 했다.

내용·형식 문제는 본질적인 측면에서 사회주의 예술 미학의 중심 테

48 트로츠키의 형식주의 비판은 Paul N. Siegel (ed.), *Leon Trotsky on Literature and Art* (Pathfinder Press, 1981), pp. 32-37 참조.

마의 하나다. 사회주의 예술 미학의 기본 입장[49]은 내용의 우선권을 인정하는 것이며 내용이 적절한 형식에 대한 요구를 낳는 것으로 되어 있다. 그러므로 사회주의 예술 미학은 내용에 중점을 두는 미학이 되며, 불필요하거나 자의적인 형식의 유희에 근거하는 모든 미학, 여하한 종류의 형식주의와도 상반된 위치에 서는 것이다. 내용과 형식의 관계는 경제적 기초와 이데올로기적 상부 구조가 되며, 형식은 언제나 필연적으로 내용에 종속되기 마련이다. 마르크스와 레닌의 미학 원리에 입각하면, 형식은 목적 그 자체가 아니므로 예술 창작 특성의 기초를 설명할 수 없다. 예술의 내용은 예술가가 일정한 세계관, 일정한 사회적 이상과 신념, 심미적 태도 등을 근거로 하여 반영한 현실이다. 형식은 이러한 예술의 내부 조직으로 예술의 내용을 연결해 표현한다. 그리고 사회주의 예술의 실천은 당의 지시에 따라 내용을 추구하고 그 내용에 부합되는 형식을 추구하는 과정에 해당한다. 그렇기 때문에 계급의식의 강조, 혁명적인 설교주의에 대한 강조, 예술의 결정주의적 근원에 대한 강조 등이 사회주의 예술가의 임무로 제시되었던 것이다.

이러한 원칙론을 놓고 본다면, 내용·형식 논쟁은 박영희가 주장하는 계급의식 경향으로 기울어지리라는 것은 당연한 일이라고 할 것이다. 박영희는 내용·형식에 관한 논쟁을 거친 후에, 계급문학운동은 반드시 사회와 함께 변천하는 현실성을 말할 수 있어야만 그 의의를 인정받을 수 있다고 전제하면서 자본주의의 생산관계에서 산출되는 무산계급의 성장, 자본주의의 모순과 무산계급의 확대라는 도식적 방법으로 우리 사회의 상황을 '성장하는 현실'[50]이라는 말로 지칭했다. 그리고 바로 이러한 '성장하는 현실'을 계급적으로 인식하는 데 문예운동의 가치가 있다고 주장했다. 그는 문예상의 목적의식이라는 것이 실천적 요구의 관념화임을 천명하면서 이러한 관념을 의식적·계획적으로 수행하는 전선적 진출에 문예운동이 앞장서야 할 것이라고 말했다. 그는 프로문예운동의 집단적 기능과 그 기능의 규범을 단순한 문예운동의 영역으로 국한시키지 않고 무산계급의 정치투쟁에 따른 전선적인 형

---

49 Henry Avron, *Marxist Esthetics*, translated by H. R. Lane (Cornell University Press, 1973)의 '사회주의 예술론' 참조.

50 朴英熙, 「文藝運動의 方向轉換」(朝鮮之光 제66호, 1927. 4), 63면.

태의 문예운동으로 규정하였으며, 문예작품의 형식에 대해 다음과 같은 견해를 피력한다.

> 현 단계에 있는 無産階級 文藝는 形式 전체를 쓸데없이 부정하는 것은 아니다. 불필요한 것을 방기하고 필요한 것은 고양해서 소위 形式의 止揚을 해야 할 것이다. 그러므로 이것을 측정하는 데는 우리는 內容과 形式의 一元的 關係로부터 생각하지 않으면 안 된다. (중략) 우리의 작품은 작품의 形式이 內容을 規定하는 것이 아니라, 이 내용이 표현되기에 필요로 하는 데에 따라서 형식이 규정될 것이다. 그런고로 無産階級 文藝運動이 질적으로 발전하고 변환되는 데에 따라서 이에 必須的으로 적응한 形式이 必然的으로 생기게 된다. (중략) 形式뿐만이 결코 내용의 효과내지 못한다. 內容이 표시되기 위하여 形式은 有用하다. 그러므로 내용과 형식은 分離할 수 없는 統一的 原理에서 一元的 關係를 가지고 있다.[51]

박영희는 무산계급 문예운동이 상이한 형식의 감각적 향락을 추구하는 문예운동이나 문예적 형식운동이 아니라, 사회의 역사적 계급에 의해 추진되는 통일적 목적을 수행해야 한다고 주장했다. 무산계급운동이 요구하는 새로운 형식이란 형식에 대한 향락보다 투쟁 과정의 역할을 위해 필요한 형식의 요구일 뿐이다. 박영희는 형식 문제에 대해 형식 전체를 쓸데없이 부정하는 것이 아니라, 불필요한 것을 방기하고 필요한 것은 고양한다는 소위 형식의 지양을 내세우나, 작품의 내용을 표현하기 위해 필요에 따라 형식이 규정될 것임을 분명히 한다. 다시 말하면 무산계급운동이 질적으로 발전하고 변환되는 데 따라서 이에 적응한 형식이 필연적으로 생기게 된다는 내용 위주의 관점을 유지한다.

박영희의 입장과 반대에 서 있던 김기진은 예술적 형상화의 방법에 있어서 형식의 완비를 내세운 태도를 바꾸지 않았다. 그는 내용이 있는 역동적이고도 구체적인 통합체로서의 형식에 대해 깊이 있는 인식에 도달하지는 못했지만, 문학작품이란 조직되고 고안되고 통일되어야 하며 개념의 추상적

---

51 朴英熙, 「文藝運動의 理論과 實際」(朝鮮之光 제75호, 1928. 1), 89-90면.

설명만으로 하나의 작품이 될 수 없다는 사실을 강조했다. 형식 문제에 대한 논의가 계급문예 비평가의 태도를 판단하거나 계급의식의 투철성을 규정하는 방향으로 진전되자, 김기진은 목적의식을 내세워 그 방향을 전환해 가는 프로문학운동의 선두에서 점차 소외되었다. 그러나 그는 자신이 제기한 형식 문제가 소설의 구성 요소에 대한 분석적인 인식과 직결된다는 점을 상기시키면서, 소설이 예술품이 될 수 있는 것은 미적 표현에 근거한다는 사실을 더욱 분명히 했다. 소설에서 요구되는 문학적 조건을 형상의 배열과 묘사와 설명에 의한 표현이라고 생각하는 김기진은 내용과 표현이라는 것이 예술 전체일 뿐 분리되는 것이 아니라고 했고, 프로문학이 새로운 생활의 문학적 조직이라고 전제하면서 다음과 같이 프롤레타리아 소설의 성격을 규정한다.

> 프롤레타리아 소설은 階級的 社會生活의 認識으로부터 출발하여 가지고 새로운 社會生活의 組織으로 향하는 것을 全過程으로 한다. 다만 소설뿐만이 아니라 온갖 문헌이 그러할 것이며, 예술의 이름으로 포용된 人間的 創造가 모두 그러할 것이다. 만일 이곳에 生活의 認識에서 생활의 組織으로 소용이 되지 못하는 예술이라는 것이 과거 長久한 人間生活의 전통으로 존재하여 온 것이 있다 하면, 그것은 이미 우리들에게 있어서 藝術이 아니다. 우리들은 그것을 예술이라는 이름으로 부를 수가 없다. 이미 그러할진대 우리들의 소설은 새로운 生活의 組織인 동시에 內容과 表現의 완전한 組織이 아니고서는 견디지 못할 것이 아닌가. 내용과 표현이 한 물건이고 별다른 두 개가 아님에도, 내용과 표현은 作家의 手腕의 優劣 여하에 의하여서 혹은 背馳되며 혹은 調和를 잃으며 혹은 서로 矛盾되는 사실이 있음으로, 비평은 비등 非組織을 적발하며 프롤레타리아소설로서의 任務를 다하지 못하는 것을 지시할 임무가 있는 것이다. 내가 소설이란 建築이다 운운한 것은 組織이라는 말의 同義語로 사용한 것이다.[52]

김기진의 견해는 비록 프로문예 비평가로서 입장을 내세우고 있다 하더라도, 분석주의 관점에서 벗어나지 않고 있다. 문학작품을 여러 요소의 단

52 金基鎭, 「內容과 表現」(朝鮮文壇 제20호, 1927. 4), 63-64면.

순한 통합체가 아니라 하나의 조직으로 인식하던 김기진은 프로문학이 독자적인 형식 요건을 갖출 때 비로소 문학으로서의 요건을 구비하는 것이라고 했다. 그는 프로문학에서 형식 문제가 제기되는 근본적인 이유를 프로문학이 독자적인 형식을 갖추고 있지 않다는 점에 있음을 분명히 했고, 종래의 문학 형식을 지양하고 극복해 새로운 프로문학의 형식을 갖추게 된다면 모든 문제가 해결될 것이라고 결론지었다.

김기진은 형식이라는 것은 그 내용에 따라 언제든지 달라진다는 점을 전제하면서 기존의 문학 형식을 극복하기 위한 실천적 방안을 모색했다.[53] 그는 계급문학 작가에게 요구하는 구체적인 창작 방법에 관해 주로 제시했다. 프로 작가는 현실 사물을 있는 그대로 객관적·현실적으로 보는 태도를 가질 것, 사건의 발단과 귀결을 추상적 요인에서 끌어내지 말 것, 사물을 운동의 상태에서 보며 또 전체 위에서 볼 것, 추상적 인간성을 버릴 것, 제재에 구애될 것은 없지만 자본가와 소시민을 그릴 때는 반드시 노동자와 대립시킬 것, 묘사 수법은 필연적·객관적·실제적·구체적일 것, 객관적 태도를 요구한다 해서 계급을 초월하는 냉정한 태도를 취해서는 안 된다는 일곱 가지 항목으로 이루어져 있다. 이러한 조건들은 엄밀히 따져 본다면, 리얼리즘의 세부적 원칙 위에 계급 문제를 추가시킨 소박한 기법론의 범주에 속하는 것이라고 할 수 있다. 사물을 있는 그대로 객관적·현실적으로만 본다는 것은 프로문학에만 국한된 것은 아니며, 전체성에의 인식 또한 마찬가지다. 계급문학운동의 선구적 역할을 담당했던 김기진이 형식 문제에서 출발해 이러한 결론에 도달하는 것은 그가 계급문학을 문예상의 한 사조로 잘못 파악한 데서 연유된 것이라고 하겠다. 김기진은 계급문학은 분명히 이데올로기의 문제였음에도 형식의 문제에 대한 타결을 보아야 비로소 계급문학의 완전한 성립이 가능하다고 믿었다.

절충주의의 배경

문학에서 형식의 개념은 대체로 두 가지의 기본 의미를 나타낸다.[54] 그

53 金基鎭, 「辨證的 寫實主義」(東亞日報, 1929. 2. 25-3. 17).

54 K. K. Ruthven, *Critical Assumptions* (Cambridge University Press, 1979), pp. 16-32 참조.

하나는 감각적 현상으로서의 형식이며, 다른 하나는 통일적인 결합 관계로서의 형식이다. 우선 감각적 현상으로서의 형식은 내용과 대립되는 개념으로서 미적 대상의 정신적·관념적 측면에 대립되는 감각적·실재적 측면을 의미한다. 이런 의미의 형식 개념은 내용과 형식을 이원론적으로 파악하는 관점에서 비롯된 것으로, 내용의 존재 방식 또는 대상의 표면 현상이라는 개념이 포함된다. 감각적 형식은 직접 우리의 지각에 주어지는 요건인데, 문학의 언어적 속성이 모두 이에 관계될 수 있다. 그러나 문학의 형식은 이러한 감각적 현상으로서의 형식 개념으로만 만족되지 않는다. 그것은 오히려 감각적 형식의 면에서나 내용의 면에 있어서나 다양한 구성 요소가 전체로서 조화를 이루는 통일적인 결합 관계의 의미를 요구하기 때문이다. 문학에서 형식과 내용은 분리되어 존재하는 것이 아니므로, 이들의 통합적인 관계 양상을 포괄적으로 인식할 필요가 있다. 형식은 내용의 존재 방식이며 내용은 곧 형식 가운데 담겨진 것이라는 보편적 원리는 바로 이러한 인식 아래에서 성립될 수 있다.

김기진과 박영희 사이에서 야기된 소설의 형식 문제는 두 사람의 대립적인 입장에도, 형식·내용의 이원적 분리론의 범주를 벗어나지 못하고 있다. 김기진이 형식과 내용은 하나라고 말하는 것은 통일적 결합 관계로서의 문학 형식에 대한 발견을 의미하는 것처럼 보이지만, 그는 여전히 프로문학이 그 자체의 형식을 가져야 한다는 주장을 내세우고 있다. 더구나 그가 박영희의 작품을 논하는 자리에서 주장하는 형식론은 사실 기법의 문제이지 형식 자체의 문제는 아니다. 계급의식이나 계급투쟁에 대한 관념을 추상적으로 설명하고 있기 때문에 형식에 대한 착안이 부족하다는 것은 표현 기법상의 문제를 지적한 것이라고 말할 수 있다. 결국 김기진의 주장은 프로문학 작품 기법의 미숙에 대한 지적으로 평가되어야 할 것이다. 박영희의 경우는 내용 우선의 원칙론을 강조하는 프로문학의 요건을 고수한다. 그는 문학작품에 나타나는 계급의식에 의해 그 가치가 규정된다는 전제를 내세우고 있었다.

그런데 이러한 형식 문제는 양주동이 내세운 절충문학론[55]의 핵심 과

55 권영민, 『한국 민족문학론 연구』(민음사, 1988), 144-167면 참조.

제로 부각됨으로써 다시 문단의 관심을 모으게 되었다. 양주동은 계급 문단의 내부에서 야기되었던 김기진과 박영희의 내용·형식 논쟁에 대해 문학에 있어서 내용과 형식, 소재와 수단은 둘이 아니라 하나라는, 예술 본질에 대한 가장 보편화된 입장을 내세웠다.[56] 어떠한 경우에도 문학은 그 자체로 완결된 세계를 추구하기 때문에, 프로문학론자들이 내용과 형식을 이원적으로 분리해 그중 어느 하나에 우위를 인정한다는 것을 가당찮은 논리로 받아들였다. 양주동은 프로문학이 작품의 내용과 효과에 있어서 계급의식의 선전에만 급급하기 때문에 형식적 기교를 잊고 있다고 비판했다. 프로문학은 내용에만 편중해 형식을 잃어버렸는데, 그 때문에 도리어 내용 또한 파괴될 수밖에 없다고 주장했다. 대개 형식을 빌리지 않고 기교를 등한시할 때 새로운 문학이란 탄생될 수 없는 것이므로, 프로문학이 진정 새로운 문학이 되기 위해서는 새로운 형식을 창조하기에 노력해야 할 것이라는 점도 지적했다. 양주동의 문단 분파의 논리를 따르면 그의 태도가 문단에서 어떠한 위치에 놓일지 더욱 명확하게 이해될 것이다. 그는 문단의 균형을 크게 정통파와 반동파로 구분해 설명하면서 그 가운데 중간파를 설정하고 자신의 입장이 중간파에 서는 것임을 분명히 했다. 중간파에는 사회적 가치를 우선하고 문학적 가치를 종속으로 하는 '사회적 중간파'와 문학적 가치를 우선하고 사회적 가치를 종속시키는 '문학적 중간파'가 있는데, 전자에는 김기진을 지목했고 후자에 자신을 넣었다.

'문학적 중간파'를 자처하는 문학 비평가로서 양주동의 태도는 크게 세 가지 관점에 따라 그 의의가 부여된다. 첫째는 문예의 존재 가치, 즉 예술 존립의 근본에 대한 예술가의 태도 문제다. 문예가 무엇이며 무엇 때문에 존재하는가에 대한 예술가의 대답은 대체로 두 방향으로 요약되는데, 하나는 예술을 위한 예술을 주장한 오스카 와일드의 견해와 같은 순수예술파의 입장이며, 다른 하나는 인생을 위한 예술을 주장한 톨스토이의 견해와 같은 인생파의 입장이다. 양주동은 두 견해가 명목에 사로잡혀 문예의 깊은 의미를 망각하거나 긴요한 내용을 은폐시켜 버리기 쉽다며, 문예 비평가로서 자신은 두 견해의 중용적 위치에 서고자 함을 말한다. 결국 예술파와 인생파의

56 梁柱東, 「다시 文藝批評家의 態度에 就하여」(東亞日報, 1927. 7. 12-20).

절충적 국면을 의도하는 셈이다. 둘째로 양주동이 문제시하던 것은 예술가의 사상적 태도다. 예술가가 지니는 예술에 대한 태도나 관점이 아니라, 세계관·인생관 등을 말하는 것이다. 예술의 성격이나 방향은 예술가의 사상적 태도에 따라 변할 수 있다. 세계를 보는 눈, 인생을 관조하는 태도에 따라 예술의 사조가 변하며 사조·주의가 생겨난다. 양주동은 문예작품의 저류에는 사회적 열정과 진지한 인간성이 필요함을 강조하면서, 당시 프로문학이 그 자체로서 표현 형식을 지니지 못한다면 문예상의 '주의'가 될 수 없다고 주장한다. 셋째로는 실제 작품의 구성에 있어서 예술가가 지니는 태도 문제다. 이것은 예술가의 창작 태도에 연관되는 문예상의 표현 형식 문제를 야기한다. 실제로 모든 문예상의 사조·주의는 표현 형식의 문제에서 비롯된다. 자연주의·인상주의·상징주의 등의 사조를 나열할 때 머리에 우선 떠오르는 것은 문예상 표현 방식의 차이다. 그런데 표현 방식의 차이는 예술가의 상대적 태도와 밀접한 관계를 지닌다. 어떤 예술적 사상이든지 합당한 표현 방식을 지닐 때 비로소 진정한 문예로 성립될 수 있다. 그런 점에서 당시의 프로문학이 그 사상적 내용을 선전하면서 표현적 기교를 무시하는 것은 양주동에게 용납할 수 없는 문예상의 착오로 보였다.

이러한 문학적 태도를 천명하고 있음에도 양주동은 문학이라는 것이 인간성의 깊은 저류를 걸어야 할 것인가, 당대 사회상과 당대인의 생활 양식에 관심을 집중할 것인가를 스스로 질문했다.[57] 이것은 문학의 가치와 그 기능에 대한 가장 본질적인 질문인 동시에 문예 비평가로서의 양주동이 직면했던 심각한 고민이었다. 그는 결국 문학이란 인간성의 표현을 근저로 당대의 현실을 비판, 해부해야 한다고 주장함으로써 앞의 두 질문 중에서 어느 것도 버릴 수 없음을 확실히 했다. 그리고 스스로 '문예상의 절충적 논리'를 세웠음을 밝히면서 당시 문단의 관심인 문학상의 미학적 요소와 사회적 요소 양자를 겸한 이른바 '절장보단(折長補短)의 태도'를 취하고 있음을 밝힌다. 하지만 그가 내용과 형식의 합일성을 강조하고 문예의 미적 요소와 사회성을 절충한다는 것이 일시적인 것임을 스스로 자인하고 있음이 주목되기도 한다. 그는 절충적 입장이 온전하고 현명한 것이지만, 사실은 보수적이고 소극

57 梁柱東, 「雜想數則」(東亞日報, 1927. 12. 23).

적인 태도 표명임을 고백했다. 절충론은 언제나 새로운 발명이나 시험에 무력하며, 극단적 견해나 주장을 조정하고 통합하는 데 의미가 있는 것이다. 당시 혼란된 사상적 조류 가운데 양주동은 모든 혼란을 한꺼번에 감당하는 절충론의 입장을 고집해 민족파와 프로문학파가 대립되어 있는 문단의 중간적 위치를 점한 것이다.

양주동의 문학적 입장이 내용·형식 문제에 연관되어 문학 본질론에 도달하는 것은 당연한 귀결이라고 하겠다. 그의 주장에 따르면, 예술상의 형식이란 내용을 예술적으로 표출하는 수단이다. 이것은 존재의 세계에 가치의 세계를 배합시키는 과정이고 수단이며 매개물이다. 그러므로 문예의 형식은 존재의 양상을 결정하는 동시에 거기에 가치를 부여한다. 내용은 작품 가운데 포함된 정신적 실질이라고 정의할 수 있는데, 대개 작가가 취해 온 소재, 소재 위에 융합된 작가의 사상, 소재와 사상이 정신적 실질을 발현하기 위해 쓰는 매개, 즉 형식까지도 포함한다. 그러므로 내용은 원칙상 소재와 사상과 형식이 결합된 곳에서 산출된다. 이러한 기본적인 전제하에 양주동은 다음과 같이 주장을 종합한다.

1. 內容에 대한 認識은 人間活動이요, 形式을 부여함은 作家 活動이다.
2. 內容은 存在의 本體이며 形式은 存在의 表示인 동시에 價値의 樣相이다.
3. 따라서 內容만으로는 藝術이 성립될 수 없다. 왜냐하면 단순한 존재 자체만에서 가치를 추출할 수 없기 때문에.
4. 形式은 藝術을 構成하는 第一義的인 요건이다. 왜냐하면 藝術은 온전히 價値世界에 속함으로.
5. 內容은 形式을 決定한다. 그러나 이에는 作家의 특수한 정신 활동이 필요한 것은 물론이요, 이 작가 활동이야말로 藝術의 最大 特徵이다. 다시 말하면 내용이 형식을 결정하는 그 순간부터라야 예술은 시작된다. 왜냐하면 存在는 自發的으로 價値를 決定할 수 없고, 또한 存在를 價値化하는 그곳에 藝術이 성립됨으로.
6. 따라서 어떤 社會 思潮 기타 예술 이외의 모든 思想 思潮는 문예상의 主義를 결정할 수는 있다. 그러나 전자는 엄밀한 의미에서의 藝術上의 主義는 아니다. 대개 그것들은 한낱 내용상 주의에 불과하므로.

7. 形式도 內容을 決定할 수가 있다. 왜냐하면 價値는 이에 그 자체 내에서 存在를 想定할 수 있으므로.
8. 예술상 원칙으로 보아서는 그 제일의적인 요건이 물론 形式이다. 그러나 藝術에 있어서 內容 形式 그 어느 것이 偏重되느냐 하는 문제는 시대에 따라 다르다.
9. 墮落한 藝術은 形式 內容 어느 한 가지에 편중한다.
10. 完全한 藝術은 兩者의 一致 調和로써만 가능하다.[58]

양주동이 제시하는 내용·형식 문제에 대한 제반 원칙은 문학 또는 예술의 본질론적인 측면에 연결된다고 할 수 있다. 그러므로 이것은 보편화되어 있는 일반론을 소개한 정도로 인식될 수 있다. 이러한 원칙론이 다시 소설의 이론에 적용되기 위해서는 소설을 독자적인 문학 형식으로 놓고 그 서사적 요건을 가능하게 하는 구조적 특성을 규명할 방법을 찾아야 한다.

김기진의 경우는 소설의 형식에 대한 논의가 표현 기법 문제로 귀결되고, 박영희의 경우는 반영론의 강조로 기울어진 셈이다. 여기에 끼어든 양주동의 경우만이 미학적 과제로 문제를 논의하고 있으나, 그것이 소설의 형식에 국한되는 것이 아님은 물론이다. 이러한 논의가 소설 이론으로 발전하려면 소설 형식을 하나의 구조로 인식하는 태도가 필요하다. 소설은 여러 요소로 짜여져 있기 때문에, 그 요소의 통합적인 관계를 통해 구조에 대한 유형 이론[59]을 만들어 낼 수 있다. 소설 구조에 대한 접근은 우선 소설이라는 특수한 서사 구조에 대한 관심을 요구한다. 소설이 언어로 형식을 드러내는 것이라면, 언어에서 작품의 질서와 통일성을 가능하게 하는 요건을 발견할 수 있는 것이다. 소설의 특징이 현실에 대한 사실적 반영을 통해 드러난다면, 사회와 인생에 대한 판단을 중시하여 삶의 원리를 파악할 필요가 있다. 이 두 가지 방식을 통합해 소설이라는 형식을 그 매개체 내의 조건과 함께 매개체 밖의 세계의 조건에 의해 규정하고자 할 때, 소설에 대한 접근 방식은 더욱 포괄적인 것이 된다. 소설의 지시적 차원은 인생에 대한 설명으로 인정할 수

---

58 梁柱東, 「文藝上의 內容과 形式 問題」(文藝公論 제2호, 1929. 6).

59 Malcon Bradbury, "An Approach through Structure," *Towards a Poetics of Fiction*, edited by Mark Spilka(Indiana University Press, 1977), pp. 3-11.

있으며, 수사적 차원은 언어의 문제로 생각할 수 있다. 소설의 설화적인 요건은 인간 정신의 경험에 대한 탐구로 인정할 수 있다. 이러한 관점에 선다면 소설이라는 하나의 세계를 창안하는 과정을 동시적으로 파악할 수 있고 소설이라는 문학 형식이 드러내는 독자적인 구조를 이해할 수 있을 것이다. 소설 구조는 전체적인 이야기의 방향과 그 이야기에 대한 태도를 구성하는 사건의 고안된 연결을 뜻하는데, 이러한 구조에 근거하는 소설 이론은 러시아 형식주의 문학론에서 그 미학적 가능성을 확인할 수 있다.

아나키즘 비판

일제강점기 아나키즘 운동은 모든 국가적 제도를 부정하며 분산적 소생산 사회 건설을 목표로 하는 사회주의 운동의 일파였다. 무정부주의 운동으로 일컬어지는 아나키즘 운동이 어느 정도 사회적 지지 기반을 확보했는지 확인할 근거는 그리 많지 않지만, 1920년부터 베이징 망명객들과 도쿄의 유학생들 가운데서 싹트기 시작했다. 중국에서 신채호가 의열단의 독립운동의 이념을 논한 「조선혁명선언」(1923)을 발표한 점, 일본에서 '박열 대역 사건'이 일어난 점 등이 국내의 아나키즘 운동에 간접적인 영향을 미친 것으로 알려져 있다. 아나키즘 운동은 1921년 11월 29일 일본 도쿄에서 재일 조선인 사상단체의 효시인 흑도회(黑濤會)가 발족함과 함께 표면화된다. 이 단체에는 정태성, 조봉암, 김약수, 박열, 김사국 등이 참여하는데, 민족주의, 공산주의, 무정부주의 등 각 사상 조류가 합류하고 있었다. 그러나 이들이 일단 계급해방투쟁을 선포하고 사회운동으로 전향하자 민족주의자와 사회주의자로 나뉘었다. 후자는 다시 공산주의자와 무정부주의자로 분파되어 박열, 홍진유 등의 아나키스트들이 모인 흑우회(黑友會)와 공산주의자인 김약수 일파의 북성회(北星會)로 분열되었다. 박열은 3·1운동에 참가한 혐의로 퇴학당한 후 일본에 건너가 고학생 동우회, 흑도회에 가입한 후 그 분파인 흑우회를 실질적으로 이끌었다. 당시 그는 일본 아나키스트 지도자 이와사 사쿠타로(岩佐作太郎), 오스기 사카에(大杉榮) 등과 자주 접촉하고 있었으며, 관동 대지진 이후 일제의 사회주의 박멸 음모에 의해 희생된 오스기 사카에 사건에 연루되어 사형 언도를 받았다. 그가 상해 폭탄 사건을 음모했다는 것이다. 이 사건이 이른바 '박열 대역 사건'인데, 당시 그의 일본인 처 가네코 후미코(金

子文子)가 자살함으로써 이 사건이 더욱 널리 알려졌다.

1920년대 중반 국내에서 아나키즘 운동과 연관되는 조직이 표면적으로 드러나 보도된 것은 1925년 3월 서울에서 신영우, 홍진우 등이 중심이 되어 '흑기연맹'을 조직 계획 중 검거된 것, 그해 9월 대구에서 서동성 등이 '진우연맹'을 조직해 '흑색청년연맹'과 통했다는 점 등이었다. 그러나 이들은 1926년 4월 일본 관청의 파괴, 관공사의 암살을 목적으로 따로 파괴단을 조직한 것이 발각되어 검거되었으며, 이후 조선 내에 무정부주의 운동은 침체 상태에 빠졌다. 그 후 1927년 10월 도쿄에서 귀국한 이홍근, 최갑룡 등이 평양 지역에서 1927년 12월 '관서흑우회'를 조직했고, 자유연합주의의 기치 아래 노동계급의 해방을 위해 직업적 운동자의 권위주의를 배격할 목적으로 무정부주의 운동을 이끌었다. 함남 지방에서는 1927년 7월 이향이 원산청년회를 중심으로 함흥 자유소년회, 원산 노동자 자유동맹 등을 조직했다. 이 같은 사실로 볼 때 국내 아나키즘 운동은 각 지역별로 소규모의 조직을 도모했으며, 국외의 단체들과도 연계를 모색했음을 알 수 있다.[60]

아나키즘 운동이 문단의 관심사가 된 때는 조선프로예맹이 주도하는 계급문학운동과 관련되면서부터다. 계급문학운동의 초창기에 아나키스트 권구현, 김화산, 이향 등이 조선프로예맹에 가담했지만, 1927년 계급 문단 내부에서 조직을 정비하고 계급문학운동의 이념 노선을 마르크스주의로 고정시키는 과정에서 이른바 아나키즘 논쟁이 야기되었다. 계급문학운동의 방향 전환을 주도하던 박영희는 조선프로예맹의 의식의 통일, 이념 노선의 통일을 위해 무정부주의자를 배격했다.

> 藝術同盟이 藝術家的 集合이 안이며 藝術家의 社會的 團結이며 藝術家의 ×××機關이라면 그럴수록 藝術同盟은 그 組織에 잇서서 注意를 要할 必要가 잇다. 다시 말하면 同盟員의 選擇이 그것일 것이다. 그러나 初期에 잇서서 그것은 非常히 困難할 問題일 것이다.
>
> 第一로는 無產階級×××識만히 그 藝術觀 中에 잇다 하면 同盟員이 될 수 잇슬 것이다. 그러나 無產階級 ×××識이 잇는 것만으로는 同盟이 統一

60 권영민, 『한국계급문학운동연구』(서울대학교출판문화원, 2014), 137-149면.

될 수 업는 것이다. 同一한 無産階級 ×××目的한다 하여도 個人的 自由主義에 立脚한 者도 잇슬 것이며 組織的 集團主義에 立脚한 者도 잇슬 것이며 虛無的 恐嚇主義에 立脚한 者도 잇슬 것이다. 卽 다시 말하면 無政府主義者, 共産主義者, 虛無主義者가 그것이다.

이에서 우리는 생각할 必要가 잇는 것이다. 첫재로 無政府主義者는 푸로레타리아文學의 自由主義에 立脚해서 ××主義的 文學을 反對해서 말하기를 "푸로레타리아 社會에는 階級性이 업는 文藝는 文藝의 價値가 업는 것은 勿論이나 階級업는 ××××××여노 藝術은 잇다. 人間 或은 人間性과 갓치 그것이 잇다. 藝術의 本質은 '뿌르즈와' 社會에서는 勿論 푸로레타리아 社會에게까지 歸屬시키여서 구부릴 수는 업다. 手段化해서 구부리는 데 政略이 잇다"고 말한다. 그러나 이것은 理論에 撞着보다도 早産兒的 理論의 自己矛盾의 宣言이다. 階級社會의 無産階級文學을 是認하면서 無産階級의 그 階級的 過程을 無視할 수 잇는가? 無政府主義者가 是認한 無産階級文學는 階級的 社會性이 맛당이 잇슬 것이다. 그 階級的 社會性이 잇스면 그 엇지 階級의 ×××程의 社會性을 無視할 수 잇는가? 또한 ×××××級 社會의 無階級性文學을 力說하엿스나 ××主義者의 文學의 文學者가 無階級文學을 否定하지 안는다. 그러나 그것이 現實의 文學은 안이다. 우리는 文化의 過程을 無視할 수 업스며 辯證法的 唯物論을 把握하지 안이치 못할 것이다. 이러한 意味에서 無政府主義的 豫言은 現實에서 排斥을 當하는 것이다. 또한 '文藝의 政策化'를 미워하며 文藝의 黨的 任務를 憎惡하나 ××主義 社會나 或은 階級鬪爭의 社會에서 ××××的 文學과 階級文學이 잇다 하면 그것은 主義者政策에 歸化된 것이 안이라 그 文學은 그 現實의 社會性을 把握한 까닭이기 때문이다. 또한 文士가 ××主義者기 때문이며 ×××××××하는 ××인 까닭이다. 政策도 안이고 아모것도 안이다.

이럼으로써 藝術同盟은 同盟의 意識統一를 爲해서 또한 現實에 充實하기 爲해서 '無産階級 自由主義文學'者와는 戰野에서 合一할 수 잇스나 藝術에서 分裂되지 안이치 못할 것이라고 본다. 이 同盟은 맑스主義的 文藝觀으로 나가지 안으면 안이 되는 까닭이다.[61]

---

61 朴英熙, 「無産藝術運動의 集團的 意義」(朝鮮之光 제65호, 1927. 3), 60면.

앞의 글에서 박영희는 무정부주의자가 지향하는 무계급성과 자유주의적 성향을 거부, 비판하고 있다. 그 이유는 계급문학운동의 이념 노선을 마르크스주의로 통일하고 집단적 운동을 위한 맹원의 의식 통일을 기하기 위해서다. 이와 같은 조선프로예맹의 이념 노선의 정립 과정에 불만을 품은 아나키즘 계열의 권구현, 김화산, 이향 등은 계급문학운동의 이념적 고정성에 항의하면서 결국 조직에서 이탈한다.

이러한 과정을 확인하기 위해서는 먼저 박영희의 방향전환론에 반발했던 김화산의 주장을 살펴볼 필요가 있다. 김화산은 박영희가 천명하는 무산계급예술운동의 마르크스주의적 경향에 반발하면서 문학의 본질로서 자유주의를 아나키즘론에 근거해 역설한다. 김화산은 무산계급문예운동이 넓은 의미에서 아나키즘 문예와 볼셰비즘 문예로 나누어진다고 주장하면서 무산계급문예운동을 마르크스주의에만 국한시킬 수 없음을 강조한다. 그의 주장의 핵심은 식민지 상황에서 이루어지는 조선 민족의 무산계급문화운동이 모든 계급해방사상에 의해 폭넓게 전개될 수 있으며, 아나키스트적 사상에 입각한 무산계급문화의 수립도 가능하다는 점이다.

> 이곳에 한 가지 問題가 잇다. 그것은 프로藝術家의 支持하는 思想的 立脚地에 依하야 이 프로文藝運動의 本質的 態度에 엇더한 類別을 招來할 수 잇다는 것이다. 將來社會를 指示하는 無産階級運動이 그 思想的 立脚地 如何에 依하야 여러 가지로 分類될 수 잇는 것과 가티 文藝運動에서도 亦是 이러한 分類를 想像할 수 잇다. 웨 그러냐 하면 프로文藝라는 것은 前述한 바와가티 單純한 資本主義 社會에 對한 反抗意類의 表現이 아니요. 必然的으로 엇더한 暗示를 要求함으로-朴英熙氏의 用語를 빌면 "無産階級의 ××과 그 ×××指示하는 것이기 때문이다."
>
> 이곳에 우리는 프로文藝 中에 아나키-슴文藝와 볼세븨슴 文藝의 對立을 想像할 수 잇다. 共産主義者가 그의 把持하는 人生觀 乃至 社會觀에 立脚하여 無産階級文藝를 樹立할 수 잇다 하면 아나키-스트亦是 그의 思想的 見地下에서 無産階級藝術論을 樹立할 수 잇슬 것이다. 그러나 朝鮮에서는 아즉 이러한 明確한 類別을 볼 수 업다. 朝鮮의 社會運動이 거위 全部가 다 勞農露西亞系統의 맑스主義에 依하야 指導되는 것과 가티 無産文藝運動도

亦是 이 맑스主義 乃至는 漠然한 社會主義的 見地에서 唱導되여 왓다.

無產階級 解放運動이 곳 맑스主義 運動을 意味하는 것과 가티 思惟하는 同一한 誤謬가 朝鮮 프로文藝에도 存在한다. 勿論 朝鮮 프로文藝運動은 初期에 屬한다. 金基鎭氏의 말과 가티 無組織의 空想時代 幼稚한 ××的 酩酊時代에서 第三期에 飛躍하려는 過渡期에 잇다고 볼 수 잇다. 그럼으로 朝鮮文藝運動은 아즉 本質的 理論體系를 가지지 못하엿다. 最初 金基鎭, 朴英熙 兩氏가 이 프로文藝運動 提唱함에 大小, 有名 無名의 論客들이 이에 響應하여 昨今에는 이 運動이 자못 文壇을 壓到하는 感이 잇스나 아즉 文藝理論 그 自體의 混沌을 免치 못하엿다. 싸라서 프로文藝에 아모 自覺도 업는 群小兵卒들이 事大主義에 附和雷同하야 '프로文藝 = 맑스主義'로 思唯하는 것도 當然한 일이다.

그러나 氣分運動이 漸次 組織的으로 理論的으로 形成될 째에 이러한 誤謬는 차차 除去될 줄 안다. 理論的 體系에 잇서서 반드시 A系와 B系로 分裂될 것이요 쏘한 이것이 必然的으로 잇서야만 할 일이다. 그러나 이 分裂初頭에 반다시 豫想될 危懼는 共產的 文藝家 頑冥한 排他的 固執이다. 勿論 이 傾向은 現今에도 充分히 認定할 수 잇스나 明日 以後의 彼等은-卽 分裂以後의 彼等은 더욱이 이 傾向이 顯著하리라고 밋는다. 그들은 프로文藝運動의 分類을 是認치 안는다. 卽 맑스主義 以外의 無產文藝運動의 存在를 是認치 안는다. 그에가 맑스主義로써 唯一한 無產階級 解放運動의 指導厚理로 信奉하는 것과 가티 無產文藝運動에 잇서서도 맑스主義가 唯一한 基礎的 理論이 되리라고 밋는다.

勿論 맑스主義者의 見地로 보면 當然한 일이다. 그러나 우리가 맑스主義 以外의 見地에서 볼 째에 이것은 너무나 固陋偏狹한 理論이다. 無產文藝運動을 맑스主義에 局現한다는 것은 그네의 暴論이다. 그네는 正統 맑스主義者가 되기 爲하야 그리고 全文化를 그네의 理論下에 集中키 爲하야 故意로 視界를 좁히며 事實을 엇더한 範疇 안에 監禁한다. 宗教的 信者와 同一한 心理가 現今 맑스主義者의 一部에 侵潤되여 잇다. 우리는 맑스主義 以外의 見地에서 맑스主義와 併存하는 모-든 解放運動思想의 存在를 是認하며 同時에 이 解放運動思想을 出發點으로 삼는 文藝運動을 是認한다.[62]

김화산은 박영희가 주장하는 계급문학운동의 마르크스주의 이념이 종국에는 예술의 존재 자체를 부정하게 될 것임을 경고한다. 그는 마르크스적 사상에 입각해 문예를 계급 혁명의 선전 도구로 삼는다면, 문예의 궁극적인 가치와 존재가 무시되고 정치의 수단으로 전락할 것이라고 했다. 프롤레타리아예술도 결국 예술이라는 기본 조건에서 벗어날 수 없으므로, 그 핵심은 계급 문제에 있는 것이 아니라 예술의 본질 문제에 귀착된다는 것이다. 물론 아나키스트는 인간 사회의 자연적·내재적 법칙에 의거해 자유 연합의 사회를 구축하는 데 목표가 있기 때문에, 집단성을 통해 개성의 자유로운 발양이 중시된다. 무산계급을 외재적인 강권에 의해 볼셰비즘의 범주 속으로 몰아넣지 않는다. 그러므로 문예의 경우에도 무산계급의 의식을 기조로 하면서 예술의 내용과 형식의 변환을 자유롭게 조화시킬 수 있다는 것이다.

계급문학운동의 방향전환 문제를 놓고 박영희의 목적의식론과 김화산의 아나키즘 문학론이 이념 대립과 분열을 보이자, 이에 대한 즉각적인 반응은 김화산에 대한 비판으로 나타난다. 그 대표적인 예가 윤기정이 제기한 아나키즘 비판[63]이며, 한설야와 조중곤 등에 의해 이루어진 볼셰비즘 옹호론[64]이다. 윤기정은 투쟁기에 프로문예의 본질을 투쟁적·선전적 기능에 초점을 두어 강조했다. 프로문예의 예술로서의 완결을 강조하는 김화산의 입장과 달리, 예술적 요건이 비록 제대로 구비되지 못한다 하더라도 그 투쟁 임무의 수행을 우선적으로 중시해야 한다는 것이다. 윤기정은 역사적 필연으로 전개되는 해방운동의 임무를 위해 선전적·선동적 역할을 다할때, 프로문예의 존재가 인정된다고 주장했다. 윤기정의 입장은 박영희가 내세우는 목적의식론에 입각한 방향전환을 그대로 따르는 것으로, 문예의 영역에서 작품 활동을 통한 목적의식의 주입을 요구하고 있었다. 한설야의 경우에도 김화산의 아나키즘 문학론이 무산계급문예운동의 방법에 대한 명확한 인식의 결여를 드러내는 점을 문제 삼았다. 그는 아나키즘론이 이념과 방법을 제대로 가

---

62 金華山, 「階級藝術論의 新展開」(朝鮮文壇 제4권 제3호, 1927. 3), 15-19면.

63 尹基鼎, 「'계급예술론의 신전개'를 읽고」(朝鮮日報, 1927. 3. 25-30)와 함께 「相互批判과 理論確立」(朝鮮日報, 1927. 6. 15-20)을 발표했다.

64 韓雪野, 「無産文藝家의 立場에서 金華山君의 虛構文藝論, 觀念的 當爲論을 駁함」(東亞日報, 1927. 4. 15-27)과 趙重滾, 「非맑스主義 文藝論의 排擊」(中外日報, 1927. 6. 18-23)이 있다.

지지 못한 공론에 불과함을 지적하고, 계급문학운동의 마르크스주의 이념과 그 실천 방법이 바로 무산계급문학운동의 핵심이라고 강조했다.

국내에서 윤기정과 한설야가 조선프로예맹의 방향전환과 마르크스주의 이념 지향에 대한 적극적인 지지 의견을 폈던 것과는 달리, 조중곤은 도쿄를 기반으로 국내 계급문학운동의 방향전환론에 동조했다. 그는 김화산이 내세우는 아나키즘 문학론이 비마르크스주의 문예론으로 그 방법과 이념이 공허함을 비판했고, 계급문학운동의 조직과 실천에 있어서 볼셰비즘적 단결을 요구했다. 더 나아가 문예운동의 정치적 진출을 통해 그 역할의 수행을 기해야 한다고 주장한다. '단결하기 전에 완전히 분열할 필요가 있다.'고 하는 그의 자기 청산론에는 계급문학운동의 조직으로부터 아나키즘과 같은 비마르크스주의적 방법론과 인식론을 극복, 배격하자는 조직 강화의 논리가 담겨 있다. 이 같은 비판에 김화산은 다음과 같은 논리로 대응했다.

> '아나키스트'는 決코 集團을 無視하지 안는다. 아니다. '아나키스트'는 볼세븨기 以上의 情熱으로써 意識的 或은 無意識的으로 社會的 隔離를 行한 個性의 浮游的 存在를 認定치 안으며 階級性 或은 社會意識에 超然한 個性의 存在를 否認한다.
>
> 그러나 '아나키스트'는 自然的 法則에 順應하는 個性의 自由를 高調한다. 볼세븨기처럼, 無産階級을 意識的으로 外在의 强權에 依하야 볼세븨슴 範疇內에 導入코자 하지 안는다. 가장 自然的인 內在的 法則에 依하야 自由聯合의 社會—集團性을 通한 個性의 自由로운 發揚은 이곳에서만 비로소 取得할 수 잇다—를 形成코자 함이 '아나키스트'의 最大眼目이다. (중략)
>
> 藝術은 '中央執行委員會'의 命令에 依하야 製作될 것이 안이다. 藝術의 靈感은 外部에서 强制하는 目的觀에서 오지 안는다. 그러나 藝術은 그 內的 必要性에 依하야 自己自身 엇더한 目的觀을 形成한다. 卽 鬪爭期에 잇서서는 必然的으로 鬪爭關係와의 內的 互相吸收作用에 依하야 푸로레타리아 間에 結成된 目的意識이 極히 自然的인 方法으로 藝術內部에 滲透된다. 이야말로 '아나키스트'의 高調코자 하는 自然生成性을 通한 目的意識이다. 文藝와 社會鬪爭期에 對한 藝術의 任務는 오즉 이에 依하여서만 正確히 解決된다.
>
> 鬪爭期의 藝術은 正統無産階級的 認識의 表現이다. 無産階級內部에 醱

酵하며 滲透하며 結成된 鬪爭意思의 自由로운—卽 何等의 强制와 命令에 依치 안은—自身意慾의 表現이 안이면 無産階級의 藝術이라 말할 수 업는 것이다. 그리함에 不拘하고 볼세븨기 野心家, 惡煽動家 乃至 그네의 附和雷同的 走狗雜卒들은 藝術을 그네의 傀儡로 使用코자 한다. 政黨御用藝術 '中央執行委員會' 命令의 藝術이 안이면 藝術이 안이라 한다. 이제 이 暴虐한 煽動家는 藝術을 蹂躪하여 得意揚揚이다.

볼세븨기들이 無産階級을 自己自身의 支配下에 集中키 爲하야 强制와 權力을 讚美하는 것과 同樣의 手段이 藝術上에까지 侵犯하게 되엿다. 그리하야 勇敢한 共産主義者 趙重滾君은 例의 그 附和雷同性을 發揮하야 "政黨과의 直接關係에 잇서서는 無産階級藝術家는 黨의 指令에 쌀아서 藝術活動을 行홈."—이라 絶叫한다. 뿌르조아의 强權에 欽美不已하여 自己自身 强權者가 되여 보려는 이 小뿌르조아들의 可憐한 最後悲鳴을 들으라![65]

김화산의 주장 가운데 가장 주목되는 것은 아나키즘이 추구하는 자유주의 성향이다. 아나키즘도 볼셰비즘과 마찬가지로 부르주아 계급에 반대하지만, 그 성향은 절대적 이념을 강조하는 볼셰비즘의 경향과 전혀 달랐다. 문예의 영역에서도 아나키즘은 오히려 문예의 본질로서 그 내적 필요성에 의한 목적을 지니는 것이라고 규정했다. 볼셰비즘에서 외부적으로 강제하는 목적에 추수하는 문학은 오히려 문예를 유린한다는 것이다.

이와 같은 김화산의 견해는 이념과 조직의 강화를 당면 임무로 내세우는 계급 문단으로서는 매우 위험스런 노선의 이탈이 아닐 수 없었다. 그러므로 계급 문단에서는 김기진과 박영희 사이에 야기된 내용·형식 논쟁을 박영희의 편에서 수습하고, 곧바로 아나키즘론에 대한 비판에 가세했다. 박영희는 계급문학운동의 방향전환을 주장하면서, 아나키스트의 입장에 반대하는 윤기정·조중곤 등의 지원을 받아 방향전환론의 이론 확립과 계급문학운동의 조직의 전환을 새롭게 구상했다. 이러한 조직 강화의 과정에서 마르크스적 입장을 반대해 온 아나키즘론자 권구현, 김화산 등은 조직에서 이탈했다.

조선프로예맹에서 아나키즘 계열 문인들이 이탈하는 과정을 확인하

---

65 金華山, 「雷同性 文藝論의 克服」(現代評論 제1권 제5호, 1927. 6), 6면.

기 위해서는 아나키즘 계열 문인들의 조직체인 '조선자유예술연맹'의 창립 과정을 살펴볼 필요가 있다. 조선자유예술연맹이 창립된 것은 1928년 1월 3일이다. 아나키즘 운동을 지지하던 권구현, 이향, 이홍근 등이 준비 위원이 되어 서울 낙원동의 수문사에서 조선자유예술연맹을 조직하고 다음과 같은 발기 성명을 발표했다.

> 우리는 過去의 일체의 宗派的 旣成藝術과 맑스주의의 宣傳 삐라식 似而非藝術運動을 철저적으로 排擊하고 신사회의 건설을 합리화할 正統無產階級의 藝術을 강조하지 않으면 안 된다. 여기에 朝鮮自由藝術聯盟 창립 발기의 의의가 있다.[66]

조선자유예술연맹의 조직은 조선프로예맹과 같이 뚜렷한 강령이나 규약을 내놓지 않으며 구성원의 규모도 크지 않은 것으로 보인다. 그러나 그 이념적인 경향은 마르크스주의의 배격임을 분명히 알 수 있다. 마르크스주의 선전 전단식 사이비 예술운동을 철저히 배격한다고 주장했기 때문이다. 정통 무산계급의 예술을 목표로 하는 자유예술연맹의 이념이 무엇인가를 알기 위해서는 이들의 문학적 견해가 어디에 기대어 있는지 살펴보아야 한다. 자유예술연맹의 창설 직후 활발한 문필 활동을 전개한 이향[67]은 일제강점기 아나키즘 운동과 아나키스트 문예운동의 연관 관계를 확인해 볼 수 있는 몇 가지 단서를 제공한다. 그는 문예운동의 영역에 관심을 갖기 전부터 아나키즘 운동단체였던 원산청년회의와 밀접하게 연관되어 있었다. 원산청년회의 핵심 구성원은 1921년 민족주의자 조종구, 조시원, 이향 등이었고, 이향은 원산청년회를 중심으로 사상 계몽 운동을 펴 나갔다. 그는 서울과 원산을 왕래하면서 여러 사건을 일으켰다. 구체적으로 청년회에서 경영하던《동아일보》지국의 권리금 문제, 천도교 강당에서 열린 강연회에서의 충돌 등으

66 《東亞日報》(1928. 1. 5).

67 李鄕은 「藝術家로서의 크로포토킨」(東亞日報, 1928. 2. 7-10), 「藝術의 一翼的 任務를 위하여—일부 藝術運動을 評함」(朝鮮日報, 1928. 2. 10-28), 「貧賤階級 文壇 散評—沈滯의 原因 및 辨證化 文藝」(中外日報, 1928. 2. 22-28) 등을 발표하면서 自由藝術聯盟의 입장을 대변하고 있다.

로 경찰의 개입을 초래했다. 당시 평양에 있던 관서흑우회는 이홍근 등을 원산에 파견해서 이를 응원했는데, 이 일로 이향이 평양을 방문해 기독교 비판 강연회를 계획했던 것으로 알려져 있다.

예술에 대한 이향의 기본적인 입장은 김화산의 경우와 마찬가지로 자유주의에 기초하고 있다. 그는 예술을 전문적인 기술 형태로 파악하며, 예술적 내용이라는 것도 예술적 형태가 아니고서는 표현할 수 없는 것이라고 말했다. 미적 정서의 표현으로서 예술의 속성을 강조하는 그는 미적 정서가 개인적 체험과 개성에서 비롯됨을 강조했다. 일체의 구속과 지배로부터의 자유를 구가할 수 있는 개인의 삶을 주장하는 대목에서 아나키스트의 무정부주의적인 입장이 나타나기도 한다. 이 같은 예술적 입장에서 볼 때, 마르크스주의의 계급문학운동은 예술의 특수성에 대한 인식을 결여했을 뿐만 아니라 예술의 본질을 망각한 채 그것을 계급투쟁을 위한 수단으로 전락시켰다는 것이다. 정치주의적 이념의 주입과 그 투쟁에의 진출을 주장하면서 오히려 예술 자체의 침체를 가져오는 마르크스주의적 계급문학운동은 더 이상 공간을 확대할 수 없다는 것이 그의 판단이었다.

> 조선 문단이 良好한 文藝를 가지려면 우리는 철저한 人格的 個人主義者가 되지 않으면 안 된다. 아니 吾人의 思索과 批判과 創造的 제 활동은 개인의 자유로운 行動의 산물이므로 그 自由가 상실되었을 때 온갖 創造的 活動이 정지되며 그 사회의 발전도 불가능하게 되는 것이다. (중략) 인간은 그 자연의 법칙이 자유로운 행동을 요구하는 것이니까, 그대로 순응함이 옳을 것이다. 目的意識이란 偶像을 만들 필요가 없는 것이다. 목적에 意識的으로 奴隸가 되어서는 아니 되는 것이다. (중략) 우리는 그 藝術의 存在나 인간이 安住할 수 있는 社會를 요구하는 것이다. 그것도 인간의 創造的 自由에 있어서만 되는 것이다. 물론 그 자유로운 행동을 이 사회가 제한한다고 하지만, 우리는 자유로운 행동에서 자유로운 社會建設이 가능한 것이다. 이와 같은 자유로운 생활을 요구하는 행동의 자유에서 뿐 온갖 生命을 創造하게 되는 것이다.[68]

68 李鄕,「貧賤階級 文壇散評(3)」(中外日報, 1928. 2. 27).

이향의 주장을 그대로 따를 경우, 이들이 조직한 조선자유예술연맹의 성격은 예술주의, 자유주의로 요약할 수 있다. 물론 이러한 성격은 계급사회를 부정하는 새로운 이상적 사회에 대한 지향을 통해 더욱 명확한 의미를 획득한다. 이들은 결국 마르크스주의의 이념성과 집단성을 거부하는 셈이며, 방향전환 자체를 반대하는 것이라고 하겠다.

이 같은 조선자유예술연맹의 주장은 방향전환을 꾀하던 계급문학운동에 대한 도전으로 당시 계급 문단에 커다란 충격으로 받아들여졌다. 그렇기 때문에 조선프로예맹은 조선자유예술연맹의 창립에 대한 공격적인 성명을 발표하고 그에 대한 비판을 계속했다. 조선프로예맹이 자유예술연맹을 비판하는 중요한 문제는 조선프로예맹이 의도하는 계급문예운동의 방향전환과 조직적인 계급예술운동의 전개를 방해하고 있다는 점이며, 이념상으로 마르크스주의의 반대에 명확한 개념도 설정되어 있지 않은 목표를 내세운다는 점이다. 조선프로예맹은 방향전환론의 초기 단계에서 분열적인 도전을 자행하는 자유예술연맹을 분쇄해야 한다고 주장했다. 1928년 3월에 발표된 조선프로예맹의 조선자유예술연맹에 대한 비판 성명은 다음과 같다.

> 그런데 여기서 주목하지 않으면 안 될 것은 이러한 誤謬를 清算하는 과정에서 分裂的 反動的으로 내부에서가 아니라 외부에서 벌써 清算하고 있는 오류를 향하여 挑戰하는 卑劣한 무리가 왕왕 있는 것이다. 이것은 世界의 歷史가 말하는 바이며, 우선 본 同盟에 대립하려고 출현한 '朝鮮自由藝術聯盟'도 또한 그 부류의 하나가 아닐 수 없다.
>
> 우리는 여기에서 자유예술연맹의 正體를 暴露하는 동시에 그 얼마나 우리의 藝術運動을 혼란시키는 자이며, 우리로 하여금 영원히 자기들의 기만 가운데 隷屬시키려는 魂靈을 처단하려 하는 바이다.
>
> 彼等의 發起 趣旨文은 말한다.
>
> "맑수주의 宣傳삐라식 似而非 藝術運動을 철저히 排擊하고 신사회의 建設을 합리화할 正統 無産階級의 예술은 강조하지 않으면 안 된다. 여기에 자유예술연맹의 창립 발기의 의의가 있다."
>
> 선전 삐라식 사이비 예술운동을 배격한다는 데에 대해서는 상술한 바와 같이 우리로서도 그 오류이었음을 인식하는 동시에 何等의 異義를 신청

치 아니하지마는 '맑스주의 예술'이 그런 것 모양으로 無知한 看取로 인하여 우리들이 범했던 誤謬를 다시 한번 되풀이하면서 반맑스주의적 기치를 휘날리고 나오는 것은 또한 어떤 것이라고 명시도 없이 그야 참말 자유연합 식으로 아나키스틱하게 新社會 건설을 합리화할 정통… 운운함은 마치, 장님이 독사 옆을 평연히 지나가면서 나의 용기를 보라고 부르짖는 것과 하등의 차이를 인식할 수 없다.

彼等은 어떤 것이 신사회이며, 그 건설을 위해서는 어떻게 합리적 방법이 있는 것인지를 모른다. 그것은 왜? 피등은 아나키스트이기 때문에. (중략) 조선의 大衆은 정당한 길을 걷고 있는 單一戰線을 사수하지 않으면 아니 될 것이며, 그 정당한 단일 전선에 정당히 합류하고 있는 藝術運動을, 곧 본 同盟을 지지하지 않아서는 안 된다. 우리는 大衆의 힘으로 彼等을 분쇄할 것이며, 본동맹의 과감한 투쟁으로서 彼等을 박멸할 것을 성명한다.[69]

조선프로예맹의 성명과 함께 맹원들은 이향을 중심으로 하는 조선자유예술연맹의 맹원들에게 공격을 가했다. 이 가운데 민병휘의 「아나키스트의 망론」(중외일보, 1928. 3. 1-2)은 아나키스트들의 무원칙성과 반역사주의적 속성을 지적, 비판했다. 이러한 논쟁의 전개 과정을 통해 아나키즘을 내세운 조선자유예술연맹의 맹원들은 조선프로예맹의 계급문단에서 완전히 이탈했다. 그러나 조선자유예술연맹의 아나키즘 문학운동은 더 이상 진전을 보이지 않았다. 그 이유는 아나키즘론 자체에 대한 인식의 불철저에서도 찾을 수 있지만, 이들의 예술적 실천 역량도 성숙되지 못한 상태였다는 점에 있을 것이다. 조선프로예맹 측의 입장에서 조선자유예술연맹이 내세운 아나키즘 문학론의 청산은 마르크스주의 이념의 강화, 조직의 결속, 문예운동의 집단적인 속성에 대한 천명 등을 통해 계급문학운동의 이념적 속성을 더욱 강화할 계기[70]가 되었다.

---

69 朝鮮프로藝盟, 「自由藝術聯盟의 正體를 暴露하여 본 同盟의 態度를 聲明함」(朝鮮日報, 1928. 3. 11).

70 김윤식, 『한국근대문예비평사연구』(일지사, 1976), 71면.

3

문학운동의 노선과 갈등

1) 신간회와 민족 단일당 노선

조선프로예맹과 제3전선파

조선프로예맹은 1927년 사회운동의 방향전환이라는 거대한 변화의 물결 속에서 계급문예운동 자체의 방향전환을 시도했다. 이 과정에서 커다란 변수가 된 것은 일본 도쿄를 거점으로 하던 마르크스주의 운동가 집단인 이른바 '제3전선파'의 국내 계급 문단 진출이었다. 이 새로운 세력은 조선프로예맹의 조직을 대중적으로 확대하면서 계급문예운동의 이념 노선을 마르크스주의로 규정하는 데 중대한 영향을 미쳤다.

제3전선파를 주도한 이북만, 김두용, 조중곤, 한식, 홍효민 등은 계급문학운동의 신세대로서 일본 유학에서 습득한 사회주의 운동의 이론과 실천방법을 바탕으로 계급문예의 임무를 작품 활동에만 국한할 것이 아니라 투쟁을 통해 계급의식의 계몽에 앞장선다는 목적을 내걸고, 1927년 3월 도쿄에서 제3전선사(第三戰線社)를 조직했다. 같은 해 5월 기관지 《제3전선(第三戰線)》을 간행하면서 조직적인 계급문학운동의 실천에 나섰으며, 1927년 여름방학을 이용해 개최한 전국 순회강연에서는 조중곤의 「무산 문예의 사적 고찰」, 홍효민의 「현단계의 문예 이론」, 김두용의 「과거와 현재의 연극」 등의 강연이 이루어진 것으로 알려져 있다. 이들은 강연을 마치고 조선프로예맹의 박영희 등과 회동하면서 그 조직에 참여하고 마르크스주의 이념에 따른 계급문예운동의 새로운 전환에 뜻을 같이하게 된다.

제3전선파는 국내 진출을 꾀하면서, 방향전환의 시대적 요구에 따라 자연스럽게 기존의 계급문학운동에 합류했는데, 이들이 내세우는 선명한 마르크스주의 입장이 신경향파적인 속성을 벗어나지 못하던 기존 계급문학운동에 신선한 충격으로 작용했다. 특히 이북만과 조중곤은 방향전환론의 이론적인 선두자로서 박영희가 내세운 목적의식론을 더욱 강한 정치투쟁의 영역으로 끌어갈 수 있는 투쟁 의욕을 불러일으키기 위해 선동적인 주장을 계속했다. 이들은 정치 선전의 포스터와 정견 발표문조차도 계급문학운동의 한 방편이 된다고 주장할 정도로 예술운동의 정치주의적 진출을 강조했다. 제3전선파는 국내에서 계급운동의 방향전환론이 대두되자, 당시 일본 사회주의 운동의 지도적 이념이 된 후쿠모토이즘의 이념에 입각해 계급문예운동의 방향전환을 지지했고, 조선프로예맹 조직 내부에서 무산계급 문예운동의 마르크스주의적 입장을 반대하던 아나키스트의 주장을 반박하면서 마르크스주의적 정치투쟁을 위한 주체의 결정을 강조했다.

> 朝鮮의 無産文藝運動 陣營은 의연코 이와 가티 混沌되었다. 小兒病的으로부터 反動小쑤르조아, 파시즘化해 가는 分子 등등의 闊步를 본다. 우리는 어느 때까지나 이런 混沌 가운대서 個人 對 個人, 푸로文壇 對 쑤르文壇(아나키슴文壇까지)과만 싸워서는 안 된다. 우리도 文藝運動을 中間關節로서의 役割을 다해야만 할 것이오 그것을 하려며는 集團形態를 밟아 가지고 嚴正한 볼쉬븨슴的 團結을 要하는 것이다. 그러한 團結에는 自己清算의 必要를 늣기게 된다. 늘 쓰는 말이지만 "團結하기 前에 完全히 分裂할 必要가 잇는" 까닭이다. 우리는 完全한 맑씨슴的 認識의 把握을 要한다.
>
> 文藝運動은 政治的 進出이 아니고서는 그 役割을 遂行할 수 업다. 政治的 進出을 하려는 第二組織期를 압헤 둔 우리의 陣營에서는 自己清算의 必要를 切實히 늣긴다. 客觀的 情勢가 그러케 하지 아니치 못하게 한다. 짤하서 우리는 非맑스主義的 方法論을 克服 排擊하기 爲하야 싸후지 안해서는 안 된다.[71]

제3전선파는 위의 인용에서 보는 바와 같이 박영희의 방향전환론의 기본 노선에 동조해 아나키즘 등의 비마르크스주의적 문예론을 배격하면서

71 趙重滾, 「非맑스主義 文藝論의 排擊」(中外日報, 1927. 6. 23).

국내 문단에 관심을 표했다. 조선프로예맹은 제3전선파의 등장을 놓고 마르크스주의 입장에서 계급문학운동의 조직적 전개를 위한 이념적 지지 세력으로 환영했다. 제3전선파는 여름방학의 전국 순회강연을 마치고 곧바로 조선프로예맹과의 조직 통합을 꾀했다. 1927년 9월 1일 조선프로예맹과 제3전선파는 회동을 거쳐 조선프로예맹의 조직 개편에 착수했다. 당시 보도된 신문기사에 따르면 1927년 9월 조선프로예맹의 조직 개편은 지역별로 안배된 중앙위원회와 5개 조직 부서로 이루어진 중앙상무위원회를 중심으로 하고 있다. 중앙위원회는 기존의 7인 위원회를 대폭 개편하여 그중 김복진과 박영희만이 경성의 중앙위원에 임명된 반면 제3전선파의 인물들은 모두 도쿄 중앙위원이 됨으로써, 이들의 위치가 조선프로예맹의 조직 내부에서 중심 세력권을 형성할 정도가 되었음을 알 수 있다. 특히 중앙위원회의 위원들을 지역별로 구성한 것은 조직의 확대와 함께 계급문예운동의 대중적 진출을 준비하기 위한 새로운 시도였다.

한국 계급문학운동에서 제3전선파의 문단 진출은 그들이 이끌어 갈 문학운동의 강화된 이념주의 성향을 예고했다. 제3전선파의 등장으로 조선프로예맹은 조직 노선에 있어서 이념주의로의 전환을 이룰 뿐만 아니라, 계급 문단 자체가 다층적 세대 구성의 특징을 보여 주기 시작했다. 제3전선파의 계급문학운동에 대한 논리와 이념은 조선프로예맹의 조직 내에서 계급문예운동의 정치적 진출과 관련된 이론투쟁을 확대시켰으며, 계급문예운동의 대중적인 조직과 정치적 투쟁 국면을 새로이 노출시키게 되었다.

조선프로예맹은 제3전선파와의 통합을 거쳐 조직을 개편한 후 이념과 노선을 정비하기 위해 강령과 규약을 개정했다. 조직 개편의 내용과 함께 발표된 '우리는 무산계급운동에 있어서 마르크스주의의 역사적 필연을 정확히 인식한다. 그럼으로 우리는 무산계급운동의 일부 문인 무산계급예술운동으로서, 1) 봉건적 및 자본주의적 관념의 철저적 배격, 2) 전제적 세력과의 항쟁, 3) 의식적 조성 운동의 수행을 기한다.'라는 내용의 개정 강령은 '우리는 단결로서 여명기에 있는 무산계급문화의 수립을 기함'이라고 간단하게 추상적 목표를 내세웠던 1926년 12월의 강령과 상당한 차이를 드러낸다.

첫째는 무산계급예술운동의 이념성에 대한 새로운 규정을 들 수 있다. 조선프로예맹은 이 개정 강령에서 비로소 마르크스주의적 이념 노선을 명기

한다. 무산계급운동에서의 마르크스주의의 역사적 필연성을 명확히 제시하고 바로 그러한 이념적 기초 위에서 무산계급운동의 일부로서 무산계급예술운동의 실천을 도모한다는 것이다. 이러한 이념 노선의 천명은 기존 조선프로예맹 내부에 합류해 있던 비마르크스주의 요소를 제거할 근거를 마련하기 위한 것이라고 할 수 있는바, 김동환 등의 민족 계열과 권구현 등의 아나키스트 계열이 계급 문단에서 추출될 수밖에 없는 상황에 놓인다.

둘째는 무산계급예술운동의 조직성에 대한 원칙적인 규정을 들 수 있다. 조선프로예맹의 기존 조직은 이념적 결속력이 약했던 것이 사실이다. 초기의 조선프로예맹이 계급문화운동을 도모하는 문단적 친목 단체와 같은 성격에서 크게 벗어나지 못했던 점을 생각한다면, 새로운 강령에서는 이념성에 근거한 동지적 결합과 그 조직을 요구하고 있음이 분명히 드러난다. 특히 무산계급운동의 일부로서 무산계급예술운동의 성격을 고정시키고 있기 때문에, 무산계급운동을 주도하는 사회 정치적 조직과 조선프로예맹의 조직적 연계성이 중요한 의미로 부각될 수 있음을 예견할 수 있다.

셋째는 무산계급예술운동의 사회적 실천성에 대한 규정을 들 수 있다. 기존의 조선프로예맹의 무산계급예술운동은 예술적 창작의 실천이라는 창작 영역 내에서의 기능이 중심을 이루었던 것이 사실이다. 그러나 방향전환과 더불어 무산계급예술운동은 계급투쟁의 정치적 의미에 따라 그 방향을 달리하고 있다. 봉건적 자본주의적 관념의 배격, 전제적 세력과의 항쟁, 의식적 조성운동의 수행 등은 모두 정치투쟁적 성격을 중시한 대목이며, 무산계급문화예술의 확립이라는 초기 단계의 문화주의적 성향이 제거되고 있음을 볼 수 있다.

조선프로예맹의 강령은 새로이 개정된 규약을 통해 그 조직의 실천적 요건을 더욱 분명히 하게 된다.[72] 조선프로예맹의 개정 규약은 기존 규약 내용과 비교할 때, 조직의 대중적 지지 기반을 획득하기 위한 문호 개방과 지부 설치 등의 규정이 두드러지게 드러난다. 이것은 조선프로예맹이 순수한 문예 단체가 아니라 대중적인 사회운동단체로서의 조직적 성격을 점차 강조

---

72 1927년 9월 1일 개정 규약은 조선프로예맹의 강령과 함께 《藝術運動》 창간호에 수록되어 있다.

하고 있음을 의미한다. 동맹원의 자격 요건 가운데에서도 동맹의 강령과 규약을 준수해야 한다는 점을 들고 있기 때문에, 문예 영역에서의 전문적인 기술적 자격을 전혀 고려하지 않고 누구든지 조선프로예맹의 이념에 동조하는 사람에게는 문호를 개방하고 있다. 그 결과 조직의 대중적 확대를 가능하게 했다는 점을 쉽게 짐작할 수 있다. 그리고 동맹원의 의무와 역할을 분명히 함으로써, 조직의 이념적 결속과 그 지표를 더욱 분명히 하고 있다.

조선프로예맹은 이 같은 이념성, 조직성, 실천성에 근거해 무산계급문예운동에 대한 조직 내부의 이념을 정비하고 그 실천적 논강(論綱)을 발표했다. 조선프로예맹 본부 초안으로 발표된 「무산계급예술운동에 대한 논강」은 계급문예운동의 이념 노선과 실천 방법을 놓고 이루어지기 시작한 조직 내부의 이론투쟁에 새로운 국면을 제공하게 된다는 점에서 매우 중요한 의미를 갖는다. 방향전환의 역사적 필연성과 그 정치 투쟁으로의 실천을 놓고, 조선프로예맹은 민족적 정치투쟁의 시야를 전취해야 한다는 강력한 의지를 표명하게 된다. 정치투쟁을 위한 투쟁, 예술의 무기로서 예술운동의 실행을 내세우는 이 논강의 내용은 다음과 같다.

> 朝鮮의 無産階級運動은 1927년을 一期로서 運動의 質的 方向轉換을 敢行하엿스며, 싸라서 無産階級 藝術運動에도 質的 方向轉換을 要求하야 이제 朝鮮푸로레타리아藝術同盟은 이 轉換의 實行을 期함.
>
> 無産階級 藝術運動의 方向轉換을 實行함에 잇서서 우리는 먼저 우리 運動이 轉換되지 안흐면 아니 될 客觀的 條件의 現階段을 究明하며 그리함으로써 現階段을 把握하지 안흐면 아니 된다. 이것 업시 우리는 無産階級 藝術運動의 方向轉換의 實踐의 展開를 期하지 못한다. 그것을 究明把握함에는 과감한 理論鬪爭을 실행할 것이다.
>
> 그 이유는 '맑시스트'는 世界 變革 過程에서 그 歷史的 必然으로 迫到한 客觀的 情勢의 현 단계를 구명하며 파악하며 전취하여 그럼으로 운동의 歷史的 任務를 다하지 안흐면 아니 된다. 그럼으로 全世界 無産階級運動은 지금 이 辨證法的 歷史 課程을 課程하고 잇다.
>
> 無産階級運動의 方向轉換은 이리해서 部分的 鬪爭으로부터 大衆的 全體的 鬪爭을 의미하는 것이니, 즉 組合主義 鬪爭에서 政治鬪爭을 의미하는

것이다. 진실한 의미에서 '맑시스트'는 '世界를 여러 가지로 설명하는 것이 아니라, 世界를 變革함에 잇다.' 이것을 실행함에는 政治鬪爭으로부터 시작할 것이다.

그리하야 우리는 目前에 實例로는 ××의 無産階級은 지금 ××政治에서 뿌르죠와 民主主義 政治 獲得을 현 단계로서 戰取하려 하며, 지금 그것을 과정하고 잇다. 이에 日本의 帝國主義의 支配 밋에 잇는 全朝鮮 民衆은 필연적으로 이 政治過程을 課程해야 하며, 그리해서 지금 그것을 課程하고 있다. '朝鮮의 民族單一黨'을 絶叫하며 朝鮮 각지에서 總力量을 이리로 집중식히게 되얏다. 이럼으로 朝鮮의 民族的 政治運動으로 전개되었다.

그럼으로 朝鮮프로레타리아藝術同盟은 無産階級運動의 方向轉換과 한 가지 이 民族的 政治 鬪爭 시야를 戰取함으로 이 課程을 課程하여야 한다. 따라서 朝鮮프로레타리아藝術同盟은 無産階級藝術의 任務를 작품 행동에 局限식히는 것이 아니라, 우리는 전운동의 總機關이 지도하는 鬪爭을 실행하기 위하야 우리의 藝術은 武器로서 되지 안흐면 아니 된다. 이리하야 作品 至上인 행동의 階級的 自己 疎外로부터 無産階級 藝術의 救出을 期한다. 이러한 의미에서 朝鮮프로레타리아藝術同盟의 藝術運動은 政治鬪爭을 위한 鬪爭藝術의 무기로서 실행된다.

朝鮮프로레타리아藝術同盟은 大衆의게 이 鬪爭意識을 高揚하며, 이것의 敎化運動을 위하야 조직하며, 그리하야 우리는 無産階級 藝術運動의 歷史的 任務를 다할 것이다.[73]

조선프로예맹의 계급문예운동의 이념적 노선과 그 실천 방법을 규정하는 이 논강에는 우선 계급문예운동의 방향전환에 대한 규정이 분명히 드러나 있다. 마르크스주의자의 입장에서 계급문예운동은 조합주의적 투쟁을 벗어나 정치투쟁으로 진출해야 한다는 것이다. 이것은 계급운동의 방향전환과 마찬가지로 문예운동의 방향전환이 필연적인 것임을 강조하는 부분이다. 그리고 조선의 현실과 계급운동의 역사적 단계에 대한 인식도 주목된다. 이 논강에서는 방향전환기를 일본 제국주의 지배 아래에서 부르주아 민주주

73 「無産階級 藝術運動에 對한 論綱(本部草案)」(藝術運動 제1호, 1927. 11), 2-3면.

의 정치 획득을 전취하고자 하는 역사적인 단계로 인식하고 있다. 이것은 프롤레타리아혁명의 전 단계로서의 역사적인 과정으로 당대의 현실 문제를 인식하고 있음을 뜻하는 것이다. 이 논강에서는 특히 일본 제국주의 지배 아래 놓여 있는 조선 민중의 민족적 정치투쟁을 위해 예술운동이 무기가 될 것을 강조한다. 그리고 이를 위해서 '민족 단일당'의 투쟁 노선을 지지하고 있음을 보게 된다. 조선프로예맹이 신간회의 조직에 적극적인 지지를 보내면서 예술 영역에서만이 아니라 대중적인 정치운동에 참여하게 되는 과정을 여기서 확인할 수 있다.

신간회와 조선프로예맹

신간회는 1927년 2월 민족주의 운동과 사회주의 운동의 민족 협동 전선 구축이라는 목표 아래 창립되었다. 안재홍, 이상재, 백관수, 신채호 등 34명의 발기로 결성된 신간회는 조선 민족의 정치적·경제적 해방의 실현, 전 민족의 현실적 공동 이익을 위한 투쟁, 일체의 기회주의 부인 등을 강령으로 내세웠다. 신간회 조직 내부에서는 민족주의 진영과 사회주의 진영의 이념적 갈등이 표출되기도 했지만 식민지 상황에서 민족적·정치적·경제적 예속을 탈피한다는 탈식민주의의 성격을 분명히 갖추게 되었다. 특히 민족의 언론, 출판과 결사의 자유를 쟁취하고, 청년운동과 여성운동을 지원하며, 파벌주의 배격과 근검절약운동 전개 등의 구체적 활동 목표를 실천하게 되었다. 그 결과 신간회는 전국적인 지회 조직을 통해 세력을 확장했으며, 1930년 전국에 140여 개의 지회와 3만 9,000여 명의 회원을 확보했다.

신간회의 결성과 그 조직의 사회적 확대는 민족주의 운동과 사회주의 운동의 조직 노선 통합이라는 민족 단일당으로서의 성격에 기초한 것이다. 실제로 신간회 결성에 참여한 조선공산당도 신간회가 명실공히 민족 단일당이 될 수 있도록 지지하며 후원하도록 했고, 홍명희를 중심으로 신간회에 직접 참여해 다수의 당원이 이에 가담하도록 했다. 그들은 공산주의자와 민족주의자의 협동전선으로 이루어진 신간회를 점령하는 것이 아니라 이에 참여해 노동자와 농민의 교양에 힘써 그 헤게모니를 확보하도록 했던 것이다.[74]

---

74 스칼라피노·이정식 외, 『신간회연구』(동녘, 1983), 37면.

조선프로예맹은 신간회 운동의 확대 과정에서 신간회의 민족 단일당 노선을 견지하면서 그 지도에 따라 민족운동의 이념을 투쟁적으로 실천하는 것으로 조직의 성격을 규정했다. 신간회와 조선프로예맹의 이러한 직접적인 연결 관계는 사회주의자들이 신간회 조직에서 이탈하기 시작하는, 1928년 코민테른 '12월 테제'로 불리는 「조선 농민 및 노동자의 임무에 관한 테제」가 발표되기 전까지 지속되었다.

조선프로예맹은 신간회의 전국적인 지회 결성과 그 대중적인 확대 과정을 그대로 따르면서 계급문학운동의 정치·사회적 진출과 대중적 조직 확대를 의미하는 전국 지부 결성에 착수했다. 당시 신간회의 지회 조직은 신간회 창립 직후부터 전국적으로 확산된 신간회 지지운동에서부터 비롯되었다고 할 수 있다. 서로 다른 이념과 노선을 내세우면서 대립했던 여러 사회단체가 신간회에 대한 지지와 후원을 강조하기도 했고, 조직 자체를 해체하면서 신간회의 이름 아래 운동 노선과 조직의 통일을 이루었다. 특히 청년 중심의 지방 사회운동단체들이 대거 신간회를 중심으로 조직을 재편하면서 신간회 지회는 1927년 이후 1929년까지 전국 각 지역에 127개의 조직을 가지게 되었다. 전국의 신간회 지회에서는 신간회의 이념과 노선에 따라 폭넓은 정치 활동과 사회 활동을 전개했는데, 민중 계몽을 위한 각종 강연회의 개최, 소비조합의 결성을 통한 경제 활동, 농민들의 소작권을 보호하기 위한 집단적인 권리 투쟁, 언론과 출판의 자유를 요구하는 정치적인 성격의 투쟁운동으로 확대되었다.[75]

앞서 언급한 것처럼 조선프로예맹은 방향전환과 함께 민족 단일당 노선의 실천을 위해 조직의 전환도 결행했다. 1927년 9월 조직 개편 이후 도쿄 지부를 비롯해 전국적으로 지부를 조직했다. 조선프로예맹 규약 제5장에서 규명한 바와 같이 5인 이상의 맹원이 있는 지방에 지부를 설치할 수 있으므로 지부 결성은 계급문예운동이 조선프로예맹의 지부 조직을 통해 보다 더 가까이 무산대중 속으로 진출하게 되었음을 말해 주는 근거가 된다. 그리고 이것은 신간회가 전국적인 지부 조직의 확대를 통해 민족 해방을 위한 협동전선을 대중적으로 확산하고 있었던 점에 비추어 볼 때 초기 단계의 방향전

---

75 이균영, 『신간회연구』(역사비평사, 1993), 264-294면 참조.

환기에 조선프로예맹이 신간회 중심의 민족 단일당 노선의 실천에 철저했음을 말해 준다.

조선프로예맹은 도쿄 지부 설립 이후 함흥, 해주, 평양, 개성, 수원, 원산, 목포 등에 지부를 설치하고, 그 조직을 사회적으로 확대했다.[76] 조선프로예맹의 지부는 주로 신간회의 지회 조직이나, 청년총동맹의 지부 조직을 기반으로 결성되었음을 쉽게 확인할 수 있다. 지부 활동은 여러 형태의 문학 강연회 개최, 각종 정치 행사와 문화 행사의 주도 등으로 요약된다. 조선프로예맹 지부 조직은 일제강점기 예술운동 조직으로서의 성격보다 사회·정치적 조직의 성격이 더 강했다. 대개의 지부 맹원이 문예 영역과는 거의 관련이 없는 인물이며, 지부의 활동도 대중 강연 등의 행사 이외에 문예 창작 영역의 뚜렷한 활동을 보여 주지 못하는 것도 이 같은 성격을 입증하는 요소다. 결국 조선프로예맹이 신간회의 지회 조직에 근거해 전국적인 지부 조직을 확대하게 된 것은 계급문예운동 자체의 성격이 점차 예술운동의 영역을 넘어서 사회·정치적인 것으로 전환하고 있음을 말해 주는 것이다. 특히 지부 조직에서는 문예 활동보다는 정치적인 대중적 조직화의 과정에 중심이 놓임으로써, 지부 조직을 위한 설립 대회 자체가 금지된 경우가 많았다.

조선프로예맹 지부의 조직 과정에서 가장 주목되는 것은 도쿄 지부의 결성과 활동이다. 1927년 10월 2일 결성된 도쿄 지부는 물론 제3전선파가 주축을 이룬다. 제3전선파의 등장은 계급문학운동에서 진보적인 정치주의적 성향의 신세대가 조직 속에 큰 세력으로 자리 잡게 되었음을 의미한다. 제3전선파의 김두용, 조중곤 등은 조선프로예맹 경성 본부의 박영희 등과 함께 조선프로예맹의 조직을 전환시켜 놓은 뒤에 조선프로예맹의 도쿄 지부 결성에 착수했다. 도쿄 지부의 조직은 제3전선파가 중심을 이루지만, 또 다른 유학생 중심의 사회주의 운동단체인 《개척(開拓)》 동인이 여기에 합류함으로써 그 기반이 확대된다.[77]

---

76 조선프로예맹의 전국 지부 조직에 관해서는 권영민, 『한국계급문학운동연구』, 165-182면 참조.

77 《개척》 동인은 제3전선파와 마찬가지로 사회주의 운동에 관심을 갖고 있던 일본 유학생들로서, 장준석, 윤제술, 김상기, 김종기, 유기현 등을 중심으로 한다. 이들은 신문화 신사회의 완성을 촉진하고 대중과 함께 승리를 획득한다는 목표를 내세우고 사회운동계몽지인

당시 조선프로예맹 도쿄 지부의 조직 임원[78]은 신간회 도쿄 지부와 밀접한 연관을 지니고 있었다. 우선 조선프로예맹의 조직 결성 자체가 신간회 도쿄 지회 회관에서 이루어졌고, 신간회 도쿄 지회의 핵심 인물들이 상당수 조선프로예맹 도쿄 지부의 맹원으로 가담하고 있음을 확인할 수 있다.[79]

조선프로예맹 도쿄 지부는 창립 대회에서 중요한 두 가지 사안에 대한 결의를 단행했다. 하나는 신간회 지지 결의였고, 다른 하나는 '조선총독 폭압정치 반대동맹'에 가담하는 일이었다. 조선프로예맹 도쿄 지부가 신간회 지지를 결의한 것은 경성 본부에서 발표한 「무산계급 예술운동에 대한 논강」에 따른 것이며, 특히 민족 단일당으로서의 신간회의 위치를 강조하면서 그 지지를 주장한 이북만의 의견이 그대로 반영된 것이라고 할 수 있다. '조선총독 폭압정치 반대동맹'에 가담하기로 결의한 것도 신간회와의 관계 속에서 이루어진 일이었다. 조선총독의 폭압 정치에 대한 반대 투쟁은 1927년부터 신간회 도쿄 지회가 전력을 기울였던 대중 운동이었다. 이 운동은 일본 제국주의의 조선에 대한 식민지 정책을 규탄하기 민족 투쟁의 성격이 강했고, 1927년 9월 17일 신간회 도쿄 지회 회관에서 '조선총독 폭압정치 반대동맹'을 결성했다. 이 동맹은 신간회 도쿄 지회의 별동대로 인정될 만큼 신간회 도쿄 지회에 참여했던 모든 단체의 구성원이 적극 가담했다.

조선프로예맹 도쿄 지부는 일본 내에서의 언론 출판 활동이 국내보다 비교적 용이하다는 점을 이용해 기관지 《예술운동(藝術運動)》(1927. 11)을 창간해 계급문예운동의 대중적인 확대를 실천할 수 있는 기반을 마련했다. 《예술운동》이라는 기관지의 간행은 계급문예운동을 조직적 전개와 대중적 진출을

《개척》을 1926년 11월부터 간행했다. 이들은 제4호의 간행 직후 제3전선파의 권유로 조선프로예맹 도쿄 지부에 합류했다.

78 《朝鮮日報》(1927. 10. 10)의 기사를 보면, 조선프로예맹 도쿄 지부는 1927년 10월 2일 조직되었으며 상임위원회는 조중곤, 김두용, 한식, 이북만, 홍양명으로 구성되었다. 부서별 상무위원으로는 서무부: 조중곤, 재정부: 김두용, 교육부: 한식, 출판부: 이북만, 기술부: 홍양명이 참여했다. 그리고 문학부장: 장준석, 미술부장: 이경진, 연극부장: 최병한, 음악부장: 채규엽을 임명했다.

79 홍양명과 최병한은 1927년 5월 창립된 신간회 도쿄 지회의 간사로 활약하며, 1927년 신간회 도쿄 지회 제2회 대회 이후에는 조중곤이 신간회 도쿄 지회의 총무 간사로, 장준석, 최병한 등은 간사로 참여한다.

위해 일차적으로 필요한 요건이었다. 조선프로예맹은 준기관지 형태의 문예지《문예운동》의 간행을 주도한 적이 있지만, 그것이 효과적인 문예운동의 실천에 크게 기여하지는 못했다. 계급문예운동에 대한 사회적 인식도 제대로 확립되지 못한 데다가 조직 자체의 결속도 문제가 되던 시기에 이루어진 일이었기 때문이다.

조선프로예맹 도쿄 지부의《예술운동》간행은 프로예맹 조직의 확대와 개편을 마무리하고, 그 이념과 노선을 방향전환의 기조 위에서 정비한 직후에 이루어진 사건이었다. 조선프로예맹이《예술운동》의 창간을 도쿄 지부에서 주관하도록 한 근본적인 이유는 일제의 사상 통제와 검열을 모면하려는 데 있었다. 조선총독부는 조선 내에서 간행되는 모든 잡지의 원고를 사전에 검열했기 때문에, 한국인은 잡지 간행의 자율성이나 편집의 독자적인 원칙을 지켜 나갈 수 없었다. 그러나 도쿄에서는 원고의 사전 검열이 없었기 때문에 사회운동의 전체적인 흐름 속에서 어느 정도의 독자적인 영역을 지킬 수 있을 것이라는 계산이 작용했던 것이다. 그런데《예술운동》의 간행을 도쿄 지부에서 주관한다는 것은 계급문예운동의 실천적인 무대가 되는 기관지의 편집 주도권을 도쿄 지부가 장악하게 되는 결과를 초래할 수밖에 없었다. 도쿄 지부는 조선프로예맹의 지부로서 그 활동의 모든 영역이 본부의 통제를 받도록 되어 있으나,《예술운동》의 간행과 함께 기관지 편집 방향이나 논조 등에서 경성 본부와의 갈등을 노정하게 되었다.

《예술운동》의 창간호는 1927년 11월 15일에 간행되었다. 창간호의 중요 필자로는 경성 본부 위원 가운데 박영희, 윤기정, 송영 등이 포함되어 있고, 도쿄 지부의 이북만, 장준석, 홍효민, 조중곤, 최병한 등이 참여하고 있다. 이처럼《예술운동》의 창간호에는 본부의 임원과 도쿄 지부의 맹원들이 비슷한 비율로 필진에 참여하고 있으며, 본부에서 내건「무산계급예술운동에 대한 논강」을 권두에 수록함으로써 기관지로서의 면모를 갖추고 있다. 그러나 창간호의 내용을 보면, 박영희의 관점과 이북만의 주장으로 대별할 수 있는 계급문예운동의 방향전환을 중심으로 하는 본부와 도쿄 지부 사이의 이념 노선상 차이가 평론 속에 노골적으로 드러난다.

> 歷史는 언제나 必然한 것을 産出한다. 우리의 藝術運動이 우리들 입에

서 붓에서 부르짖게 된 것은 비록 세 살의 어린아이나, 우리의 전운동에 있어서는 중대한 時間을 경과하였다고 본다. 즉 역사를 재생산하려는 方向轉換을 과정하였다는 것이다. 이러한 정세하에서 조선프롤레타리아예술동맹은 9월 1일에 경성에서 임시 총회를 열고 새 운동의 전환을 용감히 출발하였다. 그때 우리 被壓迫民族을 대표하는 階級的 프로藝術運動의 지도 잡지 《예술운동》은 산출하였다. 본 호는 우리의 과감한 出發號이다. 진실한 無産階級的 組織과 指導 理念에서 산출한 조선프롤레타리아예술동맹은 우리 프로예술운동의 진실한 의미있는 主體임은 설명할 여지도 없다.

우리의 앞으로 전개될 主義 主張과 運動 方針은 이미 본 동맹에서 발표한 綱領에 의하여 관일할 것이다. 그러나 이 번호에 발표하는 綱領과 論綱은 현하 우리의 客觀的 情勢와 시간상 관계로 展開의 방법과 表現의 문구 등에 불미한 점이 적지 않으나 앞으로 대회를 거쳐 결정적 강령을 발표하고자 함을 말해 둔다.[80]

最近의 文藝運動은 劃期的 發展을 하여 왓다. 朝鮮푸로레타리아藝術同盟은 第一, 第二, 第三의 총회를 거듭하면서 이 진전을 꾀하여서 왓다. 그리해서 最近의 藝術同盟은 自然生長期에서 目的意識期에, 즉 部分的 孤立的 文藝運動에서 全體的 政治路線에 진출되게 된 진정한 맑스主義 文藝運動으로서 方向轉換을 實行하엿스며, 朝鮮푸로레타리아藝術同盟은 東京 支部를 爲始하야 朝鮮 各地에 우리들의 組織을 擴大하여 집중하지 않으면 아니 되게 되엇다. 이에 잇서서 우리의 푸로레타리아運動은 참으로 우리의 鬪爭 機關, 무기인 機關誌가 잇지 안흐면 아니 되게 되엇다.

이에 《藝術運動》은 그 創刊을 敢行하엿다. 이 《藝術運動》은 우리들의 藝術運動의 새 階段인 政治鬪爭 過程을 過程하게 할 것이다. 그럼으로 目的意識期의 《藝術運動》은 참으로 그 任務가 크고 그 役割이 重大하다고 할 것이다. 짤아서 본 同盟員은 이 貴中한 機關誌인 《藝術運動》을 爲하야 全力을 다하며 또 다하지 안흐면 아니 될 것이다. 그리하야 우리의 《藝術運動》은 成長하며, 이것이 成長함으로 우리의 鬪爭의 程度는 進展될 것이며, 또한

80 「편집후기」(藝術運動 창간호, 1927. 11).

이 闘爭意識의 戰取될 版圖가 擴大될 것이다.[81]

9월 말부터 東京 支部와 의견이 一致되어 원고를 모아 東京으로 보내게 되어 그해 11월 15일에야 비로소 처음으로 표지에 '朝鮮푸로레타리아藝術同盟 機關誌'라고 공공연히 서명한 機關誌《藝術運動》 제1호가 출판되엿다. (중략) 이 뒤 잡지는 翌年에 제2호를 내고 29년《無産者》로 변하고 말았다.《藝術運動》 2호 때부터 東京과 京城과의 理論上의 相違가 생기게 되었다. 이 差異라는 것은 결코 적은 것이 아니라, 東京 支部가 京城 本部의 이론에 남아 있는 公式主義에 대한 批判으로부터 원인한 것으로, 27년 12월에 조선일보에 실린 윤기정의 「無産藝術家의 創作的 態度」라는 논문과 同月에 중외일보에 실린 윤의 논문 반박인 이북만의 「당연히 揚棄해야 할 所謂 目的意識性」을 중심으로《藝術運動》 2호에 실린 本部 論綱 批判에서 가장 고양된 것이었다.

이리하여《藝術運動》을 전후하여 조선의 프롤레타리아문학운동은 不絶한 前進의 길을 걸어 30년도의 ×××××의 決議에까지 발전하였으며《藝術運動》은 후일에《無産者》가 되어 30년 전후에 朝鮮에 ××××에 있어 떼일 수 없는 중대한 역할을 한 것이다.[82]

이처럼《예술운동》의 창간은 무산계급문예운동의 확대와 그 실천을 위해 요청되었던 중요한 과제였다. 그러나《예술운동》의 실질적인 발간을 주관하는 조선프로예맹 도쿄 지부는 총회에서 결정한 논강이나 강령에 전적인 동의를 보내기보다 그 새로운 개혁을 의도하고 있음을 창간호 편집후기에서 내비치고 있다. 이와는 달리 박영희의 태도는 전적으로《예술운동》의 창간을 지지하고, 이 잡지가 조선프로예맹의 지도 아래 조선 민중의 지지를 획득할 것으로 전망할 뿐이다. 이 같은 서로 다른 관점과 태도 위에서《예술운동》은

81 朴英熙, 「文藝運動과 機關誌:《藝術運動》創刊의 報를 듯고」(朝鮮日報, 1927. 12. 3).

82 林和, 「多事하던 30年 前後의 藝術同盟」(朝鮮日報, 1933. 10. 8). 임화가 지적하고 있듯이《藝術運動》 제2호는 「공식주의를 배격함」(한식), 「우리운동의 출발점의 재음미」(김두용), 「일본예술운동의 검토」(이북만), 「일본프로 예술 전국대회를 보고」(장준석), 「데몬스트레숀(소설)」(조중곤) 등을 수록했을 뿐, 경성 본부 임원들의 원고는 보이지 않는다.

1928년 1월에 제2호가 간행되었다. 그런데 제2호의 내용에서부터 본부의 주장과 도쿄 지부의 노선 사이에 상당한 격차를 드러내면서 조직 내부에서 이론투쟁이 점차 격화되고 있음을 보여 준다.

실제로 1927년 이후 조선프로예맹의 조직 내부에서 제3전선파를 중심으로 하는 도쿄 지부와 경성 본부 사이에는 계급문학운동의 이념과 노선에 대한 적지 않은 충돌이 일어났다. 특히 계급문학운동의 방향전환 문제와 관련해 그 실천적 방법에 대한 논의 과정은 여러 가지 논쟁을 야기했다. 여기서 가장 크게 문제시된 것은 계급문학운동의 방향전환과 그 실천을 문학의 영역에 한정할 것인가, 대중적 정치투쟁으로 진출할 것인가 하는 점이다. 박영희를 중심으로 하는 경성 본부의 경우는 문학 영역 내에서의 실천을 내세워 의식 투쟁을 강조하고 있는 데 반해, 이북만 등의 도쿄 지부의 경우는 예술운동의 정치적 진출과 대중 투쟁을 중시한다.

조선프로예맹 경성 본부와 도쿄 지부 사이에 일어난 계급문학의 방향전환에 관한 논쟁은 박영희와 이북만의 충돌에서부터 시작되었다. 박영희의 방향전환론은 목적의식론으로 집약되고 있다. 그는 부르주아 정치의 폭로와 그것에 대한 투쟁의식을 민중에게 심어 주는 것으로 계급문학의 기능을 규정했다. 계급문학운동은 문예의 특수성을 기반으로 하며, 그만큼 절약된 한계와 제한된 효용을 인정할 수밖에 없는 것이므로, 예술의 효용성만을 과장해 계급문학운동을 무산계급운동과 동일시해서는 안 된다는 것이 박영희의 주장이었다. 이 같은 박영희의 예술적 특수성론은 일종의 문화주의적 성격을 드러내고 있지만, 도쿄 지부의 정치주의적 성향과 그 과격한 요구를 감당하기 어렵게 된다. 이북만은 당대의 현실에서 전체 사회운동이 대중적 정치투쟁으로의 방향전환을 요구하고 있으며, 신간회의 결성 자체가 바로 조선 무산계급운동의 한 과정임을 분명히 밝히고 있다. 그는 계급문학운동도 바로 이 같은 방향전환의 과정을 그대로 실천해야 한다는 것이다.

이북만이 박영희의 방향전환론을 비판하는 내용의 핵심은 박영희가 주장한 문화주의적 견해에 대한 반발이다. 이북만은 작품 행동의 제한된 영역에서 대중을 도외시한 의식투쟁이란 가능하지 않음을 분명히 하며, 문학운동이 대중적 투쟁과 조직 운동으로 진출해야 함을 강조한다. 그가 말하는 대중적 조직 기반을 통한 대중투쟁은 바로 신간회를 염두에 두는 것임은 물론이다. 바로 여기서도 계급문학운동의 실천 방법과 신간회의 민족 단일당 노선에 대한 견해의 충돌이 일어난다. 조선프로예맹은 1927년 조직 전환 직후 신간회의 민족 단일당 노선을 인정하고 이에 적극적인 참여와 지지를 보냈던 것이 사실이다. 조선프로예맹은 '민족 단일당'의 투쟁 노선을 지지하는데, 앞서 소개한 「무산계급 예술운동에 대한 논강(본부 초안)」에는 민족 단일당으로서의 신간회의 조직을 직접적으로 거명하는 부분은 없다. 그러나 '조선의 민족 단일당'에 대한 적극적인 지지를 보내는 것은 분명하며, '전운동의 총기관'이 지휘하는 투쟁을 실천하기 위해 예술 영역에서만이 아니라 대중적인 정치운동에 참여하게 되는 과정을 확인할 수 있다.

당시 도쿄 지부의 이북만은 계급문학운동의 방향전환 문제를 중심으로 신간회와의 관계를 가장 구체적으로 논급하면서 예술운동의 대중적 조직과 정치적 투쟁을 강조하고 있다. 그는 방향전환의 문제를 목적의식론만으로 집약시켜 놓는 박영희의 입장을 비판하면서 예술운동의 대중적 조직 문제를 이렇게 강조했다.

> 그러면 藝術運動의 大衆的 組織이란 무엇이냐?
>
> 우리 藝術運動의 大衆的 組織은 勞動組合, 農民組合, 靑年同盟 等과 갓흔 組織이여야 할 것이다. 즉 다시 말하면, 勞動總同盟이 勞動者라는 特殊한 大衆의 組織이고 싸라서 그의 主體이며, 靑年同盟이 靑年 大衆만으로 결성한 大衆團體, 그의 主體인 것 갓치 우리 藝術運動에 잇서서는 藝術 部門內에 잇는 모든 大衆의 結成體 主體가 안이면 안 될 것이다.(방향전환한 朝鮮푸로레타리아藝術同盟이 그것일 것이다.)
>
> 勞動總同盟, 靑年同盟, 기타 다른 大衆 團體가 民族的 單一黨인 新幹會의 指導하는 指導精神에 統制되는 것과 갓치 우리 藝術同盟도 新幹會의 指導에 의하지 안으면 안 될 것이다. 즉 금일의 藝術同盟은 藝術 領域 內의 대중의 政治的 社會的 自由를 위하야 鬪爭함으로써 그의 組織을 全民族的으로 하며 全被壓迫 階級的 見地에서의 指導를 관철하는 것으로써 階級的으로 하는 것이다.
>
> 沒落 과정에 있는 支配階級의 통일적 反動政策에 대하여 우리 無産階級의 가장 조직적 진용은 지금에 준비되엇다. 전조선 被壓迫 民衆의 政治的

> 表現인 新幹會를 두대(頭隊)로 그를 지지하고 그의 主體的 權力인 大衆의 日常 鬪爭의 組織은 그 아래에 단결되고 民衆의 모든 不平 憤激을 그 政治的 表現에까지 가져오는 媒介的 組織은 그것을 중심으로 하여 통제되고 잇다.
>
> 藝術運動도 또한 그러한 媒介的 運動의 하나이다. 藝術의 영역 내에서 야기되는 일체의 鬪爭, 藝術에서 火蓋를 여는 일체의 運動을 수행하는, 그것을 捲起함으로써 全民衆의 문제로 하여 新幹會가 政治的 問題를 삼는 조건을 만드는 媒介的 運動이다.[83]

이북만의 주장에서 가장 주목되는 것은 조선프로예맹 조직과 신간회의 관계에 대한 규정이다. 이북만은 방향전환을 이룬 조선프로예맹을 예술운동의 대중적 조직체로 규정한다. 그것은 노동총동맹 같은 대중적 조직과 성격을 같이한다. 조선프로예맹은 문단적 조직을 넘어 전국적인 사회운동 조직이 되는 것이며, 신간회의 노선에 따라 예술 영역 내에서 대중의 정치적·사회적 자유를 위해 투쟁하는 데 목표를 둔다.

이북만은 신간회의 성격을 '민족 단일당'이라고 규정하면서 조선프로예맹이 신간회의 지도 정신에 통제되어야 함을 강조한다. 그는 모든 대중 단체가 신간회의 지도 정신에 통제되고 있음을 주장하면서, 예술 영역 내에서 대중의 정치적·사회적 자유를 위해 투쟁하는 조선프로예맹이 그 조직을 전 민족적으로 확대하며 전 피압박 계급적 견지에서의 신간회의 지도를 관철하는 것은 당연하다고 했다.

이러한 이북만의 주장은 당시 신간회의 결성을 주도한 ML당(제3차 조선공산당)의 신간회에 대한 초기 노선과도 상통하는 것이다. 도쿄 유학생 중심의 일월회에 뿌리를 두고 있는 ML당은 한위건, 안광천, 최익한, 양명 등이 관련되었고, 이들은 대부분 뒤에 이북만과 함께 조선프로예맹 도쿄 지부의 결성에 관여했다. ML당은 사회운동에서의 파벌주의 청산과 함께 민족해방을 식민지 조선의 중요 과제로 설정했으며, 그 운동 조직으로서 신간회라는 민족협동전선을 결성하는 데 성공했다. 그리고 이 협동전선에 광범위한

83 李北滿, 「藝術運動의 方向轉換論은 果然 眞正한 方向轉換論이엿든가?」(藝術運動 제1호, 1927. 11), 23-24면.

민중을 망라해 민족해방투쟁을 전개하기 위해 노력했다. 1927년 신간회의 결성 이후 이들은 민족 단일당의 건설을 현단계 정치운동의 제일 과제로 삼고, 신간회의 조직 확대에 전력을 기울였던 것이다.

이북만의 대중적 조직과 정치투쟁론은 당적 조직과 당의 문학을 강조했던 레닌의 주장[84]을 연상하게 한다. 레닌은 당의 노선과 투쟁을 촉진시키지 않는 문학운동은 무엇이든 철저하게 비판한 바 있다. 그의 견해를 따른다면, 문학은 계급적 현실에 대한 민중의 의식을 촉발하고 유지하고 고양시킴으로써 혁명적 투쟁의 전위로서 봉사해야 한다. 레닌은 문학이 반드시 프롤레타리아계급 노선의 일부여야 할 것을 강조하며, 문학운동이 당적 조직과 그 투쟁운동의 한 요소가 될 것을 요구한다. 이러한 관점을 놓고 본다면, 민족 단일당으로서 신간회와 그 신간회의 노선과 지도를 관철하는 대중적 조직 운동으로서 계급문학운동의 상관관계가 예사로운 것이 아니었음을 짐작할 수 있다.

이북만이 주장하는 대중적 조직 운동으로서의 계급문학운동은 문예의 영역에서 이루어지는 모든 운동을 전체 민중의 문제로 확대해 신간회가 이를 문제 삼아 투쟁의 도화선으로 삼을 수 있도록 하는 매개적인 활동이다. 이북만은 문예운동이 정치운동의 매개적인 기능을 수행하는 것으로 봄으로써, 예술운동의 특수성을 강조해 그 절약된 한계를 강조했던 박영희를 비판할 수 있는 진보적인 입장을 유지했다. 특히 이북만이 문예와 정치의 상관관계를 더 깊게 논의하지 못하고 있음에도, 그의 견해는 조선프로예맹 경성 본부의 박영희 등에게 상당한 영향력을 발휘하고 있음을 확인할 수 있다. 조선프로예맹은 앞서 확인한 바 있듯이 1928년부터 신간회의 조직 확대 과정을 그대로 뒤따라서 전국적인 대중적 조직으로 확대되었으며, 박영희 자신도 방향전환론을 당대 현실에서의 대중적 조직 운동과 관련시켜 다시 논의했기 때문이다.

박영희는 「문예운동의 이론과 실제」에서 계급문학운동의 방향전환 문제를 조직 운동의 차원에서 보다 구체적으로 논의한다. 그는 문학운동이 작품에 있어서 집단적 운동을 제재로 하며 민중을 조직해 정치투쟁을 고양하

---

84 V. I. 레닌, 『레닌의 문학예술론』(이길주 역, 논장, 1988), 52면.

는 데까지 나아갈 것을 강조한다. 그리고 신간회와의 관계에서는 이북만의 견해 그대로 당의 지도와 그 지도의 대중적 조직적 실천을 강조하고 있다.

> 目的意識에 잇는 文藝作品의 內容的 構成은 文藝를 製作하기 위해서가 안이라 이 機能的 觀念形態를 通하야 大衆에게 ××××××××××하며 大衆에게 ×××××××을 戰取케 하야써 文藝의 節約된 範圍에서 ×××目的意識에까지 組織하며 ×××할 것이다.
>
> 目的意識의 作品은 ××—으로서의 작품이여야 하게 되니 즉 政×××××으로서 ××하는 데까지의 媒介的 任務를 實行하며—朝鮮프로레타리아 藝術同盟은 이것을 위해서 ×××組織하는 것이다. 우리는 政治的 現階段을 過程하며 ××하며 ×××××해서 全力量을 이 ××××으로 集中시키기 위해서 組織하지 안으면 안이 된다. 그럼으로 文藝 視野에 있는 未組織된 民衆을 ×××單一的으로 組織하지 안으면 안이 되는 것이다.
>
> 이 組織을 위해서 作品은 必然的으로 ×××이 되며 따라서 ×××로서의 文藝-藝術-가 안이될 수 업스며 拒絶할 수 업는 事實이다. 이리해서 文藝는 運動으로서 그 文藝的 任務에까지 發展되는 것이다.
>
> 또한 目的意識期에 運動은 無産政黨이나—(日本에 있어서)—民族單一黨의 過程과 이것을 ×××爭을 實行하는 것이다. 그럼으로 黨의 把握한 現階段的 統一的 運動을 위해서 ×××組織하는 것이다. 이리하여서 ××의 統一的 組織이 可能한 것이다. 그럼으로 各地方에 있는 가튼 意識 밋테 있는 文藝團體는 朝鮮프로레타리아藝術同盟에 參加하야 統一된 ××××× ×× 하지 안으면 안이 된다. 우리는 作品을 참으로 ×××有利한 觀念形態로 轉換되며 이 轉換의 目的을 政治的 原因에 適應하기 위해서 우리는 組織하지 안으면 안이 된다.[85]

이 같은 주장에서 확인할 수 있는 것처럼, 박영희는 도쿄 지부의 이북만이 강조했던 대중적 조직 투쟁론을 그대로 수용하고 있다. 그는 계급문학 운동이 대중적 조직 운동으로서 신간회의 노선을 따라야 함을 분명히 밝힌

85 朴英熙, 「文藝運動의 理論과 實際」(朝鮮之光 제75호, 1928. 1), 87-88면.

다. 당의 정책은 조선프로예맹을 지도하게 되며 예술동맹은 그 지도와 정책 밑에서 대중을 조직하는 것이라는 주장은 박영희의 태도 변화를 잘 말해 주는 대목이다.

조선프로예맹 조직 내부에서도 박영희의 주장과는 달리 신간회의 민족 단일당 노선에 대한 의견의 대립과 갈등이 노정되기 시작했다. 그 대표적인 예가 바로 이북만에 대한 한설야의 비판이다. 신간회를 민족 단일당으로 규정한 이북만과 달리, 한설야는 사회주의자와 민족주의자의 협동전선 또는 당으로의 매개체로 규정한다. 이러한 한설야의 입장은 당시 신간회에 대한 사회주의자들의 대립된 견해들이 계급 문단에도 크게 작용하고 있었음을 말해 준다. 한설야는 신간회가 당의 형태로 응결되지 못하고 있음을 분명히 밝히면서 다음과 같이 주장한다.

> 新幹會는 ××의 協同前線이요 黨으로의 媒介體이다. 즉 신간회는 아직 전운동의 두뇌(당)에까지 응결하지 못하였다. 그 道程에 있을 뿐이다.
>
> 우리는 계급 내의 요소, 단체 간의 不等質性이 장차 필연적으로 總指導機關인 黨, 즉 두뇌를 요구하고 수립할 것을 안다. 전 ××××하기 위하여 가장 훈련되고 가장 團凝된 추상적 부분 즉 黨이 必然으로 出現할 것을 잘 안다. 그러나 現前 新幹會는 과연 여사한 結晶體에 지양되어 있는가. 아니다. 아직은 協同的 組織 統一期에 있는 媒介的 形態에 있다. 즉 청년동맹, 노동동맹, 예술동맹, 기타 대중 집단의 協同的 統一 組織이다.
>
> 이 시기에 있어서 씨(이북만을 지칭함—필자) 등과 같이 藝術同盟을 그 指導에 一任한다는 것은 妄想的 急進的 追隨主義인 외에 아무것도 아니다. 지금에 있어서 新幹會의 지도를 받는다는 것은 오히려 協同을 혼란케 하는 것이다. 우리는 이 協同期에서 文藝運動 자체의 內的 發展과 外的 制約에 의하여 文藝 분야의 ××에서 신간 운동의 기능을 補益하여야 한다. 이에 있어서 文藝運動 자체의 결정이 무엇보다도 필요한 것이다.
>
> 문예운동과 다른 요소, 청년동맹, 노동동맹 등등과의 사이에는 특수성이 있다. 즉 不等質性이 있다. 부하린은 이 不等質性이 있기 때문에 黨이 요구된다고 말하였다. 만일 전연 동일한 등질적 경우라면 그때는 指導 組織이 불필요하리라고 말하였다. 하므로, 이 異質的 要素의 완전한 협동은 필

연적으로 黨을 要求하고 수립할 것이다. 또 그러기 위하여 조선 운동의 실제적 노력을 간과하여서는 안 된다. 현금 이 필연적 요구인 黨의 出現을 위하여 協同前線 媒介的 組織인 新幹會는 과정적 존재 형태로 전조선 民衆의 積極的 支持를 받고 있다.[86]

한설야의 주장 가운데 신간회 운동과 계급문학운동의 관계를 구분하는 점을 주목해 볼 필요가 있다. 그는 조직의 협동기에 문학운동의 내적인 발전을 강조하고 있으며, 신간회 운동을 문학 영역에서 보익하는 역할을 중시한다. 특히 문학운동 자체의 결정을 강조한다. 그렇기 때문에 한설야는 조선프로예맹이 신간회의 지도 정신에 의해 통제되어야 한다는 이북만 등의 주장을 망상적 급진적 추수주의(追隨主義)에 불과하다고 비판한다. 그는 문학운동이 다른 사회운동과 구분되는 특수성을 지니고 있음을 분명히 하고 있다. 이러한 견해는 당시의 사회운동의 전체적인 흐름으로 본다면, 오히려 신간회의 민족 단일당 노선에 반발했던 이른바 '양당론(兩黨論)'의 주장을 문학운동의 영역에서 지지하는 견해였음이 분명하다.

신간회의 성격과 그 역할을 놓고 새롭게 제기된 양당론[87]은 ML당의 출현과 신간회의 결성에 대응하기 위한 계급주의자들의 주장이다. 그들은 민족운동의 필요성과 그 전위당으로서 신간회의 존재를 인정하면서도, 민족 내부에 존재하는 무산계급과 자본계급의 분립을 강조했다. 그리고 계급해방을 위한 투쟁을 전개하기 위해 별도로 당의 필요성을 내세웠으며, 계급주의자들을 중심으로 하는 조선사회단체중앙협의회를 그러한 전위적인 당으로 인정하고자 했다. 결국 이들의 주장은 조선의 민족해방을 위해 민족운동과 계급운동을 각각 지도하는 두 개의 당이 필요하다는 것이었다. 이러한 양당론의 대두를 보고, ML당은 민족협동전선의 수립을 저해하는 공작이라고 공격했다. 그리고 1927년 5월 조선사회단체중앙협의회의 정식 출범을 알리는 창립 총회에 참석해 신간회의 민족 단일당 촉진을 주장했고, 오히려 조선사회단체중앙협의회의 조직마저도 ML당 계열이 장악하게 되었다. 그 후 신간

86 韓雪野, 「文藝運動의 實踐的 根據」(朝鮮之光 제76호, 1928. 2), 92면.
87 양당론의 실상에 대해서는 이균영, 『신간회연구』, 125-132면 참조.

회 전국적인 조직 확대가 이루어지면서 한동안 양당론이 자취를 감추었다.

한설야의 주장에서 양당론적 견해를 확인할 수 있는 대목은 '우리는 계급 내의 요소 단체 간의 부등질성이 장차 필연적으로 총지도 기관인 당, 즉 두뇌를 요구하고 수립할 것을 안다. 전××××하기 위해 가장 훈련되고 가장 단응(團凝)된 추상적 부분 즉 당이 필연으로 출현할 것을 잘 안다.'라고 언급한 부분이다. 그는 신간회의 조직을 일종의 협동 조직의 형태로 인식할 뿐이며, 계급운동의 총지도기관으로서의 당의 출현을 당위로 인정하고 있다. 따라서 한설야의 입장에서 본다면, 신간회를 민족 단일당으로 규정하는 이북만의 논리는 협동전선인 신간회와 문예운동의 관계를 그릇되게 인식함으로써 생겨난 신간회와 조선프로예맹의 지도 복종설을 조산했다는 것이다. 한설야의 이 같은 주장은 조선프로예맹의 조직 내부에서는 별다른 설득력을 발휘하지 못한다. 그렇지만 당시 신간회를 둘러싸고 민족협동전선 내에서의 공산주의자들의 역할과 임무 문제와 관련해 이루어진 일련의 논쟁, ML당 계열의 입장 선회 등을 보면 한설야의 주장이 신간회 설립 당시의 문예운동의 방향을 감지하게 하는 중요한 징표임을 알 수 있다.

2) 조선공산당 재건운동

계급 문단과 코민테른 12월 테제

조선프로예맹은 신간회의 전국 지회 결성을 기반으로 전국적인 지부 조직을 갖추었지만 계급문학운동의 대중적인 확대를 위한 실천적 활동을 활발하게 전개하지는 못했다. 그 이유는 객관적인 정세의 변화와 깊은 관계가 있다. 특히 신간회에 대한 조선공산당의 전략 변화도 조선프로예맹에 영향을 미쳤다. 1928년 2월과 7월에 연이어 대대적인 공산당 검거 사건이 일어났다. 제3차 공산당 사건과 제4차 공산당 사건으로 각각 지칭되기도 하는 두 차례의 검거 사건은 민족사회운동의 모든 활동을 위축시켰다. 신간회의 경우에도 민족 단일당으로서 조직 확대를 이루었지만, 조직 내부에서 주도적인 세력을 유지하던 공산당 계열이 대부분 검거되자 활력을 잃었다. 조선프로예맹의 조직 활동에도 상당한 동요가 일어났다. 조선프로예맹 도쿄 지부의 이우적이 제3차 고려공산청년회의 선전부장으로 활약하다가 검거되었고, 프로예맹 경성 본부의 김복진은 제4차 고려공산청년회 중앙집행위원으로 활약하다가 7월에 검거되었던 것이다.

그런데 1928년 7월에서 8월에 걸쳐 모스크바에서 개최된 코민테른 제6차 대회에서 「식민지·반식민지 국가에 있어서의 혁명운동에 대하여」라는 이른바 '식민지 테제'를 발표했다. 이 테제 속에 한국의 공산주의 운동에 대한 결의도 포함시켜 놓고 있었다. 이 결의에서 강조된 것은 공산주의 운동의 방향을 보다 좌경화의 방향으로 고정시키고 있다는 점이다. 공산주의자가 프롤레타리아 진영에서 활동을 강화하고 노농동맹의 적극성을 전면적으로 향상시키며 노동조합의 재조직과 함께 정치적 요구를 내건 경제투쟁의 전개 등이 강조되었다. 특히 노동자·농민들을 민족개량주의자들의 지도로부터 분리시키고 혁명적인 대중조직에서 공산주의적 영향력을 강화하도록 요구하고 있다.

코민테른 제6차 대회 이전까지만 하더라도 한국의 공산주의 운동에 대한 코민테른의 결의는 대개 노동자·농민, 그 밖의 소부르주아를 망라해 민족혁명운동을 전개한다는 것이었다. 그리고 모든 민족적 단체와 그 지도자들까지 좌익화해 혁명투쟁에 끌어넣어야 한다는 점을 강조했다. 1925년 조선공산당이 처음 창당된 후, 공산주의자들은 일제의 조직적인 탄압에도 제4차 공산당에 이르기까지 이러한 코민테른의 결의를 실천하고자 노력했다고 볼 수 있다. 특히 제3차 공산당의 출현 후 정우회를 내세워 민족 단일전선의 결성에 앞장섰으며, 1927년 신간회의 결성으로 민족주의 진영과 공산주의 진영의 협동전선이 가능해지기도 했다. 그렇지만 신간회의 결성 이후 한 해가 지나기도 전에 제3차 공산당과 제4차 공산당의 검거 사건이 연이어 일어났다. 신간회 내부의 조직에서 제대로 주도권을 잡기도 전에 조직적인 임무 수행을 이루지 못한 채 당 조직이 와해되었던 것이다.

이 같은 상황에서 이루어진 코민테른 결정서는 한국 공산주의 운동에 대해 종래의 방향과는 다른 두 가지 지침[88]을 강조하고 있다. 첫째는 민족적 단체에 들어가서 혁명적 계몽 활동을 전개해 민족개량주의적 지도자를

88 김준엽·김창순, 『한국공산주의운동사 3』, 331면 참조.

고립시키고 그 단체에 소속된 노동 대중을 민족개량주의적 지도자로부터 분리시키도록 지시했다. 이 같은 지침은 종래 민족협동 세력의 결성에 유의했던 점과는 그 방향이 다르다. 오히려 민족개량주의적 지도자들이 지닌 모순과 무능력을 폭로하고 근로 대중을 이들과 격리시켜 근로 대중으로 하여금 공산당 조직에 가담하도록 하는 방향으로 전술을 전환한 것이라고 할 수 있다. 둘째는 민족 혁명 조직으로서의 민족 단일당의 결성보다는 각종 단체를 공산주의의 지도 아래 혁명적인 활동의 블록으로 조직하는 것이 중요하다고 지시한다. 이러한 결정의 내용에서 프롤레타리아트 헤게모니 문제가 신간회와 관련해 시사되는 점은 매우 중요한 의미가 있다. ML당은 이 결정서의 내용을 검토하면서 신간회 내부에서 프롤레타리아트의 헤게모니 장악을 시도했다.

그런데 1928년 12월에 코민테른 집행위원회 서기국에서는 앞서 발표한 「식민지·반식민지 국가들에 있어서의 혁명운동에 대하여」에 기초해 조선공산당의 재조직에 대한 결정서를 채택했다. 이 결정서는 흔히 '12월 테제'로 부르는데, 「조선 농민 및 노동자의 임무에 관한 테제」가 정식 명칭이다. 이 테제는 당시 조선 사회의 상황에 대한 분석과 함께 공산주의자의 임무를 규정한다. 이 테제에서 한국 사회에서 프롤레타리아트와 농민이 반제 혁명의 주체 세력으로 성장했다고 규정하고 부르주아 연합전선에 대한 배제를 결정한 것은 이후 사회운동의 방향에 결정적인 영향을 미쳤다. 특히 민족협동전선으로서의 신간회의 존재에 대한 부정과 그 해소에 대한 주장이 12월 테제의 내용에 근거해 제기되었다는 것은 널리 알려진 사실이다.

12월 테제는 당시 한국의 사회·경제적 조건을 일본의 자본주의적 지배로 규정했다. 한국은 일본 금융자본의 지배 아래서 일본에 대한 농산물과 원료의 공급지가 되었으며, 일본 공산품의 소비 시장으로 전락하고 있다는 점을 분명히 했다. 게다가 토지 소유 관계의 전자본주의적 형태로 인해 소수 지주 집단이 다수의 궁핍한 농민을 착취하고 있기 때문에 농민들이 자주적인 생산능력을 상실하고 있다는 점도 지적했다. 이 같은 이유 때문에 한국에서의 프롤레타리아혁명은 일본 제국주의에 대한 것일 뿐만 아니라 한국의 봉건제도에 대해서도 함께 전개되어야 한다는 점을 강조한다. 말하자면, 한국의 민족 해방 투쟁은 제국주의의 타도와 토지문제의 해결에 그 목표를 둘 수밖에 없는 반제·반봉건운동이라는 것이다. 그리고 바로 이러한 의미에서 한국의 혁명은 부르주아 민주주의 혁명에 해당한다고 규정하는 것이다.

일본 제국주의가 지금까지 조선을 지배한 방침은 관료적 직업설비에 의한 직접적이고 비열한 것이었다. 분명히 일본 제국주의는 조선인의 어떠한 계급과도 권력을 나누지 않았다. 조선총독의 자문기관은 조선 봉건귀족 중 친일분자로 불려지는 사람으로 조직되었고 다소 중요한 조선 부르주아계급 및 유식계급과는 하등의 접촉이나 교섭을 갖고 있지 않았다. 그러나 일본 제국주의에 대항하여 노동자·농민이 전개한 전선은 처음에는 미약했지만 지하에 뿌려진 씨앗이 장래 성장할 것이므로 일본 제국주의는 특히 중국혁명의 경험에 비추어 조선에 있어서의 지위의 보증을 얻기 위해 일부의 부르주아지 및 지식계급을 유도하여 관직을 주고 이와 결합하기에 이르렀다. 제국주의 일본의 약삭빠른 대표자는 조선에 있어서의 국부적(局部的) 개선 실행의 필요를 공연(公然)히 역설하였는데, 이는 식민지 제도하에서 증대하는 조선의 혁명적 역량과 항쟁하기 위해서는 정책적 방법을 강구해야만 한다는 것을 양해(諒解)하기에 이르렀기 때문이다.

동시에 공산주의자 및 좌익 민족주의자에 대한 공포는 더욱 깊이 스며들고 있다. 노동자·농민계급의 운동은 사실상 법의 보호 밖에 놓여져 있다. 탄압에 이은 탄압이 더욱 심해졌다. 이렇게 일본 제국주의는 최근 수년 내에 탄압정책과 아울러 사업가에게 미미하나마 사업을 허용함으로써 혁명운동의 고양을 저해하려는 의도를 분명히 드러냈다. 그러나 이 사업을 주는 것이 프롤레타리아트와 농민, 도시 소부르주아계급을 만족시킬 수 없다. 거기에 공고한 사회적 기초를 갖는 민족해방운동이 대두하는 이유가 있다.

조선의 광대한 토지를 소유하는 일본 제국주의의 이러한 접근은 민족운동의 조직 지도라는 일대임무를 수행하고 있는 지식계급의 일부에게 커다란 영향을 미치게 될 것이다. 일본제국주의와 화해하여 민족혁명단체를 탄압·분쇄하는 계급의 제관계 및 지위의 변화는 반드시 민족혁명단체의 상태에 변화를 준다. 민족운동자들은 탄압을 받으면 혁명의식이 약화되고 혁명에 반대하는 기관을 형성하기에 이르는 계급적 경향이 있다는 사실이 십분 고려되어야 한다. 민족혁명운동으로부터 공산주의자가 체포 등에 의해 삼제(芟除)됨에 따라 민족주의운동자가 이 혁명운동을 정복하고마는 경향은 점차 농후해진다. 조선의 공산당 운동의 당면한 주요 방침은 한편으로 프롤레타리아 혁명운동을 왕성하게 하여 소부르주아 민족운동으로부터 완전히 분리시키고, 다른 한편으로 계급의식을 강조하면서. 더욱이 민족독립운동으로부터(즉 민주적 부르주아운동) 분리한 민족해방운동을 왕성하게 하여 민족독립운동의 우유부단함을 쉬지 않고 가차없이 폭로하는 데 있다. 현상과 계급관계에 의해 조선 공산주의자의 정치적·조직적 임무가 결정되는 것이지만 다년의 파쟁에 의해 운동의 발달은 극도로 구속·억압되고 있다. 때문에 바야흐로 주의운동은 상당한 노력을 필요로 한다. 제1의 노력은 진실한 공산주의, 과학적인 마르크스·레닌주의의 실현을 위한 확고한 주의적 신념을 갖고 활동적·자각적 주의자를 획득해야 한다. 그리하여 오늘날까지 누누이 관계되어 온 사이비 과학적이며 천박한 주의자와 절연하고 운동전술상의 제 문제를 철저히 연구해야만 한다.[89]

12월 테제에서 주목되는 것은 코민테른 집행위원회가 조선공산당의 재조직 방침을 분명히 한다는 점이다. 코민테른에서는 과거의 조선공산당이 대개 지식 계층과 학생을 중심으로 구성되었던 점을 지적했다. 조선공산당은 계급적 당이라기보다는 소부르주아 정당처럼 구성되었기 때문에 공산주의 운동에 위기를 초래했다는 것이다. 그러므로 과거 조직상의 오류를 청산하고 공장 노동자를 당원으로 끌어들이고, 빈농을 당원으로 획득해야 한다고 했다. 특히 민족해방 단체 속에 파고들어 가서 민족주의자나 우익기회주의자들의 우유부단을 폭로하고 그들의 지도력을 붕괴시켜 대중을 그 영향력으로부터 분리시키도록 했다. 이 같은 12월 테제의 규정은 결국 공산당의 재조직과 민족 단일당으로 출발한 신간회의 해체를 요구하는 것이었다.

이 같은 코민테른의 요구는 조선공산당의 재조직 방향을 보다 좌경화해 놓았다. 그리고 이 결정 이후 종래의 공산당 조직은 모두 해체되고 12월

89 이반송·김정명 편, 『식민지시대 사회운동』(한대희 역, 한울림, 1986), 205-215면에서 재인용.

테제에 따른 새로운 공산당 조직이 요청되기에 이른다. 12월 테제의 핵심 내용은 식민지 조선의 현실에 대한 재인식, 과거 조선공산당 운동에 대한 정치적·조직적 비판과 반성, 새로운 공산당 조직과 기존 조직의 해체, 이 같은 조직 활동을 위한 주의자의 임무와 역할 등을 강조한 것이다. 이 가운데 당 조직의 재건과 기존 조직의 해체를 규정한 것은 코민테른의 규정이 더욱 좌경화하고 있음을 말해 주는 근거가 되고 있다. 12월 테제 이후 민족 단일당으로 존재해 온 신간회의 해체를 공산주의자들이 주동하고 새로운 공산당 재건운동에 주력하게 된 것도 모두 이와 관련되는 일이다. 그러나 실제로는 12월 테제 이후의 극좌적 경향으로 일본 제국주의의 사상운동에 대한 탄압이 가중되면서 조선공산당의 조직 재건 자체가 불가능해졌다는 점은, 12월 테제 이후의 계급문학운동의 전개 방향에 대해서도 의미하는 바가 크다.

조선프로예맹 도쿄 지부 해체와 '무산자사'

코민테른 12월 테제를 통해 한국 내에서의 공산당 재조직이 요구되자, 조선프로예맹 도쿄 지부가 가장 민감하게 반응했다. ML당 계열의 조선공산당과 밀접하게 연결되어 있던 조선프로예맹 도쿄 지부는《예술운동》의 발간을 중단했다. 그리고 계급예술운동의 대중적 진출과 정치투쟁으로의 전환을 계기로 조선프로예맹 경성 본부로부터 이탈했다. 이는 조선프로예맹 도쿄 지부가 도쿄에 '무산자사'라는 합법적인 출판사를 독자적으로 설립한 것과 시기적으로 일치한다. 1929년 5월 무산자사의 설립은 계급문학운동의 정치적 진출을 말해 주는 상징적인 사건이며, 당시 조선공산당의 재건을 위해 도쿄에서 활약하던 고경흠의 의도에 따른 것이라는 점에서, 더욱 깊은 이해를 필요로 한다. 그 이유는 도쿄 지부의 예술운동 노선이 무산자사의 설립 이후 더욱 적극적인 정치투쟁의 실천을 지향하게 되는 과정과 조선공산당 재건운동의 전개 과정이 서로 맞물려 있기 때문이다.

무산자사의 설립은 조선프로예맹 도쿄 지부의 실질적인 해체를 뜻하는 것이다.[90] 무산자사는 조선프로예맹 도쿄 지부 조직을 그대로 이어받지만,

---

90 무산자사의 조직은 그 실체가 분명하게 드러나 있지 않지만, 조선프로예맹 도쿄 지부의 중심 인물인 이북만, 김두용, 장준석, 이병찬 등이 직접 참여하며, 김남천, 안막, 권환 등이

합법적인 출판사를 표방하면서 정치 조직 운동의 기반이 되었는데, 무산자사의 설립은 피지배 민족의 지식 교양을 위해 필요한 서적의 발간과 보급에 그 일차적인 목표를 두었다.

> 금일 우리는 우리의 文化, 우리의 知識이 必要不可缺한 것임을 깨달았다. 우리는 被壓迫階級으로서의 知識이 필요하고, 이것을 武器로 支配階級과 抗爭하지 않으면 안 된다는 것을 깨닫는다. 우리는 우리가 가져야만 할 知識을 얻기 위하여 많이 배우지 않으면 안 된다.
>
> '無産者社'는 이런 使命을 수행하기 위하여 나왔다는 것을 기뻐한다. 그리고 우리 '무산자사'에서는 금후로 많은 出版物을 내어서 우리 朝鮮 被壓迫民族의 精神的 糧食을 공급하려 한다.[91]

그런데 무산자사의 설립과 동시에 《예술운동》은 실질적인 폐간이 이루어졌으며, 조선프로예맹 도쿄 지부의 해체가 정식으로 발표되기 전에 이미 도쿄 지부는 계급문학운동의 대중적인 진출과 정치투쟁으로서의 전환을 놓고 《무산자》를 통해 독자적인 노선을 표명했음은 물론이다. 조선프로예맹 도쿄 지부에서 《예술운동》의 간행을 중단하고 무산자사를 조직해 잡지 《무산자》를 간행한 것은 경성 본부의 영향력이 도쿄 지부에서 전혀 받아들여지지 않았음을 말해 주는 근거가 된다. 더구나 무산자사의 조직 자체가 ML파의 조선공산당 재건운동과 연계되어 있었다는 사실을 생각해 본다면, 무산자사의 조직 활동이 이미 예술운동의 차원을 넘어선 것임을 쉽게 짐작할 수 있다. 무산자사가 표방하는 예술운동의 정치적 진출은 당 조직의 재건이라는 목표와 직결된다.

조선프로예맹 도쿄 지부를 기반으로 조선공산당 재건운동을 실행하고자 한 장본인은 ML파의 고경흠이다. 고경흠이 조선프로예맹 도쿄 지부를 공산당 재건운동의 근거로 이용하게 된 배경은 1927년 무렵의 《제3전선》의

가세한 것으로 보인다.

91 「無産者社 支分局設置에 關하여」(無産者 제3권 제1호, 1929. 5), 7면. 이 글은 잡지 《무산자》에 광고 형식으로 수록된 것인데, 첫 호를 1929년 5월 발행하면서 그 표지에 '제3권 제1호'라고 밝히고 있다. 이는 《예술운동》의 연속선상에서 발간된 것임을 의미한다.

조직에서부터 비롯된다. 그는 ML파 공산당 사건에 연계되어 상하이로 망명했던 한위건, 양명 등과 공산당 재건을 계획하고, 1929년 3월에 도쿄에 나타나 《제3전선》 시절의 동지였던 이북만, 김두용 등을 내세워 조선인에 대한 계몽을 목표로 무산자사를 결성하도록 종용했다. 당의 재건 활동을 위해 도쿄에 잠입한 고경흠은 당시 제4차 고려공청 일본 총국의 책임비서였던 인정식의 권유로 출판위원으로 활동하게 되었는데 무산자사의 결성은 이러한 사정과도 관련된다. 도쿄 고려공청에서는 선전 지도를 담당하기 위해 잡지 《현계단》을 《노동자 농민신문》으로 개제하고, 《레닌주의》라는 잡지를 발행해, 고려공청의 기관지로 만든다는 계획을 수립하고 그 출판위원에 고경흠이 중심을 이루어 장준석, 김두용, 이북만 등이 이에 참여하게 된 것이다. 그리고 바로 여기서 이들이 함께 새로 조직한 것이 바로 무산자사다. 이 같은 과정을 보면, ML파가 당 재건을 위해 조선프로예맹 도쿄 지부를 이용하고 무산자사를 결성한 것이라고 할 수 있다.

1929년 11월 조선프로예맹 도쿄 지부가 정식으로 해체되자, 도쿄 지부의 맹원들은 모두 무산자사에 합류하게 되었다. 이북만, 김두용 등은 당 간부 한위건에 의해 파견된 김소익, 김치정 등과 당 재건 활동을 전개했다. 1930년 3월 이들은 혁명적 노동자·농민을 광범하게 조직해 당을 재건할 것, 무산자사를 당면 당 재건 준비 기관으로 삼을 것, 선전 선동 및 조직을 위한 기관지를 발행할 것 등을 결의하고, 당 재건에 관한 근본 방침을 확정한 후에 《무산자》를 재건당의 기관지로 정했다. 1930년 4월 고경흠은 한위건으로부터 출판 활동에 노력할 것을 종용받고 재차 도쿄에 잠입해, 무산자사를 기반으로 한 출판 활동을 통해 당 재건의 운동 방향과 지도적 정치 이론의 대중화를 꾀했다. 고경흠은 도쿄에서 김민우, 차석동, 김영두 등의 가명을 이용해 《무산자 팸플렛》을 발간하고, 팸플릿 제1집에 「조선[공산]당 볼셰비키화의 임무」(차석동)를 발표했고, 「반제국주의 협동전선의 제문제」(김민우)를 게재한 팸플릿 제2집 '조선문제를 위하여'를 비롯해, 「조선에 있어서 '혁명'적 앙양과 당의 임무」(김민우), 「민족개량주의의 반동적 도량을 분쇄하라」(차석동), 「평양파업의 의의와 '공산당'의 활동 임무」(김민우)를 게재한 동 팸플릿 제3집 '조선 혁명의 당면 문제' 등을 발행해 널리 배포하면서 당 재건의 운동 방향과 지도적 정치 이론의 대중화를 꾀하고자 노력했다.

무산자사의 급진적인 정치 이념은 김두용을 통해 잘 대변된다. 김두용은 경성 본부의 박영희 등이 추진했던 예술운동의 방향전환 문제를 실천 방법과 조직 운동의 측면에서 비판한다.[92] 그는 계급운동의 성장을 인정하면서 계급문학운동의 진전에 대해서는 회의적이다. 그 이유는 계급문학운동이 계급적 현실에 뿌리내리지 못한 채 작가들이 프로예술의 존재 가치에만 매달려 그 실천적 의미와 현실적인 기능을 제대로 구현하지 못하고 있다는 것이다. 게다가 조선프로예맹의 조직도 비예술가의 참여에 의한 대중적인 조직체로 변화되고 있으나, 프롤레타리아 계급투쟁으로의 구체적인 참여가 이루어지지 못했음을 지적한다. 진정한 프로예술은 그것을 창출할 능력을 지닌 기술자가 생산하는 것이지만, 예술운동이 정치투쟁의 한가운데에 자리 잡아야만 진정한 계급문학운동의 진전을 가져올 수 있다는 것이다. 김두용은 예술운동에서 정치와 예술의 연관성이라는 것이 정치투쟁에서의 이데올로기 문제의 중요성과 직결된다는 점을 강조하면서, 예술운동의 정치적 진출을 주장한다. 그는 참다운 프롤레타리아트의 격정을 짜내는 참다운 프롤레타리아트의 예술이 생산되었다 할지라도 정치적 자유를 빼앗긴 금일에 있어서 그것이 얼마만큼이나 프롤레타리아 대중에게 퍼질지 의문이라고 말하면서, 이 같은 현실의 난관을 부수는 실천이 바로 정치투쟁임을 분명히 했다.

김두용의 조직 투쟁의 원칙이 철저하게 당적 조직에 근거하고 있음을 보여 주는 글은 「우리는 어떻게 싸울 것인가」(無産者, 제3권 제2호, 1929. 7)이다. 그는 예술의 사회적 기능이라는 것이 선전 선동의 힘을 가짐으로 정치투쟁의 일부분이 된다든가 대중 속으로 침투시킴으로써 예술의 정치적 기능을 다한다든가 하는 막연한 것이 아니라, 프롤레타리아트의 조직 사업을 조력하는 데 있다고 답한다. 그의 주장에 따르면, 예술의 참다운 역할은 당의 사상적·정치적 영향을 확대·촉진함에 있다는 것이다.

김두용이 설정한 예술운동의 새로운 임무, 즉 당 재건을 위한 선전·선동의 과제는 뒤에 임화, 김남천, 안막, 권환 등 도쿄 소장파에 의해 구체적으로 개진되는 볼셰비키화론의 중심적 논지를 구성하고 무산자사의 조직과 더불어 더욱 구체적인 실천 기반을 확보했다. 1929년 11월 조선프로예맹 도쿄

92 金斗鎔, 「政治的 視覺에서 본 藝術鬪爭」(無産者 제3권 제1호, 1929. 5), 1-7면.

지부가 해체된 후 이북만, 김두용, 임화, 안막, 김남천, 한재덕 등은 모두 공산당 재건 운동에 합류했으며《무산자》자체가 당의 재건을 위한 선전·선동의 임무를 맡는 기관지적 성격을 갖게 되었다. 이러한 정세의 변화 속에서 무산자사의 조직원들은 예술운동 자체가 곧 당의 재건을 조력하기 위한 선전 선동의 임무를 갖는다고 믿으면서, 예술운동의 정치적 진출이 결국 예술운동을 통해 당의 영향력을 확대 촉진하는 작업이라고 규정했다.

예술운동의 볼셰비키화론

1930년을 전후해 무산자사의 김남천, 임화, 안막, 권환 등은 공산당 재건 계획에 따라 자신들에게 부여된 임무를 수행하기 위해 국내로 돌아와 각각 다음과 같은 세 가지 작업을 비밀리에 실천했다. 첫째는 지하 사상단체들과의 연대성을 확보하면서 노동자들을 조직화하는 작업이다. 둘째는 민족단일당으로 규정했던 신간회를 해소하도록 하여, 공산주의자들이 당 재건을 주도하고 당의 사상적 이념의 정통을 회복하는 작업이다. 그리고 셋째는 계급문학운동의 정치적 진출을 꾀하기 위한 예술운동의 볼셰비키화론을 내세우면서 조선프로예맹 조직을 기술자 조직(예술가 위주)으로 개편하는 작업이다. 이 같은 운동 노선과 조직 개편을 두고 흔히 조선프로예맹의 '제2차 방향전환'이라고 하거니와, 계급문학운동의 볼셰비키화를 통한 정치적 진출 문제가 제2차 방향전환의 가장 중요한 요건으로 지목되고 있다. 임화, 권환, 안막 등이 경성에서 조선프로예맹 조직을 근거로 이 같은 계획을 추진하는 동안 김남천과 한재덕은 평양 지역을 중심으로 하는 노동자들의 조직 사업에 관여하면서 1930년 8월부터 확대된 평양 고무공장 노동자들의 파업을 측면에서 지원한 것으로 알려져 있다. 이들은 두 사람 모두 평양에 연고가 있었기 때문에 이 지역의 사회운동가들과 접촉하고, 도쿄 무산자사에서 가져온 격문과 팸플릿을 배포하면서 투쟁의 확대를 꾀했던 것이다.

임화, 권환, 안막 등은 조선프로예맹의 본부 조직에 가담해 조직 재편을 촉구했다. 이들은 모두 조선프로예맹이 대중적인 조직 확대에만 관심을 기울인 채 예술운동의 실천 작업에 소홀했음을 지적하면서, 기술부의 독립을 내세운 조직 재편을 주장했다. 이러한 주장에 의해 조선프로예맹은 1930년 4월 조직을 재편할 것을 예고한다.

조선프로예맹의 조직 재편 계획에서 핵심 내용은 서기국의 설치와 기술부의 신설이다. 서기국의 임무는 당 조직과의 내적인 연결을 의도한 것으로 생각되지만, 그 역할이 뚜렷하게 제시되지 않고 있다. 기술부의 신설은 조선프로예맹을 전문 예술인들의 조직으로 전환하고, 전문 예술인들의 적극적인 참여로 예술운동의 조직적 실천을 도모한다는 뜻을 담고 있다. 특히 기술부 아래에 문학·영화·연극·미술·음악 부문 등을 두고, 예술인들의 조직 참여를 제고해 나간다는 것이다. 이 같은 조직 변화는 1928년 조선프로예맹 경성지부 설립 대회를 통해 시도된 적이 있다. 당시 경성 지부에서는 예술 각 부문의 활동을 독자적으로 조직화하고자 하는 조직 개편안을 계획했으나 일경의 대회 금지 조치로 무산되었다. 그런데 1929년 말부터 프롤레타리아 영화운동 및 연극운동이 전국적으로 자연 발생적인 성장을 보임에 따라 조직 운동의 대중적인 성격과 그 확대·전환 문제가 더욱 구체적인 과제로 제기되었음을 알 수 있다.

조선프로예맹 조직의 확대 재편 계획은 사회단체로서 전국적인 조직을 꾀했던 조선프로예맹이 그 대중적 성격을 지양하고 전문 예술가(기술가) 단체로 재조직을 꾀하고 있다는 사실을 말해 준다. 조선프로예맹의 대중 단체적 성격에 대한 비판은 김두용이 제기한 바 있다. 김두용은 1927년 9월 방향전환 당시 조선프로예맹이 재조직될 때 대중 단체를 지향했던 것은 무엇보다 예술운동을 정치투쟁과 제대로 관련시키지 못한 데서 연유했다고 한다. 김두용에 의하면 예술운동을 위한 단체는 계급 혹은 계층의 정치적·경제적·사회적 기초를 가진 노동조합이나 청년동맹 등과는 다르다. 계급적 기반이 서로 동일하다 하더라도, '특정한 기술'을 소유하고 있다는 점에서 서로 다른 속성을 지닌다는 것이다. 김두용은 예술의 각 부문이 어떠한 내용으로 운동을 전개할 것인가를 놓고, 당 재건을 위한 선전·선동이라는 예술운동의 과제와 결부시켜 구체적인 과제를 제시하는데, 그 내용을 간추리면 다음과 같다. 영화의 경우 쟁의 현장을 영사할 것, 음악의 경우 노동자가 부를 만한 노래와 가곡을 만들 것, 미술의 경우 포스터·전단 기타 만화와 컷 등을 출판물과 결부시킬 것, 연극의 경우 '이동극장'을 확립해 이를 기초로 대중적 공연을 실현할 것, 문학의 경우 생활감정이 박약하더라도 슬로건적·전단적일 것 등이다.

조선프로예맹 조직의 확대 재편은 예술 대중화 논쟁의 과정에서 이론적 우위를 점한 도쿄의 소장파가 조직의 실천적인 주체 세력으로 등장하게 되었다는 사실을 말해 준다. 임화와 더불어 권환, 안막 등이 보선으로 중앙위원에 선출되었으며, 이들 소장파는 기술가 단체로의 조직 확대를 주장하면서, 기술부의 각 부문을 동맹의 형태로 전환할 것을 요구하고 나섰다. 소장파가 내세운 새로운 조직 방안은 기술부의 각 부문을 동맹 조직으로 개별화하고 각 동맹에서 두 명의 대표가 협의회를 구성하는 것이다. 소장파가 요구하는 협의회 형태 혹은 기술별·동맹별 조직 형태는 조선프로예맹을 '기술가 단체이면서 동시에 대중적인 단체'로 만든다는 목표에서 나온 것이다. 소장파는 신문이나 잡지에 작품을 발표하는 것에 지나지 않았던 기왕의 예술운동을 지양하기 위해서는 대중과 직접 결합되는 예술운동이 이루어져야 한다고 생각했던 것이다. 특히 특정 기술을 일정한 방면에만 집중함으로써 동맹원의 능률을 집중적으로 발휘할 수 있도록 한다는 것이다.

조선공산당의 재건운동을 계획하면서 조선프로예맹의 조직을 장악하고 그 조직의 재편을 꾀했던 권환, 안막, 임화 등의 소장파 문인들은 예술운동의 볼셰비키화에 대한 인식을 분명히 갖고 있었다. 이들이 내세우는 예술운동의 볼셰비키화론은 당의 전위의 조직 대상인 노동자와 빈농을 상대로 당의 사상적·정치적 영향을 확대 촉진하는 데 그 목표를 두고 있다.

권환의 「프로예술운동의 당면한 구체적 과정」(중외일보, 1930. 9. 2-16)을 보면, 첫째로 조선프로예맹을 어떻게 재조직할 것인가, 둘째로 작품은 어떻게 만들 것인가, 셋째로 프로예술을 어떻게 대중 속으로 가지고 들어갈 것인가 등으로 나누어 구체적인 방안을 논급한다. 우선 조선프로예맹 재편의 방향에 관한 문제를 살펴보자. 이와 관련해서는 이미 임화가 주도적인 의견을 피력한 바 있다. 임화는 예술운동을 문학 이외에 예술적 각 부문으로 확대해 전국적·기술적 동맹을 결성하되 이를 위한 준비 단계로서 '전국동맹재조직준비위원회'를 설치할 것, 기관지를 확보할 것, 조선프로예맹 중앙부 내에 있는 기회주의·방관주의를 극복해 조선프로예맹을 계급적으로 볼셰비키화할 것, 노동자·농민의 조직과 유기적인 관계를 맺을 것 등을 제시하고 있다. 이에 비해 권환은 조직의 형태보다 구성 인원의 자격과 요건을 문제 삼는다.

우리 갑푸는 技術團體이다. 構成員은 물론 技術家로 할 것이다. 그러나 在來와 가티 언제든지 創作的 技術의 熟粗만을 標準하는 것은 마치 社會運動 초기의 모든 鬪爭 團體가 理論 정도만을 標準하여 構成한 것과 가튼 初期的 묵은 組織 方法일 것이다. 그래서 小說이나 詩 等의 創作的 技術이 熟練하드래도 卑怯性·인테리性·妥協性이 만흐니보다도 오히려 創作的 技術은 비록 粗雜하드래도 妥協性 적고 犧牲心 만코 職業的 運動家의 자질 가진 예술運動家에게 重任을 담당시켜야 할 것이다. 그래서 지금 와서의 모든 투쟁 團體가 理論 本位보다 투쟁 力量 本位로 조직해야 할 것이다.[93]

권환은 위의 인용에서처럼, 조선프로예맹이 기술단체라는 것을 전제하지만 구성원의 '창작적 기술의 숙련'보다는 '직업적 운동가의 자질'을 요구한다. 예술운동이 여타의 운동보다 '지체 현상'을 보이는 이유를 그는 운동가의 '비겁성·인텔리성·타협성'에서 찾기 때문이다. 그는 조직 자체의 성격을 1) 창작적 기술 본위로부터 투쟁 역량 본위로, 2) 의식 낮은 인텔리 작가보다도 기술 미숙한 노동자 출신 작가로, 3) 희생적 요소의 다부(多否)를 표준해해야 한다고 주장하는 것이다.

둘째로 권환이 주장하는 작품의 창작 방법에 관한 문제를 검토해 보자. 권환은 작품의 내용에서 프롤레타리아트 전위의 관점을 가진 것이어야 하며, 그 제재에 있어서도 현재 전위가 당면한 정치적 급무인 당 재건을 위한 과제여야 한다고 규정한다.

1. '前衛'의 活動을 理解하게 하여 그것에 注目을 喚起시키는 作品.
2. 社會民主主義, 民族主義 '自治' 活動의 본질을 '暴露'하는 것.
3. 大工場의 ××××제너랄 ×××.
4. 小作 '爭議'.
5. 공장·농촌 내 組合의 組織, 御用組合의 '反對' 쇄신 同盟의 組織.
6. 勞動者와 農民의 關係를 理解케 하는 作品.
7. '帝國主義'의 朝鮮에 대한 ××××(예하면 민족적 ××, ×××× 擴張, ××××

93 權煥, 「朝鮮藝術運動의 當面한 具體的 過程(一)」(中外日報, 1930. 9. 2).

××結合 等의 役割) 等 폭로시키며 그것을 맑스主義的으로 批判하여 푸로레타리아트의 鬪爭을 結付한 作品.

8. 朝鮮 土着 불조아지와 及그들의 走狗가 '帝國主義者'와 野合하야 붓그럼업시 恣行 하는 敵對的 行動을 폭로하며 또 그것을 맑스主義的으로 批判하여 푸로레타리아트의 鬪爭에 結付한 作品.
9. 反 ××××××의 ××을 내용으로 하는 것.
10. 朝鮮푸로레타리아트와 日本푸로레타리아트의 連帶的 關係를 明確하게 하는 作品, 푸로레타리아트의 國際的 連帶心을 喚起하는 作品.[94]

권환은 작품의 형식에 관해서도 여러 가지 복잡다단하게 문제 삼을 필요가 없고 조선의 중요 산업의 대공장 노동자와 빈농에게 '혁명'적 마르크스주의적 사상을 아지프로하기에 가장 적절한 형식의 획득을 위해 노력할 뿐이라고 주장한다. 그는 일반 빈농층의 낮은 문자 지식 수준에 적합한 형식의 획득에 노력해야 한다는 것이다. 이는 곧 독자의 수준에 따라 '고급적 프로문예' 혹은 '본질적 프로문예'와 '대중적 프로문예'를 구분해야 한다고 주장한 김기진을 겨냥하는 비판에 해당한다고 할 수 있다.

셋째로 권환이 주장하는 대중 속으로 예술을 지입하는 문제는 어떠한가? 권환은 다음과 같이 기존의 대중화론의 한계를 지적한다.

> 우리는 于今까지 勞農 大衆을 위해 藝術運動을 하면서 그들을 위해 制作한 그들의 藝術을 그들 속으로 가저가는 任務에 閑却하엿다. 그래서 그들이 가진 藝術은 그들의 손에 가지 못하엿고 그들이 바들 아지푸로적 效果는 그들이 밧지 못하였다. 이때까지 그들의 生活을 그린 많은 小說과 詩는 그들을 위해 制作한 것이 못 되엿고 階級藝術이니 大衆化니 하는 左翼的 理論은 그들을 위한 實踐的 理論이 못 되엿다. 다만 藝術運動家끼리만이 보고 읽고 서로 批判, 論爭하기 위한 作品과 理論밧게 못 되엿다.[95]

94 權煥, 「朝鮮藝術運動의 當面한 具體的 過程(三)」(中外日報, 1930. 9. 4).
95 權煥, 「朝鮮藝術運動의 當面한 具體的 過程(六)」(中外日報, 1930. 9. 7).

당시 조선프로예맹은 《예술운동》의 발행 중단 이후 기관지조차 없었기 때문에, 권환은 우선 기관지의 필요성을 제기했다. 권환에 의하면 기관지는 대중적 아지프로 잡지와는 달리 노동 대중이 아닌 예술운동가를 대상으로 하며, 첫째로 조선프로예맹에 결성되어 있는 프로예술가에 ××적 지도를 하여 맹원(전체 혹은 부문)의 통일 연락, 성장 발전을 촉진하며, 둘째로 아직 조선프로예맹에 결성되지 않은 다른 모든 프로예술운동에 관심을 가지고 있는 예술가와 그 그룹을 조선프로예맹의 영향 아래로 유도해 그들을 조직적으로 확보하는 간행물이다. 이와는 별도로 노동 대중을 주체적 대상으로 혁명 사상과 투쟁 감정의 격양을 위한 대중적 아지프로 잡지의 필요성도 강조하는데, 그 내용에서는 예술적 가치의 여부보다 아지프로적 효과의 고하에 기준을 두고 있다. 그는 아지프로적 임무를 더욱 합리적으로 강력히 수행하려면 예술적으로 형상화하지 않은 소재 그대로의 사회의 실재적 재료를 이용해야 한다고 했다. 실재적 재료가 창작적 재료보다 대중에게 더 많은 교훈과 아지프로적 효과를 주기 때문이다. 문학뿐만 아니라 영화나 회화에 있어서도 실제로 일어난 대중 시위운동의 광경, 쟁의단의 투쟁 광경 등을 묘사함으로써 창작적 재료와 병용해야 한다는 것이다. 이렇게 함으로써 예술운동가는 예술가인 동시에 '아지테이터'가 되며 '프로퍼간디스트'가 될 수 있다는 것이다. 이러한 잡지나 간행물은 경비 문제를 고려해 소박한 양식으로라도 간행하되 많이 끊임없이 내어야 하며, 그 배포 방식도 가두서점으로 할 것이 아니라 조합 등과 유기적으로 연락해 반드시 대중의 손에 들어가도록 해야 한다고 했다. 이러한 권환의 주장은 김기진의 대중화의 방안과는 전혀 상이하다.

예술운동 볼셰비키화를 주장하는 소장파는 모든 예술작품이 프롤레타리아트 전위의 관점을 가진 것, 당의 재건을 위한 것이어야 한다고 강조했다. 그러므로 당시에 경성 본부의 김기진 등이 내세운 예술 대중화론이 당의 이념으로 집약되는 이데올로기의 대중화에 초점을 맞추지 못하며, 당 조직의 전위로서 노동자와 농민을 대상으로 하지 않고 막연한 독자 대중을 상정한다고 비판했다. 소장파는 노동자와 농민의 의식 수준을 높이거나 이념을 주입하는 것에 만족하지 않고, 그들을 직접적인 정치투쟁 속으로 끌어들이는 선전·선동의 기능을 예술운동에 부여했던 것이다. 그리고 이를 위해 노동자·농민의 투쟁적인 조직 활동을 촉진하는 소재가 작품 속에 구현되어야 한다고 주장했다.

그런데 예술운동의 볼셰비키화에 대한 원칙은 당의 조직과 이념으로 규정되는 것이다. 예술운동의 실천적 주체가 되어야 할 노동자와 농민은 모두 당의 조직에 복속되며, 주체적 세력의 강화를 위해서도 당의 조직을 철칙화해야 한다. 결국 조선프로예맹 자체가 볼셰비키화되어야 한다는 주장에 이르는 셈이다. 무산자사의 소장파는 조선프로예맹의 조직에서 창작적 기술의 우열을 따질 것이 아니라 투쟁 역량을 본위로 운동가적 소질을 가진 예술가가 중임을 맡아야 한다는 주장을 내세웠다. 조선프로예맹 경성 본부의 맹원들을 겨냥하는 이 원칙은 맹원 중앙부에 자리 잡고 있는 타협주의적인 태도를 청산하고, 노동자와 농민의 현실적인 투쟁과 함께 예술운동의 주체적인 실천을 꾀해야 한다는 당위론과 직결된다. 이러한 주장은 사회운동의 정치주의적 성향과 함께 조선프로예맹의 조직 내부에서 본부 맹원들의 반발을 거의 무시할 만큼 그 영향력을 확대하게 되었으며, 1929년의 원산 총파업에 이어 1930년 평양 고무공장 총파업이 일어나 그 사회적 여파가 크게 문제시되자 현실적인 실천 가능성을 인정받은 것으로 받아들여지기도 했다.

그렇지만 박영희, 김기진 등은 조선프로예맹의 조직 재편에 반대 의사를 표명했다. 동맹 내부에는 문학부·영화부만이 점차 작가 동맹 및 영화 동맹으로 될 수 있는 실력을 갖추었고 여타의 부문은 거의 기술자를 갖추지 못했기 때문에, 두 개의 동맹만을 만들기 위해 다른 부문까지 간판을 올릴 수 없다는 것이 반대의 이유였다. 결국 경성 본부의 반대에 부딪혀 소장파가 주장했던 재조직 방안은 실현되지 못했다. 조선프로예맹의 재편을 실행에 옮기고자 1931년 3월 27일 개최하려 했던 조선프로예맹 확대위원회는 일경의 금지로 무산되었으며,[96] 협의회 형태로의 조직 재편은 끝내 이루어지지 못한 채 제1차 검거 사건으로 이어진다.

96 《朝鮮日報》(1931. 3. 27)에 의하면 경찰에 의해 확대 회의가 금지되었고, 이후 조선프로예맹의 집회는 일체 금지되었다.

3) 신간회 해소와 조선공산당 재건운동의 좌절

신간회 해소 과정

조선프로예맹 도쿄 지부의 조직 해체가 공식화된 후, 무산자사를 중심으로 당 재건운동에 참여한 김두용, 고경흠 등은 먼저 도쿄를 중심으로 하는 신간회 해소 운동을 추진한다. 이들은 공산당 재건운동의 실천 계획에 따라, 민족 개량주의자가 조직의 중심을 이루는 신간회가 더 이상 민족해방을 위한 조직적인 투쟁의 근거가 되지 못한다는 점을 들어 신간회의 해소를 주장했다. 도쿄에서 신간회 해소 문제[97]를 가장 먼저 제시한 것은 김두용이다. 그는 일본에서의 조선 노동자들의 노동운동을 민족운동으로부터 분리시켜 노동계급의 조직을 강화하고자 한다. 그가 1929년 11월에 발표한 「재일본 조선 노동운동은 어떻게 전개해야만 할까」라는 글을 보면, 민족해방투쟁을 위해서는 전 민족적 협동전선이 필요하지만, 일본에는 대부분 조선인이 노동자이거나 학생이 일부 있을 뿐이므로, 오히려 일본에서의 조선 노동자 운동은 한국 내에서와 같은 민족 공동 투쟁과 성격을 달리해야 한다고 말한다. 그는 일본에서의 조선인 노동자들은 일체의 민족적 투쟁을 포기하고 조선 노동자 계급의 권익을 위해 투쟁해야 한다고 강조한다. 이 같은 주장은 노동운동의 방향은 계급의 조직적 원천으로 돌아가야 하며, 강력한 계급투쟁의 추진만이 노동운동의 목표라는 원칙론에 의거한 것이다. 그리고 이 주장에서 일본에 있는 조선인 노동자의 노동운동의 방향을 민족적 공동 투쟁으로부터 분리시켜야 한다는 원칙을 설정함으로써, 자연스럽게 신간회의 민족 협동전선의 노선과 충돌하고 있음을 볼 수 있다. 그의 주장이 신간회 도쿄 지회 해소론의 발단에 자리하게 된 이유가 여기에 있다.

당시 국내의 신간회는 1930년 김병로를 중심으로 조직이 개편되면서, 그 내부에서 좌익의 급진적 경향이 다소 완화되고 있었다. 그러자 좌익 운동가들은 신간회가 시대적 사명과 역할을 재대로 수행하지 못하는 보수파의 조직으로 변질되고 있음을 지적하면서 그 해소를 주장한다. 이들은 모두 조

97 水野直樹, 「新幹會 東京支會의 활동에 대하여」, 스칼라피노·이정식 외, 『신간회 연구』, 153-154면 참조.

선공산당 재건운동의 진전 상태를 염두에 두고 있었기 때문에, 소부르주아적 정치운동 집단처럼 되어 버린 신간회가 오히려 당의 재건운동에 장애가 된다고 생각했다. 신간회 서울 지회에 관여하고 있던 윤기정, 박영희는 임화 등과 함께 1931년 5월 신간회 전체 대회에서 그 해소를 결의하는 데 주도적인 역할을 했고, 조선프로예맹 수원 지부의 책임자로서 신간회의 중앙집행위원이었던 박승극, 공석정 등도 신간회 해소에 적극 동조했다.

마침내 신간회는 해소를 선언했고 안막, 임화 등을 중심으로 하는 도쿄 소장파는 그들이 계획했던 예술운동의 볼셰비키화 과정을 실천해 나갔다. 우선 무산자사를 중심으로 비밀리에 추진된 공산당 재건운동을 조선프로예맹의 조직을 기반으로 국내에서 점차 구체화했다. 무엇보다도 먼저 신간회의 해체를 주도했으며, 평양 등지에서 노동 파업을 선동해 노동계급의 조직과 투쟁 역량을 확대시킬 수 있었다. 또한 조선프로예맹의 조직도 재편해 기술가 위주의 전위적인 조직체로의 전환을 시도하기도 했고, 기관지《군기(群旗)》사건을 기회로 실질적으로 조선프로예맹 조직을 장악했다. 임화는《군기》사건 직후 새로운 기관지를 염두에 두고 1931년 7월부터《집단(集團)》의 간행을 준비했다.《집단》창간호는 1931년 10월 모두 압수되었고, 1932년에 가서야 그 간행이 이루어졌다.

조선프로예맹 제1차 검거 사건

조선프로예맹의 맹원들이 신간회 해체운동에 적극적으로 가담하자, 이들의 행동은 일본 경찰의 주목을 받았다. 합법성을 인정받는 신간회의 해체를 주도하는 맹원들의 활동이 공산당의 재건과 연관되어 있다는 사실을 눈치챈 일본 경찰은 조선공산당 재건운동을 추진하던 사회운동가들과 이와 연루되어 있던 조선프로예맹의 조직 맹원을 모두 검거하기 시작했다. 이른바 '조선프로예맹 제1차 검거 사건'으로 알려진 이 사건의 연루자는 모두 35명으로 보도되었는데, 중국에 있던 한위건, 양명 등 18명은 체포하지 못했고, 고경흠, 김삼규, 임화, 황학로, 김남천, 한재덕, 양연수, 안막, 권환, 박영희, 윤기정, 송영, 이기영, 김기진, 이평산, 권태용, 최일숙 등 17명이 구속되었다.

사건의 배경을 좀 더 깊게 살펴보면, 이들의 검거는 두 가지 방향에서 이루어진 일본 경찰의 사상 통제의 결과라고 할 수 있다. 그 하나는 당 조직을 추진하면서 표면적으로 내세운 신간회 해소론과 신간회의 해소 과정에서 드러난 좌익 계열과 조선프로예맹 간부들의 관계가 경찰의 주시 대상이 되었던 점이며, 다른 하나는 무산자사의 소장파가 계획하고 있던 당의 조직 운동과 예술운동의 정치적 진출 과정이 일본 경찰의 감시 대상이 된 점이라고 하겠다.

1931년 8월부터 10월 사이에 일본 경찰이 신간회 해체를 선동한 좌익 인사들과 조선프로예맹의 간부들을 검거한 이 사건은 '조선프로예맹 1차 검거 사건'으로 널리 알려져 있거니와 6월 중순 박영희가 종로경찰서 고등계 형사에 의해 검거되면서 사건의 윤곽이 드러났다. 8월 12일 종로경찰서 고등계 형사들이 조선프로예맹 중앙집행위원인 안막, 송영, 이기영, 권환, 윤기정 등 5인을 검거했고 일부 원고를 압수했다고 신문들이 일제히 소식을 알렸고, 한 달이 지난 9월 14일 김기진이 종로경찰서에 의해 검거되었다는 보도가 나왔다. 그리고 10월 5일 종로경찰서 고등계에서 조선공산당 공산주의자협의회의 비밀결사 조직과 연관된 조선프로예맹 사건의 전모를 발표했다. 이 사건의 중요 관련자 박영희, 김기진, 안막, 송영, 이기영, 권환, 윤기정, 고경흠, 김효식, 김삼규 등 17인을 치안유지법과 출판법 위반으로 경성지방법원 검사국에 송국했다. 10월 15일 경성지방법원 검사국에서는 고경흠, 김삼규, 황학로, 김효식 등 4인만을 치안유지법 위반으로 기소하고 나머지 13인은 불기소 처분해 15일 밤에 석방했다.

이 사건에 대한 재판의 절차가 완전히 끝난 것은 1933년 7월 28일이다. 1931년 11월 17일 사건과 연관된 김철환이 검거되어 12월 5일 송국되었으며, 1933년 5월 24일 사건 송국 후 2년 6개월이 지난 뒤에 비로소 예심을 종결하고 공판에 회부되었다. 당시에 황학로는 예심을 받는 과정에 수감되어 있던 서대문 형무소에서 옥사했다. 1933년 7월 20일 경성지방법원 제4호 법정에서 고경흠, 김효식, 김삼규, 김철환에 대한 공판이 개정되었으며, 7월 28일 동 법정에서 고경흠 징역 4년, 김철환 징역 3년을 언도하고, 김삼규와 김남천에게는 징역 2년에 집행유예 5년을 언도함으로써 제1차 조선프로예맹 검거 사건이 종결되었다.

조선공산당 재건운동과 연루된 조선프로예맹 제1차 검거 사건은 조선프로예맹의 조직을 기반으로 하는 조선공산당 재건운동의 좌절로 종결되었으나, 그 영향은 여러 가지로 확대되었다. 첫째, 조선프로예맹이 주도해 온 계급문학운동의 정치적 진출이 좌절되었다. 예술운동의 볼셰비키화를 주장해 온 무산자사 계열의 도쿄 소장파는 당의 조직이라는 예술운동의 중요한 목표를 내세우면서 예맹 조직의 개편을 주도했고, 예술의 전문 영역별로 노동자와 농민을 선동해 당의 이념 선전을 시도해 왔으나 조선공산당 재건운동 자체가 경찰에 의해 봉쇄되면서 이러한 모든 계획은 더 이상 추진할 수 없게 된 것이다. 둘째, 이 사건을 계기로 일제의 사상 통제가 강화되었다. 일본의 경우 1932년 이른바 '5·15사건'에 의해 군벌이 득세하고 뒤에 국제연맹으로부터 탈퇴해 군국주의의 길로 접어들었는데, 특히 만주사변이 확대되면서 조선총독부는 조선 내에서의 모든 사상운동을 철저히 금지하였다. 셋째, 이 사건이 종결된 후 조선프로예맹은 그 결속력을 잃었고, 계급문학운동의 조직적인 대중적 확대가 더 이상 불가능해졌다. 계급문학운동의 조직으로부터 이탈하는 전향자들이 나타나고, 조직 자체의 해소가 주창되기도 했다. 물론 사건이 종결된 후 조선프로예맹의 주도권은 무산자 계열의 소장파에게 넘어갔으며, 소장파는 조직의 결속을 위해 《카프시인집》(1931) 등을 간행하면서 계급문학운동의 진로를 모색하기에 이르렀다.

4) 조선프로예맹의 분열과 조직 해체

조선프로예맹의 재편과 분열

1931년 공산당 재건운동과 연관되어 야기된 조선프로예맹 조직 맹원에 대한 검거 사건은 계급문학운동의 전개 과정에서 커다란 전환점이 되었다. 일제의 사상 탄압으로 계급문학운동은 조직의 기반이 해체되기 시작하는 위기 상황을 맞았기 때문이다. 특히 일본 군국주의의 등장, 만주사변의 확대 등으로 이어지는 객관적인 정세 변화는 계급문학운동의 조직적 실천에 결정적인 장애가 되었다. 더구나 이 같은 객관적 정세의 불리를 빌미로 사상의 전향, 조직으로부터의 이탈이 이루어면서 계급문학운동은 침체의 국면에 빠져들었다.

이 같은 상황에서 조직운동에 기반을 두고 있는 계급문학운동의 실천에 장애가 되는 조직 내부의 분규가 표면화되었다. 조선공산당 재건운동과 관련된 제1차 검거 사건 직전에 기관지《군기》를 둘러싼 분규가 일어남으로써 조직 분열의 징후가 드러났다. 조선프로예맹은 1929년 기관지《예술운동》의 폐간 이후 대중적인 정기간행물을 통해 노동자와 농민에게 당의 조직 이념을 선전하기 위해《군기》를 1930년 12월에 창간했는데, 편집과 출판을 주도한 양창준, 이적효, 엄흥섭 등 예맹 개성 지부와 경성 본부가 잡지 편집을 놓고 대립하기 시작했다. 이들은 경성 본부 측과는 상관없이 조선프로예맹의 재편 문제를 놓고 본부를 공격했다. 그리고 조선프로예맹이 계급운동과 투쟁적 실천을 도피하는 반동적 집단으로 변질되었고 그 간부들이 최악의 개량주의자로 타락했다는 성명을 발표했고, 조선프로예맹 쇄신 동맹을 만들어야 한다고 역설했다. 이 사건은 곧바로《군기》를 둘러싼 조선프로예맹의 분규로 널리 알려졌으며, 경성 본부의 권위 실추는 물론 조선프로예맹의 내부적 분열 조짐을 보여 주는 사건으로 자리 잡았다.

《군기》 사건의 의미는 표면적으로는 계급예술운동의 실천 과정에서 기관지의 편집권을 놓고 일어난 조직 내부의 갈등으로 규정할 수 있다. 그러나 이 문제는 이같이 단순화시켜 이해하기보다 조선프로예맹이 추진하는 예술운동의 볼셰비키화 과정에서 일어난 돌출 사건으로 보아야 한다. 이미 조선프로예맹 본부의 박영희 등은 1927년 도쿄 지부가《예술운동》의 발간을 주도하면서 경성 본부와 대립해 예술운동의 볼셰비키화를 추진해 왔던 사실을 기억하고 있었다. 그러므로《군기》를 발간하던 개성 지부 양창준 등의 독주를 방치할 수 없었다. 조선프로예맹은 양창준, 이적효 등을 제명하고 개성 지부에 정권 처분을 내리는 단호한 조치를 취했다.

이 사건은 조선프로예맹의 조직에 커다란 영향을 미쳤다. 계급문학운동 조직을 중심으로 집단적인 창작 활동을 실천하고자 했던 조선프로예맹의 입장에서 본다면, 수많은 지부 조직을 장악하는 본부의 권위에 대한 도전이 일고 있음을 뜻하는 것이기도 했다. 이 사건으로 가장 큰 타격을 입은 이는 박영희였다. 박영희는 이를 계기로 일선에서 후퇴했고, 임화를 중심으로 하는 도쿄 소장파들이 지도부의 일선에 나서게 되었다. 더구나 신간회의 해체와 함께 그 조직 기반을 상실한 채 유명무실해진 대부분의 조선프로예맹 지부 조직도《군기》사건 이후 더 이상 조직력을 발휘하지 못하고 해체되기 시작했다.

조선프로예맹은《군기》사건 이후 조직을 정비하고 맹원의 결속과 문학적 역량을 과시하기 위해《카프시인집》(1931)과《카프작가7인집》(1932)이라는 사화집을 간행했다. 그리고 계급문학운동의 이념 노선을 재정비하기 위한 조직 개편 작업에 착수했다. 조선프로예맹의 조직 재결속 작업을 주도한 것은 도쿄 소장파에 속했던 임화였다.[98] 임화는 계급문학운동의 조직적 실천 문제와 연관해 가장 적극적으로 조선프로예맹의 재조직에 관심을 기울였다. 임화가 진단하는 계급문학운동의 외적인 상황은 불리해진 객관적 정세론으로 귀결된다. 서구 자본주의 국가들의 횡포와 군국주의적 경향의 확대, 일본의 만주 진출과 군벌의 등장 등은 모두 국제적인 사회주의 운동에 새로운 위협이라는 것이 임화의 주장이다. 더구나 문단 자체 내에서도 부르주아 문단의 세력화 현상이 두드러지고 있는 데다가 해외 문학파의 등장으로 인한 자유주의적 경향이 확대됨에 따라 계급문학의 조직 운동이 상대적으로 침체에 빠져들고 있었다. 임화는 이러한 정세 진단을 바탕으로 다음과 같은 주장을 내세운다.

> 푸로레타리아藝術運動의 今日의 ××的 段階로의 偉大한 轉向을 爲하야 ××的 自己批判을 ××에 한하야 展開하는 것은 現在에 있어 칼프 戰線의 最緊急의 任務가 아니면 아니 된다. 다음으로 藝術運動의 朝鮮에 잇서서의 主力部隊인 칼프로서의 全然 새롭운 重大한 歷史的 任務는 朝鮮에 在한 푸롤레타리아文學運動의 階級的 統一을 爲하야 重大한 注意와 努力이 必要한 것이다.
>
> 이 文化事業 統一과 새롭은 中央部의 建設과 文化戰線의 編成問題는 우리가 한번 더 限界를 넓히어 우리들의 ××의 組織化한 文化的 攻勢를 살펴볼 제 얼마나 그것이 重要한 事業이냐 하는 것은 常識의 範圍 內에서도 能

98 林和는「1931년간의 카프 藝術運動의 情況」(中央日報, 1931. 12. 7),「1932년을 당하여 朝鮮文學運動의 新段階」(中央日報, 1932. 1. 1-28),「當面情勢의 特質과 藝術運動의 一般的 傾向」(朝鮮日報, 1932, 1. 1-2. 10) 등을 발표하면서, 위축된 계급문학의 새로운 조직 정비를 강조했다.

히 判斷할 수 잇는 問題이다. (중략)

다음으로는 反動的 藝術에 對한 ××의 積極的 强化와 그것의 組織化를 爲하야 全혀 새로운 努力이 必要하다. 여태까지의 이 部分에 잇서서의 우리들의 事業은 全然 非組織的이엿으며, 또 갈사록 反動的 役割을 强化하고 잇는 文學的 藝術的 諸 實踐, 特히 通俗文學과 新派劇 等에 對하야 取하야 온 바의 輕視的인 默殺的 態度는 根本的으로 改廢되여야 할 것이다.[99]

임화는 계급예술운동의 새로운 방향을 위해 보다 철저한 계급적 통일과 조직의 단결이 요구되며, 반동문예에 대한 적극적이고도 조직적인 비판을 실천해 가야 한다는 당위론적인 요건을 제기했다. 물론 임화는 조선프로예맹이 문학운동의 대중적인 확대와 실천을 위해 구체적인 방안을 모색하기보다 고식적인 요구만 되풀이했음을 인정한다. 그렇지만 객관적 정세의 조건을 놓고 볼 때, 계급문학운동은 정치 현실에 대한 무관심을 극복하고 더욱 적극적인 투쟁 의욕을 고양해 나가야만 오히려 그 입지를 공고히 할 수 있다고 주장했다. 임화의 주장은 조선프로예맹이 처한 위기 국면의 인식에 있어서 비교적 설득력을 지니고 있었지만 지도부는 이미 조직 운동을 이끌 힘을 갖고 있지 못했다.

임화를 중심으로 하는 도쿄 소장파는 침체된 조직을 재정비하기 위해 1932년 5월 16일 조선프로예맹 중앙집행위원회의 임시총회를 개최하고, 조직을 개편하면서 지도부에 해당하는 중앙위원회의 임원을 대폭 교체했다.[100] 즉, 박영희, 김기진, 한설야, 권환, 안막 등을 교체하고 윤기정, 이기영, 신고송, 신영우, 이찬, 김용제, 송영, 강호, 임화, 백철 등으로 새로운 중앙위원회가 구성되었다. 조선프로예맹 초기 단계에서부터 주도권을 쥐고 있던 박영희, 김기진, 한설야 등이 중앙위원회의 구성에서 제외된 것은 조직의 중대한 변화를 의미한다. 특히 지도부의 핵심에서 벗어난 적이 없던 박영희가 중앙위원회에서 물러남으로써, 조선프로예맹의 조직은 도쿄 소장파 계열이 완전히 주도권을 장악했다. 그렇기 때문에 새롭게 등장한 임화 중심의 소장파가

---

99 林和, 「當面情勢의 特質과 藝術運動의 一般的 方向(九)」(朝鮮日報, 1932. 2. 9).
100 《朝鮮日報》(1932. 5. 19).

조직 운동의 방향 자체를 어떻게 재정립시켜 나갈 것인지가 관심의 대상이 되었다. 이미 조선프로예맹의 지부 조직 가운데 상당수는 신간회의 해체와 제1차 검거 사건을 거치면서 실질적 활동이 정지된 상태였고, 지도부 자체도 일제의 강압적 사상 통제로 아무런 움직임을 보여 주지 못하고 있었다.

임화는 조선프로예맹을 장악하면서 조직 개편에 백철, 김용제, 이찬, 신고송 등 일본에서의 프로문예운동에 가담하고 있던 인사들을 대거 끌어들였다. 이 가운데 임화가 주목한 이는 비평가 백철이었다. 백철은 도쿄고등사범학교 영문과 재학 시절부터 일본 계급 문단의 중요 잡지인 《전위시인》에 가담해 시작 활동을 전개했고, 일본 '프롤레타리아시인회' 중앙집행위원으로 활동한 바 있다. 백철은 1931년 10월 「농민문학문제」를 발표하면서 국내 문단에 진출했다. 김용제, 신고송, 이찬 등은 모두 도쿄를 중심으로 1931년 11월 결성한 '동지사(同志社)'의 주역이었다. 동지사는 조선프로예맹 도쿄 지부의 해체와 함께 등장했던 무산자사의 뒤를 이은 재일 조선인 예술단체로, 동지사의 구성원은 대부분 무산자사의 맹원들과 도쿄의 조선프롤레타리아연극연구회의 회원들이었다.

동지사의 창립 선언을 보면 그 내용을 크게 세 가지로 요약할 수 있다. 첫째, 사회주의 문화 예술의 독자성에 대한 인식이다. 자본주의 체제가 이미 국제 경제의 포괄적인 체제를 대변하지 못한 채 스스로 자체 모순을 드러내고 있는 것처럼, 문화 예술의 영역에 있어서도 프롤레타리아 문예의 성장이 부르주아 예술의 붕괴와 함께 확연하게 드러나고 있다는 것이다. 그러므로 프로문예의 역사적 임무와 그 가치가 정당성을 인정받게 되는 것은 당연한 일이다. 둘째, 조선프로예맹을 중심으로 하는 계급문학운동의 의의에 대한 인식이다. 조선프로예맹을 통해 계급문학운동이 적극적으로 전개되어 왔기 때문에, 앞으로는 그 혁명적 임무의 앙양과 투쟁의 적극성에 더욱 힘써야 한다는 것이다. 셋째, 동지사의 조직적 위상에 대한 규정이다. 동지사는 마르크스주의 예술 이론을 탐구하고 이를 실천하는 단체로서 일본프롤레타리아문화연맹과 조선프로예맹을 적극적으로 지지하며, 그 확대 강화에 힘쓴다는 것이다. 이러한 창립 목표를 내세운 동지사는 도쿄의 조선인 유학생 사회로 진출해 그 조직 기반을 확대했다. 그런데 동지사의 활동 무대가 넓어지면서부터 도쿄의 좌익 예술운동 이론가들 사이에 동지사의 위상에 대한 논의가 관심사가 되었다. 즉, 일국일당(一國一黨)의 원칙에 따라 일본 내에서의 프롤레타리아 문예운동은 하나로 통일되어야 한다는 문제가 대두된 것이다. 동지사의 지도부에서는 일본프롤레타리아문화연맹과 조선프로예맹의 관계를 고려해 결국 동지사의 해체와 일본프롤레타리아문화연맹에의 흡수를 결의하게 되었다.[101]

임화는 1932년 동지사의 해체와 함께 동지사에 소속되었던 김용제, 신고송, 이찬을 조선프로예맹 중앙위원으로 영입함으로써 지도부의 붕괴 위기에 놓여 있던 조직을 개편하고 도쿄를 중심으로 활동해 온 새로운 동지를 규합했다. 임화가 주도했던 1932년 조선프로예맹의 조직 개편을 보면, 1927년 방향전환을 주도했던 박영희가 조직 내부에서 아나키스트와 민족주의자를 추출하고 제3전선파를 영입했던 것과 유사한 패턴을 보인다. 당시 박영희는 조직운동의 마르크스주의적 노선 확립을 위해 제3전선파의 진보적 이념성을 선택했다. 임화는 동지사가 해체되자 그 맹원을 국내 조직으로 끌어들임으로써 계급 문단의 조직 역량을 과시하고자 했다. 하지만 조선프로예맹의 조직과 그 지도부는 대부분《무산자》계열의 도쿄 소장파로 재편되었고 임화의 새로운 구상은 실질적인 성과로 이어지지는 못했다. 1932년 6월 도쿄에서 김용제 등이 일본 경찰에 검거되었기 때문에, 조선프로예맹의 조직 개편은 명목상에 불과한 일이 되고 말았다. 결국 계급문학운동은 1932년 조선프로예맹의 새로운 조직 개편 이후 지도부의 갈등과 조직의 이탈 등으로 이어지는 조직의 분열 과정으로 연결된다. 흔히 논의되는 제2차 방향전환이라는 것이 도쿄 소장파의 조직 장악과 관계되는 것이라면, 그것은 1929년 도쿄 지부 해체와《무산자》사의 결성, 신간회 해소운동과 공산당 재건운동 등으로 이어지는 계급문학운동의 정치적 진출과 그 좌절 과정에 국한된다. 특히 제1차 검거 사건은 바로 조선프로예맹 조직의 정치적 진출의 좌절을 의미하기 때문에, 제1차 검거 사건 이후 계급문학운동은 그 투쟁적 열기가 이미 꺾인 상태에 놓였다.

---

101 金正明 編,『朝鮮獨立運動 4: 共産主義運動編』(原書房, 1967), 241-242면.

조직 이탈과 사상 전향

조선프로예맹 조직 내부에서 박영희가 도쿄 소장파에게 주도권을 상실하는 과정은 1931년 벽두부터 그 조짐이 나타난다. 박영희는 「조선프로레타리아 예술운동의 작금」(동아일보, 1931. 1. 1-4)이라는 글을 발표한 후에 도쿄 소장파들로부터 심각한 도전을 받았다. 예술운동으로서 계급문학운동의 범위를 염두에 두던 박영희는 소장파의 정치주의적 성향이 조직과 예술의 관계를 제대로 규명하지 못한 데서 비롯되었음을 지적했고, 주관적인 욕망만으로는 객관적 조건을 무시한 채 예술운동을 실천할 수 없다고 주장했다. 이러한 박영희의 태도는 권환에 의해 우익적인 선회 또는 소부르주아적인 도피로 낙인찍혔고, 그 비투쟁적 태도에 대한 경계[102]를 요구받기에 이르렀다.

결국 박영희는 1931년 5월 신간회 해소를 주장하는 소장파의 압력에 따라 신간회 단일당 노선에 대한 지지를 철회할 수밖에 없었다. 박영희가 조선프로예맹 내에서 주도권을 상실한 것은 제1차 검거 사건의 충격에서 벗어나지 못한 그의 정신적 위축과도 깊은 관계가 있다. 그의 조직 이탈과 전향 문제 등은 모두 제1차 검거 사건 이후 행해진 임화 주도의 조직 개편 과정에서 이루어졌다. 조선프로예맹의 결성 단계에서부터 계급문학운동의 조직적 실천을 주도했던 박영희가 조직의 지도부에서 퇴진하게 되었다는 사실은 지도부의 세대 교체라는 단순 논리로는 설명하기 어렵다. 박영희의 퇴진은 조선프로예맹의 조직 내에서 문화주의적 성향이나 예술주의적 색채가 제거되었음을 뜻하는 동시에 조선프로예맹 조직 자체의 성격을 이념적인 면에서 더욱 분명하게 할 수 있게 되었음을 의미한다고 하겠다.

박영희는 지도부에서 퇴진한 후 조선프로예맹 조직 자체로부터의 탈퇴와 함께 사상 이념적 전향을 선언했다. 그의 사상적 전향은 계급문학운동의 전체적인 흐름 속에서 조직 운동의 해소를 주장한 이른바 '조선프로예맹 해소파'에게 조선프로예맹 탈퇴의 명분을 제공했고, 사상적 전향자들에게는 이념 노선의 이탈을 위한 빌미를 부여했다고 할 수 있다.

박영희가 조선프로예맹 조직으로부터 탈퇴하는 과정은 문단에 커다란 관심을 불러일으켰다. 1925년 조선프로예맹의 출범 이후 박영희는 실질

102 權煥, 「唯物辨證法의 歪曲化(上)」(東亞日報, 1931. 1. 20).

적으로 조직을 장악했고, 방향전환을 전후한 시기부터 계급문학운동을 주도해 온 대표적인 인물이었기 때문이다. 박영희는 1932년 5월 중앙위원에서 물러나면서 조직 탈퇴를 선언했으나 탈퇴원이 즉시 처리되지 않자, 1934년 1월《동아일보》에 연재한「최근 문예이론의 신전개와 그 경향」을 통해 자신의 탈퇴 이유를 상세히 거론한다.

박영희의 탈퇴의 변에서 가장 주목되는 대목은 '지도자의 횡포 독단'과 '창작의 무기력 무주장'이라는 두 가지의 논제다. 이것은 조선프로예맹이 지닌 속성이기도 하거니와 박영희는 바로 이 두 가지의 과제를 놓고 예술의 진정한 진로를 찾기 위해 스스로 탈퇴하게 되었다고 했다. 그는 이 같은 자신의 견해를 뒷받침하기 위해 당시 문단에서 거론되는 계급문학의 창작적 경향에 대한 비판론을 널리 소개하면서 다음과 같이 그 문제점을 요약적으로 제시한다. 여기서 전반적으로 창작의 고정화를 벗어나는 길과 정치와 예술의 기계적인 연결 고리를 분쇄한다는 것이 가장 주목된다.

박영희는 1930년대 초반에 문단의 일각에서 일고 있는 계급문학에 대한 비판론을 예술의 '문학사적 경향'이라고 말한다. 그는 이 같은 새로운 주장들이 문학적 완성의 길로 기울어지는 하나의 중요한 경향임을 분명히 하고 있으며, 문학의 진실한 형상의 탐구와 문학이 가져야 할 모든 조건의 완비를 탐색하는 이 경향 속에 문학의 길이 있는 것이라고 했다. 이 같은 경향을 전제하면서 박영희가 제시하는 조선프로예맹 탈퇴 이유는 크게 두 가지다. 첫째로 그는 조선프로예맹이 진실한 예술적 집단이 되지 못했다는 점을 든다. 즉, 가프의 조직 자체가 예술적 조직에서 사회적·정치적 조직으로 변질되었다는 것이다. 그리고 문학의 본질을 회복하기 위해 새로운 비평적 경향이 일고 있지만, 조선프로예맹이 조직만은 그 구각을 벗어나지 못하고 있다는 것이다. 박영희는 이 같은 조선프로예맹이 예술적 집단으로서의 성격을 상실했기 때문에 이 조직으로부터 탈퇴하게 되었다고 했다.

박영희가 내세우는 또 다른 이유도 이 같은 문제에서 크게 벗어나지 않는다. 그는 조선프로예맹의 문학적 지도가 무의미한 것이 되었음을 주장하면서 지도부의 사회사적 고립과 문학사적 붕괴를 자신이 조직으로부터 탈퇴하게 된 또 다른 이유라고 밝힌다. 그리고 다음과 같은 이유를 덧붙인다.

'캅프'가 檢閱官이라기는 너무 過度한 말이 잇으나, 自己 圈外의 作家에게는 注意하지 않엇다. 그 藝術的 才質을 無視하엿다. 排斥하엿다. 自體 스스로가 民衆에게 離反되엇엇다. 甚한데 가서는 글만 여기저기 써도 곧 法規違反者로 問題되고 討議되고, 究明하고 批判하야 눈물을 흘리며 謝罪하지 않으면 아니 되엇다. 特別히 藝術的 名作이 없으나, 最近의 『캅프作家集』, 『農民小說集』, 『캅프詩集』이 이 制限과 不自由 틈에서 피여나온 '딱-플라워'다. 그러므로 그 글을 읽으면 그러한 粗雜한 痕跡이 明白히 드러나 보인다. 지금도 指導部의 意見은 亦是 '黨派性'의 擁護에 잇어 보인다. 다만 다른 것은 雜誌나 新聞이면 어느 것에나 어떠한 글이나 發表하는 것만 默認된 모양이다. '黨派性'에 어그러지면 自由主義者의 印을 찍히며 非계급的이라 하나 發表制限의 撤廢, 內容批判의 撤廢, 이것도 무서운 '리버래리슴'의 發現이 아니면 아니 된다. 이리고 보면 名實共히 '파-티앤·쉽'의 崩壞며, 다만 氣分的 '섹타리아니슴'의 空殼뿐이다. 나는 이러한 雰圍氣를 실허한다. 그러므로 이곳에서 脫出함이 내 退盟의 第三의 理由다.[103]

박영희가 내세우는 조선프로예맹으로부터의 탈퇴 이유는 결국 두 가지로 요약된다. 하나는 조선프로예맹의 정치 지향적인 속성에 대한 반발이며, 다른 하나는 진정한 문학의 길을 구하기 위한 새로운 선택이다. 조선프로예맹의 정치적 속성에 대한 비판은 제1차 검거 사건 이후에 박영희가 계급문학의 이념적 지향으로부터 벗어나고 있음을 말해 주는 대목이다. 이것은 사상적 전향의 전주곡이라고 할 수 있다. 그리고 바로 이 조직 이탈과 사상 전향을 통해 새로운 예술의 길을 찾는 것이다. 새로운 예술의 길은 무엇인가? 그것은 두말할 것도 없이 조선프로예맹라는 조직을 중심으로 전개해 온 계급문학의 길 자체를 포기하는 것에 다름이 아니다.

김기진은 박영희의 조선프로예맹 비판에 대한 즉각적인 반발을 제기하고, 박영희의 주장이 사실에 대한 과장에서 비롯되었음을 지적한다.[104] 그는 조선프로예맹이 추구해 온 계급문학이 예술 자체를 포기한 것은 아니며, 예

103 朴英熙, 「最近文藝理論의 新展開와 그 傾向(八)」(東亞日報, 1934. 1. 10).

104 金基鎭, 「文藝時評」(東亞日報, 1934. 1. 27-2. 6).

술적 형상화를 위해 꾸준한 모색을 계속해 왔음을 지적하면서, 작품의 고정화라는 것도 이념이나 비평의 독단에 의해서가 아니라 여러 가지 측면이 함께 연관되어 있다고 했다. 그리고 조선프로예맹의 조직 자체도 예술적 조직으로서의 성격을 벗어난 적이 없다고 했다. 그런데도 박영희는 자신의 조직 이탈을 합리화하기 위해 이 같은 여러 가지 이유를 과장적으로 제시한다는 것이다.

박영희의 탈퇴원을 처리하지 않던 조선프로예맹 중앙위원회에서는 《동아일보》에 소개된 박영희의 비판론이 화제에 오르자, 1934년 2월 10일 임시 중앙위원회를 개최하고 몇 가지 중요한 결정을 공식적으로 표명한다.[105] 중앙위원회는 이례적으로 박영희와 신유인에 대한 탈퇴 보류 결정 내용과 부서의 개편 내용을 중앙위원회 결정서를 통해 발표한다. 이 결정서의 내용은 중앙위원회 자체가 박영희의 견해를 어느 정도 수긍하고 조선프로예맹 조직의 창조적 활동의 부진과 정치 편향의 폐단을 인정하고 있음을 말해 준다고 할 수 있다.

> 박영희의 카프 脫退 問題—申唯仁까지를 포함한다—에 관하여는 都下의 신문에 카프의 內紛 紛糾를 전하고 있으나 본 同盟 내에서는 양군의 탈퇴가 하등 조직인 의미의 분규를 상반치 않고 또 현재 동맹 내에는 조그만 내분이나마도 없다는 것을 본 中央委員會는 확인하고 또 이것을 闡明하는 것을 필요하다고 생각한다.
>
> 신유인이나 박영희나 그들의 脫退願에 표시된 이유는 個人的 事情이라고 하나 그후의 박영희의 언동, 또 동군이 동아일보 신년호 지상에 발표한 논문 「최근 문예 이론의 신전개와 그 경향」 등을 중심으로 보건대 그가 카프의 現指導部와 또 그 一般 方針에 대한 불만과 그것에 대한 일정한 批判的 見地에서 나옴이라는 것은 이미 명확한 일이다. 신유인은 하등 구체적 의견의 표시를 볼 수가 없으나 여러 가지 관계로 보아 본 中央委員會는 동군의 문제를 박영희와 동일하게 취급하는 것을 正當하다고 인정하므로 이

105 조선프로예맹 중앙위원회 소집과 결의 내용에 대해서는 《東亞日報》(1934. 2. 19)의 기사에 자세히 소개된다.

곳에서 동일하게 취급한다. 물론 신유인으로부터 보다 구체적인 의견의 表明이 있을 때는 그것에 준할 것이다. 이 문제에 대하여 본 中央委員會는 무엇보다 박영희에 있어서와 같이 중앙위원회에 제출한 탈퇴원에는 하등 具體的 原因을 표시치 않고 우선 카프로부터 탈퇴하여 저널리즘 出版 위에 그 見解를 비로소 발견하고 특히 조직과 그 政策方針에 대하여 비난하는 것은 우리 운동 또 카프 자신이 여하한 缺陷과 過誤를 가지고 있다고 하더라도 프롤레타리아 예술가로서 더욱이 이 운동 組織의 指導的 創設者의 일인으로서 심히 적당하다고 생각할 수 없는 행동이라고 생각한다.

특히 그가 組織을 떠나서 運動에 관한 어떤 批判을 개시하고 또 자기의 脫去 理由를 이곳에 결부하는 것은 運動을 위한 意見과 운동에 敵對하는 意見과를 구별치 못하고 또 승려적 懺悔와 진정한 自己批判을 혼동하는 것이다. 이것은 박영희로 하여금 운동의 약점 결함에 대하여 敗北主義的인 認識에로 이끌고 우리들의 사업의 전 성과에 대한 파렴치한 清算主義的 否定에 도달하게 한 最大의 原因이라고 생각한다.

그러나 박영희의 견해가 상기한 것과 같이 그 基本的 方面에 있어 불소한 過誤를 지녔음에도 불구하고 그가 의연히 프롤레타리아 藝術運動에 관하여 이야기하려고 하고 또 그 指導하는 대부분의 문제가 카프 및 우리 運動이 가지고 있는 현재의 제 缺陷, 더욱이 시급한 해결이 요망되고 있는 제 문제—創造的 活動의 전개, 宗派主義(조직 및 비판)의 清算, 藝術的 方法에 대한 새로운 討議 등—와 불가분의 관계를 가지고 있는 것으로 본 中央委員會는 그와의 진실한 論爭의 필요를 인정한다.

왜 그러냐 하면 이 논쟁은 결코 동군과 우리들과의 意見의 接近을 위한다는 그런 소극적인 無意味한 것이 아니라 그것은 우리들의 運動의 진정한 自己批判의 전개를 위하여 운동이 필요로 하고 있는 제 문제를 천명하는 데에 있어 또는 운동의 一般 方針의 수립을 위한 광범한 討論의 촉진과 그 발전을 위하여 유력한 일 계기가 되는 것을 조금도 부정치 않는 때문에—고로 박영희 신유인 양인의 탈퇴원 처리를 본 中央委員會는 일시 保留하기로 결정한다. 특히 본 중앙위원회는 논쟁에 대하여 다음의 점을 주의할 것을 필요하다고 생각한다.

논쟁은 우선 우리들의 運動의 제 缺陷, 특히 宗派的 主義의 清算—특히

批評에 있어 藝術과 政治의 抽象的인 理解, 創造的 活動의 不振의 타개, 創作方法의 再檢討와 전운동을 지배하는 政治主義的 偏向 등에 대한 진정한 解明과 또 박영희적인 승려적 참회와 적의 있는 비판으로부터 진정한 自己批判을 똑똑히 하고 또 이러한 곤란한 시기에 조직으로부터 離脫한다는 것은 여하히 훌륭한 이론도 그것을 辨明할 이유가 될수 없는 것이며 明確한 敗北主義인 것을 천명해야 한다. 더욱이 論爭은 文學者의 감정 다툼이나 宗派的 相爭에서 명확히 자기를 구별할 수가 있는 것이고 사업의 前進을 위한 진실한 契機가 될 수 있는 것이다.[106]

이 결정서의 내용 가운데 가장 주목되는 대목은 '종파적 주의의 청산-특히 비평에 있어 예술과 정치의 추상적인 이해, 창조적 활동의 부진의 타개, 창작 방법의 재검토와 전 운동을 지배하는 정치주의적 편향 등에 대한 진정한 해명'을 조선프로예맹 스스로 요구하는 부분이다.

1934년 2월 10일 임시 중앙위원회에서 처리한 안건 가운데 조직 부서의 문제는 신임 맹원의 소개, 중앙위원회 위원 보선, 각 부서의 조직 정리로 나누어진다. 조직의 침체를 벗어나기 위해 도쿄의 동지사를 조직과 연결시켰던 임화는 동지사의 김용제, 신고송, 이찬, 강호 등이 도쿄에서 일본 경찰에 검거되어 활동하기 어렵게 되자, 이들을 모두 중앙위원회에서 제외하고, 윤기정과 신영을 또한 중앙위원에서 사임시킨다. 그리고 조선프로예맹 중앙위원회는 임화, 백철, 송영, 이기영 등이 유임하고, 김기진, 이상춘, 나웅, 이동규, 전평, 정청산을 새롭게 중앙위원으로 보임했다.[107]

박영희의 탈퇴 선언은 비록 개인적인 형식을 띠기는 하지만 조선프로예맹 조직의 내재적인 문제성을 가장 잘 드러낸다고 할 수 있다. 그러므로 그의 탈퇴 선언 직후 지도부는 조직 재편을 통해 조직의 와해 위기를 극복하고자 한다. 그러나 이에 정면으로 대응해 이갑기, 박승극 등은 조선프로예맹 조직 자체의 해산의 당위성을 주장한다. 이 가운데에서도 이갑기는 객관적

106 카프中央執行委員會決議文, 「朴英熙 申唯仁의 脫退 問題에 관한 決議」(우리들, 1934. 3), 2-4면.

107 카프中央執行委員會決議文, 「部署 整理에 관한 件」(우리들, 1934. 3), 4-6면.

정세의 불리와 함께 조직 내부의 고질적인 문제들을 지적하면서 조선프로예맹 해소를 강조하고 있다. 이갑기가 주장하는 조선프로예맹 해소의 근거는 크게 세 가지로 나누어 볼 수 있다. 첫째, 조직의 경화에 대한 비판이다. 이것은 조선프로예맹 조직이 보여 온 이념적 폐쇄성과 배제의 원칙에 대한 반발이라고 할 수 있다. 그동안 조선프로예맹은 방향전환 이후 대중적인 정치적 조직체로서의 성격을 강화해 왔고 전국적인 조직의 확대를 꾀해 온 것이 사실이다. 그리고 볼셰비키화를 주장하면서 이 대중적 조직체를 투쟁 본위의 전문 기술자 조직으로 전환하고자 했던 것이다. 이 과정에서 조선프로예맹 지도부는 진보적·양심적 작가에게 문호를 개방하지 않은 채, 프로 작가의 활동 기반도 되지 못하면서 오히려 외부 작가를 철저히 배격했고, 작가에 대한 비판적 지도보다 명령적 지배로 조직적 질서를 확보하려고 했다는 것이다. 이 같은 조직의 경화는 결국 조선프로예맹 자체의 존재 의미를 상실하게 했다는 지적이다.

둘째, 창작 방법에 있어서의 이데올로기 지상주의에 대한 비판이다. 조선프로예맹 지도부는 예술 창작의 방법에 있어서 인간적 현실과 사회적 정세의 다양한 구체성을 간과한 채, 정치적 실천을 목적으로 하여 이데올로기를 기계적으로 문학에 강요하는 비속한 정치주의에 빠져들었다는 점이다. 이갑기는 이를 들어 '관념적 이데올로기의 지상주의' 또는 '지식적 종파주의의 극단화'라고 평한다. 이 같은 주장은 박영희가 지적했던 문제성과 다를 바 없다.

마지막으로 객관적 정세의 변화에 대한 지적이다. 이갑기는 사회의 모든 진보적 운동을 제압하려는 불안의 시대가 도래하고 있으며, 소비에트에서도 새로운 창작 방법을 제시하고, 관념적 종파주의가 지닌 오류를 인정하고 있음을 제시한다. 특히 그는 조선프로예맹의 합법적 활동이 전면 폐쇄되는 현실에서 조직의 존속 자체가 무의미하다는 점을 지적한다.

이 같은 주장은 비록 조선프로예맹의 내재적인 문제성을 정면에서 비판하는 것이라고 하더라도 결국 문학주의를 내세운 조직으로부터의 이탈 또는 사상적 전향을 의미한다. 이것은 '이데올로기를 얻은 대신에 예술을 잃었다'라고 주장한 박영희의 입장과 다를 바 없다. 특히 이갑기의 이 같은 비판은 극단 신건설의 공연과 연관된 제2차 검거 사건이 확대되면서 위기에 처한 조선프로예맹의 조직 내부에도 적지 않은 충격을 던졌다. 그러나 일본 경찰의 조직 맹원들에 대한 검거가 전국적으로 확대되어 이에 대한 내부적 대응이 이루어지지 못했다. 당시의 상황에서 계급문학운동의 실천이 그 조직에 기반한다는 기본적인 입장을 생각한다면, 이갑기의 이 같은 주장은 엄밀히 말해 조직과 실천의 개념에 대한 인식의 불철저성을 드러내는 것으로 볼 수밖에 없다. 그러나 이갑기의 해소론과 관련해 한효와 박승극의 해산론[108]이 비슷한 시기에 제기되는 것으로 보아, 조직 내부의 해소파가 박영희 등의 조직 탈퇴파보다 더 넓게 자리하고 있음을 볼 수 있다. 이들은 모두 객관적 정세의 불리, 조선프로예맹 조직의 형해화에 따라 조직 해소를 부정할 논리가 없음을 강조했고, 조선프로예맹의 무조건 해산을 당연시하기도 했다. 물론 해소파는 조선프로예맹 해산이 이루어진 후 그 존재 의미가 사라졌음은 물론이다. 조직 해산 후에는 개인적인 사상 전향의 문제가 관심사로 대두되었기 때문이다.

극단 '신건설' 사건과 조직 해체

일제강점기 계급문학운동을 주도한 조선프로예맹의 조직은 이른바 '극단 신건설 사건'으로 불리는 제2차 검거 사건을 계기로 강제 해체되었다. 1932년 8월 극단 '신건설(新建設)'의 결성은 조선프로예맹의 조직을 기반으로 하는 본격적인 프로극단의 등장을 의미한다. 이 새로운 극단에는 프로연극운동에 관심을 지니고 있던 송영, 권환, 신고송, 이상춘, 강호, 이귀례 등 연극계 인물들이 참여한다.[109] 신건설의 창립 공연은 1933년 11월 23일과 24일 양일간 서울 연예관에서 이루어졌다. 공연작품은 독일의 소설가 에리히 마리아 레마르크의 장편소설 「서부 전선 이상 없다」를 일본인 무라야마 도모요시로(村山知義)가 각색한 것이다. 극단 신건설이 이 작품을 창립 공연작품으로 선정한 것은 만주사변을 보면서 일본 군국주의에 대한 비판을 시도했던 것이라고 할 수 있다. 극단 신건설의 첫 공연은 성공적으로 이루어졌으며, 상당한 반향을 불러일으켰다.

---

108 韓曉, 「1934년도의 文學運動의 諸方向」(朝鮮中央日報, 1935. 1. 11)과 朴勝極, 「朝鮮文壇의 再建設」(新東亞 제5권 제6호, 1935. 6) 등이 조선프로예맹 해산 직전에 조직 해산 문제를 논의했던 대표적인 글이다.

109 《東亞日報》(1932. 8. 7).

조선프로예맹 지도부에서는 신건설의 성공적인 공연을 보고, 이 작품의 전국 순회공연을 계획했다. 그리하여 1934년초 봄에 전주 지방 공연을 준비했다. 극단 신건설의 서울 공연이 성공적으로 이루어지고 지방 순회공연까지 계획되자 일본 경찰은 이 공연을 중단시키고자 했으며, 전주 공연 선전 전단의 문구의 불온성을 빌미로 공연을 중지시키고 관련자들을 검거하는 한편, 상부 기관인 조선프로예맹의 조직원 전체에 대한 검거를 시작했다. 이것이 바로 조선프로예맹 제2차 검거 사건에 해당하는 이른바 '신건설 사건'이며, 이 사건의 처리 과정에서 조선프로예맹은 해체의 운명을 맞이한다.

극단 신건설 사건은 그 관련자의 규모에 있어서나 사건 처리의 기간에 있어서나 일제강점기 문화계의 최대 사건으로 기록될 만하다. 신건설 사건이 처음 세상에 알려진 것은 1934년 5월 17일 신건설 단원인 나웅, 이상춘, 장병창 등이 서울에서 검거되었다는 《조선일보》의 기사에서부터다. 6월 30일에는 함흥에서 한설야가 검거되었고, 7월 10일에는 프로 문단의 단체를 모두 해산 조치할 것이라는 일본 경찰의 방침이 신문에 보도되기도 했다. 8월 26일 이기영과 송영이 검거되었고 그 후 10월 말경까지 이 사건에 관련되어 검거된 인물은 100여 명에 이르렀으며, 조선프로예맹 계열의 문사 38명이 모두 구금되었다. 임화는 경찰에 의해 전주로 이송 도중 경성역에서 졸도해 쓰러진 후 신병 악화로 수감되지 않았다. 이 사건은 당시 신문에 신건설 사건으로 올랐으며, 일본 경찰의 사상운동에 대한 탄압이 극도에 달해 있음을 말해 주는 상징적인 사건이 되었다. 조선프로예맹 맹원에 대한 경찰 조사와 전주 지방법원의 예심 과정이 모두 종결된 때는 정확히 1935년 6월 28일이다. 일본인 예심 판사는 예심 종결 결정에서 박영희, 이기영, 윤기정, 송영, 한설야, 권환, 이갑기, 백철, 이상춘, 박완식, 나웅, 김유영, 정청산, 이동규, 김형갑, 김욱, 홍장복, 김평, 변효식, 추완호, 석일랑, 이엽, 최정희 등 23인의 문사는 공판에 회부하고 나머지 38명은 기소 유예로 석방하도록 했다.

신건설 사건의 1심 판결[110] 언도 공판은 1935년 12월 9일에 이루어졌

---

110 극단 신건설 사건의 전체적인 내용과 성격, 각각의 맹원들에게 적용된 법 조항과 형량 등은 법원 판결문이 공개되지 않아 그동안 우리 학계에서 그 내용을 구체적으로 확인할 수 없었다. 필자가 전주 지방법원과 대구 복심법원의 신건설 사건에 대한 판결 내용을 확인하기 위해 사료를 찾다가 이 사건의 판결문 전문(일본어)이 현재 국가기록원(옛 정부기

다. 박영희 등 19인의 조선프로예맹 문사에게 검사 구형량을 그대로 언도하고 다만 이들이 재판 과정에서 모두 사상적 전향을 선언한 점을 인정해 전원에게 집행 유예 3년을 언도했고, 박완식과 정청산의 경우는 구형량인 징역 1년에 미결 구류 300일을 통산하는 체형을 언도했다. 그리고 최정희에게는 무죄를 언도했다. 이 판결에서 주목되는 것은 예심 종결 결정과 같이 조선프로예맹의 조직 성격을 정치적인 결사체로 규정한 대목이다. 이것은 매우 중요한 의미를 지니는 법적 판단이다. 조선프로예맹이라는 문단 조직이 단순한 문학단체인가 정치적 결사체인가에 따라 조선총독부가 정한 치안유지법이나 형법의 적용 가능성이 달라지기 때문이다. 이 판결문에서는 조선프로예맹의 조직 활동과 그 내용에 대해 세 가지의 요소를 중시하고 있다.

첫째, 조선프로예맹이 프롤레타리아예술을 무기로 부르주아예술을 배격하고 마르크스주의를 선전했다는 점이다. 이 같은 사실은 1927년 조선프로예맹의 방향전환을 전후해 마르크스주의의 이념적 성격을 공고히 했다는 점을 통해 그 사실이 인정된다. 방향전환에 관한 논쟁이 계급 문단에서 확대되기 시작할 무렵 박영희는 김기진의 형식주의 경향을 비판했고, 김화산의 아나키즘론을 공박하면서 계급문학운동의 이념적 성격을 마르크스주의로 고정시키고, 조선프로예맹 조직 내부에서 아나키스트들을 모두 축출했다. 그리고 도쿄의 제3전선사와 합동으로 조직의 전환을 꾀했던 것이다. 박영희 등은 공판정에서 이를 부인하거나 변명했고, 변호인도 하나의 사조적 유행에 대한 모방 정도로 실명했다. 물론 그러한 변명이나 부인은 판결문의 내용으로 보아 재판정에서 전혀 인정받지 못했다는 것을 알 수 있다.

둘째, 조선프로예맹이 일반 대중에게 대해 계급의식을 주입하고 의식분자를 교양하며 투사를 양성했다는 점이다. 문예를 통한 계급의식의 선전과 주입은 계급문학운동의 기본적인 목표로 내세워지고 있었던 것이 사실이다. 프로시가 지니는 선동성과 프로소설이 보여 주는 계급적 주체에 대한 강조는 모두 계급문학운동에서 빼놓을 수 없는 요건이 되었음은 물론이다. 농민문학론에서도 농민에 대한 계급의식의 직접적인 주입 문제가 논쟁의 대상

록보존소)에 「刑事裁判書原本 昭和11年 第三冊」(연도: 77, 번호: 4935)으로 보존되어 있음을 확인했다.

이 되었던 것도 이 같은 요건과 관련된다. 그러나 문예를 통해 투사를 양성한다는 것은 가능한 일은 아니다. 정치투쟁의 전선에 진출하는 것은 정치조직에 기반해야 한다. 여기서 말하는 정치조직이란 물론 당 조직을 의미한다. 당시 조선에서 공산당 조직은 일제의 탄압에 의해 번번히 와해되었기 때문에 그 대중적인 조직투쟁이 가능한 상태가 아니었던 것이다. 그럼에도 조선프로예맹의 조직을 통해 투사를 양성했다고 판단하는 것은 근거가 박약하다.

셋째, 조선프로예맹이 궁극적으로는 조선에서 사유재산제도를 부정하고 공산주의 사회 실현을 목적으로 한다는 점이다. 이것은 논리의 비약으로 얻어진 결론으로 볼 수 있다. 조선프로예맹의 계급문학운동은 일제의 식민지 지배라는 민족 모순과 봉건적인 사회구조의 잔재로 인한 계급 모순을 동시에 타개할 것을 목표로 한다. 그러므로 사유재산제도의 부정이나 공산사회의 실현 이전에 일본 제국주의의 지배 예속으로부터의 해방이 필수다. 그럼에도 조선총독부가 일본 제국주의의 지배에 대한 저항 문제를 전혀 건드리지 않고 철저히 마르크스주의의 사상성만을 문제 삼는 것은 지배 세력으로서의 일본 제국주의의 존재를 드러내지 않으려고 했던 것임을 짐작할 수 있다.

그런데 이 같은 요소를 입증하기 위해 재판부는 동맹의 강령을 '우리는 무산계급운동에 있어서 마르크스주의의 역사적 필요성을 인식하는 고로, 무산계급운동의 일부문인 무산계급예술운동에 의해 봉건적 자본주의 개념을 철저히 배격하고 전제적 세력과의 항쟁과 의식층의 양성운동 수행을 기함'이라는 요지로 정하고 있다는 점을 근거로 내세운다. 그리고 조선프로예맹의 모든 맹원이 동맹을 표면적으로 합법단체처럼 가장해 당국의 검거를 피하고 각 동맹원 등은 신문·잡지 등에 좌익문예 혹은 이론 등을 개재했다는 것이다. 이 같은 판단은 예심 과정에서부터 이루어진 것인데, 극단 신건설 사건을 조선프로예맹 조직에 대한 강제적 해체와 계급문학운동가들에 대한 강압적인 전향 유도를 위한 빌미로 이용하고 있음을 알 수 있다.

이 판결에서 각각의 피고인들에게 공통적으로 적용되는 치안유지법은 일본이 1925년에 제정한 것으로, 1945년 패전으로 이 법을 폐기하게 될 때까지 사상에 대한 통제와 사회운동에 대한 강력한 탄압 수단으로 이용되었다. 이 법은 일본 내에서도 적용되었을 뿐만 아니라, 식민지 조선에도 시행되었다. 물론 식민지 조선 내에서는 일제에 대항하는 모든 행위가 치안유지법의 대상이었기 때문에 그 실행 방식이 일본 내부의 경우와는 전혀 다른 것이 되고 말았다.

1928년에 개정된 치안유지법 제1조는 "국체를 변혁할 것을 목적으로 결사를 조직한 자 또는 결사의 역원 기타 지도자적인 임무에 종사하는 자는 사형, 무기 혹은 5년 이상의 징역 또는 금고에 처하고, 그 정을 알고 결사에 가입한 자 또는 결사의 목적 수행을 행위를 하는 자는 2년 이상의 유기 징역 혹은 금고에 처한다. 사유재산제도를 부인할 것을 목적으로 결사를 조직하는 자, 결사에 가입하는 자, 또는 결사의 목적 수행을 위한 행위를 하는 자는 10년 이하의 징역 또는 금고에 처한다."라고 규정되어 있으며, 제2조는 "전조(前條) 제1항 또는 제2항의 목적으로 가지고 그 목적하는 사항의 실행에 관하여 협의를 하는 자는 7년 이하의 징역 혹은 금고에 처한다."라고 규정하고 있다. 이 두 가지 조항이 앞의 판결문에서 조선프로예맹 맹원들에게 주로 적용한 법률 조항이다.

제1조의 내용은 국체 변혁 문제가 제1항으로 다루어지고 있으며, 사유재산제도 문제를 제2항으로 분리해 다루고 있다. 여기서 말하는 국체 변혁이란 일본의 통치권자인 천황의 절대성에 변혁을 가하려는 일체의 행위를 말한다. 물론 일본 천황의 지배를 받고 있는 조선 식민지에서는 식민지 독립운동 자체가 국체 변혁에 해당한다. 사유재산제도 문제는 공산주의에 대한 규제를 목적으로 하고 있다. 결국 제1조는 천황제의 절대주의적 국가 체제를 방어하기 위해서 아주 강력한 제재 방식을 규정한 것이며, 자본주의 체제를 부인하는 공산주의 혁명운동을 분쇄하기 위한 것임을 알 수 있다. 형량의 경우 사형과 무기 등의 처벌 조항이 들어 있으며, 결사의 목적 수행을 위한 행위를 한 자를 처벌하도록 함으로써 결사의 조직원이든 아니든 간에 공사주의 사상과 관련되는 모든 행위를 처벌할 수 있도록 그 범위를 확대해 놓고 있음을 알 수 있다.

일제가 조선프로예맹의 맹원을 구속하고 치안유지법에 의해 처벌하는 과정에서 특히 주목되는 요소는 사상 전향 정책을 강력하게 병행하고 있다는 사실이다. 여기서 말하는 전향이란 반정부적인 사상을 가지고 있던 과격분자가 자기비판을 행하고 국가 정책을 지지하는 입장으로 변화하는 것을 말한다. 실제로 일제는 조선프로예맹의 조직 자체를 해체시키고 모든 맹원에게 치안유지법을 엄격하게 적용하면서 사상 전향을 서약하게 한 후 이에 대한 관용을 베푸는 것처럼 재판 절차를 진행했다. 실제로 박영희, 윤기정, 이기영, 김영득, 추완호, 석재홍, 이의백에게 치안유지법 제1조 제2항의 전단(사유재산제도를 부인하는 것을 목적으로 하는 결사를 조직한 소위)을 적용하고, 송무현, 한병도, 박완식, 권경완, 이갑기, 이상춘, 김영득, 백세철, 정청산, 이동규, 김형갑, 김귀영, 홍장복, 전유협, 변효식, 나준영 등에게는 제1조 제2항 후단(동일 목적의 결사에 가입한 소위)을 적용하면서도 전향 서약을 한 것을 인정해 형의 집행유예를 선고한 것은 바로 이 같은 절차를 그대로 말해 준다.

신건설 사건은 1934년 여름 사건의 발단에서부터 1936년 2월 최종 판결이 내려질 때까지 2년 가까운 시일을 끌면서 일단 정리되었다. 박완식은 판결에 불복해 다시 고등법원에 상고했지만, 1936년 4월 30일 고등법원에서 이유 없다고 이를 기각해 결국 원심 판결이 확정되었다. 이 사건은 일제강점기 계급문학운동의 전개 과정에서 다음과 같은 몇 가지의 의미를 지닌다.

첫째, 조선프로예맹 해체와 계급문학운동 자체가 종말을 고하게 된다는 사실을 주목할 수 있다. 신건설 사건이 완결되기 전에 이미 임화 등에 의해 조선프로예맹 해산서가 정식으로 경찰에 제출되었다. 조직 운동으로서의 계급예술운동은 조선프로예맹의 해산과 함께 중단되지 않을 수 없게 되었다. 일본 경찰은 이 사건의 조사 과정에서 조선프로예맹의 해체를 종용했다. 경찰 당국에서는 신병으로 구속을 모면한 임화, 제1차 검거 사건의 종결로 2년이 넘는 투옥 생활을 마친 김남천, 전주 지방법원의 예심 과정에서 기소 유예로 풀려난 김기진을 상대로 조선프로예맹의 해체를 요구했다. 임화는 김기진 등과 함께 1935년 5월 20일 일본 경찰 당국에 조선프로예맹의 조직 해산서를 제출하게 되었다.[111] 조선프로예맹의 공식적인 해산서 제출 과정은 맹원 대부분이 전주의 유치장에 수감되어 있던 동안에 임화, 김남천, 김기진 등에 의해 이루어졌다는 점에서 상당한 의구심을 불러일으켰다. 특히 후반기 조선프로예맹의 조직을 주도했던 임화가 끝내 이 사건의 재판 과정에서 제외되었고, 그의 손으로 조선프로예맹 해산서가 제출되었다는 것은 임

111 「가프 解散書 提出」(朝鮮日報, 1936. 6. 6).

화의 행적과 관련해 여러 가지 추측을 낳게 했다. 임화의 해체 동의가 당시 수감되어 있던 동료들에게 배신 행위로 비춰졌을 가능성도 없지 않았던 것이다. 해방 직후 임화가 조선문학건설본부를 결성했을 때, 이기영, 한설야, 송영, 이동규 등이 이에 반발하고 다시 조선프롤레타리아문학동맹을 결성한 것은 바로 여기서 문제되는 조선프로예맹 해소파와 비해소파의 갈등과 무관하지 않음을 짐작할 수 있다.

둘째, 신건설 사건은 일제의 사상 탄압이 만주사변 이후 더욱 가중되고 있음을 말해 주는 증거가 되고 있다. 신건설 사건은 조선프로예맹의 국내 조직을 근거로 신간회 해소운동과 공산당 재건운동에 나섰던 조선프로예맹 맹원들에 대한 제1차 검거 사건의 처리 내용과 상당한 차이를 드러낸다. 제1차 검거 사건 당시에는 조선프로예맹 관련 문인 가운데는 유일하게 김남천이 실형을 언도받았을 뿐, 다른 문인들은 모두 조사 후 방면되었다. 그러나 신건설 사건의 경우는 연극 공연 선전 자료를 빌미 삼아 조선프로예맹 맹원 전원을 체포하고 이들에게 모두 치안유지법을 적용해 실형을 언도한 것이다. 조선프로예맹 맹원들은 문예단체임을 주장했지만, 조선총독부는 이 같은 주장을 묵살하고 조선프로예맹을 공산주의 사상 선정을 위한 정치적 결사체로 규정해 치안유지법을 매우 엄격하게 적용했다. 이 같은 현상은 이른바 객관적 정세의 불리로 설명되었던 1930년대 중반의 시대적 상황과 관계되는 것이며 일제의 군국주의 강화를 말해 준다.

셋째, 신건설 사건의 처리 과정에서 조선프로예맹 맹원들에 대한 사상 전향이 강요되었음을 알아야 한다. 일제는 사상범에 대한 보호 관리를 목적으로 1936년 사상범 보호관찰법을 제정했다. 이 법안은 기소 유예 또는 형기 만료 등으로 출옥하는 사상범들을 격리시켜 보호 관리하는 것이지만, 궁극적으로는 사상 범죄의 재발 방지를 위한 사상 전향의 강요에 큰 의미를 두고 있었다. 일제는 「조선 사상범 보호관찰령」(제령 제16호, 1936)을 통해 식민지 조선 내에서 이를 적극적으로 시행하고자 했다. 결국 조선프로예맹의 맹원들은 집행유예의 판결을 받고 사회에 복귀했지만, 모두 사상범으로 보호관찰의 대상이 되었고, 사상 전향을 요구받았다. 특히 이들은 국체 명징, 국민정신 함양 등과 같은 주장에 동조하도록 강요받고 내선일체의 논리까지 동참하게 됨으로써, 상당수가 일제강점기 말 친일 행위에 빠져들었다.

4

계급문학의 비평 방법

1) 농민문학론의 비평적 성격

계급문학과 농민문학

조선프로예맹을 중심으로 하는 계급 문단에서 조직의 초창기부터 꾸준하게 창작적 성과를 드러낸 것은 농민소설이다. 계급 문단의 농민소설은 농촌의 현실과 농민의 삶이 얼마나 비참한 상황에 놓여 있는가에 우선 주목하는데, 최서해, 조명희와 이기영 등의 작품에서 이러한 경향을 확인할 수 있다. 그러나 농민소설은 1920년대를 넘어서면서 새로운 변화를 드러낸다. 농촌의 당면 문제에 대한 농민들의 계급적 연대와 조직적인 투쟁의 과정을 농민의 계급의식의 성장 과정에 맞춰 형상화하는 작품들이 늘어난 것이다. 농민소설의 이 같은 단계적 변화는 물론 계급문학에서 추구했던 리얼리즘의 가치에 대한 인식 방법과도 연관되어 있다. 전반기의 농민소설은 대체로 농업 문제를 둘러싼 농민들의 자연 발생적인 행동을 다룬다. 이것은 개별적이며 분산적인 것이 특징이다. 그러나 예술운동의 볼셰비키화를 주도했던 시기의 후반기 농민소설은 개별 소작농들이 빈농의 자작인들과 연대해 조합운동을 전개하고 농민의 대중적 조직을 바탕으로 투쟁하는 등 계급적 성격의 집단 행동을 주로 다룬다. 이것은 농민의식의 성장과 농민운동의 발전 과정에 대한 계급 문단의 이념과 요구를 그대로 반영한다.

최서해는 궁핍한 현실과 삶의 문제를 적극적으로 형상화해 식민지 조선의 참담한 민중의 삶을 그려 냈다. 첫 소설 「탈출기(脫出記)」(1925)에 이어 「박돌의 죽음」(1925), 「기아(飢餓)와 살육(殺戮)」(1925), 「홍염(紅焰)」(1927) 등은 극도로 궁핍한 삶에 허덕이는 주인공의 모습을 사실적으로 묘사하면서,

불합리한 삶의 조건을 만들어 낸 사회적 계급과 제도를 저주하고 이에 저항하는 민중의 투쟁 의지를 보여 준다. 그의 작품에 등장하는 인물들은 대체로 상층부의 지주와 하층부의 노동자·농민으로 양분된다. 그러나 주인공은 노동자·농민이며, 이들은 경제적 빈궁과 계급적 억압에 적극적으로 대응한다. 이들의 행동이 궁핍한 생활을 풍부하게 반영하는 구체적 현실에서 출발한다는 점은 한국 근대소설의 리얼리즘적 성과로 평가할 수 있다.

조명희는 1920년대 중반 이른바 신경향파소설의 한계가 극복되는 과정에서 주목받은 작가다. 그는 3·1운동 직후부터 시와 희곡을 발표했지만, 1925년 8월 조선프로예맹의 결성에 참가하면서 현실 문제에 적극적인 관심을 보여 주는 다양한 경향의 소설을 발표했다. 초기 소설은 크게 두 가지 경향으로 구분된다. 하나는 궁핍한 현실에서의 생활고와 지식인의 가정생활에 대한 환멸을 그린 「땅 속으로」(1925), 「R군에게」(1926), 「저기압(低氣壓)」(1926) 등이며, 다른 하나는 농토를 잃고 고향에서 쫓겨나 간도나 일본 등지로 이주하거나 도시 빈민으로 전락하는 농민들의 가혹한 현실을 문제 삼은 「농촌 사람들」(1926), 「마음을 갈아먹는 사람」(1926) 등이다. 전자는 작가 자신의 자전적인 체험을 바탕으로 하고 있다. 이 작품들은 대체로 지식인 주인공이 겪는 이상과 현실 사이의 엄청난 괴리와 거기서 오는 내적 갈등을 중심으로 전개되지만, 그 초점은 현실의 궁핍상과 지식인의 좌절에 두고 있다. 그러나 후자의 경우를 보면, 농민들의 참담한 삶의 과정이 사실적으로 묘사되고 있다. 대부분의 농민들은 지주의 횡포와 수탈이라는 인위적인 수난과 홍수와 가뭄으로 인한 자연 재해에 이중으로 고통받는다. 이 과정에서 농촌 삶의 공동체가 붕괴되고 농민들은 농촌으로부터 유리되어 비극적인 삶의 전락을 경험하게 된다. 「농촌 사람들」에서 볼 수 있는 주인공의 삶과 죽음의 과정이 바로 그 단적인 사례다. 결국 조명희의 초기 소설들은 궁핍한 삶의 현실 속에서 겪는 지식인의 좌절과 농민들의 수난을 사실적으로 그려 냄으로써 당대 현실의 문제성을 비판적으로 추구하고 있다고 할 수 있다.

한편 조명희는 「낙동강(洛東江)」(1927)을 발표하면서 계급 이념의 구현이라는 분명한 지향점을 드러냈다. 「낙동강」은 농촌의 현실을 변혁하고자 하는 인물을 극적으로 부각시킨 성과를 거두고 있거니와, 식민지 현실의 곤궁한 삶을 극복하기 위한 지식인의 이념적 대응과 실천 과정을 극적으로 제시하는 작품이다. 특히 매개적 인물로 지식인 주인공을 내세워 계급투쟁의 실천 과정을 구체화함으로써 이른바 방향전환론이 대두되기 시작한 새로운 투쟁의 단계에서 목적의식에 입각한 방향전환을 소설적으로 형상화한 문제작으로 평가된 바 있다.

엄흥섭은 단편소설 「흘러간 마을」(1930)을 발표하면서 문단의 주목을 받았다. 그가 1929년 조선프로예맹에 가입한 뒤 발표한 「흘러간 마을」은 지주와 소작농의 대립을 그린 계급 문단의 전형적인 농민소설이다. 그가 1930년대 중반에 발표한 「번견탈출기」(1935), 「숭어」(1935) 등은 주인공의 긍정적인 형상보다는 불합리한 계급 현실에 대응하는 개인의 반항을 그려 낸다. 「숭어」는 사건의 극적 변화와 객관적 묘사 등으로 상황의 구체성을 확보한다. 밤새워 잡은 숭어를 지주에게 바치려 했지만 거절당하는 장면, 식구들이 상해 가는 생선을 조리해 먹는 장면, 상한 생선을 너무 많이 먹은 딸이 죽게 되자 주인공이 광분 상태에 빠지는 장면 등이 특히 인상적이다. 이후 그는 「아버지 소식」(1938), 「패배 아닌 패배」(1938) 등 부정적 현실에 굴복하지 않고 현실을 견디어 나가는 주인공을 형상화한 단편을 잇달아 발표하기도 했다.

농민문학의 두드러진 성과는 이기영의 소설을 통해 입증되었다. 이기영은 계급문학운동의 전개 과정에서 한국 민중의 황폐한 삶의 문제성을 일제강점기 농촌의 현실에서 찾고자 했으며, 농민문학의 확대를 위해 꾸준한 노력을 기울였다. 그의 소설이 일제강점기 농민문학의 최대 성과로 평가되는 것은 농민 삶의 다양한 문제성을 총체적으로 형상화함으로써 리얼리즘의 소설적 성취를 스스로 체현하고 있기 때문이다. 이기영의 작가적 태도와 성격이 분명하게 드러나기 시작한 작품은 「가난한 사람들」(1925)이다. 이 작품은 이기영의 문학 세계를 이끌어 가는 두 가지의 중요한 모티브를 동시에 포함한다. 이기영의 문학적 모티프로 우선 식민지 지배하에서 빈궁을 모면하지 못하는 농민들의 고통과 절망적인 삶에 사실적으로 접근하는 작가 의식을 들 수 있다. 가난한 농민의 삶은 이기영의 문학적 주제를 형성하는 가장 중요한 요건으로, 거의 모든 작품에 걸쳐 반복적으로 문제시되는 영역이다. 이 작품에는 관동 대지진으로 일본 유학을 중도에 포기하고 고향에 돌아온 지식인 청년이 등장한다. 그러나 주인공은 취직이 되지 않아, 소작농사로 연명하는 아우의 집에 얹혀 살게 된다. 끼니를 제대로 잇지 못하는 곤궁을 겪으면서도 아무런 방책을 세우지 못하는 절망의 삶이 계속된다. 또 다른 특징은 봉건적 인습에 대한 저항과 비판이다. 가난 속에서도 모든 것을 운명으로 받아들이는 농민들의 체념적인 삶의 태도는 각성된 지식인에 의해 거부된다. 지식인은 삶의 고통과 현실의 모순을 극복하기 위한 계급의식의 자각과 투쟁을 요구한다.

이기영의 소설 중 현실의 계급 조건과 그 상황에 주목하면서 농민의 전형적인 성격을 창조하는 데 주력하는 경우는 「쥐 이야기」(1926), 「민촌(民村)」(1925), 「농부 정도룡」(1926) 등을 들 수 있다. 이 작품들을 발표할 무렵 이기영은 조선프로예맹에도 참가해 계급운동의 문학적 실천에 적극성을 보였다. 이 작품들 가운데 소설 「민촌」은 이기영 소설에서 볼 수 있는 서사 구조의 패턴을 가장 잘 형상화하고 있다. 작품은 제목 그대로 평범한 상민들이 살아가는 농촌의 생활 공간을 배경으로 한다. 그러나 이 공간은 지역성의 문제만이 아니라, 역사적·사회적 맥락에서 간과할 수 없는 변화를 드러낸다. 식민지 지배 체제 아래에서 농촌은 자본의 침식으로 인해 궁핍화 과정에 빠져든다. 농민들의 생활 자체도 봉건적인 인습의 붕괴 속에서 새로운 사회·윤리적 가치를 확립시키지 못한 채 혼란을 거듭한다. 이 같은 상황에서 서로 다른 이해관계에 얽혀 있는 두 세력 집단이 등장한다. 하나는 일본의 지배 세력에 의존해 있는 친일 지주들이며, 다른 하나는 착취와 횡포에 시달리는 소작농들이다. 소설 「민촌」은 지주들의 야만적인 횡포와 소작농들의 예속과 굴종을 보여 주면서, 두 세력이 지배·예속의 관계에서 벗어나 계급적 대응의 가능성을 확보하는 과정을 새로이 모색한다. 그것은 바로 두 계층의 사이에 설정되는 중간적인 존재의 매개적인 활동으로 만들어진다. 이 소설에서는 중학 과정을 교육받은 지식인 청년의 등장으로 농민들의 계급적 각성이 가능해진다. 지주의 착취를 알면서도 이에 대응하지 못하고 굴종을 거듭해 온 농민들은 자신들의 계급적 위치를 자각하고, 지주와 소작농 관계에 내재한 착취 구조의 모순을 계급적인 것으로 인식하게 된다. 이 같은 농민의 의식적 성장을 놓치지 않는 것이 바로 소설 「민촌」의 성과라고 할 수 있을 것이다. 하지만 「민촌」에서 중간적인 매개항으로 등장하는 지식인 청년의 존재는 작가 자신의 계급 이념을 대변하기 위해 설정된 인물이기 때문에, 관념적

일 수밖에 없는 한계를 갖고 있다. 물론 이 같은 중간적 존재의 설정은 농민들의 계급적 각성을 위해 계몽의 필요성을 강조하는 예술 대중화론의 한 측면을 그대로 보여 주는 것이다. 그러나 농민문학의 참다운 위상을 정립하기 위해서는 농민 스스로 자신의 계급적 기반을 딛고 일어서는 적극성을 발견해야만 했다. 중간적 인물의 매개 없이 스스로 성장하는 의식을 보여 줄 인물이 요구됐다는 말이다.

이기영은 이 같은 소설적 요구를 외면하지 않고, 새로운 인물의 성격을 형상화하는 데 주력했다. 그는 소설적 상황을 「민촌」이라는 무대로 상징되는 농촌의 생활로 고정하고, 그 위에 새로운 인물을 배치했다. 그 결과로 나타난 작품이 「쥐 이야기」, 「농부 정도룡」 등이다. 이들 작품에 등장하는 주인공들은 모두 땅을 파면서 땅에 기대어 사는 농민들이다. 다만 삶의 건강성이라는 차원에서 볼 때, 이들은 모두 강인한 의지로 경제적 궁핍과 인습적인 고통에 저항하는 인물로 형상화되어 있다. 물론 여기에도 문제가 없는 것은 아니다. 이들 작품에 등장하는 농민들의 모습을 주인공과 비교할 경우 엄청난 격차를 확인할 수 있다. 말하자면, 소설의 주인공들은 예외적으로 그 성격이 과장되어 있음을 지적할 수 있다.

이기영은 농촌의 현실과 계급적 모순 구조를 지속적으로 파헤치면서 소설 「홍수(洪水)」(1930), 「서화(鼠火)」(1933) 등을 잇달아 발표했다. 그가 「홍수」에서 새로이 창조해 낸 주인공은 지식층의 청년도, 농민도 아니었다. 주인공은 일본의 방직 공장으로 팔려 갔다가 7년 만에 고국에 돌아온 노동자다. 노동운동을 경험하고 농촌의 현실 속으로 돌아온 주인공은 농민들의 집단적 의식을 불러일으켜 홍수에 대비하고, 조합을 결성해 지주에게 대항하도록 농민 세력을 조직한다. 농민들은 단합된 힘을 바탕으로 비로소 삶에 대한 의욕과 새로운 전망을 가지게 된다. 「서화」의 경우는 농민 스스로 주인공이 되어 피폐한 농촌 생활의 모습을 보여 준다. 노름으로 찌들어 가는 농민들의 생활감정을 새롭게 불태우는 쥐불놀이라는 상황 설정은 작품의 분위기를 압도하며, 살아 움직이는 인물의 형상을 그려 낸다. 이기영이 「가난한 사람들」에서부터 「서화」에 이르기까지 보여 준 소설적 성과는 경향소설의 전체적인 수준과도 통하는 것이다. 이것은 또한 단편적 양식을 통해 가능한 모든 방법을 동원하는 셈이다. 이기영은 이러한 단편소설 양식의 부분적 성과를 기반으로 보다 더 확장된 소설 세계를 설계했다. 그것은 부분성을 통합함으로써 접근할 수 있는 전체성의 세계이며, 삶의 역사성을 충분히 감당할 수 있는 소설적 공간이다.

이기영의 장편소설 「고향(故鄕)」(1934)은 계급문학운동의 전개 과정에서 거둔 단편적 성과들을 한데 모아 총체적으로 형상화해 낸 문제작이다. 이 작품을 이기영 문학의 최대의 성과로 지목하는 것도 이 때문이며, 계급문학으로서 농민문학의 대표작으로 손꼽는 이유도 여기에 있다. 장편소설 「고향」은 궁핍한 생활에 허덕이는 농민의 고통과 이들을 착취하는 일본과 지주 세력의 횡포를 대조적으로 제시한 작품이다. 소설의 중심에는 일본 유학에서 돌아온 지식인 청년 김희준이 문제적 인물로 자리 잡고 있다. 그의 등장과 함께 농민들은 점차 계급적 자각에 이르게 되고 자기 존재에 대한 인식에 눈을 뜬다. 그리고 자신들이 처한 계급적 모순 구조를 극복하기 위해 서로 단합해 지주 세력에 대응한다. 이 같은 소설 구조를 통해 작가는 1920년대 농촌의 정황과 농민의식의 성장 과정을 동시에 보여 주었다.

소설 「고향」은 농민 계층의 삶의 고통을 사실적으로 재현한다. 소설적 공간으로 제시되어 있는 원터 마을은 일제강점기 농촌의 전형적인 형상을 갖추고 있다. 읍내에는 근대화의 물결에 따라 철도가 놓이고 공장이 들어서지만, 원터 마을은 이와 일정한 거리를 두고 있다. 이러한 원터 마을의 공간적 위치 자체가 이미 근대화의 와중에서 전통적 사회 기반이 무너지고 있는 농촌임을 실감나게 한다. 원터 마을 구성원들의 계층 구조 역시 지주를 등에 업은 마름 안승학을 중심으로 하는 착취 세력과 가난한 농민들이 대립하는 형상이다. 이들은 모두 원터 마을을 중심으로 운명적으로 묶여 있나. 작가는 이들 삶의 다양한 면모를 제시하기 위해 삽화 처리에 파노라마 수법을 활용하기도 하고, 디테일의 창조에도 관심을 기울였다. 그 결과 소설 「고향」은 일제강점기 농민들의 삶과 풍속을 재현하고, 농민들의 삶의 터전이 되는 농촌의 현실을 전형적으로 포착할 수 있게 되었다. 물론 이 같은 성과는 소설 공간의 구체성을 가능하게 하는 인물의 설정과 깊은 관계가 있으며, 바로 거기서 리얼리즘의 정신이 강조되는 것이다. 그렇지만 「고향」은 신문 연재소설로서 한계를 동시에 지니고 있다. 통속적인 에피소드의 중첩으로 소설의 전체적인 흐름이 차단되는 경우도 적지 않으며, 부분과 전체의 균형을 제대로 유지하지 못하는 대목도 눈에 띈다. 특히 악덕 마름의 딸 안갑숙이라는 인물 설정과 그녀가 공장 노동자로 변모하는 과정은 필연성을 지니지 못한 채 과장되어 있다는 지적을 면하기 어렵다.

농민문학론의 방법과 성격

농민문학론은 계급문학운동에서 조직의 이념 투쟁이나 노선 갈등과는 달리 직접적인 창작 방법과 그 실천 문제를 중심으로 새롭게 제기됐던 비평적 쟁점이다. 1920년대 이후 농민 생활의 궁핍화와 농촌 경제의 파탄이 사회적 관심사로 제기되었던 점, 농민운동에 조선총독부의 탄압이 가중되면서 농민운동의 성격이 정치운동으로 변질되고 지하의 적색 농민 단체가 출현하게 된 점 등도 모두 농민문학을 향한 관심의 확대를 뒷받침한다. 그런데 1930년에 들어서면서 일본 계급 문단에서부터 농민문학의 중요성과 위상에 관한 새로운 주장이 등장했다. 이러한 과정을 좀 더 구체적으로 살펴보면, 1930년 11월 우크라이나 공화국 수도인 하리코프에서 혁명문학 국제국 제2차 세계대회와 제2차 국제혁명작가예술가대회를 통해 계급문학운동에 있어서 농민계급에 대한 관심을 촉발하는 결정을 채택했고, 이는 농민문학에 대한 새로운 논의를 가능하게 했다. 당시 일본 프롤레타리아작가동맹에서는 이 대회의 결정을 중시하면서, 대회에 참가했던 일본 대표들의 제안에 따라 작가동맹 안에 농민문학연구회를 결성하고 농민문학운동의 구체적인 실천 방안을 적극적으로 검토했다. 이와 같은 일본 문단의 움직임은 곧바로 국내에 소개되었다.

하리코프에서 개최된 국제혁명작가예술가대회[112]의 조직이 이루어진 것은 1927년이었다. 당시 소련은 혁명 이후의 건설기에 돌입해 있었고 사회주의 국가의 확립을 위해 전력을 집중하고 있었다. 하지만 세계적으로 계급투쟁과 자본주의의 경쟁이 치열해 국제적 상황에 음영이 깃들고 있었다. 이런 상황에서 제국주의 전쟁 반대 투쟁과 파시즘 반대 투쟁을 내세운 소

112 이 대회의 조직은 공식적으로 MORP로 지칭되며 International Union of Revoluationary Writers로 표기된다. 프롤레타리아 사회주의 문화를 세계적으로 확대시키는 데 주목할 만한 성과를 거둔 바 있다. Harriet Borland, *Soviet Literary Theory and Practice during the First Five-year Plan 1928-1932*(Columbia University Press, 1950), p. 129.

련 작가동맹의 결의에 따라 모스크바에 '혁명문학 국제국'이 설립되고 여기서 제1차 국제혁명작가예술가대회를 개최하게 된 것이다. 그 후 3년이 지난 1930년 11월에 하리코프에서 제2차 대회가 열렸는데, 제2차 대회에는 전 세계 22개국의 프로문학 조직의 책임자들이 참석했다. 이들은 변화하는 국제 정세에 적응하기 위해 계급문학운동의 보다 높은 조직적 이데올로기의 수준과 보다 광범위하고 확고한 정치적 강령을 요구하게 되었다. 당시에 논의된 내용은 파시즘에 대한 투쟁 방안, 동반자의 획득 문제, 계급문학운동의 국제적 연대의 확립 등인데 일본을 위한 결의 가운데 농민문학 문제가 크게 중요시되었다.

하리코프 대회의 내용과 성격에 대해서는 박태원과 권환을 통해 한국 문단에 소개되었다.[113] 그러자 하리코프 대회의 결정 내용에 관심이 모아졌다. 권환은 이 대회의 성과를 통해 국내의 계급문학운동도 보다 조직적이고 이데올로기적 속성이 확고한 문학운동을 전개할 것을 주장하면서, 국내 계급문학운동이 당면한 예술 대중화 운동과 연관되는 동반자의 획득, 노농통신운동, 농민문학운동에 주목할 것을 강조했다. 특히 농민문학 문제에 대해서는 다음과 같이 언급했다.

> 大會의 日本을 爲한 決議 가운데는 다음과 가튼 提案이 잇섯다. '局內에 큰 農民層을 가진 日本에서는 農民文學에 對한 푸로레타리아-트의 影響을 深化하는 運動에 一層 注意를 할 必要가 잇다. 日本 푸로레타리아 作家同盟 內部에 農民文學硏究會를 特設하지 안으면 안 된다. 그러나 말할 것도 업시 그것이 어대까지든지 푸로레타리아-트의 헤게모니 미테 노혀야 할 것은 勿論이다.' 이것은 朝鮮에 對해서도 훌륭하게 適用할 수 잇다. 웨 그러냐 하면 朝鮮 局內에는 比率로는 日本보다 더 큰 農民層을 가젓스며 또 現在의 朝鮮에는 土地×× 이 가장 큰 政治的 스로간의 하나이니까 우리는 農民文學運動에 對해서 더 만흔 關心을 가지고 더 만흔 努力을 支拂할 必要가 잇다. 昨年 優秀 李箕永, 宋影의 손으로 優秀한 農民小說이 더러 製作되기는 하엿다.

113 朴泰遠 역, 「하리코프에서 열린 革命作家會議」(東亞日報, 1931. 5. 6-10); 權煥, 「'하리코프' 革命作家大會 成果에서 朝鮮 프로藝術家가 어든 敎訓」(東亞日報, 1931. 5. 14-17).

> 그러나 今後의 우리는 意識的으로 農民文學運動에 積極的 努力을 하지 안으면 안 되며 또 一方으로 農民 出身 作家가 輩出하도록 積極的 援助를 하여야 할 것이다.[114]

이러한 주장은 당시 우리 문단의 상황에서 매우 중요한 의미를 가진다. 실제로 일본 문단에서는 하리코프 대회의 결정에 따라 '농민문학연구회'라는 단체를 결성했으며, 농민문학운동에 대한 새로운 관심이 폭넓게 대두된 바 있다. 이와 같은 움직임은 국내의 계급문학운동에 직접적인 자극이 되어 농촌의 제반 문제에 대한 의식적인 관심이 문학 속에서 구체화될 기반을 이루었다.

권환이 농민문학운동에 대한 적극적인 관심과 노력을 제안하면서 하리코프 대회의 내용을 소개한 직후, 계급 문단에서 농민문학 문제를 놓고 구체적 실천 방안을 내세운 사람은 안함광이다. 안함광은 조선의 사회 현실이 당면한 최대 과제는 도시 근로자와 실업 노동자에 있다기보다 농촌의 궁핍화 현상에 있다는 점을 먼저 지적했다. 농산물 가격의 대폭락으로 풍년 기근의 현상이 농민 생활을 압박하는 데다 '산미증산계획'이라는 일제 식민지 정책이 극도로 불리한 조건을 농민에게 부여했기 때문이다. 안함광은 농촌의 경제가 위축과 피폐의 과정을 걷고 있는데도 프롤레타리아운동이 농촌의 현실을 외면하고 있다고 주장했다.

> 過去 우리 文學運動에 잇서서 한번도 農民文學 問題가 提議되여 보지 못하엿스며 또한 그 作品 行動 領域에 잇서서도 亦 大多數 農民을 相對로 하지는 못하엿섯다. 則 過去에 잇서서의 朝鮮 푸로文學 諸作品은 大概가 다多大數 農民들은 理解하지도 못하는 職工 監督이니 支配人이니 盟罷니 하는 것 等으로 一貫되엿섯다. 하나 筆者는 絶對로 이러한 題材의 取扱을 不必要로 한다는 것은 決코 아니다. 다만 朝鮮이란 特殊한 立場에서 現 情勢를 觀望할 때 農民文學에 對한 切實한 社會的 要求를 看過할 수는 업다는

114 權煥, 「'하리코프' 革命作家大會 成果에서 朝鮮 프로藝術家가 어든 教訓(三)」(東亞日報, 1931. 5. 17).

것이다.

그러나 우리는 絶對로 農民 全般을 말하는 것은 아니다. 가튼 農民이라고 할지라도 이미 ××主義와 密接이 結付되여 가지고 貧農에게 對한 齷齪한 搾取를 끈임업시 行하고 잇는 土着 부르죠아지─까지를 抱擁할 無批判한 寬弘은 오히려 百퍼센트의 ××的 反動이 아닐 수 업는 限에 잇서서 우리의 農民文學이라는 것은 어듸까지든지 勞動者 階級의 立場에서 考究하지 안으면 아니 되는 것이다.

卽 푸로레타리아文學의 發展 道程과의 聯關性에 잇서서 農民文學의 發展을 생각하지 안으면 아니 되는 것이다. 土着 부르죠아……들에게 抑壓과 搾取를 當하며 쏘한 그네들의 非經濟的 搾取 方法인 高利, 欺瞞的 取引, 衡量의 欺瞞 等에 依하여 生의 殉難을 不絶히 밧는 貧農階級에게 잇서서는 엇더한 生路 그 姿態를 現出식히지 안는 限에 잇서서는 資本主義 社會로의 忠實한 隸屬的 沒落을 免할 수가 업는 것이니, 우리는 우리의 農民文學에 잇서서 勞動者 農民의 有機的 提携 짜라서 貧農階級에게 對한 푸로레타리아 이데오르기─의 積極的 主入을 念頭에 두지 안으면 아니 되는 것이다.

그러치 안코 農民文學을 勞動階級과 分離된 狀態에서 卽 農村에 잇서서의 階級關係를 眼中에 두지 안코 그를 但只 孤立的 形態에서 생각한다 하면 그것은 眞正한 意味로서의 農民文學의 質量 兩面에 잇서서의 强化를 招來하지 못할쑨더러 結局 地主輩 및 그들과 結託되여 잇는 勢力의 號笛에 발 마추어 手舞하며 足踏하는 結果 以外에 다른 우모런 後害조차 演出하지 못할 것이다.[115]

안함광은 조선 사회의 현실 자체가 농민문학에 대한 절실한 요구를 외면할 수 없도록 한다며 농민문학의 필요성을 주장하고 그 범위와 주제, 방법 등의 개요를 제시했다. 우선 농민문학의 대상과 범위는 농민 전반을 포괄하는 것이 아님을 분명히 했다. 그는 자본주의와 결탁해 빈농을 착취하는 토착 부르주아를 배격하고 프롤레타리아계급의 입장에서 농민 계층에 관심을 두는 농민문학이 필요하다고 했다. 안함광의 농민문학론은 농민문학을 프로

115 安含光, 「農民文學에 대한 一考察(下)」(朝鮮日報, 1931. 8. 13).

문학의 발전 과정과 관련시켜 파악하고자 한 점이 특징이다. 이것은 농민문학론의 쟁점으로 제기된 것인데 농민문학에 있어서 노동자·농민의 유기적인 제휴, 이에 따른 빈농계급에 대한 프롤레타리아 이데올로기의 적극적인 주입을 농민문학의 중요한 기능으로 내세웠다. 농민문학을 노동계급과 분리된 상태에서, 즉 농촌에서의 계급 관계를 고려하지 않고 단지 독립적인 형태로 생각할 경우 그것은 진정한 의미에서 농민문학의 질적·양적인 강화를 가져오지 못할 것이라는 점이 그 이유다. 안함광은 농촌 사회를 가장 뒤떨어진 경제 조직으로 파악했고 그러한 농촌 공동체는 어떤 사회적 단계에 일약 도달할 수 없음을 천명하며 노동자·농민의 제휴를 거듭 강조했던 것이다.

> 過去에 잇서서 資本主義에 依한 生産의 集中과 푸로레타리아階級의 힘을 내다보지 못하고 가장 뒤써러진 經濟 組織인 農村 共同體에서 엇던 社會에 一躍 到達할 수가 잇다고 생각하든 '人民派'의 主張이 誤謬이엇든 것과도 가터 農民文學을 論함에 勞動者와 農民의 有機的 提携를 前提도 하지 안는 主張 ― 例하면 農民 自治主義派의 主張 ― 과 가튼 것은 反動이 아닐 수 업는 것이다(巾畧).
>
> 卽 거듭 말하거니와 勞農提携는 푸로레타리아―트의 ××戰線에 잇서서 決定的 열쇠이라는것을 우리의 文學은 農民 問題에 對해서 쏘한 決定的으로 滲透식히지 안으면 아니 되는 것이다.
>
> 그리고 우리의 目的의 達成을 위하며 우리 農民文學은 그 實踐 領域에 잇서서 分散된 農民들의 힘을 한곤데로 集中식힐 것 그리고 이에 對한 푸로레타리아―트의 헤개모니―의 注入 및 그들에게 歷史的 系列에 잇서서 現實을 理解식힘과 同時에 材料에 對한 廣汎한 取扱으로서 科學的인 그리고도 廣闊한 現實的 知識을 獲得식히지 안흐면 아니될 것이라고 筆者는 생각한다.
>
> 勿論 이에 잇서서는 좀 더 細密한 附加的 解說과 이와 關聯된 農民文學 形式 問題에 關한 諸檢討가 必要합 것야며 그리하기 위하여서는 무엇보다도 먼점 過去에 잇서서 農民에 取材한 諸作品―質量 共히 極하 微弱한 것이엇다고 할지라도 李箕永 氏의 『民村』에 募集된 멧개의 作品 더욱이 昨年 本報紙上에 發表되엿든 『洪水』 等 ― 의 再批判이 具體的 論述의 內容을 위

> 하여 가장 重要한 要因이 될 것이라고 筆者는 確信한다.
>
> 그러니 만치 以後 이 問題에 對한 眞劍한 理論이 無數히 展開되기를 바라는 同時에 生新힌 農民 出身 作家들의 無數한 進出과 아울너 灰色 雰圍氣 속에서 浮動하고 잇는 蒼白한 '인테리' 作家들의 勇斷性 잇는 下向線 踏破가 잇기를 渴求한다.[116]

이와 같은 노농의 제휴와 농민에 대한 프롤레타리아 이데올로기의 적극 주입은 계급문학론자들이 고심한 당면 과제라는 면에서 큰 관심을 불러일으켰다. 그러나 안함광은 농민문학이 농민의 문학이면서 동시에 농민을 위한 문학이 되어야 한다는 사실을 간과했다. 그는 프롤레타리아 이데올로기의 주입이라는 농민문학의 이념 문제에만 급급함으로써 농민계급의 특수와 주체적 참여 문제를 외면해 버렸다.

백철의 농민문학론

계급 문단에서 안함광이 제기한 농민문학론은 백철이 이를 비판하면서 계급문학운동의 새로운 쟁점으로 자리 잡았다. 백철은 도쿄고등사범학교 영문과를 졸업한 후 귀국하지 않고 일본 계급 문단에서 프롤레타리아 시인으로 활약하고 있었다. 하지만 그는 국내 신문에 기고한 본격적인 평론 「농민문학문제」[117]로 농민문학운동에 대한 안함광의 주장과 부딪치면서 국내 문단의 주목을 받았다. 백철의 농민문학론은 러시아의 혁명 과정에서 논의되었던 농민의 계급적 위치와 특수성에 대한 인식 문제에서 출발한다. 그리고 일본의 경우를 대상으로 일본 문단의 농민문학론에 대한 논의를 이어 갔다. 그는 자본주의 사회에서 농민이란 토지 소유의 봉건적 관습으로 인해 아무런 혁명적 역할을 담당할 수 없다고 전제했다. 그에 따르면 농민은 프롤레타리아의 정당한 지도 아래에서만 계급적 역할을 인식할 것이며 프롤레타리아의 헤게모니 아래 들어오게 된다. 물론 사회적 존재로서 농민계급은 근본적으로 프롤레타리아계급과 동일한 조건에서 생활하기 때문에, 궁극에는 프롤

116 安含光, 「農民文學 問題에 對한 一考察(下)」(朝鮮日報, 1931. 8. 13).
117 白鐵, 「農民文學 問題」(朝鮮日報, 1931. 10. 1-20).

레타리아계급과 혁명적 동맹 아래 동일한 궤도를 밟는 역사적 필연성을 지닌다. 하지만 실제 생활 기반에서 생각할 때에 거기에는 역사적·사회적으로 토지 소유와 연관된 특수한 조건이 잠재되어 있다. 그러므로 프롤레타리아계급운동의 전위에 서서 헤게모니를 쥐고 나아갈 자는 도시의 프롤레타리아이며 농민은 그 영도하에 동맹군의 위치에 설 수밖에 없다. 이와 같은 관점에서 백철은 안함광의 주장에 드러나는 비평적 오류를 분명하게 지적했다.

> 나는 여긔서 安君의 農民文學에 對한 見解가 朝鮮 農民文學運動에 對하야 어느 程度의 地位와 重要性을 가지게 될 것인가 等에 對하여는 問題삼지 안으렴다. 그리고 다시 安君의 論文에 對하야 部分的으로는 問題를 하지 아켓다. 安君은 明白히 階級的 熱情을 가지고 朝鮮의 農民文學 建設을 爲하야 努力하는 一役者로서 이 問題를 取扱하엿슴으로 그中의 部分 部分의 文句의 使用에 誤謬 잇다고 하여도 全體가 正當하면 別로 큰 間題는 아니다. 그러나 그럿타고 하여서 우리들은 社會民主主義 評論家들과 갓치 自體 內의 意見이면 무엇이든지 서로 辯護하며 隱蔽한다는 것을 意味치 안는다. 우리들은 갓흔 自體 內의 意見이라도—아니 自體 內인 까닭에 一層 嚴酷하게—모든 것을 正當한 階級的 立地에서 서로 指摘하며 檢討하여 가야 될 것이다. 내가 安君의 論文을 取할 째에도 이런 意味에서 모든 것을 出發식히려고 한다. 이 意味에서 安君의 論文 中 다음의 것은 確實히 誤謬이 엿섯다.
>
> ‘貧農階級에게 對한 프로레타리아 이데오로기—의 積極的 注入을 云云’(傍點-鐵) 이 가운데는 確然히 警戒해야 될 機械的 左翼主義的 傾向(짜라서 右翼的)이 潛在하고 잇다. 그리고 이 機械主義的 偏見은 但히 文學的 意味에서마 偏向的 意義늘 가질 쑨 아니라 다시 政治的 意義에서도 排斥해야 될 그것이엿다.
>
> 프로레타리아 ×의 正常한 貧農에 對한 見解와 政策은 決코 貧農階級에게 프로레타리아 이데오로기—들 機機的 命令的으로 注入식히는 것이 아니고 一定한 具體的 實踐 內容에 貫徹된 프로레타리아의 感化力에 依하야 貧農에게 一定한 方向을 가르치며 一定한 “行動의 指南石”이 되는 네서 貧農階級이 自發的으로 그 影響下에 드러오는 것을 意味하는 것이다. 프로레타리아가 現 階段의 有力한 同盟軍인 農民을 正當히 指導하기 爲하야는 “都

市 프로레타리아-드와 貧農 大衆과의 密接한 結合을 짓기 爲하야 都市 勞働者를 이 目的으로 農村에 派遣하는 等의 具體的 方策을 一層 精力的으로 展開식혀야 된다. 勞働組合과 農民組合과의 代表者 會議 工場委員會와 農民委員會와의 通絡勞働爭議와 鬪爭의 때의 共同 ×爭委員會를 組織하는 것……爭議 中의 相互 應援 等은 重要한 意義를 가진다."(×××××31年 레-제 초안 草案에서) 이것은 實際的 意義에서 正當할 뿐 아니라 文學分野에서도 完全히 適用되는 것이다. (중략)

農民文學은 安君의 말과 가티 決코 貧農階級에게 機械的으로—이 말이 不適合하면 積極的으로—프로레타리아 이데오로기—를 注入식혀 가는 文學이 아니다. 마일 그 말대로 農民文學이 곳 그런 役割을 하는 文學이라고 하면 그 役割을 能히 할 農民文學作品의 內容은 프로레타리아 이데오로기—로 充滿되며 貫徹되지 안흐면 아니 될 것이다. 따라서 그러한 內容을 가진 作品은 完全히 프로레타리아文學인 것이다. 그러나 우에서도 指摘한 것과 가티 農民文學은 프로레타리아文學과는 區別하야 생각할 文學인 것이다. 한마듸로 말하면 農民文學은 프로레타리아의 것이 아니고 農民 自身의 것이다.[118]

백철은 농민문학이 프롤레타리아문학의 한 분야가 아니라 프로문학과 별개의 동맹문학이어야 함을 강조했다. 백철은 안함광이 강조한 바 있듯이 '빈농계급에 대한 프롤레타리아 이데올로기의 적극 주입'을 농민문학의 목표로 내세운 것은 경계해야 할 기계주의적인 좌익 편향이 잠재해 있는 것이라고 비난했다. 그는 프롤레타리아운동에서 빈농계급에 대한 견해와 정책은 결국 빈농에게 프롤레타리아 이데올로기를 기계적으로 명령적으로 주입시키는 것이 아니라, 구체적인 실천 내용에 관철된 프롤레타리아의 감화력으로 빈농계급에게 일정한 방향과 행동을 제시함으로써 자발적으로 그 영향권으로 들어오도록 함을 의미한다고 주장했다.

그러므로 백철은 농민문학의 계급적 성격 역시 농촌의 계급적 현실에 근거할 것을 주문했다. 그는 조선의 농촌에서 지주의 일부는 자본가로서 부

---

118 白鐵, 「農民文學 問題(五)」(朝鮮日報, 1931. 10. 10).

재 지주이고 빈농 대부분이 농업 노동자가 되고 있다는 점을 적시하면서 농업 생산 자체가 여전히 봉건적 생산관계를 벗어나지 못하고 있다고 했다. 특히 소작 관계는 이중 삼중으로 농민을 착취하는 구조라는 점을 분명히 했다. 그는 농민문학이란 현재 농민의 대다수를 차지하는 빈농 계층의 계급적 기초 위에서 성립된다는 점을 강조했다.

백철은 농민문학에 대한 실천 방안으로 제재와 표현 형식 문제를 나누어 설명했다. 백철이 제시하는 농민문학의 제재는 다음과 같다. 첫째, 주제의 계급성을 제재의 혁명성으로 대치시켜서는 안 된다. 농민문학의 주제는 언제나 혁명적인 것이지만 작품의 제재는 농민대중의 일상생활에서 광범하게 취급되어야 한다. 일상생활 가운데 혁명성을 살려 낼 수 있는 것이다. 참된 농민문학 작가는 필요한 범위에서 농촌의 일상생활과 환경을 취급하고 자연적으로 농민이 지닌 세계관을 이용할 수 있는 것이다. 둘째, 어떤 이론의 지시를 내세울 것이 아니라 농민의 실질적인 생활 가운데 구체적인 행동을 통해 드러날 수 있도록 해야 한다. 작품 전체에 대한 이해와 감상이 농민대중에 의해 자발적으로 유도될 때 더욱 효과를 거둘 수 있다. 셋째, 농촌 생활을 제재로 다루고자 할 경우에는 그것에 대한 역사적·지리적 여건을 충분히 이해하고 연구할 수 있어야 한다. 농민문학의 표현 형식 문제도 직접적으로 농민대중의 요구를 들으며 감정과 의식을 알아보는 데서 더욱 절실한 방법이 제기될 것이라는 점이 백철의 견해다. 백철의 농민문학론은 농민의 계급적 특수성에 대한 인식과 함께 계급문학에 대한 동맹문학으로서 농민문학의 가능성을 제기한 점에 의의가 있다. 안함광이 내세운 이데올로기의 주입식 방법은 러시아나 일본 등에서 이미 실패했다는 점을 생각한다면 백철의 주장은 어느 정도 타당성을 지닌다.

백철의 농민문학론이 발표되자 이에 대한 안함광의 반론과 해명[119]이 곧바로 발표되면서 이들의 논쟁은 계급 문단의 새로운 관심사로 떠올랐다. 안함광은 백철의 비판이 자신의 견해에 대한 곡해에서 비롯되었음을 지적하면서 자신의 이론적 근거도 일본 농민문학운동에 있음을 밝혔다. 일본의 농

---

119 安含光은 「農民文學 問題 再論」(朝鮮日報, 1931. 10. 21-11. 5)과 「農民文學의 規定問題: 白鐵의 테마를 一蹴한다」(批判 제8호, 1931. 12)를 잇달아 발표했다.

민문학론[120]은 농민문학연구회를 설치(1931.3)하고 활동을 촉진하는 결의가 있은 후 이케다 히사오(池田壽夫), 고바야시 타키지(小林多喜二) 등에 의해 '프롤레타리아의 관점에서 농민을 다룬 문학'으로 농민문학을 규정한 바 있다. 그러나 나카노 시게하루(中野重治), 구라하라 고토(藏原惟人) 등에 의해 이러한 견해가 수정됐다. 이들은 농민의 계급적 특성과 역사적 위치에 주목해 프롤레타리아문학과 농민문학은 엄격하게 구별된다고 했다. 그들의 계급적 관점에 의하면 노동계급의 계급투쟁의식과는 달리, 농민은 전통적으로 토지에 대한 소유욕이 근성으로 자리 잡고 있으므로 계급투쟁의식이 약하다. 그러므로 농민은 프롤레타리아트의 지도적 영향 아래 동맹군으로서 힘을 발휘할 수밖에 없으며 농민문학은 빈농 계층의 의식을 표현한 문학으로서 프롤레타리아문학과 구별된다는 것이다. 안함광은 일본 농민문학운동의 전개 양상을 소개함으로써 결국은 백철의 견해에 합류하고 있었던 것이다. 그리고 이러한 논의의 궁극적인 귀착점은 백철이 규정하는 그대로 '농민문학은 프로문학과 동맹의 문학이며 어디까지나 빈농의 문학으로서 농민의 혁명적 이데올로기를 내용으로 하는 문학이어야 한다.'는 논리였다.

농민문학을 농민 자신의 문학으로 규정하는 당시 평단의 주장은 일본 농민문학론의 흐름과 같은 맥락에서 이해될 수 있지만, 농민의 현실적 상황과 요구를 정당히 인식하는 것만이 농민문학의 출발점이 될 것임을 전제하고 있다. 농민계급의 심리와 감정을 예술적으로 표현해 자신을 해방시킬 수 있도록 한다는 목표를 내세운 농민문학이 농민의 현실과 그 상황을 충분히 인식해야 한다는 것은 당연한 일이다. 특히 농민의 보수적인 정착성을 현실문제에 적극적으로 결합시켜 보는 것도 필요했다. 그러기 위해서는 농민대중을 문학의 세계로 끌어들이기 위한 여러 노력이 요청되는데 가장 커다란 과제는 작품의 창작 방법에 귀결됐다.

계급 문단의 농민문학론은 실제 작품의 창작적 성과와도 연결된 비평 담론이 되었다. 특히 농촌의 경제적 현실과 농민계급의 특수성에 대한 인식을 문학적 관심사로 부각시키면서 농민계급이 주체적인 입장에서 농민문학운동

---

120 일본 농민문학론의 전체적인 윤곽은 山田清三郎, 『近代日本農民文學史』(理論社, 1976)에서 확인할 수 있다.

에 참여하는 방법까지 논의할 수 있게 되었다는 점에서 그 의의를 평가할 수 있다. 계급 문단에서 『농민소설집』(1933)의 간행을 통해 농민문학론의 구체적인 실천 작업을 보여 준 것도 농민문학론의 진폭을 말해 주는 근거가 된다.

2) 계급문학의 대중화론

예술 대중화 문제

계급문학운동의 방향전환기에 제기된 예술 대중화론은 조선프로예맹 경성 본부와 제3전선파의 무대인 도쿄 지부의 대립 과정을 구체적으로 노골화한 비평 담론이다. 예술 대중화론은 조선프로예맹 내부에서 이루어진 이념 노선의 갈등을 말해 준다는 점에서 계급문학의 대중적 기초를 확립하기 위해 필요한 이념성과 대중성의 대립 문제가 그 핵심이라고 할 수 있다.

조선프로예맹 경성 본부와 도쿄 지부의 이념 노선 갈등을 이해하기 위해서는 신간회 조직 이후 민족사회운동의 전체적인 방향에 대한 사회주의자들의 주장을 먼저 검토해 볼 필요가 있다. 1928년 3월 제4차 조선공산당 중앙집행위원회에서 채택한 「민족해방운동에 관한 논강」은 신간회 조직 이후 사회운동의 새로운 방향과 지침을 제시했다. 이 논강에서 제시하는 운동 방향의 핵심은 노동자·농민의 대중적인 동원과 투쟁으로 요약된다. 이 논강에서 신간회는 현단계에 적합한 조선의 혁명계급의 특수한 동맹체로 파악되며, 신간회 내부에서 공산주의자는 노동자·농민 및 빈민의 광범한 획득을 위해 노력해야 한다고 규정하고 있다.

> 민족해방운동과 노동자·농민의 경제적 투쟁을 대립시켜서는 불가하다. 더욱이 민족적 협동이라는 것을 소부르주아적으로 이해하여 노동자 및 농민의 일상 투쟁을 희생시키든가 또는 등한시하는 것은 큰 과오다. 프롤레타리아트의 전위는 한층 주력하여 노동자의 스트라이크와 농민의 경제투쟁을 조직하고 모든 일상투쟁을 전취 지도해야 한다. 그것은 민족해방투쟁을 활기차게 하기 위해 부득이하고 민족해방운동에서 노농계급의 헤게모니를 획보하는 방법이다.

> 그러므로 노동조합 운동 및 농민조합 운동을 절대로 필요로 한다. 마찬가지로 공산주의 지도하에 조직되어 있는 전국 청년을 한층 활발히 동원시켜 조직을 공고히 하고 이것에 있어서 프롤레타리아의 지도를 확립하는 것은 필요하다.
>
> 민족해방운동의 현 단계에서 광범한 대중의 궐기·참가·조직이 가장 필요한 것은 자명의 이치임과 동시에 대중을 단일전선에 동원시켜 조직하고 교육하는 데는 그들의 이익을 진실로 대표할 수 있는 광범한 강령과 이것을 실천하는 구체적 투쟁이 필요하다. 실천적 투쟁이 없이는 진정한 조직이 있을 수 없고, 따라서 정치적 교육도 불가능하다. 광범한 대중을 끌어넣기 위해서는 농촌을 순회하고 그 이익을 위해 철저히 투쟁하는 것은 더욱 필요하다.[121]

당시 민족해방운동의 전선에서 노동대중의 광범한 동원과 투쟁이 절실하게 요구된 것은 소부르주아 인텔리 계층이 민족해방운동 단체 대부분을 구성하고 있었다는 사실과 무관하지 않다. 노동대중의 획득이야말로 민족해방운동의 민족협동전선에서 프롤레타리아트의 헤게모니를 위해 필수적으로 요청되는 것이라고 할 수 있다. 실제로 노동계급의 대중적 등장이 없는 방향전환, 노동대중의 광범한 투쟁이 수반되지 않은 방향전환은 필연적으로 주체 없는, 실질적이지 못한 방향전환이 되지 않을 수 없다는 것이 당시 사회주의자들의 일반적인 견해였다. 대중 동원과 대중적 좌익이 형성되지 못한 상태에서 이루어진 조직의 영도권 주장이 결과적으로 조직 간부 자리를 둘러싼 쟁탈전으로 표출된 것도 반성의 대상이 되었다.

이처럼 사회운동의 방향전환 이후 운동의 대중화 문제가 실천적 과제로 대두되자, 예술운동 부문에서도 실질적인 방향전환과 실천적인 역할에 대해 새로운 규정이 등장했다. 이것은 넓은 의미에서 예술운동의 대중화론으로 요약되지만, 궁극적으로는 예술운동의 볼셰비키화를 위한 이념적 조직 동원을 의미했던 것으로 생각된다. 이 같은 정황을 알아보기 위해 1928년

121 「민족해방운동에 관한 논강」, 임영태, 『식민지시대 한국 사회와 운동』(사계절, 1985), 352-353면에서 재인용.

부터 1929년 사이에 논의가 계속된 방향전환론과 예술 대중화론을 중심으로 경성 본부의 박영희, 김기진, 윤기정, 한설야 등과 도쿄 지부의 이북만, 조중곤, 임화 등의 논쟁을 면밀하게 검토할 필요가 있다.

박영희가 주도해 온 방향전환론의 골격은 앞서 검토한 바와 같이 목적의식론으로 요약된다. 박영희의 목적의식론은 문학운동에 있어서 의식의 전환을 강조하는 점이 특징이다. 다시 말하면, 계급문학운동가들은 사회주의 의식을 파악하고 부르주아 정치를 폭로하며 이와 투쟁해, 그 의식을 민중의 정신 속으로 확대시켜 나아갈 수 있는 문학의식의 새로운 구성에 힘써야 한다는 것이다. 하지만 이러한 목적의식론은 계급문학운동을 문예의 영역에 한정시켜 논의한다는 점에서 사회·정치적 실천의 가능성을 문제 삼게 된다. 계급문학운동의 대중적 조직 확대와 정치투쟁에의 진출을 적극적으로 실천하고자 하는 도쿄 지부 이북만 등의 입장에서 본다면, 이것은 계급적 현실을 외면하고 있는 예술주의적 경향에 지나지 않는 것으로 인식될 수밖에 없다.

박영희의 방향전환론에 대한 도쿄 지부 이북만의 비판[122]은 계급문학운동의 예술주의 경향에 대한 우려에서 출발했다. 이북만은 진정한 계급문학운동의 방향전환은 대중 조직을 기반으로 하는 정치투쟁에의 진출일 뿐이라고 믿었다. 그렇기에 그는 예술 부문 내에 있는 모든 대중의 주체적인 결성에 의해 조선프로예맹의 조직 확대를 꾀해야 한다고 주장했다. 이러한 견해는 1927년 9월 이후 조선프로예맹이 도쿄 지부의 설립을 비롯해 전국적인 조직 확대를 실천함으로써 어느 정도 만족됐다. 그러나 예술운동의 정치투쟁 진출에 대해서는 예술운동의 주체적 결정체가 되어야 하는 노동자·농민의 교양 수준을 문제 삼아야 했기 때문에, 우선적으로 예술운동은 노동자·농민대중에 대한 아지프로에 전체적인 역량을 투입해야 한다는 주장을 내세웠다. 계급문학운동의 방향전환론 가운데 대중화론이 새롭게 제기된 연유가 바로 여기에 있다. 이북만이 내세운 예술대중화론은 노동자·농민대중을 계급문학운동의 조직적 주체로 끌어들인다는 데 그 목표를 두었다. 이를 위해서는 우선 노동자·농민을 예술운동의 대상으로 삼고 혁명적 이념을 그들에

122 李北滿, 「藝術運動의 方向轉換論은 果然 眞正한 方向轉換이엿든가?」(藝術運動 제1호, 1927. 11).

게 보급해, 그들이 지켜 온 봉건적 관념을 타파해야 한다고 주장했다. 이러한 예술의 정치적인 효과를 최대한으로 이용하려면, 예술가가 스스로 노동자·농민 속으로 뛰어들어야 하며, 노동자·농민이 관심을 가지고 쉽게 알아볼 수 있는 예술을 창작해야 했다. 이 같은 견해는 도쿄 지부의 장준석이 그대로 수용해 다음과 같이 강조한 바 있다.

> 우리의 藝術은 全朝鮮의 ××××× 特히 勞動者 農民의 藝術이 되지 안흐면 안 된다. 웨? 그는 우리의 藝術運動은 그것이 決코 無産階級의 全運動을 써나서 存在할 수 업스며, 짤어 藝術運動은 그것이 朝鮮의 ××××××××에 서 잇는 勞動者와 또 그와 緊切한 同盟軍인 農民의 全 ×××××××××의 中으로 들어가 그들로 하여금 經濟意識 더구나 ××××意識 ×××××××××××××意識을 昂揚하지 안흐면 안 된다. 그럼으로 우리의 藝術運動은 그것이 이러한 意味를 除外하고는 何等의 存在의 意義를 가지지 못하는 까닭이다. 우리의 ××의 예술은 ××에게 浸透식히는 데 잇서서는 먼저 그것이 勞動者 農民의 自己 自身의 藝術이 되지 안흐면 안 된다. 다시 말하면 그들이 理解할 수 잇는 藝術 또 그것이 勞動者·農民에게 마지하는 限에서만 그들의 藝術이 될 수 잇기 싸문이다.[123]

도쿄 지부에서 내세우는 예술 대중화론은 결국 예술운동의 주체와 목적, 속성을 모두 노동자·농민에 직결시키고 있는 점에 그 특징이 있다. 첫째로 노동자·농민의 예술, 둘째로 노동자·농민에게 새로운 정치적 투쟁의식을 불어넣어 줄 수 있는 예술, 셋째로 노동자·농민이 즐겨 맞으며 쉽게 이해할 수 있는 예술을 강조하는 데서 이를 확인할 수 있다. 그렇지만 예술운동의 주체로 노동자·농민을 조직화한다는 것은 당시의 정치 상황과 노동자·농민의 의식 수준으로 보아 실천 가능성이 희박했다. 예술운동에 관한 도쿄 지부의 입장에 대해 경성 본부의 한설야는 다음과 같이 논박했다.

---

123 장준석, 「웨 우리는 (작품을) 쉽게 쓰지 안흐면 안 되는가?」(朝鮮之光 제78호, 1928. 5), 78면.

> 民衆은 엇더한 文藝를 要求하는가?—이것보다 우리는 그들에게 엇던 文藝를 보낼가가 큰 關心事다. 이것은 그들에게 보낼 文藝를 二元的으로 짜로 짓는다는 말은 勿論 아니다. 우리는 그들의 前面에 선 것을 알아야 한다. 그들은 우리의 文藝를 도로히 嘲笑하는 수가 만타. 그러나 前面에 선 우리들은 그들을 追從하는 機會主義的 消極的 態度를 가저서는 안 된다. 참으로 우리는 그들이 一時 好感을 느낄 文藝를 쓸 것이 아니라 그들이 將次 必然的으로 要求할 문예 (중략) 民衆은 반다시 쌜니 우리의 文藝를 要求하게 될 것이다.[124]

한설야는 민중이 어떤 문예를 요구하느냐 보다 그들에게 어떤 문예를 제공하느냐가 더 중요한 과제임을 내세웠다. 그는 '민중이 내일 요구하는 문예'를 제공해야 한다는 점을 분명히 하고, 민중에게 일시 영합하는 문예를 제작하는 것은 기회주의적이고 소극적 태도라고 비판했다. 이 같은 견해는 계급예술운동을 주도하는 작가층의 지도적인 역할을 보다 강조하는 것이라고 할 수 있다. 윤기정의 경우도 이와 비슷한 견해를 피력한 바 있다. 윤기정은 「문학 아닌 문학」(조선지광, 1928.1)에서 '현하 조선 사람은 어떠한 문학을 요구하는가?'라는 문제는 결국 '현하 조선 사람에게는 어떠한 문학이 필요한가?'라는 문제가 된다면서, '의식이 박약한 대중이 아무리 반동적 문학을 요구한다고 하더라도 의식 분자들은 역사적 사실이 요구하는, 조선 사람에게 필요한 문학을 제작하지 않으면 안 된다'고 했다. 의식 분자로서 작가의 주도적인 역할을 강조한 셈이다.

경성 본부 측의 견해와 도쿄 지부의 주장 사이에는 의식층인 작가를 중심으로 하느냐, 민중을 중심으로 하느냐 하는 관점의 차이가 개재되어 있다. 이북만 등은 '교양이 없는 노농대중'을 지향하는 반면 한설야 등은 의식층을 지향했다. 이북만 등은 예술을 수단으로 노농대중의 투쟁의식을 고취시키는 데 예술운동의 임무가 있다는 정치주의적 면모를 드러내는 데 비해, 한설야 등은 현단계의 민중보다 앞으로의 민중이 요구하게 될 문예를 제작

---

124 韓雪野, 「一九二八年의 大衆間의 文藝 關係는 엇더케 進展될가?」(朝鮮之光 제75호, 1928. 1), 3면.

하면 민중을 질적으로 비약시킬 것이라는 이상론을 내세웠다. 이러한 의견의 대립을 놓고 본다면, 예술운동은 노동자·농민에게 정치적 투쟁의식을 고취시키기 위한 선전·선동을 택하든지, 노동자·농민이 쉽게 이해하고 즐겨 맞이하는 예술을 창작하든지 방향을 정해야만 했다. 두 가지 실천 방법을 놓고 경성 본부 측과 도쿄 지부 측은 또다시 의견의 대립을 보이는데, 구체적인 양상은 김기진과 임화의 논쟁에서 확인할 수 있다.

김기진의 대중화론

김기진은 계급 문단에 새로운 과제로 제기된 예술 대중화 문제를 실제의 창작 방법에서 대중성으로 귀결시켜 놓고자 했다. 김기진은 이미 계급문학의 이념 노선 갈등에서 박영희와 벌인 이른바 '내용·형식 논쟁'에서 형식파로 지목되면서 조직 운동의 선봉에서 밀려났다. 그는 예술 대중화론의 창작적 실천 방안을 새롭게 논의하면서 경성 본부의 주장에 동조하는 입장을 취했다. 그의 주장은 먼저 「통속소설 소고」(조선일보, 1928. 11. 9-11)를 통해 표명되었으며 그 논의의 핵심을 이루는 예술 대중화론의 방향은 「변증적 사실주의」(동아일보, 1929. 2. 25-3. 7)에 이론적 골격이 드러난다. 그는 자신의 논의를 확대하면서 계급소설 양식의 대중성 확보와 프로시가의 대중화를 꾀하기 위한 구체적 실천 방법도 뒤를 이어 발표했다. 물론 이러한 주장의 기본적인 전제로서, 김기진 스스로 계급문학운동을 통한 계급적 예술 양식의 확립을 염두에 두었다는 점도 고려되어야 한다.

> 文藝는 讀書 大衆을 저들의 意識과 趣味로부터 隔離하는 것이 그 任務의 하나이다. 그리하야 이 任務를 遂行하려면 讀書 大衆에게 우리들의 作品이 들어가야만 할 것이 先行要件이다. 그러케 하자면 作品의 普及 配付와 宣傳의 힘도 必要할 것은 勿論이려니와 作品 그 自體가 그들을 쓰으는 힘이 잇서야 할 것은 그보다 더 '勿論'이어야 한다. 그러면 이 힘은 엇더케 하면 생길가? 여긔서 비로소 現存 大衆의 嗜好로 우리들의 作品을 가지고 降下하지 안흐면 안 될 直接 問題가 出發한다. 그들의 嗜好에 조금이라도 迎合되는 點이 업스면 作品이 作品으로서 그들을 쓰으는 힘이란 잇슬 수 업다. 그러면 우리의 作品은 現在의 大衆의 通俗作品에 對한 嗜好를 分析하고 그

것을 取捨하야 우리의 것을 맨들지 아니하면 안 된다. 現象대로의 물건을 맨들면 그것은 單純한 迎合이오, 現象의 追隨에 지나지 안흘 것이다. 그러나 우리의 用意는 이 지경에서 멀리 지나섯다.[125]

김기진은 계급문학의 대중화 방법으로 이른바 '통속소설'을 제시했다. 그는 이것을 '마르크스주의적 통속소설'이라고 규정하기도 했지만, 핵심은 대중성을 기반으로 독자층에 접근하기 위해 대중의 기호를 분석하고 거기서 흥미의 요소를 끌어올 것을 주장한 점이다. 이러한 접근법은 대중에 대한 영합이라는 부르주아적 태도로 비판되었지만 김기진은 금일의 사회에서 온갖 삶의 희비극의 근저에서 동작하는 계급 관계야말로 대중이 갖는 흥미의 핵심이 될 수 있음을 강조했다. 하지만 그는 통속소설이라는 명칭에 대한 부담을 벗어 버리기 위해 자신이 주장하는 예술을 통한 대중에의 접근법을 '변증적 사실주의'라는 특이한 이름으로 포장하고, 통속소설이라는 명칭도 '대중소설'로 바꿨다. 그는 '프롤레타리아 철학에 입각한 변증적 사실주의'를 계급문학이 지향해야 할 일종의 '표현주의'라고 규정했다.

(1) 프로 作家는 첫재 現實 事物을 잇는 그대로 客觀的으로 現實的으로 보는 態度를 가저야 한다. 白을 赤으로 粉飾하고 假裝하는 것은 客觀的 現象을 分析하고 究明하는 프롤레타리아的 態度에 違反된다.
(2) 프로 作家는 事件의 發端과 또는 歸結을 抽象的 原因에서 끌어오지 안하야 하며 抽象的 存在로 끌어다 부치지 안허야 한다. 무슨 까닭이냐 하면 프로 階級의 일을 爲해서 죽음이라도 利用될 수 잇는 事件치고 社會的 因果關係에 잇지 아니한 것이 업는 까닭이다. 一乞人의 殺害騷動에 잇서서도 非但 그 乞人의 個人的 性行에 全 根據가 잇는 것이 아님을 알아야 한다.
(3) 프로 作家는 온갓 事物을 그 靜止의 狀態에서 보지 안코 그 運動의 狀態에서 보아야 하며 그 部分에서만 잇지 안코 全體 中에서 보아야 하며 그 孤立의 狀態에서 보지 안코 全體와의 不可分의 關係에서 보아야

125 八峰, 「通俗小說考: 文藝時代觀斷片(五)」(朝鮮日報, 1928. 11. 14).

하며 또한 그와 가티 描寫하지 안흐면 안 된다. 웨 그러냐 하면, 이것은 프로 階級의 階級한 正確한 推察인 짜닭이다.

(4) 프로 作家는 抽象的 人間性의 描寫에 중심을 두지 안코 物質的 社會生活의 分析·對照·批判에 中心을 두어야 한다. 무슨 짜닭이냐 하면 抽象的 人間이란 存在할 수 업고 物質的 社會生活이 人間性을 左右하는 짜닭이다.

(5) 프로 作家는 題材에 拘礙될 것 업시 自由로 創作하되 貴族資本家, 小市民 等의 生活을 描寫할 때에는 반듯이 그것을 勞動者農民의 生活과의 對照로써 取扱하는 것이 可하다. 웨 그러냐 하면, 이러케 하는 것이 보다 더 效果를 가저올 수 잇는 짜닭이다.

(6) 프로 作家의 描寫 修法은 必然的으로 客觀的·現實的·實在的·具體的이어야 한다. 主觀的·空想的·觀念的·抽象的인 것은 그 근본 태도에 잇서서 이미 拒否하는 바이다. 그러나 必要한 境遇에 잇서서 多少 誇張的 煽情的 文學만을 使用하는 것은 客觀的寫實的 手法에 그다지 影響을 미칠 것이 업다. 오히려 一層 效果的일 것이다.

(7) 프로 作家는 客觀的 態度래야 한대서 超階級的 冷情한 態度를 可하다 함은 아니다. 超階級의 態度가 아니라 프로레타리의 前衛의 態度이어야 한다. 무슨 짜닭이냐 하면, 超階級的 態度란 잇슬 수 업고 現在에 잇어 프롤레타리아의 前衛만이 現實을 客觀的으로 正確하게 그 全體의 중에서 그 發展의 相에서 全體와의 不可分의 關係에 잇서서 把握하는 唯一한 階級인 싸닭이다.

(8) 여긔서 試驗한 規定은 各 句節句節이 반듯이 모다 正當할 것은 아니다. 이것들은 作家에게 잇서서 여러 번 試驗되어 가지고 그 結果에 依하야서 改正되어야 할 것이다.[126]

위의 인용에서 보듯이 김기진이 내세운 계급문학의 대중화 방법으로서 '변증적 사실주의'란 결국 그가 설명했던 통속소설의 방법과 차이를 드러내지 않는다. 수법에 있어서 객관적·현실적·실재적·구체적 방법이란 구태여

126 八峰, 「辨證的寫實主義(八)」(東亞日報, 1929. 3. 7).

'변증적'이라는 용어를 끌어오지 않더라도 사실주의적 방법이 지니는 가장 본질적인 속성에 해당한다.

김기진이 강조하는 예술 대중화론의 핵심은 프로문학의 대중성 획득이다. 그는 대중의 기호에 영합하기 위해 계급문학가들 스스로 작품을 대중의 수준에 맞추지 않으면 안 된다고 주장했다. 보통인의 견문과 지식의 범위, 보통인의 감정과 사상, 보통인의 문장에 대한 취미 등을 고려해서 부귀공명, 애정 갈등, 남녀의 성적 대립, 신구 도덕관의 충돌 등을 놓고, 사건의 근저에 작용한 역사적·사회적·물질적 제 조건의 폭로를 기도함으로 흥미에 초점을 두어야 한다는 것이다.

이러한 주장은 본질적으로 프로예술의 확립과는 거리가 멀다. 특히 소설의 창작 방법 자체에 중대한 약점을 드러내고 있다. 우선 대중이 최독견·이광수류의 소설을 즐겨 읽는 이유를 단지 흥미 유발의 소설 장치의 설정으로 지목한 것이 문제다. 소설에서 사건과 인물을 단지 흥미를 주는 요소로 국한시킨다는 것은 소설 자체의 본질적인 속성을 왜곡하는 것으로 볼 수 있다. 소설에서 인물과 사건은 당대의 구체적 현실을 객관적으로 드러내는 내적 형식의 핵심을 차지하는 것이다.

하지만 김기진은 「대중소설론」(동아일보, 1929. 4. 11-20)을 통해 자신의 주장을 더욱 구체화했다. 그리고 계급소설을 통한 대중에의 접근을 창작의 요건으로 실행해 보고자 하는 의욕을 보였다. 다음 글에는 극도로 악화된 객관적 정세 아래에서 합법적으로 인정받을 수 있는 작품 창작을 통해 계급문학운동을 전개해야 한다는 새로운 접근 방식을 전제하고 있다. 이 같은 방법의 근저에는 예술주의적 태도가 깔려 있는 것처럼 보이기 때문에, 정치투쟁을 위한 대중적 조직을 문제 삼는 도쿄 지부 측의 예술 대중화론과는 그 목표가 본질적으로 다르다고 할 수 있다. 말하자면 김기진은 무지하고 저급한 의식을 지니고 있는 노동자·농민이 향유할 수 있는, 그들의 수중에 적합한 문학의 창작을 요구하는 것을 대중화론의 요체로 내세운 것이다.

> 大衆小說은 누구의 小說인가? 뭇지 안하도 勞働者와 農民의 小說이다. 春香傳, 沈淸傳, 九雲夢, 玉樓夢은 第一 만히 누구에게 닑히어지는 小說인가? 뭇지 안하도 勞働者와 農民에게 닑히어지는 小說이다. (중략) 春香傳, 沈

淸傳, 九雲夢, 玉樓夢은 大衆小說은 大衆小說이다. 그러나 이것들은 現在의 朝鮮의 農民과 勞働者가 가저야 할 小說인가? 決코 그러치 안타! 그럼으로 여긔서 새로히 무엇이 大衆小說이냐? 하는 問題가 닐어나는 것이다.

現在의 朝鮮의 農民과 勞働者에게 春香傳, 沈淸傳, 九雲夢, 玉樓夢 等은 必要치 안타. 무슨 까닭이냐 하면 그것들은 우리들의 農民과 勞働者에게 現實에서 逃避하야 夢幻에 陶醉하게 하며 迷信을 길러 주며 奴隷根性을 붓도다 주며 支配者에 對한 奉仕의 精神과 宿命論的 思想과 封建的 退嬰的 趣味를 培養하는 作用을 하는 까닭이다. 내가 이곳에서 說明할 것도 업시 우리의 農民과 勞働者의 現在의 社會的地位와 生活狀態는 決코 그들로 하야금 그와 가튼 趣味, 思想, 精神에 沈沒하는 것을 許諾하지 안는다. 그런 까닭으로 그러한 有害無益한 大衆小說을 우리들은 排擊하지 안흐면 안 된다. 밧구어 말하면 從來로 刊行된 울긋붉읏한 表紙에 四號活字로 印刷한 이야기冊은 거의 그 全部가 이 意味에 잇서서 大衆小說로서의 價値가 업다는 것이다. 大衆이 닑고 大衆에게 닑히기 爲하야 잇스면서도 그것은 今日의 大衆小說이 아니다. 昔日의 것이다. 今日의 大衆小說은 今日의 勞働者와 農民의 藝術的 要求, 或은 享樂的 要求에 應하면서도 그들을 封建的 退嬰的 趣味와 宿命論的 思想과 支配者에 對한 奉仕의 精神과 奴隷根性과 夢幻의 享樂으로부터 救出하고 그들로 하야금 自己들의 社會的 地位를 自覺하게 하고 現實에 對한 正確한 認識을 갓게 하며 ×××意識을 培養하야 그들로 하야금 世界史의 現段階의 主人公의 任務를 다하도록 끌어올리고 結晶케 하는 作用을 하는 것이라 하야만 한다. 이러한 作用을 하는 小說이 眞正한 意味에 잇서서 現段階의 朝鮮의 農民과 勞働者를 爲한 大衆小說이오 同時에 農民과 勞働者로부터 要求되어야만 할 大衆小說이다. 그럼으로 우리는 여긔서 우리가 가저야 할 大衆小說의 槪念을 다음과 가티 規定하지 안흐면 안 된다.

卽, 大衆小說이란 單純히 大衆의 享樂的 要求를 一時的으로 滿足시키기 爲한 것이 決코 아니오 그들의 享樂的 要求에 應하면서도 그들을 모든 痲醉劑로부터 救出하고 그들로 하야금 世界史의 現段階에 主人公의 任務를 다하도록 끌어올리고 結晶케 하는 作用을 하는 小說이다.[127]

---

127 八峰, 「大衆小說論(二)」(東亞日報, 1929. 4. 15).

김기진은 「대중소설론」이 그동안 논의해 온 통속소설 문제라든지 변증적 사실주의 등으로 이어져 온 자기 주장의 발전임을 강조했다. 김기진은 대중소설을 통속소설과 구분지은 다음 프로대중소설에 대해 논리를 폈다. 그의 주장에 따르면, 통속소설이란 문예적 취미가 고급으로 진보된 특수한 독자를 제외한 보통인에게 읽히기 위한 소설로서 가정 부인과 남녀 학생이 독자의 전부인 관계로 '가정소설'의 별명에 지나지 않는 것이다. 반면에 대중소설은 반드시 노동자·농민을 의미하는 '대중'이 읽고 대중에게 읽히기 위한 소설로서 통속소설의 범주에 들지 않으면서 대중 속에 전파되어 있는 소설을 말하는 것이다. 금일의 대중소설은 단순히 대중의 향락적 요구를 일시적으로 만족시키기 위한 것이 결코 아니고, 그들의 향락적 요구에 응하면서도 대중을 모든 마취제로부터 구출하여 세계사의 현 단계에 주인공의 임무를 다하도록 끌어올리는 소설이라는 것이다. 김기진은 대중소설이 문자 및 기타 상식만을 소유한 교양 정도의 하층에 적합한 것인 반면 본격적인 프로소설은 이외에 문예적 취미와 계급의식을 소유한 교양 정도의 상층에 맞는 것이라고 규정했다.

김기진은 대중소설이 일반적으로 무지한 농민·노동자와 그들의 부녀자를 대상으로 한 것임을 전제하고, 다음과 같은 실제적인 창작 방법을 열거했다.

1. 題材를 勞動者와 農民들의 日常 見聞의 範圍 內에서 取할 일.
2. 物質生活의 不公平과 制度의 不合理로 말미암아 생기는 悲劇을 主要素로 하고서 原因을 明白히 認識하게 할 일.
3. 迷信과 奴隸的 精神, 宿命論的 思想을 가진 까닭으로 現實에서 慘敗하는 悲劇을 보이는 同時에 새로운 希望과 勇氣에 빗나는 씩씩한 人生의 姿態를 보이어 줄 일.
4. 男女·姑婦·父子 間의 新舊 道德觀, 乃至 人生觀의 衝突로 닐어나는 家庭的 風波는 조흔 題目이로되 반듯이 新思想의 勝利로 맨들 일.
5. 貧과 富의 葛藤으로 말미암아 닐어나는 社會的 事件도 조흔 題目이로되 正義로써 最後에 問題를 解決할 일.
6. 男女 間의 戀愛 關係도 勿論 조흔 題目이나 그러나 情事 場面의 頻繁한

描寫는 避할 것이오 될 수 잇는 대로 그 戀愛 關係는 背景이 되든지 或은 中心 骨子가 되든지 하고서 딴 事件을 보다 더 만히 取扱하도록 맨들어야 한다.[128]

위의 내용을 보면 통속소설과 대중소설의 구분은 별다른 의미가 없다. 통속소설의 명칭을 대중소설이라고 바꾸고 독자 대상이 바뀌었다는 점만이 다를 뿐이다. 결국 대중소설이라는 것은 통속소설의 한계를 그대로 포함하고 있다고 볼 수 있다. 김기진은 이 같은 대중소설이 대중 독자에게 무산계급의식을 심어 주는 데 어떠한 역할을 하는지에 대해 다음과 같이 언급했다.

大衆의 意識의 昂揚, 結晶은 一朝一夕에 可能한 것이 아니다. 그 理由를 들건대 그들은 첫재 無智하다, 둘재 鈍感하다, 셋재 長久한 歲月의 艱難辛苦의 經驗은 그들로 하야금 將來에 對한 希望과 勇氣를 痲痹케 하얏다. 要約하야 말하면 그들은 意志의 喪失者다. 넷재 그들은 長久한 歲月을 두고 支配××의 計劃的 手段으로 말미암아 低級한 享樂과 奴隷的 奉仕의 精神의 注入을 바다서 根治하기 困難한 中毒者가 되어 있다. 그럼으로 이와 가티 拇指하고 鈍感한 우에 意識을 喪失한 中毒者들을 治療하고 그들의 意識을 眞正한 無産階級의 意識에까지 끄을어올리고 鬪爭의 精神으로 구더지게 하기 爲하야서는 그들에게는 長久한 侍日을 두고서의 直接的 敎養과 쉬일새 업는 訓鍊이 무엇보다도 緊要하다. (중략) 眞實로 이러함으로 말미암아 大衆小說은 그 '直接的 敎養과 訓鍊'을 기달리어서 그것과 한 가지로 同行함에 잇서서만 所期의 目的을 達할 수 잇는 것이며, 또한 '直接的 敎養과 訓鍊'을 必須條件으로 하고서만 大衆小說의 具體的 問題를 問題 삼는다 할 것 가트면 그것은 盲眼者의 夢想이 아니면 問題를 正堂히 問題 삼지 못하는 俗流의 見解에 지내지 안는다.[129]

---

128 八峰, 「大衆小說論(六)」(東亞日報, 1929. 4. 19).

129 八峰, 「大衆小說論(四)」(東亞日報, 1929. 4. 17).

김기진은 대중 교화의 과제에서 예술이 다만 일부의 역할을 수행할 뿐이라는 사실을 명백히 했다. 그러나 문제는 이 같은 일반적 규정이 아니라, 실천적인 면에서 과연 소설이 대중을 어떻게 교양시키고 훈련할 것인가에 있었다. 김기진은 극도로 곤란한 객관적 정세를 문제 삼아 합법적 테두리에서 문예를 중심으로 한 작품 행동만을 예술운동의 과제로 삼으려 했지만, 당시의 사회적 조건으로 본다면 높은 문맹률과 경제적인 궁핍 등이 문예 자체에 대한 대중의 접근을 불가능하게 했을 가능성이 더 크다고 할 것이다.

그런데 김기진의 대중화론에 대한 비판은 도쿄 지부의 임화[130]에 의해 이루어짐으로써 경성 본부와 도쿄 지부는 대중화론에 대한 접근 태도의 근본적인 차이를 노정하게 된다. 임화는 김기진이 객관적 정세를 내세워 계급 예술운동의 정치적 진출에 유보적 태도를 보인 점에 대해 '치명적 무장 해제의 오류'를 범했다고 비판했다. 그는 객관적 정세 문제나 외부적 탄압에 대해 현실을 솔직하게 파악해 엄숙하고 정연하게 대오를 사수해야 한다는 점을 강조하면서 '적의 예봉을 피하기 위해서 기치를 내리는 것은 퇴각을 위한 퇴각에 불과하다.'라고 밝혔다. 임화의 비판에서 주목해야 할 사실은 김기진의 입장이 상당 부분 우경화한 합법주의에 서서 계급문학의 대중성 문제를 제기하고 있는데, 임화는 좌경적 입장을 고수하고 계급문학의 이념성을 강조한다는 점이다. 이것은 경성 본부와 도쿄 지부의 입장을 그대로 대변하는 것이라고 할 수 있다.

> 藝術運動은 無産階級 運動의 一 分野이다. 그것은 無産階級의 全面的 ××에 잇서서 으래ㅅ동안 繼續할 組織 事業에 參加하되 參加의 形式에 義하야서 大衆의 感覺과 像想과 情感을 通하야서 그들을 封建的·소부르조아的 思想과 趣味의 感染으로부터 隔離하고 그들의 불평불만을 끄집어내고 나아가서는 그들의 투쟁의식을 凝結케 하야 組織에까지 參加하도록 하되 現實에서 어들 수 잇는 條件下에서 이 作品 行動을 끗내 해 나아가는 것을 그 主要 任務로 한다.[131]

130 金基鎭에 대한 林和의 비판은 「濁流에 抗하여」(朝鮮之光 제87호, 1929. 9)가 대표적이며, 그 내용은 林和의 「金基鎭에 答함」(朝鮮之光 제88호, 1929. 11)을 참고할 수 있다.

위의 인용에서 확인할 수 있는 것처럼, 김기진은 대중을 조직하기 위한 교화 임무를 예술운동의 역할로 규정하면서도 '현실에서 얻을 수 있는 조건하에서 취하는 합법적 행동'인 작품 행동만을 강조했다. 그는 붓대를 꺾는 것보다는 할 수 있는 데까지 작품을 만드는 일이 더 중요하다고 했다. 김기진의 입장을 보면서 임화는 예술운동의 특수성을 운운하면서 합법적 영역의 작품 행동에 안주하려는 자기변호적 태도를 고수한다고 생각했다.

실제로 도쿄 지부의 김두용은 임화와 같은 입장에 서서 김기진을 비롯한 경성 본부 전체에 대해 신랄한 비판을 퍼부었다. 김두용은 우선 그간의 예술운동이 관념적이었음을 비판했다. 그는 단순하고 일반적이며 조잡한 마르크스주의와 얼마 안 되는 예술적 재능을 가지고 무산계급운동의 일익을 감당하려고 출발했기 때문에, 보다 더 구체적이고 복잡한 현실의 정치투쟁 과정에 임해서는 자신의 공식을 현실에 맞추거나 현실을 곡해하지 않을 수 없었다고 했다. 이것은 예술운동의 공식주의적 성격을 지적한 것으로 주로 경성 본부를 겨냥한 비판이었다.

> 그들은 觀察에 依하여 푸로레타리아 藝術을 생산하랴고 하엿다. 昨日짜지는 그것으로 通用되엿슬지도 몰으나 今日은 그 限界가 突破되지 안할 수 없다 해야만 한다. 지금은 鬪爭 속에 잇는 勞動者의 激情이 그대로 生氣잇게 作品에 낫타나야 한다. 그리고 여긔에 그 限界를 '突破하지 안하면 안 된다는 것'은 '頭腦 속에서' 하여서는 안 된다. 그것은 歷史의 流動性에서 되는 것이요 해야 한다. (중략) 그것을 朝鮮의 同志들은 안 하엿다. 못한지도 몰은나 事實 運動의 圈外에서 바라보고 있는 生員님들에게는 不可能한 일이다. 그럼으로 그들은 困難한 實踐의 압헤서 安易한 理論을 展開한다.[132]

김두용이 내세운 것은 임화와 마찬가지로 정치투쟁이었다. 그는 참다운 프롤레타리아트의 격정을 짜는 참다운 프롤레타리아트의 예술이 생산되었다 할지라도, 정치적 자유를 빼앗긴 금일에 그것이 얼마나 프롤레타리아

131 金八峰, 「藝術運動에 對하여(三)」(東亞日報, 1929. 9. 22).

132 金斗鎔, 「政治的 視覺에서 본 藝術鬪爭」(無産者 제1호, 1929. 5), 8-9면.

대중의 수중에 펴질지 의문이라고 하면서 '정치투쟁으로 들어가라!'고 역설했다.

> 1. 참으로 푸로레타리아 藝術의 生産이 업는 곳에 藝術運動이 可能하다는 幻想은 端然 벌이지 안하면 안 된다.
> 2. 푸로藝術이 生産되여도 지금의 政治的 不自由 밋헤서는 '工場의 中', '農村의 속'에 注入할 수 잇다고 생각하는 幻想은 벌이지 안하면 안 된다.
> 3. 그러함으로 一般으로 '藝術 鬪爭은 政治 鬪爭의 一部分이다.'는 等의 방만은 벌이지 안하면 안 된다. 眞實히 藝術 鬪爭이 政治 鬪爭의 一部分으로 되랴면 그는 政治 鬪爭의 한가온대에 서지 안하면 안 된다.
>
> 緣故로 우리의 今日의 스로-간은 이러하다. "政治 鬪爭으로 들어가라!" 그래서 藝術의 門을 나오는 것은 藝術의 門으로 들어가는 것이다. 왜냐하면 거기에야 푸로레타리아-트의 生活이 잇스니가.[133]

임화나 김두용이 '정치투쟁으로 들어가라.'고 할 수 있었던 것은 도쿄 지부가 경성 본부와는 다른 운동 조건 속에 놓여 있기 때문에 가능한 것이었다. 요컨대 김기진이 내세우는 '춘향전식' 대중화론의 발상이 임화의 말대로 자체의 기관지도 없이 '부르주아 신문'에 기생하면서 예술운동을 할 수밖에 없었던 상황에서 나온 것이라면, 도쿄 지부의 비합법적 정치투쟁론은 적어도 자체의 기관지를 극도의 곤란을 겪으면서라도 발행할 수 있었고 또한 이것을 대중에게 보급할 수 있었던 상황에 의한 것이다. 다시 말해서 외적 제약, 즉 경성과 도쿄는 탄압의 정도가 달랐다. 물론 경성 본부가 합법적 테두리에서 운동을 전개하려 했던 반면, 도쿄 지부가 비합법주의로 기울어질 수 있던 것은 도쿄 지부가 원래 갖고 있던 '정치적 성향' 때문이었음을 부인할 수 없는 일이다. 실제로 도쿄 지부의 정치적 성격은 도쿄 지부가 ML파 계열의 조선공산당 재건운동과 연계됨으로써 더욱 강화됐다. 이에 따라 도쿄 소장파는 이른바 예술운동의 볼셰비키화론을 전개하며, 예술 대중화 논쟁에서 박영희나 김기진 등 경성 본부에 대해 이론적 우위를 확보하기에 이르렀다.

---

133 金斗用, 「政治的 視覺에서 본 藝術鬪爭」, 12면.

3) 계급문학의 창작 방법 논쟁

계급문학과 창작 방법

계급문학운동에서 창작 방법에 대한 다양한 논의는 계급문학의 성격과 방향에 직접적으로 연결되는 중요한 과제로 인식된 바 있다. 계급문학운동의 초기 단계부터 문학예술의 창작은 계급문학론자들에 의해 현실에 대한 문학예술가들의 실천적 과정으로 간주되어 왔다. 의식 내부에서 일어나는 사변적 과정으로 예술 창작의 신비성을 강조했던 일체의 예술주의적 태도를 거부하면서, 그들은 계급문학운동이 자체의 예술적 형식을 확립하기보다는 사회·정치운동이 지향하는 정치투쟁의 임무를 담당할 수 있어야 한다는 주장을 점차 확대시켰다. 계급문학운동의 이른바 제1차 방향전환(1927)은 예술운동의 정치주의적 경향을 분명하게 내세운 목적의식론에 근거해 이루어진 것인데, 문예의 형상을 통해 대중에게 투쟁의식을 고양하며, 그들을 교화하는 것을 계급문학운동의 지표로 내세웠다.

계급문학운동은 제1차 방향전환 이후 사회적 실천 운동의 개념으로 문예 창작 활동의 방향을 고정시켰으며, 이 무렵 계급문학운동에서 예술성과 정치성의 대립이 드러나기 시작했다. 계급문학운동이 계급문학의 독자적인 형식 요건을 확립하는 데 우선적으로 주력해야 한다는 김기진 등 일부의 주장은 부르주아적 발상으로 매도되었고, 계급적 이데올로기의 확립을 위한 과감한 이론투쟁과 대중투쟁을 주장하는 과격론자들이 조직 운동의 주도권을 장악하게 된다. 결국 1920년대 말부터 계급문학운동은 무산대중에 대한 미래 구현을 목표로 마르크스주의에 입각한 이데올로기와 그 이데올로기에 의거한 세계관에 따라 문학예술을 창작해야 한다는 방법론적 원칙을 고정했다. 특히 예술운동의 볼셰비키화 과정을 통해 프롤레타리아적 전위의 눈으로 현실을 보아야 한다는 계급문학운동 조직의 요구와 함께 문학은 문학인들 개개인의 것이 아니라 '이념의 문학'이 되었고 투쟁적·집단적 요건이 더욱 강화되기에 이르렀다. 계급문학운동의 정치주의 경향은 식민지 지배하에서 민족해방운동의 촉진 방향과 연결되는 실천적인 의미를 지니는 것이지만, 민족사상운동에 조선총독부의 탄압이 가중되고 1931년 조선프로예맹 맹원에 대한 제1차 검거 사건이 일어나면서 조직 운동 자체의 위기를 초래하게 된다. 더구나 이론투쟁이 강화되면서 상대적으로 위축되기 시작한 창작 부분에 대한 반성적 인식과 조선프로예맹의 창작 지도 노선에 대한 반발이 일어난 것이다.

계급문학의 조직 운동 전반에 대한 반성은 임화, 신유인, 송영, 한설야 등에 의해 창작 방법에 대한 비판적인 논의로 이어졌다. 이것은 일제 군국주의의 확대와 함께 객관적 정세의 불리, 조직 운동의 침체 등 현실적인 악조건 속에서 제기된 계급문학운동의 자기비판을 뜻하기도 했다. 제1차 검거 사건 이후 조선프로예맹의 조직을 재건하는 데 앞장섰던 임화는 보다 철저한 계급적 통일과 조직의 단결을 요구하며 반동 문예에 대한 적극적인 비판이 필요하다는 전제로부터 계급문학운동 전반에 대한 반성을 제기했다.[134] 임화는 조선프로예맹이 문학운동의 창조적이고도 독자적인 수행을 위해 구체적인 타개책을 제대로 마련하지 못하고 문학운동에 고식적인 요구만을 되풀이해 왔음을 인정했다. 그러나 그는 객관적인 정세와 현실의 국면으로 볼 때, 계급문학운동가들이 정치적 현실에 대한 무관심과 나태를 극복하도록 적극적인 투쟁 의욕을 더욱 고양해 나갈 것을 권고했다. 그는 좌익적 관념의 고정주의와 문학적 주제의 일률성의 위험을 지적하기도 했지만, 조선프로예맹 내부의 분규, 제1차 검거 사건에 따른 계급문학운동의 사기 저하, 창작의 침체 등에 대한 근본적인 문제점을 대부분 외재적인 요건에서 찾았다. 그렇기 때문에 실제의 창작 방면에서 신유인, 송영, 한설야 등에 의해 제기된 반성론과는 문제 인식의 방향을 달리하는 것이 사실이다.

신유인이 제기한 문학 창작의 고정화에 대한 비판[135]은 계급문학작품이 안고 있는 최대의 결점을 지적함으로써 자기비판의 과감성을 보여 주었다. 그는 권환과 임화의 계급 시와 송영, 한설야, 이기영의 계급 노선이 안고 있는 문제성을 현실적 생명력의 상실로 파악하며 '우리의 문학적 실천은 완전히 개념화하고 발전의 질곡이 되고, 현실과의 심대한 이율배반에 의해 표면의 공허한 포말로서 떠 있다.'라고 비판했다. 작품의 공식적인 유형화, 기

134 林和는 「一九三二年을 當하야」(中央日報, 1932. 1. 1-28)와 「當面情勢의 特質과 藝術運動의 一般的 方向」(朝鮮日報, 1932. 1. 1-13)이라는 두 편의 글을 통해 계급문학운동의 전반적인 경향을 비판적으로 점검하고 있다.

135 申唯仁, 「文藝 創의 固定化에 抗하여」(中央日報, 1931. 12. 1-8).

계론적인 관념의 주입, 현실과 유리되어 버린 주제의 공허성 등에 대한 신유인의 비판은 새로운 계급문학의 출현을 요구하면서 결국 창작 방법에 대한 비판적인 논의의 가능성을 열어 놓았다. 신유인이 제기하는 창작의 고정화에 대한 비판은 논의의 직접적인 대상이 되었던 송영과 한설야에게 긍정적으로 받아들여졌다. 송영은 작가의 입장에서 창작의 실천 방법에 대해 기왕의 문제점과 타개책[136]을 제시한 바 있는데, 신유인이 지적한 계급문학의 약점이 유물변증법적 예술 창작 방법에 대한 이해의 부족과 리얼리즘의 방법적 미확립에 있음을 인정했다. 그렇기 때문에 그는 작가에게 무엇보다 유물론에 입각한 확고한 세계관의 확립을 요구하며, 유물론의 관점에서 대상으로서의 현실을 전체로서 파악할 수 있는 능력이 필요하다고 말했다. 그리고 전체로서의 현실 속에서 살아 있는 인간의 모습을 그려 내는 리얼리즘의 방법과 함께 예술적 형식의 확립을 강조했다. 결국 송영은 유물론적 기초와 리얼리즘의 방법을 동시에 문제 삼는 셈이다.

한설야의 주장은 이와는 방향이 달랐다. 한설야는 변증법적 척도로서 현실의 내재적·필연적·역사적 노선을 있는 그대로 보아야 한다는 전제를 내세우면서도, 계급문학은 언제나 그 주제의 강화와 함께 기교 편중주의의 극복을 위해 노력해야 한다고 주장했다.

> 다음으로 必要한 것은 '主題의 强化'라는 것이다. 卽 作家가 쓰랴는 主題를 向하야 그 强化에 必要한 모든 要素와 事件을 정확히 結集식혀야 한다. 內容—더욱이 主題의 發展 强化 擴大에 必要한 事件의 配置 起承 轉結을 가장 效果的으로 해야 한다는 말이다. 어떤 批評家는 한 個의 作品을 評할 때에 거긔는 資本主義의 야바우도 공장제도의 搾取도 노동자의 生活도 무엇도 무엇도 업다고 自己 知識을 衒學的으로 說明한다. 그것은 마치 焦點 업는 寫眞機와 가튼 批評이다. 짜른 作品 속에 그러한 모든 것을 모다 쓰랴면 한이 업는 것이다. 다만 要는 作家가 낫하내는 所는 主題가 分明히 表現되엿는지 卽 主題를 表現하기 위하야의 必須條件과 部分과 事件을 結集 配置하얏는가에 焦點을 두어야 하는 것이다. (중략)

136 宋影, 「一九三二年의 創作의 實踐 方法」(中央日報, 1932. 1. 3-16).

朝鮮의 大衆은 大部分이 文學的 惠澤에서 除外되고 잇다. 겨우 諺文이나 解讀할 수 잇는 사람이라 치더라도 勿論 어려운 理論은 또는 生疏한 主義는 消化할 수 업다. 創作은 新聞報道가 아닌 同時에 政治 理論나 科學論文도 아니다. 理論은 形像의 語句로 또는 理論을 生活化하야 누구나 알아볼 수 잇도록 平移하게 普遍化 大衆化하여야 한다. 반다시 문을 通하야만 들어가는 것이 아니니까 대중化의 길은 한 가지뿐은 아니겟지만 何如間 平易할수록 作品은 대중화의 機會를 만이 接近할 수 있는 것이다. (중략) 作家는 이론을 生活化 形象化하야 대중에게 消化식히지 안흐면 안 된다.[137]

한설야는 내용의 평이함이야말로 대중화와 보편화의 길이라는 점을 강조했다. 생소한 이론마저도 생활화하고 형상화해야 한다는 것이 그의 생각이다. 이처럼 조선프로예맹의 내부에서 일기 시작한 계급문학운동에 대한 비판적 반성은 조직으로부터의 이탈과 사상적 전향의 위험스런 징후를 보이면서 더욱 문제적인 테마로 확대됐다.

백철은 계급 문단의 조직에 가담한 1932년경부터 조직 내부의 갈등에 관심을 보이면서 창작 방법에 대한 새로운 모색을 시도했다. 그는 창작 방법 문제의 타결만이 계급문학운동의 이론적 모순을 제거하고, 제1차 검거 사건 이후 흔들리기 시작한 조선프로예맹의 재정비를 꾀할 수 있을 것으로 생각해, 맹원들의 작품 분석을 통해 해결 방법을 강구했다. 그가 문제 삼는 창작 방법에 대한 실천적인 추구는 기왕에 거론된 창작 방법 문제에 대한 모든 논의의 수준을 훨씬 능가하는 본격성을 지니고 있다. 백철은 창작 방법을 어디서부터 문제 삼았으며 창작 방법의 핵심 과제를 어디에 두었는지는 다음과 같은 진술에서 확인할 수 있다.

創作 方法 問題에 對하야 우리들은 무엇부터 시작하여야 될 것인가? 創作 方法 문제에 對하야 우리들은 全面的 意味에서 그것을 追求해 갈 수 잇슬 것이다. 그러나 우리들이 의미하는 全面的 追求라는 것은 온갓 形而上學者들이 意味하는 抽象的 槪念的 追求를 意味하는 것이 아니라 具體的으

137 韓雪野, 「辨證法的 寫實主義의 길노(二)」(中央日報, 1932. 1. 18).

로는 언제나 一定한 現實的 部面에서 그 現實과의 密接한 관련 밋헤서 그 問題를 提起하며 追求해 가는 것을 意味하는 것이다.

이러한 意味에서 온갓 생각을 出發식힐 때에 이번에 創作方法 問題에 對하여서도 우리들은 여러 가지 現實 面에서 이 문제에 接近해 갈 수 잇슬 것이다. 그리고 그와 갓치 各角 面에서 그것을 問題삼어 가는 데서만 비로소 이 創作 方法 問題의 實踐的 追求라는 것이 理解될 것이다.

여긔서 우리들이 現 朝鮮 푸로레타리아 藝術運動, 具體的으로 創作運動을 돌아볼 때에 그것이 提示하는 가장 重要한 現實 面이라는 意味로 創作과 階級的 分析이라는 基軸 밋헤서 이 創作 方法을 問題삼어 갈 수 잇는 것이다.

오늘날의 우리들의 創作 行動과 관련하여 생각할 때에 이 階級的 分析이라는 것이 가장 重要한 現實의 한 環節을 提示하고 잇다는 것은 우리들이 온갓 藝術 作品을 對할 때에 階級 社會의 藝術은 언제나 階級的—그리고 無條件으로 階級的—인 것이라는 것을 생각하는 것을 意味할 뿐만 아니라, 오늘날에는 진정한 意味에서 푸로레타리아 作品은 언제나 正當한 明確한 階級的 分折 우에서 製作되여야 한다는 것을 意味한다. (중략) 이 問題를 다시 우리들이 全面的으로 問題삼으면서 잇는 唯物辨證法的 創作 問題와 關聯하야 생각할 때에는 正當한 創作的 方法에 依하야 明確한 푸로레타리아 作品이 製作된다는 말은 무엇보다도 그것이 的確한 具體的 階級分析을 通하야 製作되여야 한다는 것을 의미하는 것이다.[138]

백철이 문제 삼는 창작 방법은 논의 자체가 실천적인 의미를 지닌다. 문예작품의 고정적 주제와 추상적 틀에서 벗어나기 위한 새로운 창작 방법의 요구는 창작의 실천적 과정을 떠나서는 가능하지 않을 것이다. 백철은 계급문학작품의 근본적인 요건으로서 정당한 계급적 분석이 작품 창작의 선결 과제임을 분명히 했다. 여기서 말하는 계급적 분석이란 우선적으로 계급 구분의 형식 논리를 극복하고 사회 발전의 본질을 계급적으로 파악할 것을 요구했다. 다시 말하면 프롤레타리아의 입장에서 다양한 사회 변화와 사물의 모든 관계 양상을 유물변증법적으로 파악해야 한다는 것이다. 이러한 전

138 白鐵, 「創作 方法 問題」(朝鮮日報, 1932. 3. 6-9).

제에 입각해, 모든 문학작품의 창작은 정확한 프롤레타리아의 관점에서 살아 있는 혁명적인 중심 주제를 포착하는 데 그 목표를 두어야 했다. 작품 내용의 고정적인 틀을 벗어나기 위해서 소재의 영역을 계급투쟁과 혁명에 관계되는 것에만 국한시켜서도 안 됐다. 오히려 작품 소재의 폭을 넓혀 현실의 복잡성과 다양성을 자유롭게 포괄해야만 고도의 문학성을 획득할 수 있다. 그리고 작품의 대상이 되는 인간과 사물 또한 일정한 계급 조건에 얽혀 있고 일정한 사회 속에서 구체적으로 생활하는 인간으로 취급되어야 하며, 그 발전의 방향이 전체 생활 속에서 인식될 수 있도록 고려되어야 했다.

백철이 주장하는 창작 방법의 원칙은 계급적 분석이라는 작가 세계관의 기초를 문제 삼기 때문에 이념적 성향이 강조될 수 있지만, 대상에 대한 리얼리즘적 접근이 방법론의 차원에서 더욱 중시된다. 이러한 특징은 그가 부정적인 평가를 내렸던 『카프 시인집』에 대한 실천적인 비평 작업에서 그대로 드러난다. 『카프 시인집』은 조선프로예맹 문학부에서 펴낸 1931년판 시화집이다. 김창술, 권환, 임화, 박세영, 안막 5인의 시 20편을 수록한 소규모 시집이지만, 당시 계급 문단의 상황으로 보아서는 매우 중요한 두 가지 의도를 담고 있다. 하나는 계급문학운동이 창작 방면에 소홀했다는 비판을 면하기 위한 대응책으로 시화집이 간행된 점을 생각할 수 있다. 계급 문단에서 이념투쟁과 조직 운동에 주력하기 시작하면서 실제의 창작 활동이 위축되었던 것도 사실인데, 이에 대한 반성과 함께 이 시집의 간행이 이루어진 것으로 보인다. 또 다른 의도는 계급 문단의 대열 정비와도 연관된다. 계급문학운동의 제2차 방향전환을 주도한 소장파 문인들이 이 시화집의 중심 인물들이라는 점을 생각한다면, 조선프로예맹의 기존 내부 세력의 소장파에 대한 반발, 제1차 검거 사건으로 불리고 있는 조선프로예맹 맹원들에 대한 검거와 탄압 등으로 이어진 조직의 위기를 어떠한 방식으로든지 극복해야만 했으리라는 것은 당연한 일이다. 『카프 시인집』은 말하자면 대내외적인 계급 문단의 위기를 극복해 나아가기 위한 노력으로 이루어진 것이다. 그렇기 때문에 제1차 검거 사건에서 투옥당했던 문인들이 출옥하면서 만들어 낸 이 사화집이 고통 가운데 맺은 결실로 당시 문단의 주목[139]을 받았던 것도 사실이다.

139 『카프 시인집』에 대한 긍정적인 평가는 李箕永, 「文藝時感」(中央日報, 1931. 12. 14)과 金

그럼에도 백철은 『카프 시인집』의 문학적 성과를 부정했다. 그 이유는 이 시집에 수록된 시들이 진정한 계급 분석의 입장에서 쓰여지지 못했다는 것이었다. 그리고 현실 생활을 계급적 실천이라는 차원에서 제대로 파악하지 못하며, 무산대중의 일상을 계급 분석을 통해 구체화시키지 못했다는 지적도 나왔다. 백철의 비판은 시집의 작품들이 가지는 주제의 추상성과 묘사의 단편성을 지적함으로써 설득력을 얻었다. 그리고 다음과 같은 제안은 창작 방법론의 핵심 과제를 명확하게 제시했다.

> 現 朝鮮의 프롤레타리아예술운동이 特히 技術로 보아서 그리 高等한 水準에 노여 잇지 못하다는 것은 的確히 自己를 通하여 認識해야 할 事實인 것이다.
>
> 朝鮮의 藝術運動은 實際的 義意에서 朝鮮 現今의 階級××의 速度에 比하야 넘우나 遲延되여 잇는 이 階級에서 可及的으로 二步을 前進해야 하겟다. 그리고 그것은 藝術 領域에서의 唯物 辨證法的 創作 方法을 體驗하는 대서만 企得될 수 課題인 것이다. 여긔에서도 우리들이 意味하는 叭物 辯證法的 創作 方法 獲得은 파제에—프도 指摘하고 잇는 것과 가티 '한 册의 書籍와 學校的 工夫의 結果로서 解決되는 것이 아니다. 이 課題는 大衆의 日常的 ××的 實踐과의 緊密한 關聯에서만 解決될 수 있다.'
>
> 이러한 正當한 指示는 朝鮮의 프로레타리아 예술운동에 限하야는 一層 堅切히 自覺하는 것이 잇서야 할 것이다. (중략) 우리의 當面 課題인 唯物 辨證法的 創作 方法 問題를 實踐的으로 體得하기 爲하야 우리들의 任務는 重大且固難한 것이다. 첫재 우리들은 個人的 沈默 行動에서 一定한 合目的性을 認識해야 한다는 實踐에 對한 完全한 現實却脫主義를 可及的으로 速히 淸算하고 硏究에 對한 組織的 行動(카프 內의 硏究會, 大衆과의 懇談會 等), 文學 써-클, 勞農通信에 對한 組織的 行動 等에 對하여 엇더한 畧을 不拘하고 一定한 合法性을—어더야 할 것이다.[140]

岸曙, 「新刊紹介」(東光 제30호, 1932. 2) 등에서 이루어진다.

140 白鐵, 「創作 方法 問題: 階級的 分析과 詩의 創作(完)」(朝鮮日報, 1932. 3. 20).

백철의 주장은 계급문학운동이 당면한 두 가지 과제를 동시에 포괄하고자 하는 의욕을 보여 준다. 하나는 계급문학운동 내부에서 일어나는 창작 방법에 대한 비판적 논의를 유물변증법적인 창작 방법으로 정리하고자 하는 것이며, 다른 하나는 조직 운동의 강화를 통해 계급문학운동의 실천성을 확고히 하는 것이었다. 창작 방법 문제에 대한 백철의 견해는 실천적인 것이 특징이다. 앞에서도 검토한 바와 같이 백철은 대상에 대한 계급적 분석이 전제되지 않고는 창작의 성과를 기대하기 어렵다는 주장을 내세운 바 있다. 그렇기 때문에 그는 창작 방법 문제를 이론적으로 제기해 토론하는 작업도 중요하지만, 유물변증법적 창작 방법에 대한 모든 논의를 문학의 프로그램으로 상정한 이상, 실제의 창작 과정에서 그것을 구현하는 작업이 필요하다고 역설했다. 그에 따르면 창작 방법은 평범하고 무력한 논란으로 타결될 수 없고 그렇다고 이론에 대한 서재적 탐구로 해결될 수 있는 것도 아니다. 오히려 직접적인 현실 생활에 직면해 대중과 함께 투쟁하는 가운데 체득될 수 있는 것이므로, 실천적 구체성을 생각하지 않는 논의란 아무런 의미가 없다는 것이다. 더구나 백철은 계급문학운동의 활성화를 위해 조직 운동에 대한 새로운 반성도 함께 제안했다. 국제적으로 가장 불리한 상황에서 이루어지고 있는 계급문학운동이 외부 정세의 악화로 더욱 곤경에 처해 있음을 인정하면서도, 백철은 동맹 기관의 불완전한 조직 형태, 대중적 기초의 결여, 노동자·농민 현장에서의 연계적 활동 부족 등을 조직 내부의 문제로 지적했다. 이를 극복하기 위해 백철은 노동자·농민대중과 함께할 수 있는 문학적 실천 작업의 길을 모색하는데, 그것이 바로 조직 활동의 회복과 계급문학운동 자체의 활성화를 기할 수 있는 길이라고 주장했다.

유물변증법적 창작 방법

백철은 계급문학의 발전을 위해 변증법적 유물론에 입각한 창작 방법의 실천적 요구를 강조했다. 그리고 작가 의식의 혁신이라는 것이 자기의 예술적 실천에 의거하지 않을 경우 변증법적 유물론 자체만 가지고 전혀 가능하지 않음을 지적했다. 그렇기 때문에 백철은 변증법적 유물론을 졸업하지 않고는 이념적으로 무가치한 작품을 쓸 수밖에 없다는 기계주의적 입장을 거부했다. 그리고 현실에 대한 예술가의 창작적 실천이 무엇인가를 명확하게 제시하지 못한 채 반복적으로 이념의 강요에만 치중해 온 기왕의 논의를 비판했다. 그는 객관적 현실 자체가 창작에 주는 작용과 영향을 주목하며, 현실의 모든 문제와 사물의 다양한 관계를 유물변증법적으로 파악하기 위해 계급적 분석이라는 나름의 새로운 방안을 제시했다.

이러한 백철의 주장이 평단에서 구체적으로 다시 개진될 수 있는 기회를 맞이한 때는 유물변증법적 창작 방법에 대한 새로운 대안으로 사회주의 리얼리즘이 소련에서부터 논의되기 시작한 때와 같다.

> 요즘의 신임될 만한 뉴스에 의하면, 소비에트 러시아에서는 全소비에트 作家同盟 조직위원회 제1회 총회에서 지금까지 정당한 創作 슬로간으로서 사용되어 오던 '創作에 있어 唯物辨證法的 方法의 ××를 위하여'가 非正當한 창작 슬로간으로 訂正되고 새로이 '社會主義的 리얼리즘으로!' 라는 슬로간이 主唱되게 된 모양이다.
>
> 적지 아니한 시일 동안 다만 소비에트 러시아뿐이 아니라 전국제적 의의에서 정당한 創作 슬로간으로 적용되던 唯物辨證法的 創作 方法이 一旦에 비정당한 것으로 정정되고 새로운 슬로간으로 급전되는 사실에 대하여 여기서 우리들은 즉석으로 態度를 결정지을 수는 없는 일이다. 그중에도 조선의 우리들과 같이 唯物辨證法的 創作方法을 理論的 活動에서나 더군다나 創作過程으로서 그것을 구현하는 행동으로서는 아직 비교적이라도 충실한 적용을 시행지 못한 경우에 처한 사람들로서는 唯物辨證法的 創作 方法인가 社會主義 리얼리즘인가 그렇지 않으면 전에 사용하던 프롤레타리아 리얼리즘인가에 대하여 주저를 느끼지 않을 수 없다.[141]

백철의 견해는 유물변증법적 창작 방법의 실천을 요구했던 계급 문단으로 보아서는 당연한 것이라고 할 수 있다. 하지만 백철은 소련에서 이루어진 유물변증법적 창작 방법에서 사회주의 리얼리즘으로의 전환이 본질적인 방법론의 변화라고 생각하지는 않았다. 유물변증법적 창작 방법이 비록 이념적 고정성에 얽매여 있었다 하더라도 근본적인 면에서 그 방향의 정당

141 白鐵, 「文藝時評」(中央日報, 1933. 3. 2).

성을 거부할 수 없다는 것이다. 그는 유물변증법적 창작 방법이 기왕의 창작 영역에서 보여 왔던 오류를 지적하면서도, 새롭게 내세워지고 있는 사회주의 리얼리즘이라는 창작 슬로건의 명칭에 대해 거부적인 자세를 나타냈다. 모든 사회가 사회주의적으로 건설되고 있는 소련에서는 사회주의 리얼리즘의 정당성을 인정할 수 있을지 모르지만, 여타의 다른 국가에서 유물변증법적 창작 방법은 더욱 심각하게 논의되어야 할 과제라고 생각했기 때문이다.

백철이 파악하는 유물변증법적 창작 방법의 문제성은 유물변증법적 창작 방법이 논의된 과정을 통해 자연스럽게 드러났다. 원래 러시아혁명을 전후해 계급문학운동에서 내건 창작 슬로건은 프롤레타리아 리얼리즘이었다. 부르주아 리얼리즘의 안티테제로서 제기된 프롤레타리아 리얼리즘은 레닌 이전까지 마르크스주의 예술 이론의 정통파로 인식된 게오르기 발렌티노비치 플레하노프(G. V. Plekhanov)와 아나토리 바실리예비치 루나차르스키(A. V. Lunacharskii) 등의 예술에 대한 견해로 집약된다. 모든 문학은 시대의 반영이라는 플레하노프[142]의 명제는 문학적 개체성에 대한 거부로 유명하거니와, 모든 예술작품이 사회관계로부터 기연된 현상이거나 그 산물이라는 소박한 반영론의 기반을 이룬다. 그러나 플레하노프는 그의 주장 자체에서 엿볼 수 있는 비타협적인 사회 지향적 경향에도, 예술과 문학을 정치와 연결하는 것을 반대했다. 따라서 미학이 예술에 어떤 규칙이나 법례를 추종하라는 명령을 할 수 없다는 그의 주장이 당의 정책에 문학예술의 봉사를 거부하는 것처럼 보이는 것도 당연한 일이다. 그렇기 때문에 표도르 바실리예비치 글랏코프(F. V. Gladkov)와 유리 리베딘스키(Y. Libedinsky) 등에 의해 성취된 프롤레타리아 리얼리즘의 문학적 성과에도, 소련 사회가 당의 노력을 촉진하지 않는 문학 활동은 어떠한 것도 용납할 수 없는 단계에 이르자 플레하노프의 관점은 멘셰비키적 관념론으로 배척됐다.

프롤레타리아 리얼리즘이라는 창작의 슬로건이 리얼리즘에 있어서 유물변증법적 방법(dialectical materialist method in realism)으로 전환된 것은 1920년대에 소련의 당 지도권 투쟁과 그에 따라 변화될 수밖에 없었던 지배

---

142 Peter Demetz, *Marx Engels and the Poets*, translated by J. L. Sammons(The University of Chicago Press, 1967), pp. 189-198.

세력의 역사와 평행 관계[143]를 이룬다. 혁명 이후 러시아의 문학예술은 표현 형태의 변혁과 프롤레타리아적 성격을 분명하게 드러냈으며, 혁명의 열기가 식어 가면서 점차 정치적 규제가 엄격하게 시행되기에 이르렀다. 문학에 대한 규제의 원칙은 1925년 볼셰비키 당 중앙위원회가 채택한 '상상적 문학에 관한 당 정책에 관하여'라는 결의를 통해 이루어졌다. 이 결의 속에서 새로운 사회주의 문학의 창조를 강조하게 되고, 문학은 혁명운동의 안내자로 봉사할 것을 요구받게 된다. 이러한 주장은 레닌의 유명한 논문 「당 조직과 당의 문학에 관하여」(1905)에서 이미 그 골격이 만들어진 것인데 러시아프롤레타리아작가동맹(RAPF)이 교조적이고도 선동적인 정치투쟁을 문학의 영역에 그대로 적용시킨 것이다. 이들에 의해 주장된 견해는 플레하노프적인 문학관을 청산하고, 문학의 사회·정치적 기능을 강조하는 방향으로 고정되고 있었기 때문에, 마르크스주의 미학 자체가 교조주의적인 속성과 선전을 위한 기술처럼 인식될 수밖에 없는 통제된 문화생활의 기반을 만들게 된다. 그리고 사회 현실에 대한 민중의 의식을 깨우치고 유지하고 고양시키기 위해 문학은 당의 조직적 차원에서 기능할 수밖에 없게 된다. 리얼리즘에 있어서 유물변증법적 창작 방법은 바로 이러한 문학의 기능을 목표로 하여 제기된 것이다. 그런데 모든 작가를 당의 조직에 복종시켜 변증법적 유물론의 주입을 강요하게 되자, 작가는 무엇보다 먼저 마르크스주의자로서 작가 의식의 혁신을 꾀해야만 했고 유물변증법적 세계관에 입각해 창작에 임할 때 작품 속에 비로소 이념적 체계가 반영될 수 있다는 점을 믿지 않으면 안 되었던 것이다.

러시아 프롤레타리아작가동맹은 이 같은 과정을 거쳐 당의 공식적인 지지를 받는 미학적 견해를 대변하게 되자, 작가에 대한 이념적 교육을 내세워 문학계를 장악했다. 그들은 자신들의 견해와 대립되는 모든 다른 기관이나 단체를 무너뜨리면서 문화적 통치력을 강화했는데, 그것은 곧 레닌의 뒤를 이은 스탈린의 권력 강화를 의미하는 것이었다. 그러나 러시아 프롤레타리아작가동맹의 독재권은 당 자체의 권위마저 무색케 함으로써 당과의 마찰

143 Edward J. Brown, *Russian Literature since the Revolution* (Harvard University Press, 1982), p. 15.

을 드러냈다. 1932년 당의 압력에 의해 러시아 프롤레타리아작가동맹이 해체된 것은 스탈린의 권력 체제가 안정되고 있었음에도 이 단체가 당의 기대에 미치지 못하고 있다는 판단에 의해서였다. 당시 러시아에서는 당의 민정을 받고 있던 러시아 프롤레타리아작가동맹 소속 문학인들이 점차 문학적 공헌을 인정받지 못하고 대중으로부터 멀어지고 있었으며, 혁신적 이념과 혁명적 주제보다는 러시아 문학의 전통에 대한 새로운 인식과 함께 과거 전통과의 접맥이 요구된 바 있다. 그렇기 때문에 혁명 사업의 성공적인 정착과 함께 사회주의 문화에 대한 재해석이 당면 과제로 제기될 수밖에 없었다. 이러한 상황에서 당은 러시아 프롤레타리아작가동맹을 해체시키면서 문화의 황폐에 대한 책임도 전가시켜 버렸다. 그리고 사회주의 국가 건설에 대한 낙관적 희망을 불어넣고 모든 문학에 대한 새로운 사회주의적 성격을 요구하기 위해, 과거의 유물변증법적 창작 방법을 비판하게 된다. 사회주의 리얼리즘이라는 새로운 용어가 리얼리즘의 재해석된 개념을 안고 1932년부터 문단의 관심사가 된 것은 바로 이러한 연유 때문인데, 이것은 창작 방법의 새로운 전환[144]을 의미하는 것이라고 할 수 있다. 소련에서 이루어진 이러한 창작 방법의 전환과 당위성을 놓고 백철은 이를 적극적으로 인정하고 수용하기보다는 유물변증법적 창작 방법에서 문제시되어야 할 요건을 오히려 다시 문제 삼고자 했다.

> 唯物辨證法이란 것은 어디까지든지 세계관에 속하는 태도와 각도 문제이다. 그리고 이상에서도 보아 온 바와 같이 세계관은 직접 주제와 관련되는 동시에 創作過程 그것에 작용되는 것이다. 하나 그렇다고 하여 세계관 그것을 창작 방법 그것에 代用할 수는 없는 일이다. 세계관과 창작 방법은 서로 밀접한 관련을 가지고 있는 동시에 亦是 확연히 구별되는 문제다.
>
> 일찍 소비에트에서 그리고 藏原惟人에 의하여 역설한 세계관과 주제 문제는 창작과정의 일부에 속하는 문제요, 결코 그 전부가 아니다. 세계관

144 이 글에서 개진된 사회주의 리얼리즘의 성립 과정에 대해서는 C. Vaughan James, *Soviet Socialist Realism*(Macmillan, 1973), pp. 38-84; George Bisztray, *Marxist Models of Literary Realism*(Columbia University Press, 1978), pp. 39-44 참조.

과 주제 문제를 제외하고도 창작과정에는 아직도 加算해야 할 적지 않은 것이 남게 된다. 그리고 그 남는 부분이 도리어 창작과정으로는 결정적 의의를 갖게 되는 경우가 대부분이다. 왜 그러냐 하면 아무리 훌륭한 세계관과 ××的 主題가 있다고 하여도 그것이 예술적으로 具象化되기 전에는 그것을 창작이라고는 할 수 없으니까. 그리고 그것은 요즘 藏原惟人이 설명하고 있는 바와 같이 소위 唯物辨證法的 創作方法이라는 여러 가지 旣定 拘束條件에서 擬古典的으로 모방되는 것이 아니고 자연과 현실 그것에서 직접 배우게 되는 것이다. 그것은 세계관과 주제와 확연히 구별하여 생각할 주로 예술 창작 방법 그것에 속하는 문제다. 그러므로 그것을 어디까지든지 세계관에 속하는 유물변증법으로 대치하려는 것은 不可한 것이 아니면 아니 된다.[145]

백철은 위의 인용에 명확하게 드러나 있는 바와 같이 유물변증법적 창작 방법에서 볼 수 있는 도식주의적인 이념 주입을 반대하는 입장에 있었다. 백철의 주장을 보면, 유물변증법적 창작 방법은 작가에 대한 유물변증법적 세계관의 요구로 대치되지 않는다. 방법이란 것이 곧 실제에 있어서의 세계관과 동일한 것이라는 도식은 공식주의자들에 의해 주장된 바 있으나, 백철은 이것을 불가한 일이라고 밝혔다. 그에 따르면 창작 방법은 역사 발전의 전체적 경향을 바르게 파악하면서 현실의 다양한 움직임을 긴밀하게 고찰하고 그것을 진실하게 묘사하는 창작적 실천을 전제하는 것이다. 그러므로 방법은 주어진 이데올로기의 영역에 적합한 세계관에 대한 독자적인 긍정일 수는 있지만, 세계관과 동일한 것으로 취급될 수 없다. 세계관과 창작 방법의 관계는 서로 모순될 수도 있으나 양자 사이의 변증법적 통일을 목표로 하지 않으면 안 된다. 계급적 세계관은 예술적 실천을 통해서 새로이 형성되고 변화하는 살아 있는 의식 체계인데 여기에 근거해 현실을 정확하게 묘사하는 것이 창작 방법의 근본 조건이다. 창작에 있어서 대상에 대한 진실한 묘사와 현실적인 접근만이 올바른 세계관의 확립을 가능하게 할 수 있음은 물론이다.

그런데 세계관과 창작 방법의 상호 관계에 대한 새로운 인식을 보여

---

145 白鐵, 「文藝時評」(中央日報, 1933. 3. 8).

주는 백철의 태도는 유물변증법적 창작 방법의 공식주의적 해석을 거부하는 입장에 서 있음을 말해 주는 근거가 된다. 백철은 유물변증법적 창작 방법에서 우선적으로 강조되어 왔던 세계관의 확립 문제보다는 방법 자체의 실천적 추구를 내세움으로써 이념 지향의 공식성에서 일단 비껴 나고 있음을 볼 수 있다. 그러나 계급문학의 창작 방법에서 가장 중요시되었던 이념성을 어떻게 리얼리즘의 표현 방식으로 전환시킬 수 있는가 하는 것이 새로운 쟁점으로 확대될 수밖에 없었던 것이다. 백철에 대한 비판이 계급 문단에서 제기된 것을 보면, 모두가 백철의 계급적 입장과 계급문학 논리의 불투명성에 대해 지적하며 우익적 편향에 대한 우려를 표명했다. 특히 임화는 백철의 국내 문학 활동이 조직 운동을 통한 훈련으로 이루어지지 못한 점을 지적하며, 조선의 정치·경제적 제반 조건에 대한 인식의 부족을 문제 삼았다. 조선프로예맹의 강경파적 입장에서 본다면, 백철이 예술 창작에 있어서 방법의 문제를 중시하면서 정치적 이념에 무관심한 것처럼 생각될 수 있음은 당연한 일이지만, 변증법적 창작 방법에서 사회주의 리얼리즘으로 이어지는 창작 방법의 전환기적 단계를 깊게 검토하지 못하는 강경파의 초조감을 동시에 보여 주고 있었음을 알아야 한다.

4) 사회주의 리얼리즘론

계급문학과 인간 묘사

계급문학의 창작 방법에 대한 백철의 비평적 관심이 독자적인 성격을 갖추게 된 것은 바로 그가 주장한 '인간 묘사론' 또는 '인간 탐구론'을 통해 확인할 수 있다. 백철에 의해 제시된 계급문학의 인간 묘사 문제[146]는 계급문학의 예술적 지위를 결정하는 중요한 위치에 놓여 있다. 이 문제는 문학의 현대적 성격까지도 '인간 묘사 시대'라고 규정할 수 있을 정도로 폭넓은 관심을 모으고 있는 쟁점이다. 백철은 사회주의 리얼리즘이라는 명칭의 부적합성을 문제 삼으면서 사회주의 리얼리즘이라는 것이 우리 현실과 같은 특수 상

146 白鐵, 「文壇時評 人間 描寫 時代」(朝鮮日報, 1933. 8. 29-9. 1).

황에 적용되기 어려운 것이 아닌가 우려한 바 있다. 그러면서도 그는 시대의 문학적 과제로서 인간 묘사 문제를 수행해 나아갈 수 있는 문학은 오직 프로문학뿐임을 강조했다. 프로문학만이 현대의 진실된 인간 유형을 발견하고 묘사할 수 있다는 것이다.

백철의 인간 묘사론은 현대문학의 두 조류라고 할 수 있는 부르주아문학과 프롤레타리아문학이 지향하는 인간 묘사의 방법을 비교하는 데서 구체적인 논의의 전개[147]가 이루어진다. 백철은 현대의 부르주아문학이 신심리주의 경향에 휩싸여 전체로서 인간을 보여 주지 못하고 내면적 심리에 편중된 인간의 단면을 제시할 뿐이라고 비판했다. 부르주아문학에서 그려 내는 부분적이며 단편적인 인간은 이미 해체되고 미물화한 것이므로 실제 현실에서 살아가는 진실한 인간과는 관계가 없으며, 바로 이러한 인간의 왜곡이 부르주아문학의 붕괴를 가져오게 된다는 것이다. 그렇기 때문에 위대한 문학은 현실에서 행동하는 '산 인간'의 모습을 정확하게 묘사해야 한다는 것이 백철의 주장이다.

그런데 이러한 부르주아문학에 대한 비판과 함께 백철은 계급문학이 이데올로기의 도구로서 인간을 기계적으로 고정화시켜 온 점도 지적했다. 그는 당시 계급 문단에서 논의되고 있는 창작 방법 문제에 대한 반성론을 상기하면서 인간의 문제를 현실과의 관계 속에서 구체적으로 파악하지 못할 경우 공식화된 인간형만을 산출할 수밖에 없음을 분명히 밝혔다. 백철의 인간 묘사론은 결국 부르주아문학의 단편성을 비판하고, 계급문학의 형상적 서술성을 무시한 기계적 고정화를 극복하고자 하는 데서 출발했다. 그는 시대성과 역사성을 띤 인간, 무엇보다도 경향적으로 묘사된 인간을 작품을 통해 구현해야 한다고 주장하는데, 바로 그러한 인간 묘사 방법을 사회주의 리얼리즘의 방법으로 간주하고 있음을 보게 된다.

> 모든 新心理主義 文學派에서 主恨하고 잇는 心理主義的 '리알리즘'이란 그들이 엇던 意味에서 그것을 合理化시킴에 不拘하고 '人間'을 全面에서 統

---

147 白鐵, 「두 가지의 創作方法 文藝時評(上): 心理的 '리앨리즘'과 社會的 '리앨리즘'」(朝鮮日報, 1933. 9. 16).

一的으로 問題하지 못하고 人間을 社會的 實踐에서 分離시키고 個人的 心理 가운데 孤立시키는 現實 逃避의 文學的 手法 이외의 아무것도 아니다. 創作方法에 잇서 社會主義的 '리알리즘'은 前者와는 온갖 意味에서 對立的 性格과 內容을 가지고 잇다.

社會主義的 '리알리즘'은 몬저 過去의 創作 方法 '스로―간'이든 唯物辯證法的 創作 方法의 關係와 順序를 逆倒시켜스며 唯物論的 方法을 創作 方法을 硏究하는 指導의 실絲로 삼지 안코 곳게 創作의 諸 問題를 裁斷하는 紙型으로 삼엇다는 것, 即 '와시리곱흐시키―'的 表現에 依하면 '이 問題를 발足 우에 두지 안코, 머리 우에 올녀 노앗다.'는 것을 自己批判한다. 唯物辯證法的으로 創作하라는 '쓰로―간'은 '百萬의 大衆에 接近시킬 수 잇는 藝術의 形象的 叙述性'을 無視하얏다. 藝術! 그것은 形象을 비른 思惟라는 것을 理解하지 못하얏다. 지금 通하야 考察하는 데서 八月의 創作評에 代하려고 한다.[148]

위의 인용에서 사회주의 리얼리즘에 대한 백철의 인식 수준이 어느 정도인지를 명확하게 파악하기는 어렵다. 그러나 인간 묘사 문제를 사회주의 리얼리즘과 직결시켜 놓는 그의 주장 속에 다음과 같은 몇 가지 문제점이 노출된다.

백철이 주장하는 사회주의 리얼리즘의 방법은 소련에서 사회주의 리얼리즘이 공식적인 문학의 슬로건으로 채택되기 직전에 단편적으로 제기되었던 '산 인간'의 묘사[149]에 관심이 집중되어 있다. 1932년에 그 미학적 개념이 규정되고, 1934년 제1차 소비에트 작가대회에서 공식화된 사회주의 리얼리즘은 당의 정책에 따라 문학예술에 있어서 당성의 확장을 꾀하고자 하는 시도에서 이루어진 개념이다. 사회주의 조건 아래에서 리얼리즘의 방법을 문제 삼는 사회주의 리얼리즘은 혁명적 발전에 대한 낭만적 전망과 현실에 대한 사실적 서술이 어떻게 조화를 이룰 수 있는가에 관건이 주어지기 마련이다. 사회주의 혁명을 위한 현실적 투쟁이 바로 리얼리즘의 현실적인 토대가

148 白鐵, 「두 가지의 創作方法 文藝時評(上): 心理的 '리앨리즘'과 社會的 '리앨리즘'」.

149 M. Gorky, *On Literature*(The University of Washington Press, 1973), p. 264.

된다. 다시 말하면, 리얼리즘이라는 용어의 정당성은 사회주의가 실현되는 구체적 조건들이 표현될 경우에 인정된다고 할 것이다. 그러므로 사회주의 리얼리즘은 마르크스주의 세계관의 토대 위에서 미래를 결정짓는 요소들을 현재에서 발견하고 이를 선택해 예술적으로 형상화하는 데 일차적인 방법론상의 의의[150]가 주어진다. 물론 여기서 현실 묘사는 당연히 역사 발전의 방향을 안내하는 역할을 해야 한다. 이때 현재 속에서 볼 수 있는 미래에 대한 전망은 전형성이라는 중심 범주를 통해 형상화된다. 전형성이란 현재 속에서 살아 움직이는 미래를 가장 잘 보여 줄 수 있는 성과와 경향을 의미하며, 전형화의 방법은 언제나 가장 구체적이고도 개체화된 모습으로 역사 발전의 보편적인 법칙을 제시하는 것이기 때문에 객관적 진리를 목표로 하는 예술적 일반화의 방식과도 통한다.

그런데 이러한 요건의 타당성을 인정하더라도 사회주의 리얼리즘은 사회주의적 전망에 대한 형상화를 목표로 하기 때문에 예술적 활동을 협소하게 제약한다. 그리고 전형적 성격이라는 것도 긍정적 영웅으로 인물을 고정시키거나 도식화할 위험이 적지 않다. 사회주의 리얼리즘이 존재하는 것을 서술하지 않고 존재해야 하는 것만을 서술한다는 비판을 받는 것도 이 때문이다. 사회주의 리얼리즘의 개념과 기본적인 요건을 볼 때, 인간 묘사란 사회주의 리얼리즘의 예술적 형상화에 관련된 실천적인 과제의 하나였다. 사회주의 리얼리즘의 예술적 형상화 과정은 개인적인 것에 대한 사회적인 것의 우위로부터 둘 사이의 변증법적 통합으로 이루어진다. 인간 묘사란 사회적인 것과 개인적인 것의 통합 과정에서 제기될 수밖에 없는 개성에 대한 관심을 말한다. 그러므로 사회주의 리얼리즘에서의 인간 묘사는 사회생활이나 계급투쟁에 있어서 주인공 행위의 확고성·창의성·견실성 등에 대한 관심을 바탕으로 이루어져야만 한다. 그리고 노동이나 사회주의를 위한 계급투쟁을 보고, 집단에서의 지위와 역할을 고려하면서 사회주의적인 인간을 묘사하는 데 주력해야 하는 것이다.

사회주의 리얼리즘이 예술적 형상화의 방법으로 인간의 사회적 관계에 대한 연구를 제기한다는 사실을 전제할 경우, 백철의 인간 묘사론은 사회

---

150 C. Vaughan James, *Soviet Socialist Realism*, pp. 184-192 참조.

주의 리얼리즘이 의도하는 사회주의적 전망과 집단적 이념성을 도외시하고 있음을 확인할 수 있다. 그가 과연 사회주의 리얼리즘을 마르크스주의 미학이라는 차원이나 계급적 이념에 근거해 이해하고 있는지 판단할 만한 자료는 별로 없다. 그가 문제 삼는 인간 묘사란 온갖 풍부한 창조력과 활동을 통해 인간을 묘사해야 한다는 스탈린적 명제를 보편적인 리얼리즘의 수법으로 한정하고 있는 것이 아닌가 생각되기 때문이다. 백철의 인간 묘사론은 사회주의 리얼리즘에 근거하고 있지만 사회주의적 당성이나 이념성을 도외시한다는 점에서 계급 문단의 새로운 쟁점으로 제기되어 비판과 공격을 면할 수 없게 된다. 당시 평단에서 임화, 홍효민, 함대훈[151] 등에 의해 이루어진 비판의 논지는 대개 다음과 같은 두 가지 문제에 집중됐다.

첫째, 계급문학이 목표로 하는 계급적 이념성을 회석한다는 주장을 들 수 있다. 인간 생활의 주관적 방면에 대한 백철의 관심이 인간에 대한 관념적 해석으로 빠져들고 있는 것이 아닌가 하는 우려를 남기고 있음과 동시에 계급문학은 막연한 인간이 아니라 계급적 인간의 묘사에 충실해야 한다는 비판도 나왔다.

둘째, 인간 묘사론이 개인성에 집착함으로써 집단적인 의미를 도외시하고 있다는 비판을 들 수 있다. 사회주의적 개인성은 오직 집단적인 노동 조건에서만 발전된다는 사실을 생각할 때, 백철은 이러한 집단적인 사회주의적 질서를 염두에 두지 않았음에 틀림없다고 할 것이다.

이처럼 백철의 인간 묘사론은 현실 속에서 살아가는 인간의 전형을 창조하는 데 목표를 두면서 많은 논란을 야기했지만, 백철이 지속적으로 문제 삼는 것은 자신의 문단적 위치와 계급문학적 입장이었다. 그는 인간 묘사론이 계급문학의 영역에서 문제될 수밖에 없는 문학적 과제임을 거듭 천명하면서 인간의 완전한 가치와 권리를 각성하고 있는 프롤레타리아계급에 대한 자신의 믿음이 변함없음을 강조했다. 특히 그는 새로운 창작 방법에 의해 과거 계급문학운동의 편향성이 극복되는 과정에서 인간 묘사의 문제가 최대

151 洪曉民, 「人間 描寫와 社會 描寫」(東亞日報, 1933. 4. 27-5. 1)와 咸大勳, 「文藝時話 現實 描寫의 必要性」(朝鮮日報, 1933. 10. 20-21) 외에 白鐵의 인간 묘사론에 대한 비판은 林和, 「文學에 있어서의 形象의 性質 問題」(朝鮮日報, 1933. 11. 25-12. 2)가 있다.

의 과제임을 분명히 하기 위해 인간 묘사에 있어서 개성과 집단, 인간의 전형적 창조, 사회적 조건과 인간 탐구 등의 문제를 보다 구체적으로 논의하는 것이다.[152]

인간 묘사 문제에 있어서 인간이란 무엇인가? 이는 백철의 인간 묘사론에서 가장 커다란 쟁점으로 부각된 것이다. 함대훈, 홍효민 등이 계급문학에서 집단 묘사와 사회 묘사의 우위를 강조하는 견해를 제기하는 동안 백철은 자신의 논리를 다음과 같이 피력했다.

> 朝鮮에 잇어 프로文學의 不振을 憂慮하는 諸氏는 忠告한다—人間的 個人的이 아니고 集團 그리고 社會를 描寫하라!고. 이 忠告가 프로文學의 初期에 잇어 아직도 作品의 對象에 對한 形象化에 創作方法이 無政府主義的으로 提示되든 때는 오히려 잇을 수 잇는 忠告일는지 모른다. 事實 初期에 잇어 人間 其他의 現實的 生活相에 對한 創作行動이 기계적으로 理解되든 때는 人間에 대한 具體性이 無視되고 漠然한 集團, 漠然한 工場 勞動者라는 것이 惡魔와 같이 모든 作家의 頭腦를 支配하든 시절이 잇엇다. 하나 現在는 그러한 機械的 態度가 拒否되고 새로히 眞實한 리알리즘이 齊唱 實現되고 잇는 이때, 그리고 인간의 구체성과 작가의 個人的 創意性이 逆說되고 잇는 이때에는 '集團을 描寫하라-'는 抽象的 文句는 實로 可笑에 附할 口唱이 아닐 수 없다. 여기서 나는 反復하여 主張하려고 한다! 人間的 個人을 無視한 集團과 社會를 描寫하는 代身에 社會的 階級的 實踐關係에서 個人的 人間을 統一的으로 描寫하라! 그리고 거기서뿐 人間的 個人뿐이 아니고 그 背後에 있는 群衆·集團·其他의 모든 複雜한 社會的 生活과 樣相을 典型的으로 性格的으로 具象化해 갈 수 잇다고.[153]

백철의 주장에서 주목해야 할 것은 그의 인간 묘사론이 현실 사회

---

152 「文學 人間 自然 現實, 人間探求의 途程: 人間 描寫論」(東亞日報, 1934. 5. 24-6. 2)과 「人間探求의 熱情과 文藝復興의 待望時代」(朝鮮中央日報, 1934. 6. 30-7. 13)로 이어지는 일련의 작업을 거치면서 리얼리즘의 가능성을 열어 보이고 있음은 사실이다.

153 白鐵, 「文學·人間·自然·現實: 人間 探求의 道程 人間 描寫論 基二(四)」(東亞日報, 1934. 5. 27).

의 복잡한 양상과 생활의 집중적 표현체로서 인간을 대상으로 한다는 점이다. 그러나 여기에 문학의 대상으로서 인간의 지위라든지 현실과 인간의 관계 등에 대한 또 다른 질문이 제기될 수 있음은 물론이다. 이에 대해서 임화는 객관적 현실 묘사를 인간 묘사와 대응시키는데, 백철은 구체적으로 생활하는 인간의 행동과 실천을 통해서 객관적 현실에 도달할 수 있다고 말했다. 이러한 관점의 차이는 리얼리즘의 본질에 대한 인식의 차이와도 연관된다. 객관적 현실 묘사의 구체성을 중시하는 임화의 주장은 디테일의 묘사에 역점을 두고 있는 반면에, 백철은 전형성의 문제에 관심을 보이는 것이 아닌가 생각되기도 한다. 묘사의 대상으로서 인간의 실체를 놓고 백철은 사회관계의 본질과 운동이 개개의 개성과 행동, 특징을 통해서만 표현될 수 있다는 신념을 굽히지 않았다.

백철의 인간 묘사론에서 문제가 되는 방법론적 요건은 인간 묘사에서 구별되어야 하는 개인적 성격과 사회적 성격의 특성을 어떻게 표출할 수 있는가 하는 점이었다. 백철은 물론 개인적 성격을 통한 개체화된 인간의 묘사에 반대했다. 개인적 성격화는 부르주아문학이 붕괴 직전에 도달한 막바지의 국면이었기 때문이다. 백철이 중요시하는 것은 개인적 성격을 포괄하면서 나타나는 사회적 성격으로서의 인간이다. 사회적 성격은 개인적 성격을 넘어서 사회적 계급에 근거해 사회 발전의 방향성을 제시하는 특성을 지닌다. 그렇기에 사회적 인간의 참모습은 발전하는 계급 속에서 사회적 갈등과 모순과의 관련성 속에서 나타난다. 사회적 인간의 묘사는 언제나 특정 사회 집단 또는 계급 속에서 인간이 보여 주는 행동 방식과 사고방식을 드러내는 데 의미가 있다. 물론 거기에는 순전한 개인적 속성도 있을 수 있고 서로 다른 계급적 특성도 영향을 미치게 된다. 그렇기 때문에 인간은 서로 다르게 성격화되고 다양성을 지니는 것이다. 백철은 사회적 인간에 대한 진실한 묘사만이 사회적 현상의 본질을 파악하는 데 도움이 된다는 점을 강조하며 진정한 프롤레타리아문학이 그 역할을 수행할 수 있다고 주장했다.

백철은 이와 같은 인간 묘사가 기술적인 방법에 의해서가 아니라, 작가의 창조적인 예술의식에 의해 이루어지고 있음을 인정하기도 했다. 작가는 인간의 탐구자로서 그의 이상과 정열을 자기를 대변하는 인간에게 부여한다. 그렇기 때문에 인간은 단순한 외부적 묘사나 추상적 개괄에 의해 전형화되는 것이 아니다. 자기 내부의 열정에 의한 적극성과 창의성이 진실하게 표출되는 곳에 인간 묘사의 새로운 도정이 열리는 것이다.

그런데 백철은 인간 묘사에 대한 당위론적 주장을 반복하면서도, 전형성의 창조라는 인간 묘사의 핵심적 과제까지 논의를 확대하지 않았다. 백철은 발전하는 사회와 성장하는 계급의 관점에서 행동하는 사회적 인간을 구체적으로 묘사해야 한다고 주장함으로써 일단 성격 묘사에 있어서 전형성을 위한 기초를 확립했다. 그러나 무엇이 사회 현상의 본질을 위해 묘사되어야 할 것인지를 제대로 설명하지 못했다. 사회적 인간 묘사라고 해서 그것 자체가 곧바로 전형의 개념이 될 수는 없다. 전형성이란 대상의 표현이 사회 현실의 총체적 상황 속에 있는 중요한 모순과 갈등을 경유한 것이다. 그러므로 모든 현상 혹은 주어진 사회 현실의 객관적 통일이 전형화의 원리가 된다고 할 수 있다. 이러한 통일적 원리는 복잡하게 얽힌 사물을 표현함에 있어, 발전하는 사회 현상과 관계되는 현상들을 고려함으로써 만족될 수 있는 것이다.

사회주의 리얼리즘에서 전형성이라는 개념이 개체화이면서 동시에 보편화라는 점을 생각한다면, 백철은 바로 이러한 전형화의 원리에 도달하기 직전에 논의를 더 이상 진전시켜 나갈 수 없는 상황에 직면했음을 보게 된다. 그것은 바로 조선프로예맹의 제2차 검거 사건과 관련된 백철의 투옥과 조선프로예맹의 해체다. 일년이 넘는 수감 생활을 마친 뒤 백철은 이미 전향을 결심하고 있었으며, 그의 인간 묘사론은 리얼리즘의 방법에 의해서가 아니라 휴머니즘론의 논리로 이어지면서 실천적 구체성을 제거당한다.

사회주의 리얼리즘론의 행방

사회주의 리얼리즘론은 조선프로예맹의 해체를 전후한 시기에 다시 논의되기 시작한 창작 방법 문제의 귀착점에 해당했다. 이것은 계급 문단의 조직적인 동요와 위기를 극복해 나가기 위한 최후의 논리적 거점으로 작용하는 것처럼 보이기도 했다. 당시 문단에서 주목하던 사회주의 리얼리즘은 예술적 창작 방법으로서 두 가지 측면에 논의가 집중되고 있었다. 하나는 현실주의적인 지향으로 언제나 사회 현실을 전면적으로 예술에 반영한다는 점에 대한 확인이며, 다른 하나는 사회주의 세계관과 사상성에 대한 무장이 사회주의 리얼리즘에서 강조된다는 사실에 대한 재인식이었다. 말하자면 모든 예술가는 사회주의를 위해 살고 당을 위해 투쟁한다는 원칙론이 기초를 이루는 것임을 재인식하게 되었다고 할 것이다.

사회주의 리얼리즘에 대한 계급 문단의 인식은 객관적 정세의 불리를 극복하기 위해 적극적인 수용 태세를 강조하는 한효와, 소비에트 사회와 우리의 현실이 다르기 때문에 방법론의 일방적 소용에 문제가 있을 수 있다는 안함광, 김두용의 회의론을 통해 상반되게 나타났다.[154] 이들의 논의는 유물변증법적 창작 방법에서 사회주의 리얼리즘으로 이행하는 과정상의 문제를 중심으로 이루어졌다. 사회주의 리얼리즘의 방법을 제기하는 한효의 경우, 기왕의 계급 문단이 지향해 온 창작 방법으로서 유물변증법적 방법이 노출하는 도식적인 오류를 극복하기 위해 사회주의 리얼리즘의 수용이 불가피함을 주장했다. 한효의 주장은 안막이 제기한 '조선프로예맹의 창작 방법은 작가를 위협하는 수단에 불과하다.'라는 비판과도 일치했다.

그러나 김두용의 견해는 이와 달랐다. 그는 문제의 핵심이 유물변증법적 방법을 배척하고 사회주의 리얼리즘을 채택하는 데 있지 않다며 이 두 가지 방법은 결코 대립적인 입장에 놓일 수 없다고 했다. 소비에트에서 논의된 사회주의 리얼리즘은 사회주의 국가 건설의 현실을 전제한 것이고 그러한 역사적 현실이 특수할 뿐이지, 유물변증법의 원칙이나 사회주의 리얼리즘의 본질은 서로 배척될 수 없다고 했다. 김두용은 유물변증법적 창작 방법이나 사회주의 리얼리즘이 모두 마르크스주의적 전략이라는 점을 강조하면서 그 방법론적 적용의 오류에 더욱 관심을 기울여야 함을 주장했다. 그의 주장의 핵심은 유물변증법적 창작 방법이 본질적으로 잘못된 것이 아니라 그 실천에 오류가 있다는 것이다. 그렇기 때문에 구태여 유물변증법적 창작 방법을 배척하고 사회주의 리얼리즘을 다시 내세우는 것은 마르크스주의의 원칙론을 왜곡하는 것이라고 했다.

이와 비슷한 입장은 안함광의 경우에도 발견된다. 안함광은 계급 문

154 韓曉, 「文學上의 諸 問題: 創作 方法에 關한 現在의 課題」(中央日報, 1935. 6. 2-7); 安含光, 「創作 方法 問題 論議의 發展 過程과 그 展望」(朝鮮日報, 1936. 5. 30-6. 9); 金斗鎔, 「創作 方法 問題에 再檢討를 爲하야: 韓曉군의 駁文을 읽고」(中央日報, 1935. 6. 30-7. 4).

단에서 창작 방법에 대한 논의가 프롤레타리아 리얼리즘 → 유물변증법적 창작 방법 → 사회주의 리얼리즘 또는 혁명적 로맨티시즘 등으로 이어져 오는 동안 언제나 리얼리즘을 전면에 내세운 것은 프롤레타리아의 계급 조건에서 이루어진 필연적인 것이었는데도, 여기서 구체화된 대부분의 문학작품은 로맨티시즘에 채색되어 있다는 점이 문제라고 했다. 그러면서 그는 대부분의 비평가들이 사회주의 리얼리즘을 말하면서 과거 프로문학의 도식주의적 편향을 비판하지만, 그 책임과 원인이 모두 창작 방법에 있다는 식의 결론을 제기하는 안이한 태도를 경계해야 한다고 주장했다. 그는 자본주의적 생산의 미숙한 상태와 미숙한 계급투쟁에 상응해 생긴 이론은 역시 미숙하다는 논리에 근거해, 프로문학 초창기의 창작 방법의 도식주의적 편향은 오히려 당연한 것이었음을 인정했다. 안함광은 사회주의 리얼리즘이 사회 발전 과정에서 사회적 의식의 반작용을 인식하며 사회 발전의 객관적 법칙을 정당히 반영하면 할수록, 사회적 의식의 역할이 중대하다는 유물론적 모사론을 철학적 기조로 할 것임을 밝혔다. 따라서 사회 발전 과정에 대한 의식의 능동성이라는 보다 강렬한 사회적 적극성을 위해 제창된 사회주의 리얼리즘이 문단에서 또 다른 도식주의에 빠질 우려가 있음을 경고했다. 안함광의 사회주의 리얼리즘에 대한 회의론은 소비에트 비평가들이 말하는 바와 같이 사회주의 리얼리즘만 수입되면 최고의 예술적 형상이 나타날 거라는 환상을 깨뜨려야 한다는 주장에서 잘 드러난다.

> 新創 作論의 正當한 理解와 實踐的 解决은 决코 露西亞 批評家들의 定義的 命題를 拔記함에서 萬事 끗나는 것이 아니라 朝鮮文學의 歷史的 檢討와 現在의 諸實情 및 切迫된 諸課題의 考究에서만 그의 解决도 그 深度를 加해 가게 될 것이다. 한말로 말하자면 朝鮮 現實에 對한 眞摯한 探究力을 帶同함이 업시 새로운 創作的 슬로—간의 正當한 理解는 期待할 수 업다는 것이다. 이러한 意味에서 創作 方法問題의 論議를 中心으로 하야 그를 提唱한 蘇聯의 現實과 朝鮮의 그것과를 具體的으로 對比 論證하려는 探究的 努力이 이러나며 잇섯다는 事實은 어느 點으로 보든지 慶賀에 値할 노릇이다. 이 어느 點으로 보든지라는 表現文句 가운데는 具體的으로 두 가지의 意味가 包容되여 잇는 것이니 그 하나는 社會主義的 레아리즘에 關한 原則的 眞

理가 現實 面에서 具體化되는 必須的 過程으로서이고 또 다른 一面에서는 先驗的 結論을 가지고 現實에 投身하는 것이 아니라 現實 그 自身에 對한 綿密한 考究에서 一定한 結論을 探究하려는 科學的 態度의 妥當性을 意味한다.

勿論 後者에 잇서서의 現實 探究의 結果가 반드시 '社會主義的 레아리즘'에로의 到達이 아니어도 할 수 업다. 그는 各其 論者의 視角과 思念의 方向 問題이고 이것이 그 以前의 現實探究의 意義를 抹殺하는 것은 아니다. 아니 正當한 意味에 잇서서는 그것이 處한 바 特殊한 現實의 考究를 거처서만 前者—即 原則的 眞理(創作的슬로—간의)의 現實的 具體化로 可能케 될 것이다.[155]

안함광이 우선적으로 문제 삼는 점은 새로운 창작 방법에 대한 논의에서 조선적 현실에 대한 탐구가 소홀히 이루어지고 있다는 사실이었다. 그렇기 때문에 더욱 그 수입과 적용이 모두 관념적 형태로 발현될 수밖에 없을 것이라는 우려를 표명했다. 그는 조선에 사회주의 리얼리즘이 있고 나서 조선의 현실과 조선의 예술이 있는 것이 아니라, 사태는 그와 정반대라는 사실을 인식했다. 이에, 사회주의 리얼리즘이라는 명칭에 집착하기 전에 우리 현실의 제문제에 대한 과학적 인식이 필요하다고 역설했다.

이와 같은 사회주의 리얼리즘의 수용 여부에 대한 논의는 1935년 5월 조선프로예맹의 해산과 함께 그 집단적 의미가 축소되기에 이르렀다. 하지만 프로문학론자들은 대체로 사회주의 리얼리즘을 그들이 선택할 수 있는 중요한 마지막 출구라고 생각하고 있었기 때문에, 조선프로예맹의 해산과 함께 프로문단의 조직에서 나가기 위한 전향의 논리를 추구하는 경우에도 여전히 사회주의 리얼리즘의 방법에 관심을 기울였다.

이 무렵에 발표된 한식의 주장[156]은 한효의 입장이나 안함광의 주장을 포괄하는 것이었다. 한식은 사회주의 리얼리즘을 정치적 과제와 미학적 과제와의 완전한 결합으로 인식하며 사회주의 리얼리즘에 대한 논의가 창작과

155 安含光, 「創作 方法 問題 論議의 發展 過程과 展望(八)」(朝鮮日報, 1936. 6. 7).

156 韓植, 「社會主義 리얼리즘의 再檢討」(朝鮮文學, 1936. 6), 119-125면.

유리된 상태에서 공론처럼 이야기되는 이유로, 객관적인 정세와 관련해 조선프로예맹원의 제2차 검거와 조선프로예맹의 해산 등을 거치는 동안 핵심적인 프로문학론자들이 의욕을 잃어버린 것을 지적했다. 또한 사회주의 리얼리즘이라는 것 자체가 이전의 유물변증법적 창작 방법처럼 선동적인 이론이 아니라는 점을 설명했다. 그러나 사회주의 리얼리즘에 입각함으로써 작가 개개인의 재능과 창조적 흥미에 따라서 예술 창조의 형식과 방법, 장르와 주제의 한층 깊은 다면적인 발전을 가져올 수 있다고 했다.

한식이 사회주의 리얼리즘을 우리 문학에 구체화시키기 위한 방법으로 제시하는 것은 다음과 같다. 첫째, 현실에 대한 깊은 통찰을 가질 것. 둘째, 문학 창작과 그 방법에 대한 풍부한 연구를 통해 사회주의 리얼리즘의 원칙을 실천할 수 있도록 할 것. 셋째, 역사적인 과정 가운데 전형적인 성격을 묘출해 제시하는 동시에 그 표현에 힘쓸 것. 넷째, 구체적인 비평 재료와 구체적인 작품을 통해 사회주의 리얼리즘의 방법을 파악해 나아갈 것. 다섯째, 리얼리즘에 있어서 작품의 구성이나 주제, 형식 등의 방면이 새로이 개척되어야 할 것.

그런데 이러한 방법론상의 문제에 대한 관심에도 사회주의 리얼리즘에 대한 논의는 더 이상 진전되지 못했다. 그 이유는 두 가지 측면으로 설명이 가능하다. 첫째는 사회주의 리얼리즘의 개념 자체에 대한 명확한 이해가 부족한 점을 들 수 있다. 사회주의 리얼리즘이 포괄하는 다양한 예술적 개념은 확정되어 있지 않지만, 사회주의 공산당이 필요에 따라 규정한 일종의 예술 방법이라고 할 수 있으며, 사회주의의 사상성, 대중성, 당성 등이 특성이다. 리얼리즘이라는 말이 관용적으로 의미하는 '진리에 대한 충실한 표현'이라는 뜻을 강조한 경우, 사회주의 리얼리즘은 현실과 대응되는 한 쌍으로서의 예술의 성립만을 강조하는 것이 아니다. 사회주의 리얼리즘에서는 예술을 통해서만 현실에 대한 진술과 판단이 가능하기 때문에, 인간의 정신적 활동의 특수한 종류로서 예술은 실천적 속성을 지닐 수밖에 없다. 그러므로 사회주의 리얼리즘은 예술을 통해 현실의 의미를 밝혀내고 해석하고자 한다. 하지만 예술가의 주관적 영역은 이미 주어진 인식 범위를 벗어나서는 안 된다. 모든 예술가는 사회주의 리얼리즘의 방법을 통해 사회주의적 당성을 어떻게 리얼리즘이라는 표현 형식으로 옮길 것인가를 우선적으로 문제 삼아야 한다. 이것은 당의 요구이기 때문에, 모든 예술가가 필연적으로 추종해야 할 요건이 된다. 예술가는 당의 명령에 복종하고 그에 따라 창작을 하며, 당의 이상을 실현하고자 해야 한다. 예술이 사회주의적 당성을 가지려면 예술가는 자신의 창작을 통해 당을 위해 투쟁해야 한다. 사회주의 리얼리즘이 요구하는 현실적 토대는 세계의 사회주의 혁명을 위한 현실적 투쟁이라고 할 수 있다. 그러므로 사회주의 리얼리즘에 의해 창조되는 모든 예술은 현실을 통해 구체적이면서도 실현이 가능한 미래상을 제시해야 한다. 물론 모든 현상은 역사의 발전 경향으로 정의되는 것이다. 이렇게 본다면, 사회주의 리얼리즘의 본질적인 개념은 인식론이면서 가치론적인 측면을 포괄하게 된다.

결국, 사회주의 리얼리즘은 마르크스주의 세계관의 토대 위에서 미래를 결정짓는 요소들을 현재 속에서 발견하고 이를 선택해 예술적으로 형상화함으로써, 현실의 묘사가 어떤 방향성, 즉 실제적인 발전 가능성의 방향을 드러내야 한다는 것을 그 핵심으로 한다. 이 경우 모든 예술작품은 대상에 대한 구체적인 표현을 통해 총체적인 역사 운동의 본질적 측면을 그 방향성에 비추어 파악해야 한다. 여기서 현재 속에 깃든 미래를 어떻게 형상화하느냐 하는 방법상의 과제가 제기되는데, 이것은 사회주의 예술론자들이 내세우는 이른바 전형성이라는 개념으로 설명된다. 전형성은 물론 일상적인 의미의 평범한 것 또는 흔히 볼 수 있는 대표적인 것이라는 소박한 의미를 거부한다. 사회주의 예술론자들이 말하는 전형성이란 현재 속에서 끊임없이 충동하는 미래를 가장 잘 보여 줄 수 있는 성격과 경향이다. 객관적 진리를 목표로 하는 예술의 일반적 방식으로서 전형화가 내세워지고 있지만 사회주의 혁명의 실현이라는 미래에 대한 전망을 형상화해야 한다는 전제가 예술가의 창작 역량을 결정적으로 억압한다는 사실을 전혀 도외시할 수 없는 일이다.

둘째는 사회주의 리얼리즘의 방법을 수용하기 위해 필요한 사회 현실에 대한 구체적인 인식이 결여되어 있다는 점이다. 사회주의 리얼리즘의 방법은 1934년에 소비에트 작가 총연맹 제1차 대표자회의를 통해 그 특성과 방법론의 윤곽이 세워진다. 사회주의 예술론자들의 견해에 따르면, 사회주의 리얼리즘은 소비에트 사회가 공산주의에 매진하도록 인민과 당에 적극적인 추진력을 불어넣고 신세계 건설에 참여하는 인민대중의 품격을 배양하는 사업의 하나다. 실제로 사회주의 리얼리즘이 제창되던 1930년대의 소비에트 사회는 사회주의 공산국가로 발전하는 제2단계에 돌입해 사회주의 국가 체제를 정비하고 있었다. 이 같은 실정에 비추어 볼 때 당시 식민지 조선의 현실은 소비에트의 현실과 엄청난 차이가 있음을 알 수 있으며 사회주의 리얼리즘의 적용도 그 같은 현실적 상황의 차이를 인식하지 않고서는 가능하지 않음을 알 수 있다.

이처럼 사회주의 리얼리즘론은 창작 방법 문제의 타결을 위해 대두된 것이었지만, 근본적으로 이데올로기와 세계관이 전제된다는 점에서 새로운 진전을 꾀하기가 어려웠던 것이다. 물론 사회주의 리얼리즘이 프로문학운동의 최후의 거점이 되었고, 이러한 논의와 함께 1930년대 후반의 다양한 문학론이 새로이 전개될 수 있게 되었다는 것은 창작 방법 문제를 중심으로 하는 사회주의 리얼리즘이 차지하고 있던 비중의 크기를 짐작하게 해주는 것이라고 하겠다. 그러한 관점에서 본다면, 백철의 인간 묘사론에서부터 조선프로예맹의 방향전환 이후 1930년대 조선프로예맹의 해산이 이루어진 뒤까지 지속적으로 논의되었던 사회주의 리얼리즘론은 창작 방법의 인식 확대라는 점에서 다음과 같은 두 가지 의미를 지니고 있다.

첫째, 사회주의 리얼리즘론을 중심으로 하는 창작 방법에 대한 논의는 작가와 작품, 세계관 사이의 연관성에 대한 새로운 인식을 가능하게 한 긍정적 측면도 지닌다. 조선프로예맹의 해산 후에 리얼리즘에 대한 논의가 개진되면서, 조선프로예맹의 시대, 다시 말하면 유물변증법시대에 횡행했던 공식주의가 비판적으로 반성될 수 있었고, 예술적 표현과 기교 등의 문제가 단순한 방법의 차원을 넘어서 논의될 수 있었다. 이러한 논의의 과정이 조선프로예맹의 해산 후에 문학인들에게 새로운 전향의 촉진제가 되고 문학적 재출발의 계기를 마련해 주었다는 점에서 그 의미의 중요성은 더욱 인정될 수 있다.

둘째, 창작 방법에 대한 논의와 함께 기법 문제에 대한 인식이 가능해지면서 1930년대 후반에 본격적인 소설론의 성립을 보게 했다는 점도 주목할 만하다. 물론 변증법적 사실주의를 수정한 사회주의 리얼리즘의 도그마가 뒤이어 나타나긴 했으나, 1930년대 중반부터 사회주의 리얼리즘의 한편에는 휴머니즘과 행동주의라는 전향적 태도가 놓여 있었고, 다른 한편에는 주지주의와 모더니즘으로 지칭될 수 있는 문학론이 이에 대응해 있었다. 이들이 함께 충돌하는 가운데 문학의 각 장르에 대한 새로운 인식이 제기되었고, 1930년대 문학론은 그 면모를 분명히 드러내게 되었다.

5) 계급문학과 비평의 방법

한국의 계급문학운동은 일본의 식민지 지배 상황에서 비롯된 계급적 모순을 극복하기 위해 문학을 통해 계급 이념을 적극적으로 구현하고 계급투쟁의 실천을 추구하는 반식민주의 운동으로 전개되었다. 한국 문학은 3·1운동을 거치면서 자아에 대한 각성과 함께 민족의 현실 문제에 대한 비판적인 인식을 주축으로 그 시야가 확대되었다. 특히 식민지 치하에서 민중의 궁핍한 생활상을 총체적으로 형상화하고 지식인들의 현실 비판의식을 폭넓게 제기할 수 있는 다양한 문학 양식과 담론 체계를 형성하게 되었다. 이러한 문학적 경향이 마르크스주의와 결합되면서 조직적으로 확대된 것이 바로 계급문학운동이다.

한국문학에서 계급문학운동의 위상은 일제강점기 민족사회운동의 이념적 분화 과정과 조직적 전개 양상에 따라 큰 변화를 보였다. 일본의 식민지 지배 상태를 벗어나기 위한 한국 민족의 반식민운동은 3·1운동 이후 한국 근대사의 전환을 가능하게 하는 새로운 민족사회운동으로 확대되었다. 이것은 민족의 실력을 양성하고 모든 부문에서 최대한의 민족 역량을 발휘해 민족적 동등권을 실현하고 독립을 쟁취하는 데 목표를 두었다. 이를 통해 한국사회 전반에 폭넓은 반제국주의 사상이 확산되었으며, 민족사회 내부의 모순을 극복하기 위한 반봉건 의식도 함께 자연스럽게 촉발하게 되었다. 당시 민족사회운동의 전개 과정에서 먼저 주목해야 할 것은 3·1운동 이후 민족을 대변할 수 있는《동아일보》,《조선일보》등의 일간지와《개벽》과 같은 잡지의 출현을 통해 가능해진 언론 계몽운동이다. 언론을 기반으로 전개된 계몽운동은 한국 민족의 자기 각성과 민족문화에 대한 새로운 인식을 가능하게 했으며, 신교육운동의 전개로 더욱 구체적인 실천적 양상을 드러낼 수 있었다. 일본 제국주의 자본 침탈에 대응하기 위한 민족경제자립운동도 이 시기에 활발하게 진행되었다. 이러한 민족사회운동의 사상적 기조는 물론 민족의식의 고취, 신교육의 확대, 민족 산업의 육성 등 폭넓은 민족주의적 성격에 근거하고 있었다.

그런데 이 같은 민족사회운동이 폭압적인 일본의 식민지 통치 아래에서는 민족의 실력 양성을 통한 민족 동등권을 실현하기 어렵다는 사실을 확인하면서, 보다 진취적이고도 개혁적인 운동이 요구됐다. 바로 이 같은 이유 때문에 민족사회운동 내부에서 사상적 분화가 이루어지고, 일제의 제국주의적 침략과 식민지 지배 논리에 적극적으로 대응할 수 있는 사회주의 계급 사상이 등장했다. 이 새로운 사상은 무산자동맹회(1922)의 등장 이후 대중적인 관심을 끌고, 북성회(1923), 신사상연구회(1923), 조선 노동당(1924), 북풍회(1924), 화요회(1924), 사회주의자동맹(1924) 등으로 분열 통합을 거듭한 여러 조직을 통해 점차 그 영향력을 확대했다. 결국은 1925년 조선공산당의 출현을 보게 됨으로써, 사회주의 경향의 민족사회운동은 정치 조직으로 변모했다.

이와 같은 민족사회운동은 문학의 영역에도 많은 영향을 미쳤다. 3·1운동 이후 한국 근대문학은 자아의 발견이라는 근대의식의 발현에서 출발해 민족적 자기 발견과 현실 인식이라는 구체적인 주제를 문학적으로 형상화하는 데 앞장섰다. 당시 한국의 근대시는 폐허의 현실을 비통해하면서 어둠의 시대가 물러나기를 기도했고, 소설은 방황하는 지식인들의 고뇌를 시대고와 그 아픔으로 그려 냈다. 황폐한 농촌의 현실도 소설의 소재가 되었으며 비참한 도시 노동자들의 생활도 외면하지 않았다.

그런데 민족적 저항의식을 자연스럽게 표출하기 시작한 문학 경향은 민족의식의 추구 방식이 집단적인 계급적 성향을 드러내면서 변화를 보였다. 3·1운동 직후 현실 지향적인 문학의 경향은 쉽게 사회주의 사상과 접맥되어 이른바 '신경향파문학'을 낳았고, 계급문학운동으로 발전했다. 그렇기 때문에, 1920년대 중반은 한국 근대문학사에서 계급문학운동의 성립기로 인식되고 있다. 실제로 1923년 무산계급문화의 연구와 보급을 목표로 송영, 박세영, 이적효 등이 '염군사'를 결성했으며, 김기진의 합류와 동시에 와해된 《백조》의 동인 상당수도 계급문학운동에 관심을 갖게 되었다. 식민지 현실에 대한 계급적 인식이라는 점에서 볼 때, 이 같은 변화는 문학운동과 이념의 대응이라는 정신사적 과제를 제기한다고 할 수 있으며, 민족사회운동의 사상적 분화 과정에서 그 전체적인 성격이 규정된다고 할 것이다.

일제강점기의 계급문학운동은 문학의 성쇠와 운명이 사회적 현실과 직결된다고 하는 소박한 '경향성의 문학'에서부터 출발했다. 그러나 민족운동의 사상적 기반의 하나가 되었던 사회주의 이념과 결합하면서 계급적 투쟁 의식을 강조하는 행동과 실천의 문학으로 변화했다. 계급문학운동은 1925년 조선프로예맹의 결성과 함께 조직적인 예술운동으로 확대되었으며, 1927년 이후 조직 전환에 근거해 과감한 이론투쟁과 대중 조직 그리고 정치투쟁으로의 진출을 시도하기도 했다.

계급문학운동의 이념적 지침이 되는 사회주의 사상은 변증법적인 유물사관에 근거해 역사 발전의 단계를 계급 간의 투쟁 과정으로 파악하는 계급의식을 주축으로 삼았다. 한 사회의 발전이라는 것도 사회주의로 향하는 하나의 단계에서 또 다른 단계로 이어지는 변증법적 진보를 뜻하는 것으로 설명했다. 이 과정에서 주도적인 기능을 행사하는 것이 무산계급이며, 무산계급은 현실 사회의 계급적 모순을 극복하기 위해 끊임없이 계급투쟁에 앞장서야만 했다. 계급문학운동을 주도했던 문학가들은 바로 이러한 사회주의 사상에 따라 한국의 식민지 현실을 일본 제국주의의 침략과 자본주의적 지배라는 계급적 지배 논리로 파악하게 되었다. 계급문학운동의 목표가 무산대중으로 하여금 계급적 각성을 갖게 하고 계급투쟁에서 자신의 역할을 인식할 수 있도록 선동하는 것으로 규정될 수밖에 없었던 근거가 바로 여기에 있다. 계급문학운동에 가담한 문학가들은 무엇보다 먼저 스스로 무산계급의 일원으로서 계급적 세계관을 지녀야 했고, 계급투쟁의 효과를 문학을 통해 보여 줌으로써 독자로 하여금 묘사된 현실의 투쟁 대열에 자신이 참여하고 있다고 느낄 수 있도록 작품을 만들어야 했다. 이러한 요건 때문에 계급문학운동가들은 기왕의 모든 문학적 성과를 거부하고 기존의 문학적 방법을 파기하고자 했다. 문학을 통한 예술적 가치의 구현이라든지 민족의식의 추구 문제를 간단히 거부했고, 계급의식을 내세우면서 일체의 문학적 관념을 부정하기에 이른 것이다. 더구나 문학을 통해 계급 혁명을 위한 투쟁 전선에 진출하고자 함으로써, 일제 식민지 지배 세력의 혹독한 탄압의 대상이 되었으며, 계급문학운동의 조직 내부에서도 이데올로기를 얻은 대신에 예술 그 자체를 잃게 되었다는 자기비판이 제기되기도 했다. 계급문학운동은 계급적 관점에서 한국의 식민지 현실을 일본 제국주의의 침략과 자본주의적 지배로 규정하며, 무산대중의 계급적 각성을 촉구하고 계급투쟁에 있어서 피지배계급으로서 한국 민족의 역할을 인식할 수 있도록 선동하는 것을 목표로 내세웠다. 식민지 현실에 대한 계급적 인식의 확대라는 점에서 볼 때, 이 같은 계급문학운동의 이념은 문학운동과 계급적 이데올로기의 결합이라는 새로운 담론 체계의 성립을 의미한다고 할 수 있다.

계급문학운동은 식민지 노선의 현실 인식을 문학의 영역에서 적극화시킬 수 있는 계기를 만들어 주었으며, 사상적 편향성은 있으나 반식민주의적 민족문학운동의 넓은 범주를 결코 벗어나지 않았다. 식민지 체제에 대한 문학적 대응 방식이 민족주의 색채를 강하게 드러낸 민족문학운동과 사회주의 이념을 지향하는 계급문학운동으로 양분되었다 하더라도, 그것은 피식민지 민족으로서 한국 민족의 정신사적 실체를 보여 주는 구체적인 근거가 될 수 있다. 그렇기 때문에 계급문학운동의 정신사적 의미는 이데올로기의 지향 자체만을 문제 삼을 수 없는 복합적인 속성을 지니고 있다. 계급문학운동이 한국 근대문학사에서 어떤 의미를 지니는가는 계급문학운동이 보여 준 이념적 경향과 사회적 충격을 통해 어느 정도는 해명할 수 있다. 그러나 이 문제는 3·1운동 직후 민족사회운동의 전반적인 추세와 식민지 현실에 대한 문학의 대응 방법을 동시에 파악하지 않고서는 그 성격을 제대로 이해하기 어렵게 되어 있다. 계급문학운동은 한국 민족사회운동의 성격과 구조를 함께 이해할 수 있을 때 그 명확한 범주가 드러나게 되지만 무엇보다도 먼저 계급문학운동의 조직과 이념적 실체에 대한 규명이 선결 과제임은 물론이다. 계급문학운동은 조선프로예맹이라는 조직이 실천적인 주체가 되었고 이 조직을 근거로 하여 민족사회운동과 조직적으로 연결되어 있었기 때문이다.

계급문학운동의 실천은 우선 기존의 모든 문학적 현상의 부르주아적 속성을 비판하는 한편, 계급의식에 치중한 투쟁적인 문학운동을 조직적으로 전개하고자 했다는 특징이 있다. 계급문학운동은 방향전환론이 제기되면서 문학에 대한 이념적 규정을 강화하고 조직 활동의 확대를 기하면서 정치적 투쟁의식을 더욱 강조했다. 그러나 예술운동의 볼셰비키화를 내걸었던 이러한 투쟁적이고도 정치적인 활동은 일제의 사상 탄압에 의해 실천적인 활동을 지속적으로 전개되지는 못했다.

계급문학운동은 마르크스주의의 이념을 근거로 조직된 조선프로예맹을 기반으로 대중적 실천을 도모했다. 그리고 식민지 현실의 계급적 모순에 대한 자각은 물론 계급의식의 고양과 함께 더 나아가서는 계급적 모순을 극복하기 위한 정치적 투쟁으로의 진출을 촉구했다. 계급문학운동은 이 같은 정치적 경향성으로 인해 일본 식민지 지배 세력의 혹독한 탄압의 대상이 되었지만, 식민지 상황 속에서 왜곡된 한국 사회의 근대화 과정과 계급적 모순 구조에 가장 치열하게 대응하면서 다양한 탈식민주의적 문학 담론을 생산하게 된다. 계급문학운동이 일제강점기 한국문학의 근대성을 이해하는 데 가장 중요한 요건이 되는 이유가 여기에 있다.

계급문학운동은 진보적인 작가 개인의 예술 활동도 아니고 유사한 성향의 문예 동인 활동도 아니었다. 이것은 집단적 조직 운동으로서 이념과 목표를 명백하게 내세웠고 조직 확대를 통해 대중적인 진출을 꾀했다. 조선프로예맹의 결성과 하부 조직의 정비는 문학운동의 집단적인 실천과 공동체적인 연대의식의 확보에 결정적인 기반을 제공했다. 조선프로예맹은 각 지방마다 지부를 두고, 도쿄에 도쿄 지부를 결성할 정도로 조직력을 발휘했다. 이러한 조직 활동은 개별적인 예술 활동의 성격이 강한 문학 창작을 집단적 이념으로 고정시켰으며, 식민지 상황에서 모든 문학예술인에게 공동체적 운명에 대한 인식을 가능하게 함으로써 그 주체적인 사상적 대응을 적극화할 수 있게 했다.

그렇지만 조선프로예맹은 전국적인 지부 조직에도 계급문학운동의 대중적인 확대를 위한 실천적인 활동을 지속적으로 전개하지 못했다. 객관적인 정세의 변화와 일본의 사상 탄압 때문이다. 조선프로예맹의 조직이 조선공산당과 어떤 관련을 맺었는지 확인할 수 있는 자료는 없다. 그러나 조선프로예맹의 맹원이었던 이호, 김복진, 이우적, 이북만, 김두용 등이 당적 조직과 직간접적으로 연계되어 있었고, 일본 경찰의 공산당 탄압은 계급문학운동 자체에 커다란 영향을 미쳤다. 계급문학운동이 방향전환 이후 그 조직을 대중적으로 확대하는 동안 1928년 2월과 7월에 연이어 대대적인 공산당 검거 사건이 일어났다. 제3차 공산당 사건과 제4차 공산당 사건으로 각각 지칭되기도 하는 두 차례의 검거 사건은 민족사회운동의 모든 활동을 위축시켜 놓았다. 이 사건 이후 조선공산당의 신간회에 대한 전략 변화도 조선프로예맹에 영향을 미쳤다. 신간회는 민족 단일당으로서 조직 확대를 이루었지만, 조직 내부에서 주도적인 세력을 유지하던 공산당 계열이 대부분 검거되자 활력을 잃게 되었다. 조선프로예맹 도쿄 지부의 이우적이 제3차 고려공산청년회의 선전부장으로 활약하다가 검거되었고, 조선프로예맹 경성 본부의 김복진은 제4차 고려공산청년회 중앙집행위원으로 활약하다가 7월에 검거되었다.

일본 경찰이 1931년 조선공산당 재건운동에 관여했던 계급문학운동가들을 일제히 검거했던 제1차 검거 사건은 예술운동의 볼셰비키화를 주장하던 계급문학운동의 급격한 좌경화에 강력한 제동을 걸었다. 그리고 극단 신건설사의 공연을 빌미로 1934년 제2차 검거 사태를 일으켰다. 이 같은 두 차례의 검거 사건을 통해 조선프로예맹의 조직 활동은 모든 동력을 잃었으며 결국 조선프로예맹은 강제 해체되었다. 조선프로예맹의 해체는 곧 계급문학운동의 종말을 의미했다. 이것은 계급문학운동에서 조직 문제가 얼마나 중요한지 짐작할 수 있도록 하는 결정적 근거다. 특히 조선프로예맹의 대중적 조직 확대가 신간회의 민족사회운동 노선과 조선공산당 재건운동에 연관되었기 때문에, 계급문학운동의 실천 과정에서 그 정치·사회적 연대의 가능성을 확인할 수 있다는 점은 식민지 현실에서의 민족문화운동의 성격을 이해하는 데 중요한 요건을 제공한다.

계급문학운동은 피지배계급으로서의 한국 민족의 삶을 식민지 조건에서 적극적으로 문제 삼으면서 일본 제국주의의 지배에 대응했다. 그러므로 계급문학운동이 반제국주의 운동으로서 일제강점기 민족사회운동의 전체적인 흐름 속에서 차지하는 위치와 성격은 의미심장하다. 계급문학운동의 반제국주의적 이념은 프롤레타리아 국제주의를 표방했던 방향전환 이후의 변화에서 확인된다. 계급문학운동은 당시 사회주의 운동 노선에 동조하면서 국제주의적 원칙을 따라 코민테른의 지침을 따르고자 했다. 일본의 식민지 지배와 피지배 민족으로서 한국 민족의 현실 문제는 당시 국제적인 관심사가 되지 못했다. 그런데 1928년 모스크바에서 개최된 코민테른 제6차 대회에서 「식민지 반식민지 국가들에서의 혁명운동에 대하여」라는 이른바 '식민지 테제'를 발표했다. 이 테제 속에 식민지 지배하의 한국의 공산주의 운동에 대한 결의도 포함하고 있었다. 이 결의에서 가장 강조한 것은 공산주의 운동을 보다 좌경화의 방향으로 고정시키고 있다는 점이다. 공산주의자가 프롤레타리아 진영에서 활동을 강화하고 노동동맹의 적극성을 전면적으로 향상시키며 노동조합의 재조직과 함께 정치적 요구를 내건 경제 투쟁의 전개 등이 강조되었다. 특히 노동자·농민을 민족 개량주의자들의 지도로부터 분리시키고 혁명적인 대중 조직에서 공산주의적 영향력을 강화하도록 요구했다.

일본 제국주의 식민 지배를 당하고 있던 한국에서의 반제국주의 운동이라든지 반식민주의 운동이 공산주의 운동을 통해 국제적인 관심사를 이끌게 된 것은 주목을 요한다. 1928년 12월에 코민테른 집행위원회 서기국에서는 조선공산당의 재조직에 대한 결정서를 채택했다. 이 결정서는 「조선 농민 및 노동자의 임무에 관한 테제」로서 흔히 '12월 테제'라고 불리기도 하는데, 당시 조선 사회의 상황 분석과 함께 공산주의자의 임무를 규정했다. 이 테제에서, 한국 사회에서 프롤레타리아트와 농민이 반제 혁명의 주체 세력으로 성장했다고 규정하고 부르주아 연합전선에 대한 배제를 결정한 것은 이후 사회운동의 방향에 결정적인 영향을 미쳤다. 특히 민족협동전선으로서 신간회의 존재에 대한 부정과 해소에 대한 주장이 12월 테제의 내용에 근거하여 제기되었다는 것은 널리 알려진 사실이다. 이러한 코민테른의 결정에 따라 조선공산당의 재건운동을 목표로 활동했던 공산주의 운동가들은 조선프로예맹 도쿄 지부를 근거로 하여 국내 활동을 시작했다. 신간회 해소론도 도쿄 지부에서 가장 먼저 제기했고, 국내 각 지역에서 노동투쟁에 도쿄 지부 소장파 문인들이 은밀하게 가담했다. 일본 경찰이 공산당 재건운동과 관련해 조선프로예맹 맹원을 일제히 검거했던 제1차 검거 사건은 일제강점기 계급문학운동이 당적 조직 운동과 일정하게 연계되어 있었음을 말해 주는 것이다.

그러므로 계급문학운동은 식민지 상황에 대응한 문학예술의 조직적인 탈식민운동이라고 할 수 있다. 문학예술의 사회적 가치와 기능에 대한 적극적 확대 실천은 계급문학운동이 획득한 구체적인 성과다. 사회 현실에 대한 문학의 대응 방식은 여러 가지가 있을 수 있지만, 그것이 실천의 구체성을 드러내지 않을 경우 공론에 지나지 않음을 쉽게 확인할 수 있다. 계급문학운동은 민족주의적인 색채를 부인하며 민족의식을 부정하는 것처럼 인식되어 왔으나, 문학적 실천 과정에서 민족의 독자성과 주체성에 대한 신념을 표출했다. 이러한 특성은 식민지 상황에서 피지배계급의 문제가 곧바로 피지배 민족의 문제로 이어진다는 사실을 통해서 확인할 수 있다. 식민지 상황을 가장 철저하게 비판하고자 했던 당시의 계급문학이 가장 주체적인 문학으로 자리 잡고 있었다는 점은 부인할 수 없는 사실이다.

문학예술의 대중화를 내세운 계급문학운동의 실천 방략에서 노동자 농민을 문학예술의 수용 계층으로 끌어들이고자 했던 노력은 문학예술의 현실적 기반 확대라는 측면에서도 중요한 의미를 지닌다. 특히 농민문학론과 그 실천 결과로서 농민문학작품은 일제강점기 문학의 성과로 손꼽을 수 있다. 물론 도식주의적인 이념의 주입과 정치적 선동을 내세워 예술적 형상성을 도외시했다는 비판이 없는 것은 아니지만, 대중의 획득을 위한 문학적 실천 작업은 오늘의 문학 현실에서도 여전히 문제적인 것임을 알아야 할 것이다. 더구나 계급문학운동이 문학예술에 있어서 민중적 형식의 창출에 큰 관심을 보였던 점은 주목할 만하다. 노동자·농민계급을 상대로 하는 계급문학운동은 노동자·농민의 의식 수준과 생활 방식에 적합한 문학 형식의 발견에 주력했으며, 그 결과로 이른바 단편서사시, 농민시, 농민소설 등의 형식을 창안해 냈다. 더구나 대중과의 직접적인 소통을 위해 이동 극장을 통한 프로연극의 공연을 수없이 실천했고, 영화운동에도 가담해 직접 영화 제작과 출연에도 힘썼던 점을 간과해서는 안 된다. 문학예술의 실천이란 새로운 형식의 창조와 적극적 참여 없이는 가능하지 않다는 사실이 오늘의 문학운동에서도 여전히 주목되고 있다는 점을 생각한다면, 계급문학운동가들이 보여 준 실천적 작업의 의미를 새롭게 이해할 수 있을 것이다.

계급문학운동이 이론투쟁을 통해 근대 비평의 논리성을 확보하게 되었다는 점도 주목을 요한다. 계급문학운동은 이론투쟁이 실질적인 선도 기능을 담당하고 있었다. 한국 근대문학사에서 비평의 논리화는 계급문학운동 가운데 본격적으로 이루어진 셈이며, 많은 새로운 쟁점이 여기서 비롯되었다. 소설의 내용·형식 문제에 대한 논의가 예술의 본질 문제로 확대되고, 창작 방법에 대한 새로운 인식을 가능케 한 것도 모두 계급문학의 논쟁을 통해 이루어진 성과다. 하지만 이 같은 성과에도 계급문학운동은 계급의식과 문학의 사회적 기능에 대한 강조에 치중함으로써 문학의 예술성에 대한 무관심을 드러내고 있다는 평을 받고 있다. 그러나 문학의 사회적 실천을 통해 식민지 상황에 대한 철저한 인식에 눈뜨게 했다는 사실을 간과할 수는 없다.

문학의 사회적 실천은 오늘의 현실에서조차 여전히 주목되고 있는 과제이며, 이념적인 개방성을 전제할 경우 계급문학운동이 지니는 현 단계적 의의를 결코 부인하기 어려울 것이다. 일제강점기의 계급문학운동은 보다 넓은 의미의 탈식민주의 운동이라는 범주에서 새롭게 검토되어야 한다. 계급문학운동이 이념적인 성격을 강하게 나타내고 있었다 하더라도, 그것이 식민지 상황을 극복하기 위한 실천적 노력에 속하기 때문이다. 실제로 1920년대 민족운동이 이념적인 지표에 따라 민족주의적인 지향과 사회주의적인 지향을 각기 드러냈지만 식민지 지배 세력에 대한 대응이라는 보다 높은 차원의 민족의식을 요구했던 것이 사실이다. 그렇기 때문에 계급문학운동은 일제강점기에 이루어진 넓은 의미의 반제국주의·반식민주의 운동의 범주에서 역사적 성격을 재조명할 수 있다.

제4부

1
전환시대의 문학

1) 시대 상황과 문학의 변화

해외 문학파의 위상

한국문학은 1930년대 중반부터 일본 군국주의가 득세하고 사상 탄압이 강화되는 과정에서 새로운 변화를 맞이했다. 1935년 조선프로예맹의 강제 해체를 고비로 한국문학의 주조를 형성하고 있던 집단적 이념 추구의 경향 대신 개인적 주체에 기초한 문학의 다양한 경향이 뚜렷하게 등장했다. 이러한 변화는 물론 문학 자체의 내적 요구에 따른 것이라기보다 일본 식민지 지배 정책의 변화에 따라 강요된 것이라는 점에서 그 한계를 인정할 수밖에 없다. 그렇지만 새로운 문학적 관점과 비평 방법을 바탕으로 지속적으로 식민주의적 근대성에 대한 비판을 제기할 수 있게 되었다는 점은 주목을 요한다.

1930년대 문학의 전환은 문단 내 주류의 변화와 전문적인 문인 집단의 등장을 통해 구체화된다. 한국 근대문학의 형성기에 활동한 문인 가운데 이광수를 비롯해 김동인, 염상섭 등은 모두 대학에서 문학을 전문적으로 공부한 사람이 아니었다. 시인 김소월, 이상화, 한용운 등도 마찬가지였다. 이들은 개인적 관심에 따라 문단에 발을 들였고 창작을 통해 자기 문학의 일정한 성취를 이루었다. 1920년대 계급 문단을 주도한 김기진, 박영희, 이기영, 한설야 등도 모두 그러했다. 이들 역시 일본 좌익 문단의 지적 풍토를 살피고 개인적으로 사회주의 이론을 학습하면서 식민지 조선 사회의 계급적 모순 구조를 인식했다. 그러므로 초창기 문단에는 사회 전반의 계몽주의적 분위기 외에 문학의 주조를 형성할 만한 문예 이론이나 방법이 없었던 셈이다.

그런데 이러한 현상은 1920년대 후반기에 이른바 '해외 문학파'로 지칭되는 일군의 문인 집단이 등장하면서 변화되기 시작했다. 해외 문학파의 등장은 당대 조선의 문단과 일정한 거리를 두고 있었다. 해외 문학파의 중심 인물로 지목되는 이하윤, 김진섭, 손우성, 정인섭 등은 해외문학연구회(1926)를 도쿄에서 처음 조직했을 때 모두 유학생 신분에 불과했다. 이들은 대학에서 정식으로 문학을 전공하면서 문학 연구에 몰두했고, 새로운 문학에 대한 열정을 키웠다. 그리고《해외 문학(海外文學)》이라는 잡지를 1927년 서울에서 창간하면서 계급문학과 민족문학으로 양분되어 있던 문단의 제3지대로서 자신들의 존재를 드러냈다. 잡지의 창간사를 보면, 해외문학파가 특정 문예상의 주의나 분파를 초월하는 입장에 서 있음을 천명하고 있다. 이들은 외국 문학을 연구하는 목적이 결코 외국 문학 연구 자체에만 있는 것이 아니라 첫째로 우리 문학의 건설, 둘째로 세계문학의 호상 범위를 넓히는 데 있음을 주장했다. 그리고 영문학, 불문학, 독문학, 러시아 문학 등 서구 문학작품의 원전을 번역해 소개함으로써 일본어 번역의 중역으로 접했던 서구 문학을 직접 대면할 수 있도록 하겠다는 포부를 밝혔다.[1]

해외 문학파의 문단적 위상은 이들이 서구 문학에 대한 폭넓은 교양과 전문 지식을 바탕으로 1930년대 문단과 저널리즘에 진출하면서 두드러지기 시작했다. 이와 같은 문단의 변화를 계파적으로 인식하고자 했던 계급 문단의 비평가들은 이들의 역할과 지위를 문제 삼아 이른바 '해외 문학파 논쟁'[2]을 일으켰다. 하지만 논쟁은 비평 방법과는 무관하게 조선프로예맹 제1차 검거 사건을 전후로 문단의 세력균형 변화에 직면한 계급문학가들의 초조함을 드러내는 것에 지나지 않았다.

해외 문학파를 대표했던 이헌구는 스스로 해외 문학 연구자로서 정체성을 강조하면서 학구적인 입장에서 어떤 이념적 요구와도 상관없이 외국 문학을 한국에 소개하고 한국문학이 더욱 활성화되고 발전하도록 한다는 점을 다음과 같이 밝혔다.

1 권두언이《海外文學》의 창간호(1920. 2)에 발표.

2 '해외 문학파 논쟁'은 해외 문학파의 鄭寅燮, 「朝鮮 現 文壇에 呼訴함」(朝鮮日報, 1931. 1. 2); 李軒求, 「海外文學과 朝鮮에 잇서서 海外文學人의 任務와 將來」(朝鮮日報, 1932. 1. 1-13) 등과 계급 문단의 宋影, 「一九三一年의 朝鮮 文壇 概觀」(朝鮮日報, 1931. 12. 17-27) 등으로 이어진다.

朝鮮에 잇서서 外國 文學을 硏究 紹介하는 者의 任務는 어대 잇슬까? 朝鮮과 가티 新文學運動이 極히 年淺하고 또 傳統을 가지지 못한 社會에 잇서서는 外國 文藝의 史的 潮流와 그 代表的 作品을 鑑賞하지 안으면 안 되고 이에 對한 體系的 論評을 絶對로 必要로 한다. 이러한 意味에서 外國 文學을 全的으로 紹介하는 飜譯과 學究가 雙全함을 必要로 한다. 卽 外國 文學(그 自身이 亦是 朝鮮文藝 發達과 密接한 關係가 잇서 왓다.)을 正確히 自國內에 紹介 또는 飜譯하는 것은 人類의 文學遺產을 正當히 鑑受하는 必要한 人間自體의 要求다. 그러나 吾人이 여긔에서 特히 關心하며 注意하는 바는 엇더한 態度와 立場에서 過去의 外國 文學(自國 文學에 잇서도 同一하다.)을 鑑賞, 批判할 것인가이다. 다만 漠然하게 文學은 人生의 그 어느 反映이라거나 그 어느 階級人의 心理 描寫라는 外部的 感官만을 通해서 불 것이 아니요, 너김히 그 속에 具現된 人間 心理의 編物한 描寫 呼訴 '엑스타시'와 또는 그때 社會 人間의 對外部的 (支配階級 又는 被支配階級) 活動如何를 感受할 수 잇는 藝術的 感興의 所持者인 同時 그 自身이 그 作品 또는 그 思潮를 鑑賞 批評하는 데 잇서서 恒常 自己의 生活하는 社會와의 關聯을 忘却하지 안는 人間이어야 할 것이다. 卽 過去의 엇던 文學에서 自己의 隱退世界를 發見하는 것이 아니요, 그 속에서 새로운 무엇을 차저낼 수 잇는 社會人(階級人)이 되어야 한다는 것이다.[3]

이헌구의 주장은 서구 문학의 동향을 일본이라는 스펙트럼을 통해 소개하는 데 그쳤던 기왕의 문단 비평 전반에 대한 반성과 비판을 포함한다. 외국 문학의 다양한 경향과 특징을 학구적으로 연구하고 한국 문단의 현실에 맞춰 가장 현대적이면서도 진보적인 문학을 소개하는 것은 외국 문학 연구자의 당연한 임무라고 할 수 있다. 한국문학이 토속적 환경에 고립된 상태에서 벗어나 세계성을 확보하기 위해서도 물론 해외 문학의 적극적 소개가 이루어져야 한다.

그런데 계급문학론자들은 해외 문학파의 등장과 문단 활동을 계파적 관점에서 경계하면서 이념적 불투명성을 공격했다. 이들은 신간회 해체와

---

3 李軒求,「海外 文學과 朝鮮에 잇서서 海外 文學家의 任務와 將來(三)」(朝鮮日報, 1932. 1. 7).

조선공산당 재건운동을 주도적으로 획책했지만 조선프로예맹 맹원에 대한 제1차 검거 사건이 시작되면서 조직의 위기에 직면해 있었다. 계급 문단의 조직을 재정비하는 데 앞장섰던 임화는 해외 문학파의 활동을 계급문학운동에 대한 도전으로 간주하면서 해외 문학파가 내세운 자유주의적이고 학문적인 입장을 부르주아 리버럴리즘의 등장으로 치부했다. 그는 해외 문학파가 외국 문학에도 엄연히 존재하는 프롤레타리아문학을 외면한 채, 문학의 계급성을 몰각한 우익 성향의 예술파 집단에 불과하다고 매도했다.

임화의 비판은 해외 문학파를 하나의 문단 조직으로 성급하게 몰아간다는 점에서 조급함이 그대로 드러난다. 문학 연구의 전문성과 함께 해외 문학의 당대 경향에 직접 접근하고자 하는 해외 문학파의 노력을 계급문학의 조직과 이념성에 근거해 비판하면서 "타도 해외 문학광(海外文學狂) 일파!"라는 선동적 발언을 하기도 했다.[4] 사실 해외 문학파는 하나의 이념이나 주의 주장을 내세우면서 등장한 문단 조직은 아니었다. 임화는 해외 문학파의 자유로운 입장을 인정하려 하지 않았지만, 해외 문학파로 지목된 김진섭, 이헌구, 정인섭, 손우성 등은 국내 문단에서 어떤 조직 활동도 보여 주지 않았다. 그러므로 이헌구와 임화의 논쟁으로 대표되는 해외 문학파 논쟁은 획일적 이념과 조직에만 의존하고자 했던 계급문학운동의 위기를 예견할 수 있게 한다.

구인회의 활동

1930년대 초반 문단에서 구인회(九人會)(1933)의 등장은 하나의 '사건'으로 기록되고 있다. 구인회의 문학 활동은 1930년대 이루어진 새로운 문학적 성과를 그대로 보여 준다. 구인회 회원들이 추구했던 모더니즘 문학은 계급 문단의 붕괴와 리얼리즘 경향의 퇴조에 뒤이어 등장한 것으로, 정치적 이념성을 거부했다는 점에서 문학적 순수주의 또는 순수문학의 경향으로 평가된 바 있다. 이 새로운 문학이 집단주의적 논리와 역사에 대한 과도한 전망을 부인한 것은 문학이 개인주의적인 취향으로 회귀하고, 문학적 주제 의식에서 일상성의 의미가 그만큼 중시되고 있었음을 의미한다.

---

4 林和, 「所謂 海外 文學派의 正體와 將來」(朝鮮之光 제100호, 1932. 1-2), 54면.

구인회는 결성부터 당대 문단의 관심 대상으로 대두됐다. 그 이유는 여러 가지 측면에서 검토해 볼 수 있다. 구인회는 하나의 문학 동인에 불과하지만 다른 문학 동인들과는 분명하게 구별되는 성격을 지닌다. 대개의 문학 동인은 그 출발이 문단 신인들로 이루어진다. 그리고 이들이 새로운 문단 활동의 기반으로 동인지를 간행하면서 그 면모가 드러난다. 1920년대《창조(創造)》,《백조(白潮)》 등의 동인지가 그에 해당한다. 그러나 구인회는 기성 문인들이 모여 만들어 낸 작은 단체였다. 특히 당대 문단을 주도했던 계급문학운동의 정치성에 무관심으로 일관하면서 구성원들 각자의 문학적 역량에 기대고 있었다는 점이 주목된다. 구인회의 기관지로 출간된《시(詩)와 소설(小說)》(1936)은 이 문제적인 문단 조직의 출현을 알리는 동인지로 인식되기보다 오히려 하나의 사화집(詞華集)처럼 생각되었을 정도다.

1930년대 문단에서 계급문학운동이 일본 경찰의 사상 탄압으로 퇴조하기 시작하자, 크고 작은 새로운 문학 동인이 헤아리기 어려울 정도로 많이 등장했다. 문학의 새로운 경향이 소규모 동인 활동을 중심으로 구성되면서 구인회도 그 가운데 하나로 자리 잡게 된다. 구인회의 결성을 보도한 조선일보의 학예면 기사[5]는 '구인회 창립'이라는 제목으로 "純然한 硏究的 立場에서 相互의 作品을 批判하며 多讀 多作을 目的으로 하고 아래의 九名은 금번 九人會라는 社交的 '클럽'을 맨들럿다. 李泰俊, 鄭芝鎔, 李鍾鳴, 李孝石, 柳致眞, 李無影, 金幽影, 趙容萬, 金起林."이라고 기록하고 있다.

여기서 구인회의 실체부터 살펴볼 필요가 있다. 조용만의 회고[6]는 이 새로운 문단적 모임의 결성을 먼저 주장했던 인물로 소설가 이종명과 영화인 김유영을 지목하고 있다. 이종명과 김유영은 조선프로예맹의 계급문학운동에 대항할 새로운 문학 단체를 기획하고자 했으나, 이들의 생각과 달리 구인회는 문학인 아홉 명이 모이는 소규모 동인 모임의 형태가 되었다. 게다가 출발부터 우여곡절을 겪으면서 결성 직후 구성원의 절반 가까이가 교체됐다. 이처럼 구인회가 동인으로서 결속력을 보여 주지 못하게 된 것은 조직

5 「消息」(朝鮮日報, 1933. 8. 30).

6 조용만, 「구인회 이야기」, 『울밑에 핀 봉선화야: 30년대 문화계 산책』(정음사, 1984), 134-135면 참조.

의 목표 자체가 가지는 '사교적 모임'의 성격에 기인한다고 할 수 있다. 계급 문학운동에 참여했던 김유영이 조선프로예맹을 이탈하고 이에 대응하기 위한 새로운 문단 조직을 꿈꾸었다는 것은 구인회 모임의 초기부터 짐작할 수 있는 일이었다. 그리고 이 같은 김유영의 의도에 이종명 또한 동조했다. 하지만 이태준이나 정지용 등은 애초부터 이념적 색채를 드러낸 문단 조직에 관심이 없었다. 그들은 이를 사교 모임 정도로 여겼다. 실제로 구인회에는 동인으로 참여한 구성원들의 결속을 가능하게 하는 학연이나 지연(地緣)도 없었고, 이념적 성향에서 공통점도 확인할 수 없었다. 그야말로 자유로운 사교 모임이었다. 창립 초기에 의욕적으로 활동했던 월평회도 지속적인 모임이 되지 못한 채 지지부진했다. 당시 임화 등과 함께 조선프로예맹에 깊이 관여하고 있던 백철은 구인회의 무정견성을 이렇게 비판했다.

> 九人會! 처음 이 그룹과 그를 構成한 使徒들의 이름이 發表되엇을 때에 나는 여러 가지 意味로서 될 수 잇으면 일정한 의의를 붙여서 그것을 생각하고 싶엇다. 그러나 아무리 생각해 보아도 이 그룹의 生存은 意味 잇는 內容 此方面을 가진 祝福된 存在는 아니엇다.
>
> 첫재로 이 그룹은 과거의 自然主義派, 寫實主義派, 理想主義 等의 時代的 潮流를 代表하고 잇는 意味의 存在는 本來부터 아니엇다. 그러타고 하여서 그것은 部分的으로 藝術的 傾向을 가치하고 잇는 藝術家의 一定한 存在, 例를 들면 未來派, 立體派, 超現實主義派, 그리고 日本의 新興藝術派 같은 內容을 가진 그룹도 아니엇다. 웨 그러냐 하면 나는 이 그룹의 構成 멤버를 볼 때에 李孝石 氏와 李泰俊 氏 사이에도 아무 共通的 傾向을 발견할 수 없으며 그러타고 하여서 金起林 氏의 詩的 傾向을 鄭芝溶 氏의 카톨릭 詩와 合致시킬 수도 없으니까 그들 自身이 發表한 '九人會'의 主旨를 보면 서로 親睦을 圖謀하는 것이 첫재 條件이고 讀書와 硏究를 하는 것이 둘재 條目으로 되어 잇는 듯싶다.
>
> '九人會'와 같은 散漫한 性質을 가진 會合에서 天下를 攻取하기보다 어렵은 文學의 事業이 硏究되리라고는 本來부터 믿을 수 없거니와 가사로 이 會合에서 一定한 讀書와 硏究가 된다고 假定해도 그것만으로서는 九人會가 現實的으로 存在될 아무 意義가 없는 것이다. 過去의 日本 新興藝術派의 前

身으로서의 '十三人 俱樂部' 等에 比하여도 一層 空虛한 內容을 갖고 잇는 이 九人會는 結局에 잇어 無意味하고 方向을 잃은 存在에 不過한 것이다.

그러한 意味에는 나는 이 九人會를 가리처서 '無意志派', 乃至 '自由主義 前派'라고 부르려고 한다. 그리고 이와 같이 九人會를 命名하고 잇는 것은 나의 단순한 好奇心的 愛名이 아닌 것은 勿論이다.

벌써 指摘한 바와 같이 現實的으로 存在할 아무 積極的 意義를 갖고 잇지 못한 '九人會'는 意志와 方向을 잃고 잇는 存在이며 따라서 그 無意志한 存在는 그들의 一時的 興奮이 없어지자 그대로 自然 消滅이 되기 쉽다.

그러한 限에서 그들은 '無意志派'다. 그리고 그것이 卽時 消滅되지 않는 限에 잇어는 그것은 어떤 것의 前派가 아니면 아니 된다. '九人會'는 무엇보다도 그 組織의 內容으로 보아서 그대로 오랫동안 머물러 잇을 性質의 것이 아니고 곧 다른 衣裳을 바꾸어 입어야 할 運命을 갖고 있다.

前派! 그러면 그것은 무엇의 前派일가? 여기서 나는 그것을 大膽히 自由主義 前派라고 부른다. 前節에서 논한 非常時期的 분위期와 관련하야 생각할 때에 이 時機에 잇어 조선에 잇어도 自由主義를 위한 一定한 분위기가 촉진되고 잇으며 그 분위기 우에 廣汎한 意味의 自由主義 作家 그룹의 結成이 可能한 까닭이다. 그리고 九人會의 構成 멤버의 大部分이 自由主義 傾向을 가진 것이라는 것 其他로 보아서 이 그룹은 그것의 前派 이외에는 나갈 길이 없다는 것을 決定키 어렵은 일이 아니다. 그리고 그들은 그러한 意味의 自由主義派까지 發展하는 데서 비로소 一時的이나마 社會的으로 存在할 意義를 갖게 될 것이며 또 그러한 限에서만 그것은 一定한 進步的 任務를 다하게도 될 것이다.[7]

백철은 구인회 같은 문단 조직이 존재를 드러내기 위해서는 하나의 유파적 성격을 가져야 한다고 주문하고 있다. 백철의 요구는 조선프로예맹이라는 조직이 지향하던 이념과 노선에 근거할 경우, 어느 정도 수긍할 만하다. 그러나 구인회를 하나의 유파적 개념으로 인식하는 것은 애당초 잘못된 관점이다. 구인회는 하나의 기획에 동조하는 예술가들의 집단적 결의를 거쳐

7 白鐵, 「邪惡한 藝苑의 雰圍氣(下)」(東亞日報, 1933. 10. 1).

나온 공식적인 성격의 조직체가 아니었기 때문이다. 게다가 구인회는 그들 스스로 명명하고 규정하고자 하는 어떤 경향을 드러내지 않았다. 하지만 이러한 이유 때문에 백철은 구인회의 등장을 당대 현실의 불안과 암담한 분위기에서 새로운 도피처를 구하고자 하는 문학인 일군의 도피 행각으로 치부했다. 그는 구인회의 구성원을 어느 곳을 향해 어떻게 나아갈 것인지 아무런 지침도 없이 현실로부터 도피하는 데만 급급한 '황혼의 사도'로 규정했다. 그러므로 구인회는 현실적으로 존재할 아무런 의미가 없으며 자연 소멸될 것이라고 진단하면서, 다만 객관적 정세의 불안으로 보아 이들이 추구하는 자유주의적 색채가 일정 부분 의미 있는 요소가 될 가능성이 있다고 평가했다.

이태준은 백철의 비판에 대해 구인회를 대변했다. 이태준은 구인회의 구성원 가운데 연장자에 속했고 문단 경력이 10년에 가까운 중진이었다. 그는 백철이 '무의지파'로서 구인회의 성격을 지적한 것에 크게 반발하지 않았다. 구인회가 통일된 이념과 목표를 가지지 못했다며 구성원의 문학적 태도를 비판한 것에도 변명하지 않았다. 이태준은 구인회 구성원들의 다양한 문학적 관심과 자유주의 성향을 들어 구인회의 반유파적 성격을 해명하고자 했다.[8] 구인회의 조직 결성을 두고 하나의 문단적 유파로 해석하기 어려운 무의지적 특징을 들어 그 지속 가능성을 회의했던 백철의 견해와 달리, 이태준은 오히려 구인회가 갖는 문단적 사교성에 역점을 두어 그 가능성을 주장하고자 했다. 이러한 이태준의 주장에는 구인회라는 조직 자체의 이념적 속성보다 이에 가담하고 있는 문인들의 개인주의적 성향에 대한 관심을 더욱 강조하고자 하는 의도가 담겨 있다.

구인회의 문학 활동은 1934년도에 들어서면서 대중적인 관심의 대상이 된다. 구인회는 1934년 6월 30일 첫 번째 '문예 강연회'를 열었고, 신건설사 사건이 일어난 때였지만 대중 독자의 커다란 호응을 얻었다. '시와 소설의 밤'이라는 제목을 내걸고 이루어진 문예 강연회는 조선중앙일보 학예부가 후원했으며, 종로에 위치한 중앙기독교청년회관에서 개최되었다.[9] 구인회의 문

8 李泰俊, 「評壇에 보내는 말 評家여 좀 더 謙遜 하여라」(朝鮮日報, 1933. 10. 14).

9 「文壇의 一盛事! '詩와 小說의 밤' 九人會 主催와 學藝部 本師 學藝部 後援」(朝鮮中央日報, 1934. 6. 25).

예 강연회는 정지용의 시 낭송과 함께 '창작의 이론과 실제(이태준)', '문장과 언어(박태원)', '시의 근대성(김기림)'이라는 강연으로 이루어졌다. 대중을 상대로 하는 문예 행사로서 입장료까지 받은 이 강연회는 상당한 화제를 모았다.

구인회는 조직 구성원의 문단적 위상을 높이기 위해 동인지 형태의 기관지를 발간했다. 이상이 편집을 맡아 발간한 구인회의 기관지는《시와 소설》이라는 이름을 내걸고 1936년 3월에 세상에 나왔다. 당시 신문 기사의 내용을 종합해 보면《시와 소설》은 동인지의 형태지만 당초에는 월간으로 기획되었던 것임을 알 수 있다.[10] 판매 가격이 10전에 불과하고 전체 50면을 넘지 않는 이 동인지는 전문 용어로 '소잡지(小雜誌)'에 해당했다. 새로운 동인지는 제한된 발행 부수와 비상업성 등의 이유로 성공을 거두지 못했지만, 1930년대 중반 한국 문단에서 구인회라는 동인의 존재와 그 문학적 성향을 분명하게 드러내는 증거가 되었다.

《시와 소설》의 창간호에 수록된 시로는 정지용의 「유선애상(流線哀傷)」, 이상의 「가외가전(街外街傳)」, 김기림의 「제야(除夜)」, 김상용의 「눈 오는 아침」, 「물고기 하나」, 백석의 「탕약(湯藥)」, 「이두국주가도(伊豆國湊街道)」 등이 있고, 소설로는 박태원의 「방란장(芳蘭莊) 주인」, 김유정의 「두꺼비」 등이 있다. 김기림의 「걸작에 대하여」, 이태준의 「설중방란기(雪中訪蘭記)」, 김상용의 「시」, 박태원의 「R씨와 도야지」 등의 산문도 함께 실렸다. 구성원 가운데 박팔양과 김환태의 작품이 빠져 있는 대신 구인회의 정식 회원이 아닌 백석의 시 두 편이 수록되어 있는 점이 특기할 만하다.

잡지의 '편집 후기'에 따르면 구인회는 1935년 중반 이후 특별한 움직임을 보여 주지 못했다. 이에 구인회는 이상이 창문사에서 일하게 된 것을 계기로 화가 구본웅의 호의에 의해 동인지 출판을 계획하고 새로운 동인으로 김유정, 김환태를 영입함으로써 다시 구성원을 아홉 사람으로 채우게 된다. 동인지는 당시 회원으로 박팔양, 김상용, 정지용, 이태준, 김기림, 박태원, 이상, 김유정, 김환태를 직접 소개했다. 구인회의 출범 당시 이태준, 정지용, 이종명, 이효석, 유치진, 이무영, 김유영, 조용만, 김기림이 참여했다는 점과 비교해 보면 초기 구성원 가운데 이태준, 정지용, 김기림만 남아 있는 것을 알

10 「九人會 同人誌《詩와 小說》創刊」(朝鮮日報, 1936. 3. 21).

수 있다. 박팔양, 김상용, 박태원이 중간에 참여하고 이상, 김유정, 김환태는 뒤에 합류했다. 결국 구인회는 이태준, 정지용, 김기림이 그 중심에 자리하고 있었음을 알 수 있다.

구인회의 성격에 대해서는 조직의 좌장 격이었던 이태준이 다음과 같이 해명한 바 있다.

> 九人會는 한낫 文學的 社交性을 가젓슬 뿐이다. 우리 九人會員들은 이런 會合이 必要하엿다. 대개는 創作에만 專心하지 못하고 記者니 教員이니 하는 繁務에 매여 무엇보다도 藝術家로서의 氣分 感情에부터 주으린 우리들이다. 종일 맛나는 사람들이 藝術家 아닌 사람들이요, 종일 듯는 소리가 藝術 아닌 소리들이다.
>
> 그러다가 偶然히 글쓰는 사람끼리 맛나면 그때의 반가움이란 또 될 수 잇스면 文學的인 會話를 갓고 십풀 것이란 決코 적은 欲望이 아니엿다. 그리고 그와 헤여질 때는 가물엣 폴이 멧 방울 비에 젓는 듯 生氣가 나고 創作慾의 搖動을 가슴 하나 느끼는 것이 事實이엿다.
>
> "야! 자주 맛나기만이라두 해야겟다." 이래서 그 偶然히 맛나는 것을 計劃的으로 定期的으로 맛나기 爲해 생긴 것이 九人會다. 그래서 된 것이니 다른 일이 잇슬 리 업다. 會員의 것을 本位로 作品의 吟味, 批判이 잇고 論題가 잇스면 서로 생각해 가지고 와 公開한다. 그것 中에 一般的으로 公開할 만한 것이면 臨時 臨時로 무슨 會를 主催하기도 하는 것이다. 가장 自由스러운 無指導者의 文學 私塾으로 알면 그리 틀리지 안흘 것이다.
>
> 우리는 會員의 思想을 強制하지 안는다. 어느 團體에 끼여 어떤 思想 行動을 하거나 어떤 傾向을 作品에서 强調하거나 絕對 自由다. 다만 九人會 그것을 자기가 利用하려 들어서도 안 된다. 그런 野心人이 생기면 벌써 友誼에 不純이 생기기 때문에 不可不 남이 될 수박게 업는 것이다. 이러한 意味에서 우리들에게 이미 남 되어 주기를 要求바든 會員도 잇섯다. 그러므로 九人會 그 자체에게 어떤 政治的인 行動을 期待하는 것은 九人會의 性格을 모르기 때문이다. 九人會員인 作家가 個人으로나 혹은 다른 團體에 끼여선 어떤 行動이던 할 수 잇되, 九人會로서는 '글공부' 그 以上에 나서지 못한다. 그러타고 그것이 九人會를 爲해서 슬퍼하거나 못맛당해 할 理由는 아모것도 업다. 애

초에 붓으로 맨 것은 글을 쓰는 것으로 맛당하고 비로 맨 것은 마당을 쓰는 것만으로 맛당한 것이다. 쓸데업시 무슨 青年雄辯大會에서나처럼 주먹을 부르쥐고 '九人會는 百害無一利'니 '九人會 作家여 勇敢하여라 民衆도 생각하여라.' 하는 것들은 참으로 무엇에 그러케 놀낸 사람들인지 알 수가 업다. 우리도 그만한 民衆 觀念, 그만한 自己反省에 게을리지 안는다. 그냥 漠然히 民衆 云云한다고 지금은 수가 아니다. 會에도 여러 가지가 잇는데 九人會 가튼 會도 잇거니 하는 것은 會에 對한 常識일 것이다.[11]

이태준의 지적대로 구인회는 특정 사상이나 이념을 표방하지 않았지만, 구성원들의 개성으로 인해 이미 문단의 새로운 경향이 되어 있었다. 그것은《시와 소설》에 발표된 작품들이 당대 문학의 실험적 기법을 담아, 각각 특이한 언어로 새로운 방식들을 실천해 보였기 때문이다.

1930년대 등장한 새로운 세대의 문인들은 일제의 검열과 사상 탄압이 강화되자 다양한 소모임 활동을 기반으로 소규모의 동인지를 발간하면서 문학적 출구를 모색했다. 실제로《해외 문학(海外文學)》이후《시문학(詩文學)》(1930),《삼사문학(三四文學)》(1934),《시와 소설》(1936),《시인부락(詩人部落)》(1937),《단층(斷層)》(1937) 등의 동인지가 발간되었다. 더구나 당대 문단에서는 개별적 주체의 문학 활동을 적극적으로 지지해 줄 수 있는《신동아(新東亞)》(1931),《조광(朝光)》(1935) 등 월간 종합잡지도 등장했다. 동아일보와 조선일보라는 양대 신문사에서 간행한 종합잡지는 문예 영역에 대중 독자의 관심을 끌어모으면서 창작 활동의 기반을 확대했다. 1930년대 말에 간행된《문장(文章)》(1939),《인문평론(人文評論)》(1939)은 순문학잡지로서 많은 신인을 배출하고 중요 작품들을 널리 수록하는 동시에 해외 문학의 동향을 활발하게 소개함으로써 한국문학의 다양성을 보여 주었다.

11 李泰俊,「九人會에 對한 難解其他」(朝鮮中央日報, 1935. 8. 11).

2) 비평의 논리적 전환

시적 감수성의 변화

1930년대 시문학은 전대에 볼 수 있던 시적 관습을 거부하고 새로운 시적 감수성으로의 변화를 요구하면서 문학사적 위상을 분명히 했다. 현대시는 시적 언어와 기법의 새로운 발견, 서정 자아의 내면 탐구 등으로 방법의 전환을 이루었다. 시적 언어와 시 정신의 본질에 대한 탐구가 가능해지면서 예술적 창조의 세계 그 자체를 시적 대상으로 삼는 새로운 경향도 나타났다. 이것은《시문학》(1930)과 같은 시 창작 동인 활동이 보여 준 정치성으로부터의 이탈과 함께 시의 순수 지향을 통해 구체화되었다.

> 우리는 詩를 살로 새기고 피로 쓰듯 쓰고야 만다. 우리의 시는 우리의 살과 피의 맷힘이다. 그러므로 우리의 시는 지나는 걸음에 슬쩍 읽어 치워지기를 바라지 못하고, 우리의 시는 열 번 스무 번 되씹어 읽고 외어지기를 바랄 뿐, 가슴에 느낌이 있을 때 절로 읊어 나오고 읊으면 느낌이 일어나야만 한다. 한말로 우리의 시는 외어지기를 求한다. 이것이 오직 하나 우리의 傲慢한 宣言이다.
>
> 사람은 生活이 다르면 感情이 같지 않고, 敎養이 같지 않으면 感受의 限界가 따라 다르다. 우리의 시를 알고 느껴 줄 많은 사람이 우리 가운데 있음을 믿어 躊躇하지 않는 우리는 우리의 朝鮮말로 쓰인 시가 조선 사람 전부를 讀者로 삼지 못한다고 어리석게 不平을 말하려 하지도 않는다. 이것이 우리의 自限界를 아는 謙遜이다.
>
> 한 民族의 言語가 發達이 어느 정도에 이르면 口語로서의 存在에 滿足하지 아니하고 文學의 形態를 요구한다. 그리고 그 文學의 成立은 그 民族의 言語를 完成시키는 길이다. 우리는 조금도 바시대지 아니하고 늘진한 걸음을 뚜벅거려 나가려 한다. 虛勢를 펴서 우리의 存在를 認定받으려 하지 아니하고 엄연한 存在로서 우리의 존재를 戰取하려 한다.[12]

12 박용철,「詩文學 創刊에 對하여」,『박용철전집 II』(동광당서점, 1940), 142-143면.

박용철이 쓴 것으로 알려진 '편집 후기'는 한국 현대시의 발전 과정에서 시 정신의 전환을 선언하는 변곡점이 된다. 이 글에서 강조하는 한국어에 대한 자각은 문학의 본질적 요소에 해당한다. 특히 그는 문학의 존립을 민족어의 문제와 연결하여 문학은 민족어를 완성하는 길이라고 주장했다.

《시문학》 동인들의 시 창작과 구인회 동인의 문단 활동을 통해 구체화되기 시작한 새로운 문학의 경향은 문학적 순수주의로 요약할 수 있다. 무엇보다 중요한 것은 이 시기에 본격적으로 문학의 매체로서 국어에 대한 새로운 인식이 자리 잡았고, 언어적 기법과 문체가 문학적 성과를 좌우할 정도로 강조되었다는 점이다. 당시 문단에서 기교주의 논쟁이 촉발됨에 따라 모더니즘 문학이 확대되었던 것은 바로 이 같은 경향과 직결된다.

1930년대 시의 전체적인 특징은 시적 기법의 실험과 주지적 태도, 주관적 정서의 절제, 도시적 감각과 시적 심상의 구성 등으로 요약된다. 특히 언어 감각과 기법의 파격성을 바탕으로 한 자의식의 시적 탐구, 이미지의 공간적인 구성에 의한 일상 경험의 동시적 구현, 도시 문명과 모더니티의 추구 등은 시의 모더니즘 경향으로 규정할 수 있다. 이들은 근대 문물에 대한 비판적 인식을 바탕으로 시에 있어 언어의 중요성을 각별하게 인식하고 시 정신의 건강성을 강조했다. 이로써 시적 정서를 언어 감각을 바탕으로 하는 이미지로 구현하고자 했다. 정지용의 『정지용 시집(鄭芝溶 詩集)』(1935), 『백록담(白鹿潭)』(1941), 김기림의 『기상도(氣象圖)』(1936) 등을 비롯해 이상, 김광균, 장만영 등이 추구했던 시의 경향이 여기에 속한다.

그런데 이러한 경향과는 다르게 시적 모더니티의 초극(超克)에 더욱 관심을 보인 또 다른 부류의 시인들이 자리하고 있었음을 수복할 필요가 있다. 이들은 시를 통해 서정성을 지속적으로 탐구하고 인생과 자연을 관조하면서 인간의 원초적인 생명의식을 추구했다. 이들의 시에는 토속적인 분위기를 배경으로 한 인간의 원초적인 생명력이 관능적으로 표현되어 있으며, 생명에 대한 애착과 사랑, 허무를 극복하고자 하는 의지의 표상들이 많이 등장한다. 《시인부락》(1936)을 중심으로 활동했던 서정주, 오장환, 유치환, 김광섭, 신석초, 김현승 등의 시가 여기에 해당한다. 이들은 각각 작품 활동의 배경이 다르며, 서로 구별되는 독특한 시적 개성을 지니고 있었다. 하지만 현대 과학 문명의 비인간화 경향에 반발하면서 인간의 본능에 대한 시적 추구 작업에 몰두했고, 현대 사회에서 일어나는 통합된 개인적 주체의 붕괴에 도전해 인간의 생명 의지를 시적으로 구현하고자 하기도 했다. 즉 이들의 시에는 모더니티에 대한 비판적 담론이 자리하며, 인간의 존재와 삶, 생명과 죽음, 고독과 의지와 같은 관념적인 주제가 자주 등장한다. 이들의 문학 활동은 보통 시의 모더니즘 경향과는 다른 각도에서 그 위치가 규정되지만, 모더니즘 운동의 넓은 범주에서 드러나는 모더니티의 시적 지향 자체를 본질적인 속성으로 하고 있음은 물론이다.

소설과 도회적 일상의 발견

1930년대 소설은 소재의 다양성과 장르의 확대 현상을 통해 문학이 지향하는 상상력의 진폭을 잘 드러내고 있다. 이 시기에는 현실적인 삶의 일상성 자체가 가지는 의미를 추구하는 작품들이 많이 등장했으며, 도시 공간에 자리 잡게 된 삶의 세태와 변화를 그려 낸 작품도 적지 않다. 이 같은 작품들은 현실에 대한 풍자와 비판을 통해 지적인 세련을 더해 갔다. 이와 달리 농촌의 삶을 계몽적인 입장에서 그리거나, 농촌의 궁핍화 현상을 비판하는 작품도 나왔다. 현실의 제반 문제에 대한 우회적 접근을 시도한 역사소설도 많았고, 개인의 내면 심리를 추구하는 소설도 등장했다. 성적인 문제를 바탕으로 사회 현실을 그려 낸 많은 대중소설도 발표되었다.

1930년대 소설에서 확인되는 새로운 경향은 일상 속 개인의식의 추이를 다양한 서술 기법을 통해 포착하는 점이다. 소설 속 등장인물은 집단적인 이념이나 가치에 얽매이기보다 개별화된 내면의식을 드러낸다.[13] 당시 계급 문단의 소설이 대개 집단의식을 구현하기 위해 긍정적인 인물을 내세우고 있던 점을 생각하면, 소설의 등장인물이 왜소한 일상인의 모습으로 현실의 공간에 배치되어 있다는 것은 계급소설과 확연히 구별되는 특징이다.

1930년대 소설은 개별화된 인간의 내면의식, 도회적 풍물, 성(性)에 관한 관심과 관능미에 대한 천착 등 다양한 주제와 소재를 그렸다. 소설에 등장하는 개별화된 인간들은 대개 도시 공간을 삶의 무대로 삼고 있다. 소설의 배경 자체가 도회적이라는 것이 바로 이러한 특징을 말해 준다. 이 시기

13 강상희, 『한국 모더니즘 소설론』(문예출판사, 1999), 16-17면.

에 이르러서야 소설이 도시적 풍물을 소설의 무대로 구체화하게 된 것이다.[14] 도시 공간이라는 장치는 소설에서 단순한 배경으로만 활용되는 것이 아니다. 도시의 확대와 각종 새로운 직업의 등장, 도시의 가정과 가족의 해체, 물질주의적 가치관의 팽배, 환락과 고통의 변주, 소외된 개인과 반복되는 일상 등 소설에 담긴 모든 것이 1930년대 도시 생활의 변모와 함께 일어난 다양한 분화를 보여 준다. 그렇기 때문에 소설은 자칫 평범한 일상적인 이야기에 머물러 있다는 느낌을 주기도 하지만, 개체화된 인간들의 삶을 통해 도시의 속성에서 문제시되는 인간관계의 상실, 개인주의적 태도 등을 자연스럽게 표출한다.

이 시기의 소설이 도시적 시정(市井)의 삶에서 발견하는 것은 인간 세태와 풍물만이 아니다. 여기에는 인간 존재에 대한 새로운 서사적 질문법도 포함되어 있다. 경향파소설 이후 국내 문단은 개인과 사회 현실의 총체적인 관계 파악에 주력해 왔으나, 1930년대 소설은 현실의 개별적인 국면을 제시하고 개체화된 인간의 모습을 투영해 봄으로써 삶에 대한 새로운 접근을 보여 준다. 이러한 특성은 리얼리즘 문학을 문제 삼는 비평가들에게 성격과 환경, 즉 개인과 사회의 분열로 치닫는 소설의 위기로 인식되기도 했지만, 삶에 대한 인식 방법과 태도가 새롭게 전환되려 하는 징후로 인정될 수 있을 것이다.

새로운 소설에서 활용된 기법은 소설의 형식을 치장하도록 고안된 의장이 아니었다. 그것은 대상에 대한 새로운 인식 방법이며, 소설의 장르 규범을 새로이 정립해 보고자 하는 노력이었다. 박태원이 이른바 '의식의 흐름'이라는 심리주의 기법을 소설에서 시험한 것은 개인의식의 내면 공간을 확대하기 위한 방법적 천착으로 이해할 수 있다. 박태원은 인간 존재와 삶의 양상이 현실적인 공간 위에서만 의미 있게 규정되는 것이 아니라, 내면의식의 흐름 속에서 더욱 본질적인 것으로 자리 잡는다고 인식했다. 특히 '장면화(場面化)'의 방법은 소설의 국면을 이야기로 들려주기보다 현장성의 극적 표출을 통해 보여 주려 하는 것이다. 사소한 일상을 소설에 끌어들이지만, 이것을 이야기화하지 않는다. 모든 것은 그의 소설 속에서 하나하나의 장면으로 보이며 공간적으로 배치된다. 사건의 시간적인 진행이나 인과적인 해결을 목표

14 서준섭, 『한국 모더니즘 문학 연구』(일지사, 1988), 112-113면.

로 하지 않고, 상황 자체의 제시에 몰두하는 셈이다. 이 같은 소설 기법은 서사성의 원칙에 따르던 소설의 이야기를 해체하고 있지만, 소설 세계에서 공간성을 확보해 보려는 새로운 노력으로 설명될 수 있다.

그러므로 이 시기의 소설이 이념성을 배제하고 기법적인 면에서 새로운 변혁을 시도하는 것은 넓은 의미에서 모더니즘 소설의 가능성을 예고한다. 이 시기의 소설가 가운데 이효석, 이태준, 박태원, 이상 등은 소설이 기정 사실화된 삶을 이야기하는 데도 반대했다. 이들의 소설 작업은 미지의 삶에 대한 탐구이며, 새로운 삶의 세계에 대한 접근이었다. 그러므로 소설에 등장하는 인물들은 운명의 필연성에 얽매이지 않으며, 주어진 이념에 복종하지도 않는다. 독자는 소설 속에서 이러한 인물들을 만나고, 이들 인물이 스스로 내보이는 행위를 통해 자연스럽게 삶의 과정에 동참한다.

비평 관점의 전환

1930년대 문학비평은 문학과 집단적 이념성의 문제에 집중했던 이전의 문단 비평과 달리 문학의 본질적 요건에 관련되는 미학적 요소와 그 방법에 대한 다양한 문예미학적 비평 담론을 생산하게 되었다. 이러한 변화는 이 시기부터 비로소 본격적인 의미의 문예학적 비평이 성립되었음을 말해 준다. 초창기 문단에서 이루어진 비평 작업에서는 문학의 새로운 개념 정립 과정에서 문인들의 의견 개진과 상호 충돌이 많았다. 또한 작품 자체에 대한 논의보다 문학의 사회적 기능에 연관되는 다양한 문단적 논의가 중심이 되어 전개되었다. 계급문학운동의 성립과 함께 비평 활동이 본격화되었다고 할 수 있지만, 계급 문단의 조직과 확대 과정을 둘러싼 주도권 경쟁을 중심으로 문학 외적인 계급 이념의 문제에 주로 그 관심이 집중되어 있었다.

1930년대 문학비평은 계급 문단의 붕괴와 함께 새로운 문학 방법의 요구에 직면했다. 계급문학비평은 문학을 사회계급적 산물로 이해하고자 했기 때문에 문학의 사회적 기능이나 문학과 사회 현실의 관계 등을 중시했다. 그러나 1930년대에는 문학작품을 인간 정신 활동의 독자적 산물로 보는 객관론적 관점이 새로운 문학 경향과 함께 등장했다. 비평 관점과 방법에 대한 근본적인 반성은 일본 유학 과정에서 영문학을 전공했던 김환태의 이론비평을 통해 제기되었다. 김환태는 매슈 아널드의 관점에 근거해 문예비평이 온

전하게 문학 자체로 돌아와야 한다는 점을 강조하면서 문학 외적인 정치 요소에 좌우되는 비평 방법을 비판했다. 그리고 문학은 순수한 예술의 영역임을 다시 강조했다. 이와 같은 김환태의 주장은 한때 '순수비평'이라는 말로 지칭되기도 했다. 문학비평이 문학 외적 요건에 관한 논의에서 벗어나 순수하게 문학작품에 대한 인상을 중심으로 실질적인 작품 비평이 될 것을 요구한 것은 비평사의 일대 전환을 의미한다.

최재서(1908-1964)는 20세기에 접어들면서 크게 부각된 영문학의 비평 방법을 '주지주의(intellectualism) 문학론'이라고 규정하면서 그 가능성을 소개했다. 이러한 움직임은 이양하를 통해 확인 가능하며, 보다 관념적인 신남철 등의 이론비평에서도 찾아볼 수 있다.[15] 김기림은 시문학의 이론과 관점의 새로운 전환을 이루어 냈다. 그는 '제작으로서의 시' 개념을 제기하면서 시인의 창조성에 대한 낭만주의적 관점을 거부하고, 시의 '기교주의 논쟁'을 촉발하기도 했다. 특히 그는 리처즈(I. A. Richards)의 비평론을 집중적으로 연구해 소개하면서 비평의 과학화를 내세웠다. 그리고 1930년대 한국문학의 거대한 전환을 '모더니즘'이라는 새로운 방법과 관점으로 해석해 냄으로써 식민지 상황에 갇혀 있던 한국문학의 문화적 위치를 서구 문학의 당대적 비평 담론의 거대한 공간으로 끌어올렸다.

1930년대 문학비평은 민족·계급·이념 등 거대 비평 담론의 논리적 전개와 그 문학적 실천이 불가능해지면서 외견상 주조를 상실한 듯한 느낌을 주기도 했다. 하지만 비평의 관심이 식민지 상황이라는 특수성을 벗어나면서 문예의 보편적 가치를 중심으로 하는 여러 주제를 다루기 시작했다. 계급 문단 비평의 변화는 '계급적'이라는 관형어를 벗어 버리는 데서 시작되었다. 그리고 이는 '인간적'이라는 관형어로 대체되었다. 이에 대해 사회 현실이나 계급적 조건이 아니라 인간 자체로 관심을 돌리고 있었다는 설명이 가능하다. 실제로 조선프로예맹의 해체 이후 비평적 관심을 모았던 주제들을 보면 '인간 탐구', '휴머니즘', '지성과 모럴' 등이 눈에 띄게 늘어났다. 이러한 논

---

15 李歇河의 「리챠-즈의 文藝 價値論」(朝鮮日報, 1933. 1. 24-31)와 「朝鮮 現代詩의 研究」(朝鮮日報, 1935. 10. 4-11), 申南澈의 「最近 朝鮮 文學思潮의 變遷」(新東亞 제47호, 1935. 9)와 「最近 文藝評論에 對한 二三의 斷想」(東亞日報, 1937. 6. 24-26)에서 이를 확인할 수 있다.

의를 모두 합쳐 '휴머니즘론'이라는 개념을 추출해 낼 수 있는데, 이것은 문학에 대한 논의가 보편적 인간 또는 개인 탐구의 문제로 전환되고 있었음을 말해 준다. 당시 평단에서는 이헌구의 행동주의 문학과 백철이 제시한 인간 탐구 문제가 사회주의적 사실주의 논의를 벗어나면서 새로운 쟁점이 되었고, 곧바로 휴머니즘 논의로 확대되었다. 김오성, 신남철, 안함광, 임화 등도 이 논의에 가세했다.

1930년대 후반에 접어들면서 객관적 정세가 더욱 악화되자 비평의 관심은 문학의 현실 인식이라는 보다 본질적인 문제에 접근하게 되었다. 여기서 제기된 것이 바로 사실주의 방법과 미학에 관한 다양한 비평적 논의다. 개인과 사회를 어떠한 방향으로 그려 내야 하며, 또한 현실의 위기를 어떻게 극복할 수 있을 것인가 하는 문제는 여전히 문단의 관심사였다. 사실주의에 대한 인식과 확대 과정은 자체의 미학적 원리를 탐색하는 작업보다, 문학의 영역 안에서 주로 소설이라는 문학 양식과 관련지어 논의되는 경우가 많았다. 소설의 경우, 개인의 일상을 소재로 하는 사소설적 경향이 두드러지게 되자 비평계 일각에서는 리얼리즘에 대한 반성을 소설의 양식 문제와 결부해 논의하기도 하고, 작가의 지성과 모럴 문제를 우선 과제로 제기하기도 했다. 당시 소설 경향에 대한 비평계의 진단은 대체로 작가 의식과 태도 문제에 대한 논의에서부터 점차 불안해지는 식민지 현실 상황의 문제로 관심을 확대하고 있었다. 백철이 내세운 '종합문학으로서 소설', '세태소설'과 '내성소설'의 극단적 편향을 위시하여 임화가 내세운 '본격소설'에 대한 논의, 김남천이 강조했던 '로만 개조론' 등이 그 실천적 모색의 결과에 해당한다.

2

문학과 현실주의적 인식

1) 휴머니즘 논쟁

문학과 행동의 요구

1930년대 문학의 흐름에 있어서 조선프로예맹의 강제 해체(1935)는 중요한 문제성을 지니는 여러 충동을 내포하고 있다. 일제는 만주사변을 계기로 군국주의 색채를 뚜렷이 드러냈으며, 한국의 정치·사회·문화 전반에 걸친 탄압을 가중했다. 이러한 상황에서 식민지 현실에 대응하는 집단적·이념적 성격을 지닌 문학은 점차 억제될 수밖에 없었고, 이에 대응하기 위한 새로운 정신적 노력이 요구되었다. 특히 성장하는 노동계급의 현실을 강조해 온 계급문학의 퇴조는 이데올로기의 지향을 문제 삼기 이전에 식민지 상황에서 한국문학이 겪어야 했던 정신적 시련을 의미하는 것이었다. 그러므로 당대 문단의 상황은 모든 문인에게 위기로 받아들여졌다.

계급문학운동의 퇴조와 함께 국내 문단에는 문학적 이념의 공백이 발생했다. 이를 메울 수 있었던 의미 있는 비평 과제는 문학의 영역 안에서 지식인의 태도와 정신을 문제 삼았던 휴머니즘 논의였다. 창작 방법론의 차원에서 제기된 사회주의 리얼리즘이 계급 문단의 조직 해체 이후 별다른 진전을 보이지 못하자, 백철이 제기한 휴머니즘 논의는 이헌구, 홍효민 등이 '행동주의 문학론'을 발표하고 김오성이 휴머니즘 문제에 관심을 집중하면서 범문단적으로 확대되었다. 최재서가 '지성과 모럴'을 내세우자 신남철도 여기에 끼어들었으며, 임화도 논의에 가담하면서 휴머니즘론은 다양한 사회·문화적 쟁점을 만들어 냈다. 그러나 휴머니즘의 주장은 문학적 실천에 있어 다분히 관념적인 속성을 벗어나기 어려운 것이었기 때문에 문학인 스스로 자기반성이나 자세의 확립이라는 주관적인 측면에 주력할 수밖에 없었다.

휴머니즘론이 문학인의 정신적 자세와 지향을 문제 삼았던 비평 과제였다면, 조선프로예맹 내부에서 논의되기 시작한 창작 방법에 대한 비판은 문학 자체의 속성과 실천 방안에 주목했다. 창작 방법의 차원에서 리얼리즘의 방법과 정신에 대한 문제가 제기되면서 소설 세계에 대한 본질적인 접근이 가능해진 것이다. 특히 장르론의 측면에서 활발하게 개진되었던 소설론은 소설이라는 문학 장르의 발전 과정을 역사 발전의 단계와 연관시켜 이해하고자 하는 폭넓은 견해를 수용했다.

이헌구는 프랑스 문단에 등장한 새로운 사조[16]를 소개하면서 행동주의적 휴머니즘의 가능성을 논의한 바 있다. 그는 당대 프랑스 문단에 코뮤니즘이 대두되고 파시즘이 등장하는 한편, 초현실주의 경향까지 뒤엉키면서 가치의 혼동과 불안의식이 팽배했음을 지적했다. 그에 따르면 이를 타개하기 위해 행동주의 또는 능동적인 정신을 강조하면서 앙드레 말로 같은 작가가 등장했다. 페르난데스는 지식계급의 공산주의에 대한 경도가 새로운 세기에서의 능동적 역할을 위한 결정이라고 했지만, 오히려 앙드레 지드는 공산주의로부터 탈퇴를 감행했다. 이러한 논의를 통해 휴머니즘에 대한 관심은 자연스럽게 당대 문단의 쟁점으로 부각되기에 이르렀다.

행동주의 문학에 관한 이헌구의 소개 작업에 뒤이어 홍효민은 다음과 같이 행동적 휴머니즘의 속성을 설명했다.

> 文學에 있어서 行動的 '휴맨니슴'은 全人格的 表現을 意圖하는 것이며, 機械論的·決定論的인 世界觀과 人生觀을 排斥하는이만큼 從來의 文學古典主義, 浪漫主義, '레알리즘', '나츄랠니슴', 心理主義가 恒常 犯하고 있는 個性的 思惟의 過重, 或은 觀念化시킨 感情의 一面的 表現에 스스로를 對蹠的 位置에 두는 것이다. 더욱이 主智主義에 對하여는 行動的 '휴맨니슴'은 決코 反理智的은 아니나 反主智主義의 立場을 取하는 것이다. 極端的인 反主智的 傾向인 超現實主義의 反動으로서 發生한 行動的 '휴맨니슴'에 있어서 勿論

16 李軒求, 「佛文學 思潮의 動態」(朝鮮日報, 1935. 1. 2-4) 및 「行動精神의 探求」(朝鮮日報, 1935. 4. 13-19).

理智는 精神生活의 貴重한 手段으로서 充分히 尊重되어 있는 바어니와 그의 發生과 成長을 '에스푸리'의 行動 속에서 보며 따라서 그의 機能과 權利를 妥當的으로 限定하는 것이다.

그리하야 行動主義 文學은 從來의 諸 文學形式에서 보는 바와 같이 人間의 理智的 統制에 依한 人間性의 全體的 把握은 믿지 안는 것이다. 그것은 웨냐하면 行動主義 文學에 있어서는 小說에 對한 構成은 槪念的으로 樣式化된 意圖의 合理的 發展이 아니며 그의 反對로 瞬間마다 그의 形式을 再構하야 가는 自發的인 創造的 展開를 하는 것으로 되는 것이다.

要컨대 이것은 小說의 構成에 있어서만 妥當할 뿐만 아니라 小說에 있어서 人物의 生活的 發展에서도 同樣으로 되는 것이다. 또한 이것은 文學行動에 있어서뿐만 아니라 모든 藝術行動에 있어서도 同樣으로서 動機, 또는 意圖的 瞬間이 制作行動에 옮기였을 때 一瞬間 一瞬間마다 볼 수 있는 飛躍的인 變化가 躍動하는 創造的인 行動的 眞實이 있다는 것이다. 따라서 '個的 人間을 全體性과 獨自的인 '레알리티'의 우에서 보기 위하야는 다만 行動的 角度에서만 可能하다.'는 것이 또한 妥當하게 되는 것이다.[17]

홍효민의 주장에서 주목되는 것은 행동적 휴머니즘이 전인격적 표현을 의도하며, 기계론적·결정론적인 세계관과 인생관을 배척한다는 점이다. 이러한 관점은 계급문학의 이념적 요구로부터 벗어나고자 한 한국문학의 현황과 연결해 볼 수 있는 대목이다. 기존의 문학예술에서 드러나는 개성적 사유의 과중을 문제 삼는 것은 최재서가 '주지주의 문학'이라는 이름으로 소개한 영문학비평의 한 특징과도 맥락을 같이한다. 하지만 비약적 변화가 약동하는 창조적이고 행동적 진실이라는 것이 과연 가능한 것인지에 대해서는 의문의 여지가 있다.

인간 탐구와 휴머니즘

1930년대 비평에 등장하는 휴머니즘에 대한 논의는 계급문학의 퇴조 과정에서 조선프로예맹의 해체로 이어진 문단 상황의 급격한 변화와 직결된

17 洪曉民, 「行動主義 文學의 理論과 實際」(新東亞 제47호, 1935. 9), 49-50면.

다. 백철은 조선프로예맹의 강제 해체와 함께 문단이 혼란에 빠지고 문학이 주조를 상실한 채 침체를 벗어나지 못하자, 인간 탐구 또는 인간 묘사를 휴머니즘론으로 포장하면서 이를 새로운 비평 과제로 내세웠다.

당시 계급문학운동은 제2차 방향전환을 시도하면서 문학운동의 볼셰비키화를 내세웠다. 그리고 유물변증법적 세계관과 창작 방법을 기계적으로 동일시함으로써 인간의 능동적 존재성과 의식 발전의 독자성을 무시하고 고정화된 인간, 관념화된 주제만을 되풀이하고 있었다. 그렇기 때문에 주제의 관념성과 성격의 고정성이라는 계급문학의 폐단은 창작 방면에서 계급문학의 위기를 말해 주는 근거가 되었다. 백철은 이러한 계급문학의 당면 과제를 극복하는 길을 인간 탐구의 도정에서 찾고자 했다.

백철의 인간 탐구는 계급 문단의 상황 변화를 놓고 볼 때 여러 가지 문제점을 노출하고 있다. 우선 인간 탐구라는 주제부터 백철이 지닌 계급문학에 대한 신념의 변화가 드러나고 있다. 백철은 조선프로예맹의 해체 직전까지 자신이 계급 문단의 한복판에 서 있으며 계급문학이 지니고 있는 역사적 사명을 포기할 수 없다고 말한 바 있다. 그러나 인간 탐구의 주제를 내세우면서 백철은 계급문학의 요건으로 강조해 온 계급 이념을 어떻게 처리할 것인지 논의하지 못했다. 더불어 그는 자신이 제기한 인간 탐구의 방법을 전형성의 창조라는 리얼리즘의 궁극적인 목표로 발전시켜 나가는 데 실패했다. 문학에 있어 인간 묘사의 당위성을 강조했지만, 그것은 이미 계급문학의 테두리를 넘어서는 문학의 일반적이고도 보편적인 주제였던 것이다.

백철은 '제2차 조선프로예맹 검거 사건'이라고 불리는 '신건설사 사건'에 연루되어 투옥되었다. 그는 출감 직후 수감 생활의 감회를 그려 낸 고백적인 수필 「비애의 성사」[18]를 발표하면서 스스로 마르크스주의 이념을 포기하고 비평의 과학주의와 결별하는 전향의 과정을 걷기 시작했다. 그리고 계급문학의 창작 방법 논쟁에서 자신이 제기했던 인간 탐구의 방법을 휴머니즘이라는 개념으로 새롭게 논리화했다. 그는 불행한 시대의 현실 문제에서 오는 비규정성이야말로 휴머니즘의 보편적 성격임을 전제하면서 당대 문학의 새로운 방향을 휴머니즘에서 찾고자 했다.

---

18 白鐵, 「悲哀의 城舍」(東亞日報, 1935. 12. 22-27).

今日 文壇의 主流로서 휴먼이즘은 一般的이고 漠然하고 原素的인 것이 그의 첫재 性格이며 特徵이다.

하나 그렇다고 하야서 今日의 휴먼이즘에 대하야 그것은 當然한 일이 아니냐? 人間이 휴먼이즘을 主張하는 것은 그의 本來의 原素的인 意慾이 아닌가?라고 簡單히 解決해 버릴 만치 그 휴먼이즘이 漠然과 一般的인 그것에 머저지고 마를 問題는 아니다.

그 一般的이고 漠然한 性格이 도리혀 今日의 現實 中에 있어는 커다란 個性的인 것을 意味하는 데 今日 휴먼이즘의 積極的인 것이 있다. 人間에게는 勿論 本來부터 人間으로서 人間답게 存在하려는 要素가 있는 것만은 事實이다. 하나 첫재로 그 原素的인 意味의 휴먼이즘까지가 今日에 있어는 얼마나 時代的·現實的으로 새롭은 意義를 가지고 있음일까? 人間답으려는 欲求 그것이 今日에 있어 어느듯 커다란 積極的 意義를 時代的으로 가지고 있는 것이다. 今日에 있어 산다는 것은 곧 그 주위에 대하야 反逆한다는 것을 意味하는 때문이다. 이것은 今日의 휴먼이즘이 今日의 時代性과 現實에 依하야 制限을 갖고 있는 데서 우리들 앞에 直感的으로 明確한 主流로서 나타나게 되는 것이다.

둘재로 휴먼이즘은 그와 같이 漠然하며 一般的인 것이면서도 그것은 오직 個性的인 것에 依하야는 規定이 되고 明確한 性格으로 表示되는 것을 볼 수 있다는 것이다. 웨 그러냐 하면 外部에 두고 全面으로 바라보면 그것은 明確한 타입을 붓삽을 수 없으면서도 그것을 한번 自己 個人의 立場에 還元시켜서 생각할 때에 그 휴먼이즘은 어느듯 自己 個人의 一部分으로서 自己의 切實한 要求와 一致된 것으로 個性化되여 나타나는 때문이나.

外部에 두고 全主流로 볼 때에는 그것이 一般的이고 普遍的인 主流이면서도 그것을 個人으로서 取할 때는 어느듯 自己 個性의 一部일 수 있는 것 그 點이 이 휴먼이즘이 文學의 主流일 수 있는 重要한 性格이다. 웨 그러냐 하면 文學에 있어는 普遍과 個性이 分離되여서 對立된 것이 아니고 어데까지 個性的인 同時에 普遍的이여야 하는 때문이다. 文學者는 自己의 個性的인 것을 發見하야 그것을 獨特하게 그려 가는 것이나 그 個人的으로 붓잡은 鑄型은 同時에 一般에게 共通된 비존으로 表現되는 것이여야 하는 때문이다.[19]

백철이 강조하는 휴머니즘은 인간 존재의 인간다움을 추구하는 근본적인 정신을 바탕으로 한다. 이에, 휴머니즘은 문예상의 사조라고 할 수는 없다. 그것은 인간 정신 또는 인간을 중심으로 하는 세계에 대한 인간의 태도를 말하는 것이다. 그러므로 문학과 예술의 근본적인 속성도 휴머니즘의 정신을 떠나서는 이해하기 힘들다. 이와 같은 관점에서 본다면 휴머니즘론은 계급 문단의 해체 이후 문학 정신의 회복을 논의하는 자리에서 제기할 수 있는 새로운 비평적 테마에 해당한다. 물론 그 자체가 문예의 방법이 될 수는 없다. 휴머니즘은 문예미학의 문제라기보다 문예의 가치에 해당하는 본질적 요건이기 때문이다.

네오 휴머니즘론

김오성은 1930년대 중반의 평단에서 휴머니즘의 철학적 기반을 깊게 검토하면서 이를 문학에 접목하고자 하는 의욕적인 평문들을 발표했다. 그는 휴머니즘의 의의를 인간 탐구라는 커다란 주제로 묶었다. 그러나 백철의 휴머니즘론이 무성격성과 무규정성을 강조한 것과 달리 그는 새로운 인간 타입의 창조를 통한 행동적 휴머니즘을 제창했다.[20] 물론 김오성은 계급 문단과 일정한 거리를 두며, 철학적 인간학의 주류로서 인간주의 또는 휴머니즘을 논하고자 했다.

김오성은 휴머니즘이 당대 세계의 문화 현상 가운데 가장 현저한 경향으로 자리 잡고 있다는 전제로부터 논의를 시작했다. 그는 철학적 인간학으로서 휴머니즘이 독일의 빌헬름 딜타이 등에서 비롯되어 독일 현대 철학의 근간을 이루고 있음을 강조했다. 그리고 문학의 경우, 프랑스의 앙드레 지드 이후 페르난데스, 앙드레 말로 등으로 이어지는 행동주의적 휴머니즘에 주목했다. 특히 1935년 파리에서 개최되었던 국제작가대회에서 세계문학을 향해 던진 중심 화제가 바로 휴머니즘였음을 상기시켰다. 김오성은 휴머니즘의 근간을 서구 르네상스에서 찾고 있었지만, 제1차 세계대전 이후 인간

---

19 白鐵, 「웰컴! 휴먼이즘」(朝光 제3권 제1호, 1937. 1), 292-293면.

20 金午星이 발표한 「問題의 時代性: 人間 探究의 現代的 意義」(朝鮮日報, 1936. 5. 1-10)과 「'네오·휴마니즘論' 그 根本 性格과 創造의 精神」(朝鮮日報, 1936. 10. 1-9)이 휴머니즘의 역사적 성격을 제시한 글이다.

행위에 대한 환멸, 인간 존재에 대한 내성적·비판적 태도가 심화되면서 새롭게 휴머니즘의 가치가 부각되었음을 밝혀 두었다. 김오성은 휴머니즘의 근거를 시대 현실과 현대인의 존재 방식, 정신 상태 등에서 찾았다. 그는 인간 존재에 대한 위기의식과 함께 그 위기를 초극하기 위한 인간의 자각을 중시하면서 새로운 현실을 실현하기 위한 노력을 휴머니즘의 핵심으로 강조하기도 했다. 그는 현대 철학, 특히 실존 철학의 등장을 휴머니즘의 큰 테두리 안에서 새롭게 규정하면서 현실 사회에서 소외된 현대 인간을 내일의 삶을 위한 재건의 길로 이끌기 위해 실천적 인간학과 그 이데올로기로서 휴머니즘을 주장했다.

김오성은 자신의 휴머니즘론을 당대 문학의 상황과 연결하면서 휴머니즘 문학의 성격과 방향을 제시한 바 있다. 이러한 접근은 휴머니즘 자체가 지니는 무성격·무규정 상태를 벗어나기 위한 방법이라고 할 수 있다.

> 나는 휴맨이즘이 盛行되려는 此際에 있어 미리 警戒하지 않으면 안 될 것을 느낀다. 그것은 今日 휴맨이즘의 無性格 狀態이다. 휴맨이즘은 아직 一定한 世界觀的·人生觀的·思想的 根據 밑에서 統一되어 있지 못하다. 그러므로 휴맨이즘의 名稱 밑에서 各樣各色의 見解가 主張되고 있다. 맑스主義도 精神主義도 파시즘도 저마다 휴맨이즘을 標傍한다. 이러한 無性格 無規定 狀態는 우리로 하여금 그 '어느 것이 果然 휴맨이즘의 本流일까?'에 對하야 眩惑을 일으키게 한다. 或者는 이깃이 휴맨이즘의 包括性에서 由來되는 것이라 하야 無性格, 無規定性을 오히려 휴맨이즘의 本性인 것처럼 誇張하기도 한다. 그러나 휴맨이즘이 今日과 같이 各樣各色의 主張을 모두 包括할 수 있다면 네오, 휴맨이즘의 現代的 意義는 어대 있을 것인가? 만일 휴맨이즘이 單純한 一時的 流行이 아니고 今日人의 切實한 現實的 要求에서 나타나는 것이라면 휴맨이즘은 지금의 無性格 狀態를 克服하고 確乎한 世界觀的·人生觀的·思想的 根據를 獲得해야 할 것이다. 한 이즘이 달은 이즘에 對置되어 나타남에는 모든 달은 이즘에 對하야 自己를 主張할 만한 獨特한 性格을 所有하지 않으면 안 될 것이다. 그러므로 今日의 휴맨이즘이 從來의 모든 이즘보담 包括性을 갖고 있다면 그 包括性은 各樣各色의 主張을 無條件으로 容認하는 것이 아니고 그것들을 止揚하며 克服할 만한 것이 아니면

안 될 것이다. 이러한 止揚 克服을 內的 契機로 가지고 있는 包括性만이 今日 휴맨이즘의 性格이 될 수 있다고 믿는다.

事實 今日의 휴맨이즘은 錯雜한 모든 潮流를 止揚과 克服을 通하야 自體에 統一할 수 있는 充分한 反省과 現實的 地盤을 갖고 나타나는 것이라 볼 수 있다. 네오, 휴맨이즘은 現代文化의 危機와 그것에 對한 良心的인 知識人들의 苦惱와 反省을 考慮하지 않고는 생각할 수 없는 것이다. 近代의 社會機構의 危機와 함께 精神主義 觀念論에 立脚한 近代文化가 스스로 危機의 悲命을 지르게 되고 客觀主義를 標傍하든 프로文學 등이 非生産性을 暴露하게 되자, 그리고 파시즘이라는 世紀末的 黑潮가 文化의 世界를 野蠻的으로 蹂躪하게 될 때에 네오, 휴맨이즘은 文化의 擁護와 人間性의 再建을 目標로 하야 나타나게 된 것이니 現實的 不安을 그들 自身의 生存的 不安으로 體驗한 良心的 知識人들은 不安文學, 不安哲學 等의 苦惱的 反省을 通하야 不安으로부터 再建에를 目標로 主觀主義와 客觀主義를 自體 안에서 止揚 克服함으로서 새로운 文化를 創建할 수 있는 것으로서 네오, 휴맨이즘을 빚어내기에 일은 것이다. 이러한 現實的 根據와 充分한 反省을 基礎로 한 네오, 휴맨이즘이 아무런 思想的 性格도 갖이 못하였을 理가 없을 것이다. 네오, 휴맨이즘의 本流를 우리가 佛文壇에서 찾는다면 그들은 人間의 本質을 行動的인 것으로 보고 人間의 行動을 通하야 世界의 온갖 事象을 規定하려는 一定한 人間觀的·世界觀的 性格을 갖고 있는 것이니 이 行動主義가 아직 그 思想的 體系를 完成치 못하고 있다 할지라도 우리는 그것이 今日의 實存哲學과 함께 네오, 휴맨이즘의 思想的 地盤의 構築하는 努力이라고 보아도 足할 것이다.[21]

김오성은 자신이 내세우는 휴머니즘을 성격화하기 위해 '네오 휴머니즘'이라고 불렀다. 네오 휴머니즘이야말로 문화의 옹호와 인간성의 재건을 목표로 하는 행동주의의 본질임을 강조했다. 그는 인간이란 역사의 발전 방향에 참가하면서 자기와 동일한 운명에 처한 모든 인간과 같은 행동을 취해야만 개성을 살릴 수 있음을 분명히 했다. 그리고 역사적 제약 밑에 살면서

21 金午星, 「휴맨이즘 文學의 正常的 發展을 爲하야」(朝光 제3권 제6호, 1937. 6), 318-319면.

역사를 초극할 수 있는 개성, 사회적 제약 밑에 살면서 사회적 조건을 초극할 수 있는 개성이야말로 네오 휴머니즘이 요구하는 것임을 천명했다.

김오성은 휴머니즘을 당대 문학의 경향과 연결해 자신의 비평 주제를 구체화했다. 첫째로 휴머니즘이 객관주의 문학에 머물러서는 안 된다는 점을 강조했다. 과거의 지연주의(地緣主義) 문학이나 계급문학에서 볼 수 있던 인물들은 외부 조건에 완전히 얽매여 있었지만, 휴머니즘 문학에서는 객관적 사실에 지배받지 않는 주체적 인물을 그려야 한다는 것이다. 그에 따르면 위대한 성격을 지닌 개성을 발견하고 창조하는 것이 휴머니즘 문학의 길이다. 둘째로는 휴머니즘 문학의 개성 창조를 심리주의 경향과 같은 것으로 간주해서는 안 된다고 주장했다. 휴머니즘 문학에서 개성이란 역사적·사회적 현실 가운데 자기를 실천하는 역사적·사회적 개성을 창조하는 데 그 목표가 있다. 이와 같은 김오성의 접근법은 휴머니즘을 문예 창작의 방법에 적용하고자 한다는 의미를 가진다. 하지만 휴머니즘은 사회 현실에서 인간을 인간적으로 이해하고자 하는 하나의 보편적 관점에 해당하며, 따라서 이를 문예상의 특정 사조처럼 인식할 수는 없다.

휴머니티와 리얼리즘

1930년대 후반의 문단에서 백철이나 김오성이 내세운 휴머니즘론을 적극적으로 지지한 비평가는 없었지만, 휴머니즘 논의를 부정적으로 보는 비평가는 적지 않았다. 안함광은 지성과 휴미니즘을 관련지어 논의했지만 오히려 지성의 자유에 초점을 두었다.[22] 이원조는 휴머니즘이 창작 이전의 문제이기 때문에 작품으로 구체화되지 않으면 탁상공론이 된다고 분명하게 지적했다. 그리고 휴머니즘은 리얼리즘 등과 같은 창작 방법이 아님을 명확하게 밝히기도 했다.[23]

임화는 휴머니즘의 본질에 대한 나름의 견해를 발전시키면서 휴머니즘을 비판하는 것이 인간 존중을 반대하기 때문이 아님을 밝혔다. 그는 휴머니즘으로는 오늘의 현실에서 인간 자체의 발양이나 인간의 역사적 초극이

22 安含光, 「知性의 自由와 휴매니즘의 精神」(朝鮮日報, 1937. 6. 27-7. 2).
23 李源朝, 「휴매니즘의 空論」(朝光 제3권 제6호, 1937. 6).

불가능하다고 주장했다. 오히려 그는 문학의 현실과 역사 위에서 인간을 주의로 하는 어떤 '이즘'을 따라갈 것이 아니라, 각각의 시대에 인간의 삶의 양태가 어떻게 나타나는지 탐구하는 것이 필요함을 역설했다.

> 不滅하게 文學의 歷史 속을 貫流한 것은 '휴매니즘'이 아니라 數千年을 살아온 人間의 資態, 또 마음으로서 그것은 人間的인 것, 다시 말하면 '휴매니틔'다. 모든 時代의 文學은 제각기 '휴매니즘'을 가진 것이 아니라 希臘의 文學도 '루넷산스'의 그것도 또는 世紀末의 그것도 모두 다 제 '이즘' 가운데 相應한 '휴매니틔'를 가졌다. 그러면 '휴매니틔'란, 過去한 여러 가지 文學 가운데 있든 千差萬別의 各樣物이냐 하면, 여태까지의 人間이 實際로 그렇게 사라온 망큼 그런 것이다 할 수도 있다. (중략)
>
> 그러나 過去한 모든 時代의 文學 가운데 제各其 相應한 '휴매니틔'가 있었다는 것은 '호메로쓰'와 '푸루-스트'의 價値를 混同할냐 함에 있는 것이 아니다. 이런 種類의 形而上學을 避할냐 하기 때문이엿다. 即 '휴매니틔'란 그 存在의 本性에 있어 제 自身의 歷史 우에만 實現된다는 것을 換言한 것이다. 좀 더 詳言하면, '人間的'이란 것은 時代 그 社會를 支配한 人間들의 差異를 따라 各各 다른 內容을 意味했고 不絶히 變遷해 왔다는 것이다.
>
> 그러므로 人間이 살냐면은 '팡'과 물과 또 무었이 必要하냐를 뭇는 것은 人間을 牢獄 속에 잡아넣고 番號를 붙인 番號로 還元식혀 말하는 抽象論이다. 要는 具體的으로 오늘날까지 제 普通的인 歷史를 가졌고 來日에의 行爲에서 사는 現實人에게 共通으로 必須한 諸 條件을 그 人間들 自身 속에서 發見하는 데 있다.[24]

임화가 강조하는 바는 각 시대마다 다른 문학 가운데 거기에 상응하는 휴머니티가 존재했다는 점이다. 그러므로 각 시대를 지배했던 인간의 차이에 따라 문학 속 휴머니티는 서로 다른 의미를 가지며 변화했다는 것이 그의 생각이다. 그는 리얼리즘을 반대하는 데서 왜 휴머니즘이 돌출하는지 알 수 없다고 말하면서 인간적인 것은 바로 사실주의 속에서 찾을 수 있다고 주

24 林和, 「휴매니즘 論爭의 總決算」(朝光 제4권 제4호, 1938. 4), 140면.

장했다. 임화가 휴머니즘과 문학 속의 휴머니티를 구분하고자 한 것은 휴머니즘에 관한 여러 논의 가운데 하나의 진전을 보이는 대목이라고 할 만하다. 문학예술은 휴머니티 의미를 떠나서 존재를 인정하기 어려운 것이기 때문이다. 임화는 결국 인간적인 것이야말로 현실의 인간에게서 발견할 수 있는 가치임을 내세웠다. 여기서 그의 휴머니즘론이 리얼리즘으로 귀착되는 것을 확인할 수 있다.

> 오늘날의 時代 現實이 모든 人間的인 것의 最後의 매장터일 뿐만 아니라 새 世代의 母胎일 때 또는 임의 새 時代의 간난 것이 고고의 소리를 올닌 뒤라면 '휴매니즘'은 일부러 '레아리즘'의 否定 우에 建立할 必要는 없는 것이다. 뿐만 아니라 時代의 '레아리즘'을 通해서만 우리는 '휴매니즘'를 把握할 수 있고, 그것 없이는 文學이 제 世界 속에 眞正한 '휴매니즘'를 實現할 수는 없다.
>
> 地上에 現實 속에 있는 '휴매니즘'를 그대로 두고 어늬 天國에서 어늬 空想 속에서 人間을 데려올 것인가? 人間은 언제나 地上의 것이고 現實 속에 것이다. 그러므로 地上에 現實 속에 人間이 없을 때, 天上이나 空想 속에 있는 것은 決코 人間이 아니다. 人間的 現實의 '레아리즘'로부터 文學 속에 이 世界를 創造할냐는 '레아리즘'으로부터 떠나갈냐는 現實 '휴매니즘', 或은 무슨 '이즘' 무슨 文學은 다 같이 '휴매니즘' 實現의 眞正한 길을 抛棄하는 것이다.
>
> 그들은 現實을 알지도 못히고 깊히 探求하지도 않고 쉽사리 現實에 絶望하고 만 것이다. 그러므로 現代 文學이 그 貧困 때문에 허덕이고 있는 '휴매니즘'의 再建, 世界史的 '휴매니즘'를 創造할냐면 '人間'을 看板으로 한 어떤 主義가 아니라 時代現實의 核心을 파낼냐는 執拗한 寫實을 主義로 하는 文學精神 위에 서지 않으면 안 된다.
>
> '레아리즘'이 現代的 暗膽 가운데 싹트고 明日의 陽地에서 꽃필 壯大한 '휴매니즘'의 創造를 엇던 '人間'主義보다도 確實히 保障하는 것이다. 박궈 말하면 文學 우에서 最大의 '휴매니즘'은 '레아니즘'이다. 그러므으로 文學的 '레아리즘'에서 떠나감은 眞正한 '휴매니즘'에서 떠나감을 意味한다.[25]

임화의 논리는 분명하다. 문학적으로 휴머니즘과 휴머니티를 구분하고 현실적으로 휴머니티를 리얼리즘 속에서 찾아야 한다는 것이다. 이러한 주장은 그가 발표한 「사실주의의 재인식」[26]에서도 암시된 바 있다. 그는 현실 상황의 절박함에서 비롯된 리얼리즘에 대한 불신이 왜 엉뚱하게 휴머니즘 논의로 이어지게 되었는지 이유를 알 수가 없다고 불만을 표시했다. 그는 시대의 진실한 묘사가 인간 몰락을 방지하기 위해 새로운 인간의 등장을 호소하는 휴머니즘을 강조한 것은 이해할 수 있다고 했다. 하지만 그러한 절박한 현실에서는 리얼리즘만이 휴머니즘을 구현할 수 있다는 것이 그의 주장의 핵심이다. 비록 현실이 모든 인간적인 것의 편린을 발견할 수 없을 만치 어둡다 하더라도 '고뇌의 리얼리즘'만으로도 '허위의 휴머니즘'보다는 훨씬 높은 예술, 인간적인 예술이 될 수 있다고 했다. 결국 휴머니즘에 대한 비평 담론은 계급문학의 퇴조 뒤에 인간에 대한 탐구의 중요성을 역설하는 과정에서 능동적 인간의 발견을 요구하면서 등장했지만, 임화에 이르러 리얼리즘의 문제로 환원되기에 이른다.

2) 소설 양식과 방법의 전환

리얼리즘의 방법

1930년대 중반의 문단에서 최재서는 계급문학과는 다른 각도로 소설의 방법과 작가의 태도 문제를 논의했다. 「리얼리즘의 확대와 심화」[27]라는 평문에서 최재서는 박태원의 『천변풍경』에 대해 리얼리즘의 확대라는 관점에서 현실 접근의 객관적 성과를 인정했고, 이상의 「날개」는 리얼리즘의 심화라는 관점에서 현대적인 삶의 모순과 자기 분열의 실재화에 성공하고 있다고 평가했다. 이러한 접근법은 소설이 당면한 문제성이 작가의 태도와 의식을 중심으로 이루어져 있다는 점에서 평단의 관심을 끌었다. 최재서는 소설

25 林和, 「휴매니즘 論爭의 總決算」, 146-147면.
26 林和, 「寫實主義의 再認識」(東亞日報, 1937. 10. 8-14).
27 崔載瑞, 「리아리즘의 擴大와 深化」(朝鮮日報, 1936. 10. 31-11. 7).

의 경향을 리얼리즘의 원칙에 입각해 설명했지만 예술의 리얼리티와 작가의 모럴의 결합이 중요하다는 사실을 놓치지 않았다.

『川邊風景』은 都會의 一角에 움즉이고 잇는 世態人情을 그렷고 「날개」는 高度로 知識化한 소피스트의 主觀世界를 그렷다. 그러나 觀察의 態度와 밋描寫의 手法에 잇서서 이 두 作品은 共通되는 特色을 가지고 잇다. 卽 그들은 될 수 잇는 대로 主觀을 떠나서 對象을 보랴고 하얏다. 그 結果는—朴氏는 客觀的 態度로써 客觀을 보앗고 李 氏는 客觀的 態度로써 主觀을 보앗다. 이것은 現代 世界文學의 二大傾向—리아리즘의 擴大와 리아리즘의 深化를 어느 程度까지 代表하는 것이니 우리에게 大端히 興味 잇는 問題를 提供한다.

朴 氏는 客觀을 客觀的으로 보고 李 氏는 主觀을 客觀으로 보앗다는 말은 讀者에 奇異한 感을 줄른지도 모르겟다. 그러나 모든 自然現象을 感傷的으로박게 볼 줄 몰으는 二流詩人이 잇는 것과 同時에 自己 自身의 心理作用을 科學的으로(勿論 相對的인 말이지만) 觀察할 수 잇는 心理學者가 잇슴을 생각하면 이 말은 決코 一片의 詭辯이 아님을 알 것이다. 어떠한 特殊한 必要 以外에 主觀世界와 客觀世界의 區別을 抹殺함은 文藝批評에 잇서서 危險한 짓이다. 그러나 作家가 主觀世界를 材料로 쓰면 主觀的이고 客觀世界를 取扱하면 客觀的이라는 素撲한 論法을 우리는 무엇보다도 먼저 廢棄치 안흐면 아니 될 것이다. 그러고 客觀的 材料를 쓰는 作家는 다만 그 한 가지 理由로써 主觀的 材料를 쓰는 作者보다 越等한 待遇를 밧게 되는 現代의 傾向을 생각할 때 우리는 이 素撲한 論理的 偏見을 미워하지 안흘 수 업다. 小說作家가 藝術家인 以上 그에게 잇서 主觀世界와 客觀世界 새에 價値의 優劣은 업슬 것이다. 다만 作家의 遺傳이라든가 敎養의 힘에 支配되어 한 作家가 똑가튼 親密性을 가지고 두 世界에 다 가티 接近할 수 업는 事實만은 無可奈何다. 여기서 우리는 精神分析學者가 말하는 '心理的 타입'을 文藝批評에 應用할 必要를 늣긴다. 인간의 叡智는 세 가지 타입으로 區別할 수 잇다 한다. 行動의 動機가 늘 外部에서 오는 사람-그것을 '外向的 타입'이라고 그들은 말한다. 그와 反對로 그 動機가 늘 內部에서 오는 사람을 '內向的 타입'이라고 한다. 이 두 타입은 말하자면 極端한 例이니 그 中間에 內外 어디

로서나 오는 中間 타입이 잇다. 이것은 數로 보아 最大하나 그 生活形態가 平凡하여서 우리의 興味를 끄을지 안는다. 外向的 精神은 늘 外界를 向하야 움즉이고 또 客觀物 새에 잇슬 때만 산 듯십다. 그와 反對로 內向的 精神은 늘 自己 自身의 內部世界를 省察하기를 즐겨하고 또 內部 世界에 잇서서만 安定과 快感을 늣긴다. 우리는 藝術家에 向하야 이 두 世界 中 어느 하나를 取하라고 命令할 수는 업다. 藝術家는 先天的으로 그 精神이 志向되야 잇고 또 그의 藝術의 動機는 이 志向 가운데에서만 생겨나니까. 그러나 우리는 藝術家에 向하야 誠實을 要求할 資格은 있다. 外部 世界거나 內部 世界거나 그것을 眞實하게 觀察하고 正確하게 表現하라고. 이것은 卽 藝術家에 對하야 客觀的 態度와 리아리즘을 要求하는 데에 不外하다. 藝術의 리아리티는 外部 世界 或는 內部 世界에만 限해서 잇는 것은 아니다. 그 어느 것이나 客觀的 態度로서 觀察하는 데 리아리티는 생겨난다.[28]

최재서는 소설 『천변풍경』의 흥미가 이야기의 흐름에 있는 것도 아니고 작가의 특이한 개성에서 흘러나온 것도 아니라고 분명하게 지적했다. 오히려 그는 작품에서 드러나는 특징을 작가 의식의 부재라고 규정했다. 마치 카메라를 들고 대상을 비추듯이 도시의 풍물을 다각도에서 선명하게 그려내지만, 소설이 거기에 만족할 수는 없다는 것이다. 그는 이 작품의 중심 세계를 이루고 있는 천변이 작가 자신의 밀봉된 세계라는 느낌을 주고 있음을 적시했다. 그 이유는 천변의 세계가 외부의 현실과 어떤 깊은 연관성을 지니지 못한 채 디테일의 묘사에 치중되어 있기 때문이다. 그 자잘한 풍경을 누르고 이야기를 이끌 커다란 사회적 힘을 느낄 수 없다는 점을 약점으로 지적한 것이다. 실제로 『천변풍경』에는 묘사의 디테일을 관통하고 이를 통일적으로 이끌어 가는 서술의 힘이 부족하다. 최재서는 여기서 작가의 윤리관이나 현실 사회에 대한 비판과 같은 의식이 보이지 않음을 비판하는 셈이다.

이상의 소설 「날개」는 일반적인 의미에서 소설이 끝나는 지점, 다시 말하자면 생활과 행동이 끝나는 곳에서 출발한다는 것이 최재서의 소감이다. 이상의 예술 세계에서는 생활과 행동 이후에 오는 의식의 세계가 중심을

28 崔載瑞, 「리아리즘의 擴大와 深化(一)」(朝鮮日報, 1936. 10. 31).

이루고 있다. 이것은 개인의식의 진실한 표현이라는 점, 더불어 현대 정신의 어떤 증세를 확인하게 해준다는 점에서 특기할 만하다. 최재서는 「날개」의 주인공이 상식과 안일의 생활을 모독하고 있다고 지적했다. 이러한 태도는 현실의 패배에 대한 복수가 되는 동시에, 모든 삶의 장애물을 그의 날개로 소제하고자 하는 준비 공작과도 같다는 것이 최재서의 판단이다. 소설의 주인공이 회의와 절망과 피로의 감정으로 일주야를 거리에서 방황한 후에 내면에서 일어나는 기적을 느끼는 점은 놀랍다. 이것은 소설 「날개」가 드물게도 리얼리즘의 심화를 보여 주고 있음을 의미하는 것이다.

그렇지만 최재서는 예술의 리얼리티가 외부 또는 내부 세계 어느 곳에 한정되어 있는 것이 아니라, 어떤 경우든지 객관적 태도로 대상을 정확하게 관찰하는 가운데 생기는 것임을 강조했다. 그리고 리얼리티의 창출만이 문학의 가치를 규정하는 요건은 아니며, 보다 중요한 것은 작가의 주관적인 의도와 개성에 바탕을 둔 모럴의 방향이 제시되어야 한다는 것이다.

> 우리는 「날개」에서 우리 文壇에 드물게 보는 리아리즘의 深化를 가졋다. 現代의 分裂과 矛盾에 이만큼 苦悶한 個性도 업거니와 그 苦悶을 부질업시 詠嘆치 안코 이만큼 實在化한 例를 보지 못한다. 『川邊風景』이 우리 文學의 리아리즘을 一步 擴大한 데 比하여 「날개」는 그것을 一步 深化하얏다고 볼 것이다. 그러나 우리는 이 作品을 읽고 나서 무엇인가 한 가지 不足되는 느낌을 감출 수 업다. 노픈 藝術的 氣品이라 할가 굿세인 迫眞力이라 할가 何如튼 重大한 一 要素를 갓추지 못하얏다.
>
> 그것은 이 作品에 모랄이 없다는 것으로써 說明할 수 잇스리라고 생각한다. 作者는 이 社會에 對하야 어느 一定한 態度를 가지고 잇다. 그것은 이 作品의 모든 揷話에 나타나는 포-즈이다. 그러나 그것은 斷片的인 포-즈에 不過하고 始終一貫한 人生觀은 아니다. 常識을 侮辱하고 現實을 冒瀆하는 것이 作者의 習性인 것은 確認할 수 있다. 그것이 作者의 倫理觀이고 指導原理이고 批評標準이 되엇느냐 하면 나는 선뜻 對答키에 躊躇한다. 作者는 이 世上을 辱하고 破壞할 줄은 안다. 그러나 그 彼岸에 그의 獨自한 世界는 아직도 發見할 수 업다.
>
> 이것은 그 作品 全體의 構成上에 나타난 缺陷을 보아도 알 수 잇다. 이

作品의 모든 挿話는 그 하나하나가 모다 수수꺼끼 模樣으로 되여 잇다. 作者가 最初에 出發點으로 뒷고 나서 패라독스를 理解만 한다면 다음엔 代數의 公式을 풀듯이 우리는 智力만을 가지고도 比較的 容易하게 그 挿畵의 수수꺼끼를 解釋할 수 잇다. 그리고 이 하나하나의 挿話를 連絡하는 데 그는 人爲的인 手段박게는 가지지 안엇다. 이 作品은 生活 속으로부터 우러난 生活 自體의 리즘으로써 構成되지 안코 한 場面 場面을 人爲的으로 連絡하였다. 이것이 이 作品에서 藝術的 氣品과 迫眞性을 剝奪하는 最大 原因일까 한다. 그리고 作品 가운데에 이따금식 보이는 不自然한 哄笑와 不愉快한 揶揄도 結局 그것이 作者의 모랄에서 우러난 것이 아니라 表面의 人爲的 動機에서 觸發된 것이기 때문이라고 看做된다. 모랄의 獲得은 이 作者의 將來를 左右할 重大問題일까 한다.[29]

최재서는 『천변풍경』과 「날개」가 기법의 면에서는 어느 정도 성과를 거둘지라도, 모럴의 상실 또는 부재라는 커다란 한계를 보여 준다고 지적했다. 문학의 본질적 가치를 확립하기 위해서는 대상에 대한 객관적인 접근만이 아니라 작가 자신의 모럴 확립이 더욱 요청된다고 주장했다. 결국 최재서는 이상과 박태원의 소설에서 볼 수 있는 새로운 경향을 리얼리즘 기법의 문제로 한정하고 작가의 모럴 상실과 작가 정신의 부재라는 부정적 평가에 도달한 것이다.

최재서의 주장에서 주목해야 할 것은 예술의 리얼리티를 방법이나 태도의 문제에 국한시키고 있는 점이다. 최재서는 작가의 객관적인 태도와 묘사의 리얼리티를 연결함으로써, 리얼리즘 자체를 묘사 방법으로 한정했다. 이것은 당시 문단에서 논의되기 시작한 사회주의 리얼리즘이 사회 발전의 과정에 대한 의식의 능동성을 리얼리즘 문학의 본질로 내세우고 있는 점과 정면으로 대치된다. 최재서는 리얼리즘이 소재주의에 빠져들거나 이념에 얽매이는 것을 경계하면서 객관주의의 철저성을 신봉하는 셈이다.

최재서의 리얼리즘에 대한 인식과 태도는 당시 문단에서 리얼리즘 논의가 빠져들고 있는 도식성과 연관되는 문제이긴 하다. 최재서와 같이 리얼

29 崔載瑞, 「리아리즘의 擴大와 深化(五)」(朝鮮日報, 1936. 11. 7).

리즘 또는 예술의 리얼리티를 객관적 태도나 개별적 사실에 대한 묘사의 충실성과 기계적으로 동일시하는 관점은 일반적인 의미에서의 리얼리즘 방법이나 정신과는 거리가 있다고 할 수 있다. 객관적인 태도로 있는 것을 그대로 완전하게 묘사해 내려는 노력만을 리얼리즘으로 규정한다면, 그것은 예술을 현실에 놓여 있는 대상에 대한 모사 정도로 격하시키고 만다. 정확한 묘사, 풍부한 디테일, 객관적인 태도 등은 실재성을 뜻하는 예술의 리얼리티에 직결되는 문제라고 하기 어렵다. 묘사의 객관성이나 풍부성은 예술작품의 실재성 이전의 구체화 문제에 지나지 않는다고 할 수 있기 때문이다. 물론 어떤 예술작품은 밀도 있는 구체화의 단계를 거쳐 리얼리티를 얻을 수 있으나, 하나의 강렬한 인상만을 부각함으로써 전체 작품이 실재성을 부여받을 수도 있다. 그러므로 객관적 태도나 묘사의 정확성이 곧바로 작품의 리얼리티에 연결될 수는 없다.

이러한 문제로 인해 최재서의 「리얼리즘의 확대와 심화」는 계급 문단에 서 있던 비평가들로부터 리얼리즘 인식의 태도에 대한 공격과 비판[30]을 받았다. 시대와 현실의 변화를 아무런 의식 없이 논한다는 공격도 있었고, 문학의 인식 기능을 감쇄하는, 리얼리즘에 대한 그릇된 견해라고 비판되기도 했다. 그러나 이러한 비판은 묘사의 객관성을 리얼리티에 연결시킨 최재서의 소박한 리얼리즘관에 국한해 적용된다. 최재서는 『천변풍경』의 객관적인 외부 묘사와 「날개」의 치밀한 내면 묘사를 중시하면서도, 이들 작품에 예술적 기품과 박진성이 결여되어 있음을 지적했기 때문이다. 결국 그가 강조하고자 하는 것도 묘사의 객관성이 아니라, 모럴의 부재 현상임을 알 수 있다.

최재서의 리얼리즘론은 작품이 삶의 현실에 대해 갖는 충실성 또는 객관성보다 작가가 삶에 대해 갖는 진실성을 문제 삼고 있다. 비록 리얼리티 또는 리얼리즘의 용어 개념을 단순화해 버렸다는 한계를 보이고 있으나, 객관적 묘사만으로는 접근하기 어려운 예술작품의 진실을 인식하고 있었던 것이다. 그가 중시하는 것은 작가의 객관적 태도나 작품 묘사의 정확성이 아니

30 崔載瑞에 대한 비판으로는 白鐵, 「리얼리즘의 再考」(四海公論 제3권 제1호, 1937. 1); 林和, 「寫實主義의 再認識」(東亞日報, 1937. 10. 1-14); 金文輯, 「文壇 主流說 批判」(東亞日報, 1937. 6. 11-16) 등이 있다.

라, 작품이 삶의 진실성을 확보하기 위해 필요로 하는 작가의 주관적인 의식이다. 최재서는 바로 이것을 '모럴'이라고 지칭하는데, 1930년대 중반 문단의 위기에 대응하는 최재서의 비평 태도가 식민지 상황의 역사적 질곡을 문제 삼기보다 작가 의식이라는 관념의 세계에 머물러 있었음을 쉽게 짐작할 수 있다.

당시 최재서의 리얼리즘론을 반박했던 백철의 경우를 살펴보자. 백철은 최재서의 견해를 전적으로 부정하는 입장에 서 있었다. 그는 「리얼리즘의 재고」[31]에서 최재서의 리얼리즘이 시대와 현실의 변천을 고려하지 않았음을 전제하면서, 「날개」는 소피스트의 주관 세계일 뿐 휴머니즘의 정신에 대치하고 있다고 했다. 그는 리얼리즘 문학은 궁극적으로 휴머니즘을 통해 심화·확대되어야 한다고 했으며 객관적인 태도 여하로 결정될 성질이 아님을 분명히 했다. 그러면서 백철은 작가에게 인간 중심의 태도를 요구했고 시대적 위기에 직면해 문학인 모두가 가장 진지하게 고려해야 할 것은 방법의 문제가 아니라 자신의 자세에 안정성을 기하는 것이라고 했다. 백철은 리얼리즘 문학이 궁극적으로 휴머니즘을 통해 심화·확대된다고 말함으로써, 객관적 태도에 의한 묘사 방법으로는 리얼리즘의 성질이 규정될 수 없다고 주장했다.

최재서와 백철의 주장에서 리얼리즘의 방법에 대한 인식 차이는 분명하게 드러난다. 최재서는 리얼리즘을 대상의 문제로 보지 않고 객관적 태도의 문제로 한정했다면, 백철은 리얼리즘을 작가와 대상의 관계로 규정했다. 그러나 이러한 차이에도, 두 사람 모두 당시 소설에서 문제시되는 것은 작가의 정신임을 분명하게 밝혔다. 최재서는 작가의 모럴 부재를 내세워 소설의 현상을 부정적으로 평가했고, 백철은 작가의 인간 중심적 태도의 필요성을 내세움으로써 인간이 현실에서 소외되고 인간의 정신이 위축되는 상황을 극복해야 할 것이라고 주장했다.

중편소설 양식의 발견

최재서는 1930년대 문학의 위기를 모럴의 획득이라는 주관성의 문제에 기대어 바라보면서 리얼리즘론의 현실적인 문제에 더 이상 다가가지 않

31 白鐵, 「리얼리즘의 再考」(四海公論 제3권 제1호, 1937. 1).

왔다. 그가 자연스럽게 비평적 관심을 집중한 것은 소설 양식의 본질에 대한 탐구 작업이었다. 그는 소설의 하위 장르로서 단편소설과 장편소설을 구분해 논하기도 했지만 중편소설의 새로운 가능성을 타진하기도 했다. 그의 소설론이 작가와 현실의 문제를 떠나 소설 양식 자체가 지닌 본질적인 속성 문제로 심화되는 것은 계급문학론자들의 소설 비평 논의와 명확한 차이를 드러낸다.

최재서는 소설을 단편소설과 장편소설로 나누어 보는 일반적 관점을 그대로 따르면서도 중편소설이라는 양식의 가능성에 주목했다. 이러한 구분은 소설의 서사적 요건을 '짧은 이야기'와 '긴 이야기'로 대별하고 그 중간에 길지도 않고 짧지도 않은 이야기를 상정하고 있다는 데서 일반적인 의미를 획득한다. 서사문학의 기본적인 요건 가운데 길이의 문제에 대한 인식은 서사문학의 연원까지 거슬러 올라갈 수 있으며, 지극히 상식적인 기술적 차원의 개념임은 두말할 필요조차 없다. 그럼에도 최재서가 일단 이러한 통념화된 구분법을 따르면서 한국소설사에 가장 먼저 단편소설과 장편소설의 중간적 형태로서 중편소설의 장르적 가능성을 제기한 것은 특기할 만한 일이다.

> 中篇小說이라는 말이 어디서 언제부터 시작되었는지 筆者는 모른다. 그리고 현재 作家들이 어떤 槪念을 가지고 中篇小說을 쓰며 또 編輯者가 어떤 態度로 그것을 취급하는지 역시 필자에겐 分明하지 못한 일이다.
>
> 中篇小說이라는 장르가 우리 文壇에 아직 成立되지 못하였다는 것이 그 實情일런지 모르겠다. 그러나 작년 일 년 중에 발표된 創作들 중에서 中篇小說이라고 일컬어진 作品이 多數였으며, 또 그것들이 獨特한 主張을 가지고 우리의 考察을 요청하고 있는 것은 사실이다.[32]

중편소설을 어떻게 규정할 것인가? 이것은 1930년대 중반의 소설 문단에 새로이 등장한 중편소설의 형태를 놓고 비평가 최재서가 최초로 제기한 본질적 질문이다. 이 질문은 서구 문학 이론에 대한 최재서의 폭넓은 교양과 상관없이 당시 소설 문단의 경향에 대한 검증을 통해 제기된 것이라는

32 최재서, 「中篇小說에 대하여」, 『최재서평론집』(청문출판사, 1961), 340면.

점에서 더욱 구체적인 성격을 지닌다. 게다가 이 질문을 해결하기 위해서는 상대적인 양식으로서 단편소설과 장편소설이 갖는 특질을 동시에 문제 삼아야 하기 때문에, 모든 소설의 형태가 가지는 장르적 속성에 대한 이해가 반드시 전제되어야 한다.

최재서는 중편소설이 장편도 아니고 단편도 아닌 중간적인 형태로서 양적으로 잡지 3회분 50쪽 이상(원고지 180매에서 300매 정도)의 길이를 가진 것이라고 규정했다. 그러나 소설의 길이가 형식의 기본 요건이 된다 하더라도 본질적인 개념이 될 수는 없는 일이므로, 중편소설이 하나의 장르로 확정되기 위해서 필요로 하는 것, 즉 장편과 단편으로 추릴 수 없는 이유가 무엇인지 규명하고자 했다. 그는 양적인 제한과 내용적 특질의 상관성을 염두에 두었다. 그의 견해에 따르면, 단편소설은 단일한 기분, 정서, 관념에 의거해 인생의 한 단면을 긴밀한 수법으로 표현하는 것이다. 그러나 환경의 세밀한 제시, 성격의 발전에 대한 묘사, 사건과 갈등에 대한 분석, 인생관이나 사회적 주장의 표출 등을 자유롭게 해낼 수 없다는 약점을 지니고 있다. 더욱이 우리 문단에서는 작가들의 수법이 미숙함으로 인해 단편소설의 완미를 보기 어렵게 되었고, 현실적 상황도 단편소설이 요구하는 심경의 투시나 인생의 관조 등에 적합지 않았다. 이와 반대로 장편소설은 인물의 성격과 사건의 추이를 전체적으로 담아내고 묘사하므로, 그만큼 충분한 서사 공간과 시간을 필요로 한다. 작가에게 세련된 수법만이 아니라 원숙한 인생관도 요청되는 것이다. 더구나 소설의 내용을 끝까지 이끌어 나가기 위해 독자의 관심과 흥미를 고려하지 않을 수 없다. 이 같은 요건을 조화시키지 못할 경우, 당시의 우리 소설 문단처럼 장편소설은 대중소설이라는 명칭 아래 독자의 흥미만 고려하는 상품으로 변하는 반면, 단편소설은 작가의 고집스런 주관 세계에 침잠하게 된다는 것이 최재서의 지적이다.

그런데 중편소설에 대한 논의는 바로 여기서 시작된다. 최재서는 장편소설과 단편소설이 드러내는 파행성에 대한 타개책으로 중편소설의 출현을 인정하기 때문이다. 그가 중편소설에서 발견하는 본질적인 요건은 장편소설과 단편소설의 중간적 존재로서 지닐 수 있는 일종의 타협 정신이다. 그는 단편소설에서 중시되는 성격의 진실성과 장편에서 중요한 스토리의 흥미를 조화시키거나 장편소설의 현실성과 단편소설의 현대성이 어우러질 때 비로소 중편소설의 장르적 속성이 드러날 것이라고 추단하며, 그러한 조화가 중편소설을 통해 가능해지길 기대했다.

최재서의 중편소설론은 우리 소설 문단이 처한 상황에 대한 진단에서 비롯된 것으로, 중편소설이라는 문학적 형태를 하나의 장르로 인정하고 본질을 규명해 보고자 했다는 점에서 소설의 장르에 대한 새로운 인식을 심어 주는 계기가 되었다. 물론 당시 평단에서는 최재서의 견해가 크게 주목받지 못했다. 이것은 소설 장르에 대한 평단의 인식 수준이 최재서의 이론을 감당할 수 없는 상태에 놓여 있었거나, 최재서의 접근 방법 자체에 기존의 평단이 동의하지 않았음을 의미한다고 할 수 있다. 그러나 소설의 위기에 대해 소설 양식의 장르적 인식을 전제하지 않고 타결책을 모색할 수 없음은 당연한 일이다. 최재서는 작가의 지성과 모럴을 강조하면서도 중편소설이라는 새로운 장르의 가능성을 추구함으로써 소설 본질론에 더욱 접근할 수 있었다.

중편소설이라는 문학 형태를 소설 장르로 확정하고자 할 경우, 최재서가 내세운 '장편소설과 단편소설의 중간적 형태로서 중편소설이 가지는 타협과 절충'을 성립 근거로 인정하는 것은 불완전하다. 모든 문학 장르는 독자적인 전개 방법을 지니고 있으며, 대상이 되는 제재에 형식을 부여하는 특유의 방식을 갖고 있기 때문이다. 중편소설은 장편소설과 단편소설의 타협으로 이루어지는 것이 아니다. 그것은 서사문학의 양식들이 분화하고 발전하는 과정에서 이미 단편소설이나 장편소설과는 다른 존재 방식을 취해 왔다는 사실[33]을 통해서도 쉽게 확인할 수 있다.

최재서의 중편소설론은 단편소설과 장편소설의 문제에 대한 대타적인 인식에서 비롯된 것이다. 장편소설의 통속화 현상과 단편소설의 관념화 경향을 극복·지양해 보고자 하는 그의 비평적 관심이 중편소설의 양식에 대한 접근으로 이어진 것이다. 그렇다면 최재서는 과연 단편소설이나 장편소설에 대해 어떤 관점과 태도를 지니는가? 이 문제는 그의 소설론의 폭과 깊이를 확인할 중요한 단서를 제공해 준다.

---

33 이 문제에 대한 논의는 Mary D. Springer, *Forms of the Modern Novella* (University of Chicago Press, 1975); Judith Leibowith, *Narrative Purpose in the Novella* (Mouton, 1974) 등에서 상세히 이루어졌다.

> 中篇小說이야말로 고대로 意匠的인 文學이다. 작자는 어떤 單一한 效果를 겨누고 그 효과를 내는 데 가장 적절한 意匠을 내세운다. 그 意匠만 선다면 다음엔 技術的 컨벤션에 의하여 人生의 옷감을 裁斷하면 그만이다. 따라서 단편소설의 成敗는 대부분 그 意匠에 달려 있다. 그러나 앞서도 말한 바와 같이 문제는 意匠 자체에 있다. 과연 그 意匠이 人生의 眞實性을 표현하기에 충분한가? 단편소설의 한계는 대강 이런 곳에 있을 것이다.
>
> 그러나 우리는 그러한 限界를 인정하고 나서 短篇小說이 갖고 있는바 그 놀라운 효과를 인식할 필요가 있다. 人生의 全面이 아니고 一面, 實在性의 全部가 아니고 一部인 이상 작자는 그 효과를 내기 위한 모든 材料를 이용하는 반면에 그 효과를 妨害할 만한 재료거나 또는 비교적 간접적인 재료는 용서 없이 除去할 것이다.[34]

최재서의 단편소설 논의는 에드거 앨런 포의 견해에 기대고 있다. 단편소설은 짧은 이야기 형식으로서 효과의 단일성에 그 목표가 있다. 단편소설의 본질적인 요건도 형식의 단축성과 효과의 단일성에서 발견된다. 단일한 효과를 위한 적절한 수법을 발견하지 못한다면 단편소설은 실패하고 만다. 최재서는 단편소설이 인생을 전면적으로 그릴 수 없는 형식적 제약을 갖기 때문에, 단일한 효과를 위한 정제된 방법이 반드시 요청된다고 말했다. 그러나 이러한 최재서의 논리는 실제 작품 분석에 제대로 적용되지 못했다. 단편소설 작가로서 「복덕방」, 「가마귀」 등의 단편집을 펴낸 이태준에 대해, 최재서는 '현대인이 즐겨 하는 사상적 고민이 없고 생활에 의욕이 없으며, 사회적 관심이 없다. 그 외에도 없는 것이 많다.'[35]고 지적한다. 그의 소설에 나타난 뛰어난 인물 묘사에 감탄을 보내고 선명한 인간상의 표출을 높이 평가하면서도 인생과 사회에 대한 이태준의 태도를 문제 삼은 것이다. 이러한 지적은 최재서가 애써 주장했던 단편소설의 본질 문제를 스스로 번복하는 것처럼 보인다.

사상적 고뇌와 사회적 관심, 생활의 의욕은 단일한 효과를 목표로 삼

34 최재서, 「長篇小說과 短篇小說」, 『최재서평론집』, 336-337면.

35 崔載瑞, 「短篇 作家로서의 李泰俊」(朝光 제3권 제11호, 1937. 11), 336면.

는 단편소설이 감당해 내기 어려운 과제이며, 단편소설의 영역을 벗어나는 것이다. 이와 같은 문제는 최재서 자신의 논리의 일관성에 대한 의문을 야기하는 것이기도 한데, 사실 효과의 단일성이라는 단편소설의 본질에 대한 규정의 편협성에서 비롯되었다고 보는 것이 타당하다. 단편소설이 효과의 단일성을 목표로 한다 하더라도 여러 가지 의미의 층을 갖게 마련이고 거기에 모순도 곁들여지는 것임을 부인할 수 없다. 더구나 단편소설이 삶의 단면을 제시한다 하더라도 연속적인 생의 리듬을 암시할 수 있으며, 삶의 전체적인 모습과 균형을 예견할 수 있게 한다는 점은 널리 알려진 사실이다. 결국 단편소설에 대한 최재서의 논의는 단편소설의 특질을 해명한 것이라기보다 장르의 한계를 지적하는 것으로 일관되어 버린 듯한 느낌을 버릴 수 없다. 그러면 장편소설에 대한 최재서의 견해는 어떠한가?

> 長篇小說이 短篇小說보다도 길다는 것은 文學的으로 무엇을 의미하는가? 그것은 다만 無意味하게 단편보다도 많은 페이지 수를 요하지는 않을 것이다. 한 스토오리를 중심하여 그에 附隨된 모든 事件(물론 원칙적인 의미에서지만)을 취급하고 또 그 주요한 人物들로 하여금 그 性格을 충분히 展開시키기 위해서 그것은 긴 스페이스를 요구한다. 다시 말하면 소설이 歷史性을 획득하자는 것이니 歷史性을 가지는 데서 長篇小說은 그 본질을 나타낸다. 그리고 이것이 文學的 形式으로서 實在性을 全體的으로 完全하게 파악하자는 기도임은 말할 것도 없다.[36]

최재서는 장편소설의 형식적 개방성에 우선 주목했다. 그에 따르면 단편소설이 가지는 양적인 제약을 벗어남으로써 장편소설은 연속적인 생의 의식을 구체화할 수 있고, 배경의 확대, 사건의 연장, 시간의 확장이 자유롭다. 장편소설에서는 한 인물이 삶을 전개해 나가는 과정이 전체적으로 드러난다. 바로 이러한 요건이 장편소설의 역사성이자 사회성에 해당된다. 그리고 이를 바탕으로 소설 속 인물은 언제나 사회적·전형적 성격으로 묘사되는 동시에 살아 있는 인간으로 변화한다. 소설의 리얼리티도 이러한 총체적인

36 최재서, 「長篇小說과 短篇小說」, 『최재서평론집』, 337면.

조화 속에서 발견된다고 할 수 있다.

장편소설의 서사적 성격

최재서의 소설 장르 인식은 중편소설에 대한 문제 제기를 통해 단편소설과 장편소설로 확대된다. 그는 1930년대 후반 문단에서 논의되는 장편소설에 대한 문제들에 있어 자신의 관심을 서사문학의 장르사적 탐구에 고정시켜 놓았다. 그는 현대소설을 명확하게 이해하기 위해, 고대부터 중세를 거쳐 근대를 지배해 온 서사문학의 세 장르인 서사시와 로맨스, 소설을 대비하고자 했다. 이러한 장르사적 접근은 서사문학의 본질적인 속성을 역사적인 차원에서 규명해 볼 수 있는 전망을 제공하기 때문이다.

> 小說의 起源에 關하얀 學者間에 說이 區區하지만 何如튼 그것이 로만스에서 始作되였다는 것은 오날도 佛蘭西에서는 長篇小說을 '로망'이라고 부르는 것으로 미루워서도 明白한 일이다. 小說은 로만스가 아직도 有勢하던 十五世紀後半에 로만스를 그대로 散文化한다는 데서부터 始作된 모양이다. 그래서 初期의 作品 가령 『아마디스·드·골』을 그 種本인 『란스롯트』와 比較한다면 散文으로 씨워졌다는 外에 로만스와 아모런 差異도 없는 것이다. 이러한 傳奇小說은 十七世紀까지도 繼續되야 드디여 오노레·듀페의 牧歌的 戀愛小說 「아스트레」에서 代表的 傑作을 가지게 되였다. 그리고 이런 浪漫的 小說이 結局 韻文으로 쓰는 로만스에 代身하야 民衆의 讀物로서 歐羅巴를 支配하다가 드디여 루소 時代에 와서 浪漫主義 속에 꽂피였다는 것은 우리가 周知하는 바이다.
>
> 이렇게 로만스가 小說로 變形하는 데는 두 가지 重要한 要件이 있었다는 것을 잊어서는 아니 된다. 그것은 文學讀者로서 女性이 새로히 登場하였다는 것과 文學을 普及하는 手段으로서 印刷術이 發明되였다는 두 가지 黑占이다. (중략)
>
> 이러한 本格的인 小說이 最初에 反女性的·反浪漫的 諷刺文學으로서 始作되였다는 것은 퍽 興味 있는 일이다. 近代的 小說의 事實의 創始者라고 할 만한 복카치오의 『데카메롱』은 人間 生活의 卑俗한 面을 如實히 描寫하면서도 社會批評—特히 貴族僧侶과 女性에 對한 諷刺—가 그 主調로 되여

있다. 이러한 男性的·諷刺的인 小說은 十六世紀의 라부헤에 와서 偉大한 作家를 發見하였고 十七世紀의 셀반테스에 와서 그 絶頂에 到達하였다. 셀반테스의 『동·키호데』는 中世紀 로만스에 對한 諷刺로서만 아니라 人間性을 描破한 長篇小說로서도 世界文學의 最高峰에 서는 作品이다.[37]

최재서는 소설의 기원을 서사 양식의 변화 과정에서 추적했다. 그가 도식화해 놓은 서사시(고대) → 로맨스(중세) → 소설(근대)이라는 구분은 서사문학 양식의 시대적 발현을 장르사적으로 규범화한 것이지만, 내적인 변화 과정은 단순하지 않다. 서사시는 고대부터 중세의 전반기까지 이른바 영웅시대를 지배한 문학 형태로서, 현실 생활의 전반을 통해 영웅의 위대함과 평민들의 생활을 동시에 표현해 준다. 민중과 영웅이 유기적으로 결합되어 있는 영웅시대의 특색이 그대로 반영되기 때문에, 서사시에서는 인물의 개인적 가치가 완전히 보장되며 개인과 사회, 개인과 시대가 공통의 감정과 신념으로 통합되어 나타난다. 말하자면 사회가 정치·문화·경제적으로 분열되어 있지 않고, 개인과 사회가 하나의 이념으로 통일되어 있는 삶의 전체성을 보여 주는 것이다.

서사시의 고유한 특질이 개인과 사회의 공통적인 기반이 확인될 수 있는 세계를 다루는 것이라고 한다면, 이러한 기반의 상실과 함께 나타난 것이 로맨스다. 로맨스는 고대의 영웅주의가 중세의 기사도로 바뀌면서 등장했으며, 기사들의 모험과 연애담을 중심으로 하는 환상적인 이야기가 골격을 이룬다. 인물의 성격 대신에 기분과 정조를 중시하는 것이 로맨스의 특징이다. 소설은 이러한 로맨스의 세계가 산문화되면서 등장한다. 소설은 인간의 현실적인 삶 가운데 주제를 발견하며, 인간성에 대한 탐구를 목표로 삼는다. 최재서는 세 가지 서사문학 양식을 다음과 같이 설명했다.

現代小說은 그 發生 當初부터 로만스에 對한 反逆으로서 나타났다. 그렇다고 叙事詩와 새에 쟝르上 直接으로 連關이 있는 것도 아니다. 그럼에도 不拘하고 小說은 자조 叙事詩와 比較되여 흔히 小說은 불죠아 社會의 叙事

37 崔載瑞, 「叙事詩·로만스·小說」(人文評論 제11호, 1940. 8), 18-20면.

詩라고 한다(拙文 『小說과 民衆』 參照). 이것은 어디서 오는 關係일까? 그 類似點을 들어 본다면 主題를 現實 社會에서 求하는 點, 材料를 리아리스틱하게 取扱하는 점, 그 根抵에 歷史的 意識을 가지고 있는 點, 그리고 運命이나 社會와 같은 人生 問題를 解明하는 열쇠로서 性格을 探求하는 點일께다. 그 中에서도 特히 性格 探求는 小說과 敍事詩를 偉大한 文學으로 맨드는 最後的인 要件이다.

性格 探求의 弛緩은 로만스를 特徵짓듯이 性格 創造에 對한 强烈한 意慾은 小說을 敍事詩와 接近식힌다. 文學에 있어서의 性格의 役割은 作中人物로 하여금 모든 人生 問題를 스스로 議論케 하고 스스로 解決케 하야 作品에다 산 印象을 주는 데 있다. 그러나 이러한 性格 描寫는 文學 制作에 있어서 가장 困難한 일이다. 그래서 作家 側에 性格 探求의 精神이 弛緩할 때 作中 人物은 類型化하고 만다. 그 가장 顯著한 例는 다름 아닌 로만스다. 로만스에도 多數한 人物이 나오기는 나온다. 그러나 그들은 現實 社會와 直接으로 交涉을 가진 산 性格이 아니라 大槪는 어떤 觀念 어떤 習性 或은 德性 或은 罪惡을 代表하는 아레고리였다. 그래서 그들은 作者의 主觀에 操縱되여서 舞臺 우에 춤을 추는 人形이 되고 만다.

대체로 作品 속에 人物이 살어 있다는 것은 무엇을 意味하는가? 人間은 眞空 속에서 살 수는 없다. 自然과 社會 속이 아니고선 人間은 살 수가 없다. 다시 말하면 個人은 孤立하고서는 살 수 없다. 이리하야 作品에서 人物이 산다는 것은 人物과 環境이 交涉을 가지는 데서 始作된다. 그렇기 때문에 環境이 단순히 背景畵로서 그저 놓여 있거나 또는 人物이 環境과 無關係로 움직이거나 해선 그 人物은 살었다고 할 수는 없다. 作品 人物이 살었다는 것은 다만 그 動作이 敏活하다던가 그 對話가 如實하다는 것만으로선 保證되지 않는다. 人物의 性格이 環境에 어떤 作用을 加하야 多少라도 變化를 이르키는 同時에 性格 自身이 環境한 데서(아마도 더 큰) 힘을 받어 變形하여 가는 途程-卽 生成의 經過에서 우리는 산 性格의 印象을 받는다.[38]

최재서는 성격 탐구라는 테마로 서사시, 로맨스, 소설을 비교하며, 성

38 崔載瑞, 「敍事詩·로만스·小說」, 21-22면.

격 탐구를 진정한 서사시의 정신으로 규정했다. 이러한 인식에 근거해, 현대소설이 과연 서사시의 정신에 도달할 만한 성격관을 확립하고 있는지 질문했다. 하지만 그의 대답은 부정적이었다. 우리 소설사 전반에서 그는 시대와 함께 접촉하면서 부단히 발전하는 살아 있는 성격을 발견하지 못했으며, 오히려 성격 창조의 정신이 이완되고 있음을 지적했다. 그가 구체적인 실례로 지목하는 것은 성격의 상실과 함께 등장한 멜로드라마였다. 최재서의 논의는 결국 현대소설이 다시 성격 탐구의 정신을 회복해야 한다는 논리로 귀결된다. 이것이 바로 서사시 정신의 획득임은 두말할 필요조차 없다. 하지만 우리는 이와 같은 최재서의 결론에 몇 가지 의문을 제기해야 한다.

최재서가 서사시 → 로맨스 → 소설이라는 서사 양식의 출현을 역사 발전의 단계와 연결 지어 설명하는 것은 문학 장르의 발생론적 근거를 중시한 태도라고 이해할 수 있다. 그러나 최재서는 '서사시에서 로맨스로', '로맨스에서 소설로' 이어지는 장르 변화의 단계를 역사적으로 설명하고 있음에도 사실상 고대 사회의 붕괴, 중세의 해체라는 역사 발전의 양상과 사회 변화의 개념을 총체적으로 설명하지는 못했다. 그렇기 때문에 그는 세 가지 문학 형태를 세 가지 역사 단계에 대응시키면서도 장르의 내적 변화를 역사 발전의 논리를 통해 포괄적으로 설명하지 못하는 한계를 보여 준다. 그는 서사시에서 성격 탐구와 로맨스에서 성격 탐구의 이완 문제를 소설에 그대로 대응시켜 놓은 채, 소설이 서사시를 지향할 것인지 로맨스를 지향할 것인지를 묻는다. 서사시를 가능하게 했던 고대 사회의 전체적인 모습과 새로운 서사시의 정신을 요구할 수밖에 없는 현대의 사회상을 함께 검토하지 않는다면, 이러한 질문은 논리의 공허성을 면하기 어렵다.

최재서의 소설 논의에서 볼 수 있는 관점의 편향은 소설을 '부르주아 시대의 서사시'라고 이야기한 헤겔의 명제를 그가 자기 논리에 맞춰 어떻게 굴절시키는지 살펴보면 더욱 분명하게 드러난다. 소설 양식은 헤겔에 의해 미학적 가능성을 인정받고 있는데, 그것에 대한 논의는 장르의 삼분법을 설명한 것에서 비롯된다. 헤겔은 서사시를 인간의 외부 세계를 객관적으로 드러낼 수 있는 수단으로 보고, 서정시를 특수화된 개인의 내면세계를 주관적으로 드러내는 수단으로 파악했다. 극은 서사 원리와 서정 원리를 종합하는 수단이라고 말했다. 이러한 변증법적 삼분법을 기반으로 헤겔은 근대 시민

사회에서 발흥한 소설의 장르적 속성을 서사시와 대별해 설명했다.

헤겔에 따르면 원래 서사시란 인간과 사회와 자연이 유기적으로 통일되어 있던 영웅시대의 표현이다. 서사시에 나오는 속세의 인간은 자유롭고 스스로 자신의 운명을 결정할 수 있는 존재다. 그러나 소설은 이와 다르다. 소설은 영웅주의가 아니며, 일정한 현실을 다루고 반영하는 특정 세계관과 통한다. 소설은 근대 중산계급의 삶을 보여 주는 것으로, 토지에 기초를 둔 사회에서 산업에 의해 지배되는 사회로 변화해 가는 과정에 내재해 있는 분열을 반영한다. 하지만 소설은 하나의 예술적 형식이기 때문에 시민 생활의 일상적 현실을 초월해 시적 비전의 재창조를 지향한다. 소설은 인간과 사회와 자연의 분열을 극복하고자 하며, 삶에 있어서 시 정신의 갈구를 드러낸다. 바로 여기에 헤겔이 근대 시민사회의 서사시라는 말로 소설의 성격을 규정한 이유가 있다. 헤겔의 관점을 놓고 본다면, 고대의 서사시는 본질적으로 근대의 시민사회와 화합할 수 없는 것이며, 소설 또한 다른 시대의 서사 양식과 전혀 다른 성질을 지니고 있음을 부인할 수 없다. 서사시의 형성은 인류 발전의 유년 시대인 영웅들의 시대, 말하자면 영웅적인 개인이 그가 소속된 전체 속에서 본질적으로 일치된 상태에 놓여 있는 자신을 의식할 수 있었던 원시적인 단계에서만 가능했던 것이다. 그러나 근대 시민사회는 개인과 사회가 전체와 직접 관계를 맺는 것과는 괴리되어 있다. 헤겔은 바로 이러한 상태를 시민 문명의 산문성이라고 설명했으며, 소설을 통해 잃어버린 시 정신을 찾을 수 있는 가능성을 내다보았다.

그렇기 때문에 최재서처럼 시민사회의 기초 위에서 성립된 소설을 놓고 고대 서사시의 부활을 생각하는 것은 현실 사회의 모순을 제대로 인식하지 못하고 소설의 본질을 곡해하는 것임을 알 수 있다. 최재서는 이 같은 인식의 한계에도 자신의 소설론을 확대해, 우리 문단의 상황과 세계문학의 동향을 검토함으로써 장편소설의 당면 과제에 접근했다. 그는 세계적인 추세로서 심리주의 문학의 쇠퇴와 새로운 행동주의 소설의 등장을 예고했다. 현대문학이 인간의 심리와 의식의 세계로부터 벗어나 현실의 행동과 사건의 세계로 관심을 돌리고 있다는 것이다. 이러한 현상의 구체적인 예로 토마스 만의 『부덴부르크의 일가』와 같은 '연대기소설'이나 앙드레 말로의 『인간의 조건』과 같은 '보고문학'을 들었다. 이 작품들은 인간 행동의 가능성을 최대한으로 강조할 수 있는 커다란 사건을 갖추고 있을 뿐만 아니라, 행동을 전개할 수 있는 시공간의 여유를 충분히 확보해 놓고 있다는 것이 그의 설명이다.

최재서는 연대기소설이나 보고문학의 가능성을 인정하면서도 사건과 행위 가운데 개인의 모럴이 확립되어야 함을 강조했다. 그는 한국소설이 직면해 있는 문제점을 두 가지로 요약한 바 있는데, 바로 주제의 빈곤과 성격의 미완이다. 소설이란 시대의 정치적 생활이나 도덕, 습관과 관련지을 만한 주제를 발견하지 못할 때 저조에 빠져 버리며 시대의 전형적 성격을 포착하지 못하면 그 균형을 살릴 수 없다. 이러한 현상은 작가가 신념을 상실했을 때 드러나는데, 최재서는 특히 성격 창조의 문제[39]를 소설의 근본 과제로 제기한 바 있다.

소설은 그 형식이 성격에 대한 관심에서 비롯되었고 성격 창조라는 문제를 중심으로 발전해 온 것이 사실이다. 한 시대의 전체적인 삶을 전형적으로 드러내 보여 줄 수 있는 인간이란 소설의 성격 창조에서만 가능하다. 소설 속 인물이 가지는 성격의 조건은 사회에 의해 설정된다. 인간에게 명백한 역사적·사회적 방법으로 의미를 부여하는 것을 소설이라고 한다면, 개인과 사회가 동시에 전체적으로 파악될 수 있는 요건도 문제가 된다. 사회성과 역사성에 따른 조건을 부여받은 소설의 인물은 자신의 욕망에 상응하는 것이 현실 세계에 존재한다고 생각한다. 그러므로 인물은 현실 속에서 자신의 지성에 근거해 상황을 분석하고 신념과 행동으로 자기 세계를 개척하는 것이다. 운명의 신을 거부하고 스스로 운명에 책임이 있음을 느끼는 존재가 바로 소설의 인물이다.

그런데 이러한 소설적 전통은 20세기에 들어서면서 무너진다. 이제 소설의 인물은 불확실한 현실에서 삶의 모습을 명료하게 보여 주지 못한다. 모든 사회적 관계에서 이탈된 상태로 자기 존재를 드러내기 때문이다. 사회적 상황과 역사적 조건에 의해 확립된 가치 개념이 무너져 버리는 상황에서 인간은 자기 존재의 내부에서 삶의 가치를 찾아 보고자 한다. 이러한 현상은 문학에서도 그대로 드러난다. 작가가 현실 세계에서 성격 창조의 어려움에 직면하게 되자 극단적으로 사회 현상의 표면적인 다양성만을 문제 삼거

39 崔載瑞, 「性格에의 意欲」(人文評論 제1호, 1939. 10), 7면.

나 개인의 내면만을 추구하는 작품들이 등장하는 것이다. 여기서 소설 자체로부터 성격의 유리라는 새로운 문제가 대두된다.

최재서는 성격의 붕괴가 방치되는 소설의 위기를 극복할 수 있는 방법을 작가의 모럴 확립[40]에서 찾았다. 새로운 가치의 창조와 그 욕구를 모럴에 대한 지향으로 이해할 수 있다면 예술적 자각을 가진 작가는 이것을 외면할 수 없다는 것이 최재서의 견해다. 그는 프로문학 작가들이 인간 문제에 직면해 고뇌하는 사실을 지적하면서 그들이 그렸던 인물은 '역할의 인'에 불과한 외면적 인간이었음을 상기시켰다. 인간의 본질은 사회적 역할에만 그치는 것이 아니라 내면적으로 통일된 자신의 세계를 확보하는 데 있다. 그러므로 작가는 한 인물의 성격을 형상화하는 데 있어 필연적으로 자기 내면에 자유롭고 풍부한 창조의 생활을 가지면서도, 사회적으로 어떻게 현실적인 면모를 유지할 수 있을지 고심하기 마련이다. 하지만 최재서는 이러한 문제의 해결을 현실적인 상황의 모순을 극복하고자 하는 실천적 의지에서 구하지 않았다. 그는 이 문제들이 작가의 지성으로 파악되어 모럴에까지 심화될 경우 새로운 조화의 가능성도 인정되는 것이라고 낙관적으로 전망했다.

최재서의 소설론은 성격 문제와 모럴론에 이르러 본격적인 차원에 들어선 셈이지만, 그 논의는 더 이상 진전하지 못했다. 시대적 상황이 식민지 암흑기에 접어들었기 때문이다. 최재서는 성격 창조를 리얼리즘론에서 중시하는 전형의 창조에까지 끌고 가지 못한 채, 작가의 모럴의식을 강조하거나 소설론의 방향을 발생론적인 차원에서 다시 논의하고자 했다. 그가 제기한 성격 문제가 근대적 개성을 염두에 둔 것이었고, 소설 장르의 성립이 바로 근대적 개성의 발견과 함께하고 있다는 사실을 생각한다면, 이러한 과정은 소설의 역사적 성격을 관념적으로 이해하고 있는 데서 비롯된 것이라고 할 수 있다.

최재서는 소설의 속성을 고대 → 중세 → 근대라는 세 단계로 요약되는 서구 문화의 역사 발전 단계와 관련지어 설명했다. 세 단계에 서사시 → 로맨스 → 소설이라는 서사문학 양식의 발전 과정이 가로놓일 수 있기 때문이다. 하지만 이 같은 도식은 한국의 소설문학과는 아무런 관계가 없다. 서구

---

40 최재서, 「作家와 모럴의 問題」(三千里文學 제1호, 1938. 1), 193면.

문화의 영역에서 볼 때, 소설은 서사시처럼 영웅의 문학도 아니며 로맨스처럼 기사의 문학도 아니다. 소설은 생활 현실에서 떠날 수 없는 민중의 문학이다. 소설이 인간 생활을 그려 낸다는 점에서 리얼리즘의 전통이 세워졌고, 인간 생활의 변화와 다양성을 포착하기 위해 그 취재와 방법이 변화하여 실험정신을 중시하게 된 것은 주지의 사실이다.

> 小說은 가장 자유로운 藝術이다. 그것은 材料로서 人間 生活의 모든 것을 包容할 수 있다. 土地와 機械와 社會 機構는 말할 것도 없거니와 人間 內部에 들어가서 모든 肉體的 變化와 感覺과 心理와 그리고 실로 근래에 와선 無意識까지를 취급할 수가 있다. 그리고 어느 것에나 정착되지 않는다. 한번 소설이 傳統化하면 어디선가 活力이 소생하여 그 枯渴을 구제하여 준다. 모든 現實을 거부하지 아니하기 때문에 도리어 自家 中毒을 일으키는 수도 있으나 그럴 때마다 짓궂은 實生活에의 의욕으로 말미암아 自己 淨化를 한 다음 다시 일어나는 힘—이것이 소설의 정신이다. 그것을 散文 精神이라 불러도 좋다, 그것은 現實에서 流離하고 現實을 夢想化하려는 로맨스의 정신과 대별되는 정신이다. 이리하여 소설은 民衆에게 活力을 구하여 왔고 또 거기에서만 구할 수 있다. 소설에게 民衆이 필요한 것은 단지 讀者로서 뿐만 아니라 또 그 創造의 源泉으로서도 그러하다.[41]

소설의 양식적 특질을 자유로움으로 규정하는 이 글에서 민중의 문학으로서 소설이 지탱해 온 중요한 골격을 이해할 수 있다. 소설과 민중의 분리될 수 없는 밀접한 관계가 바로 여기에 상정되어 있는데, 작가가 민중의 한 사람으로서 그 자신의 내부에 민중과 같은 에토스를 의식하고 같은 감정을 생활화할 경우에만 진정한 소설의 성립이 가능한 것이다. 최재서는 이러한 서구적인 소설 전통을 1930년대 소설문학의 현상에 그대로 적용시켰다. 당시 문단에서 볼 때, 소설의 위기는 소설의 민중적 기반의 위기와 통한다. 그리고 이것은 식민지 사회 구조의 모순에서 비롯된 것이다. 하지만 최재서는 민중의 소설에 대한 요구가 멜로드라마적인 스토리와 추잡한 감각, 선정

41 최재서, 「小說과 民衆」, 『최재서평론집』, 384면.

적인 묘사와 평범한 인생관과 모럴에 지나지 않음을 지적하면서 작가의 개성이 이를 용납하지 않는 것은 당연한 일이라고 말했다. 이 경우 작가는 반항의 방법을 취해 자신의 개성을 내세워 민중의 무지와 싸우는 길을 택할 수도 있고 반대로 자기 내면의 세계에서 가치 표현의 대상을 찾고자 할 수도 있다.

최재서는 당대 문단의 상황을 예시하면서 계급문학론자들은 '소설가는 대중 속으로'를 외쳐댔지만 소설의 민중화에 도달하지 못했고, '자기 응시'의 신변소설은 소설 세계를 더욱 위축시켰다고 주장했다. 그는 현대 작가들이 결국 자신의 개성과 역사적 현실로서 민중의 기반 사이에 어떤 진실한 연관성을 발견하지 못하며, 그것을 질서화하지 못한다고 보았다. 이 점에서 그들의 불안과 고민이 연유된다고 본 것이다. 그렇다면 이러한 소설의 위기를 타개하는 길은 무엇인가? 최재서는 식민지 상황의 모순을 비판적으로 인식할 수 있는 리얼리즘론의 가능성에 대한 천착을 진전시키지 못하고 작가의 측면을 모럴론으로, 소설 양식의 측면을 성격론으로 논의를 결론지었다. 이것은 일제 군국주의 확대와 함께 당대의 현실 문제를 직접적으로 논의할 수 없었던 상황적 제약 속에서 도출된 결론이라고 할 수 있으나, 한편으로는 최재서 자신이 가진 현실 수용적 태도와도 연결된다.

1930년대 비평 담론의 한 부분을 차지하던 최재서의 소설론은 두 가지 한계를 드러낸다. 우선 이론적 기반과 관점을 서구의 소설론에 위탁하고 있었다는 점을 지적하지 않을 수 없다. 소설 장르의 속성에 대한 논의만이 아니라 발전과 변화의 단계조차도 서구 문학의 역사를 준거로 설명했다. 그렇기 때문에 한국소설의 발달 과정에 이해가 부족할 수밖에 없고, 한국 사회의 변화와 발전에 대한 검증도 시도되지 않았다. 결국 서구의 이론 틀을 그대로 우리 소설문학에 적용해 보고자 했기 때문에, 그 논의의 진폭이 작지 않음에도 한국소설의 논리로 정립되기 어렵다는 한계를 지닌다. 게다가 당시의 소설에 대한 비평적 논의가 소설 문단의 위기에 대응하기 위해 제기된 실천적인 논리였음에도, 그러한 현실적 위기를 초래한 일본 군국주의의 지배 논리에는 대응하지 못한 상태로 전체주의 논리에 빠져들게 되었다는 점을 주목해야 한다. 최재서가 개인과 사회의 전체적인 조화와 통일을 지향하는 서사시의 정신에 매달리기 시작하면서 일제 군국주의의 환상이었던 전체주의를 승인하게 된 것은 우연한 일이 아니다. 그가 작가의 모럴과 신념을 주장하면서 전환기의 논리에 휩쓸려 변절한 것은 식민지 체험 속에서 우리 문학이 겪어야 했던 지성의 파탄에 해당된다.

3) 임화의 세태소설론

위기의 현실과 소설의 위기

1930년대 중반 박태원의 『천변풍경』이나 이상의 「날개」와 같이 새롭게 등장한 소설 경향에 대한 당대 비평의 진단은 대체로 부정적인 결론에 도달했다. 최재서가 지적했던 모럴의 결여는 백철에 의해 인간성의 상실이라는 측면에서 다시 강조됐다. 그리고 임화는 소설 속 주체의 성격과 객관적 환경의 분열이라는 보다 근본적인 문제를 제시했다. 이와 같은 문제성을 극복하기 위해 비평가들이 제시한 대책도 작가 의식의 고양이라는 면에서 동궤에 서 있음은 논의의 여지조차 없다. 최재서는 모럴의 획득 또는 작가의 신념 표출을 내세우고, 백철은 휴머니즘 정신을 강조하며, 임화는 객관적 현실을 개변해 나가면서 작가의 정당성을 입증할 수 있는 리얼리즘의 정신을 강조했기 때문이다. 결국 당대 비평은 박태원이나 이상 같은 모더니스트의 소설 방법을 리얼리즘 관점에서 비판하는 셈이다. 이러한 현상은 한국의 문학비평이 소설 창작의 새로운 경향으로서 모더니즘을 감당하지 못하고 있음을 말해 주는 것이지만, 계급문학의 강제적 몰락 이후에도 한국문학은 여전히 삶의 총체적 인식을 문제 삼는 사실주의 정신에 기대고 있음을 확인할 수 있다. 특히 소설이 직면하고 있는 문제가 작가에게 국한된 것이 아니라, 작가 의식의 분열을 강요하는 현실에서 비롯된 것임을 주목해야 한다.

> 우리는 生活 그것과 같은 文學을 必要로 하지 안는가? 正히 한 개의 生活的 實踐인 文學 그 가운대서 主體性은 自己의 正當性을 證明하고 客觀的 現實과 統一되는 것이다. 그것은 오늘날의 文學처럼 現象의 表面에 執着하는 것이 아니라 그 뒤에 숨어 있는 深奧한 本質을 啓示하는 文學이다.
>
> '리얼리즘'이란 本來 現象의 表皮가 아니라 깁다란 本質을 啓示하므로

비로소 現實的일 수 잇는 것이다. 이러한 文學은, 科學과 더부러 人間 生活에 잇어 깊은 事實的 意義를 갖는 것이다. 그러므로 '리얼리즘'이란 決코 主觀主義者의 誣告처럼 死化한 客觀主義가 아니라 客觀的 識認에서 비롯하야 實踐에 잇어 自己를 證明하고 다시 客觀的 現實 그것을 改變해 가는 主體化의 大規模的 方法을 提洪하는 文學的 傾向이다.

그러나 이런 '리얼리즘' 決코 '리얼리즘' 一般이 아니다. 마치 十九世論에 市民的 '리얼리즘'이 當時의 具體的 '리얼리즘'이엇든 것처럼, 쏘시알리즘的 '리얼리즘' 그것이 今日의 一唯의 '리얼리즘'이다. 웨 그러냐 하면, 이 '리얼리즘'만이 今日의 現實에 잇어 그 主體性이 客觀的 現實의 反映과 矛盾하지 안코 오히려 그것을 助長하기 때문이다. 이것은 우리를 小市民 作家에 잇어, 自己의 限界를 떠나 客觀的 現實에의 沈潛이 한 過程을 通해서만 達成되는 것이다. 이곳에서 우리는 藝術的 認識에 잇어, 抽象 想像力의 作用에 잇어 世界觀의 壓倒的 役割을 忘却해서는 아니 된다.[42]

임화의 주장에서 주관주의자와 소시민적 작가는 거의 비슷한 성격으로 분류된다. 작가는 자기의 정당성을 증명하고 객관적 현실과 통일될 때 주관성의 의미가 인정된다. 현상의 표피에 매달리는 소설은 진정한 리얼리즘과 거리가 멀다. 리얼리즘이란 현실에 대한 객관적 인식에서 비롯해 실천에 있어 자기를 증명하고 다시 객관적 현실을 개변해 가는 주체화의 방법을 완성하는 문학적 경향이다.

이와 같은 인식에 기초해 임화[43]는 당대의 소설 경향을 두고 '사상성의 감퇴'라며 이념적 요소의 약화를 지적했다. 물론 이러한 현상은 객관적 현실의 변화에 따른 것이지만 사상적 매력의 상실과 함께 세태 묘사의 길을 택했다는 것이 임화의 진단이다. 임화는 구체적인 사례로 김남천, 채만식, 박태원, 이상 등의 작품을 지목했다.

最近 數三年間의 小說을 돌아본다면 于先 年來로 普遍化되어 온 判斷

---

42 林和, 「寫實主義의 再認識(完)」(東亞日報, 1937. 10. 14).

43 林和, 「世態小說論」(東亞日報, 1938. 4. 1-6).

의 하나인 思想性의 減退란 것을 切實히 느낄 수가 잇다. 勿論 作品이 인젠 와서 思想的 魅力을 일헛다는 말은 結局 最近의 小說들이 一般으로 文學으로서의 魅力이 적어졋다는 것을 意味하나 아즉도 朝鮮小說이(一般으로 文學이) 現代 靑年들이 自己의 情熱을 吐露하고 依託하는 主要한 領域의 하나임은 理由가 잇지 안흘 수가 없다. 그러나 이것이 在來로 우리가 불러 오든 바의 같은 '思想'이란 것으로 作品 우에 表現되지 안는 것도 大部分의 境遇에 잇어 眞實이다.

그러면 어떠한 形態로 現代 朝鮮 靑年이 文學을 生活 情熱의 主要한 假托物로 選擇하는 理由가 表現되는가? 正히 이것이 우리가 最近의 小說을 읽어 오면서 穿鑿하고 찾아낼랴고 하는 窮極의 要點이 아닌가 한다. 다시 말하면, 思想性에 減退 대신에 새로히 小說을 特徵지우고 잇는 特色은 무엇인가? 그것은 善惡間 現代의 讀者가 아즉도 小說을 버리지 안코 읽어 가는 즉 오늘날의 小說 고유의 魅力이 다시 말하면 在來의 意味에 대신하는 魅力이 되는 것이다.[44]

나는 이런 몇 개 要素 中의 하나로 世態 描寫에의 길을 든다. 뿐만 아니라 이것은 最近 朝鮮小說의 壓倒的 潮流가 되어 가는 文學的 傾向의 하나라고 생각할 수가 잇다. 世態描寫의 小說이란 直接으로는 內省의 小說과 對蹠되는 것으로 金南天 氏의 小說과 蔡萬植 氏의 小說 또는 故 李箱의 小說과 朴泰遠 氏의 小說를 比較하면 이 特色은 明白히 나타난다. 더욱이 世態 描寫의 小說은 內省의 小說과 有機的인 對蹠 關係를 갖엇을 뿐만 아니라 兩者가 한꺼번에 頭角을 나타내엇다는 데 意味가 있다. 마치 '쪼이쓰'가 '프뤼스트'와 더불어 西歐의 가장 新鮮한 文學的 要素인 것처럼 金南天, 蔡萬植, 李箱, 朴泰遠 氏 等은 現代 우리 文壇에 잇어서 가장 '프엣뉴'한 小說을 製作하는 이들이다.

그러면 外部로 向하는 作家의 情神과 內部로 파고드는 作家의 情神과의 사이에 어떤 共通한 關係란 것을 聯想이 안흘 수가 없다. 다시 말하면 外向과 內省은 本來 對立되는 方向임에 不拘하고 한 時代에 두 傾向이 한가지

---

44 林和, 「世態小說論(一)」(東亞日報, 1938. 4. 1).

로 發生하는 때는 그 種子들을 胚胎하는 어떤 基礎에 單一性을 생각하지 안흘 수 없는 것이다. 나는 이것을 作家의 內部에 있어서 말할려는 것과 그달랴는 것과의 分裂에 잇지 안흔가 하고 생각한다.[45]

임화가 내세우는 세태 묘사란 현실을 있는 그대로 묘사하는 것으로 이해할 수 있다. 그러므로 임화는 묘사되는 세계를 충실하게 살리려는 태도에서 비롯되는 '세태 묘사'의 특징을 소설의 본질 또는 산문적인 특성으로 인정했다. 하지만 임화는 작가가 말하고자 하는 주제의식이나 사상성을 제대로 살리지 못하고 오직 묘사의 사실성에만 치중하는 이른바 '세태소설'[46]의 등장을 우려하기도 했다. 임화의 진단에 따르면, 작가가 주장하는 바를 표현하려 하면 묘사되는 세계가 그것과 부합되지 않고, 묘사되는 세계를 충실하게 살리려 하면 작가의 생각이 그것과 일치될 수 없다. 여기서 작가가 말하고자 하는 것은 작가의 이상, 주제의식, 사상성 등을 뜻하며 작가가 그리려고 하는 것은 작품의 대상, 현실 상황, 작품의 소재를 의미한다. 작가가 현실의 소재를 있는 그대로 그려 내는 경우에는 작가 자신이 인생에 대해 지니는 이상이 전혀 살아나지 못하고 오히려 암담한 점만을 얻게 되므로, 작가의 정신을 살려 내려면 작품의 사실성을 포기해야 한다. 역으로 작품의 사실성을 살리려면 작가의 의식을 버려야 하는 딜레마에 직면하게 되는 것이다. 세태소설이란 결국 작가의 의식을 죽이고 작품의 사실성에만 치중한 것이므로, 묘사의 기술에는 성공하나 그 성격과 환경의 조화에 도달하지 못하는 경우가 된다. 박태원의 『천변풍경』이나 채만식의 「탁류」와 같은 작품에서 볼 수 있는 진부한 일상생활의 전개가 바로 그러한 예로 지적된다. 그런데 임화는 세태소설의 경향과 함께 소설의 '내성화'도 문제적 경향으로 지적한다. 그는 내부로 파고드는 작가의 정신을 '내성(內省)'이라는 말로 지칭했다. 이것은 세태묘사와는 정반대의 경향을 말하는 것으로, 심리 묘사의 심화 경향이라고 할

---

45 林和, 「世態小說論(二)」(東亞日報, 1938. 4. 2).

46 '세태소설'은 임화가 처음 사용한 용어이며, 이 글을 통해 비평사적 의미를 부여받게 된다. 백철의 경우는 '세태소설'이라는 용어 자체를 오히려 '사태소설' 또는 '소묘소설'이라고 바꾸어야 할 것이라는 견해를 보이기도 했다. 白鐵, 「綜合文學의 建設과 長篇小說의 現在와 將來」(朝光 세4권 제8호, 1938. 8).

수 있다. 김남천이 주장하는 '자기 고발의 문학'이나 이상의 소설에서 볼 수 있는 자기의식의 분열을 예로 들 수 있다.

결국 임화는 세태소설의 증가와 내성적인 소설의 등장이 모두 이상과 현실의 괴리, 성격과 환경의 분열에서 온다고 진단했다. 세태소설이 현실 묘사를 확대하고 내성적인 소설이 심리 묘사를 심화한다 하더라도 그것이 결코 소설의 발전을 의미한다고 말하기 어려운 것은, 소설이라는 문학 장르가 두 경향의 조화를 요구하기 때문이다. 그는 소설 경향이 세태 묘사와 내성적 경향으로 양극화하는 현상을 놓고 '무력(無力)의 시대'의 소설적 특징이라고 규정하면서 그것이 결국은 소설 자체의 와해를 가져올 뿐이라고 결론지었다.

사실주의와 본격소설

임화는 당대 소설에서 드러나는 세태소설과 내성화 경향을 극복하기 위해 '본격소설'이라는 개념을 새롭게 제시했다. 그가 말하는 본격소설이란 고전적 의미의 소설로서 환경의 묘사와 작가 자신의 표현이 조화를 이루고 있는 소설을 뜻한다. 다시 말하면 성격과 환경 그리고 그 사이에 얽힌 생활 간의 부단한 연결이 만들어 내는 성격의 운명이라는 것이 구조의 기축을 이루고, 그 구조를 통해 작가의 사상을 표현할 수 있는 소설이다.

> 要컨데 本格小說의 衰微와 더부러 小說은 世態, 心理 兩組로 分裂한 것이다. (중략) 時代精神의 變遷이 小說 'ᄉ타일'을 고첫다는 것은 時代精神이 現代의 文學的 思想의 性質과 方法을 고처 그것이 小說 가운데 投影된 것이라고 이해되지 아니할 수 없다. 重要한 것은 지금 文學的 思惟의 性質이나 方法이 變햇단는 것이다. 이 變化된 文學的 思惟의 구체적 產物이 累述한 世態小說과 心理小說이다. 萬一 이 두 種類의 小說이 本格小說에 잇어 部分을 養成하는 데 不過한 一 手法인 世描描寫나 心理 格格描寫를 各各 一方的으로 高揚하야 手法을 方法에까지 노핀 것이라면 現代作家의 思惟가 部分的인 場內로 蟄去함을 의미한다. 即 枝葉의 世界에 齷齪하고 잇는 것이다.
>
> 이리하야 作家들의 이런 精神的 性格은 小說 構造에 決定的으로 影響한 것인데 우리는 이런 小說들에서 部分의 完成 細工의 精密 等을 期待할 수는 잇어 앨써 그것을 否定해 버릴나고는 안는다. 世態의 描寫라든가 心理

의 描寫 等은 小說의 그中 重要한 兩大 要素이고 또한 過去의 朝鮮小說이 規範될 만한 아무것도 맨드러 놋치 못하엿다. 그럼에도 不拘하고 요지음 小說에선 微弱하나마 形成되랴 하든 本格小說에의 志向이 衰退하고 依然히 朝鮮선 古典的 意味의 小說 양식의 完成이란 當策의 宿題로 남아 잇음은 이저선 아니 된다. 이것의 完成 업시는 아모리 華麗한 世態描寫나 精密한 心理描寫의 伎倆이 進步한다 하드래도 朝鮮서는 眞正한 意味의 小說을 期待할 수 업는 것이다.[47]

소설의 본질에 대한 임화의 인식은 철저하게 헤겔주의적 관점을 고수한다. 그는 헤겔이 정의한 '시민사회의 서사시'라는 소설 개념을 전적으로 수용하면서 소설이 개인으로서 성격과 환경과 운명을 그리는 예술이라는 확신을 갖게 된다. 그리고 이러한 관점에 의해 새롭게 제기한 개념이 본격소설이다. 하지만 본격소설은 임화가 이미 제시했던 소설 개념으로서 '세태소설'과 다른 문단적 개념일 뿐이다. 그는 당대 현실이 작가와 환경의 부조화를 드러내며, 그로 인해 소설에서 묘사와 표현의 조화가 깨진다고 주장했다. 다만 환경과 작가의 분열을 다시 회복할 수 있을 때, 본격소설의 가능성을 생각할 수 있다는 것이다. 이런 방식의 논의를 통해 제시하는 본격소설은 일종의 가능성의 양식 또는 양식적 이상형인 셈이다. 임화는 객관적 현실의 불리로 현실에 대한 작가의 태도에서 생활의 적극성이 희박해졌다고 지적했다. 그러므로 소설의 본격성도 상실할 수밖에 없게 되었다는 것이 그의 판단이다. 그는 "인물과 환경이 아무래도 일치되지 않는 어려운 시대"[48]라고 말하며 상황적 요건을 지속적으로 문제 삼았다. 본격소설의 새로운 전망은 이러한 어려운 시대를 극복하고 성격과 환경이 조화될 때 가능하다는 점을 거듭 강조하기 위해서다.

임화가 제시하는 소설적 전망이란 서사문학 양식의 가장 중요한 기본적 요건인 개인과 환경의 조화에 초점이 맞춰져 있다. 임화가 헤겔의 명제인 근대 시민사회의 서사시로서 소설을 수용하면서 여기서 본격소설의 개념을

47 林和, 「最近 朝鮮小說界의 展望(五): 依然한 宿題인 本格小說」(朝鮮日報, 1938. 5. 28).

48 林和, 「最近 小說의 主人公」(文章 제9호, 1939. 9).

추출해 낸 것은 당연한 귀결이라고 할 수 있다. 소설이 자아와 세계가 분열되지 않은 총체적인 상태를 추구해 나가야 한다는 것은 재론할 필요도 없다. 하지만 임화의 논의는 여기서 멈춰 있다. 일반적으로 장편소설에서 그려지는 세계는 삶의 전체성에 대한 지향과 통한다. 소설을 중산계급의 서사시로 규정한 헤겔의 소설 개념은 '삶에 있어서 통일성의 갈망, 삶에 있어서 시의 희구'다. 하지만 이러한 갈망은 소설에서 묘사되는 현실에 의해 언제나 부정되어 버린다. 그러므로 소설의 주인공은 소설이 부정하는 세계 속에서 자유과 발전을 주장하게 된다. 이렇듯 헤겔은 소설이라는 양식이 예술적인 '심정의 시'와 이에 상반되는 '외적 조건의 산문' 사이의 모순을 구체적으로 표현하는 것이라고 말했다. 하지만 이 논점에서 임화는 일정 부분 거리를 두고 있다.

임화는 본격소설의 성립 가능성을 성격과 환경의 조화 상태에서 찾았다. 그러나 이것은 지나치게 획일적인 반영론적 관점을 말해 줄 뿐이며 소설 양식 자체와는 아무 상관이 없다. 소설은 사회 현실의 조건과 상황이 어떠하든지 간에 총체적 접근의 가능성을 찾아가고자 하는 데서 문학적 양식으로서 가치가 인정되는 것이다. 임화는 인물과 환경이 조화되지 않고 소설의 미까지 희생하려 할 경우 나타나는 변칙적인 현상으로서, 주인공이 환경을 파괴하거나 환경이 주인공을 개조하는 경우를 상정했다. 그가 진단하듯이, 소설의 내성화 경향이라든지 심리소설은 자아와 세계의 부조화 속에서 자아가 부조화의 상태를 외면한 채 지나치게 주관성에 안주해 버린 상태를 나타낸다. 반면에 세태소설은 외부 묘사에만 치우쳐 주관 세계의 요건을 외면한 경우다. 이러한 극단적인 경향을 극복하는 일은 작가가 삶의 현실에 노정되어 있는 부조화의 상태를 직시하고 그것을 궁극의 현실로 인식할 때야 가능할 것이다. 임화는 성격과 환경의 조화라는 이상적인 상태를 본격소설의 성립 기반으로 생각하지만, 이것은 하나의 관념일 뿐 그 구체적 실현은 불가능한 것임은 물론이다. 임화는 성격과 환경의 조화가 필요한 것이 아니라, 성격과 환경의 부조화에 대한 철저한 인식이 필요하다는 사실을 분명하게 의식하지 못한 것이다.

임화의 주장과 비슷한 방향의 논의는 백철도 제기한 바 있다.[49] 백철은

49 白鐵,「綜合文學의 建設과 長篇小說의 現在와 將來」(朝光 제34호, 1938. 8), 180면.

문학의 위기를 타개할 방법을 문학 자체에서 구할 경우 장편소설 장르에 기대를 걸 수밖에 없다고 단언했다.

> 내가 長篇小說에 綜合的 大文學의 暗示를 구하는 것은 첫째로 長篇이 過去에도 다른 文學 장르에 비하여 가장 커다란 文學形式이요, 近代 社會를 反映하는 문학 형식이요, 근대 사회를 반영하는 데에 가장 適應한 本格的인 小說이었다는 것 등인 의미에서 하나의 綜合的인 要素를 그 量的인 廣大性에서 보고자 하는 것이요, 둘째는 長篇小說이 近代를 대표하는 문학 형식인 동시에 그것은 과거 人類 文化의 最後에 온 문학 형식으로서 그것은 단순히 古代의 서사시나 이야기 소설에 대한 '아프헤벤'이 아니요, 실로 과거의 문학 형식의 總揚棄的인 의미를 歷史的으로 가지고 있다는 것이다. 다만 그것이 지금까지 本意味의 綜合的 屬性을 충분히 發揮하지 못한 것은 역시 近代 社會의 時代的 內容과 思想的 限界때문이었을 것이다. (중략) 今日의 '로만'의 危機를 벗어나서 새로운 發展과 將來를 가지려면, 長篇은 그 近代的인 양적 광대성에서 綜合的인 의미를 충분히 발휘해 가야 할 것이다.[50]

백철이 주장하는 종합문학으로서 장편소설이란 헤겔 개념의 '대로망'을 그대로 빌려 온 것이다. 물론 이 개념은 임화가 주장하는 본격소설과도 맞닿아 있다. 그런데 백철은 종합문학이라는 개념을 시와 단편, 희곡, 수필, 일기, 논문까지 합류해 일체를 이룬 장면처럼 인식했다. 그는 모든 문학 장르가 서로 교류해 생겨날 수 있는 종합적인 풍부성을 앙드레 지드의 『위폐 제조사』에서 확인할 수 있다고 예시까지 보였다. 백철은 한국소설이 전통적인 자기 발전의 기반을 갖지 못하고 있다고 말했다. 장편소설이라는 이름으로 발표된 대부분의 작품도 신문 연재라는 특수성 때문에 소설의 구조가 분해되어 버렸고 작가는 사상을 나타내기 전에 스토리의 흥미에 치중하고 있음을 지적했다.

그는 임화가 제기한 세태소설의 문제를 일단 소설적 현황으로 인정했지만, 일본 문단에서 요코미츠 리이치(橫光利一) 등에 의해 주장되는 '순수소

50 白鐵, 「綜合文學의 建設과 長篇小說의 現在와 將來」, 180면.

설론'에 더 크게 기대고 있었음을 확인할 수 있다. 순수소설이란 한마디로 본격적인 장편소설을 뜻하는 것으로, 광대한 사회의 모든 요소와 모든 인간적 현실을 광범위하게 취급하는 세계이며, 그 속에 현대적인 자의식의 세계를 추가해 복잡한 작품 내용을 널리 취급할 수 있는 것을 말한다. 백철은 소설의 새로운 개조를 위해 두 가지 요건을 제시했다. 하나는 장편소설의 형태적 요건을 문제 삼은 '종합성'이며, 다른 하나는 장편소설의 내용 문제를 염두에 두는 '순수성'이다. 하지만 모든 문학 장르의 상호 교류를 통해 복합적인 형태를 추구해야 한다든지, 종합 문학을 운운하면서 '순수성'을 내세우는 것은 논리의 모순이며 자가당착에 불과하다.

계급문학의 조직적 실천과 이념적 지표를 제시했던 임화와 백철의 견해는 출발점이 동일하다. 소설 문단의 경향을 세태소설과 내성화 또는 심리소설로 구분하고 그 불균형을 극복하기 위해 본격소설의 출현을 강조하는 임화의 논리는 백철에게도 비슷하게 발견된다. 그러나 소설의 양식적 속성이나 형태적 요건을 생각한다면, 두 사람의 주장은 정반대의 입장을 보여 준다. 임화의 본격소설은 자아와 세계가 조화와 균형을 이룬 상태에서 가능한 고전적인 의미의 소설 형태이기 때문에, 소설 장르의 본질적인 속성을 강조한다고 할 수 있다. 반면 백철은 모든 문학 장르의 복합성 위에서 생겨날 수 있는 종합문학으로서 장편소설의 형태를 요구했다.

4) 김남천과 '로만' 개조론

로만 개조의 요건

1930년대 중반 이후 소설문학의 위기에 대응하는 비평 논의를 보면 시대적 내용과 사상적 한계성을 문제시하는 경우가 대부분이다. 이러한 소설론의 방향을 전체적으로 반성하고자 하는 논의는 김남천에 의해 새롭게 제시됐다. 김남천은 현대소설이 보여 주는 세태 묘사의 경향과 심리적·내성적 경향으로의 분열이 인간 존재의 자기 분열에 온 것이라는 기왕의 논자들의 진단을 일단 긍정했다. 그러나 이러한 분열적 경향을 극복하기 위한 방안은 지나치게 관념적이며 구체적 접근법에 미치지 못하고 있다고 판단했다.

今日의 우리 小說文學 가운데 世態 描寫와 心理 內省의 두 傾向이 잇다손 치고 이러한 分裂된 두 개의 潮流가 主要한 地位를 차지하게 된 '社'會的 原因을 論者에게 무를라 치면 林和 氏나 白鐵 氏나가 한 가지로 人間 存在 自體의 自己 分裂의 反映이라는 데 그 論據를 두고 잇다. 作家가 主張하랴는 바를 表現하려면 描寫되는 世界가 그것과 符合되지 안코 描寫되는 世界를 充實하게 살리랴면 作家의 생각이 그것과 一致될 수 업는 狀態라고 林 氏는 말하엿다.

勿論 以上의 分析은 正當하다. 그러나 이러한 傾向에서 文學을 救出하는 方策에 이를 때에 白 氏는 綜合文學論에 到達햇고 林 氏는 本格小說에는 歸還과 '事實의 再認識'에 結論을 求하얏는데, 그것이 果然 '新興하는 環境 가운데서 自己의 創造와 生存의 確固한 方向 틀림업는 樣式을 어떠케 만들어 가느냐 하는 問題'에 對한 具體的인 確答이 될 수 잇겟느냐에 이르러서는 아무래도 좀 더 緻密한 檢察이 要求되는 것 갓다.

結局 이지음 論議되어 온 諸 氏의 論述로써는 '上'記한 바가 가장 우리 文學의 現狀의 分析에 基臺를 둔 것이라고 생각되는에 그것으로 하야 오히려 到達한 地點이 그 程度박게 더 기피 드러가지 못하얏다면 不得已 우리는 一般論에서 한 步를 나아가 作家의 創作上의 實際的인 秘密에까지 손을 빼처보지 안흘 수 업슬 것 갓다.[51]

김남천은 소설이라는 문학 형식이 시민사회의 모순을 전체적으로 제시하는 데 본령이 있다고 주장했다. 김남천에 따르면, 소설이 특정 주관을 반영하고자 하거나 적극적인 주인공을 창조하고자 할 경우에는 그만큼 소설이 추구하고자 하는 객관적 현실성에서 멀어질 수 있다. 그러므로 소설이 적극적인 주인공을 창조하지 못하고 있다는 점을 들어 소설문학의 위기를 말한다는 것은 논리의 비약이다. 김남천은 소설이 당면한 문제가 적극적인 주인공의 상실에 있는 것이 아니라 각 계층의 전형적인 성격을 발견하는 데 있어 불철저한 문학적 방법에 있는 것임을 분명히 함으로써 소설론의 접근 방식

51 金南天, 「現代 朝鮮小說의 理念: '로만' 改造에 對한 一作家의 覺書(三)」(朝鮮日報, 1938. 9. 13).

에 대한 반성을 촉구했다.

김남천이 '로만 개조'라는 의욕을 내세우면서 제시하는 구체적 방법은 풍속의 발견, 가족사와 연대기 양식의 적용이었다. 김남천은 '소설성'이라는 새로운 용어를 제안하면서 이를 과학적·합리적 정신에 기반한 개인과 사회의 모순에 대한 문학적 표상이라고 규정했다. 이것은 소설의 서사성을 뜻하는 말로 이해할 수 있다. 서사성의 확립을 위해서는 인물의 성격과 현실적 정황의 창조에서 작가의 관념이나 도식을 앞세우는 것은 용납될 수 없다. 현실에서 지적 관심과 분석이 소설 표현에까지 이르게 하기 위해서는 작중 인물의 행동에서 명확한 형상을 확보하는 것이 중요하다. 이러한 전제 위에서 김남천은 풍속 개념의 재인식과 가족사와 연대기로의 길을 제안함으로써 구체적 창작 방법을 내놓은 셈이다.

> 現在의 小說의 狀態에 대해서 絶望을 표시하고 있는 論者들이 各自의 分析에서 到達한 結果를 추려 보면 대충 다음과 같은 몇 가지가 列擧되어진다. (1) 精神의 忌避, (2) 積極的 主人公의 喪失, (3) 構成力의 缺如가 卽 이것이다. 다시 말하면 現在의 小說은 精神을 忌避하고 그것으로부터 멀어지려고 하고 있다. 그러한 結果로 그들의 作品에서는 한 사람의 積極的인 性格도 主人公다운 人物도 發見할 수는 없다. 이러한 狀態는 드디어 小說로부터 構成力을 빼았어 버렸고 形式的 完美에 對한 努力을 除去해 버렸고 마즈막으로 小說의 本質에서 떠나 버리는 結果를 나어 버렸다. 小說 아닌 小說이 現 作壇을 風靡하고 있다. 이것이 絶望論의 骨子이다.
>
> 우리는 前揭한 세 개의 條目을 살피고서 그러한 分析이 現在의 作壇에 대한 正鵠을 얻은 反省 資料인가를 檢討하기 前에 論者가 依據하고 있는 小說의 美學에 對하여 于先 疑問을 느끼지 않을 수가 없다. 積極的 主人公이나 또는 構成力 같은 것이 市民社會의 文學 形式인 小說의 美學的인 本質로서 全혀 不當한 것임은 말할 것도 없거니와 精神의 忌避라는 것도 論者와 같이 精神을 어떤 狹少한 小主觀으로 指稱하는 限에 있어서는 亦是 小說과는 全혀 因緣이 없는 要素이기 때문이다.[52]

52 金南天, 「小說文學의 現狀」(朝光 제6권 제9호, 1940. 9), 89면.

김남천은 소설이야말로 성격을 창조하고 발전시키는 가운데 작가의 정신을 발휘할 수 있는 대표적인 문학 형식이라고 강조했다. 사회 각 계층의 대표적 성격 창조란 일종의 전형성의 개념을 말하는 것인데, 장편소설만이 한 성격의 생장과 발전의 전개 과정을 보여 줄 수 있기 때문이다. 그러므로 그는 현재 직면해 있는 소설의 위기에 대해 반성할 점이 있다면 그것은 소설에서 적극적인 주인공의 상실에 대한 것이 아니라 오히려 사회 각 계층의 전형적 성격을 발견하지 못하고 있는 방법의 불철저성에서 찾아야 한다고 지적했다. 소설은 삶의 전체성 제시, 다양성의 포용을 지향해야 하며 이러한 소설의 본질과 정신을 살려 나가는 소설 구성만이 서사적 미를 구현할 수 있다는 것이다.

김남천은 「소설의 운명」[53]을 통해 작가로서 로만 개조에 대한 의욕을 드러내면서 동시에 소설의 미학에 대한 인식을 체계화했다. 1930년대 후반 한국 문단에서 제기된 소설 양식의 본질에 대한 다양한 비평 담론 가운데 논리와 실천의 가능성을 보여 주는 대표적인 평문이라고 할 수 있다. 이 글에서 김남천은 임화와 백철, 최재서 등의 소설 장르에 대한 논의가 소설의 미학적 근거를 고대나 중세의 서사시, 전설 등에서 구해다가 현대의 소설을 다스리려 했기 때문에 절망론에 빠질 수밖에 없었음을 분명히 하면서, 작가들도 소설의 운명을 깊이 깨닫지 못하고 개인적 취미를 무제한으로 개방하여 불건강한 정신으로부터 문학을 지키려는 노력에 인색했음을 지적했다. 그가 소설 양식의 본질을 논하기 위해 '운명'이라는 말을 사용한 것은 소설이 당면한 과제가 주체를 초월해 외부적으로 부여된 문제이면서 동시에 내재적 욕구에 의해 주체에 부과된 문제임을 진실로 자각했기 때문이라고 할 수 있다.

> 長篇小說이 權威 있는 美學에 依하여 高級한 文學 形式으로 認定된 것은 獨逸 古典哲學으로써 처음을 삼는다. 市民理念이 錚錚한 建設者인 헤겔이 長篇小說을 市民社會의 敍事詩라고 말한 것을 우리는 특히 다음과 같은 두 側面에서 想起할 필요가 있다. (1) 古代의 敍事詩는 市民 文明의 散文性과 和合할 수 없다는 것을 通하여 古代와 市民社會를 歷史的으로 正當히 區

53 金南天, 「小說의 運命」(人文評論 제2권 제10호, 1940. 11), 7-15면.

分한 것, (2) 市民社會의 長篇小說이 다른 時代의 그것과(敍事詩, 傳說, 이야기 등) 本質的으로 다르다는 것.

第1의 側面에서 우리는 古代(希臘)의 詩的 性質이 市民社會에 와서 그 蕃盛할 발판을 잃어버렸다는 것을 배울 수 있다. 敍事詩의 形成은 人類 發展의 '幼年 時代'인 英雄들의 時代, 다시 말하면 英雄的인 個人이 그가 所屬되어 있는 道德的 全體와 本質的 一致에 있어서 自己를 意識할 수 있던 原始的 段階에서만 可能하였다. 그러나 市民社會에 와서 個人과 社會와의 이 같은 原始的인 直接 關係는 止揚되었다. 個人은 個人的인 힘으로 自己 個人을 爲하여 行動하고, 그가 所屬되어 있는 '本質的 全體'와는 關係없이 自己 個人의 行動만의 責任을 지게 된 것이다. 이러한 狀態를 그는 無條件으로 進步라고 말하였으나, 그가 이것을 市民 文明의 散文性이라 表現하고, 詩性은 이곳에 繁榮할 客觀的 基礎를 잃어버렸다고 말한 것은 銘心할 만하다. 進步의 反面에 人間이 自動性을 잃고 退化할 것을 그는 알고 있었던 것이다. 그러나 헤겔은 詩와 文明과의 이 같은 矛盾을 除去하지는 못하지만 輕減할 수 있다고 생각한다. 敍事詩가 古代에서 演出한 役割을 長篇小說이 市民社會를 爲해서 演出하는 데 依하여 그것은 成就되리라고 생각하였던 것일까. 그는 이렇게 말하였다. "그것이 附與된 前提 안에서 可能한 限, 長篇小說은 詩를 爲하여 그가 喪失한 權利를 찾아오지 않으면 안 될 것이다." 그러나 이것은 決코 古代的 敍事詩의 人爲的인 復活을 꾀하라는 말은 아니었다. 散文的 現實의 描寫를 英雄의 創造와 대신해서 設定한 것이었다.

第2의 側面으로부터는 우리는, 上述한 바 古代 敍事詩는 勿論, 外貌上으로 市民 長篇小說과 類似한 中世紀的인 기사 로만스나 譚流로부터 長篇小說이 本質的으로 다르다는 것을 배울 수가 있을 것이다. 卽, 敍事詩나 傳說이나 로만스는 自己의 歷史的 過去나 政治的 現在를 英雄化하고, 그것 가운데 自己 運命의 最高의 設計를 認定코저 하는 人種이나 種族의 藝術的 志向으로서 생겨났으나, 市民的 長篇小說은 別個의 社會的 自覺 밑에, 別個의 思想的 要求에 對答하기 위하여 생겨난 것이다. 즉, 市民의 思想的 表現 手段으로서 市民的 環境 밑에 생겨난 것이다. 그러한 環境, 그러한 思想이란 무엇일까. 그것은 認識된 個人主義였다. 이것이 長篇小說을 장르로서, 또는 樣式으로서 形成시킨 本質的인 것이었다.[54]

김남천은 이 글에서 '시민사회의 서사시'로서의 장편소설이라는 헤겔적 명제[55]를 논리의 거점으로 삼았다. 그는 헤겔에서부터 소설 양식이 미학의 가능성을 인정받게 되었음을 명확하게 제시했다. 헤겔의 문학 양식 논의에서 가장 폭넓은 영향을 미친 장르 구분법은 그의 사후에 간행된『미학 강의』(1835)에서 확인해 볼 수 있다. 헤겔의 논의에 따르면, 서사시란 인간의 외부 세계를 객관적으로 드러낼 수 있는 수단이고, 서정시란 특수화된 개인의 내면 세계를 주관적으로 드러내는 수단이며, 극은 서사 원리와 서정 원리를 종합하는 수단이다. 이와 같은 변증법적 3분법을 기반으로 헤겔은 근대 시민사회에서 발흥하는 소설의 장르적 속성을 서사시의 경우와 대별해 설명했다. 헤겔은 산업의 발전과 전문화, 개인주의의 확대, 관료제의 성장 등이 모든 예술적 형식을 규제하는 근대 시민사회에서, 그와 같은 사회 발전의 과정을 문학적으로 반영하는 소설 양식을 '근대 시민사회의 서사시'라고 규정했다.

헤겔의 관점에 따라, 김남천은 첫째로 고대의 서사시가 근대 시민 문명의 산문성과 화합할 수 없다는 것을 통해 고대와 근대 시민사회를 역사적으로 정당히 구분할 수 있으며, 둘째로 시민사회의 소설이 다른 시대의 산문 양식인 서사시나 전설, 이야기 등과 본질적으로 다른 것임을 상기해야 한다고 강조했다. 김남천은 소설의 미학이 장편소설에 어떤 형식을 요청할 수 있을 것인지 질문했다. 그 답변으로 김남천이 제시한 것은 다음과 같다.

> 長篇小說은 古代의 敍事詩를 市民社會에서 代行하는 文學 形式이었다. 그러므로 헤겔에 있어서 古代的 大敍事詩가 가지는 一般的인 美學的 特徵을 市民的인 長篇小說도 가졌으면 하는 것을 希望하였을 것이다. 時代 狀況의 廣大한 記念碑的 再現— 이것은 敍事詩로부터 長篇小說에 引繼되었다. 그러나 그 外의 試驗이나 冀圖는 市民社會의 基礎 우에서 古代的 敍事詩를 復活시켜 볼려는 다른 努力과 함께 모두 成功지 못하였었다. 그러므로 市民社會를 人類 發展의 最後의 段階이라고 생각하였던 古典的 觀念論의 代表者

54 金南天, 「小說의 運命」, 8-9면.

55 이에 대한 해설은 G. W. F. Hegel, *Hegel on the Arts*, edited by Henry Paolucci (Ungar, 1979) 참조.

들은 往往히 디렘마에 直面하였다. 헤-겔은 市民社會의 矛盾을 輕勘시킬려고 애썼고, 셸링은 原始的 神話的 英雄時代를 浪漫的으로 讚美하여 過去로 復歸하는 가운데서 人間의 退化를 건져 볼려고 하였다. 그러나 矛盾을 描破할려고 하지 않고 中間의 妥協을 意識한 아이데알리스틱한 모든 努力은 언제나 現實을 歪曲하였다. 主人公을 英雄으로 만들어서 矛盾을 隱蔽하려는 努力, 構成을 劇의 美學에 準據하여 敍事性을 拘束하려는 企圖가 모두 失敗하였다는 것은 『小說의 美學』의 著者인 티보데도 認定하고 있다. "小說은 旣成의 特權的 型式, 卽 混沌과 無秩序를 容恕치 않고 統一과 構成을 原理로 하는 演劇, 悲劇, 또는 喜劇과 對立하는 것으로서 自身을 定意한다."고 말하면서, 그는 構成 代身에 '總和'라는 散文的인 述語를 내세우고 있다. 이러한 狀態 있어서는 英雄을 그리라든가, 積極的 主人公을 創造하라던가, 構成을 가지라던가 하는 것이, 長篇小說의 形式的 原理와 排置되는 要求가 될 뿐만 아니라, 市民社會의 矛盾을 好道하던가 回避하라던가 하는 要求까지를 兼하게 된다는 것을 특히 記憶해 둘 必要가 있다. 윌헤름 마이스터와 같은 人物을 創造할려고 애썼던 괴테도 "長篇小說의 主人公은 消極的이 아니면 안된다."고 敍述하였다 하지 않는가.[56]

김남천은 헤겔에 뒤이어 프리드리히 셸링과 알베르 티보데, 괴테를 예로 들면서 소설의 경우에 주인공을 영웅화하거나 구성과 통일을 소설 이전 서사시의 미학에 대응시키고자 하는 노력은 실패했다고 단언했다. 소설이라는 문학의 형식 자체가 혼동과 무질서를 특징으로 하며, 소극적일 수밖에 없는 주인공을 내세우고 있다는 티보데의 입장을 지지하면서, 김남천은 고전적 소설 형식을 주장한 임화나 서사시의 정신을 내세운 최재서의 견해가 모두 사회 현실의 모순을 은폐하거나 소설의 서사성을 구속하려는 기도와 다름이 없음을 묵시적으로 비판했다.

김남천은 문학의 양식을 결정하는 것은 언제나 사회의 역사적 본질이라는 점을 전제로 하여 장편소설의 형성이 근대 시민사회의 형성과 그 환경을 같이한다는 사실을 적시했다. 그리고 자본주의 시대의 개인주의적 자의

---

56 金南天, 「小說의 運命」, 10-11면.

식이 살아있는 한 장편소설의 장르 자체가 생명을 가질 것임을 분명히 했다. 다시 말하면 시민적 개인의식이 남아 있고 개인의 운명이나 생활, 개인적 요구와 생활권을 옹호하려는 경쟁에 대한 관심이 존재하는 한 소설은 그 본질을 상실하지 않을 것이라는 주장이다. 하지만 김남천은 장편소설의 생성과 발전, 쇠퇴의 노선을 시민사회의 역사적 발전에 맞추어 이야기할 수 있다고 하더라도, 국가와 민족에 따라 시민사회의 형성이 불균형하듯이 장편소설의 생성, 발전, 쇠퇴 과정도 각양각색임을 지적했다. 역사의 진행이 서로 다를 뿐만 아니라 문화의 전통이나 민족 생활의 방식에도 차이가 있기 때문이다. 그럼에도 그는 자본주의 발전 과정을 공식화하듯이 장편소설의 시대별 변화와 발전 양상을 다음과 같이 제시했다.

> (1) 市民社會의 勃興期. 라블레와 세르반테스의 時代, 리얼리스틱한 空想性.
> (2) 最古의 蓄積의 時代. 데포, 필딩, 스몰넷트로 代表된다. 市民社會의 進步的 積極的 原理의 强調. 積極的 主人公을 創造하려는 努力이 있었다.
> (3) 市民社會의 矛盾이 展開되었으나 否定的 要素가 自立的 行進을 始作하지는 못하는 時代, 浪漫主義의 뒤를 이어 발작크가 長篇小說의 中心을 完成하는 時代. 괴테, 쓰탕다르이 同時期에 言及된다.
> (4) 市民意識이 沒落되고 自然主義와 市民意識의 擁護가 試驗되는 時代. 空虛한 客觀主義와 荒廢한 主觀主義가 內容 없는 代立을 보인 채 硬化하는 時代, 에밀 쫄라로 代表된다.
> (5) 長篇小說 型式의 崩壞의 時代. 죠이스, 프르-스트가 活躍한 時代. 그러면서 한편 고-리키가 마즈막 活動을 남기고 죽은 時代.[57]

김남천은 장편소설의 발전 과정을 5단계로 나누어 놓았다. 헤겔주의적 입장에서 출발하는 죄르지 루카치(György Lukács)의 소설론을 그대로 차용한 것이다. 물론 다섯 번째 항목에서 장편소설의 형식적 붕괴를 제임스 조이스와 마르셀 프루스트의 활동을 들어 예시하는 부분은 루카치의 설명을 덧붙일 필요가 있다. 루카치는 에밀 졸라의 시대를 전환점으로 하여 장편소설

---

57 金南天, 「小說의 運命」, 12면.

이 두 가지로 방향을 잡고 있다고 주장했다. 하나는 졸라에서 조이스에까지 이르는 소설 형식의 붕괴 과정이며, 다른 하나는 고리키를 통해 고대적 서사시와의 형식적 접근에 이르고자 하는 발전적 방향이다. 사회주의 체제 안에서 개인은 그 내부의 사회적 힘이 명백히 체현된 존재로서 의의를 지니게 된다는 마르크스적 입장을 고수하던 루카치는 고리키의 소설적 성과를 사회주의 리얼리스트의 새로운 성공으로 평가하지 않을 수 없었다. 여기서 루카치의 견해를 김남천이 그대로 따르지 않은 것은 주목을 요한다. 김남천은 고대 서사시와의 접근을 고리키에서 발견할 수 있다는 견해를 부인했다. 이미 사라져 버린 문학 장르가 역사성을 무시하고 다시 부활할 수 없다는 확신을 갖고 있었기 때문이다. 그는 소설의 운명이 그 자체를 형성케 했던 모든 기반과 개인주의적 자각이 소멸되는 순간부터 다시 변화할 것이며, 새로운 서사적 형식의 문학이 출현할 것이라고 말했다.

소설의 운명을 사회적 변천 과정에 따라 규정하는 김남천이 1930년대 후반 소설 문단의 위기를 극복할 수 있는 방법으로 내세운 것은 무엇인가? 그는 아메리카의 뉴딜, 이탈리아와 독일의 파시즘 등을 자본주의의 황혼에 처해 이를 극복하고 새로운 역사적 단계로 넘어서려는 자세로 파악하고 있었다. 이러한 전환기에 대한 인식에는 실상 일제의 군주주의 강화라는 현실적 조건이 더욱 직접적인 요인으로 작용했으리라는 점을 쉽게 알 수 있다. 그는 상황적 위기를 앞에 두고 지리멸렬한 소설의 현상만을 논하는 것이 부질없는 일임을 알고 있었으며, 더구나 위기의 현실 앞에서 환경과 개인의 성격이 조화를 이루는 고대 서사시에의 접근을 소설에 요구한다는 것도 '당돌한 구상'임을 솔직하게 시인했다. 그는 소설의 개조를 위해 할 수 있는 일이란 개인주의가 남겨 놓은 모든 부패한 잔재를 소탕하는 일뿐임을 강조했다. 왜곡된 인간성과 인간의식의 청소를 통해서만 완미한 인간성을 창조할 새로운 양식의 문학을 가질 수 있다는 것이 그의 생각이다. 그것을 위해 실천해야 할 하나의 방도로서 그는 리얼리즘의 길을 내세웠다. 그것이 바로 삶의 진실을 그려 낼 방법이기 때문이다.

그렇지만 여기서 말하는 리얼리즘은 구체적인 방법론이나 정신에 대한 해명이 제대로 정립되지 않은 상태였다. 전환기를 감독하고 왜곡된 인간성과 인간의식, 인간 생활을 제시하는 것 정도의 설명에 그쳤기 때문이다. 김남천이 스스로 고백하고 있듯이, 자기 고발에 집착했던 전환기의 한 작가가 관찰 문학을 안티테제로서 가지려 했다 하더라도, 결국 리얼리즘의 길을 마지막 방법으로 택하고 있을 뿐 구체적인 방법을 더 이상 개진하지 않았던 것이다.

소설과 성격 창조의 문제

김남천은 뒤이어 「소설의 장래와 인간성 문제」[58]에서 소설의 새로운 방향이 '집단과 개인의 분리를 초극하고 행동과 사상이 통일된 완미한 성격을 창조하는 길' 위에서 가능할 것임을 분명히 하고, 고대의 희랍적인 인간 이상을 실현하는 새로운 질서를 창조하는 길 위에서만 소설을 새롭게 발전시킬 수 있다고 말했다. 그가 고대 서사시와 소설의 양식상의 접근을 기도하는 소설론자들의 주장에 결국 동조하게 된 것이 루카치의 이론을 전적으로 수용했기 때문인지, 임화의 주장과 동궤에 서고자 하는 문단적 이유 때문인지는 분명하지 않지만, 이러한 논의의 귀착점은 실상 1930년대 후기 장편소설론의 한계를 말해 준다.

소설의 위기와 극복 방안에 대한 비평 논의는 조선프로예맹의 강제 해체 이후 계급문학론자들이 마지막으로 관심을 모았던 핵심 쟁점이었다는 점에서 시대적 의미가 중요시될 수 있다. 조선프로예맹의 해체 이후에 더욱 강화된 일제의 군국주의와 사회적 위기에 대응하기 위한 문학론으로 소설개조론이 대두되었기 때문이다. 그러나 현실 문제에 대한 직접적인 논의가 불가능한 상태에서 문예의 영역에 한정된 이 테마는 결국 작가의 정신과 소설 양식의 본질만을 문제 삼는 것으로 시종된 느낌이 없지 않다. 모럴의 부재를 내세운 최재서의 주장도, 인간 탐구의 정신을 강조한 백철의 주장도 그렇다. 더구나 양식 문제에 대한 논의에 있어서는 대체로 그 방향이 개인과 사회의 전체적인 통일을 지향하는 고대 서사시의 특질에서 소설의 가능성을 찾고 있었기 때문에, 소설의 위기를 인식하는 데서 출발된 논의가 어느새 그 위기를 배태시키는 전체주의를 승인하는 방향으로 전개되었음을 알 수 있다. 최재서가 서사시 정신을 내세우면서 전환기의 신체제 논리를 강조하게 된 것

58 金南天, 「小說의 將來와 人間性 問題」(春秋 제2호, 1941. 3).

은 말할 것도 없고, 임화의 본격소설 개념 역시 그러한 방향과 동질적이다.

소설의 운명을 역사 발전 단계와 더불어 이해하고자 했던 김남천의 주장이 리얼리즘론으로 더욱 심화되지 못한 것은 두 가지 측면으로 해석이 가능할 것 같다. 하나는 김남천 자신이 리얼리즘의 문제를 사회주의 리얼리즘의 문제로 한정해 생각하지 않았는가 하는 점이다. 그가 개인주의의 청산과 함께 리얼리즘을 운위한 것은, 아직도 그의 의식 속에 조선프로예맹 해체 이전의 이데올로기적 기반이 짙게 깔려 있음을 나타내는 것처럼 보인다. 개인주의의 청산이 곧 사회주의적 전체성과 상통하는 것이라고 단언하기는 어렵지만, 이미 소련에서 사회주의 리얼리즘에 입각한 문학작품이 만들어지고 있었고, 김남천이 빚지고 있는 루카치의 소설론이 결국 전체성에서의 향수를 소설의 이론으로 정립하게 되었다는 점 등은 예사롭지 않은 증거다. 다른 한편에서는 김남천 자신도 결국 일제의 군국주의에 함몰되어 버릴 수밖에 없었다는 추측도 가능하다. 이미 지나 버린 문학 양식으로서 서사시를 현재의 소설 양식에 빗댈 수 없음을 분명히 했던 그가 역사 발전 단계에 입각해 소설 양식의 변화를 설명한 점을 생각한다면, 리얼리즘의 방법을 고수하지 못하고 자신이 부정했던 고대 서사시의 속성으로 장편소설의 근본을 귀착시켜 놓은 그의 입장은 분명 전체주의의 승인이라는 방향으로 굳어지는 것처럼 보인다.

일제강점기 비평의 마지막 장면을 차지하는 장편소설에 대한 논의는 이론적 기반이나 관점의 방향이 모두 서구 소설론에 의존하고 있다는 점에서 한국 상황에 대한 더욱 깊이 있는 인식에 도달하지 못할 수밖에 없었다는 또 하나의 한계를 드러낸다. 소설 장르의 인식 자체가 이미 서구적인 이론의 틀에 의존한 데다가, 소설의 발전과 변화를 역사 발전 단계로 설명하고자 하는 경우에도 서구 문학을 준거로 할 뿐 한국 장편소설의 발달 과정을 철저히 도외시하고 있다. 그러므로 소설개조론 자체가 관념적인 이론으로서 실제 작품 창작에 크게 기여할 수 없는 공소한 논리로 전개되었다는 느낌을 벗을 수 없는 것이다.

3

비평과 과학으로서의 시학

1) 문학의 방법과 기술 문제

문학과 기법의 인식

1930년대 시론의 전개 과정에서 주목해야 할 것은 시적 기법에 대한 인식 전환이다. 이러한 변화는 '시문학파'의 등장을 통해 표출되기 시작했으며 그 중심에 있던 정지용, 김영랑 등의 시작 활동으로 구체화되었다. 김기림은 비평가의 입장에서 시를 언어의 구성물로 인정해야 한다는 새로운 관점을 제기하면서 1930년대 시론의 방법론적 전환을 시도했다. 그가 발표한 「시의 기술·인식·현실 등 제 문제」라는 평문은 이러한 주장의 출발점에 해당한다. 시라는 것이 의미의 실제적 구성물 또는 제작물이라는 새로운 규정을 통해 김기림은 시가 언어로 제작된 독자적인 성격의 예술이라는 인식에 도달했다. 김기림이 강조하는 '제작(製作)으로서의 시' 개념은 시의 가치가 미적 자율성에 근거한다는 인식에 맞닿아 있다. 시가 추구하는 미학의 새로운 가능성을 그 독자적 자율성에서 찾은 것이다. 여기서 새롭게 제기되는 문제가 바로 시의 기술(技術)이다. 시가 언어적 실체로서 구성물이 되기 위해서는 기술이라는 의미의 제작 방법과 과정이 당연히 문제가 된다. 김기림은 이를 다음과 같이 강조했다.

> 그러나 이것이 果然 詩의 技術問題일가? 아니다. 그것은 恒常 그 主題와 關聯하고 잇는 問題다. 엇던 焦點에의 構成의 問題다. 卽 目的意識에서 獨立한 音이나 或은 型 自體의 問題가 아니다. 이리하야 詩의 技術 問題는 스스로 意의 問題로 必然的으로 有機的으로 發展한다. 우리들이 萬若에 詩

에 잇서서 形이나 音만을 技術의 問題로 取扱하기 始作안다면 우리는 벌써 枯渴한 形式 問製에 墮落하고 마는 것이다. 일즉히 古典主義에 抗議를 提出하고 自由詩의 世界로 詩를 解放하엿슬 때 우리는 形式 偏重에서 벌서 脫却하엿다. 그러면 詩의 技術 問題의 本質은 무엇이며 그것은 엇더케 提起될 것인가?

詩는 세 方面의 神經系統과 가튼 것을 有機的으로 包含하고 잇다. 그럼으로 그것의 明確한 區分이라고 하는 것은 매우 困難하다. (중략) 한 時代의 時代精神, 卽 그 時代의 '이데'는 그것에 가장 適應한 具象 作用으로서의 樣式을 要求한다. 精神的·革命的 勃興時代는 '로만티시즘'의 形式을 要望하엿다. 科學的·物質的 精神이 橫溢한 時代에는 實驗的인 科學的인 '리앨리즘'의 形式을 要求햇다. 人類가 理想을 일허버리고 灰色의 薄暮에서 彷徨하던 世紀末的 頹廢時代에는 '심보리즘'의 形式을 要求하엿다.

그럼으로 詩人은 그가 位置한 時代-卽 過去로부터 未來로 向하는 特定한 時間性-는 엇더한 특수한 '이데-'에 의하야 착색되엿는가를 항상 이해하지 아니하면 아니 된다. 따라서 特殊한 具象 作用으로서의 형식에 敏感하지 아니하면 아니 된다. 그럼으로 詩의 革命은 '포-ㅁ'의 革命인 동시 아니 그 以前에 '이데-'의 革命이라야 한다. 그러타고 '이데-'의 혁명이 끗침으로써 詩의 革命이 完成되엿다고 볼 수는 업다. 한 個의 '이데-'가 必然的으로 發展 形成한 特殊한 '포-ㅁ'을 獲得하엿슬 때 비로소 詩의 革命은 完成된 것이다.[59]

김기림은 시의 기술 문제가 시적 주제와 별개의 문제로 취급되어서는 안 된다는 점을 분명하게 규정했다. 그가 강조하는 시의 기술은 하나의 초점을 가진 시의 구성 문제에 해당한다. 김기림에 따르면 시는 하나의 언어적 전체 조직이다. 그러므로 이것은 시를 구성하는 언어와 리듬에 국한되는 것이 아니며 시의 외형적 형태에 한정된 문제도 아니다. 그것은 시의 형식과 내용을 관통하는 특별한 구상 작업으로서 양식 자체의 혁명을 요구한다. 결국 시의 기술은 시적 주제와 형식에 대한 새로운 발견이라고 할 수 있다. 김

59 金起林, 「詩의 技術·認識·現實 등 諸 問題」(朝鮮日報, 1931. 2. 11-14).

기림이 시의 기술 문제를 본격적으로 논의한 글은 「시에 있어서의 기교주의의 반성과 발전」이다. 이 글에서 논의하는 기교주의가 기술 문제의 핵심이다. 그는 이 글에서 기교주의의 발생에 따라 시의 기술 문제를 중시하게 된 배경을 설명하면서 서구 문학에서 '순수시'와 '형태시'가 빠져들었던 문제성을 비판했다. 그리고 이런 비판적 관점에 근거해 시가 나아갈 바를 제시했다.

김기림의 논의는 한국 근대시의 전반적 경향에 대한 개략적인 점검에서 시작된다. 그는 먼저 한국의 근대시가 낡은 로맨티시즘에 안주하고 있음을 지적했다. 지금껏 한국 근대시는 어떤 사고나 감정의 자연스런 노출을 시의 극치라고 치켜세우고, 시적 영감(靈感)이라는 관념을 내세워 그것을 시의 원천으로 떠받들면서 시인에게 특권을 부여해 왔다는 것이다. 여기에 '내용주의'라는 이름의 새로운 옷으로 바꾸어 입고 등장한 시적 경향도 실상은 자연 존중이라는 소박한 사상에서 출발한 시들임을 지목했다. 이러한 비판적 태도는 1920년대를 풍미했던 낭만주의 경향의 근대시와 계급 문단에서 추구했던 계급의식 경향의 시를 동시에 거부하는 것이었다. 그는 이와 같은 시단의 경향에 대한 중간 결산의 방식으로 기교주의가 출발하고 있음을 밝혔다. 그는 기교주의의 등장을 '혼돈 속에서 이루어진 진정한 시적 발견'이라고 평가하면서 기교주의는 한국 시단의 소박한 원시적 상태를 극복하려는 강렬한 문화적 욕구에 의해 발생했으며 시를 통해 고도의 문화 가치를 실현하고자 한다는 점에 그 문화사적 의의가 있다고 설명했다.

그런데 김기림은 한국에서 기교주의의 등장이 오직 내부적 자각에 의한 것이 아니라 외부적 자극으로서 서구 문학의 시 운동에 영향을 받았음을 솔직하게 시인했다. 그가 서양 근대시의 대표적인 흐름으로 지목한 것은 순수시와 형태시 운동이었다. 순수시 운동은 프랑스 상징파에 의해 주도되었으며 시의 음악성을 중시했다. 그러나 김기림은 순수시가 시의 본질을 시간성에 두고 낡은 형태학의 반복을 극복하지 못했다고 판단했다. 또 다른 시적 경향인 형태시 운동은 시의 회화성을 본질로 내세웠다. 하지만 김기림은 형태시 운동 역시 분명한 시의 미학을 성립하지 못한 채 시의 외형적 변화에 매달려 결국 인쇄술의 표현에 머물고 말았다고 지적했다. 초현실파에서도 일찍이 시적 주제의 포기를 선언한 채 '순수화된' 시에는 이르지 못했다는 것이 김기림의 관점이다.

김기림이 강조하는 기교주의는 근대시의 발전 방향으로서 순수화 경향과 맞닿아 있다. 그는 기교주의를 '시의 가치에서 기술을 중심으로 하고 이를 체계화하려 하는 사상에 근저를 둔 시론'이라고 명제화했다. 그리고 기교주의가 낡은 '예술을 위한 예술'론이라든가 '심미주의' 혹은 '예술지상주의'와는 엄연히 구별된다는 점을 강조했다. 그의 관점에 따르면 예술지상주의는 윤리학의 문제에 속하지만, 기교주의는 순전히 미학의 문제이기 때문이다.

> 지금은 近代詩의 發達에 잇서서 特徵이 되여 잇는 技巧主義와 밋 詩의 純粹化 運動을 批判할 이 論文의 究意의 目的으로 向하지 안으면 아니 되겟다. 한 개의 混沌한 狀態는 그 自體가 野蠻한 것이다. (중략) 그러나 音樂性이나 形 가튼 것은 各各 詩의 技術의 一部分이 아닐가? 그中의 어느 것만을 抽象하야 高調하는 것은 詩의 純粹化가 아니고 차라리 一面化(偏同化)가 아닐가? 技術의 一部分만을 浮彫하는 것은 確實히 明澄性을 獲得하는 일이다. 그러나 그것은 어대까지든지 詩의 技術의 一部分에 끈처야 할 것이다. 全體로서의 詩는 훨신 그러한 것들을 그 속에 統一해 가지고 잇는 더 놉흔 價値의 體系에 屬한 것이 아닐가? 二十世紀의 詩 속에는 分明히 破壞의 要素가 만히 잇섯다. '다다'와 가튼 것은 破壞的 精神 以外의 또 以上의 아모것도 아니엿다. 超現實主義는 이 破壞의 面을 그 속에 만히 相續해 바든 것도 事實이엿다. 그러고 破壞의 作用은 一面에 잇서서는 分析의 過程이엿다. 分析은 詩를 몃 개의 部分으로 解體하엿스며 畢竟에는 詩의 一面化의 現象을 結果한 것인가 한다. 그래서 이윽고는 純粹詩는 音樂 속에 形態詩는 繪畫 속에 各各 詩를 喪失해 버리고 말지나 안을가? 이것은 單純한 杞憂냐? 오늘의 偏向化한 技巧主義는 벌서 全體로서의 詩에 綜合되기를 要求하고 잇지 안는냐? 그것은 한 秩序에의 意志다. '全體로서의 詩는 엇던 것이며 技術의 各部分은 그 속에서 엇더케 統一될 것이냐? 또한 그러한 全體로서의 詩의 根底가 될 精神은 무엇일가?' 이것은 따로히 한 개의 論文의 題目이 될 것이다.[60]

김기림의 주장에 따르면 한국의 근대시는 1930년대 전반기에 기교주

60 金起林, 「詩에 있어서의 技巧主義의 反省과 發展(下)」(朝鮮日報, 1935. 2. 14).

의 경향을 보인다. 물론 근대시에서 기교주의 혹은 시의 순수화 경향이란 구체적인 운동의 형태를 갖춘 바 없고 뚜렷하게 일반의 의식에 떠오르지 못한 것이 사실이다. 하지만 몇몇 개별적인 시인의 창작을 통해 하나의 경향으로 추상할 수 있었다는 것이 그의 판단이다. 물론 그는 기교주의의 편향화를 경계했다. 시의 외형이라든지 음악적 특성과 같은 기술의 일부를 부조(浮彫)하는 것은 확실히 명징성(明澄性)을 획득하는 일이지만 그것은 어디까지나 시의 기술적 일면이기 때문이다. 김기림은 작품의 기법이나 형식적 고안이 아무리 뛰어난 착상에서 기인한다 하더라도 그 자체만으로 의미를 지니는 것은 아니라고 주장했다. 문학작품은 짜임새와 형태적 완결성을 형식적 기법을 통해 추구할 수 있지만 독자에게 전달하고자 하는 것 자체가 기교나 기법인 것은 아니다.

김기림은 새롭게 등장하는 초현실주의의 파괴적 요소를 지적하면서 순수시는 음악 속에, 형태시는 회화 속에 각각 시를 상실해 버리지 않을까 우려하기도 했다. 여기서 김기림은 낡은 로맨티시즘의 감상주의와 경향시의 내용주의를 동시에 비판하면서도 기교주의가 빠져든 편향성을 경계했다. 그는 역사적 의의를 잃어버린 편향화된 기교주의는 한 전체로서의 시에 종합되어야 한다는 점을 분명히 강조했다. 조화롭고 충실한 새로운 시적 질서에 대한 지향이 요청되기 때문이다. 여기서 그가 제안하는 개념이 '전체로서의 시'다. 전체로서의 시는 기술의 각 부면을 그 속에 종합하고 통일해 가는 더 높은 가치의 체계로서의 시를 말한다. 달리 말해 언어와 기법, 시적 정서와 인식이 통일을 이루어 더 높은 가치를 구현할 수 있는 체계로서의 시를 의미한다.

소설에서도 기법 문제는 근대문학의 성립 단계부터 지속되어 온 중요한 과제다. 그런데 계급문학의 시대를 거치면서 소설은 계급의식의 심화와 확대에 그 초점을 두고 있었다. 김기진과 박영희 사이의 이른바 '내용·형식 논쟁'도 사실은 계급소설의 형식과 기법에 대한 문제 제기에서 비롯된 것이었지만, 마르크스주의 이념의 구현이라는 계급문학의 목적에 따라 형식과 기법 문제는 뒷전으로 밀려났다. 소설에서 흔히 중요하게 생각하는 주제의식이란 소설의 소재 및 내용 영역과 직결된다. '무엇을 말하고자 하는가'라는 질문으로 대치될 수 있는 이 문제는 소설 자체의 예술성이라든지 미학보다 내용의 사회적 가치를 먼저 내세우게 된다. 그러나 소설이 하나의 문학 양식으로서 의미를 지탱하기 위해서는 소재의 영역보다 주어진 소재를 '어떻게' 말해야 하는지가 더욱 중요하다. 소설에서 '어떻게'라는 방법의 문제를 생각하지 않고 소설 미학을 논할 수 없기 때문이다.

> 表現, 描寫, 技巧-를 莫論하고 '新鮮한, 그리고 또 銳敏한 感覺'이란, 언제든 必要한 것이다. 新鮮하다는 것. 銳敏하다는 것. 이것들은 오즉 이것만으로 이미 價値가 잇다.
>
> '新鮮한, 그리고 또 銳敏한 감각'은, 또, 반듯이 '機智'와 '諧謔'을 理解한다. 現代文學의 가장 顯著한 特徵의 하나는, 아마 그것들이 매우 넉넉하게 이 '機智'와 '諧謔'을 그 속에 담고 잇다는 것일께다. 事實, 現代의 作品은, 이러한 것들을 갓는 일 업시 決코, 現代의 優秀한 讀者들에게 '愉悅과 滿足'을 주지는 못한다.
>
> 까닭에- '感覺'이 낡고, 무듸고, '機智'가 업고 그리고 또 '諧謔'을 아지 못한다면-쉬웁게 말하여, 聰明하지 못하다면, 그는 이미 現代의 作家일 수 업다.[61]

앞선 글은 박태원이 소설 창작 과정의 뒷이야기를 정리한 '창작 여록'이다. 어떤 이론적인 틀이나 논리성을 드러내는 본격적인 평론이 아니라, 그가 소설의 창작 과정에서 겪었던 단편적인 경험을 중심으로 소설 기법 문제의 중요성을 강조하는 체험론적 기법론이다. 그렇지만 이 글은 개인적인 창작 경험을 소개한 것 이상의 의미를 가진다. 가장 큰 이유는 바로 '무엇을' 쓸 것인가 하는 문제가 아니라 '어떻게' 쓸 것인가를 작가 스스로 고심하고 있음을 밝히기 때문이다. 소설의 성패를 표현과 묘사와 기교에 두는 것은 사상, 이념, 계급의식 등과 같은 내용에 편중하는 소설 경향이 두드러지던 1930년대 초반의 문단 상황으로 본다면 분명 이질적이다. 하지만 박태원의 주장은 구인회 구성원이 내세운 가장 구체적이면서도 실질적인 창작 방법에 해당한다. 문학의 자율성과 순수성을 주장하면서 문단에 파문을 던졌던 구인회의

61 朴泰遠, 「創作 餘錄(五): 表現·描寫·技巧」(朝鮮中央日報, 1934. 12. 22).

맹원이 소설의 표현과 기교를 강조했다는 것은 우연한 일이 아니다. 박태원은 소설이라는 양식을 문학예술로 보고 언어 표현의 정밀을 강조하면서 구두점의 사용에서부터 작중 인물의 대화 처리 방식까지 세심한 주의가 필요하다는 점을 지적했다. 표현과 묘사의 성패가 작품의 성패를 좌우한다는 것은 사실 창작론의 핵심에 해당하는 것이다.

소설에서 기법이란 대상을 파악하고 주제를 형상화하는 방법이다. 더 넓게 말하면 기법은 작가의 관점을 좌우하기도 하며, 기법을 통해서만 일상의 소재가 소설이라는 예술의 영역으로 포괄된다. 그러므로 작가들 사이에서 기법에 대한 관심이 제고되었다는 것은 물론 전체적인 소설 문단에서는 커다란 변화가 아니지만 소설 창작과 방법에 대한 반성이 시작되었다는 점에서 긍정적인 것으로 평가할 만하다.

기교주의 논쟁

1930년대 평단에서 비평 방법에 대한 새로운 반성은 이른바 '기교주의 논쟁'을 통해 가능해졌다. 이 논쟁은 김기림의 기교주의 논의가 '전체로서의 시'라는 개념으로 귀결되는 동안 문단 일각에서 제기된 비판을 통해 확대되었다. 이 논쟁은 김기림의 기교주의 논의를 경향시의 입장에서 비판한 임화의 「담천(曇天)하의 시단 1년」에서 촉발됐으며 시인 박용철과 한설야 등이 가세하면서 문단적 분파의 논쟁처럼 변질되었다. 김기림이 내용주의 편향으로 지목했던 경향시는 계급 문단의 중심 인물인 임화가 그 사회적·역사적 의의를 대변했고, '시문학파'의 박용철은 순수시의 가치를 긍정하면서 이 논쟁에 가담했다.

> 우리 詩壇 一方의 가장 旺盛한 主流로서 數三年來 繁榮하고 있는 所謂 '技巧派'의 詩를 發見할 수가 있다. 이 傾向이란 十年 前 낡은 '新詩'의 代表者들이 藝術을 爲한 藝術의 理論을 가리고 新興하는 푸로레타리아 詩에게 敗北된 以後 오랫동안 蟄伏하고 있든 뿌루주아 詩의 現代的 後裔이다. 大正十四, 五年부터 自己를 文壇的으로 建立키 비롯한 푸로레타리아 詩가 昭和代에 와서 高潮된 政治主義의 國式主義的인 고개를 넘어 漸次로 그 社會的活動의 水路가 옹색하게 되는 틈에서 成長된 것이다.

> 特히 詩는 言語의 技術이다!라는 '純粹詩' 運動이 그 名稱으로부터 明確한 至上主義的 本質을 띄인 이 潮流가 昭和 五, 六年 以後 漸進的으로 勢力을 가진 詩로서 發展한 데는 大槪 두 개의 理由를 들 수가 있다.
>
> 첫재는 그들의 文學的 發展의 年代的 路順이 스스로 說明하는 것과 같이 그들은 푸로레타리아文學의 衰微 過程과 反比例하야 成長한 것으로 進步的 詩歌에 對한 不自由한 客觀的 雰圍氣의 擴大는 그들의 活動에 있어서는 自由의 天地의 展開이었다. 一時的으로나마 文學界의 表面과 讀者 가운데로부터 萎縮된는 푸로레타리아文學이 남긴 空間을 그들은 巧妙히 그야말로 技巧的으로 自己의 排泄物로서 채워 간 것이다. 마치 退潮를 따라 물러가는 海水 뒤 次次로 널게 露出하는 地面에 조개 줍는 아이들이 自己의 領土를 널펴 가든 그들은 進步的 文學의 不幸 우에 自己의 幸福을 심어 온 것이다.
>
> 다음에는 그들의 發展을 助長한 文學史的인 理由로서 이것은 곧 그들로 하야금 詩壇 우에 저만치 많은 亞流를 引率케 한 理由이며 同時에 적지 않은 讀者 가운데 그들의 詩가 傳播된 理由이다. 이것은 다른 것이 아니라 그들의 詩는 本質的으로는 昭和 二, 三年代에 新傾向派 詩에게 熾烈히 底抗하든 至上主義 詩歌와 同系列의 것이면서도 그들은 過去의 新詩와 푸로레타리아 詩의 弱點上에 自己의 出發點을 두었다는 것이다.[62]

위의 인용에서 확인할 수 있는 것과 같이 임화는 시단에서 기교파가 등장하게 된 배경을 시대적·역사적 상황과 연관 지었다. 그는 강압에 의해 퇴조한 프롤레타리아문학의 빈자리에 기교파라는 낡은 부르주아문학의 현대적 후계가 등장했다고 지목했다. 또한 기교파가 '진보적 문학의 불행 위에 자기의 행복을 심어 온 것'이라고 통렬하게 비판했다. 이러한 비판은 당대 문단의 상황에서 계급 문단을 대변하고자 했던 임화의 입장을 그대로 드러낸다. 하지만 문예운동의 전체적인 흐름에서 볼 때 1920년대 후반에 등장한 이른바 해외 문학파에서부터 계급문학과는 상관없이 문학의 새로운 징후가 드러나고 있었음은 주지의 사실이다.

---

62 林和, 「曇天下의 詩壇 一年」(新東亞 제5권 제12호, 1935. 12), 169-170면.

임화는 기교파가 '조선적 언어의 수호자'를 자처하는 것은 초기 근대시가 보여 준 언어적 결함과 경향시가 드러내던 내용주의의 특징을 공격하는 것임을 적시하기도 했다. 그리고 낭만주의를 부정하면서 고전주의의 질서와 지성을 찬미하는 기교파의 경향이 주관적 환상에 깊이 연결되어 있음을 비판했다. 그는 기교파가 이 같은 특징을 내세워 모든 시가에 대해 신시대를 체현하는 시적 반항자인 것처럼 관념적 환상을 조직하고 있다고 주장하기도 했다. 결국은 순수파니 기교파니 하는 것이 모두 동일한 경향의 기교주의자임을 다음과 같이 지적했다.

> 첫재 그들은 詩的 內容에 對하야 詩的 技巧를 上位에 놓는 것으로 同一한 至上主義者들이다. 둘재로는 그들이 다 가치 現實 生活에 對한 關心의 廻避者로서 現實이나 自然의 斷片에 對한 感覺-(決코 感情의 程度에 오르지 않는!)을 노래하는 대 있다. 다음으로는 그들은 이러한 結果로서 現實이나 自然에 對하야 單純한 觀照者의 冷暖 以上을 詩에서 表現하지 않는 것이다.
>
> 靜觀 諦觀 虛無 信仰이 그들의 詩的 發展의 順序로 最大의 靜觀者로 辛夕汀 氏를 들 수가 있고 最大의 信仰者로 鄭芝溶 氏의 '카토릭'教를 들 수가 있다. 後者(金起林 氏流)의 詩에서는 우리는 現實 生活 消費的 反面에 對한 數學의 感覺的 點擁 何等 實生活의 體質를 띄지 않은 自然히 東洋畵的 고요함을 가지고 노래되고 있다. '바다의 獨愁', '바다의 演壇', '季節의 愛人' 等의 詩의 題目은 그 內容을 窺視하기에 實로 足한 것으로 그들은 自然에 對해서까지 興奮하기를 두려워하고 오즉 조심성스럽게 가벼운 '物'에 對한 '獨愁' 쯤을 노래하고 있다.
>
> 오즉 唯一의 目的은 言語的 秩序의 整理 그것이다. 이들의 傾向은 本質的으로는 新古典主義 그것에 屬할 것으로 言語上에까지 그 共通된 特色을 가지고 있는 것으로 그들은 感情의 詩人이 아니라 感覺의 詩人이라는 것이다. 그러나 事實上에서는 現實로부터의 消極的인 '廻避의 感情'의 詩人들인 것이다.[63]

63 林和, 「曇天下의 詩壇 一年」, 172면.

임화의 비판에서 주목되는 것은 기교파가 '시적 내용에 대해 시적 기교를 상위에 놓는 지상주의자'이며 현실 생활에 대한 관심의 회피자로서 현실이나 자연의 단편적인 감각만을 노래한다고 지적한 대목이다. 계급의식을 최상의 가치로 내세우는 계급문학론자의 입장에서는 당연히 제기할 수 있는 문제다. 그는 기교파의 '유일의 목적은 언어 질서의 정리'일 뿐이며, 그러므로 그들은 본질적으로 감정의 시인이 아니라 '감각의 시인'이라고 그 가치를 폄하했다.

임화의 주장에는 기교라는 개념을 협소한 언어 기법으로 인식하는 논리적 한계가 분명하게 드러난다. 김기림은 이미 시 자체를 감정이나 사상을 표현하는 도구가 아니라 시인이 자기 구상에 따라 만들어 내는 '제작으로서의 예술'의 영역으로 볼 것을 강조한 바 있다. 이 경우 기교란 단순한 언어 기법이 아니라 예술품으로서 시를 만들어 내는 총체적인 기술에 해당한다. 김기림이 '전체로서의 시' 개념을 강조한 것도 기교의 의미가 형식과 내용, 언어와 소재 등을 모두 아우르는 관점과 기술과 방법이라는 점을 강조하기 위한 것임을 알 수 있다. 하지만 임화는 새로운 전체성으로 시의 기교와 내용의 융합을 주장하는 김기림의 견해를 두고 반역사적 관점의 한계만을 비판했다. 그는 김기림이 프롤레타리아와 부르주아의 계급 분화가 이루어진 근대 사회의 사회적·역사적 발전을 시의 발전과 연관 짓지 못하고 있다고 지적했다. 임화의 입장에서 한국 근대시의 진정한 계승자는 프롤레타리아의식을 강조하는 경향시며 계급시였기 때문이다. 임화는 김기림이 이 같은 사실을 정확하게 파악하지 못하고 있다고 판단했다. 임화는 김기림의 '전체로서의 시'라는 개념도 결국은 진정한 의미의 통일이 아니라 단순히 시의 기술적인 '질서화'의 기도에 머물게 된다고 지적했다. 그런데 김기림은 임화의 이와 같은 비판에 대해 자신이 강조했던 '제작으로서의 예술'이라는 관점이나 '전체로서의 시'에 관한 본질적 논의를 회피했다. 그는 오히려 임화가 강조하는 역사적 인식을 놓고 자신의 시론은 우익으로부터, 경향파시는 좌익으로부터 출발하여 서로 만날 수 있음을 언급하는 것이라고 해명했다.

김기림과 임화의 기교주의 논쟁은 박용철이 가세하면서 범문단적으로 확대됐다. 박용철이 이른바 순수시를 주도한 '시문학파'를 대변하는 위치에 서 있었기 때문이다. 박용철의 「을해(乙亥) 시단 총평」은 임화에 대한 비판과 반박을 부분적으로 포함하고 있다. 박용철은 임화의 「담천하의 시단 1년」의 본질이 '표제 중시의 사상'에 있음을 전제하면서 '시를 약간의 설명적 변설(辨說)'로 보는 임화의 문학적 태도 또는 시적 인식의 한계를 비판했다. 그리고 임화의 관점에 두 가지 문제점이 내재해 있음을 지적했다. 하나는 임화가 시인은 시대 현실의 본질이나 그 세세한 전이의 가장 민첩하고 정확한 인지자여야 하고 그것을 시적 언어로 반영, 표현해야 한다고 말한 부분이다. 이것은 임화의 현실주의 문학관을 말해 주는 대목이다. 하지만 박용철은 현실의 본질을 정확히 인지하는 것은 인간에게 요구되는 이상이요, 시인은 이것을 인지할 뿐 아니라 영혼의 가장 깊은 속에서 그것을 체험하는 사람이어야 한다면서 임화의 입장을 비판했다. 다른 하나는 임화가 기교주의자의 등장을 당대 문단의 상황 변화를 통해 언급하는 부분이다. 임화는 계급문학운동에 대한 일본 경찰의 사상적 탄압을 전제하면서 진보적 시가에 대한 부자유한 객관적 분위기의 확대가 곧바로 기교파의 활동에 있어서 자유로운 세계의 전개를 의미한다고 말했다. 따라서 그들이 진보적 문학의 불행 위에 자신의 행복을 심어 온 것이라고 비난했던 것이다. 박용철은 이 같은 임화의 태도에 대해 정치적 이념의 편협성을 지적했다. 예술상의 주장에 있어 진보적 문학 활동과 기교파가 아무리 첨예하게 대립한다 하더라도 협소한 조선 문단에서의 헤게모니를 유일한 목표로 삼는 것이 아니라면 아무 소용이 없는 적개심을 기교파에게 내보이는 태도는 청산해야 한다는 것이다. 박용철은 이 같은 자신의 입장을 논리화해 다음과 같이 설명했다.

> 우리는 대체 技巧라는 問題를 어떠케 正當하게 생각할 것인가. 技巧는 더 理論的인 術語 技術로 換置되는 것이 正當할 것이다. 技術은 우리의 目的에 到達하는 道程이다. 表現을 達成하기 위하야 媒材를 驅使하는 能力이다. 그러므로 거기는 表現될 무엇이 먼저 存在하는 것이다. 一般으로 藝術 以前이라고 부르는 表現될 衝動이 있어야 하는 것이다.
>
> 이것은 强烈하고 眞實하여야 한다. 바늘 끝만 한 틈도 없어야 한다. 그것은 그 自體 굵을 수도 잇고 가늘 수도 잇고 조용할 수도 잇고 激越할 수도 잇으나 어느 것에나 熱烈이 빠질 수는 없다. 밧작 켱긴 琴線과 같이 스치기만 해도 쟁그렁 소리가 나야 한다. 一分의 弛緩도 容恕되지 않는다. 浪

漫主義가 번즈레한 古典主義의 修辭學을 輕蔑한 것도 그 탓이요 우리가 虛張的인 雄辯을 질겨하지 안는 것도 그 內面의 空洞과 弛緩 까닭이다.

우리는 고요하면 고요함으로 熱烈한 纖細하면 또 그러하므로 熱烈한 그러히 熱烈한 出發點을 가져야 한다. 그러나 이것이 決定的으로 貴重한 要素이기는 하나 出發點은 出發點 以上의 것은 아니다.[64]

박용철은 기교라는 말을 더 논리적인 술어 '기술'로 환치할 것을 제안했다. 그 핵심 개념은 '표현을 달성하기 위해 매체를 구사하는 능력'이라고 규정했다. 이러한 새로운 개념 규정은 기교주의를 예술 형식상의 지엽적인 문제인 것처럼 논의하는 임화의 내용 편중주의를 겨냥했다. 그는 임화가 강조하는 시가 '설명적 변설'에 불과하다는 점을 명확히 지적하면서 오히려 시라는 것은 '변설 이상의 시'가 되어야 한다는 사실을 천명했다.

박용철은 기술의 문제를 시의 본질과 연결해 여러 가지 측면의 특성을 설명했다. 그는 기술이란 마치 매체의 성능을 미세한 숫자까지 정확히 계산하고 성능의 변화를 세밀하게 예측하는 것과 같지만, 시에서 기술은 엄격을 기할 수는 있어도 정확을 기할 수는 없다는 특징을 지님을 지적했다. 그렇기 때문에 시의 제작 과정은 우성적(偶成的, eccentric)일 수 없다. 다시 말하면 시의 제작은 궤도를 벗어날 수 없는 일로, 이미 시인의 정신 속에 성립된 어떤 상태에 대해 표현 가치를 판단하고 그 표현을 위한 길로 나아가게 되는 것이다. 시의 제작이 그만큼 인간적인 속성을 지닌다는 것이다. 그는 시를 쓰기 위해 시인이 해야 할 일은 기술에 노력을 기울이는 것임을 강조했다. 기술은 설명을 통해 전달되는 것이 아니라, 스스로 오랜 수련과 체험이 축적된 결과로 얻어지는 것이기 때문이다. 여기서 주목되는 것은 시인이 어떤 생각을 언어를 통해 표현하려고 부단히 노력하는 것의 산물이 기술이라고 규정한 부분이다. 박용철은 그 후 「시적 변용으로」[65]에서 '선시적(先詩的)인 것'을 인정하면서 '선시적인 것'을 표현하려는 제작 도정을 기술 문제로 규정했다.

김기림은 임화의 비판이나 박용철의 주장에 더 이상 직접적으로 대응

64 朴龍喆, 「詩壇 詩評 技術의 問題(三)」(東亞日報, 1936. 3. 21).

65 朴龍喆, 「詩的 變容으로: 抒情詩의 孤高한 길」(三千里文學 제1권 제1호, 1938. 1).

하지 않았다. 한국 문단의 현장을 떠나 일본 동북제국대학(東北帝國大學)으로 유학했던 것이다. 그러나 김기림이 제기한 시의 기교 문제는 김기림의 초기 시론의 핵심에 해당한다. 기교는 시인이 자신의 경험을 다루는 가장 본질적인 요건이기 때문이다. 시인은 기교를 통해서만 소재를 새롭게 발견하고 발전시키면서 의미를 전달하고 평가할 수 있다. 그렇기 때문에 기교는 부수적인 것이 아니며, 소재의 표면에 가하는 장식 정도로 여길 수 없다. 기교를 통해서만 경험으로서의 대상을 예술적으로 객관화할 수 있다. 그러므로 시인이 소재나 경험적 세계를 중시하고 기교의 문제는 부수적인 것으로 돌린다는 것은 내용주의적 편향성을 말해 주는 것에 불과하다.

여기서 김기림이 새롭게 내세운 것이 이른바 '전체로서의 시' 개념이다. 이 새로운 개념은 기교주의라는 말이 표면적으로 드러내는 언어 표현 기법으로서 좁은 의미를 벗어나기 위해 채택한 것으로 보인다. 김기림은 조화롭고 충실한 새로운 질서에 대한 지향을 현대시의 방향으로 내세우면서 계급문학의 '내용'과 기교주의의 '기술'이 전체로서의 시에 종합되어야 한다고 주장했다. 하지만 그 구체적인 실천 방법을 제시하지 못한 채 기교주의 논쟁을 마감했다. 그러므로 김기림의 '전체로서의 시' 개념은 김기림의 시론을 연구해 온 논자들의 관점에 따라 서로 다른 의미로 해석되기도 한다. 물론 김기림은 일본 동북제대에서 암스트롱 리처즈의 이론을 만나 이에 깊숙이 빠져들면서 자신이 내세운 '전체로서의 시' 개념을 더욱 확장·발전시켰고, 이를 그의 모더니즘 시론의 중심 개념으로 정착시켜 나가게 되었다.

2) 김환태의 순수비평

비평의 기능

김환태의 비평가적 위상은 1930년대 문학적 현실을 떠나서는 이해하기 어렵다. 김환태가 주장했던 문예비평의 순수성과 문학 자체의 자율성 문제는 한국 근대문학의 성립 이후 다양하게 전개된 비평 담론이 드디어 문예비평의 본질에 대한 새로운 인식에 도달하게 되었음을 의미한다. 문예비평이란 무엇인가, 문예비평은 무엇을 할 수 있는가 등을 묻는 것은 곧 문예비평이라는 것이 지향하는 어떤 본질적 실천 행위의 의미와 성격을 묻는 것이기 때문이다. 사실 이러한 질문은 문예비평이라는 영역이 성립되는 순간부터 가장 중요한 문제성을 지니는 것이었음은 물론이다. 그럼에도 초창기 문단에서 문예비평이라는 말은 본질에 대한 깊이 있는 논의가 제대로 이루어진 적 없이 사용되었고, 다양한 비평 행위가 존재해 왔던 것이 사실이다.

김환태가 제기했던 '문예비평이란 무엇인가', '문예비평은 무엇을 해야 하는가' 하는 질문은 문예비평이라는 개념의 정의에서부터 출발하는 셈이다. 한편 르네 웰렉은 문예비평이라는 말이 여러 의미로 사용되고 있기 때문에 하나의 개념으로 고정해 놓기 어려운 것임을 밝힌 바 있다.[66] 그의 설명에 따르면 문예비평은 초기부터 문학 텍스트에 관한 의미 확정을 목표로 삼는 일종의 텍스트 비평을 뜻하는 것이었고, 비평가는 예술작품의 진가를 확인하는 일종의 감정(鑑定)을 담당했다. 거기에다 문학 텍스트에 관해 쓰인 모든 글이 비평의 범주에 속하고, 특히 작품에 대한 일종의 평가와 논평을 가하는 것은 비평의 개념으로 널리 용인되었다. 그러나 김환태의 문예비평에 대한 인식은 문학과 예술에 대한 비평적 관심이 예술적 자율성과 그 가치의 옹호에 집중되고 있다는 점에서 문제적이라고 할 수 있다.

김환태가 본격적으로 비평 활동을 시작한 1930년대 중반은 한국문학이 일본 군국주의의 사상 탄압에 대응하면서 새로운 변화를 맞이하던 시기다. 이 시기 문학에 대해서는 흔히 조선프로예맹의 해체라는 역사적 사건을 중심으로 그 경향의 변화를 실명할 수 있다. 조선프로예맹은 무산계급의 이념에 따라 부르주아문학의 붕괴를 역사적 필연으로 치부했던 계급문학론의 조직적 기반이다. 계급문학론자들은 조선프로예맹을 중심으로 계급 이데올로기의 문학적 실천을 요구한 바 있다. 이것은 궁극적으로 무산계급의 혁명을 위한 전위적 역할을 강조하는 것이었다. 그러므로 이들의 주장에는 정치이념과 예술적 사상의 통합을 위한 기도와 구상이 숨겨져 있음을 알 수 있다. 김환태는 이 같은 계급 문단 비평의 이념적 성향과 요구를 모두 거부했다는 점에서 그의 문단적 지위가 분명하게 드러난다. 김환태가 문학에서 계급 이데올로기를 부정하고 미적 가치를 강조하는 유별난 선택을 스스로에게

---

66 R. Wellek, *Concepts of Criticism* (Yale University Press, 1963), pp. 21-36.

요구한 것은 식민지 현실의 문제를 외면하기 위한 자세가 아니었다. 김환태는 문학의 순수를 말하기 전에 오히려 문학이 개성의 산물임을 강조하고자 했고, 문학의 자율성을 논하면서 문학의 미적 자율성을 간섭하는 식민지 현실의 문제에 주목했다.

그런데 이와 같은 김환태의 비평적 태도는 1930년대 새로운 문학 경향으로 자리 잡은 문학의 탈이념적·탈정치적 경향과 서로 겹쳐 있다. 더구나 계급 문단의 붕괴로 집단적인 조직 활동이 불가능해지자, 집단적 이념 추구의 경향이 사라지고 문학의 리얼리즘적 경향이 퇴조하기 시작했다. 김환태는 구인회에 가담하면서 집단적 이념보다 개인적 정서를 중시하기 시작한 소모임을 기반으로 하는 문학 활동의 중심에 서게 되었다. 김환태는 새로운 경향의 한복판에 서서 집단주의적 계급 논리를 거부하고 역사 발전에 대한 과도한 전망을 부인하면서 또 다른 비평의 활로를 찾았다. 이러한 변화 속에서 한국 사회의 식민주의적 근대성에 대한 비판적 인식을 통해 근대적 주체의 확립이라는 비평 담론이 새로운 지평을 확보하게 되었으며, 문학의 미적 자율성에 대한 인식이 구체적인 문학작품을 통해 확인되기 시작했다.

김환태가 일본 유학을 마치고 귀국 직후에 발표한 「문예비평가의 태도에 대하여」는 비평의 가치를 예술주의적 관점에서 규정하는 것으로 널리 알려져 있다. 김환태의 비평적 관심과 방향을 암시하기도 하는 이 글에서 김환태는 문예비평에 대해 문예작품의 예술적 의의와 심미적 효과를 획득하기 위해 대상을 있는 그대로 보고자 하는 인간 정신의 노력으로 규정했다. 이러한 규정은 당대 프로비평의 이념 편향에 대한 그의 비판적 관심을 보여 준다.

> 文藝批評이란 文藝作品의 藝術的 意義와 審美的 效果를 獲得하기 爲하야 '對象을 實際로 잇는 그대로 보랴'는 人間 精神의 노력입니다. 딸아서 文藝批評家는 作品의 藝術的 意義와 딴 性質과의 混同에서 起因하는 모-든 편견을 버리고 순수히 作品 그것에서 엇은 印象과 感動을 充實히 表出하여야 합니다. 卽 批評家는 언제나 實用的·政治的 關心을 버리고, 作品 그것에로 돌아가서 作者가 作品을 思想한 것과 꼿가튼 見地에서 思想하고 吟味하여야 하며, 한 作品의 理解나 評價란 그 作品의 本質的 內容에 關聯하여야만 眞正한 理解나 評價가 된다는 것을 언제나 잇어서는 안이 됩니다.[67]

그는 문예비평이 작품의 예술적 의의를 제대로 전달하기 위해 그 인상과 감동을 충실히 표출해야 한다는 원칙론을 내세웠다. 비평은 언제나 작품 자체를 대상으로 해야 하며 작품의 이해와 평가를 위해서는 작품의 본질적 내용에 근거해야 한다는 점을 강조했다. 그러기 위해서는 작품에 대한 실용적·정치적 관심을 배제해야 한다고 지적했다. 이러한 주장은 물론 매슈 아널드가 강조했던 문예비평을 하는 사람의 태도로서 '초연함(disinterestedness)'을 풀어 설명한 것에 지나지 않았지만 당대 한국의 문단적 상황과 직결되면서 이른바 '순수비평'이라는 새로운 개념으로 규정되기에 이른다.

김환태는 비평가의 태도와 관점을 떠나서 예술 자체의 속성에 대한 논의에서도 비슷한 태도를 보여 주었다.[68] 그는 예술이란 사회적 요건으로 설명하기 어려운 예술가의 개성에 의해 성패가 좌우되는 것이라는 순수예술론에 근거해 자신의 예술관을 피력했다. 그에 따르면, 예술의 중요한 요소로 손꼽히는 감동이라는 것도 인간 내면의 정서에 의해 성립된다. 이성과 의지, 사상과 이념은 오히려 인간의 감정을 억제하고 구속한다. 예술가가 어떤 목적의식을 가지고 창작 과정에 임할 경우에는 그에 맞춰 예술품을 제작하기 때문에, 이미 예술품은 목적을 위한 수단이나 도구일 뿐이다. 이런 방식으로 제작된 예술은 관조를 통한 예술미의 감동을 전달할 수 없다. 그러므로 예술은 어떤 외부적 요건에 구속받지 않을 때 진정한 의미의 감동을 불러일으키게 된다는 사실을 간과해서는 안 된다.

> 藝術이 藝術된 所以는 그것이 感情의 表現이요, 感情에 呼訴하는 點에 잇다. 그럼으로 藝術의 眞正한 社會性도 또한 이 點에서 찾지 안흐면 인 된다. 感動이란 對象에의 感情 移入이다. 즉 對象과 가티 웃고 가티 우는 마음이다. 그럼으로 藝術에 依하여 靈魂의 深底로부터 진감될 때 王公 貴族도 田人 野夫와 握手하고 奸惡無道한 惡漢도 계집애처럼 눈물을 지우고 固陋한 因襲도 道德에 저즌 頑固한 老人도 어린애처럼 하늘의 별을 세며 손뼉을 칠 것이다.

67 金煥泰, 「文藝批評家의 態度에 對하야(一)」(朝鮮日報, 1934. 4. 21).

68 金煥泰, 「藝術의 純粹性」(朝鮮中央日報, 1934. 10. 26-31).

이러하야 藝術은 사람에게 사랑과 同情을 가르치며, 理想的 熱情과 人生에 對한 새로운 希望을 鼓吹하여 준다. 實際 生活에 의한 感情生活보다도 一層 高雅하고 豐富한 感情生活을 高尙하고, 卓越한 感情의 表出에 依하여 우리의 心理에 喚起식혀 준다.

그리하야 이 神聖한 瞬間이 지난 後라도 이 高潔한 體驗은 決코 아모런 痕跡도 업시 消滅하지는 안는다. 이 藝術的 興奮은 直接 우리의 行爲를 刺戟하지는 안흐나 潛在的으로 또는 徐徐히 우리의 生活의 行爲를 決定하는 要因이 되는 것이다. 이리하야 偉大한 藝術家는 언제나 人類의 敎育者다.[69]

김환태의 관점을 그대로 따를 경우, 예술가에 필요한 것은 경화한 사상이나 이념이 아니다. 그는 사상에 있어서 관념적 내용을 직관하고 구상하는 감각적 상상을 강조했다. 그리고 예술가가 정밀하고 청신한 감각적 상상을 가지기 위해서는 삶 자체를 외적 목적에 봉사시키는 것이 아니라, 생활을 위한 생활을 해야 한다고 말했다. 달리 설명하면 생활의 목적을 경험의 결과에 두는 것이 아니라, 경험 자체에 두어야 한다는 것이다. 그는 예술가가 예술가로서 통절히 생활할 때 스스로 생활을 위한 생활을 영위하게 된다는 점에 주목했다. 작품 제작에 있어서도 예술가의 작품은 결코 완성 후의 공리성에 목적을 두는 것이 아니라, 완성 자체에 목적을 두게 된다. 예술가들이 온갖 간난과 고통 속에서도 각골부심하며 창작에 정진하는 이유가 여기 있는 것이다.

김환태의 비평 관점은 「비평문학의 확립을 위하여」[70]에서 더욱 분명한 문학주의적 지향을 드러낸다. 이 글에는 현실 문단의 정치적 편향성에 대한 비판과 함께 문학비평의 대상은 사회도 정치도 사상도 아닌 문학이라는 명제가 분명하게 제시되어 있다. 문학비평은 다른 무엇이 아닌 문학 자체를 대상으로 그 고유한 특성에 따라 이루어져야 하므로 정치 이론과 동질적인 사회 이론이 문학비평을 대신해 온 지금까지의 풍토는 시정되어야 한다는 것

69 金煥泰, 「藝術의 純粹性(完)」(朝鮮中央日報, 1934. 10. 31).

70 조선중앙일보에서 월평의 형태로 발표된 이 글은 비평가로서 김환태의 태도와 방법을 구체적으로 보여 준다.

이다. 이 글에서 김환태는 '진정한 비평은 창작 방법을 가르치고 창작 과정을 감시하는 대신에 작가의 창작력의 성장과 발현을 위해 그에 필요한 분위기와 관념의 계열을 준비한다.'고 천명했다.

> 文藝批評의 대상은 社會도 政治도 思想도 아니요 文學이다. 이는 누구나 一笑에 붙이고 말 極히 初步的인 斷案른는지도 모른다. 그러나 過去의 우리의 批評家들은 이 極히 常識的이오 初步的인 事實을 全然 忘却하고 있지 않었든가? 더욱이 批評의 大部分을 占하고 있든 맑쓰主義 文學批評에 있어서 그렇지 않었든가?
>
> 文藝批評家가 社會를 政治를 論하는 것을 나는 조곰도 非難하지 않는다. 그러나 그가 社會批評과 政治論을 하는 것이 아니요 文學論을 하고 있다면 그는 무엇보다도 먼저 社會나 政治를 文學과의 關聯下에서 論하지 않으면 안 된다. 다시 말하면 文學의 立場에서 그것들을 論하지 않으면 안 된다.
>
> 文學이란 自由의 精神의 表現이다. 探究의 精神의 所産이다. 그러므로, 그는 어디까지나 拘束을 싫어한다. 그리하야 그는 社會나 政治나 時代를 超越하야 그것들을 自己의 法則 밑에 屈伏시키지 않으면 마지않는다. 政治나 社會나 思想이 한 文藝作品에 담긴 때에는 그는 벌서 제 스스로의 法則을 拋棄하고 文學 그것의 法則 앞에 屈伏하고 있는 것이다. 이는 決코 文學 그것을 政治나 社會나 哲學이나 倫理나 其外의 모-든 文化 領域의 優位에 두랴는 所謂 藝術至上主義者의 主張은 아니다. 다만 나는 人類의 各 文化領域은 各各 그 特有한 法則과 價値를 가지고 있어, 어떠한 딴 領域의 侵犯도 許諾하지 않는다는 것과, 그리하므로써만 그 獨自의 價値를 가장 잘 發揮할 수 있다는 것을 力說하는 것뿐이다.[71]

김환태는 문예비평의 대상이 문학이라는 원칙을 강조했다. 그러므로 문예비평은 언제나 작품에 한해야 한다는 것이다. 여기서 작품에 한정한다는 말은 작품의 법칙에 따르지 않으면 안 된다는 뜻이다. 그는 문예비평이 한 작품에 선전과 계몽의 가치가 얼마나 들어 있는지, 작품이 어떤 사상과 현실을

---

71 金煥泰, 「文藝月評(二): 批評文學의 確立을 爲하야」(朝鮮中央日報, 1936. 4. 14).

담고 어떤 의도로 만들어졌는지 지적하는 것이 아니라는 점을 분명히 짚었다. 그보다는 작품에 나타난 사상과 현실이 작가의 상상력과 감정 속에 얼마나 용해되었으며, 작자의 의도가 어느 정도 실현되었는지, 그 결과 작품이 우리를 어느 정도 감동시키고 기쁘게 했는지 말하는 것이 문예비평의 역할임을 다시 강조했다. 바로 여기서 그가 내세우는 문예비평이 정치비평이나 사회비평과 다른 점을 발견할 수 있다. 일반적으로 정치론이나 사회비평, 철학이나 논리에 있어서 자기를 말하는 것은 용납되지 않는다. 그러나 문예비평가는 먼저 자기를 말해야 한다는 것이 김환태의 견해다. 한 작품에서 어떤 감동과 기쁨을 받았는지, 그로 인해 자기가 얼마만큼 변모되었는지를 고백해야 한다는 것이다.

문학의 자율성을 강조하는 김환태는 실제 비평에서 정지용, 김상용, 김기림 등의 시와 이태준 등의 소설에 대한 비평을 통해 방법론적 근거를 확보했으며, 매슈 아널드, 월터 페이터 등의 문학론을 통해 미학 이론을 구체화했다. 김환태의 비평은 흔히 인상주의 비평과 혼동되곤 한다. 그의 비평은 작품에서 얻은 인상을 재구성하는 데서 그치지 않고 비평 자체의 세련된 문체와 감수성을 중요시한다는 특징이 있다. 그러므로 이러한 비평은 논쟁보다는 창조적 예술성을 지향한다.

매슈 아널드의 수용

김환태의 비평 관점은 당대 문단의 상황에 비춰 보면 계급문학이 요구하던 계급의식이나 정치적 요구에서 벗어나 있다는 점을 쉽게 알 수 있다. 이러한 경향에 근거해 김환태 비평에 '순수비평'이라는 개념이 새롭게 부여되기도 했다. 그는 문예비평가는 작품을 정당하게 평가하기 위해 작가와 내면 일치에 도달할 수 있는 상상력과 감상력을 지녀야 한다고 주장했다. 문예비평은 그 관심을 문학의 정치적 이념과 사상성이 아니라 예술성에 두어야 한다는 것이 그의 주장의 핵심이다. 그는 문예비평이 창작 방향을 주도함으로써 예술의 자유로움을 속박할 것이 아니라 예술의 뒤에서 창조적 정신으로 가는 도정을 따라야 함을 주장했다.

이와 같은 김환태의 논리는 그가 일본 유학 과정에서 공부했던 매슈 아널드[72]의 비평적 관점에 기대어 있다. 아널드는 새뮤얼 콜리지 이후 영미 비평계에 가장 폭넓은 영향력을 끼친 이론가로 손꼽힌다. 그 이유는 그가 19세기 낭만주의 시적 경향에 대한 중요한 이론적 대변자 역할을 수행했기 때문이다. 비평가로서 아널드의 주된 관심과 태도는 「현 시대 비평의 기능(Function of criticism at the present time)」(1865)에 잘 드러나 있다. 그는 이 글에서 비평적 사고의 엄밀성을 강조하면서 문학에서 고전주의 전통과 그 가치의 중요성을 새롭게 주장했다. 이러한 관점 때문에 그의 비평은 20세기 영미 비평이 방법을 더욱 세련해 나가면서 정신의 폭을 확대할 수 있는 길을 열어 놓았다. 그의 비평은 '신인문주의(neo-humanism)'의 논리로 체계화되었는데 이것은 19세기 낭만주의 예술과 과학적 자연주의 경향에 과감하게 도전하는 것이었다.

아널드의 비평에서 핵심적인 개념은 문예비평가의 태도 문제에서 비롯된다. 그는 문예비평가가 관습이나 편견으로부터 초연한, 자유로운 상태를 유지해야 한다는 점을 강조했다. 여기서 그가 강조하는 '초연함'이란 '미적 무관심'의 의미로 이해되기도 하지만 유미주의 또는 예술지상주의 경향을 말하는 것은 아니다. 그는 문예비평가가 작품을 대할 때 외부 조건이나 정치적 요구 등을 고려해서는 안 된다는 점을 주장하기 위해 이 개념을 동원했기 때문이다.[73]

한편 아널드에게 있어 문예비평의 중심 과제는 '교양(culture)'에 대한 관심이었다. 이것은 그의 「교양과 무질서(Culture and Anarchy)」(1869)라는 평문에 잘 드러나 있다. 부제가 '정치 및 사회에 관한 비평'이라는 점에서도 알 수 있듯이 이 글은 19세기 중반을 지나면서 세속적 물질주의에 빠져들어 혼란을 보이고 있는 영국의 사회 문화적 형상을 비판하는 데 목표를 두고 있다. 여기서 아널드가 제시하는 '교양'은 개인이 정신적으로나 육체적으로 미

---

72 김환태는 일본 규슈제대 법문학부에서 영문학을 전공했으며 졸업논문으로 「문예비평가로서의 매슈 아널드와 월터 페이터(Matthew Arnold and Walter Pater as Literary Critics)」(1934)를 제출했다. 그가 발표한 두 편의 평문 「매튜 아놀드의 文藝思想 一考」(朝鮮中央日報, 1934. 8. 24-9. 2)와 「페이터의 藝術觀」(朝鮮中央日報, 1935. 3. 30-4. 6)은 이 졸업논문의 내용을 정리한 것이라고 할 수 있다. 김윤식, 「눌인 김환태 연구」, 『한국근대문예비평사연구』(일지사, 1976) 참조.

73 Clinton Machann, "Matthew Arnold", *The Cambridge History of Literary Criticism* Vol. 6(Cambridge University Press, 2013), p. 425.

숙한 상태로 사회와의 갈등 관계를 겪으면서 보다 사회적으로 성숙한 상태로 발전하는 과정과 양상을 두루 의미한다. 그러므로 교양이라는 개념은 개인과 사회의 여러 가지 갈등 관계를 전제로 하면서도 그 관계 안에서의 개인의 의식적 성장과 사회적 조화 등을 뜻한다. 아널드는 스스로 교양을 인간 마음의 활동으로 규정했다. 그것은 한 덩어리의 기억된 지식이 아니라 생활하고 사고하고 감각하는 실제적 방법과 통한다. 그리고 그것은 참답고 가치 있는 것에 따라 반응하는 능력이다. 그는 이미 문예비평의 태도를 '초연함'이라고 말했고, 모든 사물을 있는 그대로 보는 열린 자세가 필요함을 주장한 바 있다. 그러므로 교양이라는 개념에 있어서도 그는 집단적 이념이나 외부 조건과 요구에 제약되어서는 안 된다는 점을 강조했다.

아널드는 개인의 교양의 완성이 사회 속에서 요구되는 가운데, '아나키'에 빠져든 사회를 그릇된 자유주의의 횡포와 그 사회적 위기에서 구할 수 있어야 한다고 주장했다. 여기서 그가 내세운 '교양'은 결국 인간의 정신적 능력과 가능성의 완전한 실현을 뜻한다.[74] 물론 이에 반해 '아나키'는 영국 사회에서 지나치게 방종에 빠져든 개인주의의 폐해와, 사회제도와 그 전통의 붕괴에 직면한 위기 상황을 말한다. 그는 영국 빅토리아조(朝)의 사회에서 귀족과 야만인이 뒤섞이고, 중산층과 하층계급이 분화해 대립하는 가운데 속물들이 판을 치는 것을 두고, 중산층의 교양을 높임으로써 그들의 사회적 영향력을 증대해야 한다는 점을 역설했다.

아널드는 「시의 연구(Study of Poetry)」라는 글에서 시가 그가 주목했던 교양의 영역, 즉 인간의 열린 정신 활동을 촉진하는 독특한 기능을 지니고 있음을 강조했다. 그가 시에 주목한 이유는 다양성을 추구하는 예술 형식이기 때문이다. 그에 따르면 시는 추상적 분석이나 기술을 통해서가 아니라 그 자체로 언어를 통해 살아 있는 경험의 감각을 제공함으로써 감응력을 발휘한다. 시는 인간의 정서를 전달해 표현하고 적절한 암시를 통해 대상을 그려내기에 가장 적절하고 효과적인 언어를 사용한다. 그러므로 아널드는 시가 인간의 가장 완벽한 언어라는 신념을 포기하지 않았다. 더구나 시는 그것이 다루는 주제를 어떤 특정 영역에 국한하는 법이 없다. 언어로 표현할 수 있

74 Clinton Machann, "Matthew Arnold", pp. 427-428.

는 모든 것이 시의 대상이다. 이러한 경험적 다양성 때문에 시는 가장 풍부하고도 다양한 가치의 세계를 표현하게 된다. 특히 시는 언제나 구체성에 뿌리박고 있다. 시는 언어를 매개로 하여 가장 관념적인 사상도 구체적 감각과 결합할 수 있다. 아널드는 인간 사회의 전통과 가치가 뒤집히고 종교적 신념이 무너지는 현실에서도 시의 이데아는 변함없이 그 자체로 시의 전부가 되고 있음에 주목했다.

김환태는 아널드의 관점을 적극적으로 수용하여 문학이 궁극적으로 삶에 대한 관점을 드러낼 수 있는 것이라면, 문예비평은 그 균형을 잡고 범위를 확정해 주어야 한다고 주장했다. 이 경우에 가장 중요한 것이 비평 방법의 수립임은 두말할 필요조차 없는 일이다. 물론 문예비평의 방법은 대상 작품이 없으면 성립되기 어려우며, 비평 방법에 대한 다양한 논의는 결국 다시 작품으로 떳떳이 돌아오고자 하는 목표에서 이루어지는 것임을 잊어서는 안 된다. 그렇기 때문에 김환태의 주장대로 문예비평의 확립이란 방법론의 모색이 어느 정도 성공적인지를 따지는 데 만족될 수는 없을 것이다. 오히려 그러한 방법론의 적용이 작품의 의미에 얼마나 활기를 불러일으키는지에 더 큰 의미를 부여할 수 있을 것이라고 생각된다.

그런데 김환태는 비평 방법의 확립 이전에 먼저 예술로서 작품 자체의 속성을 강조했다. 그는 예술의 본질적 속성을 사회적 요건에 의해 설명하기는 어렵다는 사실을 분명히 했다. 예술작품의 성패는 예술가 자신의 개성에 의해 결정되기 때문이다. 예술의 감동에 있어서도 그것이 인간의 감정에 의해 성립된다는 페이터의 낭만주의적 관점에 동조했다. 그에 따르면 예술이란 오히려 인간의 의지나 이성에 속박당하고 구속되는 것이다. 사회적 이념이나 정치적 이데올로기 등도 예술의 감동을 억제하거나 구속할 뿐이다. 그러므로 예술은 어떤 외부적 요건에 제약받지 않을 때 비로소 진정한 예술적 가치와 감동을 불러일으킬 수 있다. 예술가 역시 창작 과정에서 어떤 목적의식이나 이념적 요구에 따라 작품을 만들고자 할 경우, 그 작품은 목적을 위한 도구나 수단이 될 뿐이다. 그러한 목적으로 만들어지는 예술은 관조를 통해 감동을 주는 예술이 될 수 없다는 것이 김환태의 주장이다.

感情은 오즉 感情에 依하야서만 喚起되는 것이다. 그럼으로 藝術이 우리를 感動시키랴면 그곳에는 藝術家의 感情이 表現되여 잇서야 하며 藝術家의 感動된 눈이 빗나고 잇서야 한다. 아모리 美人의 얼굴이라도 그곳에서 表情이 없어질진대 그는 아모런 魅力도 업는 骸骨에 지나지 안흘 것이다. 藝術에 잇서서도 그곳에 感情이 表現되어 잇지 안흘진대 그는 우리에게 아모런 感動도 줄 수 업는 智識의 堆積이나 素材의 羅列에 지나지 안흘 것이다. 그런데 理性과 意志는 感情을 抑制하고 理性을 죽인다. 그럼으로 藝術家가 어떠한 目的意識을 가질 때 그는 아모런 事物에 對하여도 感激할 수가 업슬 것이며 따러서 그의 作品에 아모런 表情도 賦與치 못할 것이다. 이에 藝術家는 언제나 感激과 感動 속에 살기 爲하야는 目的意識을 버려야 할 것이며 硬化한 思想의 奴隸에서 解放되어야 할 것이다.

思想은 專制的이다. 그는 언제나 人間 社會나 自然에 君臨하야 그것들을 同一한 法則으로 統制하고 支配하랴 한다. 그럼으로 思想으로 武裝하고 人間社會나 自然界에 對할 때 藝術家는 아모런 感激도 늣길 수가 업슬 것이다.

그러나 感激이 업시는 眞正한 藝術品을 産出할 수가 업나니 眞正한 藝術家는 아즉 思想에 依하야 統制되고 支配되지 안흔 世界 卽 모-든 方面으로의 發達과 生成의 可能性이 漲溢한 素朴한 狀態로 돌아가 새로운 方法으로 人間이나 自然을 理解하기 爲하야 思想의 高臺에서 나려 다시 한번 無知의 世界로 돌아가지 안흐면 아니 된다.[75]

위의 주장은 사실 페이터가 강조했던 '예술을 위한 예술'이라는 개념을 수용한 것에 불과하다. 더구나 이것은 크게 새로울 것도 없다. 예술 자체를 보다 전문화하고 그 독자성을 강조하고 있지만 실제로는 예술을 다른 사회 문화적 현상들로부터 고립화한다는 점을 부인할 수 없다. 그렇지만 김환태가 이를 다시 강조하는 것은 계급문학운동의 이념적 요구가 팽배하던 당대의 문단 상황을 겨냥한 것임을 알 수 있다. 그는 아널드가 주로 예술의 내용에 대해 언급했다면 페이터는 주로 예술의 형식과 기교에 대해 말했다고 지적하면서 아널드와 페이터를 동시에 아울러 읽을 때 예술과 문학이 무엇인지 완전하게 이해할 수 있을 것이라고 주장했다. 결국 김환태는 비평 자체

75 金煥泰, 「藝術의 純粹性(二)」(朝鮮中央日報, 1934. 10. 27).

의 순수성을 내세우고 예술의 순수성을 강조함으로써 이른바 '순수'라는 가치를 자신의 비평 활동의 중심 개념으로 삼았던 것이 사실이다. 이러한 태도는 김환태가 영문학비평의 낭만주의 전통을 고수하고 있다는 점을 말해 준다. 비평의 과학적 방법론을 추구하기 시작한 19세기 말부터 20세기 초반까지 영문학비평의 전반적인 추세와 변화를 놓고 본다면, 김환태는 여전히 페이터와 아널드 비평의 수준과 한계에 갇혀 있음을 알 수 있다.

비평, 문학으로의 귀환

1930년대 문학에서 김환태의 비평가적 위상을 어떻게 규정할 수 있을까? 김환태가 내세운 순수비평이라는 것은 달리 인상주의 비평이라고도 하지만 문예비평이 문학의 예술적 자율성과 가치를 옹호해야 한다는 그의 주장을 비평사적 차원에서 어떻게 설명할 수 있을까? 이러한 질문은 김환태 비평의 핵심에 해당하지만, 1930년대 문학의 전반적인 성격을 어떠한 관점에서 이해하느냐에 따라 그 해답이 달라질 수 있다. 한국문학은 1930년대 중반부터 일본의 군국주의가 강화되고 문학에 대한 사상 탄압이 자행되는 과정에서 새로운 변화를 맞이한다. 이 변화는 한국 사회의 식민주의적 근대성에 대한 비판적 인식을 문학 내적인 요구로 심화해 나아갈 수 있는 계기를 제공한다. 이 시기의 문학에서는 근대적 주체의 확립이라는 비평 담론이 조선의 전통이라는 새로운 지평을 확보하게 되었으며, 문학의 미적 자율성에 대한 인식이 구체적인 문학작품을 통해 그 형상을 드러낸다. 문학의 기법과 언어, 문체를 문학적 성과의 중요한 요소로 인식했다는 점도 주목된다. 당시 문단에서 기교주의 논쟁을 촉발하면서 모더니즘 문학이 확대된 것은 바로 이 같은 경향과 관계가 깊다.

김환태 비평의 예술 지향적 성격은 그의 실천적인 비평 작업을 통해 잘 드러난다. 김환태의 비평적 관심과 그 방법의 실천적 성격은 김환태 이전에는 보기 드물었던 두 편의 시인론을 통해 확인된다. 그 하나가 시인 정지용에 대한 논의[76]이고 다른 하나는 시인 김상론[77]에 대한 비평이다. 정지용의

76 金煥泰, 「鄭芝溶論」(三千里文學 제1권 제2호, 1938. 4).

77 金煥泰, 「詩人 金尙鎔論」(文章 제1권 제6호, 1939. 7).

시에 대한 김환태의 관심은 그의 짧은 비평 활동으로 볼 때 유별나다고 할 수 있다. 일본 교토의 도시샤대학(同志社大學)에서 함께 수학한 적이 있는 두 사람은 귀국 후 구인회에서 문학적으로 재회했으며, 순수주의를 지향하는 비평 관점과 시를 통한 창작적 실천이라는 균형 잡힌 대응 관계를 보여 주었다. 김환태가 내세운 정지용 시의 중요한 특질은 사물에 대한 섬세한 감각이다. 그는 이를 두고 '감각의 향연'이라고 평하기도 했다. 하지만 이것은 단순한 감각의 축적을 뜻하는 것이 아니다. 시인 정지용의 감각은 곧 정서가 되고 그의 내면 정서는 다시 감각을 이룬다. 정지용의 시에는 감각한 것을 조화롭게 하고 통일하는 지성이 갖추어져 있다. 그는 결코 감정을 그대로 토로하는 일이 없으며 질서와 조화를 얻게 될 때까지 감정을 억제하고 기다린다. 감각과 정서와 이지의 신비한 결합의 산물이 바로 정지용의 시다.

김환태는 정지용이 한국 근대시에서 보기 드물게 신앙시의 한 경지를 개척하고 있다는 점을 놓치지 않았고, 그의 시 한 부분을 차지하는 동심의 세계를 노래한 시들을 순수하고 천진난만한 정서와 섬세한 감각이 어우러진 성과로 꼽기도 했다. 이와 같은 김환태의 평가는 지금까지도 정지용의 시에 대한 논의에서 언제나 전제되는 특징이다. 김상용의 시에 대해서도 김환태는 일상의 삶과 괴리되지 않은 경험이 깊이 있는 진실한 느낌으로 서술되고 있음을 정확하게 지적했다. 특히 그의 시에서 볼 수 있는, 수사나 영탄의 과장이 없는 소박한 어조가 관조적인 삶의 깊이를 그대로 보여 준다는 점을 높이 평가했다. 이러한 김환태의 비평 논의는 관념적 미학에 빠져들지 않고 스스로 그 방법과 논리를 시인의 구체적인 작품을 통해 확인한다는 점에서 비평 자체의 실천적 의미를 인정할 수 있게 한다.

3) 최재서와 주지주의 문학론

현대문학과 주지주의

최재서의 비평 활동은 1930년대 초반에 영미 비평가들의 새로운 문학 이론을 '주지주의(主知主義)'[78]라는 이름으로 묶어 소개하면서 시작됐다. 그는 토머스 어니스트 흄(Thomas Ernest Hulme), 허버트 리드(Herbert Read), 암스트롱 리처즈, 토머스 엘리엇(T. S. Eliot) 등으로 이어지는 20세기 비평의 맥락을 더듬으면서 비평의 과학화에 대한 나름의 신념을 키우게 된다. 서구 문학비평 이론에 대한 이해를 바탕으로, 그는 흄이 내세운 신고전주의적 태도나 엘리엇의 전통의식에 깊은 공감을 표시하며, '과도기적 혼돈'이라는 말로 지칭되었던 현대의 위기 상황에 대한 서구 지식인들의 인식과 대응 논리에 자연스럽게 접근했다. 그리고 리드 문학론의 핵심을 이루는 정신분석학적 방법과 리처즈의 비평 원리를 통해, 문학 창작의 과정에 대한 분석적인 해명 방법과 가치 판단을 위한 과학적인 기준을 확립해 보고자 시도했다. 그는 지나간 시대의 세계관의 붕괴와 함께 도래한 불안과 공포를 현대정신의 특징으로 파악하며, 이를 극복하기 위해 노력했던 서구 지식인들의 '주지주의'라는 태도를 높이 평가한 것이다.

이와 같은 문학적 입장으로 인해, 최재서의 초기 비평에서는 1930년대 초반 우리 문단에서 관심을 모았던 세계관 선택의 문제, 창작 방법의 문제, 조선프로예맹을 중심으로 야기된 문단 분파 문제 등에 대한 직접적인 언급을 찾아보기 어렵다. 그렇지만 그가 소개하는 주지주의 문학론은 우리 문학비평에 서구 현대비평의 방법론을 본격적으로 수용하는 것이었음은 분명하다. 그의 문학론은 조선프로예맹의 해산 이후 벽에 부딪힌 프로문예비평의 한계를 극복해 나갈 수 있는 논리를 추구하는 과정에서 비평이 지향해야 할 합리주의적 비판 정신을 서구 지성에 근거해 확립하고자 했다는 특징이 있다.

최재서가 비평 활동을 시작한 1930년대 초반 문학의 전개 양상은 조선프로예맹의 해체를 전제하지 않고는 제대로 설명하기 어렵다. 조선프로예맹 해체는 일제 군국주의의 세력 확대와 식민지 한국 내에서의 민족사상운동에 대한 혹심한 탄압 정책을 의미하는 것이었다. 그러나 일제의 책동은 민족의식을 내세우는 저항적인 문학운동을 완전히 저지하지 못했다. 물론 조선프로예맹의 해체와 함께 계급문학운동이 퇴조하고, 문학을 통한 이데올로

---

78 주지주의는 인간의 마음을 구성하는 지(知)·정(情)·의(意) 중 지성이나 이성 등으로 불리는 지식의 기능을 다른 감정이나 의지의 기능보다 상위에 놓는 시각을 말한다. 이 용어의 등장은 阿部知二, 『主知的文学論』(厚生閣店, 1930)의 출간과 때를 같이하는 것으로 볼 수 있다.

기 논쟁이 열기를 잃은 것은 사실이다. 하지만 이데올로기의 내면화에 뒤이어 자유주의 경향의 문학론이 다양하게 대두됨으로써 1930년대 문학의 새로운 가능성이 열리게 되었다. 조선프로예맹의 해체를 전후해 문단의 관심을 모았던 문학론은 창작 방법에 대한 비판과 사회주의 리얼리즘에 대한 논의였다. 그러나 조선프로예맹의 해체와 함께 문학의 이념적 지향성이 문제시되면서 이 논의는 뒤에 리얼리즘의 본질론으로 대체되었고, 위기에 대응하기 위한 지식인의 태도와 정신 문제를 바탕으로 휴머니즘론이 새로이 대두되었다. 휴머니즘론은 이헌구, 홍효민 등에 의한 '행동주의 문학론'에 뒤이어 백철, 임화, 김오성 등이 관심을 부여함으로써 1930년대 중반 이후 문학론의 중심에 자리 잡았다. 그런데 휴머니즘 문학론은 논의 자체가 다분히 관념적인 속성을 지니기 때문에 문학의 역사적 발전 법칙이나 창작 과정의 구체성을 해명할 수 있는 실천 방안을 제시하지 못한 채, 일반론적인 차원에서 문학의 본질 문제만을 거듭 재론하게 되었다.[79]

이와 같은 상황에서 한국문학은 주지주의 문학 이론을 바탕으로 비평의 과학성을 모색하면서 지성의 의미, 풍자의 방법과 정신을 내세워 문단의 체질 개혁을 주장하는 비평가 최재서를 만나게 된다. 최재서의 주지주의 문학론은 20세기 영문학비평의 새로운 경향을 선도했던 흄의 과학적 태도에 대한 새로운 논의에서 출발한다.

> 現代 英國의 新傾向을 말함에는 不可不 휴움(T. E. Hulme)까지 올라가지 안을 수 업다. 웨 그러냐 하면, 英文壇에 新聲이 들려오기 始作한 것은 戰前 '이메지스트'派로부터이며, 이 新詩人 集團의 理論的 指導者가 휴움이엇기 때문이다. 그는 過去 傳統에 對한 時代的 不滿을 理論的으로 認識하고 新時代의 漠然한 翹望하얏다. 그가 打倒코저 하는 傳統은 人生觀에 잇서서 人間主義的 態度요, 藝術에 잇서서 自然主義 藝術이요 文學에 잇서서 浪漫主義다. 그가 이제로부터 수립하랴고 하는 新傳統은 各各 科學的·絶對的 態度와 幾何學的 藝術과 밋 古典主義이다. 이 세 傳統은 決코 新傳統은 안이다. 勿論 휴움 自身도 그러케는 생각치 안엇섯다. 다만 舊傳統을 破壞한 現

79 김윤식, 『한국근대문예비평사연구』, 230-233면.

代人이 自己 自身의 新傳統을 發見 乃至 建設할 때까지 便宜的으로 自己 欲求에 比較的 適合하는 舊傳統에 세 드는 셈이다. 이것은 휴움의 思想體系를 理解하는 데 매우 注意할 事實이다.[80]

최재서가 주목한 흄의 예술론은 그 자신의 짧은 생애와 활동으로 인해 어떤 위치에서 예술을 구체적으로 분석하고 변화를 해석한 실천적 작업의 결과가 아니다. 그의 관점은 「휴머니즘과 종교적 태도」, 「현대 예술철학」, 「낭만주의와 고전주의」[81] 등 몇 편의 논문에 간단하게 언명되어 있을 뿐이다. 흄은 「휴머니즘과 종교적 태도」에서 르네상스 이후 팽배해진 인간 중심의 사상을 근대정신의 맹점이라고 비판한다. 신의 절대적 위상을 놓고 볼 때 인간은 본질적으로 제한되어 있으며 불완전한 존재라는 것이 흄의 판단이다.[82] 그런데 르네상스 이후 등장한 인간 중심적 태도는 종교와 인간의 가치를 전도해 놓았고 인간을 세계의 중심이자 모든 가치 판단의 기준으로 만들었다. 흄은 휴머니즘의 문제성을 비판하면서 인간성을 강조하고 인간 개성의 발달을 추구하며 생을 강조하는 예술이 바로 19세기 낭만주의 예술이라는 점에 주목했다. 그는 낭만주의 예술이 오도된 인간 중심적 태도에서 비롯된 것이므로 그 자체의 모순으로 인해 필연적으로 붕괴된다는 사실을 분명히 했다. 그리고 휴머니즘이 붕괴하고 새로운 시대가 시작되었음을 선언한다.

흄의 예술론 가운데 「낭만주의와 고전주의」는 그가 줄기차게 강조해 온 인간의 근본적인 두 가지 태도로서 인간 중심적 태도와 종교적 태도를 문예사조에 연결한다. 이 글에서 흄은 20세기에 휴머니즘의 시대는 끝났음을 분명히 했다. 그리고 인간을 기준 삼던 모든 가치와 윤리를 거부하고 불신하는 태도 위에서 20세기 예술이 새롭게 시작되어야 함을 강조했다. 흄은 낭만주의의 속성이 인간은 완전하고 선한 것이며 무한한 발전과 진보의 가능성을 가진 것이라고 믿는 점에 있다고 지적했다. 반면에 고전주의는 인간이 지극히 고정되어 있고 제한적인 동물이며 본질이 불변한다고 말하고 있다고

---

80 崔載瑞, 「現代 主知主義 文學理論의 建設(一)」(朝鮮日報, 1934. 8. 5).

81 이 논문들은 T. E. Hulme, *Speculations*, edited by Herbert Read(Routledge & Kegan Paul, 1924)에 수록되어 있다.

82 Hulme, "Humanism and the Religious Attitude", *Speculations*, p. 47.

보았다. 흄은 고전주의 시각에 따라 인간은 전통이라든지 조직이나 체계에 의해 가치 있는 것을 얻을 수 있을 뿐이라고 주장했다. 낭만주의자들은 인간의 무한한 가능성을 믿고 비상(飛翔)을 꿈꾸지만, 고전주의자들은 인간의 한계를 분명히 알고 있으며 비상하되 정지할 곳을 알고 있다. 하지만 흄이 말하는 고전주의 예술이 중세의 고전시대로 되돌아가자는 것을 의미하는 건 물론 아니다. 오랫동안 익숙해 있었던 낭만주의 시는 우울과 감상 속에서 신음 소리, 우는 소리가 아니면 시가 아닌 것으로 생각했다. 그는 이런 감상벽(感傷癖)에 빠져든 낭만주의 시를 거두고 새로운 고전주의 시로 나아갈 것을 주장했다. 그는 고전주의 시야말로 언제나 맑은 날의 햇빛이고 인간적인 것이며, 결코 과장되지 않는다면서 인간은 언제나 인간일 뿐 신이 아니라고 단정했다.[83]

최재서는 흄의 고전적 정신의 연장선상에서 엘리엇의 새로운 비평 관점에 주목했다. 엘리엇은 시에 대한 인식에 있어 객관적 기준 또는 시 자체의 구조에서 객관적 요소의 중요성을 강조하면서 시와 비평에 관한 여러 가지 평문을 발표했다. 「전통과 개인의 재능」, 「비평의 기능」 등에서 볼 수 있는 그의 주장의 핵심은 시적 개성에 대한 독특한 관심이다. 최재서는 다음과 같이 엘리엇의 비평적 성격을 규정했다.

> 에리옷트는 今日의 新文學精神을 代表하는 詩人이고 또 批評家이다. 그러나 그는 別般 體系的 理論 學說을 가진 批評家가 안이라 그 自身이 讚揚하는 專門的 實踐 批評家이다. 다만 그의 批評論 中 가장 理論다운 理論은 傳統과 個性, 事實과 情緖에 關한 緻密하고도 犀利한 意見이다. 그의 批評論文 中 가장 重要한 「傳統과 個人的 才能」에서 그는 傳統的 意識 또는 歷史的 意識의 眞意를 밝히고 그 立場에서 일허진 眞實한 文學 傳統을 再認識하랴고 하얏다. 다시 말하면 十九世紀 浪漫主義의 所謂 '內部의 聲'과는 正反對의 價値 建設, 卽 古典主義 乃至 理智的 傾向의 文學 傳統의 새로운 認識과 建設을 企圖하였다. 傳統이라면 우리는 盲目的인 古代 模倣을 聯想하야 滋味롭지 못한 先入觀을 가지나, 에리옷트가 말하는 傳統이란 決코 그가

83 Hulme, "Romanticism and Classicism", *Speculations*, p. 127.

치 偏頗하고 皮相的인 물건이 안니다. 그는 傳統의 意味를 다음과 가치 說明한다. "傳統은 爲先 歷史的 意識을 意味한다. 그리고 이 歷史的 意識이란 過去의 지나간 것을 知覺할 뿐만 안이라 過去가 只今도 存在하고 잇다는 것을 知覺함을 意味한다." 이 歷史的 意識이 잇기 때문에 詩人은 自己 內部에 있는 自己네의 時代뿐만이 안이라 호오마 以來의 歐洲 全 文學과 自國의 全 文章과는 同時的 存在를 가지고 同時的 秩序를 맨든다는 意識을 가지고 詩를 쓰지 안을 수 업게 된다. 이 歷史的 意識은 現世的인 물건에 對한 意識임과 同時에 永久的인 물건에 對한 意識이다. 이 歷史的 意識으로 말미암아 詩人은 時代 中에 잇서서의 自己 地位와 自己 現代性을 가장 切實히 意識하게 된다.[84]

엘리엇이 강조하는 시적 인식의 객관성에 대한 문제는 시적 표현의 기술(技術) 과정에서 예술가로서 시인이 지닌 개성이 감추어진다는 사실에 착안한 결과다. 이것은 낭만주의의 주관성에 대한 비판과 부정에서 비롯된 것이다. 엘리엇은 자신의 주장을 강조하기 위해 시인의 기술에 의해 가능해지는 시의 내재적인 형식적 특질에 주목했다. 시란 정서로부터의 도피이자 개성으로부터의 도피라고 선언한 것은 그가 내세운 '몰개성(沒個性)' 시론의 핵심에 해당한다.

인간의 경험 세계는 복잡한 잡다성을 지닌다. 시인은 이 잡다한 경험을 새롭게 통합해야 한다. 통합된 감수성으로 사물을 인식할 경우 시적 표현에 기지(機智)와 역설이 작용하게 된다. 엘리엇은 이와 같은 감수성의 통합을 17세기 '형이상학파' 시인들에게서 발견했다. 이에 근거해 그는 모든 위대한 시는 바로 이러한 특징을 지닌다고 주장하게 된다. 감수성이 분열되어 어느 한 방향으로 기울어지는 경우 시는 완결성을 드러내지 못하고 졸렬한 상태에 빠져든다며, 특히 낭만주의 시에서 볼 수 있는 감상성(感傷性)은 시적 감수성의 편향을 보여 주는 예에 해당한다고 설명했다.

그러므로 엘리엇의 입장에서 시 내용의 풍부성과 변화성은 그 소재가 되는 경험이나 정서 자체에 있지 않고, 이것들을 결합하는 방법에 달려 있다.

---

84 崔載瑞, 「現代 主知主義 文學 理論의 建設(五)」(朝鮮日報, 1934. 8. 10).

시인은 유별나게 독특한 개성을 가진 것이 아니라, 일상적 경험과 정서와 사상을 독자적으로 결합해 나갈 수 있는 특별한 방법으로서 기술을 가지고 있을 뿐이다. 성숙한 시인과 미숙한 시인을 구별하는 것은 재미 혹은 풍부한 개성이 아니라, 어떤 정서나 사상이 자유롭게 화합할 수 있는 포괄적인 결합 방법에 있다고 할 것이다.

최재서가 현대 비평과 과학의 결합을 주지적 경향이라는 관점에서 다시 논의하게 된 것은 「비평과 과학」[85]이라는 평문이다. 이 글에는 '현대 주지주의 문학 이론의 전설 속편'이라는 부제가 붙어 있다. 이 글에서 최재서는 현대 정신이 과학에 절대적 기대를 걸고 있음을 전제하면서 현대의 비평 이론 가운데 많은 과학의 원용을 발견된다는 점을 지적했다. 그리고 정신분석학의 발전 이후 이를 기반으로 하는 문예 창작의 과정을 설명함으로써 가치 판단에 과학적 기준을 세우고자 하는 주지적 경향을 리드와 리처즈가 주도하고 있음을 강조했다. 최재서가 리드나 리처즈에서 주목하는 것은 문예작품에 대한 분석과 평가의 객관성을 확보하기 위해 현대 비평에서 과학적 방법을 추구하는 과정이다. 그는 두 사람의 비평 이론에서 두드러지게 드러나는 심리학의 방법을 주지주의 범위에 함께 포함했다.

> '사람은 興味의 一 體系이다.' 이것이 리차-드의 心理學의 大命題이다. 사람의 맘이란 여러 가지 興味(欲望)가 서로 微眇한 勢力 均衡을 잡고 잇는 一 體系이다. 이 興味의 體系가 사람이 나히 먹을사록 자라남은 勿論이다. 우리가 엇던 瞬間(情勢)에서 다른 瞬間(情勢)으로 옴겨 갈 때 이 興味의 勢力 均衡은 어느 程度까지 破壞된다. 그러나 이 破壞된 勢力 均衡은 다시금 均衡 狀態로 도라가랴고 한다. 이때에 衝動이라는 現象이 나타난다. 衝動이란 外部 刺戟에 대한 맘의 反應(情緒)이다. 이가치 우리의 興味 體系는 瞬間瞬間으로 變하나 그 全體를 通하야 大綱 安定된 體系가 있다. 이것이 卽 우리의 人格을 表示하는 主要 體系이다.
>
> 詩的 體驗이라 함은 結局 이 勢力運動이 組織的으로 施行되는 體驗의

85 최재서는 1934년 8월 31일부터 9월 7일까지 조선일보에 이 글을 발표했다. 「現代 主知主義 文學 理論의 建設」의 연재가 끝나고 열흘 뒤에 이 글을 다시 연재한 것이다.

> 一種이다. 우리는 詩를 볼 때에 漠然한 興味를 늣긴다. 아마도 事實은 漠然한 興味를 늣겻기 때문에 詩를 읽엇슬 것이다. 何如튼 이때에 우리의 意識엔 벌써 勢力 均衡이 破壞되야 잇다. 그래서 詩를 읽음으로 말미암아 이 刺戟된 興味는 滿足된다. 卽 破壞된 興味 體系가 다시금 均衡 狀態로 도라간다. 이 過程을 더 좀 仔細히 分析하면 우리가 詩의 狀態을 바들 때 맘은 衝動으로써 反應한다. 그리고 이 反應은 肉體 內에서 情緖로서 意識된다. 그러나 詩的 體驗은 決코 이 情緖의 興起로써 끗나는 것이 안이라, 그곳에서 態度가 발생한다. 情緖가 內部로 向하는 衝動이라면, 態度는 外部로 向하는 衝動이다. 卽 엇던 種類나의 行動(外部)을 向하여 突進하려는 態度이다. 그러나 態度가 行動이 안이고 態度인 限 決코 表面化하지 안는다. 이리하야 만은 態度(즉 外向的 衝動)가 서로 順應하야 全一體로 組織化될 때에 우리의 欲求는 滿足되는 것이다.[86]

위의 인용에서 볼 수 있듯이 최재서는 시적 체험의 개별적 특수성을 강조해 왔던 낭만주의 관점의 주관성과 관념성을 벗어나기 위해 인간 체험의 보편성을 내세운 리처즈의 주장에 주목했다. 이러한 착안은 리처즈의 초기 비평 활동에서 드러나는 프로이트의 수용 방식을 비평의 객관성과 과학성을 위한 노력의 일환으로 인정하고 있음을 말해 준다.

지성과 풍자 정신

최재서가 현대 영문학비평의 새로운 경향을 주지주의라고 명명한 것은 그 용어의 속성으로 보아 당대 일본의 비평가 아베 토모지(阿部知二)가 발표한 『주지적 문학론(主知的文學論)』(1930)과 관련성을 갖는 것이 아닌가 생각된다.[87] 1930년대 일본 문단의 신흥 감각파로 분류되는 아베는 주지적 문학

---

86 崔載瑞, 「批評과 科學(六)」(朝鮮日報, 1934. 9. 6).

87 이 문제에 관해서는 일찍이 이은애가 「최재서 비평 연구」(서울대학교 박사학위 논문, 1995) 29면에서 지적한 바 있다. 이 논문에서는 아베의 '주지적 문학론'을 '주지주의 비평'이라는 이름으로 바꾸었지만 비평의 과학성과 객관성을 목표로 하고 있다는 점에서 그 상호 영향관계를 추적하고 있다. 아베의 문학론은 阿部知二 外, 『昭和文學全集 13』(小學館, 1989)에 모두 정리·수록되어 있다.

론의 성격을 이렇게 규정했다. 일반적으로 독자가 작품을 대할 때 가장 먼저 작동하는 것은 인간의 감각(feeling)이다. 그다음으로 감정 또는 정서(emotion)가 작동하며, 마지막으로 나오는 것이 이지적인 사상(thought)이다. 이 가운데 감각과 사상은 현재적(顯在的)인데 비해 감정은 잠재적(潛在的)이며 모호하다. 낭만주의자들은 그 잠재성 때문에 인간의 감정을 영원하고 무한한 것으로 신비화했다. 그러므로 새로운 주지적 문학론은 문학에서 모호한 감정의 속성을 줄이는 대신 첫째로 이지적인 면으로서 사상성을 중시하고, 둘째로 감각주의 문학을 추구하며, 셋째로 이지적인 것과 감각적인 것의 결합 또는 통합을 지향했다. 물론 감정 자체를 배제한다기보다는 감정의 심연을 주지적 방법으로 탐구한다는 데 의의가 있다.

그런데 최재서는 주지주의라는 용어를 자신의 비평 활동에서 더 이상 사용하지 않았다. 주지주의 문학론의 이론적 기반을 더욱 깊게 탐구하거나 방법론에 천착하지도 않았다. 다만 그는 주지주의 문학론의 구체적인 실천 방안으로 풍자문학론을 제시하면서 위기의 현실을 타파할 수 있는 적극적인 태도를 강조했다. 최재서의 「풍자문학론」은 문학에서 정치적 이념의 우위를 비판적으로 해석하는 데서 출발한다. 문학에 있어 정치적 가치를 절대시하는 태도는 조선프로예맹의 결성을 전후하면서부터 우리 문학계에 일반화된 현상이었다. 그러나 민족문학론으로서 성격을 유지해 온 우리 문학이 일제 식민지 정책에 이념적으로 잠식당하고, 정세의 변화에 따라 프로문학도 활동을 전개할 수 없는 상황에 빠지자, 현실에 대한 전망이 불가능해졌다. 이러한 문학의 위기는 정치 이념에 의해 민족문학과 계급문학으로 양분되었던 우리 문학이 이념의 현실적 근거를 강제로 제거당함과 동시에 초래된 것인데, 최재서는 이러한 국면을 정치 추종의 문학이 도달하게 되는 당연한 귀결로 해석했다. 그리고 그는 당시의 문단침체론이 현실 세계의 위기와 갈등이 저절로 해소되기를 기다리는 패배적인 태도와 같다고 지적하면서, 문학에 대한 모든 논의는 당대 문학의 위기를 어떻게 관찰하고 해석하느냐 하는 문제에서 새로이 출발해야 한다고 강조했다.

> 現在에 文學批評이 朝鮮文學의 將來에 關하야 指示할 수 잇는 가장 合理的인 方向은 무엇일까? 그것은 諷刺文學이라고 나는 對答하고 십다. 이

것은 決코 一 個人의 趣味로서 主張하는 것이 안이라 현재의 文壇 危機를 觀察하고 解剖함에서 생겨나는 自然的 歸結이라는 것을 爲先 말하고 십다. 그러면 나는 現在 朝鮮文學의 危機를 엇더케 觀察하며 또 그것을 어떠케 해석하느냐 하는 것부터 말하랴 한다. 結局 이것이 모든 것의 出發點이 되기 때문이다.

社會的 危機와 文學 危機를 混同하는 理論을 우리는 흔히 본다. 社會的 危機가 文學的 危機의 主要한 原因이 됨은 다시 말할 것도 업다. 그러나 社會的 危機가 그대로 文學的 危機가 되는 것은 안이다. 社會的 危機가 文學的 危機로 되라면 모든 信念의 喪失이 意識化되여야 한다. 卽 사람의 感情生活이 依據할 만한 모든 支柱가 崩壞하야 無信念이 사람들의 生活 態度로 化할 때에 비로소 文學的 危機는 到來한다.

文學이 創造的 文學만을 意味한다면 文學은 感情生活이 安定치 못한 곳에 發生할 수 업고, 또 感情生活은 信念이 업는 곳에 安定할 수 업다. 感情이란 풀의 넉줄 模樣으로 늘 남에게 依支하야 生長하는 것이다. 따라서 社會를 統一할 만한 傳統도 信念도 업는 곳에선 感情은 돗대를 일흔 배 模樣으로 漂浪할 수 박게 업시 된다. 그리고 또 漂浪하는 感情에서 眞正한 創造的 文學의 發生을 期待할 수는 업다.

作家와 讀者의 問題는 언제나 困難한 問題이나 現在에 잇서선 더욱히 까다러운 問題이다. 그러나 過去의 文學史를 洞觀하야, 다음가티 말할 수는 잇스리라고 생각한다. 卽 作家는 讀者를 豫想치 안코 創作할 수도 잇다. 그러나 作家는 信念이 업시는 創作할 수 업다. 設或 全 世界가 自己 藝術을 嘲笑하고 非難한다 할지라도 作家가 自己의 藝術에 對한 信念만 잇다면 그는 創作할 수 있다(그리고 이 最後의 信念은 흔히 普遍的 眞理라는 形式을 取하야 存在하야 왓다.). 그러나 作家 自身이 아모런 信念도 갓지 못할 때엔 作家는 산란한 印象의 破片 속에 苦悶할 따름이고 그것들을 蒐集하고 統一하야 藝術로 集大成할 方法도 勇氣도 갓지 못한다. 따라서 그의 熱烈한 創作 意思는 創作 以前에 挫折되고 만다. 流産이라는 말이 더 適切할른지도 모른다. 何如튼 作家가 充分한 創作 意思를 가지면서도 正直히 創作할 수 업는 矛盾 狀態-이것이 卽 眞正한 意味의 文學的 危機이다. 이 危機에 比한다면 一般的 社會 危機의 한 變種에 지나지 못하는 文壇的 危機-讀者가 줄고 冊이 팔리지 않고 作家가 貧窮하고 等等-는 오히려 容易한 問題라고 생각한다. 그러면 以上과 가튼 文學的 危機가 朝鮮에도 到來하얏느냐? 그러타고 나는 對答한다. 人生 三十을 지나고서도 오히려 文學박게는 업다는 純直하고 強烈한 信念을 가지고 文學에 從事함을 可能케 할 信念과 支持가 朝鮮에 잇는가? 그는 밋을 뿐 아니라 사랑하고, 말할 뿐만 아니라 實踐할 만한 大義名分을 가지고 잇는가? 自己의 瞬間瞬間의 部分的 自我뿐만 아니라 自我 全體를 統一할 만한 態度와 自己의 思索生活뿐만 안이라 生活 全體를 規律할 만한 主義나 原理를 가지고 잇는가? 아모것도 업다. 그리고 이것을 나는 作家의 허몰로 돌릴 생각은 조금도 업다. 이 가튼 自我의 破産은 결국 社會的 危機에서 생겨나는 것이기 때문에. 何如튼 朝鮮의 文學的 危機는 創作 不能 乃至 挫折의 狀態를 招致하기에까지 이르럿다고 나는 觀察한다.

이것이 現在 朝鮮文學이 出發할 地盤이다. 이 가튼 地盤 우에서 文學은 엇던 방향을 取할 수 잇서며 또 取함이 合理的이냐 함울 생각하야 봄이 나의 目的이다. 압서 나는 朝鮮文學의 將來의 方向으로서 諷刺文學을 指摘하얏다. 이 指摘의 動機를 說明하기 위하야 나는 朝鮮 現在의 文學的 危機를 解剖하야 보앗다. 나는 이제 그 準備의 第二段으로서 文學을 分類해 보랴 한다. 이것은 分類法 如何에 依하야 그 結果가 大端하기 때문이다. 卽 나는 現在와 같은 情勢下에서 將來의 文學을 暗示할 餘地를 주지 안는 것과 가튼 分類法은 처음부터 忌避하랴고 한다. 이것은 理論的 自殺이기 때문이다.[88]

이와 같은 문학적 위기에 대한 최재서의 진단은 곧바로 이를 극복하기 위한 방법으로서 풍자문학으로 이어진다. 최재서는 정치적 가치를 절대시하던 한국문학이 정치·사회적 위기에 직면함으로써 진퇴양난의 함정에 빠져들고 있음을 개탄하면서, 이제 모든 작가는 정치 중심적 태도에서 벗어나 외부 정세에 대해 어떤 태도를 취할 것인가 하는 본질적인 자세 문제를 생각해야 한다고 주장했다. 최재서는 작가가 외부 세계와 사회 현실에 직면해 취할 수 있는 태도를 '수용적 태도', '거부적 태도' 그리고 '비판적 태도'로 구분하면서, 외부 세계를 있는 그대로의 상태로 승인하고 접대하는 '수용적 태도'

88 崔載瑞, 「諷刺文學論(二)」(朝鮮日報, 1935. 7. 18).

와 외부 세계를 전체적으로 부인하고 거절하려는 '거부적 태도'는 모두 진정한 예술적 태도와 거리가 먼 것으로 치부했다. 그는 결국 '비평적 태도'에 최후의 희망을 거는데, 그 이유는 현실에 대한 비판적 인식과 합리적인 접근이 비평적 태도로 가능하다고 보았기 때문이다. 최재서가 내세우는 풍자문학은 바로 이러한 비평적 태도의 표현과 직결된다.

그렇다면 현실에 대한 비평적 태도의 표현으로 가능해지는 풍자문학이란 어떤 의미를 지니는가? 최재서는 이를 세 가지 측면에서 설명한다. 첫째, 작가의 측면에서 당면한 위기를 극복하고 적극적으로 현실을 통일해 나갈 수 없는 이상, 소극적으로나마 현실에 접근하기 위해서는 비평적 태도에 입각한 풍자문학이 효과적인 전술이 될 수밖에 없다. 둘째, 독자의 측면에서 본다면, 현실과 삶에 대한 절망과 허무감에 빠져 있는 현대인들에게는 허무를 폭로하고 실망을 해부할 수 있는 지성이 요구된다. 풍자문학은 바로 이러한 지성의 표현이다. 셋째, 인생에 대한 풍자는 현대인에게 움직일 수 없는 실재성을 준다. 현대의 인간에게 요구되는 것은 자기 존재에 대한 비판적 인식인데, 바로 여기서 풍자는 시작된다. 이러한 관점에서 최재서는 작가가 자신을 해부하고 비평하고 조소하고 질타하는 자기 풍자의 예술형식에 특히 관심을 기울였다. 자기 풍자란 자의식의 작용에 의한 것이고, 그것은 현대문명의 발달과 함께 온 자기 분열에서 비롯된 것이다. 인생에서 자기 분열이란 인간 최대의 비극이지만, 그것은 피하지 못할 운명이다. 그렇기 때문에 최재서는 분열된 자아의 모습을 날카로운 지성을 가지고 바르게 인식하여 성실하게 표현하는 것이 문학의 현대적 사명이며, 자기 풍자의 문학이 지니는 중요한 의미라고 말했다.

풍자는 사회 도덕의 이념과 인간의 행동 규범이 와해되어 현실이 불합리한 국면으로 빠져들 때, 그에 대한 분노와 항거에서 비롯된다. 풍자가 지향하는 목적은 비리와 모순으로 가득 차 있는 현실을 보여 줌으로써, 병폐의 근원을 인식시키고 시정을 촉구하는 데 있다.[89] 그러므로 풍자는 본질적으로 도덕적 명제를 내포한다. 문학이 이러한 풍자의 방법을 수용할 경우, 독자들은 작품 속에 그려진 상황과 거리를 두고 관찰자의 입장에서 상황을 비판하

89 Arthur Pollard, *Satire* (Methuen & Co, 1970), p. 6.

게 된다. 있는 것과 있어야 할 것 사이의 긴장을 인식하게 하고, 악화된 상황을 바르게 해결해 보고자 하는 결단의 의지를 갖도록 해주는 것이 풍자문학의 기능이기 때문이다.

그렇지만 풍자문학의 적극적이고 실천적인 기능은 최재서가 내세운 자기 풍자의 문학과 거리가 멀다. 최재서는 현실에 대한 분노와 항거 대신에 예리한 지성에 근거한 풍자의 칼을 자기 자신에게 돌릴 것을 주장했다. 이 주장에는 당대 문학의 위기가 신념의 상실에서 비롯된 것이며, 객관적인 정세의 변화가 현실 상황에 대한 문학의 정공법적인 접근을 불가능하게 한다는 비관론이 스며들어 있다. 그렇기 때문에 그가 내세운 풍자문학의 가능성을 인정한다고 하더라도 당대 문학의 위기에 대한 타결의 방법으로서 자기 풍자의 방법이 얼마나 적극적이고 실천적일 수 있는지에 대해서는 논의의 여지가 있다.

최재서는 1930년대 중반을 넘어서면서 영문학 연구자로서 서구 문학 이론을 소개하고 해설하는 것에 만족하지 않고, 한국문학의 당면 과제에 대한 비판과 해결 방안을 모색하는 실천적인 방향으로 비평 활동을 확대해 나갔다. 당시 문단에서는 대내적으로 조선프로예맹의 해산과 함께 문학 활동의 침체가 심화되었으며, 대외적으로는 만주사변의 발발과 일제의 군국주의 무장으로 시대적인 위기의식이 더욱 고조되었다. 최재서는 이러한 상황에 직면해 문단의 체질 개선을 위한 방법으로 풍자문학론을 내세웠다. 그는 비평의 임무가 문학의 나아갈 방향을 지시하고 아울러 창작 지대를 방어하는 데 있음을 강조하면서 점차 평단의 한복판에 서게 된다. 그는 서구 문학 이론에 대한 교양을 바탕으로 본격적인 비평 활동을 계속함으로써 문학적 인식과 가치의 문제를 둘러싼 중요한 쟁점들을 평단에 내놓았다. 풍자문학론에 뒤이은 리얼리즘론, 모럴론, 교양론 등의 이론적인 탐색만이 아니라, 이들을 기반으로 이루어진 소설 양식과 그 본질 문제에 대한 지속적인 관심은 모두 비평사의 한 단계를 구획하는 작업이라고 할 수 있다. 그러나 최재서는 문예지《인문평론》(1939)을 내면서 진보적인 문학론을 펼치는 문학인들과 함께 자리하곤 하면서도 '신체제론'을 내세우면서 친일문학지《국민문학》(1941)을 주재하고, 일제의 군국주의 논리에 깊이 빠져들게 된다.

4) 김기림과 과학으로서의 시학

제작으로서의 시

김기림의 비평은 1930년대 새로운 시적 경향을 이론적으로 규정하고 방향을 제시하면서 그 새로움의 의미에 대한 끊임없는 탐색으로 이어졌다. 김기림의 비평적 글쓰기는 1930년대에 들어서면서 시 창작과 때를 같이한 저널리스트로서의 활동과 직결되어 있다는 점이 특징이다. 시의 창작과 비평적 글쓰기를 신문 기자로서 동시에 시작했다는 말이다. 이를 좀 다른 각도에서 본다면 김기림은 시의 창작을 자신이 습득하고 논리화한 시론에 근거해 실천하면서 이를 문학사적으로 확대해 나간 특이한 경력의 소유자임을 알 수 있다. 시인이 자신의 시에 대응하는 시론을 스스로 정립하는 것은 일제강점기 한국 문단에서 흔하게 볼 수 있는 현상은 아니다. 1920년대 초기 시단의 김억, 황석우 등이 보여 주었던 비평 활동이 있긴 하지만, 이들의 비평적 글쓰기는 문학사적 성격보다는 개인적인 시적 관심에 머물러 있었던 것이 사실이다. 김기림은 서구 현대시의 경향과 미학적 배경에 관심을 기울이면서 한국 현대시의 전개 양상을 모더니즘이라는 넓은 개념의 범주 안에서 설명하고자 했다. 이러한 모더니즘의 인식은 한국 현대시의 새로운 방법과 정신을 주도했던 김기림이 자신을 포함한 우리 시의 변화와 성격에 대한 자기 규정을 말해 준다는 점에서 중요한 비평사적 의미를 지닌다.

김기림이 현대시의 이론적 탐구를 기반으로 이루어 낸 실천적 성격의 비평 작업은 스스로 명명한 바 있듯이 '오전의 시론'으로 불린다. 그의 비평은 곧 건강한 시 정신의 추구와 함께 언어예술로서 시가 추구하는 미적 자율성에 대한 폭넓은 인식으로 이어진다. 「오전의 시론」은 모두 세 차례에 걸쳐 조선일보에 연재한 기획 평론이다. 「오전의 시론 기초편」(1935. 4. 20-5. 2)이라는 이름으로 연재한 첫 번째 글은 현대시의 성격과 변화 과정을 두루 소개하며, 「오전의 시론 기초편 속론」(1935. 6. 4-12)에서는 시적 대상을 보는 관점의 문제와 시의 제작 과정을 새로운 심리학적 방법을 기반으로 설명한다. 「오전의 시론 기술편」(1935. 9. 17-10. 4)에서는 현대시의 기법과 언어 문제를 중심으로 시적 언어와 용법에 대한 깊은 관심을 보여 준다. 「오전의 시론」은 김기림이 자신의 시 창작을 기반으로 발전시킨 최초의 시론이다. 그는

1936년 일본 동북제대 영문과로 유학해 자신의 시론을 발전시키면서 논리적인 이론비평의 성격을 더욱 보완했다. 그는 동북제대 영문과에서 당대 영국 문단 최고의 비평가로 손꼽히던 암스트롱 리처즈의 문학 이론을 접했다. 김기림은 리처즈를 통해 '제작으로서의 시'에 대한 자신의 태도를 분명하게 논리화하고, 시의 비평과 과학적 방법에 대한 인식을 확대했다. 그리고 이론비평적 성격의 「시의 이해」를 통해 자신의 비평적 관심을 정리하게 된다.

김기림의 시론의 출발은 한국 근대시문학사에서 시의 개념 자체에 대한 인식의 전환을 의미한다. 낭만주의 시대를 풍미했던 전통적인 시의 개념은 '감정의 표현'이라는 주관적 감성의 세계에 근거했다. 시인이 자신의 느낌을 언어로 표현하면 시가 된다는 단순한 표현론의 관점은 시의 개념을 정감의 세계와 등치 관계로 이해했다는 특징이 있다. 하지만 김기림은 감정의 자연스런 유로(流露)를 시라고 규정했던 기존의 관점을 처음부터 거부했다. 김기림의 주장에 따르면, 시는 언어로 만들어진 구성물일 뿐 감정으로 이루어진 것은 아니다. 그러므로 시의 미적 가치는 어떤 심리적 등가물로 대치될 수 없다. 시인의 정감과 판단은 시의 창작 과정에 기능하는 것이기는 하지만 작품 텍스트의 실질적인 자료는 아니다. 시의 모든 특질은 텍스트를 구성하는 언어의 논리를 따르는 것이다. 시는 시인의 감성의 흐름을 따르지 않기 때문에 아무리 그럴싸한 정서적 동기라 하더라도 그것이 미적 의미를 가지는 것은 작품 자체의 언어의 문맥 관계를 통해 가능한 일이다.

> 詩人의 視野를 채우고 잇는 수업는 現實의 斷片을 그 自身의 目的에로 向하야 選擇 構成할 것이다. 웨 그러냐 하면 言語라고 하는 것은 記號가 그 것은 수업는 現實의 斷片의 그 어느 것을 代表하기 때문이다. 따라서 詩人은 平凡한 눈이 發見할 수 업는 現實의 엇더한 斷片의 意氣를 - 다시 말하면 言語가 가지고 잇는 숨은 意氣를 不斷히 發掘하야 提示하는 것이다. 사람들은 詩人의 助力에 依하야 現實의 意味를 이해함으로 그의 人生을 더 豐富하게 할 수 잇을 것이다.
>
> 萬若에 '리앨리즘'이 다만 寫實主義로써 解釋된다면 이러한 意味의 '리앨리즘'의 藝術은 우리에게 必要치 안타. 웨 그러냐 하면 거긔 보혀지는 現實은 우리들의 日常 逢着하는 現實과 무엇이 다를 것이 잇느냐? 그것은 煩

> 雜 以外에 아모것도 아니다. 이리하야 '포에시'는 새로운 現實의 創造 構成이다. 이러케 새로히 出現한 現實의 再生產을 사람들은 超現實이라고 부르던지 新現實이라고 부르던지 그것은 그들의 任意다.[90]

위의 인용에서 김기림은 시를 '시인이 자기의 목적에로 향하여 새로운 의미의 세계를 만드는 것'이라고 규정했다. 여기서 주목되는 것이 바로 '제작(製作)으로서의 시'라는 개념이다. 이 새로운 관점은 물론 김기림 자신의 창안은 아니다. 이미 19세기 프랑스의 샤를 피에르 보들레르 이후 서구의 모더니스트들이 강조해 온 관점이다. 시를 시인의 자기 표현에 대한 노력의 결과로 만들어진 새로운 의미 세계라고 규정하는 것은 시 자체를 자기 완결적이며 비개성적 형식으로 파악한다는 것을 의미한다. 이 새로운 관점은 시 자체 내에서 이루어지는 언어의 구성을 주목하게 했다. 또한 시인은 시적 언어의 본질에 대한 고도의 자의식을 보여 주며 시적 언어야말로 시인이 다루게 되는 유일한 도구임을 분명히 했다.

그런데 이러한 관점은 두 가지 방향에서 예술을 보는 관점의 새로운 전환을 요구했다. 하나는 시의 대상으로 지목되는 객관적 외부 현실과의 관계를 단절시킨 점이다. 이것은 예술이라는 것을 현실 세계의 반영 또는 재현이라고 생각했던 자연주의 태도와의 결별을 의미했다. 사실주의에서 리얼리티에 대한 신념을 강조해 온 것도 비슷한 의미에서 거부했다. 현실을 통합적이고도 동질적으로 묘사하는 일에 강조점을 두었던 기존의 예술적 리얼리티의 성격에 대해서도 새로운 인식을 요구하는 셈이다. 따라서 시는 더 이상 자연과 현실을 있는 그대로 묘사하거나 반영하는 것이 아니라 하나의 독자적 실체로서 자연과 현실에 대응하는 것이 된다. 또 다른 하나는 전통적인 낭만주의 관점에서 강조되어 온 감정의 표현으로서 예술이라는 신념을 거부한 점이다. 시의 세계를 신비화해 온 감정의 표현이라는 논점은 특히 감상성에 함몰되어 버린 한국 근대시의 경향에 대한 비판을 강하게 드러내는 것이었다. 실제로 김기림은 새로운 시대의 시가 마땅히 가야 하는 길은 현실에 대한 새로운 '이데'올로기를 제시하는 것임을 분명히 했다.

---

90 金起林, 「詩의 技術·認識·現實 등 諸 問題(三)」(朝鮮日報, 1931. 2. 13).

김기림이 강조하는 제작으로서의 시에 대한 논의는 시가 제작되는 방법에 대한 실천적 관심으로 더욱 발전한다. 시인은 시를 제작하기 위해 그 방법에 관심을 두어야 한다. 이를 위해 김기림은 다음과 같이 주장했다.

> 詩는 나무입히 피는 것처름 물이 흐르는 것처름 自然스럽게 던저서는 아니 된다. 피는 나뭇입, 흐르는 시내물을 支配하는 것은 自然의 法則이다. 價値의 법칙은 아니다. 詩는 위선 '지여지는 것'이다. 詩的 價値를 意欲하고 期圖하는 意識的 方法論이 잇지 안으면 아니 된다. 그것은 詩作上의 態度라고 불러도 조타. 그것이 없을 때 우리는 그를 詩人이라고 부르는 대신에 單純한 感受者라고 부를 것이다. 그는 다만 街頭에 세워진 呼吸하는 '카메라'에 지나지 안는다. '카메라'가 詩人이 아닌 것처럼 그도 詩人은 아닐 것이다. 詩人은 그의 獨自의 '카메라 앵글'을 가저야 한다. 시인은 創造者가 아니면 아니 된다.[91]

김기림은 시인이 어떤 구체적인 목적을 가지고 하나의 가치 창조를 향해 시를 제작하는 것이라는 점을 분명히 했다. 시를 통해 이러한 목적과 가치가 나타나야 하는 것은 물론이다. 이러한 시작(時作)의 방법은 소박한 표현주의 방법과는 전혀 다른 별개의 새로운 방법이며 관점이다. 김기림은 이를 의식적 방법론이라고 규정하는데, 이는 당시 문단에 알려지기 시작한 주지적(主知的) 태도와 일맥상통하는 개념이다. 여기서 의식적 방법론이란 문화의 전면적 발전 과정을 의식하고 있는 가치 창조자로서의 시인의 자세와 방법을 규정하는 말이다. 그러므로 이러한 태도를 기반으로 만들어지는 시는 하나의 가치 형태로서 위치를 인정받을 수 있다. 김기림은 결국 시가 언어를 통해 조직된 것이며 하나의 통일된 세계라는 사실을 강조하면서 시인이 단순한 표현자나 묘사자가 아니라 창조자가 되어야 함을 주장했다.

시적 모더니티의 인식

김기림의 초기 시론은 시동인지 《시원(詩苑)》의 「현대시의 기술」(1935.

91 金起林, 「詩作에 잇어서의 主知的 態度」(新東亞 제3권 제4호, 1933. 4), 131면.

2), 「현대시의 육체」(1935. 4), 「현대시의 난해성」(1935. 5) 등으로 논리화되면서 부분적으로 정리되었다. 그리고 《시원》의 글들은 모두 그의 대표 저서인 『시론(詩論)』(1949)에 수록되면서 각각 「시의 회화성」, 「감상에의 반역」, 「시의 난해성」이라는 제목으로 고쳐졌다. 이 글들은 현대시의 핵심 과제인 제작으로서의 시의 기술 문제와 그 회화적 특성, 시인의 주관적 감정 또는 감상성을 배격한 시적 정서의 주지적 성격, 시적 의미의 난해성에 대한 논의를 중심으로 삼고 있다. 넓은 의미에서 현대시가 보여 주는 시적 모더니티의 특성을 규정하는 셈이다.

김기림은 현대시의 성격을 명확히 규정하기 위해 먼저 '서정시'라는 시의 범주에서 벗어날 것을 요구했다. 인간의 감정 혹은 정서를 기반으로 하는 서정시가 곧 시 그 자체인 것처럼 인식되는 것에 대한 비판에 해당한다. 그는 낭만주의 쇠퇴 이후의 시는 감정을 중시하지 않고 이미지의 창조에 주력하고 있음을 다음과 같이 설명했다.

> 詩의 歷史는 차츰차츰 感情을 떨어 버리면서 왔다는 것이다. 사람의 喜, 怒, 哀, 樂이라는 가장 原始的 感情을 對象으로 하던 詩의 時代는 훨신 옛날에 勿論 지나갔다. 아마도 獨逸의 '暴風怒濤의 時代'가 그 最高潮였던 것이다. 象徵主義 時代에 와서는 그 詩는 훨신 이러한 感情의 거친 部分을 떨어 버렸다. '이미지스트'는 情緖까지를 아주 떨어 버리지는 못하였지마는 이미 그 內部에 抒情詩의 强大한 敵을 길르면서 있었다. 彫塑性에의 追求가 그것이다. 그것은 다른 方面으로 보면 繪畵에의 憧憬이다. 다시 말하면 '이미지스트'의 詩 속에는 抒情詩와 또한 抒情詩를 否定하는 것이 함께 깃드러 있었던 것이다.[92]

김기림이 강조하는 현대시의 중요한 속성은 먼저 감정의 음악적 표현 대신 조소성의 추구 또는 회화(繪畫)에의 동경을 보인다는 것이다. 그는 시의 회화성이 크게 두 가지의 형태적 특징으로 나타나고 있음을 지적했다. 하나는 시에서 문자가 활자로 인쇄될 때 자형 배열의 외형적인 미라고 할 수 있

92 金起林, 「現代詩의 技術」(詩苑 제1호, 1935. 2), 28면.

다. 김기림에 따르면 현대시에서는 활자로 인쇄될 때의 형태미가 시의 새로운 속성으로 등장한다. 입체파 운동의 영향으로 활자의 외형적 형태미만을 추구하는 극단의 포멀리즘까지 생겨나기도 한다. 그러나 김기림은 포멀리즘에 어떠한 종류의 시간적 가치는 부여할지언정 그것이 시의 본질은 아니므로 전면적으로 긍정할 수 없음을 분명히 했다. 다른 하나는 독자의 의식에 가시적인 영상을 출현시키는 것을 목적으로 하는 회화성이다. '사상파(寫象派)'의 순수시 운동에서 볼 수 있는 현상이다. 이 같은 회화적 지향은 시의 기술에 대한 새로운 인식에 해당하지만, 그것이 능동적인 시 정신 혹은 불타는 인간 정신과 함께여야 한다는 것이 김기림의 주장이다. 김기림은 최종적으로 시를 통해 잃어버렸던 인간성을 회복하고자 했다. 그리고 그것은 결국 생활과 아름다운 행동 속에서 찾아야 한다고 강조했다. 여기서 그의 '전체로서의 시'에 대한 관심이 다시 제기되고 있음은 물론이다.

김기림이 현대시의 성격으로 주목하는 또 다른 특성은 감상성의 배격과 함께 내세운 시의 명랑성(明朗性)이다. 시에 있어서 정서의 건강성 혹은 명랑성이라는 개념은 김기림 특유의 시적 관점에 속한다. 그는 시가 오랫동안 빠져들었던 낭만적 분위기, 몽환적인 세계, 우울과 퇴폐라는 감상성을 벗어나 밝고 건강하고 투명한 정신을 회복할 것을 요구했다.

> 우리는 現代詩의 表情을 명료하게 할 때가 왔다. 그의 표정은 活動 속에 있는 사람의 얼굴에서 찾을 수 있는 표정이다. 오늘 밤 속에서 내일 아침을 빚어내는 사람의 얼굴이다. 결국 완전한 精神은 완전한 肉體에 깃들어서 비로소 완전할 수 있다는 것이 眞理다. 여기에 건강하고 명징한 明朗性을 볼 수가 있을 것이다. 陰鬱, 敗北感, 隱遁, 耽溺- 그러한 世紀末的인 아무것도 그것은 거절할 것이다. 그것은 아폴로적인 것이 아니다. 차라리 디오니소스적인 것이다.
>
> 시(제작 필한 작품으로서)는 曖昧性과 感傷性을 배제함으로써 명랑성에 도달할 수가 있다. 그것은 시인의 꾸준한 知的 活動에 의하여 얻을 수가 있는 일이다. 통제되고 계획된 秩序 이외에 마저 정리되지 않은 부분이 남아 있으면 그 부분이 曖昧性을 가져온다. 또한 시를 감정에 맡겨 두는 것은 위험한 일이다. 感情은 늘 혼돈하려고 하고, 비만하려고 하는 경향을 가지고

있다. 이 感情의 肥滿이 다시 말하면 感傷이다. 시를 이러한 비대증에서 건져 내서 그것에 스파르타인과 같은 건강한 肉體를 부여하는 것이 오늘의 詩人의 任務다.[93]

現代에 잇서서 '포에시'가 차지하는 것은 東海의 물결과 가치 맑고 直截한 感性(Sensibility)이다. 明朗- 그러타. '포에시'는 인제는 아모러한 秘密도 사랑하지 안는다. 現代를 呼吸하는 새로운 詩人들은 그러한 까닭에 複雜한 感情을 翫弄하는 것을 꺼리고 爲先 '言語의 經濟'라는 '못토'를 걸리라. 그리하야 '폴 플' 以前의 詩人에 依하야 恒常 感情의 表白을 誇張식히는 데 有用하게 씨워지고 잇던 韻律과 格式까지를 抛棄할 것이다. 過去에 잇서서는 詩의 本質이며 生命이라고까지 規定되여 잇든 '리듬(韻律)'이라든지 格式을 쓰럭이통에 집어넛는 것은 現代의 詩人에게 잇서서는 決코 賞讚할 만한 冒險도 아모것도 아니다. 그것은 벌서 한 個의 常識으로 化하엿다. 그리하야 그들은 너무나 詩的인 言語의 選擇에 苦心하든 것을 끈치고 生命의 呼吸이 걸려 잇는 日常의 會話 속에서 '포에시'를 探求하리라. 이리하야 그들은 새로운 散文詩에로 出發하리라. 그것은 知性에 依한 感情의 淨化作用이기도 하다. 아니 '포에시'의 原始的 明朗에 對한 欲望이다.[94]

김기림이 강조하는 시의 명랑성은 삶에 대한 긍정과 명징한 지성에 의해 가능한 시적 정서다. 이것은 어둠의 시가 아니라 밝고 환한 '오전의 시론'을 꿈꾸는 김기림의 관점을 그대로 대변한다. 냉철하면서도 깊이 있는 통찰력과 예리한 지성에 의해 이루어지는 감성의 정화 작용을 통해 획득되는 것이 시적 명랑성이며 건강성이다. 그는 시대와 현실에 대한 통찰과 비판을 바탕으로 새로운 삶의 정신을 추구해 나가는 건강한 시 정신의 확립이 가능함을 주장했다.

마지막으로 김기림이 강조하는 현대시의 특성은 난해성이다. 그는 현대시의 난해성이 시 자체가 극단으로 주관화한 데서 기안함을 지적하면서도

93 金起林, 「現代詩의 肉體」(詩苑 제2호, 1935. 4), 35-36면.
94 金起林, 「現代詩의 性格 原始的 明朗」(朝鮮日報, 1933. 8. 10).

그것이 현대시의 숙명이자 발전 방향임을 분명히 밝혔다. 게다가 그는 시를 읽는 독자층의 무지에서 문제가 비롯된다는 사실도 지목했다. 그의 주장에 따르면 새로운 시는 새로운 가치 체계에 속한다. 그러므로 새로운 가치 체계에 대한 이해 없이 새로운 시를 대할 때 이를 알 수 없는 것은 자연스러운 일이다. 현대시의 역사적 위치에 대한 이해 없이는 현대시의 본질을 이해할 수 없다는 것이 그의 생각이다.

김기림이 가진 시적 모더니티에 대한 인식의 단초는 「포에시와 모더니티」를 통해 드러난다. 한국 문단에서 시적 모더니티에 대한 논의가 구체적으로 이루어진 첫 사례로서 이 평문을 먼저 주목할 필요가 있다. 이 글에서 김기림은 지나간 과거의 시와 오늘의 새로운 시를 여러 가지 관점에서 서로 대비해 보여 준다. 그는 과거의 시가 '나'의 정신세계의 일부분이었다고 규정한다. 반면 새로운 현대시는 '나'를 여과해 구성된 세계의 일부라고 보았다. 이러한 관점에 따라 그는 과거의 독단적·형이상학적·국부적·순간적·유심적·상상적·자기 중심적 특성과 감정의 편중이라는 특징을 지닌다면, 오늘의 현대시는 비판적·즉물적·전체적·경과적·유물적·구성적·객관적 특성과 정의와 지성의 종합이라는 특징을 갖고 있음을 지적했다. 여기서 그가 현대시 이전의 시에서 강조해 온 개별적 정서나 주관적 속성 등을 거부하고 있음이 분명하게 드러난다. 그는 이러한 낡은 시적 전통과 결별하면서 지성과 감성의 세계가 하나로 종합된 전체로서의 시, 객관적이면서 구성적인 시를 지향하는 셈이다.

김기림이 현대시의 모더니티 문제를 분명하게 지적한 것은 다음과 같은 설명을 통해서다.

> 쿨트스윗-타쓰는 말하엿다.
>
> "무슨 까닭에 우리들의 機械는 아름다운가. 그것은 그들은 일하고 움직이는 까닭이다. 무슨 까닭에 우리들의 집은 아름답지 아니한가. 그것은 그들은 아모 일도 하지 아니하고 먼하니 서고 있는 까닭이다."
>
> 그는 이 짧은 반 가운데서 現代詩에 대한 매우 重大한 세 개의 命題를 말하엿다.
>
> 첫재, 우리들의 詩는 機械에 대한 熱裂한 美感을 가져야 된다는 것. '運

動과 生命의 具體化'(페르난 레제)로서의 機械의 美를 認定하는 것이다. 그리고 그것은 明日의 社會秩序와 人間生活에 있서서 새로운 基調가 될 것이다.

둘재, 靜止 대신에 動하는 美. 그것은 美學에 잇서서의 새 領域이며 詩에 잇서서의 새 力學이다. 따라서 사람의 行爲는 움직이는 것인 價値 잇는 것이라고 해서 讚美할 것이다.

셋재, 일하는 일의 美. 다시 말하면 勞動의 美다. 움직이지 안는 것은 '죽엄'이다. 움직이지 안는 신, 움직이지 안는 天國 涅槃은 '죽엄'의 狀態가 아니고 무엇일가. 活動은 生命이다. 進步다.[95]

여기서 주목되는 것은 현대시가 지니는 세 가지 명제로서 모더니티의 특질이다. 첫째는 운동과 생명의 구체화로서 기계의 미를 인정하는 것이다. 앞으로의 사회 질서와 인간 생활의 기조가 될 기계 문명의 발달에 대한 열렬한 기대와 그 가치의 추구를 강조한 부분이다. 시적 모더니티의 추구에서 가장 먼저 주목한 것이 기계 문명의 발달에 대한 인식임을 지적한 것은 특기할 만하다. 둘째, 행동의 가치에 대한 새로운 발견이다. 이것은 동적인 미의 추구를 말한다. 김기림은 이를 시에 있어서 새로운 역학의 추구라고 규정했다. 셋째, 노동의 미에 대한 강조다. 일하며 움직이는 것은 곧 살아 있음을 의미한다는 점에서 이것은 곧 생명에 대한 추구와도 통하는 것이다.

'오전의 시론'과 전체로서의 시

현대시에 대한 김기림의 관점과 태도는 「오전의 시론」을 통해 제계화된 바 있다. 김기림은 '여기에 기록된 것은 지금까지의 나의 시에 대한 사색의 총결산은 아니다. 나는 무슨 의미로서고 간에 나의 사색이 정지하는 것은 바라지 않는다. 다만 너무나 지루한 길에 한 푯말을 세움으로써 자신의 사고를 정리하려고 할 뿐이다.'라고 그 성격을 규정한 바 있다.

김기림이 자신의 시적 태도와 방법을 구체화하기 위해 사용한 '오전의 시론'이라는 말은 그의 첫 시집 『태양의 풍속』의 서언에서 비롯된 것이다. 그는 자신의 시를 '무절제한 감상의 배설'로부터 결별하는 작업으로 규정했다.

95 金起林, 「'포에시'와 '모더니티'」(新東亞 제21호, 1933. 7), 163면.

그는 과거로의 귀의도 거부하고 기성적인 것과의 타협도 반대했다.

> 내가 勸하고 싶은 것은 毅然히 相逢이나 歸依나 圓滿이나 師事나 妥協의 美德이 아니다. 차라리 訣別을-저 동양적 寂滅로부터 無節制한 鑑賞의 排泄로부터 너는 이 卽刻으로 떠나지 안어서는 아니 된다.
>
> 歎息. 그것은 紳士와 淑女들의 午後의 禮儀가 아니고 무엇이냐? 秘密. 어쩌면 그렇게도 粉 바른 할머니인 十九世紀的 '비-너쓰'냐? 너는 그것들에게서 지금도 곰팽이의 냄새를 맡지 못하느냐?
>
> 그 肥滿하고 老鈍한 午後의 禮儀 대신에 놀라운 午前의 生理에 대하야 驚歎한 일은 없느냐? 그 건장한 아츰의 體格을 부러워해 본 일은 없느냐?
>
> 까닭 모르는 우룸소리 過去에의 救援할 수 없는 愛着과 停頓. 그것들 陰沈한 밤의 迷惑과 眩暈에 너는 아직도 疲勞하지 않었느냐?
>
> 그러면 너는 나와 함께 魚族과 같이 新鮮하고 旗빨과 같이 活潑하고 표범과 같이 大膽하고 바다와 같이 明朗하고 仙人掌과 같이 健康한 太陽의 儀風을 배호자.[96]

위의 인용에서 확인할 수 있는 것처럼 김기림은 음침한 밤의 미혹과 까닭 모르는 울음소리를 거부했다. 그리고 감상에서 나오는 탄식을 신사와 숙녀의 '오후의 예의'에 비유했다. 그는 '비만하고 노둔한 오후의 예의 대신'에 건장한 아침의 체격을 드러내는 '오전의 생리'를 강조했다. 여기서 그가 말하는 '오전의 생리'는 신선하고 활발하고 대담하고 명랑하고 건강하게 살아 있는 감각에 해당한다. 이 같은 새로운 감각에 기초한 새로운 시를 지향하는 것이 그의 '오전의 시론'이다. 김기림은 '오전의 시론'을 연재하기 시작하면서 이 새로운 시도가 결코 자신의 시에 대한 사색의 총결산은 아니라고 했다. 하지만 그는 지루한 사색의 길에 푯말을 하나 세움으로써 자신의 사고를 정리하고자 한다고 분명하게 밝혔다. 이러한 결심은 그가 일본 유학을 떠나면서 당분간 당대 문단과 거리를 두게 된 과정과 관련 있다고 하겠다.

김기림이 '오전의 시론 기초편'에서 주장하는 내용은 크게 세 가지다.

---

96 金起林, 『太陽의 風俗』(學藝社, 1939)의 서문.

첫째는 현대시에 현대적인 삶의 표현 욕구만이 아니라 그것을 뛰어넘을 힘이 필요하다는 것이다. 그가 말하는 시의 시대성이란 모더니티의 속성을 지적한 것처럼 보인다. 모더니티의 추구와 함께 그 한계를 초극하고자 하는 힘이 필요하다는 것을 강조하는 것이다. 둘째는 현대시의 인간 상실을 시의 위기라고 지적하는 점이다. 예술뿐 아니라 근대 문명의 모든 영역에서 인간이 쫓겨나고 있다는 사실은 누구나 쉽사리 지적할 수 있는 일이다. 인간의 결핍, 그것은 근대 문명 자체의 병폐다. 김기림은 문학이 인간 중심적 사고에서 멀어지면서 장식적인 것으로 바뀌는 현상을 거부했다. 셋째는 현대시가 비인간화된 수척한 지성의 문명을 넘어서 지성과 인간성이 종합된 하나의 새로운 세계를 지향해야 한다는 점이다.

그런데 이러한 김기림의 견해는 어니스트 흄이 주장한 고전주의 특성에 대한 비판이라는 점에서 눈에 띈다. 그는 예술이 인간으로부터 멀어지는 경향에 대해 다음과 같이 경고했다.

> 文學에 잇서서 人間을 拒否하는 이러한 主張은 일즉이 英國에서는 'T. E. 흄'이 體系를 세워서 나중에는 'T. S. 엘리옷'에 依하야 繼承되고 잇다. 文明이 人間的인 것을 洗滌해 버리고 그 獨自의 世界로 蒸發될 때 그것은 이윽고 眞空의 狀態에 이를 것이다.
>
> 오늘의 知識階級을 構成하는 우리들은 벌서 어려서부터도 이러한 雰圍氣 속에서 人間을 考慮하지 안는 方向에로 知的 訓育을 바더 왓다. (중략) 文學에 잇서서는 이는 古典主義의 體系를 形成한다. 'T. E. 흄'은 '빅도리아니즘'의 飽和된 人間主義에 대한 批判으로서 이러한 非人間的인 古典主義를 생각하엿스나 그것은 表面的인 現像이고 오늘에 와서는 이 非人間性이야말로 高度로 發達된 近代文明 그 自體의 本質임이 밝혀졋다.
>
> 허나 人間을 점점 멀어저 가고 잇는 文學이 裝飾(데코레이슌)의 一種으로 떨어지고 말 念慮가 만흔 것은 明瞭한 일이다. 超現實主義와 가튼 것도 文字의 裝飾인 경우가 만헛다. 天使들의 形而上學的 遊戲에 끈치는 詩들은 大體로 裝飾的인 壁畵를 想像시킨다. 어떠한 精神的 形骸를 가르처 詩의 本質이라고 생각하는 假說 미테서 抽象된 한 개의 方向으로 詩의 純粹化를 企圖하는 모-든 淸敎徒的 意見은 結局은 詩를 裝飾의 一種을 맨드러 버리는

結果를 가져올 것이다. 이 일은 나아가서는 技術에의 偏向이라는 現象을 나타낸다.

또한 文學的 '이메지'(映像)를 維持하므로써 겨우 極히 稀薄한 程度의 人間性을 남겨 가지고 있는 詩가 있다. 그러나 그 속에서 人間的 感激과 批判이 參加하지 아니한 詩는 文字의 裝飾에 지나지 안흘 게다. 그것은 地上의 모-든 것으로부터 虛空에로 눈을 돌리고 아름다운 黃昏이나 찬란한 별들의 잔채에 참여하려고 하는 일이다. 모-두 대낮에 疲勞한 午後의 心理다. 眞空의 狀態는 事實에 잇서서 지극히 純粹하고 淸潔한 狀態일 것이다. 그러나 不幸한 일은 그러한 너무나 깨끗한 空間에서는 사람은 살 수가 업다. 사람의 生存을 위하여는 實로 若干의 '炭酸까쓰'와 '박테리아'를 包含한 不潔한 空氣가 必要한 것이다. 여기에 詩에 잇서서 人間의 參與를 要하는 根據가 생겨난다.[97]

現代의 새로운 古典主義(例를 들면 '흄'이나 '엘리옷'에 依하야 代表되는 것)는 文學에서 人間을 肉體를 完全히 쪼차내기를 企圖하야 人間의 냄새라고는 도모지 흐르지 않는 '삐잔틴'의 幾何學的 藝術을 尊重하엿다. 勿論 이는 前에도 말한 것처름 英國에 잇서서 '빅토-리안'과 그 末流의 不潔하고 混濁된 人間的인 너무나 人間的인 '휴매니즘'의 傾向에 대한 反動으로서는 充分히 時代的 意義를 가지고 잇기는 하다. 그러나 그들의 理想하는 完全히 人間性을 抹殺한 藝術-生命的인 것에서 아주 斷絶된 狀態에 잇는 藝術은 至極히 透明한 知性의 狀態에 到達할지는 모르나 드듸여는 한 개의 虛無에로 發散하지나 안흘까? 虛無 속에서는 藝術도 人間도 한가지로 消失되고 말 것이다.

허나, 虛無로 通하는 것은 반드시 知性만이 아니다. 詩에 잇서서의 '로맨티시즘'의 放任은 詩 以外의 外在的인 人間的 價値의 跋扈를 結果하기 쉬워서 이윽고는 亦是 詩를 消失할 憂慮가 만타. 道德이라든지 行動이라든지 思想이라든지 한 人間的인 것들이 詩보다 압서서 考慮될 때에는 詩 그것은 이저버리우기 쉽다. 그중에서도 가장 幼稚한 것은 사람의 本能이라든지 感

97 金起林, 「午前의 詩論 第一篇 基礎論(四): 人間의 缺乏」(朝鮮日報, 1935. 4. 24).

情을 그대로 崇拜하는 素朴한 野蠻主義다. 事實에 잇서서 '로맨티시즘'의 精神이 勃興하든 時期에는 藝術로서는 그러케 成功한 時期가 아니엿다고 함은 歷史가 우리에게 暗示하는 바다. '빠이론'의 征服은 지금 생각하면 실로 우수운 熱中에 지나지 안헛다. 十九世紀 初葉은 藝術的으로는 失敗하엿다고 생각한다.

非人間化한 수척한 知性의 文明을 너머서 우리가 意欲하는 것은 知性과 人間性이 綜合된 世界가 아니면 아니 된다. 우리들 內部의 '쎈티멘탈'한 '東洋人'을 깨우처서 우리는 爲先 知性의 門을 지나게 하여야 할 것이다. 萬若에 詩가 被動的으로 現代 文明을 反映하므로써 滿足한다면 '흄'이나 '엘리옷'의 古典主義가 바른 것이 될 것이다. 그러나 우리의 詩 속에 現代 文明에 대한 能動的인 解釋-批判을 求한다면 그것은 그 속에 現代 文明의 發展의 方向과 姿勢를 提示하고야 말 것이다.[98]

위의 인용에서 볼 수 있듯이 김기림은 현대 예술에서 새로운 시대의 도래를 강조했던 흄의 신고전주의에 대한 비판적 입장을 분명하게 드러냈다. 그 이유는 흄이 강조하는 고전주의가 인간을 거부하고 인간성을 말살한 예술을 이상으로 내세웠다고 이해했기 때문이다. 김기림은 인간으로부터 멀어져 가는 예술이 일종의 장식으로 떨어지는 점을 우려했다. 그는 오늘의 예술이 비인간화된 수척한 지성의 문명을 넘어서 지성과 인간성이 종합된 하나의 새로운 세계를 지향해야 된다는 점을 강조했다. 여기서 주목해야 할 것은 흄의 고전주의 예술론에 대한 김기림의 인식 방향이다.

흄은 낭만주의 예술이 보여 준 인간 중심적 태도의 문제점을 지적하지만 20세기의 새로운 고전주의 예술을 통해 인간을 말살하고자 하는 태도를 보이는 것은 아니다. 그러므로 김기림이 흄의 관점을 철저한 반휴머니즘으로 몰아가는 것은 그의 고전주의 예술론의 본질을 제대로 받아들인 것이라고 보기 어렵다. 흄의 고전주의는 예술의 영역에서 인간을 말살하거나 완전히 쫓아내기 위한 기획은 결코 아니다. 오히려 인간 존재의 유한성을 인식하고 그것을 기반으로 새로운 가능성을 추구해야 함을 강조한 것으로 볼 수

98 金起林, 「午前의 詩論 第一篇 基礎論(七): 古典主義와 로맨티시즘(續)」(朝鮮日報, 1935. 4. 28).

있다. 그렇기 때문에 김기림이 현대시가 나아갈 방향을 비인간화된 지성의 문명을 넘어서 지성과 인간성이 종합된 한 새로운 세계에 대한 지향이라고 강조한 것은 흄의 고전주의 예술에 대한 관점에서 크게 벗어나지 않는다.

김기림은 '오전의 시론 기술편'에서 자신이 그동안 강조해 온 전체로서의 시 개념을 기법과 언어와 형식의 영역으로 구분해 단계적으로 설명했다. 그는 시를 논하고자 할 때 드러나는 태도를 사상을 위주로 하는 내용주의와 기술 또는 기법을 위주로 하는 형식주의로 구분하고, 내용과 형식, 사상과 기술의 혼연한 통일체로서 시를 이해하려는 전체주의를 덧붙였다. 물론 김기림은 자신의 입장을 전체로서의 시를 강조해 온 전체주의로 규정했다. 김기림의 주장에 따르면 영감의 근원인 감정에서 시의 원천을 찾으려 했던 19세기 낭만주의라든지, 사상의 흥분 속에서 시의 의미를 강조했던 20세기 네오 로맨티시즘은 모두 기술을 무시하거나 경시한다는 점에서 내용주의에 속한다. 이에 반해 기술주의는 정서, 사상, 감흥, 영감의 만능에 대한 반역으로 등장했다고 설명했다. 이 새로운 경향은 시적 순수를 열망하는 시적 정열의 소산으로 순수한 시의 본질을 기술 속에서 발견하고자 한다. 하지만 기술주의도 내용주의가 그러했던 것처럼 기술의 편중이라는 경사를 성급하게 달리게 됨으로써 시의 근원인 인간 정신의 전체적 파악에까지 발전하지 못하고 있었다. 그렇지만 김기림은 기술적 혁명이 없는 예술 혁명은 생각할 수 없다면서 기술의 문제가 모든 문화의 근원적인 문제가 됨을 지적하기도 했다. 그는 내용주의와 형식주의 또는 기술주의의 문제성을 넘어서는 방법으로 전체주의의 개념을 다음과 같이 설명했다.

> 箇箇의 詩 또는 詩 一般을 論할 때에 그 內容을 이루는 觀念을 나는 思惟라고 불러서 思想과 區別하련다. 그런데 이 動機로서 생겨난 思惟를 한개의 詩的 統一의 世界로 組織하는 方法이 技術이다. 이것은 詩作의 心理的過程에 지나지 안코 附與된 作品은 벌서 思惟와 技術은 別個의 것으로 竝存하는 것이 아니라 不可分의 關係에서 서로 依存하는 것이다. 우리들의 鑑賞과 理解와 評價의 對象으로서 提供되는 것은 實로 이러한 全體다.[99]

99 金起林, 「思惟와 技術: 午前의 詩論 技術篇(二)」(朝鮮日報, 1935. 9. 18).

詩에 잇서서도 마찬가지다. 抽象된 技術의 運動은 骸骨의 無秩序한 動搖에 끄칠 것이다. 거기는 技術이 組織되는 統一된 한 개의 目的이 잇서야 할 것이다. 詩에 잇서서 思惟는 目的이고 技術이란 方法이라고 생각한다. 技術主義는 一九三〇年 前後로부터 우리 詩壇에 若干의 技術上의 可能性을 開拓 또는 暗示한 것은 事實이면서도 항용 이 '목적'을 니저버리기 쉬웟든 것이다. 勿論 그 技術의 豪華 自體를 統一하는 原理는 잇섯지만— 抽象畫에 잇서서처럼—그것은 裝飾的 價値에 지나지 안엇고 人間 精神 속에 뿌리를 박은 思惟 그것은 아니엿다.

나는 이미 基礎論에서 詩의 源泉으로서의 人間 精神의 問題를 提示하엿거니와 그러한 基礎 우헤서 思惟와 技術의 完全한 調和의 世界로서의 새로운 詩的 價値를 計劃하려는 것이다. 오늘의 우리를 魅惑하는 것은 실로 이러한 綜合의 世界다.[100]

김기림은 기술이란 이러한 목적의 실현을 위한 방법의 조직이라고 규정했다. 그리고 시의 원천으로서 인간 정신의 문제를 내세웠다. 그에 따르면 이 두 가지의 조화로운 결합, 말하자면 시의 내용을 이루는 상(想)과 기술의 완전한 조화를 통해 이룩하게 되는 종합의 세계가 바로 새로운 시의 가치가 된다. 전체주의 관점이라는 것도 바로 이 같은 종합의 세계로서의 예술을 바라보는 태도라고 할 수 있다.

김기림이 '오전의 시론 기술편'에서 강조하는 시의 요소는 시적 언어다. 그는 시의 언어가 당연히 살아 있는 당대의 언어일 것을 강조했다. 여기서 당대의 언어라는 뜻은 당대의 일상생활 속에서 사용하는 일상 회화의 언어를 말한다. 일상어의 정확한 사용을 강조하는 이러한 태도는 물론 김기림 자신이 그 안티 휴머니즘을 극력 비판했던 흄의 주장과 일치한다. 이미지즘의 선구자였던 흄은 일찍부터 시에 있어서 일상어의 정확한 사용이라든지 시적 제재의 자유로운 선택, 산문적인 새로운 리듬의 창조 등을 주창했던 것이다. 물론 김기림은 언어의 의미를 소리 및 모양과 함께 파악함으로써 언어를 정확하게 운용해 명석하고 분명하게 사용할 것을 강조했다. 전체로서의

100 金起林, 「思惟와 技術: 午前의 詩論 技術篇(三)」(朝鮮日報, 1935. 9. 19).

시의 질서를 강조해 온 김기림에게 시적 효과라는 것은 아름다운 감성에 담긴 아름다운 관념의 질서가 드러나는 것임은 물론이다.

시의 방법과 과학으로서의 시학

김기림의 비평 활동에서 일본 동북제대 유학(1936-1939)은 중요한 의미를 지닌다. 그는 1936년 경성에서의 활동을 접어두고 조선일보의 후원금으로 그가 꿈꾼 일본 유학 길에 다시 올라, 동북제대 문학부에서 영문학을 전공했다. 김기림의 나이 스물일곱이 된 때였다. 1930년대 초반부터 김기림은 시 창작은 물론 비평가로서 구인회를 주도했고, 조선일보 학예부 기자로 재직하면서 본격적인 시론을 발표했다. 동북제대에 보관된 그의 학적부에는 1929년 3월 일본대학 전문부를 졸업하고, 귀국한 뒤 조선일보 기자로 취직해 1936년 2월까지 기자 생활을 유지했던 것으로 기록되어 있다. 그리고 다시 동북제대에 입학한 때가 1936년 4월이었다. 동북제대 문학부에는 당시 일본에서 최고의 권위를 인정받고 있던 영문학자 토이 고치(土居光知) 교수가 있었다. 김기림은 토이 교수의 지도 아래 학부 3년 과정을 마쳤다. 당시 일본의 제국대학은 예과 3년 과정과 본과 3년 과정을 거치도록 되어 있었다. 김기림의 경우는 도쿄에서 수학했던 일본대학 전문부 수료를 예과 과정 이수로 인정받아 곧바로 본과 입학이 가능했다. 김기림은 1939년에 문학부 영문학 전공자로서 동북제대 학사시험에 합격했으며 「심리학과 리처즈(Psychology and I. A. Richards)」라는 졸업논문을 제출했다. 그는 1939년 3월 26일 졸업식을 마치고 곧바로 귀국했다.[101]

김기림은 「오전의 시론」을 통해 자신의 비평적 태도를 정립하면서 유학 생활을 시작했으며 비평 방법에 관한 자기 탐색의 과정에 접어들었다. 그가 고심했던 문제는 비평이 과학이 되어야 한다는 새로운 인식이었다. 그는 비평에서 대상이 되는 작품을 분석·비교·판단·평가·해석하는 모든 과정이 엄밀한 과학적 방법을 전제해야 함을 다음과 같이 지적한 바 있다.

---

101 이러한 사실은 필자의 현지 조사에서 밝혀낸 것으로, 그의 졸업논문의 원본은 태평양전쟁 당시 포격으로 소실되어 전하지 않는다. 동북제대 문과회에서 펴내는 월간 학회지 『文化』(1939. 4)에 "Psychology and I. A. Richards"라는 논문의 제목만 소개되어 있다.

批評은 哲學이기 前에 科學이라야 할 것이다. 다시 말하면 批評家는 對象으로써 提供되엿거나 選擇한 作品을 判斷하기 전에 그것을 構成하고 잇는 뭇 要素로 分節하야 그 相互 間의 關係와 및 全體와 그 各 部分과의 關係를 究明해야 할 것이다. 分批한 다음에는 解釋해야 할 것이다. 그리고 比較하고 判斷하는 것은 批評이 해야 할 最後의 일이다. (중략) 또한 分析도 아니하고 解釋도 아니하고 다만 判斷만 提示되엿슬 때 우리는 그 判斷의 理由를 알 수 업서서 唐慌한다. 어떤 意見의 理由를 說明하는 일이 업시 單純히 意見만을 가지고 오늘의 讀者에 强迫하려고 하는 것은 無理하기 짝이 업다. 우리는 事實로 우리의 周圍에서 科學이기를 逃避하고 性急하게도 哲學이고 시퍼 하는 '돈·키호-테'式의 부어오른 '아리스토텔레쓰'들을 만히 구경할 수 있는 것은 뼈아푼 風景의 하나다. (중략) 또한 비평가는 그의 分析과 解釋의 過程에서 그 作家나 詩人의 立場을 抽出해야 할 것이다. 假令 여기에 精神分析의 立場에서 쓴 作品이 잇다면 그 作品이 그러한 立場에서 씨어젓다는 것을 提示하고 그러한 立場으로서는 그 作品이 얼마나 成功하고 失敗했다는 것을 보여 주어야 할 것이다. 그다음에는 그는 그러한 것까지 통트러 너허서 그 作品에 대한 自己 一流의 判斷을 나릴 것이다.[102]

이 글은 김기림이 동북제대에서 영문학을 공부하기 시작하면서 발표한 것이다. 김기림이 지적하는 것은 방법과 논리를 생각하지 않고 의견만 제시하는 비평의 문제점이다. 그는 이를 두고 과학이기를 도피하고 성급하게 철학이고 싶어 하는 돈키호테식 비평이라고 비판했다. 그는 우리 시단이 혼미해진 근본적인 이유를 시에 대한 과학적 접근 방법의 부족에서 찾았다. 시에 대한 형이상학적 접근이 시에 대한 올바른 지식을 심어 주지 못하고, 오히려 시와 무관한 예복을 시에 입혀 주는 결과를 초래했음을 지적하는 것이다. 시의 이해와 감상을 위한 비평의 과학적 태도와 방법을 강조하는 그는 시 자체를 과학적 대상으로 보아야 한다고 주장했다. 그리고 시에 객관적으로 접근하기 위한 방법으로 시학의 과학화를 내세웠다. 이러한 김기림의 주장은 결국 과학적 방법과 객관적 논리를 앞세운 과학적인 비평, 또는 과학으

102 金起林, 「現代批評의 딜렘마」(朝鮮日報, 1935. 12. 5).

로서의 시학이라는 개념과 통하게 된다.

김기림은 시의 비평에서 과학적 방법이 중시되는 까닭을 다음과 같이 설명했다.

> 批評은 實로 가장 眞摯한 科學的 態度와 方法 우에서만 可能하다. 오늘의 作家나 詩人은 斷崖 우에서 그 一步 轉落을 늘 발아래 위태롭게 느끼면서 죽음과 싸우드시 製作한다. 그러한 眞摯한 努力의 結果인 作品에 대해서 自己流의 幻想이나 機智나 印象만을 가지고 批評하려고 하는 것은 現代 批評의 倫理일 수도 업다.
>
> 우리는 다시 詩로 도라가서 얘기를 계속하자. 形而上學的 方法이 破産한 地帶를 收拾할 科學的 方法에 依한 詩의 硏究는 詩의 事實에서 出發할 것은 勿論이다. 그래서 그것의 緻密한 觀察과 分析에서 일을 시작할 것은 勿論이다. 詩의 批評은 또한 論하려는 詩篇의 效果의 그러한 科學的 分析과 計算을 土臺로 하고 그 위에 나리는 判定을 품은 것이다. (중략) 우리는 다시 詩의 認識 및 批評에 잇서서 科學的 態度와 科學的 方法이 不可避하다는 지금까지의 議論보다도 더 중요한 命題로 옴겨 가자. 一卽 科學的 態度는 오늘의 詩人의 새 '모랄'이며 뿐만 아니라 科學의 發興과 함께 자라난 世界의 새 情勢가 要求하는 唯一한 眞正한 人生 態度라는 結論이 그것이다. 거기 現代詩의 최대의 問題가 숨어 잇다. 詩의 問題는 決코 人間 問題에서 떠러진 閑暇한 題目이 아니라는 것을 再認하게 한다.[103]

김기림이 강조하는 시에 대한 과학적 접근 또는 과학으로서의 시학은 그가 동북제대에서 본격적으로 공부하게 된 암스트롱 리처즈의 새로운 비평 방법과 일맥상통한다. 그는 리처즈를 이해하면서 과학으로서의 시학에 대한 신념을 굳히게 된다.

그는 새로운 시학이 시에 대해 '무엇' 또는 '왜'와 같은 방식의 물음을 던져서는 안 된다는 점을 강조했다. 시에 대해 '어떻게'라는 질문에서 시작해 거기서 끝나야 한다는 것이다. 시에 대한 환상이나 이상을 심어 주는 것이

103 金起林, 「科學과 批評과 詩: 現代詩의 失望과 希望(三)」(朝鮮日報, 1937. 2. 24).

아니고 시 자체에만 집중할 것을 요구했다. 그것은 시에 대한 아름다운 꿈을 보여 주는 것이 아니라 시의 사실만을 가리켜야 하며, 이와 같은 관점에서 볼 때 새로운 시학은 '형이상학'을 벗어난 것이어야 한다. 시에 대해 초월적인 이상을 언급하거나 불필요한 환상을 심어 주는 것은 시학이 나아갈 길이 아니다. 이를 위해서는 시학 자체가 방법과 관점의 객관성을 유지할 필요가 생긴다. 말하자면 과학적이어야 한다는 것이다. 과학으로서의 시학은 방법의 객관성이 중요하지만 주변 학문의 도움을 통해 접근 방법의 새로운 논리와 객관성을 확립하는 것도 중요하다. 여기서 주목되는 것이 바로 리처즈가 시학의 과학화를 위해 강조했던 심리학의 방법이다.

> 一般的인 詩學은 詩는 사람과 사람의 交涉이라는 部面을 갖인 言語의 한 特殊形態라는 事實에서 出發한다. 詩가 形成하는 意味의 世界는 한 社會안에 사는 사람의 傳統的 交涉의 結果로서 成立하는 것이다. 이 關係를 除外한 詩라고 하는 것은 어떤 音의 系列이거나 文字의 羅列 以上의 것도 以外의 것도 될 수 없다. 이 點이 詩學이 言語學과 크게 關係되는 곳이다.
>
> 이렇게 詩는 사람과 사람-卽 詩人과 讀者의 心理的 交涉 우에 成立된다. 卽 詩人의 制作 過程이라는 心理 現象의 한 記號로서 詩는 있는 것이고 그 記號가 讀者에게 미치는 結果는 어떤 必理的 反應에 틀림없다.
>
> 이리해서 (중략) 傳達 作用의 觀察, 分析, 綜合은 위선 詩學이 해야 될 일의 重要한 半面이다. 言語學, 特히 意義學의 手續과 成果를 詩學이 크게 버려야 하는 까닭은 여기 있다. 詩는 이렇게 勿論 心理的 事實로서의 面을 가지고 있지만 그 面을 成立시키는 것은 一定한 文化的 傳統의 約束이며 뿐만 아니라 그것은 늘 文明의 一定한 段階의 歷史的 特徵을 反映하며 그 時代의 文化의 諸 面과의 사히에 相互 交流의 作用을 갖인다. 다시 말하면 詩는 이리해서 늘 一定한 歷史的 社會에 形成되는 產物이다. 따라서 文明의 어느 特定한 段階의 뭇 特徵과 그 時代의 詩의 特徵과의 사히의 相關關係를 밝히며 같은 時代의 다른 文化의 뭇 部面과의 사히의 交流를 더듬어 찾는 일을 詩史가 하는 일이나 詩의 歷史的·社會的 事實로서의 面을 그 一般的 性質에서 說明하는 것은 詩學의 남은 半面이다.[104]

김기림은 새로운 과학적 시학은 심리적 사실과 사회적 사실로서 시의 양면으로부터 인식의 출발이 이루어져야 한다고 주장했다. 하지만 이와 같은 새로운 시학이 금방 등장할 것은 아니며, 상당한 시간이 경과한 뒤에 체계를 갖춘 완성에 가까운 과학으로서의 면모를 가질 날이 올 것이라고 기대했다. 그는 시학의 완성이라는 것보다는 그 체계의 확충·갱신이 지속적으로 이루어질 것을 예견하는 것이다.

김기림이 강조하는 새로운 과학으로서의 시학은 시의 감상에 있어서 기초 교양으로 작용하게 된다. 그리고 그것은 시의 비평에 있어 한 가지 기초적인 준비를 제공한다. 비평이 구체적인 작품을 취급할 때 일반적 시학의 준비 없이 그것은 도저히 진행될 수 없다. 여기에 덧붙여 시의 역사적 변화와 흐름을 이해하는 데도 시학은 기본적인 요건으로 작용할 것이다. 시의 심리적·사회적 사실로서 일반적 성질에 대한 분명한 인식 없이 개개의 구체적 작품의 심리적 효과와 사회적·역사적 성질을 해명할 수 없을 것이다. 특히 새로운 시학이 주목되는 것은 문화라는 것이 심리적 충동으로서 어떻게 의욕되고 또 향수되며 사회적·역사적으로는 어떤 기능을 하는지 밝혀낼 수 있기 때문이다. 이를 통해 새로운 시학은 우리의 문화 생활에 대한 자각을 더욱 높일 수 있을 것이다.

한국적 모더니즘의 인식

김기림이 일본 유학을 마치고 귀국한 직후 발표한 「모더니즘의 역사적 위치」(1939. 10), 「과학으로서의 시학」(1940. 2), 「조선문학에의 반성」(1940. 10) 등은 김기림이 몸담고 있던 당대 문단에 대한 반성과 함께 그가 추구하고자 했던 새로운 시와 시학에 대한 자기 규정의 성격이 매우 강하다. 김기림은 유학 전까지만 해도 자신을 포함한 새로운 문학운동의 성격을 규정하는 데 '모더니즘'이라는 용어를 적극적으로 사용하지 않았다. 그는 상징주의, 입체파, 초현실주의 등과 함께 시적 모더니티의 문제성을 지적하면서도 이를 '모더니즘 운동'이라고 명명하지는 않았다.

김기림이 활동한 1930년대는 한국문학의 전환기에 해당한다. 이 시기

104 金起林, 「科學으로서의 詩學」(文章 제13호, 1940. 2), 181면.

에는 일본 군국주의의 확대와 함께 만주사변에서부터 태평양전쟁에 이르기까지 전란이 이어졌다. 일본이 전쟁을 위해 경제적 수탈과 강제적인 인적 동원을 획책한 탓에 한국 사회는 암울한 분위기를 벗어나기 어려웠다. 특히 일본의 강압적인 사상 탄압으로 문화와 예술의 영역에서조차 민족이니 계급이니 하는 집단적인 주체와 이념에 대한 논의가 일체 용납되지 않았다. 이러한 시대적 조건 속에서 문학은 집단적인 조직 활동의 기반을 벗어나기 시작했다. 시단의 경우 개별적 창작 활동과 소모임 중심의 동인 활동이 확대되었으며, 시적 인식의 전환과 함께 언어와 기법의 새로운 발견, 서정 자아의 내면에 대한 시적 탐구 등이 이루어졌다.

이러한 변화의 첫 단계는《시문학》같은 시 창작 동인 활동이 보여준 정치성으로부터의 이탈과 함께 시의 순수 지향으로 요약된다. 시적 언어에 대한 감수성을 바탕으로 순수 서정을 구현하고자 했던 시인 가운데 박용철을 주목할 필요가 있다. 박용철은 시적 순수와 서정의 의미를 그 나름대로 규정하면서 시의 순수 경향을 주도한 바 있다. 그는「시적 변용으로」라는 시론을 통해 시인을 생명의 창조자로 인정했다. 그리고 시가 영감에 의해 잉태된다는 점을 강조했다. 그는 마음에 불이 타오르지 않으면 시가 창조되기 어렵다고 말하며, 예술적 창조로서 시의 존재를 인식했다. 박용철의 시론은 창조적 주체로서 시인의 위상을 인정하는 데서 출발한다. 시인은 기술자도, 선동가도 아니다. 시적 영감과 타오르는 창조적 열정을 가지고 시를 창조한다. 그러므로 시도 하나의 창조적 존재가 된다.

> 詩라는 것은 詩人으로 말미암아 創造된 한낱 存在이다. 彫刻과 繪畵가 한 개의 存在인 것과 꼭 같이 詩나 音樂도 한낱 存在이다. 우리가 거기에서 받는 印象은 或은 悲哀, 歡喜, 憂愁, 或은 平穩, 明靜 或은 激烈, 崇嚴 等 진실로 抽象的 形容詞로는 다 形容할 수 없는 그 自體 數대로의 無限數일 것이다. 그러나 그것이 어떠한 方向이든 詩란 한낱 高處이다. 물은 높은 데서 낮은 데로 흘러 나려온다. 詩의 心境은 우리 日常生活의 水平 情緖보다 더 高尙하거나 더 優雅하거나 더 纖細하거나 더 壯大하거나 더 激越하거나 어떠튼 '더'를 要求한다.[105]

박용철은 고양된 정서를 시적 창조의 기반으로 설정했다. 일상생활의 평범한 정서는 시를 창조할 수 없다. 시는 '고처(高處)'에 있으며, 현실 이상의 것이다. 그러므로 시는 독자적인 세계이며, 어느 것에도 종속될 수 없다. 결국 박용철은 시의 독자적인 존재 의미와 본질을 분명하게 제시함으로써 시의 초월성과 미적 자율성을 인정하는 것이다. 이 같은 박용철의 관점은 대체로 주관적인 정조와 감각적인 언어의 율조 등을 잘 살려 내면서 서정시의 본령을 지켜 나가는 것이라고 할 수 있다. 대상에 대한 시적 인식보다는 정조의 형상에 관심을 기울인다든지, 미적 자의식의 구현보다는 정서의 자연스런 흐름과 율조를 중시한 점 등은 서정시가 보여 주는 중요한 특징에 해당한다. 이 같은 서정의 전통은 한국 근대시의 중요한 성과다.

그런데 1930년대 초반을 지나면서 시적 기법의 실험과 주지적 태도, 주관적 정서의 절제, 도시적 감각과 시적 심상의 구성 등으로 그 특징이 요약되는 새로운 시의 경향이 등장했다. 이와 함께 당시 문단에서는 최재서, 김기림 등에 의해 영미 문학의 주지주의와 이미지즘에 대한 소개가 이루어진다. 최재서는 서구 문학의 새로운 이론적 기반을 형성했던 흄, 리처즈 외에도 허버트 리드, 토머스 엘리엇 등의 비평 이론을 집중적으로 소개하는 이론비평적 성격을 드러낸다.

최재서는 흄의 신고전주의 문학론이나 리처즈의 심리주의적 방법을 모두 '주지주의' 문학론이라는 이름으로 소개하고 여기에 리드나 엘리엇의 비평까지 포함시켰다. 최재서가 주목하는 것은 예술에서의 신고전주의와 비평의 과학적 방법이었다. 이것은 그가 서구적 합리주의에 근거한 지성과 모럴의 주창자였다는 사실과도 관련된다. 그는 사상과 감정의 지적인 조작으로 이루어지는 현대시의 성격을 강조하면서 시에 있어서 현대성의 인식을 중요한 과제로 내세우기도 했다. 「서정시에 있어서의 지성」(1938)과 같은 글은 이러한 그의 관심의 소산이라고 할 수 있다.

김기림은 이와 같은 당대 문학의 경향을 전반적으로 반성하면서 한국 현대문학의 후진성을 분명하게 인식하고 다양한 경향의 혼류를 명확하게 규정할 수 있는 하나의 논리적 근거를 찾고자 했다. 그는 한국문학이 추구해 온

---

105 박용철, 「'詩文學' 創刊에 對하야」, 『박용철전집 II』(동광당서점, 1940), 142-143면.

'근대'의 성격에 대한 자기 규정의 필요성을 강조하면서 다음과 같이 그 문제성을 피력했다.

> 우리는 지나간 三十 年 동안의 우리 自身의 體驗을 土臺로 '近代' 그것을 다시 綿密하게 檢討할 必要가 있겠다. 個人主義, 自由主義, 民主主義 等等 '近代'를 指導하던 뭇 原理는 벌써 休紙가 되였다 한다. 이 뭇 原理는 흘러간다 할지라도 '近代'의 基礎에 가로누은 이른바 近代精神 그것 속에는 勿論 버릴 것도 많겠으나 한편 추려서 새 時代에 遺産으로 넘길 部分은 무엇무엇일까? 가령 事實의 正確한 計算과 法則에 대한 熱烈한 傾倒로써 表現할 수 있는 科學 精神은 '近代' 그것의 淸算場에서 어떻게 取扱되여야 할 것인가? 그것은 近代 文明 그것의 錯雜巨大한 構造의 技師가 아니였던가? 그것을 부려 온 雇主의 失策은 오늘 와서는 감출 수 없으나 그렇다고 해서 技師의 知識과 知慧의 産母인 科學 精神조차를 告發하려는 것은 無謀나 蠻勇이 아닐까? 잘못된 것은 雇主의 意欲이였다. 새로운 世界의 構想에 있어서도 科學 精神은 依然히 가장 正確한 指標일 것이고 또 科學은 가장 信賴할 수 있는 助言者일 것이다.
>
> 또 近代 商業主義의 모-든 成功과 時策의 推進力이 되였던 冒險의 精神은 그것이 國家나 個人의 分別없는 利慾에 奉仕하는 동안 到處에서 失手만 저즐렀다 할지라도 理性과 知性의 參與에 依해서 創造의 精神으로 變身할 수도 있는 것이 아닐까?
>
> 이 瞬間에 우리는 '오늘'이라는 것의 性格에 대하여 確乎한 判斷을 나리지는 못하고 있다. 그것을 벌써 새로운 時代의 進水式으로 보고 驚異는 벌써 시작된 듯이 말하는 사람도 있다. 그러나 한편으로 보면 시작된 것은 實은 아직은 새로운 時代가 아니고 '近代'의 決算 過程이나 아닐까? 새로운 時代는 오리려 當分間은 먼 混亂과 破壞와 摸索의 저편에 있는 것이나 아닐까? 그렇다고 하면 지금 이 瞬間에 우리에게 던어진 緊急한 課題는 새 世界의 構想이기 前에 먼저 賢明하고 正確한 決算이 아닐까 한다. 우리가 깊이 생각해야 할 重要한 點이 여기 숨어 있다고 나는 생각한다.
>
> 또 새로운 原理의 發見이거나 歷史的 決算이거나 그것은 어떤 한 개인의 머리에서 번득이는 天才的 幻想만으로서는 아무것도 아니다. 비록 個人

의 創意가 아모리 뛰여났다 할지라도 한 民族의 體驗으로서 決定되고 組織된 연후에 비로서 時代의 推進力이 될 수 있게 된 것이 '오늘'이라는 歷史的 一瞬의 特異한 性格인 것 같다. 웨 그러냐 하면 오늘의 이 創造와 決算의 이상스러운 饗宴에는 實로 各 民族이 民族의 資格으로써 參與하고 있으며 그것이 唯一한 方式이 되여 있는 때문이다. 西洋에서도 東洋에서도 突進하고 蜂起하고 對立하는 것은 오직 民族뿐이다. 民族은 民族을 부른다. 그것은 個人主義의 諸國에서조차 낮잠 자던 民族을 불러이르켰다. 諸 民族의 展覽會라 일컷는 美國조차 그 發言은 어떤 단일한 民族的 保證을 얻으려 하고 있다. 그래서 이번 歷史의 轉換은 한 哲人이나 文人의 創造라느니보다도 各 民族 卽 그 成員의 集團的인 體驗과 意欲의 投資를 要求한다.[106]

김기림은 한국문학이 추구해 온 '근대'라는 새로운 가치가 이미 상당 부분 그 가치를 상실했음을 지적했다. 개인주의, 자유주의, 민주주의 등의 지도 이념이 여기저기서 도전받고 있다는 것이다. 하지만 그는 그 가운데 과학 정신과 근대 상업주의의 모험적 도전은 새 시대에 여전히 유효한 정신적 가치로 근대를 이끌어 왔으며, 이는 이성과 지성의 힘에 의해 새로운 창조적 정신으로 변용될 수 있다고 말했다. 결국 그는 근대정신에서 과학 정신과 합리성에 여전히 주목하고, 거기서 새로운 가능성을 찾고자 했다. 실제로 김기림은 1930년대에 들어 시 창작과 비평 논의에 참여해 오면서 현대시에 대한 실천적 방법의 모색에 관심을 집중한 바 있다. 그는 현대시가 빠져들었던 낭만주의 경향의 감상성을 거부하면서 건강한 시 정신의 회복을 주장했으며, 그 냉철한 객관적 태도를 두고 '주지주의'라는 용어를 사용하기도 했다. 특히 그는 시에 대한 비평 논의를 놓고 방법과 태도의 과학성을 문제 삼기도 하면서 이른바 과학으로서의 시학을 내세웠다.

김기림은 이와 같은 자신의 행보를 포함해 막연하게 '새로운' 시적 경향이라는 말로 지칭해 온 현대시의 변화와 흐름을 '모더니즘'이라는 용어로 고정해 논의하기 시작했다. 이것은 그 스스로 자신이 서 있던 당대 문학의 현장 또는 '오늘'의 성격을 '모더니즘'이라는 개념으로 정리했음을 말해 준다.

---

106 金起林, 「朝鮮文學에의 反省」(人文評論 제12호, 1940. 10), 44-45면.

실제로 김기림은 1930년대 평단에서 모더니즘의 성격과 방향을 가장 본격적으로 논의하게 되었다.

> 우리 新詩의 黎明期는 나면서부터도 黃昏의 노래를 배운 세움이다. 二十年代의 처음에 이르러서는 이들 先驅者와 및 그 末流들은 벌써 新文學의 建設이라는 偉大한 目標를 바라보면서 突進하기를 끈치고 맞어드린 黃昏의 氣分 속에 自分의 여린 感傷을 파묻는 怠慢에 잠겨 버렸다. 最初의 反擊은 二十年代의 중품부터 시작된 傾向文學의 理論家의 손으로 되었다. 그러나 朝鮮에서 '詩에 있어서의 十九世紀'의 文學的 性格이 暴露되여 排擊되기 시작한 것은 三十年代에 드러선 뒤의 일이다.
>
> '모더니즘'은 두 개의 否定을 準備했다. 하나는 '로맨티시즘'과 世紀末文學의 末流인 '쎈티멘탈·로맨티시즘'을 위해서고, 다른 하나는 傾向派 詩의 內容 偏重을 위해서였다. '모더니즘'은 詩가 爲先 言語의 藝術이라는 自覺과 詩는 文明에 대한 一定한 感受를 基礎로 한 다음 一定한 價値를 意識하고 씨어저야 된다는 主張 우에 섰다.
>
> ① 西洋에서도 오늘의 文明에 該當한 眞正한 意味의 새 文學이 나온 것은 二十世紀에 들어선 다음의 일이다. 二十世紀 속에 남어 있는 十九世紀的 文學 말고 眞正한 意味의 二十世紀 文學의 重要性은 여기 있는 것이다. 英國에 있어서는 '죠-지안'은 아직도 十九世紀에 屬하며 文學에 있어서의 二十世紀는 '이마지스트'에서 시작되엇던 것이다. 佛蘭西에서는 立體詩의 試驗以後 '다다' 超現實派에, 伊太利의 未來派 等에 二十世紀 文學의 徵候가 나타났다.
>
> 朝鮮에서는 '모더니스트'들에 이르러 비로소 二十世紀의 文學은 시작되였다고 나는 본다.
>
> 낡은 '쎈티멘탈리즘'은 다만 詩人의 主觀的 感傷과 自然의 風物만을 노래하였다. 오늘의 文明의 形態와 性格에 대해서도 그것이 그 속에 사는 사람들의 心情에 이르키는 相異한 情緖에 대해서도 完全한 不感症이였다.
>
> '모더니즘'은 우선 오늘의 文明 속에서 나서 新鮮한 感覺으로써 文明이 던지는 印象을 붙잡엇다. 그것은 現代의 文明을 逃避할려고 하는 모-든 態度와는 달리 文明 그것 속에서 자라난 文明의 아들이였다. 그 일은 바꾸어

말하면 우리 新詩史上에 비로소 都會의 아들이 誕生했던 것이다. 題材부터 爲先 都會에 求했고 文明의 뭇 面이 風月 대신에 登場했다. 文明 속에서 形成되여 가는 새로운 感覺, 情緖, 思考가 나타났다.

② 西洋에 있어서도 二十世紀 文學의 特徵의 하나는 (特히 詩에 있어서) 말의 價値 發見에 前에 없던 努力을 바친 데 있다. 過去의 作詩法에 依하면 말은 주장 韻律의 高低, 長短의 單位로서 생각되였고 朝鮮서는 音數 關係에서만 評價되였다.

말의 音으로서의 價値. 視覺的 影像 意味의 價値. (끝으로 가장 重要한) 이 여러 가지 價値의 相互作用에 依한 全體的 効果를 意識하고 一種의 建築學的 設計 아래서 詩를 썼다. 詩에 있어서 말은 單純한 手段 以上의 것이다. '모더니즘'은 이리하야 前代의 韻文으로 主로 한 作詩法에 對抗해서 그 自身의 語法을 지여냈다. 말의 含蓄이 달러졌고 文明의 速度에 該當하는 새 '리듬'을 물결과 帆船의 行進과 이 끗해야 騎馬行列을 描寫할 정도를 넘지 못하던 前代의 '리듬'과는 딴판으로 汽車와 飛行機와 工場의 爆音과 群衆의 叫喚을 反射시킨 會話의 內在的 '리듬' 속에 發見하고 또 創造하려고 했다.

그래서 '모더니즘'이 傳統的 '쎈티멘탈·로맨티시즘'에 向해서 攻擊한 것은 內容의 陳腐와 形式의 固陋였고 傾向派에 대한 不滿은 觀念性과 그 內容의 말의 價値에 대한 疏忽이라는 點이였다.

그런데 朝鮮에 있어서 '모더니즘'은 集團的 詩運動의 모양은 갖지 못했다. 또 우에서 말한 特徵을 個個의 詩人이 모조리 가춘 것은 아니다. 오직 大部分은 部分的으로만 '모더니즘'의 徵候를 나타냈다. 또 그것이 반드시 意識的인 것도 아니고 詩人的 敏感에 依한 天才的 發見인 境遇가 많었다. 그러나 如何間에 우에서 말한 두 가지의 指標를 通해서 우리는 몇 사람의 優秀한 詩人과 및 그 詩風을 한 개의 流派로서 槪括하는 것은 妥當한 일이다. 더군다나 그들의 活躍한 三十年代의 前半期에 있어서 詩壇의 젊은 追從者들이 壓倒的으로 이 影響 아래 있었던 事實은 이 時期를 한 개의 特異한 歷史的 '에포-크'로서 特徵짓기에 足하다.[107]

107 金起林, 「모더니즘의 歷史的 位置」(人文評論 제1호, 1939. 10), 82-84면.

김기림이 강조하는 모더니즘의 시적 경향은 앞선 인용에서 전반적인 특징이 요약적으로 제시되어 있다. 그는 모더니즘 운동이 문학사적으로 두 가지의 문학적 조류에 대한 부정과 반발이라는 점을 강조했다. 하나는 낭만주의의 감상성에 대한 것이며, 다른 하나는 계급문학운동의 정치적·이념적 지향에 대한 것이다. 이 같은 지적은 물론 한국문학에서 문제가 되는 문학적 조류에 근거해 설명하는 것이므로 모더니즘의 일반적인 특성을 폭넓게 제시하는 것은 아니다. 그러나 그는 시적 모더니티의 문제를 언급하면서 시가 언어의 예술이라고 자각했으며, 과학과 문명에 대한 감수를 기초로 특정한 가치를 의식하는 지적인 시를 강조했다. 이는 김기림이 넓은 의미에서 예술의 모더니즘 본질에 다가선 것으로 볼 수 있다.

김기림이 주목한 것은 첫째로 모더니즘 시가 지니고 있는 시적 모더니티의 문제다. 김기림은 이것을 현대 문명 속에서 자라난 '문명의 아들'이라고 비유적으로 표현했다. 자연을 음풍농월식으로 읊조리던 재래의 시에서 벗어나 모더니즘의 시는 도회적인 감각과 정서와 사고에 근거해 이루어지고 있다는 것이다. 둘째는 모더니즘 시의 방법에 대한 문제다. 모더니즘 시는 언어의 음성적인 자질과 언어 자체의 감각적인 심상 등의 상호 작용에 의해 공간적으로 구성된다. 이것을 김기림은 '일종의 건축학적 설계' 아래에서 시가 이루어지는 것이라고 말했다. 고저장단의 운율에 따라 시를 쓰던 재래의 시작법에서 벗어나 모더니즘 시는 이른바 공간적 형식을 지향한다. 이 같은 기법에 의해 모더니즘 시는 일상의 언어에서 내재적 리듬을 발견하고 '기차와 비행기와 공장의 조음과 군중의 규환'을 반영하게 된다.

김기림의 모더니즘론은 시적 모더니티에 대한 추구 작업으로 일관하고 있다. 그러나 여기서 드러나는 현대 문명에 대한 긍정이 결과적으로 일제 식민지 지배에 의해 이루어지는 종속적인 자본주의 문명에 대한 비판적 인식을 결여하게 했음은 물론이다. 김기림은 이 같은 문제를 극복하기 위해 현실에서 지식인의 대중적 역할을 강조하기도 하고 풍자와 조소를 기조로 하는 문명 비판의 주제를 시 속으로 끌어들이는 실천적 작업에도 관심을 기울였다. 그러므로 1930년대 김기림의 모더니즘론은 근본적으로 모더니티의 시적 구현이라는 실질적인 문제에 근거하고 있음을 알 수 있다. 그는 제작(製作)으로서의 시를 강조하면서 시가 사물을 재구성하고 독자적인 객관성을 구비하는 가치의 세계를 드러낼 것을 주문했다. 그렇기 때문에 그는 시의 비평에 있어서도 순수비평이라는 이름으로 내세워진 인상주의적 접근법을 벗어나 방법론의 과학적 근거를 확립하고자 노력했으며, 비평이 철학이기 전에 과학이어야 한다는 신념을 분명히 했다.

한편 김기림은 모더니즘이 1930년대 중반에 이르러 커다란 위기에 당면하고 있음을 지적했다. 하나는 시적 경향 내에서 일어나는 이른바 '기교주의의 말초화' 경향이다. 이 문제는 이미 문단의 기교주의 논쟁에서도 지적된 바 있지만, 김기림은 이를 모더니즘의 문제점으로 제시했다. 다른 하나는 현대 문명의 암울성이라는 다소 추상적인 설명으로 암시하는 객관적 현실과 정세의 변화다. 그는 시를 기교주의적 말초화에서 다시 끌어내고 또 문명에 대한 시적 감수(感受)에서 객관적인 문명 비판으로 태도를 바꿀 것을 제안했다. 다시 말하자면 시의 사회성과 역사성을 말의 가치를 통해 형상화하자는 것이다. 이러한 새로운 요구를 그는 전대 경향파와 모더니즘의 종합이라고 설명했다. 그는 시단의 새 진로가 모더니즘과 사회성의 종합이라는 분명한 방향을 찾아냈으며, 그것만이 나아가야 할 오직 하나의 바른 길이라는 점을 강조했다. 이러한 주장은 그가 해방 직후 보여 준 정치적 이념으로의 경사를 통해 실천적인 가능성을 나타낸다.

김기림의 주장을 보면 모더니즘은 결국 문화적 양식과 그것을 산출해 온 개인의 감각에 연관되어 있는 것임을 알 수 있다. 엄밀하게 말한다면 모더니즘이야말로 가장 본질적으로 부르주아 사회의 모순에 도전한다. 모더니즘의 정신은 사회의 모든 부분에 스며들어 있지만, 하나의 통일된 원리나 기준이 있는 것은 아니다. 예술의 각 양식은 양식대로, 작가와 시인은 자기 개성대로 추구하는 방향이 서로 엇갈리기도 한다. 예컨대 정지용이 추구하고자 했던 대상에 대한 감각적 인식은 이상이 시를 통해 보여 준 추상화의 경향과는 거리가 있다. 이효석은 인간 본능적 욕망이라는 관점에서 성의 문제에 접근했지만, 이태준은 오히려 일상적 개인의 내면을 제시하는 데 힘썼다. 그에 비해 박태원은 오히려 일상적 현실의 소설적 재구성에 메타적으로 접근했다.

모더니즘의 가능성은 그것이 추구하는 사회적 변동에 대한 두 가지의 반응에서 찾아볼 수 있다. 하나는 대상에 대한 감각과 그 인식 수준에 관한 문제다. 이것은 특히 시공간에 대한 감각적 인식의 전환에서 특징이 드러난다. 다른 하나는 주체로서 개인이 대상으로서 세계를 지향하는 것이 아니라 그 자신을 대상화하는 문제다. 자아에 대한 의식의 수준과 방법이 바뀌면서 이는 개인의 무의식 또는 내면의식의 추구 등으로 이어진다. 이러한 경향은 객관적 현실에 대한 신뢰와 주체로서 개인적 존재에 대한 신념이 위기에 봉착하면서 나타나는 문제다.

한국의 현대시에서 1930년대의 시적 경향은 모더니즘 운동이라는 커다란 흐름을 중심축에 놓고 볼 수밖에 없다. 그러나 당시 한국 문단에서 모더니즘은 하나의 집단적 시 운동으로 표출된 것은 아니다. 개개의 시인들이 보여 준 새로운 시 창작의 성과가 자연스럽게 모더니즘이라는 범주 안에 자리 잡게 된 것이다. 정지용은 절제된 감성과 감각적인 언어로 전통적인 정서와 높고 깊은 지성을 아우르면서 한국 현대시의 가능성을 새로이 구축했고, 이상은 사물에 대한 새로운 인식과 그 지적 탐구를 통해 시적 모더니티의 문제성을 초극하고자 했다. 김기림은 시 정신의 건강성을 추구하면서 문명 비판의 길을 찾았다. 이들이 보여 준 새로운 시적 기법과 언어 감각, 자의식의 시적 탐구, 도시적 문명과 모더니티의 추구 등은 곧 넓은 의미의 모더니즘 경향으로 설명할 수 있다.

모더니즘 시의 중요한 특성은 그 지배적 관점이 시각적이라는 점이다. 원래 서정시는 시적 대상과 미적 거리를 유지함으로써 경험에 대한 인식의 힘을 자연스럽게 표현한다. 서정시의 본질적 속성 자체도 대상을 보는 관조적 태도와 직결되어 있다. 하지만 인간의 모든 경험적 양식은 시공간에 따라 급변한다. 말하고 듣는 것이 중요한 감각적 경험의 하나임을 생각한다면 현대적 감각은 보여 주고 보는 것에 크게 좌우된다. 사물에 대한 인식 방법에서 시각적 감각이 중시된다는 말이다.

4

고전의 전통과 문학사 연구

1) 국학으로서의 고전 연구

고전 부흥과 국학 운동

1930년대 중반 평단에서 고전 부흥 또는 고전 탐구는 중요한 비평 쟁점이 되었다. 고전론은 담론의 성격 자체가 문학 외적인 현실 문제와 직결되는 것은 아니다. 문학작품을 작품 외적인 현실 문제와 연결 지어 평가하는 것에 익숙해 있던 당대 비평의 경향을 고려할 때 고전 부흥이라는 주제는 문단 현실과는 거리가 있는 유별난 영역이라는 것을 알 수 있다. 특히 근대문학의 성립 이후 비평이 제기한 문학적 지향 자체가 전통문학과의 단절을 통한 새로운 문학적 가치의 구현이었던 것은 주지의 사실이다. 고전 부흥이라는 토픽이 드러내는 역사적 과거로의 회귀는 문학의 모더니티와는 상반되는 성격을 보여 준다는 점에서 더욱 문제적인 것이다.

한국 근대 비평은 넓은 의미에서 저널리즘의 산물이다. 저널리즘이라는 개념을 정기적으로 간행되는 출판물을 통해 새로운 정보와 견해를 대중에게 전달하는 활동이라고 규정한다면 비평 역시 이러한 범주를 벗어날 수 없다. 문학의 창작 활동이 신문과 잡지를 기반으로 대중의 지지를 얻었던 것과 마찬가지로 비평 활동 역시 이와 똑같은 대중 전달 활동의 속성을 유지하면서 전개되어 온 것이 사실이다. 실제로 초기 문단에서 이른바 '대가비평(大家批評)'의 면모를 보여 온 이광수나 염상섭의 비평 활동은 모두 저널리즘과 직결되어 있다. 계급문학 이념의 가치를 내세우면서 비평을 주도했던 박영희도 그렇고, 백철도 마찬가지였다.

그런데 김태준의 「조선소설사」(1930)와 김재철의 「조선연극사」(동아일보, 1931. 4. 15-7. 17) 같은 새로운 연구 업적이 나왔다. 김태준의 소설사 연구는 한국 민중의 삶의 양상을 총체적으로 그려 내는 소설 양식의 역사적 전개 과정을 체계화하고 있다. 사회 계급적 갈등의 현실을 토대로 성립하고 발전한 소설의 역사를 기술하는 데 있어 그가 이루어 낸 관점과 방법은 여전히 유효하게 받아들여지고 있다. 김재철의 연극사 연구도 한낱 광대놀음 정도로 천시되었던 전통 연희에 연극의 개념을 부여하고 그 본질적 속성을 새롭게 규명한 작업으로 유명하다. 이들의 연구는 신문 연재를 통해 대중에게 알려졌지만 문단 저널리즘과는 관계가 멀다. 이 업적들은 경성제국대학에서 수학하며 익힌 실증주의적 방법을 정교하게 적용하고 있다는 점에서 한국 사회에서 일제의 지배 정책 아래 정착하게 된 아카데미즘의 산물에 해당한다. 일제강점기 경성제대는 표면적으로는 학문과 예술의 발전을 위해 만들어진 최고의 교육 연구 기관을 표방했다. 하지만 경성제대의 교육과 연구는 일본의 식민지 지배 정책을 지원하고 식민지 지배 권력을 옹호하며 이에 봉사하는 입장을 취했다. 여기서 문제가 되는 전통적·보수적 입장을 고수하고자 하는 학풍이나 관료적인 학문 태도는 아카데미즘의 병폐라고 할 수 있다. 하지만 아카데미즘의 개념 속에는 학문 연구나 예술 창작에서 순수하게 진리와 아름다움을 추구하는 태도를 뜻하는 부분도 담겨 있다.

여기서 먼저 주목해야 할 것이 '국학'이라는 개념으로 범주화된 연구 활동이다. 고전 부흥이라는 비평 쟁점을 중심으로 경성제대 출신들의 고전 연구가 관학적 성격에서 벗어나 비평적 저널리즘과 결합하면서 결국은 넓은 개념의 국학운동으로 수렴했기 때문이다. 국학은 우리의 말과 글, 역사와 문화를 중심으로 하는 학문 연구를 의미한다. 한국의 전통적인 문화와 그 문화를 성립하게 하는 일체의 제도 및 가치를 체계적으로 연구한다. 19세기 중반 이후 수용되기 시작한 외래 문물과 외세의 충격에 대응해 한국 민족의 독자적인 가치와 이상을 추구하고자 한다는 점에서 문화적 민족주의의 경향이 강하다. 개화계몽시대 사회 계몽에 앞장섰던 박은식, 장지연, 신채호, 주시경 등은 현실의 위기를 극복하기 위해 올바른 민족사의 정립을 주장했고, 민족의 역사 속에서 새로운 가능성을 발견하고자 했다. 이들이 만들어 낸 '국사', '국문', '국혼(國魂)' 등의 개념은 애국 계몽의 목표를 분명하게 드러낸다.

1930년대에 정인보는 한국 고전 연구를 통해 '국학'의 개념을 체계화했다. 국학의 개념은 한국 문화에 대한 주체적 인식에서 시작되었다. 한국 사회는 전통적으로 중국 문화를 수용하고 이를 추종해 왔기 때문에 자기 문화를 부정하고 그 가치를 폄하하는 태도가 강했다. 더구나 일제 강점과 함께 한국 문화의 독자성을 부정하는 일본 식민주의 담론이 사회적으로 확대되면서 한국 문화는 일제의 지배 정책 안에서 정신적으로 위축되었다. 국학운동은 이와 같은 자기 부정에서 벗어나 민족 문화의 새로운 가치를 발견하고 민족의 주체성을 확립하는 데 목표를 두었다. 정인보는 동아일보를 기반으로 「조선고전 해제」(1931)를 통해 조선 후기 정제두, 이광사, 홍대용 등의 저작을 소개했고, 특히 다산 정약용의 생애와 그의 사상을 집중적으로 조명했다. '실학사상'이라는 용어도 이러한 작업을 통해 독자들에게 널리 알려졌다. 그가 동아일보에 연재한 「양명학연론(陽明學演論)」(1933)은 한국 전통사상의 근대적 변화에서 단초를 제공했던 양명학의 본질을 밝혀냈다.

고전의 성격과 전통 문제

고전 부흥이라는 비평 과제는 1935년 조선일보가 신년 특집으로 내세운 '조선 고전문학의 검토'[108]와 '조선문학상의 복고사상 검토-고전문학과 문학의 역사성'[109]이라는 두 가지 기획을 통해 문단적으로 확산됐다. 그리고 '고전 부흥의 이론과 실제'[110]라는 구체적 과제로 의견이 모아졌다. 이 기획 특집에 참여했던 김태준의 경우, 고전 부흥은 고전이 부흥될 만한 사회적 필연성이 있을 때 비로소 가능하다는 입장을 내세우면서 사회적 필연성이라는 요건을 세 가지로 나누어 제시했다. 첫째, 낡은 과거의 전통과 절연한 과도기적

---

108 이 기획 특집에는 다음과 같은 글들이 실렸다. 權德奎, 「訓民正音의 起源과 世宗大王의 頒布」; 金允經, 「月印天江之曲 解題」; 李秉岐, 「時調의 起源과 그 形態」; 金台俊, 「新羅鄕歌의 解說」; 一步學人, 「舊小說에 나타난 時代性」; 李熙昇, 「龍飛御天歌의 解說」.

109 이 기획 특집은 金晋燮의 「古典探究의 意義」; 崔載瑞의 「古典復興의 問題」 등으로 이어졌다.

110 '고전 부흥의 이론과 실제'를 주제로 한 특집의 내용은 다음과 같다.
朴英熙, 「古典復興의 現代的 意義: 深奧한 叡智의 攝取 過程」(朝鮮日報, 1935. 6. 4)
李熙昇, 「古典文學에서 얻은 感覺: 그 缺點과 長點에 關한 再認識」(朝鮮日報, 1935. 6. 5)
李如星, 「古典 硏究와 書籍 貧困: 藏書家의 書籍 公開를 要望」(朝鮮日報, 1935. 6. 8)
崔載瑞, 「古典 硏究의 歷史性: 傳統의 全體的 秩序를 爲하여」(朝鮮日報, 1935. 6. 10)
朴致祐, 「古典의 性格인 規範性: 참된 傳統과 個性의 創造力」(朝鮮日報, 1935. 6. 14)
朴鍾鴻, 「歷史의 轉換과 古典復興: 새로운 創造와 建設을 爲하여」(朝鮮日報, 1935. 6. 16)

사회에서 고전 부흥을 요구한다. 둘째, 새로운 전통의 건설을 요구하는 정력과 열성이 필요하다. 셋째, 과도기적 사회의 추세와 본질에 대응하는 낡은 시대의 전통이 여전히 구비되어 있어야 한다.[111]

> 古典의 性格은 무엇인가? 우선 우리는 古典의 歷史性을 들지 않을 수 없다. 단순히 過去에 대한 물건이라는 점에서만이 아니라 歷史의 흐름에 '에포헤'를 주며 가위를 넣어 이것을 斷切하며 이렇게 저렇게 해서 歷史의 리듬에 抑揚을 부여한다는 의미에서 사실은 古典은 한 개의 뚜렷한 歷史的인 遺産이다.
>
> 그러나 歷史에 억양을 남긴 文化遺産은 설사 건축, 집물, 기타의 소위 遺物까지도 넓은 의미의 古典 가운데 넣는다 치더라도 가령 制度나 사회적 傳統이라든지 하는 것들은 이떤가? 古典이 아닌 것만은 확실하다손 치더라도 역시 歷史에 '에포헤'를 주고 있는 것이라는 점에서 본다면 마찬가지로 歷史的인 것이라 할 것이다. 그럼에도 불구하고 이 양자가 구별되는 것은 각각 그 傳統의 基底를 형성하고 있는 時間性에 本質的인 차이가 있기 때문이다. (중략)
>
> 歷史性에 못지않게 중요한 古典의 性格은 規範性이다. 規範은 언제나 模範의 의미를 강하게 가지고 있어서 이 때문에 古典은 언제나 固定되며 整頓되는 것이지만 規範은 또 한편으로는 범절의 의미도 지니고 있어서 이 때문에 왕왕 준거와 같이 자유로운 發展과 個性의 創造力을 위축시키는 弊端을 낳게 되는 것이다.
>
> 古典 探究가 사짓하면 낡은 준거 그대로 墨守 盲從하는 소위 '古典주의'라는 것에 떨어지기 쉬운 것도 이 때문이다. 그러나 古典의 참된 傳承은 이 같은 墨守에 있는 것이 아니라 創造的인 繼承에 있다는 것은 歷史的인 것은 어느 것이나 일회적이며 그러기 때문에 獨創的인 것이라는 점에만 상상하면 족할 것이다. 범형을 模倣함에 그치는 한 범형 이상은 나아갈 수 없을 것이다. 두 사람의 칸트, 세 사람의 셰익스피어는 있을 수 없다.
>
> 우리가 古典을 소중히 여기는 것은 古典을 맛보고 알아보고 하기 위해

---

111 金台俊, 「古典探究의 意義: '朝鮮' 研究熱은 어데서?」(朝鮮日報, 1935. 1. 26).

서가 아니라 古典을 낳기 위해서인 것을 잊어서는 아니 된다.[112]

이 글은 고전의 성격을 역사성과 규범성으로 규정한다. 역사성은 시대적 성격이라고 할 수 있는데 '역사의 리듬에 억양을 부여한다는 의미'로 이해된다. 그리고 규범성은 하나의 모범이라는 의미가 강조된다. 하지만 이 글은 고전 연구의 목적이 결국 그 창조적 계승에 있다는 점을 주목한다.

그런데 고전에 관한 논의는 1930년대 후반 문예지 《문장》을 무대로 활동한 이병기, 이태준 등을 중심으로 하는 이른바 '문장파'의 전통론과 만나면서 일제강점기 말 일본의 식민주의 비평 담론인 신체제론에 대응하게 된다. 신체제론을 통해 일본의 내선일체론과 황민화 정책을 수용하며 이를 추종하는 집단이 생기자, 이에 대응하면서 새로운 문학 정신을 모색하는 가운데 고전적 전통론이 제기된 것이다. 고전적 전통론은 한국 민족문화의 정체성 확립이라는 목적의식이 뚜렷했기 때문에, 내선일체론의 이념과 대립했다. 그렇지만 전통론이 빠져들기 쉬운 복고주의 경향과 심정주의적 속성 자체가 제국주의적 식민주의의 근대성에 대응하기에는 지나치게 전근대적이라는 것이 약점이었다. 고전적 전통론은 자연의 발견이라는 문학적 주제와 짝을 이루면서 문학의 경향에도 일정한 영향을 미쳤다. 특히 정지용, 백석, 이용악, 오장환 등의 시에서 확인되는 절대적인 공간으로서의 자연이 이와 연관된다. 그러나 이들의 작품들은 대체로 식민지 현실에서 벗어나 자연이라는 또 다른 공간으로 관심을 돌리고 있다는 점에서 문학 정신의 소극성을 문제 삼지 않을 수 없게 된다.

2) 문학 연구와 양식사

문학의 역사적 연구

한국문학의 역사적 연구는 일제강점기 '국학'이라는 커다란 범위 안에서 실천된 문화운동이다. 일제의 강점과 식민지 정책에 대응해 한국 민족의

112 李淸源, 「古典 硏究의 方法論」(朝鮮日報, 1936. 1. 4).

정체성을 지켜나가기 위해 우리의 정신적 소산인 말과 글과 역사를 주체적으로 연구해 전통을 계승한다는 목표를 가졌다. 그러므로 한국적 특성을 지닌 문화의 여러 부문을 조사·연구해 이를 체계화하고자 했다.

한국문학의 역사적 성격과 범주는 안확의 『조선문학사』를 통해 윤곽이 처음으로 드러나게 되었다. 그는 문학사가 문학의 기원, 변천, 발달을 질서적으로 기재한 것이라고 규정했고, 목표를 국민의 심적 현상의 변천과 발달을 추구하는 것에 두었다.[113] 문학이라는 것이 국민의 정신을 가장 깊고 폭넓게 표현하는 것이므로 그 실상을 파악하는 일이 그만큼 중요하다는 것이다. 그는 정치상의 시대 구분을 중심으로 문학의 시대를 상고시대, 중고시대, 근고시대, 근세시대 그리고 갑오경장 이후라는 다섯 단계로 구분했다. 이러한 시대 구분의 내적 원리로 작용하는 것이 각 시대를 관통하는 중심 사상이다. 상고시대부터 근고시대까지는 종교와 문학의 관계가 특히 중시되었다. 안확의 『조선문학사』는 한국문학에 관한 역사적 연구가 제대로 확립되지 못한 상태에서 개인적 관심과 노력으로 이루어진 실천적 작업이었다. 『조선문학사』는 실제 문학사 기술에서 보이는 문학 양식의 분류 개념도 불분명하고 문헌 조사도 불충분해 보이지만, 한국문학의 시대적 양상을 역사적으로 체계화하는 데 있어 시대정신이라고 할 수 있는 정치적 이념과 가치를 중심으로 시대 구분의 방법을 적용한 최초의 문학사라는 의의가 있다.

한국문학의 역사에 대한 연구는 1930년대에 들어서면서 평단에서 이루어진 고전과 전통에 대한 다양한 논의를 통해 방법과 관점을 논리화했다. 특히 경성제국대학에서 수학한 김태준, 김재철, 조윤제, 이재욱 등에 의해 시도된 한국문학의 분류사 혹은 양식사는 한국문학 연구가 국학이라는 범주 안에서 방법론적 체계화를 이루기 시작했음을 말해 준다. 이들은 1931년 조선어문학회(朝鮮語文學會)의 조직을 주도했고 이를 기반으로 《조선어문학회보(朝鮮語文學會報)》[114]를 발간했다. 이들의 연구 작업은 폭넓은 문헌 고증과 치밀

113 안확, 『조선문학사』(한일서점, 1922) 서문.

114 조선어문학회는 1931년 7월 학회지인 《조선어문학회보》를 창간했다. 이 학회지는 1931년 10월에 제2호, 1932년 2월에 제3호, 4월에 제4호, 9월에 제5호, 1933년 2월에 제6호가 발간되었으며, 7월에 제호가 《조선어문》으로 바뀌어 간행된 후 종간되었다. 이희승, 이숭녕, 방종현 등의 한국어에 관한 연구와 김재철의 극문학 관련 글 그리고 조윤제의 한국문

한 해독을 중심으로 하는 실증주의 방법을 지켰다. 이러한 방법론의 정립은 일제강점기 한국문학 연구를 학문 영역으로 성격화하는 데 크게 기여했다.

김태준의 소설사 연구

김태준은 경성제대 지나어문학과(支那語文學科)에서 중국 문학을 폭넓게 수학했다. 그는 대학 졸업 직전 동아일보에 「조선소설사(朝鮮小說史)」[115]를 연재했으며 이를 토대로 1933년 『조선소설사』(청진서관)라는 단행본을 간행했다. 그 뒤 이 책은 1939년에 『증보 조선소설사(增補 朝鮮小說史)』[116]로 다시 발간되었으며, 해방 이후 한국문학 연구에 커다란 영향을 미쳤다. '조선소설사'의 체제는 동아일보 연재 당시의 구상에서 단행본에 이르기까지 크게 달라지지 않았다. 전체 내용은 모두 7편으로 구성되어 있다.

제1편은 소설사의 서론에 해당한다. 소설의 개념과 중국 소설의 유형을 약술하면서 조선시대 유학자들의 소설에 대한 부정적 관점을 소개한 것이 특이하다. 제2편은 소설이라는 양식의 기원을 논하는 부분이다. 『삼국사기』와 『삼국유사』에 수록된 삼국시대의 설화와 고려시대 패관문학을 첫머리에서 소개한다. 서사 양식의 설화적 단계를 소설의 기원으로 보는 것이다. 제3편에서부터 본격적인 조선시대의 소설사가 시작된다. 조선 초기 훈민정음의 창제가 가지는 의미를 강조하고 주자학이 문학 전반에 미친 영향을 설명한다. 또한 중국에서 수입된 『전등신화(剪燈新話)』의 영향으로 전기(傳奇) 문학의 형태인 김시습의 『금오신화』가 등장하게 된 과정을 다룬다. 제4편은 임진왜란과 병자호란 이전의 새로운 소설 경향을 다룬다. 명대 소설의 영향 아래 등장한 임제의 『화사(花史)』, 허균의 『홍길동전』이 현실 사회에 대해 드러내고 있는 비판의식을 서술한다. 제5편은 숙종조까지 소설 양식이 연문학(軟文學)을 중심으로 크게 번성하고 있음을 설명한다. 김만중의 「구운몽」과 「사

학에 대한 논문 등이 실렸다.

115 「조선소설사」는 1930년 10월 31일부터 1931년 2월 14일까지 총 68회에 걸쳐 연재되었다.

116 1939년에 '조선문고' 시리즈 가운데 하나로 학예사에서 간행되었다. 이 증보판은 임화가 서문을 썼다. 증보판은 제6편에서 「삼한습유(三韓拾遺)」 장이 추가되고, 「장화홍련전」과 「춘향전」 등의 내용이 보완되었으며, 제7편의 「계급문학」이 「신흥문학의 발전」으로 설명되었다.

씨남정기」를 비롯해 전설의 요소가 소설로 발전한 많은 작품을 다루고 있다. 제6편은 영정조시대 소설의 전성기를 서술한다. 근대소설이라는 개념도 이 시기 소설의 성격을 규정하기 위해 동원된다. 박지원의 한문소설 「호질」, 「양반전」 등과 함께 『춘향전』, 『장화홍련전』 등 전성기 작품들을 집중 분석한다. 제7편은 신문예운동 40년의 소설사를 요약한다. 계몽운동시대의 문학, 발아기의 소설, 계급문학, 문단의 현세 등으로 나누어 신소설에서부터 이기영의 소설까지 언급한다.

김태준의 소설사는 소설에 대한 개념 정의부터 시작한다.

> 小說이라는 文字는 예전이나 지금이나 一定한 範圍와 定義가 업시 가장 文苑에 쓰게 되었다. 中國에 잇서서는 班固가 지은 漢書에 '小說者流는 道聽塗說로서 짓는 것이라'고 하엿더니 四庫全書를 分類할 적에는 그와 가티 單純히 生覺티 아니하고 相當한 範圍를 定하얏습니다. 卽 1. 雜事를 敍述하는 것, 2. 異聞을 記錄하는 것, 3. 瑣說을 綴輯하는 것 等입니다. 그러므로 이 이름은 稗說, 諧謔, 野談, 隨筆 等의 部分的 或은 總稱的 代名詞이엿습니다. 그러나 虛妄한 怪談과 素朴한 隨筆에서 한 거름를 나가서 文藝의 中心이 점점 사람의 生活을 描寫하는 데로 옴겨 오고 作家도 意識的으로 그와 가튼 小說을 쓸 시절에 이르러 小說이라는 일홈이 가진 槪念에도 變動을 주어 演義와 傳記類의 創作에도 그 名稱을 쓸 뿐 아니라 돌이어 演義와 傳記가 小說이라는 槪念이 가진 中樞가 되엇습니다.
>
> 이것은 東洋과 西洋을 區別할 必要도 업시 同一함으로서 西洋에서도 처음은 '桶物語'와 가튼 斷片的 記錄에서 出發하야 大部分은 空想을 記錄하야 自己의 理想觀을 나타내인 것이니 '로맨스'(Romance)라고 하얏더니 漸漸 寫實的·現實的으로 自己의 經驗에 立脚하야 어든 바 事實을 그대로 率直하게 그리게 되엇스니 이것을 '노-벨'(Novel)이라고 합니다. 그러나 Novel의 定義는 그처럼 簡單히 될 것이 아니고 學者와 文人 사이에 만흔 議論이 잇습니다. 이에는 다만 英國 文人 '롱-'(Long) 氏의 定義를 빌려서 的確한 槪念을 定할가 합니다.
>
> "정말 小說이라는 것은 다만 平凡한 人間生活의 實話를 高調한 情緖로서 말하되 創作的 興味를 波瀾과 冒險에 向치 아니하고 眞實한 自然에 根據

를 둔 談話的 著述일 것이다."라고 하얏스니 小說의 主腦는 幻作한 奇談과 勸懲類가 아니요 社會生活의 風習과 世態와 人情의 機微를 眞實히 敍述함에 잇서서 여전히 四庫全書의 分類와는 槪念이 判異하야젓습니다. 그러니까 問題가 생깁니다. 朝鮮에는 小說이 업섯다고! 웨? 朝鮮에는 아무것도 人情世態를 描寫한 著作이 업스니까! 나는 이에 對答코저 합니다. 정말 己未運動 前後로 文學革命이 되기 前까지는 롱-이 定義한 '노-벨'은 한 卷도 업섯습니다. 그러나 만흔 稗說, 諧謔, 野談, 隨筆도 잇고 그 所謂 Romance와 '스토리'(Story)와 '픽숀'(Fiction)은 내가 이에 例證치 아니하야도 만히 存在하얏고 또 存在하는 것을 알으실 것입니다. 다시 말하면 여전 사람들의 意味하는 小說은 헤일 수 없시 만습니다.

나는 여전 사람들의 律하든 小說의 定義로서 여전 小說을 考察하고 小說의 發達하야 온 經路를 分明히 하고저 합니다. 小說이라는 名稱이 時代를 딸하 槪念에 差가 잇섯다는 것을 말합니다. 딸하서 이에 더하야 말코저 하는 것은 中國에서 漢代의 說話에서 唐代의 傳奇, 宋朝의 諢詞가 되엇다가 元明 以後에야 相當한 體裁와 內容을 가진 小說이 생긴 것과 가티 大陸 文藝의 直接 影響을 밧어 온 朝鮮 小說의 發達도 이에 追隨하는 바가 잇스며 小說의 名稱도 '이야기책', '전긔'라는 稱號로서 흔히 流行됩니다. '이야기책'이라는 稱號는 相當히 오랜 것으로서 '한글'을 '諺譯', '俗諺', '諺文'이라고 함과 가티 漢文책에 對한 諺文冊이라는 것이며 '전긔'라는 것은 朝鮮小說 大部分이 一介 主人公의 實傳 가튼 體裁에 잇슴으로써 傳記라는 文字로써 通稱하는 것이 아닌가 하고 생각합니다.[117]

위의 인용에서 김태준은 소설의 개념을 중국과 서구의 경우를 예로 들어 설명했다. 그는 소설의 개념이 일정한 범위와 정의 없이 문예계에서 널리 사용되었음을 전제하면서 시대에 따라 달라진 양식을 각각의 역사적 실체로 인정하고 개념의 다양한 의미를 그대로 인정했다. 중국에서는 한대 이래로 다양한 양식이 등장해 각기 다른 개념으로 불렸지만 결국 원명(元明) 이후 양식적 체재와 내용을 갖춘 소설 개념이 정착했음을 설명했다. 그리고 서

117 金台俊, 「朝鮮小說史(一)」(東亞日報, 1930. 10. 31).

양에서 소설 개념 역시 로맨스(romance)에서부터 시작해 근대의 노벨 개념에 도달한 것임을 강조했다. 여기서 주목해야 할 것은 김태준이 소설의 개념을 설명하면서 중국의 '소설'이나 서구의 '노벨(novel)' 가운데 어느 하나를 보편적 지위에 올려놓고 있지 않다는 사실이다. 그는 소설이라는 양식이 사회생활의 풍습과 세태와 인정의 기미를 진실하게 서술하는 데 의의를 둔다는 점을 그 본질적 요건으로 인정했다. 문학의 양식 자체는 역사적으로 변화하는 것이며 본질적 속성은 문학을 향수하는 민족에 따라 다르다. 이와 같은 명제는 김태준이 소설의 양식을 설명하는 내용에 포함되어 있다. 이러한 태도는 한국 근대문학의 양식 개념이 서구 문학에 근거하고 있다고 믿었던 사람들과 분명하게 대비된다.

그는 결국 『조선소설사』의 서론에서 근대적인 소설 개념 대신에 '예전 사람들의 소설 정의로서 예전 소설을 고찰하고 소설이 발달해 온 경로를 분명히 한다.'는 자신만의 소설사 서술 방법을 천명했다. 이러한 주장은 소설사 연구의 방법과 그 기술의 방향을 제시한 것이다. 여기서 우선 문제가 되는 것이 '예전 사람의 소설의 정의로서 예전 소설을 고찰하고'라는 대목이다. 이것은 김태준이 '있는 그대로의 과거 사실'을 강조하는 실증주의 역사학의 방법을 그대로 따르고 있음을 말해 준다. 철저한 문헌 고증과 사실의 구명에 치중하는 실증주의 방법은 합리성과 비판성을 근거로 사실적 자료를 재음미하고 치밀하게 사실을 추구함으로써 정확한 역사적 지식에 도달하는 데 목표를 둔다. 하지만 김태준은 방법으로서 실증주의를 중시하면서도 그 서술의 가치중립적 태도에서 벗어나, 폭넓은 문헌 고증과 함께 해석에 사회적 이념과 그 가치의 의미를 덧붙였다.

그는 중국 문학에 대한 해박한 지식을 근거로 중국 문학의 영향 관계를 치밀하게 검증해 냈다. 초기 삼국시대 김대문의 『화랑세기(花郎世紀)』와 최치원의 『신라수이전(新羅殊異傳)』을 설화의 집록이라고 평가하면서 이를 당대의 염정(艶情) 전기(傳奇)의 영향 아래 이루어진 것으로 설명했다. 조선시대 임제의 『화사』에서 드러나는 가전적 필법을 중국의 『봉신연의(封神演義)』 등에 대비하기도 했다. 특히 명대 소설의 유입 과정을 상세하게 논하면서 임병양란 이후 조선소설의 변화를 설명한 대목이라든지 『태평광기(太平廣記)』 소재의 이야기에서 비롯된 명대 소설의 영향을 비교한 부분 등은 지금도 의미 있는 접근법으로 인정된다. 김태준은 중국 문학이라는 거대한 문예의 흐름에 문화적으로 접촉하면서 그 영향을 통해 창조적인 조선문학이 성립되고 있다는 점을 강조함으로써 동아시아의 관점에서 소설 양식의 비교문학적 연구가 어떻게 가능한지를 보여 주고 있는 셈이다.

그렇지만 김태준의 '예전 사람의 소설의 정의로서 예전 소설을 고찰하고 소설이 발달해 온 경로를 분명히 한다.'는 접근 태도는 실제의 소설사 서술에서 두 가지 문제를 드러낸다. 첫째는 소설의 양식 개념이 요구하는 규범과 질서를 서사의 영역 안에서 확립하기 어렵다는 점이다. 서사의 다양한 양식 분화와 변화 과정을 소설사 내에서 합리적으로 설명하기 위해서는 양식론이 요구하는 장르적 요건과 그 질서 체계를 먼저 구명해야 한다. 예컨대 앞의 인용에서 그가 '이야기책'이라는 개념을 아주 단순하게 한문 책에 대한 '언문책'을 말하는 것처럼 설명한 대목을 지적할 수 있다. '이야기책'이라고 하면 당연히 '이야기'가 무엇인지 먼저 밝혀야 할 것이기 때문이다. 둘째는 양식사의 서술 방법에서 요구하는 양식의 시대적 변화에 대한 서술이 부족하다는 문제다. 특히 김태준이 영정시대의 소설을 '근대소설'이라고 명명하고 있는 점은 문학사 전체의 흐름으로 볼 때 문제적인 지점이 된다. 이것은 문학사의 서술에서 중요한 기준이 되는 시대 구분의 문제와 겹친다. 본질적으로 문학사에서 '근대'란 무엇인지 다시 질문해야 하기 때문이다. 영정조시대의 소설을 '근대소설'이라고 한다면 시대적 순서에 따라 뒤에 등장하는 '신소설' 이후 소설의 시대적 위상은 어떻게 규정할 것인지도 문제가 된다.

이러한 문제성은 『조선소설사』의 '제6편 근대소설의 일반'에서부터 드러난다. 김태준은 영정조시대의 소설을 근대소설의 출발점으로 인식했다. 그가 먼저 관심을 집중하는 작품은 박지원의 한문소설이며 특히 문학적 의미를 강조한 것은 『춘향전』이다. 그는 『춘향전』이 시민으로서 중인층의 사상을 대변하며, 양반의 가렴주구에 대한 서민층의 증오심을 강조하고, 기녀의 정렬을 고취하려던 상투적 염정소설이 양반을 모멸하는 연극으로 바뀐 점 등을 고평했다. 결국 『춘향전』은 전기소설, 패관소설, 한글소설 등의 다양한 문학적 성과를 종합하는 소설이며 이를 통해 새로운 근대소설의 전형을 창출해 냈다고 평가된다. 그러나 영정조시대를 기점으로 조선에서 근대소설 양식이 생산되었다는 논의는 '제7편 신문예운동 후 40년간의 소설관'에서 그 논리적 맥락이 무너지고 설득력을 잃는다. 그는 이 시기의 문학을 전대의 양식과 단절된 것으로 기술했다. 그는 갑오경장을 경계로 조선의 역사가 양분되었음을 전제하면서 신흥하는 시민이 사회의 중추를 이루면서 모든 문화 형태에서 낡은 것을 버리고 새 것을 요구하는 기운을 맞게 되었음을 강조했다. 여기서 낡은 것을 부정하면서 나온 것이 신문예운동 또는 문화운동이다. 그는 신문예운동을 대표하는 신소설의 문학적 표현 방법이 재래의 그것과는 형식과 내용 면에서 현저히 판이하다는 점을 분명하게 적시했다. 따라서 신소설은 구미의 소설을 모방해 아직 완비한 영역에 달하지 못한 것으로 규정했다. 그는 소설 개념의 역사적 변화를 긍정하지만 각각의 시대에 따라 외래적 문화의 영향에서 새롭게 재구성되는 소설 개념을 명확하게 설명하지 못했다. 이것은 그의 소설사 논의에서 나타나는 소설 양식의 근대성에 대한 인식의 한계이기도 하다.

김태준의 『조선소설사』는 소설이라는 양식의 역사를 다룬 최초의 연구서다. 한국소설의 기원에 해당하는 설화문학시대부터 일제강점기 소설에 이르기까지 소설의 변화 과정을 사적으로 체계화했다. 이 책을 통해 한국소설의 역사적 맥락이 윤곽을 드러내게 되었다는 것은 비록 방법론의 치밀성 결여라는 문제가 있음에도 높이 평가해야 할 대목이다. 특히 김태준이 이 책을 20대 중반에 내놓았다는 사실은 경성제대의 학문적 수준을 짐작할 수 있게 한다. 그가 『조선소설사』를 저술하는 동시에 『조선한문학사』를 통해 전통 한문학을 청산하고자 했다는 사실도 간과해서는 안 된다. 그는 봉건시대 귀족의 문학인 한문학의 청산을 통해 신문학의 출발을 선언했다. 그의 『조선한문학사』는 전통적인 한학에서 문학을 분리하고 시문 중심의 한문학에 수필, 야담, 소설 등을 포함시킨다. 그가 이른바 위항문학이라고 칭하기도 하는 서얼층의 중인문학에 주목한 점은 한문학 연구의 새로운 장을 여는 계기가 되었다.

김재철의 연극사 연구

김재철의 『조선연극사』[118]는 한국연극의 양식과 역사적 계보를 체계화

118 1933년 5월 18일 조선어문학회에서 출간한 연극사서. 김재철은 경성제대 졸업논문으로

한 최초의 업적이다. 『조선연극사』의 체제와 내용 구성을 보면 제1편 가면극, 제2편 인형극, 제3편 구극과 신극으로 이루어져 있다. 김재철이 경성제대 졸업논문으로 제출한 「조선고대연극개관」은 이 가운데 제1편과 제2편에 해당한다. 제3편은 동아일보 연재 과정에서 추가한 것이다. 구체적인 내용은 다음과 같은 서문에 잘 드러나 있다.

> 朝鮮演劇 特히 古代劇에 關한 硏究는 차저볼 수가 업다. 淺才鈍質인 내가, 거기다가 筆致조차 서투른 내가 存在부터 確實치 못한 이때에 唐突하게 대번에 演劇史를 쓴다는 것은 아모리 하여도 書出魍魎 가튼 感이 업지 안타.
>
> 나는 위선 여기서 埋沒된 朝鮮演劇을 차저내고 그 系統을 求하여 보고 그 內容을 簡單히 說明하기로 하겠다. 勿論 萬全을 期하는 것은 千萬不當이다. 다만 鄕土藝術로서 相當한 價値가 잇는 朝鮮 古代演劇을 永遠히 파무더두고 십지 안흔 마음에서 出發하여 여러 文獻에 조금씩 散在하여 잇는 記事를 利用하여섯 近隣 諸國의 古代劇과의 關係 有無를 알고 시펏든 탓에 이 小考를 起草하기 始作하엿스며 이왕 古代劇을 써 노엇스니 거기다가 舊劇, 新劇까지 집어느케 되엿다.
>
> 發表까지는 考慮 中이었더니 처음부터 만흔 援助를 하야준 天台山人의 屢次 勸告도 잇섯고 또 讀者 諸 氏의 만흔 鞭撻을 밧고 시픈 생각이 잇서서 自信 없는 作品을 내노케 되엿다.[119]

머리말에는 연극, 고대극, 구극, 신극 같은 연극사 기술을 위해 개념 규정이 필요한 용어들이 제시되어 있다. 그러나 이 책에는 이러한 용어의 개념에 대한 구체적인 설명이 등장하지 않는다. 연극사 기술에 있어 시대적 순서 개념으로 고대극, 구극, 신극이라는 구분을 쓰지만 구분의 방법과 원칙도 제시하지 않았다. 하지만 이 책은 매몰된 조선연극을 찾아내어 계통을 구하고 내용을 간단히 설명하겠다는 연극사 구성에 대한 의지를 분명하게 밝히고

제출했던 「조선 고대연극 개관(朝鮮 古代演劇 概觀)」을 보완해《동아일보》에 1931년 4월 15일부터 7월 17일까지 「조선연극사」를 연재했다. 1933년 그가 지병으로 사망하자 그 업적을 기리기 위해 조선어문학회에서 신문 연재 원고를 정리해 이 책을 간행했다.

119 金在喆, 「朝鮮演劇史」(東亞日報, 1931. 4. 15).

있다. 여기서 말하는 계통을 구한다는 것은 역사적 체계화의 작업을 뜻하는 것이 분명하다. 이 책에서 제시하는 연극사 서술의 내용은 다음과 같다.

제1편 假面劇
  제1장 三國 이전의 假面劇
  제2장 新羅의 假面劇
  제3장 高麗 李朝의 假面劇
  제4장 內容으로 본 山臺劇
  제5장 山臺劇의 舞臺構造
  제6장 山臺劇 假面의 構造
  제7장 朝鮮 假面劇의 系統
제2편 人形劇
  제1장 人形劇의 語義와 發生
  제2장 朝鮮 人形劇 概觀
  제3장 內容으로 본 人形劇
  제4장 朝鮮 人形劇의 系統
제3편 舊劇과 新劇
  제1장 舊劇
  제2장 新劇

위와 같이 『조선연극사』는 전체적인 연극사의 기술에서 고대극의 하위 갈래에 속하는 가면극과 인형극의 특성에 대한 서술을 중심으로 하고 있다. 연극의 역사적 변화와 발전을 통사적으로 체계화하기보다는 하위 갈래에 속하는 가면극과 인형극을 구분해 계통과 내용을 서술하는 셈이다.

『조선연극사』의 서술 체제는 가면극, 인형극, 구극과 신극의 순서로 구성되어 있다. 이러한 구성은 연극의 발전 과정을 3단계로 구분하는 고대극, 구극, 신극의 순서와 일치한다. 그러므로 표면적으로는 연극 양식의 갈래를 기준으로 서술하는 것처럼 보이지만 근본적인 체제 자체는 시대적 순서 개념을 따르는 셈이다. 이를 통해 조선 가면극의 역사 발전 과정의 기원을 고대의 제의에서 찾고, 이것이 신라시대의 연희에서 고려시대의 산대잡극을 거쳐 조선의 산대도감극으로 이어져 내려온 맥락을 구축할 수 있게 된다.

「조선 고대연극 개관」의 내용을 그대로 따르는 가면극과 인형극에 관한 서술은 문헌 자료의 고증을 통해 각각의 연희 방식과 극적 구조를 구명하고 있다. 그리고 이러한 연희의 전통을 서역은 물론 중국과 비교해 설명함으로써 가면극의 기원과 계통 그리고 성격을 동아시아 문화의 전통 속에서 밝혀낸다. 특히 가면극이나 인형극이 향수되던 시대적 배경과 함께 조선 후기에 들어서 양반층을 풍자하고 비판하는 서민의식의 성장을 발견하고 있는 것도 주목되는 성과라고 할 수 있다. 더구나 제3편에서 연희의 주체로서 광대(廣大)의 존재와 역할에 주목해 어원의 고증에서부터 내력과 기능을 설명한 것은 조사 연구의 치밀함을 잘 말해 준다.

『조선연극사』의 내용 가운데 논란의 대상이 되는 것은 구극과 신극의 개념이다. 김재철은 판소리와 창극을 구극으로 범주화했고 신극은 이인직의 〈원각사(圓覺社)〉 공연 이후에 등장한 연극 활동을 포괄하는 개념으로 사용했다. 물론 이 양자에서는 가면을 쓰거나 인형을 가지고 하는 놀이와 달리 사람이 직접 정해진 배역을 맡아 출연한다는 점에서 연극성이 강조된다. 구극과 신극 개념에서 신과 구의 구분은 시대적 순서 개념을 분명하게 드러내기 위한 것이다. 하지만 창극과 판소리를 구극으로 구분한 것은 논란의 여지가 있다. 창극은 이인직의 〈원각사〉 공연 이후 특히 일제강점기에 대중적인 연극 형태로 인기를 얻었고 오늘날에도 전통이 이어지고 있다.[120] 판소리의 경우도 구극이라는 양식 구분을 따르기보다는 독자적인 양식으로서 판소리의 공연 방식을 인정하는 추세임을 지적할 필요가 있다. 신극의 개념도 극단의 공연 활동을 중심으로 서술하기 때문에 초창기 신극운동에서 중시되었던 극문학의 양상이나 현대극 이론의 확립 과정 등은 소홀하게 다루어졌다.

김재철의 『조선연극사』는 전통적인 탈춤 또는 탈놀이와 인형 놀이에 각각 가면극과 인형극이라는 연극 개념을 처음으로 부여한다. 연극의 개념이나 본질적 속성을 탈놀이와 꼭두각시놀이의 극적 구성 요소를 통해 확인하고, 이들을 고대극이라고 명명했다. 일반적으로 널리 알려져 있듯 '배우가

120 정노식의 『조선창극사』(朝鮮日報社出版部, 1940)에서는 판소리를 창극이라는 개념으로 설명한다.

무대에서 극본에 따라 어떤 사건이나 인물을 몸짓·동작·말로써 관객에게 보여 주는 예술'이라는 연극의 개념을 이미 구분법에 적용한 것이다. 가면극이나 인형극에서 얼굴에 탈을 쓰고 인물을 가장하거나 광대를 대신하는 인형(꼭두각시)을 사용하는 것은 그 극적 구성의 핵심이다. 이 책에서 전통적인 탈놀이와 꼭두각시놀이에서 가면극과 인형극으로서 연극의 미학적 성격을 밝혀내고 예술적 성격을 조명하는 것은 획기적인 접근법이라고 할 수 있다.

조윤제의 시가사(詩歌史) 연구

조윤제는 경성제대 조선어급문학과에서 한국문학을 연구했다. 그는 한국 시가문학의 다양한 양식적 분화와 발전 과정을 역사적으로 체계화한 『조선시가사강(朝鮮詩歌史綱)』을 내놓으면서 한국문학 연구를 주도하게 되었다. 책의 서문에서 조윤제는 시가문학사 연구가 과거의 역사를 배경으로 하고 있지만 그것은 단순한 옛 기록의 나열이 아니며 새로운 문학을 생산할 수 있는 생명을 찾는 것이라고 했다.

> 大抵 韓國의 詩歌가 極히 寥遠한 옛적에 形成하야 三國時代의 初期에는 벌서 어느 程度까지의 形式을 整齊하고, 原始的 詩歌에서 文學的 詩歌로 발을 들어놓아 新羅 鄕歌時代의 꽃봉아리를 맺으려 하였으나, 때마침 물밀듯 들어오는 大陸文化에 壓頭되야 그만 고개를 드지 몯한 채 數百年을 呻吟하다가, 다시 世宗朝의 訓民正音을 만나 一脈의 生氣를 얻었다 하지마는 元幹 大勢의 밑이라 어찌할 수 없었다. 그리하야 다른 어느 部門의 文學과 마찬가지로 詩歌는 시원한 發達을 하지 몯하고 近代에 이르렀다. (중략) 그러나 그러는 동안에 自然히 古代文學과 現代文學과의 사이에는 隙隙이 생기고 連絡이 끊어저, 다시 새로운 어떠한 工作이 여기에 일어나지 않으면 아니되였으니, 이것이 곳 古代文學의 硏究라는 形式으로 나타나게 되였거니와, 우리는 늘 將來의 힘찬 建設은 반드시 그 過去의 歷史를 背景으로 하지 않으면 아니 될 것을 안다. 여기에 있어 歷史는 片片 古記錄의 單純한 羅列이 아니고 將次로는 새것을 生産할 生命을 가진 것이거니와, 이 조그만한 아직 不徹底한 小論著가 敢히 그러한 重大의 使命을 이룰 수 있을가 없을가.[121]

위의 서문에서 밝히고 있듯이 조윤제는 한국시가의 역사적 흐름을 한 문장으로 압축해 제시했다. 그는 한국시가의 기원을 원시종합예술의 형태에서 발견하면서도 원시적 시가가 문학적 시가로 형태를 갖추게 된 것은 신라의 향가임을 분명히 했다. 그는 향가를 통해 한국시가의 원형을 발견했으며, 이것이 수백 년간 대륙 문화의 위세에 눌려 있다가 세종대왕의 한글 창제로 생기를 되찾게 되었다고 보았다. 여기서 주목되는 것은 조선시가의 역사적 변화를 하나의 거대한 생명체의 흐름으로 파악하고자 한다는 점이다. 실제로 『조선시가사강』의 서술 체계를 보면 다음과 같이 역사적 단계를 구획하고 있지만 시가의 맥락은 하나로 이어진다.

1. 朝鮮詩歌의 發生時代
2. 鄕歌時代
3. 詩歌의 漢譯時代
4. 舊樂淸算時代
5. 歌辭誦詠時代
6. 時調文學發揮時代
7. 詩歌撰集時代
8. 唱曲旺盛時代

이와 같은 시가의 역사적 시대 구분은 왕조의 순서를 따르지 않고 시가 자체의 질서와 변화를 따르고 있다. 여기서 주목되는 것이 한시와 한문을 시가문학의 전통에서 모두 제거하는 점이다. 한국문학의 범주에서 한문학의 위치를 어떻게 규정할 것인가 하는 문제는 이미 한국어와 한글로 이루어진 문학이라는 언어 중심적 관점에 의해 원칙이 정해졌던 것이다. 조윤제는 조선시가라는 개념에서 한국어를 기반으로 한다는 것을 전제로 했기 때문에 향가에서부터 고려가요를 거쳐 시조와 가사에 이르는 시가의 형태 변화에 초점을 맞추고 있음은 물론이다. 그는 훈민정음의 창제를 두고 진정한 의미의 조선문학은 이 시기로부터 시작된다고 했다.

---

121 조윤제, 『조선시가사강』(동광당서점, 1937), 4-5면.

조선시가의 역사적 전개에서 드러나는 여러 시가 양식의 등장과 소멸 과정은 신라시대의 향가, 고려시대의 고려가요(장가), 조선시대의 시조와 가사라는 양식의 시대적 교체를 의미한다. 하지만 조윤제는 이러한 변화를 시가 양식의 내부에서 일어나는 형태적 변화를 통해 설명하고자 했다. 향가의 잔존 형태가 고려시대의 가요 속에 나타나며, 고려가요의 형태 속에서 시조와 가사의 형태가 싹트는 것으로 설명하고 있는 것이다. 그러므로 당연히 시가의 변천 과정을 설명하기 위해 형태적 특성에 관심을 갖게 된다. 조윤제는 특정 시대의 시가 형태가 시대와 정신의 산물이라는 점을 부정하지 않았다. 하지만 시가의 변화 서술에서 시대적 배경이나 시가 내용에 대한 인상주의적 기술에 의존하지 않고 형태적 특징 자체를 분석적으로 밝혀내고자 했다. 시가문학의 본질과 이념적 성격은 모두 그 형태에 의해 결정되는 것이다. 이와 같은 태도는 시가의 형태에 대한 내재적 접근에 근거하는 것으로 분석주의 성격이 강하다. 향가의 형태를 4구체, 8구체, 10구체로 구분한다든지, 시조의 형식을 3.4조의 자수율에 의해 설명하고자 한다든지 하는 것은 모두 이러한 경향에 따른 것이다.

조윤제가 시가의 역사를 체계화하기 위해 시가 형태에 대한 탐구에 주력한 것은 시가 연구에서 과학적·실증적 방법의 확립을 시도했다는 의미를 지닌다. 그렇지만 이러한 접근 방법은 조윤제의 『국문학사』에서도 확인할 수 있듯이 두 가지 약점을 드러낸다. 첫째는 조선시가의 향수 방식 자체가 악곡을 수반해 이루어진다는 사실을 간과하고 있는 점이다. 조선시가는 '시가'라는 개념에 음악적 요소를 포함하고 있다. 모든 시가는 악곡에 얹혀 가창된다. 그러므로 모든 시가의 형태는 음악의 형식과 밀접하게 연결되어 있다. 시조의 경우만 보더라도 가곡창과 시조창의 창법에 따라 가창되는 시조의 형식이 5장과 3장으로 각각 달라진다. 시가 형태의 특징은 악곡의 형식을 떠나서는 설명하기 어려운 것이다. 물론 개화계몽시대에 들어서면 시가에서 악곡이 분리되고 근대적 시문학의 성립이 가능해진다. 이 커다란 전환을 놓고 본다면 전통시대 시가의 형태를 논할 경우 악곡의 형식적 특성을 도외시할 수 없다는 것은 분명한 일이다.

둘째는 조윤제가 가장 관심을 기울였던 자수율이 가지는 문제다. 조윤제는 시가 형식에서 기본적인 자수율을 확립하는 데 심혈을 기울였다. 그렇지만 율격 구조의 기본 요소가 되는 자수율은 시가의 형태 구성과 의미 구조를 설명하는 데 논리적 약점을 보여 준다. 조윤제의 후학들이 자수율을 부정하고 음보율에 매달리게 된 것은 이 때문이다. 그런데 여기서 한 가지 더 지적하고자 하는 것은 시가 형태에서 율격과 의미 구조를 결정하는 것은 율격론(metrics)만의 문제가 아니라는 사실이다. 시가의 형태에서 의미와 율격을 구성하는 단위는 시행(verse) 개념이다. 시가는 시행의 구성 방법에 따라 전체적인 형식의 특징이 결정된다. 시조는 3.4조로 형태가 결정되는 것이 아니라 초장, 중장, 종장의 3장(행) 구성으로 시적 형태가 결정된다. 근대시의 출발점에 놓여 있는 최남선의 「해에게서 소년에게」는 시행의 개념을 받아들였기 때문에 새로운 형태적 모색이 가능했던 것이다. 물론 자유시 이후 시의 형태 문제가 난맥상을 드러내게 된 것은 시행 개념 인식의 부족과 직결된다.

조윤제의 『조선시가사강』은 앞서 지적한 대로 시가의 역사적 변화 과정을 서술할 때 하나의 거대한 생명체가 움직이는 것처럼 문학적 가치의 소장(消長)을 연속적으로 이어서 설명하고 있다. 이러한 관점은 그의 「국문학사」에서 더욱 뚜렷하게 나타난다. 한국문학이 태동기를 거쳐 새롭게 형성된 후 위축의 수난을 겪다가 다시 소생해 융성·발전한다는 역사적 연속성의 논리는 문학적 현상의 시대 순서 개념과 본질 개념 사이의 지속성과 단절성의 의미를 합리적으로 설명하기 어렵게 만든다. 문학적 현상에 유기체적 진화 모델을 적용하고 있는 이러한 방법론의 문제는 지금도 여전히 논란의 대상이 되고 있다. 그러나 이 책이 시가문학사에 대한 초창기의 학문적 업적임에도 고려시대 가요에 대해 '별곡'이라는 양식 개념을 도입한 점, 시조 형태의 성립에 대한 가설과 한국시가의 미의식에 대한 해석 등을 제공하고 있는 점 등은 의미 있는 성과다.

3) 임화의 신문학사 구상

신문학사의 서술

임화의 문학사 연구는 그의 비평 활동의 궁극적인 지점에 놓여 있다. 그의 신문학사 구상은 조선프로예맹의 강제 해체(1935. 6) 직후 그가 발표한

「조선신문학사론서설」에서부터 방향이 드러난다. 이 글은 그의 문학사에 대한 관심이 어디에 있는지 말해 주는 몇 가지 단서를 제공하고 있다. 특히 그가 구상하는 신문학사의 전체적인 성격을 가늠해 볼 수 있는 중요한 출발점에 해당한다.

임화의 비평 활동이 문학사에 대한 관심으로 좁혀지게 된 것은 두 가지 차원에서 그 의미를 규정해 볼 수 있다. 하나는 한국의 근대문학 자체가 신문학의 성립 이후 쌓아 온 역사적 실체로서 존재 의미를 드러내기 시작했다는 것이다. 실제로 이인직의 신소설 이후 한국 근대문학은 한 세대를 뛰어넘는 역사적 전개 양상을 보여 주고 있으며 그만큼 긴 시간적 거리를 역사 서술의 간격으로 유지할 수 있게 되었다. 문학의 경향 자체도 초기의 반봉건적 계몽성을 벗어나 낭만주의와 자연주의 경향의 혼류를 거치면서 현실 생활에 접근하는 사실주의 성과를 드러내는 많은 작품이 산출되었다. 더구나 문학과 민족의식이라는 이념적 가치가 연결되기도 했고 계급적 현실의 반영으로서 계급문학의 출현도 가능하게 되었다. 하지만 객관적 정세의 불리라고 설명되는 일제의 억압적인 사상 통제로 조선프로예맹이 와해됨으로써 문학의 전체적인 흐름과 역사적 전망에 대한 반성이 자연스럽게 제기될 수 있게 되었음은 물론이다. 또 다른 점으로 1930년대 문학이 상당 부분 문학적 방법 또는 예술적 기법에 관심을 기울이면서 기존의 문학과 다른 모더니즘 경향을 드러내는 시대적 전환을 보여 주게 된 점도 주목된다. 결국 한국의 근대문학은 시대적 전개 양상을 총체적으로 조망해야 할 정도로 풍부한 역사성을 지니게 된 것이다. 그러므로 문학사적 조망 또는 역사적 체계화를 통해서만 시대적 변화의 전체적인 면모를 제대로 이해할 수 있게 되었다고 할 수 있다.

임화의 문학사 연구는 문학사 연구자로서 방법과 관점의 확립이라는 방법론의 문제를 야기한다. 임화가 「조선 신문학사론 서설」을 발표하기 전에 이미 문단과는 다른 학술 영역에서 안자산의 「조선문학사」를 비롯해 김태준의 「조선소설발달사」, 김재철의 『조선연극사』, 조윤제의 『조선시가사강』 등 한국문학에 대한 양식사적 체계화 작업이 선행되었다는 점은 주목을 요한다. 문단의 경우에도 김기진의 「최근 10년간 조선문예의 변천 과정」, 박팔양의 「신시운동 개설」 등이 나왔으며, 신남철의 「최근 조선문학사조의 변천」도 새롭게 제기된 바 있다. 임화는 이러한 학계와 문단의 경향을 주목하면서 나름의 문학사를 구상하게 된다. 물론 그의 관심의 초점은 자신이 주도했던 계급문학운동을 한국 근대문학의 역사적 전개 과정에서 어떻게 설명하고 문학사적 위치를 어떻게 규정할 것인지에 있다. 그는 계급 문단이 일제의 사상 탄압 과정에서 와해되는 현실을 목도하면서 계급문학 10년의 수난을 문학사의 방법이 요구하는 과학적 방법론에 입각해 분명하게 설명하고자 했다. 그는 문학사라는 이름으로 일종의 사상사적 자기반성을 시도하고 있던 것이다.

임화의 「조선 신문학사 서설」은 직접적으로는 신남철의 「최근 조선문학사조의 변천」에 대한 비판적 논의로 일관하지만, 박영희의 「최근 문예 이론의 신전개와 그 경향」(동아일보, 1934. 1. 2-11)에서 제기한 '잃어버린 예술'에 대한 반발까지도 포함한다. 그는 문학사가 요구하는 과학적 방법의 엄밀성을 이렇게 강조했다.

> 오늘날에 잇서 우리 朝鮮文學史上의 모든 事實에 對하야 嚴密한 科學的 評價를 내리고 그 複雜多端한 歷史的 發展의 全 路程 가운데서 一貫한 客觀的 法則性을 차저내여 한 個의 正確한 體系的 描寫를 만든다는 것은 實로 困難한 事實이면서도 또한 가장 尊貴한 일의 하나이 아니면 아니 된다.
>
> 그러나 只今 이 文學史的 努力의 價値와 意識에 關하야 오늘날에 잇서서란 한 個 特別한 時代的 關心을 가지고 이야기하게 됨은 이 오늘날이란 時期가 가지고 잇는 바 諸 內容이, 그 價値와 結果하는 바 意義를 다른 如何한 時期보다도 實로 固有의 것을 만들기 때문이다. 무엇보다 그 切迫한 必要에 잇서 또 非常히 놉고 큰 意義에 잇서 다른 時期에 잇슬 文學史的 事業과 스스로 區別되어야 한다.
>
> 따라서 우리가 文學史的 事業에 要求하는 科學的 嚴密性은, 一層 苛酷하고, 또 高度의 것이다. 웨 그러냐 하면, 오늘날에 잇서서 處해진는, 僅少한 科學的 不正確性은, 明日에 볼 수 잇는 우리의 文學的 創造에 잇서 實로 今日에 안저 想像키 어려운 甚大한 結果를 招來할, 出發點이 되는 때문이다. 맛치 두 個의 直線이 一點上에서 相交함에 잇서, 그 一點上을 通過한 直後에 두 線의 距離란 無限히 挾少한 것이나, 드듸어는 永遠히 相合치 안흘 無限大의 方面으로 發展하는 幾何學上의 範例와 가티, 今日의 時期란 우리

들의 文藝的 發展上에 잇서 正히 重大한 一點인 때문이다.

現在 우리 朝鮮의 푸로레타리아文學이 어떠한 條件下에 잇스며, 또 그 外의 健全한 文學 全般이 未曾有의 深刻한 歷史的 局面 우에 서잇다는 것은, 多言을 要치 안흘 것이다. 非單 한 個 푸로레타리아文學의 運命에 關한 事態가 아님도 또한 歷然한 것이다. 이미 몃 사람의 良心 잇는 文學者의 입으로부터 이대로 가면 朝鮮文學은 滅亡할 것이다!라는 悲痛한 부르지름이 發해진 것도 一二 次가 아니다.

그리고 이러한 危機的 困惑을 가장 尤甚히 밧고 잇는 文學은 一般的인 朝鮮文學의 領域 가운대서도 自然主義 文學의 衰微 以後 올 民族的 文學의 眞實한 길을 것고 잇든 그 唯一의 藝術的·思想的 支柱인 푸로레타리아文學이라는 것은 過去 푸로文學에 關하야 不當한 評價을 내리고 잇든 一聯의 盲眼者流에게 正히 頭上의 一棒이 아니면 아니 될 것이다.

只今에 잇어 이들 盲眼者들이 文學上의 한 個 狂暴한 左翼的 異端者의 潮流로 보아 오든 文學 우에 加하야진 沈痛을 極한 時代的 壓力이 波及하는 範圍의 넓음을 感知하지 못하는 者가 아즉도 이 나라 文學界 가운데 남아 잇다면 그것은 全혀 藝術的으로 思惟하고 認識할 何等의 資質을 갓지 안흔 者뿐일 것이다.[122]

임화는 한국 신문학사의 기술 자체를 비평이 요구하는 긴박한 현실적 실천으로 인식했다. 그 이유는 당대 현실에서 제기된 계급문학운동에 대한 비판을 그의 입장에서는 결코 용납할 수 없었기 때문이다. 그는 계급문학에 대한 부당한 비판이 신문학의 형성부터 계급문학운동에 이르기까지 문학의 전개 과정에서 볼 수 있는 역사적 필연성을 부당하게 왜곡하고 있다고 판단했다. 이 같은 왜곡된 인식을 바로잡는 것이야말로 문학사의 기술을 통해 가능하다는 것이다.

임화의 문학사 논리는 소설사를 주축으로 한다. 이러한 특징은 그가 연재를 시도하다가 중단했던 문학사 기술의 내용을 통해서도 그대로 드러난다. 실제로 임화는 '이인직에서 최서해까지'라는 부제를 내세우면서 신소설

122 林和, 「朝鮮 新文學史論 序說(一)」(朝鮮中央日報, 1935. 10. 9).

에서 신경향파소설에 이르는 소설사의 새로운 구도를 제시하고자 했다. 임화는 이인직의 신소설과 이광수의 『무정』을 간략하게 대비했다. 그는 이인직 신소설의 창조적 성과를 높이 평가했다. 그 이유는 전대의 구소설과 대비하면 사상과 제재뿐만 아니라 언어 문장 표현의 정밀한 묘사에 있어서도 실로 혁신적인 변화를 가져왔기 때문이다. 이에 비한다면 이광수의 『무정』은 우월성을 인정할 만한 것, 특히 진보적 의식이라는 것이 그리 많지 않다. 이광수 문학의 부르주아적 성격은 낭만주의와 자연주의가 혼효된 1920년대 초기 김동인, 염상섭, 현진건, 나도향 등의 소설로 이어진다. 그리고 이들이 만들어낸 단편문학의 토대 위에서 신경향파소설이 등장한다. 임화는 신경향파소설에서 '박영희적 경향'과 '최서해적 경향'이 서로 대조를 보인다고 설명했다. 신경향파소설의 낭만주의적 열정과 계급 이념을 이른바 '박영희적 경향'이라고 규정한 그는 이와 대조가 되는 '최서해적 경향'을 들어 현실주의적 특성을 강조했다. 임화가 진단하고 있듯이 신경향파문학은 결국 박영희적 경향과 최서해적 경향이 혼재하는 것이었다. 두 가지 경향의 변증법적인 통합이 계급문학이라고 한다면 이것은 역사 발전의 필연적인 결과라는 것이 임화의 입장이다.

신문학사의 연구 방법

임화의 신문학사 구상은 그의 「신문학사의 방법」[123]을 통해 연구 방법의 논리를 구체화하기에 이른다. 임화는 신문학사 연구를 위해 대상, 토대, 환경, 전통, 양식, 정신이라는 여섯 개의 항목을 구분해 제시했다. 그는 문학사 연구의 관점과 방법을 세분화함으로써 구체적 방법론의 확립에 앞장섰다.

임화는 신문학사에 관한 논의를 '신문학사의 대상은 조선의 근대문학이다.'라는 명제로부터 시작했다. 그리고 이를 부연해 조선의 근대문학은 '근대정신을 내용으로 하고 서구 문학의 장르를 형식으로 한 조선어 문학'이라고 규정했다. 여기서 그가 문제 삼는 것은 '조선문학'의 범주에 관한 규정이다. 이

123 林和, 「新文學史의 方法」(東亞日報, 1940. 1. 13-20). 당시에는 '조선문학 연구의 일 과제'라는 부제가 달려 있었지만 『문학의 논리』(학예사, 1940)에 옮겨 실으면서 부제를 제외한 「신문학사의 방법」으로 제목이 바뀌었다.

미 이광수 등이 '조선인에 의해 조선어로 제작된 문학'으로 그 범주를 규정했기 때문이다. 임화는 문학이라는 것은 언어 이상의 것으로서 정신문화에 속한다는 점을 전제했다. 이러한 전제 아래에서는 이광수가 강조했던 일종의 속문주의(屬文主義)의 원칙이 힘을 잃게 된다. 임화에 의하면 조선문학에는 상대의 이두문학, 전대의 언문 문학과 한문 문학 그리고 근대문학이 모두 포함된다. 임화는 한문 문학을 무시하고는 전대 조선의 전통과 유산 전체를 문제 삼기 어려울 것이라고 주장했다. 그러므로 그는 '조선어 문학'이라는 개념을 제시하면서 한문 문학의 영역도 간접적 대상으로서 문학사의 대상이 될 수 있다는 점을 강조하게 된다.

임화는 신문학사 연구의 첫 번째 과제로 토대 연구를 내세웠다. 그는 신문학사 연구의 대상을 조선의 근대문학으로 범주화하면서 철저하게 신문학사의 성립 자체를 토대와 상부 구조의 도식에서 설명하고자 했다. 여기서 문학은 물론 상부 구조에 해당하지만 그러한 문학적 현상을 가능하게 만든 사회적 토대의 이해가 전제된다. 이러한 관점은 임화 자신이 마르크스주의 관점의 실천으로서 문학사 연구를 목표로 삼고 있음을 말해 준다. 임화의 주장에 따르면 문학예술은 물질적 환경이라는 토대 위에서 형성된 일종의 역사적·문화적 산물에 해당한다. 그러므로 문학의 현상을 이해하기 위해서는 그러한 문학의 생산을 가능하게 만든 특정 물질적·역사적 조건으로서 토대를 이해해야만 한다. 모든 인간 정신의 산물은 특정한 물질적 조건에서 만들어지기 때문이다. 한국의 신문학 역시 새로운 사회적·경제적 기초 위에서 형성된다. 신문학사 연구는 한국 근대 사회사의 성립을 토대로 형성된 정치, 경제, 농업사 등 자본주의 발달사의 연구 위에서 진행되어야 하며 민중운동사와 계급 발전 등에 관한 연구에 주목해야 한다. 새로운 시대정신의 형성 없이는 신문학이 성립될 수 없다는 것이 임화의 판단이다.

임화는 신문학사 연구의 두 번째 과제로 환경이라는 개념을 내세웠다. 여기서 '환경'은 문학적 환경이라는 좁은 개념으로 국한된다. 문학적 환경이란 특정 민족의 문학이 가지는 대외적 조건과 교섭의 형상을 말한다. 이것은 문화적 영향과 수용이라는 면에서 볼 때 비교문학의 영역에 해당한다. 임화는 신문학이 서구적 문학 장르인 자유시와 현대소설을 수용하면서 형성되었을 뿐만 아니라 문학사의 모든 시대가 외국 문학의 자극과 영향, 모방으로 일관되었다는 사실을 강조했다. 그리고 이에 근거해 '신문학사란 이식문화의 역사'라는 유명한 명제를 내세우게 된다.

> 新文學史의 硏究에 잇어 文學的 環境에 考究란 것은, 新文學의 生成과 發展에 잇어 不斷히 影響을 받어 온 外國 文學의 硏究다. 新文學이 西歐的인 文學 '짠르'(具體的으로는 自由詩와 現代小說)를 採用하면서부터 形成되고 文學史의 모든 時代가 外國 文學의 刺戟과 影響과 模倣으로 一貫되엇다 하야 過言이 아닐 만큼 新文學史란 移植 文化의 歷史다. 그런 만치 新文學의 生成과 發展의 各 時代를 通하야 影響받은 諸 外國 文學의 연구는 어느 나라의 文學思想의 그러한 硏究보다도 重要性을 띠우는 것으로 그 길의 緻密한 硏究는 곧 新文學의 殆半의 內容을 밝히게 된다.
>
> 一例로 新文學史의 出發點이라고 할 六堂의 自由詩와 春園의 小說이 어떤 나라의 누구의 어느 作品의 影響을 받엇는가를 밝히는 것은 新文學生成史의 要點을 解明하게 되는 것이다. 그들의 文學이 舊朝鮮의 文學, 特히 過渡期의 文學인 唱歌나 新小說에서 自己를 區別하기 爲하야 必要한 것은 日本의 明治 大正 文學이었음은 周知의 일이다.
>
> 그러나 그때 或은 그 뒤의 新文學이 日本 文學에서 배운 것은 往年의 傾向文學과 最近의 短篇小說들을 除外하면 極小한 것이다. 그러면 直接으로 西歐 文學을 배웟느냐 하면 그러치도 아니햇다. 그럼에 不拘하고 新文學은 西歐 文學의 移植과 模倣 가운데서 자라낫다. 여기에서 이 環境의 연구가 이미 特히 西歐 文學이 朝鮮에 輸入된 經路를 따로이 考究하게 된다. 外國 文學을 소개한 歷史라든가 飜譯 文學의 歷史라든가가 特別히 關心되어야 한다. 여기서 우리가 逢着하는 것은 西歐 文學의 直接 硏究보다도 日本文學 내지 明治·大正 文學史의 상세한 硏究의 必要다. 新文學이 西歐 文學을 배운 것을 日本 文學을 通해서 배웟기 때문이다. 또한 日本 文學이 자기 자신을 朝鮮文學 우에 넘겨 준 것보다 西歐 文學을 朝鮮文學에게 주엇다. 그것은 飜譯과 創作과 批評 等 세 가지 方法을 通해서 遂行되엇다.[124]

124 林和, 「新文學史의 方法論(三)」(東亞日報, 1940. 1. 16).

그런데 임화는 이식과 모방의 문학사를 강조한 끝에 신문학의 생성기에서 가장 중요한 문제였던 언문일치의 문장까지도 일본 메이지문학의 문장을 이식해 왔다고 주장했다. 이러한 관점은 언문이라는 이름으로 글쓰기 전통을 이어 온 국문체의 발전 과정에 대한 역사적 인식의 결여를 그대로 말해준다. 특히 임화는 《독립신문》의 국문 전용에서 드러나는 글쓰기의 변화가 당대 국어국문운동의 주체적 각성에 따라 가능했다는 것을 깊게 이해하지 못하고 있었던 것이 아닌가 생각된다.

임화가 신문학사 연구의 세 번째 과제로 내세운 것은 '전통'이라는 개념이었다. 이것은 '이식 문화사로서 신문학사'를 내세웠던 문학적 환경론에 대한 보완책이라고 할 수 있다. 물론 임화는 외래 문화의 수입이 조선에서처럼 이식 문화, 모방 문화의 길을 걷는 경우 과거의 유산은 부정적 객체가 되고 오히려 외래 문화가 주체적인 의미를 띤다고 주장했다. 외래 문화에 탐닉하기 때문이다. 외래 문화의 탐닉은 곧 고유 문화, 재래 유산의 해체를 촉진하고 그것의 완료가 곧 새 문화의 창조가 된다. 이것은 낡은 문화의 패배다. 물론 임화는 문화 이식이 고도화될수록 반대로 문화 창조가 내부로부터 성숙한다는 사실도 지적했다. 조선문학사는 서구의 르네상스와 같이 자기의 상대(上代)에 부흥될 전범(典範)을 갖지 못했으나, 신문학은 고유한 가치를 새로운 창조 가운데 부활시키는 문화사의 한 영역임을 강조했다. 그는 신문학이 한문으로부터의 해방에서 출발한 것이면서 동시에 언문 문화로의 복귀에서 출발했음을 지적했다. 신문학사가 전통을 간과할 수 없는 이유는 바로 정신으로서 언문 문화를 살려 나간다는 점에서 찾을 수 있는 것이다.

양식이라는 개념은 임화가 내세운 네 번째 과제이지만 신문학사 연구의 핵심에 해당한다. 문학사는 여러 시대를 연속적이고 일관한 것으로 연구한다. 모든 역사 연구가 그러한 것처럼 문학사도 시대를 하나의 단위로 취급한다. 그런데 시대란 것이 연구 단위가 될 때 개개의 작품, 개개의 작가는 각 시대 가운데로 편입되며 그들의 개성 또한 시대의 특색으로 해소된다. 그러므로 자연히 한 작품의 형식이라든지 한 작가의 형식상 개성이란 것은 시대의 그러한 특색 가운데로 들어가서 그 시대의 고유한 문예상의 개성이란 것으로 재생되지 아니할 수 없다. 이를 문학에 있어서는 시대적 양식이란 개념이라고 하는데, 문학사는 이러한 몇 개의 특색 있는 양식을 발견하는 것이 중요한 임무다. 시대적 양식은 단순히 하나의 특이한 양식에 그치는 것이 아니라, 시대인의 고유한 체험과 생활에서 형성된 시대정신이 자기를 표현하는 형식이다. 결국 임화는 '문학사는 양식의 역사'라는 명제에 도달했다. 물론 양식의 역사는 기실 정신의 역사와 같은 형식에 지나지 않는다. 문학사는 예술사의 대상일 뿐만 아니라 실로 사상사, 정신사의 대상이기도 하기 때문이다. 여기서 임화는 신문학사가 양식의 창안 대신에 양식의 수입으로 이루어진 점은 곧 새 정신의 이식을 의미한다고 규정했다.

신문학사의 방법에서 마지막으로 논의한 것은 정신이다. 정신은 비평에 있어서와 같이 문학사의 최후의 목적이자 도달점이다. 양식의 역사를 통해 정신의 역사를 발견함으로써 문학사는 정신문화사의 한 분과로서 확고한 지위를 차지한다. 임화는 문학사 연구가 모든 문학적·양식적 운동과 변천의 근원이 된 정신의 역사를 일관성 있게 이해하는 데 그 의의를 두어야 한다는 점을 강조했다. 문학사가 문예학과 연결되어 있음에도 사상사 또는 정신사로 귀결되는 이유가 여기 있다.

문학사의 방법과 이폴리트 텐 이론의 수용

임화가 제기하는 문학사 연구 방법은 마르크스주의 관점에서 당시에 널리 소개된 이폴리트 텐(H. Taine)[125]의 문학사 연구 방법의 기본적 구상을 새롭게 변용한 것으로 생각된다. 텐은 과학적 실증주의의 방법을 문학에 적용하면서 인간의 모든 정신적 산물을 이해하기 위해서는 그 역사적 성격을 검토하고 그 사실의 원인을 밝혀야 한다는 생각을 갖고 있었다. 그러므로 그는 객관적인 기준에 의해 사실을 판단하고 사실의 결정 요인을 연구한다는 원칙을 내세워 나름대로 과학적 비평의 존재를 정당화하고자 노력했다. 그는 어떤 절대적인 개념을 설명하기 위해서는 구체적인 사실을 통해 그것을 떠받쳐 주는 본질적인 원인을 발견해야 한다는 것을 기본 방향으로 내세웠다. 이러한 원칙은 한 시대, 한 개인, 하나의 작품을 문제 삼을 경우에도 마찬

125 임화는 텐이 강조했던 종족, 환경, 시대라는 문학사 결정의 세 요소를 교묘하게 절충하면서 거기에 마르크스주의의 관점을 덧씌우고 있다. 이러한 특징을 김윤식 교수는 속류 마르크스주의자로 알려진 프리체의 『구주문학 발달사(歐洲文學 發達史)』의 방법에 기대고 있는 것으로 설명한 바 있다. 김윤식, 『한국근대문예비평사연구』, 502-503면 참조.

가지로 적용될 수 있는 것이었다. 텐은 문학이란 작가가 처한 환경의 산물이므로 환경을 분석하면 문학작품을 완벽하게 이해할 수 있다고 주장했다. 그에게 문학은 단순한 개인적 상상력의 유희에서 비롯된 개별적 현상이 아니라 동시대의 관습이 복제된 것이며, 특정한 시대정신이 표현된 것이었다.[126]

텐은 위대한 예술가는 자신의 시대를 충분히 표현할 수 있으며, 전 민족과 시대 양식을 재현함으로써 시대적 공감을 불러낼 수 있다고 주장한 바 있다. 그러므로 그는 위대한 문학예술의 출현이 가능하게 되는 원인을 밝히고 성격을 규정하고자 했다. 이를 위해 그가 먼저 강조한 것이 이른바 '주기능(지배 기능, master faculty)'론이다. 텐의 '주기능'이라는 개념은 심리적 범주에 있어서 본질을 말하는 것이다. 이 본질은 개인의 행동과 그 개인에 의해 만들어진 작품의 심층을 이룬다고 할 수 있으며, '정신의 근원적 형식' 또는 '지배적·영속적인 심리 상태'를 의미한다고 하겠다.[127] 텐은 한 작가나 작품 속에서 '주기능'을 발견하고, 그것에 의해 여러 특수한 사실을 설명하는 것이 비평의 주된 임무라고 생각했다. 이러한 견해는 문학작품의 연구에서 심리적 근저를 이해해야 한다는 새로운 관점을 세워 놓은 것이지만, 인간의 정신 작용과 작품의 실질을 지나치게 단순한 도식으로 이해하고자 한다는 약점을 지니고 있다. 문학이라는 것은 개인의 심리적 특징과 사회적 활동에 얽혀 성립되는 것인데, 그것을 '주기능'이라는 하나의 원리로 연결해 보고자 하는 것은 실제로 가능한 일이 아니기 때문이다.

텐은 '주기능'만이 아니라 인간의 정신적 산물의 본질을 규정하기 위해 세 가지 개념을 사용할 것을 제안했다. 그것은 그의 책 『영문학사』의 서론[128]에서 내세웠던 '종족(race)'과 '환경(milieu)'과 '시대(moment)'라는 요건이다. 텐의 설명에 의하면 세 가지 요건은 실제적 원인과 가능한 운동의 원인을 모두 포괄하는 물질적 토대를 이룬다. 종족과 환경, 시대의 상호 작용이 현실적

---

126 텐의 문학비평 이론에 대해서는 Sholom J. Kahn, *Science and Aesthetic Judgement: A Study of Taine's Critical Method* (Colombia University Press, 1953); R. Wellek, *History of Modern Criticism IV;* Leo Weinstein, *Hippolyte Taine* (Twayne Publishers, 1972) 참조.

127 Kahn, *Science and Aesthetic Judgement*, pp. 114-121.

128 이 글은 「영문학사 서설」이라는 제목으로 유령 교수에 의해 번역되어 『세계사상교양전집 5』(을유문화사, 1964)에 수록되었다.

이거나 사변적인 정신 구조를 낳게 되고, 이러한 구조가 위대한 예술과 문학 속에서 표현되면서 세대와 시기를 특징짓는 원초적 관념을 발전시켜 나가게 된다는 것이다.

텐은 세 가지 요건에 대해 어느 것에도 우선성을 인정하지 않고 그 상호 의존성을 강조했다. 물론 어떤 경우에는 종족적 요소가 강조되기도 하고 어떤 경우에는 시대적 요건이 중시되기도 한다. 텐은 '종족'이라는 개념을 타고난 유전적 성질 또는 기질, 신체 구조 등의 측면에서 정의하면서 세계 각처에 수많은 종족이 분포되어 있지만 종족 자체의 본래적인 표준 특징은 그대로 남아 있다고 주장했다. 그리고 종족은 자신의 특성을 자라난 토양이라든지 음식물이라든지 겪어 온 거대한 사건들로부터 획득한다고 했다. 그러므로 종족이란 선천적·유전적으로 지니고 있는 심리적 소질의 총체에 해당한다.

둘째 요건인 시대의 개념을 놓고 텐은 '연대' 혹은 '획기적인 시기' 그리고 시대정신 등의 의미를 마구 뒤섞어 사용했다. 그의 주장에 따르면 각 시기는 일정한 지배적 관념들을 가지고 있으며 상당한 기간 동안 지속되는 지적인 유형을 포함한다. 시대라는 개념은 중세의 '기사도'와 같이 일정한 가치나 이념이 지배했던 기간을 의미하기도 한다. 그러므로 모든 작가는 전대로부터 물려받은 전통으로 새로운 무엇인가를 만들 수 있다.

셋째 요건인 환경은 문학의 사회적·정치적·경제적 조건에 해당한다. 환경은 한 민족이 종속해 있는 온갖 상황이라고 규정할 수 있다. 이 세 가지 요건이 문학의 본질을 결정하는 요인이며, 이들 요인에 대한 해명을 통해 문학에 대한 이해가 가능하다는 것이 텐의 생각이다. 텐은 예술이 실재의 재현인 동시에 개성의 표현이라고 했으며 예술의 목표는 가장 개성적이면서 실재적인 의미를 드러내는 것이라고 했다. 그는 진실에 대한 통찰을 예술가의 임무라고 말하면서 진실이라는 것은 결국 사회적 기반과 조건에 의해 성립된다고 했다. 이러한 텐의 견해는 문학 연구의 방법이 인접 과학의 성과를 폭넓게 흡수해야 한다고 보았다는 점에서 19세기 비평의 새로운 장을 이루어 놓았다고 평가되기도 한다.

텐의 문학사 이론에서 '종족, 환경, 시대'라는 요소는 아주 복잡하고 긴밀하게 연결된 요소들을 단순화·추상화한 개념이다. 그러므로 이것들은 논자에 따라 애매모호하고 불분명한 논란을 야기했다. 텐은 종족 개념을 영토나 민족 개념과 연결하려는 시도를 자주 보여 주었다. 영토는 종족의 물리적 환경이며 민족은 종족은 어떤 역사적 발전의 계기와 결합하기 때문이다. 그러므로 텐의 관점에서 본다면 종족은 예술 창조의 핵심 요소다. 그러나 인간은 단독으로 존재하며 활동하는 것이 아니기 때문에 그 활동의 의미는 물리적인 것에서 사회적인 것으로 변화한다. 결국 인간 활동으로서 예술은 환경이라는 문화적 측면과 시대라는 역사적 측면의 상호 작용과 변화를 통해 성격이 규정되는 것이다.[129]

임화는 신문학사의 방법에서 텐이 강조했던 문학예술의 세 가지 결정 요소인 '종족, 환경, 시대' 가운데 '종족'이라는 요소를 제거했다. '마르크스주의자는 민족이 없다.'는 너무나도 유명한 명제를 무시할 수 없었기 때문이다. 대신 텐이 제시한 '환경'과 '시대'라는 요소를 마르크스주의적 용어로 바꾸어 놓았다. 마르크스주의 관점에서 경제적 조건은 물질적 환경에 해당하며 물질적 조건에 의해 형성된 사회적·정치적·이데올로기적 상황은 역사적 또는 시대적 상황으로 명명되었다. 임화의 신문학사 방법이 득의의 요소를 가지게 된 것은 바로 이 같은 텐 이론의 마르크스주의적 변용에서 찾을 수 있다.

텐의 '환경' 개념은 지리적·정치적·사회적·경제적·심리적 요소를 모두 포함하기 때문에 어떤 하나의 단순한 개념으로 한정하기는 쉽지 않다. 지리적 환경은 생물학적인 종족 개념과 마찬가지로 지역성 자체가 이미 부여된 것이므로 종족과 마찬가지로 고유성이 인정된다. 그러나 사회적·정치적 요건은 다양한 변수를 가진다. 식물의 생장에서 중시되는 외적 환경으로서의 기후 문제 등이 이와 유사하다. 임화는 환경이라는 개념을 외적 요소와 내적 요소인 '환경'과 '전통'으로 분리해 규정했다. 여기서 외적 요소로서 환경은 문학에 가해지는 외래적 영향을 중심으로 논의된다. 그는 일본의 명치, 대정 문학의 막강한 영향을 명치, 대정문학의 이식으로서 신문학이라고 규정함으로써 악명 높은 '이식 문학사'라는 개념을 만들어 냈다. 그러나 이것만으로는 일면적이기 때문에 임화는 환경 속 또 다른 요소인 문학의 통시적 영향 관계를 말하는 '전통'을 내세웠다. 이것은 과거와 현재의 연결이며 고유 문화와

---

129 Kahn, *Science and Aesthetic Judgement*, p. 102.

신문학의 내적 연결을 의미한다. 결국 문학사는 외부 요소가 크게 영향을 미치는 환경과 내부 요소로서 고유 문화가 역동적으로 교유하는 가운데 새로운 지향을 가지게 된다. 이러한 구분과 해석은 문학사의 실체를 하나의 시대적 구성물로 파악하는 임화의 관점이 구조적 논리성을 갖추고 있음을 말해준다.

임화는 텐이 주창한 '시대'라는 개념도 양식과 정신으로 구분해 놓았다. 이러한 접근 방식은 텐 자신이 시대라는 말을 특정의 시기(epoch) 또는 지속 가능한 시대(age)라는 개념으로 사용하기도 하고, 나아가 시대정신이라는 뜻으로도 사용했다는 점에서 그 가능성이 인정된다. 텐은 문학사에서 각각의 시대는 지배적 관념을 드러내기 마련이고, 이것은 수 세기 넘게 지속되기도 하는 지적 유형으로서 양식을 산출하게 된다고 설명했다. 그러므로 시대라는 개념은 특정 정신이나 이념의 시간적 지속을 표시하는 단위가 된다. 이와 함께 특정한 인간 정신의 표현 형태인 양식이 지배하는 시기를 말할 수 있는 것이다. 임화는 바로 여기서 양식이라는 개념과 정신이라는 개념을 분리했다.

> 文學史는 여러 가지 시대를 連續的으로 一貫한 것으로 研究하는 것이다. 거기에서는 必然的으로 한 作品 한 作品이 問題가 아니요 한 作家 한 作家가 問題가 아니다. 모든 歷史 研究가 다 그러한 것처럼 文藝史에 잇어서도 時代란 것이 單位가 된다. 時代란 것이 研究의 單位가 될 때에는 또한 自然히 箇箇의 作品, 箇箇의 作家는 各 時代 가운대로 편입되매 그들의 個性이란 것은 또한 時代의 特色이란 가운대로 解消되지 아니할 수 없다. 그러므로 自然히 한 作品의 形式이라든지 한 作家의 形式上 個性이란 것은 時代의 그러한 特色 가운데로 들어가서 그 時代의 固有한 어떤 文藝上의 個性이란 것으로 再生되지 아니할 수 없다.
>
> 文藝學에서는 이러한 것은 形式이라고 부르기를 避하야, 例하면 古典主義, 或은 浪漫主義라 하듯이 그것은 文學에 잇어서의 時代的 樣式이란 概念으로 불러 온 것으로, 文學史는 이러한 몇 개의 特徵 잇는 樣式을 發見하는게 언제나 큰 任務다.
>
> 그러한 課題의 遂行을 爲하야 歷史的 研究는 批評에서 얻는 바가 크다.

批評의 歷史는 作品이나 作家의 歷史를 硏究하는 데 그中 重要한 案內者다. 그것이 마치 批評이 文學史의 先驅인 것과 마찬가지다. 그러므로 樣式의 設定은 批評의 最後의 課題이면서 文學史의 最初의 課題라 할 수 있다.

그러나 時代의 樣式이란 것은 單純히 그것이 하나의 特異한 樣式에 그치는 것이 아니라, 그 時代人의 固有한 體驗과 生活에서 形成된 時代精神이 自己를 表現하는 形式에 지내지 안는 것이다. 그것은 한 作品이나 作家의 경우와 變함이 없다. 이리하야 한 樣式의 發見은 곧 여러 가지 樣式의 發見으로 進展하는 것으로 여러 가지 樣式 發見은 또한 樣式의 歷史란 것을 形成한다.[130]

精神은 批評이 잇어서와 같이 文學史의 最後의 目的이고 到達點이다. 樣式의 歷史를 通하야 하나의 精神의 歷史를 發見함으로서 文學史는 精神文化史의 한 分科로서의 確固한 地位를 차지한다. 文學이란 그 全 存在를 들어—形態에 잇어서나 機能에 잇어서나—하나의 文化였기 때문이다. 또한 文學을 하나의 文化로서 定着시킴으로 文學은 明確한 歷史의 한 領域이 된다. 文化史가 一般 歷史의 한 分科인 意味에서다.

그러나 樣式 가운데 精神이 나타나는 것은 決코 單一하고 簡單하지는 안타. 樣式史가 그러한 것처럼 한 文學史 가운데는 여러 가지 精神의 時代가 存在한 것이며 그것의 表現이 먼저 樣式史를 이애기할 때 언급한 것처럼 여러 가지 時代의 樣式이다. 그러므로 文學史 가운데 具體的으로는 樣式의 歷史 가운데 나타나는 몇 가지 精神史는 其實은 여러 가지 時代의 精神의 歷史다. 그것은 感受의 樣式에서만이 아니라 思考의 方法끼지를 달리하는 물건의 文化와 變遷이다.[131]

임화는 문학사 연구의 궁극적 목표로 모든 문학적·양식적 운동과 변천의 근원이 되는 정신의 역사를 일관성 있게 이해하는 일을 내세웠다. 그는 문학사 연구가 무엇 때문에 시대에 따라 감수의 양식이나 사고방식 내지는

130 林和, 「新文學史의 方法論(五)」(東亞日報, 1940. 1. 19).
131 林和, 「新文學史의 方法論(六)」(東亞日報, 1940. 1. 20).

체계의 구조가 달라지는지 규명해야 한다는 점을 강조했다. 물론 이를 위해서는 역시 인접 문화, 예컨대 철학, 과학 등의 역사가 대단히 중요한 연구 거점을 제공한다고 말했다.

임화의 문학사 연구 방법은 개인적 상상의 산물인 문학과 그 속에 담긴 의미를 모두 사회·문화적 현상으로 파악하고자 한다. 이때 모든 문학작품의 텍스트 요소에 대한 인식이 실제 문학사 기술에서 어떤 방식으로 드러날 것인지가 의문으로 남는다. 이러한 방법은 특히 문학적 배경이라고 할 수 있는 외적 요건에 지대한 관심을 부여함으로써 역사적 실체로서 문학에 대한 논의가 사회·문화적 현상과 제도의 영향에 대한 접근에 주력할 수 있다는 문제점을 안게 된다.

신문학사의 기술 과정

임화의 신문학사 기술[132]은 본격적인 의미에서 한국 근대문학의 사적 체계화를 시도한 최초의 작업에 해당한다. 이것은 19세기 중반 이후 한국 근대문학이 성립·발전해 온 과정 자체가 역사적 실체로 등장하게 되었음을 의미한다. 다시 말하면 개인적 경험의 영역을 벗어나게 되었음을 뜻하는 것이다. 임화의 신문학사는 미완의 상태이지만 새롭게 등장한 문학의 역사적 실체를 규정하기 위한 몇 가지 중요한 개념을 획정하고 있다. 여기서 먼저 논의해야 할 것은 그가 사용하는 '신문학'이라는 개념이다. 신문학이라는 용어는 초창기 문단에서부터 통용되던 말이다. 임화는 이 말을 근대문학이라는 개념과 등치의 관계로 사용하며 구시대 문학과 대립되는 새로운 시대의 문학을 신문학이라고 규정했다. 신문학은 형식과 내용상 구시대 문학과 질적으로 다르다는 점을 강조하면서 현실성, 예술성, 신사상성과 함께 구문학과 구별되는 '시문체(時文體)' 등이 신문학의 본질이라는 점을 밝혔다. 그러므로

132 임화의 신문학사 기술은 다음과 같은 제목으로 조선일보에 연재되었다. 「槪說 新文學史」(1939. 9. 2-11. 25); 「新文學史」(1939. 12. 8-27); 「續新文學史」(1940. 2. 2-5. 10)로 이어진 글은 신문학의 형성 과정에 대한 배경사적 서술이 중심을 이룬다. 그 후 연재 지면을 잡지《인문평론》으로 바꾸면서 그 제목도 「槪說 朝鮮 新文學史」(1940. 11-1941. 4)로 고쳤다. 그러나 이 글은 잡지의 폐간과 함께 개화계몽시대 신문학의 성립에 주목한 신소설의 단계를 넘어서지 못하게 되었다.

신문학은 새로운 시대적 현실을 새로운 사상의 견지에서 언문일치의 조선어로 쓴 문학으로 이루어졌다. 시조, 가사, 구소설, 창가 같은 문학 형태는 비록 언문으로 쓴 것이라 하더라도 신문학의 범주에서 제외되었다. 결국 임화의 신문학은 내용과 형식 면에서 서구적 형태를 갖춘 문학을 말한다. 그리고 신문학사는 서구적 의미에서 근대문학의 역사라는 사실을 확인할 수 있다.

임화의 신문학사 구상과 기술 내용을 정리하면 다음과 같다.

小序

제1장 序論

1. 新文學의 語義와 內容

2. 우리 新文學史의 特殊性

3. 一般 朝鮮文學史와 新文學史

제2장 新文學의 胎盤

제1절 物質的 背景

1. 自主的 近代化 條件의 缺如

2. 朝鮮의 開國 遲延

3. 近代化 제1과정

4. 近代化의 제2과정

5. 近代化의 제3과정

6. 開國의 影響과 甲午改革

제2절 精神的 準備

1. 禁壓下의 '實學'

2. 自主의 精神과 開化思想

3. 新文學의 移植과 發展

1) 新教育의 勃興과 그 貢獻

2) 저널리즘의 發生과 成長

3) 聖書飜譯과 言文運動

제3장 新文學의 胎生

제1절 過渡期의 文學

제2절 政治小說과 飜譯文學

임화가 내세운 신문학은 서구적 형태의 양식과 내용을 지니는 것이지만 그것 자체가 조선적인 것과 단절된 상태는 아니었다. 신문학은 '조선의 근대정신을 내용으로 하면서도 서구 문학의 장르를 형식으로 한다.'라는 설명에서도 이미 조선의 근대정신이라는 내용상의 요건을 전제하고 있었다. 더구나 임화는 한문과 대립하면서 발전한 조선시대 언문 문학의 양식적 전통이 신문학의 성립 과정에도 영향을 미치고 있음을 지적했다. 그러므로 그의 신문학사는 흔히 말하는 전통 단절론을 넘어 구시대 문학의 역사적 맥락을 염두에 두면서 서술된 것이라는 점은 분명하다.

물론 임화는 한국의 신문학이 전통문학의 계승과 극복이라는 변혁의 과정을 자율적으로 실현하지 못한 채 서구적 문학 양식을 받아들였다는 점에 주목했다. 그리고 문학의 토대로서 물질적 배경 자체가 가지는 봉건적 정체성으로 인해 조선 사회가 자주적 근대화의 과정을 준비하지 못했음을 지적했다. 한국 사회의 후진성과 특수성이 모방 문화와 이식 문화라는 후진적 근대화 과정을 밟게 했다는 것이 그의 주장이다. 한국의 신문학이 이식 문학으로서 한계를 드러내게 된 것은 문화적 전통의 결여라든지 문화유산의 저급성에서 온 것이 아니다. 문화적 전통과 유산을 새로운 문화 형성을 위해 개조하고 변혁하지 못했기 때문이다. 그 이유를 임화는 자주성의 결여라고 설명했다.

그런데 임화는 초기의 신문학이 가지는 시대적 성격을 '과도기의 문학'이라고 규정했다. 그는 하나의 시대가 몰락하고 또 다른 시대가 발흥하는

133 이 목차는《人文評論》제2권 제8호(1940. 11), 226면에 실려 있다.

중간의 시기를 '과도기'라고 했다. 여기서 '과도기의 문학'이란 봉건 조선의 한문학과 언문 문학이 문화적 지배력을 상실한 시기부터 이광수의 소설이 등장하기 전까지로 한정된다. 이 시기의 문학에는 정치소설, 번역 문학, 창가, 신소설 등이 있다. 임화가 내세운 '과도기 문학'이라는 개념은 신문학의 성립을 논한 백철이나 조연현 등이 시대적 특수성을 내세우면서 승인한 개념이다. 하지만 문화의 역사적 변화를 보면 모든 단계의 문화 현상은 이전과 이후의 시대를 이어 주는 과도기적 특성을 드러내기 마련이다. 그러므로 신문학사의 시대 구분에서 과도기라는 중간 단계를 설정하는 것은 논리적 타당성을 갖기 어렵다.

임화의 신문학사에서 논의의 풍부성을 자랑하는 부분은 '정치소설'과 '신소설'에 대한 서술이다. 여기서 정치소설과 신소설이라는 양식적 개념이 주목된다. 이것은 이미 일본이나 중국에서 일반화된 용어를 그대로 수용한 것이다. 앞서 검토한 바 있지만 한국문학사의 통사적 체계화를 시도했던 안확이나 소설사의 체계를 세우고자 했던 김태준은 정치소설이라는 용어 대신 역사소설이라는 용어를 사용했다. 이들이 쓰는 역사소설이라는 용어는 주로 중국과 일본을 통해 번역·수용된 것으로 서양의 역사적인 인물이나 사건을 바탕으로 한 전기와 역사소설을 두루 지칭하는 개념이었다. 실제로 역사소설로 지칭된 작품은 중국이나 일본에서 정치소설이라는 이름으로 널리 알려졌던 것들의 번안이 대부분이다. 안확은 이 시기의 역사소설이 정치사상이나 민족의식을 다루기는 했지만, 낡은 한문투로 쓰였고 권선징악적인 구시대의 윤리관에서 벗어나지 못했다는 점을 들어 새로운 문학의 형태로 인정할 수 없음을 밝혔다. 이 같은 관점에 대해서는 김태준도 대체로 수긍하는 것처럼 보인다. 김태준은 역사소설을 목적의식의 문학으로 규정하고, 순문학적인 요소가 부족한 역사소설에 뒤이어 순문학으로서의 신소설이 등장하고 있다고 서술한 바 있다.

임화는 안확이나 김태준이 사용했던 역사소설이라는 용어를 쓰지 않고, 이들이 역사소설이라고 지칭했던 대부분의 서사 양식을 정치소설이라는 용어로 개칭했다. 이것은 이들 작품의 원작이 중국이나 일본에서 정치소설로 불렸던 사실을 그대로 따른 것이라고 할 수 있다. 임화는 정론적인 주장을 폭넓게 담고 있는 정치적 산문으로서 '정치소설' 개념을 내세워 역사 전기의 번역물이나 신채호가 창작한 전기, 안국선의 『금수회의록』과 같은 작품까지 여기에 포함했다.

임화가 새로운 시대를 대표하는 소설 양식으로 주목한 것은 신소설이었다. 안확에 의해 문학사적인 의미를 처음으로 부여받은 신소설은 이인직 이후의 창작 소설로 그 범주가 국한되어 있었다. 신소설은 구소설의 권선징악적인 윤리의식으로부터 벗어나 인물의 성격과 심리를 묘사하고 있다는 점에서 신문학의 출발점으로 인정받았다. 김태준도 이와 같은 관점을 그대로 따랐다. 그는 신소설이야말로 목적의식을 벗어난 순문학으로서 의미를 가지고 있으며, 진정한 시민문학의 출현을 의미한다고 말했다. 이들은 모두 신문학의 출발점이라는 문학사적인 의미를 신소설에 부여했다. 임화는 신소설을 현대소설과 고대소설 사이를 점유하고 있는 문학사적 과도기의 소설로 규정하면서 다음과 같이 그 양식적 특징을 설명했다.

> 우리가 抽出할 수 있는 新小說의 특징은 첫째 文章의 言文一致, 素材와 題材의 現代性, 셋째 인물과 사건의 實在性 등이 먼저 눈에 뜨이는 特徵이다. 이렇게 나열해 놓고 보면 모두가 新小說만이 아니라 現代小說도 가지고 있는 특징이나, 新小說에 있어서는 현대소설에서와 같이 完成되어 있지 않고 겨우 發芽하기 시작한 데에 불과하다. 舊小說이 가지고 있는 文字의 韻文性과 소재와 제재의 非現代性과 人物 及 事件의 非實在性으로부터 마악 訣別하기 시작하고 혹은 하려고 드는 것이 新小說이었던 만큼 新小說의 새로운 특징 속에는 아직 不少한 舊小說 형식의 殘滓가 남아 있었다. 그러면서도 新小說 가운데는 새로운 形式的 제 특징이 壓倒的으로 우세했고 승리하고 있었기 때문에 新小說은 새로운 시대의 小說 樣式이 된 것이다.[134]

임화가 규정한 신소설의 성격과 특징은 문학사적 과도기의 산물이라는 대전제 아래에서 의미를 갖는다. 임화는 신소설이 그 내용만큼 낡고 그 내용만큼 새로워졌다는 과도기적 성격을 일관되게 강조했다. 임화가 주장하고 있는 신소설의 새로움은 실재성과 현대성이라는 두 가지 속성, 더불어 이

134 임화, 『임화문학예술전집 2』(소명출판, 2009), 171면.

를 구체적으로 형상화하는 산문적 문체다. 임화는 신소설이 지닌 제재의 현대성과 작품 내적인 요소인 사건과 인물의 실재성에 주목하면서 신소설이 이미 현대소설의 요건을 갖추고 있음을 지적했다. 그러나 신소설은 구소설 형식의 잔재를 여전히 갖고 있기 때문에 현대소설로서 요건을 완전히 갖추지 못했다는 것이 임화의 판단이다. 임화가 신소설의 위상을 문학사적 과도기의 산물로 규정한 이유가 여기 있다.

임화는 신소설 작가로서 이인직의 역할에 주목했다. 임화의 관점에서 신문학의 형성기에 신소설이라는 양식을 창조한 것은 이인직이다. 이인직은 자기가 창조한 신소설 양식을 초월하고 현대소설의 기원을 개척했다. 그의 창작적 성과는 곧바로 이광수의 소설로 연결될 수 있다. 신소설 작가로서 이해조는 이인직의 뒤를 따랐을 뿐이고 최찬식은 신소설을 흥미 본위로 통속화했다. 이와 같이 임화는 소설사를 중심으로 신문학사를 서술했다. 이러한 특징은 그가 사회적·역사적 변화에 대응하는 문학 양식으로서 소설의 속성에 주목했음을 말해 준다.[135] 그의 문학사 서술은 일제 말기의 암흑기를 통과해 낼 기력을 유지할 수 없는 상태에서 중단되었다. 그렇지만 그는 이미 신문학사의 범위와 성격을 밝혀낸 것이나 다름없다.

4) 민족문학의 정신적 파탄

내선일체론의 허구

1930년대 후반부터 조선 사회는 일본의 군국주의 체제가 강화되기 시작하면서 더욱 고통스런 착취와 굴종의 상황에 접어들었다. 일본은 중일전쟁(1937)과 태평양전쟁(1941)으로 이어지는 군국주의의 확대 과정에서 조선에 대한 식민지 지배 정책을 전환하고 내선일체론(內鮮一體論)이라는 새로운 지배 이념을 내세웠다. 1935년 계급문학운동을 주도해 온 조선프로예맹의 강제 해체는 일본의 군국주의적 체제 강화 과정을 말해 주는 상징적인 사건

135 임화가 발표한 「小說文學 20년」(東亞日報, 1940. 4. 12-17)은 문학사 서술이 그 자신의 활동 시기까지 이어졌을 경우의 전체적 윤곽을 그대로 보여 주고 있다.

이 되었다. 이것은 조선 사회의 모든 영역에서 정치적·사회적 이념과 사상을 제거하기 위한 사상 탄압으로 이어졌다. 이에 조선 사회에서는 문학과 예술을 통해 추구해 온 민족의식, 현실에 관한 비판적인 이념과 반제국주의 사상에 대한 일본의 탄압이 더욱 강화되었다.

일본은 중국 대륙으로의 침략 기반을 다지기 위해 조선에서 인적·물적 자원을 총동원할 필요가 생기자, 그들이 시행해 온 식민지 차별 정책을 이 같은 기만적인 동화 정책으로 전환했다. 일본이 내세운 내선일체론은 식민지 한국에 대한 기만적 동화 정책으로서 획책된 것이다. 이 새로운 지배 논리는 식민지 지배 체제에 예속되어 있는 한국 민족의 정체성을 부인하고 일본의 식민지 정책에 한국인들이 절대적으로 복종하도록 조작된 식민주의 담론의 근간을 이루는 것이었다.

> 여기에 附言하는 것은 內鮮一體 問題에 있어서 朝鮮人은 大和族과 朝鮮人의 피가 다르다고 해서, 卽 血統이 다른 民族이라고 해서 內心으로 歡迎하지 않는 分子가 있는 듯싶다. 그러나 內鮮 兩 民族은 피를 함께한 民族이다. 三千 年 前에는 한 民族이였으며, 그 後에도 一千二百 年 前頃에 百濟로부터 日本에 건너간 百濟의 子孫들이 內地崎玉의 高麗村에서 日本人과 結婚하여 그 後孫은 混血한 完全한 日本人이 되였으며, 千八百萬 人이나 算하게 된다. 그리고 더욱 惶悚한 말씀이나 皇室에도 二次나 朝鮮의 피가 석기셨던 것이다. 이 말은 總督府에서 해도 좋다 해서 나는 기쁜 마음으로 謹記하는 바인데, 第一回는 歷史에도 分明히 記錄되여져 있는 神公皇后께옵서는 新羅 天日槍의 後裔시다. 그때 처음으로 日本 皇室에 新羅의 피가 석기셨고, 그 後, 桓武天皇게옵서 京都에 서울을 御定하옵신 平安朝 初에 桓武天皇의 御母后께서는 百濟의 聖王의 曾孫女였었다. 이렇게 惶悚하옵게도 皇室을 비롯하여 臣民에 이르기까지 內地人과 朝鮮人의 피는 하나으로 되여 있으며, 이로써 우리는 天皇 陛下의 臣民으로써 忠義를 다하는 者가 되여야 할 것이며 및 우리의 藝術도 그러해야 할 것이다.[136]

136 李光洙, 「新體制下의 藝術의 方向」(三千里文學 제13권 제1호, 1940. 1), 253면.

일본이 식민지 지배 정책으로 내선일체론을 제기했을 때, 한국문학은 논리상 몇 가지의 대응이 가능했다고 할 수 있다. 문학을 통해 내선일체론의 허구성을 고발하고 이에 적극적으로 저항하는 방법이 있었고, 소극적으로 침묵하면서 문학 활동을 포기하는 대신 현실을 인내하는 방법도 있었다. 그리고 내선일체론에 동조해 황민화에 동참하는 방법도 가능했다. 이 가운데 저항의 방법은 일본의 혹독한 탄압이 따르는 것이었기 때문에 비극적 희생을 각오해야만 가능했다. 시인 이육사나 윤동주의 희생은 바로 이 같은 저항의 방식에서 이어진 일이었다. 이와 반대로 친일적인 활동에 적극적으로 참여하면 자신들의 지위를 일본으로부터 보장받을 수 있었다.

이광수는 일제의 기만 정책을 그대로 수용하면서 이를 일반화하고자 했다. 이것은 일본의 속박에서 영원히 벗어날 수 없게 되는 길이었지만, 이광수는 내선일체론이 표방하는 대동아 공영의 논리를 그대로 수리하면서 식민지 상황에서 지속되었던 일제의 차별 정책이 해소될 수 있다는 착각에 빠져들었다. 그는 스스로 일본이 되고자 했고, 황민화 운동을 선도하고자 했다. 당시 일제는 내선일체론의 통치 이념을 실천하기 위해 '내선동조론(內鮮同祖論)'을 공공연하게 표방하면서 이른바 '황민화 정책(皇民化政策)'을 한국 사회에 강요했다. 일본은 조선인에게 그들이 일본 천황의 신민임을 강조하면서 신사 참배는 물론 '황국(皇國) 신민(臣民)의 서사'를 일상적으로 제창하도록 요구했다. 조선인을 강제로 전쟁에 동원하기 위해 1938년 지원병 제도를 확대 강행했으며, 1939년에는 조선인들에게 일본식 성명을 쓰도록 강제하는 창씨개명제를 시행해 한국인의 민족적 뿌리를 말살하고자 했다. 그리고 교육령을 개정해 학교에서 한국어 교육을 폐지하고 일본어를 상용하도록 강요했다. 1941년 이후 한국어의 사용을 전면적으로 금지하고 한국어 신문과 잡지를 모두 폐간하게 함으로써, 조선 사회는 암흑의 시대에 접어들게 되었다.

결국 한국문학은 내선일체론의 지배 담론에 대응할 수 있는 저항의 논리를 확립하는 데까지 나아가지 못한 채 실패했다. 이 실패는 한국문학이 한국어라는 언어적 매체를 상실하고 일본어를 통해 일제 군국주의를 찬양하고 전쟁의 승리를 노래하는 이른바 '국책문학'의 생산에 돌입하게 되는 비극적인 파탄으로 이어졌다. 일제강점기의 마지막 장면에서 '친일문학'이라고 낙인을 찍어야 하는 문학작품들이 한국의 작가들에 의해 만들어지는 과정을 확인할 수 있다.

신체제론과 '국민문학'

1930년대 후반 한국문학은 내선일체론의 문화적 전략으로 표면화된 이른바 신체제론의 등장과 함께 새로운 양상으로 전환된다. 일제가 내세운 대동아 공영권이라는 새로운 세계와 신체제론의 논리는 일본을 중심으로 세계사를 재편한다는 황당한 구상이었다. 일본의 극우 지식인들은 서구 유럽이 근대화 과정을 주도하면서 아시아를 비롯해 아프리카와 중남미 등의 비서구 사회를 지배하고 착취했던 시대를 '구체제'라고 규정했다. 그리고 유럽 중심의 서구적 가치로 규정되었던 구체제의 시대와는 달리, 일본을 중심으로 동아시아의 세력이 증대하면서 동양이 스스로 자기 존재를 부각하고 주장을 내세울 수 있는 새로운 시대, 즉 신체제의 시대가 도래했음을 강조했다.

일제의 패권 장악과 함께 이루어진 동아시아의 부상을 강조하기 위해 구상된 대동아 공영권의 논리는 일본의 관점에서 볼 때 1940년 6월 독일의 침공에 의한 프랑스 파리의 함락이라는 서구 유럽의 몰락을 말해 주는 엄청난 사건과 맞물려 있었다. 당시 파리의 함락은 파시즘에 항거해 싸울 수 있는 서구의 몰락을 뜻하는 것이었다. 이러한 국제 정세의 급변을 논리의 기반으로 삼은 일본 지식인들은 일본 중심의 동아시아가 구상하는 거대한 신체제가 가능할 것이라고 선전했다. 그리고 서구 중심의 근대화가 일군 세계사의 흐름을 바꾸어 일본 중심의 동아시아가 새로운 세계의 중심이 될 것임을 강조하면서 서구적 근대의 초극을 강조했고, 서구적 근대의 가치로 내세웠던 개인주의를 부정했다. 이와 같은 신체제론의 논리를 당위의 현실로 받아들인 이광수, 주요한, 김동환, 최재서 등은 사회 현실과 문화의 주류를 대동아 공영론에 입각해 일본 중심으로 해석하고자 함으로써 대동아 공영권의 신체제론을 근간으로 하는 다양한 친일 협력에 흡수되었다.

> 히코-아스의 말에 '藝術을 爲한 藝術'이라는 말이 있다. 이 말은 十七八年 前에 朝鮮에서도 相當히 부르짓은 所謂 藝術至上主義가 그것이다. 그러나 아사자-로의 말에는 '人生을 爲한 藝術'이라는 말이 있다. 이 말은 '藝術과 함께 藝術'이라는 말로 使用된 말인데, 人生을 爲한 藝術이 아니면 藝術

이 아니라는 말이다. 藝術至上主義者 편에서 볼 때는 藝術은 藝術 文化가 目的이오, 決코 人生을 爲해서 좋다던가 나쁘다던가, 그러한 法理的 黑白으로 부칠 것이 아니라는 것이 藝術至上主義者의 藝術論이다. 이러한 主義는 個人主義와 自由主義를 藝術에 나타내는 것인데, 이러한 主義는 耽美主義일 수도 있다. 그러나 우리는 이 藝術至上主義를 淸算하는 것이 文學의 新體制요 映畵의 新體制, 卽 藝術의 新體制가 될 것이다. 그렇지만 人生을 爲한 藝術主義 中에도 人生이라고 하는 말의 解釋如何에 따라 妙하게 된다. 卽 人生을 하늘보다도 높다고 본다던가, 國家보다도 크다고 보아서 國家도 나를 爲해 있는 것이오 내가 없으면 國家도 없다는 自己中心主義에 빠지게 되면 이 亦是 新體制下에 許容되지 못할 藝術論인 것이다.

나는 只今이 非常時라고 해서 이러한 말을 하는 것은 아니다. 그렇다면 人生이라는 것은 무엇이냐. 人生은 어데 있는냐. 人生은 없다. 이 말은 聖書에 있다. 人生이 없다면 '나'는 어데 있는냐. '나'라는 것도 없다. 이것도 聖書에 記錄된 말이다. 人生이 여기 있다는 卽 '내'가 있다는 것부터가 벌써 個人主義를 意味하는 것이다. 그러므로 國民全體를 '나'로 認識해야 하며, 眞正한 '나'는 나를 떠나서 있다. 이러한 意味에서 文學과 映畵 等 文化의 各 部門은 全體主義, 國家主義를 基調로 하는 新體制에 參加하여야 할 것이며, 朝鮮의 藝術群도 內鮮一體의 旗幟下에서 國家를 爲해 그 步調를 가치해야 할 것이다.[137]

그렇다면 새로운 國民 文化가 이러한 말하자면 大衆性과 純粹性(이것을 가상 露骨的으로 表示하는 文化 領域은 文學-卽 大衆小說과 藝術小說-에 있어서이다.)의 새로운 調和와 統一 우에 建設되여야 할 것은 自明한 일에 屬한다. 웨 그러냐 하면 國民 文化의 第一 要件은 國民의 統一과 團結에 있기 때문이다. 國民的인 分裂과 抗爭의 意識을 鼓吹하는 文化는 다만 그것만의 理由로서 國家的 立場에선 拒否될 것이다. 階級的 分裂을 鼓吹하는 左翼 文學은 말할 것도 없고 個人意識의 分裂을 唯一의 主題로 삼는 心理主義 小說이나 家族 間, 特히 父子 間의 分裂, 抗爭을 暴露하는 家庭悲劇 小說이 오날 白

137 李光洙, 「新體制下의 藝術의 方向」(三千里文學 제13권 제1호, 1940. 1), 252-253면.

眼視되는 것은 如上의 理由로서라고 解釋된다. 何如든 國民 文化는 國民 全體에 統一을 주고 國民的 團結을 더욱 堅固하게 맨드는 文化가 아니여선 아니 될 것이다. 그러자면 그 文化는 國民 全體가(반듯이 數에 있어서가 아니라 그 階層에 있어서) 參加하고 支持하는 文化가 아니어선 아니 될 것이다. 國民 全體가 支持하고 信奉치 않는 文化는 文化로서 死滅하고 만다.

그러면 國家는 무슨 힘으로써 文化에다 이러한 統一力을 줄 수가 있느냐? 그것은 國家 理想 以外에 있을 수 없다. 國民 全體에 目標와 標準을 줄 만한 高遠한 理想이 없이는 國民 文化는 發展은 커녕 維持도 못 된다. 어떤 커다란 國家 理想이 있어서 그것이 風習, 道德, 制度, 法律, 學問, 藝術 속에 各其 客觀化되고 具體化될 때 비로서 國民 文化는 成立된다. 元來로 文化란 價值 體系(그것은 理想을 內面的으로 일컸는 말이다.)의 制度化에 不外한 것이다. 아직까지 個人的인 或은 外來的인 價值 體系를 信奉하여 오던 國民에게 國家的인 價值 體系를 주자는 것이 오날 諸 國家의 當面한 緊急한 課題일 것이다. (중략)

生活 實體를 떠난 文化란 觀念만의 文化이니 이것은 처음부터 無意味한 말이다. 文化란 觀念의 制度化—더 適切하게 말하자면 自然的 生活에다 觀念을 孕胎시키여 意味와 價值를 賦與하는 過程—卽 栽培와 開發을 이름이다. 이리하여 文化意識과 生活 傳統과의 '경사로운 結婚'은 새로운 國民文化가 마저야 할 가장 重大한 同時에 가장 질거운 階段일 것이다. 그리고 國民 全體가 實로 絶對 多數의 農民과 極少數의 知識人이 더부러 질겨할 만한 健全하고 意味 깊은 文化를 建設한다는 것은 國民 文化가 가져야 할 最大의 困難인 同時에 가장 보람 있는 事業이라 할 것이다.[138]

위의 글에서 이광수는 개인주의를 거부하고 전체주의, 국가주의를 강조하고 있으며 최재서는 국민적 단결과 통일을 위한 국민 전체의 문화를 국민 문화라고 내세웠다. 이와 같은 주장은 일본 중심의 대동아 공영권을 확립함으로써 동양의 평화를 추구하고 개인주의의 무정부성을 넘어선 전체주의를 이룩할 수 있다는 이념적 독단에서 비롯된 것이었다. 서구 근대의 몰락을

138 崔載瑞, 「轉形期의 文化理論」(人文評論 제3권 제2호, 1941. 2), 22-23면.

기정사실화하면서 서구 중심의 자본주의 체제에서 벗어나 신체제의 세계로 나아가야 한다는 일제의 논리를 받아들이는 순간부터 이광수, 최재서 등의 문학인은 친일 파시즘의 길로 나아갈 수밖에 없었다.

여기서 한 가지 지적할 문제는 '국민문학'이라는 이름으로 위장된 친일문학의 형태다. 결론적으로 말하자면 '국민문학'은 글자 그대로 신체제의 논리 속에서 제안된 전체주의시대의 '일본 문학'이다. 달리 말하면 일제가 추구하던 국가주의 이념을 구현하기 위한 문학이라고 할 수 있다.

> 最近에 있어서 注目할 것은 國民文學의 樹立에 있어서 반듯이 經過하여야 할 두 가지 方面의 文學者와 文學의 內容의 改革을 闡明하고 있는 것이다. 그 하나는 '責任의 感覺'이라는 것이다. '文學은 오늘날까지 自己들이 世道人心에 주는 影響을 反省하며 그에 對한 責任을 가지라. 世道人心에의 影響을 念頭에다 두고 하는 文學 活動은 純粹하지 않다는 卑俗한 생각을 淸算하라.'(淺野晃) 그리하여 國家의 運命을 自己의 運命으로 알며 나라의 歷史의 感覺을 體得하지 않으면 안 될 것이며 따라서 文學者 自身의 改革을 必須로 하는 것이다. '새로운 感覺이라는 것은 나라의 歷史의 感覺'에 틀님 없으니 이제부터의 國民文學家는 그와 같은 새로운 感覺으로부터 始作하여야 하겠다는 것이다. 다음은 文學藝術의 內容의 改革이라는 것이다. 이때까지의 低調하고 倦怠를 느끼는 散文으로부터 '志'와 '信念'있는 文學, 詩 精神을 恢復하여야 하겠다는 것이다. 그리하여 散文 平和時代는 지내가고 詩歌의 時代가 왔다고 하는 것이다. 龜井勝一郎는 지금의 리아리즘을 市民的 社會의 實用主義的의 氣風으로 發展된 것이여 菊池寬的 타입으로 現代의 文學의 太半은 建設된 것으로 低調하고, 功利主義的의 現實 羅列主義로 비롯한 現代의 文學은 하나의 過渡期의 産物로써 가장 敎養 없고 詩 精神의 缺乏한 時代의 文學이라고 極論하고 있는 것이다.[139]

위의 한식의 견해를 보면 '국민문학'은 국가의 운명을 자기 운명으로 알고 국가 역사의 감각을 체득할 것을 요구한다. 그러므로 국민문학은 일본

---

139 韓植, 「國民文學의 問題」(人文評論 제3권 제1호, 1941. 1), 51-52면.

어 창작 여부의 문제가 아니라 신념과 정신의 문제임을 알 수 있다. 결국 신체제론의 등장과 함께 이에 합류한 국민문학은 한국문학 고유의 독자적 성격을 상실하면서 일본 문학의 주변부에 머물러 버리게 되었다. 암흑시대의 문학이라는 말로 지칭되는 이 시기 문학의 파탄은 여러 문인이 보여 준 친일적인 문필 행위가 모두 황도(皇道) 문학의 실현으로 이어졌다는 점에서 쉽게 확인할 수 있다. 특히 일본어로 이루어진 친일 문예지《국민문학(國民文學)》의 창간(1941), 친일문학 단체인 조선문인보국회의 결성(1943) 등은 이 시기의 문학이 빠져들었던 참담한 굴종의 형국을 말해 준다.

제5부

1

해방 공간의 문단 조직

1) 해방과 문단 정비

1945년 8월 15일 한국이 일본 식민지 지배로부터 해방된 것은 '광복'으로 역사적 의미가 규정되고 있다. 광복 이후 한국 민족은 잃어버린 언어를 되찾고 위축되어 있던 민족정신을 다시 불러일으킬 수 있게 된다. 한국이 해방을 통해 얻어 낸 자유의 사상을 바탕으로 새로운 민족국가를 건설해 나아갈 기회를 얻었다. 하지만 한국은 일본의 식민지 지배를 벗어나는 순간부터 민족과 국가를 어떻게 재건할 것인가 하는 절박한 과제에 봉착했다. 해방 직후 미국과 소련의 개입으로 한반도의 남북 분단이 이루어지고 사상적 대립과 분열로 말미암아 사회적 불안과 혼란이 계속되었기 때문이다. 이와 같은 정치·사회의 변화에 따라 문학은 자연스럽게 그 역할과 지향에 관한 숱한 논쟁을 거치게 된다. 문학의 '정치시대'가 시작된 셈이다.

해방 직후 문단의 가장 큰 논쟁은 일제강점기 문학의 청산과 새로운 민족문학의 건설이라는 두 가지 과제를 중심으로 이어졌다. 문단의 정비를 이루면서 대부분의 문학인은 일제강점기 문학적 체험에 대한 반성과 함께 민족문학으로서 한국문학의 새로운 진로를 모색하는 데 관심을 집중했다. 그러므로 먼저 식민주의의 청산을 강조하면서 일본의 강압적인 통치 아래 이루어진 민족정신의 위축을 벗어나 민족문화의 방향을 바로잡고자 노력했다. 일본 제국주의 문화의 모든 잔재를 청산하기 위해서는 철저한 자기반성과 비판에 근거해 민족 주체를 확립해야만 한다는 주장도 등장했다. 이 같은 움직임은 일본의 식민지 정책에 의해 강요된 민족문화의 왜곡을 바로잡지 않고는 새로운 민족문화의 건설을 생각할 수 없다는 인식이 당시 문단에 일반화되었음을 말해 준다. 해방과 더불어 한국문학은 모든 억압에서 벗어나 인간 본연의 가치를 추구할 수 있는 문학의 정신적인 자유를 획득했으며 일제강점기의 정신적 상처 극복과 민족 전체의 조화로운 삶을 위해 진정한 민족문학 건설을 모색할 수 있게 된다.

해방 공간의 문단에서 식민지 문화의 잔재 청산 문제가 구체화되자 먼저 논란의 대상이 된 것은 조선문인보국회[1]의 반민족적 행태를 어떻게 처리하느냐 하는 문제였다. 일제 말기의 조선문인보국회는 조선에 세계 최고의 황도(皇道) 문학을 수립한다는 취지 아래 결성되었던 정치적 선전 단체이자 대동아전쟁에 힘을 합친다는 목적으로 만들어진 친일 어용 단체였다. 이 단체에는 이광수, 박영희, 주요한, 최재서, 이서구, 김기진, 김용제, 유치진, 이무영, 정인택 등이 깊이 관여했고 그 밖에도 많은 문인이 참여하고 있었다.[2] 일제의 군국주의 정책과 전쟁을 찬양하는 친일적 글쓰기가 이 단체의 등장과 함께 더욱 노골화되었다는 것은 널리 알려진 사실이다. '친일문학' 혹은 '친일파 문학'이라는 범주 안에서 이 단체와 연관되는 문필 활동이 핵심적인 문제로 지목되었다.

하지만 친일문학의 청산을 위한 실천적 작업은 결코 간단하지 않았다. 당시 문단에서는 친일문학의 청산 작업과 함께 문학의 자기반성과 비판이라는 개인적 윤리 문제를 제기한 바 있지만, 이념의 분열과 갈등으로 혼란을 가중시켰고 개인적 자기비판도 깊이 있게 이루어질 수 없었다. 해방 직후 조선건국준비위원회가 결성되고 충칭(重慶)의 임시정부가 귀국하자 각종 정당과 사회단체가 난립하면서 좌우 세력의 사상적 대립이 심각한 갈등과 위기를 초래했다. 이러한 정치적 상황의 영향으로 해방 직후의 문단[3]은 그 조직 정비에서부터 철저하게 정치화됐다. 정치화의 과정에서 드러나는 갈등으로 일본 식민지 문화 잔재 청산이라는 당면 과제는 오히려 잠복해 버리게 된

1 朝鮮文人報國會는 조선총독부의 지시에 따라 1943년 4월 17일 朝鮮文人協議會, 朝鮮俳句作家協會, 朝鮮川柳協會, 國民詩歌聯盟 등이 통합해 조직되었다.

2 임종국, 『친일문학론』(평화출판사, 1966), 149면 참조.

3 해방 직후의 문단적 상황에 대해서는 趙演鉉, 「解放直後 五年의 回顧 1-5」(신천지 제39호-제43호, 1949. 9-1950. 1); 한국문인협회 편, 『해방문학 20년』(정음사, 1966); 조선문학가동맹 편, 『건설기의 조선문학』(조선문학가동맹중앙집행위원회서기국, 1946) 등에서 비교적 상세하게 설명하고 있다.

다. 그 대신에 혼란한 정치 상황을 따라 문단의 조직 정비 과정도 좌우 대립과 분열로 이어진다.

2) 좌익 문단과 문인 월북

조선문학건설본부와 조선프롤레타리아문학동맹

해방 공간의 문단에서 먼저 실체를 드러낸 것은 조선문학건설본부였다. 임화, 이태준, 김남천, 이원조 등은 1945년 8월 16일 종로 한청빌딩에 자리 잡고 있던 조선문인보국회 간판을 철거했다. 간판 철거 작업을 통해 조선문인보국회에 관여했던 많은 문인의 이름에는 친일문학자라는 낙인이 찍혔다. 조선문인보국회 간판이 붙어 있던 자리에 새로운 간판을 내건 '조선문학건설본부'는 어떤 이념을 내세우고 어떠한 문학운동을 전개해 나아갈지 밝히지 않았다. 그러나 뒤이어 조선음악건설본부, 조선미술건설본부, 조선영화건설본부 등이 등장했고 1945년 8월 18일 이 예술 단체들이 연합해 조선문화건설중앙협의회를 발족했다. 이 조직 운동을 주도한 임화는 조선문화건설중앙협의회의 서기장에 취임하면서 예술 활동 전반을 주도하게 되었다. 많은 문화예술인이 여기에 가담함으로써 결국 조선문화건설중앙협의회는 해방 직후 최초의 대외적인 문화 단체가 되었으며, 기관지로서 《문화전선(文化戰線)》[4]을 간행하면서 활동을 적극적으로 확대했다.

조선문화건설중앙협의회가 설정한 문화 활동의 기본적 일반 방책은 일제 문화 잔재의 소탕, 문화의 인민적 기초 확립, 문화통일전선의 조직으로 요약된다. 이 가운데 앞의 두 가지 요건은 문화 활동의 실천적 목표를 내세운 것이며, 세 번째 요건은 조직 정비의 방향을 말한 것이라고 할 수 있다. 여기서 먼저 주목해야 할 것은 첫 번째 방침으로 제시된 일제 문화 잔재의 소탕과 문화 반동에 대한 투쟁이다. 이것은 새로운 문화운동의 기본 방향을 제

---

4 조선문학건설본부를 중심으로 결성된 조선문화건설중앙협의회의 기관지로서 1945년 11월 15일에 창간호가 발간되었다. 월 2회 발행을 목표로 출발한 신문 형태이며 창간호에는 이 단체의 성격을 알 수 있는 「문화 활동의 기본적 일반 방책에 관하여」가 실려 있다.

시한 것이며 친일파 청산과 국수주의 배격이라는 구체적인 실천 과제와 연결되어 있다. 두 번째 요건인 문화의 인민적 기초 확립은 문화운동의 계급적 성격을 분명히 하기 위해 봉건적 문화의 요소, 특권 계급적 문화의 요소, 반민주적·지방주의적 문화의 요소를 청산해야 함을 말한다. 여기서 제시한 인민이라는 개념은 노동자·농민을 뜻하는 인민계급을 의미한다. 세 번째 요건은 강력한 문화의 통일전선을 조직해야 한다는 주장이다. 문화전선에 있어서 인민적 협동의 완성에는 문화전선의 통일이 필수적이다. 그런데 '문화전선의 통일'은 문화운동의 조직을 사회적으로 통일한다는 점에서 중대한 정치적 의미를 갖게 된다.

해방 공간의 문단에서 조선문화건설중앙협의회가 문화예술계 전반에 걸친 조직 정비의 주도권을 갖게 되자 그 이념 노선을 둘러싸고 반발이 일어났다. 우익 성향의 문인들은 중앙문화협회를 조직하면서 이들과 대립했다. 조선문화건설중앙협의회의 내부에서도 이기영, 한효, 송영 등이 임화의 지도 노선에 불만을 품기 시작했다. 이들은 1935년 조선프로예맹의 강제 해체 당시 경찰에 해산서를 제출했던 임화의 사상에 의혹을 품고 있었다. 그런데 임화가 해방과 함께 다시 등장해 이태준, 이원조 등과 문단 조직의 주도권을 쥐게 되자 임화와 거리를 두기 시작했다. 이른바 '조선프로예맹 비해소파'로 지목되는 이기영, 송영 등은 이동규, 박세영, 홍구 등과 회동하면서 조선문화건설중앙협의회에서 이탈해 별도의 새로운 좌파 문학 단체를 조직하고자 준비를 서둘렀다. 이들은 1945년 9월 17일 조선프롤레타리아문학동맹이라는 새로운 문단 조직을 정식으로 선언했다. 뒤이어 각 부문의 예술인이 조선프롤레타리아음악동맹, 조선프롤레타리아미술동맹, 조선프롤레타리아연극동맹 등을 조직했고 이들이 함께 규합된 조선프롤레타리아예술동맹이 1945년 9월 30일에 발족되면서 곧바로《예술운동(藝術運動)》이라는 기관지를 창간했다.

조선프롤레타리아예술동맹은 1925년에 조직되어 1935년에 해체된 조선프로예맹과 명칭이 동일하다. 이들은 일제강점기 조선프로예맹을 중심으로 전개됐던 계급문학운동의 정신을 이어받아 해방 이후에도 무산계급문학의 정통성을 이어 가야 한다는 이념적 선명성을 드러내고자 했다. 조선문학건설본부의 경우보다 훨씬 더 분명한 이념적 지향을 드러냈으며, 이데올로기의 중간적 존재는 허용하지 않았다. 조직의 맹원도 대부분 조선프로예맹과 직접적으로 연관된 인물들로 구성되었다. 이들은 '① 프롤레타리아문학 건설을 기함, ② 파시즘문학, 부르주아문학, 사회 개량주의 문학 등 일체의 반동적 문학을 배격함, ③ 국제 프롤레타리아문학 동맹의 촉진을 기함'이라는 3대 강령을 내세우고 프롤레타리아문학의 재건을 위해 조직의 정비에 박차를 가했다. 그 실천의 목표는 노동자와 농민의 해방이라는 계급 혁명의 단계를 추구하기 위한 프롤레타리아예술의 확립에 두었다. 이들은 예술 활동이라는 것을 계급의식에 대한 인식과 실천으로 규정함으로써 계급운동으로서 문예운동의 의미를 강조했다.

조선문화건설중앙협의회와 조선프롤레타리아예술동맹은 그들이 공동으로 기초하는 이데올로기의 지향성에도 심각한 대립을 보이게 되었다. 두 단체의 대립은 좌파 문단의 주도권을 차지하기 위한 것이었지만 크게 두 가지 차원으로 나누어 설명할 수 있다. 첫째, 예술운동의 이념적 정통성에 대한 시비를 들 수 있다. 이 문제는 일제강점기 계급문학운동 조직이었던 조선프로예맹의 해체 과정에서부터 잠재되어 있었다. 조선프로예맹 맹원에 대한 제1차 검거 사건이 있은 후에 조선총독부에서는 조선프로예맹의 자진 해산을 강요했고, 당시 조직 간부였던 김남천, 임화, 김기진 등이 협의하에 그 해체를 경찰에 정식으로 통보한 바 있다. 그러나 이기영, 송영, 한설야, 윤기정 등은 끝까지 해산에 동조하지 않고, 이른바 조선프로예맹 비해소파의 중심을 이루며 계급문학운동의 이념적 정통성을 고수하고자 했다. 이들은 대부분 신체제의 논리에도 동조하지 않고 은둔했기 때문에 일제강점기 말에는 예술운동이 이데올로기의 내새화 상태에 이르게 된 것이다. 그런데 해방 직후, 임화, 이태준, 김남천, 이원조 등이 조선문학건설본부를 중심으로 예술문화운동의 주도권을 쥐자, 이기영, 한설야, 송영, 한효 등은 표면적으로는 이에 가담했으나 조선문학건설본부의 맹원들의 이념성과 사상성에 불신을 드러냈다. 조선프롤레타리아예술동맹 측에서는 해방과 함께 진정한 프로문학운동을 새로이 추진하고자 했으나, 조선프로예맹 해소파와 계급문학운동에 관심 없는 순수파 문인들의 호응으로 조선문화건설중앙협의회가 만들어지자 일제강점기 계급문학운동의 이념을 계승한 주체적인 문단 조직을 감행하지 못한 점을 불만으로 여겼던 것이다.

둘째, 예술운동의 이념적 지향과 노선에 대한 시비를 들 수 있다. 조선문화건설중앙협의회와 조선프롤레타리아예술동맹의 예술운동 사이에 이념이나 노선의 차이가 명백하게 드러난다고 하기는 어렵다. 그러나 두 조직이 지향하는 실천 방법이나 전술상의 문제가 충돌함을 확인할 수 있다. 조선문화건설중앙협의회의 경우 문화의 해방과 문화의 건설이라는 두 가지 목표를 실천하기 위해 문화통일전선운동의 중심 단체를 자처했다. 여기서 문화 해방이란 봉건주의적 문화 잔재와 일제강점기의 식민지 문화유산을 모두 소탕하고 그 영향력으로부터 민족문화를 해방시키는 일이며, 문화 건설은 제국주의적 영향에서 벗어나 새로운 민족문화를 확립하는 작업이다. 조선문화건설중앙협의회는 이러한 문화 해방과 건설을 위해 민족통일전선의 일익을 담당하는 문화통일전선운동이 필요하다고 주장했다. 이는 해방 직후의 정세가 민족의 완전한 해방과 토지 관계에서의 봉건적 요소에 대한 완전한 소탕이 요구되는 단계에 이르렀다는 진단에서 비롯되었다. 당시 일제는 퇴각했으나 새로운 제국주의의 영향이 확대되고 있었고, 토착 지주와 일부 민족 부르주아 계층은 새로운 외세와 결탁함으로써 민족의 완전한 해방을 저해하고 있었다. 토지 관계의 봉건적 요소 역시 더욱 확고해져 계급 대립이 첨예화하고 있었다. 조선문화건설중앙협의회는 문화통일전선운동의 주체를 농민·노동자계급과 진보적 시민으로 규정하며, 이들이 모든 종류의 분열과 분파를 극복하고 하나의 방향으로 통일되어 부르주아 민주주의 혁명을 위한 문화운동을 전개해야 한다고 내세웠다. 그리고 모든 문화운동의 기초를 인민에게 두고 인민을 위한 문화의 건설을 위해 반인민적인 요소와의 투쟁에 최대의 힘을 기울일 것을 강조했다. 그러나 조선프롤레타리아예술동맹에서는 부르주아 민주주의 혁명론보다 더 급진적인 프롤레타리아계급 혁명론을 중시하고 있었기 때문에 계급문학운동의 이념적 정비를 주장했다. 계급운동에서 이념의 타협이란 존재할 수 없다고 믿고 있는 이들은 계급문학의 방향 자체도 계급 혁명을 위한 전위적인 기능에 고정시켰다.

좌익 문단의 분열과 대립이 노골화하자 이에 놀란 것은 조선문화건설중앙협의회의 배후에 있던 조선공산당(뒤의 남로당)이었다. 박헌영을 중심으로 하는 조선공산당은 '장안파'[5]의 합류로 정치운동의 단일전선을 구축한 후

5 장안파(長安派)는 1945년 8월 15일 이영, 이승엽 등이 주도해 결성한 공산당 조직으로, 이

문화운동에서 야기된 조직 분열을 조정하려 했다. 조선공산당의 움직임을 간파한 두 단체는 당의 승인을 얻기 위해 치열한 투쟁을 전개했다. 조선프롤레타리아예술동맹에서는 당의 과감한 투쟁 노선을 적극 지지하면서 계급 혁명을 위해서는 일체의 비혁명적 요소를 배제하고 전투적 무장이 필요하다고 주장했다. 조선프롤레타리아예술동맹은 자신들의 철저한 투쟁의식이 조선공산당의 승인을 받을 것이라고 생각했다. 하지만 조선문화건설중앙협의회는 일찍부터 조선공산당과 내밀하게 연결되어 있었다. 이들은 자신들이 내세운 민족문화 건설이라는 구호와 문화전선의 통일이라는 방침이 모든 문화인의 지지를 얻고 있음을 과시했다. 특히 임화는 문화운동이 정치적 효과를 얻기 위해서는 과격한 투쟁의식을 표면적으로 내세우지 않고 내부적 단결을 확고히 하는 것이 옳은 방법임을 강조했다.

조선공산당은 당시 문단적 상황을 분석·판단한 후 임화가 주도하는 조선문화건설중앙협의회에 당의 승인을 내려 주었다. 조선프롤레타리아예술동맹도 여기에 합류할 것을 명령했다. 조선공산당의 통합 요구는 어길 수 없는 명령이었다. 이에, 1945년 12월 3일 조선문화건설중앙협의회의 임화, 김남천, 이태준 등이 주동이 되어 조선프로레타리아예술동맹의 이기영, 송영, 한설야 등과 회동하는 합동위원회가 열렸다. 이 자리에서 임화는 공산주의의 이념 아래 문화운동의 통일전선 결성이 시급한 요건임을 강조하면서 조선공산당의 후광을 과시했다. 1945년 12월 6일에는 조선문화건설중앙협의회와 조선프롤레타리아예술동맹에 소속되어 있던 조선문학건설본부와 조선프롤레타리아문학동맹이 발전석인 통합[6]을 이루게 되었다는 보도가 신문에 발표되었다. 그 결과 1945년 12월 13일 '조선문학동맹'이라는 새로운 이름으로 두 단체의 통합을 위한 결성식이 개최되었다.

해 11월 23일 해체 성명을 발표하고 박헌영의 조선공산당과 합류했다.

6 조선문화건설중앙협의회 측에 문단 조직의 주도권을 넘겨주게 된 조선프롤레타리아예술동맹의 한설야는 「문학운동에 대한 관견: 문학동맹 결성을 계기로」(중앙신문, 1945. 12. 15-18)라는 글을 통해, 한효는 「예술운동의 전망: 당면 문제와 기본 방침」(예술운동 제1호, 1945. 12)을 통해 불만을 토로했다. 이들은 새로운 통합 조직체인 조선문학동맹에서 소외되자 월북을 택했다.

조선문학가동맹과 전국문학자대회

해방 공간의 문단은 신탁통치 문제로부터 좌우 분열과 이념적 대결 양상을 극명하게 드러냈다. 당시 한국 사회는 모스크바에서 열린 미국·영국·소련 3국의 외상회의(1945. 12. 16)에 관심을 집중하고 있었다. 이 회의에서 3국의 대표들은 제2차 대전 후 세계 문제의 방향과 함께 한국에 대한 연합국의 신탁통치 방안을 협의하고 있었다. 미국·영국·소련이 5년간의 신탁통치를 통해 한국을 하나의 독립국가로 만든다는 결의 내용은 같은 해 12월 28일경 국내에 알려졌다. 독립 정부의 수립을 갈망해 온 민족 진영의 인사들이 격렬한 반탁운동을 전개하는 동안, 애당초 반탁의 의사를 제시했던 조선공산당은 박헌영의 평양 방문을 계기로 갑자기 찬탁으로 방향을 돌렸다. 1946년 연초부터 반탁, 찬탁의 논전이 좌우 세력의 투쟁으로 이어지자, 조선문학동맹은 조선공산당의 노선에 따라 찬탁 성명서를 발표함으로써 이념적 정체를 분명하게 드러내게 되었다.

조선문학동맹은 조직을 확대하고 새로운 민족문학 건설을 구체적으로 실천하기 위해 '조선문학자대회'의 개최를 계획했다. 새로 구성한 조선문학자대회 조직위원회에는 김태준, 권환, 이원조, 한효, 박세영, 이태준, 임화, 김남천, 안회남, 김기림, 김영건, 박찬모 등이 위원으로 참여해 조선문학자대회의 준비에 착수했다. 조직위원회는 이 대회에 참가할 수 있는 문학자 233명을 지명하고 1946년 1월 20일 해당자들에게 소집 통지서와 함께 조선문학동맹의 가입 신청서를 발송했다. 그 결과 가맹 회원 120명이 확보되었고, 이들이 조선문학자대회 참가자가 되었다.

대회의 전체적인 성격과 방향은 임화의 '조선 민족문화 건설의 기본과제에 대한 일반 보고'라는 강연을 통해 제시되었다. 강연에서 임화는 민족문학의 건설과 함께 민주주의적 국가 건설을 주장했다. 임화의 강연에 뒤이어 문학 분야별 발표가 이어졌다. 김기림은 '조선시에 관한 보고와 금후의 방향'에서 새 나라의 건설에 시가 참여해야 하며 시인은 자유와 정의를 지키는 넓은 동맹군의 일익이 되어야 함을 주장했다. 둘째 날에는 이원조의 '조선 문학비평에 관한 보고', 신남철의 '민주주의와 휴머니즘'이라는 특별 연설이 있었고, '조선소설에 관한 보고'는 안회남을 대신해 임화가 낭독했다. 진보적 리얼리즘과 혁명적 로맨티시즘을 민족문학 수립의 기본적 창작 태도라고 주장한 김남천의 '새로운 창작 방법에 관하여'를 끝으로 보고 연설은 종결되었다. 박세영의 '조선 아동문학의 현상과 금후의 방향', 김태준의 '문학유산의 정당한 계승 방법', 김영건의 '세계문학의 과거와 장래의 동향', 김오성의 '계몽운동과 신인의 육성' 등의 보고서 원고는 대회에서 발표되지 못했다. 조선문학자대회의 이름으로 채택한 결정서의 내용을 요약하면 다음과 같다.

1. 본 대회는 조선 민족문학 건설의 기본 문제에 대한 임화 씨의 일반 보고와 많은 추가 보고를 듣고 이것을 심의하여 다음과 같이 결정한다.
2. 본 대회는 조선문학의 기본 임무가 민족문학의 수립에 있음을 확인하고 일본 제국주의적 문화지배의 잔재와 봉건주의적 유물의 청산이 당면과제임을 지적한다.
3. 이 과제의 해결 없이는 조선의 민족문학의 수립은 불가능할 뿐만 아니라 그것을 토대로 하여 발전할 수 있는 한층 높은 문학 건설은 곤란하다는 것을 강조한다.
4. 그러므로 본 대회는 민족문학의 수립을 위해 모든 문학자가 일치 합력할 필요가 있음을 확인하고 이러한 방향으로 조선문학자의 노력을 결합한 조선문학동맹의 활동을 시인한다.
5. 조선민족문학 수립 과정에서 새로이 봉착하는 국수주의적 경향과의 투쟁을 승리적으로 수행하지 않으면 조선문학의 민족주의적 건설과 발전은 중대한 위기에 빠지게 될 것을 경고한다.
6. 민족주의 조선 국가의 건설 없이는 민주주의 민족문학도 없다.
7. 전국의 문학자가 민족문학 건설을 위해서는 민주주의적 국가 건설이 선행하는 것임을 깊이 인식하고 민주주의적 국가 건설을 위해서는 조선이 세계 민주주의 전선의 일익이 되어야 함을 지적한다.
8. 이러한 의미에서 조선의 민주주의적 건설을 방해하는 국수주의자, 그들의 비호 아래 재생을 기도하는 일제의 잔재 및 봉건유물의 반동적 연합에 대하여 문학자는 단호한 투쟁을 일으켜야 한다.
9. 본 대회는 민족문학이 온아한 서재 가운데에서 성장하는 것이 아님을 특히 강조하고 민주주의 정권 수립을 위한 치열한 투쟁 가운데서 발전되어 갈 것임을 지적하여 문학자가 민주주의 조국 건설에 적극 참여하

기를 요청한다.

10. 이러한 임무의 충실한 실천과 더불어 본 대회는 동맹 지도 기관에 대하여 다음의 일을 위임한다.
    ① 민주주의 정신에 투철한 예술 창조, 민족의 민주주의적 교육을 위해 문학자와 민중과의 연결을 실현할 것.
    ② 신진 문학자의 성장을 원조, 문학자의 창작 활동에 이론적·비평적 활동의 근본 방침을 수립할 것.
    ③ 국어 연구와 그 보급을 위해 과학적인 국어 정책을 수립하고 그 실행에 솔선할 것.
    ④ 문학의 대중화와 문학운동의 도시 편중을 시정할 것.
    ⑤ 아동문학과 농민문학의 육성·발전을 위한 방침을 작성·실행할 것.[7]

이러한 내용의 결정서가 채택된 뒤에 대회는 조선문학동맹의 명칭을 조선문학가동맹으로 정식 개칭하고 ① 일본 제국주의 잔재의 소탕, ② 봉건주의 잔재의 청산, ③ 국수주의의 배격, ④ 진보적 민족문학의 건설, ⑤ 조선문학의 국제 문학과의 제휴라는 다섯 개 항목을 강령으로 선포했다.

조선문학자대회를 통해 조선문학가동맹은 해방 직후에 이루어진 가장 커다란 문화 단체로 조직을 정비했다. 많은 문학인이 조직 맹원으로 가담함으로써 조선문학가동맹은 문단 전체를 대변하는 단체로 부각되었다. 실제로 상당수의 문인은 조선문학가동맹에 가담해야만 해방 조국의 문단인으로서 자격을 갖추게 된다고 생각했다. 조선문학가동맹이 내세운 강령이나 결정서는 민족문학의 건설과 민주주의적 국가 건설을 하나의 목표로 묶었으며 그 실천을 위한 문학운동의 노선을 제시했다.

문인 월북과 북한 문단

조선문학가동맹은 해방 공간의 문단에서 절대적인 지배력을 보여 주었다. 조직의 지도부에서 소외되기 시작한 이기영, 한설야 등은 조선문학가동맹과는 관계없이 1946년 초에 북한의 평양으로 활동 무대를 옮겼다. 그

---

7 조선문학가동맹 편, 『건설기의 조선문학』, 197-199면.

리고 1947년 개최될 것으로 예상했던 조선문학가동맹 제2차 전국대회를 계기로 그들의 잃어버린 세력을 만회하고자 했다. 그러나 1947년 4월 조선문학가동맹은 객관적 정세의 불리함을 구실 삼아 전국대회를 무기한 연기시켜 버렸다. 문단의 상황이 급변하자 이기영 등과 뜻을 같이하던 문인들은 새로운 활로를 구하기 시작했다. 1947년 5월경부터 서울 문단에서 이동규, 한효, 홍구, 윤기정, 박세영, 박아지 등의 모습이 사라졌다. 이미 홍명희가 월북한 후의 일이었다. 실제로 당시의 정치적 상황도 조선문학가동맹에게 불리하게 급변했다. 조선문학가동맹은 조선공산당의 활동을 널리 선전하는 임무에 앞장서고 있었는데, 미군정 당국은 이른바 정판사(精版社) 위폐 사건(1946. 5.)이 터지고 사회가 혼란해지자 조선공산당에 강경한 태도를 취했다. 국제민주주의 전선에 입각해 미군을 해방군으로 인정했던 조선공산당은 '미제 타도'를 내걸고 폭력투쟁을 전개했다. 1946년 9월의 철도 파업을 전후해 각지에서 폭동이 일어나자 공산당은 이에 가세해 혼란을 가중시켰다. 1946년 9월 7일 미군정 당국은 서울 시내에 경찰의 비상경계령을 발표하고 박헌영에 대한 지명수배를 지시했다. 이와 같은 강압적 조치에 따라 공산당의 활동은 점차 지하로 스며들 수밖에 없었다.

조선문학가동맹의 실질적인 책임을 맡고 있던 임화가 그의 처 지하련과 함께 박헌영의 뒤를 따라 월북한 것은 1947년 말이었다. 이태준도 북한으로 넘어가 소련 방문단에 끼었고 김남천, 이원조도 월북했다. 남한에 단독정부 수립이 기정사실화되자 안회남, 허준, 김영석, 박찬모, 조영출, 조남령, 김오성, 박서민, 윤규섭, 이서향, 박팔양, 신고송, 이갑기, 조벽암, 함세덕, 이근영, 박영호, 윤세중, 지봉문, 이병철, 김상훈, 조운, 김상민 등이 모두 월북했다. 정부 수립 후까지 남아 있던 정지용, 김기림, 설정식, 이용악, 박태원, 현덕, 김동석, 양운한, 임학수 등은 한국전쟁 중에 납북당했거나 월북했고 유진오, 이흡은 지리산 빨치산으로 활동하다가 사살되었다.

해방 직후 서울을 중심으로 한 문단의 정비 작업이 좌우 세력의 대립으로 혼란에 빠져든 것처럼, 북쪽의 평양에서도 비슷한 과정이 거듭되었다. 우선 건국준비위원회의 활동이 소련군에 제지당하고 인민정치위원회가 결성되면서 정치·사회 측면의 실제적인 주도권은 공산주의자들에게 넘어갔다. 평양 지역에서 해방 직후에 제일 먼저 결성된 문예 단체는 평양예술문화협회였다. 이 단체에는 문학·음악·미술·연극 등 모든 예술 영역에서 자유로운 창작 활동을 지향하는 문학 예술인들이 참여했다.[8] 그러나 순문예 단체로 발족된 이 단체는 자유주의적인 색채 때문에 활동이 제대로 이루어질 수 없었다.

소련군이 주둔하면서 북한에 조소문화협회(朝蘇文化協會, 1945. 11.)라는 문화 단체가 생기자 상당수의 지식인과 문학예술인이 이에 가담했다. 이 무렵 서울 문단의 세력 다툼에 밀려난 조선프롤레타리아문학동맹의 맹원들이 평양에 나타나기 시작했다. 이들은 조선문학가동맹의 결성과 함께 좌익 문단의 주도권을 잃자 월북해 한설야, 이기영 등과 접촉하면서 북한 지역에 문학예술 단체를 다시 조직하고자 했다. 이들에 의해 북조선문학예술총동맹이 결성된 때가 1946년 3월 25일이었다. 이 단체는 이기영을 위원장으로 임명했고, 부위원장에는 안막, 서기장에는 이찬을 지명했다. 한설야는 공산당 문화부장의 지위에 있었기 때문에 중앙상임위원으로 남아 있게 되었으며, 이기영, 안막, 최명익, 정률, 안함광, 이면상, 선우담, 주인규, 박영호, 이동규 등도 같은 지위를 차지했다. 이들이 내세운 강령은 진보적 민주주의에 입각한 민족문화의 수립, 봉건적·반민족적 예술 세력과 관념의 소탕, 민족문화유산의 비판 계승 등으로 남한의 조선문학가동맹의 강령과 크게 다르지 않았다.

북조선문학예술총동맹의 활동은 중앙예술공작단(1946. 5.)의 결성과 제1차 방소 문화사절단(1946. 8.)의 소련 여행 등으로 이어졌으며, 1946년 10월의 전체 대회 이후 공산당의 정책에 더욱 접근했다. 1947년을 전후해 서울의 조선문학가동맹에 소속되어 있던 임화, 김남천 등의 좌익 문인들이 대거 월북한 후에는 그 조직을 더욱 확대했지만, 내부의 세력 균형이 무너지면서 갈등과 대립이 노출되기 시작했다. 1948년 대한민국 정부 수립이 이루어질 무렵의 평양 문단의 세력 분포를 보면, 해방 직후부터 서울 문단과 거리를 두고 북쪽에서 활약했던 이기영, 한설야, 이북명, 이찬, 안함광, 남궁만 등의 이른바 '재북파'와 송영, 박세영, 이동규, 윤기정, 이갑기, 조벽암, 신고송 등 조선프롤레타리아문학동맹 소속이었던 '제1차 월북파'가 주도권을 차

8 주요 구성원을 보면 문학의 경우 최명익, 전재경, 한태천, 김조규, 유항림, 황순원, 양명문, 이휘창 등이 참여했고, 음악 부문의 김동진, 한시형, 황학근, 김완익, 강효순, 유광덕, 백운복, 연극·영화 부문에서는 오영진, 주영섭, 미술 분야의 김병기 등이 합세했다.

지하면서 자신들이 프로문학운동의 정통 노선을 계승하고 있다는 점을 과시했다. 이들에 대응하는 또 다른 세력은 '소련파'로 일컬어지는 소련의 한국인 2세 조기천, 전동혁, 정률, 김일 등이었는데, 이들은 소련군의 지원을 받으면서 '조소문화협회'와 《조선신문》(1946. 2. 28. 소련군에 의해 창간) 등을 기반으로 김사량, 전재경, 한태천 등과 손잡고, 뒤에 김조규, 민병균, 김상오, 오장환 등과 합류하게 되었다. 이들 '소련파'는 서울에서 월북해 온 조선문학가동맹의 임화, 김남천, 안회남 등을 측면 지원해 '재북파'의 활동을 견제했다.

북조선문학예술총동맹의 문학예술 활동이 공산당의 문예 정책에 의해 통제되기 시작한 때는 1946년 12월부터 실시된 이른바 건국사상동원운동부터였다. 이 운동은 표면상 일제강점기의 악습과 퇴폐적·패배적인 국민정신을 바로잡기 위한 사상무장운동으로 선전되었지만, 국민의 사상과 의식을 공산주의 의식으로 개혁하고 공산주의 국가의 수립을 획책하기 위한 공산당의 책략에 불과했다. 이 운동이 문단에 영향을 미치면서 문학 활동 전반에 대한 사상 검열이 시작되었다. 공산당의 정책에 불만을 갖고 있거나 소극적인 태도를 보인 문인들은 비판의 대상이 되었다.

당시 공산당의 사상 검열에서 대표적으로 문제가 되었던 것은 북조선문예총동맹 원산지부에서 시인 몇 사람이 함께 엮은 시집 『응향(凝香)』이었다. 이 책은 1946년 12월 원산에서 당시 문예동맹 원산지부의 위원장을 맡고 있던 박경수의 주선에 의해 강홍운, 구상 등의 문인과 그 밖의 몇몇 인사들이 작품을 모아 발간한 합동 시집이다. 이 시집이 문제시된 것은 1947년 1월 「시집 『응향』에 관한 결정서」가 북조선문학예술총동맹 중앙상임위원회의 이름으로 발표되면서부터다. 이 시집에 수록된 작품들은 '조선의 현실에 대해 회의적, 공상적, 퇴폐적, 현실도피적, 절망적 경향'을 지니고 있다고 비판받았다. 북조선문학예술총동맹은 이 시집에 참여한 문인들을 소집해 심문하고 그 상상의 문제성을 성토했다. 신문과 잡지에는 이 시집의 작품들이 현실에 대한 투쟁정신과 새로운 건설 의지가 모두 결여되어 있다는 지적이 등장했으며, 개인적인 애상과 허무의 표현은 건전한 민족 예술의 생성 발전에 악영향을 끼치는 이단적 행위에 지나지 않는다는 비판도 제기되었다. 결국 시집은 판매가 금지되고, 시인들은 모두 혹독한 자아비판을 강요당했다. 시집 『응향』에 대한 결정서의 내용은 다음과 같다.

북조선문학예술총동맹 중앙상임위원회는 원산문학동맹 편 시집 『응향』에 대하여 다음과 같이 지적·비판한다.

1. 시집 『응향』에 수록된 시 중의 태반은 조선의 현실에 대하여 회의적·공상적·퇴폐적·현실도피적·절망적인 경향을 가졌음을 지적하면서 이에 대하여 비판한다.
2. 이 시집의 시인들에게는 현실과 부딪치며 현실과 싸우려는 투쟁 정신과 현실을 바른 길로 추진시키려는 건설 정신이 결여되어 있다.
3. 이 시집에 실려 있는 강홍운의 작품은 현실의 진행과 아무 상관 없는 개인적 한탄, 애상, 열정의 표백일 뿐이며, 구상의 경우도 허무의 표현, 애상의 기록뿐이다. 이러한 경향은 건전한 민족예술문학의 생성 발전을 위해서는 철저히 두드려 부수지 않으면 안 된다. 우리 인민이 요구하는 민족 예술은 이러한 도피적·패배적·투항적인 예술을 극복함으로써만 건설될 수 있을 것이다.
4. 시집 『응향』의 집필자들이 이단적인 유파를 형성하고 있는 것은 북조선 문학예술운동을 좀먹는 것이며, 문화적으로 약체인 인민대중에게 악기류를 유포하는 것이 된다. 이에 조선문학예술운동의 건전한 발전과 예술작품의 제고를 위해 다음과 같이 결정한다.
   ① 북조선문학예술총동맹이 모든 문예운문예운동을 지도하고 반동 세력을 검토·비판하며 사상적 통일 위에 바른 노선을 세운다.
   ② 원산문학동맹은 그들이 보여 준 사상적·정치적·예술적 약점을 속히 시정하고 이론적·사상적·조직적 투쟁 사업을 전개할 것
   ③ 시집 『응향』의 발매를 금지시킬 것
   ④ 이러한 과제의 비판과 시정을 위해 검열원을 파견하고 다음의 과업을 위임한다.
      (가) 시집의 발간 경위 조사
      (나) 시집의 편집자와 시인들을 소집하여 자기비판을 가지도록 할 것
      (다) 원산문학동맹의 책임자와 간부를 경질할 것
      (라) 지금까지 원산문학동맹에서 발간한 모든 출판물을 조사·검토할 것
      (마) 이 시집의 원고 검열 전말을 조사할 것.[9]

앞의 결정서를 보면 문학 활동 전반에 대한 사상적 규제가 북한 전역에서 시작되고 있음을 알 수 있다. 특히 북조선문학예술총동맹이 문학에 대한 사상 이념적 통제 기구로 군림하게 되었음을 말해 준다.

3) 우파 민족 계열의 문단

해방 공간의 문단에서 조선문학가동맹이 좌익 문단의 대표적인 조직으로 부상하자 민족 계열의 문인들도 세력의 규합을 추진했다. 이 새로운 조직에는 일제강점기 조선프로예맹의 계급문학운동과 대결했던 민족문학파와 해외 문학파의 변영로, 오상순, 박종화, 김영랑, 이하윤, 김광섭, 오종식, 김진섭, 이헌구 등이 주도적 역할을 담당했다. 이들은 1946년 3월 13일 조선문학가동맹의 정치적 평향성을 공격하면서 문학예술 분야를 망라하는 전조선문필가협회를 창설했다. 조선문학가동맹이 주최했던 조선문학자대회가 열린 종로의 기독교 청년회관에는 이 모임을 준비해 온 이선근, 박종화, 양주동, 김진섭, 이병기, 설의식, 이시목, 임병철, 안재홍, 장도빈, 이병훈, 정인보, 이관구, 윤백남, 이종영, 이봉구, 김동인, 함상훈, 오상순, 홍양명, 변영로, 김용준, 손진태, 이희승, 양재하, 송석하, 김계숙, 김준연, 고재욱, 채동선, 이하윤, 안종화, 박경호, 오종식, 조윤제, 안호상, 이양하, 황신덕, 장덕조, 박승호, 김광섭, 이헌구 등의 준비위원과 김동리, 최태응, 곽종원, 조연현, 조지훈 등이 함께 참석해 전조선문필가협회의 결성 대회를 열었다. 이 대회에서 발표한 '전조선문필가협회 결성 취지문'은 다음과 같다.

> 8월 15일 이전에 우리는 일본 군국주의 앞에서 해골의 춤을 추며 소위 '황도'의 폭풍 아래 밀려서, 조국과 역사를 버리고 살아왔다. 이 비애의 도탄 속에서 비록 준비 없이 받아들인 해방이나마 삼천만 민중에게 잊어버렸던 민족적 각성을 깨우쳐, 자주독립의 길을 열어 주었음에 열광하지 않

9 북조선문예총동맹 중앙상임위원회가 1947년 1월에 발표해 《문학》 제3호(1947. 4)에 게재된 내용을 요약한 것이다.

을 수 없다. 이로써 학정은 끝나고 민중은 열광하였으나 오랫동안 민중을 떠났던 지도자들은 조선이 나아갈 목표를 한곳에 두지 않고 따라서 민중의 사상을 삼분사열케 하여 드디어 비약이 도리어 실추로 전화하려 하고 피의 의식으로써 갈망하던 독립은 지도자의 입에서 정권화되고 민중의 정열에서 떨어진 듯한 감도 없지 않으니 실로 8·15 이후의 조선 정치사는 진리를 은폐한 기록이 아닐 수 없게 되었다.

물론 세계의 정세가 단순치 않고 사상의 계열이 복잡한 가운데서 억압되었던 36년의 모두가 숨김없이 폭발되는 해방 후의 사태가 모색을 거치지 않고 간단히 정돈되기 어려움은 이미 예상한 바이었으나, 국권을 게을리하여 빼앗겼던 죄의 36년을 잊어버리고, 독립의 전야가 공에 밝지 못하고 사에 어두워 환경에 대한 민속한 처리가 감행되지 못한 채 세계가 주시하는 백일의 태양 아래서 외적과 싸우지 못한 용기를 다하여 동족끼리 피비린 암투를 계속함을 일삼아 어느덧 우리는 일본의 독점을 떠나 연합국 사이에 끼인 듯하나, 이것이 과거의 역사적 과오를 건국 초기의 위대한 역사적 현실에 반복됨이 아니라 하며, 만대에 누릴 통일국가 건설에 일대한사(一大恨事)라 아니하랴! 이에 문필을 가진 우리들은 붓을 반드시 정당의 칼로 삼음이 아니나, 민중의 여론에 지표가 서지 못한 이 혼란된 사태에 처하여, 이미 각성되었고 또 각성되려는 문화인의 현대적 정치의 정세를 다시금 순화하여 태극기 깃발 아래에 삼천만의 정열을 집중시키고, 공의를 형성하여 한결같이 인권이 존중되고 자유가 옹호되고 계급이 타파되고 빈부가 없는 가장 진정하고 가장 민주적인 국가관 세계관을 밝혀 세계와 인류에 공통된 민족국가 이념 위에, 역사가 중단되었던 조국을 재건하려 함이니 세계에 빛나는 한 민족, 한 국가로 자처할 이 국민문화의 형성은 소파벌의 독재도 용납되지 않을 것이요, 계급적이기도 허용되지 않을 것이요, 전체에의 반동도 묵인되지 못할뿐더러, 논리에 있어서 모순이 없고 성격에 있어서 준철하며, 감성에 있어서 발랄하여 스스로 자주 자율하는 고귀한 도덕성이 요청되어야 할 것이다.

이에 '전조선문필가협회'가 한번은 반드시 통일된 민족국가를 건설하려는 민족적 숙명 아래서 역사적·현실적 필연성을 띠고 탄생하는 바이니 우리는 어디까지든지 민주주의의 공식적 정당 강령화를 넘어서 생명에 부덮치고 다시 생활의 이념이 되어 정치로 향하여 가는 진정한 민주주의 문화를 건설하려 한다. 전도가 다난하니 강호제현의 아낌없는 편달만이 우리를 정로에서 벗어나지 않게 하리라 믿는 바이다.[10]

전조선문필가협회는 임원을 선정[11]하고 ① 진정한 민주국가 건설에 공헌하자, ② 민족자결과 국제 공약에 준거해 즉시 자주독립을 촉성하자, ③ 세계문화와 인류 평화 이념을 구명해 이의 일환으로 조선문화를 발전시키자, ④ 인류의 복지와 국제 평화를 빙자해 세계 제패를 꾀하는 모든 비인도적 경향을 격쇄하자는 강령을 발표하면서 본격적인 민족문화운동에 돌입했다.

전조선문필가협회가 문필 활동을 하는 학예 분야의 인사들로 구성되자 이 단체에 가담한 소장 문인들은 의욕과 포부를 실천할 또 다른 모임이 필요하다고 생각하게 되었다. 당시 '생활 문화사'에 자주 모이던 '토요회'라는 문학 모임에는 정태용, 조연현, 김동리, 서정주, 조지훈 등이 참여하고 있었다. 이들은 임서하, 곽하신, 최태응, 곽종원, 김광주, 김홍준, 홍구범, 이정호 등과 더불어 보다 적극적인 문학 활동을 전개해 나갈 순수문학 단체가 필요하다는 점에 의견의 일치를 보았다. 그리고 1946년 4월 4일 조선청년문학가협회를 정식 결성하고 다음과 같은 강령을 채택했다.

1. 자주독립 촉성에 문화적 헌신을 기함.
2. 민족문학의 세계사적 사명의 완수를 기함.
3. 일체의 공식적·노예적 경향을 배격하고 진정한 문학 정신을 옹호함.

조선청년문학가협회는 전조선문필가협회를 중심으로 하는 민족 계열의 문단에 새로운 기풍을 불어넣으면서 민족문학의 방향 정립을 위한 여러 가능성을 찾기 시작했다. 문학의 미적 자율성에 대한 신념을 지켜 가기 위한 조

10 권영민, 『해방직후의 민족문학운동연구』(서울대학교출판부, 1986), 22-23면 재인용.

11 전조선문필가협회 회장: 鄭寅普, 부회장: 朴鍾和·蔡東鮮·薛義植·李丙薰·咸尙勳, 언론부장: 李瑄根, 학술부장: 安浩相, 문학부장: 梁柱東, 교육부장: 許永鎬, 미술부장: 李鍾禹, 연예부장: 安碩柱, 음악부장: 蔡東鮮, 체육부장: 徐相天, 과학부장: 金鳳集, 사무국상무위원: 李軒求·吳宗植·金珖燮.

선청년문학가협회의 활동은 조선문학가동맹과 충돌했다. 특히 두 단체 사이에 민족문학의 새로운 건설이라는 명제를 놓고 전개된 문학 논쟁은 한국문학의 방향을 암시하는 새로운 비평 개념을 확립할 수 있는 계기가 되었다.

1948년 8월 대한민국 정부 수립 이후 문단은 민족 계열의 전조선문필가협회와 조선청년문학가협회가 중심을 이루어 새로운 조직인 한국문학가협회(1949. 12)로 통합되었다. 이미 좌익 문단의 조선문학동맹의 맹원들은 상당수가 월북했으며, 잔류한 문인들은 보도연맹에 가담해 사상적 전향을 선언한 후 한국문학가협회에 가담했다. 그러므로 조선문학가동맹은 자연스럽게 해소되었다. 한국문학가협회는 회장 박종화, 부회장 김진섭을 내세웠고 각 분과 회장에 김동리(소설), 서정주(시), 유치진(희곡), 백철(평론), 윤석중(아동문학), 김광섭(외국 문학), 양주동(고전문학) 등을 선출했다. 사무국장으로는 박목월이 선출되었다.

4) 문단의 중간파

중간파의 성격

해방 직후 문단에서 문학적 중간파의 입장은 좌우 세력의 대립에 대한 명확한 이해를 전제하지 않고는 설명하기 어렵다. 특히 '중간파'의 위상에 대한 인식은 정치 세력의 판도를 정확하게 이해해야만 가능하다. 해방 직후의 정치 상황은 미소 양군의 주둔과 남북 분단이라는 상황적 조건에 크게 좌우되고 있었다. 미군이 주둔했던 남한에는 보수적인 민족 세력이 주축을 이룬 한민당과 한독당이 있었고 좌익분자들의 집단인 조선공산당(남로당)이 이에 대립했다. 이들은 정론적인 입장에 있어서 언제나 충돌했고 극렬한 투쟁을 일삼았으므로, 해방 이후 주체적인 민족 세력의 통합을 불가능하게 했다.

그런데 제1차 미소공동위원회가 결렬된 후 국내의 정치적 혼란이 더욱 격심해지자, 여운형, 김규식, 원세훈, 허헌 등이 회동해 좌우 양대 세력의 광범위한 협력 문제를 논의하게 되었다. 이들은 좌우합작으로 남북에 통일 민주정부를 수립해야 한다는 원칙을 내세우고 지지 세력을 규합하는 좌우합작위원회(1946. 7)를 설립했다. 그러나 좌우 세력의 극렬분자들이 이를 거부함으로써 좌우 진영 모두에 커다란 내분이 일어나게 되었다. 당시 중간적 입장에 서있던 사회민주당, 민주통일당, 민주동맹 등은 좌우합작을 적극 지지하고 있었지만, 좌우 진영에서 내세운 합작 원칙은 세력의 기반을 확대하기 위한 공식적인 주장뿐이었다. 특히 좌익 세력은 표면상 합작 논의에 참여하는 것처럼 하면서도 실제로는 실현 가능성이 없는 주장만 되풀이했다. 좌우합작위원회에서 양대 진영의 주장을 절충해 얻어 낸 '좌우합작 7대 원칙'도 극단주의자들의 방해 공작 때문에 효력을 낼 수 없었고, 제2차 미소공동위원회도 실패[12]하고 말았다. 따라서 한국 문제가 유엔으로 이관되어 유엔 한국위원회의 활동이 가능한 지역 안에서 총선거를 결의하게 되자, 남한만의 단독선거가 실시되기에 이르렀던 것이다.

'중간파'라는 명칭은 이러한 정치적 소용돌이 속에서 당시 사회의 난맥상을 함께 보여 주는 이름이 되었다. 문단의 경우 중간파란 정치적 파당성과 같이 뚜렷하지 않지만, 이데올로기의 대립 가운데 드러난 문학인들의 움직임을 확인할 수 있는 중요한 단서가 된다. 해방 직후 문단의 조직이 좌우익의 정치 노선에 따라 양분되는 동안, 문학의 정치주의적 오염을 문제 삼는 문학인들이 등장하기 시작했다. 이들은 주로 좌익 문학 단체인 조선문학건설본부가 조선문학가동맹으로 확대되는 과정에서 조직을 탈퇴한 사람들이었는데, 백철, 김광균, 장만영, 박영준, 이무영, 박계주, 정비석, 이봉구 등이었다. 만주에서 귀국한 염상섭도 이들과 보조를 맞추었다. 이들은 조선문학가동맹에 깊이 관여하지 않고 우익 문학 단체인 전조선문필가협회에 가담하지도 않았다. 그렇기 때문에 이들의 불분명한 문학적 태도는 좌우 문단에서 모두 비난의 대상이 되었다.

문학인들의 새로운 문단 조직이 이데올로기의 대립으로 양분되는 동안, 비평가로서 확고한 위치를 차지하고 있던 백철은 중간적 입장을 내세워 자기 문학의 논리를 전개했다. 그는 임화, 김남천 등과 교류하면서 조선문학건설본부에 참여했으나, 이 단체가 좌익 진영의 문단 조직을 정비해 조선문학가동맹으로 변모하는 과정에서 점차 그들과 거리를 두었다. 해방 직후의 혼란기에 새로운 문학 건설의 방향을 모색하는 과정에서 백철이 발표한 「과

12 송건호 외, 『해방 전후사의 인식』(한길사, 1979), 359-363면.

도기와 문학 건설의 방향」이라는 글은 그의 문학적 입장과 태도를 확인할 수 있는 중요한 자료다. 백철은 당시의 상황적 위기를 자유와 독립, 통일을 목적에 둔 과도기적인 속성으로 파악하고, 이러한 시대적 상황에서 문학의 정치적 임무를 논하지 않을 수 없다고 전제했다. 그는 우선 문학인들이 확고한 세계관을 가지고 역사의 발전 방향에 관해 깊이 신뢰할 수 있는 태도를 확립해야 하며, 현실을 진보적으로 영도해 나아가는 정치 세력과 운명을 같이한다는 결의를 다져야 한다고 했다. 그리고 민중의 진실한 삶을 그리는 진정한 민중의 문학이 되기 위해, 새로운 문학적 형식과 표현을 창조해야 한다고 강조했다. 당시 문단 조직의 여러 변화를 놓고 백철은 다음과 같이 자신의 주장을 집약시켰다.

> 최근 문학계의 신동향으로서 문학 기관의 재조직—일층 민주주의적인 의사를 반영한 신통일 기관—이 탄생할 기운이 진행되고 있는 듯하다. 여기에는 현재 중앙문협하에 직속된 '문학건설본부'의 발전적인 해소로써 전국문학자대회의 총의에 의한 신문학 기관의 결성이라는 견해가 있고, '문건'은 그대로 두고 '프로예맹'과 '문협'과는 별개인 제3자적인 기관, 즉 일층 광범위한 의미의 문예가 협회 같은 것의 성립을 주장하는 견해가 의안에 오르고 있는 듯한데, 그 어느 것이 실현되더라도 그것이 금일의 분산적인 문학계를 통일하기 위해 현 단계적인 지도 강령을 민주주의적인 데에 두자는 것은 그 방향이 일치된 것같이 추측된다.
>
> 나는 여기서 일개의 관찰자로서 이 두 가지 견해의 합류로서 진실로 통일적인 예술가의 신기관이 출현되기를 희망하거니와, 문제는 이 기관의 출현을 통하여 금일의 예술문학을 진보적인 방향으로 영도하는 데에 있어서 현대적인 것에 대한 엄격한 자기비판에서부터 시작하고 그것을 새롭게 구체화시키는 가운데 문학 건설과 지도의 권위를 세워 주기 바란다.[13]

백철은 문학 기관의 통일을 요구했지만, 그러한 희망은 실현될 수 없는 것이었다. 그는 좌익 문학 단체가 공산당의 지령에 따라 통합되고 정치적

---

13 백철, 「과도기와 문학 건설의 방향」(개벽 제73호, 1946. 1), 82-83면.

인 조직의 산하 기관으로 전락하자, 정치적 예속은 새로운 민족문학 건설을 위해 불행한 일임을 개탄했다. 그는 조선문학건설본부가 해소되면서 점차 이들 조직에서 멀어졌지만 자신의 친일적인 과거 행동 때문에 일제 잔재 청산이라는 문학운동의 일차적인 목표에서 자유로울 수 없었다. 결국 그는 조선문학건설본부의 해체와 함께 문단의 주류에서 낙오되고, 조선문학가동맹이나 전조선문필가협회의 주장을 중간적 입장에서 바라볼 수밖에 없었다.

> 정치를 떠나서 문학이 있을 수 있는가 하는 반문이 나올 수 있다. 그러나 나는 두 개 사이의 관련성 유무를 묻고 있는 것이 아니고 진실을 추구하는 문학답게 그때마다 정치 현실을 객관적으로 보고 파악해야 한다는 것이다. 먼저 설명한 바와 같이 오늘의 국내 정세가 역사적으로 보아 결코 한 주류에 의한 일방적인 통일이 성립될 수 없고, 두 주류의 연립을 위하여 중간에서 키를 중류로 전환할 필요가 있다면, 문학 단체는 가급적 일방의 정치와 배치되는 실정을 민중 앞에 보일 수 있는 경우가 있어야 하지 않을까 한다. 적어도 무관심한 태도를 가지고 서 있을 수 있는 경우가 있어야 하지 않을까. 만일 신탁 통치 반대의 태도를 취하는 것이 어렵다고 하면 문학 단체는 이 사건에 한하여 당분간 침묵을 지킬 필요가 있을 줄 안다.
>
> 도대체가 현상으로 봐서 문학자가 너무 다변하다. 다변은 정수만을 택하는 문학의 정신과 배치된다. 그리고 또 한 가지 문학자의 모든 행위는 반성의 과정 위에서 진행되어야 한다고 본다. 한번 발을 내디뎌서 경솔했다고 반성되는 순간 문학자는 얼마 동안이라도 그 장소에 머물러서 고요히 생각하는 과정을 가져야 할 것이 아닌가.[14]

백철은 해방 직후 조선문화건설중앙협의회의 기관지《문화건설》에 관여하고 있었지만 조선문학가동맹의 출범을 전후해 신탁통치에 대한 찬반 문제에 침묵했다. 그리고 조선문학가동맹에 가담하지 못하게 되자 일단 문단 조직과 거리를 둔 채 문학이 정치적 편향에서 벗어나 중간적 위치에 설 것을 주장하게 되었다. 그는 조선문학가동맹과 실질적인 관계가 끊어지자 한때

---

14 백철, 「정치와 문학의 우정에 대하여」(대조 제2호, 1946. 7), 117면.

중앙신문사에 취직했다가 그것마저 그만둔 채 칩거했다. 그가 1946년 여름부터 『조선신문학사조사』를 집필한 것도 칩거 생활 가운데의 일이다.

백철의 문학적 입장에 대한 좌익 문단의 비판[15]은 반동성에 대한 지적으로 나타났다. 백철은 정치주의 문학을 지향하던 조선문학가동맹의 공식적인 입장과 다른 태도를 표명했지만 민족 계열 문단에서도 크게 환영받지 못했다. 그것은 자신의 입장만이 가장 공정하다는 인상을 독자들에게 심어 놓기 위한 시기 편승적인 태도이며, 후일의 결정적인 대세에 타협하기 위한 구실에 지나지 않는다는 점에서 기회주의적이라고 비판받았다.[16] 백철이 표명하는 문단의 중간적 입장에 직접적으로 동의한 문학인은 많지 않았다. 소설가 계용묵과 정비석이 백철과 입장을 같이했을 뿐, 구체적인 호응도 미미했다. 그런데 시단의 중진이었던 김광균이 정치에 편중되어 있는 문학의 위기를 비판하면서부터 중간적 입장에 대한 새로운 관심이 일어났다.

김광균은 1930년대 중반 이후 《자오선》, 《시인부락》 등의 동인지를 통해 시단에서 활약한 바 있고, 소시민적 감성을 시각적 이미지로 형상화한 작품을 많이 발표했다. 그는 이미 시집 『와사등』(1939)을 내놓으면서 이미지즘 계열의 시풍의 일가를 이루고 있었는데, 해방 직후에는 김기림과 함께 조선문학건설본부·조선문학가동맹의 좌익 문단에서 지도적인 위치에 자리하고 있었다. 조선문학가동맹 시부 조직부장의 자리에까지 올라 있던 김광균이 중간파로 지목된 것은 1946년도 시문학계를 결산하는 「시단의 두 산맥」[17]이라는 짤막한 평문을 발표하면서부터였다. 김광균은 좌익 문단의 김기림과 우익 문단의 김광섭을 대응시켜 놓고, 이들이 주도하는 시의 두 가지 경향을 모두 비판적 입장에서 논박했다. 김기림으로 대변되는 좌익 시단의 경우에는 문학의 정치성이나 시대정신에의 과도한 관심으로 인해 시의 예술성에 심각한 위기가 도래하고 있다는 것이 그의 진단이었다. 반면에 김광섭을 중심으로 하는 우익 시단의 경우에는 시대정신의 깊이 있는 인식이 결여되어 있다고 평가했다. 이러한 김광균의 주장은 당시 조선문학가동맹의 젊은

15 김동석, 「문학을 지키는 길: 백철 씨의 그릇된 견해에 대하여」(독립신문, 1946. 11. 20).
16 조연현, 「해방문단 5년의 회고(2)」(신천지 제40호, 1949. 10).
17 김광균, 「시단의 두 산맥」(서울신문, 1946. 12. 3).

비평가였던 김동석의 반박을 받았다. 김동석은 예술과 시대를 변증법적으로 파악하지 못하는 김광균이 관념적인 중용에 자신의 위치를 정해 놓은 커다란 착각[18]에 빠져들었다고 비난했다.

김광균은 문단적 경험을 바탕으로 자신의 문학적 입장을 다음과 같이 솔직하게 표명했다.

> 8·15 이후 정치성을 띤 행사나 혹은 비상 사건이 있을 적마다 거의 시인들이 이를 취재하여 시를 썼다. 신년이 왔다고 시를 썼고, 학병 사건에 일제히 붓을 들었고, 3·1기념시집을 냈고, 메이데이, 6월 10일 청년데이, 미국독립기념일 또 무엇 무엇에 시필을 잡았다. 이번에는 무슨 행사가 있으니 시를 써달라는 주문도 왔고, 이번 행사에 시를 안 쓰는 것은 무슨 일이냐는 질책이 있는가 하면 눈치로 섭섭하다는 것을 알리는 사람도 있었다. 마치 시인이라는 사람들은 무슨 문장의 숙련공이어서 어떤 현장에 앉혀 놓으면 이것을 노래하고, 한 개의 테마를 주면 즉시 그것으로 시를 지어내는 종류의 사람으로 아는 것 같다.
>
> 물론 그중에 진실한 감동으로 시를 쓴 사람도 있고 또 있는 것이 당연한 일이나, 나온 작품을 보면 무엇 때문에 쓴 작품인지 모를 것이 태반이었다. 그러면 예술성은 고사하고 정확히 정치가 반영된 작품이 나왔느냐 하면 그렇지도 못하다. 여기서도 남은 것은 예술의 황량뿐이다. 문학에 뜻을 둔 사람이 문학을 통하여 지기 인생이나 사회의 진보에 기여하는 바 있을 것을 바란다면 스스로 심사하는 바 있어야 할 것이고, 문학뿐 아니라 딴 예술 부문도 역시 마찬가지일 것이다.
>
> 결론부터 이야기하자면 예술성을 상실한 시란 정치에 기여는 고사하고 모체인 문학까지 상실하는 우스꽝스러운 결과를 맺을 뿐이다.[19]

김광균의 정치주의 시에 대한 비판은 자기비판에서 출발했다. 그는 시의 위기를 정치적 편향과 이념의 경직에서 찾았다. 특히 그가 문제 삼는

---

18 김동석, 「시단의 제3당: 김광균의 「시단의 두 산맥」을 읽고」(경향신문, 1946. 12. 5).

19 김광균, 「문학의 위기: 시를 중심으로 한 일 년」(신천지 제11호, 1946. 12), 115-116면.

구체적인 요건은 비평에서 지도 이론의 빈곤이 정치적인 도식주의와 직결되고 있다는 점이었다. 정치의 진보가 곧 문학의 진보일 수 없다는 전제를 내세운 김광균은 인간성을 몰각한 문학은 허상일 뿐이라고 비판했으며, 민족문학의 수립이라는 문학운동의 목표에 구체적인 실천 요건을 발견할 수 없다고 했다. 김광균의 주장에는 문학이 한 시대의 요구와 행로를 암시할 수는 있으나 직접적인 사회 개혁에는 무력하다는 문학주의적 태도가 자리 잡고 있다. 그러므로 해방 공간의 시적 경향에 대한 김광균의 비판이 시의 주제와 이념적 고정화 현상에 집중되어 있던 것은 물론이다. 그는 시인의 개성 대신에 정치를 시 가운데 집어넣은 시, 말하자면 작자로서 시인이 없는 시가 범람하고 있다고 개탄했다. 김광균은 해방 이후 우리의 시문학이 나아가야 할 방향을 다음과 같이 제시했다.

> 조선 시의 전도는 시의 내용과 형식을 어떠한 대의명분으로 획일하려는 것보다 각자가 자기 정신 세계를 개척하는 것으로부터 길이 터질 것이다.
>
> 앞으로 문학의 주류가 프롤레타리아 문학일지 약소민족문학일지는 나에게 벅찬 문제이며 단정할 준비도 없다. 그러나 대변하자면 민족을 단위로 생각하는 문학과 계급을 단위로 생각하는 문학이 있을 것이고 개인의 정밀한 세계나 꽃과 풀을 노래하는 것으로써 역으로 민족이나 계급의 운명에 통하는 사람도 있을 것이다. 개성의 존중이 절대로 필요한 소치이다.
>
> 다만 어떤 문학이 우수하냐 열등하냐는 자기 작품을 통하여 인생을 추구하려는 문학자로서의 신념이 섰느냐 안 섰느냐에서 좌우되고 이것을 무시한 시는 시의 융성은커녕 시의 황폐를 가져올 위험이 있다는 말이 통절히 느껴진다. 작품의 예술성을 소중히 하고 길러 나가는 노력 없는 문학이란 허사에 그치고 마는 까닭이다.[20]

김광균은 개성의 발견 또는 자기 정신세계의 개척을 내세워 개성의 존중과 시의 예술성을 강조함으로써 일체의 공식주의적인 시 운동에 반대했다. 이와 같은 그의 입장은 장만영, 이봉구 등에 의해 긍정적인 평가를 받았

20 김광균, 「문학의 위기: 시를 중심으로 한 일 년」, 120면.

으나, 자신이 몸담고 있던 조선문학가동맹으로부터 심한 반발을 샀다. 그의 중간적 입장은 좌익 평단에서 시대와 더불어 살아야 할 시인의 사명을 거부하고 역사를 거역하는 '시인의 위기'를 자초하는 행위로 지목되었다. 백철과 마찬가지로 김광균의 입장은 당시 문단에서 압도적인 영향력을 행사하던 조선문학가동맹의 영향권을 완전히 벗어난 것은 아니었다. 조선문학가동맹의 정치주의적 활동에 대한 비판과 반발을 보여 주었다고 하더라도 이들은 여전히 그 조직에 관련되어 있었기 때문에 이들에게는 '좌익적 중간파'라는 명칭이 붙기도 했다.

중간파의 논리

해방 공간의 문단에 등장한 중간파의 논리는 정치 영역에서 일어났던 좌우합작운동[21]의 목표와 지향점을 따르는 것으로 볼 수 있다. 당시 좌우합작운동은 한반도에서 단일정부를 수립한다는 목표 아래 전개된 좌우 정치 세력의 합동으로 시작되었다. 미군정은 1946년 초에 신탁통치 문제로 격렬하게 대립하던 남한 내의 모든 정치 세력에게 미소공동위원회의 재개와 단일정부의 수립을 목표로 하는 연대를 제의했다. 이를 계기로 좌우합작위원회가 구성되어 1946년 7월 26일에 제1차 정례회담을 개최했다. 그러나 좌익이 내건 5원칙과 우익이 내세운 8원칙이 서로 충돌하면서 아무런 진전을 볼 수 없었다. 특히 좌우합작운동은 미군정의 남조선노동당 간부 체포와 공산당운동의 불법화로 한동안 침체될 수밖에 없었다.

그런데 1946년 10월 북한을 방문하고 온 여운형을 중심으로 좌익 정치 세력이 재정비되어 10월 4일 좌우 합작위원회가 재개되었다. 이 회담에서는 새롭게 절충된 합작 7원칙을 만들었다. ① 조선의 민주 독립을 보장한 3상회의 결정에 의해 남북 좌우합작으로 민주주의 임시정부를 수립할 것, ② 미소공동위원회 속개를 요청하는 공동 성명을 발할 것, ③ 토지개혁에 있어 몰수, 유조건 몰수, 체감(遞減) 매상 등으로 토지를 농민에게 무상으로 분여하며 중요 산업을 국유화해 사회, 노동법령 및 정치적 자유를 기본으로 지방자

---

21 좌우합작운동에 대해서는 서중석, 『한국 현대민족운동 연구: 해방 후 민족국가 건설운동과 통일전선』(역사비평사, 1991) 참조.

치제의 확립을 속히 실시하고, 통화 및 민생 문제 등을 급속히 처리해 민주주의 건국 과업 완수에 매진할 것, ④ 친일파 민족 반역자를 처리할 조례를 본 합작위원회에서 입법기구에 제안해 실시케 할 것, ⑤ 남북을 통해 현 정권하에 검거된 정치운동자의 석방에 노력하고 아울러 남북, 좌우의 테러 행동을 즉시 제지토록 노력할 것, ⑥ 입법 기구에 있어서는 그 권능과 구성 방법, 운영 등에 관한 대안을 본 합작위원회에서 작성해 적극적으로 실행을 기도할 것, ⑦ 전국적으로 언론·집회·결사·출판·교통·투표 등 자유를 절대 보장되도록 노력할 것으로 정리되었다.

좌우합작위원회에서 만든 7원칙에 대해 미군정은 긍정적인 입장을 표명했지만 우익 정치 세력을 대표하던 이승만과 김구는 각각 반대와 찬성이라는 다른 반응을 보였고, 결국 우익의 대표인 한국민주당도 최종적으로 반대 의사를 표명했다. 좌익의 대표인 공산당(共産黨) 역시 5원칙만을 고수했다. 좌우합작위원회를 통한 합작 7원칙이 좌익과 우익 모두에게 지지를 얻지 못한 것이다. 1947년 7월 제2차 미소공동위원회의 결렬, 1947년 7월 19일 여운형 암살 등의 여파로 결국 좌우합작운동은 막을 내리고, 한반도 문제는 유엔으로 이관되고 말았다.

백철의 중간파적 논리는 정치 세력의 좌우합작에 대한 논의가 막바지에 도달한 상태에서 일정한 논리적 체계를 드러낸다. 백철은 그가 구상하는 문단의 새로운 통합을, 통일의 정치시대를 갈망하는 민족의 요구와 결합시켜 「문학운동의 재출발기」라는 평문을 발표했다. 이 글은 좌우합작을 위한 정치 영역에서의 노력이 실패로 돌아가게 된 상황에서 이루어진 것이지만 백철은 이 글에서 더 이상 무력한 정치의 방향을 추종하지 말고 문학을 위한 새로운 준비를 갖추어야 할 것을 강조했다. 그리고 정치운동의 노선을 그대로 밟고 있는 좌우 진영의 문단 조직체도 동시에 해체되어야 한다고 했다.

> 문학가동맹의 정치 추종의 경향에 대하여 이전에 나는 수차에 걸쳐 지적한 일이 있다. 문필가협회도 그 정치 추수인 점이 마찬가지다. 따라서 이 두 단체는 자진하여 문학의 입장과 자격을 포기한 일종의 정치적인 단체들이다. 이 두 단체가 서로 좌우의 정치적 견해를 갖고 대치해 가는 한 조선문학의 정상적인 발전은 기약하기 어렵다. 이 두 단체는 조선문학 발달의

> 큰 암이다. 문학의 발전을 위하여는 우선 이 암을 제거해 버리고 문학적 건강을 회복한 뒤에 재출발을 해야 할 것이다.
>
> 문학가동맹과 문필가협회가 해체되는 데 뒤이어서 우리 문학계는 수개 이상의 유파적인 문학 집단이 신흥되도록 문학자들은 각기 경향과 재능과 기질이 같은 사람들이 적당한 장소에 집결할 필요가 있다. 이 유파운동은 우리 문학자들이 지금까지와 같이 정치적인 부대로 동원되던 것을 문학 부대로 재조직하는 과도기적인 표현이다. 그 정치적인 '이즘'을 제거하는 데에는 기어이 유파운동을 통하여 그것을 여과해 갈 필요가 있기 때문이다.[22]

백철은 정치적 단체가 되어 버린 조선문학가동맹과 조선문필가협회의 즉각적인 해체를 주장했다. 그는 두 조직이 해체된 후에 문학인 개개인의 재능과 경향과 견해를 인정하고 각자의 역량을 최대한으로 발휘할 수 있는 자유로운 문학의 수많은 유파가 성립될 수 있기를 기대했다. 그가 강조하는 문학의 유파운동은 동인 활동과 같은 성질의 것이다. 그는 다양한 유파운동으로 문학이 정치적인 오염에서 벗어나 새로운 발전을 꾀할 수 있으리라고 했다. 이러한 백철의 주장은 '문학 탕평의 반동성'[23]이라는 좌익 진영의 반발을 샀고, 특히 우익 문단에서 거센 비판[24]이 제기되었다.

백철은 정치적 경향과 관계없이 문학적 태도를 취했으며 자신의 논리를 확장시켰다. 그는 훼손된 민족적 동질성을 회복하고 문학의 독자적인 세계를 확립하며, 혼란된 시대 상황을 극복하기 위해 이에 적응할 수 있는 새로운 윤리의식의 창조에 문학이 앞장서야 한다고 주장했다.

> 윤리의 문학은 동시에 금일까지의 편벽된 문학 경향을 반성·수정하는 의미가 된다. 금일까지의 문학엔 사정적인 것이 주조였다. 무비판의 정치추수가 이미 사정을 위주한 편중의 태도다. 그 정치를 배경 한 문학인들이

---

22 백철, 「문학운동의 재출발기」(개벽 제73호, 1948. 1), 64면.

23 현인, 「백철 씨의 문학운동 출발에 대하여: 문단 탕평의 반동성」(조선중앙일보, 1948. 2. 2-15).

24 임긍재, 「제3문학관의 정체: 백철론」(해동공론 제37호, 1943. 3).

서로 무조건하고 타를 배격하고 자기 파를 옹호하는 것은 하나의 사정이요, 결코 합리성의 객관적인 태도는 아니다. 문학계를 주도하는 문학비평과 이론이 욕설과 인신공격에 치중한 경향도 민족문학의 건설 문제보다도 사정이 앞을 선 때문이다. 이러한 문학 현상에 대하여 건국이라는 한층 고도한 목표를 전제하고 윤리의 문학을 세우는 것은 현대문학이 합목적인 것을 향하여 재출발하는 의미가 강하게 부동되어 있다.[25]

백철은 건국의 과정과 일치되는 방향에서 민족문학의 존재 의미를 설정해야 한다는 전제 아래, 건국 이념의 합목적성과 이에 따르는 문학의 윤리성을 강조했다. 그는 문학 정신의 방황과 그 상실의 시대에 직면해 신윤리로써 상실된 문학 정신을 재건해야 한다고 했다. 그는 자신이 내세우는 신윤리 문학이 창조와 자율적인 정신으로서 기성의 인습과 도덕을 배격하고 부정을 적발할 수 있는 새로운 정신운동이 되어야 하며, 건국을 목적으로 하는 전진과 변혁의 과정에서 새로운 시대정신을 발견하고 신인간형을 창조하는 데까지 나아가야 한다고 했다. 이와 같은 백철의 신윤리관이나 신인간관은 문학 재건의 논의가 현실적 이념에 크게 좌우되던 당시에 하나의 이상적 관념론처럼 들릴 수밖에 없었다. 그러므로 그의 주장이 문학적 원론에 입각한 것이라 하더라도, 문학의 현실적인 의미와 시대적 사명을 몰각한 것이라는 비판을 받게 되었다. 특히 그가 내세우는 신윤리의 정체가 또 다른 관념의 도그마에 지나지 않으며, 좌익 세력의 쇠퇴와 함께 백철 자신이 민족 진영을 향해 던지는 아부의 소리라는 비판[26]을 받기도 했다.

그런데 백철이 주장한 문학가동맹과 전조선문필가협회의 해체는 문학인들의 뜻이 아니라 당시 정치적 상황의 변화로 가능해지게 되었다. 1948년 5월 10일 남한만의 총선거 실시 이후 좌우합작을 위한 남북 협상이 결렬되고 남한만의 단독정부 수립이 확정되는 동안 조선문학가동맹의 주도 세력은 모두 월북해 버렸다. 문단에는 좌우 진영의 어느 단체에도 깊이 관여

---

25 백철, 「신윤리 문학의 제창: 건국과정과 문학 정신」(백민 제13호, 1948. 3), 9면.

26 임긍재, 「허망과 아부: 백철 씨의 「신윤리 문학의 제창」을 읽고」(평화일보, 1948. 3. 23-27).

하지 않았던 소설가 정비석, 이무영, 박영준, 주요섭, 계용묵, 박계주, 김영수 등과 시인 김광균, 장만영 등이 자주 회동하고 있었다. 이들은 비슷한 처지에 있던 염상섭을 자신들의 모임에 초대했고, 자유로운 문학적 활동을 주목하고 있던 백철도 이에 가세했다. 염상섭은 파당적인 아집에서 떠나 자유롭게 문학을 말할 수 있는 모임을 통해 자연스럽게 문학운동의 지표가 정립될 수 있다면 더 말할 나위가 없다며, 이러한 자유로운 문단의 분위기가 성숙되어야 한다고 말했다. 특히 그는 문학의 자유와 독립성을 위한 문학인들의 모임을 이단시하거나 중간파라고 비난하는 것은 가당찮은 일임을 지적하면서, 문학이 정치적·집단적 제약에서 벗어나야 할 것을 주장[27]하기도 했다.

백철은 정치적 색채를 띠지 않는 이들 문인들의 활동을 놓고 「소위 중간파의 진출: 예상되는 금년의 창작계」(세계일보, 1949. 1. 1)라는 평문을 발표함으로써, '중간파'라는 명칭을 자신의 평론에 구체적인 개념으로 사용하게 되었다. 그러나 백철은 '중간파'의 입장에 서 있는 문학인들이 시대적 이념의 결여와 잠정적인 중간적 입장으로 말미암아 오히려 처세상의 기회주의로 지탄받고 있음을 지적하면서 합리적인 문학 이념의 준비를 다음과 같이 역설하기도 했다.

> 만일 중간파라는 군단 속에 내 자신을 포함해서 생각한다면, 나는 첫째 중간파라는 명칭에 크게 불만을 갖는다. 나는 그 중간파라는 이름 대신에 이 작가군이 하나의 현실주의적인 경향 위에 부합될 수 있지 않을까 구상한 일이 있다. 그런 의미에선 이 작가군을 신현실주의파라고 불러도 좋을 것이다. 그 신현실적이라는 데는 세계관적인 것과 동시에 문학사적인 신문학운동적 의미가 있어야 할 것이다. (중략)
>
> 만일에 이 작가들이 금일의 두 가지 주류에 대하여 하나가 너무 급격한 때문에, 또 하나가 너무 완만한 때문에 어느 것에나 찬동을 할 수가 없다면, 그 역사적인 필연성이 이 시대 이 장소에 와서 머물러 보고 통과하려는 그 현실성을 중시하는 의미가 되어야 하고 여기에 진실한 역사관을 세우고 확고한 신념을 고지하는 데에 이 문학파는 비로소 하나의 현실적

27 염상섭, 「문단의 자유 분위기」(민성 제30호, 1949. 1).

인 이론적인 근거를 갖게 될 것이다. 동시에 윤리상으로는 뒤떨어진 이 사회의 낡은 도덕성의 비판 위에 신윤리를 개척할 수 있고 문학의 유파로서 19세기의 리얼리즘을 비판하는 위에 신리얼리즘의 문학을 수립하는 데 노력해야 할 것이다.[28]

'중간파'라는 명칭을 '신현실주의파'라고 바꿔 부렀던 백철은 역사적 현실성을 중시하는 확고한 세계관의 확립, 신윤리의식의 개척, 새로운 리얼리즘의 수립 등을 내세워 중간파 문학의 진로를 제시했다. 이러한 주장은 중간파 문학의 입장만이 아니라, 해방 직후 우리 문학의 전체적인 방향을 논한 것과 같다. 백철은 이러한 주장을 내놓은 이후 중간파의 문학 이론이라고 할 만한 구체적인 논의를 더 이상 전개하지 않았다. 1949년 12월 한국문학가협회가 결성되면서 모든 문학인이 이에 참여해, 문단의 중간적 입장 자체가 무의미한 것이 되었기 때문이다.

28 백철, 「현상은 타개될 것인가」(경향신문, 1949. 1. 5-12).

2

식민지 문화 잔재의 청산

1) 민족해방과 탈식민 과정

해방 공간은 한국 민족에게 새로운 민족국가의 건설이라는 과제를 놓고 결단과 선택을 요구했다. 우선은 정신적인 측면에서의 주체적 각성과 함께 민족문화의 회복이 필요했다. 새로운 민족문화의 수립 문제는 그 활동의 방향과 지표가 이데올로기의 지향성과 밀착되어 있긴 했으나, 모든 정당과 사회·문화 단체는 강령을 통해 이 문제를 적극적으로 제기했다. 새로운 민족문화는 훼손된 민족문화의 회복을 우선적으로 전제한 것이었기 때문에 그 지향 자체가 민족주의적인 것은 물론이었다. 그러나 민족주의적 지향의 성격을 놓고 이른바 국수주의 비판이 제기되기면서 새로운 민족문화는 논란의 대상이 될 수밖에 없었다. 특히 일제 식민지 문화 잔재의 해소와 청산이 구체적인 과제로 대두되면서 더욱 혼란된 양상을 드러내게 되었다.

좌익 문단의 조선문학가동맹의 결성(1946. 2)은 문화운동을 정치운동의 노선에 적응시키고자 하면서도 그들이 발표한 강령과 결정서에서 민속문화 건설을 운동의 핵심 지침으로 내세웠다. 우익 민족 계열의 주장도 상황은 마찬가지였다. 문화운동의 정치적 예속화를 반대하고 나선 전조선문필가협회(1946. 4)도 민족정신의 표현으로서 민족문화의 새로운 창조를 강조했다. 그러나 이러한 주장은 당시 현실의 상황이나 생활의 어려움 속에서 설득력을 발휘하지 못했다. 민족문화에 대한 본질 규정에 있어서도 많은 문제성을 드러내었다.

민족문화는 민족의 역사적·사회적 생활의 종합적인 실체로서 존재하는 것이다. 문화를 향상시킨다거나 새롭게 발전시킨다는 것은 그 생활 기반의 혁신과 발전을 전제하기 마련이다. 그런데 해방 직후 정치 우위론자들은 계급의식의 고취를 근거로 민족문화의 건설을 내세웠으며, 그에 뒤따라 문화론자들은 민족문화의 수립을 위해 민족의식을 고취하고 민족적 주체를 확립할 것을 주장했다. 이러한 주장 뒤에는 8·15 직후에 많은 문화인이 정치적 관심에만 예민했다는 사실과 상당수의 문화인이 정치에 적극적으로 참여하게 된 사태를 당연시하고자 하는 논리가 가로놓여 있음을 인식해야 할 것이다. 문화운동과 정치운동의 관련성을 말하고자 할 경우 문제는 매우 복잡한 양상을 드러내지만, 문화인이 정치 활동에 관심을 갖는다는 것은 어디까지나 문화 활동의 영역에서 구체적인 실현 과정에 이르는 것이어야 함은 물론이다. 하지만 당시 문단에서 이루어진 민족문화에 대한 대부분의 논의는 '민족문화'라는 것을 어떻게 규정할 것인지에 대한 반성을 거치지 않았다. 문화란 인간이 사회생활의 구성원으로서 살아가는 가운데 획득한 생활 양식의 총체인데, 그 발전이니 새로운 확립이니 하는 것이 생활을 기반으로 구체적인 실천 방안을 지닐 수 있는지조차 고려되지 않았던 것이다.

해방 공간에 널리 쓰였던 '민족문화'라는 말은 의미상의 구조로 보아, 문화의 주체로서만이 아니라 본질이며 대상으로서 '민족'이라는 의미를 강조했던 것이다. 민족이 강조됨으로써 '민족문화'는 신성불가침의 영역이 되었고, 우리 민족이 창조해 낸 문화이기 때문에 귀중하며 그러기에 또 소중히 해야 한다는 맹목적인 주장이 뒤따르게 되었다. 여기서 특히 문제가 된 것은 민족문화에 대한 논의가 국수주의적 경향을 드러내는 것이었다.

> 모든 종류의 국수주의가 자칫하면 파시즘으로 넘어가기 쉬운 이유의 하나가 여기에 있다. 내 것이면 덮어놓고 사랑하며 덮어놓고 제일인 국수주의는 이성의 개재를 불허하는 일종의 감성주의임에 틀림없다. 그렇기에 '피'와 '흙'을 돌보지 않는 여하한 국수주의도 없는 것과 마찬가지로 국수주의로부터 발족하지 않은 파시즘이라곤 없는 것이다. 국수주의가 권력에의 의욕과 결부되는 순간 그것은 횡포 무쌍한 파시즘으로 전화되는 것이다. 덮어놓고 내 것이 제일, 우리 민족이 우리 문화가 제일이라는 사상이 제국주의와 일단 손을 마주 잡게 될 때 그것은 안으로는 테로와 구테-타를 일으키고야 말 것이며 밖으로는 만주를, 서백리아를! 이렇게 조선판 천손사

상 팔굉일우를 재현시키고야 말게 될 것은 의심 없는 일이다. 하다면 이 경우에 문화는 어떻게 될 것인가? 더 말할 것 없이 모든 비독일적인 문화를, 구축하고 그 자리에 순수 청결한 독일적인 민족문화를 육성한다던 나치 독일의 문화정책이 과연 어떠한 결과를 가져왔느냐가 무엇보다도 증거다. 문제는 오직 조선에도 과연 이 같은 파시즘의 위험이 있느냐 어떠냐에 달렸을 뿐이다. 그렇나 이 점에 대한 우리의 대답은 간단하다.

첫째 식민지 내지 반식민지의 피압박 민족이 그들의 압제자의 손아귀에서 해방될 때 이들의 대부분이 국수주의적 방향으로 달리기 쉽다는 것은 심리적으로도 그럴 법하거니와 역사적으로도 지적할 수 있는 뚜렷한 사실이다. 1차 세계대전 후의 '포-랜드' 독재주의자 '필츠스키'에 의하여 영도된 '포-랜드'의 경우는 그 좋은 예의 하나이다. 하다면 이 점에서 조선은 과연 예외일 수가 있는가? 예일 수 있을 자신이 있는가?

둘째로 후진 사회에서의 정치투쟁은 폭력에 의한 팟쇼적인 해결에 귀착되기가 거이 십중팔구라는 사실을 알아야 한다. 서반아의 '프랭크', 태국의 '피분', 중국의 장개석 장군 등은 그 성공한 자의 예이지마는 아직도 '라틴아메리카'에서는 폭력에 의한 정권 탈취 '구테-타'에 의한 라틴적인 혁명이 그칠 줄을 모르는 현장이다. 하다면 조선은 과연 이들에 비해서 얼마나 '선진국'일 수가 있는가. 후진 사회일수록 팟쇼적 폭력 정치가 지배적인 것은 아무도 부정 못 한 엄연한 사실인 것이다. 이것은 두말할 것 없이 '민주주의적 훈련'이 부족한 탓이다. 하물며 아직도 봉건유제의 대부분이 그대로 남아 있고 자본주의라 하더래도 겨우 기형적으로밖에 발달 못 된 조선, 더구나 일제의 식민지라 민주주의는 고사하고 아무런 이렇다 할 정치적 훈련의 기회조차 찾아 보지 못한 조선이다. 파시즘의 유혹에 대해서 과연 어느 정도의 용의와 준비가 있을 것인가! 진실로 조선은 팟쇼의 번식을 위하여서는 절호의 토양인 것이다. 우리에게는 아직도 이지(理智)의 근대화도 감정의 민주주의적 훈련도 아무것도 되어 있지를 않다. 무엇을 가지고서 그 휘황찬란한 팟쇼의 유혹에서 자기를 지켜 낼 도리가 있을 것인가.[29]

---

29 박치우, 「문학자대회 보고초 국수주의의 파시즘화의 위기와 문학자의 임무」(조선일보, 1946. 2. 11-12).

앞의 글에서 박치우는 민족주의가 빠져들기 쉬운 국수주의적 경향에 주목하면서 해방 직후 '민족'을 최상의 것으로 내세우는 배타적 이데올로기로서 국수주의를 경계한다. 국수주의는 통합적 국가주의를 지향하는 것과는 거리가 먼 폐쇄적 민족주의의 극단적인 형태이기 때문이다. 그러므로 박치우는 민족문화의 건설을 위해서는 먼저 국수주의의 파시즘화를 경계하면서 '민족' 신비주의의 유혹에서 벗어날 것을 강조하고 있다.

민족문화에 대한 논의가 '민족'이라는 개념에 집착했던 것과 마찬가지로, 문화에 대한 견해 역시 문화의 다양성을 인정하는 것보다 단일성을 강조하는 방향으로 논의되었다. 문화 자체에 대한 논의는 모두 뒷전으로 밀려나고, '민족'이 앞세워지자 민족문화는 지나치게 추상화되거나 관념화되어 버렸다. 역사적인 실체로서 민족의 개념마저도 그 속성을 제대로 인식하기 어렵게 되었다.

> 민족문화는 민족으로서의 특수성과 함께 문화로서의 일반성을 가진다. 민족문화가 민족의 폐쇄성에 붙잡혀 문화의 개방성을 던져 버린다고 하면, 이 고루한 문화는 민족의 문화라고 불릴 길조차 없을 것이다. (중략) 민족의 문화는 그 민족의 정치 또한 경제와 함께 민족을 찾는 데에서 일어서고 민족에게 붙잡힐 때에 쓰러진다. 민족문화라고 해서 민족에게 붙잡히는 문화가 되어서는 안 된다. 민족문화는 세계문화의 한 개 구체적인 현상형태다. 민족문화란 본래 민족에게 붙잡힌 문화가 아니라, 민족에 의한 문화로서 현실적인 세계문화는 이 민족문화, 민족에 의한 문화를 통하여 그 구체적 전개를 보이기에 이른다. 조선 국가 부흥과 함께 그 문화적 부흥이 현실 조선의 한 개 기본 과제로 되어 있는 오늘, 민족문화 제고의 소리가 매우 높은데, 이 이른바 민족문화가 단순한 회고적 문화 또는 폐쇄성의 문화가 아니고 어디까지든지 전통과 함께 창조를 높이고 특수성과 함께 보편성을 살려 자기의 품위를 단순한 민족문화로부터 역사적인 민족문화로 올려야 할 것임을 알아야 한다.[30]

---

30 김기석, 「민족문화의 구조와 세계문화」(개벽 제75호, 1947. 8), 23면.

민족문화의 독자적인 특성은 강조되어야 하지만 그것은 '민족'의 고유한 것으로만 고정되어서는 안 된다. 그러므로 민족문화가 '민족'에 붙잡히는 문화가 되어서는 안 된다는 위의 주장은 주목을 요한다. 인류 전체의 문화로 확대·발전될 수 있어야 한다는 폭넓은 안목도 필요하다.

해방 공간은 정치 이념의 분열이 사회 전반의 분위기를 대립적인 방향으로 주도하고 있었기 때문에, 문화의 모든 방면에서 갈등과 대립이 야기되었다. 따라서 문화 발전의 중요한 목표인 민족적 총체성의 회복에 도달하지 못했다. 문화 자체에 대한 인식의 부족은 문화의 자율적 속성에 대한 무관심으로 치달았으며, 이에 따라 문화 영역에 대한 정치적 요구가 팽배해졌다. 민족문화에 대한 논의는 대체로 본질 개념의 정립 문제를 운위하는 단계에서 여러 가지 혼란을 보였다. 하지만 일각에서는 민족문화의 확립을 위한 구체적인 방안을 모색하기도 하였는데, 일제강점기부터 이어져 온 국어국문운동이 그것이다. 국어국문운동의 민족어 회복을 위한 움직임은 민족문학의 회복과 직결되는 것인 한편, 훼손된 민족정신을 바로잡기 위한 일본적 잔재의 청산 작업이었다.

2) 민족어의 회복

일제강점기의 제국주의적 문화 통제에서 주목되는 것은 한국어(조선어) 말살 정책이다. 그들이 내세운 조선 교육론의 핵심은 제국의 언어인 일본어를 '국어'로 삼고 토착어, 민족어인 한국어를 모든 사회·문화 제도권의 영역에서 축출하고 그 공식성을 제거하는 일이었다. 일제 식민 권력은 국어와 국문이라는 용어를 일본어와 일본 글을 의미하는 것에만 사용하게 했다. 따라서 개화계몽시대에 이루어진 계몽운동 가운데 가장 실천적으로 사회적 확대가 가능했던 국어국문운동은 식민지 상황에서 쇠퇴의 길을 걷게 된다. 일제는 한국어의 '국어'로서 지위를 빼앗고 식민지 지방어인 '조선어'로 격하시켰으며 국문은 '언문'이라는 조선시대의 치욕적인 명칭으로 바꾸어 놓았다. 이러한 언어 정책은 식민지 조선에서 권력의 계층 구조를 영속화시키는 동시에 제국주의 문화가 심어 주는 진리, 제도, 가치 등의 개념을 구축하기 위한 사회·문화적 기반을 강제적으로 조성했다. 일본어를 구사할 수 있다는 것은 식민지 지배 권력에 그만큼 접근해 있음을 말하는 것이고, 사용이 제한된 한국어는 창조적 가능성이 점차 억제됐다. 이러한 식민정책에 대항해 한국인은 언어와 문자의 독자성을 지키는 길을 반식민주의 운동의 하나로 실천했다. 1919년 3·1운동 이후에 국어국문운동은 가장 생명력이 있는 민족문화 운동으로 다시 살아난다. 일본에게 빼앗긴 국문이라는 명칭 대신에 '한글'이라는 빛나는 이름을 다시 만들었으며, 일본의 군국주의가 확대되는 시기에도 일본의 식민지 교육 제도와는 관계없이 '한글 맞춤법 통일안'을 주체적으로 규범화해 일상적으로 활용하도록 했다.

그런데 일제가 물러났다고 하더라도 그들이 획책했던 문화적 식민화 현상은 여전히 한국 사회의 저변에 뿌리박고 있었다. 일제의 식민지 지배가 남겨 놓은 문화적 잔재를 국어의 오염이라는 관점에서 지적하는 다음 글은 언어 문제가 실상은 그 언어를 사용하는 민족의 정신에서도 심각한 문제성을 드러낼 수 있다고 경고한다.

> 언어에 나타난 일본적 잔재야말로 우리 국민정신에 끼치는 영향이 여간 큰 것이 아니다. 당장 이렇다 할 표적이 표면에 나타나지 않으므로 일반으로 등한에 붙이기 쉬우나, 실상은 부지불식 중에 우리의 정신생활을 좀먹어 들어가게 된다. 우리말에 "손톱 밑에 가시 드는 줄은 알아도 염통 밑에 쉬 쓰는 줄은 모른다."라는 격언이 있지만, 이야말로 염통 밑에 쉬 쓰는 격이 되는 것이다. 그 까닭은 언어라는 것은 일상 생활의 필수품이 되는 동시에 정신의 표식이 되고 문화의 용기가 되기 때문이다. 그러므로 국어 이외의 어떤 다른 말을 일상 사용한다는 것은 부지불식 중에 그 말이 지니고 있는 정신에 감염되고 또 그 문화에 도취되기 쉬운 결과를 가져오게 된다. 이와 같은 예는 사실에 의하여 얼마든지 찾아낼 수 있다. 남의 일은 그만두고라도, 이조시대 중 우리 선인들의 정도를 지나치는 모화사상은 다른 방면의 원인도 있었겠지만, 언어 문자의 상용으로 인한 이유도 결코 적지 않을 것이다.[31]

31 이희승, 「일상 용어에 있어서의 일본적 잔재」(신천지 제16호, 1947. 6), 62-63면.

앞의 주장은 일본 문화의 잔재를 운위하는 데 있어서 물질적·형식적·말초적인 거세에 대한 추구보다는 정신적·본질적인 요소에 대한 소탕을 우선하도록 하자는 것인데, 그 급선무가 국어의 정화 문제라는 것이다. 언어 방면에서의 일본적 잔재는 ① 일상 언어생활에서 일본어의 사용, ② 일본 유행가의 범람, ③ 호칭에서 '-상[樣]'을 붙이는 버릇, ④ 창씨개명의 미청산, ⑤ 일본식 지명의 미개정, ⑥ 관공서 공문의 일본 서식 답습 등이 지적되었다.[32] 근본적인 원인은 일제 식민지 정책에 의한 일본어의 강제적인 사용에서 찾을 수 있으나, 국어에 대한 자각과 애호심이 부족한 데도 그 요인이 있음을 지적하기도 했다.

앞의 글에서도 지적하듯이 국어 순화는 일상적인 언어생활에서부터 실천되어야 한다. 특히 국어에 섞여 있는 불순한 일본어를 씻어 버려야 하는 것은 물론 표준어를 사용하면서 언어의 정확한 사용법을 익히는 것도 필요하다. 국어의 회복은 곧 식민지 제국의 언어인 일본어의 특권을 폐기하고 그 강제로부터 완전히 벗어남을 의미한다. 이것은 단순한 언어의 문제가 아니라 일본어를 기반으로 강요된 일본 제국의 문화와 그 영향을 완전히 청산하는 일과 직결된다. 이러한 문화적 실천은 민족문화의 새로운 건설을 위한 탈식민화의 우선적 과제임은 물론이다. 언어는 그 자체가 스스로 만들어 낸 문화와 동일시되는 것이므로 한국어가 곧 한국문화인 셈이다.

그런데 당시의 한 보고서[33]에 의하면, 일제의 식민지 통치 기간에 우리 농민층에 침투된 일본어의 세력이 상당해 징병 연령기에 있던 사람들은 대부분 일본어를 익히 알고 있다고 한다. 대부분 초등학교 1학년에서 일본어를 기초적인 언어 소통이 가능한 수준으로 배웠고, 10세에서 18세 사이의 연령에 해당되는 시기에 가장 많이 일본어의 침투가 이루어졌음을 밝히고 있다. 이처럼 일본어가 일상화된 상태에서는 탈식민적 해방의 진정한 가치를 인식하기 어렵다. 한국어의 완전한 회복이 없이는 민족정신의 확립이 불가능할 수밖에 없다는 것은 당연한 논리다. 정부 수립과 함께 문교 당국이 '우리말 도로 찾기 운동'을 주도한 것은 일본어 사용을 폐지했음에도 여전히 일

32 이희승, 「일상 용어에 있어서의 일본적 잔재」.
33 고순덕, 「불취학 조선인에게 침투된 일본어의 세력」(신천지 제16호, 1947. 6).

상적 언어생활에서 일본어가 쓰이는 현실을 우려했기 때문이다. 1947년 1월 미군정청 문교부에서는 산하에 '국어정화위원회'를 설치해 일상 용어의 일본어 잔재를 청산하고자 했고, '학술용어제정위원회'를 두어 일본어로 이루어진 전문 용어를 심의, 폐기하고 한국어를 사용할 수 있도록 함으로써 언어의 민족적 정체성 회복을 시도했다.

> ① 우리말이 있는데 일본말을 쓰는 것은 일본말을 버리고 우리말을 쓸 것.
> ② 우리말이 없고 일본말을 쓰는 것은 우리 옛말을 찾아보아 비슷한 것이 있으면 이를 끌어다가 그 뜻을 새로 작성하고 쓰기로 할 것.
> ③ 옛말도 찾아낼 수 없는 말이 일본말로 쓰여 온 것은 다른 말에서 비슷한 것을 얻어 가지고 새 말을 만들어 그 뜻을 작성하고 쓰기로 할 것.
> ④ 한자로 된 말을 쓰는 경우에도 일본식 한자어를 버리고 우리가 전부터 써오던 식의 한자어를 쓰기로 할 것.

위의 규정은 1948년 6월 문교부에서 발간한 팸플릿 형태의 《우리말 도로 찾기》라는 소책자에 제시된 네 가지 원칙이다. 이 원칙은 일본어 잔재를 청산하기 위한 실천적인 방침으로 널리 활용되었다. 한국어에 관련이 있는 한글학회, 진단학회 등의 학술 단체가 앞장서서 1949년 한글날부터 일본식 간판 없애기 운동을 벌였다. 특히 일본어로 된 각종 전문 용어를 한국어로 고치는 작업도 국어정화라는 목표 아래 시행되었다.

> 조선어도 이제는 조선인의 국어다. 국어라면 먼저 교육어로서 의의가 크다. 해방 이후 국어 문제가 급선적으로 등장되는 데도 교육계인 것이다. 교육을 위해서는 첫재 정리인데 조선어 정리란 상당한 복잡성을 내포하고 있는 것이 예상된다.
>
> 우리는 적어도 이천 년 전 삼국시대 초기부터 자민족의 문화 기록을 가졌으되 거의가 우리 언어로의 기록이 아니요, 한문으로 표현된 것이니 말은 물러가고 뜻만 표시된 것이어서 문장은 한문으로 발달되었을 뿐 언어 그것은 입으로 지꺼리는 것만으로 유구한 동안 자연 그대로 방치되어 왔고 최근에 이르러 조선어가 어학의 대상으로 민족의 자각을 얻을 무렵은 벌써

조선어는 더 비참하게 그 국어로서의 지위를 일본어에 빼앗기고 말았던 것이다. 그 후 삼십팔 년간 어학적 발달은커녕 자연 발달조차 저해되어 어휘는 급속도로 상실되고 어감·어품은 민족의 체모와 함께 일로 저하되고 만 것이다. 불행 중 다행으로 선각자 주시경 선생 이후 조선어학회를 중심으로 몇몇 학자들의 헌신적 분투로 어휘 수집, 표준어 사정 사전 편찬 등 얼마의 발전이 있었고, 미력하나 우리 문인들의 노력도 헛되지 않았으나 언어의 역사란 민족 그것의 역사로서 조선 민족의 운명 그대로 조선어의 길도 기구했고 환경이 불우했던 만큼 조선어의 모든 문제는 우리 유지들에게 학문으로의 관심이기보다 사상으로 관념되었고 과학적이기보다 감상적인 애무의 대상이 되었던 것도 사실이었다. 그리고 엄밀히 검토한다면 조선의 언어 그것에도 일본적 잔재가 없지 않으려니와 그것보다는 우리 조선인 자신에게 아직 봉건적인 잔재가 완전히 청소되었다고 하지 못할 시기임으로 이 국어 문제에 있어서도 사고와 방법을 그릇칠 우려가 다분히 있는 것이다. '대일본식'으로 '대조선'이니 '대국민'이니 '신무천황'식으로 단군을 천신화시켜 과학적으로 학문인 역사의 대상을 삼지 못하고 그릇된 관념 세계를 형성해서 거기다가 이 이십 세기의 과학 현실을 억지로 연락시키려는 것 같은 혼미한 사조가 지금 우리 문화계 일부에 흐르고 있는 것이 사실이다.

이런 사조의 영향을 비판 없이 받아 국어 문제에 있어서도 한자어나 외래어 취급에 과학적인 견해보다도 관념적인 주관으로 한자와 교섭이 없는 말만을 순수 조선어라 하며 사실상 조선어임에도 불구하고 한자어는 모조리 강제적 번역을 해서 국어의 번안어를 국어라 하며 '홑소리' '닿소리' 식으로 학자 개인의 전용어 같은 부자연한 인조어가 실제로 국민 교본에 오르고 있는 것이다. 이것이 배타적인 국수적인 관념에서가 아니라 단순히 학문적 의욕에서라고 호의로 해석하더라도 이미 시험을 일 서재에 국한하면 몰라도 전 국민에게 강요하는 것은 국민 전체가 시험의 대상이 되는 것으로 그 폐단이 너무나 큰 것이다. 한자 때문에 우리말이 독자적 발달을 못했고 한자 때문에 우리말이 신어, 관념어, 조작에 자율성을 잃어 온 것이 사실이요, 그것이 불만인 것이 사실이나 그렇다고 해서 이미 살아온 민족의 수천 년간의 문화·역사를 제외하는 태도로 한자 이전으로 물러가서까지 언어 정리를 하려는 것은 불가능한 일이기도 하거니와 학문이기보다 관념

운동인 것이다.[34]

위의 글에서 주목되는 것은 한국어의 문제가 식민지 상황에서 학문적 관심으로 심화되기보다는 민족사상이라는 관념으로 변했다는 사실을 지적한 대목이다. 과학으로서 언어학 또는 국어학이 아니라 감상적 애무의 대상으로 받들어졌다는 것 자체를 문제 삼고 있다. 물론 일본어의 막대한 영향으로 인한 일본적 잔재가 한국어 속에 남아 있다는 것은 부인할 수 없는 사실이므로 국어 문제에 있어서 사고방식과 접근 방법 자체를 엄격하게 해야 한다는 것은 당연한 논리다.

3) 친일문학 청산

문학인의 자기반성

해방 공간에서 제기된 일제 잔재의 청산은 식민주의 문화를 정신적으로 극복하기 위한 탈식민운동의 실천이었다. 당시 많은 관심을 모았던 친일문학에 대한 비판과 그 청산은 특히 민족문학의 재정립이라는 과제와 맞물려 문학 전체의 자기반성을 요구했다. 이른바 암흑기로 지칭되는 1930년대 말엽부터 해방까지의 시기에 이루어진 친일문학 행위가 직접적인 비판 대상으로 제기되었기 때문이다. 그러므로 새로운 민족문화 건설이라는 구호 뒤에 따라온 '친일파, 민족 반역자 청산'이라는 말이 지니는 의미는 문학인들에게 심각한 당면 과제로 받아들여졌다. 특히 '국민문학'이라는 이름으로 친일문학을 위장하면서 굴종과 정신적 파멸을 보여 주었던 문인은 어떤 형식으로든 이 문제에 대한 비판을 거쳐야 했다.

여기서 먼저 주목해야 할 것은 '친일문학'이라는 개념과 범위를 어떻게 규정할 것인가 하는 문제다.

---

34 이태준, 「국어 재건과 문학가의 사명」, 조선문학가동맹 편, 『건설기의 조선문학』, 173-175면.

친일문학이란 어떤 개념에서 사용된 어휘냐? 주체적 조건을 상실한 맹목적 사대주의적 일본 예찬과 추종을 내용으로 하는 문학이라는 뜻으로 사용하였다. 그러나 그것은 친일파들의 문학이라는 의미를 포함하지 않는다. 물론 그 같은 주체성을 몰각한 문학 속에는 소위 친일파들이 저술한 문학도 적지 않지만 마찬가지로 친일파 아닌 사람들의 추종적 작품도 제외되어서는 안 되기 때문이다. 다시 말하면 비록 민족주의자의 작품일지라도 그것이 그런 요건을 충족하는 이상 친일문학으로 논하지 않을 수가 없다는 말이다. 이러한 의미에서의 친일문학이 한국에서는 1940년을 중심으로 움트기 시작하였다. 중일 전쟁을 전후하면서 싹튼 전쟁문학, 다시 그 후 총후의식을 강조한 애국문학, 그리고 40년대 전반의 국민문학하며 그 후의 결전문학 등 일련의 문학운동·문학작품이 정도가 덜하고 심한 차이는 있을지언정 거개가 주체성을 상실한 일본 추종의 문학이었다.[35]

위의 인용은 친일문학을 민족적 주체성을 상실한 일본 추종의 문학으로 규정하고 있다. 그리고 그 범위를 1940년 이후부터 1945년까지의 전쟁 시기로 국한하고 있다. 일반적으로 친일문학이라는 개념은 일제에 협력했던, 이른바 '친일파' 작가가 지향했던 문학을 의미한다. 친일파로 지목된 작가의 경우 대개는 일제에 자발적으로 협력했다는 것이 널리 알려진 사실이다. 그러므로 이들이 보여 준 몰주체적인 일본 추종과 식민주의에 대한 동조, 협력은 문학의 내용을 통해서도 그대로 드러난다. 그런데 이와 같은 성격의 친일문학은 일본어로 이루어졌다. 당시 '국민문학'이라는 이름으로 산출된 작품들도 대부분 일본어로 창작되었는데, '국민문학'이 일본어를 선택한 순간부터 언어 중심적 관점에서 이미 한국문학이기를 포기한 것이라고 할 수밖에 없다.

해방 공간의 문단에서 친일적 문필 행위에 대한 비판 문제는 좌익 계열의 조선문학동맹이 1946년 2월 8일 서울에서 개최했던 전국문학자대회의 참가 문인을 선정하는 과정에서 구체적으로 거론되기 시작했다. 전국문학자대회 준비위원이었던 김태준, 권환, 이원조, 한효, 박세영, 이태준, 임화, 김

35 임종국, 『친일문학론』, 16면.

남천, 안회남, 김기림, 김영건, 박찬모 등은 대회에 참가할 문인을 지명하면서 친일문학인의 참가 자격을 문제 삼았다. 당시 문단의 전체적인 분위기는 다음과 같은 진술에서 쉽게 확인할 수 있다.

> 민족적 자기비판이라는 말이 있거니와 금일의 문학자도 또한 이 말로부터 자유로울 수는 없다. 오랫동안 우리 문학 분야에 있어서의 에네르기의 대부분은 미발달·무활동의 상태에 있었고, 압제와 협박과 투옥과 고문과 (중략) 이러한 현실 속에서 우리의 뇌신경 세포는 무참히 위축되지 않을 수 없었다. 특히 가장 활동적이고 저명한 문학자들은 거의 예외 없이 직접으로 혹은 간접으로 탐욕자·전제자의 강요에 못 이겨, 그들이 언제나 우리 삼천만 민족의 완전한 지배자일 수 있다는 것을, 모든 우리 문화가 그들의 문화의 일환으로서만 존재할 수 있고 또한 발전할 수 있다는 것을, 그리고 또한 이성으로서는 도저히 포착할 수 없는 힘- 즉 그들의 수천만 근로 대중에 대한 착취와 비인도성을 오히려 신성화할 수 있는 힘이 존재할 수 있다는 것을 긍정하고 그것을 조장하는 여러 가지 사실에 참가하지 않을 수 없었다. 일종의 암흑기라고나 할까. 이 캄캄한 현실 속에서 우리는 과연 얼마나 조선 사람인 것을 슬퍼했고 특히 문학자인 것을 한탄했던고! 차라리 조선 사람이 아니었던들, 조선의 문학자가 이었던들. 우리는 이렇게 어리석은 생각까지도 해왔던 것이다. 사무치는 소시민의 비애-그것은 벌써 걷잡을 수 없는 하나의 체관이었다. 이 체관은 문학자로 하여금 모든 적극적인 부정적인 성질을 포기시키고 오로지 소시민의 자위에 안주케 하였을 따름이다.[36]

위의 글에서 한효는 일제강점기 문학인의 처지와 상황을 전제하면서 문학자의 '소시민적 자위'에 대한 탈피로부터 자기비판이 행해져야 한다고 주장했다. 과거의 문학 행위에 대한 참회나 개인적인 반성도 중요하지만, 상실했던 일체의 적극성과 의지를 다시 찾기 위한 투쟁과 자기 극복이 선행되어야 한다고 강조했다. 그리고 그는 문학의 경우 식민지 잔재의 청산이 특정

---

36 韓曉, 「문학자의 자기비판」(우리 문학 제1호, 1946. 2), 66면.

문인의 친일 행위를 꼬집어 내어 비판하는 것만으로 끝날 수 없다고 했다. 그렇기 때문에 "이것은 결코 문학자에게만 국한된 문제가 아니다. 이번 전쟁이 끝나는 날까지 우리 민족이 단 한 번도 반전운동을 일으키지 못했던 사실은 무엇을 가리킴인가?"라고 반문하면서 문학인만이 아니라, 민족 전체의 자기비판이 있어야 한다고 강조했다. 이러한 태도는 결국 아무도 죄를 짓지 않은 자가 없다는 일반화의 논리를 낳기도 했다. 그러나 그가 주장한 대로 단순히 과거의 죄과와 무력을 참회하는 것에서 그칠 것이 아니라, 일체의 무기력에서 벗어나는 건설적인 의욕을 정비하는 작업으로 확대되어야 한다는 것은 당연한 논리였다. 물론 한효는 "의식적으로 협력했는가, 그렇지 않은가"라는 판단 기준을 제시하기도 했는데 그 판단의 근거를 과연 어떻게 추출할 것인가는 여전히 문제로 남게 되었다.

문학자의 과거 문학 활동에 대한 비판적 반성은 문단 조직이 정비되면서 훨씬 더 심각한 문제로 내연화(內燃化)되었다. 작품 활동에서 아예 손을 떼고 사태를 관망하는 작가들이 많았으나 일부 작가들은 작품을 통해 조심스럽게 이 문제를 스스로 타진해 보고자 했다. 이태준의 「해방전후」(1946. 7), 채만식의 「민족의 죄인」(1948. 10, 1949. 1), 김동인의 「반역자」(1946. 10) 등은 모두 이러한 문제를 소설적으로 형상화하는 작품인데, 대체로 개인적인 모럴의 문제가 그 판단 근거로 제시되고 있다. 이태준의 경우는 이데올로기의 전향을 내세워 과거의 자기 행위를 청산코자 하는 주인공을 그렸고, 채만식은 판단의 망설임을 보이면서도 모럴의 강조로 끝내고 있다.

반민특위(反民特委)의 활동과 친일 문인

친일파, 민족 반역자에 대한 처벌 문제는 문단 내에서의 논의보다도 사회적 여론이 더욱 민감하게 반응했다. 가장 큰 이유는 미군정이 실시되면서 정책을 수행할 인재의 부족을 내세워 조선총독부 치하의 관공리를 그대로 현직에 앉혀 그 행정력을 이용했던 점에 있었다. 1947년 6월 미군정의 뒷받침으로 구성된 과도정부 입법 의원은 '민족 반역자·부일 협력자·모리간상배에 관한 특별법'을 제정하고 이들에 대한 숙청 문제를 거론했으나, 미군정 당국의 반대로 공포되지 못하자, 이 문제는 더욱 커다란 사회적 관심사가 되었다. 1948년 9월 7일에 대한민국 국회에서 '반민족 행위 처벌법'이 제정되고, 9월 22일 정부에 의해 공포되면서 친일파 민족 반역자에 대한 처리 방안이 구체화되었다. 반민족 행위에 관한 처벌 문제가 법으로 규정되자, 사회 전반의 분위기는 이에 적극 찬동했다. 새로운 조국 건설에 임하는 민족의 중대 과업의 하나로서 식민지 잔재에 대한 청산 문제는 필수적이었으므로 그 귀추에도 관심이 기울어질 수밖에 없었다.

당시 반민족 행위 처벌법이 규정하고 있는 범위 가운데 고등관 3등급 이상과 훈5등급 이상만도 1,000명에 가까웠다. 민족정경문화연구소가 펴낸 『친일파 군상-예상 등장인물』에는 다음과 같이 그 대상이 분류되어 있다.

1. 자진으로 나서서 성심으로 활동한 자

① 친일파 전쟁 협력이 옳지 않음을 알면서도 자기의 재산 또는 지위의 보전 신변의 안전 등을 위하여 행한 자(예: 윤치호, 김동원 등)

② 친일을 위하여 내선일체를 기하고 전쟁에 협력하여 일본이 전승할 시는 (그들은 일본의 패전은 예상치 못하고) 조선민족의 복리를 꾀할 수 있다고 생각한 자(예: 박희도, 신태악 등)

③ 친일과 전쟁 협력으로써 관헌의 환심을 사서 관력을 빌어 세도를 부리며 이권 등을 획득하여 사익을 꾀하며 또는 대의사 고관 영달을 목적한 자(예: 이성환, 이각종, 문명기 등)

④ 고관 전직자 친일파의 거두 등은 이상지무니 이런 기회에 일층 적극 진충보국하면서 자기 개인은 물론이요 민족적으로도 장래에 유리할 것으로 생각한 자(예: 한상용, 한규복, 박춘금, 고원훈, 이성근, 김시권, 조병상 등)

⑤ 광병적 친일 및 열성 협력자(예: 이광수, 김동환, 문명기 등)

2. 피동적으로 끌려서 활동하는 체한 자

① 경찰의 박해를 면하여 신변의 안전 또는 지위 사업 등의 유지를 위해 부득이 끌려다닌 자(예: 김성수, 유억겸 등)

② 원래 미·영에 호의를 가졌으나 일본에 호감을 가지지 아니하였고, 혹은 친미·배일 사상의 소유자였으나 위협에 공포를 느끼고 직업을 유지하기 위해 과도의 친일적 태도나 맹종적 협력을 한 자(예: 장덕수,

주요한, 신흥우, 김활란, 유진오, 정인섭 등)

③ 누구의 추천인지 총력연맹 기타 친일 단체 전쟁협력 단체의 간부 또는 강연회의 연사 등으로 피선 발표되었으나 거부키 곤란하여 그 이름만 걸어 두었거나 또는 부득이 출석은 했으나 발언하지 아니한 자(예: 최익한, 조만식, 최용달 등)

④ 신문기자 회견 등에서 시비를 드러내지 않고 큰 지장이 없을 정도의 기술적 담화 발표를 한 것이 지상에 다르게 발표되었으나 정정을 요구할 수 없어서 그대로 방임한 자(예: 여운형, 안재홍 등)

이 책의 조사 내용이 '죄상의 명백화'를 수행하고자 하는 목적 아래 이루어졌다는 주장을 받아들인다면, 여기 거론된 명단만으로도 민족 반역자에 대한 한계와 규정의 문제가 결코 간단하지 않았음은 쉽게 짐작할 수 있다. 1937년부터 1945년까지 일본을 위해 물질적·정신적으로 공헌한 자, 또는 위협에 끌려 협력적으로 행동한 자로서 주로 세간에 알려진 인물을 중심으로 조사했다는 이 책에는 앞에 제시된 대로 '광적인 친일 분자'로서 문학인 중에 이광수, 김동환을 거론했으며 그 외로 문인 중에서는 최남선, 이헌구, 유진오, 김기진, 박영희, 정인택, 주요한, 김동인, 모윤숙, 현영섭, 백철, 장혁주, 이찬, 김용제, 최재서, 이석훈, 정인섭, 오정민, 홍해성, 유치진, 박영호, 노천명, 홍양명, 안함광, 김억, 이서구 등의 친일적 행적이 간단히 소개되어 있다. 물론 그 상황과 경우가 일치하지 않기 때문에 자진으로 열성 협력한 자와 위협에 의한 피동적 협력자를 구별해야 하지만, 이들 문인 중에는 해방 이전 중요한 역할을 담당했던 문인이 망라되어 있음을 알 수 있다. 1948년 정부 수립 당시까지 남한에 있었던 인물에 국한해 이루어진 조사 목록이라는 점을 감안한다면, 그 무렵 이미 월북해 버린 상당수의 문인(김남천, 김오성, 김태오, 박승극, 송영, 안회남, 이동규, 이태준, 임학수, 임화, 주영섭, 한설야, 함세덕 등)이 이에 포함될 수 있으리라는 가정도 가능할 것이다.

반민족 행위 처벌법의 시행은 1948년 10월 반민족 행위 특별조사위원회가 구성되면서부터 구체화되었다. 1949년 1월에는 민족 반역자에 대한 일람표가 작성되었고 그에 따라 일제히 체포령이 나왔다. 문인 중에서는 최남선과 이광수가 1949년 2월 7일에 검거되었다. 그러나 친일문학인에 대한 처단은 반민법의 시행과 반민특위의 활동 자체가 지지부진하게 됨으로써 더 이상 확대되지 않았다. 우선 이승만 정권 자체가 정치 세력의 기반을 확보하기 위해 친일 분자를 용납하고 있었으며, 반민법의 시행에 대해서도 소극적이었다. 이런 정치적 상황에서 친일 분자도 재력을 동원해 반민특위의 활동을 방해했다. 더구나 반민법의 공소 시효가 1949년 8월 31일로 앞당겨지면서 곧 반민특위도 해체되었으며, 실제 재판 과정에서도 대부분의 피의자들이 감형되거나 형의 집행 정지로 풀려나오게 됨으로써 친일 분자들에 대한 숙청 작업은 실효를 거두지 못했다.

이광수와 최남선[37]은 수감된 지 두 달도 안 되어 병보석과 형의 집행 정지로 풀려나왔다. 그 밖의 문인들에게는 아무런 제재도 가해지지 않았고, 한국전쟁을 겪는 동안 모든 문제가 흐지부지되고 말았다. 그렇기 때문에 세상을 떠들썩하게 만들었던 친일문학에 대한 비판 운동은 구체적인 진전 없이 오히려 모든 사실이 세월 속에 은폐되기에 이르렀다. 친일문학의 청산은 반민법의 시행만으로 해결될 수 있는 것은 아니었다. 더구나 몇몇 문학인에 대한 제재 조치만으로 우리 문학의 상처를 치료할 수는 없는 일이었다. 그러나 이러한 절차는 민족문학의 정신을 바르게 세우고, 훼손된 민족문학의 가치를 회복하는 과정으로서 당연히 중요시되어야만 했다. 그럼에도 이 절차 자체가 당시에 제대로 시행되지 못한 것은 민족정기의 확립이라는 측면에서 마땅히 비판되어야 할 문제로 남았다.

이광수의 자기변명

이광수가 일제강점기의 자기 행적을 비교적 사실적으로 요약해 서술한 글은 「나의 고백」이 대표적이다. 이 글은 「나」보다 분량은 적지만, 이광수의 반생을 망라하는 본격적인 자서전이다. 해방을 맞이한 당시의 상황으로

37 최남선은 「자열서」에 이렇게 썼다. "민족의 일원으로서 반민족의 지목을 받음은 종세에 씻기 어려운 대치욕이다. 내 이제 그 지탄을 받고 또 거기 리유가 없지 아니하니 맛당히 공구이 성하기에 겨를치 못하려든 다시 무슨 구설을 놀려 감히 문과식비의 죄를 거듭하랴. 해방이래로 중방이 하늘을 찌르고 구무가 반에 지나되 이를 인수하고 결코 탄하지 아니함은 진실로 어떠한 때라도 맛는 것이 자회자책의 성의를 나타내는 일단이 될가 하는 생각이 있기 때문이였다."

보아서는 이 글은 당연히 이광수의 진정한 자기 고백이어야만 했다. 그의 친일 행위와 반민족적인 언동에 분노를 표명하고 있던 모든 사람 앞에 「나의 고백」은 참회록의 형태로 나타났어야만 했다. 그러나 이 글은 이광수 자신도 밝히고 있듯이, "이 글을 쓰던 중에도 여러 번 내가 무엇하러 이것을 쓰나 하고 붓을 내던졌다."라는 표현 그대로 자기변명으로 일관하고 있다. 이광수가 자신의 친일 행각을 어떻게 참회하는가 관심을 기울였던 사람들은 「나의 고백」을 통해 드러나는 이광수의 자기변명의 논리에 아연했다. 더구나 '반민법'의 제정 문제가 논의되는 가운데 발표된 「나의 고백」의 파문은 더욱 확대되었다.

「나의 고백」은 ① 민족의식이 싹트던 때, ② 민족운동의 첫 실천, ③ 망명한 사람들, ④ 기미년과 나, ⑤ 나의 훼절, ⑥ 민족보존, ⑦ 해방과 나 등의 일곱 장으로 나누어져 있다. 각 장의 제목에서도 알 수 있는 바와 같이 이광수 자신은 그의 행적을 모두 민족의 문제와 관련시켜 술회하고자 했다. 그런데 민족의식의 자각에서부터 민족운동의 대열에 나서게 된 과정에 이르기까지 이광수가 생각했던 민족의 과제는 지극히 심정적인 방편으로 이해되었음을 알 수 있다. 이광수는 자신의 오산학교 교사 생활을 민족운동의 실천 작업으로 내세웠고, 기미년의 만세운동과 상해 망명으로 이어지는 고통의 세월을 상세하게 기술했다. 그러나 스스로 그러한 민족적 각성과 의지를 지녔던 것으로 평가하는 이광수가 상해에서 귀국한 후부터 보여 준 문필 활동은 확실히 그가 자신의 이지를 배반하고 있었음을 나타낸다. 그는 우리 민족의 현실이 정치적인 측면에서 투쟁과 살육의 상태를 벗어나지 못하고 있으며, 경제적인 면에서 의식주의 기본적 요건조차 갖출 수 없는 암울의 상태에 빠져 있음을 전제하면서도 그것을 극복할 방법의 모색에 지극히 소극적이었다.

그가 내세운 현실 극복의 방법은 '민족의 예술적·도덕적 개조'였다. 민족의 예술적·도덕적 개조란 인생의 예술화 또는 도덕화를 의미하는 것이었는데, 개인이 지니고 있는 허위·시기·증오·분노 등의 감정을 버리고 도덕적 수양을 통해 열등 감정을 억제하는 도덕적 개조를 우선으로 한다. 그는 정치·사회·경제의 측면에서 오는 변혁보다도 도덕적 개조가 우선적으로 우리 민족의 열등 감정을 이겨 낼 수 있는 길이라고 했다. 그가 제시하는 예술적 개조란 도덕적 개조를 뒷받침해 더욱 적극적으로 인생을 행복하게 할 수 있는 방안으로, 자기 수양과 심미적 태도를 함양함으로써 모든 현실의 문제와 삶의 과정을 예술로 인식할 수 있는 여유를 갖는 것이었다. 인생의 예술화란 개인의 자기 개조를 통해 사랑과 도덕을 기르는 노력에 통한다고 할 수 있을 것이다. 게다가, 이광수는 나태와 적막과 죽음에 덮여 있는 민족의 현실에 생명을 불어넣고 정신을 부활시킬 유일한 방법으로 예술적 개조의 길을 생각했다. 그는 민족의 감정과 기질을 민족성이라고 했고, 이것을 개조하기 위해 개인의 도덕적 수양을 내세웠으며, 그 실천 방안으로서 민족 전체의 도덕적 개조를 가능하게 하는 비정치적 단체 운동을 전개할 수 있어야 한다고 했다. 그가 자신의 훼절을 말하면서도 끝까지 중요한 대목으로 강조하는 '수양동우회'라는 단체는 바로 이러한 의도에 직결되는 사회 단체였다.

결국 이광수의 정신적 파탄은 그의 적극적인 친일적 행동 이전에 이미 드러나고 있었다고 할 수 있다. 그는 식민지적 현실에서 민족의 삶의 고통을 지적하면서도 그 근본적 요인이 일제의 식민지 지배와 자본주의적 착취에 있음을 제시하지 못하고 오히려 민족의 도덕적 심성의 타락에서 찾았다. 이러한 패배주의적인 민족 인식은 그의 주장이 어떤 역사적 전망도 지닐 수 없는 것임을 말해 준다. 더구나 이광수는 민족의 예술적·도덕적 개조를 말하면서도 어떠한 예술을 어떻게 전달해야 할 것인지를 생각하지 않았고, 예술의 수용 계층으로서 민중의 기반도 전혀 고려하지 않았다. 자신의 직업과 생활을 예술로 생각해야 한다는 막연한 환상론이 되풀이될 뿐이었다. 이광수는 자기 논리에는 충실하면서도, 자신의 입장을 벗어나 민족과 역사와 현실을 전체적으로 조망하기 위한 객관적인 논리를 제대로 확립하지 못했다. 그는 문인보국회에 가담하고, 친일적인 행위를 전개하는 과정을 술회하면서도 '민족보존'을 위한 자기희생을 다음과 같이 말했다.

> 나는 원래 정치적으로 무슨 명성 있는 인물도 아니지마는 일본 관헌의 명부에 민족주의자의 한 사람으로 적혀 있는 것이었다. 만일 이 몸을 던져서 한 사람이라도 동포의 희생을 덜고, 터럭 끝만치라도 닥쳐오는 민족의 고난을 늦출 수가 있다고 하면 내 무엇을 아끼랴. 게다가 나는 언제 죽을지 모르는 병약한 몸이었다. 이렇게 생각할 때에 내 눈 앞에는 삼만 몇 명이라는 우리 민족의 지식계급과 현재 이상의 무서운 압제와 핍박을 당할 우리

민족의 모양이 보였다. '내 몸이 죽어서 정말 저들의 머리 위에 달린 당장의 고난을 면할 수만 있다면,' 하고 나는 생각하고 괴로워하였다.[38]

이광수가 내세운 이와 같은 자기희생의 논리는 그의 민족적 배신 행위를 결코 정당화할 수 없다. 그의 입장은 이성적인 사고에 근거한 역사적 통찰을 바탕으로 한 것도 아니며, 그는 모든 일을 자신의 입장에 따라 바라보고 자신의 느낌에 따라 판단하고 있었기 때문에 어떤 확고한 세계관이나 전망을 지니지 못했다. 자신의 친일 행위를 '희생'이라고 변명하는 것이 오히려 일신의 안위를 구하기 위한 나약한 심정주의자의 변신일 수 있음을 그는 시인하지 않았던 것이다.

이광수가 다시 시작한 개인적인 문필 활동은 작가로서의 신념과 사회적 모럴의 요구 등이 엇갈리는 민족적 감정에 직면하면서 반발을 불러일으켰다. 독자들은 그의 진정한 참회를 기대했고, 많은 문학인들은 그가 보여준 역사의식의 무감각을 비판했다.

> 춘원의 필치에는 진실미가 없다. 조선의 대중은 춘원을 다시 사랑하기 위해 그의 진실한 참회를 기다린다. 그러나 필치에 본시 진실미가 결함되고, 겉바르기로 속여 나가느니만치 참회록이 진정한 참회록이 못되고 구구한 변명기나 변해록(辨解錄)이 될 것을 저어한다. 춘원이 참된 참회록을 발표할 것 같으면, 춘원을 위해 변해기(辨解記)를 쓸 사람은 따로 그 사람이 있을 것이다.[39]

이광수의 새로운 글들은 모두 자기중심적 태도에 빠져 균형을 잃고 있다는 혹평을 받았다. '자신의 이해에 따라서 이렇게도 글을 쓰고 저렇게도 글을 써가지고 그것을 민족을 지도라도 하는 것처럼 착각에 빠져 있다'라는 주장과 함께 그의 모든 문학을 '위선자의 문학'으로 몰아붙인 비평가도 있었다.

이광수는 반민족 행위 처벌법에 관한 논의가 국회 안에서 일어나

---

38 이광수, 「나의 고백」, 『이광수전집7』(삼중당, 1976), 278면.

39 김동인, 「춘원의 「나」」(신천지 제24호, 1948. 3), 122면.

기 시작한 1948년 후반기부터 '광적 친일 및 열성 협력자'로 지목되고 있었다. 이광수 자신도 이미 모든 것을 각오하고 있었던 셈이었는데, 이 무렵 그의 건강도 악화되었다. 그가 사릉에서 서울 효자동으로 거처를 옮긴 때는 1948년 11월이었고, 반민특위에 검거된 때는 1949년 2월 7일이다. 이광수를 석방해 달라는 사릉 일대 농민의 진정과 그의 아들 이영근의 혈서 탄원이 제출되었다. 병객인 이광수에게 해방된 조국을 위해 일할 수 있는 마지막 기회를 달라는 내용이었다. 이광수가 병보석으로 풀려나온 때는 수감된 지 한 달이 채 되지 않는 1949년 3월 4일이었다. 그리고 이해 3월에 불기소 처분으로 자유로운 몸이 되었다. 그가 친일파 문제에 대한 자신의 견해를 적극적으로 제시한 글은 「친일파의 변(辯)」인데, 반민법이 제정된 직후에 쓴 것으로 그의 입장이 잘 드러나 있다.

> 반민법의 대상이 되는 자의 수효를 명지할 길은 없으나, 어림으로 보아서 만으로 세일 것이요, 그 가족을 합산하면 본법의 영향이 미칠 자가 수십만에서 불하할 것이니 이는 수십만의 남한 주민이 건국 대업에 협력할 자격을 상실하고 반민족적 죄인의 낙인을 받게 되는 것이어서, 신건 국가가 실력을 멸시함이 저 1, 2 정당의 불협력에 비할 것이 아닐 것이다. 하물며 반민법의 대상이 되는 자는 대체로 유식 유산계급이요, 각방에 기능과 경험을 가진 자들인 것을 생각하면 이들의 협력을 국가가 거부하기 때문에 받는 국가의 손실은 실로 막대하다 할 것이다. 일반에서는 그들이 조직된 다수가 아니요, 산재한 무저항의 개인이기 때문에 영향을 과소하게 평가하는 것 같다.
>
> 그렇다 하더라도, 만일 그들의 존재가 현실적으로 국가에 해가 된다 하면 국력을 도하여서라도 이를 섬멸하여야 할 것이지마는 사실에 있어서 그들은 일정 시대에 있어서도, 소수 악질자는 몰라도 민족에게 해를 끼쳤다고 단정할 수는 없었고, 해방 이후 3년 내로 더구나 그들은 대체로 대의의 죄인으로 자처하여 자숙자계하여 왔다. 해방 이후 혹 관직에 있은 자도 있었는 모양이나, 특히 그들이 친일파 전직자이기 때문에 국가·민족에 무슨 해를 끼쳤다는 증거도 듣지 못하였고, 또 장래에 있어서도 그러할 우려가 있으리라고 생각되지 아니한다.

이와는 반대로 친일파 민족 반역 행위를 한 자라 하여 반민법의 대상이된 사람들은 현재 대한민국의 정면의 적이 된 공산당에 가담할 사람들이 아니요, 유식 공산층이라 하여 도리어 다른 대한민국 지지자와 함께 공산 혁명의 숙청의 대상이 될 사람들이니, 그들은 숙명적으로 대한민국을 사수할 사상과 처지에 있다. 그들이 5 · 10 총선거를 지지한 것은 선거법으로 그들에게 허여된 공민권에 감격하였던 때문이다. 그런데 그들의 투표를 받고 당선된 국회에서 그들을 정죄하는 반민법이 제정된 것으로 그들은 건국의 환희와 새 나라에 바치려던 충성을 유린당하고 말았다. (중략)

민족 대의로 말하면, 지난 3년간의 친일파에 대한 설주 필주의 통고도 이미 3년 징역의 통고만은 할 것이요, 또 반민법의 제정으로 민족 대의의 지향을 명시하였으니, 이제 더 추궁함이 없이 망각법을 결의하여써 민족 대화를 회복하고, 민족 일심일체의 신기력을 진작함이 현명한 조처가 아닐까. 형벽지문에는 충신이 아니 난다 하였으니 형벽은 1인뿐 아니라, 일가 일족의 충을 막게 된다는 뜻이요, 중상지하에 필유용졸이라는 것은 은혜를 베푸는 것이 충용을 고무한다는 뜻이니, 친일파 운운을 한번 척탕함이 민심에 미치는 호영향이 불소하리라고 믿는다.[40]

이광수는 이 글에서 민족의 화합과, 공산주의자에 대한 대항을 위해 친일파에 대한 민족적 관용이 필요하다고 역설했다. 이광수의 이러한 견해는 당시 정지적 세력 균형에 미묘하게 얽혀 있는 친일 분자의 주장과 그대로 일치하는 것이었다. 한편, 이 시기 정부는 해방 공간의 정치적 혼란 속에서 친일파 민족 반역자에 대한 법적 처벌 문제의 공소 시효를 단축했고, 친일파 처단 작업은 큰 진전을 이루지 못한 상태로 종료되었다. 이것은 민족의 대화합을 명분 삼아 이루어진 일이었지만 민족적 정기의 확립을 기할 수 있는 중대한 기회를 저버림으로써 친일 문제에 관한 역사적 청산을 불가능하게 만들어 버렸다.

---

40 이광수, 「친일파의 변」, 『이광수전집7』, 288면.

3

민족문학의 이념적 지향

1) 민족문학의 개념

해방 공간 문단의 새로운 민족문학 건설 문제는 일제강점기 문학에 대한 비판적 반성이라는 탈식민화 과정에서 필연적으로 제기된 최대의 쟁점이었다. 민족문학의 개념과 이념적 지표는 한국문학의 정신사적 의미를 해명해 보고자 하는 논쟁적인 성격의 많은 글을 통해 지속적으로 검토되어 왔다. 민족문학이라는 말이 포괄하는 민족의 자기 존재에 대한 문학적 인식 문제는 민족 전체의 삶의 의미와 역사적 조건에 대한 철저한 이해를 전제한다. 민족문학이 민족 전체의 삶과 직결되는 것이라면, 민족문학의 정신은 문학을 통해 삶에 역사적 의의와 가치를 부여하는 데 의미가 있다.

역사적으로 본다면, 민족문학의 개념과 성격이 구체적으로 인식되기 시작한 것은 19세기 중반 이후 급격한 사회변동 속에서 이루어진 전통문학의 근대적 변혁 과정과 깊은 관계가 있다. 당시 한국 사회에서는 자체 내의 모순 극복을 위한 개혁운동이 사회의 각 방면에서 이루어졌다. 특히 침략적인 외세의 위협에 대응하기 위해 자주독립운동이 활발하게 전개되면서 반봉건·반외세의 이념은 당시의 시대정신으로 정치·사회·문화 전반에 걸쳐 폭넓게 확대되었다. 정치적인 차원에서는 갑신정변, 갑오개혁 등 근대화 작업이 시도되었고, 동학농민운동으로 민중의식의 성장을 분명히 보여 주었다. 독립협회, 만민공동회와 같은 사회 단체가 결성되어 자주민권운동이 적극적으로 추진되기도 했다. 사상적인 차원에서의 위정척사 사상, 동학사상, 개화사상 등이 모두 이러한 사회운동의 정신적 기반이 되었음은 물론이다. 그렇지만 20세기에 들어서면서 일본 제국주의 세력의 영향력이 커지자, 자주적인 근대화의 실현은 더욱 기대하기 어렵게 되었으며 민족과 국가의 존립이 위태로운 지경에 이르렀다. 일제의 침략 야욕에 대항하기 위해 무력투쟁을 통한 국권 회복을 목표로 의병운동이 잇달아 일어났으며, 민족의 자주독립을 지키기 위해 많은 지식인이 애국계몽운동에 앞장서기도 했다.

그런데 이와 같은 사회적 격동기를 거치면서 문학에도 커다란 변화가 이루어졌다. 전통적 문학 형태가 새로운 시대 이념의 요구에 따라 형식과 내용 면에서 변혁을 시도하면서 '신문학'이라고 명명된 근대문학의 성립을 보게 된 것이다. 전통문학의 근대적 변화에서 당시의 시대 상황과 사회적 이념은 문학 정신의 방향을 결정하는 핵심적인 역할을 했다. 문학은 개인적인 정서의 영역에 머무르지 않고 침략적인 외세의 위협에 대응하기 위한 민족적 저항의식을 구현하는 수단이 되었으며, 사회 현실의 부정과 비리를 비판하고 봉건적인 유습을 개혁하고자 하는 새로운 삶의 요구를 대변하기도 했다. 이러한 문학 정신의 변화는 문학의 사회적 교화 기능을 강조하는 것을 넘어, 새 시대의 정신을 대변할 수 있는 문학 형식의 새로움을 추구하기에 이르렀다. 바로 여기서 민족문학의 요건과 본질에 대한 자각이 함께 자리 잡게 되었다.

민족문학으로서의 요건을 갖추기 위해서는 우선 국문문학이 되어야만 했다. 전통적으로 문자 생활을 지배해 온 한문은 중국 문자이기 때문에, 민족문학은 이제 민족의 문자인 국문으로 써야 한다는 주장이 폭넓은 지지를 획득했다. 19세기 후반부터 사회계몽운동의 하나로 추진된 국어국문운동은 새로운 문학의 형성과 대중적 수용 기반을 확대하는 중요한 계기가 되었다. 국문이 지닌 실용적인 기능은 신교육의 실시와 함께 더욱 강조되었다. 더구나 자주독립의식의 성장과 자기 문화에 대한 각성이 이루어지면서, 우리 민족문화의 정신을 형성해 온 국어국문의 중요성에 대한 인식이 널리 자리 잡게 되자, 한문의 문자 기능은 점차 축소되었다. 국어국문으로 이루어진 문학만이 진정한 민족문학이라는 주장이 일반화되었고, 문학작품의 형태도 국문문학으로서의 요건을 더욱 분명히 갖추었다.

한편 이러한 문학적 변화는 역사적으로 중요한 의미를 갖지만, 민족 전체의 삶의 의미를 총체적으로 구현하는 근대성의 확립에는 도달하지 못했다. 그 이유는 일제의 침략과 강압적인 식민정책에서 찾을 수 있다. 일제강점과 식민지 약탈 체제는 정치·외교·군사·경제 등의 분야로 확대되었고, 민족적 저항과 자주의식을 내세웠던 언론에 대한 탄압으로 이어졌다. 물론 한국문학의 정신 구조는 민족문학의 요건에 대한 확고한 인식 위에서 확립된 것이기 때문에, 식민지 정책에 대응하기 위한 일상적 생활감정을 자연스럽게 촉발할 수 있는 민족언어의식을 바탕에 담고 있었다. 일제는 한국 민족에 대한 정신적 지배를 꾀하기 위해 일본어 교육을 확대하고 민족어의 부정·말살을 획책했으나, 국어의 이해·정리·보급을 위한 민족의 노력은 꾸준히 지속되었다.

해방 공간의 민족문학 논쟁은 일제의 식민지 통치에서 벗어나면서 민족문학의 개념과 가치에 대한 새로운 인식이 가능해졌음을 의미한다. 해방 공간의 민족문학 건설은 식민지 문화 잔재의 청산이라는 민족적 자기비판과 반성을 기반으로 민족문화의 정통성을 확립할 수 있는 새로운 정신을 세우는 일이었다. 그런데 민족문학의 건설 문제는 그 이념적 성향을 놓고 당파적 논쟁의 주제로 발전했다. 정치 세력의 좌우 분열과 마찬가지로 문단에서도 자유 민주주의 경향과 사회주의 경향이 분열·대립하게 되자, 민족문학 건설 문제는 문단 조직의 좌우 분열과 대립을 드러내는 이념 논쟁으로 확대된다.

이미 앞 장에서 검토한 바 있듯이 해방 공간의 문단에서는 좌익 문단의 조직적 세력화 과정이 두드러지게 드러난다. 조선문학건설본부의 등장에 이어 조선프롤레타리아문학동맹이 결성된 뒤에 두 조직은 사회주의 문화운동의 단일 노선을 의미하는 이른바 문화통일전선의 구축을 위해 조선문학가동맹으로 통합되어 좌익 문단의 조직을 정비했다. 이 같은 좌익 문단의 조직화 과정에 대응해 민족 세력이 규합해 중앙문화협회를 결성했고, 뒤에 전조선문필가협회의 조직이 이루어지면서 문단의 좌우 대립이 노골화되었다. 문학에 대한 민족적 요구와 규정을 놓고 이념적 대립과 혼란을 거듭했던 '문학의 정치시대'가 해방 공간의 상황 속에 그대로 펼쳐지게 된 셈이다.

2) 계급문학으로서의 민족문학

인민에 기초한 문학

해방 직후 문단 조직의 정비 과정에서부터 좌익 문단은 '민주주의적 국가 건설'을 목표로 새로운 민족문학 건설을 주장했다. 좌익 문단은 조선문학건설본부와 조선프롤레타리아문학동맹으로 양분되면서 문학운동의 이념적 정통성과 노선 문제를 놓고 갈등을 드러냈다. 조선문학건설본부가 제시한 '인민에 기초한 새로운 민족문학'이라는 개념과 조선프롤레타리아문학동맹의 '무산계급에 기초한 프롤레타리아문학'이라는 개념으로 그 실천 방향도 달리했다. 그러나 좌익 문단이 제기한 민족문학 건설은 조선문학가동맹의 조직(1946. 2)을 통해 이념적 성격을 명확하게 제시했다. 조선문학가동맹은 조선공산당의 정치 노선과 그에 기초한 문화 건설의 노선을 지지하면서 당 조직의 산하 단체로 편입되었으며 좌익 세력의 민족문학의 개념과 실천 방향은 조선문학가동맹의 강령에 따라 사상적 통일을 요구받게 된다. 민족문학의 개념 자체가 정치 이념화되는 과정을 여기서 확인할 수 있다. 이러한 좌익 문단의 민족문학에 대한 논의 과정은 정치운동과 문화운동의 통합을 시도했던 이념론자들의 논리에 따른 것이다.

좌익 문단에서 이루어진 민족문학에 대한 논의의 첫 단계는 조선문학건설본부의 출현(1945. 8)과 때를 같이한다. 조선문학건설본부는 문화 활동의 목표로 일제 문화 잔재의 소탕과 문화의 인민적 기초 확립을 내세웠으며, 실천 방법으로는 문화통일전선의 조직을 말했다. 여기서 민족문학의 개념과 직결되는 것은 '문화의 인민적 기초'라는 구절이다. 조선문학건설본부는 민족문학이라는 개념을 설명하기 위해 '인민'이라는 새로운 용어를 사용했다. 이에 대해서는 임화의 주장을 참조할 필요가 있다. 임화는 조선문화건설중앙협의회 조직을 주도한 실질적인 책임자로서 문화운동의 과제와 실천 방법을 조선문화건설중앙협의회의 기본 노선에 의거해 다음과 같이 설명했다.

> 이 현실 가운데 우리의 생의 근본 방면을 어디에 두느냐 하는 원칙상의 엄숙한 문제, 이 과제의 일단을 우리 문학도 해결하기 위하여 용감히 뛰어들어야 하고 또 특히 일반 임무가 문학에게 부여하는 개별된 과제의 해

> 결을 위하여 문학은 또한 자기 스스로의 방법을 가지고 노력하지 아니하면 아니 된다. 그럼 이 길은 어떠한 길일까? 일언으로 말하여 이 길은 우리가 인민 가운데로 가는 데서 시작되는 것이다. 인민에의 길만이 우리 문학 가운데 있는 제 모순을 해결할 단서를 제공한다. 문학에 잇서서 객관성과 주관성, 개인과 사회 개성과 보편성, 심지어는 민족성과 세계성이란 복잡한 모순은 결코 문학 내부에서는 해결되는 것이 아니다. 왜 그러냐 하면 이러한 제 문제는 본시 문학 내부에서 발생한 것이 아니라 그 외부에 즉 사회조직에 토대 기피 근원을 두고 있는 것이기 때문이다. 그러므로 문학이 인민 가운데로 간다는 것은 문학이 자기 자신 위에 부과된 임무의 해결을 위한 노력임과 동시에 현실 전체의 근원적 과제를 해결하기 위한 일반 사업에 참가함을 의미하게 된다.[41]

임화가 내세우는 문화운동의 당면 임무는 문화 해방과 문화 건설로 요약된다. 문화 해방이란 일제 식민지 문화 지배와 그 예속적인 상태에서의 문화적 해방을 뜻한다. 식민지 문화 정책에 의해 강요된 일제의 문화 침투는 언어·사상·생활의 모든 영역에 걸쳐 민족문화의 정통성을 심각하게 왜곡시켜 놓았다. 일제의 문화 침투는 특히 우리 민족문화에 남아 있는 봉건적인 잔재를 발판으로 확대되었기 때문에, 일제 문화 잔재의 소탕은 자연적으로 봉건적 문화 잔재의 청산과 연결되기도 한다. 그러므로 문화운동의 선결과제는 일제 식민지 문화 잔재의 소탕이면서 동시에 봉건적 문화 잔재의 청산이었음을 이해할 수 있다. 또 다른 당면 과제로 내세워진 문화 건설은 인민의 손에 의한 인민 자신의 문화의 건설을 의미한다. 문화운동의 기초와 목적을 인민에게 두어야 한다는 임화의 견해에 따르면, 인민은 노동자, 농민, 일반 근로자로 규정된다. 이들 계층이 문화의 창조자로서 인민 전체를 위한 문화를 육성해야 한다는 것이 문화 건설의 핵심이다. 그런데 인민에 기초한 새로운 문화 건설은 인민의 현실적인 삶과 의식을 바탕으로 하기 때문에, 민족의 고유성이나 관념적인 민족성에 근거한 국수주의적 경향을 배격했다. 더구나 부르주아 시민문화의 몰락 단계에서 엿볼 수 있는 문화적 순수주의도

41 임화, 「문학의 인민적 기초」(중앙신문, 1945. 12. 11-12).

용납될 수 없었다. 문화에 있어서 정치·사상적 무관심이란 일제강점기에는 최소한의 의미를 인정받을 수 있으나, 민족국가의 새로운 건설에 즈음해 그 같은 순수주의적 입장은 오히려 진보적인 계층의 문화 발전에 대한 반동적인 역할을 드러낼 뿐이다. 임화는 결국 모든 반인민적인 요소와의 투쟁으로 문화 건설의 과제를 성취시켜 나갈 것임을 천명했다.

여기서 주목해야 하는 것이 '인민'이라는 개념이다.

> 우리는 근자에 흔히 쓰는 인민이란 개념의 내용을 발킬 필요가 잇다. 인민과 극히 근사한 개념으로 국민·민족·민중이란 말이 있다. 국민이란 단순히 말하야 일정한 국가에 속한 민중의 총칭이라고 볼 수 잇지 안흘까. 민족이란 개념도 역시 국민과 비슷하야 비록 독립한 국가에 법적으로 속해 잇지 안코 과거의 조선민족과 가치 타국의 지배하에 잇을 때라도, 인종적 또는 언어적 그 타(他) 약간의 주로 자연사적 공통성을 가진 일정한 인간의 총칭이라고 볼 수 잇다. 거긔에 비하야 민중이란 이 우에 두 가지 말과는 약간 다른 점이 잇다. 한 국민, 한 민족 가운데서도 민중이란 대중이란 말과 가치 주로 피치자를 가르치는 말이다. 그러하고 반듯이 피치자 또 피압박의 인민층만을 민중이라고 부르느냐 하면 그러타고만 대답하기 곤란한 점도 잇을 것이다.
>
> 불란서 혁명의 주체가 누구인가를 생각하면 우리는 곳 민중이란 말에 가장 각가운 실체를 포착할 수 있다. 민중이란 결국 만인 평등론과 더부러 19세기적인 개념일지도 모른다. 그러나 인민이라는 것은 그러치는 안흔 것 갓다. 노동자나 농민, 기타 중간층이나 지식 계급 등을 포섭하는 의미에 잇어 이 말 가운데는 피착취의 사회 계급을 토대로 한다는 일종 농후한 사회 계급적인 요소가 보다 더 만흔 개념이나, 현대가 민중이란 말 대신에 인민이란 말을 쓰는 것은 아마 현대에 잇서 사회적 모순의 해결에 국가적·민족적인 여러 가지 문제보다도 기본적인 문제로 되어 잇는 때문인 것 같다.[42]

임화의 주장에 따르면 '인민'이라는 말은 노동자나 농민, 기타의 중간

---

42 임화, 「문학의 인민적 기초」(중앙신문, 1945. 12. 12).

층과 지식층을 포섭하는 의미를 지닌다. 물론 '인민'이라는 말에는 피착취의 사회계급을 토대로 한다는 계급적 요소가 강하다. 그는 현대 사회의 모순 해결에 있어서 국가적·민족적인 문제보다도 기본적인 문제가 바로 인민에 있다고 생각하기 때문에 인민을 내세운다고 설명했다. 근대적인 개념으로는 영어의 '피플(people)'이라는 말의 번역어로 널리 쓰이면서 특권적 지위를 가지지 않은 국가나 사회의 구성원을 지칭하는 말로 사용되었다. 임화가 지적하듯이 현대 사회에서 사회 내부의 갈등이 커지면서 기존의 사회체제에서 특권적인 지위를 지닌 소수의 지배층에게 억압을 받던 다수의 피지배층, 즉 '인민'이 주체가 되어 새로운 사회체제를 건설해 나가야 한다는 뜻까지 포함한다. 결국 '인민'이라는 개념에는 사회·경제적 지위와 권리가 강조되는 것이다.

임화는 문화 해방과 문화 건설을 위해 모든 반인민적인 것과의 투쟁을 요구하면서 그 실천 방법으로 문화통일전선운동을 내세웠다. 조선문학건설본부와 조선프롤레타리아문학동맹을 통합해 조선문학가동맹을 탄생시킨 것도 이러한 방침을 따른 것이다. 임화가 강조한 '문화전선통일운동'이라는 개념은 조선공산당의 박헌영이 '8월 테제'에서 주장한 '민족통일전선운동'을 문화 영역에 그대로 적용한 것이다. 박헌영은 해방 직후 우리 민족의 역사적 상황을 놓고, 토착 지주와 민족 부르주아 계층이 새로운 외세와 결탁해 민족의 완전한 독립을 저해하는 세력으로 커 가고 있음을 지적하면서, 이들을 척결할 부르주아 민주주의 혁명을 내세웠다.

민족통일전선은 부르주아 민주주의 혁명을 실천하기 위해 노동자계급과 농민 등 인민대중과 진보적인 시민계급이 민족 단일의 전선을 확립해 투쟁의 주체가 되어야 한다는 전술적 실천 개념이다. 임화는 바로 이러한 민족통일전선에 대해 문화운동 자체가 일익을 담당할 것을 주장했다. 이것은 임화 자신이 이미 문화운동의 실천 방법을 조선공산당의 민족통일전선이라는 개념에 근거해 제시하고 있음을 말한다. 그리고 이러한 방법을 통해 임화 자신의 정치 노선이 조선공산당에 기대어 있음을 보여 준다.

그렇지만 조선문화건설중앙협의회를 중심으로 하는 임화의 노선은 즉각 조선프롤레타리아예술동맹의 한효에 의해 거부됐다. 한효의 주장은 프롤레타리아 예술운동의 이념적 정통성을 강조하는 것이 핵심이다. 한편으로 그는 조선문학건설본부를 중심으로 하는 조선문화건설중앙협의회의 성격 자체를 문제 삼았다.

> 당면적인 제 문제에 대하야 어떠한 기본 방침으로써 운동을 전개시켜야 할 것인가! 첫재로 우리는 예술운동의 기본 방침을 들지 않을 수가 없다. 이 경우에 있어서 우리가 항상 주의하지 않으면 않 될 문제는 예술은 그 자신이 한 개의 이데올로기적 형태이기 때문에 결코 허식과 정책적인 가장을 용허치 않는다고 하는 사실이다. '예술은 그 속에 다 시간 급 계급의 이데올로기적 내용을 표명하고 보지하고 있는 형식을 일음이다.'(루멜덴) 여기에 예술의 특수성이 있다. 소박한 정치주의적 원칙으로 예술을 그리고 그의 운동을 규정짓는 것은 가장 위험한 일이다. 정치는 그 정책에 따라 혹종의 가장도 할 수 있고 또 타협해서는 않 될 것과 타협도 하고 받어드리어서는 않 될 것을 받어드릴 수도 있다. 그러나 예술은 그 자신이 이데올로기적 형태인 까닭에 이러한 가식을 불허한다. 이데올로기를 가식한다는 것은 여하한 경우에 있어서도 상상할 수가 없다. 그것은 예술의 본질적 가치를 부인하고 다못 오락물로써 또는 정치적 선전 도구로 인정하는 데 잇어서만 가능하다. 예술에 있어서의 최고의 창작 방법 사회주의 레얼리즘이 제창되기 이전까지는 우리는 과도의 정치성, 그의 선언과 도식을 예술에다 부과하고 그가 완전한 정치적 선전 도구가 되어질 것을 강요하였다. 그럼으로 당시의 우리의 예술운동은 오로지 추상적인 선전에 종사하고 단순한 사상에 대한 사상의 투쟁의 도구로 전화되어 두 개의 추상-즉 부정적인 원칙과 긍정적인 원칙과의 사이를 갈팡질팡 헤매고 있었다. 이러한 예술운동이 질적으로 이렇다 할 만한 성과를 나타내지 못한 것은 극히 당연한 일이나. 우리는 이러한 오류를 다시 반복해서는 아니 된다. 우리는 지금과 거의 여하한 경우 여하한 시대에 잇어서보다 진정한 맑스주의 예술 이론의 확립과 더부러 우리의 예술운동의 질적 앙양을 기하지 않으면 아니 될 시기에 도달하였다.
>
> 그럼으로 추상적인 원칙 소박한 정치적 견해를 가지고 우리는 이 조직 활동을 규정지어서는 아니 된다. 정치적 부면에 있어서 모종의 타협과 가식이 필요하다고 해서 예술에 있어서도 곧 그것이 필요하다고 생각하는 것은 예술의 특수성을 이해치 못하는 말이다. 정치는 경우에 따라 당파성을

초월하야 민족통일전선도 만들 수 있고 인민전선을 구성할 수도 있으나 예술은 어떠한 경우에 있어서든지 초계급적일 수가 없고 또한 초당파적일 수가 없다. 왜 그러냐 하면 당파성을 초월한 어떠한 이데올로기도 존재할 수가 없기 때문이다. (중략)

프롤레타리아예술은 프롤레타리아계급의 현실에 대한 태도 즉 그 계급의식의 형태인 동시에 그 행동의 형태이다. 이러한 형태를 정당히 파악하지 못하고 여기에 혹종의 가식이 필요하다고 생각하는 것은 도저히 용인할 수 없는 일이다. 구체적으로 말하면 어떠한 정치적 목표를 위하여 우리의 예술을 떳떳이 내세우지 못하고 막연한 민족문화니 문화의 인민적 기초이니 하는 따위의 허식이 필요하다고 생각하는 것은 실로 프롤레타리아트의 현실에 대한 태도를 비계급적인 것으로 또는 반프롤레타리아적인 것으로 변경해야 된다는 생각과 동일하다고 말하지 않을 수가 없다. 따라서 그것은 우리의 주체적인 예술운동과 계급의식의 형태로서의 예술의 본질성을 거부하는 가장 위험한 경향이다.[43]

한효는 예술 자체가 하나의 이데올로기적 형태라는 마르크스주의의 명제를 내세웠다. 그러므로 예술은 결코 어떤 가식이나 정책적인 가장을 시도하지 않는다는 것이다. 그에 따르면 예술을 정치주의 논리로 규정하거나 그 본질을 부정하는 것은 용납하기 어렵다. 이와 같은 주장은 조선문학건설본부에서 내세우는 '새로운 민족문학'이라는 개념이 드러내는 몰이념적 성격의 문제를 지적한 것이다. 한효는 어떠한 정치적 목표를 위해 프롤레타리아 예술을 떳떳이 내세우지 못하고 막연한 '민족문화니 문화의 인민적 기초'이니 하는 따위의 허식을 부리는 것은 프롤레타리아의 현실에 대한 태도를 비계급적인 것으로 바꾸는 일이라고 비판했다. 그것은 곧 프로예술의 본질을 거부하는 것과 마찬가지이기 때문이다. 한효의 비판은 결국 '인민에 기초한 문학'이라는 개념으로 민족문학을 포장했던 임화의 논리에 대한 거부임은 물론이다.

---

43 한효, 「예술운동의 전망: 당면 문제와 기본 방침」, 3-4면.

> 우리의 조직은 췌언할 필요 없이 우리의 일체의 예술 활동을 조직적으로 또는 조직적 체계에 있어서 확대하고 강화하려는 자이다. 그럼으로 이 조직과 우리의 예술 활동을 따로 구분할 수도 없고 또한 따로 평가할 수도 없다. 거기에 조곰만치라도 간격이 있어서는 않 된다. 그렇다고 해서 우리는 결코 조직과 개개의 예술 활동을 기계적으로 결부시키려는 자가 아니다. 다만 개개의 예술가의 활동이 그가 우리의 동맹원이든 동맹원이 아니든지 간에 그것이 진실로 프롤레타리아예술인 경우에는 그것은 결과에 있어서 원칙적으로 우리의 조직 활동의 앙양과 결부되지 않을 수가 없다는 것을 말할 따름이다.
>
> 그럼으로 우리의 조직 각 동맹은 어디까지든지 마르크스주의 예술가의 집단인 동시에 광범한 진보적 예술가의 집단이다. 그러타고 해서 우리는 결코 진보적 예술가의 광범한 층이 반듯이 전부 이 속에 포섭되어야 한다고는 말하지 않으며 또 그럴 필요도 없다. 왜 그러냐 하면 우리에게 있어서 필요한 것은 결코 기개인(畿個人)의 예술가의 몸 덩어리가 아니고 그들에게 의하야 창조되는 예술이며 또한 그 예술의 감화력인 까닭이다. 그의 예술을 어떻게 하면 가장 진보적인 예술로 향상시킬까 그리고 그의 감화력을 어떻게 우리의 조직 활동과 및 프롤레타리아트의 혁명적 투쟁과 결부시킬까! 이것이 우리가 당면한 커다란 과제의 하나다.[44]

한효는 임화의 이념 노선만이 아니라 조선문학건설본부의 조직의 성격 자체도 비판의 대상으로 삼았다. 조선문학건설본부는 임화, 김남천 등과 함께 1930년대 문학의 순수성을 강조했던 이태준, 정지용, 김기림 등이 조직의 맹원으로 참가하고 있었다. 한효는 이러한 조직 구성이 소박한 정치주의적 타협의 산물이라는 점을 지적함으로써 자신들이 조선프롤레타리아문학동맹을 통해 좌파 문인들을 규합한 점을 부각시키고자 했다. 그는 진보적 예술운동의 실천을 위해서 마르크스주의 예술가의 집단을 요구했다. 프롤레타리아예술에서는 조직과 예술 활동을 별개로 구분할 수 없기 때문이다. 그런데 이와 같은 한효의 주장은 마르크스주의의 이념적 가치 구현이라는 목표

---

44 한효, 「예술운동의 전망: 당면 문제와 기본 방침」, 4-5면.

와는 달리 현실적으로 용납되지 못한다. 그 이유는 조선공산당이 한효가 비판하는 '소박한 정치주의적 이념의 논리'에 의해 문화전선통일을 내세웠기 때문이다. 조선공산당의 지침에 따라 조선문화건설중앙협의회와 조선프롤레타리아예술동맹은 1945년 12월 통합을 결의했고 여기에 불만을 품은 한효, 이기영, 한설야 등은 이 새로운 통합 조직에서 이탈해 월북을 택했다.

진보적 민족문학

민족문학 논의는 조선문화건설중앙협의회와 조선프롤레타리아예술동맹을 통합하여 탄생하게 된 조선문학가동맹의 등장과 함께 새로운 단계에 접어들었다. 조선문학가동맹은 1946년 2월의 전국문학자대회를 통해 세력의 확대를 꾀하고 강령과 결정서를 채택함으로써 이념과 노선을 새롭게 정비했다. 조선문학가동맹의 강령은 ① 일본제국주의 잔재의 소탕, ② 봉건주의 잔재의 청산, ③ 국수주의의 배격, ④ 진보적 민족문학의 건설, ⑤ 조선문학의 국제문학과의 제휴라는 다섯 개 항목으로 구성되어 있었다. 이 가운데 네 번째 항목에는 '민족문학'이라는 말 앞에 '진보적'이라는 수식어를 붙였다. 조선문학건설본부 때의 '인민에 기초한'이라는 수식어 대신에 '진보적'이라는 말로 바꾼 것이다. 좌익 문단에서 즐겨 사용하는 '진보적'이라는 수식어는 '진보적 민주주의'라는 개념에서 비롯되었다. 인민대중이 폭넓게 정치·경제에 참여할 수 있도록 하여 자본주의 체제 내의 불평등 문제를 적극적으로 해결한다는 입장을 의미한다. 여기서 주목되는 '진보적 민족문학의 건설'이라는 항목은 다음과 같은 임화의 견해를 통해 그 성격이 구체적으로 설명된다.

> 일본 제국주의의 운명의 날은 돌아와서 전쟁은 종식되고 조선민족은 자동적으로 일본 제국주의의 기반을 떠났다. 그리하여 먼저도 말한 바와 가치 정치적·문화적으로 독자적 발전과 자유로운 성장의 가능성이 전개되자 문학에 있어서도 문제는 친일적이냐 반일적이냐 하는 데로부터 다시 한 번 전회하여 근본적인 지점으로 도라오게 되었다. 박귀 말하면 해방된 조선민족이 건설할 문학은 어떠한 성질의 문학이어야 하느냐를 자문해야 할 중요 국면에 서게 된 것이다.
>
> 계급적인 문학이냐? 민족적인 문학이냐? 우리는 솔직히 문제를 이러

한 방식에서 주관적으로 세웠든 사실이 있음을 인정하지 않으면 안 된다. 어떤 사람은 계급문학이어야 한다고 주장한 것도 사실이요, 민족적인 문학이어야 한다고 말한 것도 사실이다. 그러나 이만치 중대한 문제는 항상 객관적으로 제기되어야 하는 법이다. 그러면 조선문학사상의 가장 큰 객관적 사실은 무엇이냐? 하면 첫째로 일본 제국주의 문화 지배의 잔재가 남아 있는 것, 둘째로 봉건문화의 유물이 청산되지 아니한 것 등인데 어째서 이러한 유제가 아직도 잔존해 있는가 하면 조선의 모든 영역에 있어 민주주의적 개혁이 수행되어 있지 않기 때문이라는 것은 여러 번 말한 바와 같다.

조선문학의 발전과 성장의 가장 큰 장애물이었던 일본 제국주의가 붕괴된 오늘 우리 문학의 일로부터의 발전을 방해하는 이러한 잔재의 소탕이 이번엔 조선문학의 온갖 발전의 전제 조건이 되는 것이다. 그럼으로 이것의 제거 없이는 어떠한 문학도 발생할 수도 없고 성장할 수도 없는 것이 현실이다. 그러면 이러한 장애물을 제거하는 투쟁을 통하야 건설될 문학은 었더한 문학이냐? 하면 그것은 완전히 근대적인 의미의 민족문학 이외에 있을 수가 없다. 이러한 민족문학이야말로 보다 높은 다른 문학의 생성, 발전의 유일한 기초일 수가 있는 것이다.

이것이 우리가 일로부터 건설해 나갈 문학의 과제이며 이 문학적 과제는 또한 일로부터 조선민족이 건설해 나갈 사회와 국가의 당면한 과제와 일치하고 공통하는 과제다. 여기에 문학 건설의 운동이 조선 사회의 근대적 개혁의 운동과 조선의 민주주의적 국가 건설의 사업의 일익이 될 의무와 권리가 있는 것이다.[45]

위의 글은 조선문학가동맹의 조선문학자대회에서 임화가 보고한 연설의 일부다. 이 연설에서 임화는 해방을 맞은 우리 민족이 새로이 건설할 문학은 어떤 성질의 문학인가를 스스로 물었다. 그는 계급적 문학 또는 민족적 문학이라는 답을 제시하기 전에 먼저 현실의 상황에 대한 객관적 사실의 인식을 요구했다. 현실에는 여전히 일제의 잔재가 남아 있으며, 봉건적 문화 유산이 청산되지 못하고 있었다. 이러한 문제가 잔존하는 까닭으로 그는 사

45 조선문학가동맹 편, 『건설기의 조선문학』, 40-42면.

회의 모든 영역에 있어 민주주의적 개혁을 수행하지 못했기 때문이라고 밝혔다. 그는 우리 문학의 발전과 성장의 가장 큰 장애물이었던 일본 제국주의가 패망한 오늘의 현실에서는 여전히 남아 있는 식민지 문화 잔재와 봉건적 유물의 소탕이 문학 발전의 전제 조건이 된다는 점을 강조했다. 그리고 이러한 장애물을 제거하는 투쟁을 통해 건설될 문학은 완전히 '근대적인 의미의 민족문학'이어야 한다고 말했다. 임화는 이러한 민족문학의 건설이 민족이 건설해 나갈 사회와 국가의 당면한 과제와도 일치하는 공통하는 과제임을 분명하게 제시했다. 임화의 설명에 따르면 결국 새로운 민족문학은 근대적인 의미의 민족문학이다. 여기서 '근대적'이라는 말은 반제국적·반봉건적이라는 말과 등치의 관계를 형성한다. 이와 같은 임화의 주장은 조선공산당의 문화 건설 노선에서 새로운 민족문학의 방침이 반제국적·반봉건적·민주주의적이어야 했다는 것을 생각한다면 그 방향을 쉽게 짐작할 수 있다.

조선문학자대회 강연에서 이원조 역시 비슷한 취지로 민족문학을 역설한 바 있다. 그도 역시 일본 제국주의 잔재의 소탕, 봉건 잔재의 청산, 국수주의 배격을 목표로 새로운 민족문학의 건설을 말했다. 그는 민족문학이란 민족주의 문학이 아니라 '우리 민족의 절대 다수인 근로 인민이 민주주의적인 성원으로 행복한 생활 속에서 다 같이 향락할 수 있는 민족 전체의 문학'이라고 규정했다.

이원조는 새로운 민족문학을 수립하자면 무엇보다도 인민대중의 경제적·정치적 지위와 생활이 민주주의적으로 해결되는 데서만 가능하다는 조건을 붙여 두었다. 이것은 민족의 완전한 해방과 독립국가의 건설은 물론 토지 문제의 완전한 해결을 통한 봉건적 제도의 타파 등에 기초해 성립되는 근로 인민의 문학을 말하는 것임은 물론이다.

노동계급 이념으로서의 민족문학

조선문학가동맹을 중심으로 하는 좌익 문단에서 제시하는 민족문학의 개념과 실천 방법은 조선문학자대회 이후 커다란 도전에 직면했다. 1946년 5월 조선정판사(朝鮮精版社) 위폐 사건 직후 미군정 당국은 조선공산당의 기관지 《해방일보》의 발행을 정지시켰고 조선공산당의 활동 자체를 억압했다. 공산당 활동은 지하화되고 좌익운동 전체가 위축되었다. 이해 10월 대구에서 일어난 폭동은 사회적 혼란을 가중시켰다. 조선문학가동맹은 조직운동을 활성화하기 위해 기관지 《문학(文學)》을 창간했지만 조직을 이탈한 일부 문인의 월북이 이어졌다. 조선문학가동맹이 내세운 민족문학의 개념에 대한 이념적 정체성에 대해서도 민족 계열 문인들의 강한 비판이 시작되었다. 1947년에 접어들면서 서울에서 다시 개최할 예정이었던 제2차 문학자대회도 취소되었다.

임화는 당면한 현실의 난관을 극복하고 새로운 민족문학의 건설 문제를 구체적으로 추진하기 위해 「민족문학의 이념과 문학운동의 사상적 통일을 위하여」라는 글을 통해 민족문학의 개념과 이념적 성격을 새로운 차원에서 재론했다.[46] 그는 '민족문학'이라는 개념에 대한 논란이 예술운동과 정치활동의 이념적 통일 또는 사상적 통일을 제대로 이루지 못한 데서 오는 오류라는 점을 지적했다. 그는 먼저 민족문학의 개념에 대한 인식의 오류를 다음과 같이 지적했다.

> 민족문학은 문학가동맹과 거기에 속한 작가들이 창조하여 나가는 예술적 실천의 대목표가 아니라 동맹의 조직의 편의상 다수한 작가들을 포용하기 위하여 선택된 구호라든가, 혹은 다른 목적을 가진 문학자들이—예하면 계급문학자—일시의 방편을 위하여 차용한 개념처럼 생각하는 경향조차 없지 않았다. 이러한 경향은 동맹의 사상적 예술적 경로에 대한 인식의 부족과 문학운동의 실천 목표인 민족문학 건설 사업에 대한 철저한 문학이 부족한 데 기인함은 물론이다. 그러나 이와 같은 견해가 동맹의 사업과 문학운동 위에 얼마나 큰 지장을 주고 있는가는 동맹의 적들이 이와 동일한 견지에서 우리 동맹의 사업과 문학운동을 비방, 공격하고 있는 사실을 볼 때 일경(一驚)을 끽(喫)하지 아니할 수 없다['놀라움을 표하지 않을 수 없다.'는 뜻—인용자]. 동맹의 하잘것없는 적들은 우리 동맹이 전혀 민족문학 건설에 종사하고 있지 않다고 비방하고 있는 것이다. 그리하여 저속, 야

46 「민족문학의 이념과 문학운동의 사상적 통일을 위하여」(문학 제3호, 1947. 4)는 임화가 1946년 말 월북하기 직전에 썼던 것으로 보이는데, 임화의 민족문학론은 실질적으로 이 글을 통해 마감되었다.

비한 정담, 야사의 강술을 가르쳐 진정한 민족문학인 것처럼 과시하려는 자기들의 유치한 기도를 합리화하고자 한다.

그러나 민족문학이라는 숭고한 개념은 편의에 따라서 선택되는 구호도 아니며, 일시의 방편으로 차용될 수단도 아니다. 더구나 진부한 문학적 반동가류의 견해를 합리화시키기 위한 구실은 더욱 될 수 없는 것이다. 민족문학은 우리 민족의 당면한 역사적 현실 가운데서 생성, 발전하여 나아갈 대문학의 사상적·예술적 본질이 통일적으로 표현된 개념이며 그 목적의 달성을 위하여 전 노력을 경주하고 있는 문학가동맹의 움직일 수 없는 실천 목표일 다름이다.[47]

임화가 강조하는 것은 민족문학의 개념이 조직을 위한 방편이 아니라 조선문학가동맹의 예술적 실천 목표라는 점이었다. 이것은 그가 프롤레타리아문학의 이념적 정통성을 내세우면서 문학가동맹의 조직 구성에서 드러난 타협주의적 태도를 비판했던 조선프로예맹의 행태를 여전히 의식하고 있었음을 말해 준다. 특히 조선프로예맹의 맹원 상당수가 월북을 감행한 것은 임화에게 부담이었을 가능성이 크다. 그렇기 때문에 임화는 민족문학의 개념을 재정립하고자 했다. 그에 따르면 민족문학의 개념은 편의에 따라 선택한 구호가 아니며 일시적 방편으로 내세운 수단도 아니다. 임화는 민족문학이란 당면한 역사적 현실 가운데에서 생성, 발전해 나갈 문학의 사상적·예술적 본질이 통일적으로 표현된 개념이라고 주장했다.

임화는 민족문학의 개념을 재정립하기 위해 먼저 '민족'이란 무엇인가를 질문한다. 그리고 민족이라는 말을 인민이라는 개념으로 대체했다. 그는 식민지 민족의 해방전선을 통해 형성되는 민족의 구성 요소는 노동자, 농민, 소시민에 국한된다는 점을 전제했다. 그리고 진정한 민족은 민족 내부의 모든 특권층을 제외한 인민의 집합체라고 규정했다. 결국 민족문학이란 '인민의 이념'을 이념으로 한 문학이라는 결론에 도달했다. 이러한 주장은 그가 해방 직후의 조선문학건설본부에서부터 강조해 온 '인민에 기초한 민족문학'을 부연 설명한 것이라고 할 수 있다. 여기서 그가 인민과 대비하기 위해 끌어

47 임화, 「민족문학의 이념과 문학운동의 사상적 통일을 위하여」, 9면.

낸 것은 '시민'이라는 개념이었다. 그는 이렇게 설명했다. 근대 서구 사회에서는 시민계급이 노동자, 농민, 소시민을 인솔하고 반봉건 투쟁을 영도했다. 시민계급은 근대화 과정에서 부를 축적하고 시민 혁명을 주도해 시민사회 형성의 주체가 되었다. 이들은 민주적인 사회제도를 정착시키고 정치 참여의 확대를 가능하게 했지만 노동자·농민의 정치 참여를 제한함으로써 부르주아 계급의 한계를 드러냈다. 그러나 식민지 국가에서는 시민계급 대신 노동계급이 농민과 소시민을 이끌고 반제·반봉건 투쟁을 영도한다. 그러므로 노동계급이 민족을 대표하며 노동계급의 이념이 곧 민족 형성의 이념이 된다. 결국 이러한 논리적 비약을 통해 임화는 인민을 다시 노동계급으로 대체할 수 있게 된다.

> 노동계급은 혁명의 시기에만 아니라 승리 후에 있어서도 혁명성을 버릴 수가 없는 것이며, 그들은 농민보다도 소시민보다도 인민이며 민주주의자이기 때문에 일관하여 인민의 영도자로 민족의 형성자로서 강고한 인민전선을 유지하여 나갈 필요가 있는 것이다. 이러한 인민전선을 그대로 가지고 노동계급은 민족과 국가와 사회를 건설하여 나가는 것이다. 왜 그러냐 하면 노동계급은 시민계급과 달러서 어떠한 시기에 이를지라도 다른 인민들을 수탈할 필요가 없어 지배할 필요가 없기 때문이며, 자기의 이익과 다른 인민들의 이익이 모순할 염려가 없기 때문이다.
>
> 동시에 노동계급의 역사적·사회적 역할은 시민계급의 그것과 같이 조건적·일시적이 아니라, 무조건적이요 항구적이다. 노동계급은 실로 농민과 소시민들을 영도하여 자기의 나라로부터 제국주의를 구축하고 봉선유세를 일소할 뿐만 아니라, 다른 나라의 인민들과 더부러 부패하여 가는 자본주의를 극복하고 자기 민족과 인류 사회를 더 높은 계급으로 발전식힐 사명과 임무를 가진 계급인 때문이다. 그들은 영구히 진보적이며 무한히 인민적인 것이다. 그러므로 노동계급에게 영도되는 현대의 민족 형성 과정은 시민계급이 영도하든 전세기의 그것과 달라서 민족 내부의 새로운 인간적 대립과 투쟁—계급 대립과 투쟁—을 초래할 염려가 없는 것이며, 내 민족과 다른 민족, 내 국가와 다른 국가와의 대립과 투쟁—제국주의적 대립과 투쟁—을 야기할 우려가 없는 것이다. 이것이 현대의 민족 이념이며 동시

에 현대의 민족문학의 이념이 될 것이다. 그러면 이러한 노동계급의 이념을 토대로 한 현대의 민족문학은 어떠한 성격의 문학이 될 것인가? 그것은 무엇보다도 철저한 인민적 문학일 것이다. 특권자의 사상이나 감정을 표현한 것이 아니라 광범한 인민의 사상과 감정을 집약적으로 표현하고, 그들 모두에 의하여 애독되는 문학일 것이다. 그것은 또한 진정한 의미의 민족적 문학일 것이다. 지배자의 이익이나 필요에서 만드러진 문학이 아니라 민족의 이익과 민족의 필요에서 창조되는 문학이요, 전 민족에 의하여 친애되는 문학일 것이다. 동시에 이 문학은 여태까지의 문학의 역사를 새로운 단계으로 높이는 문학일 것이며 수많은 위대한 작가와 작가들로 대표되는 문학일 것이요, 그 발전과 번영이 정지되지 않는 문학일 것이다. 그 높은 민족성에도 불구하고 이 문학은 다른 나라의 민족과 다른 곧의 민족들에게 이익과 유락(愉樂)을 주고, 모든 나라와 인민과 모든 곧의 민족의 문화 우에 커다란 재산을 기여하는 문학일 것이다.[48]

임화의 주장에서 중요한 대목은 민족문학의 이념을 곧 노동계급의 이념으로 규정한 부분이다. 이 같은 계급적 이념성의 표출은 그동안 좌익 문단에서 내세운 '인민에 기초한 문학'이라든지 '진보적인 민족문학'이라는 개념에 내포되어 있던 이념적 불투명성을 제거하기 위한 것임을 쉽게 짐작할 수 있다. 그리고 여기서 좌익 문단에서 제기하는 민족문학의 건설이 결국 노동계급의 이념에 의해 규정되는 계급문학으로 귀착되고 있음을 보게 된다. 이들이 각기 다르게 내세운 '인민의', '진보적' 등 관형어들은 모두 문화통일전선운동을 전개하기 위한 방편으로 동원되었는데, 노동계급을 민족해방의 동력으로 내세우는 정치운동이 문화운동을 완전히 장악하고 있음을 확인할 수 있다.

임화는 자신이 민족문학을 조직의 방편이나 운동의 수단으로서 내걸고 있는 것이 아님을 반복해 강조했다. 그는 문학가동맹이 문학운동의 사상적 통일과 그 수준을 높이기 위해 새로운 노력을 경주할 것을 요구했다. 그리고 인민의 이념으로서 노동계급의 이념, 민족의 이념으로서 노동계급의

48 임화, 「민족문학의 이념과 문학운동의 사상적 통일을 위하여」, 13-14면.

이념, 민족문학의 이념으로서 노동계급의 이념을 더 한층 고양하는 길이 민족문학의 참다운 실천임을 주장했다.

3) 민족문학과 순수문학론

민족문학과 이념적 순수성

조선문학가동맹의 결성으로 좌익 문단의 통합이 이루어지자, 이에 대응한 우익 민족진영이 문단을 정비하고 전조선문필가협회를 조직했다. 그리고 소장파 문인들이 중심이 되어 조선청년문학가협회를 조직하면서부터 민족문학에 대한 구체적인 논의가 전개되었다. 조선청년문학가협회는 ① 자주독립 촉성에 문화적 헌신을 기함, ② 민족문학의 세계사적 사명의 완수를 기함, ③ 일체의 공식적·노예적 경향을 배격하고 진정한 문학 정신을 옹호함이라는 강령을 내걸고, 진정한 문학 정신의 수호에 대한 신념을 강조했다.

> 조선의 작가가 조선의 언어를 구사하야 무엇을 기록하든지 그것은 결국 조선문학에 속할 것이나 특히 민족문학이라고 부를 때에는 거기에는 문학이 가진바 역사적으로 규정된 민족적 사명이 중대한 의의를 가질 것이다.
>
> 우리는 문학이라는 것을 구차스럽게 민족이니 역사에 반드시 결부시키려 함은 아니나 세계에는 다수한 이민족을 포섭하려는 강대한 민족이 있는 한편 그 강대한 민족의 지배하에서 신음하고 있는 다수의 약소민족이 있음을 잊을 수 없으며, 이 약소민족이 주체를 확립하기 위한 자주적 이념에서 문학을 문화의 일 영역에서 영위하려 할 때 여기에서 문학은 그 주제가 일개 연애 사건이거나 계급투쟁이거나 그 어느 것 할 것 없이 민족의 성격을 띠고 민족의 현재로서 또는 민족의 미래로서 그것을 표현하려고 한다.
>
> 그러면 조선문학이 민족문학으로서 현실에의 의의와 다음 시대에 민족의 유산으로서 가치 있을 정신적 내용은 무엇일까. 여기에 해답을 주는 것이 우리의 민족문학을 바로잡고 또 다시금 바로 세우는 길일 것이다. 문학을 하는 사람 가운데는 자기의 작가적 기질이나 감흥에만 의거하여 문학을 창작하는 사람도 있고 또는 계급문학이나 혁명과 투쟁을 위하여서만 문

학을 제작하는 사람도 있으나 오늘 우리로서는 적어도 문학에게 어떠한 현실 적응력—사회적·민족적 심리에 어떠한 영향을 주고 그 감정적 조직에 어떠한 통일성을 줄 만한 능력이 있다면 문학은 민족 전체를 한 개의 공동된 운명체로서 인식하고 그 지성과 감성을 다하야 민족이 당면한 위기를 극복하여야 할 것이다.

우리는 일즉 일제 폭압 아래에서도 개인의 예술적 감흥을 가질 수 있었고 계급의 의식을 가질 수도 있었으나 독자의 의미에서 민족을 잃었기 때문에 개인도 잃었던 것이다. 이것은 민족이 없는 곳에 개인이 없다는 것을 사실과 체험으로 실증하는 것이다. 그러므로 첫재로 정치건 문학이건 기타 일반 정신과학이건 그 어느 것을 물론하고 적어도 현 단계에 있어서는 민족 주체가 염원하는 바가 그 무엇인 것을 파악하여 근본 이념으로 하여야 할 것이오, 다음으로 계급의식을 고조하야 계급의 이익을 옹호하더라도 민족이 해방되지 못한 이상 계급 해방이 없다는 관점에서 계급을 위하야 민족은 파괴하여서는 안 될 것이오, 따라서 계급만을 위한 계급의 독재를 초래하여서도 안 될 것이며, 그다음으로는 문학이나 예술이 비록 초현실적 태도를 취할 특권이 있다 하더라도 우리의 당면한 문학 내지 예술운동은 정치라든지 과학이 빚어낸 현실적 환경을 만족하지 말고 문학이 문학을 위한 예술이 예술을 위한 자유로운 환경을 독자적으로 조성하여야 할 것이다. 그러지 않고는 문학은 정치의 지배를 면치 못할 것이오, 개성의 자유를 향수치 못할 것이오, 영혼의 해방을 얻지 못할 것이다. 우리는 문학이 자유스럽고 평화스럽게 살 수 있는 시대에 모든 정신 과학이 또한 자유스럽고 평화스러울 것을 알아야 한다.[49]

조선청년문학가협회의 문학 노선은 좌익 문단의 문학운동 노선과 두 가지 차원에서 대립되었다. 첫째는 문학의 자율성에 대한 주장을 들 수 있다. 좌익 문단의 문학운동 또는 문화운동은 모두 정치적인 민족통일전선운동의 일익을 담당했다. 그러므로 문학운동의 이념과 노선은 모두 정치운동의 노선과 이념을 따르기 마련이다. 그런데 우익 문단에서는 공식주의적인 문학

49 김광섭, 「민족문학을 위하여」(백민 제14호, 1948. 4), 29-30면.

의 경향을 배격하고 문학의 독자적인 영역을 강조했다. 이러한 상반된 견해는 문학의 개념에 대한 인식의 폭을 어디까지 확대하느냐 하는 문제와 직결되는데, 결국 좌익 문단의 문학 개념의 정치적 확대와 우익 진영의 문학 개념의 축소가 대립적으로 노정된 것이라고 하겠다.

둘째로 문제가 되는 것은 문학의 순수성에 대한 주장이다. 좌익 문단의 민족문학에 대한 논의는 '인민에 기초한 문학'의 건설에서 시작되어 결국은 노동계급의 이념을 대변하는 문학으로 고정되었다. 이 같은 민족문학의 개념 규정은 민족문학에 대한 논의 자체가 가치론적 차원에서 이루어지고 있음을 의미한다. 그러나 우익 문단에서는 문학의 순수성을 강조함으로써 그 이념적 편향을 경계했다. 문학의 순수한 정신이란 문학의 자율성에 근거하는 것이며, 이 같은 문학에 대한 논의의 태도는 표현론적 관점에 입각한 것이었다. 문학에 대한 순수성 논의는 이념성의 가치를 거부하며, 철저한 순수문학주의에 따라 문학의 미적 속성에 관심을 기울이게 된다.

결국 조선청년문학가협회의 민족문학에 대한 논의는 순수문학론으로 귀결된다. 순수문학론은 역사와 현실로부터 문학의 초월적 입장을 고수한다는 점에서 좌익 문단에서는 반역사적인 문학주의로 매도되고, 문학의 순수성에 집착한다는 점에서 현실 도피적인 문학으로 비판되기도 했다.

김동리와 순수문학론

김동리는 순수문학이란 문학의 본질임을 강조했다. 그리고 문학의 본질은 인간성의 옹호에 있다며 순수문학의 본질적 기조가 휴머니즘이라고 규정했다. 이러한 규정에 따라 민족문학과 순수문학은 등질적인 관계에 있다고 설명했다.

> 순수문학이란 한마디로 말하면 문학 정신의 본령정계의 문학이다. 문학 정신의 본령이란 물론 인간성 옹호에 있으며 인간성 옹호가 요청되는 것은 개성 향유를 전제한 인간성의 창조의식이 신장되는 때이니만큼 순수문학의 본질은 언제나 휴머니즘이 기조되는 법이다. 그러면 오늘날 내가 말하는 순수문학의 본질적 기조가 될 휴머니즘이란 어떠한 역사적 필요성과 위치에 서는 것인가? 간단히 요약해 보면 우선 서양적인 범주에 제한하

여 다음의 삼기로 나눌 수 있다. 즉 제1기는 고대의 휴머니즘이니 희랍계로는 소클라테스, 플라톤을 대표로 하는 이성적 인간 정신이 그것이며 히브라이계로는 기독을 대표로 하는 고차원적 영혼 생장의 인간 확립이 그것인데, 이 시기의 내용적 특징은 신화적·미신적 궤변과 계율에 대한 항거와 타파로써 가장 원본적인 인간성의 기초가 확립되었던 것이요 제2기는 르네상스로서 표현된 소위 신본주의에 대한 인본주의의 승리가 그것이다. 이 제2기적 휴머니즘의 특징은 신본주의에 대한 반발로서 시작되었느니만치 제일기적 휴머니즘의 부흥이라고는 해도 특히 헬레니즘계의 이성적 인간 정신이 위주되었던 것이며 이 이성적 인간 정신의 개화로써 과연 오늘날의 난만(爛漫)한 과학 시대를 초래한 것도 사실이나, 현대과학 정신의 구경적 발달과 발화의 난만(爛漫)은 다시 공식주의적 번쇄 이론과 과학주의적 기계관을 산출하게 된 것이다. 고대의 신화적 우상 중세의 계율화한 신성 등에 대치된 새로운 현대적 우상이 즉 '과학'이란 이름으로 불리워지는 것이요, 특히 과학주의 기계관의 결정체인 유물사관이 그것이다. 이리하여 철학에 있서 하이덱겔 딜타이 문학에 있서 지드, 발레리, 토마스 만, 헷세, 헉슬리 등으로서 제3기 휴머니즘에의 지향이 선명되었고 오늘날 세계적으로 팽배한 데모크라시의 조류도 개성의 자유와 인간성의 존엄을 목적하는 휴머니즘에의 세계사적 의욕의 일면으로서 간주되는 것이다.

그런데 현하 조선에서는 정치적·사회적 특수성과 이에 대한 부자연한 관련에서 지금 바야흐로 과학주의적 기계관이 성행하는 후진사회 특유의 병상을 정출하고 있는바 과거의 경향파 계열의 문학인을 중심으로 한 문학동맹 산하의 다수 문학인들에 의하여 '과학적 세계관', '진보적 리얼리즘', '혁명적 로맨티시즘', '과학적 창작 방법' 등등 하는 일련의 공식론이 유물사관 체계에서 연속적으로 추출되고 있는 현상이 그것이다.

그러나 이러한 과학주의적 현대 우상숭배 열이란 세계사적 문화 창조 의욕에 저해될 뿐 아니라 진실로 민족문화 수립에 있어서도 암이 된다는 것을 반성해야 한다. 왜 그러냐 하면 민족문학이란 원칙적으로 민족 정신이 기본되어야 하는 것이며, 민족 정신이란 본질적으로 민족 단위의 휴머니즘 이외의 아무것도 아니기 때문이다. 우리는 민족적으로 과거 반세기 동안 이족의 억압과 모멸 속에 허덕이다가, 오랜 역사에서 배양된 호매한 민족 정신이 그 해방을 초래하여 오늘날의 민족 정신 신장의 역사적 실현을 보게 되었거니와, 이것은 곧, 데모크라시로써 표방되는 세계사적 휴머니즘의 연쇄적 필연성에서 오는 민족 단위의 휴머니즘으로서 규정할 수 있는 것이다. 이와 같이 민족 정신을 민족 단위의 휴머니즘으로 볼 때 휴머니즘을 그 기본 내용으로 하는 순수문학과 민족정신이 기본되는 민족문학과의 관계란 벌써 본질적으로 별개의 것일 수 없다는 것을 알 수 있다. 우리가 목적하는 민족문학이 세계문학의 일환으로서의 민족문학인 것처럼 우리의 민족 정신이란 것도 세계사적 휴머니즘으로서 규정될 것이며 이러한 민족 단위의 휴머니즘을 세계사적 각도에서 내포하고 있는 것이 오늘날 순수문학의 문학 정신인 것이다.

여기 '세계사적 각도'라고 한 것은 상술한 바와 같이 세계 정신사의 제3기적 휴머니즘에의 '지향'을 의미하는 것인데, 이 제3기 휴머니즘의 본격적 출발은 동서정신의 '창조적 지양'에서의 새로운 정신적 원천의 양성으로만 가능할 것이다. 이제 역사적으로 신장하려는 민족정신에 입각하여 동양적 대예지의 문학을 수립하고 제3기 휴머니즘의 세계사적 성격을 천명함으로써 민족문학이면서 곧 세계문학의 지위를 확립하는 데 이 땅 순수문학 정신의 전면적 지표가 있다고 생각한다. 여기는 먼저 순수문학에 대한 소아병적 편견을 버리고 각자는 각자의 개성과 양심과 성의를 통하여 민족정신을 체험하고 민족 정신의 창조적 지양에서 제3기 휴머니즘을 천명함으로써 민족문학 수립의 정확한 각도를 획득하고 나아가서는 새로운 인간정신의 창조에 의한 순수문학의 세계사적 사명을 수행하기에 노력하는 것만이 오직 순수문학의 진의를 실천하는 정당한 방법이라 할 것이다.[50]

이 글에서 문제가 되는 것이 '민족문학'이라는 개념이다. 김동리는 민족문학을 민족정신을 기본으로 하는 문학이라고 정의하면서 민족정신을 민족 단위의 휴머니즘이라고 설명했다. 하지만 '민족문학'이나 '민족정신'이라는 말에서 '민족'이 무엇인가를 규정하지 않을 경우, 모두 관념적 추상성을 벗어날 수가 없다. '민족 단위'의 휴머니즘이라는 개념도 논리적으로 성립되지 않는다. 휴머니즘은 본질적인 기초로서 인간에서 비롯되는 개념이기 때

50 김동리, 「순수문학의 진의」(서울신문, 1946. 9. 14).

문에 단위나 계급을 모두 초월한다. 그러므로 민족정신을 민족 단위의 휴머니즘을 도식적인 관념으로 규정하는 것은 민족이라는 역사적 실체에 대한 구체적인 인식의 결여를 그대로 드러낸다. 김동리의 견해는 문학의 본질론에 대한 일반적 설명으로서 의미를 인정할 수 있지만, 민족이라든지 역사 등의 영역으로 범위를 넓힐 경우 논리적 비약의 문제성을 피할 수 없다. 순수문학이란 문학의 본질적인 원칙론이며, 어떤 관점이나 이념으로 발전하는 것은 아니다. 시대와 역사를 초월하는 예술의 본령일 뿐이다.

김동리가 민족문학이라는 개념에 순수문학과 휴머니즘을 연결하자 이에 대한 비판이 이어졌다. 김병규는 김동리의 순수문학이라는 개념과 휴머니즘에 대한 인식의 문제성을 비판했다.[51] 그는 순수문학이 프랑스의 시인 말라르메, 발레리 등이 주도한 '순수시 운동'에서 비롯된 것임을 밝히면서 문학을 순수문학이라는 개념으로 한정하는 김동리의 주장이 엄청난 논리의 비약을 드러내고 있음을 지적했다. 그는 순수문학은 말라르메, 발레리에서 보는 바와 같이 문학 가운데 하나의 문학관으로 자리를 가질 뿐임을 분명하게 적시했다. 그리고 순수문학을 문학의 본질처럼 주장하는 김동리의 태도는 난센스에 불과하다고 비판했다. 김동리가 강조하는 인간 정신의 옹호는 문학의 본질적인 속성일 뿐이며 순수문학의 개념은 아니라는 것이 비판의 핵심이었다.

김병규는 휴머니즘의 개념에 대한 김동리의 논의가 논리적 근거를 전혀 갖지 못하는 망발이라고 비판했다. 이러한 비판은 인간과 관계없는 문학이란 존재하지 않는다는 평범한 원칙에 근거한다. 인간의 존엄성에 대한 인식이라든지 인간 정신에 대한 탐구라든지 하는 것은 순수문학의 본질이나 주제에 국한된 것이 아니며 문학 일반의 보편적 속성에 해당한다.

> 휴머니즘에 관한 김동리 씨의 관점은 전연 망발이라고 할 수밖에 없다. 김동리 씨는 순수문학을 상아탑류의 문학으로 만들지 않기 위하여 휴머니즘에 끌어다 붙인 모양이나 두 가지 점에서 우리는 김동리 씨의 휴머니즘을 전연 억지라고 본다. 첫째 인간성에 관하여 순수문학만이 이를 옹

51 김병규, 「순수 문제와 휴머니즘」(신천지 제12호, 1947. 1).

> 호할 수 있다고 하였으나 가령 다른 문학은 어찌하여 인간성을 옹호할 수 없다는 것일가. 인간성 일반이라고 볼 때라도 씨의 인간성은 특수한 인간성이 아니고 인간 일반에 그쳐 있음은 명백하다. 인간과 관계없는 문학을 우리는 생각할 수 없다. 김동리 씨는 인간성의 존엄성, 인간혼, 인간의 창조 의욕 등등 어마어마한 문구를 나열하였지만 이와 같은 것은, 문학하는 사람에게 있어 누구나 다 이미 문제 이전의 과제인 것이다. 문제는 그 인간이 구체적으로도 어떠한 형을 가지고 나타나느냐 하는 것이며, 김동리 씨가 그리는 반동형이나 '쇼로호'가 그리는 진보형이냐 하는 것이 우리의 관심사가 아닐 수 없다. 이런 관점에서 앞에 말한 소위 순수문학이 의도하는 방향은 인간성의 추상화를 지향하고 그 때문에 인간성의 풍부는커녕 인간성의 협소화, 빈곤화를 초래할 따름이다. 그러므로 굳이 김동리 씨가 순수문학을 인간 문제에 끌어다 붙이려면 그것은 순수문학이라는 문학적 견지를 포기하든지 그렇지 않으면 인간 문제를 그 주변으로 이끌어갈 때만 가능하다. 왜냐하면 인간 일반이라는 명제는 문학에 있어서도 아무런 내용도 가질 수 없고 구체적 얼굴은 소멸되고 마는 때문이다. (중략) 둘째 김동리 씨가 순수문학을 상아탑류의 문학이 아니고 세계사적 문학이라고 외치며 그 세계사를 김동리 씨 일인만이 용인할 수 있는 각 단계로 구분하였다. 이것은 편협한 순수문학에 아무런 필연성도 그 자체의 내재적 발전도 없이 세계사적이란 큰 의의를 둘러씌우려는 논리의 비약을 결과하고 말았다. 그뿐만 아니라 그 때문에 휴머니즘의 역사적 규정도 인간혼, 인간 정신의 그것만의 자기 환기와 같은 외면 양상의 변화에 그쳤던 것이다. (중략) 더 엄밀한 현실적 구경보다 김동리 씨의 조잡한 독단을 서두르느라고 이와 같은 무리를 한 듯 보이나 우리는 외면 사실을 자세히 정확하게 검토하면 할수록 더욱 그 외면 사실에 말미암은바 기본의 저류를 뚜렷이 간취할 것이다.[52]

김병규의 비판은 "인간성은 가능의 세계요 그 구체화는 현실에 의거해 규정된다."라는 브레하노프의 견해를 승인하는 데서 출발했다. 그러나 김동리가 강조하는 순수문학이라는 개념은 이러한 유물론적 입장을 전혀 용

52 김병규, 「순수 문제와 휴머니즘」, 27-29면.

납하지 않았다. 구체적인 인간 또는 역사적 현실과 결부된 인간을 창출하고자 하지 않고 보편적 인간 문제를 말하는 데 그쳤기 때문이다. 우선 김병규는 순수문학만이 인간성을 옹호할 수 있다는 김동리 주장의 비논리를 지적했다. 인간성 옹호는 문학의 보편적 속성이라는 것이 김병규의 생각이다.

휴머니즘의 문제에 대한 김병규의 해석은 김동리의 경우보다 상당히 체계화된 논리를 갖추고 있음이 분명하다. 김동리는 휴머니즘을 제1기 희랍시대, 제2기 르네상스, 제3기 현대라는 세 단계로 나누지만 그 기본적인 성격은 인간 정신에만 근거해 설명한다. 그러므로 사회적·역사적 시대 변화라는 현실적인 토대를 몰각하고 휴머니즘을 논하고 있다는 느낌을 감출 수가 없다. 김병규는 이와 같은 김동리의 논리적 허점을 놓치지 않고 지적하면서 문학의 문제를 세계관의 선택 문제로 새롭게 규정했다. 그는 개인의 창작 활동에서 볼 수 있는 방법과 태도가 하나의 정당한 세계관으로 승화하지 못하면 위대한 발전을 보지 못한 채 말초적인 인생관에 빠져들 것이라고 경고했다. 김병규가 순수문학과 휴머니즘론에 대한 비판[53]을 제기하면서 이 문제가 문단적 관심사로 확대되자, 김동리는 순수문학에 대한 개념 문제를 다시 논의하면서 김병규의 비판을 반박했다.[54]

김동리는 먼저 순수문학의 개념에 대한 오해를 해명했다. 그는 순수문학이라는 개념이 프랑스 상징파 시인들의 '순수시 운동'과 같은 특정 시대의 유파적 개념이 아니라는 점을 분명히 했다. 여기서 순수는 시대·역사적 개념이 아닌 일반적인 의미이기 때문에 본질적인 것과 통한다. 이러한 전제 위에서 그는 다시 순수문학이란 '본령 정계의 문학'이라고 주장했다. 문학 정신의 본령은 휴머니즘이며, 인간성의 옹호, 탐구, 조화 등을 떠나서 진정한 문학이란 있을 수 없다는 것이다.

순수문학의 본질을 인간 정신의 옹호라는 휴머니즘의 개념으로 규정했던 김동리는 문학의 자율성과 목적을 구분해 자신의 휴머니즘론을 방어했다. 그는 순수문학을 향한 하나의 근본적인 관점으로서 제3휴머니즘을 내세

---

53 김병규, 「순수문학과 정치」(신조선 제1호, 1947. 2)에서는 순수문학이라는 개념 자체의 정치화를 문제 삼고 있다.

54 김동리, 「순수문학과 제3세계관: 김병규 씨에게 답함」(대조 제4호, 1947. 8).

웠다. 제3휴머니즘은 현대 사회에서 자본주의 체제의 모순과 결함을 근본적으로 시정하는 한편, 마르크스주의의 획일적·공식적 메커니즘을 지양하는 새로운 고차원의 제3세계관을 확립하려는 데 그 본질적 의미가 있다는 것이 그의 주장이다.

한편 그는 순수문학이라는 용어의 개념에 대한 이의와 비난이 있음을 솔직하게 밝히면서, 자신의 관점을 부분적으로 수정한다. 이러한 태도 변화는 순수문학론을 둘러싼 좌익 계열 비평가 김동석과의 논전도 크게 작용했던 것으로 생각된다. 해방 공간의 문단에서 활약하기 시작한 김동석은 김동리의 소설 세계를 신랄하게 비판하면서 그의 순수문학을 "일제의 강압에 못 이겨 기형적 작가가 된 김동리 같은 위축된 한 개 모래알만 한 생에서 빚어진 것"이라고 폭언했다. 순수문학이 생활을 떠난 현실도피적인 것에 불과하다고 주장하는 김동석은 문학 정신이니 인간성의 옹호니 하는 추상적인 관념 속에서 물질적인 조건을 망각해 버리는 비생산적인 문학을 김동리가 계속해 고집하고 있다고 결론지었다.[55] 김동리는 이와 같은 비판에 대응하면서 김동석의 평문이 그 내용도 없는 문단적 가십에 불과하다고 논평[56]하기도 했다.

김동리는 자신이 강조했던 '순수문학'이라는 명칭을 '본격문학'이라는 말로 바꾸어 놓으면서 「문학이라는 것에 대한 사고: 나의 문학 정신의 지향에 대하여」를 통해 개인적 문학관을 진지하게 피력했다. 이 글에서 김동리는 '순수문학'이라는 말을 언급조차 하지 않고 자신의 개인적 문학관에 기대어 '문학하는 것이란 어떤 구경적인 생의 형식'이어야 된다고 말한다. 김동리가 주장하는 '어떤 구경적인 생의 형식'이란 '신명'을 찾는 길이며 자아 속에서 천지의 분신을 발견하는 것이다. 자신에게 부여된 운명을 발견하고 그 타개를 위해 노력하는 것, 그것이 바로 구경적인 삶이라 부를 수 있으며 또한 문학하는 것이라고 일컬을 수 있다는 것이다.

> 높고 참된 의미에 있어서의 '문학하는 것'이란 무엇인가. 그것은 어떤 구경적인 생의 형식이 아니어서는 아니 된다고, 나는 생각한다. 그러면 어

---

55 김동석, 「순수의 정체: 김동리론」(신천지 제21호, 1947. 11).
56 김동리, 「생활과 문학의 핵심: 김동석 군의 본질에 대하여」(신천지 제22호, 1948. 1).

떤 구경적인 생의 형식이란 무엇인가. 이 이야기는 먼저 모든 문화적 생산 혹은 창조는 생의 긍정을 전제하고 출발한다는 데서부터 시작해야 할 것이다. 왜 그러냐 하면 우리가 완전히 생을 부정하는 데서는 문학뿐 아니라 일체의 문화는 생산될 수 없기 때문이다. 가령 '쇼펜하우어' 같이 평생을 두고 생의 무의미를 설명한 사람들이라고 해도, '생의 무의미의 설명' 그것으로써 그들의 생은 훌륭히 수행된 것이며, 생의 이상이나 생의 원칙을 부정했을지언정 생, 그 자체를 그들이 거부한 것은 아니다. 그러므로 생의 원칙(혹은 이상)을 긍정하든지 부정하든지 그 사유하는 주체가 생을 포기하거나 혹은 정지하지 않은 이상 그들은 생을 긍정하는 것이며, 생의 원칙의 부정까지도, 생의 긍정의 한 표현이라 볼 수 있는 것이다.

이와 같이 모든 문화적 생산은 생이 현유하는 데서만 가능하다면 '문학하는 것'도 이 원칙에서 벗어날 수는 없을 것이다. 그러므로 '문학하는 것'은 먼저 '사는 것'이 아니어서는 아니 된다. 그러면 어떻게 사는 것이 '문학하는 것'인가. 사는 것에는 여러 가지 단계가 있다. (중략) 그러나 여기서 만족할 수 없는 사람들, 여기서 생의 의욕이 끝나지 않는 사람들, 그 사람들은 다시 다음의 제3단계의 생의 방식을 찾을 것이다. 그것이 위에서 말한 구경적 삶(생)이라 일컫는 것이다. 여기서 인류는 그가 가진 무한·무궁에의 의욕적 결실인 신명을 갖게 되는 것이다. '신명을 갖는다'는 말이 거북하면 자아 속에서 천지의 분신을 발견한다고 해도 좋은 것이다. 이 말을 좀 더 부연하면, 우리는 한 사람씩 한 사람씩 천지 사이에 태어나 한 사람씩 한 사람씩 천지 사이에 살아지고 있다는 사실을 통하여, 적어도 우리와 천지 사이엔 떠날래야 떠날 수 없는 유기적 관련이 있다는 것과 및 이 '유기적 관련'에 관한 한 우리들에게는 공통된 운명이 부여되여 있다는 것을 발견하게 되는 것이라. 우리는 우리들에게 부여된 우리의 공통된 운명을 발견하고 이것의 타개를 지향하지 않으면 안 된다. 우리가 이 사업을 수행하지 않는 한 우리는 영원히 천지의 파편에 그칠 따름이요, 우리가 천지의 분신임을 체험할 수는 없는 것이며, 이 체험을 갖지 않는 한 우리의 생은 천지에 개화될 수 없기 때문이다. 그리고 우리는 우리에게 부여된 우리의 이 공통된 운명을 발견하고 이것의 타개에 노력하는 것, 이것을 가르쳐 구경적 삶이라 부르는 것이다.[57]

앞의 글은 개인적 문학관의 술회라는 점에서 순수문학의 개념에서 문제시되었던 관념성의 한계를 어느 정도 극복한다. 김동리는 '순수문학'이라는 말을 전혀 사용하지 않고 본격문학의 내용적 기반은 시대와 사회를 초월해 인간이 지닐 수밖에 없는 가장 본질적인 문제라고 말했다. 이와 같은 김동리의 주장은 개인적인 문학관의 표명이라는 단순한 기술 행위 이상의 의미를 갖는 것으로 보인다. 특히 한가롭게 이야기할 수 있는 문학적 한담이 아니라, 이데올로기의 충돌 가운데서 이루어진 것이라는 점에서 그 문제성을 충분히 인정할 만하다. 해방 공간이라는, 이데올로기의 선택 문제가 자유롭게 열려 있는 상태에서 김동리는 '제3세계관'이라는 이름으로 유물사관과 계급적 관점에 대응할 수 있는 독자적인 세계관을 드러내고자 했던 것이다.

김동리가 내세운 '생의 구경적 형식으로서의 문학'이라는 개념은 정부 수립 이후 한국전쟁을 거치고 격동의 시대를 살아오는 동안 긴장된 의미를 잃어버린 명제가 되었다. 당대 현실의 삶을 전체적으로 형상화하고자 하는 문학의 충동을 놓고 볼 때, 김동리의 문학관은 확실히 역사와 현실에 폐쇄적임을 부인할 수 없다. 하지만 주목해야 할 것은 해방 직후의 민족문학론이 결국은 김동리가 주장하는 순수문학적 지향을 채택할 수밖에 없게 되었다는 사실이다. 남북 분단의 상황 속에서 이러한 방향 정립은 정치적 판도에 따른 것이지만, 민족문학 자체의 속성이나 그 역사적 의미에 대한 논의가 문학의 순수론으로 한정되었다는 것은 비평사적 문제성을 지닌다.

김동리는 정부 수립과 함께 민족문학이 지향해야 할 가치를 「민족문학론」[58]을 통해 명확하게 정리한다. 그는 해방 공간의 문단에 제기된 민족문학에 대한 다양한 논의에 크게 세 가지 계통이 있음을 제시했다. 첫째로 계급투쟁 문학으로서 민족문학, 둘째로 민족주의 문학으로서 민족문학, 셋째로 본격문학으로서 민족문학이 바로 그것이다. 그는 계급투쟁으로서 민족문학이라는 개념이 성립될 수 없다는 점을 다음과 같이 설명했다.

---

57 김동리, 「문학하는 것에 대한 사고: 문학의 내용적 기초를 위하여」(백민 제13호, 1948. 3), 43-44면.

58 김동리가 해방 공간의 정치시대를 벗어나면서 발표한 이 글은 민족문학 논쟁의 마무리 작업에 해당한다.

먼저 계급문학이 민족문학이란 견해는 위에서도 말한 바와 같이 민족의 대다수가 프롤레타리아계급이니까 프롤레타리아계급의 해방을 위한 문학은 민족문학이라 하는 것인데, 이것이 참된 민족문학이 될 수 없다 함은 다음의 두 가지 이유에서다.

첫째 민족과 계급은 동일한 범주가 아니다. 오히려 대척적이며, 배율적(背律的)이다. 프롤레타리아 계급투쟁의 대표적 표어인 '세계 노동자 단결하라'는 말은 민족적 혈통의식을 제거한 위치에 계급의식을 대치한 것이다. 그러므로 계급의식의 고취는 민족의식의 말소에서 출발한다는 것이 그들의 상식이요, 또한 법칙이기도 하다. 이러한 민족의식의 말소 곧 계급의식의 강화라는 이율배반적 별개 범주를 두고 민족의 대다수가 프롤레타리아 계급이니까 프롤레타리아계급의 해방을 위한 투쟁의 문학이 민족문학이라고 하는 것은, 민족의 대다수가 한자로 성명을 기록하니까 한자 보급을 위하여 분투하는 문학이 민족문학이라고 하는 것만치나 비논리적이요, 반민족적인 책략이다.

(중략) 아무리 민족의 대다수가 프로계급이라 하더라도 그들도 사람이다. 계급이기 전에 먼저 사람인 것이다. 사람인 이상, 사람이란 그렇게 무슨 계급의 도구로 종시(종시)하는 것만은 아니다. 그들의 생활 요소 가운데는 계급의식도 민족의식도 그리고 그 밖에 이로 다 분석할 수 없는 천만 가지 복잡한 것이 들어 있다. 계급의식은 그들의 생활의식의 전부가 아니요, 일부분이며, 특히 그것은 반민족적인 요소인 것이다. 그들이 가진 여러 가지 민족적인 부분을 모두 말소하고 그 반민족적인 일면을 확대·강화한 것을 민족문학이라 할 수는 없는 것이다. 그러므로 그것이 대다수인가 절대다수인가 하는 것이 문제가 아니다. 그들의 인간성을 민족적 각도에서 보려고 하느냐 반민족적 각도에서 보려고 하느냐 하는 것만이 문제인 것이다. 이와 같이 민족을 부인하려는 반민족적 각도에서 제작된 문학이 민족문학일 수 없는 것과 같이 계급문학은 민족문학이 아닌 것이다.

다음에 또 계급문학이 민족문학이 될 수 없는 이유는 그 목적성에 있다. 계급문학은 프롤레타리아계급의 승리를 위하여 투쟁하는 문학인 만큼 일정한 정치적 목적이 있는 것이다. 그 일정한 정치적 목적을 위하여 존재하는 문학임으로 그 일정한 정치적 목적이 달성될 때엔 존재할 의의를 상

> 실하는 것이다. 즉 일시적인 문학이지 영구적 의의를 가진 문학이 아니다. 그러나 민족문학은 민족의 영구한 정신적 재보(財寶)가 될 것이지, 일시적인 문학이 아닌 것이다. 그러므로 이러한 일시적 정치적 목적에 존재 의의를 두는 계급문학을 가리켜 민족문학이라 할 수는 없는 것이다.[59]

이 글에서 김동리는 두 가지 문제점을 지적했다. 하나는 민족과 계급 개념을 등치로 규정한 좌파의 주장이 드러내는 모순이다. 이 지적은 해방 공간이라는 탈식민화의 상황에서 타당한 측면이 있다. 일제강점기라면 한국 민족은 지배 제국 일본의 통제하에 피지배 민족으로서 계급적 조건을 지니고 있었다. 그러나 일제강점으로부터 민족 해방 이후는 그 상황이 다르다. 민족문학이 민족의식에 기초한다는 것은 당연한 논리다. 그러나 계급투쟁을 목표로 하는 계급문학은 계급의식을 내세우기 마련이다. 민족의식은 계급의식과는 차원이 다른 문제다. 민족과 계급의 개념은 본질적으로 범주와 성격이 다르기 때문에 이를 동일한 차원에서 논의한다는 것은 합당하다고 보기 어렵다. 김동리가 강조하는 또 하나의 문제는 계급문학 자체가 지향하는 목적성이었다. 계급문학은 계급투쟁을 목적으로 하기 때문에 그것이 지향하는 일정한 목적 자체가 달성되고 나면 존재 의미가 사라진다. 문학이 지니는 초월적 가치를 더 이상 구현하기 어렵다는 뜻이다. 그러므로 계급문학은 민족문학이라는 개념으로 설명해서는 안 된다. 계급문학은 프롤레타리아계급의 승리를 위한 계급투쟁의 문학으로 그 성격이 자명하기 때문이다.

이러한 비판 논리에 따라 김동리는 자신이 주장했던 대로 본격문학으로서 민족문학의 개념적 성격을 재천명하면서 민족문학을 다음과 같이 규정했다.

> 참된 의미의 민족문학이란 대체 어떠한 것인가. 민족문학이 민족의 문학이란 것은 민족만의 문학이란 뜻은 아니다. 민족의 문학인 동시 세계적인 문학이어야만 하는 것이며, 이 세계적이란 말은 시간적 영구성을 포함한 공간적 보편성을 가리키는 것이다. 그러므로 민족의 문학인 동시 세계

59 김동리, 「민족문학론」(대조 제27호, 1948. 8), 104-105면.

의 문학이란 것은, 민족적 개성을 띤 세계의 문학으로서 온 인류가 영구히 정유할 수 있는 문학이란 뜻이다. 이것을 조목적으로 떼어 보면 다음의 세 가지가 된다. 첫째 민족성, 둘째 세계성, 셋째 영구성. 그러면 민족문학은 웨 이상의 세 가지 조건을 필요로 하는가.

첫째 민족문학이 민족성을 필요로 하는 것은 한 개인의 작품이 개인의 개성을 요구하는 것과 마찬가지니 민족성이란 민족적 개성을 의미하는 것이기 때문이다. 모든 문화가 개성을 떠나 창조될 수 없듯이 민족문학은 또한 민족적 개성을 떠나 존재할 수 없는 것이다. 우리가 민족문학이라 표어를 제창하게 되는 것은 우리의 생활이 민족적 단위 위에 영위되고 있는 사실을 전제하는 것이며, 우리의 생활이 민족적 단위 위에 영위되고 있는 이상, 그것의 반영인 '민족의 문자'에 민족적 개성이 요구될 것은 지극히 당연한 일이 아닐 수 없는 것이다.

그러나 민족적 개성만이 민족문학의 유일한 조건은 아니다. 민족적 개성과 함께 세계적 보편성을 가져야 한다. 우리는 세계 어떠한 민족임을 불문하고 한 민족이 그들의 민족문학이라 하고 내세울 만한 문학작품에서 정도의 차이는 있을망정 전혀 우리의 이해를 초절한 것을 본 일은 없다. 우리는 우리가 전혀 이해할 수도 또 공명할 수도 없는 어떤 민족의 민족문학이란 것을 구경한 일도 없거니와 또 있을 수도 없는 것이다. 왜 그러냐 하면 모든 민족은 인간으로써 구성되어 있으며, 인간이란, 시간과 공간과 또 그 이외의 어떠한 제약에서도 초월할 수 있는 인간 고유의 일반적 운명을 공유하고 있기 때문이다. 그리고 이 인간 공유의 일반적 운명을 기반으로 하지 않은 문학이란 세계적 보편성은 차치하고 민족 내부에 있어서도 어떤 특수한 부류, 특수한 계급, 또 특수한 기간을 초월하여 민족 전체의 영구적 소유가 될 수는 없는 것이며, 이러한 따위를 가리켜 우리는 민족문학이라 인정할 수 없을 것이다. 그러므로 진정한 의미의 민족문학이 요구하는 민족적 개성이란 인간 공유의 일반적 운명에 기반을 둔 것이 아니면 안 될 것이며, 이러한 의미의 민족적 개성이란 다른 일면에 있어 어느덧 세계적 보편성을 띠게 된다는 것도 이해하기에 어렵지 않은 것이다.

셋째가 영구성이다. 우리는 아무리 한 시대 많은 독자를 가지고, 또 어떤 특수한 정치적 현실성 의의에서 높이 평가되는 작품이 있다 하더라도 그것이 시간적 지속성을 보유하지 못하고 그 어떤 특수한 현실적, 과제와 함께 생명을 상실하게 된다면 그것을 우리는 민족문학으로 간주할 수 없는 동시에 그와 반대로 오늘날 비록 시류에 영합되지 못하고 다수의 이해자를 가지지 못했다 하더라도 십 년 뒤에, 백 년 뒤에, 세월이 갈수록 독자를 더 많이 증가시켜 갈 수 있는 작품이 있다면, 우리는 이것을 참된 민족문학 속에 넣지 않을 수 없을 것이다.

온갖 주의의 문학이 다 있을 수 있고, 또 필요한 것일지도 모르나 조선과 같이 아직 문학이 어리고 옅은 데서는 그 무슨 주의보다도 먼저 문학이 되어야 하는 것이며, 그것이 얼마만치 훌륭한 문학이며 또 의의 있는 문학이냐 하는 것은 그것이 무슨 주의를 표방하며 어떠한 정치적 의의를 가졌느냐 하는 것보다 그것이 얼마만 한 생명(영구성)을 가졌느냐 하는 데 있는 것이다. 이러한 의미에서 오늘날 우리가 목표하는 민족문학은 계급문학도 민족주의 문학도 아닌 본격문학으로서의 영구성을 가진 것이라야만 한다는 것이다.[60]

김동리는 민족문학이라는 개념에 민족성, 세계성, 영구성이라는 세 가지 요소를 결합했다. 민족성은 문학 창조의 주체로서의 요건이고, 세계성과 영구성은 문학의 공간적·시간적 보편성을 뜻하는 것이다. 그는 이와 같은 세 가지 요소를 갖춘 문학을 본격문학이라고 명명했다. 그가 '순수'라는 말을 포기한 대신에 '본격'이라는 말을 쓴 것은 스스로 순수문학이 지시하는 영역의 제약을 인식하고 있었음을 뜻한다.

4) 민족시의 지향

시 정신의 해방

한국의 현대시는 민족의 해방과 함께 시 정신의 지향 자체가 넓게 개방되어 있었다. 하지만 문단의 재편 과정에서 정치적 이념의 선택이 중시되

60 김동리, 「민족문학론」, 106-107면.

면서 사회적 혼란과 무질서를 극복해 나아가기 위한 방법을 정치적인 것에서 찾을 수밖에 없다고 믿는 사람이 많아졌다. 해방 공간의 시적 경향에서도 이념의 대립을 노출하는 작품들을 흔히 볼 수 있으며, 평단에서도 시의 정치주의적 지향에 대한 치열한 논쟁이 계속되었다. 이러한 문단적 상황은 이 시대가 새로운 민족국가의 건설을 위해 다양한 담론이 서로 충돌했던 '정치의 시대'였음을 뜻한다.

해방 직후의 시단은 두 가지의 특징적인 경향이 드러난다. 하나는 문단의 세대 교체로, 초창기 시단에서 활동했던 시인들의 창작 활동이 현저하게 줄어든 대신에 신세대의 시인들이 대거 등장했다는 점이다. 또 다른 하나는 전반적인 시적 경향이 좌우 세력의 분열과 대립으로 치닫던 문단의 분열 과정으로부터 압도적인 영향을 받고 있다는 사실이다.[61] 문단의 조직 정비가 문제로 제기되면서 대부분의 시인이 일찍부터 정치적 세력화에 손을 대기 시작한 좌익 문단에 가담했으며, 이데올로기의 좌우 대립 과정에서 야기된 단순한 분파적 논리에 빠져들고 있었다.

해방 공간의 시단에는 일제강점기에 탄압으로 빛을 보지 못했던 이육사의 『육사시집』(1946), 윤동주의 『하늘과 바람과 별과 시』(1948), 심훈의 『그날이 오면』(1949)이라는 세 권의 유고 시집이 간행된 바 있다. 이 시집들 속에는 식민지 상황에 대한 비판은 물론 일제에 대한 강한 저항의 의지를 표현하고 있는 작품이 많다. 이육사는 고절(孤節)한 시적 의지를 절제의 언어로 형상화하면서 치열한 시 정신을 잘 표현했다. 심훈은 식민지 극복을 염원하면서 모순의 현실을 견디어야 하는 삶의 고단함을 고통의 언어로 묘사했다. 윤동주는 식민지 지배의 간고한 현실을 살아가야 하는 지식인 청년의 수치심을 노래하면서 자기희생을 위한 기도를 순수한 시정신으로 승화시켰다. 이러한 시적 성과는 해방과 함께 새롭게 출발하는 한국 현대시의 정신적 좌표가 되었음은 물론이다. 한국문학의 탈식민주의적 지향을 대변하는 이 시집의 발간은 결국 해방과 함께 한국의 현대시가 위축되어 있던 시적 정신을 회복하게 되었음을 의미한다.

해방과 함께 문단이 정비되면서 시인들의 이념적 지향과 정치적 선

61 김용직, 『해방기 한국 시문학사』(민음사, 1989) 제1장 참조.

택이 시단의 좌우 분열을 명확하게 드러내었다. 당시 시단에서는 해방의 감격과 시적 열정을 실감 있게 보여 주는 세 권의 합동 시집 『해방기념시집』(1945), 『횃불—해방기념시집』(1946), 『연간조선시집』(1947)을 출간했다.

『해방기념시집』은 민족진영의 중앙문화협회에서 범문단적으로 시인을 규합해 정인보, 홍명희, 안재홍, 이극로, 김기림, 김광균, 김광섭, 김달진, 양주동, 여상현, 이병기, 이희승, 이용악, 이헌구, 이흡, 박종화, 오지영, 오장환, 윤곤강, 이하윤, 정지용, 조벽암, 조지훈 등 모두 24인의 신작 시를 엮었다. 여기에 동원된 사람 가운데에는 홍명희, 안재홍, 이극로, 오지영 등과 같이 전문적인 시인으로 보기 어려운 사람도 있었는데, 실제 작품도 대부분 해방을 위해 바치는 찬가 또는 헌사의 범주에 머무르고 있다. 좌우익의 인사들이 서로 섞여 있는 점도 이 시집에는 이념적 색채가 뚜렷하게 나타나 있지 않았음을 말해 준다. 이 시집은 '건설 도정에 있는 새로운 시의 지표'를 삼겠다는 의욕을 내세우면서 해방의 감격을 노래한 작품들을 수록했다.

『연간조선시집』은 조선문학가동맹이 조직을 완비한 후에 간행한 것으로 좌익 진영의 모든 시인을 망라했다. '조국의 자유를 위하여 인민의 행복을 위하여 싸우는 시'를 지표로 하는 이 시집에는 당시에 좌익 계열의 시인들이 흔히 내세웠던 '투쟁의 노래'가 주축을 이루며, 구호처럼 내세운 정치적 이념이 강조되었다. 조선문학가동맹 시부위원회가 '1946년도' 판으로 엮은 이 시집에는 이 단체에 소속되어 있는 권환, 김광균, 김광현, 김기림, 김동석, 김상원, 김용호, 김철수, 노천명, 임화, 박노춘, 박동화, 박산운, 박석정, 박아지, 배인철, 박찬일, 상민, 설정식, 송완순, 안형준, 여상현, 오장환, 윤곤강, 윤복진, 유종대, 유진오, 이병기, 이병철, 이주홍, 이흡, 이용악, 조남령, 조벽암, 조영출, 조운, 조허림, 강승한, 김상오, 민병균, 박세영, 백인준, 안함광, 이경희, 이원우, 이정구, 이찬, 정국록 등의 시가 각각 1편씩 수록되어 있다.

『횃불』은 좌익 문단 조직인 조선문학가동맹에 관여하고 있던 시인 13인이 엮은 시선집이다. "조국 해방을 위해 싸운 혁명 투사에게 바친다."라는 발간 의도에 따라 정치 이념에 대한 주장과 투쟁의 노래를 주로 수록하고 있다. 이 시집은 '해방 기념 13인집'이라는 부제대로 권환, 김용호, 박세영, 박아지, 박석정, 송완순, 윤곤강, 이주홍, 이찬, 이흡, 조벽암, 조영출 등의 작품을 실었다.

해방 공간의 시단에서 박두진, 박목월, 조지훈의 3인 합동 시집 『청록집』(1946)은 새로운 시적 개성의 출현이라는 점에서 관심의 대상이 되었다. 조선청년문학가협회의 주동적인 인물이었던 세 시인의 『청록집』은 '자연의 발견'[62]이라는 명제로 그 의미가 규정된 바 있고, 1930년대 말기의 시와 해방 이후의 시를 잇는 서정시의 맥락을 보여 주는 것으로 문학사적 위치가 평가되기도 했다. 이 시집의 시들은 해방 직후의 혼란 속에서 순수시의 전형을 보여 주는 것으로 손꼽혔으며 그 전통적 서정성이 한국 현대시의 정신적 거점으로 인정받았다. 이들이 시적 대상으로 새롭게 발견한 자연에서 내면적 역동성을 찾아보기 어렵다는 한계도 있지만, 박목월의 향토적 서정성, 박두진의 이데아 지향 그리고 조지훈의 고전 정신 등은 각 시인의 시적 개성으로 더욱 확장, 심화되어 온 것이 사실이다. 『청록집』의 시들이 보여 주는 시적 정서가 삶의 현실의 여러 문제를 폭넓게 수용하게 되는 과정은 『청록집』 이후 이들 시 세계의 확장 과정을 통해 확인할 수 있다. 한편, 해방 직후 등장한 또 다른 시적 경향은 김경린, 임호권, 박인환, 김수영, 양병식의 공동 시집 『새로운 도시와 시민의 합창』(1949)에서 나타난다. 이들의 출현은 도시적 감성을 기반으로 하는 모더니즘 시의 가능성을 말해 준다.

김기림과 '정치의 시'

해방 직후의 시단에서 새로운 민족시의 확립 문제를 가장 적극적으로 제기한 것은 김기림이었다. 그는 좌익 계열의 시인들을 대변하면서 먼저 시와 정치의 결합을 주장했다. 그리고 정치적 이념의 요구와 그 시적 실천을 통해서만 민족시의 확립에 도달할 수 있다고 했다. 김기림은 1930년대 시작 활동의 성과로 『기상도』(1936), 『태양의 풍속』(1939) 등을 내놓았고, 해방 직후 시집 『바다와 나비』(1946)와 시론집 『시론』(1947), 『시의 이해』(1950) 등을 출간했다. 한국 현대시의 모더니즘 운동을 선도했던 그는 시인으로서보다는 시론가로서 주목되고 있다. 하지만 그의 모더니즘 시에 대한 실험은 한국 현대시의 변모 과정에서 중요한 의미를 지닌다. 김기림의 시에 대한 인식은 서

---

62 김동리, 「삼가시와 자연의 발견: 박목월, 조지훈, 박두진에 대하여」(예술조선 제3호, 1948. 4).

구적 기법과 정신에 대한 시적 수용의 가능성을 가장 구체적으로 입증해 보이는 여러 가지 요건을 수반한다. 특히 '인식으로서의 시'에 대한 그의 주장이 낭만주의 경향의 근대시의 한계를 극복하기 위한 시도였다는 점은 높이 평가할 만하다. 비록 그것이 I. A. 리처즈나 토머스 엘리엇 등의 이론에 근거한 것이라 하더라도, 한국 현대시론 발전의 한 단계를 보여 주는 것이기 때문이다.

그런데 김기림의 시에 나타난 모더니즘의 특성이나, 그의 시론이 갖는 문제성보다 우리의 관심을 끄는 것은 해방 직후 그의 이념 선택과 거기서 비롯된 시적 편향이다. 그는 임화, 김남천, 이태준 등과 조선문학가동맹의 결성에 가담했고, 전국문학자대회에서 「우리 시의 방향」이라는 논문을 발표한 바 있다. 조선문학가동맹 중앙집행위원으로 시분과위원장을 겸한 김기림이 과거의 한국시를 모두 부정하면서 새롭게 주장하는 것은 정치와 시의 적극적인 결합이었다.

> 일찍이 우리 시는 될 수 있는 대로 정치를 기피한 적이 있었다. 그것은 다름 아니라 한때 이 땅에서는 정치라면 적의 침략 정책의 추궁뿐이었을 적에 시는 그 자신의 피해를 될 수 있는 대로 적게 하기 위하여 이러한 의미의 정치로부터 비통한 대피와 퇴각을 결행하는 길을 가렸던 것이다. 그러나 오늘은 벌써 사정이 달라졌던 것이다. 오늘에 있어서는 정치란 우리들 자신의 손으로 하는 우리들의 생활의 설계와 조직이어야 되게 되었으며, 이러한 정치의 단계에 있어서는 시가 시의 왕국을 구름 속에 꾸미는 것보다는 한 새 나라의 건설이야말로 얼마나 시인의 창조의 의욕에 불을 질러 놓는 것이랴. 우리는 우리의 암담한 날의 기억의 산 교훈으로서 정치의 보장이 없는 곳에 문화의 자유도 시의 자유도 없었던 것을 잘 알고 있다. 새 나라는 또한 시의 자유를 보장하는 나라여야 할 것이다. 우리들이 그리는 새로운 공화국이 만약에 의외에도 뮌헨과 로마의 악몽가들의 모방자의 손에 약취된다고 하면, 이는 또다시 시의 자유도 문화의 자유도 아무 자유도 없는 날을 예상해야 할 것이다. 이러한 가능한 음모의 실현을 막기 위하여는 시인은 자유와 정의를 지키는 넓은 동맹군의 일익이 되어야 할 것이다.[63]

김기림의 주장은 파격적이다. 대개 사람들은 시가 정치와 어떤 연결을 가진다고는 생각하지 않는다. 정치가 영향력을 미치는 부분은 그것이 사회 전반에 걸쳐 있는 문제라 하더라도 시와는 관계가 없고 서로 넘볼 수 없는 경계가 존재하는 것처럼 생각한다. 정치가 시에 어떤 영향을 미치면 예술의 순수성을 해치게 되며 시가 정치에 관심을 기울이면 그것은 시의 본질을 벗어난 일이라고 생각한다. 그런데 김기림은 '정치'라는 개념을 "우리들 자신의 손으로 하는 우리들의 생활의 설계와 조직"이라고 정의했다. 이 간략한 정의는 모든 정치적 행위가 근거해야 하는 자기 주체에 대한 인식을 강조한다. 우리가 우리 손으로 우리의 생활을 설계하고 조직하는 일을 정치라고 한다면 그 당면 목표가 새 나라의 건설에 있음은 물론이다. 김기림은 정치가 문화의 자유, 시의 자유를 보장하는 것이어야 함을 강조하면서 시인이 자유와 정의를 지키는 넓은 의미의 정치의 동맹군이 될 것을 주장했다.

이와 같은 정치의 시대를 위해 김기림은 시인에게 전진하는 시 정신이 필요하다는 점을 역설했다. 전진하는 시 정신은 불의의 현실에 도전하는 정신이며 어둠의 현실에 빛을 던지는 계시자의 역할을 의미한다. 시인은 전진하는 시 정신의 구현자라는 점에서 진보적이며 바로 그러한 이념을 지향하는 진보적 민주주의의 편에 서야 한다. 이때 정치 현실에서 요구하는 진보적 민주주의는 일부의 것이 아니라 만인의 정치적·경제적·문화적 민주주의이다. 김기림은 시인이 만인의 민주주의를 말할 수 있도록 조선의 시인에게 철저한 자기비판을 요구했다. 그는 이 자기비판을 민족적 자기반성이라고 규정하는데 이것은 친일파 청산이라는 당면의 문단적 과제와 연결되었다. 하지만 그는 '누구를 향해 돌을 던지는 것'보다 자신의 내부를 향한 철저한 비판과 반성을 요구했다. 문학은 자기에게 더욱 준엄하다는 것을 보여 주어야 하며 시인은 통절한 자기비판을 기반으로 새로운 미래의 가능성을 모색할 수 있다는 것이다.

> 지나간 날 진보적 지식층과 대중과의 문화적 교섭이 침략자의 간섭으로 하야 단절될 밖에 없었을 적에 시의 고립이라고 하는 것은 당연한 일과

---

63 김기림, 「우리 시의 방향」, 조선문학가동맹 편, 『건설기의 조선문학』, 63면.

같이 보여 왔다. 우리가 건설하려는 새로운 문화는 말할 것도 없이 넓은 대중적 기반을 개척해야 할 것이다. 오랫동안 우리로부터 격리되었던 그 대중이란 무엇이냐. 신라 노예 국가의 귀족문화를 배양해 가던 고대의 노예에서 시작하여 고려 이조의 봉건사회를 통하여 토지에 얽매인 채 특권적 귀족 양반사회의 착취의 대상이었으며 또 끝끝내는 이른바 일한 합병으로 하야 한말 특권계급이 일본 제국주의의 손에 팔아넘긴 다음부터는 다시 수척한 일본 제국주의의 노예로 변화하였던 수천 년의 쇠사슬 자욱이 그대로 사지에 남아 있는 광명을 모르는 수난자들이 아니냐. 그들은 인제야 새로운 역사에 등장하기 위하여 만반의 준비를 갖추면서 있다. 새로운 문화는 이 일어나는 대중의 의욕과 고민과 이념을 조직하며 형상화하며 또 그것들이 침투된 것이 아니면 아니될 것이다. 대중, 그것은 새로운 시의 온상이며 영야일 게 분명하다. 시인은 이 상하고 주린 그러나 새 나라의 주인이 될 대중을 그 생활을 통해서 포옹하고 이해해야 할 것이다. 시인과 대중의 분리는 근대사회의 분화 과정이 낳은 한 불행한 결과였던 것이다. 새로운 공화국은 이러한 분화를 허하지 않을 것이다. (중략) 오늘에 있어서는 가장 깊고 큰 번민을 가진 시인은 아마도 인민 속으로 들어갈 것이다. 그리하여 생활의 체험을 통하여 인민의 진실한 모양을 붙잡게 될 것이다. 거기는 우리 시의 새로운 원천이 무진장으로 있을 것이다.[64]

김기림은 시인이 민족과 시대의 선두에서 방향을 제시할 수 있도록 새로운 시의 풍요한 원천으로서 대중에게 넓은 지반을 제의했으며, 시가 인민의 생활 속으로 들어갈 때 진실한 인민의 삶의 모습을 그려 낼 것이라고 했다. 정치의 시, 정치와 협동하는 문학에 대한 김기림의 신념은 다음 글에 집약되어 나타난다.

조선 인민은 지금 무엇을 하려고 하는가. 그들은 바야흐로 그들의 새로운 생활을 창조하려고 하는 것이다. 단순한 정치적 주권의 소재가 이동한다는 의미의 변혁이 아니다. 그런 정도의 변혁이라면 왕씨 고려나 이씨

64 김기림, 「우리 시의 방향」, 69-70면.

조선 창건 때의 역성혁명에서도 우리는 그 예를 가지고 있다. 우리는 지금 정치의 면에 있어서도 주권이 한 전제군주나 타민족의 손에 있던 오래인 암흑 정치를 일거에 내던지고 주권이 우리나라 역사가 있은 후 처음으로 인민의 손에 옮겨질 그러한 형태를 세우려 하고 있는 것이다. 그뿐 아니라 변혁은 우리의 정치 생활의 형식에만 그치지 않고, 다시 우리 생활의 사회·경제적 내용에 있어서도 모든 비근대적인 봉건적인 유제와 찌꺼기마저 일소해 버리려는 것이다. 따라서 우리의 생활의 깊이와 폭에 걸쳐 스미고 배이고 이를 에워쌀 문화에 있어서도 이에 해당한 일대 변혁이 와야 할 것이다. 널리는 우리의 세계관이 달라져야 하겠고 이러한 새 사태를 규율할 새로운 논리와 기풍이 세워져야 할 것이다. (중략) 요컨대 우리 민족이 역사상 일찍이 보지 못하던 새 시대를 맞으려 하고 있으며, 위대한 새로운 생활을 창조하려는 이 시간에 있어서 우리 문학의 활동이 이 새로운 생활의 창조와 인연이 없거나 또는 사보타주한다는 일이 도대체 있을 수 있을까. 우리 문학의 활동은 다름 아닌 이 새로운 생활의 창조 그것에 그대로 연결되어 있어야 할 것이다.

그런데 새로운 생활의 창조를 위한 사업, 즉 정치·사회·경제·문화면의 변혁을 추진·실현하는 가장 집중적이고 효과적인 수단이 다름 아닌 정치인 것이다. 전도나 신앙에 의해서는 이러한 사업을 이룰 수 없다 함은 이미 우리가 익히 알고 있는 일이다. 어떤 현인 군자의 양식에만 이 일을 맡길 수 없음은 지나간 날의 산 교훈이 우리에게 얼마든지 그 쓰라린 예를 보여 주고 있다. 인민의 새로운 생활의 건설은 인민 자신의 손으로 할 수밖에 없다. 인민을 늘 우매의 동의어로 돌리려고 한 것은 특권 지배층의 상식적인 속임수였다. 문학가는 이 위대한 인민의 사업의 절대한 협조자가 되어야 할 것이다. 새로운 생활의 창조를 가장 능률적으로 이루기 위하여 그 집중적인 기능의 담당 부면인 정치에 협조한다고 하는 것이 오늘의 문학의 독특한 성격일 터이다. 새로운 생활의 창조의 일면으로서의 새로운 문화의 창조와 아울러 새로운 생활의 창조를 밀어 나가고 이끌어 나가는 중심 동력으로서의 정치에 협동하는 문학, 이 두 가지 점은 오늘 정치와 문학의 관계에 대한 총괄적인 해답이라고 생각한다.[65]

김기림이 주장하는 시와 정치의 결합이란 실상 '정치를 위한 시'를 말하는 것이다. 그는 시에 대한 관심보다 먼저 정치에 대한 신념의 부동성을 강조했다. 그것이 혼란의 현실을 극복할 방법이 될 수 있는지 판단하기란 쉽지 않지만 정치와 시적 상상력의 선부른 결합은 시 정신의 파탄을 초래할 것임은 누구나 알 수 있는 일이다.

김기림이 해방 직후 펴낸 시집 『새노래』(1948)에 수록되어 있는 작품들은 대부분 '귀족의 시'에서 벗어나 인민의 생활 속으로 들어가고자 하는 정치시에 대한 의욕을 담고 있다.[66] 그는 시가 인민의 생활에서 우러나오는 노래라고 했지만 그의 시는 이미 개인적 정서의 세계와는 거리가 멀어졌고, 지적 세련에도 미치지 못했다. 삶에 대한 경험적 진실을 말하기에는 언어가 구호화됐고, 노래로서의 시를 말하기에는 감흥을 주지 못하는 이념적 주장이 눈에 띈다. 시는 언제나 앞을 내다보아야 한다고 주장하는 그의 '진보의 시'에서 보다 깊이 있는 현실에 대한 시적 인식을 문제 삼아야 하는 것은 아이러니다.

김기림의 이념적 편향이 시적 인식의 불균형을 보이는 것과 함께 시인 정지용이 해방 직후의 현실 속에서 시 정신의 새로운 지향에 고뇌했던 것은 시사하는 바가 크다. 정지용은 『정지용 시집』(1935), 『백록담』(1941)을 통해 일제강점기를 살아오면서 가장 본질적인 시 정신의 가치를 지켜 온 사람으로 평가되고 있다. 언어적 절제와 뛰어난 감각, 시적 대상과 자아 사이의 꽉 짜놓은 듯한 거리 두기는 스스로 '언어의 인카네이션(incarnation)'을 주장할 수 있던 요건들이다. 그의 가톨릭에의 귀의가 시인으로서 내면적인 자기

---

65 김기림, 「정치와 협동하는 문학」(경향신문, 1947. 6. 8).

66 김기림 자신도 이 시집의 후기에서 "우리는 일찍이 센티멘털 로맨티시즘의 홍수 속에서 시를 건져 냈다. 저 야수적 시대에 감상에 살기가 싫었고 좀 더 투명하게 살고 싶었던 것이다. 속담대로 죽어 가면서도 제정신만을 잃지 말고자 한 것이다. 그러나 건져내 놓고 보니 그것은 청결하기는 하나 피가 흐르지 않는 한낱 '미라'였다. 시의 소생을 위해는 역시 사람의 흘린 피와 더운 입김이 적당히 다시 섞여야 했다. 하지만 벌써 한낱 정신의 형이상학은 아니라 할지라도 또 단순한 육체의 동계(動悸)일 수도 없었다. 그러한 것을 실천의 지혜와 열정 속에서 통일하는 한 전 인간의 소리여야 했다. 생활의 현실 속에서 우러나와야 했다. 떨어져 나간 한 고독한 영혼의 독백이 아니라, 새 역사를 만들어 가는 민족의 베라고 하여야 벨 수 없는 한 토막으로서의 한 사람의 무엇보다도 노래여야 했다. 시를 읽는 것만으로는 아무도 만족하지 못했다. 무척 노래하고 싶었던 것이다."라고 진술한다.

탐색과 깊은 관계를 맺고 있다는 사실은 매우 중요한 의미를 가지며, 고전에 대한 이해와 관심, 언어와 기법에 대한 인식 등은 시인 정지용의 이름 앞에 지울 수 없는 사실이다. 정지용이 1930년대 시단에서 《시문학》과 《문장》으로 이어지는 서정시의 어떤 맥락을 유지했던 시인이라는 점을 생각한다면, 해방 직후 혼란 속에서 그가 끝내 '백록담'처럼 차갑고 맑게 남아 있을 수 없었던 점도 어느 정도는 납득할 수 있다. 그는 어쩌면 '백록담'이 아닌 '대하장강'의 현실을 꿈꾸었을지도 모를 일이지만, 그것이 바로 그의 시적 실천에 더 큰 장애가 되었을지도 모른다.

> 어찌하여 일부 인사들이 전진하는 시와 문학을 '정당'의 지령에 의한 것이라 중상하는지 '정치에 예속'시키는 것이라 비방하는지 그의 심적 근거를 해명하기가 어려운 것이 아니다. 과학과 정치와 경제와 역사와 민족의 추진 비약기에 있어서 문화의 전위인 시와 문학이 일체를 포기하고 일체를 획득하는 혁명적 성능을 최고도로 발휘할 운명적 과업을 위하여 무엇보다도 예술적 이념과 감각이 첨예·치열해지는 것은 차라리 자연·발생적인 현상이다. 시인의 민감이 생리적 조건이라면 왜 이 생리를 거부하려는 것이냐?
>
> 시적 궁정 미인으로서 고풍의 의상과 전아(典雅)한 예절에 휘감기어 한 '왕조'와 함께 쓰러지느냐? 막대한 인민의 호흡과 혈행과 함께 문화 전열(戰列)에서 전진하여야 하느냐? 태도는 결정적인 것 이외에 있을 수 없다. 아무 준비 없이 8·15를 당하고 보니 마비되었던 문학적 정열이 다시 소생되어 막연히 충동적으로 궤도 없이 달렸던 것도 얼마쯤 연민을 아낄 수 없는 것이었으나 민족사상 부당한 시련기가 삼 년이나 참담하게도 낭비되어도 진정한 민족 노선을 파악치 못하는 시인 문사에게 무슨 문학이 기대될 것인가?
>
> 민족문학의 노선과 민족의 정치 노선이 서로 이탈될 수 없다는 것이 문학을 정치에 예속시킨다는 중상적 구실이 될 수 없는 것이요, 또 이를 양국 문화 부분에 우위 열위를 차정(差定)하고자 하는 것이 벌써 문학의 '영광스런 고립'으로 화인(禍因)하여 민족의 정치 노선까지에 반역하는 것이 되고 마는 것이 하물며 문학 자체의 파산까지를 무엇으로 주체할 수 있는 것

이냐![67]

일제시대에 내가 시니 산문이니 자그마치 썼다면 그것은 내가 최소 한도의 조선인을 유지하기 위하였던 것 이외의 아무것도 아니었다. 해방 덕에 이제는 최대 한도로 조선인 노릇을 해야만 하는 것이겠는데, 어떻게 8·15 이전같이 왜소위축(倭少萎縮)한 문학을 고집할 수 있는 것이랴?

자연과 인사에 흥미가 없는 사람이 문학에 간여하여 본 적이 없다. 오늘날 조선문학에 있어서 자연은 국토로 인사(人事)는 인민으로 규정된 것이다. 국토와 인민에 흥미가 없는 문학을 순수하다고 하는 것이냐?

남들이 나를 부르기를 순수시인이라고 하는 모양인데 나는 스스로 순수시인이라고 의식하고 표명한 적이 없다. 사춘기에 연애 대신 시를 썼다. 그것이 시집이 되어 잘 팔렸을 뿐이다. 이 나이를 해가지고 연애 대신 시를 쓸 수야 없다. 사춘기를 훌쩍 지나서부터는 일본 놈이 무서워서 산으로 바다로 회피하여 시를 썼다. 그런 것이 지금 와서 순수시인 소리를 듣게 된 내력이다. 그러니까 나의 영향을 다소 받아 온 젊은 사람들이 있다면 좋지 않은 영향이니 버리는 것이 좋을까 한다. (중략)

시와 문학에 생활이 있는 근로가 있고 비판이 있고 투쟁과 적발(摘發)이 있는 것이 그것이 옳은 예술이다. 걸작이라는 것을 몇 해를 두고 계획하는 작가가 있다면 그것도 '불멸'에 대한 어리석은 허영심이다. 어떻게 해야만 '옳은 예술'을 급속도로 제작하여 건국투쟁에 이바지하느냐가 절실한 문제다. 정치와 문학을 절연시키려는 무모(無謀)에서 순수예술이라는 것이 나온다면 무릇 정치적 영향에서 초탈한 여하한 예술이 있었던가를 제시하여 보라.[68]

정지용은 위의 글에서 잡지 《문장》이 폐간될 무렵을 자신의 시적 생활 가운데 가장 피폐했던 시기로 기억하고 있다. 일제의 혹독한 탄압 아래서 정치 감각과 투쟁 의욕을 시에 집중시키기에는 그 자신이 무력한 소시민

67 정지용, 「조선시의 반성」(문장 제27호, 1948. 10), 122-123면.
68 정지용, 『산문』(동지사, 1949), 28-32면.

에 지나지 않았으므로, 그는 오직 왜소하고 위축한 시에 매달렸다고 고백하고 있는 것이다. 그러나 해방과 더불어 새로운 민족국가의 건설이라는 과제를 앞에 두고, 그는 자기 스스로 최대 한도의 조선인으로 살아가고자 결심하게 된다. 그는 스스로 산문의 현실로 뛰어든 것을 놓고 "막대한 인민의 호흡과 혈행과 함께 문화 전열에서 전진"하기 위한 일이라고 자부했다.

해방 이전의 자신의 시를, 아니 한국의 문학 모두를 스스로 거부하면서 그것을 극복하고자 하는 시인 정지용은 민족문학의 노선과 민족의 정치노선이 결코 이탈될 수 없는 하나임을 주장하면서 문화적 전위로서 시의 역할을 강조했다. 그러나 시를 통해 건국투쟁에 이바지해야 한다고 말하던 정지용은 사실 시의 창작에 제대로 손을 대지 못했다. 그가 해방 직후 발표한 시는 정치 집회에서 발표한 '행사시'가 있을 뿐이다. 그가 말하는 문화적 전위로서 시란 설명만으로 가능할 뿐, 실제로는 하나의 정치적 구호에 다름 아니기 때문이다.

조지훈과 민족시

시인 조지훈의 비평 활동은 해방 공간의 시대적 격변 가운데 새로운 민족시에 대한 탐색 과정의 깊이를 보여 주는 중요한 자료다. 그의 초기 시들은 '고풍'이니 '자연'이니 하는 외적 대상에 대한 관조적 태도를 주축으로 하여 회고적 정서를 노래하는 것이 많다. 그런데 조지훈은 해방과 더불어 시적 변화를 모색하며, 서정적 자아에 대한 새로운 관심에서 출발해 점차 지적 세련성을 더해 갔다. 그의 시는 투철한 역사의식을 기반으로 자아에 대한 깊이 있는 통찰과 시대적 상황에 대한 폭넓은 인식이 조화를 이루는 것이 특징이다. 조지훈은 해방 직후 조선청년문학가협회의 조직에 주도적으로 참여했으며 시를 통해 민족의 새로운 삶의 가치를 진실하게 표현할 수 있는 상상의 언어를 추구했다. 그는 격동의 사회 현실 속에서 난무했던 사상적 독단과 정치적 편견에 휩쓸리지 않는 창조적 상상력에 관심을 기울이면서 위축된 시정신을 회복해 나가기 위해 힘썼다. 그러나 해방 공간의 시단은 이념의 열기와 구호에 흔들리고 있었다. 조지훈은 혼탁한 상황에서 시인의 긍지를 지켜나갈 방법이란 오직 시의 순수를 지키는 길뿐이라고 생각했다. 그는 시의 사상성은 어떤 이념을 표방함을 뜻하는 것이 아니라 전인간적 공감에 뿌리를 두는 것이며, 사상성의 예술화를 거치지 않고는 시의 순수성을 잃을 것이라고 했다.

조지훈은 민족시의 갈 길은 오직 순수시에 대한 지향뿐임을 분명히 했다. 그것은 문학 전반을 지배하는 이데올로기의 충동에서 벗어나 시 운동의 근본을 세워 보고자 하는 노력과 통하는 것이었다. 그가 해방 직후의 시단에 내놓은 「순수시의 지향」은 민족시 운동의 방향을 새롭게 조정하고자 하는 의지를 담고 있다. 그는 민족을 말하기 전에 시 자체에 대한 본질적 인식이 선행되어야 함을 주장하면서 시의 순수성의 가치를 강조했다.

> 시인은 민족시를 말하기 전에 그냥 시 자체를 알지 않으면 안 된다. 먼저 시가 된 다음 그것이 민족시도 되고 세계시도 될 수 있는 것이므로 시의 전통이 확립되지 못한 이 땅의 시가 민족시로서 세계시에 가담하기 위하여서 먼저 일어날 것은 순수시 운동이 아닐 수 없다. 순수시 운동은 곧 시의 본질적 계몽운동인 동시에 그의 발전이 그대로 민족시의 수립이기 때문이다. 시가 시로서 가진바 그 본래의 가치와 사명을 몰각하고 시의 일부 인자요, 오히려 그 부수성인 공리성을 추출·확대함으로써 시의 전체를 삼고 자신의 문학적 창조와 개성의 무력을 엄폐하고 정치에의 예속 정당과의 야합의 당위를 부르짖는 수다(數多)한 시인은 기실 시인이 아니므로써 민족문학의 일지류는커녕 정치 부동 세력 밑으로 추방될 성질의 것이다. 시는 시로써 저 자신과 민족과 인류에 기여할 것이니 시는 모든 사회 현상의 가치로 더불어 홀로 설 수 있는 개성을 고수할 것이므로, 정치건 무엇이건 시의 개성을 굴복시키려는 유파가 있을 때만은 진실한 시는 언세나 순수시로서 그 정통을 유지하는 것이다.[69]

조지훈은 순수시 운동은 시의 본질적인 계몽운동이며 그 발전을 통해 민족시의 확립이 가능해진다는 점을 갈파했다. 그는 순수한 시정신을 지키는 시인만이 시로써 설 수 있다고 주장하면서 시를 정치에 파는 경향시를 거부하고 시류의 격동 속에 흔들리지 않는, 변하는 가운데 변하지 않는 영원히 새

69 조지훈, 「순수시의 지향: 민족시를 위하여」(백민 제7호, 1947. 3), 166-167면.

로운 것이 시 본래의 정신임을 분명히 했다. 그리고 본질적으로 순수한 시인만이 개성의 자유를 옹호하고 인간성의 해방을 전취하는 혁명 시인이 될 수 있다고 했다. 이러한 관점에서 진실한 민족시인만이 운명과 역사의 공동체로서 민족을 자각하고 정치적 해방을 절규하는 애국 시인이 된다고 강조했다.

조지훈의 이와 같은 태도는 정치 현실을 시의 테마로 삼고 있던 조선문학가동맹 김기림의 '정치와 시의 결합'에 대한 비판으로 정치시대의 시의 역할을 강조했던 좌익 시단의 일반적인 분위기를 거부하는 것이었다. 조지훈이 지니고 있던 시의 순수성에 대한 신념은 시 정신의 옹호라는 다소 관념적인 요소가 강하지만 정치 이념의 지향이 비등했던 상황 속에서 거기에 대응하고자 했던 문학인의 자세를 생각할 경우 그 의미가 예사롭지 않다. 그 이유는 조지훈의 순수주의가 비로소 정치주의를 대립항으로 설정함으로써 문단의 좌우 갈등 속에서 비평 담론의 위상을 드러낼 수 있게 되었기 때문이다. 조지훈은 「정치주의 문학의 정체」라는 글을 통해 정치 편향의 문학이 가지는 문제성과 그 주장의 비논리를 다음과 같이 비판했다.

> 해방 후 이 땅에서 일어난 정치주의 문학은 삼단의 투쟁 방도를 가졌다. 제1기는 임화, 김남천 씨를 주로 하는바 건국준비위원회와 함께 조선총독부 문인보국회의 바통을 받아 비롯되었던 문화건설협의회가 양의 탈을 벗고 인민공화국 여당을 표방함으로써 형식은 민족적, 내용은 사회주의적이라는 스탈린 체제의 복사인 민주주의 민족문학(민주주의 민족이란 단계의 동의어다.)론을 들고 나와, 인민(공산주의적)이 아니면 민족이 아니라는 민족 상잔 조장 이론의 문학적 실천의 근간을 세우던 문학가동맹 결정서를 낼 무렵의 이론이, 제2기는 김동석, 김병규 씨를 주로 하는 약간의 교양과 지성을 예비한 보람으로 순정의 학구 서생을 유인하고자 수필적 이론으로서 기독과 공맹을 유물론자로 만들어 보기도 하고, 동서고금의 명저를 박박 긁어 왜곡하여 활용하는 재사(才士)적 모략기가 그것이오, 제3기는 김영석, 김상훈 씨를 주로 하는바 문학주의와의 투쟁이라는 선전의 앞잡이격이 되어 누구에게 주고 무엇에서 잡은 것인지도 모를 소리를 다 논자 자신의 체험에서 울어난 하등의 체계 있는 이론 전개도 없이 '어두운 밤 중에 이 자식 무어냐' 하고 뒤통수를 치는 류의 곤봉 이론기가 그것이다. 제1기

는 극좌 이론을 배격함으로써 극좌 이론을 실천하려는 합리적인 노호기(怒號期)라 할 것이오, 제2기는 자유주의 인도주의자의 유괴와 이탈 방지를 위한 궤변기요, 제3기는 '너 이래도 듣지 않을 테냐' 하는 폭력기라는 것이다. 이 삼단의 이론은 구태여 인용의 번거로움을 삼가겠으니 뜻있는 분은 그들의 글을 침착히 읽으면 족할 것이다.[70]

조지훈은 해방 직후 정치주의 문학의 등장 과정을 세 단계로 나누어 비판했다. 그리고 문학이 인민에의 복무를 위한 정치에의 복무의 당위성을 제창하는 모순된 논리를 공박했다. 그는 문학이 문학 자체로 존재 의미를 부여받지 못한 채 인민이니 정치니 하는 것에 복무한다는 사실은 문학에 이념을 전제하는 것임을 지적했다. 이 같은 강요가 문인에 의해서 비롯된 것이 아니고 정당에 의해서 타율된 것이라는 점도 문제 삼았다. 문학이 정치에 복속된다는 것은 문학인이 문학의 존엄한 자율성을 스스로 포기하는 것과 마찬가지이기 때문이다.

조지훈은 문학을 정치적 도구로 인식하는 정치주의 문학의 한계성을 지적하면서, 조선문학가동맹의 결성 이후 좌익 문인들이 주장한 '민주주의 민족문학'이 실상은 사회주의 이념의 실천을 위한 선전 도구에 지나지 않음을 분명히 했다. 특히 정치주의 문학이 정치적 선전 수단으로서 공리성을 내세우면서 인생을 위한 문학을 자처하는 논리의 비합리를 비판했으며, 예술성의 근본이 되는 개성을 무시하고 오식 사회성만을 따지는 편향성을 지적했다. 그는 문학이 진정 생명의 요구이며 생활의 표현일진대, 문학인에 있어서는 문학이 곧 생활이라는 신념을 지켜야 할 것을 요구했다. 조지훈은 결국 자신이 내세운 순수문학을 문학의 독자성과 예술성을 본질적 개념으로 하여 개성을 중시하는 문학으로 규정했다.

조지훈의 순수주의는 조선청년문학가협회의 중심 인물이었던 김동리의 순수문학론과 동궤에 놓여 있다. 문학의 본질로서 순수주의에 대한 그의 논점은 '생의 구경적 형식으로서 문학'을 내세운 김동리의 문학적 입장과 일치한다. 그러나 김동리가 순수문학에서 출발해 휴머니즘에 바탕을 둔 본격

70 조지훈, 「정치주의 문학의 정체」(백민 제14호, 1948. 5), 7면.

문학으로 자신의 주장을 발전시켜 나간 것과는 달리, 조지훈은 순수주의를 문학의 방법으로 발전시켜 '고전주의 정신'에 기초한 새로운 시학으로 정립해 놓았다.

고전주의 시 정신

정부 수립 후 남북 분단 체제가 고정되면서 정치 이념의 갈등이 잠복되자 조지훈은 자신이 주장한 순수주의 관점을 문학을 통해 실천해 나갈 방법을 모색했다. 그가 새로이 정립한 것이 바로 고전주의 방법이다.

조지훈의 고전주의는 해방 공간의 격동과 혼란에 대한 정신적 극복과 예술적 실천을 목표로 했다. 해방 공간의 문학은 식민지 상태의 오랜 질곡에서 벗어나 새로운 민족문학의 건설이라는 이상을 내세웠다. 하지만 정치 이념의 분열로 인한 좌우 문단의 대립과 갈등으로, 민족문학의 건설을 주장하는 구호에도 실천적 지표를 찾지 못한 채 혼란을 거듭했다. 조지훈은 무모한 정열과 파괴적 행동으로 혼란에 빠져든 문단에서 벗어나 질서와 균형, 조화와 통일을 지향하는 문학의 고전주의적 전환을 요구하면서 고전의 개념을 다음과 같이 규정했다.

> 우수한 가치를 지닌다는 것이 고전이 고전 되는 까닭이라면 가치란 사람이 요구하는 사물의 성질을 가리키는 말이므로 사람의 요구가 시대를 따라 변하면 가치도 변하게 되고, 이렇게 가치가 변하게 되면 범모적(範模的) 준거라는 뜻을 가진 고전은 무의미하게 되고 말 것같이 생각된다. 그러나 한번 고전을 이루어 논 다음에는 고전의 가치는 이와 같은 일시적 흐름에 의하여 그 뿌리가 흔들리지 않는다. 시대 정신의 주류가 어떻게 변하는지 오랫동안 초시대적으로 감명을 주면서 읽는 이의 생명의 체험 속에서 그 자신의 생명을 발전시키는 것, 이것이 고전이기 때문이다.
>
> 그러나 고전도 시대를 따라서 가치의 소장이 없는 것은 아니다. 적극성을 잃은 보수 퇴영의 시대, 지나친 적극성이 외래문화의 흡수에만 몰두하는 시대에는 고전이 한각(閑却)되는 수가 있지만 이러한 사실만으로 고전의 불역성(不易性)을 부정하지는 못한다. 반종교 이론으로 성서가 매몰되고 민족예술의 무자각 탓으로 석굴암의 조각이 사람의 시야에서 멀어졌다

하여 성서와 석굴암이 고전성을 사뭇 잃어버릴 수는 없기 때문이다. 다시 말하면 고전은 한 시대의 학대를 받으면서도 도리어 다음에 올 새로운 시대를 위하여 넘치는 생명력을 지니는 것이니, 이러한 의미에서 볼 때 고전이면 모두 다 여하한 시대에도 최고 가치를 지니는 것이라고는 못한다 하더라도 시대의 추이에 좌우되어 소멸되고 마는 것을 고전이라 부를 수 없다는 것도 알 수 있게 된다.

그러므로 고전이 옛것이면서 오늘에도 규범이 되고 남의 것이면서 우리에게까지 존경받는다는 사실 하나만으로도 이미 고전에는 초시간성과 초공간성이 내포되어 있음을 안다. 이러한 영속성과 보편성이 본질이 된다는 것은 바꿔 말하면 고전문학이 항시 인간성의 일반성 공통성을 지향하고 있다는 것을 증거함에 지나지 않는다. 그러기에 자유 방종의 시대 정신의 반영이 아닌 건전한 사회생활의 암시, 미숙 난잡한 기교가 아니라 조화 통일의 구성, 이것이 고전문학의 한결같은 지향이 된다.[71]

조지훈은 '고전'이라는 개념을 그 가치의 영속성과 보편성이라는 본질에서 찾았다. 그에 따르면 고전은 시대의 변화와 사상의 변동에도 초시대적 감동을 간직하면서 계승된다. 어떤 시기에는 비록 억압되거나 박대를 받는다 하더라도 뒤에 오는 새로운 시대를 위해 생명력을 지니는 것이다. 이러한 초시간성과 초공간성을 본질로 삼고 있다는 것은 고전이 인간 정신의 보편성을 지향하고 있음을 말해 준다. 그러므로 고전은 자유분방한 시대 속에서도 건전한 사회생활을 암시하며 난잡한 기교가 아니라 조화와 통일과 완성의 미를 지향한다. 이와 같은 고전의 개념을 강조하는 조지훈의 주장에는 수체의 완성에 도달하지 못하고 있는 당대 문학의 현실과 이지적 균형을 보여주지 못한 채 방만한 낭만적 정열에 사로잡힌 문학 정신을 비판적으로 바라보는 태도가 감추어져 있다.

조지훈은 고전 발생의 기본 조건으로 국어의 발달, 국민의식의 자각, 이지와 정열의 균형이라는 세 가지를 든다.

---

71 조지훈, 「고전주의의 현대적 의의: 민족문학의 지향에 관한 노트」(문예 제3호, 1949. 10), 137-138면.

첫째, 국어의 정리를 통한 문학어의 완성이 못된 문단은 고전문학을 형성하기 위한 준비 공작에 지나지 않는다. 복잡해지는 생활감정 속에 고유어만으로 표현의 부족을 느낄 때 외래어의 유입은 불가피의 사실이 될 것이고 외래어의 섭취는 언어의 풍부를 가져오지만 그와 동시 어법 어맥의 혼란을 함께 제래하기 때문에 민족문학의 전통적 양식의 완성에 파괴 작용을 동시에 감행하게 된다. 그러므로 고전문학의 형성은 이 풍부해진 언어를 정리하여 문학 용어로서의 체계 성숙을 요청한다.

둘째, 국민의식의 자각은 외래 사상의 자극 영향에 대한 추수에서 창조의식의 원천을 발견할 뿐 아니라 대타 국민의식 관계에서 보수적이 아니오, 배타적이 아닌 자아의 확충을 세계의식 속에 찾을 수 있기 때문이다. 그뿐 아니라 이는 민족성의 거울이 되어 그 반성 속에 민족적 자아의 본연의 모습을 발견하고 그로써 고민 없는 자기 향상이 이루어지는 것이다.

셋째, 이지와 정열의 균형은 고전문학의 본질적 규격이다. 이에 대한 반발에서 감정 치중의 비법칙적이오, 반항적인 개성 특수성 표출의 낭만주의가 나오고 낭만주의에 대한 반발이 이지의 일면으로 역행하여 주지주의를 낳은 것이 근대 문예사조의 가르친 바이지만 문학의 본격적 지반이 형성되지 못한 곳에서는 아무래도 고전문학의 조화·통일의 미가 자유분방에 앞서고, 형성의 균정이 비상칭에 앞서며, 종합적 효과에서 오는 전체 감동이 부분적 변화에서 오는 감격보다 높이 평가되지 않으면 안 된다. 그러므로 문학에서 이지와 정열의 균형을 잃는다는 것은 고전문학의 보편적 주제와 표현의 유산 위에 이루어지지 않고는 성공하기 어려울 문제가 아닐 수 없다.[72]

조지훈은 고전 발생의 첫째 조건으로 국어의 발달을 지목했다. 국어의 정리와 발달이 이루어지지 못한 상태에서는 문학어의 완성을 기하기 어렵다. 이러한 요건은 일제 식민지 상황에서 강요된 일본어 사용과 한국어에 대한 탄압과도 연관된다. 일본어의 일상적 확대와 한국어의 위축은 식민지 문화가 안고 있는 문제성이었다. 그렇지만 해방과 함께 한국인들은 일본어

72 조지훈, 「고전주의의 현대적 의의: 민족문학의 지향에 관한 노트」, 138-139면.

로부터 완전히 벗어나 모국어인 한국어와 한글을 회복함으로써 민족문화의 탈식민주의적 성격을 발전시킬 수 있게 된다. 두 번째 조건으로 내세운 국민의식의 자각은 민족의식의 자각이라는 말에서 크게 벗어나지 않았다. 민족적 자기 발견은 창조적 의식의 원천에 해당한다. 한국 민족은 해방 공간의 정치적 혼란 속에서 강대국의 간섭을 벗어나 자기 각성에 도달할 길을 모색하게 된다. 민족국가의 건설이라는 명제가 주체의식의 중요성을 자각할 수 있도록 이끌었기 때문이다. 새로운 민족문학 건설이라는 과제 역시 민족의식의 자각 없이는 가능하지 않았다. 세 번째 조건은 이지와 정열의 균형이다. 물론 이것은 문학의 본격적 지반이 제대로 성립되지 못한 곳에서는 그 성공을 기대하기 어렵다.

조지훈은 문학의 고전주의가 오늘의 현실에서 요구되는 마땅한 이유를 이렇게 설명했다. 세련된 문장, 충분한 구성, 일관된 관념이라는 고전문학의 3대 요소는 문학의 본질적 지향인 주체주의에 부합한다. 지배적이고 통일적이고 전형적이라는 고전문학의 세 가지 본질은 민족문학 앙양의 계몽주의에 부합한다. 그리고 명랑성과 조화성과 일반성이라는 고전문학의 특성은 현대문학의 제약인 이성주의에 부합한다. 여기서 그가 말하는 부합이란 그 요구를 충족적으로 해결할 수 있다는 뜻이다. 하지만 조지훈은 고전주의를 강조하면서 고전, 고전문학, 고전주의의 개념을 자신의 편의대로 사용했으며, 이를 확대해 민족문학이라는 개념에도 적용했다.

이러한 개념의 혼란을 극복하기 위해 조지훈은 「현대문학의 고전적 의의」를 발표한다. 그는 자신의 개념적 오류를 이렇게 해명했다.

> 나의 견해가 민족문학의 지향에 대한 노트로 나타난 것이 '고전주의의 현대적 의의'란 소론으로 표현되었으니, 순수문학이나 민족문학이란 개념에 혼란이 심했던 것과 마찬가지로 나의 이 고전주의란 용어 개념에도 허다한 선입견에서 오는 오해가 있을 줄 안다. 그러나 나는 우리 문학이 지향한 성격이 이상주의나 낭만주의나 주지주의적 성격보다는 고전주의적 성격에 더 많이 통해 있다고 보고, 이와 같은 우리 문학의 역사의식적 파악을 지향하고 또 그 지향을 실천하고 자극하는 것을 고전주의라고 붙여 둔 데 지나지 않는다는 것을 말해 두는 것이다.

나는 문학에 있어서 한결같이 '문학' 그것에의 지향 이외의 무슨 주의 무슨 파 운운에는 흥미를 느끼지 못하는 사람이다. 모더니즘을 배격하고 모더니티를 사랑하며 고전주의를 미워하면서도 고전성을 취한다는 것은 모더니티와 고전성의 지양을 희구한다는 말에 지나지 않는 것이니, 여기에 고전주의의 현대적 의의 및 현대문학의 고전적 의의가 있는 것이다.[73]

이러한 해명을 통해 조지훈은 자신의 입장을 고전주의라는 개념으로 통합했다. 그리고 오늘의 문학에서 고전주의가 하나의 과제로 제기되고 있음을 강조했다. 그가 재규정하고 있는 고전주의의 개념은 언제나 문학이 그 본질적인 것, 전통적인 것으로 환원적 발전을 의도할 때 나타나는 이념의 통칭이다. 그러므로 새로운 고전주의는 본연의 자태로서 이지와 정열의 균형을 추구하는 근거가 있을 수밖에 없다. 그는 이지에 주지주의가 아닌 현실주의를, 정열에 주정주의가 아닌 이상주의를 맡김으로써 그 균형을 잡을 때 신과 실존의 역사적 수난에 대한 근대의 반성이 오는 것이라고 결론지었다.

조지훈이 파악하고 있는 고전주의의 정신은 서구 문학에서 낭만적 정신에의 함몰을 경계하며 신고전주의를 내세운 토머스 흄의 태도를 연상케 하는 부분이 많다. 시에 있어서 정확하고도 적절한 언어 표현을 우선적으로 강조하는 흄은 무모할 만큼 방만한 상상력 대신에 구상력(fancy)이라는 개념을 제시해 정확하고도 견실한 산문적 경지를 시의 목표로 내세운 바 있다. 사물에 대한 등가의 공식을 내세워 시를 시인의 감정의 등가물로 이해하고자 한 흄의 태도가 이미지즘의 선구를 담당했던 사실을 우리는 익히 알고 있다. 조지훈은 서구 문학의 경우 낭만주의라는 것이 독창성과 특수성과 부분적 변화의 자유에 뿌리박음으로써 자신을 통제할 의욕과 그 실천의 힘을 감당할 수 없었음을 전제하면서, 신고전주의의 대두와 함께 전형성과 보편성의 추구, 전체적인 조화의 법칙성을 찾아 문학이 낭만적 혼선을 극복할 수 있었다고 지적했다. 그는 우리 문학의 역사적 현실에 있어서도 계급투쟁의 의욕이 낭만적 반항 정신과 통해 있기 때문에 질서와 조화를 잃은 파괴의 문학만이 유행하고 있음을 문제 삼았고, 바로 거기서 고전주의의 현실적 타당

73 조지훈, 「현대문학의 고전적 의의」(문예 제9호, 1950. 4), 125면.

성을 확인하고자 했다. 결국 그는 민족문학의 실천 방법으로서 고전주의 확립을 천명했고 바로 그것이 한국문학의 정상적 발전의 지표라고 규정했던 것이다.

조지훈은 해방 직후 정치·사회적 혼란 속에서 새롭게 자리 잡기 시작한 민족문학을 크게 세 가지의 각도에서 검토했다. 그리고 그러한 자신의 입각점을 지켜 나가면서 문학의 방향과 진로를 모색해 보고자 했다. 첫째로 그가 내세운 것은 순수문학이었다. 이것은 문학의 본질적 개념이다. 그는 문학의 예술성과 자율성을 강조하면서 개성의 표현으로서 문학을 문학 하는 태도의 거점으로 삼고자 했다. 둘째로 그는 순수문학을 문학 정신의 지향으로 삼고 민족문학의 확립을 그 실천적 목표로 내세웠다. 그는 민족문학이라는 개념 아래 한국 문화 전반에 걸친 반성적 비판을 가하기도 했으며, 순수문학으로서 민족문학 또는 민족문학으로서 순수문학을 내세워 문학의 사회적 현실성과 보편성을 동시에 논하고자 했다. 셋째로 그는 순수주의를 지향하는 민족문학의 방법으로서 고전주의의 확립을 주장했다. 이것은 조지훈의 문학론의 귀착점이라고 할 수 있다. 그가 강조하는 고전주의는 이지와 정열의 균형에서 오는 창조적 조화를 문학으로 구현하기 위한 방법이었다.

> 나는 '시를 자기 이외에서 찾은 저의 생명이오, 자기에게서 찾은 저 아닌 것의 혼'이라고 하겠습니다. 다시 말하면 대상을 자기화하고 자기를 대상화하는 곳에 생기는 통일체 정신이 시의 본질이라고 나는 믿습니다. 당신은 인간 의식과 우주의식의 완전한 일치의 체험이 시의 구경이라고 믿지 않습니까? 시의 세계는 질서와 조화의 세계입니다. 하나의 우주입니다.[74]

조지훈은 이러한 문학적 관점과 방법을 시적 창작을 통해 실천했다. 그의 시는 자아의 내면적 탐구에서 출발하면서도 정서의 충일을 보이지 않으며, 현실적인 주제의식을 담는 경우에도 자기 통어의 의지를 소홀히 하지 않았다. 특히 그는 시적 형식의 균형 감각에도 남다른 특징을 드러냈다. 그렇지만 조지훈의 시에는 관조의 태도가 있을 뿐 갈등의 몸부림이 없다. 달관하

---

74 조지훈, 『시의 원리』(산호장, 1953), 19-20면.

는 자세는 있으나 그의 시는 동적이라기보다는 지나치게 정적이다. 진정한 고전적 정신이 부조화의 한가운데 조화를 추구하고 불균형의 혼란 속에서 균형을 찾을 수 있는 포괄의 정신이라고 한다면, 조지훈의 시에는 다양한 정서적 충동을 동시에 포괄하면서 그 속에서 조화를 얻어 내는 치열한 긴장이 느껴지지 않는 것이 사실이다.

4

문학 교육 제도와 문학 연구

1) 학문으로서의 국문학

한국문학 연구의 체계

한국문학 연구는 근대적인 학문의 체계를 놓고 본다면 일제강점기의 문단 비평을 통해 방법론적 출발이 가능했다. 그리고 경성제국대학의 성립(1924) 이후 '조선문학'이 전문적인 학문 영역으로 규정되면서 방법론의 체계를 갖출 수 있게 되었다. 물론 초창기의 문학 연구는 일제강점기에 일본을 통해 수용한 연구 방법을 그대로 따를 수밖에 없었으므로, 한국의 전통적인 심미사상을 제대로 계승하지 못했다. 한국문학 연구는 안확, 이병기, 조윤제, 양주동, 손진태, 김태준, 고정옥, 임화, 백철, 김기림 등의 개인적인 업적에 의해 근대적 학문으로서 성격을 갖추고 범주와 체계를 확립하기 시작했다. 이들의 문헌 조사와 정리 작업을 통해 학문적 방법의 체계화가 가능해졌으며, 한국문학의 범주를 규정할 수 있는 통사적 개관도 이루어졌다.

안확의 『조선문학사』(1922)는 한국문학의 역사적 전개 양상을 통사적 형식으로 기술한 최초의 업적이 되었고, 중국의 거대한 문화적 영향 속에서 성장한 한국문학의 독자성을 규명하는 데 기여했다. 김태준은 『조선한문학사』(1931)를 통해 중국의 한문과는 다른 조선의 한문을 본격적인 연구 대상으로 삼았으며 한문학의 역사적 흐름을 처음으로 체계화했다. 그의 『조선소설사』(1933)는 한낱 '이야기책'으로 치부했던 한국소설의 형성과 발전 과정을 총체적으로 규명함으로써 소설이라는 특정 장르의 '양식사'를 처음으로 확립했다. 조윤제는 『조선시가사강』(1937)을 통해 최초로 한국의 시가문학을 학문적인 체계에 따라 서술했다. 그는 해방 직후 본격적인 문학사 연구로 손꼽히는 『국문학사』(1949)에서 한국문학의 형성과 발전을 한국 민족의 형성 발전과 연관시켜 역사적으로 서술했다. 양주동은 고시가 해독 및 주석 작업에 주력해 향가 25수 전편에 대한 해독을 『조선고가연구』(1942)를 통해 발표했고, 『여요전주(麗謠箋注)』(1947)를 통해 고려가요의 주석을 집대성했다. 이밖에도 손진태의 『조선민족설화의 연구』(1947), 고정옥의 『조선민요연구』(1949) 그리고 이병기의 시조 연구 등을 이 세대를 대표하는 업적으로 평가할 수 있다. 한국 근대문학의 연구는 임화가 시도한 신문학사의 서술을 통해 본격적인 관심사가 되었고, 해방 후 백철에 의해 완성된 『조선신문학사조사』(1949)에 이르러 외래적 문학사조의 수용 양상을 배경으로 한국 근대문학의 역사적 전개과정을 체계화한 최초의 근대문학사가 정리되었다. 이 밖에도 김기림의 『문학개론』(1946), 『시론』(1947), 『시의 이해』(1950) 등이 주목되는 업적으로 손꼽힌다.

고전문학과 현대문학의 구분

해방 직후 대학이라는 교육 제도가 정비되면서 한국문학은 학문으로서의 문학 연구의 대상과 영역으로 새롭게 인식되었다. 고전문학과 현대문학으로 그 영역을 크게 구분하는 것도 가능해졌다. 이러한 영역의 구분은 해방 직후부터 학문으로서 '국문학'이라는 새로운 개념이 확립되는 과정과 함께 더욱 분명해졌다고 할 수 있다. 한국문학의 영역에서 고전문학과 현대문학이라는 구분은 한국문학의 역사적 전개 과정을 시대 구분의 요건에 따라 구획한 것이지만 단순한 시기상의 문제만이 아닌 문학 내적 변화와 발전의 논리를 드러내는 기준이 되기도 한다.

한국 고전문학이 형성·발전해 온 시대는 봉건적인 사회제도와 인습이 지배하고 있었다. 고전문학은 초기 단계에서부터 불교의 사상적 영향을 받아들였으며, 고려시대 이후에는 유학의 이념을 중시했다. 그리고 한국 민족의 고유한 정서와 삶의 가치를 발견하고 이를 문학적 형식으로 구현하는 데 주력했다. 그러므로 고전문학은 한국 민족의 전통적인 삶의 방식과 그 미의식을 가장 특징적으로 보여 준다. 한국 고전문학은 구비문학과 기록문학으로 구분된다. 구비문학은 한국문학의 원천이라고 할 수 있으며, 구전 전통에 의해 독자적인 체계를 형성했다. 기록문학의 경우 한문학과 국문문학이라는 두 가지 영역으로 분리되어 있다. 한문학과 국문문학의 구분은 한국 민족이 영위해 온 문자 생활의 이중성을 그대로 반영한다. 한문학은 중국에서 들어온 한문을 기반으로 성립된 문학으로, 지배 계층에게만 허용되어 온 한문 글쓰기를 활용하고 있기 때문에 그 향수층 자체가 제한되어 있었다. 한문학은 한국 사회의 근대화 과정에서 사회·문화적 기능을 상실하게 되었지만, 한국 민족이 향유해 온 고급 문화가 한문학을 중심으로 발전해 왔다는 사실은 부인할 수 없는 일이다. 국문문학은 한글 창제 이후에 등장한 것이다. 국문문학은 한문학과 달리 그 사회적 기반을 서민 대중으로 확대시키면서 개화계몽시대 이후 한국 현대문학으로 발전하게 된다.

현대문학은 19세기 중반 이후 한국 사회의 근대화 과정을 배경으로 성립됐다. 고전문학이 기반하고 있던 봉건적인 사회제도와 관습이 붕괴된 자리에 새롭게 자리 잡은 것이 현대문학이다. 현대문학에는 한문학과 같이 지배 계층의 이념을 대변하고 그 정서를 표현하는 독점적이면서도 폐쇄적인 문학이 존재하지 않는다. 현대문학은 국문 글쓰기에 의해 양식이 확립되고, 국문을 통해 대중적으로 확산됐다. 그리고 대중매체로 새롭게 각광을 받게 된 신문과 잡지를 통해 폭넓은 독자층과 만났다. 현대문학에서 볼 수 있는 이러한 양식적 개방성은 현대문학이 추구하는 현대성의 중요한 특징이라고 할 수 있다.

19세기 후반부터 한국 사회는 봉건적인 사회체제의 모순 극복을 위한 개혁운동이 각 방면에서 활발하게 전개되었고, 침략적인 서구 자본주의 세력의 위협에 대응하기 위한 자주독립운동이 지식층을 중심으로 점차 확대되었다. 그런데 한국 현대문학은 일본의 침략으로 말미암아 결정적인 한계에 부딪혔다. 일본의 식민지 통치는 한국 민족의 모든 권한과 소유를 박탈하는 것으로부터 시작되어 민족의 존재와 정신마저 말살시키고자 하는 방향으로 강화되었기 때문이다. 그렇지만 한국문학은 정신적 위축에도 한국어의 보루가 되었고 민족정신의 근거가 되었다. 1945년 한국의 해방은 민족문학의 방향과 그 지표를 재정립하고자 하는 새로운 계기가 되었다. 일제강점기의 모든 반민족적인 문화 잔재를 청산하고 새로운 민족국가의 수립과 함께 참다운 민족문학을 건설해야 한다는 것은 당연한 시대적 요청이었던 것이다. 그러므로 민족분단의 비극을 체험하고 전쟁의 혼란을 겪는 동안에도, 한국문학은 민족 전체의 삶에 대한 총체적인 인식을 목표로 삼았다. 한국문학은 민족의 현실과 역사적 조건에 대한 문학적 자기 인식과 그 확대를 통해서 문학의 가능성을 더욱 폭넓게 열어 갔다. 물론 여기서 말하는 문학의 새로운 가능성은 민족의식의 문학적 형상이라는 문제를 우선적으로 손꼽을 수 있지만, 민족 전체의 가치 있는 삶에 대한 총체적 인식을 추구하는 방향을 의미하는 것이다. 그리고 한국인들의 독자적인 문화적 창의성을 바탕으로, 세계문학의 보편적인 가치를 추구하는 데까지 나아갈 수 있어야 함을 강조하는 것이다.

문학 연구와 교육 제도

한국에서 현대적인 의미의 문학 교육과 연구는 1945년 해방과 함께 고등교육기관으로서 대학이 정비되면서 가능해졌다. 1946년 6월 19일에 미군정청은 경성대학과 경성의학전문학교, 경성법학전문학교, 경성고등공업학교, 경성고등상업학교, 수원고등농업학교 등을 통합하는 국립대학안을 발표했고 '군정령'으로 국립서울대학교의 신설을 강행해 1946년 10월 국립서울대학교를 개교했다. 이러한 조처가 고등교육기관을 축소하고, 대학 운영의 자율권을 박탈하며, 각급 학교가 유지해 온 전통을 해친다는 이유를 들어 이에 반대하는 이른바 '국대안 반대운동'도 일어났다. 하지만 사립학교 가운데 연희전문학교가 1946년에 종합대학으로 승격되어 '연희대학교'로 교명을 변경했으며 대한민국에서 최초로 남녀공학제를 실시하는 대학교가 되었다. 같은 시기에 고려대학교가 4년제 대학교로 문을 열었다. 이러한 종합대학에는 문과대학 또는 문리과대학이 설치되어 한국어문학을 학문으로 연구·교육할 수 있는 국어국문학이 독자적 학문 영역으로 자리 잡게 되었다. 식민지 지배 상황에서 조선문학이라는 주변부에 밀려나 있던 한국문학이 '국문학'이라는 개념으로 새롭게 정립되었으며 연구 방법의 과학성과 다양성을 확립하고 제도적 기반을 갖춤으로써 넓은 의미의 '인문학'의 한 분야로 정착했다.

대학이라는 제도 안에서 문학 연구가 '국문학'이라는 이름으로 전문화되면서 이루어 낸 것은 연구 범위를 획정하고 접근 방법을 논리화하는 일이었다. 특히 문학 자체를 예술의 한 분야로 육성하는 일에 대해서도 관심을 갖게 된 것은 중요한 의미가 있다. 문학 연구는 인문학의 영역에서 인간의 참된 삶을 위해 인간 존재의 가치를 해석하고 그 이유를 추구하는 의무를 가진다. 그리고 개인으로서 인간에 대한 생의 의미를 중심으로 그 표현 방식까지도 중시한다. 문학은 궁극적으로 인간의 경험과 그 표현 방식을 다루는 학문이다. 언어로 표현된 인간의 사상, 감정과 그 예술적 방식을 주목하면서 인간이 개인적 존재로서 보여 주는 모든 행동의 언어적 표현 자체를 연구 대상으로 삼게 된다. 문학이 인문학의 중심에 자리 잡게 된 것은 본질적으로 문학을 통한 인간 경험과 그 표현이 지닌 인문학적 가치가 인정되었기 때문이다. 특히 1950년대 이후 서구 문예 이론의 폭넓은 수용이 이루어지면서 방법론에 대한 이해와 함께 문학적 현상에 대한 새로운 분석과 해석을 시도할 수 있게 되었다.

1945년 해방 직후부터 1950년대 후반까지는 한국문학의 교육과 연구를 위한 제도와 기반의 확립기에 해당한다. 국립대학 학제와 교육제도가 정비되는 한편으로 많은 사립대학이 등장하면서 '국어국문학과'가 여러 대학에 설치되었다. 전문적인 연구 인력이 대학을 중심으로 조직화했고 '국어국문학회'(1952)와 같은 학술 단체도 결성되었다. 대학이라는 고등교육기관에서 문학 연구가 학문으로 성장하게 된 것은 짧은 역사적 배경을 가졌음에도 그 중요성이 인정되었기 때문이다. 대학마다 문학 연구를 전문적으로 다루는 '학과'가 생겼고 그 테두리 안에서 교육과 연구에 종사하는 '교수'라는 직종의 전문가가 생겼으며 이를 공부하고자 하는 학생이 모여들었다. 그 결과 오늘의 한국문학은 한국학 분야에서 가장 많은 연구자를 양성했고, 다양한 연구 실적을 산출했다.

문학이 대학 교육에서 보편적인 인문학 교육의 중심을 차지하게 된 것은 문학의 사회·문화적 성격과 관련된다. 문학은 그 안에서 다루는 주제의 역사적 시간과 다양성을 시사하는 여러 가지 특징을 지닌다. 그런데 여기서 한 가지 주목해야 할 것은 국문학 연구의 제1세대는 대학이라는 제도 안에서 이루어진 자신들의 연구와 교육을 지속했던 사람들이지만 주로 문헌학(philology)의 관심에서 출발한 공통적 경험을 지니고 있다는 점이다. 여기서 전근대의 문헌이 연구 대상이 되었기 때문에 국문학 연구는 초창기에 주로 근대 이전의 고전문학에 치중하게 된다. 그러므로 당대 문학의 현장에서 이루어지는 비평적 논의는 대학 밖에 있는 저널리즘 비평을 통해 이루어졌다.

2) 문학의 이론적 탐구

I. A. 리처즈의 수용

해방 이후 이루어진 문학 연구의 성과 가운데 김기림의 『시의 이해』(1949)는 본격적인 의미에서 이론비평의 성과에 해당한다. 이 책에는 'I. A. 리처즈를 중심하여'라는 부제가 붙어 있다. 이는 이 책의 내용이 리처즈의 비평 이론을 기반으로 시의 이해를 위한 과학적 방법의 근거를 제시하는 데 목표를 두고 있음을 말해 준다. 김기림은 동북제국대학 문학부에서 영문학을 전공하면서 20세기 영문학 비평에서 이루어진 방법론적 전환에 눈을 떴다. 그는 자신이 한국 문단에서 고심했던 새로운 시학으로서 비평 방법에 대한 모색 과정에서 자연스럽게 현대 비평의 선구자로 주목받던 리처즈의 이론을 접하게 되었다. 한국 현대시의 감상 편향을 반대하고 시 정신의 건강성을 강조했던 그는 시학의 형이상을 비판하면서 객관적이고도 과학적인 시학의 확립을 주장했던 리처즈의 비평 이론을 적극 수용했다. 그가 동북제대 졸업논문으로 제출했던 「심리학과 리차즈(Psychology and I. A. Richards)」(1939)는 『시의 이해』의 저술을 위한 기초 작업에 해당한다. 김기림은 리처즈의 관점을 중심으로 과학으로서의 시학이라는 개념에 도달할 수 있었고, 당대 한국문학의 성격을 모더니즘이라는 개념 속에서 새롭게 규정하게 된다.

김기림은 이 책의 서문에 다음과 같이 적는다.

> 시를 한 개의 사실이거나 형식이거나 존재로만 보지 않고, 한 능동적인 기능의 면에서 본다고 하면, 그것은 그 자체의 기능을 발휘하는 저의 역학적 영역으로서 두 개의 장소(field)를 가지고 있어 보인다. 그 두 개는 기실은 한 통일된 장소의, 전체와 거기 잇달은 유기적 부분과의 관계에 서 있는 것이다. 그 장소의 하나는 개인의 심리요, 다른 하나는 사회인 것이다. 그리하여 새로운 과학적 시학 주로 시의 경험으로서의 면을 밝히는 시의 사회학이라는 두 기둥 위에, 아니 차라리 그 두 분야의 종합 위에 서게 되리라는 것은 저자의 연래의 소견이다.
>
> 저자는 이 작은 책에서 제 공부 삼아 우선 시의 심리학적 해명의 약도나마 시험하려 하였다. 저자가 아는 범위에서는 이 방면에 있어서 지금

까지 가장 중요한 일을 한 I. A. 리처즈 교수(1893-1979)의 이론을 길잡이로 삼는 것이 타당하다고 생각했다. 그는 1920년대에, 시에서 T. S. 엘리엇의 한 업적을 시학과 비평론에 남겼던 것이다. 이 방면에서의 그의 영향은 30년대를 거쳐 오늘에 이르기까지 실로 압도적이었다. 그의 『문학 비평의 원리』(1924)는 지금은 그 방면의 한 고전적인 교과서처럼 되어 버렸다. 그뿐 아니라 언어학 그 중에도 의의학(意義學), 사전학(辭典學)과 교수법, 철학 방면에까지 그의 영향은 널리 미쳐서 영국과 미국 두 나라 학계에서 이미 부동의 지위를 쌓아 올렸다. 일찍이는 케임브리지에서, 현재는 미국에 건너가 하버드에서 강좌를 맡으면서 지금도 꾸준히 연구를 계속하고 있다.

저자는 교수의 이론을 소개, 비판하면서 약간의 자기 소견도 붙여 보았다. 다행히 이 작은 책을 통해서, 현대문화의 불행한 '집시'의 일족인 시가 좀 더 깊은 이해와 친근을 얻는다면 실로 기쁘겠다. 동시에 난해하기로 이름난 리처즈 이해의 도움이라도 한편 된다면 뜻하지 않은 부산물을 거두는 셈이겠다.[75]

위의 인용에서 확인할 수 있듯이 『시의 이해』는 리처즈가 남긴 『문학 비평의 원리(Principles of Literary Criticism)』의 내용을 새롭게 해석한 책이다. 김기림 자신이 밝히고 있듯이 이 책은 리처즈의 이론에서 특히 심리학의 관점과 방법에 대한 논의를 중심으로 삼고 있다. 그러므로 리처즈의 『문학비평의 원리』에서 시의 경험, 시적 상상력, 시의 전달과 효과 등에 관한 심리학적 해석을 중심으로 내용을 정리한다. 김기림은 1차 세계대전 이후 1920년에 들어서면서 유럽의 문학에 미친 심리주의적 경향을 특히 주목하면서 리처즈의 업적이야말로 '시의 심리학의 뛰어난 실례'라고 평가했다. 그리고 리처즈야말로 시의 경험의 과학적 분석의 무게와 필요와 가능성을 스스로 깨닫고 그 일을 체계 있게 실천에 옮긴 인물이라는 점을 주목했다. 김기림은 리처즈의 비평적 업적으로 당시 영국 시단을 휩쓴 난해한 모더니즘의 시 운동에 이론적 근거를 제공했다는 점을 강조하는데, 시에 대한 논의가 자칫 대학에서 철학이나 미학의 관념론에 빠져들기 쉬운 영역임에도 대학에 자리해 자신의

75 김기림, 『시의 이해』(을유문화사, 1950), 2-3면.

시학과 당대 시단을 연결하는 하나의 능동적인 교섭을 가능하게 했음을 분명하게 지적했다.

김기림이 과학으로서의 비평 또는 시학이라는 과제를 놓고 크게 기대었던 리처즈의 『문학비평의 원리』는 현대 과학의 기초 위에서 문학 또는 예술적 체험과 가치의 문제에 대한 심리학적 접근 방법을 확립하고자 한 중요한 업적이다. 리처즈는 인간의 정신 활동 가운데 미적 경험이라든지 미적 정서라는 신비화된 영역은 존재하지 않는다고 주장한 바 있다. 인간의 일상적인 경험과 구별되는 미적 경험이란 있을 수 없다는 것이다. 그는 인간의 이성을 마비시키는 유령 같은 '미(美)'라는 개념은 존재하지 않는다고 분명하게 언급하면서, 이 같은 분석 불가능한 추상적 관념은 문예비평의 영역에서 추방되어야 한다고 역설했다. 이러한 태도는 예술이 미(美)의 표현이라고 강조해 온 19세기 관념론적 미학의 논리를 거부하는 것이었다.

이와 같은 리처즈의 관점에 대해 김기림은 다음과 같이 설명했다.

> 리처즈는 홀홀히 어느 한 학파나 한 학론에 쉽사리 가담해서 거기 편벽되게 그의 시학의 기초를 세우려 하지는 않는다. 그렇지 않고 어디까지든지 여러 학론 속에서 그의 당면한 요구에 들어맞는 부분을 추려 모아 가되 장래의 심리학은 보다 더 엄정한 과학의 선을 따라 말하자면 이론 물리학을 한 표본으로 삼고 나갈 것이라는 원칙에 서 있는 것이었다. 사회적·역사적 사실로서의 시가 한 경험으로서 현실적으로 일어나고 지나가는 장소로서의 사람의 마음을 육체와 대립하는 의미의 영혼이라든지 정신으로 여기지 않고 생리상 신경계통의 기능으로서 규정하려 드는 곳에 리처즈의 독특한 착안이 있는 것 같다. 사람의 마음을 신비화하며, 육체를 떠난 다른 원리에 의해서 움직이는 아주 다른 세계로서 상정하려는 일체의 신비주의—접신 사상, 영감설, 이원론을 부정하는 것이다.[76]

리처즈는 예술에 대한 신비주의적 해석을 거부하며 예술적 정서 또는 미적 체험이라는 말조차도 사람의 마음을 신비화할 수 있으므로 사용하

---

76 김기림, 「시의 경험」, 『시의 이해』, 33-34면.

지 않았다. 그는 오히려 예술적 정서가 일상적 체험에서 비롯되는 감정이입(empathy)의 과정을 포함하는 것임을 분명히 밝혔다. 다시 말하면, 감정이입을 내포하는 체험이란 일상적 경험의 일부일 뿐이며, 미적 경험에 한정되지 않는다는 것이다. 하지만 그는 예술에서 취급되는 경험은 일상적 경험보다 조직화되고 질서와 균형이 잡혀 있어야 한다는 점을 덧붙였다.

> 리처즈에 의하면 가치는 이렇게 조직된 태도 그것의 치밀성과 그 형식의 완성에 의존하는 것이라 한다. 經驗의 强度라든지, 激動性이라든지, 刺戟性이라든지, 快 不快의 느낌에서 오는 것은 아니라고 한다. 生의 자유로운 實現과 擴充을 위한 여러 衝動의 조직, 그것이 가치를 주는 것이라고 한다. 그런데 이 價値있는 經驗을 가장 풍부하고도 效果있게 제공하는 것이 다름 아닌 藝術이다. 우리의 마음이 몽롱한 상태로부터 더 透明한 狀態로, 혼란한 상태에서 보다 더 組織된 狀態로 높아가고 統一되어 가는 그 과정은 아직은 우리의 觀察이 미치지 못하는 領域에 속하지마는 그것이 많이는 다른 사람들의 정신적 영향에서 오는 것만은 사실이다. 사람과 사람의 마음의 이러한 서로서로의 交通을 추진하며, 激發하며, 이루어 가는 가장 주요한 수단이 藝術인 것이다. 시는 그러한 藝術의 한 형태인 것이다. 이것이 리처즈의 유명한 평형(Ballance)론, 또는 균형(Equilibrium)론이다. 그의 설에 의하면 미가 깃들어 있는 곳은 藝術作品이라고 하는 客觀的인 대상은 아니라는 것이다. 따라서 美의 일반적인 속성을 규정하려고 드는 것은 매우 부질없는 일이 된다. 마치 美를 성립시키는 客觀的인 여러 條件을 하나하나 셀 수 있다고 억측하며, 생각 속에서 미의 觀念的 模型을 그려 보는 것은 形而上學的 思辨의 因習이다. 우리가 한 藝術 作品을 받아들일 적에 우리는 도대체 아무 데서도 美의 유령 같은 것조차 만나 보지는 못한다는 것이다. 그런 게 아니라 그 작품을 받아들이는 편의 마음속에 어느 정도의 心理的 平衡 또는 均衡이 이루어지는 것을 經驗할 따름이라는 것이다. 그리하여 한 藝術作品의 價値를 정하는 기준은 이 心理的 均衡을 이루는 정도에 따르는 것이 된다.[77]

77 김기림, 「시의 효과」, 『시의 이해』, 174-176면.

김기림은 리처즈가 미의 객관적 실체를 인정하지 않는다는 점을 주목했다. 객관적인 미를 경험한다는 것은 리처즈의 관점에서 가당치 않은 일이다. 미적 경험은 예술작품을 받아들일 때 경험하는 심리적 균형일 뿐이다. 이러한 심리적 균형 상태는 작품이 일으키는 심리적 반응에 속한다.

김기림이 요약해 놓고 있듯이 리처즈의 주장은 전적으로 인간의 정신적 활동 영역에 국한된 것이다. 시의 텍스트 자체가 구조적으로 드러내는 특질을 분석하는 것이 아니라, 전적으로 경험으로 이루어지는 요건을 지적한 것에 불과하다. 시의 텍스트를 분석함으로 얻어지는 요소가 아니라 시를 읽을 때 의식하게 되는 경험적 요소를 말하는 셈이다. 그러므로 시는 인간 경험의 다양한 요소를 최대한 포괄해야 한다. 여기서 주목되는 것이 이른바 자신의 편견을 버린 상태, 즉 사심 없는 상태의 유지다. 사심이 없는 상태에서 사물을 볼 때 특정의 한 점만을 강조하거나 한 지점만에 서게 되는 부자유에서 벗어날 수 있기 때문이다. 리처즈는 자아가 완전히 자유로워진 이른바 전체성을 띠고 작용한다는 의식에 대한 경험을 강조했다. 그래야만 자신의 내면만이 아니라 사물의 전체적 양상을 볼 수 있으며, 아이러니의 시선을 이겨낼 수 있는 것이다.

리처즈의 새로운 시학이 과학적 방법의 의미를 가졌음에도, 김기림은 그 한계와 문제점을 분명하게 지적했다. 특히 '도피의 시학'이라는 이름으로 리처즈 이론의 사회성 결핍 경향을 문제 삼았다.[78] 김기림은 시라는 것이 일상적 현실과 삶의 영역을 벗어날 수 없다는 점을 신념처럼 강조해 왔다. 일찍이 문단에서 기교주의 논쟁이 야기되었을 때부터 그는 시의 기교와 시 정신의 현실성이 서로 균형을 이루어야 한다는 점을 강조한 바 있다. 그러한 지향을 두고 '전체로서의 시'라는 개념을 내세울 수 있었던 것이다.

김기림은 리처즈가 신봉하는 심리학 자체가 여전히 상당 부분 하나의 가설적 원리에 기댈 수밖에 없다는 점도 문제로 지목했다. 그가 과학에서 얻은 일을 형이상에서 잃을까 걱정이라는 것이다. 그는 여전히 심리학이 수많은 가설 위에서 성립되고 있음을 강조하면서 그 방법의 한계를 분명하게 지적하고 있다. 그는 리처즈 이론의 발전에 비약이 너무 많은 것처럼 보일 적

78 김기림, 「I. A 리처즈 비판」, 『시의 이해』, 204-210면.

에 불안감을 느낀다는 사실을 숨기지 않았다. 그리고 심리학이 사람의 심리적 현상을 일괄해 설명해 버릴 만큼 성숙하지는 못했음을 분명하게 지적했다.[79]

3) 한국문학사의 체계

조윤제의 국문학사 연구

해방 직후 이루어 낸 한국문학 분야의 연구 업적 가운데 조윤제의 『국문학사(國文學史)』가 손꼽힌다. 이 책은 삼국 통일 이전 한국문학의 태동에서부터 일제강점기의 3·1운동 이후까지 한국문학의 역사적 흐름을 통사적으로 정리한 대표적인 저작이다. 조윤제가 일제강점기에 내놓은 바 있는 『조선시가사강』 등이 모두 이 저작을 통해 새롭게 종합되어 문학사의 전체적인 체계를 확립한 것으로 볼 수 있다. 한국문학의 독자성과 역사적 특수성을 중시하고 있다는 점에서 탈식민주의적 성격이 강하게 드러난다.

조윤제의 『국문학사』는 '국문학'이라는 개념을 새롭게 정립한다. '국문학'은 '조선문학'으로 통칭되었던 문학의 영역에 문학적 주체의 인식을 더욱 강조한 새로운 개념이다. 그가 내세운 국문학사는 국문학의 역사이며 이는 한국 민족의 삶을 표현한 역사라는 개념으로 규정된다.

조윤제의 문하사 연구는 방법론의 독자성에서 우선적인 문제성을 드러낸다. 이 책의 서론에 속하는 '국문학사의 사명'에서 조윤제는 문학을 하나의 생명체로 인식하고 있음을 보여 준다. 문학은 살아 있는 생활을 표현한 것이므로 그 자체가 이미 살아 있는 것이며 문학사는 그 삶의 연속체가 된다는 것이 방법론의 출발점이다.

> 생활은 어디까지나 살아 있는 것이고 이 살아 있는 생활을 표현한 문학도 또한 살아 있는 것이니 문학사는 모름지기 그 삶의 연속체가 되지 않으면 아니 될 것이다. 과거 어느 때 어떠한 문학이 있었고, 또 어느 때는 다

---

79 김기림, 『시의 이해』, 214면.

> 른 어떠한 문학이 있었다는 연대기적 기록만으로는 문학사가 될 수 없을 것이다. 그 문학이 있음에는 있어 온 바의 원인이 있었을 것이고 또 그것은 다른 어떠한 문학에 영향을 미칠 것이니 하나하나의 문학 사상은 편편이 떨어져 있는 한 개의 고립적 사상이 아니고 기실은 한 생명체의 부분이며 거기는 전체의 생명이 부분적으로 잠재하고 있어 밖으로 아무 관련성이 없어 보이는 듯한 모든 부분적인 문학적 사상도 그것을 세로 또 가로로 한데 편록(編錄)하면 완전한 생명체를 구성할 수 있는 것이다. 그러므로 문학사는 실로 어떠한 상호간의 관계를 밝혀서 그 모든 문학적 사상이 한 생명체임을 잊지 말고 그 생명을 살려 나가지 않으면 안 될 것이다.[80]

여기서 주목해야 할 점은 문학사가 각 시대 문학의 집합체가 아니라 인과적으로 연결되어 있으며 부분과 부분이 상호 관계를 맺으면서 전체가 유기적 생명체를 이룬다는 주장이다. 문학사를 하나의 연속적인 생명체로 인식한다는 것은 조윤제가 문학을 유기적 생명체로 간주하고, 그것이 생명체라는 유추(類推)를 통해 문학적 현상을 역사적으로 파악하고자 했음을 의미한다. 이것은 조윤제가 지닌 유기적 세계관을 보여 준다. 이 새로운 관점은 문학사의 전체적 흐름을 생명을 지닌 채 성장·발전하는 유기체로 본다는 특징을 지닌다. 그러므로 그는 문학의 시대적 변화를 연속적 발전으로 이해하며 그 동인(動因)의 규명에 힘을 기울였다. 여기서 드러나는 각각의 문학 현상은 비록 전체 문학사의 부분에 해당하지만, 부분과 부분 사이의 상호 관계가 균형을 이루면서 조화롭게 문학사의 완결적인 전체에 이른다는 해석이 가능하다. 이러한 관점은 문학사가 어느 시기에 어떤 문학이 존재했다는 단순한 연대기적 기록으로 만족될 수 없다는 점을 지적함으로써 이른바 문학 자료의 발굴과 해석에 매달리는 실증주의의 약점을 극복하고자 했다는 의미를 지닌다.

표면적으로 조윤제의 유기체로서 문학사는 실증주의의 방법론적 한계를 극복한다는 점이 주목되지만, 실상은 문학사의 흐름을 유물변증법적 관점에서 서술하고자 했던 김태준 등의 관점과도 대립적 성격을 지닌다. 김

---

80 소윤제, 『국문학사』(동국문화사, 1949), 2면.

태준의 소설사 서술에서 논리적 기반을 이루는 유물변증법적 관점은 문학적 현상 전체에 내재하는 모순과 투쟁을 강조하고 문학사의 흐름 속에서 그 비약적 발전과 변화에 강조점을 두는 것이 특징이다. 그러나 조윤제의 경우 조선시대 소설의 발전 과정은 연속적인 변화의 결과이면서 여러 형태의 소설이 조화로운 상호 작용을 통해 하나의 전체적인 문학사의 완결적 보존을 가능하게 하는 것으로 설명했다. 이러한 접근 방법은 문학사가 하나의 생명체로서 완결적인 전체의 구조라는 개념을 가능하게 하는 셈이다. 실제로 그는 국문학사에서 먼저 현실에 요구되는 과학적인 부동의 입장에 서서 과거에서 현대에 이르는 국문학 사상(事象)을 통해 그 변천·발달된 자취를 고구할 것을 요구했다. 그리고 사상 상호의 관계를 끊지 않으면서 현대에 종결시켜 그것이 그대로 현실의 우리의 생명과 완전한 한 생명체가 되어야 한다고 한다.

결국 조윤제는 유기적 생명체로서의 문학사라는 개념을 확립함으로써 한편으로는 일제강점기에 일본 학자들이 주장했던 실증주의의 한계를 극복하고 다른 한편으로는 마르크스주의의 이념적 요구를 거부할 수 있는 독자적 방법론을 제시한 셈이다. 그러나 문학사 자체가 드러내는 다양한 문학 양식의 변화를 민족의 삶의 표현이라는 하나의 개념으로 단순화해 설명하고 있다는 문제성을 드러냈다. 특히 문학의 변화를 태동, 형성, 위축, 소생, 육성, 발전, 반성, 운동, 복귀 등의 연속적 순서 개념으로 서술하며 추상성과 비합리적인 논지 전개를 보여 주기도 했다.

조유제의 문학사 연구에서는 국문학의 범주와 성격에 대한 논의가 중요하다. 여기서 핵심이 언어 문제다. 조윤제는 국문학의 영역과 범주를 규정하기 위해 우선 한국말로 된 한국문학은 한국의 고유 문학이며 이것을 '순한국문학'이라고 할 수 있다고 전제했다. 그리고 순한국문학에 포함할 수는 없지만 '한문학(漢文學)'도 한국문학이라는 포괄적 개념을 제시한다. 그는 순한국문학과 한문학을 합하면 그것이 '큰 한국문학'이 된다고 규정했다. 이러한 절충적 관점은 그가 1930년대 문단에서 제기했던 '조선문학은 조선인이 조선어로 쓴 문학'이라는 '속문주의(屬文主義)'의 언어 중심적 관점과는 다른 태도를 보여 주고 있음을 말한다. 그는 한문학을 국문학의 영역에 포함해야 하는 이유를 다음과 같이 설명했다.

> 형식상 비록 한문으로 표기되었다 하지만은 그 내용은 국문 이상으로 잘 한국 사람의 사상 감정 생활을 표현하고 있어서, 그냥 그것을 한문학이라 하여서 국문학에서 떼어 버리기가 곤란하기까지 되었다. 그러면 한국에 있어서 한국 사람의 손에 의해 발달한 한문학은 작자 자신뿐 아니라 당시 일반 사회까지 그것이 자국 문학이라는 데서 한 점 의심을 갖지 않았고, 또 한국말로써 표기된 문학보다도 더 잘 한국 사람의 사상 감정 생활을 표현하여 있다는 사실로 비추어 보면 적어도 고대의 한문학만은 전연 한국문학과 관계없다고 할 수 없을 듯하다.[81]

조윤제는 국문학의 영역에 한문학을 포함한 이유를 두 가지로 설명했다. 하나는 한국인의 손에 발달한 한문학은 그 작자만이 아니라 일반 사회에서도 자국 문학이라는 인식이 자연스러웠다는 사실이며, 다른 하나는 한국어로 표현된 문학과 마찬가지로 한국인의 사상과 생활감정을 표현하고 있다는 점이다. 그는 국문으로 이루어진 문학을 '순한국문학'이라고 규정해 중요성을 강조하면서도 한문학을 배척하지는 않았다. 하지만 실제의 문학사 기술 내용을 보면 한문학의 위상을 적극적으로 논의하고 있지 않다. 단적인 예로서 한문학이 융성한 고려시대를 위축시대라고 했고 훈민정음의 창제를 통해 국문학의 소생시대가 열렸다고 설명한 것이다. 물론 한문학에 대한 그의 긍정적 관점은 해방 이후 학계에 폭넓게 받아들여지면서 한국 한문학 연구의 길을 열어 놓는 계기가 되었다.

조윤제의 문학사에서 흥미로운 지점은 그가 전체로서의 문학사를 구상하면서도 신문학의 성립 과정을 이른바 이식문학론의 관점에 의거해 서술한다는 사실이다. 조윤제는 이 전환의 시대를 두고 '운동시대'와 '복귀시대'라고 명명하면서 외래적 문예사조의 유입과 외국 문화의 섭취를 통해 새로운 신문학의 등장이 가능해졌다고 설명했다. 이 과정에서 한문학이 쇠퇴에 이르고 새로운 문예가 발흥하게 됐다는 것이다. 이러한 관점은 그가 신문학의 형성을 놓고 임화에 의해 제기된 바 있는 '이식문학론'을 대체로 긍정하고 있음을 보여 준다. 전체적인 문학사의 연속성을 강조하면서도 실상은 고전문

---

81 조윤제, 『국문학사』, 5-6면.

학과 신문학의 단절 현상을 인정하는 셈이다. 한문학의 쇠퇴와 한글 문학으로의 복귀라는 큰 흐름의 성격을 강조하지만 신문학의 성립에서 드러나는 압도적인 외래의 영향을 인정하지 않을 수 없었던 것이다.

백철의 신문학사 연구

백철이 해방 공간의 이념적 혼란을 통과하면서 내놓은 업적으로 『조선신문학사조사(상)』(首善社, 1947)와 『조선신문학사조사(하)』(白楊堂, 1949)이라는 두 권의 문학사를 손꼽을 수 있다. 백철의 문학사 연구는 일제강점기에 임화가 시도한 신문학사의 구상과 맥락을 같이 한다. 임화의 문학사 서술이 신소설의 단계에서 중단된 사정을 놓고 본다면 백철의 문학사는 한국 근대문학의 성립과 역사적 전개 양상을 개화기부터 해방 공간까지 포괄하는 통사적 성격을 갖추고 있다.

백철의 문학사 연구는 '신문학' 또는 '문학사조'라는 명제를 내세웠다. 여기서 먼저 주목되는 것이 '신문학'이라는 말이다. 이 용어는 글자 그대로 새로운 문학을 뜻하는 것으로 19세기 후반의 개항 이후 한국 사회가 겪었던 근대적 변혁운동을 기반으로 성립된 문학을 의미한다. 물론 신문학은 19세기 이전의 '고전문학'과 대조되는 용어로 이미 널리 사용되었던 말이었다. 그런데 백철은 신문학의 범주 안에 근대문학과 현대문학을 구분해 포함했다. 백철은 자신의 문학사에 '신문학사 조사'라는 새로운 성격을 부여했다. 이 말은 백철의 문학사 서술의 대상과 방법을 의미한다. 그가 주목하는 근대사조는 조선에 밀려들어 온 새로운 세계 역사의 물결을 말한다. 그는 근대사조가 한국 사회의 근대화를 가능하게 했으며 그러한 근대적 경험으로부터 새로운 문학이 배양되었다고 말했다.

> 근대적인 의미의 신문학운동이 조선 문학사상에 등장된 것은 직접 근대사조라는 세계 역사의 물결이 조선에 밀려들어 온 그 지반 위에 동기가 된 것이며, 또한 그 근대사조의 변천에 의하여 조선의 신문학이 성장되고 발전되어 온 것이다. 그 의미에서 우리가 조선 신문학사를 쓸 때엔 그 근대사조를 무시하고 쓸 수가 없을 뿐 아니라, 근대사조의 변천 과정에 대한 부단의 관찰을 해가는 가운데 써나가는 것은 문학사를 정당하게 쓰는 유일

한 방법론이 되리라고 생각한다. 말하면 우리 신문학은 그 근대 사조가 흘러가는 유역, 그 강류의 좌우 안에 배양된 수림(樹林)과 같은 것이다. 우리는 이 조류를 약간 급한 보조로 따라 내려가는 데서 그 문학 수림(樹林)의 전경을 부감(俯瞰)할 수 있고 또 특수한 지역마다 군성한 문학 수림(樹林)의 집단의 정체를 파악할 수 있을 줄 안다.[82]

위의 인용에서 백철은 한국의 신문학운동을 전적으로 세계 역사의 새로운 물결로서 근대사조에 기반한 것으로 보았다. 그리고 근대사조의 변천에 따라 한국의 신문학이 성장해 발전했다고 설명했다. 하지만 이러한 설명만으로는 사회·문화적 산물로서 신문학의 성립과 발전을 전체적으로 이해하기란 쉽지 않다.

일반적으로 문학사조란 특정 시대의 문학예술에서 드러나는 사상과 기법의 공통적 경향을 말한다. 문학예술의 유파, 문학운동과 사상의 시대적 흐름을 통칭해 문학사조라고도 한다. 문학사조에서는 특정 문학적 경향이 발생하게 된 시대적 성격이 강조되기도 하지만, 그러한 경향이 공간적으로 확산하는 현상 자체를 중시하기도 한다. 문학예술의 시대적 특징은 작가의 사상이나 작품의 문학적 성격을 통해 규명된다. 문학사조를 하나의 유파의 경향으로 이해할 것인가, 어떤 이념적 성향을 나타내는 문학운동으로 볼 것인가 하는 문제는 여전히 논란이 많다. 문학사조의 연구는 문학의 흐름과 시대적 변화를 전체적으로 파악해야 한다는 점에서 문학사의 영역에 포함할 수 있지만, 개별 작품이나 작가의 활동에 대한 구체적인 기술을 넘어선다는 점에서 문학사와는 일정한 거리를 두게 된다.

하지만 백철이 내세우는 근대사조라는 개념은 문학사조를 뜻하는 것이 아니다. 그는 근대사조를 자유주의 사조라고 밝히며, 근대사조를 서구 세계에서 성립·발전한 자유주의라고 이해했다. 여기서 백철이 사조라는 말을 문예사조에 국한해 사용하지 않았다는 것을 알 수 있다. 백철은 서구 자유주의 사상의 유입을 통해 한국 사회의 개화 사조가 성립되었음을 주장하면서 거기서 비롯된 계몽주의적 이념을 신문학의 선구자인 최남선과 이광수의 문

82 백철, 『조선신문학사조사(상)』(수선사, 1947), 10면.

학을 통해 확인하고자 했다. 이러한 관점은 사회사상과 문학적 현상을 단선적으로 연결하고자 하는 약점을 드러낸다. 그는 초창기 문단의 형성기에 드러나는 각종 문학적 경향의 혼류 상태를 낭만주의, 자연주의, 사실주의 등의 문예사조를 중심으로 논의하지만 계급문학운동의 경우 사회주의 사상에 관심을 집중했다. 그의 문학사 서술에서 보이는 모든 '근대적인 것'에 대한 관심은 포괄적 태도라기보다는 문학사조에 대한 인식의 불명료성을 말해 주는 것으로 평가될 수 있다. 그는 문학사를 정당하게 쓰는 유일한 방법론으로 사조사 연구를 내세우지만 문학사가 곧 문학의 역사라는 사실을 간과했다.

여기서 주목해야 할 것이 이른바 한국적 특수성이라고 지적되는 사회적 상황이다. 한국 사회는 서구의 근대적 사조를 적극적으로 수용할 정도로 개방적이지 못했으며 역사 발전 자체가 정체되어 있었다. 더구나 서구 사회가 수 세기에 걸쳐 발전·변화해 온 데 반해 한국 사회는 압축된 근대적 변혁 과정을 거쳤다. 백철도 이러한 문제성을 한국 근대문학의 특수성으로 인식하고자 했다. 그렇지만 한국 사회의 근대적 변화의 근본적인 문제가 식민지 근대의 모순이라는 사실을 제대로 지적하지 못한다. 결국 백철의 문학사 연구는 서구의 근대적 문물을 수용하면서 근대문학의 성립이 가능했다는 임화의 이식문학론의 연장선상에 놓여 있다.

백철의 『조선신문학사조사』는 근대문학의 기점을 1894년 갑오경장으로 설정하고 있다. 물론 1876년 강화도조약을 통한 문호 개방이 한국 사회에 커다란 근대적 충격을 가져왔으며 갑신정변에서 동학운동 그리고 갑오경장으로 이어지는 개혁의 과정을 통해 근대적 전환을 이룬다는 점을 지적했다. 백철이 내세우는 신문학의 성립은 두 가지의 문제성을 드러낸다. 첫째로 신문학의 성립 자체가 전통문학과의 단절을 전제로 한다는 점이다. 그는 서구적인 새로운 문학의 등장을 주목하면서도 전통문학의 근대적 변혁에 대해서는 전혀 관심을 두지 않고 있다. 이것은 신문학이란 곧 서구 문학의 이식으로 가능해진 것이라는 '이식문학론'의 관점을 그대로 따르고 있음을 말해 준다. 둘째로는 일제 강점으로 인해 왜곡된 근대화 과정의 문제성을 제대로 지적하지 못한 상태로 신문학의 등장을 긍정한다는 점이다. 그는 이인직 이후의 신소설이 지니는 일본적 식민주의의 동조를 문명개화, 자주독립, 신교육 등의 주제로 설명할 뿐이다. 그리고 최남선과 이광수의 시대를 '계몽주의'로 규정했으며 진정한 의미의 근대문학은 '창조' 동인들의 활동을 통해 구체화된 순문학운동을 통해 가능해진다고 파악한다.

백철은 신문학을 시기상으로 근대문학과 현대문학으로 나누어 놓았다. 하지만 그가 사용하는 신문학, 근대문학, 현대문학 등의 개념은 뚜렷한 성격을 보여 주는 것도 아니며 시대 구분의 기준도 애매하다. 그의 견해에 따르면 한국의 근대문학은 이념적으로는 개화기 이후에 형성된 민족주의 사상을 배경으로 한다. 그리고 이러한 사상적 경향에 문예사조로서 낭만주의와 자연주의가 한데 결합한다. 신문학의 초창기에 해당하는 1920년대 전반기까지의 문학이 바로 이에 해당한다. 그런데 그는 1920년대 중반 이후 사회주의 사상의 등장과 함께 신경향파문학에 이어 프로문학운동이 성립되는 과정을 주목하면서 이를 현대문학이라고 규정한다. 프로문학운동이 내세운 왜곡된 자본주의 체제에 대한 비판을 두고 그는 근대적인 것과는 다른 새로운 시대 성격을 드러낸 것으로 인식했던 셈이다. '근대'와 '현대'라는 용어 개념의 혼란이 여기서 비롯된다.

백철의 문학사 서술에서 주목되는 부분은 신경향파문학의 등장에서부터 조선프롤레타리아예술동맹의 해체에 이르는 계급문학운동에 대한 풍부한 논의다. 이 시대의 문학은 상당 부분 백철 자신의 문단 경험과 겹쳐 있다. 그는 신경향파문학의 성격을 다음과 같이 규정한다.

> 신경향파문학은 본래부터 몇 사람의 주동에 의한 문학운동에 빚어진 것이 아니었다. 그것은 무엇보다도 이 시대의 현실의 동향을 배경으로 하고 일어났는데, 말하자면 지금까지의 그 모든 근대적인 문예사조를 토대로 한 신문학운동은 모두가 어디선가 민족주의 운동을 배경으로 하고 전개되어 온 것과 반하여 이 신경향파문학은 조선 민족운동 사상에서 전기의 민족주의운동에 대하여 신흥한 이른바 사회운동을 배경으로 한 것이었다. 신경향파적인 문학사조가 세계문학 사조요, 조선의 문학사조이기 전에 먼저 현실적인 운동 면에서 그것은 세계적인 사조요 조선의 일반 사조였던 것이다.[83]

---

83 백철, 『조선신문학사조사(하)』(백양당, 1949), 16면.

앞의 주장에서 볼 수 있듯이 백철 자신은 신경향파문학을 일반적 세계 문학사조로 인식했다. 백철의 주장에 따르면, 계급문학운동은 문학의 성쇠와 운명이 사회적 현실과 직결된다고 하는 소박한 '경향성의 문학'에서부터 출발했으며 민족운동의 사상적 기반의 하나가 되었던 사회주의 이념과 결합되면서 계급적 투쟁의식을 강조하는 계급문학으로 변화했다. 그는 신경향파문학이 자연발생적 성격을 갖고 있었음에도 그것이 시대의 현실과 동향을 배경으로 한다는 점을 강조하면서 신경향파문학이 목적의식을 갖고 사회운동의 관점을 문학과 결부시키면서 계급문학운동으로 확대된 점에 주목했다. 그리고 계급문학이 정치문학이며 조직 운동의 성격이 강하다는 점을 인정했다. 계급문학운동은 1925년 조선프로예맹의 결성과 함께 조직적인 예술운동으로 전개되기 시작해, 1927년 이후 조직 운동에 근거해 과감한 이론투쟁을 통해 대중적 확대를 기도하게 된 것이다.

백철은 계급문학운동의 이념적 지침이 되는 사회주의 사상이 변증법적 유물사관에 근거해 역사 발전의 단계를 계급 간의 투쟁 과정으로 파악하는 계급의식을 주축으로 삼고 있다는 점을 분명하게 적시했다. 그는 계급문학운동에서는 사회의 발전이라는 것도 사회주의로 향하는 하나의 단계에서 또 다른 단계로 이어지는 변증법적 진보를 뜻하는 것으로 설명했다. 그리고 이 과정에서 주도적인 기능을 행사하는 것이 무산계급이며, 무산계급은 현실 사회의 계급적 모순을 극복하기 위해 끊임없이 계급투쟁에 앞장서야 함을 주장했다.

백철은 계급 문단의 조직에 직접 가담했던 자신의 체험을 근거로, 한국의 식민지 현실을 일본 제국주의의 침략과 자본주의적 지배라는 계급적 지배 논리로 파악하고 있었음을 보여 준다. 그러므로 계급문학운동의 전개 과정에서 제기되었던 방향전환 논쟁, 아나키즘 논쟁, 민족문학 논쟁, 내용·형식 논쟁, 조직 해체론, 전향론 등의 내용을 풍부하게 서술했다. 특히 그는 신경향파문학이 한국적 현실의 특수성을 넘어서는 세계적 보편성으로서 새로운 시대사조였다는 점을 강조하면서 '현대적'이라는 수식을 붙였다. 이러한 접근은 19세기 후반 사회주의의 등장을 자본주의 비판이라는 명제로 인식했던 그의 관점을 그대로 드러낸다. 그렇지만 백철은 '사조사' 중심의 문학사 서술을 내세우면서 사회적 배경과 시대적 상황에 대한 설명에 치중했고, 근대사조라는 이름으로 다양한 서구의 이념과 사상, 문예사조 등을 소개하고자 했다. 실제로 그의 『조선신문학사조사』는 사조 중심의 문학사 기술을 위해 사회사적 이념 성향과 문예사조를 뒤섞어 놓았고 근대사조라는 이름으로 서구에서 유입된 다양한 시대 이념과 문예의 경향을 망라하고자 했다. 이러한 접근은 사조의 개념적 혼란과 그 적용의 문제점을 분명하게 드러내는데다가 문학 자체에 대한 심도 있는 논의가 부족하다는 한계를 보여 준다.

제6부

1
비평의 논리와 방법의 전환

1) 전후문학과 실존주의

한국전쟁과 전후문학

한국문학은 해방 직후 국토와 민족의 분단으로 남과 북에 각기 다른 정치 이념이 뿌리내리면서, 또 다른 민족사의 단절을 체험하게 되었다. 한국전쟁은 바로 이러한 민족분단의 현실을 가장 뼈저리게 절감하게 만든 역사적 비극이다. 이 전쟁은 전쟁 자체의 참혹성뿐만 아니라 이데올로기의 충동이 갖는 광폭성을 동시에 드러냈다. 한국전쟁은 남북 분단 체제를 고정시켜 놓고, 남북한의 이념 대립과 갈등을 증폭시키며 민족적 동질성도 훼손했다. 해방 공간에서 비평 담론의 중요한 쟁점이 된 민족문학도 그 가치와 정신적 지향을 상실했다.

한국전쟁 이후 문학은 남북 분단과 전쟁을 통해 확인된 이념의 분열과 대립 문제를 정면에서 다루지 못한 채 분단 상황으로부터 도피의 시대를 맞이했다. 참담한 전쟁이 끝난 후 북한에서는 사회주의 독재체제를 유지하기 위해 분단 상황을 위기로 내세웠고, 남한의 경우 안보의 논리가 민주와 자유를 억압할 정도로 위력을 발휘했다. 그 결과 분단 상황 자체가 정치·사회적 모순 구조를 확대·재생산하고, 분단의식이 민족의 삶 전체로 확산되면서 이념적 편향을 초래했다. 한국전쟁은 '잃어버린 문학의 시대'를 낳았다. 전쟁이 휩쓸고 지나간 폐허에는 해방 직후에 만끽했던 민족적 감격도, 정치적인 이념과 열정도, 새로운 삶의 의욕도 사라져 버렸다. 전쟁과 피난, 수복으로 이어지는 참극 속에서 새로운 민족문학의 건설을 꿈꿨던 희망도 사라지고, 문학 자체에 대한 열정마저도 상실되었다. 문학은 모든 것을 잃어버린 폐허의 상황에서 그 자체로서 갖춰야 할 규범을 재정립하기 어려웠다. 전후문학은 전후 현실의 황폐성과 삶의 고통을 개인의식의 내면으로 끌어들였지만, 이데올로기의 허구성을 정면으로 파헤치지 못한 채 정신적 위축 상태를 벗어나지 못했다. 이러한 문제성은 분단시대가 낳은 특이한 '분단문학'의 형태로 문학사의 전면에 등장했다.

전후문학은 혼란의 시대 속에서 인간 존재에 대한 근본적인 질문을 던지고 그에 대해 두 가지 대응 방법을 제시했다. 하나는 현실 상황과 조건에 대한 저항이며, 다른 하나는 현실 자체에 대한 적극적인 비판과 고발이었다. 전후문학은 인간 삶의 본질과 존재 의미를 질문하면서 부조리한 현실에 대한 저항의식을 표현하고자 했다. 그러므로 현실의 모순과 비리에 대한 비판을 주제로 하는 고발문학의 치열성과 구체성이 잘 드러난다. 물론 그러한 정신적 지향이 외부적 현실에서 자기 내면으로 방향을 바꿀 경우, 부조리한 상황에 대응하는 자의식이 두드러지게 드러나기도 한다. 비판의 대상으로 현실을 말하더라도 그 현실이 안고 있는 비합리와 부조화의 거대한 소용돌이 앞에서 인간은 언제나 초라한 피해자일 수밖에 없다. 바로 이러한 피해자로서 자의식이 전후문학에 짙게 드리워진 것도 사실이다. 특히 인간을 혹독히 파괴하는 전쟁이 던진 정신적 충격은 전후 세대 작가의 소설에서 언제나 보이지 않는 '트라우마'로 작동한다. 전후의 사회 현실과 시대 상황의 부조리에 저항했던 전후 세대의 작가에게는 폐허로 변해 버린 현실 자체가 삶의 터전이었고, 그것이 그들의 문학적 기반이 될 수밖에 없었다. 그렇기에 전후의 현실은 작가의 의식 속에서 불안과 절망으로 표출되곤 했다.

한국전쟁은 이념의 전쟁이었지만 삶의 현실에서 요구되는 윤리의 붕괴를 가져왔고 모든 가치의 척도를 무너뜨리고 말았다. 전후 세대의 작가에게는 견주어야 할 어떠한 가치의 기준도 없고, 기대야 할 어떠한 이념의 지표도 없었다. 그들은 전쟁의 참혹한 시련 속에서 삶과 죽음의 극한적인 분기점을 숱하게 넘어서야 했으며 자기 삶의 지표를 어떻게 설정할 것인가에 매달렸다. 그러므로 전후문학은 모든 기성적인 것에 대한 거부의 논리를 문학적으로 형상화하는 데 힘을 기울여야 했다. 기성세대의 윤리의식과 사회·도덕적 가치 개념에 대한 저항의식은 현실 상황에서 중요시되는 개인의 존재와 의미에 대한 추구 과정에서 비판적 각성을 통해 강하게 표출되었다. 전후

문학은 폐허의 현실과 부조리한 상황에 대한 부정과 비판을 내세웠다. 전후 세대 작가들은 인간 존재의 가치를 질문하고 근본적인 자유와 권리를 위해 현실에 저항했다. 물론 그 저항의 대상이 현실적 구체성을 드러내지 못한 채 관념에 빠져 버린 경우도 적지 않다. 더구나 이들의 작품은 상당 부분 패배감과 허무의식에 빠져 있으며, 무기력과 무의지의 속성을 벗어나지 못한다. 어두운 현실과 그 속에 웅크린 인물이 짙은 절망적 비애의 파토스를 자아내는 경우가 대부분이다.

한국 전후소설은 작가 장용학과 손창섭의 문학적 경향을 대비시켜 볼 때 그 특징이 잘 드러난다. 장용학의 소설은 현실의 모순에 대한 반항의식을 드러내면서 인간 삶의 본질과 존재 의미를 깊이 추구하기 위해 관념적인 주제에 매달리는 경우가 적지 않다. 그렇지만 현실에 대한 비판을 주제로 하는 고발문학의 치열성과 구체성을 드러내므로, 무엇보다 현실의 부조리와 비리에 대한 강렬한 비판 정신을 강조한다. 그의 대표작 가운데 『요한시집』(1955)은 서사성의 요건인 행위의 구조를 해체하고 오히려 대담하게 관념의 단편들을 대입한다. 이 작품에서 주목할 만한 것은 자유를 획득하기 위한 마지막 시도로 주인공이 자살하는 과정이다. 그는 자유를 모색하고 갈구했기 때문에 바로 그 자유에 의해 처형당한다. 이러한 주인공의 운명은 장용학이 지니는 작가 의식을 소설적으로 구현한 것으로, 개인의 존재와 의미가 전쟁 상황 속에서 사상, 인민, 계급과 같이 추상적이고 공허한 언어에 의해 훼손당하는 과정을 비판적으로 그려 내고 있다. 이 작품 속에서 작가가 이데올로기의 허구성을 폭로하기 위해 힘들여 기술하는 공산주의 이데올로기에 대한 비판은 이념의 실체에 접근하기보다는 관념으로 가득하기 때문에 소설의 세계에서 요구되는 구체성을 확보하지 못한다. 이러한 관념성은 장편소설 『원형의 전설』(1962)에서는 어느 정도 극복된다.

그러나 손창섭의 경우는 정신적 지향 자체가 외부 현실에서 자기 내면으로 향하는 경향이 강하기 때문에 상황성을 강조하면서 자의식을 두드러지게 드러낸다. 따라서 손창섭의 소설에는 현실의 피해자로서 자기 인식이 짙게 드리워져 있다. 특히 전쟁의 상처라고 할 수 있는 정신적 충격은 손창섭 소설에서 언제나 보이지 않는 가해자로 등장한다. 황폐한 현실 자체가 인간의 본질적인 사고의 자유를 억압하는 경우도 있고, 그러한 현실에 적응하지 못하도록 인간을 유리시켜 사회와의 단절에 빠져들게 하기도 한다.

그의 「미해결의 장」(1955), 「잉여인간」(1958) 등은 어둡고 침통한 현실의 밑바닥을 파헤치면서 왜곡된 인간상을 창조해 낸다. 소설 속 인물 대부분은 비정상적인 성격의 소유자이거나 신체 장애자로 등장한다. 이러한 인간의 불구성은 인간 자체의 결함에서 온 것이 아니라 전후 현실에서 비롯된다. 작가는 현실에서 제대로 삶을 영위하지 못하는 많은 사람을 남아도는 '쓸모없는 인간'으로 규정함으로써, 오히려 이들을 외면하는 현실을 역설적으로 비판한다. 「미해결의 장」은 일기체로 쓰인 일인칭 소설이다. 작품의 주인공은 허무주의에 빠져 있는 인물이다. 그는 삶의 본질에 대한 존재론적인 허무에 빠져 있다기보다는 생활의 권태에서 비롯된 허무주의의 늪에 빠져 있다. 소설의 주인공은 일상적 삶을 무의미한 것으로 파악함으로써 사회와 절연된 개별자의 위치에 선다. 그가 허무주의로부터 벗어나기 위해서는 일상성의 의미를 재발견하고 그것에 적극적으로 참여해야 하지만, 「미해결의 장」은 그러한 방향으로 나아가려는 어떠한 노력도 담고 있지 않다. 소설 「잉여인간」은 전후의 사회상과 그 사회에 적응하지 못하는 소시민의 몇 가지 유형을 설득력 있게 제시한다. 이 작품에 등장하는 인물들은 모두 한국전쟁이라는 민족적 비극을 경험했으며, 동시에 한국전쟁의 후유증이 산재해 있는 비정상적인 사회 구조에서 배태되었다. 작가는 전후의 현실과 그 속에서 음지 식물처럼 서식하는 인물 유형을 제시함으로써 전쟁이 남긴 참상을 고발한다.

실존주의와 문학

전후문학에서 실존주의에 대한 관심은 서구 문학 특히 프랑스 문학을 중심으로 확산되면서 앙드레 지드, 알베르 카뮈 그리고 장 폴 사르트르의 작품 활동이 자연스럽게 논란의 대상이 되었다. 이러한 경향은 이미 1930년대 일제 군국주의의 확대를 서구 세계의 파시즘과 동일시하고자 했던 평단의 관심에서 나타났다. 당시에는 주로 파시즘의 영향 아래 역사에 대한 전망을 상실한 채, 고립과 불안에 빠져든 문학 정신이 허무주의에서 벗어날 수 있도록 행동주의와 휴머니즘을 내세웠다. 그런데 해방 직후 민족분단과 전쟁을 겪으면서 고통과 절망의 현실에서 벗어나기 위해 실존주의가 새로운 문단적 관심사가 되었다. 한국 문단에서 이루어진 실존주의 문학에 대한 논의는 실존주의의 본질과 인식이 철학의 영역에서 제대로 이루어지지 못한 한국적 상황의 특수성을 말해 준다. 실존주의 철학은 객관적 현실에 관한 규정보다는 실존하는 존재의 주관적 인식을 우위에 두는 사유적 특징을 드러낸다. 그러므로 탈역사적이면서 동시에 탈이념적인 세계관과 맞닿아 있다. 실존주의 철학이 모더니즘 문학과 긴밀한 영향 관계를 드러내는 것은 이 때문이다. 실제로 전후문학에서는 기성세대의 윤리의식과 사회·도덕적 가치 개념에 대한 반항의식을 드러내는 경우가 많지만, 그것이 소설의 세계에서 중요시되는 요건 중 하나인 '서사적 자아의 확립'을 통해서 표출된 것은 아니다. 이들은 자신들의 논리를 전후 한국 사회의 지성에 커다란 영향을 미친 사르트르나 카뮈의 실존적 의식에 빗져야 했고, 자아의 존재 인식과 저항 정신, 앙가주망과 자유의 의미도 모두 서구적인 것에서 빌려야 했다. 이것은 전후 세대 작가의 특징적인 일면이면서 동시에 그들의 문학 세계를 전후의 상황 속에 가두어 놓고 볼 수밖에 없도록 만든 한계다.

> 실존문학은 그 사물의 존재태와 그리고 그 사물을 지각하는 인간의 그것과 그 의식의 구조를 분석해 보이는 것이다. 그러나 거기서 해결과 구원이 올 수는 없는 노릇이다. 앞서 말한 것처럼 본시 그들의 선배들이 절망과 부정에서 출발했거니와 그들이 부딪친 것 또한 허망뿐이다. 석연한 해답을 갈망하는 의식이 이성의 좌절을 피할 수 없는 발판으로 삼을 수밖에 없는 막바지에 도달한 것이나. (중략) 그럼 이 이성의 단층에 부딪친 이상 그리고 그대로 주저앉을 수 없는 이상 어디론가 넘어뛰어야 할 것이 아니겠는가? 여기서 크게 실존문학은 두 갈래로 갈리게 된다.
>
> 1. 피안(사궁)으로 눈을 돌리는 기독교적인 방향—베르나노스의 세계다. 이 세계도 역시 청탁을 한데 삼키고 영겁의 침묵을 지키는 초월자 '신'과는 전혀 같은 척도를 가지지 못한 내던져진 인간의 불안과 오뇌의 세계다. 그러나 아무리 허망 속에 허덕인다 하여도 아무리 인생이 파토의 연속이라 하더라도 종국에는 맨밑에 엎어 놓은 최종의 패(札)가 제껴지고야 마는 즉, 영생 구혼 등등을 예상하는 세계다.
>
> 2. 또 하나는 유인최귀(唯人最貴)의 입장이다—말르로, 사르트르, 카뮈의 세계다. 인간이 고귀하다는 게 아니고 설령 한갓 동물의 일종에 지나지

못한다 치더라도 인간 위에는 고개를 들고 우러러보아야 허허무변의 허공뿐 인간을 초월한 어떠한 존재도 없다는 것이다. 따라서 인간 밖으로 넘어뛰려 해도 넘어뛸 곳이 없다. 애매한 채로 그저 믿고 산다든가, 있다고 증명할 수 없고 없다고도 증명할 수 없으니 있다는 편으로 걸어 보자는 어리뻥한 이야기도 문제가 되질 않는다. 없는 건 없는 것이다. 차제에 환상은 깨끗이 일소해 버리자는 것이다. (중략) 오직 이 세계와 인간뿐. 오직 의식과 현실뿐. 재어 놓은 어떠한 종국의 패(札)에도 희망을 걸지 않고 오직 우리 손에 쥔 확실한 패만으로 노름을 하자는 것이다. 파토의 연속이어도 할 수 없는 일이다. 처음부터 파토를 각오하고—아니 본시 파토에서 시작한 노름이니까. (중략)

이렇듯 모든 의지물과 거점을 상실한 채 머리 위에 초월자 없고 등 뒤에서 밀어주는 나 이전의 윤리와 규범 없으며, 지평선에 지향할 목표 없이 (차라리 그러한 일체의 환상을 쓸어버리고) 사막 속에 내던져진 인간이 그래도 인간—(나 속에 들어 있는 나보다 더 큰 것)—의 권위를 회복하겠다는 그들의 비장한 싸움에도 불구하고, 말의 가장 근원적이고 철저한 의미로 '휴머니즘 재건'의 영웅적이고 줄기찬 노력에도 불구하고 아직 우리들에게 (적어도 우리나라에서는) 그들의 출발점인 이성의 좌절—그 부정과 허망의 실감이 유달리 뿌리 깊은 인상을 남기고 있음도 부정할 수 없다. 그만큼 그 허상의 실감과 철학적 분석과 끈덕지고 악착스러운 문학적 표현이 혼연일체가 되어 전후문학에 일대 혁명을 일으켰던 것이다. 사상적으로도 아직 '실존주의'와 넓은 의미의 실존철학의 분열이 표면화하기 이전이고 보다 더 공통적인 분위기가 강렬히 지배하고 있었던 것도 사실이지만 그것은 전후문학이 발견한 (적어도 의식적으로 강조한) 새로운 문학 세계며, 현대적 작품과 고전적 작품을 뚜렷이 갈라놓는 일선을 그은 것이다.[1]

위 글에서 김붕구는 현대문학이 실존철학의 영향을 받음으로써 전 시대의 문학과 뚜렷이 구별되는 성격을 지닌다는 점을 전제했다. 그리고 실존주의를 내거는 문학자가 사르트르를 중심으로 하는 극히 제한된 몇몇에 불

1 김붕구, 「실존주의 문학」(사상계 제6권 제8호, 1958. 8), 75-77면.

과하다는 사실을 간과해서는 안 된다고 강조했다. 그의 견해 가운데 주목할 만한 것은 실존주의 문학을 넓은 의미에서 1930년대 이래로 프랑스 문학의 큰 흐름으로 자리한 행동주의 문학과 직결되는 것이라고 규정한 점이다. 1차 대전 이후 피폐한 삶의 조건을 감당해야 했던 지식인의 좌절과 위기의식에서 출발하는 행동주의는 문학의 능동적 실천을 현실 속에 요구함으로써 문학사상 획기적인 전환을 가능하게 했다. 문학은 끊임없이 인간 삶의 근본 조건과 운명에 대면하기 때문에 단순한 미학적 위안이나 흥밋거리가 될 수는 없다. 문학은 인간 총체에 대한 살아 있는 증언으로서 현대인의 절박한 요구를 외면해서는 안 된다. 결국 행동주의 문학은 인간의 존재와 조건을 문제 삼아야 하는 것이다.

하지만 김붕구는 실존주의 문학의 성격이 좁은 의미에서 카뮈와 사르트르의 경우를 대비시켜 볼 때 드러난다고 했다. 물론 두 사람은 모두 철저한 허무와 부정에서 출발한다. 이들은 현실과 의식의 빈틈없는 대면을 마비시키고 흐리게 하는 초월자로서 신과 또 한편으로는 신을 부정하면서도 신의 계명을 그대로 세속적으로 인계받은 인간 존재 자체를 대비시키고자 했다. 카뮈는 인간이란 무의미한 존재이므로 부정(否定)과 허무를 깊이 파고들어 가고자 했다. 그러므로 그는 실존적 자각 위에 서 있었다. 카뮈가 내면적·시적 실존의 방향으로 넘어간 데 반해 사르트르는 역사적이며 사회적인 방향으로 넘어뛴다. 철두철미하게 산문적이며 투쟁적인 그는 시종 철저하게 논쟁적이며 실재적이었다. 사르트르가 주창한 '실존주의는 휴머니즘이다.'라는 명제는 그 자신의 철학적 입장과 태도를 매우 간명하게 보여 준다. 이것은 사르트르가 실존주의를 철학이기보다는 생에 대한 어떤 철학적 태도로 규정한다는 점에서 특히 그러하다. 실존주의의 철학적 개념은 필연적으로 실존 자체의 확고한 우위성을 전제한다. 그러나 무엇에 대한 그리고 어떤 방법으로의 우위성인가를 판별하기는 쉽지 않다. 사르트르는 실존주의의 주장으로 인간으로서 실존이 본질에 선행한다는 점을 강조했다. 인간이 우선 '있고' 그 뒤에야 그가 어떤 사람일 수 있기 때문이다. 그러므로 사르트르의 실존주의는 철학적이면서도 문학적이라는 평가가 설득력을 갖는다.[2]

---

2 이환, 「실존주의 문학의 철학적 기반」(문학예술 제3권 제1호, 1956. 1).

무신론적 실존주의를 주창했던 사르트르의 입장에도, 결국 실존주의의 형태는 무신론이 배격하고자 했던 초월적 관념과 여전히 연결되어 존속하고 있다. 절대자로서 이성은 이해가 불가능하다. 칸트도 이 한계성을 용인한 바 있다. 인간은 세계 내 상황 속의 인간일 뿐이라는 인식은 카뮈의 저작을 통해 입증되었다. 엄밀히 말해 카뮈는 철학자는 아니지만 그의 이름은 실존주의의 중요 개념을 형성하는 '부조리'의 문제와 깊이 연결되어 있다. 그가 보여 준 작가로서의 신념 또는 모럴리스트로서의 태도는 모두 인간에 대한 진지한 관심과 휴머니즘의 정신으로 무장되어 있다. 그러므로 사르트르는 카뮈를 '부조리의 데카르트'라고 불렀으며, 이것은 카뮈 자신이 부조리라는 주제를 놓고 논의했던 바를 그대로 보여 준다. 부조리의 본질적 특징은 실존에 있어서 데카르트의 방법론적 회의와 등치라는 점에 있다. 카뮈에게 부조리는 연대성 및 행위에 대한 논리의 기초인 데 반해 사르트르에게 부조리는 인간의 고독과 비극적 상황의 기초를 이룬다.[3]

2) 문학과 사회 참여

이어령과 저항의 문학

한국 문단의 실존주의 수용은 부조리한 현실에 대응하기 위해 새롭게 제기된 이른바 '앙가주망'의 기획을 통해 비평 담론으로 크게 확대되면서 문학의 현실 참여라는 논쟁적 주제를 산출했다. 이러한 비평의 지향은 휴머니즘의 새로운 인식과도 맞물려 있지만 4·19혁명 이후 시대 상황의 변화와도 관계가 깊다. 여기서 문학의 현실 참여란 작가가 문학을 통해 현실에 적극적으로 참여하고, 문학이 부조리한 현실을 폭로·비판하는 데서 출발한다. 그러므로 실존적 존재로서 인간을 억압하는 모든 외부 상황과 조건에 저항하는 것은 문학의 본질에 해당한다. 참여문학에 관한 문제는 뒤에 다시 논의하겠지만, 실존의 문제 자체가 상정하는 억압적 상황과 부조리의 현실은 역사적이고 구체적인 현실에서 비롯된 것이라기보다 추상적이며 초역사적인 개념

3 소셉 지아리, 『20세기 프랑스 사상사』(이광래 역, 종로서적, 1981), 135-137면.

으로 설정된 관념적 주제였다는 사실에 주목할 필요가 있다. 특히 사르트르와 카뮈의 문학을 통해 핵심 개념을 수용한 실존주의 문학이 결과적으로 사르트르의 이념적 성향을 문제 삼아 그를 거부한 대신 카뮈를 대상으로 하는 부조리 문학의 편향성에 빠져 버렸다는 점은 간과할 수 없는 사실이다. 실제로 마르크스주의와 실존철학을 자신의 문학을 통해 통합하고자 했던 사르트르의 경우는 이념적 좌파 성향으로 인해 배척되었으며 한국문학은 분단 민족의 비극과 부조리한 현실에 적극적으로 대응하기보다는 추상적인 '인간의 실존 문제'에 매달리게 되었다.

전후 문단에서 기성세대의 윤리의식을 거부하고 사회·도덕적 가치 개념에 반항했던 비평가로 이어령을 지목할 수 있다. 이어령의 초기 비평은 전후 한국 사회의 지성에 커다란 영향을 미친 프랑스의 사르트르나 카뮈의 실존의식에 기대어 개인의 존재 의미와 저항 정신, 앙가주망과 자유의 의미를 추구하고자 했다는 점이 특징이다. 이것은 전후 세대 작가 의식의 편향인 동시에 그들의 문학 세계를 전후의 상황 속에 가두어 놓고 볼 수밖에 없도록 만든 한계라고 할 것이다. 이어령은 전후문학의 정신적 불모성이 이 시대를 살았던 작가의 의식 세계를 그대로 보여 준다는 점에 주목했다.

> 그러므로 오늘날 작가가 무엇을 해야 될 것이라는 뚜렷한 신념이 생겨날 것이다. 첫째는 역사에 대한 관심이며, 그것에 대한 책임을 자각하려는 정신이다. 둘째는 인간이 인간을 사랑할 수 있도록 애정을 만들어 주어야 할 것이다. 셋째는 사람들로 하여금 그의 적과 그의 벗을 명확히 가리켜 주는 일이다. (중략) 그래서 결국 이제 작가는 석불을 마멸시키는 비와 바람과 같은 '자연성'에 저항해야 하는 것이 아니라, 그것을 파괴하는 인간 스스로의 '손', 그 인위성에 저항해야 한다. 되풀이하면, 죽는다는 것은 아무 일도 아니다. 다만 인간이 인간의 얼굴에 흠집을 내며 사는 현실, 그것이 두려운 것이다. 인간이 하는 일은 인간 스스로가 선택한 것이기 때문에 역사에 의한 살육은 자연에 의한 살해보다 더 참혹하고 애석하다. 우리는 살육 그 정반대의 일을 선택할 수도 있었다. 그런데도 불구하고 우리가 원하지 않는 것을 그대로 해야 된다는 것은, 바꿀 수도 있는 일을 그대로 내버려 둔다는 것은 우리의 가장 큰 그리고 무서운 죄악일 테니까.[4]

역사와 운명에 대한 작가의 책임을 '저항'이라는 말로 규정하는 이어령의 주장은 전후문학이 당면한 문제들을 암시하고 있다. 그는 당대 현실의 병폐가 막연한 감상으로 파헤쳐질 수 없음을 분명히 했고, 휴머니즘의 정신을 내세워 인간 회복의 길을 모색하기도 했다. 그런데 이어령은 끝내 실천적 행동성을 유보해 두고, 언어를 통한 창작적 투쟁을 강조했다. 언어에 의한 호소와 고발만이 사회와 역사의 운명을 가로막을 수 있다고 했다. 결국 따지고 보면, 작가의 저항도 언어에 의한 것일 수밖에 없기 때문이다. 이러한 견해는 뒤에 그를 순수문학의 옹호자로 만들었지만, 자조와 비탄에 빠져든 전후문학이 자체의 한계성을 벗어나 대상으로서 현실에 대한 새로운 인식을 문제 삼을 수 있도록 하는 하나의 논리가 되었다.

이어령의 첫 평론집『저항의 문학』에는 전후 사회의 질곡이 여기저기 나열되어 있다. 인간적 가치의 상실과 붕괴, 훼손으로 이어지는 부정의 현실을 놓고 이 책의 저자는 인간의 자유와 해방, 자기 주체의 발견, 인간적 가치의 회복을 문학을 통해 구상하고 있다. 이 도저한 구상이 과연 가능할 것인가? 이 같은 질문은 모든 것을 다 불지르고 박토 위에 새싹을 틔워야 했던 당대의 현실에서 볼 때, '화전민'의 개척의식을 강조해야 했던 이 책의 저자에게는 가장 절박한 질문이었음은 부인할 수 없다. 이 책에서는 이어령이 즐겨 쓰는 '부정(否定)'과 '저항(抵抗)'이라는 말이 특히 주목된다. 두 개의 용어는 매우 격렬한 투쟁적 의미를 지니고 있지만, 사실은 인간적인 가치에 대한 옹호를 뜻하는 말이다. 물론 역사와 현실을 외면한 채 외쳐대는 허울의 휴머니즘을 말하는 것은 아니다.

> 역사가 인간을 살육하는 문명을 낳았다면 그 같은 역사를 만든 책임은 우리 인간이 져야 할 것이며 따라서 당연히 우리가 그러한 역사의 움직임에 대하여 저항하지 않을 수가 없다. 자연이 일으키는 사건, 그것의 책임은 신이 져야 한다. 그러나 역사가 저질러 놓은 이 현실의 모든 사고는 인간이 져야만 할 책임이다. 그러므로 미아리의 비석들은 하늘을 향하여 항거하고 있지만 동작동 군묘의 십자가는 이 대지를 향하여 역사를 향하여 바로 그

4 이어령, 『저항의 문학』(경지사, 1959), 101-102면.

인간을 향하여 항변하고 있다.

그리하여 우리는 이윽고 인간이 인간과 싸워야 하는 슬픈 계절을 맞이하였다. 인간이 인간과 싸워야 한다는 것은 인간이 인간의 역사와 대결한다는 말이며 그 역사 속에서 우리가 눈을 떠야 한다는 것이며 오늘의 이 역사적 현실을 비판하고 폭로하고 그리고 지양해 나가야 한다는 것이다.[5]

위의 인용에서 '저항'이라는 말은 인간을 파괴하는 역사의 흐름에 대한 저항과 부정을 의미한다. 이것은 새로운 시대가 요구하는 역사의식과 통하지만, 기성의 모든 문학적 관념에 대한 비판과 반성도 포함한다. 실제로 이 글 가운데 빛나는 대목들은 한국문학을 지방성의 테두리에 묶이게 만드는 관념적 어사들에 대한 비판이다. 예컨대, 이어령은 당대의 비평가 조연현이나 소설가 김동리 등이 별다른 이의를 달지 않고 한국적인 토속의 세계나 향토성과 혼동해 온 '전통'이라는 개념의 오류를 가장 날카롭게 지적했다. 토머스 엘리엇의 전통론을 들지 않더라도 전통이란 시대적 한계나 공간적 제약 속에 문학을 묶어 두는 것이 아니다. 오히려 그러한 제약으로부터 자유로워지는 보편적인 가치의 회복을 더 중요시한다. 이 시기의 비평에서 문학이라는 말의 앞자리에 관형적 투어처럼 붙어 다니는 '민족'이라는 말을 이 글에서는 거의 찾아볼 수 없다는 것도 동일한 맥락에서 이해할 수 있다. 이 같은 태도는 해방 직후의 상황에서 순수론으로 무장한 민족문학론이 정치시대의 산물에 불과함을 인식한 데서 비롯된 것이다. 좌파 문단의 정치적 요구로부터 문학의 본령을 지킨다는 측면에서 생각해 본다면, 순수론은 어느 정도의 긴장된 의미를 갖는다. 하지만 정부 수립 후 한국전쟁을 거치고 격동의 역사가 지속되는 동안 그 개념은 퇴색된다. 삶의 현실을 총체적으로 인식하고 그것을 문학적으로 형상화하고자 할 때, 역사와 현실을 초월하는 순수한 문학이란 공허한 관념에 지나지 않는다. 특히 민족문학의 개념이나 역사적 의미 등에 대한 논의가 순수문학론으로 대치됨으로써 그 실천 방법 자체가 무색해져 버리고 말았다는 점도 비판되어야 한다.

이어령의 비평에서 주목되는 주제의 하나는 '우상의 파괴'이며, 다른

5 이어령, 『저항의 문학』, 111-112면.

하나는 '언어 또는 비유의 발견'이다. 두 가지의 주제는 단일한 목표를 지니고 있다. 그것은 바로 온전하게 '작품으로 돌아가기'라는 비평의 본질에 관한 문제다. '우상의 파괴'는 기성 작가들의 권위에 대한 신세대의 도전으로 오해되는 테마다. 이어령은 평단의 거목이었던 백철을 공박하고 조연현을 비판하며 시단의 주역이었던 서정주를 몰아쳤다. 그리고 소설 문단의 김동리마저 용납하지 않았다. 이 같은 비평적 도전은 당시 문단에서는 당돌한 구상에 해당했다. 이미 그들은 모두 문단의 우상으로 떠받들어지고 있었기 때문이다. 그러나 실상 이 같은 도전이 의미하는 바는 아주 단순하고도 간명한 비평적 명제와 직결된다. 이제 비평은 더 이상 작가의 주변을 맴돌아서는 안 된다는 것, 오직 작품 자체로 돌아가야 한다는 것이다. 이 명제를 일반화시키기 위해 이어령은 이른바 '작가 죽이기'에 선봉을 선 셈이며, 그 구체적인 작업이 바로 '우상의 파괴'라는 문단적 구호로 표출되었던 것이다.

이어령의 비평 테마 가운데 '언어 또는 비유의 발견'은 가장 중요한 논리적 거점이다. 문학이란 결국 언어적 기호의 산물이라는 것을 말하기 위해 이어령이 주도했던 논쟁의 소용돌이를 돌아보면, 그는 분명 순수론자는 아니다. 미적 자율성이라는 문제에 대한 신념을 이어령만큼 용의주도하게 이끌어 온 평론가는 다시 찾아보기 어렵다. 그렇다면 이어령이 지니고 있던 언어적 기호의 산물로서 문학 개념에 대한 믿음이 우리 문학비평에서 무시할 수 없는 명제로 자리하는 이유는 무엇인가? 문학은 언어를 통해 이루어진다. 이것은 일상의 언어 소통 과정에서 화자가 상대에게 말을 거는 것처럼, 작가가 독자에게 작품을 내놓는 소통의 원리에 의해 성립된다. 물론 작품이라는 언어적 텍스트는 현실의 삶의 내용과 연관된다. 그리고 이것은 어떤 특별한 동기로 이루어진 구조적인 담론의 특성을 지닌다. 그럼에도 우리는 대체로 문학이 작가의 개성과 세계관의 표현이라는 관념을 승인한다. 문학을 작가가 살고 있는 세계의 모방으로 이해하기도 한다. 작가의 개성의 표현으로서 문학의 의미를 강조한다든지, 현실 세계의 모방으로서 문학을 생각한다면, 문학에 대한 논의는 모두 개인과 현실의 세계에 대한 이해를 포괄해야 한다. 전통적인 문학비평이 문학의 제재나 방법에 있어서 역사주의라는 이름으로 문학의 벽을 넘어서고 있었던 까닭이 여기에 있다. 그러나 현대의 문학비평에서, 특히 러시아 형식주의의 등장 이후에는 문학 연구의 직접적인 대상을 문학작품 자체에 국한하고자 하는 경향이 점차 강화된 바 있다. 문학 연구의 본령을 문학 텍스트를 중심으로 고정시켜 온 이러한 비평 방법은 지금도 상당한 설득력을 유지하고 있다. 문학 연구에서 텍스트 자체에 대한 내재적 연구는 언제나 문학의 자율성과 완결성을 전제한다. 그리고 텍스트 자체에 대한 분석적인 접근을 통해 구조적 완결성의 미적 특성을 밝혀내는 작업을 중시한다. 문학 연구에서 내재적 접근 방법은 문학 텍스트의 존재 기반이 되는 사회·역사적인 배경을 문학의 부차적인 요소 또는 문학 외적인 요소로 인정한다. 이러한 사회·역사적인 요소를 문학 연구의 핵심으로부터 배척하려는 경향도 드러낸다.

이어령의 비평에서 볼 수 있는 문학과 그 언어에 관한 관심은 문학 연구를 독자적인 기반 위에서 체계화해 자율적인 분야로 인정했던 형식주의의 관점과 일치한다. 형식주의자들은 문학 연구를 다른 분야의 연구 방법과 구별하고자 했기 때문에 문학을 철학 또는 역사학, 심리학 등과는 다른 독자적이고 과학적인 방법으로 확립하고자 했다. 그러므로 형식주의자들은 '문학을 어떻게 연구하는가'라는 질문이 아니라 '문학 연구의 제재가 무엇인가' 하는 점에 관심을 집중했다. 바로 이러한 질문으로 인해 형식주의자들의 관심 대상 자체가 그들 이론의 본질적인 성격을 규정하게 된다. 문학작품에 나타나는 언어의 문학적 고안과 그 기능에 착안했던 이어령의 문학비평은 물론 이 같은 러시아 형식주의와 직결되는 것은 아니다. 이보다는 1950년대 말 문단에 소개된 미국의 신비평에 의해 더욱 정밀한 실천적 방법을 확보할 수 있었다.

그런데 여기서 우리가 주목할 문제가 하나 있다. 이어령의 비평 관점과 방법은 실증주의에 대한 반작용에서 형성된 것이지만, 넓은 의미에서는 모더니즘 운동의 전반적인 흐름 속에서 그 위상이 분명하게 드러난다. 이어령은 실제 비평 작업에서 문학작품의 속성과 의미, 가치를 밝혀내기 위해 작품의 구조에 주목했다. 문학작품의 구조는 다양한 요소가 복합적인 관계로 상호 연결되지만, 이들 사이의 균형과 대립, 갈등과 화해 속에서 비롯되는 긴장을 통해 전체적인 통일성을 유지한다. 그는 이 같은 다양한 복합적인 요소에 관심을 갖고 문학작품과 작가의 신념을 분리시켜 놓으며, 작품과 작품의 기반이 되는 역사와 사회를 분리했다. 이 같은 비평의 비개성주의 또는 반역사주의적 경향은 독립된 객체로서 문학 텍스트의 존재와 가치를 인정하고자 하는 노력에 해당한다. 바로 이 같은 방법에 의해 문학의 독자적인 의미 또는 효과를 미적 차원에서 중시할 수 있는 가능성이 열린다.

작가의 현실 참여

전후문학의 성격이 전환기적 고비를 맞게 된 것은 4·19혁명과 관계가 깊다. 4·19혁명은 전쟁의 피해의식에서 벗어나지 못하고 있던 한국 사회에서 자유와 권리에 대한 각성, 사회 현실에 대한 비판적 인식, 민족의 역사에 대한 신념을 다시 불러일으켰다. 4·19혁명은 자유민주주의에 대한 거대한 열망과 부정부패에 대한 단호한 비판을 동시에 내포함으로써, 정치·사회적인 측면만이 아닌 삶의 모든 영역에서 중대한 정신사적인 전환점을 이루었다. 문학의 경우에는 전후문학이 빠져들었던 위축과 나태와 무기력에서 벗어날 수 있는 기회를 제공받았다. 순수의 언어를 꿈꾸던 시인도, 대중의 삶에서 등을 돌렸던 작가도 모두 이 힘찬 물결 속에서 자기 영역만을 고집할 수가 없게 된다. 모든 문학인은 현실 상황을 구체적으로 인식하면서 자기 각성과 새로운 변모를 꾀하기 시작했으며, 문학의 세계가 보다 적극적으로 포괄의 힘을 발휘해야 한다는 사실도 인지할 수 있었다.

한국의 문학비평 구도는 이른바 해방 공간이라는 특이한 공간에서 이념적 좌표가 설정된 바 있다. 이 시기는 이데올로기의 대립과 갈등이 문학의 영역에서 가장 격렬한 비평 담론으로 구조화해 논쟁으로 표출된 때다. 일제강점기에서 벗어나면서 새로운 민족의 문학을 건설한다는 데 관심이 모아지자, 그 방법과 이념의 선택이 문제시되었던 것이다. 해방 공간의 계급/순수론은 서로 다른 두 가지 방향의 민족문학론을 비평 담론의 주제로 등장하게 했다.

'진보적', '민주주의적'이라는 관형어를 붙이고 있던 계급문학론은 좌익 문학 단체인 조선문학가동맹이 채택한 강령 속에 자리 잡으면서 이데올로기의 문학적 실천을 위한 방편으로 이용되었다. 임화와 김남천 등이 내세운 민주주의적 민족문학은 노동계급의 이념을 구현하기 위한 문학이었고, 이원조는 이를 '민족의 절대 다수인 근로인민이 민주주의적 민족 구성원으로서 행복된 생활 속에 함께 향락할 수 있는 민족 전체의 문학'으로 규정하기도 했다. 이들은 모두 민족의 개념을 계급 차원에 국한하고, 민족문학의 성격도 계급 이념에 의거해 설명했다. 그리고 노동계급을 민족해방의 원동력으로 내세움으로써, 민족운동의 방향을 계급운동으로 전환하고자 했다. 그러므로 이들의 주장에는 정치 이념과 예술적 사상의 통합을 위한 기도와 구상이 숨겨져 있었음을 알 수 있다. 이들이 '진보적'이니 '민주주의적'이니 하는 말을 떼어 버리고 직접 '당의 문학'을 강조하기에 이른 것은 공산당의 정치운동에서 문학을 조직적 실천 행위로 활용했다는 사실을 드러낸다.

그렇다면 우파 민족 진영의 경우는 어떠했는가? 민족 진영의 김광섭, 이헌구 등이 내세우는 민족문학에는 '민족 전체를 한 개의 공동 운명체로 인식하고 지성과 감성을 다해 민족의 당면 위기를 극복해 나아갈 수 있는 것'이어야 한다는 전제가 붙어 있었다. 이를 위해서는 물론 민족 전체가 염원하는 당면의 요구가 문학의 근본 이념과 일치되어야 한다든지, 문학의 보편성에 대한 신념을 지켜야 한다든지 하는 조건이 뒤따랐다. 그러나 이 경우 문제는 '민족'이라는 말에 내포된 이념적 속성을 어떻게 규정해야 할 것인가 하는 점이었다. 민족의 실체는 어디까지나 역사적인 존재로 인식되어야 하며, 역사 현실 가운데 그 구체적인 존재 방식이 검토되어야 한다. 그러므로 민족 진영의 민족문학이 '민족'을 규정하는 데 있어, 초역사적인 절대 개념에 매달려 관념론적인 해석을 한 것은 문제가 되었다. 그렇기 때문에 김동리, 조지훈, 조연현 등은 순수문학론을 내세우고, 민족문학에 대한 논의 자체가 이데올로기의 문학적 실천이나 정치적 선동을 위한 수단으로 이용되는 것에 반대했다. 이들의 주장은 우익 민족 진영 문인들의 호응을 받아 좌익 문학 단체의 계급문학으로서 민족문학론과 대립되기에 이른다. 더구나 정부 수립 후 순수문학으로서 민족문학이라는 개념은 체제 선택의 기로에서 한국문학의 진로를 규정해 준 명제로 자리 잡는다.

1960년대 중반을 지나면서 한국문학에는 문학과 현실에 대한 새로운 역사적 인식이 자리 잡는다. 방황하던 문학 정신도 그 좌표가 서서히 정립되고, 전후문학의 한계가 하나씩 극복되기에 이른다. 우선 문학이 역사와 현실에 대한 신념을 표출할 수 있어야 한다는 당위론이 제기되면서 현실 지향적인 문학 정신이 고양되기 시작했다. 이러한 변화는 비평의 영역에서 순수론에 대한 비판과 반성으로 나타나기도 했지만, 문학이 삶의 영역을 초월하는 것만으로 만족될 수 없다는 것은 당연한 주장으로 받아들여졌다. 그리고 민족문학의 정통성에 대한 각성과 함께 단절의 논리로만 해석되었던 전통론의 방향이 전통의 계승과 극복이라는 변화와 발전의 의미로 이해되기에 이른다. 문학이 개인적인 정서 영역에서 순수의 가치에 매달려 자족적인 것으로만 존재할 수 없다는 주장도 나오고, 민족문학이라는 이름 아래 민족 전체의 삶을 총체적으로 형상화할 방법이 모색되기도 했다.

이러한 인식의 전환은 한국전쟁이 끝난 뒤 폐허의 현실에서 형성된 전후문학이 여러 가지 상황적 한계에 부딪힐 수밖에 없었던 데서 비롯되었다. 전쟁의 비극을 초래한 이데올로기의 대립 문제가 전후문학의 가장 커다란 관심사로 제기되었어야만 함에도, 그 문학적 형상화 작업이 문학 외적인 제약으로 불가능해졌음을 지적할 수 있다. 민족의 분단과 대립은 1950년대 이후 민족사의 질곡으로 작용하지만, 문학의 영역에서 공산주의 이념 문제는 건드릴 수 없는 금기처럼 치부되어 왔다. 그러므로 문학은 이 비극적인 질곡의 핵심을 언제나 비켜서야만 했으며, 전쟁을 겪은 전후 세대 작가들은 완강한 정치적 질서와 이념의 테두리에서 벗어나지 못했다. 그들이 민족분단의 비극을 앞에 두고 일상의 현실에서 방황할 수밖에 없었던 것은 당시 사회의 경직성이 자유분방한 문학적 상상력을 그만큼 억압했기 때문이다. 혹자는 1950년대 문학이 전쟁의 현실 그 자체를 포괄하지 못하고 후방적 상황에 매달려 있음을 비판하나, 이데올로기에 대한 깊이 있는 천착이 가능하지 않을 경우 한국전쟁의 성격이 제대로 파악될 수 없음은 당연하다.

전후문학의 정신적 위축을 극복하는 과정에서 돌출한 비평 쟁점은 순수론 비판이었다. 문학의 순수성과 그 미적 가치는 전후의 혼란된 현실 속에서 인간의 삶과 그 존재 방식에 대한 회의와 저항이 교차되면서 현실적 상황에 대응할 수 있는 문학의 요건으로서의 분명한 한계를 드러냈다. 특히 4·19혁명 직후 사회 상황의 변화에 따라 문학에 대한 인식 자체는 새로운 방향으로 전환되었다. 문학이 사회 현실에 적극적인 관심을 가지고 능동적으로 현실에 참여해야 한다는 주장이 등장했으며, 무엇보다 작가가 현실에 각별한 관심을 표명하고 시대와 상황에 대한 책임을 자각할 것을 요구하기에 이른 것이다. 이 같은 관점은 현실의 부조리를 고발·비판하는 문학의 정신을 리얼리즘과 연결시키거나, 역사의식에 바탕을 둔 작가의 사회적 책임을 강조하는 참여문학론으로 발전한다.

문학에서 현실 참여 문제를 문단적 관심사로 확대하는 데 앞장선 이는 비평가 김우종이다. 그는 문학이 전쟁의 고통에 휩싸인 민중의 현실을 외면할 수 없음을 강조하면서 순수의 장벽을 걷어 내고 민중의 현실로 뛰어들어야 한다고 주장했다.[6] 그가 순수문학이라는 미망에 파산을 선고하자 홍사중, 김병걸, 장백일, 임중빈 등이 이에 가세해 순수문학의 예술지상주의가 지니고 있는 허구성을 지적, 비판했다.

> 예술의 본질은 미적 창조 여부로 그 초보적인 테크닉의 성패로 판가름이 나지만 생동하는 위대한 예술과 맥빠진 예술의 차이는 그 내용의 감동력의 여부로 측정된다. 그리고 그러한 감동력은 오직 비단결 같은 아름다움으로만 만들어지지는 않는다. 인간의 고귀한 에스프리는 오직 미만을 탐식하려 하지 않고 그 미 속에서도 그와는 차원을 달리하는 진지한 모럴을 반드시 추구해 마지않는 것이다. 그러므로 영원한 평화와 행복을 추구하려는 인류의 현실적 고민, 그런 공동 과제를 해결하려는 진실한 노력, 이런 것을 외면하여 오직 비단옷만 걸치고 나와서 아양을 떠는 '순수'가 인간 정신의 내부에까지 깊이 파고들며 감동을 준다는 것은 생각할 수도 없는 일이다. (중략)
>
> 그러므로 순수문학은 그 작법의 제일장 제일절부터가 진정한 예술 정신의 타락을 의미하는 것이다. 다시 말하자면 고민하는 인간 대열 속에 파고들어가 그 문제에 개입하려는 진지한 인간 정신은 제쳐 놓고 오직 아름다운 화장만 하고 나서려는 순수, 그것은 곧 속이 달라도 겉볼상만 깨끗한 매춘부의 문학이요 도금문학이요, 빵끼 칠 문학이요 20세기 한국만이 장기로 삼고 있는 수치스런 문학이라는 것이다.
>
> 한국의 순수가 이처럼 타락한 정신의 소산이라는 것은 우리의 문학사를 다시 더듬어 보면 더욱 분명해질 것이다. 일제강점기에 경찰의 압력을 피해서 무사히 명철보신(明哲保身)하던 유일한 문학이 이 순수였음을 보면 알 것이다. 민중이 처절한 신음 소리를 내어도 귀를 막고 음풍영월(吟風詠月)만 즐기며 '창파에 조히 씻은 몸' 행여나 더럽힐세라 처신해 온 기피자의

6 김우종, 「파산의 순수문학」(동아일보, 1963. 8. 7).

문학이 곧 그 순수가 아니냐?

그러므로 순수문학이 그처럼 독점하려는 예술성을 그 예술의 위대성을 살리려면 현실을 기피할 것이 아니라 먼저 그 '까마귀 싸우는 골'에 뛰어들어 몸을 더럽힐 줄 알아야 한다. '일하는 손'은 언제나 '더러운 손'이라는 진리를 그대들은 알지 못하는가?[7]

순수론에 대한 이러한 비판은 보다 적극적으로 문학의 사회 참여를 주장하는 참여문학론으로 확대되었다. 참여문학론이 문단의 관심사가 되자, 이에 대한 비판론도 만만찮게 등장했다. 문학의 순수성과 예술적 가치를 옹호하고 나선 김동리, 조연현 등의 구세대는 물론이고 김상일, 이형기, 김양수 등도 이에 동조하여, 순수론과 참여론의 논쟁이 확대되었다.

문학의 근본 조건인 언어에 의한 비현실 세계의 구축이라는 작업은 인간 의식의 자각적 조작인 것이며 문학 창조는 그것에서 주체성을 찾아 세우는 것에 있는 것이다. 그런 까닭에 문학은 어디까지나 문학의 문학성을 배제당하거나 거세시키지 않음으로써 문학의 주체성을 지니게 되는 것이다. 그럼에 비추어 문학에서 문학성을 거세시켜야 하는 사회 참여의 요청을 받아들여야 할 때 거기에는 비문학적 요소만이 남게 되므로 문학의 주체성과 자율성은 상실되고 문학과 차원이 다른 사회 참여의 현실만이 실재하며 문학은 문학성을 거세당한 내시와 같은 입장이 되어 사회 참여라는 주체성의 발밑에 엎드려 꼭두각시 역할만 하게 마련인 것이다. 그리하여 사회 참여의 문학이 문학의 자율성을 살려 나가야 하는 문학성을 제거당함으로써 내시문학이 될 수밖에 없는 그 첫째 이유가 성립되는 것이며 또한 사회성이라는 사회·과학적 관념에서 생겨난 사회적·정치적 주체성 밑에 굴복하여 부착물로서 존재한다는 데서 내시문학으로서의 그 둘째 이유가 성립되는 것이다.[8]

---

7 김우종, 「순수의 자기 기만」(한양 제41호, 1965. 7), 208면.

8 김양수, 「사회 참여 그 악몽의 문학」, 임헌영 편, 『문학 논쟁집』(태극출판사, 1976)에서 재인용.

문학의 사회 참여를 비판하는 앞의 주장에서 드러나는 문제는 참여문학에 대한 지나친 편견이다. 표현론적 관점에서 순수문학을 강조하는 김양수의 견해는 가치론의 차원에서 문학의 현실 참여를 주장하는 참여문학론과는 출발점이 전혀 다르다. 문학의 현실 참여를 문학의 정치 도구화로 몰아가는 것도 문학이 지니는 사회·문화적 성격을 협소하게 보았다는 혐의를 부인하기 어렵다. 문학의 자율성이란 관념적인 순수 가치에 매몰되는 것이 아니라 문학이 그 자체로서 인간과 삶의 현실에 대응하는 힘을 지닐 수 있음을 의미한다.

참여문학과 이념의 문제

참여문학에 대한 평단의 논의는 1960년대 중반에 들어서면서 문학의 사회적 기능에 대한 평면적 인식에서 벗어나 자체의 논리를 갖기 시작한다. 그런데 불문학자 김붕구가 「작가와 사회」라는 주제로 '참여문학 비판'을 선언하면서 새로운 방향으로 논쟁이 확산된다. 김붕구는 참여론을 주장하고 있는 평자들이 이론적으로 기대고 있던 사르트르의 참여문학론을 해부하는 데서 논의를 출발했다.

김붕구는 작가를 예술적 창조에 임하는 작가가 될 수 있도록 하는 요소로 성격(기질)과 환경 그리고 자아를 들었다. 그리고 이 세 가지 요소 가운데서도 고정적인 성질이라 할 수 있는 성격과 환경에 비해 능동적인 변화를 가져올 수 있는 자아의 중요성을 강조했다. 즉, 자아가 사회에 어떻게 대처하느냐에 따라 문학가로서의 사회 참여가 결정된다고 밝히면서 '창조적 자아'가 작품과 긴밀히 연관되어 있다고 설명했다.

> 작가(예술가)의 창작 활동이란 다른 직업의 활동과는 비교가 되지 않을 만큼 성격, '개인성'의 '나'와 '사회'의 유기적인 화합이 강렬하게 요구되고 또 반영되며 그 화합의 완벽성과 강도 여하가 곧 작품이 지니는 힘을 좌우한다고 해도 과언이 아니고 보면, 한 작가나 그의 작품을 이해하는 데 있어서 그의 생애(또는 그 사람됨)를 무시할 수 없음은 당연한 일이다. 결국 이것은 작가에게는 한 생활인, 시민으로서의 나(사회적 자아)와 창작 활동을 하는 나(창조적 자아)의 양면이 있음을 이미 상식적으로 전제하고 있음을 의미

한다.

그렇다면 작가가 무엇보다도 사회적 자아를 강조하고 앞세움이 작가로서의 특권이고 또는 그의 명예가 되는 것일까? 사회적 자아는 한 생활인으로서 다른 시민과 공유하는 영역에 속하며 창조적 자아야말로 일개 생활인을 작가로 만들어지는 본질임은 자명한 일이다. 이렇듯 자명함에도 불구하고 유행 사조를 좇아 사회적 자아를 앞세우고 (주로 '사회 참여'론) 그것을 정당화하기 위하여 아무리 그럴싸한 이론을 주장하거나(작가 측) 또는 제시·강요(평가 측)한다 하더라도 그것으로 작품이 되는 것도 아니요. 또 일시적 인기는 몰라도 항구적인 힘(가치)을 지닌 작품이 빚어질 리도 만무하다.

그 반면 사회적 자아와 창조적 자아는 내면적·통시적으로는 유년시대라는 두 자아의 미분화 상태의 공유지를 가지고 있고 내면적·현시적으로는 명상·환상·공상이라는 자유무애(自由無碍)의 영역을 공유할 수도 있다. 이에 대응하여 외부적·통시적으로는 그가 소속된 공동체의 역사적 진통을 공유지로 뿌리박고 있으며 현시적으로는 '나'의 리얼리티로서의 '사회'를 공유하고 있다. 따라서 사회적 자아가 얼마나 강렬하게 사회를 투시하고 또는 대결하는가 하는 그 강도는 곧 창조적 자아를 거쳐 작품 속에 침투되지 않을 수 없다. 작가의 경우 그것은 곧 그의 언어 속에 체취처럼 배어 상술한 모든 요소와 융합되어 하나의 작품으로 결정되는 것이다.[9]

김붕구는 작가가 가진 사회적 자아가 얼마나 강렬하게 사회를 투시 또는 사회와 대결하는가 하는 강도는 곧 창조적 자아를 거쳐 작품 속에 침투된다고 주장했다. 이러한 주장은 사회적 자아보다 창조적 자아가 중요하며 작품으로 결정되는 요소 가운데 창조적 자아가 언제나 우위에 있음을 입증하는 것이다. 그 내용은 앙가주망의 허점에 대한 요약이라 할 수 있다.

그는 이와 같은 논점에서 사르트르 문학의 한계를 분명하게 지적했다. 사르트르는 앙가주망이라는 논점을 놓고 사회적 자아를 앞세울 뿐만 아니고 사회의식의 한 형태로서의 문학, 소위 참여문학론을 내세웠다. 하지만 사르트르의 참여문학론은 정치적 이데올로기 속에 들어가 사회적 자아의 주

9 김붕구, 「작가와 사회」(세대 제52호, 1967. 11), 75-76면.

장만을 되풀이하는 데 불과하다는 것이 김붕구의 판단이다. 그러므로 김붕구는 오히려 예술가로서의 창조적 자아가 반드시 사회적 자아에 흡수되거나 예속될 필요는 없다고 응답하는 카뮈에 주목했다. 카뮈는 창조적 자아의 독립성을 인정하고 사회 참여의 문제는 시민으로서 사회적 자아의 소관임을 분명히 구별했다. 세기의 사건들에 대면해 어떤 태도를 취하느냐는 작가로서의 문학관에 속하는 문제가 아니고, 어디까지나 시민으로서의 양심과 취향에 속하는 문제라는 것이 카뮈의 입장이다. 예술가는 지식층 시민으로서 그가 원하건 원치 않건 간에 이미 역사에 승선했기 때문이다.

김붕구는 하나의 논리적 체계로 내세워지는 사르트르의 참여문학론이 '문학도 문학답지 않고 정치도 정치 꼴이 아닌 문학과 정치의 뒤범벅이랄 것밖에 없는 상태'라는 점을 지적했다. 이데올로기로 무장한 사회적 자아에 의해 창조적 자아의 수족이 묶이고 말았기 때문이다. 그는 작가가 이론화된 앙가주망이나 참여문학을 표방할 때 그것은 필연적으로 프로레타리아 혁명의 이데올로기로 귀착되지 않을 수 없음을 경고하면서, 정치적인 이데올로기 속에 들어가 '사회적 자아'의 주장만을 되풀이하기보다는 창조적인 나를 송두리째 작품 속에 투입시키는 성실성이 중요하다는 점을 강조했다.

> 작가의 '앙가주망'이 마치 십 대의 반항처럼 정신적·논리적인 타락에 영합하거나 또는 고의적으로 끌어들이는 무책임한 곳으로 달리는 반면에 작가의 이상주의적이고 관념적인 경향은 또한 쉽사리 인간 부재의 19세기적 이데올로기에 기울어지기 쉬운 허점을 지니고 있다. 그러나 이데올로기가 현실적인 정치 세력으로 되어있는 갈등의 마당에 설 때 그것이 요구하는 정략과 작가의 양심과는 끝내 양립될 수 없게 마련이다. 여기서도 작가는 자기 본령이 아닌 정치적 이데올로기에 뛰어들어 창조적 자아를 자승자박하느니보다는 한 인간으로서의 전인격적인 개성과 창조적 자아에 충실함으로써 선입견이나 조작 없이 작품 속에 '나'를 송두리째 투입시키는 성실성이 무엇보다 소중하다. 그리고 한 시민으로서의 사회 참여 또한 긴 안목으로 볼 때 '나는 생각하기 위하여 생각하고 쓰기 위하여 쓰는 것이 아니고 행하기 위하여 생각하고 글을 쓴다.'는 로맹 롤랑이나 참여문학론을 부르짖는 사르트르의 필연적인 이데올로기 편향보다는 오히려 '잠들 수 없고'

'참을 수 없이' 붓을 드는 경우 지드 『콩고 여행』, 『속 소련에서 돌아오다』에서 작가로서의 양심의 증언이 더욱 빛을 발하고 긴 생명을 지닌다는 예증을 볼 수 있다.[10]

문학의 현실 참여 문제를 두고 사르트르의 이데올로기 편향을 비판하는 김붕구의 발언은 참여문학론을 둘러싸고 야기되는 문단적 분파와 대립을 예견하는 것처럼 보인다. 김붕구가 문제 삼았던 참여문학의 속성은 뒤에 정명환이 부분적으로 수정했다. 참여문학이란 문학의 한 경향이며, 참여의 개념 자체를 이단시할 것이 아니라, 집단의식과 자아의식의 결합 관계로 규정해야 한다는 것이 정명환의 주장이다.[11] 정명환의 주장에 따르면, 참여문학은 사르트르의 앙가주망을 통해 문학론으로 확립된 것이다. 앙가주망은 어떤 일을 행하기 위해 자신의 자유 의지에 따라 선택한 '자기 구속'을 의미한다. 사르트르는 앙가주망이라는 개념을 통해 개인의 자유에 기반한 현실 세계 비판과 새로운 세계를 향해 자기 자신을 내던지는 실천적 행위를 옹호했다. 사르트르의 앙가주망은 특정 이데올로기에 문학이 복무해야 한다는 주장과는 거리가 멀다. 그의 앙가주망은 자유를 억압하는 모순된 상황과 부조리에 맞서 행하는 모든 문학적 실천을 포괄한다. 이를 위해서는 작가의 자유뿐만 아니라 타인의 자유를 위해서도 스스로 '구속된(참여한, engaged)' 작가로서 행동해야 한다는 것이다.

참여문학의 본질은 작품 창작을 통해 현실에 개입하는 작가의 사회적 책임을 강조한다는 점이다. 참여문학은 문학의 자율성을 인정한 상태에서 문학을 통한 유토피아적 지향을 표현하려는 실천적 문학관이기 때문이다. 그러므로 김붕구가 이데올로기적 편향을 경고한 뒤부터 참여론은 문학의 사회적 역할이라는 효용론적 기능에 대한 관심에서 벗어날 수 있게 된다. 물론 문학의 사회 참여 자체가 드러내는 정치성과는 관계없이 이 무렵에 작가의 글쓰기 행위가 지니는 사회적 의미를 본질적으로 재검토한 점은 주목할 만하다.

---

10 김붕구, 「작가와 사회」, 79면.

11 정명환, 「사르트르의 문학 참여론에 대한 비판적 고찰」(외국문학 제14호, 1988. 5), 53면.

참여문학과 시의 자유

참여론이 문화 전반에 걸쳐 확대된 것은 김수영이 자유주의적인 참여론을 제기한 시기와 때를 같이한다. 김수영은 4·19혁명의 좌절과 군사 정권의 등장 이후 나타난 언론의 무기력과 지식인의 퇴영성에 대한 비판으로부터 참여론의 단서를 끌어냈다. 그는 정치적 이데올로기에 의해 획일화되고 있는 문화 현상을 우려하면서, 문학의 자유와 그 전위적 실험성이 억압당하는 위기 상황을 극복하기 위해 문학의 현실 참여가 요청된다고 주장했다. 이러한 주장과 각도를 달리해 이어령은 문화 자체의 응전력과 창조력의 고갈을 먼저 문제 삼아야 함을 강조하면서, 시대 상황과 현실의 논리만 추종하는 참여론의 한계를 지적했다.

김수영은 문단에서 일어나고 있는 문학의 참여 문제에 대한 논의를 주도하면서, 「시여 침을 뱉어라」(1968)를 비롯한 일련의 산문으로 시적 입장을 천명한 바 있다. 그는 전후 시단에서 추구했던 시적 작업을 시집 『달나라의 장난』(1959)을 통해 정리한 후, 자신의 시적 지향에 대한 전환을 시도했다. 전후 시단에서 모더니즘 운동의 영향을 받고 활동해 온 그가 바로 그 모더니즘이 빠져든 추상성을 벗어 버린 것이다. 실험성과 서정성의 특이한 균형을 유지하면서 그가 다시 발견한 것은 생활과 현실 그 자체의 중요성이다. 김수영의 시는 삶에 대한 질문의 형태로 제시된다. 당대의 고난과 열정에 가장 극적으로 연결되어 있는 그의 언어들이 가슴을 치는 감동으로 살아 있는 것은 끊임없이 삶의 환시를 자극하는 물음을 던지기 때문이다. 문학이 해답이 아니라 물음의 형식일 수밖에 없다는 평범한 진리를 김수영처럼 설득력 있게 보여 준 경우는 찾아보기 힘들다.

김수영이 참여의 의미에 집착하면서 중요시했던 것은 자유의 개념이었다. 그는 한국 문화의 다양성과 활력을 깨뜨리는 무서운 폭력을 정치적 자유의 결여라고 규정했다. 자유의 참뜻을 4·19혁명을 통해 현실적으로 체득했던 그는 4·19혁명이 군사 정권에 의해 좌절되는 것을 보면서 짙은 회의에 빠져들기도 했다. 김수영에게 자유는 그 자신이 지향하고자 했던 절대적 가치에 해당했지만, 그의 도덕적 열망과 현실적 제약 사이에서 느낄 수밖에 없는 모순된 기초였다. 물론 김수영은 근본적으로 형이상학적 관념론을 배격하면서도 '자유롭다.'는 사실과 '자유롭도록 되어 있다.'는 판단에서 갈등을 드러낸다. 그러므로 김수영이 지향했던 자유는 사르트르가 강조했던 자유의 개념과도 일맥상통한다. 사르트르에 따르면 인간의 실재성이란 자유롭기에 충분하지 않은 것이며 따라서 자유는 존재의 결핍, 즉 무(無)에 해당한다고 주장한 바 있다.[12] 사르트르는 '우리는 자유롭도록 선고받았다.'라고 주장하지만 이 주장은 인간관계가 투쟁화된 세계 속에서 생의 허망함과 절망감에 대한 용인이라고 할 수밖에 없다. 김수영의 경우도 마찬가지다. 김수영은 자기 존재의 고립을 파괴하기 위해 타자와의 공존을 추구하며 인간을 자유롭게 할 수 있는 행위의 실천을 위해 시의 해체로 나아가고자 한다. 그가 내뱉은 야유와 욕설, 악담은 혁명의 좌절을 초래한 소시민들의 소극성을 겨냥하지만, 사실 자기 풍자의 의미를 지닌다. 김수영의 「반시론」은 이러한 자기 풍자의 극단적인 산문적 진술이라고 할 수도 있다.

> 이제는 애를 써서 책을 읽으려고 하지 않는다. 책을 안 읽는다는 것은 거짓말이지만, 책이 선두가 아니다. 작품이 선두다. 시라는 선취자가 없으면, 그 뒤의 사색의 행렬이 따르지 않는다. 그러니까 어떤 고생을 하든지 간에 시가 나와야 한다. 그리고 책이 그 뒤의 정리를 하고 나의 시의 위치를 선사해 준다. 정신에 여유가 생기면, 정신이 살이 찌면 목의 심줄에 경화증이 생긴다.
>
> 이런 때는 고생이란 고생을 다 써먹었을 때다—말하자면 수단으로서의 고생을 다 써먹었을 때다. 하는 수 없이 경화증에 걸린 채로 시를 썼다. 배부른 시다. 그것이 「라디오계」라는 작품이었다. 그 후 「먼지」, 「성」, 「미인」 등의 3편을 썼는데, 아직도 경화증은 풀리지 않고 있다. 만성 경화증인 모양이다. 이대로 나가면 부르좌의 손색없는 시도 쓸 수 있을 것 같다. 그전에는 무엇을 쓸 때 옆에서 식구들이 누구든지 부스럭거리기만 해도 신경질을 부렸는데, 요즘은 그다지 마음에 걸리지도 않고, 오히려 훼방을 좀 놓아 주었으면 하는 생각이다. 그것이 약이 되고, 작품에 뜻하지 않는 구명대의 역할을 해주기도 한다. 잡음은 인간적이다. 그것은 너그러운 폭을 준다. 잘못하면 몰살을 당할 우려가 있지만, 잡음에 몰살을 당할 만한 시는 낳지

12 조셉 치아리, 『20세기 프랑스 사상사』, 102면.

않아도 후회가 안 될 것 같다.[13]

김수영의 「반시론」에서 가장 중요한 것은 시를 진정으로 시답게 생각하는 김수영의 시적 태도다. 시를 시답게 생각한다는 것은 시를 시 이상의 다른 것으로 생각하지 않는다는 것이며, 시가 포괄할 수 있는 삶의 의미와 속성을 시를 떠나서는 결코 생각하지 않는다는 것과도 통한다. 그렇기에 그가 시는 말로 쓰이는 것이 아니라 온몸으로, 동시에 온몸을 밀고 나가는 것이라고 말하는 것은 당연한 논리다. 「반시론」이 지니는 의미는 지극히 사적인 진술로 국한해 볼 수도 있지만, '정신의 여유'를 가지는 것이 삶에 대한 안이한 태도와 연결되고 결국 '목의 심줄에 경화증'을 만드는 것이라면, 우리는 오히려 그 정신을 끊임없이 일깨우고 자극할 수 있는 시 정신의 새로움을 준비해야 한다. 일상에 길들여지고 습관에 주저앉을 때 인간의 정신 활동은 정지되고 모든 문화는 발전과 변화를 중단한다. 물질적인 삶에 기계적으로 적용하는 습관성에의 함몰은 인간의 비인간화를 유도하는 결정적인 요인이 됨은 물론이다. 자기 세계를 인식할 수 있는 지적 능력의 상실이 정신의 여유에서 기인한다는 사실은 확실히 현실적인 문학의 풍토에서 다시 한번 음미해야 할 문제다. 더구나 '잡음'의 현실과 그 '잡음'을 감당할 수 있는 시의 의미는 침체를 거듭하는 오늘의 시 정신의 상황에 어떤 시사를 던지기에 충분하다.

김수영의 평론 「시여, 침을 뱉어라」는 시의 내용과 형식, 참여시 등에 대한 견해를 구체적으로 밝히는 글이다. 먼저 시를 쓰는 것은 '머리'와 '심장'으로 하는 것이 아니라 '온몸으로 밀고 나가는 것'으로 그것이 곧 시의 형식이다. 시를 논한다는 것은 시의 내용을 가리키는 것으로 산문의 의미, 모험의 의미를 포함한다. 그에 의하면 시적 모험이란 '세계의 개진(開陳), 마르틴 하이데거가 말한 대지(大地)의 은폐(隱蔽)의 반대되는 말'로서 시의 본질은 이러한 개진과 은폐, 세계와 대지의 양극의 긴장 위에 서 있으며, 언제나 모험의 의미를 띠며 산문의 정신과 통한다.

시는 온몸으로, 바로 온몸을 밀고 나가는 것이다. 그것은 그림자를 의

13 김수영, 「반시론」, 『김수영 전집 2 산문』(민음사, 1981), 259-260면.

> 식하지 않는다. 그림자에조차도 의지하지 않는다. 시의 형식은 내용에 의지하지 않고 그 내용은 형식에 의지하지 않는다. 시는 그림자에조차도 의지하지 않는다. 시는 문화를 염두에 두지 않고 민족을 염두에 두지 않고, 인류를 염두에 두지 않는다. 그러면서도 그것은 문화와 민족과 인류에 공헌하고 평화에 공헌한다. 바로 그처럼 형식은 내용이 되고, 내용이 형식이 된다. 시는 온몸으로 바로 온몸을 밀고 나가는 것이다.[14]

김수영에게 참여시는 정치적 자유와 개인의 자유를 인정하지 않는 사회에 대한 시적 대응 방법이다. 그는 내용의 자유를 인정하지 않는 사회에서는 형식의 자유도 인정하지 않는다고 말했다. 여기서 시 쓰기는 모험의 의미를 띤 '자유의 이행(履行)'이 된다. '모험은 자유의 서술도, 자유의 주장도 아닌 자유의 이행이다. 자유의 이행에는 전후좌우의 설명이 필요 없다. 자유는 고독한 것이다. 그처럼 시는 고독하고 장엄한 것이다.' 그러므로 정치적 금기(禁忌)에 묶여 자유의 이행에 용기가 없는 시인의 얼굴에 "침을 뱉"어야 한다. 자유에는 얼마간 '혼란'이 따르지만 그것은 허용되어야 하며, 시의 임무는 '문화의 본질적 근원을 발효시키는 누룩의 역할을 하는 것'이라고 주장한다.

이러한 진술에서 반복적으로 강조되는 시의 의미는 결국 삶의 전체에 해당한다. 시란 어떠한 경우에는 시인의 정신 영역과 삶의 현장을 함께 포괄할 수 있어야 하기에 "온몸으로, 온몸을 밀고 나가는 것"임에 틀림없다. 초월의 정신과 포괄의 힘 사이의 긴장이 시에 대한 요구일진대, 김수영은 바로 그러한 요구에 벗어나지 않는 위태로운 시적 균형을 지탱해 나가고자 했다.

시의 사회 참여 논쟁

김수영은 「지식인(知識人)의 사회 참여(社會 參與)」를 통해 언론의 무기력과 정신적 위축에 빠져든 지식인의 자세를 비판하면서 사회 참여에 대한 주장을 논리적으로 확대했다. 군사 독재의 사회·문화에 대한 획일적인 통제를 우려했던 그는 문학의 전위적 실험성이 억압당하는 상황을 극복해야 한다고 강조했다. 여기서 그가 특히 문제 삼고자 하는 것은 언론의 안이함과

---

14 김수영, 「시여 침을 뱉어라」, 『김수영 전집 2 산문』, 253-254면.

보수주의적 타성이다. 그 이유는 언론이 문화·예술의 자유의 원칙을 인정하면서도 정치의 눈치를 살피고 있었기 때문이다.

> 무식한 위정자들은 문화도 수력 발전소의 댐처럼 건설하는 것이라고 생각하고 있는 것 같지만 최고의 문화 정책은 내버려두는 것이다. 제멋대로 내버려두는 것이다. 그러면 된다. 그런데 그러지를 않는다. 간섭을 하고 위협을 하고 탄압을 한다. 그리고 간섭을 하고 위협을 하고 탄압을 하는 것을 문화의 건설이라고 생각하고 있다. (중략) 원고료 과세나 화료(畵料) 과세를 포함한 문화의 무시보다도 더 나쁜 것이 문화의 간섭이고 문화의 탄압이다. 그리고 이러한 문화의 간섭과 위협과 탄압이 바로 독재적인 국가의 본질과 존재 그 자체로 되어 있는 것이다.
>
> 문화의 문제는 언론의 자유의 문제와 직결되는 것이고 언론의 자유는 국가의 정치의 유무와 직통하는 문제이다. 그런데 이런 단순한 통치를 몰각하고 무시하는 버릇이 신문뿐이 아니라 문화인 자체 안에도 매우 농후하게 만연되어 있는 것은 말할 수 없이 서글픈 일이다.
>
> 지난 연말에 『우리 문화의 방향』이 실려진 같은 신문에 게재된 「'에비'가 지배하는 문화」(이어령)라는 시론은 우리나라의 문화인의 이러한 무지각과 타성을 매우 따끔하게 꼬집어 준 재미있는 글이었다. 그런데 이 글은 어느 편인가 하면, 창조의 자유가 억압되는 원인을 지나치게 문화인 자신의 책임으로만 돌리고 있는 것 같은 감을 주는 것이 불쾌하다. 물론 우리나라의 문화인이 허약하고 비겁한 것은 사실이지만, 그들을 그렇게 만든 더 큰 원인으로 근대화해가는 자본주의의 고도한 위협의 복잡하고 거대하고 민첩하고 조용한 파괴 작업을 이 글은 아무래도 지나치게 과소평가하고 있는 것 같다. 내가 생각하기에는 오늘날의 '문화의 침묵'은 문화인의 소심증과 무능에서보다도 유가무가(有家無家)의 정치권력의 탄압에 더 큰 원인이 있다. 그리고 그 괴수 앞에서는 개개인으로서의 문화인은커녕 매스 미디어의 거대한 집단들도 감히 이것을 대항하지 못하고 있는 것이 현 실정이다. 이 글에서도 '막중한 정치권력에도 한계라는 것이 있는 법'이라고 하면서, '학원을 비롯하여 오늘날의 정치권력이 점차 문화의 독자적 기능과 그 차원을 침해하는 경향이 있다.'고 '더 큰 원인'을 지적하고는 있지만, 그렇다면

> 오늘날의 문화계의 실정이 월간 잡지의 기자들의 머리의 세포 속까지 검열관의 '금제적 감정(禁制的 感情)'이 파고 들어가 있다는 것쯤은 알고도 남음이 있을 것 같다.[15]

김수영은 한국 사회에서 언론의 자유는 언제나 정치의 기상지수(氣象指數)와 상관관계에 놓여 있음을 전제하면서 언론의 무기력을 비판했다. 특히 문화예술의 자유의 원칙을 내세우면서도 학문의 자유와 독립성을 제대로 인정하지 못하는 어정쩡한 태도가 문제임을 지적했다. 그런데 이러한 주장은 문학의 위기를 극복하기 위해 먼저 문화 자체의 응전력과 창조력의 고양을 주장하던 이어령과 충돌하게 된다. 김수영은 우리의 문화인들이 과대한 공포증과 비이성적 퇴영성에 빠져들어 있다는 이어령의 주장[16]을 수긍하면서도 창작에 대한 보이지 않는 억압이 가상적 공포가 아닌 현실적 금제(禁制)로 작동한다고 강조했다. 특히 지식인의 어떤 주장도 설득도 용납되지 않는 현실적 조건에서는 써놓고 발표하지 못하는 작품이 있을 수밖에 없음을 토로했다. 이어령은 시의 가치를 사회 개량과 현실 비판의 효과 면에서만 논의할 수 없음을 지적하면서 김수영의 소론의 비논리를 공박했다. 그는 김수영이 밝힌 '서랍 속의 불온시'라는 것의 정체를 놓고 첫째 산문적 형식으로 쓰인 것, 둘째 시사성을 띈 것, 셋째 문화 검열자의 마음을 뒤집어 놓는 정치·사회 시평과 비슷한 것일 가능성이 크다고 판단했다. 그는 한용운의 예를 들면서 그가 독립 선언서를 쓰듯 시를 쓰지 않았음에 주목했다. 시는 시로서의 본질을 지니기 때문이다.

여기서 김수영과 이어령의 논쟁이 촉발된다. 두 논자의 주장[17] 속에는 문학의 자율성과 사회적 기능성에 대한 인식 차이가 분명하게 자리 잡고 있다. 문학 자체의 가치에 대한 판단 기준도 판이하게 달랐음을 확인할 수 있다.

---

15 김수영, 「지식인의 사회 참여」(사상계 제177호, 1968. 1), 92-93면.

16 이어령, 「에비가 지배하는 문화」(조선일보, 1967. 12. 28).

17 김수영의 「지식인의 사회 참여」 이후 이어령과의 논쟁은 조선일보 지상에서 다음과 같은 논전으로 이어진다. 이어령, 「누가 그 조종을 울리는가」(조선일보, 1968. 2. 20); 김수영, 「실험적인 문학과 정치적 자유」(조선일보, 1968. 2. 27); 이어령, 「문학은 권력이나 정치이념의 시녀가 아니다」(조선일보, 1968. 3); 김수영, 「불온성에 대한 비과학적인 억측」(조선일보, 1968. 3. 26); 이어령, 「논리의 현장 검증 똑똑히 해보자」(조선일보, 1968. 3. 26).

참여시인과 정치가는 역사를 같은 테이블 위에 놓고 나이프를 들고 있다. 한쪽은 권력, 한쪽은 언어. 여기에서 상호의 불간섭을 기대한다는 것은 우스운 이야기다. (중략) 정치의 한복판, 역사와 사회의 한복판, 그 현실에 뛰어든 이상 가장 두려운 것은 간섭이 아니라 무시다. 그들이 무시하는 이상 어떻게 참여가 되는 것일까? 참여는 싸워서 이기는 것이다. 간섭은 부당한 것이지만 부당한 간섭과 탄압을 전제로 하지 않고는 참여 이론은 성립되지 않는다. 문학이 정치를 간섭하고 정치가 문학을 간섭하는 것이 참여의 앞마당이다. 그러므로 사회 참여론자들은 문학의 순수성을 주장하는 사람과는 달리 위정자의 간섭을 탓하기보다 그 간섭에 굴하는 자기 자신에게 매질을 하는 사람이어야 한다. (중략)

둘째로 참여시인들은 참여를 부르짖기 전에 먼저 그들의 언어를 선택한 이유를 밝혀야 한다. 그것은 가장 소박한 물음인 동시에 가장 본질적인 물음인 것이다. 즉 시인이 언어를 다루는 태도는 산문가가 다루고 있는 그것과 같은가? 사르트르는 그렇지 않다고 했다. 산문의 언어는 전달을 목적으로 하는 도구로서의 언어요. 시의 언어는 대상 언어, 즉 사물로 화한 오브제, 랑가주라고 했다. 당신들은 어느 쪽인가? 도구와 같은 언어라면 당신들은 왜 산문을 쓰지 않고 시를 쓰는가? 목적이 참여에 있다면 왜 소설을 통해서 참여하지 않고 시라는 장르를 통해서 하는가? 그리고 그것은 다른 수단을 사용한 참여와 어떻게 다른가?

셋째로 문학의 독창성을 인정하는가 부정하는가 하는 문제다. (중략) 참여는 문학이 정치로 화하는 것이 아니라 문학이 문학의 입장 위에서 정치 사회제도를 향해 발언하는 것이다. 만약 이 말에 동의한다면 우리가 참여하기 위해서는 먼저 문학자의 입장을 가져야 한다는 말이 된다.[18]

이어령은 문화의 위기가 외부의 위협이나 그 구속력에서 비롯된다기보다는 문화인 자체의 응전력과 창조력의 고갈에서 비롯된다는 사실을 전제했다. 그는 외부 압력이 오히려 문화예술을 위해서는 어떤 큰 힘을 표출시키는 자극이 될 수 있다는 점에서 필요악일 수도 있음을 언급했다. 그리고 정

18 이어령, 「서랍 속에 든 불온시를 분석한다」(사상계 제179호, 1968. 3), 257-259면.

치적 이념과 가치를 중심으로 시를 판단한다는 것이 얼마나 무모한지 지적했다. 김수영에 대한 이어령의 비판은 그 핵심이 문학하는 태도 또는 시인의 자세와 관련된다. 그는 모든 문학인이 결코 행복한 시대에 살고 있지 않음을 분명히 하면서 고통 속에서도 글을 써야 한다는 점을 당위론적인 선택으로 내세웠다. 정치적 억압이나 검열의 눈을 의식하지 않고 글을 쓰는 사람은 없을 테지만 그들이 쓰는 이유는 정치를 위해서가 아니라 문학과 예술 자체를 위해서라고 할 수 있다. 그는 시와 예술이 순순한 의미와 가치를 상실한다면 고통과 시련 속에서 글을 써야 하는 이유를 달리 찾을 수 없다고 주장했다. 이어령은 문학의 적이 밖에도 있고 안에도 있음을 지적하면서 오늘의 문학이 관의 검열자와 문학을 정치 도구로 착각해 문학 자체를 부정하는 사이비 시인과 비평가들의 협공을 당하고 있음을 강조했다.

김수영과 이어령의 논쟁은 한국 문단에서 대표적인 '순수/참여 논쟁'으로 널리 알려져 있다. 그리고 이 논쟁의 출발점에서 문화의 위기를 참여 문제와 결부시킨 김수영이 참여론자로 부각되고, 문화의 자율성에 대한 신념을 내세운 이어령이 순수론의 옹호자로 인정된 것도 사실이다. 하지만 이 논쟁은 순수/참여라는 이분법으로 문학의 범주를 규정하기 때문에 문학의 사회 참여가 지니는 본질적 의미를 벗어난다. 특히 문학 활동 자체를 순수/참여로 나누는 이분법적 사고를 일반화시킴으로써, 문학의 본질과 그 포괄성을 단순화시켜 버린 점을 지적할 수 있다.

그렇지만 문학의 현실 참여 문제에 대한 논의가 표현론적 차원의 순수성을 절대적인 기준으로 설정한 순수문학에 대한 비판에서 출발한다는 점은 일정한 비평사적 의미를 지닌다. 문학의 효용과 가치에 대한 새로운 미학적 기반을 탐색할 수 있는 계기를 제공하기 때문이다. 물론 이 논쟁은 전후문학의 폐쇄적인 분위기를 극복할 수 있는 정신적 충격을 가져온 것도 사실이고, 4·19혁명의 좌절 이후 지성의 위축과 정신문화의 피폐에 빠져든 사회 현실에 대한 비판의식을 촉발한 것도 사실이다. 참여론은 문학의 사회적 기능과 작가의 양심이라는 사회·윤리적 가치 문제를 리얼리즘의 정신과 방법으로 연결하는 중요한 계기를 제공하며, 1970년대 민족문학에 대한 새로운 비평적 논의의 반성적 출발점이 된다.

2

분석주의 비평의 확대

1) 방법으로서의 신비평

신비평의 개념

한국 문학비평에서 '신비평(New Criticism)'이라는 말을 직접적으로 논의의 대상으로 삼은 이는 비평가 백철이다. 백철은 1956년 영국 런던에서 개최된 제28차 펜 대회에 한국 대표로 참석한 바 있다. 이 대회에서는 '작가와 독자 대중'이라는 주제를 내걸고 전 세계 문학인이 한자리에 모여 다양한 토론을 전개했다. 여기서 주목받은 것이 바로 '신비평'이라는 새로운 비평 방법에 대한 논의다. 작가와 시인이 모임의 주체가 되는 펜 대회에서 '신비평'이 문제가 된 이유는 작가와 대중 독자 사이의 중간 존재로서 비평의 역할 때문이었다. 특히 '신비평'은 대학을 중심으로 아카데미즘을 중시하고 문학비평이 전문화되는 경향이 생기자 더욱 큰 관심이 집중되었다.

'신비평'이라는 말은 1941년 존 크로우 랜섬(John Crowe Ransom)이 펴낸 『신비평(The New Criticism)』이라는 책의 출판에 기원한다. 그는 시가 레오나르도 다빈치의 모나리자와 같은 구체적인 실체이며, 금이라든지 철과 같은 '물건'이라고 했다. 그러므로 이러한 구체적인 대상과 마찬가지로 시의 정확한 의미를 알아내기 위해서는 작가의 의도나 감정, 사회 배경, 가치관 같은 것과는 별도로 시 자체의 속성을 제대로 밝히는 일이 중요하다고 했다. 랜섬의 주장은 바로 이러한 비평 활동의 핵심적인 개성으로 자리 잡았기 때문에, 랜섬의 책 제목이 그대로 이 비평적 태도의 명칭이 되었다.

백철은 신비평의 특징을 다음과 같이 소개했다.

'뉴 크리티시즘'은 대개 1930년대에 시작된 현대비평의 주요한 비평 유파이며 특히 이차전을 통하고 그 뒤에 이르는 동안 퍽 강화되었다. 이 '뉴 크리티시즘'의 가장 중심적인 특징은 먼저도 말한바, 주로 시를 대상하면서 그 용어에 대한 언어학적인 분석과 연구에 전적인 주력을 하는 경향이다. 역시 먼저 말한 바와 같이 '뉴 크리티시즘'은 일체의 과거형의 비평을 반대하고 나온 신비평인데 그것이 과거의 비평을 반대하는 것은 그 비평들이모다 어느 의미에선가 문학작품 그 자체가 아닌 배경적인 혹은 내용적인 점에 의거하여 작품을 평가한 데 대한 반발인 것이다. 따라서 '뉴 크리티시즘'은 문학작품을 대하는 데 있어서 그것의 어떠한 근원적인 의미로 반문할 것이 아니고 오직 그 작품의 예술품적인 자체에만 관여하게 되는 것이다. 예를 들면 과거의 비평가들이 흔히 비평 방법으로 사용한 그 작품 그 작가의 사회적인 환경(social milleu)이라든가, 그 작가의 생애, 개성 문학관 등의 일체가 '뉴 크리티시즘'에는 무의미하고 불순한 부속물에 지나지 않는 것이다. 따라서 '뉴 크리티시즘'은 전적으로 문학작품의 테크닉을 분석하는 것, 즉 그 작품의 문장, 용어적 스타일, 조직, 운각, 암유 등에 대한 전문적인 분석 연구에 치중하는 것이다. 그러나 아무리 '뉴 크리티시즘'이라 해도 시에 있어서 의미(meaning)를 전연 무시한 것이 될 수 없다. 그래서 '뉴 크리티시즘'은 그 테크닉에 관한 과학적인 분석에 의하면서 동시에 중복된 상징성, 비유적인 의미, 미묘한 심리학적인 교섭에 대한 민감한 반응을 표시하는 데서 또 하나의 특징이 과시되어 있는 것이다.

이러한 '뉴 크리티시즘'은 현대비평에 있어서 글자대로 새로운 비평인 것이다. 또 그 방면에서 비평 기능을 더 확대시키고 신면모를 보여 준 것이 사실이다. 우리가 만일 20세기의 문학으로서 소설에서 내부 세계를 분석 추구한 소위 의식의 흐름의 문학을 신문학으로 인정하고 시에서 주지적인 고전파의 것을 새로운 것으로 인정한다면 그것과 관련시키면서 비평에선 이 '뉴 크리티시즘'을 20세기 비평의 새로운 것으로 인정하지 않을 수 없다고 본다.

그러나 비판적으로 이것을 보면 20세기의 딴 문학이 그러한 것과 마찬가지로 '뉴 크리티시즘'은 진실로 역사적인 신비평이 아니고 하나의 편중의 것이다. 부분적인 비대증의 것이다. 지금부터 20년 전, 즉 30년대에 20세기의 인간을 비판하여 두뇌만이 편대해지고 사지는 위축해 버린 불균형, 비조화의 인간에 대하여 좀 더 조화적인 인간의 형성을 논의한 일이 있었다. 그와 같은 비판이 '뉴 크리티시즘'에 대해서도 가해져야 하지 않을까 생각되는 것이다. 과연 여기에 대한 비판은 이제 시작되고 있다고 생각한다.[19]

백철은 1930년대 초부터 계급문학운동에 가담하면서 비평 활동을 전개했다. 사실 이 시기는 한국문학에서 모더니즘 문학의 출발점에 해당한다. 백철은 '농민문학론'을 새롭게 제기하면서 비평가로서 자기 존재를 드러냈고 계급문학의 이념적 기반인 마르크스주의의 관점에 따라 작품의 계급적 성격과 가치를 규정하는 데 앞장섰다. 그의 비평은 작품의 역사적·계급적 문맥을 밝혀내거나, 작가의 계급의식이 작품에 어떤 영향을 미치는지 밝히는 것에 집중했다. 해방과 분단을 거치면서 그의 비평적 태도는 계급문학의 관점을 벗어나 이른바 인상주의 비평이라고 명명할 수 있는 경향으로 바뀌었다. 그것은 독자가 작품을 보고 느끼는 것 그 자체가 작품의 중요한 요건이라고 믿는 것이었다. 그런데 그가 마주친 신비평은 이러한 모든 비평적 태도를 거부하는 데서 출발했다. 신비평은 문학작품을 분석·평가하는 데 객관적 실체로서 작품에 대한 평가를 중시했고 작가나 독자의 감정, 가치, 태도, 신념 등은 부차적인 것으로 치부했다. 특히 신비평은 작품 자체를 중시하면서 그 역사적·사회적 요소를 모두 배제함으로써 '형식파'라고 불리기도 했다.

백철은 위의 인용에서 확인할 수 있듯이 신비평의 새로움을 기존 비평이 보여 주었던 '문학자품 그 자체가 아닌 배경적인 혹은 내용적인 점에 의거해 작품을 평가한 데에 대한 반발'이라고 파악했다. 그리고 신비평은 오직 작품의 예술성 자체에만 관여하고 있음을 지적했다. 그는 신비평이 과거의 비평가들이 흔히 사용한 작품과 작가의 사회적인 환경(social milleu)이라든가,

---

19 백철, 「'뉴 크리티시즘'에 대하여」(문학예술 제3권 제11호, 1956. 11), 180-181면. 백철은 이 평문에 이어 「I. A. 리챠즈씨와의 문학 대화」(사상계 제58호, 1958. 5), 「현대 이론을 향해서 반세기」(사상계 제119호, 1963. 3), 「뉴크리티시즘의 행방」(세대 제31호, 1966. 2) 등을 통해 신비평의 방법적 특징과 그 한계를 지적했다. 그는 미국의 대학에서 널리 읽히던 내재적 비평의 지침서인 르네 웰렉, 오스틴 워렌의 공저 『문학의 이론』(신구문화사, 1959)을 김병철 교수와 공역으로 발간함으로써 신비평의 방법을 한국 문학비평에 적용할 수 있는 이론적 기반을 제공했다.

작가의 생애, 개성, 문학관 등을 모두 무의미하고 불순한 부속물에 지나지 않는 것으로 취급한다는 점을 적시했다. 그리고 이러한 신비평의 방법 자체는 또 다른 편향적인 것이 될 수 있음을 밝혔다.

> '뉴 크리티시즘'이 하나의 난숙기(爛熟期)의 문학 현상이라는 점이다. 그러면 20세기의 가장 새로운 비평인 '뉴 크리티시즘'이 결과로 봐서 왜 난숙기의 일 현상으로밖에 되지 못하는가. 그 첫째는 역시 20세기라는 현대의 역사적인 성질과 관련이 되는 듯하다. 흔히 말하다시피 20세기는 근대사로 봐서 하나의 말기시대, 새것이 오기 전에 우선 일차는 더 많이 말기적인 표현을 하게 되는 것인데 문학에 있어서도 먼저 말한 바와 같이 그 모든 과도한 형식파의 소설과 시와 같이 '뉴 크리티시즘'도 그런 일부적인 표현에 불과한 것이다.
>
> 그 증거는 처음에 말한 바와 같이 '뉴 크리티시즘'은 작품이 생성된 일체의 기본적인 조건을 무시하고 오직 작품의 결과, 순수한 작품 사실에서만 작품을 보는 태도인데, 이것은 역시 난숙기의 문화적인 표현이 아닐 수 없다. 말기적인 난숙기에 있어서 문화예술이 형식적인 면에 편중하게 되는 것은 공통된 특징이기 때문이다.
>
> 과연 그 형식 조건에 대한 상세한 학문적인 주석과 온갖 과학 수단의 분석 등은 '뉴 크리티시즘'을 따를 수가 없으나 이것만을 가지고 문학의 참된 가치를 이해하지 못한 것이다. '뉴 크리티시즘'은 작품 평가를 못한다고 한 것은 그 때문이다. 문학작품은 필요에 의해선 역시 그 배경적인 조건을 추구하고 또 나가서는 그것을 하나의 역사적인 조건 위에서 통일적인 판단을 가하지 않으면 결코 그 작품의 참된 의미를 파악할 수 없을 것이다. 그 점에서 우리는 현대의 비평으로 '뉴 크리티시즘'이란 학파가 있는 것을 기억하는 동시에 이것을 대하는 데는 어디까지나 비판적인 태도를 취해야 할 것이다.[20]

백철은 신비평의 작품 중심적 태도를 전폭적으로 지지하지 않았다.

---

20 백철, 「'뉴 크리티시즘'에 대하여」, 180-181면.

그는 문학작품을 하나의 역사적인 조건 위에서 통일적으로 판단하지 않으면 결코 그 의미를 파악할 수 없다는 역사주의적 관점을 여전히 고수했다. 그러므로 신비평에 대한 비판적 태도를 취할 수밖에 없음을 분명히 밝혔다.

신비평의 방법

'신비평'이라는 용어는 백철이 처음 소개했지만, 이 새로운 비평 방법은 이미 1930년대 문단에서 최재서, 김기림, 이양하 등이 영국의 토머스 엘리엇과 I. A. 리처즈의 비평 이론을 논의하기 시작하면서 그 기본 관점에 대한 이해가 모더니즘론의 범위 안에서 폭넓게 확대된 바 있다. 엘리엇과 리처즈는 분석주의 비평의 출발점에 서 있는 데다가 미국의 신비평은 그 중요 개념을 이들의 문학 이론으로부터 계승하고 발전시켰다고 할 수 있다.

엘리엇은 비평이 시인이 아니라 시 작품 자체에 관심을 집중해야 한다는 새로운 관점을 내세웠다. 엘리엇은 시인이란 자신의 개성이나 정서를 시에 불어넣는 이가 아니라 시 속에서 인간의 보편적인 감정과 정서가 서로 작용해 조화를 이룰 수 있도록 언어를 활용하는 이라고 말했다. 그러므로 시는 시인의 감정을 자유롭게 드나드는 것이 아니라 오히려 바로 그러한 시인의 감정으로부터 도래하는 것이다. 시는 보편적 감정과 정서를 '몰개성적'으로 만들어 내는 것이며, 보편적인 인간성과 시인 자신의 인상과 사고를 질서 있게 통합할 수 있을 때 성공적인 시 작품이 이루어진다. 그러므로 엘리엇은 시가 단순히 시인 자신의 개인적 감정의 표현만으로는 이루어질 수 없음을 분명히 했다.

엘리엇이 강조했던 관점 가운데 시의 독자가 문학적 기법에 어느 정도 익숙해야 한다는 신념은 신비평의 방법에도 그대로 계승되었다. 엘리엇은 훌륭한 독자에게는 좋은 시를 읽는 훈련이 필요하며 그래야만 그가 시적 전통을 이해할 수 있고 거기에 동참할 수 있다고 주장했다. 부족한 독자는 단지 시적 텍스트에 대한 자신의 개인적인 인상과 반응만을 중시하는데, 그것은 문학적 수법에 대한 수련이 부족하기 때문이다. 엘리엇의 주장에 따라 신비평에서는 좋은 독자와 부족한 독자, 훌륭한 비평과 부족한 비평이 있다는 점을 강조했다. 예컨대 부족한 독자와 비평은 오직 시에서 시인이 의미하고자 한 것이 무엇인가를 찾고, 시는 바로 그러한 시인의 의도를 드러낸다고 말한다. 그러나 훌륭한 비평은 시에 대한 섬세한 구조 분석을 통해서 정확한 해석에 이를 수 있다.

엘리엇이 주장하는 여러 가지 문학적 견해 가운데 '객관적 상관물(objective correlative)'이라는 용어는 신비평에서도 시의 비평에 매우 중요한 도구가 되었다. 엘리엇은 객관적 상관물을 찾아내는 것이 예술작품에서 인간 감정을 표현할 수 있는 유일한 방법이라고 했다. 여기서 객관적 상관물이란 어떤 대상이나 정황, 일련의 사건 등을 말한다. 시에서 외적인 사물이 표현되는 경우, 그것들은 상호 연관되면서 즉각적으로 하나의 감정을 불러일으킨다. 신비평에서는 이러한 간접적이고도 '몰개성적'인 방법을 시적 정서의 창조 방법으로 발전시킨다.

신비평은 엘리엇과 동시대의 비평가였던 리처즈에게서도 영향을 받아 그가 '실천비평(practical criticism)'이라고 명명했던 시 작품에 대한 분석 방법을 그대로 사용했다. 이 용어는 케임브리지 대학에서 리처즈가 직접 학생들에게 시를 읽게 하면서 활용했던 방법에서 유래했는데, 리처즈는 시인에 대한 일체의 정보를 주지 않고 시를 학생들에게 나누어 준 뒤에 그 작품에 대한 학생들의 반응을 관찰했다. 이 과정에서 그는 시의 기법과 의미에 대한 매우 세밀한 관찰을 가능하게 하는 '정독법(close reading)'을 고안했고, 이것은 곧 신비평의 방법과 동일한 것으로 간주되기에 이르렀다.

신비평에서는 시를 객관적 실체로 규정하면서 예술에 대한 객관론적 접근 방법을 발전시킨다. 시의 의미는 시인의 감정이나 상태와 일치되는 것이 아니며 시인의 숨겨진 의도에 동일시될 수도 없다. 시의 의미라는 것이 시인의 사적인 체험이나 개인적 의도의 표현에 불과하다고 한다면, 그것은 시의 해석에서 커다란 오류를 범할 수밖에 없다. 신비평에서는 이런 접근 방식의 오류를 '의도의 오류(intentional fallacy)'라고 부른다.[21] 시는 하나의 객관적 대상이기 때문에, 객관적 비평 방법을 통해 논의되어야 하지 사적인 관심과 경험들에 의해 해석될 수 없다는 것이 신비평의 관점이다.

---

21 W. K. Wimsatt, *The Verbal Icon: Studies in the Meaning of Poetry*(University Press of Kentucky, 1954), p. 3.

가령 어떤 작품을 쓴 작가가 현존해 있는 경우, 또는 작고했다고 하더라도 그가 남긴 기록 가운데 그 증거가 포착되는 경우, 적어도 우리가 그의 제작 의도를 확인할 길은 있다. 그렇다면 이 경우에 있어서는 '의도비평'에 아무런 문제점도 없을 것인가. 결론부터 말해 두기로 하면 이 경우에 있어서도 역시 우리가 할 수 있는 말은 '아니다.'가 될 수 있을 뿐이다. 이미 암시된 바 있지만 완성되기 이전의 작품을 두고 작가가 세운 계획과 설계, 지향과 시도가 반드시 그대로 작품에 반영된다고 볼 수는 없다. 윔제트나 비어즐리에 의하면 작품 제작에 앞서 시도된 작가의 계획이나 설계는 매우 추상적인 것이며 또 소박한 것에 지나지 않는다는 것이다. 그러나 형상화되는 과정에서 작품의 의도는 부단히 수정되고 확대되어 간다. 그렇다면 구태어 전자 후자를 평가, 판단하겠다는 것은 흐르는 한강물을 그 시원에서만 살피고 그것으로 한강의 전부를 말하겠다고 나서는 것처럼 넌센스가 될 가능성이 있다. 한편 이것으로 우리는 의도를 통한 비평의 난점을 살폈다. 어떤 경우에도 올바른 비평의 길은 작품에 즉하는 자리에서 열려지리라는 결론이 여기서 나오는 셈이다. 그리고 이것은 곧 뉴 크리티시즘의 기본적인 입장을 재확인한 격이 되기도 한다.[22]

위의 인용에서 확인할 수 있는 것처럼, 김용직은 시적 텍스트의 의미를 찾아내는 방법으로서 시인의 의도를 확인하는 일이 별 의미가 없다고 주장했다. 신비평은 시에 얽힌 전기적 사실이나 배경적인 사실을 거의 신뢰하지 않으며, 전기적인 자료가 시의 의미를 이해하는 데 별 도움이 되지 않는다는 것을 분명히 했다. 시를 사회·정치적 맥락에서 놓고 본다면 그 시가 제작된 시기의 사회·정치적 현실을 이해하는 데는 도움을 주겠지만, 이러한 정보 자체가 시의 의미를 이해하도록 돕지는 못한다. 시의 의미는 외재적인 정보나 텍스트 외적인 요소에 의존한 것이 아니기 때문이다. 신비평에서는 시의 의미를 이해하기 위해 텍스트에 대한 독자들의 반응도 마찬가지로 주목하지 않는다. 시의 의미를 독자들의 반응에 의거해 이해하려 하는 데서 오는 오류를 신비평에서는 '감정의 오류(affective fallacy)'라고 말한다. 감정의 오류

22 김용직, 「의도의 오류와 의도비평」, 『한국문학의 비평적 성찰』(민음사, 1974), 146면.

는 시의 의미와 역할을 혼동한 데서 비롯된다.

물론 시가 저작자인 시인과 관련되어 있다는 점은 부인할 수 없다. 엘리엇은 「전통과 개인의 재능(Tradition and Individual Talent)」에서 시인과 저작물인 작품 사이의 관계에 대해서 비평적 입장을 표명한 바 있다. 그는 시인의 심성이 시를 산출하는 촉매제 역할을 하는데, 시인은 자신의 개성과 경험을 외적인 대상과 결합시켜 새로운 창조물인 시를 만들어 낸다고 말했다. 시를 구성하는 것은 시인의 개성적인 특성이 아니라 시인의 개성의 경험이라는 것이다. 이처럼 엘리엇은 창조된 실체로서의 시는 인간의 삶의 경험과 마찬가지로 시인의 경험적 산물임을 주장했다. 이 경험을 구조화하는 것이 시이기 때문에, 그것에 객관적으로 접근해야 한다는 것이다.

그렇다면 시의 의미를 어떻게 규정할 것인가? 신비평에서 시의 의미는 시인에게 있는 것이 아니며, 역사·사회적인 배경에 속하는 것도 아니다. 독자들과도 상관이 없다. 시는 그 자체로서 구조에서 비롯한다. 다른 사물과 마찬가지로 시의 구조를 과학적으로 분석할 수 있다. 정밀하게 조사해 보면 시의 구조가 복합적인 원리에 의해 작동함을 밝혀낼 수 있다. 신비평에서는 이 시의 구조를 분석함으로써 시의 정확한 의미를 밝혀내는 데 적용할 수 있는 어떤 방법을 고안하게 되었다고 믿는다. 시의 구조를 밝혀내고 그것이 어떻게 하나의 통일체로서의 시를 구성하는지, 나아가 시 자체에서 어떻게 의미가 만들어지는지를 밝혀내는 일이야말로 비평의 일부라고 말한다.

신비평의 비평적 성격

신비평에서는 무엇보다 시의 언어, 언어의 선택에 관심을 기울인다. 과학적 진술에서 볼 수 있는 용어에 대한 정밀한 규정과는 달리, 시의 진술은 복합적인 의미를 지니며, 그 텍스트 내에서 일련의 긴장을 이끌어 내는 것이다. 이러한 내적 긴장 관계를 확인하기 위해 시의 언어를 분석하는 것은 비평가의 몫이다. 신비평의 관점에서 시의 형식을 분석하기 위해서는 시를 정밀하게 여러 번 읽고, 시의 제목이라든지 요소들의 전체적인 짜임새라든지 상관관계를 먼저 파악해야만 한다. 신비평은 텍스트 자체에 대한 정밀한 독법과 치밀한 분석을 통해 그 목표에 도달하고자 한다.

신비평의 방법에 '의역의 이단(heresy of paraphrase)'이라는 말이 있다.

시는 그것이 옳고 그름을 말하는 단순한 진술이 아니다. 오히려 시는 산문적 진술보다는 발레나 음악처럼 긴장의 조화, 스트레스의 해소에 의미를 둔다. 시를 산문적으로 풀어놓는 것은 시의 의미와 아무 상관이 없다. 시는 오히려 그러한 산문적 진술에 저항한다. 의역은 시를 처음 읽는 독자의 이해를 도울 수는 있지만, 시의 의미를 바르게 이해하는 방법은 되지 못한다. 시에 대한 산문적인 의역을 통해서는 시의 구조와 형식을 제대로 파악하기 어렵다. 신비평은 시란 구조적인 통합체라는 사실을 전제한다. 그리고 시 속에서 통합된 균형과 조화를 이루어 내는 긴장과 갈등을 밝혀냄으로써 시 텍스트의 구조 내에서 그 의미를 찾고자 한다. 이러한 요소들이 궁극적으로는 시의 미적인 효과를 이끌어 낸다는 점을 밝히려고 하기 때문이다.

> 뉴 크리티시즘은 1950년대 말쯤에는 이미 '새로운' 것은 못되었다. 긴 비평사를 훑어보면 실상 원문을 자세히 읽고 해석하는 짓은 오래고도 오랜 비평 방법이었다는 것을 알 수 있다. 작품이 생기게 된 경위 즉 그 작가의 생애와 사상, 그의 시대 배경에 대한 자세한 연구(윔섯이 '의도주의의 오류'라고 도발적인 명칭을 붙였던 행위)는 19세기에 실증주의(또는 과학적 객관주의 또는 인과율적 설명적 원칙)의 일환으로 생겼던, 오히려 '새로운' 비평이었다. 20세기에 들어와서 실증주의의 제한성이 높이 인식되면서 옛 비평 또는 그냥 비평이 뉴 크리티시즘의 형태로 되살아났다고 볼 만한 충분한 근거가 있다. 다만 옛 비평보다 훨씬 자세히 읽은 결과 문학작품의 언어는 일반 산문과 다른 원칙에 의해 구성되며 그 다른 원칙이란 의미들 사이의 긴장 관계를 통한 전체의 성취라는 것이다.
>
> 19세기 말에 실증주의에 일부 반발한 문인들이 문학작품에 대한 개인적 반응을 표현성 높은 문체로 나타내든가 독자에 대한 문학의 영향을 기술을 하는 풍조가 심화되었는데(이것에 역시 윔섯이 '영향론적 오류'라는 도발적 명칭을 붙였다.) 이런 경향은 '새로운' 비평이었고 뉴 크리티시즘은 이를 반대하는 옛 비평적 입장이었다. 그러나 독자가 이해하고 감동을 받지 않는다면 새롭든 예스럽든 아무 비평도 있을 수 없는데, 뉴 크리티시즘은 원문을 자세히 골고루 읽으면 읽을수록 개인적·주관적 반응의 제한을 많이 벗어나서 작품 자체에 접근할 수 있다고 믿었다. 이 믿음은 실상 매우 오래

된 믿음이고 우리 모두가 대체로 소지한 믿음이기도 하다.

그래서 뉴 크리티시즘은 '새로운' 비평인 실증주의와 주관주의 비평에 대항한 새로운 '옛' 비평이라고 볼 수 있는 것이다. 그런 의미에서 그것은 옛 비평도 새 비평도 아닌 그냥 하나의 비평이라고 할 수 있다.[23]

위의 인용에서 이상섭이 언급하는 것처럼 신비평은 문학을 대하는 근본 원리와 비평가의 자세를 요구한다는 점에서 '그냥 하나의 비평'이라고 규정할 수 있다. 문학작품을 대하는 자세한 시선이란 신비평 이전에도 그 이후에도 여전히 요구되는 기본적 방법이기 때문이다. 그러므로 신비평은 비평 방법으로서 문학작품에 대한 접근 자체가 텍스트를 중심으로 이루어진다는 사실을 생각할 경우, 언제나 그 정당성을 유지할 수 있다.

신비평의 방법은 백철을 비롯한 영문학자들에 의해 소개되면서 한국의 문학 교육과 비평에서 내재적 문학 연구의 중요성을 크게 부각시켰다. 특히 분석주의 비평의 실천적 모델은 영문학자인 김용권의 이론 소개 작업과 함께, 송욱의 『시학평전』(1963), 김종길의 『시론』(1965) 등에 의해 이론적 해명이 이루어지고, 뒤에 이상섭 교수의 집중적 연구가 『복합성의 시학: 뉴크리티시즘 연구』(1987)이라는 성과물로 제시되기도 한다. 국문학 연구에서는 신동욱의 『한국현대문학론』(1972), 김용직의 『한국 문학의 비평적 성찰』(1974) 등이 신비평의 이론에 기초한 분석주의 비평을 문학작품의 분석과 해석에 적용하면서 성과를 거둔 바 있고, 특히 현대시 연구에서 신비평의 방법은 비평 방법의 기본 원리로 널리 활용되고 있다.

2) 구조주의 비평 방법

언어학과 구조주의

한국문학 연구에서 분석주의 방법은 1960년대 후반에 들어서면서 구조주의(structuralism)의 수용과 함께 더욱 논리적인 성격을 갖추었다. 구조주

23 이상섭, 『복합성의 시학: 뉴 크리티시즘 연구』(민음사, 1987), 262면.

의 방법에 대한 관심은 《사상계》의 '구조주의' 특집(1968. 7)에서부터 확산되었다. 이휘영은 구조주의가 언어학의 방법을 활용함으로써 문학작품에서만이 아니라 인간의 사회 활동 전반에 걸쳐서 어떻게 의미를 생성하는지를 살펴볼 과학적 관점을 제공한다는 점에 주목했다.[24] 김현은 구조주의 방법이 그 비역사적 성격이나 추상적 보편주의에 대한 비판에도, 문학작품의 내재적 원리와 구조적 특성, 체계로서의 양식 등을 해명할 수 있게 함으로써 문학 연구의 방법론적 보편성을 확립하는 데 영향을 미쳤다고 소개했다.[25]

구조주의의 방법을 이해하기 위해서는 구조언어학의 창시자인 페르디낭 드 소쉬르(Ferdinand de Saussure)의 언어 이론을 살펴보아야 한다. 소쉬르는 언어 연구의 통시적 연구 방법의 유효성과 필요성을 인정하면서도, 특정 시기의 언어에 초점을 두고 특정 순간의 언어의 전반적 양상을 검토하는 이른바 공시적 연구를 강조했다. 그는 언어에 관련된 특정 요소의 역사적 변화 과정을 통시적으로 검토하는 것도 중요하지만, 언어와 그 언어를 구성하는 요소들이 어떻게 기능하는지 검토해야만 한다고 했다. 소쉬르는 언어 체계의 특성을 주목하면서 언어와 구성 요소들의 본질에 관심을 기울였다. 그는 언어 구조에 대한 모방적인 관점을 거부하고 그 대신에 언어가 그 자체의 내적 구조와 체계의 규칙에 따라서 규정된다는 점을 강조했다. 이러한 내적 규칙은 언어의 모든 양상을 지배하는 것으로서 소리가 결합되어 단어를 조성하고 단어가 결집되어 개념을 전달하는 문장이 되며 소통 수단이 되는 모든 과성에 적용되었다.

소쉬르는 모든 인종이 감지하고 익숙하게 받아들이는 언어 구조를 '랑그(langue)'라고 말했다. 랑그는 언어의 사회적 차원을 말하며 언어 전반의 체제를 중시한다. 이와 달리, 개인의 실생활에서 이루어지는 언어 수행은 '파롤(parole)'이라고 명명했다. 모든 사람은 랑그의 언어 규범에 따라 규제되는 개별적 언어를 말하는데, 이 개별적 언어 수행은 언어학의 대상이 아니다. 그는 언어학이 언어 체제에 관한 연구임을 강조하면서 랑그의 연구가 언어학의 과제임을 분명히 했다. 소쉬르는 언어란 다양한 규칙에 따라 운용되는 하나

24 이휘영, 「구조주의의 발단과 문학에 미친 영향」(사상계 제148호, 1968. 7).

25 김현, 「구조주의 확산」(사상계 제148호, 1968. 7).

의 체제임을 밝힘으로써 '단어'라는 말에 대한 문헌학적인 정의도 재고했다. 그는 하나의 낱말이 그것이 지시하는 사물과 동일한 상징이라고 믿었던 기존의 관점을 거부하고, 모든 낱말은 '시니피에(signifié)'와 '시니피앙(signifiant)'이라는 두 가지 부분으로 이루어진 기호임을 밝혀냈다. 예를 들면 '공'이라는 말을 들었을 때, '공'이라는 소리는 시니피앙이 되고 의식 속에서 나타나는 '공'이라는 개념이 바로 시니피에가 된다. 시니피에와 시니피앙이 결합되어 완전히 새로운 언어 기호를 만들어 내므로 하나의 낱말은 외부 세계의 어떤 지시물을 표현하는 것이 아니라 하나의 기호를 드러내는 셈이다. 소쉬르는 언어 기호에서 시니피에와 시니피앙 사이에는 자의적인 관계가 있을 뿐이라고 했다. 그것은 사회적 관습에 불과하다는 것이다. 기호가 자의적이며 관습적이고 또 차별성을 지닌다는 점 때문에 소쉬르는 언어 연구가 언어 안에서 성립되는 여러 가지 상관관계의 체계에 대한 관찰이어야 함을 강조했다. 언어는 소리와 낱말, 기타 여러 가지 요소를 지배하는 규칙들의 체제이기 때문에, 개별적인 낱말은 그 자체로서 의미를 지닐 수 없고 바로 그 체제 안에서 의미를 획득하게 된다. 그러므로 언어가 어떻게 작용하는지를 알려면 랑그의 규칙에 따라 작용하는 체계를 연구해야 한다.[26]

구조주의는 소쉬르가 창안한 모든 언어 이론을 그대로 활용하는 데서 출발한다. 소쉬르의 언어 이론에 따를 경우, 언어의 구조는 사회 활동 가운데 패션, 테이블 매너, 스포츠의 룰 같은 기호 체계와 하등 다를 바가 없다. 사회 활동의 표현 역시 언어처럼 기호 체계를 통해 의미를 생성하기 때문이다. 구조주의에서는 인간의 사회·문화적 활동을 지배하는 코드와 기호, 규칙을 중시하며, 문학도 규칙에 지배되는 기호의 집합이라고 보았다. 그러므로 구조주의자들은 문학 연구에 있어서도 체제를 밝히는 일을 과제로 삼았으며, 개별 작품보다는 작품의 내재한 부분과 요소가 작품의 목적을 위해 어떻게 기능하는지를 밝히고자 했다.

구조주의 방법은 문학 연구를 과학화하고자 하는 비평의 요구에 대한 하나의 해답이라고 할 수 있다. 더불어 구조주의 방법이 갖는 효용성은 언어

---

26 여기서 요약·정리한 소쉬르의 언어 이론에 관해서는 Terence Hawkes, *Structuralism and Semiotics* (University of California Press, 1977), pp. 8-15 참조.

학적인 접근 방법도 가능하고 심리학이나 정신분석의 방법과도 관련되며 사회학적인 관점에서도 논의가 가능하다는 점에 있다. 예컨대 한 편의 시나 소설의 미적 구조와 특성을 여러 가지 측면에서 접근해 볼 수 있다. 실제로 구조주의 방법은 문학 연구와 비평의 다양한 접근법을 뒷받침한다. 그러나 구조주의 방법이 문학 연구의 모든 과제를 해결할 수 있는 것도 아니고 문학의 신비를 해명해 줄 궁극적인 방법도 아니다. 이것은 문학 자체가 갖는 복합성을 말하는 것이기도 하지만 구조주의 방법이 문학의 모든 특성을 밝힐 수 있는 유일의 방법도 아님을 의미한다.

문학의 구조 분석

구조주의의 관점과 방법은 김치수가 『구조주의와 문학비평』으로 정리한 바 있고, 이상섭, 김현, 김화영, 곽광수 등의 이론 소개에 힘입어 기호학, 러시아 형식주의, 문학사회학 등의 새로운 비평 이론을 끌어내는 선도적 역할을 담당한다.[27] 구조주의 방법은 문학 연구에 적용할 경우 문학이라는 체제 내에서 구성 요소 사이의 관계를 통해 의미를 찾아낼 수 있는 매우 혁명적인 방법이다. 구조주의 방법은 하나의 텍스트에 관심을 두지 않고 텍스트들이 서로 관련되고 있는 체계에 역점을 둔다. 여기서는 작품의 구조를 언어의 구조와 유사한 것으로 생각한다.

먼저 구조의 개념에 대한 다음과 같은 설명을 주목할 필요가 있다.

> 구조를 정의하고자 하는 시도 가운데 가장 설득력이 있는 것은 장 피아제(Jean Piaget)에 의한 것이다. 그가 설명하고 있는 구조라는 용어는 다음과 같은 기본 개념을 구현하고 있는 실체(entité)의 배치 안에서 찾아볼 수 있다. (a) 전체성의 개념, (b) 변환의 개념, (c) 자기 조절의 개념이다.

---

27 구조주의 이론과 방법의 수용 양상은 김준오, 「구조주의 비평의 수용 양상」, 김준오 외, 『구조주의』(고려원, 1992)에서 소상하게 소개하고 있다. 구조주의를 소개한 중요 저작물의 번역 출간 내용은 B. 파쥬, 『구조주의란 무엇인가』(김현 역, 문예출판사, 1972); 츠베탕 토도로프, 『구조 시학』(곽광수 역, 문학과지성사, 1977); 김치수 편저, 『구조주의와 문학비평』(홍성사, 1980); 테렌스 호우크스, 『구조주의와 기호학』(오원교 역, 신아사, 1982); 프레드릭 제임슨, 『언어의 감옥』(윤지관 역, 까치, 1985) 등이 있다.

전체성(wholeness)이라는 것은 내적 결합력을 의미한다. 구조를 이루는 실체의 배치는 그 자체로서 완결되어 있는 터이므로 본래가 독립된 요소로 형성되는 단순한 복합체라거나 그 무엇은 아니다. 그것의 구성 요소는 배치의 성질 및 각 요소의 성질을 결정하는 고유한 일련의 법칙에 따르고 있다. 이 법칙은 그 구조 안에서의 구성 요소에, 그 구조를 떠나 있을 때 그 하나하나가 개별적으로 지니게 되는 특성 이상의 전체적인 특성을 부여한다. 이처럼 구조는 단순한 집합과는 전혀 다르다. 즉, 그것의 구성 요소들은 구조 안에 있을 때와 동일한 모양으로는 그 구조 밖에서 진정 독립해서 존재하지 않는다.

구조는 정적(靜的)이 아니다. 그것을 지배하는 법칙은 다만 그것을 구조화되게 할 뿐만 아니라 구조 자신이 구조화를 행하도록 작용하기도 한다. 그렇게 해서, 구조화된다는 단순한 수동적 형식의 레벨로 하락하는 것을 피하기 위하여 구조는 변환(transformation)의 절차를 행할 수 있어야 한다. 그럼으로써 새로운 소재가 부단히 구조에 의하여 또 구조를 통해서 처리되는 것이다. 그러나 언어는 인간이 지니는 기본적인 구조로서 갖가지 기본 문장을 광범위하게 다양한 새로운 발화로 변환시킬 수 있는 터이나 한편으로는 그 변환을 언어 자신의 고유한 구조 안에 머물러 있게 한다.

끝으로 구조는 다음과 같은 의미에서 자기 조절적(self-regulating)이다. 즉 구조는 그 변환 수단을 유효한 것이 되게 하기 위하여 제 자신을 넘어서는 것에 의존하지 않는다. 변환은 그 변환을 수행하는 고유의 법칙을 유지하고 보장하도록 작용하며 다른 체계가 연관되지 않게 그 체계를 봉인하도록 작동한다. 앞에서의 예를 들어 말한다면, 한 언어는 그 낱말의 형성을 현실의 패턴에 따라서 구성하는 것이 아니라 언어 자체의 내적인 그리고 자기 충족적인 규칙을 토대로 하여 구성한다.[28]

위의 인용에서 확인할 수 있듯이 '구조'라는 개념은 전체성, (변환의) 역동성, 자기 조절적 자율성이라는 요건을 통해 설명이 가능하다. 문학의 구조라는 개념도 마찬가지의 설명이 가능하다. 우선 전체성이라는 개념을 생

28 테렌스 호우크스, 『구조주의와 기호학』, 17-19면.

각해 보자. 문학을 이루는 요소는 수없이 많다. 다양한 요소가 문학이라는 하나의 전체를 만들어 내기 위해 서로 긴밀하게 결합된다. 이때 요소와 요소의 결합은 단순한 모둠이나 집합을 의미하지 않는다. 시인은 한 편의 시를 쓰기 위해 수많은 언어를 선별하고 이미지와 상징을 결합한다. 그리고 자신의 호흡에 맞춰 이들을 배열해 자연스런 리듬을 만들어 낸다. 적당히 언어를 배열하고 행간을 구분하는 것이 아니라 전체적인 통일성과 조직성을 드러낼 수 있도록 텍스트를 구성한다. 문학의 구조는 불변하는 고정적인 형태로 존재하지 않는다. 구조를 이루는 부분과 전체가 끊임없이 상호 작용하는 역동성을 지닌다. 하나의 구조를 이루는 부분들은 서로 밀접하게 작용하면서 자체의 구조를 지탱하고자 하며, 완결된 구조를 유지하고자 한다. 끝으로 문학 작품이 예술적으로 완성되었다든지, 미적으로 완결성을 보인다든지 하는 것은 작품 구조의 독자적인 완결성을 말하는 것이다.

문학의 구조는 내용과 형식을 포괄하는 개념이다. 문학은 언어라는 매체를 통해 그 외형적 틀이 만들어진다. 그리고 이 외형적 틀을 통해 작가가 말하고자 하는 내용이 표현된다. 그러나 문학을 이루는 여러 요소는 서로 떼어 놓고 보면 예술적인 의미에서의 미의 개념과는 거리가 먼 것들이 대부분이다. 문학은 여러 소재가 모여서 어떤 미적 효과를 획득하도록 조직된다. 여기서 미적인 목적을 위해 어떤 내용과 형식이 조직되는 것을 문학의 구조라고 한다. 문학은 내용과 형식이 미적인 목적을 위해 조직되는 예술적인 구조물이기 때문에, 내용과 형식을 이분법적으로 구분할 수 없다. '구조'라는 개념은 구조를 이루는 부분과 전체의 관계로만 설명이 가능하다. 문학의 구조는 전체로서의 작품을 이루기 위해 구성 요소가 되는 부분들이 내적인 규칙에 따라 조직되는 것이다. 문학의 구조는 내용과 형식의 통일성을 지향하며, 부분과 부분의 관계에 의해 전체성을 확립한다. 문학의 구조는 이러한 통일성과 전체성의 원리를 통해 해명될 수 있다.

한 편의 소설을 놓고, 그 인물이 어떠하다든지, 배경이 어떻게 설정되어 있다든지, 이야기의 구성이 어떤 방식으로 이루어졌다든지 하는 것을 설명하는 것은 소설의 구조를 해명하는 것이 아니다. 소설을 이루고 있는 여러 가지 요소들을 부분적으로 분석하는 것에 불과하다. 소설의 구조를 이해하기 위해서는 이 같은 요소들이 전체의 이야기를 위해 서로 어떤 관계를 유지하면서 결합되는가를 밝혀야 한다. 그리고 각 부분들의 전체적인 결합을 통해 어떤 미적인 성과를 거두는지 해명해야 한다. 시도 마찬가지다. 시의 형태적인 특성과 리듬을 지적하고, 시에서 활용되는 비유의 방법이나 상징적 수법을 밝혀내며, 여러 가지 이미지를 찾아낸다고 해서 시의 구조가 해명되지는 않는다. 시의 구조는 이 같은 여러 가지 요소의 상호 관계를 이해하여, 그것들이 작품 속에 어떻게 통합되어 완결된 미적인 구조를 실현하고 있는가를 해명함으로써 그 특성이 밝혀지는 것이다.

그러므로 문학을 제대로 이해하기 위해서는 문학의 구조를 파악해야 한다. 전체가 어떤 부분으로 나누어지며, 각 부분이 어떤 원리로 전체를 이루도록 구조화되는가를 이해하지 못한다면, 문학의 미적인 구조를 밝혀낼 수 없다. 구조주의 방법은 문학의 체제를 강조하며 개별 텍스트를 중시하지 않는다. 그리고 문학을 신비화하는 것을 거부한다. 구조주의에서는 문학을 문학의 체제가 작동하도록 허용하는 문화적인 규범 안에 둘러싸인 기호의 체계라고 설명함으로써, 문학작품을 작가와 독자 또는 작가와 독자가 서로 정감을 공유하고 지식과 사상을 나누는 신비로운 공간으로 간주하는 것을 거부한다. 텍스트에 대한 실험적이고 직관적인 반응이 아니라, 과학적이고 객관적인 분석 방법이 의미를 제대로 밝혀낼 수 있다. 작가의 의도는 결코 텍스트의 전반적인 의미와 일치될 수는 없다. 텍스트는 그 자체 내에 의미를 간직하지 않으며 의미는 텍스트의 체계를 통해 표현된다. 그러므로 문학의 의미는 문학 자체에 포함된 규칙의 체계를 분석함으로써 밝혀질 수 있다.

한국문학 연구의 영역에서 구조주의 방법이 거두어들인 성과의 하나로 주목되는 것은 서사 구조의 발견이다. 서사 구조의 분석은 신화·민담·설화·소설 등의 양식에서 중요시되는 텍스트의 서사 작용을 지배하는 근본적인 구조적 단위(흔히 '모티프' 또는 '화소'라고 명명함)라든지 그 기능을 발견하고자 하는 작업이다. 여기서는 서사 내에서 반복되는 분리와 통합, 갈등과 해소, 투쟁과 화합 등과 같은 구성의 원리와 방법에 주목하기도 하고 행위의 기능을 구성하는 화소로서 작용하기도 한다. 이러한 특징은 특히 고전소설이나 설화문학 연구에 적용되면서 설화나 민담의 형태론으로 발전했고, 고전소설에서 '영웅의 일생'과 같은 화소의 결합에 대한 분석으로 활용되기도 했다. 김열규의 『한국 민속과 문학 연구』(1971)는 신화 또는 설화의 구조를 해명하는 데 구조주의를 받아들였고, 조동일의 『한국소설의 이론』(1978)은 구조주의 방법과 관점을 수용하면서 이를 성리학에서 '이기철학'이 드러내는 이원적 대립 구조의 논리로 이론화했다.

3) 순수론의 반역사주의적 경향

한국 문학비평은 해방 직후 그 방법론적 모색 과정에서부터 정치·사회적 현실의 변화와 맞물려 문학 자체에 대한 표현론의 관점과 가치론적 관점의 충돌과 갈등을 야기했다. 이것은 비평의 대상이 되는 문학 자체가 시대적 조건이나 상황에 따라 크게 변화해 온 데서 비롯된 현상이 아닌가 생각된다. 해방 이후 한국전쟁을 거치면서 모든 문학 담론은 '순수론'이라는 표현론적 관점에 따라 문학의 성격을 규정했다. 남북 분단이 고정되면서 좌우 이데올로기의 대립과 정치적 이념의 분열이 민족 내부의 갈등을 야기하자, 정치적 이념의 요구에서 자유로운 문학의 독자성과 그 순수한 예술적 가치를 지켜야 한다는 '순수론'이 강조되었다. 이러한 주장은 창작 방면에서의 문학의 순수성에 대한 지향을 강화했고, 문학비평의 영역에서 문학작품 자체의 미적 가치를 중시하는 순수주의를 확대했다. 더구나 분단 상황에 따라 좌익 이데올로기에 대한 논의 자체가 불가능해지면서 '순수론'은 문학의 방법과 관점을 규정하는 가장 중요한 논리가 되었다. 그렇기 때문에 '순수론'은 문학의 자율성을 강조하면서 순수의 미적 가치를 절대 개념으로 내세운다 하더라도, 분단 상황에서 구축되고 있는 정치 이데올로기를 암묵적으로 추종하는 또 다른 이데올로기로 자리 잡는 아이러니를 드러냈다. 문학이 정치와 무관함을 강조하거나 문학에서 이데올로기를 배격한다는 주장 자체가 또 다른 의미의 문학의 정치성을 말하는 것임을 부인할 수 없기 때문이다.

그런데 문학의 자율성과 순수한 미적 가치의 중요성을 강조하는 '순수론'의 관점은 문학비평의 영역에서 분석주의 방법을 통해 그 영향력을 확대해 왔음을 확인할 수 있다. 1950년대 후반부터 본격적으로 수용된 분석주의 방법은 그 실천적 모델이 되었던 미국의 '신비평'이 소개되면서 문학 교육과 연구에서 문학의 내재적 연구의 중요성을 크게 부각시켰다. 분석주의 방법에서는 작품 자체에 대한 분석과 해석이 문학 연구의 출발이자 목표가 되었다. 그 이유는 작품 자체만이 작품을 창조해 낸 작가와 작가의 삶 그리고 작가의 사회적 환경에 대한 모든 관심을 정당화하기 때문이다. 이 같은 이유 때문에 분석주의 방법의 수용은 문학작품의 해석에 있어서 분석적 방법의 실천성을 담보하고 문학의 본질적 의미를 문학 내적 원리로 이해할 수 있는 미학적 방법론을 확립할 수 있게 했다.

분석주의 비평 방법은 우선 문학작품 자체를 연구 대상으로 내세우기 때문에, 문학비평에서 작가를 제거하고 작품과 사회적인 연관성을 차단한 채 작품의 내재적 요소로서의 이미지, 상징, 리듬, 비유, 메타포, 시점 등을 분석하는 데 치중했다. 작품의 내적 구조의 원리에 입각해 구성 요소의 상호 관계를 파악하고, 작품 발전의 과정이나 단계를 이해하고자 했기 때문이다. 여기서 작품의 내용과 형식과 구조는 하나의 전체로 이해해야 한다는 것이 필수 요건이다. 구조주의 비평 방법도 마찬가지다. 작품의 구조 개념은 부분의 통일을 통해 확립되며, 부분의 다양성이 또한 문제시된다. 그렇지만 작품 구조 자체는 텍스트 내적인 미학상의 원칙에 근거해 판단하는 것이므로 철저하게 역사적 상황이나 현실적 조건과 단절된 상태에서 그 기준을 정할 수밖에 없다.

한국 문학비평에서 표현론적 관점의 순수론은 방법으로서의 신비평이나 구조주의 비평 등과 만남으로써 그 영향력을 확대하게 된 것은 물론이다. 지금도 문학 텍스트에 대한 비평적 접근은 텍스트 자체에 대한 섬세한 독법과 치밀한 분석에서 출발한다는 것이 당연하게 받아들여진다. 하지만 이러한 분석주의 비평이 때때로 문학의 영역을 지나치게 협소하게 제한하는 경향도 있다는 것을 알아 둘 필요가 있다. 흔히 분석주의 비평이 드러내는 반역사주의적 경향으로 지적되는 이러한 문제성은 문학의 미적인 본질 개념에 집착한 나머지 삶의 조건과 역사적 현실로부터의 문학이 일정한 거리를 두도록 하는 데서 비롯되는 결과다. 문학비평에서 문학 외적인 사회 현실과 이념의 문제를 배제함으로써 이른바 '분석주의 또는 형식주의의 오류'에 빠져든 경우도 적지 않다는 것은 간과할 수 없다.

3

민족문학의 재인식

1) 민족문학론의 관점

민족문학의 역사적 인식

한국문학은 문학의 현실 참여에 관한 논쟁을 거치면서 문학예술의 표현론적 관점을 기반으로 하는 순수문학에 대한 지향에서 벗어나 가치론적 성격을 강하게 드러냈다. 문학의 순수/참여 논쟁은 문학을 보는 관점의 전환으로 이어졌으며, 그것은 곧바로 민족문학의 새로운 가치를 요구하면서 사회·문화 전반을 포괄하는 역동적인 주제로 확대되었다. '순수론'으로 집약되는 표현론적 관점은 점차 약화된 반면에 문학의 사회적 역할과 현실적 가치를 강조하는 '저항'이라든지 '참여'라든지 하는 새로운 개념의 비평적 쟁점이 주목되었고 문학의 가치론적 관점이 평단에 확산되었다. 이러한 관점의 변화는 한국 사회의 민주적 성장과 개인의 자유에 대한 인식의 전환을 기반으로 한국문학의 총체성을 확립하기 위한 노력으로 이어졌다.

여기서 주목되는 것은 문학에 대한 사회·역사적 접근법으로서 넓은 의미의 역사주의적 방법이 새로운 비평 방법으로 확대된 점이다. 당시 문단 비평의 주제로 부각된 바 있던 참여문학론은 우선적으로 작가 자신이 현실에 각별한 관심을 표명하는 데서 출발했다. 그리고 현실에 입각해 시대와 상황에 대한 문학의 역할을 자각할 것을 요구했다. 참여문학론은 순수문학의 예술지상주의가 지닌 허구성을 지적·비판하면서 새로운 파문을 일으킨 바 있다. 참여론을 주창한 비평가들은 문학의 비판 정신을 리얼리즘의 정신과 연결시키기도 하고, 역사의식에 바탕을 둔 작가의 사회적 태도와 책임을 도덕의식으로 내세우기도 했다. 참여론은 문학의 자율성에 대한 인식 문제와 충돌하면서 문학의 효용과 가치에 대한 새로운 미학적 기반을 요구했다. 이것은 표현론적 차원의 순수성을 절대적인 기준으로 설정하고 있던 순수문학에 반발한다는 점에서보다는 문학의 사회적 기능과 작가의 양심이라는 사회·윤리적 가치론의 차원을 리얼리즘의 정신과 방법에 연결했다는 점에서 중요한 의미를 가진다. 물론 이 논쟁은 전후문학의 폐쇄적인 분위기를 극복할 수 있는 정신적 충격을 가져온 것도 사실이고, 4·19혁명의 좌절 이후 지성의 위축과 정신문화의 피폐에 빠져든 사회 현실에 비판을 가한 것도 사실이다. 그러나 문학이 역사와 현실에 대한 신념을 표출할 수 있어야 한다는 당위론이 제기되면서 현실 지향적인 문학의 정신이 고양되기 시작했다.

이러한 변화는 한국 근대문학의 성과에 대한 문학사적 정리 작업을 바탕으로 문학을 통한 새로운 역사 인식을 가능하게 했다는 점에서 그 출현의 논리적 당위성을 인정할 수 있다. 특히 민족의 삶에 대한 총체적 의미를 추구하는 민족문학론이 자연스럽게 새로운 비평 담론의 장을 연 것은 급격한 산업화 과정에 들어서면서 봉착한 정치·사회·문화적 상황의 위기가 민족의 주체적인 생존을 위협한다는 현실적 각성에 기반한 것이었다. 이것은 비평의 영역에서 민족문학의 정통성에 대한 각성과 함께 단절의 논리로만 해석되었던 전통론의 방향을 전통의 계승과 극복이라는 변화와 발전의 의미로 이해되도록 했다. 그 결과 문학이 개인적인 정서 영역에서 자족적인 것으로만 존재할 수 없다는 주장도 나오고, 민족문학이라는 이름 아래 민족 전체의 삶을 총체적으로 형상화할 방법이 모색되기도 했다.

비평적 관점의 가치론적 전환

민족문학의 재인식에 대한 비평적 요구는 전후문학의 정신적 극복 과정과 직결되어 있다. 그것은 민족의 현실과 역사적 조건에 대한 문학적 자기 인식과 그 확대를 논의의 출발점으로 삼고 있다는 점에서 그 의의를 인정할 수 있다. 우선 민족문학론의 전개 과정으로 볼 때 문학에 대한 민족적인 자기 논리를 정립하고자 하는 주체적인 노력이 구체화되었다는 점이 주목된다. 일제강점기를 전후해 논의된 민족문학론이 민족과 문학에 대한 대안적인 인식에서 출발했다는 점을 생각한다면, 새로운 민족문학론은 민족문학의 자기 정립 가능성을 충분히 입증한다고 볼 수 있다. 민족문학론의 성격 자체에 있어서도 그 논리와 방법의 가치론적 전환이 두드러지게 드러난다. 기왕의 민족문학론은 문학의 민족적 고유성과 특수성을 문제 삼거나 문학의 보편성과 본질 문제를 민족의식과 연결시켜 논의하고자 하는 표현론적 개념을 내포했다. 그렇기 때문에 문학을 통해 민족적 독자성을 확보하고자 하는 노력이 나타났으며, 민족적 정서와 감각의 불변성을 문제 삼기도 했다. 하지만 1970년대의 민족문학론은 민족의 주체적인 생존을 중시하고 역사의식의 문학적 형상을 문제 삼음으로써 민족 전체의 삶에 대한 총체적 인식을 추구하는 가치론적 개념을 제기했다. 민족문학론이 표현론의 범주를 벗어나 가치론의 차원으로 그 논의의 방향을 전환하는 것은 민족문학이 '어떻게' 이루어지는 것인가라는 문제보다는 '무엇을' 말해야 하는 것인가라는 당위론적인 과제에 더 집착하게 되었음을 뜻하는 것으로 판단된다.

한국 사회는 1960년대 후반부터 적극적으로 추진된 경제 개발을 통해 역동적인 산업화 과정을 겪었다. 급격한 외형적 성장으로 사회 계층과 지역 간의 갈등이 노골화했으며 유신 체제라는 정치적 독선이 겹쳐지면서 이념적인 대립을 자초하기도 했다. 이 같은 대내적인 변화는 남북 갈등과 분단 문제의 재인식, 경쟁적 국제 무역의 불균형, 제3세계의 새로운 등장과 대외적 상황과 상승 작용을 일으키면서 한국 사회의 전 분야에 걸쳐 급격한 변화를 야기했다. 이러한 사회 상황의 변화는 한국의 사회·문화적 영역에서 두 가지의 상반된 영향력을 행사했다. 그 하나로 소비문화의 증대 현상을 불러일으킨 점을 들 수 있다. 산업화 정책에 따른 농촌의 피폐와 농촌 인구의 대도시 집중 현상, 도시 중산층의 형성과 물질주의적 행태, 여흥과 오락을 추구하는 상업주의적 문화의 등장 등이 산업화 과정의 산물로 지적될 수 있다. 이러한 사회 변동을 '대중 사회'의 이론으로 해석하고자 하는 사회학자들이 등장하면서 '대중문화'에 대한 새로운 논의가 전개되기도 한다. 이와는 또 다른 측면에서 민족적 자기 각성이 서서히 자리 잡혔다. 심화되는 사회 계층 간의 갈등을 극복하고, 훼손되어 가는 민족적 동질성의 회복을 요구하며 진정한 민족의 행복을 추구하고자 하는 노력이 문화에 대한 폭넓은 민족주의적 인식을 가능하게 했다. 바로 여기서 민족문학에 대한 새로운 논의가 사회적 경향에 대응해 제기되었다. 민족문학에 대한 새로운 접근은 산업화의 단계로 접어들면서 노출되기 시작한 한국 사회의 모순을 정신적인 면에서 극복·지양해 보고자 하는 노력이라고 할 수 있다.

1970년대 민족문학론의 핵심은 민족의 역사적 조건과 현실 상황에 대한 문학적 인식 문제였다. 민족문학론은 비평적인 논리의 과정만이 아니라 구체적인 문학적 성과를 통해 문학사적 의미를 획득했다. 민족문학론의 전개 과정에서 구체적 성과로 주목된 1970년대 소설의 경우 유례없는 독자층의 확대에 힘입어 그 활력을 지속시키고, 시의 경우 경험적 진실성에 대한 추구 작업이 단단하게 자리 잡았다. 이 시기 소설의 양적 확대는 작가들의 관심의 확대로 이어지면서 농촌 현실의 비판적인 인식, 도시 노동 계층의 소외된 삶에 대한 관심, 분단 상황에 대한 문학적 재해석 등으로 그 주제를 확대·심화했다. 시적 세계와 경험적 현실 사이의 간격을 최소화하면서 상황에 대한 상상적 비전을 추구했던 시는 시적 언어의 폐쇄적인 관념성을 해체시키면서 일상어의 세계로 접근했다.

민족문학론은 문학 활동의 사회적 확대를 촉진시킨 중요한 사회·문화적 주제로 자리 잡으면서 대중적으로 확산되었다. 민족문학론을 둘러싼 문학적 논의가 사회과학의 영역에서 이루어진 비슷한 과제들과 함께 만날 수 있는 토론의 광장이 계간지 시대를 이끈 《창작과 비평》, 《문학과 지성》, 《세계의 문학》, 《현상과 인식》 등을 통해 열려 있었고, 그 논의의 성과는 곧바로 독자들에게 전달될 수 있었다. 문학작품의 생산과 수용이라는 측면에서는 '해방 세대'라는 새로운 문학 세대가 기존의 문단 세력을 압도하면서 해방 이후 분단의 역사를 문학의 영역으로 끌어들이는 작업을 지속적으로 전개했다. 문학이 보다 치열하게 삶의 한복판에 나서야 한다는 이들의 주장과 함께 사회적 갈등과 분열을 정신적으로 극복해 나아가야 한다는 문학의 요구가 독자와 공감대를 형성하면서 정치 문화의 독단과 폐쇄성에 대응했던 것도 특기할 만하다.

민족문학론은 민족문학이란 무엇이며 그 이념적 지표를 어떻게 규정해야 하는가라는 질문에서 재출발했다. 민족문학이라는 용어 자체는 민족의 자기 존재에 대한 문학적 인식과 직결된다. 그러므로 민족문학의 개념은 민족 전체의 삶의 의미와 그 역사적 조건에 대한 철저한 이해를 전제로 한다. 민족문학이 민족 전체의 삶에 대한 총체적인 인식 위에서 성립될 수밖에 없는 이유가 여기 있다. 민족문학론의 방법과 새로운 관점으로 주목되었던 리얼리즘론과 제3세계 문학론은 민족문학론의 실천적 방법과 관점인 동시에 그 가치 추구의 방법이지만 넓은 의미에서 마르크스주의 문학론의 영역에 속하는 것이다. 그러므로 민족문학론은 논리적으로 규정되어야만 하는 몇 가지 문제성을 내포하고 있었다. 그것은 문학과 이념, 문학적 형상성의 방법 등에 관한 것이었다. 특히 문학과 민족적 주체화의 논리에 수반되었던 민중론의 진보적 요건 등도 민족문학론에서 함께 문제시될 수밖에 없었다. 결국 1970년대 민족문학의 정신적 지향은 문학을 통해 민족의 삶에 역사적 의의와 가치를 부여하고 그것을 문학적으로 형상화하는 작업이었다고 할 것이다.

2) 민족문학론의 논리와 형태

민족문학 재론

한국 사회의 산업화가 급속하게 추진되는 동안 문학비평은 순수/참여론의 연장선상에서 민족문학의 가치론적 전환이 그 뒤를 이어 많은 비평 쟁점을 생산했다. 민족문학의 재인식은 문학과 역사, 현실을 총체적으로 인식해야 한다는 요구가 증대되면서 새로이 주목된 비평적 과제였다. 그러므로 참여문학론이 보여 주었던 문학에 관한 양분법적 태도는 민족문학에 관한 다양한 비평적 논의로 빠르게 해소되었다. 그리고 문학은 당대적 현실 문제에 관심을 기울이면서 산업화시대 문학의 사회적 역할에 대한 새로운 인식을 강조했다. 민족문학론은 신문학 60년을 정리하기 위한 일련의 작업 가운데 관심사가 되었던 전통론과도 맥락을 같이하지만 표현론적 관점의 순수론에 묶여 있던 문학의 사회·역사적 가치를 새롭게 강조한다는 점에서 비평의 관점과 방법의 전환점이 되었다. 물론 민족문학의 개념이나 성격, 방향 등에 대한 논의에서는 갈등이 빚어지기도 했는데, 대표적으로 순수문학론의 연장선상에서 민족문학을 규정하는 이형기와 민족문학의 국수주의적 경향을 반대하는 김현 등의 견해가 부딪혔다.

> 나 자신의 개인적인 의견을 밝혀 본다면, 나는 민족문학이라는 용어를 좋아하지 않는다. 그것은 지나치게 국수주의적인 냄새를 풍기며, 지나치게

복고적이며, 지나치게 교조적이다. 그것이 포함하는 권력 지향적 특성이 또한 나에게는 싫다. 민족문학은 다시 한마디로 자르자면 한국 우위주의라는 가면을 쓴 패배주의자의 문학에 지나지 않는다. 그것은 사관이 결여되어 있는 문학이며, 그런 의미에서 정신의 나치즘화에 쉽게 가담한다. 나는 그래서 민족문학이라는 용어 대신에 최근 사학계에서 흔히 그러듯이 한국문학이라는 객관적인 용어를 쓰기를 원한다. 한국문학에는 민족문학이 갖는 폐쇄적 어감이 없다. 한국문학이 민족의 우월성이라는 명제 때문에 완전히 폐쇄되어 버린다면, 한국문학은 시조와 민요의 부흥이라는 허울 좋은 명목 밑에서 질식하게 될 것이다. 문학은 항상 열려있지 않으면 안 된다. 그래서 세계와 자기 사회의 모순을 계속 주시하고 그것을 문자로 표현하지 않으면 안 된다. 문자로! 그렇다. 문자로 표현한다. 문학 앞에 한국이라는 관형사가 붙을 수 있다면, 그것은 한국어로 우리가 작업하지 않으면 안 된다는 표시이다. 한국어로 작업한다기보다는 열린 한국어로 작업하지 않으면 안 된다는 표현이 보다 더 옳을 것이다. 닫힌 한국어는 시조의 폐쇄된 언어 감각을 뜻하기 때문이다.

그렇다면 한국문학은 어떻게 돼야 하느냐 하는 의문이 남는다. 민족문학의 국수주의적 태도와 복고조, 그리고 계몽주의적 성격을 띠우지 않기 위해서는 한국문학은 어떻게 해야 할 것인가. 그것은 대답하기 어려운 질문이지만, 단적으로 대답하는 것이 허용된다면 염상섭의 길을 걷는다는 것은 염상섭의 아류가 되라는 뜻이 아니다. 그것은 염상섭이 당대에 수행했던 것과 같은 작업, 한국어로서 자기가 살고 있는 시대의 분위기의 핵을 쥔다는 것을 뜻한다. 거기에는 물론 좌파의 소시민적 영웅주의의 변모인 혁명아(革命兒)의 탄생도 없고, 우파의 패배주의도 없다. 거기에는 날카로운 관찰자의 눈과 그 눈 속에 파악된 현실의 구조가 있을 뿐이다. 그 구조는 우리에게 우리의 의미와 동시에 사회의 의미를 대답해 주며, 또한 반대로 우리의 의미와 동시에 사회의 의미를 질문하게 만든다. 그 구조는 미리 예정된 대답으로 독자를 유도하지 않는다. 독자는 작가의 눈에 미친 사회 구조를 자기의식 속에 이끌어 들임으로써 자기가 보지 못했던 사회의 여러 측면을 재발견하게 된다. (이 진술을 '작가의 눈=사진기'라는 등식에 의해 인정하면 안 된다.) 작가란 어떤 의미에서든지 세계의 구조와 자기의 구조를 합치시키려고 애를 쓰는 사람이며, 그 합일화의 과정에서 현실의 모순이 '자신의 의사에 반하여' 드러나기 때문이다.[29]

김현의 주장을 보면, 민족문학이라는 용어는 지나치게 국수주의적 냄새를 풍기며 복고적인 느낌을 주기도 하고 교조적이기도 하다. 그러므로 김현은 민족문학이라는 용어 자체를 거부하고 '한국문학'이라는 객관적 술어를 사용할 것을 제안한다. 그러나 이러한 주장은 당시 문단에서 크게 주목받지 못한다. 오히려 민족문학이라는 용어를 내세움으로써 이데올로기에 의해 훼손된 민족의 동질성을 회복하고, 민족적 독자성과 삶의 총체성을 구현할 수 있다는 가치 지향적 경향이 강했기 때문이다. 특히 해방 공간의 민족문학론 자체가 이념 갈등 속에서 순수론에 빠져들어 문학적 관점과 방법의 편협성을 벗어나지 못했다는 반성적 인식이 확대되면서 민족문학에 대한 논의의 전환을 요구했던 것이 사실이다.

시민문학과 민족문학

민족문학에 대한 새로운 논의를 주도한 백낙청을 비롯해 염무웅, 신경림 등은 민족문학의 논리와 방법을 다양하게 모색한 바 있다. 백낙청의 「시민문학론(市民文學論)」(1969)은 '소시민의식'과 연관되는 문단의 신세대론을 우회적으로 비판하고 '시민문학'이라는 문학을 보는 관점과 방법을 새롭게 제안한다. 사실 이 평문은 문단에 제기된 소시민의식에 관한 세대 논쟁에 간접적으로나마 비판적인 대응을 한 것이다.[30] 백낙청은 '소시민의식' 문제를 '시민의식'과 관련지어 논의하면서 새로운 시민문학의 가능성을 제시했다.

백낙청의 주장에서 핵심어인 '시민'이라는 개념은 민주주의적 통치 질서를 기본으로 형성된 정치·사회적 공동체의 개별 구성원을 말한다. 시민은 소속된 공동체가 보장하는 모든 권리를 평등하게 누릴 수 있으며, 이러한 시민 개념의 원형은 고대 희랍이나 로마의 공화정에서 발견된다. 그러나 백낙

---

29 김현, 「민족문학 그 문자와 언어」(월간문학 제3권 10호, 1970. 10).

30 김주연, 「새시대 문학의 성립: 인식의 출발로서의 60년대」(아세아 제1호, 1969. 2)는 4·19 세대의 문단적 출발을 선언하면서 전후 세대의 소시민의식을 비판하고 있다.

청이 주장하는 시민은 역사적이면서 시대적인 의미를 지닌다. 그는 프랑스혁명에서 공동체의 정치적 주체로서 등장한 시민계급의 역할과 사회적 실천을 통해 '시민'이라는 개념을 끌어냈다. 군주국가 체제를 전복시키고 권력의 주체로서 민주주의적 자기 결정의 권한을 발휘했던 '시민계급'이 바로 그것이다. 그는 '시민'이라는 개념을 '부르주아(bourgeois)'와 구별해 그 시대적 성격을 규정했다. 물론 그는 프랑스혁명이 성공한 후 시민계급이 소수의 부르주아와 대다수의 프티부르주아로 분화되었으며 혁명시대 시민계급의 의식이 소시민의식으로 퇴조된 상황도 간과하지 않았다. 그는 자신이 내세우는 '시민'이라는 개념을 프랑스혁명기 시민계급의 시민 정신을 본보기로 삼고자 한다는 점을 분명히 하면서도, 혁명 후 대다수 시민계급의 소시민화에 나타난 역사적 필연성은 그대로 존중해야 함을 주장했다.

> 시민다운 시민은 무엇보다도 소시민의 존재와 의식이 그것 나름으로 역사의 산문이며 역사는 돌이킬 수 없는 것을 알지 않으면 안 된다. 이것은 또 시민계급의 영웅적인 시대에 구체화되었던 시민의식이라는 것도 그대로는 되살릴 수 없고 되살리려 해서도 안 된다는 말이 되기도 한다. 18세기적 계몽주의나 프랑스혁명의 정신이 아직 변함없이 연장되기를 요구하는 것이야말로 역사의식이 결여된 소시민적 반동의 한 형태이며 현대의 역사적 현실에 대한 소시민적 원한의 한 표현이라 하겠다.
>
> 따라서 우리는 프랑스혁명기의 시민계급을 통해 본 시민의 한 모습이 우리 자신이 이상으로 삼고자 하는 시민의 완전한 정의가 될 수 없음을 깨닫는다. 아니 완전한 정의란 있을 수 없음을 알게 된다. 우리가 '소시민'과 대비시켜 우리의 미래를 위한 이상으로 내걸려는 '시민'이란, 프랑스혁명기 시민계급의 시민 정신을 하나의 본보기로 삼으면서도 혁명 후 대다수 시민계급의 소시민화에 나타난 역사의 필연성은 필연성대로 존중해 주고, 그리하여 그러한 필연성을 기반으로 하여—또는 그와 다른 역사적 배경인 경우 그와 다른 필연성을 기반으로 하여—우리가 쟁취하고 창조하여야 할 미지·미완의 인간상인 것이다.[31]

31 백낙청, 「시민문학론」(창작과비평 제14호 1969. 6), 464-465면.

여기서 주목해야 할 것은 '시민'이라는 개념이 그 역사적 특수성에만 한정되어 있지 않다는 사실이다. 근대 사회의 변화 자체가 시민 개념의 시대적 변화를 예고하기 때문이다. 19세기 이후 근대 시민사회의 성장은 시민계급의 직접적인 정치 참여라는 공화주의적 발상과는 달리 의회 민주주의라는 대의제 민주주의 정치 체제로의 발전을 추구해 온 것이 사실이다. 그러므로 시민계급은 국가 통치 체제와는 달리 독자적 영역을 구성하는 시민사회를 기반으로 기본적인 자유권을 갖추고 자율적 의사 결정에 따라 개인의 이익을 추구하면서 삶을 영위해 가는 개별 주체로서의 성격이 강하다. 그러므로 마르크스는 사적 이익을 추구할 생산 수단을 소유하는 개인 집단을 '부르주아계급'으로 구분했으며 자본주의 사회에서 계급 갈등을 야기하는 세력으로 지목했던 것이다.

백낙청은 문학 활동의 실천적 주체를 '시민'으로 규정함으로써 '민족'이라는 개념에 내포되는 관념성을 극복할 수 있는 가능성을 제시했다. 특히 한국 사회에서 4·19혁명의 실패로 인한 시민의식의 퇴조 현상을 비판적으로 인식함으로써 문학의 사회 참여 문제가 부딪혔던 한계에 도전했다. 그렇지만 그는 '시민'을 앞으로 쟁취하고 창조해야 할 미지의 인간상이라고 규정했다. 이와 같은 관점은 한국 사회의 당면 현실과 그 과제로서의 시민혁명의 완성을 염두에 둔 것으로 보인다. 특히 시민의식 또는 시민계급의 의식을 미지의 이상형으로서 시민이 구현해야 할 이념으로 설정하는 것 자체가 지니는 실천적 한계가 분명하게 드러난다. 이러한 논의의 한계를 극복하기 위해 그는 1970년대에 들어서면서 민족문학에 대한 논의에 활발하게 참여했다.

백낙청의 민족문학론에 대한 관심은 문학의 현실 참여 논쟁이 빠져들었던 순수/참여의 이분적 도식의 논리를 거부하면서 동시에 소시민의식에 관한 세대론적 시각의 차이까지 극복하고자 하는 의욕을 보여 준다. 그는 민족의 현실 문제에 대한 인식의 중요성을 내세우면서 민족문학의 본질과 방향에 대한 논의를 새롭게 전환했다. 이와 같은 변화는 민족문학론의 성격과 기본 방향을 규정하는 다음과 같은 글을 통해 확인할 수 있다.

> '민족문학' 개념의 타당성 문제는 흔히 '세계문학'과의 연관성 속에서 제기되고 또 그렇게 하는 것이 매우 적절한 방법인 것 같다. 이런 경우 민

족문학이라는 용어를 달갑지 않게 여기는 입장은 대충 다음과 같이 요약될 수 있겠다. 즉 '한국민족이 생산한 문학'이라는 의미로 민족문학을 말한다면 모르되, 한국문학 혹은 한국의 국민문학과 구별되는 민족문학의 개념을 고집한다는 것은 무엇보다도 문학으로서 훌륭하냐 그렇지 못하냐를 따져야 할 문학 본연의 자세에 어긋나는 것이며 우리 문학에 발전을 저해하고 한국문학이 세계문학에 떳떳이 참여할 기회를 놓치는 결과가 되기 쉽다는 것이다. 더구나 이러한 민족문화론의 근저에 있는 민족주의는 자칫하면 국수주의에 흘러, 문학뿐 아닌 모든 분야에서 세계사의 발전에 역행하고 말 우려가 있다는 것이다. (중략)

사태의 이러한 심각성에 비추어 이야기를 '문학에 국경이 있느냐'는 상투적인 질문으로 끌고 가서, '국적을 가진 문학만이 국경을 넘을 수 있다.'는 귀에 익은 경구로 답하고 마는 것은 결코 만족스러울 수 없다. 문학의 국적이란 구체적으로 어떤 것이며 문학이 국경을 넘는다는 것은 정확히 무엇을 의미하는가. 또 복수 민족국가 또는 복수 언어 국가도 아닌 우리나라에서 우리 국민이 우리 국어로 써낸 문학 전체를 가리키는 한국문학 내지 국민문학과 다른 의미에서 문학의 국적을 가릴 수가 있는 것인가.

이러한 의문에 대한 답이 일종의 관념 유희에 흐르지 않으려면 이 모든 의문에도 불구하고 '민족문학'의 개념을 고수할 것을 요청하는 어떤 구체적인 민족적 현실이 있어야 한다. 즉 민족문학의 주체가 되는 민족이 우선 있어야 하고, 동시에 그 민족으로서 가능한 온갖 문학 활동 가운데서 특히 그 민족의 주체적 생존과 인간적 발전이 요구하는 문학을 민족문학이라는 이름으로 구별시킬 필요가 현실적으로 존재해야 하는 것이다. 다시 말해서 그것은 민족의 주체적 생존과 그 대다수 구성원의 복지가 심각한 위협에 직면해 있다는 위기의식의 소산이며 이러한 민족적 위기에 임하는 올바른 자세가 바로 국민문학 자체의 건강한 발전을 결정적으로 좌우하는 요인이 되었다는 판단에 입각한 것이다.

이렇게 이해되는 민족문학의 개념은 철저히 역사적인 성격을 띤다. 즉 어디까지나 그 개념에 내실을 부여하는 역사적 상황이 존재하는 한에서 의의 있는 개념이고 상황이 변하는 경우 그것은 부정되거나, 보다 차원 높은 개념 속에 흡수될 운명에 놓여 있는 것이다. 따라서 이러한 민족문학론은 민족이라는 것을 어떤 영구불변의 실체나 지고의 가치로 규정해 놓고 출발하는 국수주의적 문학론 내지 문화론과는 근본적으로 다르다. 현실적으로, 그러니까 정치·경제·문화 각 부문의 실생활에서 민족이라는 단위로 묶여져 있는 인간들의 전부 또는 그 대다수의 진정으로 인간다운 삶을 위한 문학이 민족문학으로 파악되는 것이 가장 바람직한 때와 장소에 한해 제기될 뿐이며, 그 때와 장소의 선정은 어디까지나 진정으로 인간다운 삶에 대한 모든 인간의 염원을 공유하는 입장에서 이루어지는 것이기 때문이다.[32]

여기서 백낙청은 민족문학의 개념을 철저히 역사적인 성격의 것으로 규정했다. 민족문학의 주체가 되는 민족이 있고 그 민족의 온갖 문학 활동 가운데 민족의 주체적 생존과 인간적 발전을 위해 요구되는 문학을 민족문학이라고 범주화함으로써, 민족문학의 개념을 고수하도록 요구하는 구체적인 민족적 현실을 중시한 것이다. 그리고 민족문학의 역사적 실체는 식민지 체험 속에서 성장한 반봉건·반식민의 민중의식의 문학적 표출에서 구체적으로 드러나기 때문에 그와 같은 전통 위에서 우리의 민족문학은 민중의식을 반영할 뿐만 아니라 민족 생존권의 수호와 함께 민중의 각성된 인식과 실천을 이끌어 갈 수 있는 특유의 능동성을 지녀야 한다고 주장했다. 특히 민족문학의 성립에 필수적으로 따르는 자기 인식과 자기 분열 극복의 작업이 반드시 전제되어, 민족문학이 세계문학으로서의 선진성을 획득해야 한다는 것이다. 이 같은 백낙청의 주장은 당시 문단에서 일어나고 있던 민족주의 논의의 관념성과 보수성을 극복하면서 문학적 보편성에 집착하던 자유주의적인 견해의 비현실적인 속성도 비판한 것으로 보인다. 그의 민족문학론은 역사적인 개념으로서의 민족적 현실 인식과 문학의 가치 문제에 대한 접근을 통해 기존의 민족문학론이 갖는 개념상의 모호성을 충분히 제거한다고 할 수 있다.

백낙청이 민족문학의 역사적 성격을 강조하기 위해 새롭게 끌어들인 것은 민중 또는 민중의식이라는 개념이다. 그는 민족문학이 민족 구성원의 대다수를 이루는 민중을 외면할 수 없음을 지적하면서 한국문학의 경우 일

32 백낙청, 「민족문학 이념의 신전개」(월간중앙 제76호, 1974. 7), 81-82면.

본 제국주의의 침략에 대해 민족 주권을 수호하는 일이 민중의 과업이었음을 분명히 했다. 그러므로 이러한 시대·역사적 사명이 부여된 민중의식을 표현하고 일깨우는 문학이 참다운 민족문학이 될 수밖에 없다는 것은 자명한 이치다. 백낙청의 민중 개념에 대한 착안은 「시민문학론」에서 제기했던 시민정신이라는 개념을 민중 개념으로 전환한 것이라고 할 수 있다.

> '민족문학'이라는 단어는 관변 측의 문인들도 자주 써 왔다. 그러나 우리의 민족문학론에서는 '민족'이란 무슨 형이상학적 실체도 아니요, 과거의 역사에 의해 이미 고정되어 버려 몇몇 사람들이 제멋대로 관리할 수 있는 그런 것도 아니라는 점을 처음부터 강조해 왔다. 어디까지나 민족 성원 대다수의 삶에 의해 규정되고 그와 더불어 역사 속에서 그 의미가 변전하는 것이 민족이며, 그 점에서 진정한 민족문학론은 민중문학의 성격을 띠지 않을 수 없는 것이다. 그렇다고 '민족'과 '민중'이 같은 말이 아니듯이 '민족문학'과 '민중문학'이 동일 개념일 수는 없다. 민족문학론과 민중문학론이 서로 줄 것을 주고 받을 것을 받으며 각기 더 높은 차원으로 발전하는 작업이야말로 80년대 우리 문단의 주요 과제의 하나일 것이다. (중략)
>
> 그런데 이제 민족문학론이 얼마간 성숙해지면서 다시금 민중문학에 대한 논의를 불러일으키고 있다. 이것은 물론 문단뿐 아니라 역사학·사회과학·신학 등의 분야에서 제기된 '민중' 논의와 연관된 것이며, 문단으로서도 비평계 자체의 어떤 움직임보다 조세희 소설의 충격이라든가 고은 등의 새로운 참여시, 농촌 현장에 되돌아간 이문구의 작업, 천승세의 「신궁(神弓)」이나 윤흥길, 송기원 등이 민족 분열의 비극을 그린 소설에서 민중의 한과 생명력을 부각시킨 업적 같은 것들이 더 큰 비중을 차지해야 옳다. 아니, 무엇보다도 70년대 후반의 몇몇 사건을 통해 현장의 육성이 사회 전반에 울려 퍼진 덕이 컸음을 지적해야 할 것이다. 아무튼 전체적인 흐름의 논리는 민중 현실의 구체적인 인식을 위해 분단의 문제에 관심을 쏟게 되었듯이 이제 분단 극복의 구체적인 실현을 위해서는 민중의 각성과 성장을 새삼 논의하지 않을 수 없다는 것이다.[33]

33 백낙청, 「민족문학론의 새로운 과제」(실천문학 제1호, 1980. 3), 223-224면.

백낙청이 시민문학론의 뒤를 이어 강조하는 민족문학에 대한 비평적 논의는 비평가 염무웅과 구중서 등의 민족문학에 관한 견해를 통해 논리적 타당성이 입증되었다. 그리고 신경림, 고은, 천승세, 이문구, 조세희, 윤흥길 등의 새로운 창작적 성과를 중심으로 그 발전적 가능성을 확인하게 되었다.[34] 백낙청은 문학의 정신적 보편성을 놓고 강조했던 시민의식이나 '시민문학'이라는 용어를 더 이상 사용하지 않고 역사적 개념으로서의 민족문학을 내세웠다. 그리고 당대의 정치 상황을 중시하면서 민주 회복이라든지 인간 해방이라는 구체적인 실천 과제를 제시하고 그 역사적 과제의 실천적 주체로서 민중을 내세움으로써 민족이라는 개념의 관념성을 벗어났다.

백낙청은 민중문학이라는 비평적 담론을 새롭게 구조화하면서 이를 세계사적 현실과 접목해 관점 확대를 기획하는데, 그 일환으로 그는 민족적 현실에 대한 제3세계적 관점과 인식을 강조했다. 그는 민중문학의 개념을 통해 제3세계 해방운동과의 연대라는 새로운 전망을 제시했다. 그리고 정치·사회적 민주 회복을 통해 궁극적으로는 분단 현실의 극복이라는 민족적 과제로 나아가야 하는 민족문학의 단계적 발전을 주장했다.

제3세계론과 탈식민적 관점

민족문학론은 역사적인 성격이나 가치론적 범주의 규정을 위해 새로운 문학적 관점의 전환을 필요로 했다. 민족문학에 대한 논의가 제3세계 문학론을 이끌어 낸 이유가 여기에 있다. '제3세계'라는 말이 갖는 외연은 이념 체제상으로 비동맹국가를 중심으로 하며, 경제 구조와 산업 자본의 발전 과정상으로 보아 이 말은 개발 도상 국가를 통칭한다. 1970년대의 한국도 물론 이 범주에 포함될 수 있다. 그런데 문제는 이 같은 개념화가 아니라 제3세계적 관점이 갖는 자기 인식 방법의 전환이다. 민족의 역사와 현실을 제3세계적 관점에 의거해서 파악하고자 한다는 것은 강대국의 독점 자본과 경제적 질서에의 종속화 현상을 비판하고 경제·사회·문화적인 영향권에서 벗어

34 백낙청의 민족문학론은 「인간 해방과 민족문화운동」(창작과비평 제50호, 1978. 12), 「제3세계와 민중문학」(창작과비평 제53호, 1979. 9) 등을 통해 방법과 관점과 지향의 일정한 전환과 발전을 드러낸다.

나고자 하는 태도를 견지함을 뜻한다. 그리고 제3세계의 다른 국가들과의 공통적인 연대의식을 확보함으로써, 세계 인류의 역사 가운데 한국 경제와 문화가 점하는 마땅한 임무와 위치를 인식하려고 계속 노력함을 뜻하기도 한다.

> 민족문학론에서 제3세계를 강조할 때는, 이른바 후진국들의 후진성에 오히려 선진국들이 망각한 세계사적 사명과 진정한 선진성이 잠재해 있다는 주장이 흔히 제시된다. 그런데 '분단의식'이란 말의 경우도 그러했지만, 후진성의 의식도 어디까지나 후진성 '극복'의 의식이어야 하며 따라서 단순한 '의식'에 그칠 수 없음은 물론이다. 후진국들 내지는 피압박 민족들이 약육강식의 세계에서 가해자가 안 되고 피해자가 됨으로써 이른바 선진국들의 반인간적 행태를 보다 냉철하게 알게 되고 그 극복의 중책을 떠맡았다고 주장하는 것은 좋으나, 정작 이 책임을 실천하는 입장에서는 자신의 정치·경제·문화적 후진성이 느닷없이 '진정한 선진성'으로 둔갑해 주리라는 환상 따위는 용납되지 않는다. 후진성 극복을 위한 피나는 노력을 하되 그것도 선진국들이 이미 닦아 놓고 손짓하는 편한 길이 아니라 스스로의 길을 뚫고 나가야 제대로 후진성을 극복할 수 있는 것이지, 후진성 자체가 무슨 자랑일 수는 없는 것이다.
>
> 그러므로 선진국의 선진성이라는 것에 대해서도 좀 더 사려 깊은 검토가 요구된다. 물론 첫 과제는 침략자·억압자들이 휘둘러대는 '선진성'이란 그들의 주장과는 본질적으로 다른 것임을 알아차리는 일이지만, 그러한 선진성도 거저 생긴 것은 아닐진대 그 본질이 과연 무엇인지를 냉정하게 따져 볼 필요가 있는 것이다. 문학의 경우에도 서구의 최신 걸작이다, 천재다, 실험이다, 유행이다 하는 것들이 대부분 한국과 여타 제3세계 작가들의 창조적 수준에 멀리 못 미치는 것임을 깨닫고 우선 정신을 좀 가라앉히는 것이 중요하지만, 서구 정신의 산물로서 진정으로 창조적인 것은 어떤 것이며 그 비창조적·반인간적 요소와의 내적 관련은 또 어떤 것인가에 대한 차분한 성찰이 반드시 뒤따라야 한다.[35]

35 백낙청, 「민족문학론의 새로운 과제」, 226-227면.

백낙청은 한국문학의 본령이 바로 제3세계 문학의 현장이라고 규정함으로써 세계문학을 보는 시각에도 큰 전환을 요구했다. 그는 남북 분단이 제3세계로서도 다분히 예외적인 경험에 해당하며 동시에 제3세계 전역에 걸쳐 진행 중인 '탈식민지화' 과정의 보편적 과제의 일부임을 적시했다. 이러한 인식은 제3세계에 대한 이해가 깊어지고 그들과의 연대감이 커질수록 더욱 깊어질 것이라는 전망을 가능하게 한다. 특히 한국 민족의 역사가 어떻게 해서 봉건 사회를 주체적으로 청산하지 못하고 식민지의 운명으로 전락했으며 다시 분단과 동족상잔으로 이어졌는가를 비판적으로 재론해야 함을 강조했다.

이와 같은 제3세계적 관점의 확립은 민족문학론의 새로운 지향과 실천을 위해 필수적으로 전제되었다. 민족적 현실과 역사적 조건을 놓고 볼 때 서구 근대문학에 정신적으로 빚진 한국문학의 발전 과정을 생각한다면, 서구 문학과 한국문학 사이의 정신적인 종속 관계가 심각한 처지에 있었음은 사실이다. 새것을 찾아 무조건 서구의 문학 양식을 받아들였다는 자조적인 '이식문학론'이 문학사 연구자들에 의해 논란을 불러일으켰던 것이 바로 이를 말해 준다. 그러므로 이 같은 문제를 극복하기 위해서는 민족문학을 보는 관점의 전환과 확대가 필요했다. 하지만 민족문학론이 민족적 주체와 민족의 문화적 전통을 중시하면서 민족의식을 신비화하고 민족 전통을 절대시하는 자기도취에 빠져 버릴 경우 그것은 국수주의적 독단론에 그치고 만다. 반대로 끝없는 자기 비하와 자기모멸에 빠져 서구 선진국가의 문학에 대한 정신적인 종속을 모면하지 못한다면, 발전의 가능성을 찾기 힘들 것이다. 제3세계적 관점은 세계사적인 질서 속에서 한국 민족의 위치를 파악하고, 그 자주성과 독자성을 인정하면서 비슷한 위치의 제3세계 국가들과 국제주의적 유대를 유지하는 기본적인 세계관의 새로운 확립을 요구했다. 민족문학론이 이 같은 제3세계적 관점을 수용해야 했다는 것은 민족문학이 갖는 지역성을 국제주의적 연대의식으로 확대할 수 있는 관점의 우위 확보를 위해서도 필요했다.

그런데 이 같은 당위성에도, 민족문학의 제3세계적 관점은 당시에 별다른 논리적 진전을 보지 못했다. 가장 큰 장애는 제3세계권의 문학에 대한 기본적인 이해를 가능하게 할 수 있는 어떤 문학적 자료도 제대로 갖추지 못했다는 점이며, 그 관심도 매우 낮다는 사실을 들 수 있다. 다만 최근 탈식민주의 비평 방법에 대한 활발한 논의가 문학 연구 방법만이 아니라 한국문학의 세계화를 위해서도 시사하는 바가 크다는 사실을 간과해서는 안 된다.

3) 민족문학과 민중론

문학의 실천적 주체와 민중

민족문학론에서 이념적 실체와 실천의 주체 문제에 대한 인식의 확대를 요구하면서 등장한 가장 진보적인 성격의 문학론이 바로 민중론이다. 민중론은 문학적 이념으로서의 민중의식과 그 실천의 주체로서의 민중의 존재를 문제 삼는 데서 출발해, 민족문학의 수용 기반으로서의 민중과 그 문학적 양식 개념으로서의 민중적 양식 창조에 이르기까지 폭넓게 논의되었다. 특히 1980년대 이후 민중론은 사회적 실천 개념으로 발전하면서 반체제운동의 이념적 기축으로 문학을 비롯해 미술·음악·연극 등으로 확대되었다. 역사와 사회 분야의 학문 연구에서조차 민중 개념이 핵심어로 자리 잡았다.

신경림의 「문학과 민중」(1973)은 '민중의 문학, 민중을 위한 문학'이라는 개념을 한국문학의 가치론적 지향에서 하나의 새로운 목표로 제시하고, 한국 현대문학의 역사적 맥락을 그 기준에 따라 검토했다.

> 해방 후 일정 기간의 혼란을 거친 한국문학의 특징은 문학에 있어서의 민중의 배제, 문학에 대한 민중의 외면으로 나타났다. 이것은 문학 외적 작용에 더 많이 기인한 것으로써 문학인만의 책임으로 돌아갈 성질의 것은 아니다. 좌우 양대 이데올로기의 싸움 속에서 문학만이 유독 초연할 수 없었던 것이 당시의 사정이요, 적대 세력이 내건 이념이나 주장 일체를 배격하거나 금기시함이 부득이했던 이 싸움의 결과 우리 문학은 반드시 우리의 것이 아니면 안 될 것까지도 적에게 빼앗기거나 넘겨준 꼴이 되고 만 것이다. 우리 문학의 취약점을 간파하고 있는 그들은 온갖 방법으로 우리의 문학을 민중으로부터 소외시켰으며 우리의 문학으로 하여금 현실 기피증 환자, 사회 공포증 환자가 되게 했다.
>
> 여기서 우리는 당시 프롤레타리아문학 이론에 대항하여 민족주의 문

학을 표방했던 일군의 작가가 있었음을 상기할 필요가 있다. 민족주의가 독립된 개념일 수 없고 상대적 개념에 지나지 않는다는 견해는 지나친 독단이라 할 수도 있겠으나 자본주의화가 고전적으로 이루어지지 않은 후진국에 있어서의 정치 상황을 설명함에 있어서는 상당히 타당성을 지닌 규정임이 대체로 시인되어 있다. 바로 한국에 있어서의 민족주의가 이러했던 바, 반공 이외의 아무런 기준이 없었음은 우리가 다 아는 바와 같다. 이것은 현실적으로 반공이라는 캐치프레이즈만 내세우면 일체의 애매한 세력이 민족주의 세력일 수 있게 했으며 나아가서 민족의 대동단결이라는 미명 아래 친일 세력을 포함한 수구적이고 불순한 세력을 민족주의란 기치 아래 모아들이는 결과를 가져왔다. 이것은 동시에 건전한 비판 세력의 축출을 의미하는 것이기도 했다. (중략) 소위 민족주의 세력은 더욱 정치권력 지향적이 되면서 민중을 경시하게 되었고 민중은 이 세력에서 이탈하게 되었다.

이러한 현상은 문학에 있어서도 그대로 재현되었다. 마침내 문학으로부터의 일체의 비판적 세력의 제거, 비판적 리얼리스트의 완전한 배제가 이루어졌다. 이러한 갈등과 투쟁은 한 작가와 다른 작가 사이에서만 일어난 것이 아니다. 작가의 발전 과정 내부에서도 이러한 갈등과 투쟁은 치열했고 마침내 비판적 경향의 내부적 완전 배제에 성공한 작가만이 민족주의 문학의 대열에 서게 되는 과정을 우리는 본다. 민중은 이렇게 해서 우리 문학에서 밀려났다.[36]

이 글에서 강조하는 내용은 결국 한국문학이 민중을 소외시킨 문학 또는 민중이 배제된 문학으로 왜곡된 발전을 보여 준다는 점이다. 그러므로 '민중의 문학, 민중을 위한 문학'이 새롭게 요구된다. 민중의 문학이란 민중의 생활 감정에 뿌리박은 문학이며, 민중의 감정과 사상을 집약·승화하는 데 기여하는 문학을 말한다. 그리고 이러한 문학이야말로 민중을 위한 민중의 사랑을 받을 수 있는 문학이다. 신경림은 염상섭이나 채만식이 비판적 리얼리스트로 발전하지 못한 점이라든지, 김동리가 민족의 역사적 현실을 제대로 파악하지 못한 점을 비판했다. 그리고 시인 서정주가 역사와 현실에 정

---

36 신경림, 「문학과 민중」(창작과비평 제27호, 1973. 3), 5-6면.

면으로 대응하지 못한 상대로 남아 있는 것에 불만을 표시했다. 그는 '민중의 문학, 민중을 위한 문학'의 구체적인 성과로서 당대 문학의 한복판에 서 있던 김수영, 신동엽, 김지하, 조태일 등의 시와 김정한, 방영웅, 이문구, 황석영 등의 소설에 주목했다. 물론 신경림은 '민중의 문학, 민중을 위한 문학'이라는 가치 기준을 놓고 이들의 문학 전체를 긍정한 것은 아니었다. 신동엽의 경우는 본질적으로 민중 속에 서 있음에도 투철한 비평 정신이 결여된 상태이며, 김지하와 조태일 등은 지나치게 전투적인 언어 표현이 감응력을 저해한다는 사실을 지적했다. 이문구의 경우 민중이 받아들이기 어려운 문체가 여전히 문제이며 황석영의 경우는 민중과 괴리감을 조성할 수 있는 개인주의적 성향 등을 지양할 것을 주문했다. 이러한 문제들은 결국 문학에 있어서의 민중성의 인식으로 귀결되는 것이지만 신경림은 이를 새로운 과제로 제기했다.

신경림이 내세우는 '민중의 문학, 민중을 위한 문학'에서 '민중'이란 개념은 명확하게 규정된 것은 아니다. 그는 해방 이후의 한국문학이 추구해 온 가치의 편협성을 지적하면서 문학이 민중 속에 자리 잡지 못하고 민중과 함께하지 못한 채 '민중 배제'의 상태에 빠져 있었음을 비판했다. 여기서 문제가 바로 문학의 창조적 주체로서의 민중의 존재 의미와 그 역사적 위상이다. 그리고 또 다른 측면에서 문학이 그려 내야 하는 예술적 대상으로서의 민중적인 것이라는 내용 문제다. 신경림의 민중론은 민족문학의 개념에 대한 새로운 비판적 인식을 통해 논리화되지만 '민중'이라는 것이 민족이라는 개념과 어떤 관계로 연결되어야 하는지 명확하게 설명하지는 못했다. 실제로 민중에 대한 논의는 민족문학론의 출발 단계에서부터 자연스럽게 민족문학과 민중문학의 등질적 상관관계가 중시되었기 때문이다. 앞에서 검토한 백낙청의 민족문학론에서도 민족문학의 개념 자체가 대다수 민족 구성원인 민중의 삶에 기초한다는 점을 분명히 지적했음은 물론이다.

그러나 민족문학론의 연장선상에서 논의할 수 있는 민중론은 시기상으로 보아 1970년대 후반까지에 국한되며, 그 내용도 민중의식의 문학적인 추구 정도로 한정되고 만다. 1970년대 말부터 1980년대에 접어들어 오늘에 이르기까지 민중론은 사회·문화적 조류가 되어 미술·음악·연극 등 예술 영역은 물론이고 역사학·사회학·경제학 등의 분야에서도 민중론의 논리 구조와 새로운 모델의 고안에 힘쓰고 있음을 볼 수 있기 때문이다. 1970년대 민족문학론의 틀 속에서 민중론이 차지하고 있던 비중은 리얼리즘론이 안고 있는 실재성의 의미와 가치 추구와 동일시된다. 말하자면, 문학은 민중적인 삶의 현실을 진실하게 그려 내야 하며, 그 속에서 민중적인 삶이 요구하는 인간성의 회복을 강조해야 한다는 것 등으로 요약될 수 있다. 이 같은 논리는 1970년대 민족문학론이 지향하던 가치론의 성격을 가장 명료하게 제시하지만, 민족문학을 적극적으로 실천해 나아갈 수 있는 주체로서의 민중과 그 기반에 대한 명확한 인식이 결여되어 있음을 드러낸다. 그리고 바로 이러한 문제적인 상태의 비판적 인식이 민중론의 돌출을 가능하게 했다.

민중론의 출발은 민중 개념의 확립과 민중 주체의 자기 인식을 가능하게 하는 민중운동의 전개로 발전되었다. 이 같은 과정의 가속화를 가능하게 한 것은 민중이라는 말로 지칭할 수 있는 사회 구성원들의 의식 성장과 함께 1970년대 후반의 정치·사회적 파행성에 대한 비판적 각성이다. 산업화의 과정에서 드러난 사회적 모순이 정치권력의 일방적인 횡포와 호도에 의해 왜곡되는 상황이 계속되자 비판적인 지식인과 행동적인 청년 학생층이 강력히 체제를 비판하고 민주화를 요구한 것도 폭넓은 민중운동의 범주에 포함될 수 있다.

민중론의 중심 개념이 되는 민중의 성격에 대해서는 논의되어야 할 과제가 적지 않다. 그러나 그 범위는 대개 소외된 농민·노동자와 비판적인 지식인·청년 등을 포괄하는 것이 분명하다. 민중론의 논리와 지향에 동의하든 동의하지 않든 간에 그것은 우리 사회 문화의 중요한 정신적인 영역의 일부를 차지한다. 민중론은 이미 다음과 같이 세 가지 차원에서 우리의 관심의 한복판에 자리하고 있기 때문이다.

첫째, 민중론은 민중운동의 주체로서의 민중과 그 기반으로서의 민중 계층에 대한 과학적인 인식을 통해 사회 문화적 실천 운동으로 확대되었다. 이 같은 현상은 1970년대에서 1980년대로 넘어서는 과정 가운데 더욱 구체적으로 드러나며, 정치 체제에 대한 저항과 도전, 기존의 사회 구성체의 관습에 대한 거부, 민중 이념의 확대 등을 위한 급진적인 사상과 유격적인 실천 방법을 고안했다. 이 같은 민중적 이념의 열기는 이념적 편향성과 실천 전략의 과격성 때문에 문제시되었으나, 민중 개념의 확립 방향에 따라 그 성격이 더욱 구체적으로 드러날 것으로 예측되었다.

둘째, 민중론은 우리 사회의 민주화와 공동체 의식의 확립을 목표로 함으로써 그 지지 기반을 넓혀 갔다. 민중론에서는 소수의 지식층이나 권력층에 의해 확립된 지배적인 이데올로기를 배격하며, 그 허위의식을 드러내고자 했다. 사회의 모든 영역에서 민중이 주체적으로 참여해 자신들의 역량을 발휘할 수 있도록 기회의 균등화를 이루고, 그 삶의 동질성을 회복할 수 있기를 촉구하기도 했다. 이러한 주장은 실질적으로 정치·사회의 민주화에 대한 요구를 그대로 담고 있었기 때문에, 진보적인 학생 계층과 각성된 근로자, 비판적인 지식인에 의해 적극적으로 수용된 것으로 생각된다.

셋째, 민중론은 그 구체적인 성과를 민중문화운동을 통해 획득했다. 민중문화운동은 민중문화의 양식에 대한 탐구와 그 실천을 지속시킴으로써 민중문학, 민중연극, 민중음악, 민중미술 등으로 분화되어 민중의 문화 영역에 대한 참여와 관심을 불러일으켰다. 물론 이 같은 경향은 기성의 문화 창조 주체가 되는 예술인과 그 향수 계층의 반발을 야기했으며, 동시에 민중적 소재에 집착함으로써 민중의식과 민중적 예술 양식의 변증법적인 통일에 도달하지 못했다. 그러나 민중문화운동은 20세기 후반 민중론의 현 주소가 어디에 있는가를 확인할 수 있는 가장 중요한 근거가 된다.

이상에서 살펴본 민중론의 성격이 민족문학론과 같은 대등한 문학론의 수준에서 어떻게 설명될 수 있는가를 묻는 일은 간단하지 않다. 민족문학론이 아닌 민중문학론의 가능성을 어떻게 인정해야 하는가? 민중문학론이 과연 민족문학론의 가치론적 성격을 개념화시킨 용어가 아니라면, 그 독자성은 어디서 확인해야 하는가? 이러한 질문이 당연하게 민중문학론의 첫머리에 제기되어야 하기 때문이다. 그러나 이 질문에 대한 명료한 해답을 찾아내기 전에 이미 민중문학론은 1980년대 벽두에 노동문학의 현장성을 적나라하게 보여 준 박노해라는 시인의 등장으로 공고한 입장에 서게 되었고, 그 실천적 인식의 새로운 가능성을 민중적 주체와 이념, 민중적 기반과 환경, 민중적 양식과 문체라는 세 가지 측면에서 어느 정도 확보해 나갔다.

민족문학과 민중 이념

1980년대 이후의 민족문학론은 민중론에 의해 주도된 민중문학에 대한 논의로 그 방향이 분명하게 전환되었으며, 이후의 민중문학론은 문학의 주체와 이념의 토대를 민중의 존재 속에서 확인하고자 하는 노력으로 이어졌다. 특히 민중적 주체와 민중의식이라는 이념적 요건은 민중문학론의 기초를 이루었다. 민중 주체란 민중 개념의 규범화를 요구하는 것이지만, 대개 노동자·농민·도시빈민·비판적 지식인을 포괄하는 계급적 의미를 내포한다. 그러므로 민중은 집단적 계층 개념 또는 계급적 부류로 이해되기도 한다. 물론 이 같은 개념의 규범화가 확고하게 정립되지 않았기 때문에, 민중이라는 말에서부터 계층적인 대립의식을 끌어내는 편협한 주장도 없던 것은 아니다. 민중 주체에 대한 논의가 계층 개념에서 혼란을 야기하는 가장 큰 이유는 현실 비판적인 지식층 또는 소시민적 지식 계층을 민중의 범주에 포함시킬 수 있느냐 하는 의문과 직접적으로 연결되어 있다. 노동자·농민 스스로가 자신의 위치와 존재를 인식함으로써 민중의 주체화에 대한 가능성이 확대되고 있는 데다가 그 역량의 성숙이 사회 구성의 중대한 변화를 보일 수 있다면, 소시민적 지식 계층을 염두에 두지 않고도 민중 주체의 확립이 가능해짐은 당연하다.

> 민중이 역사에서 사회적 실체로 등장하는 것은 민중을 구성하는 각 계급 또는 계층의 일상적인 체험이나 원망의 집적이 민중 상호 간의 접촉과 안팎의 투쟁 과정에서 민중적인 공유 체험으로 자각되고, 어떤 추상적인 가치 가운데 농축되어 민중의식으로 되었을 때이다. 그런 의미에서 역사에서 사회적 실체로 되는 민중의 외연이나 내포는 민중을 민중으로 하게 하는 주요 모순과 주도계급에 의한 민중 구성의 사회적 실천에의 동원 능력 여하에 따라 다른 것으로 된다. 역사에서 현실적으로 민중이 사회적인 실체로 된 것은 봉건제 말기 이후에서부터이다. 그리고 그것은 오늘 자본주의의 국가 독점 자본주의 단계에서 이제 중요한 사회적 실체로 된다. 그것은 광범한 민중 구성과 독점 자본 간의 모순이 한 사회의 주요 모순으로 되고, 자본주의하 국민 교육의 보급이 이들 민중 구성을 생활만이 아니라 논리적인 인식에 의해 민중의식을 같이하게 하기 때문이다. 그리하여 민중은 독점 자본과의 관계에서 하나로 뭉쳐지고, 민중 구성의 개별적인 자기 이해의 추구는 부단히 민중 구성을 하나로 하는 기반이 되었다.
>
> 민중이 직접적 생산자의 범주로 된다는 것은 문학의 쪽에서 다음과 같

은 의미를 지닌다. 곧 문학이 인간 소외의 극복에 의한 인간 해방을 의도하는 것이라면 직접적 생산자로서 사회적으로 경제 잉여의 수취에서 소외되고 억압받으며 지배받고 있는 민중의 저항, 또는 자기 해방을 위한 노력은 문학 그 자체라는 것이다. 그리고 이런 것들은 현실적으로 노동하는 인간에게서만 해방된 전체적인 인간상이 기대될 수 있다는 데서 부여된다. 곧 소외가 반인간적인 것으로서 본래적인 인간관계를 파괴하고 서로 싸우게 하며 고립시키는 데 대하여, 생산적 노동은 사회적 노동으로서 종합적 전체적 의미를 갖고 인간과 인간을 결합시키고 있다. 그리고 소외가 일반화되고 있는 역사적 상황 속에서 해방된 전체적인 인간은 인간의 생산적 노동과 결합되면서 미래에의 가능성과 맺어져 있다. 전체적인 인간은 언제나 노동하는 직접적 생산자 쪽에서 계승되고 있으며, 그들에게서만 인간과 인간 간의 근본적 관계는 남겨져 있기 때문이다. 여기에 민중 개념과 그 성격에서 문학과 관련하여 직접적·생산자적 범주가 강조되는 연유가 있다. 그리고 직접적 생산자가 아닌 것으로서의 민중 구성은 그것이 직접적 생산자와의 관련에서 서로 읽혀진 순환적 계열상의 관계에서 그 의미가 주어질 것이다.[37]

문학의 생산자로서 민중 주체에 대한 논의는 현실 비판적인 지식 계층에 의해 민중 이념에 대한 논의와 자리바꿈을 한다. 1970년대의 작가와 시인은 대부분 소시민적인 지식 계층에 속했기 때문에 민중의 범주에 이들이 어떻게 포함될 수 있는가를 묻게 될 경우, 이들의 문학에 대한 민중문학적 접근도 문제적인 상태에 빠져들 것이었다. 이러한 연유에서 민중문학론은 민중 주체에 대한 인식이나 규정보다는 민중적 이념과 민중의식에 대한 논의를 중심으로 이론적인 전개가 가능했다. 말하자면 작가는 민중적 주체화 문제를 따질 필요 없이 문학을 통해 민중의 이념을 대변하고 민중의 요구와 삶의 태도를 적극적으로 문학을 통해 형상화하면 되었다. 민중문학은 민중적인 이념과 의식을 구현하는 방법이면서 동시에 형식이라고 할 수 있으므로, 민중의식의 예술적 형상화만이 중요한 요건으로 자리 잡은 것도 납득

37 박현채, 「민중과 문학」(한국문학 제136호, 1985. 2), 324면.

할 수 있는 일이다.

그런데 문학을 통한 민중의식의 표현은 민족문학론에 민중론을 끌어들인 바로 그 주장을 그대로 상기시켰다. 물론 1980년대에 들어서면서 민중의식 또는 민중적 이념은 민중적 기반이라는 사회 상황과 역사적 조건에 대한 인식을 포함하는 개념이 되므로 그 문제 영역이 더욱 구체화된 셈이다. 민중의식이란 민중이 자기 주체의 확립을 통해 구현하고자 하는 삶에 대한 태도와 직결되었다. 그런데 이 같은 민중의식은 사회·역사적 상황과 현실에 존재하는 비민중적인 것이나 반민중적인 것에 대한 대타의식에서 더욱 명료하게 드러난다. 1970년대 후반 이후에 폐쇄적이고도 독선적인 정치 체제에 대응하기 위한 정신적인 방편으로서 민중의식이 자주 거론된 것은 바로 이러한 이념적 속성을 주목했던 까닭이다.

하지만 민중의식이 민중의 삶에 대한 인식과 그 가치의 구현으로 이어지는 것을 거부할 사람은 없으나, 일단 민중의식이 정치 이데올로기와 대결함으로써 민중적 이데올로기의 형태로 드러날 경우, 그 대타적 속성에 대한 거부감을 드러낼 사람이 적지 않았다. 물론 민중문학론에서는 그러한 반응을 반민중적인 것으로 간단히 치부해 버렸을 것으로 생각된다. 더구나 민중문학이 민중의식의 구현과 그 사회적 실천을 위한 것이라는 점을 강조하다 보면, 문학의 사회·윤리적 가치만을 내세운 채 문학 본연의 예술적 형상성을 간과한 듯한 인상을 줄 수 있다. 바로 이 문제가 민중문학론의 반대론자들이 집요하게 문제 삼은 민중문학론의 약점이었다. 문학을 이념적 방편으로 삼고 있다거나 사회적 수단으로 이용한다는 비판이 민중문학론에 제기된 것도 이 문제와 관련된다. 그러나 문학이 어떤 이념도 담을 수 없다든지, 이념을 표방해서는 안 된다는 주장 자체가 반역사주의 이념의 표현이며, 특히 지배계급의 이념을 합리화시키기 위한 허위의 논리일 수 있다는 사실도 문학사의 여러 단계에서 확인해 볼 수 있다. 어느 시대건 문학은 그 시대의 주도적인 세력과 반동적인 세력의 이념을 대립적으로 드러내 왔으며, 시대가 요구하는 새로운 시대정신과 이데올로기를 생산해 온 것이 사실이다. 그리고 어떠한 문학도 그 문학적 형상성을 외면할 경우 사회·윤리적 실천에 임할 수 없다는 점도 명백한 사실이다.

이러한 관점에서 본다면, 민중론의 확대는 어떤 의미에서 당연한 일이다. 민중의식의 구현을 위한 민중문학이 현실이 요구하는 진보적인 시대 정신의 한 부분을 담당하는 것임을 인정할 수 있다면, 민중문학의 출현 자체를 부정해야 할 이유가 없다. 정치적인 입장에서 민중의식의 실체를 문제 삼는 것은 이데올로기의 영역이라는 점을 수긍할 수 있으나, 문학론의 범주 내에서 민중의식을 문제 삼는 것은 곧바로 문학의 정치화를 의미한다고 할 것이다. 그러므로 민중문학을 비판하기 위해 민중의식의 실체를 규명하기보다는 민중문학이 문학으로서의 요건을 어떻게 갖추고 있는가를 검토하는 일이 필요하다. 문학은 하나의 제도적인 체계를 스스로 유지해 나가고 있기 때문에, 제도와 체계에서 승인할 수 있는 요소를 어떻게 획득해 문학사의 표면에 내세우느냐가 중요하다. 민중문학도 민중의식의 문학적 형상성을 중시하지 않을 경우, 민중의식 그 자체의 사회적 가치만으로 정당한 문학적 평가를 받기 어려운 것은 당연하다.

민중문학의 가장 진보적인 속성은 그 주체와 토대에 대한 논의 가운데에서 발견되었다. 민중의식에 관한 판단은 사회·윤리적 가치에 집중될 수 있지만, 주체와 토대에 대한 문제는 문학의 생산과 수용의 전체 과정을 역동적으로 파악할 수 있게 하는 요소가 된다. 민중문학론에 입각할 경우, 민중문학은 특정 문학인 개인의 전유물이 아니라, 민중 전체의 것이다. 문학이 민중의 삶과 질서를 토대로 민중적 주체의 확립을 이룰 수 있다면, 그것이 민중문학운동의 사회적 실천으로 평가될 것이다. 그러므로 민중문학론은 민중의식을 이념적 지표로 내세우더라도 문학의 독자적 영역이나 그 자립적 속성을 중시하지 않았다. 오히려 문학의 생산 주체와 수용 기반을 포괄해 사회적 현상의 하나로 문학을 파악하고자 했다. 문학과 현실 사이에는 상부 구조와 토대 사이의 관계 방식이 직접적으로 적용되며, 그런 관점에서 민중문학은 민중의식과 민중적 기반을 떠나서는 설명하기 어렵다. 물론 민중문학론은 문학과 현실의 기계적 대응을 주장하지 않았다. 사회 현실과 문학 사이에 내재하는 능동적인 과정으로서의 '매개' 개념을 통해 문학의 사회적 위상을 포괄적으로 전망했던 것이다.

> 민중문학이란 그 단초에서 인간의 삶 그 자체로 되는 직접적 생산자의 노동의 표현 양식에서 출발한 것이라고 말할 수 있다. 따라서 그것은 전체

> 적으로 일정한 사회적 상황의 표현으로 된다. 그리고 이런 것들은 사회적 상황이 지배·피지배의 관계로 되고, 보다 적극적으로는 자기 해방의 선취 양식으로 되게 된다. 민중문학의 표현 양식이 삶의 표현 양식인 노동요에서 비롯하여 주술로 되거나 넋두리 또는 사설로 되는 것은 그와 같은 요구의 반영이다. 이들은 서로 얽혀 소극적으로 심리적 갈등의 해소로서의 한풀이로 되고, 적극적으로는 대상의 재현이자 대상 그 자체이며 소망의 표현임과 동시에 소망의 달성으로 된다. 그리고 이와 같은 민중문학의 전승 양식은 문자의 결여로 구전으로 될 수밖에 없었다. 문자에 의한 민중문학 전개의 가능성이 주어지는 것은 근대 이후에 있어서 국민 교육의 보급에서이다. 의무교육제도의 확대로 민중이 지배계급과 함께 문자를 공유하게 됨에 따라 문자에 의한 민중문학의 가능성은 주어지게 된다.[38]

그렇지만 민중문학이 민중 이념을 중심으로 형성되어 그 이념적 기초에 서 있다는 점은 분명한 사실이다. 이처럼 민중문학이 내세우는 자체의 논리와 그 논리에 대한 비판이 민중 이념에 대한 논의로 집중된 것은 1980년대 사회 상황의 직접적인 영향을 그대로 드러낸다. 그러나 앞서 지적한 것처럼 민중문학이 민중 이념의 문제에만 기댈 수 없다. 민중문학에 대한 비평적 신뢰는 민중문학 자체의 문학적 형상성에 의해 획득되는 것이며, 실제로 그 가능성은 민중적 형식에 대한 관심에서 확인될 수 있다. 민중문학에서 문학의 민중적 형식을 제시하지 못하고 그 형상성의 의미를 해명할 수 없다면, 민중문학론이 미학의 차원에 오르지 못하고 있음을 말해 주는 것이다. 오늘에 이르기까지 민중문학의 성과로 주목되어 온 작품들이 대체로 민중적 이념 제시형의 문학이었다는 사실은 그만큼 민중문학론의 미학적 근거를 약화시키는 요소가 된다. 그러므로 민중적 문학 형식에 대한 비평적 논의는 1980년대 민중문학론이 도달한 궁극적인 과제에 해당한다. 이 문제는 문학적 전문성에 대한 논의를 통해서 비판적인 결말이 나온 것처럼 보이기도 하지만, 장르의 확산, 문학의 재현 방식 등에 대한 논의를 거쳐 논리적인 기초를 확립해 가고 있다. 특히 김지하의 일련의 창작들에서 볼 수 있는 장르 통합 또는

---

38 박현채, 「민중과 문학」, 328면.

탈장르의 경향 그리고 신경림, 하종오 등의 민요적 서정성에 대한 탐구, 박노해를 중심으로 한 노동시 등에서 그 형식 탐구의 진지한 노력을 확인할 수 있다. 민중문학론의 최대의 과제는 결국 민중적 문학 형식의 창조라고 할 수 있다. 민중문학의 문학적 가치 역시 그 민중적 형식의 형상성의 폭과 깊이에서 확인할 수 있다. 이러한 과제는 민중문학론의 미학적 성취를 위해서만이 아니라 민중문학 자체의 문학사적 위상 정립과도 직결된다. 민중문학이 이념으로서가 아니라 문학의 실체로서 그 역사성을 인정받을 수 있는 길도 민중적 문학 형식의 확립 여부에 달려 있음은 물론이다.

민족문학론의 논리적 성격

민족문학의 개념은 철저히 역사적 성격을 지닌다. 백낙청도 앞서 논의한 바 있듯이, 민족의 온갖 문학 활동 가운데 민족의 주체적 생존과 인간적 발전을 위해 요구되는 문학을 민족문학이라고 범주화한 바 있다. 그리고 민족문학의 역사적 실체는 식민지 체험 속에서 성장한 반봉건·반식민의 민중의식의 문학적 표출에서 구체적으로 드러나기 때문에, 그와 같은 전통 위에서 우리의 민족문학은 민중의식을 반영할 뿐만 아니라 민족 생존권의 수호와 함께 민중의 각성된 인식과 실천을 이끌어갈 수 있는 특유의 능동성을 지녀야 한다고 주장했다. 특히 민족문학의 성립에 필수적으로 따르는 자기 인식과 자기 분열 극복의 작업이 반드시 전제되어, 민족문학이 세계문학으로서의 선진성을 획득해야 한다고 했다. 결국 민족문학은 백낙청에 의해 '민족의 주체적 생존과 인간적 발전'에 긴밀하게 연관되는 문학으로 개념이 규정된 후 민중의식의 구현이라는 정신적 지향점을 분명히 했다.

민족문학에 관한 비평 담론의 전개는 민족문학의 방법과 그 실천 방향에 대한 논의로 이어졌다. 이와 같은 비평 담론의 전환은 문학의 역사적·사회적 가치에 대한 인식의 변화를 가능하게 했다. 문학작품에 담긴 사회 현상의 총체적 인식을 위해서는 문학과 사회의 외적 연관성만이 아니라 그 내적 관계를 중시해 역사적 현실과 사회적 상황이 문학 속에서 어떻게 미학적으로 형상화되는가를 해명할 수 있는 통합적 관점이 요구되었다. 이 단계에서 가장 주목되는 것은 민족문학의 방법으로서의 리얼리즘론과, 민족문학을 보는 관점으로서의 제3세계 문학론, 문학적 실천의 주체로서의 민중론의 확대였다. 이 가운데 민중론은 1970년대 말엽부터 점차 독자적인 문학론으로 발전해 새로운 이론 틀을 갖추고 민족문학론의 논리에서 벗어나는 조짐을 보였다. 민족문학론은 그 방법적 실천으로서의 리얼리즘론을 근거로 구체적인 문학적 성과를 낳았으며, 민족문학에 대한 논의의 시각도 제3세계 문학론에 입각해 새로운 전망을 획득했다. 이 과정에서 죄르지 루카치, 아널드 하우저 등의 마르크스주의 미학에 기초한 문학론들이 폭넓게 수용되기 시작했다. 이 시기에 발생론적 구조주의 입장에서 문학과 사회의 상동 구조를 규명하고자 하는 문학사회학의 방법도 폭넓게 소개되었다. 문학의 사회·역사적 가치의 재인식은 비평에서의 사회·역사적 방법의 확대를 통해 방법론에 관한 다양한 논의를 가능하게 했다. 한국문학은 한국 민족의 특수한 역사적 조건 속에서 형성된 것이므로 이러한 요건을 주체적으로 인식하고 문제화하면서도 문학의 보편적인 가치를 찾아가는 폭넓은 관점과 논리가 필요했던 셈이다.

민족문학론은 그 이론적 성격 자체가 마르크스주의를 위장하고 있다. 1970년대 한국의 시대 상황에서는 마르크스주의를 포함한 진보적 이념을 표면적으로 내세울 수 없었다. 당시 한국 사회는 이른바 '유신통치'를 내걸고 자행된 권위주의 정권의 사회적 억압과 사상 통제로 일체의 진보적 비평 담론을 허용하지 않았다. 하지만 국가 주도로 급격하게 진행되는 산업화 과정의 모순에 대응하기 위해 성장하는 노동 계층의 역량을 강화해야 한다는 반체제운동의 새로운 계급적 투쟁 전략이 등장하게 된다. 노동 계층이 그들의 삶을 위해 사회를 변혁할 수 있는 기회를 가져야 한다는 주장에는 계급적 관점이 분명하게 드러났다. 이와 같은 현실적 요구에 부응해 민족문학론은 사회 변혁을 주도할 수 있는 새로운 문학의 관점과 방법론적 실천의 기획을 마르크스주의에 기대어 구축했다.

민족문학론은 역사적 실체로서의 '민족'이라는 개념을 새롭게 강조하면서 문학과 사회의 총체적 인식을 요구했으며, 마르크스주의 문학론의 관점과 방법을 포장해 제3세계론의 관점과 리얼리즘의 방법을 핵심 쟁점으로 내세웠다. 문학이 사회적 산물이며 사회 현상에 대한 복잡한 내용을 반영한다는 사실은 민족문학론의 전제가 된다. 그러므로 텍스트를 역사적·사회적 문맥 위에 위치시키고 작가의 삶에 대한 태도와 세계관을 분석함으로써 궁극적으로 이데올로기 문제에 접근했다. 이데올로기는 작가가 표현한 것이었고 독자들은 이데올로기와 상호 작용했다. 이와 같은 방법은 문학 텍스트가 사회·문화적 상황으로부터 분리될 수 없음을 지적하는 역동적 관점을 제공한 셈이다. 그러므로 민족문학론이 문학의 본질과 가치를 사회적 맥락에서 논의하고자 했다는 점에서 마르크스주의적 관점에 기초했다는 것은 부인할 수 없다.

4 리얼리즘의 방법과 정신

1) 리얼리즘의 재인식

민족문학론의 논리적 전개 과정은 문학의 방법과 실천 방향에 대한 논의로 이어진다. 이 단계에서 가장 주목되는 것은 문학의 방법으로서 리얼리즘론과 민족문학을 보는 관점으로서 제3세계 문학론이 등장한 점이다. 앞서 살펴본 대로 백낙청의 경우는 방법으로서 리얼리즘론과 관점으로서 제3세계 문학론 그리고 주체로서 민중론을 모두 민족문학의 틀에 포괄하고자 하는 의욕을 보여 주었다. 실제로 민족문학론은 방법적 실천으로서 리얼리즘론을 근거로 구체적인 문학적 성과를 낳았으며, 민족문학에 대한 논의의 시각도 제3세계 문학론에 입각해 새로운 전망을 획득했음은 사실이다.

민족문학의 실천적 방법으로 제시된 리얼리즘은 염무웅, 백낙청, 유종호, 김병익 등에 의해 현실적인 삶에 근거한 경험적 진실의 추구라는 어느 정도 합의된 시표에 도달했다. 그리고 역사의식의 문학적 인식이 중요시되면서 구조주의적 관점이나 신화적 해석이 갖는 반역사주의적 맹점이 지적되기도 했다. 예술의 역사를 사회사적인 관점에서 해명하고자 했던 아널드 하우저와 문학을 통한 삶의 총체적 인식과 전형의 창조를 중시했던 죄르지 루카치의 이론이 민족문학론이 제기한 방법으로서의 리얼리즘의 이론적 근거가 되면서 문학을 보는 관점과 시야가 사회적으로 개방된 것도 특기할 만하다.

리얼리즘은 민족문학의 실천 방법으로서 그 이념과 가치가 중시되었으며 1970년대 문학적 성과로서 시와 소설을 통해 실현되었다. 1970년대의 소설은 사회 현실의 긴장에 대응하는 가장 개방적인 문학적 방법으로서 리얼리즘의 방향을 적극적으로 실천에 옮겼다. 이 시기의 소설에서 두드러지게 드러나는 두 가지 경향은 산업화 과정에서의 사회적 갈등에 대한 비판적인 인식과 분단 상황에 대한 역사적 재해석이라고 할 것이다.

한국 사회의 산업화 과정은 경제의 급격한 성장을 가져왔지만, 사회적으로 빈부의 격차, 소외 계층의 증가, 농촌의 궁핍화 등 부정적인 부산물을 낳았다. 게다가 '유신체제'라는 정치 상황의 폐쇄성과 억압적 통치에서 기인한 사회적 불안과 갈등 등이 문제적 상태로 노출되었다. 실제로 이문구, 박태순, 황석영, 윤흥길, 조세희 등의 소설은 도시 변두리의 빈민, 노동자 계층의 삶과 피폐된 농촌의 현실을 고발하면서 진정한 인간적인 삶에 대한 요구를 문학으로 형상화했다.

이 시기의 소설가 가운데 전상국, 이동하, 김원일, 윤흥길, 유재용, 현기영, 조정래 등은 '이산 문제'라는 소설의 새로운 소재를 통해 분단 상황에 대한 재인식의 가능성을 열었다. 이들은 그동안 금기 지대로 묶여 있던 이데올로기의 폐해와 실체를 자기 체험의 세계에서 끌어내어 소설의 이야기를 통해 구체적으로 보여 준다. 이들의 작품은 분단의식의 극복이라는 새로운 가능성을 확보하면서 철저한 자기 확인 작업을 거쳐 시점의 이중성, 서술적 거리 조정 등 여러 가지 소설적 장치를 고안해 내기도 했다. 그러므로 전후소설이 분단 상황에 직면해 자폐적인 공간에 머물렀던 이념적 방기의 오류와 함께 소시민적 피해의식의 한계를 어느 정도 극복하게 되는 것이다. 이러한 문학적 성과는 리얼리즘 정신을 기반으로 소설이라는 문학 양식 자체의 인습적인 틀에도 더욱 자유로운 형식성을 부여하고자 하는 노력과 이어졌다. 그 결과 중편 소설 형식의 장르적 가능성을 확립하고, 연작 소설의 이완적 형태가 갖는 현실적 대응 방식도 일반화시키기에 이르렀다.

시문학도 소설 영역에서 거두어들인 성과 못지않게 리얼리즘의 정신적 지향과 그 시적 형상화의 가능성을 획득했다. 고은, 김지하, 신경림, 조태일, 최하림, 이성부, 정희성 등은 1960년대 시단에서 김수영, 신동엽 등이 추구했던 현실 지향적인 자세를 더욱 개성 있게 자기 시의 세계로 가다듬었다. 이들이 추구했던 '민중시'의 경향은 시적 언어와 정신에 있어서 관념성과 추상성을 배격하고, 보다 가까이 일상의 현실에 접근하고자 하는 노력을 드러내는 공통적인 특성을 지니고 있다. 이들 중의 일부 시인은 진취적인 시 정신과 행동 의지를 직접적으로 표출한 경우도 있고, 보다 더 경험적 일상에 접근함으로써 시적 정서의 민중적 공감대를 확대시키고자 한 경우도 있다. 또한 민요에 담긴 민중적 정서를 현실에서 재창조하고자 하는 시도를 계속하기도 했다. 이 같은 노력은 양분되어 있던 시의 순수/참여 문제를 시적 진실성의 추구라는 테마로 바꿈으로써 시대 상황에 탄력적으로 대응할 시의 기반을 다져 놓았다.

2) 루카치의 리얼리즘론 수용

민족문학론은 마르크스주의 비평가 죄르지 루카치[39]를 수용하면서 그 실천 방법으로서 리얼리즘을 새롭게 논의할 수 있었다. 이러한 현상은 1950년대 후반 신비평의 소개와 함께 번역 출판된 르네 웰렉과 오스틴 워렌의 『문학의 이론』이 평단과 학계에 미친 영향과 비슷한 양상을 드러냈다. 문학의 내재적 접근을 강조하면서 사회·역사적 조건을 사상(捨象)하고 텍스트에 집중하도록 요구했던 분석비평이 이 책의 소개와 함께 널리 확산되었기 때문이다. 그러나 분석주의 비평은 결과적으로 '형식주의의 오류'라고 지칭되었던 한계를 벗어나지 못했다. 그런데 민족문학론의 실천 방법으로서 다시 주목된 리얼리즘론은 분석주의 비평과는 달리 사회·역사적 토대 위에서 문학의 의미를 규정하고자 하는 데 목표를 두었다. 여기서 새롭게 발견한 것이 루카치의 리얼리즘론이다. 마르크스주의 비평이 스탈린 시대에 문학예술을 정치에 함몰시켰던 것과는 달리 루카치는 리얼리즘을 보다 체계화된 미

39 루카치의 수용 과정을 보면, 죄르지 루카치, 『루카치 소설의 이론』(반성완 역, 심설당, 1985); 죄르지 루카치, 『역사소설론』(이영욱 역, 거름, 1987); 죄르지 루카치, 『독일문학사: 계몽주의에서 제1차 세계대전까지』(반성완 역, 심설당, 1987); 죄르지 루카치, 『우리 시대의 리얼리즘』(문학예술연구회 역, 인간사, 1988); 죄르지 루카치, 『영혼과 형식』(반성완·심희섭 역, 심설당, 1988); 죄르지 루카치, 『역사와 계급의식』(박정호·조만영 역, 거름, 1992); 죄르지 루카치, 『발자크와 프랑스 리얼리즘』(변상출 역, 문예미학사, 1998); 죄르지 루카치, 『루카치 미학 1-4』(반성완 역, 미술문화, 2002) 등 중요 저서의 번역 출판과 G. H. R. 파킨슨, 『게오르그 루카치』(현준만 역, 이삭, 1984); G. 리히트하임, 『게오르그 루카치: 사상과 생애』(김대웅 역, 한마당, 1984); 벨라 키랄리활비, 『루카치 미학 연구』(김태경 역, 이론과 실천, 1986) 등의 소개서 출판으로 이어진다. 여기서 논하는 루카치의 리얼리즘론이나 소설 이론 등은 앞의 현준만이 옮긴 『게오르그 루카치』에 근거하였다.

학이론으로 발전시키고자 했다. 특히 루카치의 이론적 수용은 평단의 관심사만이 아니라 일제강점기의 근대소설에 대한 연구에도 심대한 영향을 끼쳤다.

루카치는 문학의 상징이나 이미지와 같은 형식상의 기법을 정밀하게 분석하면 예술 속에 감추어져 있는 사회적 갈등이나 토대와 상부 구조의 관계를 드러낼 수 있다고 믿었다. 그는 문학이 계급투쟁을 반영한다는 G. V. 플레하노프의 주장을 그대로 수용했다. 반영 이론이라고 알려진 그의 이론에서 핵심이 되는 것은 문학 텍스트가 한 사회의 삶의 양식을 그대로 반영한다는 생각이다. 그의 주장에 따르면 문학은 세계관이라고도 말하는 계급적 관점에 의해 쓰이며 따라서 하나의 전망을 내포한다. 그는 모더니즘 문학이 빠져 있는 쇄말주의를 비판했다. 모더니즘 문학처럼 현실 속에서 의미 있는 요소와 피상적 국면이 서로 구별되기 어렵게 취급되고 사소한 것과 중요한 것이 서로 뒤섞여 한 덩어리가 되면 어떤 전망을 드러낼 수가 없다는 것이 그의 생각이다.

물론 루카치는 예술적 창조의 근본적인 지표를 사회주의에 대한 충실성에 두었다. 루카치에 따르면 사회주의를 거부하는 작가는 미래에 대한 자신의 시각을 스스로 차단하고 현실의 전체적인 모습에 정확하게 접근할 기회를 상실한다. 그러므로 극단적인 주관주의적 조망만이 가능한 문학을 만들어내며 인간의 존재를 사회적 관계 속에서 정당하게 파악하지 못하고 고립된 병적인 존재로 부각시키고 만다. 루카치의 관점에서 마르셀 프루스트와 제임스 조이스 등과 같은 작가는 인간을 파편적이며 부분적으로 묘사해 낼 뿐이다. 반면에 오노레 드 발자크(Honoré de Balzac)나 찰스 디킨즈(Charles Dickens)와 같은 작가는 광범위한 사회 변동 과정에서 야기된 왜곡된 인간관계를 극복하려는 의지를 드러낸다. 루카치는 결국 모더니즘 문학이 아무 전망도 없이 부분적 현실의 묘사에 치중할 뿐이며 왜곡된 방식으로 현실을 묘사한다고 보았다. 총체성을 띤 인간 대신에 파편화된 인간이 등장하고 삶의 총체성 자체도 주관적이면서 한정적인 인상주의로 빠져들게 된다는 것이다.[40]

루카치의 사실주의 미학에서 주목해야 할 미학적 요건은 총체성(totality)이라는 개념이다. 루카치의 미학에서 총체성은 가치 평가의 기준으

---

40 루카치, 『우리 시대의 리얼리즘』, 50면.

로서 결정적인 중요성을 가진다. 그렇지만 이 용어는 동시에 삶의 기준 또는 현실에 대한 기준이 되기도 한다.[41] 총체성의 개념은 헤겔 철학에서 나온다. 헤겔에 따르면 총체적이라든가 총체성이라는 말은 부분과 개별에 대한 전체, 모순과 대립에 대한 통일이라는 의미를 갖는다. 그렇지만 모든 모순과 대립의 양면은 하나의 전체가 드러내는 서로 다른 모습이라는 것이 헤겔적 사유의 핵심이다. 마찬가지로 개별 요소들이 무질서하게 늘어선 것처럼 보이는 것도, 그 자체가 어떤 질서를 지닌 전체로서의 한 모습이라고 할 수 있다. 총체성이라는 개념은 여기서 말하는 하나의 전체에 해당한다.

> 미학에 있어 우리의 고전 유산은 인간의 총체성, 즉 전인(全人)을 그 사회적 세계의 총체성 속에서 제공하는 위대한 예술이다. 프롤레타리아 휴머니즘의 목표는 전체성의 인간, 즉 실생활에 있어서 인간 존재의 총체성의 회복이다. 그것은 다시 말해서 계급 사회에 의해 야기된 우리 존재의 불구화된 파편화를 실제적으로 지양하는 것이다. 이러한 이론적·실제적 전망들은 마르크스주의의 미학이 고전을 되찾게 되는 기초로서의 기준을 결정한다. 그리스인, 단테, 셰익스피어, 괴테, 발자크, 톨스토이, 고리키 등은 인류 진화에 있어서 위대한 단계의 적절한 표상인 동시에 인간의 총체성을 쟁취하기 위한 이데올로기 투쟁의 지표이다.[42]

루카치가 내세우는 총체성의 개념은 문학적 의미만이 아니라 사회·역사적 의미까지도 포함하고 있다. 그러므로 총체성은 예술적 형식에 대해서뿐만 아니라 그 내용의 사회·역사적 의미에도 그대로 적용된다. 그는 이와 같은 총체성의 개념을 초기 저작에 속하는 『소설의 이론』(1916)을 통해 분명하게 제시했다. 루카치는 소설이라는 문학 양식이야말로 우리 시대에 가장 적합하고 의미 있는 예술 형식이라고 규정했다. 그가 소설이라는 양식에 주목한 까닭은 '신이 사라져 버린 시대의 서사시'라는 소설 개념 속에 암시되어 있다. 현대는 일체의 가치가 무너지고 형이상학적 지향이 사라져 버린 시대

41 G. H. R. 파킨슨, 『변증법적 미학 이론』(백대웅 역, 문예출판사, 1986), 218-219면.
42 파킨슨, 『변증법적 미학 이론』, 223-224면에서 재인용.

다. 이러한 시대적 상황에서 진정한 가치와 총체성을 추구하려는 인간의 의식과 동경을 형상화하는 것이 소설이라는 양식이다. 여기서 언급하는 총체성이라는 개념은 뒤에 루카치의 사회주의 리얼리즘과 문학사의 기본 개념으로 발전한다. 총체성이란 주관과 객관, 자아와 세계, 존재와 당위의 변증법적 통일을 뜻하고 나아가서는 인간의 의식과 인격의 통일성까지를 포함한다. 총체성에 반대되는 개념은 퇴폐성이다. 이것은 분열되고 소외된 현대 인간의 이원적 사고의 반영이다. 현대 서구의 휴머니즘 예술은 물론 철학까지도 퇴폐성의 산물이라고 할 수 있다. 루카치는 18·19세기 서구 문학사를 요한 볼프강 폰 괴테와 발자크 그리고 토마스 만으로 이어지는 '진보적 문학사'와 낭만주의와 자연주의를 거쳐 현대 모더니즘에 이르는 '반동적 문학사'로 구분해 서술했다. 그렇지만 루카치가 내세운 총체성의 개념은 실상 복잡하게 분화하는 현대 사회의 거대한 조직 속에서 개인의 존재와 그 위상에 대한 깊이 있는 이해를 방해하는 유토피아적 독단론의 성격이 강하다. 소설 양식이 반드시 리얼리즘의 방법을 통해서만 성립되는 것은 아니라는 점을 생각한다면 소설 양식 자체가 보여 주는 끝없는 변화의 가능성을 리얼리즘의 틀 속에서만 조망해야 한다는 것은 지나친 독단이다. 현대 사회에서 개인의 삶의 자기 목적과 자기완성이라는 개별성을 인정하지 않을 수 없기 때문이다. 개인의 자기 지향성이 문학을 통해서 나타나는 정도와 형식은 역사적으로 아주 다양하며 그것이 바로 문학의 가장 중요한 동기가 된다는 점은 의심의 여지가 없다.

루카치의 리얼리즘 미학에서 중요한 요소가 되는 전형(type)이라는 개념은 프리드리히 엥겔스(Friedrich Engels)의 주장에서 비롯되었다. 엥겔스에게 진정한 리얼리즘은 전형적 상황에서의 전형적 인간형의 창조를 의미한다. 여기서 전형이라는 개념은 문학예술작품에 묘사되는 인물이라든지 시대라든지 하는 하나의 형상(形象)을 말한다. 이 형상을 통해 사회의 어떤 계급을 대표하는 특질을 나타내거나 일정한 역사적 시기의 생활상을 나타낸다. 루카치는 이러한 주장을 그대로 받아들였을 뿐만 아니라 이를 모든 문학의 현상에 그대로 적용하고자 했다. 루카치는 지나간 시대의 심오한 가치가 살아남는 것은 이 포괄적인 전형의 창조를 통해서만 가능하다고 믿었다.

> 리얼리즘 문학의 가장 중요한 범주와 판단 기준은 전형이다. 이것은 성격이나 상황에 있어서 일반적인 것과 특수한 것을 유기적으로 결합하는 특수한 종합이다. 하나의 전형을 전형이게 하는 것은 아무리 깊이 이해되었다 하더라도 그 평균적 특질도 아니고 그 개별적 존재 자체만도 아니다. 하나의 전형을 전형이게 만드는 것은 모든 인간성과 사회적 본질을 이루는 모든 결정이 그 안에 최고의 발달 수준으로 현존하면서 모든 잠재적 가능성을 궁극적으로 펼쳐보이고 그 극단적 형태를 극단적으로 나타내 보이는—인간과 시대의 절정과 한계를 구체적으로 드러내는—것이다.[43]

루카치에게 있어서 전형의 창조는 개별적인 것 속에서 사회적인 것을 찾아내고, 특수한 것에서 보편적 요소를 발견하는 일이었다. 여러 현상 속에서 본질적인 것을 발견해 내고 이를 예술적으로 설득력 있게 표현하는 행위인 것이다. 루카치가 전형이라는 말을 하나의 비평 개념으로 사용한 것은 19세기 역사소설에 대한 논의에서였다. 그는 역사소설에서 볼 수 있는 인물 창조의 방법을 리얼리즘의 영역 안에서 설명하기 위해 전형의 창조를 내세웠다. 역사소설 속의 인물은 고립된 개인으로서 운명적인 삶을 살아가는 예외적 존재로 그려지는 것이 아니다. 역사소설 속의 인물은 한 계급 전체를 대표하는 주인공으로 창조된다. 그러므로 리얼리즘의 승리는 전형의 승리, 즉 진보적 사회 변화에 대한 예술가의 인식 자체의 승리에 해당한다.

루카치의 리얼리즘론은 문학의 사회적 내용이나 외적 차원에 관심을 집중한다. 이러한 관점은 그 공감의 폭이 협소하다는 느낌이 강하다. 그의 리얼리즘은 분석 자체가 기술적인 것이 아니라 그가 비판하고자 하는 양식에 대한 규범적 기준처럼 내세워지는 경우가 많다. 루카치는 자연주의로부터 진정한 리얼리즘을 구별해 내고 정확한 사회적 내용을 미묘한 왜곡과 어떻게 구분해 내느냐 하는 문제에 관심을 기울였다. 루카치의 리얼리즘론은 실제 유럽 소설의 발달 과정을 설명하는 그의 관점의 결정론적 한계를 벗어나지 못함이 사실이다. 루카치는 역사 변화의 매커니즘은 계급투쟁이라고 규정한 마르크스주의의 신념을 지켜 나갔다. 그는 1848년의 혁명의 패배를 두

---

43 Georg Lukács, *Studies in European Realism* (Merlin Press, 1972), p. 6.

고, 부르주아계급이 봉건주의의 타파자로서 보여 주었던 진보적 단계에서 최후의 계급인 프롤레타리아계급의 적대자로서 반동적 시기로 변화하는 순간을 보여 주는 것이라고 주장했다. 루카치의 소설 이론은 이와 같은 논리적 틀 안에서 한 발짝도 벗어나지 않는다. 그의 주장에 따르면 부르주아의 진보적 가치관은 발자크(Balzac)와 스탕달(Stendhal) 같은 위대한 소설가를 탄생시켰지만 1848년 이후 우세해진 반동적 가치관에 의해 유럽 문학의 퇴보를 가져왔다는 것이다. 루카치는 1848년 이후 세계는 리얼리즘 대신에 상징주의라든지 초현실주의와 같은 주관주의 양식이 등장했으며 에밀 졸라(Émile zola)의 자연주의와 프란츠 카프카(Franz Kafka)의 주관주의와 염세주의가 정점에 달했다고 주장했다.

이와 같은 설명 속에 포함된 루카치의 역사관에 대해서는 비판적 의견이 적지 않다. 루카치는 역사 변화의 메커니즘을 계급투쟁으로 본 마르크스주의적 신념을 신봉했다. 그는 1848년 혁명의 패배 이후 서구 문학의 퇴보를 두고 서구 소설의 꽃봉오리 속의 해충은 귀스타브 플로베르(Gustave Flaubert)에 의해 생겨났고 졸라의 자연주의로 발전하면서 결국 카프카의 주관주의와 염세주의로 치달았다고 설명했다. 이러한 퇴보는 그가 강조하는 리얼리즘의 성격의 한 결과에 지나지 않는다. 그는 리얼리즘이란 세계가 반드시 기술될 만한 가치를 지닐 때만 사용할 수 있는 방법이라고 믿었기 때문이다. 1848년 이후의 세계는 기술할 만한 가치를 가지고 있지 않기 때문에 주변부로 밀려나 있던 문학의 방법과 양식으로서 상징주의나 주관주의 등이 리얼리즘을 대신해 등장했다는 것이 그의 판단이다. 이러한 문제의식은 결국 리얼리즘과 모더니즘을 중심으로 하는 논쟁을 야기하기도 했지만 루카치의 결정론적 관점의 한계를 보여 준다.

3) 리얼리즘론의 한계

한국문학이 죄르지 루카치의 리얼리즘에 대해 보여 준 높은 신뢰는 리얼리즘만이 삶의 진실을 말해 줄 수 있다는 단순한 신념에 지나치게 경도되어 있었다는 느낌을 버릴 수가 없다. 특히 리얼리즘의 관점만으로는 한국 사회의 산업화 과정에 따른 급격한 변화 양상을 제대로 인식하기 어렵다는 한계를 드러내고 있다. 한국 사회의 산업화 과정은 그 내재적 갈등이 민주화 운동으로 수렴됨으로써 특이한 국가 발전의 모델을 만들었다. 하지만 한국 사회가 안고 있는 내부적 모순이 그 변화 과정에서 표출되기도 했다. 산업화 과정에서 주목되기 시작한 경제 개발의 성과는 그 외형적 성장에도 막대한 외국 자본과 기술에의 의존을 피하기 어렵게 만들었고 경제적 토대의 취약성을 드러내었다. 더구나 산업화의 강력한 추진과 총력안보를 빌미 삼아 유신체제라는 독재체제가 지속되고, 광주 민주화운동 이후에도 한동안 군부세력의 폭력적 정치 탄압이 지속되면서 지역적·계층적 갈등과 대립을 낳았다. 도시 노동 계층의 성장과 불합리한 삶의 조건에 대한 반발, 농촌의 소외와 지역 간 격차에 따른 갈등, 산업 시설의 확대와 공해 문제 등이 새로운 사회 문제로 대두되기 시작했음에도, 당시 통치권에서는 이 같은 문제들에 대한 합리적 대안을 모색하지 않고 강력한 통제로 일관함으로써 오히려 사태를 그르친 경우도 적지 않았다. 이 같은 현상은 한국 사회의 변혁 과정 자체가 매우 불안전한 기반 위에서 이루어졌음을 말해 주는 것이다. 한국 사회는 이 시기에 지역 간 격차, 계층 간 갈등, 세대 간 대립이 사회 규범과 질서와 가치를 통합시켜 나아가기 어려울 정도로 심화되었다. 특히 편중된 지역 개발과 농촌의 문화적 소외 등은 지역감정을 야기하는 요인이 되었으며, 계층 간 격차는 사회의 민주적 발전에 장애가 될 정도로 벌어져 있었다.

한국 사회의 산업화 과정에서 드러나는 사회 변화와 갈등 양상은 문학을 통해 다양한 방식으로 표출된 바 있다. 소설의 경우 주제 의식의 측면에서 볼 수 있는 사회적 관심의 확대라든지, 장르적 측면에서의 장편화 추세 등은 모두 리얼리즘에 대한 평단의 논의를 충분히 뒷받침하고 있으며 산업화 과정에서 빚어진 사회적 모순에 대한 소설적 인식이 가능했음을 말해 준다. 이러한 경향은 개인과 현실, 더 나아가서는 인간과 사회의 균형 있는 발전과 조화를 추구하는 정신적 노력에 해당되는 것으로 그 리얼리즘적 경향의 성과를 충분히 인정할 수 있다.

그런데 한 가지 주목할 것은 산업화 과정의 초기 단계에 들어서면서 발표된 최인호의 「타인의 방」(1971)과 황석영의 「객지」(1971)를 보면, 당대 현실을 보는 작가의 관점과 방법이 서로 다른 경향을 드러내고 있다는 점이다. 황석영이 추구하는 세계는 개인과 사회의 조화로운 삶과 거기서 구현되는 삶의 총체성의 의미다. 이러한 문제의식은 당대 현실에서 새롭게 사회적 문제성을 지닌 집단으로 등장했던 노동 계층에 대한 관심으로부터 촉발된 것이다. 황석영은 노동계급의 성장이나 상승 자체를 주장하는 이념주의자는 아니다. 그는 이 새로운 문제의 계층이 사회로부터 소외되지 않고 자신들의 삶을 건강하게 꾸려 갈 것을 소망했다. 그러므로 그는 소외된 자들이 겪는 고통을 한국 사회가 겪는 시대적인 아픔으로 간주하고 그들의 내면에 자리한 인간적인 진실과 삶에 대한 강한 의욕을 내세웠다. 바로 이러한 점에서 리얼리즘의 신봉자임을 알 수 있다.

최인호는 황석영의 접근 방식과 분명한 차이를 드러냈다. 그는 특정한 계층을 대상으로 하는 것이 아니라 인간 자체 또는 개별화된 주체로서의 인간의 문제를 고심했다. 산업화의 과정에서 등장한 인간의 소외 문제라든지 문화 자체의 대중화 경향과 그 소비주의적 성향 등이 어떻게 개인적인 삶을 황폐하게 하는가에 주목했다. 그러므로 최인호는 현실 사회의 변화 과정에 절망하면서 타락하는 인간의 운명에 집요한 관심을 보였다. 이 같은 경향 때문에 최인호의 문학은 이성이라든지 역사의식과는 거리가 있는 개인적 도피 성향을 보여 준다. 특히 인간의 내적 불안을 예리하게 투사했기 때문에 오히려 인간과 인간의 진정한 사회관계를 다분히 감상적이고 추상적인 감각으로 해소시키는 경우도 있다. 결국 산업화시대의 소설은 '황석영적인 경향'과 '최인호적인 경향'의 분화를 통해 그 시대적 특성을 규정받게 된다. 그리고 이 같은 특징에 따라 소설 경향 자체의 분화도 나타났다.[44]

황석영과 최인호의 소설적 지향이 각각 중요한 역사적 의미를 지니는 이유는 이들이 소설이라는 양식을 통해 현실의 상황 자체가 진정한 삶의 의미와 인간적 조건을 파괴시키는 거대한 힘으로 작용하고 있음을 보여 주었기 때문이다. 이들의 소설에서 주인공은 삶의 주체로 떳떳이 서지 못하고, 자신이 세우고자 노력했던 사회 구조에서 밀려나고 있음을 깨닫는다. 이 참담한 소외감은 산업화 사회 속에서 야기되는 가장 중요한 인간의 문제가 되는 것이다. 황석영은 보다 사회 구조적인 문제에 관심을 기울였고, 최인호는 개

44 권영민, 『한국현대문학사 2 개정판』(민음사, 2020), 296-298면.

인의 내면의식에 초점을 맞췄다. 그리고 이것은 새로운 비평 논쟁의 대상이 되어 범문단적으로 확산됐다. 민족문학론이라는 비평 담론에서는 리얼리즘론을 통해 황석영적인 경향을 집중적으로 조명하고 그 민중의식의 치열성을 강조했기 때문이다. 그런데 최인호적 경향을 보면, 산업화 과정에서 문제시되었던 물신주의의 팽배, 개인에 대한 집단적 횡포, 인간의 자기소외 등을 파악하는 방식과 접근 태도에서 황석영의 경우와 확연히 다른 길을 선택한다. 당시 최인호의 새로운 문학적 경향에 대해서는 대중문화론을 통한 문화주의적 지향을 중심으로 새로운 문학 담론을 형성할 가능성이 확인되었던 적도 있다. 그러나 리얼리즘론의 관점에서 이러한 경향은 현실 도피라는 비판을 받거나 상업주의 논쟁에 휘말리며 가치 폄하되었다. 이와 같은 소설 양상과 이에 대응하는 비평 담론의 전개 양상은 실상 리얼리즘 문학과 모더니즘 문학의 분화와 그 갈등을 의미한다. 이 문제는 산업화시대의 문학의 전체적 경향을 말해 주는 것이었지만 그 문학적 실체에 대한 논의는 별다른 진전을 보이지 못했다.

루카치의 소설 이론과 리얼리즘론은 서구 소설의 발달 과정에 초점을 맞추고 있다. 그럼에도 그의 리얼리즘론은 산업화시대 비평의 쟁점이 되었던 민족문학론과 한국 근대소설 연구에 하나의 방법론적 통로와 도달점을 제시했다고 평가할 수 있다. 루카치로부터 비롯된 총체성과 반영, 전형 등의 개념은 1970년대 이후 한국소설 연구에서 흔히 볼 수 있는 키워드가 되었다. 이것은 서로 성향이 달라 보이기도 하는 두 연구자인 김윤식의 소설 비평이나 이재선의 소설 연구에서 공통적으로 드러나는 현상이기도 하다. 여기서 주목해야 할 것은 루카치의 비평 이론이나 미학적 관심이 리얼리즘의 이론이며 실제로 서구 자본주의 사회 발달 과정에 초점을 맞추고 있다는 사실이다. 소설의 형식에 대한 반영론적 인식을 기반으로 전형의 창조 여부나 총체성의 구현 여부 등을 판단해 작품의 성공 여부를 따지는 일은 소설 비평에서 흔히 볼 수 있는 현상이기도 하다.

4) 문학사회학의 방법

문학과 현실 사회

민족문학론의 비평 담론이 확대되는 과정에서 방법론으로서의 성격을 분명히 하게 된 계기는 '문학사회학'의 등장이다. 문학사회학은 문학의 사회적 성격이나 의미 그리고 문학과 사회의 관계 등을 논하고자 할 때 그 방법론의 성립이 가능해진다. 이것은 문학을 사회학적 연구의 대상으로 보거나 사회학적인 개념들을 문학을 통해 확인할 수 있음을 의미한다. 그러나 문학비평에 사회학의 방법을 적용하는 문제는 그리 간단하지 않다. 객관적인 현상으로서의 사회적 요소와 문학이라는 주관적 산물에 드러나 있는 소재로서의 사회는 반드시 일치하지 않는다. 현실 사회의 영역을 다루는 과학으로서의 사회학과 상상의 영역을 다루는 예술로서의 문학은 여전히 상당한 거리가 있기 때문이다.

이미 언급한 바와 같이 민족문학에 대한 관심은 민족의 역사적 성격을 새롭게 인식하고 문학을 민족의 역사적 산물로 인정하는 데서 출발했다. 문학이 작가의 상상력에 근거해 생성된다는 것은 누구도 부정하지 못한다. 그러나 문학이 사회 현실을 표현하고 반영한다는 점도 분명하다. 문학을 생산해 내는 작가 역시 사회적 존재이며 그것을 수용하는 독자 또한 사회적 존재임에 틀림없다. 작가와 독자의 관계 속에서 작품의 존재가 더욱 구체화된다. 그러므로 문학은 사회·역사적 배경을 떠나서는 제대로 이해하기 어렵다. 사회·역사주의적 비평 방법은 문학을 사회·역사적 맥락 속에서 보아야 한다는 점에서 문학의 시대적 성격을 강조하고 문학과 사회 현실의 관계 등을 중시한다. 문학작품을 인간의 정신 활동의 독자적 산물로 보는 객관론적 관점은 거부한다. 문학은 구체적인 사회의 존재 양식에 관련되어 있거나 아니면 거기에 종속되어 있다는 것이다. 역사주의 비평은 문학 활동에 연관되는 작가, 작품 텍스트, 독자의 의미를 모두 사회·역사적 관계 속에서 규명하고자 하며 이들 요소의 사회·역사적 성격을 중시한다. 문학은 시대적인 조건과 역사적인 상황을 떠나서는 이해할 수 없다는 것이 역사주의 방법의 핵심이다. 물론 실제의 비평에서 문학과 사회의 관계를 명확하게 드러내어 보여 주는 것은 결코 간단하게 이루어지지 않는다. 사회 현상은 매우 복잡한 여러 가지 요소로 구성되어 있으며 그 다양한 요소의 상호 관계 속에서 어떤 일반적인 법칙성을 발견하는 일은 그리 쉽지 않다. 그렇기 때문에 역사주의 비평에서는 사회 현상과 문학적 현상을 놓고 이들 사이의 유기적 관계를 통해 문학이 지니는 특수한 의미를 밝혀야 하는 것이다.

일반적인 의미에서 문학에 대한 사회학적 접근 방식은 크게 두 가지 방향으로 전개되어 왔다. 첫째는 문학이 사회의 거울이라는 관점에서 작품의 내용과 그 기록의 특징을 주목하는 방법이다. 작품 속에 등장하는 인물과 그를 둘러싸고 있는 허구적인 상황들에 대한 경험이 어떻게 가능했는가를 살피기 위해 그 배경이 되는 사회·역사적 상황을 연관시키는 것은 흔히 볼 수 있는 방법이다. 문학이 그려 내는 개인적인 삶을 사회적 의미관계로 전환시켜 보고자 하는 태도는 문학에 대한 외재적 접근법에 해당한다. 하지만 문학이라는 양식 자체의 특수성과 그것이 요구하는 형상성의 원리로 인해 사회 현실의 재현 방식이 왜곡되거나 과장될 수 있음을 고려해야 한다. 문학이 시대의 거울이라고 하는 개념은 누구나 쉽게 수긍하는 것이지만 조심스럽게 다루어져야 하는 명제임에 틀림없다. 작가의 상상력에 의해 고안된 한 인간의 삶이란 개인적 운명의 개별성에 초점을 맞추고 있고, 문학작품은 개인적인 정서의 구조를 갖추고 있다. 이러한 개인의 서사에서 사회적 의미와 가치를 발견하기란 간단하지 않다.

문학에 관한 사회학적 접근의 두 번째 방식은 작품의 내용에 대한 관심보다는 사회 문화적 산물로서 작품이 산출되는 과정, 특히 작가의 사회적 지위라든지 작품의 생산 방식과 유통 과정에 대한 이해를 목표로 하는 방법이다.[45] 여기서 먼저 주목되는 것이 작가의 사회적 위상이다. 문학을 생산하는 주체로서 작가의 창작 활동은 경제적 대가 없이는 불가능하다. 작가는 문학작품을 만들고 출판사가 이를 상품으로 제작해 판매하며, 소비자로서 독자가 이를 구매한다. 이와 같이 문학작품이 상품으로 등장해 독자에 의해 소비되는 사회적 현상은 자본주의적 생산 유통 관계를 전제하지 않고서는 이해하기 힘들다. 작가의 사회학이라든지 독자의 사회학이 가능해지는 이유가

45 이와 같은 관점과 방법은 로베르 에스카르피, 『문학의 사회학』(민병덕 역, 일진사, 1999)을 통해 소개되고 있다.

여기에 있다. 결국 이러한 접근법은 문학이란 작가의 개인적 창조물이면서 동시에 사회 문화적 산물임을 보여 준다.

비평 방법으로서의 문학사회학

김치수는 문학사회학을 새로운 비평 방법의 하나로 소개하며 그 사회적 실천에 주목했다. 문학적 순수와 참여라는 양분법적 가치 논쟁을 벗어나기 위해 새로이 모색된 비평 방법으로서의 문학사회학은 뤼시앵 골드만(Lucien Goldman)의 발생론적 구조주의론에 입각한 '진정한 문학사회학'의 요구로 출발했다. 골드만은 사회 전체와 문학 사이에 있는 관념상의 그리고 기능적인 제관계에 관한 탐구를 통해 문학 외적 서술이거나 텍스트의 주석에 지나지 않은 문학사를 극복하고자 했다. 그가 보기에는 문학의 역사 그리고 인과론적 사회학주의에서 얻게 되는 여러 가지 증명과 통계로 예술 현상의 성격을 파악할 수 없었기 때문이다. 그의 대표 저서인 『숨은 신』에서 골드만은 블레즈 파스칼(Blaise Pascal)의 『팡세』와 장 바티스트 라신(Jean Baptiste Racine)의 연극에서 나타나는 비극적 비전에 관한 변증법적 인식 방법을 통해 '진정한 문학사회학'의 수립을 성취하고자 했다. 그가 사용한 변증법적 방법은 작품의 현실을, 다시 말하면 문학 텍스트와 그 텍스트의 개념적 구조를 구체적으로 제시하는 것을 목표로 하며 바로 그 작품의 현실을 가능하게 한 사회 자체의 합리적 총체성을 끌어내는 것을 목표로 한다.

> 골드만이 말하는 '진정한 문학사회학'이란 무엇인가? 여기에 대한 답을 얻기 위해서는 루카치의 『소설의 이론』과 르네 지라르의 『낭만적 거짓과 소설적 진실』이라는 두 이론으로부터 출발한 골드만의 『소설사회학을 위하여』를 살펴보는 것이 필요한 것으로 보인다. 골드만은 우선 소설을 타락한 세계에서 진정한 가치를 추구하는 타락한 과정이라고 정의한다. 이때 진정한 가치란 '비평가나 독자가 진정한 것이라고 평가하는 그런 가치가 물론 아니라 소설 속에 명백히 제시되어 있지 않지만 내재적 양태로 소설 세계 전체를 구성하는 그런 가치'라는 것이다. 그러니까 이 가치는 각 소설이 가지고 있는 특수한 것이며 따라서 소설마다 다른 것이다. 여기에서 타락이라는 말은 이야기의 주인공이 이상과 현실의 합일섬을 보여 준 서사시

나 설화와는 달리 주인공과 세계 사이에 극복할 수 없는 단절이 있음을 뜻한다. 따라서 이 단절이 있는 소설은 비극이나 서정시가 되고 단절이 없거나 우연적으로만 존재하는 경우에는 서사시나 설화로 귀착된다는 것이다. 그러나 이 두 경우 모두 소설의 주인공은 루카치의 표현을 빌어 '악마적 광인'이거나 죄인이기 때문에 결국 '문제적 인물'이며 그 문제적 인물은 획일주의와 인습의 세계에서 진정한 가치를 모색하는 그의 타락하고 정당하지 못한 추구 방법이 결국 개인주의 사회에서 소설가들이 창조한 새로운 문학장으로 즉 소설이라고 불리우는 것의 내용을 구성하게 된다. 그러니까 주인공이 진정한 가치를 추구하는 한 그 주인공과 타락한 세계 사이에는 뛰어넘을 수 없는 단절이 있고 그 주인공이 타락한 방법으로 진정한 가치를 추구하는 데 따라서 주인공과 사회는 타락이라는 양상에 의해 공동체가 된다는 것이다. 여기에서 볼 수 있는 주인공과 사세계 사이에 있는 대립과 공동이라는 역설적 관계가 소설이라는 것이다. 이때 문제되는 것이 르네 지라르가 이야기하는 '진정한 가치의 간접화 현상'이다. 위에서 말한 '주인공의 타락하고 정당하지 못한 추구 방법'이라는 말은 바로 이 간접화 현상을 의미하는 것으로서 주인공이 추구하는 진정한 가치가 직접적으로 나타나지 않고 겉으로 드러나지 않은 채 소설의 구조를 조직하게 된다. 이때 주인공은 세계를 초월하려 하고 작가는 바로 이 주인공의 의식을 초월해야 한다는 것이다. 루카치에게서는 아이러니라는 말로, 지라르에게서는 유머라는 말로 표현되고 있는 이 '초월'이 '소설의 창조를 미학적으로 구성한다.'고 말하는 골드만은 그렇기 때문에 루카치의 표현을 빌어 '소설이란 소설가의 윤리가 작품의 미학적 문제가 되는 유일한 문학장으로'라고 규정한다.[46]

골드만이 강조하는 소설사회학이 접근해야 할 과제로는 소설의 형태와 그 소설 형태가 전개된 사회 환경의 구조 사이에 있는 관계, 다시 말하면 문학의 장으로서 소설과 현대 개인주의 사회 사이에 있는 관계가 어떤 것인

46 김치수 편저, 「골드만과 발생 구조주의」, 『구조주의와 문학비평』, 242-243면. 문학사회학의 이론적 성찰과 방법적 실천은 김치수, 『문학사회학을 위하여』(문학과지성사, 1979)로 집약되고 있다.

지 알아보는 일이다. 작품과 사회 사이의 구조적 대응 관계를 밝히고자 하는 골드만의 방법은 마르크스주의, 특히 죄르지 루카치가 말하는 리얼리즘 방법과는 다르다. 문학사회학이 다루어야 할 것은 하나의 작품이 어떻게 구조화되고 그 구조화된 구성 요소들이 작품을 감싸는 사회 구조와 어떻게 동질화를 이룩하는지이기 때문이다. 루카치의 리얼리즘에서는 전체성의 반영이라든지 전형의 창조가 문제가 아니라 하나의 작품에서 구성 요소를 분석해 그것이 작품을 감싸고 있는 사회 구조와 어떤 상동성을 드러내는지 규명하는 작업이 중요하다. 그러므로 골드만의 방법을 실제로 문학작품에 적용할 때는 문학과 사회의 구조적 동질성을 전제로 하지 않으면 안 된다. 작품의 요소는 하나하나가 의미 구조를 갖는 것이므로 그 구조의 분석 과정을 거치게 되면 작품을 구성하는 부분적 구조들이 전체 구조인 작품과 '감싸는 구조'임을 알게 된다. 이러한 '감싸는 구조' 관계는 문학작품과 그 문학작품이 태어난 사회와의 관계에도 그대로 나타난다. 결국 문학사회학은 하나의 작품이 어떻게 구조화되고, 구조화된 구성 요소들이 해체 구조화의 과정을 거쳐 그 작품을 감싸는 구조와 어떻게 동질화를 이룩하는지 알아보는 작업이다.

골드만이 제시하는 개념 가운데 주목되는 것이 루카치로부터 끌어낸 '세계관'이라는 개념이다. 그의 주장에 따르면 세계관은 작품의 내적 일관성과 외적 타당성을 부여하며 하나의 작품이 지향하는 의미 있는 전체 구조와 직결된다. 그러므로 세계관은 세계의 의미를 그것의 모든 복잡성과 전체성 속에서 파악하고자 하는 세계에 대한 총체적 이해에 해당한다.

> 내가 세계관이라고 불렀던 것은 한 사회 집단(대개의 경우 사회계급이라는 존재로 간주되는 사회 집단)의 구성원들을 결합시키고 또 다른 사회 집단의 성원들과 대립되게 하는 이념·열망·감정의 전체적인 복합체라는 편리한 용어다. 이것은—특정한 사회 집단의 구성원들 사이에 실제로 존재하는 경향이며 성원들 모두는 이러한 계급의식을 어느 정도 일관되게 갖게 된다.—몇몇 경우에는—그리고 이것이 우리의 관심사인데—자신과 자신이 속해 있는 사회계급이 무엇을 하려 하고 있는지에 대해 완전히 통합되고 모순되지 않는 견해를 실제로 획득하거나 또는 거의 획득한 것에 가까운 예외적 개인들이 있다. 이러한 전망을 상상력의 수준 또는 개념의 수준

에서 표현하는 사람들이 작가와 철학자이며 그들의 작품이 이 통찰력을 완전하고 통합된 형식에 보다 가깝게 표현하면 할수록 작품은 그만큼 더 중요하게 된다. 그렇게 되면 그들은 그들이 그 본질을 표현하고 있는 사회 집단에 대한 최대한의 가능한 인식에 도달하는 것이다.[47]

골드만이 내세우는 세계관의 개념은 텍스트의 내부 구조를 결정하는 중요한 인자가 된다. 물론 이러한 주장이 가지는 가설적 한계가 있지만, 그의 주장은 루카치가 강조했던 사회주의적 신념과는 다른 융통성을 보여 준다. 골드만은 평범한 작가의 경우 그 텍스트는 단지 역사적 시기만을 반영할 뿐이지만 위대한 문학작품은 시대의 과제와 언제나 맞서면서 그 내적 통일성을 추구하게 된다고 강조했다. 평범한 작가들이 그려 내는 세계는 혼란되고 불명료한 방법으로 이루어지기 때문에 이런 작품들에 관심을 가질 필요가 없다고 말하는 것처럼 보이기도 한다. 이와 같은 골드만의 관점을 실제의 연구에서 어떻게 구체적으로 작용하고 발전시키는가 하는 문제는 온전히 비평가의 몫으로 남는다.

골드만의 문학사회학 또는 소설사회학의 방법에는 발생 구조주의라는 이름이 붙어 있다. 이 특이한 개념은 텍스트 내의 구조를 확인하고 그 구조를 구체적인 역사적·사회적 조건과 작가가 속한 사회 집단 계급 및 계급의 세계관에 연결시켜 밝히고자 하는 데서 비롯된 것이다. 그는 전체로서의 텍스트만이 아니라 과정으로서의 역사를 일관되게 강조했다. 이러한 접근법은 텍스트와 사회 구조, 사회 모델 사이를 상호 연결하는 작업이다. 하지만 이러한 접근법이 객관적 사실성에서 주관적 관념성으로 그 지향을 드러내고 있는 현대소설의 변화를 어떻게 전체적으로 설명할 수 있을지는 의문의 여지가 없지 않다.[48]

김현은 골드만의 '감싸는 구조'에 대한 관심에 주목하면서도 김치수

47 앨런 스윈지우드, 『문학사회학』(정혜선 역, 한길사, 1984), 72면에서 재인용.

48 골드만의 방법이 한국문학의 해석에서 득의의 성과를 거둔 경우는 김우창, 『궁핍한 시대의 시인』(민음사, 1977)에 수록된 일제강점기의 시와 소설에 대한 역사적 재해석을 통해 확인된다.

와는 다른 관점에서 문학사회학[49]의 방법을 이론적으로 확립하고자 했다. 그는 문학사회학을 크게 세 가지 영역으로 구분했다. 첫째는 작가의 사회학, 둘째는 독자의 사회학, 셋째는 작품의 사회학이다. 작가의 사회학은 문학작품의 창조적 주체인 작가를 사회적 존재로 파악하는 것을 목표로 한다. 이 경우 작가에게 부여하는 예술적 창조력의 천재성은 별로 중요하지 않다. 오히려 강조되는 점은 작가의 사회적 출신 기반, 교육의 과정, 직업의 형태와 경제적 지위 등에 대한 검토다. 이러한 문제들은 대개 역사주의 비평에서 이루어지는 작가 연구와 크게 다를 바가 없다. 하지만 작가의 사회학에서 다루어지는 이러한 과제들은 사실 자체의 규명에 머물러서는 안 된다. 작품의 경향이라든지 특성을 이해하는 데 도움을 주는 것은 물론 사회적 지식 계층으로서의 작가의 존재와 역할 등에 대한 인식론적 해명에 도달할 수 있어야 한다. 작품의 사회학은 일차적으로 문학작품을 사회상의 표현으로 본다는 점에서 반영론적 관점을 그대로 드러낸다. 문학작품 속에서 한 시대의 사회상을 읽어 내는 작업은 문학비평에서 가장 전통적이고도 일반적인 방법이라고 할 수 있다. 예컨대 1920년대 소설 속에서 일제강점기의 사회상을 추출한다든지 1970년대 소설에서 산업화 과정의 사회적 문제성을 찾아내는 것 등이다. 그러나 문학작품이 실제의 사회 현상 자체를 그대로 반영한다는 것은 불가능하다. 그러므로 예술의 한 형태로서의 문학의 특수성을 간과해서는 안 된다. 독자의 사회학은 문학작품의 사회적 확산 과정을 관심사로 부각시킨다. 여기서 중요한 것은 문학작품을 수용하는 독자의 존재다. 더불어 독자의 사회학에서는 작품의 출판과 보급이라는 자본주의적 유통 구조가 함께 검토된다. 이때 문학의 보급 과정에 대한 사회적 간섭으로서 검열이 문제가 되는데, 검열은 문학작품의 자율성을 파괴하는 일이지만 사회 윤리의 가치를 내세우면서 여전히 시행되기 때문에 독자 사회학의 중요한 과제가 될 수 있다.

비평의 방법으로서의 문학사회학은 다양한 관점에서 그 이론의 소개 작업[50]이 이루어졌다. 그러나 한국문학의 본질적 양상을 규명하는 실천적 성

---

49 김현, 『문학사회학』(민음사, 1983). 이 책의 내용은 로베르 에스카르피의 접근법에 다가서 있다.

50 중요 번역 작업으로는 아널드 하우저, 『문학과 예술의 사회사 1-4』(반성완·염수웅·백낙청 역, 창작과비평사, 1974); 유종호, 『문학예술과 사회 상황』(민음사, 1979); 에리히 아우어

과로서는 여전히 미흡한 점을 안고 있다. 그 이유는 문학사회학의 방법이 서구 사회의 실상과 그 역사적 변화에 근거해 이론적 방법을 수립하고 있기 때문이다. 특히 한국 사회의 변화에서 볼 수 있는 시대적 특수성에 관한 치밀한 분석과 이해가 없이는 문학사회학의 방법에서 의미 있는 성과를 기대하기 어렵다. 문학사회학은 문학을 사회의 반영으로 환원시킴으로써가 아니라 텍스트 자체에 대한 파악을 통해서만 발전할 수 있으리라 생각된다.

바흐, 『미메시스』(김우창·유종호 역, 민음사, 1979); 발터 벤야민, 『현대사회와 예술』(차봉희 편역, 문학과지성사, 1980); 테오도르 아도르노, 『아도르노의 문학 이론』(김주연 역, 민음사, 1985) 등이 이루어진 바 있다.

5

문학사 연구의 논리와 체계

1) 문학의 전통과 양식

문학과 전통

한국 문학비평은 역사와 현실에 대한 새로운 비판적 인식이 자리 잡자 전후문학의 한계와 문제점을 하나씩 극복했다. 우선 문학이 역사와 현실에 대한 신념을 표출할 수 있어야 한다는 당위론이 제기되면서 현실 지향적인 문학의 정신이 고양되기 시작했다. 이러한 변화는 비평의 영역에서 이른바 참여론과 순수론의 갈등으로 노정되기도 했지만, 문학이 삶의 영역을 초월하는 것만으로 만족될 수 없다는 것은 당연한 주장으로 받아들여졌다. 그리고 한국 사회의 왜곡된 근대화 과정에서 드러난 문학의 전통 단절이라든지 서구 문학의 '모방과 이식'이라는 논리로 해석되었던 근대문학의 성립 문제 등이 역사적 전통의 계승과 극복이라는 변화와 발전의 의미로 이해되기에 이른다. 한국문학의 역사와 전통에 대한 각성은 민족 전체의 삶을 총체적으로 형상화할 수 있는 방법의 모색으로 이어지기도 했다.

> 우리는 토속적인 것, 민속적인 것만을 한국적이라고 우길 필요는 없다. 그야 물론 거기에 우리 겨레의 서민 감정의 혈맥이 흐르고 있음은 부인치 않는다. 민족의 체온이 서려 있음은 구태어 부정하지 않는다. 그러나 이것만이 전통적이라고 우긴다면 참으로 눈물겨운 자기 수치가 아닐 수 없다.
>
> 여기에서 생각나는 것은 전통에 대한 비개방적 사고방식이다. 우리들은 명확한 개념 규정 없이 전통이란 말을 남용해 왔으며 또 여기에서 많은 혼란이 빚어진 것도 사실이다. 허지만 그것은 어쨌든 우리가 전통을 얘기

할 때, 좀 더 솔직하고 현실적인 감응 태세를 취할 필요가 있다. 단도직입적으로 얘기해서 필자는 신라향가나 고려시대의 별곡을 읽고서 인스피레이션을 받고 시를 쓴다는 사람을 들은 일이 없다. 또 「춘향전」이나 「심청전」을 소설 습작생이 모범으로 사용한다는 얘기도 과문한 탓인지 들어본 적이 없다. 전통이란 이를테면 문예비평상의 비교의 대상이 되고 가치 판단의 기준이 되는 것이지만, 우리나라의 고전에 전혀 소양이 없는 사람이 얼마든지 비평 행위를 전개할 수가 있는 현상이다. 아니 역으로 우리 고전에 소양이 있다는 사람들의 문학적 발언에서 때때로 문학적 비양식을 더욱 많이 발견할 수가 있는 실정이다. 이것이 다행한 일이냐 혹은 불행한 일이냐 하는 것은 별개의 문제다. 다만 엄연한 사실이다. 그리고 이러한 엄연한 사실에서 눈을 돌리는 것은 문제의 핵심에서 도피·외면하려는 감상적 태도다.

신문학 발생 이후 선인들이 형성해 놓은 것에는 그래도 무엇인가 세류적인 것이 있었다. 그리고 사소하나마 후진들에게 영향력을 발휘하고 있다. 그것은 그들이 주로 일본을 통해서 외국 것을 배워 온 것이었다. 그중에서도 우리들에게 독특한 것이 있다면 그것은 어쩔 수 없는 내면적 필연성이 작용했기 때문일 것이다. 우리는 이 사실에서 이 교훈을 얻는다. 우리에게는 끊임없는 외부로부터의 정신의 환기가 필요하다는 사실이 그것이다. 그렇다면 문제는 명백해진다. 이렇게 생각해 볼 때 소위 전통에 대한 비개방적 폐쇄적 태도가 얼마나 무익한 것인가는 장황한 언설을 침묵시킨다. 남에게서 배운다 하더라도 배움을 실천하여 주체가 있는 이상, 자기의 것은 은연중 제 빛을 발하기 마련이다. 그렇다면 소위 전통에 대한 지나친 쇄국석·비개방적 태도로 결국은 왜곡된 자격지심이 변형된 형태에 지나지 못할 것이다. 우리는 실내의 창문을 모조리 밀폐하고 그 속에 '한국적'인 것을 보관해 둔 채 정신의 환기를 금지하는 일체의 편협한 정신적 자세를 거부해야 할 것이다. 창문은 활짝 열어제쳐야 할 것이다. 우리가 명심 유의해야 할 것은 오히려 우리에게 친근하지 못했기 때문에 생경한 사고·감정 등을 어떻게 해서 친근한 것으로 형상화하느냐 하는 문제일 것이다. 주책없는 미련이나 집착은 결국 '트레지·코미디'를 연출하기가 예사이다. 나는 여기서 D. H. 로렌스의 작중 인물의 발언을 상기한다. "우리가 타파해야 할 것은 전통이 아니라 인습이다." 타파해야 할 인습마저를 전통이란 미명으로 수식하는 옹졸한 사고는 조속히 지양되어야 할 것이다. 그러므로 우리는 60년대의 문학의 과제가 소박한 전통 개념의 수정과 이에 따른 시야의 확장에 있어야 한다고 믿고 싶다. 이러한 신기운은 이미 태동하고 있지만 그것이 작품상으로 화려한 개화기를 맞기를 우리는 희구한다. 준비 기간도 이제 웬만큼 지나간 것 같으니까.[51]

문학적 전통의 불모성을 내세우는 유종호의 주장에서 주목해야 할 대목은 전통의 문제를 인습과 혼동해 왔다는 사실을 비판적으로 지적한 부분이다. 유종호는 '전통'의 개념에 '문예비평상의 비교의 대상이 되고 가치 판단의 기준이 되는 것'이라는 새로운 의미를 부여했다. 이 새로운 기준은 전통이 단순히 과거의 역사로부터 물려받는 것이 아님을 분명히 하면서 오늘의 입장에서 주체적으로 받아들일 수 있는 것이어야 한다는 비판적 관점을 강조한다. 특히 그는 '우리나라의 고전에 전혀 소양이 없는 사람이 얼마든지 비평 행위를 전개할 수가 있는 현상'을 지적하면서 고전의 전통을 끌어들였다. 이러한 태도는 물론 토머스 엘리엇이 강조했던 '고전과 맞서기'라는 전통 개념[52]에 근거한 것이라고 할 수 있다. 전통의 인식에 고전적 소양의 필요성을 강조하는 그의 견해는 전통론의 방향을 역사 인식의 영역으로 끌어올리는 계기를 제공했다. 실제로 엘리엇은 한 시인의 작품 가운데 가장 개성적인 부분은 그 위 세대의 시인들이 자신들의 불멸성을 가장 열렬하게 주장하는 부분일지도 모른다고 언급한 바 있다. 엘리엇은 전통을 가변적인 힘으로 인식하며 역사적으로 집적되어 고정된 것으로 보기보다는 현재 속에서 부분적으로 선택되고 구축되는 어떤 것으로 이해했다.

한국문학의 전통 문제에 대한 비평 논의에서 문제적인 것은 전통이라는 용어의 개념 규정이다. 전통이라는 말에는 문화적 요소와 역사적 성격이 포함된다. 여기서 말하는 문화적 요소는 특정 문화 집단이 추구해 온 동일성의 표상과 직결된다. 여기서 강조되는 것이 오랜 시간 동안 계승된 보편적인 요소다. 전통이란 시간적으로 지속되고 공간적으로 포용되는 것이므로 언제

51 유종호, 「우리 문학 전통의 확립」(세계 제2권 제4호, 1960. 4), 230-232면.
52 송욱, 『시학평전』(일조각, 1963), 7-13면.

나 당대 현실 속에서 작동한다. 그리고 그 가치가 끊임없이 재인식되고 재구성된다. 다음에 인용한 조동일의 주장은 이와 같은 문제의식에서 전통 개념을 새롭게 정립해 놓았다.

> 전통론은 이제 새삼스럽게 제기되는 것이 아니고 오랫동안 문학의 중요한 문제로 논란을 거듭해 왔으나 주로 다음과 같이 요약될 수 있는 개념 파악의 과오로 인해서 오히려 문제의 핵심이 흐려지고 혼란이 거듭되지 않았나 한다.
>
> 첫째는 전통이란 전통 속에 포함되어 있는 보편적인 측면과 특수한 측면의 통일적 결합으로서 작용한다는 점을 이해하지 못하는 과오이다. 우리 문학은 다른 민족의 문학과 공통적으로 발견되는 보편적인 측면과 우리 문학에서만 발견되는 특수한 측면의 긴밀한 결합으로서 형성, 발전되어 왔으며 이 전체가 민족적 전통이다. 그럼에도 불구하고 그중 어느 측면을 부당하게 분리시키고 잘못 해석하는 경향이 있다. (중략)
>
> 둘째는 문학의 전통은 사회의 발전에 따라서 형성, 변모되고 동시에 사회의 발전에 기여한다는 관계에 대한 정확한 이해가 없는 경향이 있다. 사회의 발전이 문학 발전의 밑받침이 된다는 면만 부당하게 분리시키거나 잘못 해석하는 경우에는 흔히 현재 한국 사회는 물질적으로 서구화되고 있기 때문에(양복을 입고 택시를 타고 커피를 마신다는 식의 예를 많이 든다.) 문학도 마땅히 그래야 한다는 견해에 이른다. (중략) 문학은 일차적으로 사회적 바탕 위에서 형성되고 이차적으로 사회에 참여한다는 관계가 정당하게 인정되지 않고서는 민족적 전통의 역사적인 작용을 생생하게 포착하지 못하게 된다.
>
> 셋째로 전통은 긍정적인 계승과 부정적인 계승이라는 양면을 통해서 역사적으로나 현실적으로나 종합적 의미의 계승이 가능하다는 점에 대한 이해의 결핍이다. 우리는 사회 전체를 긍정하거나 부정할 수 없듯이 전통을 전반적으로 긍정하거나 부정할 수는 없다. 오로지 문제가 되는 것은 무엇을 긍정하고 무엇을 부정하느냐 하는 판가름이다. (중략)
>
> 넷째는 전통이 미래로의 역사성이라는, 다음 두 가지 면의 종합으로 정확하게 이해되지 못하는 과오이다. 현재로의 역사성이란 전통이 어떻게

> 현재를 형성하는 과거로 발전해 왔으며 미래를 창조한 잠재적인 가능성을 품고 있느냐를 미래로의 희망을 개재시킴이 없이 정확하게 파악한다는 측면이고, 주관적인 역사성이란 우리의 적극적인 실천을 통해서 현재에서 미래로 잠재적인 가능성을 실현해 나갈 측면이다. 지금까지의 전통에 관한 논의는 의식적으로든 무의식적으로든 두 측면 중의 어느 하나를 부당하게 분리시키고 잘못 이해하는 데서 한계를 드러냈다. (중략)
>
> 이상에서 네 가지 문제점을 중심으로 검토한 바를 요약해 전통의 개념을 다음과 같이 일단 규정한다. 전통은 보편적인 측면과 특수한 측면의 통일체인 우리 민족의 문화 혹은 문학이 사회 발전에 따라서 동시에 사회 발전에 기여하면서, 긍정적으로 또는 부정적으로 어떻게 현재를 형성하는 과거로서 성장해 왔고 어떻게 현재에서 과거를 계승해 미래를 창조하느냐 하는 역사적 과정을 의미한다.[53]

조동일의 견해를 따른다면 전통은 문화의 본질과 역사적 과정을 동시에 드러내는 개념이다. 그러므로 그것은 지속되거나 전승되는 것이 아니라 새롭게 재구성되면서 새로운 시대정신의 등장을 위해 작동한다. 이와 같은 논의는 한국문학이 안고 있던 문학적 자기 인식의 불철저성을 생각한다면 전통론의 참뜻이 무엇인지를 쉽게 짐작할 수 있을 것이다.

전통이라는 개념은 많은 것을 의미한다. 가장 단순하게 그 뜻을 규정한다면 과거로부터 물려받은 어떤 것을 말한다. 과거로부터 현재로 전래되거나 물려받은 것들이 모두 전통에 해당한다. 여기서 주목되는 것은 물려받은 것이 어떤 특별한 형태이거나 내용이라든지 또는 어떤 문화적 공헌을 했다든지 하는 설명이 필요하지 않다는 점이다. 물론 그것이 얼마나 오랜 세월을 두고 이어져 온 것인지도 따질 필요가 없다. 과거로부터 전해 내려오고 있다는 것은 반드시 그것을 받아들여야 한다든지 아니면 그것을 인식하고 재활성화한다든지 하는 것과는 아무 상관이 없다. 전통이란 무엇이든지 전수되어 온 모든 것을 뜻한다. 거기에는 물질적인 것, 모든 종류의 사물에 관한 어떤 신념, 사람이나 사건에 대한 어떤 이미지, 사회적 관행이나 제도 등

---

53 조동일, 「전통의 퇴화와 계승의 방향」(『창작과비평』 제3호, 1966. 7).

도 모두 포함된다. 전통은 한 사회가 주어진 시간 안에서 소유하게 된 모든 것을 포함한다고 할 수 있다. 그러므로 전통을 받아들이는 사람조차도 그것을 전통이라고 칭할 필요조차 없다. 전통이 받아들여질 때 그것은 그 자체로 자명하며 어떤 신념이나 행동처럼 그렇게 중요한 의미를 지닌다. 결국 전통은 현재에 존재하는 과거이며 어떤 새로운 것들과 함께 현재의 큰 부분이 된다. 그리고 그 일부는 다시 미래로 이어진다.[54]

이와 같은 일반적 관점에서 본다면, 한국문학의 전통에 대한 논의는 전후문학이 빠져든 혼란과 갈등에 대한 비판적인 인식으로 발전하면서 한국문학의 역사를 바라보는 새로운 관점과 방법을 요구하게 된 것임을 알 수 있다. 물론 문학에서 전통이 지니는 의미와 성격에 대한 서로 다른 관점이 충돌하기도 했지만, 한국문화 전반에 걸친 역사적인 재인식이 요구된 것은 다행한 일이다. 문학의 전통에 대한 논의 가운데 가장 첨예한 갈등을 드러내었던 것은 전통 단절론의 관점에서 파악되어 온 한국 근대문학의 위상을 어떠한 각도에서 새롭게 이해할 것인가 하는 문제다. 근대문학의 형성과 발전 과정 자체를 서구적인 것과의 연관 속에서 이해하고자 하는 단절론의 관점은 '서구 문학의 모방과 이식'이라는 논리의 틀을 고정해 온 것이 사실이다. 그러므로 근대문학의 형식과 방법에서 서구적 요소가 중시되었으며 자연스럽게 전대문학의 전통이 무시되었던 것이다.

한국문학의 전통에 대한 비평 논의는 전통의 개념에 역동적 성격을 부여함으로써 단절론의 비논리로부터 벗어날 수 있는 논리적 전환의 계기를 제공한다. 그리고 한국문학의 특수성과 보편성이라는 새로운 미학적 범주를 비평 담론의 구조 속으로 끌어들이게 된다. 이와 같은 논리의 발전을 통해 문학사의 기술에 대한 전반적 반성이 제기됨으로써 식민주의 사관에 갇혀 있던 문학사 연구의 새로운 가능성이 열린다.

문학 양식론의 체계

한국문학 연구에서 문학 양식에 대한 관심은 문학의 역사적 체계화를 위해 노력했던 모든 학자의 과제였다. 문학 양식 또는 장르 이론은 문학 연

---

54 에드워드 쉴즈, 『전통』(김병서·신현순 역, 민음사, 1992), 24-25면.

구의 기초 개념인 동시에 문학적 현상에 대한 역사적 기술의 핵심을 이룬다. 문학의 속성을 이해하는 데 문학의 양식 개념이 없다면 문학의 보편적 성격과 공통된 경향을 갖는 총체적인 문학사를 서술할 수가 없다. 문학의 흐름 속에 등장하는 수많은 문학 작품과 작가들의 활동을 놓고 그들이 보여 주는 어떤 공통적인 경향을 확인하려면 우선적으로 양식 개념에 기초해야 한다. 문학의 양식 개념은 구체적이며 개별적인 수많은 작품을 하나의 관념 속으로 끌어들여 논의할 수 있는 유일한 논리적 실체이기 때문이다.

> 그동안 국문학 장르론에서 부상된 쟁점을 요약하면 다음 세 가지로 압축된다.
>
> 첫째 용어의 선택 문제이다. 장르라는 말은 불어로서 라틴어의 genus에서 유래한 것인바, 본래는 생물의 분류 체계에서 사용했던 용어이다. 이 말을 문학 분류에 받아들이면서 문예 양식을 지칭하는 말로 통용되었다. 그러나 국문학에서는 이를 형태, 양식, 장르, 갈래 등으로 혼용하고 있어 이에 대한 검토가 요망된다.
>
> 둘째 장르류에 대한 분류항의 설정 문제이다. 이 문제는 국문학 장르론의 핵심되는 쟁점인바 시가·산문의 2분설, 시가·소설·수필·희곡의 4분설, 서정·서사·극의 3분설, 서정·서사·교술·희곡의 4분설, 서정·서사·교술·희곡·혼합의 5분설 등이 제기되고 있다.
>
> 셋째 구체적 장르종을 분류하는 문제이다. 경기체가, 가사, 몽유록 등이 분류 문제에서 쟁점이 되었는바 경기체가 류를 서정으로 볼 것인가 또는 혼합 장르로 볼 것인가 등이 문제 됐고, 가사를 수필 또는 교술로 볼 것인가 서사와 서정으로 나누어 볼 것인가 또는 혼합으로 처리할 것인가 등이 문제로 제기되었다. 몽유록 또한 교술로 보는 주장과 서사로 보는 주장이 팽팽히 맞서고 있다.[55]

한국문학 연구의 학문적 체계화를 위해 새롭게 요청된 장르론은 앞의 인용에서처럼 크게 세 가지 차원에서 논의가 지속되어 왔다. 그러나 핵심 쟁

---

55 장덕순, 「국문학의 장르」, 『한국문학사의 쟁점』(집문당, 1986), 24-25면.

점이 분류 체계 자체에 있었음은 물론이다.

문학의 양식은 인간 존재의 근본적인 가능성에 대한 문예학적 명칭으로 내세워지는 '서정적', '서사적', '극적' 이라는 세 가지 개념으로부터 출발한다. 이 세 가지 개념은 인간의 내면에서 형성된 대상에 대한 본질적인 태도를 말한다. 이러한 구분법은 인간 존재의 본질과 관련해 설명되기도 하고, 역사·철학적인 관점에서 논의되기도 한다. 서정은 주관적인 것, 서사는 객관적인 것, 희곡은 주관과 객관이 합일되는 것이라는 설명이 바로 그것이다. 이 기본적인 태도를 바탕으로 하나의 목소리로 읊조린다든지, 등장인물의 행위를 통해 보여 준다든지, 이야기를 말해 준다든지 하는 제시 방법이 연결된다. 그리고 여기서 기본적인 문학 양식으로서의 서정·서사·극 양식이 각각의 표현 범주를 드러내는 것이다. 예술적인 형태와 그 제시 방법의 면에서 본다면, 서정적인 것에는 사건이 없지만 서사적인 것이나 극적인 것에는 사건이 있고, 극적인 것은 무대에서 공연되지만 서정적인 것이나 서사적인 것은 그렇지 않다는 기준 등이 첨가된다. 그러나 수필 같은 종류의 문학은 셋 중 어느 것에도 소속될 수 없다는 난점이 지적되기도 하며, 복합적인 성격을 지닌 문학의 형태는 어디에 넣어야 할 것인지 고려하기 힘든 경우도 없지 않다. 시대와 지역에 따라 다르게 작은 갈래들을 형성하며 성장하고 발달해 온 문학을 세 가지의 큰 갈래로 묶어서 이해한다는 사실 자체가 매우 어려운 일인지도 모른다.

문학에서 서정·서사·극 양식이라는 세 가지의 큰 갈래[56]는 각 시대와 여러 문화에 걸쳐 가장 보편적이며 지속적인 유형으로 이해되고 있다. 그러므로 그 역사적·사회 문화적 범위가 매우 넓다. 이들 문학 양식은 여러 가지 다양한 하위의 역사적 장르로 형상화되고 구체화되어 개별 문학사에 등장하게 된다. 문학 양식의 하위 부류에 해당하는 장르는 문학의 사회·문화적 또는 역사적 실체로 등장하는 여러 가지 작은 갈래의 문학 형태를 말한다. 문학의 장르는 소재와 형식의 구성 방법에 따라 각각의 특징이 규정된다. 이것

56 문학의 장르라는 분류 개념은 조동일 교수에 의해 '갈래'라는 우리말 명칭으로 불리게 되었다. 갈래에는 시대와 장소를 초월해서 항상 존재하는 '큰 갈래(類, Gattung)'와 특정 민족의 특정 시대에만 존재하는 '작은 갈래(種, Art)'로 나눌 수 있다.

은 고정 불변하는 것이 아니라 시대적으로 변화하며, 공간적으로 특정 지역이나 민족에 따라 그 형태나 구조가 달라지기도 한다. 특히 사회사적인 환경에 절대적인 영향을 받는다. 그러므로 문학의 하위 장르의 개념과 속성은 보편적인 문학 연구의 방법에 의해 규정되기보다는 그 장르가 존재했던 역사적 조건에 의해 해명되는 것이 보통이다. 문학의 하위 장르의 범주와 그것들이 보여 주는 여러 가지 양상은 문학사 연구에서 특정 시대의 문학적 경향을 이해하는 데 가장 주목되는 요소가 된다. 문학의 작은 갈래는 특정한 나라나 시대의 문학을 바탕으로 한 개별성이 강조되는 개념이다. 작은 갈래에 속하는 문학의 여러 형태들은 특정 언어를 매체로 하여 특정 나라나 시대에 따라서 구체적인 문학의 형태로 나타난다. 그리고 이것들은 그 본질적인 특징에 따라서 문학의 큰 갈래 속에 묶이게 된다. 예컨대 한국문학에서 향가, 고려가요, 시조와 현대시는 그 시대와 배경, 작가가 다르지만 여러 가지 공통점을 지니고 있다. 우선 작가의 눈에 비친 대상과 그 자신의 주관적인 정서와 사상을 관련시킴으로써 새로운 의미를 부각시킨다는 공통점이 있다. 말의 가락, 나아가서는 마음의 가락을 느끼게 하며 그 길이가 짧다는 공통점도 있다. 이러한 공통점들이 이들을 서정적인 큰 갈래로 묶을 수 있게 한다. 이와 같이 큰 갈래의 구분은 작은 갈래들의 특징과 개별성을 이해하는 데 도움이 될 뿐만 아니라, 문학을 하나의 전체로서 이해하는 기초가 된다.

양식론과 교술 양식

한국문학 연구에서 양식의 구분 문제는 가사(歌辭)문학의 속성에 대한 논의에서 새로운 관심사가 되었다. 조윤제는 그의 『조선시가의 연구』에서 가사의 양식적 특성을 시가문학의 하나로 취급하는 것이 타당한 일인지 따져 볼 필요가 있음을 지적했다. 그는 가사가 단순한 시가라기보다는 감상문·수필문·기행문과 같은 성격이 있고 또한 한문의 사(辭)·부(賦)·서(序)·기(記)에 가까운 점도 있음을 밝히면서 가사가 지니는 산문적 내용을 시가로 다루는 것에 대한 불합리성을 피력한 바 있다.[57] 이와 같은 지적은 가사라는 문학 양식 자체가 지니는 변종으로서의 혼종성에서 비롯된 것인데, 조윤제는 그

57 조윤제, 『조선시가의 연구』(을유문화사, 1948), 116면.

혼종성의 특질보다는 가사의 운문적 형식과 문필적 내용을 표현하는 방법을 양면적인 것으로 이해하고자 했다. 그리고 그는 이를 근거로 가사문학 양식의 개념을 별도로 확립할 것을 제안했다. 조윤제의 새로운 제안은 국문학 연구에 폭넓게 영향을 미치면서 다양한 논의로 발전했다. 장덕순은 가사의 내용을 기준으로 서정적인 시가로서의 가사와 서사적 수필로서의 가사를 크게 구분했고,[58] 조동일은 '교술'이라는 또 다른 양식을 설정해 가사를 교술문학으로 분류하기도 했다.[59] 물론 이에 대해서는 전반적인 문학의 속성 자체가 가지는 교훈적 기능을 별도의 양식 개념으로 설정하는 것에 대한 비판도 제기되었다.[60] 가사의 장르적 속성에 대한 이러한 논의는 근본적으로 양식 개념 자체를 고정적인 것으로 이해하는 데서 비롯된 것이라고 할 수 있다. 문학 양식은 보편적으로 서정적인 것과 서사적인 것, 극적인 것이라는 큰 갈래를 보여 주지만, 이들 사이의 혼종과 변종은 얼마든지 등장할 수 있다. 문학의 분류 체계로서의 양식 문제는 문학이라는 양식 자체가 가지는 미적 형상성의 원리와 그 표현 또는 제시 방식의 구분에서 비롯되는 것이다. 가사는 본질적으로 운문 형식을 통해 제시되는 문학 형태이며, 그 내용에 서사적 요소나 극적 요소를 포함한다 하더라도 등장인물의 행위와 시공간의 이동을 통해 만들어지는 이야기로서의 서사적 요건을 완비하지는 못한다. 그것이 아무리 산문적인 내용을 담고 있다고 해도 운문 형식을 벗어나면 가사가 될 수 없다는 것도 분명한 사실이다.

가사의 양식적 특성에 관한 논의와 비슷하게 논란의 대상이 된 것은 고려시대의 시가문학 중 특이한 변종에 해당하는 경기체가(景幾體歌)였다. 경기체가라는 용어 자체는 그 형태적 특징을 지적해 편의상 붙인 것이 장르적 의미를 갖게 된 것이다. 사실 경기체가의 양식상의 문제는 그 명칭에서부터 비롯된 것이다. 일찍이 고려시대의 시가문학은 전체적으로 정병욱에 의해 '별곡'이라는 개념이 부여된 바 있다.[61] 별곡이라는 명칭은 고려 당대에 이미

58 장덕순, 『국문학통론』(신구문화사, 1960), 181면.

59 조동일, 「가사의 장르 규정」(어문학 제21호, 1969. 12), 72면.

60 주종연, 「가사의 장르고」(국어국문학 제62·63호, 1973. 12); 김병국, 「장르론적 관심과 가사의 문학성」(현상과 인식 제4호, 1977. 12) 등에서 확인할 수 있다.

61 정병욱, 「별곡의 역사적 형태고」(사상계 제18호, 1955. 1).

등장했으며 고려시대의 시가문학 전반을 아우르는 개념으로 상당한 설득력을 지닌 것이었다. 별곡은 시가문학 양식으로 창곡과 결합된 형태였다는 특징을 지니며 신라시대의 향가와 맥락을 같이하는 시가문학의 형태였다. 그런데 고려시대의 시가문학을 별곡이라는 하나의 개념으로 포괄하고자 하는 이 주장은 학계에 널리 수용되지 못했다. 국문학계에서는 구전으로 조선시대까지 잔존했던 이른바 '고려가요'와 '고려속요' 등과 한문 기록으로 남아 있는 경기체가를 서로 분리해 별개의 양식처럼 인식하는 방향을 선택했다. 그렇기 때문에 시가문학 연구자들은 언제나 경기체가의 양식적 특이성을 문제 삼았다. 교술이라는 양식 개념을 도입한 조동일이 경기체가를 대표적인 교술 양식의 하나로 구분했지만 논란이 이어졌다. 이러한 문제는 양식 자체의 변종 또는 혼종의 가능성을 폭넓게 인식하지 못한 데서 비롯된 것이며 시가의 장르 개념을 지나치게 세분화해 그 특성을 이해하고자 했기 때문에 생긴 불필요한 논란이었다고 생각된다.

조동일은 서정·서사·교술·희곡의 4분 갈래를 제시함으로써 장르 문제를 문학 연구의 중요한 비평적 담론의 하나로 확대했다.[62] 그는 장르 이론이 한국적이어야 한다는 전제 아래 '갈래'라는 새로운 명칭을 부여하면서 전통적인 성리학의 이기(理氣)철학을 바탕으로 갈래 이론을 구상했다. 그가 '주기론'을 문학에 접합시키면서 주목한 것은 '기'의 '대립' 양상이다. 그 대립 가운데 가장 보편적인 것으로는 자아와 세계의 대립을 내세웠다. 자아와 세계의 대립 및 해결은 인간이 살아가는 데 기본적인 문제다. 그는 자아와 세계의 대립이 보이는 몇 가지 양상에 의해 장르론을 구상했다. 그리고 장르를 '자아와 세계의 관계에서 존재하는 대립의 체계'라고 규정했다. 더 나아가 '작품 외적 세계의 개입이 없는 세계의 자아화로서의 서정', '작품 외적 세계의 개입이 있는 자아의 세계화로서 교술', '작품 외적 자아의 개입이 있는 자아와 세계의 대결로서의 서사', '작품 외적 자아의 개입이 없는 자아와 세계의 대결로서의 희곡'이라는 네 갈래로 문학의 장르를 구분했다.

62 조동일, 「18-19세기 국문학의 장르 체계」(고전문학 연구 제1호, 1971. 9), 75-95면. 이 글에서 제기된 장르의 분류 체계는 조동일, 『한국 소설의 이론』(지식산업사, 1978)을 통해 본격적인 장르론으로 발전했다.

여기서 문제가 교술이라는 갈래다. 조동일이 교술 갈래를 새롭게 설정한 것은 문학의 큰 갈래를 서정·서사·극 양식으로 구분하고자 할 경우, 이러한 구분법이 제대로 적용되지 않는 변형된 작은 갈래들이 존재한다는 사실 때문이다. 조동일의 견해를 따르면, 교술은 작품 외적 세계의 개입으로 이루어지는 자아의 세계화를 본질로 한다. 자아의 세계화란 작품 외적 개입으로 이루어진다는 사실의 어느 측면을 지적한 것이다. 교술에서는 작품 내적 자아가 작품 내적 세계를 일방적으로 대상화하지만 작품 내적 객관성을 자기식대로 변화시키는 데 이르지 않고 오히려 작품 내적 세계의 객관성에 지배되고 만다. 작품 내적 세계의 객관성은 작품의 세계에 의해 보장되며, 작품 내적 세계는 작품 외적 세계를 그대로 작품에 옮겨 놓아 이루어진 것이다. 그는 교술민요, 경기체가, 악장, 가사, 창가, 가전체, 몽유록, 수필, 서간, 일기, 기행, 비평 등을 모두 교술에 포함시켜 놓았다.

그런데 조동일이 교술민요, 경기체가, 악장, 가사, 창가, 가전체, 몽유록, 수필, 서간, 일기, 기행, 비평 등을 모두 교술이라는 갈래 속에 포함시키는 분류법은 장르 이론의 근본 요건 중 하나라고 할 수 있는 문학 양식 자체의 표현과 제시 방법에 대한 구분에서 그 부류와 층위 개념의 혼란을 피할 수 없다. 서정·서사·극 양식의 3분법이 제대로 적용되지 않는 변형된 작은 갈래들이 존재한다는 사실 때문에 고안해 낸 4분법의 갈래론이 오히려 큰 갈래와 작은 갈래의 부류를 혼동시키고 있다. 특히 교술성이라는 문학 본래의 속성 가운데 하나를 양식 개념으로 설정해 놓고 있는 것이 문제다. 교술은 예술적 형상성의 원리가 아니라 그 내용의 기능성을 지적하는 것이기 때문이다. 예컨대, 여행기의 형태를 띤 조선시대 후기의 기행가사는 시공간의 이동에 따라 일련의 행위를 연결시킨다는 점에서는 서사적인 것에 가깝고, 갈등을 내포한 사건이 없이 작가의 주관적인 감상을 위주로 한다는 점에서는 서정적인 것에 가깝다. 그렇지만 이 경우에는 운문 형식의 제시 방법에 착안해 일반적인 분류법에 따라 가사를 서정적인 것에 포함하면 간단히 문제가 해결된다. 가전체나 몽유록과 같은 것도 본질적으로 행위 구조를 지닌 이야기를 화자가 전달한다는 점에서 서사 양식에 포함된다는 점을 인정하지 않을 수 없다. 더구나 교술 장르의 설정은 산문의 영역을 상당 부분 포섭하고 있지만 그만큼 문학의 경계선을 모호하게 한다는 약점을 드러낸다. 문학은 언어를 통해 이루어지는 문학적 형상성의 원리를 기반으로 성립된다. 형상적 특질을 지니지 못하는 것은 비문학적일 수밖에 없다. 수필이라는 느슨한 산문 양식을 교술 장르에 포함한 것이 문제가 되는 이유가 여기 있다. 엄격하게 따진다면 수필은 비문학적 산문을 대표하는 양식 가운데 하나일 뿐이다.

문학 장르론은 문학의 갈래를 구분하는 것 자체가 목적이 아니라, 문학의 역사적인 변화와 그 다양한 양상을 체계적으로 이해하기 위한 방법으로서 중요한 의미를 지닌다. 그러므로 각각의 문학의 갈래가 지니는 상호 관계를 중시해야 한다. 한국문학의 갈래 구분은 다양한 문학 형태의 등장과 변화를 규범적으로 범주화하고 그 전반적인 윤곽을 밝히기 위한 질서화 작업일 뿐 그 자체가 한국문학 연구의 목표는 아니다. 조동일이 제시한 교술 양식은 장르론의 새로운 가능성을 이기철학의 원리에서 찾겠다는 의욕에서 비롯된 논리이긴 하지만, 그 논리의 출발 자체에 대한 회의와 비판이 장르론의 체계를 둘러싸고 잇달아 제기된 바 있다.

2) 문학사의 기술과 방법

조연현의 『한국 현대문학사』

한국 현대문학의 성립과 전개 양상을 역사적으로 체계화하는 문학사 서술은 백철의 『조선 신문학사 조사』 이후 조연현의 『한국현대문학사』[63]로 이어졌다. 조연현의 문학사는 그 이전의 문학사와 서술 방법이나 내용에 차이가 있지만, 좌파 문인의 집단적인 월북으로 인한 문학사적 공백을 제대로 서술하지 못하는 이념적 공백을 그대로 드러내고 있다. 이른바 '월북 문인'에 대한 공개적 논의를 금지하던 상황에서 타율적으로 강제된 것이지만, 1980년대 이전의 문학 연구의 한계이기도 하다. 이 책은 해방 이전의 문학을 대상으로 하고 있다. 특히 1920년대에 등단한 작가의 문학 활동에 서술 내용

63 조연현은 1955년 6월부터 1961년 12월까지 「한국현대문학사」를 잡지 《현대문학》에 연재했는데, 그 내용 가운데 1부를 『한국현대문학사』(현대문학사, 1956)라는 이름으로 출판했고, 연재를 마치자 이를 모두 합쳐 『한국현대문학사』(인간사, 1968)로 완결했다.

이 집중되어 있기 때문에, 한국 현대문학의 역사적 체계화에 미달한다. 특히 작가와 그 활동 무대가 되는 이른바 문단이라는 문학 활동의 '장(場)'을 중심으로 서술함으로써 작품으로서의 문학사 혹은 양식사로서의 문학사의 성격을 벗어난다.

> 한국 근대사 과정의 기형성을 가장 단적으로 설명해 주는 그 하나는 엄밀한 의미에서 보면 한국엔 '근대'가 없었다는 점이며 그 또 하나는 한국의 현대적인 과정을 엄밀히 분석하면 그것은 구라파의 근대적인 과정에 지나지 않는다는 점이다.
>
> 만일 구라파의 현대적 과정을 제1차 세계대전 이후부터라고 해석한다면 그것은 시간적으로는 한국의 3·1운동에 해당된다. 그리고 3·1운동을 계기로 해서 한국의 현대적인 과정이 준비되었다 한다면 한국의 근대사적인 과정은 고종 31년의 갑오경장으로부터 3·1운동까지의 25년 동안의 기간이 된다. 구라파의 4–5백 년의 근대사 과정에 비하여 이를 한국의 근대사 과정이라고 하기에는 이것은 너무나 순간적인 짧은 기간이다. 이 짧은 한 순간을 근대라는 역사적인 관념으로 확정 짓는다는 것이 엄격한 사관으로서는 허용될 수 없는 노릇이다. 더욱이 3·1운동이 조성되기 이전의 몇 년부터가 이미 구라파의 현대적인 과정과 교류되면서 있었다는 사실을 고려할 때 구라파적인 의미에 있어서의 근대사가 한국에서는 없었다고 보는 것이 오히려 실제적인 해석이 된다. 그러면 3·1운동 이후의 과정을 우리는 한국의 현대적인 과정이라고 말할 수 있는가. 시기적인 면에서만 바라볼 때는 3·1운동은 확실히 제1차 세계대전을 끝낸 구라파의 현대적인 과정과 일치된다. 그뿐만 아니라 3·1운동을 전후해서부터 구라파와의 교류가 한층 촉진되고 성행되어졌던 것도 사실이다. 그러나 그렇다고 3·1운동 이후의 과정을 반드시 한국의 현대적인 과정이라고만도 볼 수 없는 것은 이 시대의 내용적인 성격이 한국에 있어서는 구라파의 근대적인 요소로서 이루어지고 있었던 사실을 잊어버릴 수가 없기 때문이다.
>
> 이것은 무엇보다도 한국의 문예사조상에 가장 뚜렷이 나타나 있다. 그것은 3·1운동 이후에 나타난 자연주의니 낭만주의니 하는 문예사조가 구라파에 있어서는 19세기 말 이전의 근대사조에 속해 있었던 것임을 알 수 있

기 때문이다. 가령 이러한 것이 19세기 이전의 구라파의 현대문학에도 그 영향력을 차지하고 있었다 해도 그것을 소화하는 능력이나 방식은 19세기 말 이전의 근대적인 성격을 벗어난 것은 아니었다. 그렇다면 우리 한국에 있어서는 엄격한 의미에 있어서의 '근대'가 없었을 뿐만 아니라 한국의 현대적인 과정도 따지고 보면 구라파의 근대적인 과정을 벗어난 것이 아니었음을 알 수 있게 된다. 그러므로 한국의 근대사적인 과정은 그것이 한국의 현대사적인 과정이기도 했으며 한국의 현대사적인 과정은 그것이 한국의 근대사적인 과정이기도 했던 것이다. 즉 구라파적인 근대와 현대가 명료한 구분 없이 혼성되고 병행된 것이 한국의 근대 및 현대사 과정의 형성요소였던 것이다. 이것이 한국 근대사의 후진성과 기형성을 설명해 주는 기본적인 개념이다.[64]

이 책이 지닌 서술상의 문제점은 위의 인용에서 밝히고 있는 문학사 서술의 방법에서 잘 드러난다. 이 글에서 핵심은 '근대'와 '현대'의 구분 문제다. '근대'의 개념은 서구적인 가치 판단의 순서 개념을 기준으로 할 때 인류 역사의 보편적 발전 단계로서의 '중세'의 뒤를 이어 온 단계다. 이것은 근대적 가치라든지 근대성이라든지 하는 개념과 관계없이 이루어지는 기술적 개념으로서의 시대적 순서 또는 단계를 의미한다. 역사 발전의 과정을 서술하고자 할 때 '근대'라는 개념은 근대화 과정(modernization)의 여러 단계를 사회·역사적인 총체적 구조로 인정할 경우에만 명확하게 도출될 수 있다. 그러므로 '근대'는 시간적 순서 개념이지만 지역과 공간에 따라 그 단계가 다르고 그것이 추구하는 가치와 방향도 달라지는 것이다. 특히 이러한 접근법은 서구 사회의 발전 과정과 다른 비서구 사회의 근대화 과정이 드러내는 특수성을 전제해야만 입론의 타당성을 인정받을 수 있다. 그런데 근대의 뒤를 이어 온 '현대'라는 개념은 범위가 모호하다. 이러한 현상은 영어의 '모던'이라는 말의 번역이 근대 또는 현대라는 말로 번역되면서 생겨난 중의적 의미의 혼란을 말해 준다. 조연현은 그 의미가 서로 겹쳐는 '근대'와 '현대'를 놓고 거

---

64 조연현, 「한국 현대사의 특수성과 한국 현대문학의 현실적 조건」, 『한국현대문학사』(인간사, 1968), 24-26면.

기서 드러나는 불합리와 모순을 견디지 못한 셈이다. 조연현 『한국 현대문학사』가 빠져든 자기모순이 바로 여기 있다.

조연현의 문학사는 근대문학의 태동에서부터 해방 이전까지의 문학을 포괄한다. 여기서 주목되는 것이 '작가 연구로서의 문학사'를 지향하는 이 책의 서술 방법이다. 특히 계급문학운동에 참여했던 좌익 계열의 작가를 대부분 배제한 것은 월북 문인에 대한 사회·정치적 제약과 함께 조연현 자신의 이념적 지향과 무관하지 않다. '작가 연구로서의 문학사'는 각 시대별로 활동했던 작가의 생애에 관한 관심과 활동상을 보여 주는 작품의 내용을 나열하는 것으로 만족할 수밖에 없는 것이 그 특징이다. 문학은 특수한 목적과 성취 수단을 갖고 있는 작가 개인의 몫이 중요하고 또 두드러지게 드러나는 영역이다. 그러나 문학사는 문학의 시대적 양상을 전체적으로 보여 주는 것을 목표로 해야 한다. 이 경우에 전체로서의 문학사를 지향하는 데 필수적인 것이 문학의 양식 개념이다. 양식의 개념은 문학사 일반의 근본 문제, 예컨대 특정의 문학적 경향의 등장과 소멸이라든지 그 시대적 특성 등을 사적으로 체계화해 구성하고 이를 서술하는 데 필수 불가결한 요소다. 특히 양식의 개념은 구체적이면서도 서로 분리되어 있는 다양한 문학적 경향을 관념적으로 통합할 수 있게 한다. 개별적인 문학적 특징이 어떤 문학사적 의미를 지니는 것인지를 판단하기 위해서도 양식 개념에 대한 인식이 전제되어야 한다. 문학의 양식 개념은 특정한 작품이 동시대의 다른 작품들과 어떤 관련을 맺고 있는지를 판단할 수 있게 해주는 척도가 되는 것이다.

그러므로 문학의 양식 개념에 대한 인식의 결여는 조연현의 문학사가 지닌 치명적 한계라고 할 수 있다. 이 책은 문학의 양식 개념에 대한 인식이 결여된 상태에서 개별적 작가의 활동상만 나열했다. 각각의 시대에 등장하는 문학작품을 서로 연결시키고 어떤 작품이 어떤 문학적 경향을 보여 주고 있는지를 판단할 수 있는 보편적 형식으로서의 양식 개념이 없기 때문에 전체로서의 문학사에 이르지 못한 것이다.

김현과 김윤식의 『한국문학사』

한국문학에서 '근대문학'이라는 개념을 놓고 역사적 의미를 새롭게 논의하게 된 시기는 김현과 김윤식의 『한국문학사』(1973)의 발간과 때를 같이

한다. 이 책은 '문학사는 실체가 아니라 형태다.'라는 명제로부터 출발한다. 그리고 '신문학'이라는 개념으로 통칭되면서 근대문학 또는 현대문학으로 구분되기도 했던 한국문학의 근대적 출발을 파격적인 시대 구분의 방법을 통해 재규정하고 있다.

통상적으로 '한국문학'은 고전문학과 현대문학을 함께 포괄하는 개념이며, 한국문학사라는 전체적인 체계 내에서 고전문학과 현대문학은 연속성을 지니는 역사적 실체로 존재한다. 물론 한국문학사의 전체성이라는 개념은 문학적 사실에 대한 기록의 문제가 아니라 사실에 대한 해석의 문제라고 할 수 있다. 이 문제는 문학사에서 현대적 양식의 생성과 변화라는 개념을 놓고 어떻게 고전문학과 경계를 긋고 문학의 전개 양상에 따라 각각 시간적 휴지부를 어떻게 찍느냐를 결정해야 하는 하나의 논리적 가설에 속한다. 문학의 흐름 자체는 결코 시대 구분이 구획하는 것과 같은 구분선을 그으면서 전개되지는 않기 때문이다. 여기서 제기되는 중요한 과제 중의 하나가 현대문학(근대문학)의 기점 설정과 그 시대 구분이다.

> 문학에 한해서만 말한다면 근대문학의 기점은 자체 내의 모순을 언어로 표현하겠다는 언어의식의 대두에서 찾지 않으면 안 된다. 그 언어의식은 구라파적 장르만을 문학이라고 이해하는 편협된 생각에서 벗어나게 만든다. 언어의식은 즉 장르의 개방성을 곧 유발한다. 현대시, 현대소설, 희곡, 평론 등의 현대문학의 장르만이 문학인 것은 아니다. 한국 내에서 생활하고 사고하면서 그가 살고 있는 곳의 모순을 언어로 표시한 모든 유의 글이 한국문학의 내용을 이룬다. 일기, 서간, 담론, 기행문 등을 한국문학으로 흡수하지 않으면 한국문학의 맥락은 찾아질 수 없다. 그것은 광범위한 자료의 개발을 요구한다. 그것만이 이식문화론의 정적(靜的) 역사주의를 극복할 수 있게 해 준다. 그런 의미에서 우리는 이조 사회의 구조적 모순을 문자로 표현하고 그것을 극복하려 한 체계적인 노력이 싹을 보인 영정조 시대를 근대문학의 시작으로 잡으려 한다.[65]

65 김현, 「한국문학사 시대 구분론」, 『김현 문학전집 1』(문학과지성사, 1991), 32면.

조선 후기 영정조 시대를 한국문학의 근대적 기점으로 끌어올리겠다는 파격적인 시도는 한국문학의 평단과 학계에 엄청난 충격을 던져 주었다. 그러므로 저널리즘적 경향이 강했던 평단의 관심과 아카데미즘의 문학 연구 방향이 이 새로운 쟁점을 중심으로 하나로 통합되었다. 문학비평과 문학 연구가 모두 한국 근대문학의 기점 문제에 대한 새로운 제안에 큰 반응을 보인 것이다.

『한국문학사』에서 조선 영정조 시대를 근대문학의 기점으로 새롭게 제안했던 이유는 다음과 같이 두 가지 차원의 문제로 요약해 볼 수 있다. 첫째는 임화의 신문학사의 방법으로 대표되는 이식문화론을 극복하고자 하는 의도이며, 둘째는 '근대문학'의 사회적 기반 또는 제도에 관한 인식의 변화를 강조하기 위함이다. 조선 후기 영정조 시대는 반상제도라는 신분제도가 급격하게 혼란되기 시작한 시대다. 외척의 득세와 함께 왕권이 약화되기 시작했으며 사회의 기층 세력으로서 양반층의 역량이 줄어들고 상인계급이 크게 성장하면서 개인적 수공업이 점차 발전해 새로운 시장 경제의 형성 가능성이 나타나게 된다. 둘째는 조선 사회 내부의 사상적 문화적 변화다. 예학 중심으로 발전한 성리학이 명분론에 빠져들면서 양명학의 영향으로 실사구시(實事求是)의 학풍이 강조되고 실학사상이 사회 전체에 크게 영향을 미치기 시작했으며 서민 계층의 의식 성장을 기반으로 사설시조, 가사, 판소리 등의 서민 예술이 널리 성행했다.

> 중요한 것은 근대의 기점이 영정조 시대에 있다는 것이 아니라 한글로 쓰여신 작품이 언제부터 누구에 의해 시작되었다거나 혹은 민족의식이 집합적으로 언제부터 추구되기 시작하였다거나 하는 일들일 것이다. 그러한 요소들은 한 개인, 개인을 통해 산재한다. 문학사가 문학사를 통하여 하여야 할 일은 이들 산재되어 있는 개별끼리의 관계를 이끌어내고 그 도표를 작성하는 일이다. 그리고 거기에 이름을 붙여 줄 수 있을 것이다.
>
> 이러한 과정은 서양의 유개념을 역사학과 똑같은 차원에서 받아들이고 그러한 수용 아래에서 '우리도 이러한 것이 있었다.'는 개별의 적발을 연역적으로 이루어가는 과정과 상반한다. 문학사를 저술하는 방법은 그 역이 되어야 하며 특히 이 점은 한국 문학사 기술 방법론에서 더욱 강조되어야

할 요체라고 생각한다.[66]

영정조 시대를 근대문학의 기점으로 설정했던 김현과 김윤식의 새로운 시도는 근본적으로 논의 방법론의 문제성에 봉착했다. 김주연의 위와 같은 비판은 문학사가 문학을 대상으로 한다는 본질을 지적한다고 볼 수 있다. 역사적 실체로서의 구체적인 작품을 포괄하고 이를 체계화하지 못한다면 문학사 기술 자체의 의미를 인정하기 어렵다.

더구나 문학사의 관점과 방법을 전환하고자 하는 이 새로운 시도는 한국 '근대문학'의 성립 문제에 관한 사회·역사적 접근에서 여전히 이른바 '불연속적 관점'이라는 논리의 함정을 크게 벗어나지 못했음이 사실이다. 문학사 서술의 '불연속적 관점'은 전통적인 고전문학과 근대문학 사이에 역사적 단절을 승인하면서 근대문학의 성립을 논하는 것이 특징이다. 다시 말하자면, 근대문학의 성립 과정이 전대의 고전문학과는 다른 문학적 상황 속에서 이루어졌다는 '단절론'에 근거한다. 이러한 관점이 등장한 것은 19세기에 접어들면서부터 근대문학의 성립 단계에 이르는 동안 역사 발전의 단계를 식민지 지배 세력이 왜곡한 상황과 무관하지 않다. 일제의 식민지 지배 체제에 종속되면서부터 한국문화의 기존의 규범과 전통이 타율적으로 제거되거나 억압되면서 식민지 상황에서의 왜곡된 근대화 과정을 겪었기 때문이다. 이러한 과정을 두고 초기 문학사 연구가들은 근대문학의 형성 과정을 서구 문학과 일본 근대문학에 대한 '모방과 이식'으로 규정했다.[67] 한국 근대문학의 성립에 관한 논의에서 전제가 되었던 '불연속적 관점'은 한국문학에 내재해 온 문학 정신의 흐름을 주체적인 시각에서 해석하지 못한 논리적 오류를 범하고 있다. 19세기에 접어들 무렵부터 한국 사회에서 핵심 쟁점으로 부각된 반봉건·반외세론은 한국문학의 정신적 지향과 결합해 지속된 바 있다. 조선 후기 사회에서 자생적으로 확대되기 시작한 근대 지향적 정신이 식민지 지배 논리에 의해 왜곡·변질되기도 했지만, 민족의 정신적 지향 자체는 일제강

66 김주연, 「근대문학 기점 논의의 문제점」(세대 제107호, 1972. 6), 122-123면.

67 임화, 「신문학사의 방법」(동아일보, 1940. 1. 13-20)이 단절론을 대표한다. 이 글은 발표 당시 '조선문학연구의 일 과제'라는 부제가 붙어 있었지만 임화, 『문학의 논리』(학예사, 1940)에 실으면서 부제를 버렸다.

점기에도 여전히 반봉건·반식민의 이념으로 살아 있던 것이다.

도대체 문학사란 무엇일까? 그것을 이해하기 위해서는 가장 낮은 차원의 기반에서 출발하지 않으면 안 된다. 아주 일반적인 의미에서의 문학사란 과거의 집적물에 대한 사적 기록이다. 물론 이때의 집적물이란 문학적 집적물을 의미한다. 과거의 문학적 집적물의 사적 기록이라는 문학사의 정의는, 그렇지만 몇 항목의 유보 사항을 전제로 하지 않으면 안 된다.

맨 처음 주의해야 할 것은 문학사는 역사와는 엄연히 다른 감정적 차원에서 서술되어야 한다는 점이다. 역사는 감동의 세계를 서술하는 것이 아니라 과거의 사실을 체계적으로 서술한다. 그러나 문학적 집적물은 반드시 감동과 향유라는 정서적 반응을 요구한다. 정서적 차원이 배제된 문학사란 문서 기록이나 고증의 차원으로 떨어져 버린다. 그것은 박사학위 취득자의 지적 호기심을 만족시켜 줄 수는 있지만 문학사가의 흥미를 끌 수는 없다. 문학적 집적물은 그것이 나타나는 순간부터 타인에게 행하는 담론의 형태를 띠며, 그것은 반드시 상대방의 정서적 반응을 요구한다. 물론 역사적 사실도 기호론적인 입장에서 이해한다면 정서적 반응이 요구되는 기호로 이해될 수 있다. 그렇지만 담론의 형태로 주어지는 역사적 사실이란 집단적 행위의 소산이다. 헤겔에게서 절대 정신의 구현이라는 정서적 반응을 얻은 프랑스 대혁명도 일종의 집단적 행위이다.

문학적 집적물이 정서적 반응을 요구하는 것이라는 진술은 동시에 그것이 개인적 산물이라는 선제를 갖고 있다. 문학작품에 개인의 서명이 붙게 된 이후의 문학과 그 이전의 문학의 차이는 그 개인성에 있다. 그러나 그 개인은 단순한 개인이 아니라 한 시대의 의미를 어떤 방식으로든지 드러내고 있는 대표자로서의 개인 'un individu comme le représentant d'un époque'이다. 문학사가 역사와 다르게 예외적 개인 'l'individu exceptionnel'에 많은 관심을 쏟는 것도 이 이유에서이다.[68]

일반적으로 문학사에서 문제가 되는 문학적 경향의 역사적 연속성의

68 김윤식·김현, 『한국문학사』(민음사, 1973), 14-15면.

원리는 문학사 연구자가 지닌 정신사적 관심이나 그가 견지하는 사회 문화적 입장에 따라 강조되기도 하고 부정되기도 한다. 문학의 역사적 지속성과 문학의 유기적 성장이라는 개념 사이에는 분명 어떤 유사점이 있다. 이 두 가지 개념은 보다 높은 차원에서 문학 또는 예술의 가치의 자율성을 전제하면서 동시에 궁극적으로는 잡다한 여러 가지 사실을 역사의 기술에서 배제하고 주도적 경향을 중심으로 그 흐름을 설명해 버리고자 하는 어떤 이데올로기적 목적과 연관되어 있다. 하지만 문학사의 연속성이란 서로 다른 관점에서 신중하게 판단할 문제라고 생각한다. 문학의 시대적 흐름은 시대상에 따라 자연스럽게 이어지기도 하고 변화를 보이기도 하는데, 거기에 대한 문학사 연구자의 서술은 서로 결합되기 어려움에도 연속성의 관점에서 서술하지 않으면 안 된다. 더구나 각 시대별로 등장하는 문학적 사실들은 비연속적이며 비약이 많고 방향도 서로 다른 것들로 이어지는데 이를 해석하는 문학사 연구자는 의미 있는 '질서'라는 이름으로 일관된 흐름의 지속성을 부여해야 한다. 문학의 역사적 전개는 연속적 요소와 비연속적 요소가 서로 뒤섞여 나타남이 당연하다. 커다란 흐름은 주도적인 문학 양식을 통해 표면적으로 드러나고 그렇지 않은 사소한 경향은 주변적인 것들 속에 숨겨져 그 전모를 제대로 드러내지 않는 경우가 허다하다. 문학사의 이런 복잡하고도 다양한 경향과 구조를 놓고 볼 때 모든 문학사적 사실들은 연속적인 것으로 설명되든 비연속적인 것으로 설명되든 그 설명이 다소 자의적일 수밖에 없음을 부인하기 어렵다.

한국문학 연구에서 근대문학의 기점에 대한 비평 논의는 문학사의 체제와 서술 방법에 대한 비판적 재인식에서 비롯된 것이다. 이것은 이미 한국문학 연구가 각 분야별로 상당한 연구 실적을 축적하고 있었으며 새로운 시대 조건에 따라 문학사의 관점과 체제를 재론할 필요성이 제기되었다는 것과 무관하지 않다. 따라서 김현과 김윤식은 전대문학의 근대적 변혁이라는 관점에서 조선 후기의 사회 문화적 변화에 특히 주목했던 것이다. 물론 이 변화는 넓게는 이른바 식민사관의 틀 안에서 역사·발전의 주체성과 자율성을 부정했던 식민주의 역사관의 극복과 관계가 깊다. 조선 후기 실학사상에서 드러나는 근대 지향적 성격은 문학 연구의 영역에서도 적극 수용되었다. 예컨대 정병욱은 18세기 이후 확대·생산된 사설시조, 가사, 판소리 등이 보여 주는 서민적 성격, 사실적 경향, 희극미 등에 주목한다. 이 새로운 문학의 성장 속에서 그는 근대 지향적 경향을 발견하고 이를 근대문학의 기점으로 삼을 수 있음을 강조하기도 했다.

한국 근대문학의 기점에 대한 새로운 논의는 정신사적 차원에서 식민주의 역사관의 극복이라는 과제로부터 출발한다. 그리고 그것은 문학 연구 자체의 다양한 발전과 양적·질적 성장 자체가 그것을 새롭게 인식하고자 하는 관점과 방법의 전환을 요구하고 있다는 사실을 확인할 수 있다. 여기서 문제는 '근대'라는 개념이다. 이 용어의 근본 개념은 서구적 관점에서 다음과 같이 규정된다.

> 'modern'이 영어에 들어온 경로를 살펴보면 전형(前形)은 프랑스어 'moderne', 후에 라틴어 'modernus'이고 어원은 라틴어 'modo(바로 지금)'이다. 영어에서의 최초 의미는 오늘날 우리가 사용하고 있는 '현재 존재하는 어떤 것, 바로 지금'이라는 의미의 'contemporary'에 가까웠다. (덧붙여 'contemporary' 또는 19세기까지 사용된 동의어 'co-temporary'는 '우리가 직면하고 있는 바로 지금'이란 의미보다는 오히려 과거 시대를 포함해 '같은 시대의'라는 의미로 사용되었으며 이 용법은 현재에도 지속되고 있다.) '고대'와 '근대'의 대조가 된 것은 르네상스 이전의 일이며 그 중간 시대 또는 '중세(medieval)' 시대는 15세기에 정의되기 시작했다. 이처럼 다른 시기와의 비교에 의한 역사적인 의미로서의 '근대'는 16세기 말부터 널리 사용되었다. 그 뒤를 이어 17·18세기에 '근대주의(modernism)', '근대주의자(modernist)', '근대성(modernity)' 등이 등장했지만 19세기 이전에 나온 용법의 대부분은 다른 시기와의 비교 문맥에서 사용되는 경우에 부정적인 인상을 전달하였다. 18세기부터 등장한 'modernize(근대화하다)'는 애초에 특정한 사항을 일컬었다. 이를테면 건물(1748년 월폴의 그 건물의 남은 부분은 근대화했다.), 철자(1752년 필딩의 '제멋대로 나는 이 단어를 근대화했다.'), 유행하는 복장이나 행동(1753년 리처드슨의 '그는 조금도 근대화하기를 주저하지 않았다.') 등의 문맥에서 사용되었다. 이러한 예를 통해 알 수 있는 것은 이 단어가 일종의 개조를 가리키되 그 개조는 정당화를 필요로 하는 것이라는 의미가 지금도 명료하게 남아 있다는 사실이다.

> 'modern'과 그 관련어가 가진 부정적인 인상과 의미는 그 후에도 줄곧 지속되었지만 19세기 전반에 걸쳐 그리고 20세기에 이르면 상당히 눈에 띄는 형태로 그 역방향으로의 강력한 움직임 있었으며 그 결과 'modern'은 '향상된(improved)', '만족스러운(satisfactory)', '효율적인(efficient)'이라는 말과 거의 같은 의미가 되었다. 'modernism'과 'modernist'는 어떤 경향을 가리키는 쪽으로 사뭇 전문화되었는데 특히 1890년경부터 1940년경에 걸쳐 붐을 이루었던 실험적인 미술과 문학, 즉 모더니즘을 일컬었다.[69]

위의 인용에서 간략하게 설명하는 것처럼 '근대'라는 개념은 사회·역사적 발전의 과정에서 드러나는 시대적 단계로서의 '중세'와 대비된다. 그러나 이 개념은 이러한 기술적 의미만이 아닌 가치 지향성을 드러낸다. 서구 사회에서 이루어진 변혁과 발전의 과정을 놓고 '근대화'라고 명명했을 때, 그것이 지향하는 '근대'는 하나의 사회 발전의 이상적인 형태처럼 인식되었던 것이다. 이러한 현상은 비서구 사회에서도 시공간의 간격이 있음에도 유사한 지향을 드러냈다. 실제로 비서구 사회의 '근대화'는 곧바로 '서구화'를 의미한다. 하지만 서구 사회의 발전 과정을 하나의 모델로 설정한 경우에만 '근대'의 개념을 설정할 수 있다면 이것은 서구 문명 중심의 제국주의적 관점에 매몰되어 있음을 뜻하기도 한다. 그러므로 '근대'라는 것이 사회의 역사적 발전 양상을 개관하는 관점이 되기 위해서는 구체적 현실 자체에 대한 다각적 분석과 검토가 필요하다. 이 경우 서구 '근대' 시민사회가 추구했던 본질적 가치 개념을 한국 사회의 특수한 역사적 조건에 적용해 재구성할 필요가 생긴다. 사회·역사적 발전 단계의 하나로서 '근대'는 시대적 순서 개념이지만 그것이 지향하는 근대성은 언제나 하나의 가치 개념일 수밖에 없는 것이다.[70]

한국문학의 역사적 체계화 작업은 새로운 문학 양식의 등장과 연결되는 이른바 '근대 기점' 문제에서 연구의 난맥상을 드러냈다. 한국 현대문학사의 시대 구분 문제가 문학사 연구의 핵심 과제로 남아 있는 이유가 여기 있

---

69 레이먼드 윌리엄스, 『키워드』(김성기·유리 역, 민음사, 2010), 315-316면.

70 김명호, 「근대 문학론의 기본 쟁점」, 한국고전문학연구회 편, 『근대문학의 형성과정』(문학과지성사, 1983), 75-101면 참조.

다. 문학사 연구에서 시대 구분은 문학 텍스트의 시대적 순서 개념과 그 문학적 본질 개념을 상대적으로 통합하는 역사적 인식 행위에 해당한다. 이것은 문학 텍스트에 대한 심미적 이해와 역사적 인식을 결합시키는 논리라고 할 수 있다. 문학 텍스트는 문학사 서술에서 일반화되고 범주화되는 것보다 더 많은 다양성으로 역사 속에 존재한다. 그리고 그것은 한 시대에서 다른 시대로 이어지면서 변화한다. 이러한 문학 텍스트의 다양성과 변화를 이해하기 위해 문학사 연구에서는 문학의 전개 양상 속에 존재하지 않는 시대를 구분하는 것이다. 문학사 연구는 각 시대에 등장한 문학을 통해 이른바 시대정신이라는 추상화된 가치를 추구하고자 한다. 한 시대의 문학이 보여 주는 본질적인 가치 문제를 다루고자 할 경우, 필연적으로 문학과 시대정신에 관한 논의를 외면할 수 없다. 문학사의 시대 구분은 문학적 사실에 대한 순서 개념에 해당하는 것이지만 그 기준은 문학적 본질 개념에 대한 해석과 그 시대적 배열을 통해 이루어진다. 문학사의 시대 구분은 문학 텍스트의 시간적 순서 개념과 텍스트의 미적 가치에 대한 본질적 이해를 동시에 만족시켜야만 하기 때문이다.

문학사의 시대 구분은 역사적 실체로 존재하는 것이 아니라 여러 문학 양식의 생성과 변화, 붕괴 등의 현상을 고려해 문학의 연속성과 변화의 단계를 설명하는 관념의 형태에 불과하다. 물론 여기서 문제가 되는 것은 특정 문학 양식이 왜 연속적인 발전을 보이고, 진보적인 분화를 드러내고, 어떤 시기에 고양된 상태에 이르며 특정한 시점에 이르면 종식되기에 이르는지 설명해야 하는 점이다. 문학의 양식은 왜 발전을 통해 새로운 방향으로 미적 가치와 기준을 요구하는가, 낡은 양식은 왜 더 이상 만족스러운 상태로 존속할 수 없는가? 이러한 문제에 대한 타당한 해명을 전제로 할 경우에만 문학사의 시대 구분은 독단과 오판에서 벗어날 수 있다.

한국문학사의 '근대 기점'은 한국 사회의 변화와 그 문화적 모더니티의 발현이라는 하나의 시대적 특성으로 이해해야 한다. 문학 양식 자체가 지니는 복합적인 문화적 속성을 생각할 경우, 그 기점을 조선시대로 소급해 설정하느냐 해방 시기까지 늦추느냐로 해결되지 않는다. 예를 들면, 『한국문학사』는 유별나게도 근대문학의 기점을 영정조 시대로 끌어올려 설정한다. 하지만 조선 후기 영정조 시대가 여전히 반상계급의 기반 위에서 봉건적 사회

제도와 인습이 지배하던 사회였음은 부인할 수 없는 일이다. 이 시대는 절대 군주가 권력을 행사했고 계급적 구분이 엄격하게 시행된 신분 사회에 속한다. 그리고 가부장제의 질서가 가족 사회를 지배한 전근대적 시대이기도 하다. 그 시기에 등장한 서민 예술의 경향이 근대 지향적 변혁의 기미를 보여 주고 있었다는 점은 하나의 시대적 징후에 불과하다. 문학의 경우 여전히 지배층의 한문학이 주류였던 것도 사실이다. 『한국문학사』는 이 시기 소설로 국문소설 『한중록』과 한문소설이 수록된 박지원의 『열하일기』를 내세웠다. 하지만 동시대에 널리 향수되기 시작한 「춘향전」, 「흥부전」, 「심청전」 등 판소리계 소설이 인간의 현실적인 삶을 초월하여 신성한 세계로 연결되는 서사 구조를 제시하고 있다는 점을 간과했다. 한국의 고전소설에서 인간의 삶과 가치는 현실적 삶의 조건에 따르기보다는 신성의 세계에 의해 규제되고 그 가치가 부여된다. 따라서 대상으로서의 서사적 세계에는 언제나 인간적인 것과 초인간적인 것이 공존한다. 이러한 현상은 고전소설의 서사 원리에 인간과 세계, 주체와 대상에 대한 엄격한 구별이 존재하지 않았으며, 서사 구조가 신화적 세계관에 의해 구성되었음을 말해 준다. 더구나 이 시기에는 문학의 향수 방법 자체가 문자에 의한 경우보다 구술성(口述性)에 의존하는 경우가 많았다. 소설이나 시가는 대개 구전되는 설화나 민요에 기원을 두고 있다. 그러므로 이들 양식이 지니는 문학적 특징 가운데 구술성과 관련된 요소들이 적지 않다. 소설은 문체 자체가 율문적 성격이 강하며, 시조나 가사는 창곡에 따라 가창되고, 판소리는 창의 방식으로 구전된다. 이들 문학 양식은 문자 생활에서 소외된 평민층도 구술성에 의존해 문학을 향수했음을 말해 준다. 이와 같은 문학적 실상을 놓고 본다면 영정조 시대의 문학은 여전히 전근대적 속성에 머물러 있음을 알 수 있다.

문학사의 서술에서 주목해야 하는 것은 보이지 않는 관념적 형태로서의 시대정신이 아니라 실제의 문학 양식이 드러내는 역사적 연속성이다. 문학 양식이 남긴 집적물로서의 구체적인 작품이 존재하는 한 문학사의 연속성은 인정된다. 물론 새로운 양식이 드러내는 변화와 비약은 연속성보다 중단과 변화를 의미하는 것처럼 보이기도 한다. 그러나 문학사의 시대적 연속성이라든지 시대 구분이라는 것은 문학적 경향에 대한 서술을 위한 일종의 단순화 과정에서 얻어진 하나의 관념에 불과하다. 문학사는 주도적 양식이 보여 주는 변화의 양상을 따라갈 수밖에 없다. 거기서 문학사가 지향하는 전체적인 방향이 암시되기 때문이다. 그러므로 문학사 연구는 다양한 문학의 경향과 변화를 있는 그대로 기술하기보다는 그것을 단순화하고 추상화해 하나의 연속성의 논리를 찾고 그 변화의 매듭을 찾아 시대적 단위를 구분하지 않을 수 없는 것이다. 결국 문학사는 서술하고자 하는 각 시대의 문학적 사실만큼 다양한 목소리를 갖는 것은 아니다. 문학사는 주도적 양식의 발전을 역사적 과정으로 서술하는 데서 만족할 수밖에 없다.

3) 양식사의 연구 방법

현대소설의 사적 체계화

한국 현대문학 연구에서 현대소설의 독자적인 양식적 특성과 역사적 변화를 총체적으로 제시하는 것은 김우종의 『한국 현대소설사』(1968)가 그 첫 번째 성과에 해당한다. 이 책은 한국 현대소설의 성립 과정과 시대별 전개 양상을 체계적으로 서술한 본격적인 의미의 현대소설사라고 할 수 있으며, 1998년에 수정 증보판이 나오면서 서술 내용의 상당 부분이 보완되었다. 물론 소설사 기술의 기본적인 체제는 초판본과 크게 다르지 않은데, 근대 개화운동과 신소설, 춘원과 민족문학, 예술지상파와 동인 활동, 프로문학, 순수문학과 일제 말기의 문학, 해방 후의 문학, 한국전쟁과 1950년대 문학 부분은 초판의 내용을 대체로 수용하고 있으며, 순수론 비판과 1960년대 문학, '유신' 이후의 정치권력과 문학의 대응, 1980년대 이념적 해빙기의 문학과 1990년대의 출발점 등은 새롭게 추가된 부분이다. 전체 10장으로 구성된 이 책은 해방 이전과 이후의 소설사를 각각 5장씩 배분함으로써 한국 현대소설의 전개 양상을 시대별로 균형 있게 다루고자 하는 의도를 보여 준다. 이 책은 기존의 문학사와 마찬가지로 근대소설 성립 단계를 신소설의 등장에서부터 논의하고 있다. 춘원 이광수에 대한 논의를 다른 작가보다 큰 비중을 두어 다루고 있는 점이라든지 해방 이후 소설사의 전개 과정을 정치적 상황의 변화에 따라 설명하고자 한 점 등은 이 책의 특징에 해당한다. 하지만 이 책은 당대 문단에서 실제의 문예사조라든지 경향 등과는 상관없이 관행적으로 사용했던 '예술지상파'라든지 '순수문학'이라는 문단 용어를 그대로 사용함으로써 백철의 『조선신문학사조사』, 조연현의 『한국 현대문학사』 등이 보여 주었던 문단사적 서술의 영향에서 크게 벗어나지 못했다.

한국 현대소설의 형성 과정을 역사적으로 체계화해 서술하고자 하는 시도 가운데 김우창의 비평적 관점이 주목된다. 김우창은 김현·김윤식의 『한국문학사』를 둘러싼 근대문학의 기점 논쟁에서 벗어나서 「한국 현대소설의 형성」(1976)[71]을 발표한 바 있다. 이 글은 한국 현대사와 현대문학의 형성에 대해 특히 소설의 형성 사이에 있을 수 있는 어떤 관계를 생각하고자 하는 데서 출발한다. 그러므로 현대문학의 성립에 대한 역사적 서술을 의도한다기보다는 어떤 유형을 끌어내고자 한다는 전제를 달고 있다.

> 개항 이후 20세기 초까지의 한국사를 문학의 가능성이라는 관점에서 돌이켜 볼 때 한국문학의 근대화가 드러내고 있는 역사적인 시차는 국민의 구체적인 삶이 근대적인 성장을 이룩하지 못한 데에 기인하는 것으로 생각될 수 있다. 이것은 문학이 정치운동의 강령이나 사회생활의 전반에 유기적인 연결을 가지고 있지 못한 영웅 행위만을 기반으로 하여서는 성립할 수 없다는 것을 말하지만, 그렇다고 해서 정치와 문학의 관계가 반드시 단절적인 것이기 때문이라는 말은 아니다. 처음에는 추상적인 프로그램이나 고립한 영웅적 행위로 시작되는 어떤 정치운동도 우리 생활을 변화시킬 수 있다. 단지 그것은 시간의 문제이며 또 어떤 정치적 프로그램이 국민 생활에서 저절로 자라 나온 것이냐 아니냐 하는 문제이다.
>
> 다만 한국 사회의 정치적인 여건은 동학이나 의병운동이 생활 문화가 될 여유를 주지 않은 것이다. 이렇게 말하고 보면 정치를 단순히 집권층의 권력 투쟁 이상의 것으로 생각하는 한 문학의 성장은 정치에 관계가 없는 것이 아니라 오히려 밀착되어 있는 것이라고 할 수 있다. 또 그 관계가 종속적인 것만도 아니다. 문학도 이루어진 사태를 그대로 표출하는 것이라기보다는 그것을 표출한다는 행위 자체에 있어서 이미 그것을 앞서가는 것이

71 이 글은 계간지 《세계의 문학》 제1호(1976. 9)에 발표된 후 그의 첫 평론집 『궁핍한 시대의 시인』에 수록되었다.

며 정치의 사회 세력에 대한 관계도 그러한 것이다. 그러니까 다시 말하면 참다운 의미에 있어서 정치나 문학은 다 같이 생활 현실이 스스로를 넘어서는 일이며 이 넘어섬의 과정은 불가피하게 어떤 영웅적인 결단이나 추상화 과정을 필요로 하기 쉽다. 단지 내가 이야기하려고 하는 것은 이러한 과정에서 보다 지속적인 것은 생활의 구체라는 것이다. 그러니까 다시 한번 한국 현대사의 초기에서 문학의 성장이 늦어진 것은 그 기간 동안 생활의 구체의 성장이 주로 밖으로부터 오는 세력으로 하여 특히 고통스럽고 우원(迂遠)한 것으로만 이루어질 수 있다는 말이 되는 것이다.

이러한 고찰은 우리로 하여금 간단히나마 현대문학의 조건에 대한 검토를 시도하지 않을 수 없게 한다. 이 조건이 간단한 것이 아님은 서양에 있어서의 현대문학 특히 현대소설의 대두가 서양 사회에 있어서의 일반적인 근대화 과정과 변행한 것을 상기함으로써 미루어 짐작할 수 있다. 일률적으로 어느 하나가 다른 것에 대하여 원인이 되었다고 할 수 없지만 현대과학의 성립, 부르주아계급의 형성과 민주주의 이념의 대두, 개인의식의 고양- 이러한 것들이 현대문학의 발생적인 상황을 이루었던 것은 우리가 다 알고 있는 터이다. 그러니까 우리 문학의 근대화도 이러한 현상들의 발전에 관련되리라는 것을 짐작할 수 있다. 이렇게 말하는 것은 반드시 우리 문학이 서양문학을 뒤좇아 발전해야 한다는 것을 말하는 것은 아니다. 서양의 경우는 우리에게 하나의 유추를 제공해 줄 뿐이며 우리 문학은 그것과는 다른 방향으로 발전할 수도 있었을 것이다. 그러나 우리가 일단 특정한 시기에 일어나는 특정한 종류의 문학에 대한 요구를 인정한다면 비슷한 경로의 발전을 보일 것이라는 것은 말할 수 있다.[72]

김우창의 이와 같은 설명에는 몇 가지의 전제가 깔려 있다. 그 가운데 가장 중요한 것은 한국 사회의 현대적 전환의 시기를 19세기 후반부터 20세기 초에 드러나는 근대화의 충동에서 찾는 점이다. 김우창은 현대소설의 성립 과정도 이 시기를 배경으로 하여 서서히 드러나기 시작한 개인의식과 사회의식을 바탕으로 가능해졌음을 전제했다. 이러한 접근법은 김우창 자신이

---

72 김우창, 「한국 현대소설의 형성」, 『궁핍한 시대의 시인』, 79-80면.

국문학 연구에서 통념화되고 있던 개화계몽시대를 현대문학의 성립 단계로 인정하고 있음을 말해 준다. 특히 김현·김윤식이 내세운 근대문학의 기점으로서의 영정조 시기를 받아들이지 않고 있음을 확인할 수 있다. 물론 김우창은 한국 사회에서 근대화의 충동은 19세기 말부터 20세기 초의 역사 속에서 분명히 존재했지만 지속적인 움직임으로 정착하지 못했다고 판단했다. 다시 말하자면 근대화의 충동이 영웅적인 노력과 추상적인 수사로만 표현되었을 뿐 일상생활의 맥락에서 수립되지는 못했다는 것이다. 이러한 전제와 판단에 근거해 그는 이인직의 소설이 보여 주는 개인의 기구한 운명의 세계를 주목하면서도 그 삶 자체가 현실감을 획득하는 데는 실패하고 있다고 평가했다. 그리고 이광수의 소설이 보여 주는 거짓 이성의 세계를 놓고 그것이 근본적으로 이인직의 세계를 크게 벗어나지 않고 있다는 판단을 내렸다. 김우창은 현대소설의 성과로는 염상섭의 「만세전」을 주목한다. 그는 이 소설이 개인의 삶이 우연이 아니라 필연적인 사회적 연관성 속에 있다는 사실을 전체적으로 그려 내고 있음을 설득력 있게 지적했다.

김우창의 「현대소설의 형성」은 '현대소설'이라는 개념을 폭넓게 적용해 이인직에서 염상섭까지를 포섭함으로써 한국 현대소설사의 체계화를 위한 하나의 틀을 보여 준다. 이 글에서는 국문학계에서 널리 사용하는 '신소설', '근대소설', '현대소설'이라는 세분화된 용어를 쓰지 않고 '현대소설'이라는 개념 속에 이들을 모두 포함시켜 놓고 있다.[73] 이것은 서구적 개념으로서의 '모던'의 가치 기준에 얽매어 있던 국문학 연구의 문제성을 지적한 것이기도 하다. 실제로 이인직의 '신소설'과 이광수의 '근대소설'은 겨우 10년 사이에 발표된 문학작품에 불과한데, 여기에 각각 신소설과 근대소설이라는 개념을 부여해 양식적 독자성을 인정하고자 했던 것은 국문학 연구에서 드러나는 문학사적 인식의 비논리를 말해 주는 것이기도 하다.

이재선의 『한국현대소설사』(1979)[74]와 『현대한국소설사』(1991)는 1970년대 초반 활발하게 전개되었던 문학사 논쟁을 거친 후에 제출된 양식

73 김우창은 「한국시의 형이상: 최남선에서 서정주까지」(세대 제60호, 1968. 7)에서도 '신체시' '근대시' '현대시'라는 구분을 채택하지 않고 '한국시'라는 용어를 사용하고 있다.

74 『한국현대소설사』(홍성사)는 1979년 초판 발행 이후 2000년 개정판이 『한국소설사: 근현대편 1』(민음사)이라는 표제로 출간되었다.

사 연구의 성과에 해당한다. 전자는 해방 이전의 근대소설을, 후자는 해방 이후의 현대소설을 대상으로 하고 있다. 두 권의 책은 한국 현대소설의 역사적 전개 양상을 소설이라는 양식의 내적 구조와 가치의 변화를 통해 해명한다는 새로운 방향을 제시하고자 했다. 이러한 서술 방법은 한국 현대문학사의 기술 자체가 문학작품의 외형적 발생 배경이나 문학 외적 사실성(史實性)에 대한 해명에 지나치게 편중된 느낌이 없지 않다는 반성으로부터 비롯된 것이었다. 기존의 문학사가 사실 위주의 무미건조한 일반 문화사의 일부처럼 취급되어 문학의 고유 기능으로서 상상력의 미학적 속성이나 그 보편적 가치를 배제하고 있다는 비판적 반성은 두 권의 소설사의 매우 중요한 출발점에 해당한다. 실제로 이 책은 소설사의 서술 방법을 보다 새롭게 하기 위해 작품의 내재적 구성 원리와 그 미학성에 대한 인식을 강조한다. 그리고 역사적 사실과 문학의 미학적 요소의 긴밀한 유기성을 해명하고자 한다. 여기서 문제가 되는 것이 '근대'라는 개념이다. 이 책에서는 '근대' 또는 '현대'라는 개념을 혼용하고 있지만 본질적으로는 '근대성(modernity)'의 문제에 대한 해석이 중요하다는 사실을 전제한다. 이를 위해서는 작품 내재적 현실성으로서의 표현 형태는 물론 소설 구조의 변혁과 직결된다고 볼 수 있는 사회 구조적 변화 등을 유기적으로 조명하기를 요구했다.

> 종국적으로 부닥치게 되는 점은 바로 근대소설 또는 현대소설의 소설사적인 기점의 구획 문제이다. 즉 어느 시기에서부터 근대소설 또는 현대소설의 시기로 보아야 함이 가장 보편타당성을 지닐 수 있는가 하는 문제인 것이다. (중략) 작품 내재적 현실성을 존중하는 형태와 인식 방법의 측면으로 보아 전대소설과 근대소설의 각각의 특수성이 해체 또는 형성되는 대체의 시기가 주로 19세기 말 및 20세기를 전후로 하고 있다는 점이다. 물론 각 항목 가운데 시기적으로 이보다 훨씬 먼저 형성되는 것도 있으며 또 어떤 것은 반대로 훨씬 나중에 등장한 것도 있다. 그러나 양극의 표현 양식상의 특질에서 후자적인 것으로의 결정적인 전환은 대략 20세기의 첫 10년 전후다. 비현실적인 서술 시간에의 회상법의 말소화, 흥미 중심의 이야기에서 형상의 진실성을 제기한 것, 운문적 구연(口演) 시문체(時文體)의 구어적 정착화 및 인물 설정에 있어서의 관념적 이상화나 과도한 왜곡적 단순

> 화의 방법이나 서술자의 과도한 개입과 논평들의 극복 등은 근대적 신문에 연재된 신소설과 그 뒤의 문예지들의 작품들을 전후하여 확연하게 이루어지고 있기 때문이다. 그리고 소설의 예술적 자율성도 이 무렵을 기점으로 하여 전개되며 정밀·예리한 객관적 관찰력에 의해 이루어지게 된 것이다.
>
> 또 사실주의 전개 과정에서 볼지라도 현실적인 대상의 객관적이고 사실적 묘사와 인식 방법 및 현실의 객관적인 총체성을 표현하는 근대적 사실주의는 거의 이와 시기를 같이하고 있는 것이다. 물론 이 이전에도 현실적이고 사실적인 경향을 띤 소설은 있었다. 그러나 그것들은 소박한 현실관에서 출발한 나머지 사회적인 도덕 통념을 벗어난 사람들을 비판하려는 도덕적 견고성을 가지고 있어서 윤리적인 대용물과 연관되어 있으며 민중적 희극의 경우도 현실의 긴장을 이완시키기 위한 희극적인 굴절의 리얼리즘이었던 것이다.[75]

이재선이 신소설을 근대소설의 기점으로 제시하는 것은 기왕의 문학사 연구에서 널리 채택하고 있던 방법이지만 이 책에서는 '작품 내재적 관점'을 내세우면서 소설사의 실체에 접근하고 있다. 『한국현대소설사』는 개화기에서 해방 이전까지의 소설의 전개 양상을 다루고 있으며 총론에 해당하는 '서론'을 제외하고는 전체 4부로 구성되어 있다. 이 책의 서론에서 이재선은 한국 근대소설의 속성을 사실주의로 규정하고 그 표현미학적 특성을 소설의 내적 구성 요소에서 찾아보고자 한다. 제1부는 근대소설의 첫 장면으로 개화기 신소설을 내세운다. 근대화의 지각 변동을 배경으로 형성된 신소설의 양상에 대해서는 그 근대소설로서의 출발이라는 문학사적 성격을 고려해 비중 있게 서술한다. 제2부에서는 식민지 현실의 지각과 이데올로기적 세계관의 대립 과정에 주목해 사실주의 소설의 분화 과정을 추적한다. 여기서 경향소설의 등장을 다룬다. 제3부는 소설적 관심의 수평·수직적 확산이라는 관점에서 1930년대 소설이 도시적 삶의 체계와 자연 또는 농촌의 삶의 양식을 특징 있게 서사화하고 있음에 주목한다. 그리고 장편소설과 역사소설의 등장, 여성 작가의 글쓰기 등이 의미 있는 문학사적 현상으로 자리 잡게 됨을 지적한

75 이재선, 「현대소설의 기점: 작품 내재적 관점」, 『한국현대소설사』, 48-49면.

다. 이 책의 제4부는 일제 말기를 암흑기와 진통의 시공으로 규정하고 강요된 일본어 소설이나 친일적인 문학 행위 외에도 자기 세계를 지켜 나가고자 했던 작가들의 선택에 주목하고 있다.

이재선의 『한국현대소설사』에서 가장 큰 비중을 차지하는 영역은 개화기 신소설에 대한 서술[76]을 중심으로 하는 제1부의 내용이다. '신소설의 발생과 작가·작품', '개화와 완고의 양극성', '범죄와 폭력의 현실관', '역사전기소설의 저항의식', '신소설의 서사 구조와 수사학', '개량주의자의 소설' 등 여섯 개의 장에 걸쳐 개화기 소설에 대한 사적·형식적 접근을 하며, 더불어 이광수 소설을 논의한다.

이재선은 개화기 서사 양식을 경험적·허구적·희화 우의적 서사체라는 세 가지의 부류로 나누어 놓았다. 이러한 분류법은 일반적인 서사 양식의 구성 원리에서 가장 중요한 요소로 작용하는 경험적 요소와 허구적 요소의 상호 작용을 양식론으로 확대한 것인데, 그동안 신소설 중심으로 이루어진 개화계몽시대의 서사 양식에 대한 새로운 시야를 열어 주게 되었다. 이재선이 제시한 장르 체계에서 우선 주목되는 것은 경험적 서사체다. 그는 경험적 서사체(또는 역사적 서사체)라는 분류 개념 아래 개화계몽시대의 역사소설과 전기를 모두 포함시키고 이를 역사전기문학이라고 지칭했다. 그리고 이 역사전기문학을 허구적 서사체로서의 신소설과 대등한 위치에서 검토하며, 근대적인 역사소설의 전사로서의 의미를 새롭게 부여하기도 했다. 이러한 태도는 기존의 연구자들이 부분적으로 사용해 온 역사소설 또는 정치소설이라는 명칭을 모두 포괄해 그 문학사적인 의미를 부여하고자 하는 것이라고 평가할 수 있는데, 그는 이들 역사전기문학을 효용론적 목적의식이 강한 문학으로 규정했다. 이재선이 허구적 서사체에 포함시킨 신소설은 이미 전광용이 규정한 장르 개념을 그대로 수용한 것이지만, 역사전기문학과는 구별되는 예술적 자율성으로의 접근에 주목했다. 이재선이 새롭게 규정한 희화 우의적 서사체는 「소경과 앉은뱅이 문답」, 「금수회의록」과 같은 작품들을 포함

76 이재선의 신소설 연구는 『한국 개화기소설 연구』(일조각, 1972), 『한말의 신문소설』(한국일보, 1975) 등으로 이어졌으며 이러한 연구 성과는 다시 『한국소설사: 근현대편 1』의 제1부에서 종합적으로 정리되었다고 할 수 있다.

한다. 그는 이들을 단형 서사체라고 명명하기도 하지만, '개화기의 시대적 특수성을 반영'하는 것으로서 토론, 대담, 연설, 회의 등의 형태를 구성 원리로 채용하는 교훈적 문학으로 규정했다. 그러나 이 양식에 대해서는 여전히 많은 논란이 계속되고 있다.

이재선의 소설사 연구는 스스로 강조하는 것처럼 통합주의적 관점과 해석의 방법을 지키고자 했다. 소설이라는 영역 안에서 문제시되는 역사적 사실과 미학적 가치의 융합을 목표로 시대성과 초시대성의 조화를 기본으로 하여 소설 양식의 외형적 특성과 내재적 속성을 균형 있게 서술하고자 노력했다. 그 결과로 한국 현대소설사를 소설 양식의 역사라는 예술 미학의 문제로 범주화하고자 하는 노력이 잘 드러나고 있다. 이러한 특징은 이 소설사에서 작품의 내재적 속성에 근거해 소설사의 시대 구분을 시도하는 점이라든지 비평적 해석과 역사적 서술의 긴장을 적절하게 조정하는 점에서 확인할 수 있다. 하지만 이 책은 일제강점기 계급문학운동에 참여했던 이기영, 한설야, 조명희, 김남천 등의 작품 활동을 소략하게 다루고 있어서 소설 양식과 이념적 선택 문제에 대한 깊이 있는 논의를 유보하는 듯한 느낌을 주기도 한다.

이재선의 『현대한국소설사』는 해방 이후 현대소설의 역사적 체계화 작업이며 앞서 설명한 소설사 연구의 후속편이라고 할 수 있다. 해방 이후부터 1980년대 소설까지를 망라하는 이 책은 전체 8장으로 구성되어 있는데, 해방 직후부터 1950년 한국전쟁의 현장과 전후의 현실을 그린 소설, 1960년대 소설의 도시화 경향, 1970-1980년대에 등장하는 대학생 주인공 소설과 노동소설 그리고 역사소설의 재등장 등을 의미 있게 다룬다. 이 책은 해방 이전의 소설사를 다룬 앞의 작업과는 달리 현대소설의 전개 과정을 소설 주제론의 관점에서 새롭게 계보화하고 있다. 이 책에서 이재선은 소설사의 서술을 역사적 관점에 의존하지 않고 이른바 미학적 관점이라는 접근법을 통해 새롭게 시도함으로써 소설사 연구의 색다른 실천 모델을 제시했다. 『현대 한국소설사』는 한국의 현대소설이 한국 사회가 안고 있는 상황성에 대한 반응과 밀접하게 연관되어 있다는 전제로부터 출발한다. 여기서의 상황성은 남북의 분단으로 인한 민족 공동체의 이념적 분열과 갈등, 6·25전쟁으로 인한 분단의 고착, 절대적인 정치권력의 지배와 통제, 산업화 과정에서 빚어지는 사회 병리 현상 등을 지목할 수 있다. 이 같은 시대적 상황성과 불가분의 관계를 맺고 있는 한국의 현대소설은 바로 그 상황성에의 대응과 그것으로부터 열림의 희망을 담고 있다는 점에서 더욱 중요한 사회적 의미를 지닌다는 사실을 『현대한국소설사』에서 강조하고 있다.

이 책의 서술 방식과 태도는 크게 두 가지 방향으로 요약된다. 첫째 한국 현대소설이라는 특정 장르의 사적 체계화를 의도했음에도, 소설의 역사적 변화를 연대기적인 방식으로 서술하지 않고 있다. 오히려 이 책은 해방 이후 1980년대까지를 하나의 시대적 단위 개념으로 설정하고, 그 속에서 주제론적 차원의 소설적 경향을 분류해 서술한다. 그러므로 소설적 경향의 시대적인 추이보다는 주제의 분화 양상을 중심으로 하는 유형론적인 접근이 더욱 돋보인다. 예컨대 분단소설·도시소설·역사소설·노동소설과 같은 유형적 개념의 정립이 그것이다. 둘째, 주제론적인 접근법을 바탕으로 하는 유형화의 작업을 중시하기 때문에, 작가의 존재가 명확하게 드러나지 않고 있다. 작품사로서 소설사의 가능성을 확보하기 위해서 작품 외적인 사실로서의 작가를 부차적인 요건으로 취급하는 것이다. 이러한 두 가지 차원의 관점은 해방 이후 한국 현대소설에 대한 역사적인 연구의 하나의 모델을 제공했다.

그러나 바로 이러한 관점과 방법 자체가 사실은 『현대 한국소설사』를 소설사의 사적 체계와 거리를 두게 했다. 이재선이 제기하는 '열쇠의 시학'이라는 비유적인 개념 자체도 소설이라는 장르의 전개 양상을 이해하기 위한 것이 아니라 소설의 경향을 사회 현상과 대응시켜 이해하기 위한 하나의 인식 틀임을 부인할 수 없다. 실제로 이 책의 내용을 보면 소설이라는 문학 장르의 역사를 따라가지 않는다. 오히려 소설 형식을 통해 드러나는 시대적 징후들을 논의의 대상으로 삼는 셈이다. 『현대 한국소설사』는 그 서술 방식과 관점에서 볼 수 있는 특징적인 면모로 인해, 한국 현대소설의 전개 과정을 하나의 역사적 관점에서 파악할 수 있는 방법이 가능한 것인가를 다시 한번 질문하게 한다. 소설이라는 개방적 형식의 문학 장르를 대상으로 하여 통일성 있는 사적인 체계화가 가능한가 하는 문제를 다시 제기하게 만드는 것이다.

> 소설은 외적인 상황에 대한 열쇠의 기능을 한다. 물론 이 열쇠의 의미란 잠겨진 사회 상태나 시대적인 증후를 완결적으로 해결하고 개조하는 실천적인 도구라는 뜻으로서가 아니다. 작품이나 작가는 가시적으로 사회 문

제의 어느 것도 해결하지는 못한다. 그것은 단지 언어예술작품으로서의 내재적 논리에 근거하여 인간과 삶의 지향적인 가치의 지평을 열고 고양시킨다는 의미로서의 비유인 것이다. 이러한 소설적 가치의 열쇠 비유론은 비단 이와 같은 시대적이고 외적인 상황에 대한 대응매체로서 국한되는 것은 아니다. 도피적 유미주의나 목가적인 현상 및 자아와 그 내면에의 존재론적 탐색 및 소설 형태의 상투적인 관습의 틀로부터 끊임없이 새로운 서사 전략을 모색하는 문제도 같은 맥락에서 살필 수 있는 것이다. 따라서 문학사적인 조망을 위해서 이런 시대 대응적인 열쇠의 시학으로서의 소설론에 근거하고자 하는 것이다. 여기서 문제가 되는 것은 사회적인 통찰과 문학적인 감수성이 얼마나 정치하게 융합되는가란 점이다. 따라서 이 책에서 전개될 내용은 시대·역사적 관점과 미학적 관점을 통합하는 가운데, 현대 한국소설의 대응적 성격을 파악하려는 것이다. 이를 신역사주의라 일컬어도, 또는 미학과 사회성의 상보적 순환주의하고 일컬어도 무방하다는 생각이다.[77]

『현대한국소설사』에서 제기하는 방법론적인 인식의 틀에 해당하는 '열쇠의 시학'이라는 비유적 개념은 시대상에 대한 대응의 전략을 염두에 두고 있다는 점에서 넓은 의미의 반영론의 범주를 크게 벗어나지 않는다. 실제로 『현대 한국소설사』에서 소설적 주제의 영역으로 크게 분류하고 있는 분단상황, 폐쇄적인 정치권력의 폭력화 현상, 도시화의 과정, 노동의 삶 등은 모두 소설 내적인 문제가 아니라 사회 현실의 양태이다.

일반적으로 소설의 연구에서 문학의 한 장르로서 소설의 독자적인 양식에 관심을 기울여야 할 것인가, 아니면 소설의 형식을 사회의 한 표현으로 간주해야 할 것인가 하는 문제는 소설의 이론이 부딪히는 근본적인 문제다. 이 문제는 소설이라는 문학 형태의 양식 개념과 함께 그 발생 과정을 동시에 해명해야만 하는 어려움을 안고 있다. 문학의 장르 중에서 가장 포괄적인 형식을 보여 주는 것이 소설이기 때문에, 소설은 내적 요소와 외적 요건에 대한 해명이 함께 이루어질 때 비로소 그 본질적인 가치를 알 수 있는 것이다.

---

77 이재선, 「서론: 열쇠의 시학으로서의 현대소설」, 『현대한국소설사』(민음사, 1990), 23면.

소설의 장르적 속성과 성립을 사회·역사적 발전 과정과 연결시켜 보고자 하는 이론은 소설론의 중요한 부분을 차지하고 있다. 소설이라는 양식이 시민사회의 형성과 함께 성립되었다든지, 인간의 삶의 과정을 그려 내면서 그 형태적 요건을 더욱 발전시켜 나왔다든지 하는 것은 이미 일반화된 사실로 받아들여지고 있다. 소설은 사회 현상의 재현에만 주력하지 않고 자체 내의 고유한 원리와 구조상의 짜임새를 갖추어 왔기 때문에, 소설의 가치를 규명하고자 할 경우 소설의 사회적 지향과 예술적 지향을 함께 가늠해야 한다는 것은 당연한 논리다. 그런데 『현대한국소설사』는 소설의 형태가 요구하는 내재적 속성에 대한 관심보다 소설에서 그려지는 현실 영역의 문제에 대한 논의를 중심으로 한다. 소설 자체의 내적 구성 원리를 밝혀 보고자 하는 것은 매우 의미 있는 작업임에도, 소설 외적 요건에 의해 소설의 가치를 논하는 '열쇠의 시학'의 이원론적인 접근법으로는 해당 문제를 쉽사리 해결하기 어렵다. 물론 이러한 문제들은 『현대한국소설사』의 방향이나 범위를 놓고 볼 때, 소설이라는 문학 양식의 가치의 다양성을 포착하기 위한 것이라고 할 수 있지만, 소설 장르의 내적인 역동성과 구조에 대한 본질적인 인식이 분명하지 못했던 점과도 연관된다.

이재선의 『현대한국소설사』가 제기하는 첫 번째 과제는 한국의 현대소설의 전개 양상을 장르사의 차원에서 통일성 있는 전체로서의 역사로 기술할 수 있는가 하는 문제다. 『현대한국소설사』는 시대적 순서나 역사적 변화라는 통시적 질서를 처음부터 의도하지 않았기 때문에 소설 장르의 내적인 충동과 시대적인 변이 양상을 역동적으로 파악하기 어렵게 만들고 있다. 이 책은 한국의 현대소설의 주제와 유형을 분류해 각각의 특성을 분석, 설명하고 있다. 그리고 각 장의 내용 자체에서 볼 수 있는 독립된 논문으로서의 성격이 시대적 연관성의 의미를 오히려 압도하고 있다. 그러므로 이 책은 실상은 소설의 역사라기보다, 한국 현대소설의 여러 경향을 종합적으로 분석한 비평적 에세이의 집적물이라고 할 만하다. 한국의 현대소설을 양식사의 체계화를 위한 하나의 서술 대상으로 인식하기 위해서는 소설이라는 문학 장르의 분화와 확대 과정을 역사적으로 이해하는 일이 필요하다. 한국의 현대소설은 단편소설 양식과 장편소설 양식이라는 장르의 진폭이 미묘한 대응을 이루고 있으며, 그 속에서 다양한 경향이 드러나고 있다. 더구나 이러한 양상은 시대 상황과 대응해 변화하고 있기 때문에, 시대적 순서 개념의 정립이 필수적이다. 여기서 중요시되는 것이 사적 체계화를 위한 시대 구분이다.

한국 현대문학의 전개 과정에서 제기된 소설에 대한 논의는 대체로 서로 다른 두 가지의 논리에 의해 방향이 결정된다. 하나는 소설과 그 사회적·역사적 배경과의 직접적인 연계성을 강조하면서, 소설의 가치를 그 가운데서 규정하고자 하는 것이며, 다른 하나는 소설과 사회 현실과의 상관성을 인정하지 않고 작품 내적 구성을 통해 미적 가치를 규명하고자 하는 것이다. 이러한 태도는 서구의 소설론에서 흔히 볼 수 있는 것으로, '모방 이론(theory of mimesis)'과 '자율성 이론(theory of autonomy)'으로 설명된다. 두 가지의 관점과 방법은 20세기에 들어서면서 각각 사회학과 언어학의 발달에 힘입어 독자적 방법론을 발전시키면서 역사주의와 미학의 대립이라는 긴장 관계를 노정했다. 이러한 대립 관계는 소설을 논하는 자리에서만이 아니라 문학 전반에 걸쳐 나타남은 물론이다. '모방 이론'은 문학과 사회 또는 문학과 역사의 연결 관계를 표출하고자 한다. 이에 반해 '자율성 이론'은 문학과 삶 사이의 직접적이며 함수적인 연관을 인정하지 않고, 문학 작품은 어디까지나 예술의 한 형태이며, 독특한 언어 구조일 뿐이라는 사실을 전제한다. 다시 말하면 '모방 이론'은 문학을 역사와 시대의 산물로, '자율성 이론'은 문학을 예술적·미적 의도의 산물로 이해하고 설명하는 것이라고 하겠다. '모방 이론'에 근거한 소설론은 소설의 세계를 독자적인 예술의 세계로 인식하려 들지 않고 언제나 시대상과의 연관성 속에서만 의미를 규정하고 가치를 평가하려고 하는 공통적인 특성을 지니고 있다. 그러므로 그 방향은 첫째, 문학을 사회·윤리적 선전 수단이나 옹호자로 생각해 그 사회적 기능성만을 문제 삼는 경우, 둘째, 문학을 사회 문화적 현상의 하나로 보고 문학과 현실 생활과의 관계만을 중요시하는 경우로 나누어진다.

한국 현대소설에 대한 비평을 중심으로 소설의 이론을 체계화하고자 할 경우, 소설의 구조론과 기능론에 대한 상반된 관심을 절충하는 일은 가능하지 않다. 소설의 외적 조건을 중요시하느냐 내적 구성에 주목하느냐 하는 접근 방향의 대립성은 문학 이론의 결함이 아니라 소설에 있어서 가치 기준의 다양성을 말해 주는 것이다. 소설의 가치는 소설의 세계에 반영되는 경험적 현실의 실상과 경험 세계에 대한 인식의 방향, 경험적 성질을 소설의 고유한 속성을 통해 형상화하는 방법 등에 따라 달라진다. 그러므로 소설의 가치는 '모방적 가치', '주제적 가치', '형식적 가치'로 구분해 볼 수 있으며, 세 가지 영역은 소설에서의 경험적 현실의 체현, 그에 대한 해석 방법, 그리고 미적 형상화의 방향에 각각 대응한다. 세 가지 측면의 관심을 동시에 만족시킬 수 있는 소설 이론은 없다. 그러나 소설의 장르론에 대한 논의를 우리의 연구에 포괄한다면 보다 다양한 소설에 대한 해석 방법을 한국 현대소설사 자체 내에서 추출해 볼 수 있으리라 생각된다.

시문학사의 구상

한국 현대시문학사의 구상은 일찍이 정한모가 시도한 바 있다. 그의 『한국 현대시문학사』(1974)는 한국 현대시의 전개 양상을 역사적으로 체계화한 본격적인 시문학사의 등장을 의미한다. 이 책은 한국의 현대시를 전통과의 맥락에서 검토하고 사적으로 개괄하고 있다. 그는 문학사를 문학적인 현상들 간의 관계를 중심으로 구명하고 역사적인 전개의 양상을 밝히는 데 주력하는 한편, 문학 자체의 흐름과 결부시켜 기술했다. 구성은 1장 서론, 2장 근대시의 배경, 3장 새로운 시를 위한 태동, 4장 초기 시단의 형성과 그 선구로 이루어져 있으며, 18세기의 시대적 배경에서부터 1920년대 초기의 근대시까지를 총괄하고 있다. 또한 장르와 형태의 변화, 문예사조의 흐름, 기법의 발전 과정 등을 자세하게 거론함으로써 현대시 연구의 중요한 자료가 되고 있다.

정한모는 한국 현대시의 전개 양상에 대한 역사적 이해라는 학문적 관심사로 일관하고 있으며 철저한 실증적 태도와 분석적 방법의 통합이라는 방법론적 토대 위에서 시문학사 연구를 실천했다. 그러므로 그의 연구 작업은 창작 주체로서의 시인의 삶과 시대적 조건을 외면하지 않으며, 시적 텍스트의 배면에 숨겨진 역사적 상황 또한 철저히 인식한다. 그 결과 기존의 문학사가 빠져들었던 통념을 완전히 바꿀 수 있는 근거들을 상당수 제시할 수 있게 된다. 첫째, 창가와 신체시를 위주로 논의했던 최남선의 시작 활동을 그의 유학 시절을 중심으로 새롭게 복원함으로써 최남선이 일찍부터 시조의 창작에 힘을 기울였음을 밝히고 이런 성과 위에서 전통시가의 근대적 변혁 과정이 새로운 시 형태의 성립 근거가 되었음을 확인했다. 둘째, 그간에 동인지《창조》 활동으로만 언급됐던 주요한의 활동에 관해 그의 유학 시절 일본어 시를 발굴하고 그가 썼던 초기 국문시의 형태를 이야기함으로써 근대시의 확대에서 주요한의 역할을 새롭게 평가했다. 셋째, 정지용의 시작 활동이 1920년대 중반에 시작되었음을 밝히며 근대시의 성립기에 모더니즘 경향이 이미 정지용을 통해 정착되고 있었음을 보여 주었다.

정한모의 시문학사 연구에서 주목되는 점은 그가 시적 텍스트 자체의 구조와 기법, 비유와 상징의 의미, 해조(偕調)와 변화와 긴장 등을 치밀하게 분석하면서 이를 문학사적 질서에 편입시키고자 했다는 점이다. 이러한 통합적 방법을 통해 한국 근대시의 흐름을 주도한 김소월, 한용운, 이상화 등의 시 정신과 역사의식이 동시에 규명되고 시 텍스트의 미적 구조에 대한 정밀한 분석이 가능해졌다. 현대시의 성립 과정에서 드러나는 시적 형식과 시적 양식의 모색이 한국 근대시의 역사 속에서 자리를 잡은 것은 이 같은 연구에 의해 가능해진 일이다. 정한모의 시문학사 연구는 1920년대에 더 이상 진전을 보지 못했지만, 근대시의 사적 전개 양상을 한국 사회의 문화 혹은 정신사의 맥락 위에서 재질서화함으로써 한국 현대시문학사의 체계를 확립하는 데 필요한 관점과 방법의 기반을 제시하게 된다.

정한모에 이어 신문학사의 구상에 새로운 관심을 보인 것이 김용직의 연구 작업이다. 김용직의 한국 현대시 연구의 초기 저작인 『한국현대시연구』(1974)와 『한국문학의 비평적 성찰』(1974) 등은 한국 현대시 연구의 방법론적 기반을 확립하기 위한 실천적 성격을 드러낸다. 이 책들은 신비평의 이론에 기초한 분석주의 비평을 시의 분석과 해석에 적용하면서 한국 현대시의 이해에 여러 가지 새로운 개념을 만들어 낸다. 김용직의 비평 작업에서는 문학작품의 구조, 작품의 언어적 특질, 이미지, 상상력, 신화가 작품의 미적 가치를 형성하는 요소로 중요시된다. 그러므로 문학의 생산 기반이나 가치와는 별개의 문제로 취급되며, 작품의 수용 기반이 되는 독자들의 요구도 작품의 가치와는 직접적인 연관이 없는 문학의 외재적인 요소로 취급될 뿐이다. 이같은 접근은 문학작품의 독자적인 의미와 가치를 강조하는 데 근본적인 목표가 있기 때문에, 삶의 현실에 대한 문학의 역할이나 기능을 순수 미적인 요건에 국한시켜 논의할 수밖에 없다. 그 결과 시에 대한 비평 작업에는 시적 언어의 모호성(ambiguity), 시적 긴상과 해조(諧調), 시의 해석과 의도의 오류, 인상비평과 감정적 오류, 역설(paradox)의 언어 등과 같은 다소 낯선 용어들이 동원된다. 이는 대개가 미국 신비평에서 분석주의 방법의 확립을 위해 새로이 등장한 비평 용어들이다. 이를 통해 제시되는 분석주의 비평의 방향은 한국 현대시의 연구가 빠져들었던 인상주의의 깊은 그늘을 극복하는 것을 목표로 문학비평에서 방법론의 실천성을 확보하고 문학의 본질적 의미를 문학 내적 원리로 이해할 수 있는 방법을 제공하는 것이다.

김용직이 기대었던 분석주의 방법은 1960년대 중반 이후 문학비평의 방법론적 전환을 가능하게 했다. 이 시기에 이르기까지 한국 근대문학 연구는 이른바 역사주의적 또는 전기적 접근법이 방법론을 주도했다. 비평의 기능이라는 것도 작품의 역사적 문맥을 밝혀내거나, 작품 속에 작가의 삶이 어떻게 영향을 미치고 있는지를 밝히는 것에 만족해야 했다. 이러한 외재적 비평 외에도 이른바 인상주의 비평이라고 명명할 수 있는 또 다른 방법이 유행했다. 그것은 작품에 대해 느낀 대로, 작품을 통해 본대로 그 자체를 작품의 중요한 미적 요건이라고 믿는 것이었다. 신비평의 분석주의는 이러한 모든 비평적 태도를 거부했다. 시의 문학적 가치를 평가함에 있어서 객관적 실체로서의 시적 텍스트 자체에 대한 평가를 중시했으며, 작가나 독자의 감정, 가치, 태도, 신념은 모두 작품 평가에서 이차적인 것으로 치부했다. 이 새로운 방법은 작품 텍스트 자체를 중시하고 역사적·전기적 요소를 모두 배제함으로써 형식주의라고 비판되기도 했지만 오직 텍스트 자체의 중요성을 강조했다.

김용직의 비평적 지향은 신비평의 분석주의 방법에서 출발하고 있지만 신비평이 빠져들었던 형식주의적 한계를 극복하기 위해 새로운 방법적 모색을 감행한다. 신비평은 문학 텍스트에 관한 인식의 전환을 가능하게 했지만 방법론적 도그마를 벗어나지 못한 채 문학의 의미를 지나치게 협소하게 제한하는 반역사주의의 입장을 강화시켰다. 문학의 미적인 본질 개념에 집착한 나머지 삶의 조건과 역사 현실로부터 문학의 도피를 조장하는 결과를 초래하기도 했고, 문학의 연구에서 문학 외적인 사회 현실과 이념의 문제를 배제함으로써 이른바 '존재론적 오류'에 빠져든 경우도 적지 않았다. 특히 민족 분단의 현실적 모순을 극복하기 위한 의지를 제대로 구현하지 못한 채, 분단의 현실에 안주하며 문학의 순수와 초월을 강조했던 점을 비판적으로 볼 수 있다. 이러한 방법론적 제약을 벗어나기 위해 김용직은 『한국근대문학의 사적 이해』에서 『한국근대문학논고』 등으로 이어지는 연구 작업에서 보다 실천적으로 분석주의적 방법에 역사적 실증주의의 관점을 결합시켰다. 실증주의의 정신과 방법은 무엇보다도 사실적인 것, 경험적으로 인식될 수 있는 것, 역사적으로 주어진 것에 대한 믿음에 기반한다. 그러므로 어떤 개인적 인상이나 느낌이 스며들 여지를 두지 않는다. 그것은 어떠한 철학적 회의도 무의미하게 만드는 명백한 것이며, 명확하게 규정될 수 있는 것이다. 이러한 접근법은 주관적 신념을 중시해 온 문학비평의 영역에서 방법과 관점의 논리화 또는 과학화라는 이름으로 적극 수용되었다.

김용직의 한국 현대시문학사 연구는 『한국근대시사 상·하』(1986), 『한국현대시사 1·2』(1996), 『해방기 한국 시문학사』(1999)로 이어지는 한국 현대시의 역사적 체계화라는 목표로 연결된다. 그는 이 저서들을 통해 서구 문예사조의 전시장이라 일컬어질 정도로 복잡한 한국 현대시의 역사적 흐름을 체계적으로 정리하고 있을 뿐만 아니라 그 다양한 흐름 속에서 이루어진 발전의 양상들을 하나하나 면밀하게 포착해 냈다. 김용직은 시문학사의 기술에서 하나의 시 작품이나 그 작품에 나타나는 시적 경향을 텍스트를 중심으로 분석하고 해석해 내는 일에 큰 비중을 두었다. 그리고 각각의 작품이 생산되고 거기서 만들어진 특이한 시적 경향이 역사적으로 확산되는 과정을 사회 문화적 배경 속에서 파악하고자 했다. 이러한 방법을 통해 하나의 작품이나 어떤 문학적 경향이 구현하고 있는 미학적 가치(문학성)의 성취에 따라 한국 현대시사의 다양한 전개 양상을 역사적으로 기술하고자 했던 것이다.

> 너무나 새삼스런 이야기가 되지만 문학사는 일반사가 아니다. 우선 그것은 문학이라는 예술의 한 갈래에 관한 역사다. 그러면서 그것은 또한 가치 있는 작품들을 뽑아내어 그들을 한 연속체로 다루어야 하는 것이다. 문학의 독자적인 존재 의의와 가치 체계는 말할 것도 없이 일반 역사를 이해 파악하는 방법이나 기술 태도로서는 제대로 부각되지 않은 부분이다. 되풀이되지만 이 경우에 문제되는 문학성이 제대로 파악되기 위해서는 중점적으로 문학에 매달리는 태도가 확보되어야 한다. 그리고 이런 논리는 시간 개념과 인과 판단의 경우에도 그대로 적용될 수밖에 없다. 단적으로 말

해서 문학사에 적용될 시간 개념과 인과 판단은 일반사의 경우와 달리 해석되어야 한다. 이것이 문학사에서 역사가 문학을 향해 굴절하는 뜻이기도 하다.[78]

위의 인용에서 강조하고 있는 것처럼 한국 현대시사의 대상과 범주는 예술작품으로서의 시가 드러내는 미적 보편성과 역사적 실재성에 근거한 논리적 체계로 이해되어야 한다. 이 경우 필연적으로 직면하는 문제가 문학과 역사의 본질에 대한 인식의 문제다. 그리고 역사에 있어서 근대의 개념과 문학에 있어서 근대적인 것의 개념에 대한 규정 문제다.

김용직은 한국 현대시의 사적(史的) 형태화를 위해 문학사의 중심에 해당하는 문학을 온전하게 이해하고 평가하는 일을 우선시했다. 현대시사의 기술에서 역사가 문제가 된다고 해도 그것은 어디까지나 방편에 불과하다. 문제가 되는 것은 문학으로서의 속성이라든지 특징적 단면을 효과적으로 파악하는 일이다. 여기서 그는 문학의 내재론 또는 본질론이라고 말할 수 있는 언어, 리듬, 심상, 비유, 상징 등의 여러 가지 요소에 대한 정밀한 분석을 요구하며, 시의 형태와 구조에 대한 치밀한 분석도 우선적으로 다룰 것을 강조했다. 그리고 다른 한편에서 문학사 기술에서 필수 작업이라고 할 수 있는 역사의 수용으로서 원천의 탐색을 함께 수행하고자 했다. 여기서 원천이란 작품의 테두리 밖에 있으면서 시의 형성을 가능하게 하는 여러 가지 외재적 요건이다. 예컨대 정치적 상황과 경제적 여건, 사회제도, 교육과 문화 그리고 사회 관습과 종교 등이 이에 해당한다. 결국 김용직은 현대시사의 서술을 위해 문학의 내재적 접근과 외재적 접근을 동시에 통합하고자 했다. 이러한 서술 방법은 한마디로 분석주의와 역사주의를 변증법적으로 통합시킨 것이다. 그리고 이러한 방법론을 통해 김용직의 현대시문학사는 이전의 연대기적이고 역사주의적인 시문학사가 보이던 한계를 상당 부분 극복할 수 있게 된다.

김용직의 현대시문학사 연구는 이전의 문학사에서는 별로 주목받지 못했던 문학작품이나 문학 현상을 새롭게 발견하고 문학사적 의미를 정당하게 평가하는 데 상당한 노력을 기울인다. 1920년대 한국 현대시의 성립 단계

---

78 김용직, 『한국현대시사 1』(한국문연, 1996), 26-27면.

에서 언제나 주목된 것은 '백조'파의 활동이다. 한국적 낭만주의 시의 출발점으로 평가되었던 '백조'파의 시적 성과를 인정하면서도 김용직은 '금성'파의 활동에 주목했다. 이들이 만들어 낸 장시의 전통과 함께 시적 형식에 대한 새로운 탐색을 중시했기 때문이다. 그리고 한국 현대시의 성립 단계에서 이루어진 새로운 시적 형식에 '민요조 서정시'라는 명칭을 부여하고 그 문학사적 성격을 정립하게 된다. 1920년대 중반을 거치면서 이루어진 시조부흥운동의 긍정적 성격을 평가한 것이라든지 해외 시의 수용이 한국 현대시 형성에 미친 영향 등을 문학사적 차원에서 새롭게 논의한 것도 그의 연구 작업을 통해서 가능했던 일이다.

김용직의 시문학사 연구에서 역사적 기술과 분석적 방법의 통합적 관점을 잘 보여 주는 대목은 1920년대 중반 이후부터 1930년대 중반에 이르는 경향시에 대한 역사적 서술 부분이다. 이 부분은 비록 그 초점이 경향시라는 한정된 영역에 국한된 것이지만 경향시의 형성 배경이 되는 한국 계급 문단의 형성 과정에 대한 정밀한 실증적 검토 작업을 바탕으로 하고 있다. 그 결과 경향시의 성격과 문학적 한계를 분명하게 지적할 수 있게 되었고 경향시는 그 역사적 의미와 문학적 속성의 관계를 통해 문학사의 일부로 정확하게 자리매김하게 되었다. 이러한 접근법은 『한국현대시사 1·2』로 이어지면서 1930년대 시문학의 역사적 전개 양상을 총체적으로 서술하고 있다. 그는 1930년대 시문학을 이전의 '근대시'라는 개념과는 구별해 '현대시'라는 범주로 포괄하고자 했다. 이러한 관점은 백철의 문학사 기술에서 드러나 있던 근대/현대의 구분을 양식사의 기술에서 그대로 차용한 것이다. 김용직은 현대시의 양식적 특성과 경향을 '시문학파'의 김영랑, 박용철, 신석정을 중심으로 설명하고, '주지주의계 모더니즘'의 정지용, 김기림, 김광균 그리고 이상의 실험시 등을 논했다. '현실주의 시'의 경우는 권환, 임화, 박세영, 박팔양, 이찬 등을 논했고, '시인 부락파'에서는 서정주와 오장환을 논의했다. 그리고 임학수, 윤곤강, 조벽암, 김동명 등을 후반기 온건파로 분류하고, '시원파'의 김광섭과 여성 시인 모윤숙과 노천명을 함께 설명했다. 1930년대 후반의 신세대 시인으로 유치환, 신석초, 장만영, 백석, 이용악 등을 논했고, '문장파'로는 조지훈, 박목월, 박두진 등을 소개했다. 더불어 '암흑기 시'의 친일 성향과 저항의 경향을 함께 소개했다. 이와 같은 시적 경향의 분류 방법은 기존 문단에서 통용되어 온 문학적 유파의 분류법을 그대로 받아들이면서도 거기에 세대 개념을 서로 연결하는 점이 특징이다.

1945년 한국의 해방과 함께 도래한 이른바 '정치의 시대'에 이루어진 문학의 이념적 경향과 시 정신의 방향을 객관적으로 기술하고 있는 『해방기 한국 시문학사』에서도 이와 같은 서술상의 특징이 잘 드러나 있다. 따라서 김용직의 한국 현대시문학사의 정리 작업은 다양한 문예사조와 이념 등이 복잡하게 뒤엉켜 법칙성을 발견하기 힘든 한국 현대시의 흐름을 역사적으로 체계화하고 그 경향을 분류하는 데 큰 진전을 보여 주었다. 특히 한국 현대시에서 발견되는 시 텍스트의 문학성을 역사성과의 상관관계 속에서 규명함으로써 한국 현대시사 자체를 문화사의 영역으로 끌어올렸다는 점에서 의미를 부여할 수 있다.

희곡사의 가능성

유민영의 희곡사 연구는 연극의 요소로 존재해 온 희곡을 극문학이라는 문학의 분야로 인식하면서 새로운 문제성을 제기한다. 한국 연극의 전개 양상에 대해서는 일제강점기에 김재철이 『조선연극사』(1931)를 펴내며 역사적 정리 작업을 시도한 바 있고, 해방 이후 이두현이 『한국신극사연구』(1966)를 발간하면서 연극사의 체계를 확립하기에 이르렀다. 이와 같은 기존 연구는 연극이라는 공연 예술의 형태를 중심으로 이루어진 것이므로 희곡이라는 문학 양식은 그 관심사에서 벗어나 있었던 것이 사실이다.

유민영의 『한국현대희곡사』(1982)는 희곡의 전체적인 규모와 역사적 전개 양상을 체계적으로 보여 준다. 극문학으로서 희곡의 존재와 가치는 연구자의 주목을 제대로 받지 못했다. 한국 현대문학사에서 희곡이 문단적 관심사가 된 것은 1920년대라고 할 수 있다.[79] 학생 극 운동과 함께 양식적 인식이 가능해진 희곡은 서구의 공연 형태인 연극을 위해 만들어지는 극본으로서 그 속성 자체가 완전히 외래적이다. 전통적인 공연 형태였던 가면극이나 인형극은 모두 구전적인 전통 속에서 전승되어 왔으므로, 문자로 기록된 대본이 필요하지 않았다. 그러나 새로운 연극은 먼저 문학 양식으로서의 희곡

79 권영민, 『한국 현대문학사 1 개정판』(민음사, 2020), 309면.

을 대본으로 삼아야 했다. 희곡은 연극으로 무대 위에서 공연되는 것을 전제로 대화와 행동이 중심을 이루는 문학으로서 당시의 문단적 관습으로 본다면 가장 실험적인 양식일 수밖에 없었다. 희곡문학은 3·1운동을 전후해 유입되기 시작한 여러 가지 사상의 혼류를 호흡하면서 한국 문단에서 나름대로의 새로운 가치와 질서를 세워야만 했다.

한국문학 연구에서 유민영의 작업을 제외하고 희곡에 관한 연구가 거의 없었다는 것은 희곡이 차지하는 비중이 어떠했는지를 충분히 짐작하게 한다. 희곡의 작품사 정리가 없었기 때문에 누가 어떤 작품을 발표했는지도 제대로 알 수 없는 실정이었다. 그렇기 때문에 유민영의 연구 작업이 지니는 역사적 의의를 인정할 수밖에 없다. 유민영이 그의 연구에서 사용하는 희곡사라는 개념은 문학의 양식으로 다루는 희곡의 역사 또는 극문학 양식으로서의 희곡문학의 역사를 의미한다. 일반적인 의미에서 희곡은 시나 소설과 마찬가지로 언어를 표현 수단으로 하는 문학의 한 양식이다. 희곡은 소설과 마찬가지로 일정한 배경 속에서 인물들의 행위와 사건을 통해 하나의 이야기를 보여 주며, 그 속에서 주제를 드러낸다. 그렇지만 희곡은 소설과는 성격이 전혀 다르다. 희곡은 하나의 이야기를 무대 위에서 배우들의 행동을 빌어 직접 관객에게 보여 주는 것이므로 그 서사성보다는 공연을 위한 연극성이라는 특징을 지닌다.

『한국현대희곡사』는 목차에서 확인할 수 있는 것처럼 개화기부터 1960년대까지를 크게 여섯 부분으로 나누어 각 시대적 특징을 주요 작가를 중심으로 서술하고 있다. 이 책은 희곡사의 전개 양상을 10년을 단위로 구분해 논의하는 일반적인 시대 구분법을 적용하고 있다. 이 책에서 유민영은 희곡 형태로 발표된 작품을 모두 서술 대상에 포함함으로써 본격적인 희곡사의 골격을 확립했다. 물론 서술 내용 자체는 극 작가들의 정신적 상황에 초점을 맞추어, 그들이 시대와 상황에 어떻게 대응했으며 이를 작품에 어떻게 투영했는지를 말한다. 이는 유민영이 희곡을 시대적 반영으로 이해했음을 말해준다. 이와 같은 서술 방식에 대해 서문에서 다음과 같이 밝힌 바 있다.

> 첫째로 시대 구분 문제인데 그것은 두말할 것도 없이 신파극이 시작된 1911년을 기점으로 잡아서 1969년으로 끝맺음을 했다. 1960년대를 이 책

의 결론 부분으로 삼은 것은 1960년대야말로 식민지 세대가 끝막음을 하는 시기인데다가 전후 세대가 등장한 시기였기 때문이다. (중략) 두 번째로 작품을 선별하지 않고 희곡 형태로 쓰여졌거나 무대에 올려진 것은 모조리 서술의 대상으로 삼았다. 만약에 가뜩이나 빈약한 희곡 유산에 대해 비평적 재단을 가해서 작품을 걸러 낸다면 희곡사는 그 골격조차 서기 어려울 것이다. (중략) 세 번째로 극 작가들의 정신사적 상황에 초점을 맞추고 그들이 시대와 사회에 어떻게 대응해서 그것을 작품에 투영했는가를 살핌으로써 작품 속에 흐르는 근대의식사를 추출해 내려 했다.[80]

유민영의 희곡사의 서술 방법에서 먼저 주목해야 할 것은 극문학으로서 희곡 양식 자체가 가지는 작품의 빈약성을 전제하고 있다는 점이다. 실제로 창작 희곡의 본격적인 등장은 1920년대에 들어서서야 가능했던 점을 생각한다면 전문적인 극 작가의 부족은 당연한 현상이라고 할 수 있다. 그러므로 유민영은 희곡사 연구를 통해 희곡 작품의 실체를 조사해 확인하고 이를 시대별로 정리해 그 내용을 시대 상황에 맞춰 설명하고자 했다. 그러므로 극문학으로서 수준 미달이라 할 수 있는 작품들도 논의의 대상에 포함되고 작품의 분석 자체도 내용 중심으로 전개할 수밖에 없었다.

극문학으로서 희곡의 본질은 연극으로의 무대 상연을 전제한다. 그러므로 희곡 양식은 여러 가지 극적 속성을 지닌다. 우선 행동과 대사를 통해 직접적으로 하나의 사건을 제시한다. 작가가 직접적으로 대상을 묘사하거나 설명할 수 없다. 이에 독자나 관객은 희곡에 나타난 행동과 대사를 통해 극이 진행을 상상해 보아야 한다. 또한 희곡은 시간적·공간적 제약이 많다. 소설은 이야기가 얼마든지 길어질 수도 있고, 독자가 마음 내키는 대로 읽다가 중단할 수도 있다. 그러나 희곡은 일단 연극으로 상연될 경우 관객의 육체적·정신적 지속력과 흥미의 연속성에 제한을 받기 마련이다. 따라서 희곡은 한정된 시공간 속에서 이야기를 행동화시키기 위해 보다 압축되어야 하고 극적이어야 한다. 더구나 희곡의 배경은 무대 위에서 상연될 수 있는 내용이 되어야 하며, 전체적인 내용이 하나의 완결된 극적인 구조를 갖추어야 한다.

---

80 유민영, 『한국현대희곡사』(홍성사, 1982), 6-7면.

물론 희곡은 길이가 제한되어 있고 배경의 이동도 자유롭지 못한 것이 사실이지만, 오히려 이러한 제약을 바탕으로 전체의 이야기를 하나의 극적인 구조로 압축시켜 직접적인 효과를 거둘 수 있다는 점이 특징이다.

그런데 유민영의 희곡사는 극문학으로서의 희곡 양식에 관한 최초의 분류사적 시도임에도 양식사의 특징을 완비하지 못했다. 특히 서술 내용 자체가 극작가 중심의 희곡사로 성격화됨으로써 희곡 작품의 극문학적 특질에 대한 분석보다는 희곡에서 다루고 있는 소재 내용과 그 주제의식을 중심으로 논의를 전개했다. 결국 이 작업이 연극이라는 공연 형태와 극문학으로서 희곡의 상호 관계를 제대로 밝혀내지 못했기 때문에 별도의 연극사 연구[81]가 필요하게 되었다.

비평사의 논리와 성격

김윤식의 『한국근대문예비평사연구』[82]는 한국 근대문예비평의 실체 복원을 가능케 한 업적이다. 이 작업을 통해 김윤식은 근대문예비평의 사적 체계화를 위한 실증적 기반을 확보했고, 이후의 연구 작업은 그가 사상사 혹은 정신사라고 지적하기도 했던 문학의 정신적 가치의 확인을 위해 폭넓게 전개되었다. 여기서 말하는 정신사적 의미는 구체적인 실증적 내용과는 달리 연구자 자신의 내적 욕망과도 연관된다. 김윤식은 자신의 작업이 궁극적으로 삶의 통합 또는 전체성의 인식을 목표로 삼았음을 자주 암시한 바 있다. 문학을 하나의 전체로 이해하고자 하는 그의 태도 속에는 빌헬름 딜타이의 관점이 드러나기도 하고 프리드리히 헤겔의 방법이 논리의 그물로 깔려 있음을 느낄 수도 있다.

김윤식은 근대문학비평 연구를 통해 문단 비평과 문학 연구의 긴장

---

81 유민영은 희곡사 이후 『한국근대연극사』(단국대학교출판부, 1996)를 펴내기에 이른다. 이 책은 1. 근대연극사 서술의 배경, 2. 개화기와 전통극의 변모, 3. 신파극의 유입과 대중극의 번창, 4. 역사 변동과 연극의 시작, 5. 근대극 운동의 실상과 허상, 6. 연극의 암흑시대로 내용이 구성되어 있는데 희곡사와 함께 놓고 볼 때 비로소 극문학으로서의 희곡사가 연극사로 통합되어야 함을 보여 주고 있다.

82 이 책은 1973년 2월 한얼문고에서 발간되었다. 그 후 김윤식은 이 책의 내용을 논문 체제로 재편해 1976년 2월 서울대학교 대학원 박사학위 논문으로 제출했으며 1978년 일지사에서 동일 제목으로 개정 증보판을 간행했다.

관계가 상호 수렴되는 지점을 포착하고자 노력했다. 그는 비평의 관점이나 방법에 대한 모색보다 실증적 내용에 관심을 두었다. 그러므로 비평의 논리적 형태보다는 사실 자체의 규명과 복원을 중시했다. 이러한 태도는 한국 근대문학이 안고 있던 이념적 불균형과 함께 월북 문학인에 대해 설정되었던 이념적 금기 지대를 넘어서고자 하는 의욕에서 비롯된 것이라고 할 수 있다. 그는 사변적인 비평 담론보다는 실제적인 조사와 검증을 우선시하면서 구체적 사실의 복원에 주력했다.

이 책은 한국 근대문예비평의 성립과 전개 양상을 실증적 방법으로 체계화한 이 방면의 최초의 업적으로 평가받는다. 1920년대 근대문학의 기반이 확립되는 과정에서 방법과 관점을 확립한 한국의 근대문예비평이 1940년대에 이르러 다양한 주제와 방법으로 확대되는 양상을 구체적인 논쟁들을 통해 실증적으로 규명하고 그 전반적인 경향을 서술하고 있다. 이 책에서 주목되는 것은 한국문학에서 본격적인 근대문예비평의 성립을 프로문학운동에서 찾고 있는 점이다. 이 책의 머리말에서 이를 확인해 볼 수 있다.

> 본 연구는 1920년대 초기에 대두한 프로문학운동에서 1940년대 소위 신체제까지에 이르는 한국 문예비평의 전개 과정을 서술한 것이다.
>
> 이 기간 이전에 이미 이광수, 김동인, 김억, 염상섭, 박월탄 등의 비평 활동이 있어 온 것은 사실이나 한국 신문학에서 문학 및 비평이 대중 개념을 의식하면서 하나의 커다란 사회적인 문제로 등장한 것은 프롤레타리아 문학운동에서 비로소 선명해진 것이며 또 하나의 커다란 문학사상의 실체인 민족주의 문학도 전자에 의해 대타 의식화된 것으로 파악된다. 따라서 프로문학 이전과는 보편성을 띤 사회적 역동성의 질과 양의 면에서 구분되는 반면 프로문학 퇴조 이후의 혼란된 전형기 모색 비평계와는 뚜렷한 사상적 연결을 가능케 하는 것이다.
>
> 비평사라 했을 때 부딪치는 방법론적 문제는 일반 문학사와 사상사 내지는 정신사의 접점에 놓이는 것으로 볼 것이나 또한 비평이라는 한 분야로서의 그 나름의 정신 활동의 체계나 역량을 고려함이 원칙으로 판단된다. 이러한 총체적 구조 파악이라는 과제는 한 부분의 사관으로 재단되는 것이기보다는 오히려 그것은 면밀한 자료의 확인과 분석을 통한 '사실의

학(學)'의 문제라 볼 것이다. 무엇보다도 사실로서의 한국 문예비평사의 구조는 일단 복원되어야 하기 때문이다. 본 연구가 역사의 직접적 서술의 형태를 취한 것은 바로 이 때문이며 역사의식의 결여 및 도착으로 판단되는 비평 행위나 비평가를 탈락시키지 않는 것도 바로 이 때문이다.[83]

신문학의 초창기에 이광수·김동인·염상섭·김억 등이 제기한 다양한 비평 쟁점들은 문학의 근대적 인식이라는 면에서 넓은 범주의 비평 담론에 해당한다. 그러나 이 책은 이와 같은 초기 비평의 양상을 논의의 대상으로 취급하지 않고 있다. 오히려 근대비평은 프로문학운동에서부터 비평 개념과 방법, 관점이 분명해졌으며 프로문학시대에 본격적인 의미에서 문학의 전문 영역으로 비평의 기능이 중시되었다는 점에 주목하고 있다. 그러므로 이 책은 한국문학에서 근대비평의 출발을 프로문학운동의 등장과 동일시한다. 실제로 이 책에서는 제1부에서 프로문학을 중심으로 하는 문예비평의 양상을 다루고, 제2부에서 프로문학의 퇴조 이후 이른바 전형기 비평의 다양한 주제와 형태를 다룬다. 그리고 제3부에서 비평사의 방법론적 접근에 해당하는 비평의 내용론과 형태론을 별도로 논의한다. 이 책의 제1부에 해당하는 프로문학비평에 대한 논의는 일제강점기 프로문학운동의 이념적 성격과 그 논쟁적 확대 과정을 폭넓은 자료의 검증을 통해 규명한다. 이 책의 서술 내용에서 득의의 부분은 일본 문학과의 관련 양상에 대한 논의를 통해 프로문학운동의 비교문학적 연구의 가능성을 열고 있는 점이다. 계급문학의 내부 논쟁으로 검토되고 있는 내용·형식 논쟁, 목적의식론과 아나키스트와의 논쟁, 대중화론, 농민문학론, 창작 방법론, 사회주의 리얼리즘론 등은 그 논쟁의 주제 자체가 이미 백철의 『조선신문학사조사(상)』에서 상당히 심도 있게 논의된 적이 있다. 백철의 경우도 일본 프로문학운동에서 이와 같은 논쟁적 주제의 개념을 그대로 받아들였음은 물론이다. 한국 계급문학비평의 독자적인 측면을 보여 주는 것은 국민문학론이라는 이름의 민족주의 문학론이라든지 해외문학파와의 논쟁 등인데 김윤식은 이 책에서 이러한 논쟁들을 모두 프로문학운동에 대한 대타적 성격을 지닌 문학론으로 파악했다.

83 김윤식, 『한국근대문예비평사연구』, 10면.

계급문학비평에서 드러난 논쟁은 문학의 미학적 요건과 이념적 지향이 서로 충돌하는 과정에서 표면화된 것들이다. 내용·형식 논쟁은 마르크스주의 미학의 핵심 주제인 형식과 내용의 문제를 둘러싼 인식의 차이에서 발생한 것이다. 소설의 내용·형식 문제에 대한 논의가 예술의 본질 문제로 확대되고, 창작 방법에 대한 새로운 인식이 가능해진 것도 모두 계급문학의 논쟁을 통해 이루어진 성과다. 그럼에도 계급문학운동은 계급의식과 문학의 사회적 기능성에 대한 강조에 치중함으로써 문학의 예술성에 대한 무관심을 드러낸다는 평을 받았다.

『한국근대문예비평사연구』의 제2부는 1930년대 중반 이후부터 일제 말기까지의 전형기 비평에 대한 논의를 중심으로 한다. 조선프로예맹의 해산 이후 일본의 군국주의화와 함께 강요된 신체제의 논리에 대응해 한국문학이 어떤 비평적 논리를 전개하고 있는지를 검토하고 있다. 휴머니즘론, 지성론, 포즈·고발·모랄론, 예술주의 비평, 고전론과 동양문화론, 세대론, 신체제론 등이 이에 해당한다. 그러나 이와 같은 비평 주제의 구분은 그 기준이 불분명하고 비평 담론의 구조를 제대로 이해하기 어렵게 만든다. 이 시기의 비평이 전체적으로 리얼리즘에 대한 재인식 문제와 모더니즘 문학론의 새로운 수용이라는 방향으로 나누어졌음을 생각한다면 이러한 경향과 맞물리는 개념의 설정이 필요하다.

김윤식의 비평사 연구는 1970년대 중반 이후 한국 현대문학 연구에서 일제강점기의 계급문학운동에 대한 관심을 새롭게 촉발했다. 그러나 비평의 논쟁적 성격에 치중되어 있는 한계를 드러냈으며, 뒤에 『한국근대문학사상사연구』(1994)와 같은 업적에 의해 한국문학의 정신사 또는 사상사의 기반을 구축하기 위한 새로운 논의가 보충되었다. 이 연구는 물론 비평 텍스트에 대한 조사와 정리를 바탕으로 실증적 작업을 우선시했지만 실증적 자료 정리와 비평 논쟁에 대한 설명에서 비평 담론의 구조를 해석하는 단계로 발전하지 못함으로써 본격적인 비평사의 체계를 갖추지 못하고 말았다.

비평사 연구의 궁극적 목표는 비평 관점과 방법에 대한 해석을 통해 비평사의 논리와 형태를 갖추도록 그 역사적 체계를 확립하는 것이다. 이러한 문제의식을 놓고 보면 비슷한 시기에 출간된 신동욱의 『한국현대비평사』(1975)가 추구하는 한국 근대비평의 사적 체계를 참조할 만하다. 이 책의 규모는 김윤식의 비평사와 비교할 수 없을 정도로 작지만 한국 근대비평의 사적 체계화를 위한 저자의 고심을 머리말에서 읽을 수 있다.

> 우리나라 문학 발전의 제 단계에 있어서 외국 문화와 외국 문학의 충격은 때로는 중요한 역할을 했었으나 때로는 별 뜻 없이 스쳐 가는 경우도 있었다. 고전문학에 있어서 중국사상과 문학의 학습 및 불교사상의 접합은 우리 문학의 주체적인 발전에 중요한 의미를 지니고 있다. 20세기 우리 문학의 발전 과정에 있어서는 서구 문학과 서구 문화의 수용이 불가피했으나 그렇다고 하여 소개된 서구 문학이 모두 우리 문학의 주체적인 발전을 위하여 직접적인 역할을 했다고는 볼 수 없다.
>
> 필자가 섭렵한 자료 중에서 외국 문학의 이론과 비평을 소개한 글들이 더러는 우리 문학작품의 평가와 해석에 직접적으로 잘 적용된 것이 있었으나 더러는 단순히 소개에만 그치고 우리 문학과의 관련성이 희박하다고 생각된 자료들은 따로 취급하여 비교문학사나 한국에 있어서의 지식사로 다루는 것이 타당한 일로 생각했다.
>
> 일제 치하의 자료들 가운데 프로문학비평들은 나타난 대로 취급했다. 항일문화운동의 일환으로서도 타당성이 있으며 그 시기에 있어서 사회적 현실을 바탕으로 한 지성의 활동으로 볼 수 있다고 생각했다. 또 프로문학비평은 미의식의 확대를 위해서도 뜻있는 활동을 한 사실을 인정해야 하며 그 시기의 지식인의 여러 사고방식 중의 한 틀로서도 주목된다. 또 실제로 우리 문학의 주체적인 흐름 속에서 그것이 한 시기의 주도적 역할을 담당한 사실을 무시하거나 부정할 수도 없다. 1930년대의 서구 문학에서도 이러한 경향은 일반적인 추세이기도 했다.[84]

위의 인용에서 볼 수 있듯이 신동욱은 비평사를 체계화하기 위해 중요한 원칙을 내세웠다. 그것은 한국문학의 주체적 발전에 중요한 의미가 있는 비평을 그 대상으로 삼는다는 점이다. 여기서 주체적 발전이라는 말은 추상적이기는 하지만 한국의 문학작품을 대상으로 문학의 발전과 지향을 중

---

84 신동욱, 『한국현대비평사』(한국일보사, 1975), 8-9면.

심으로 하는 비평 논의를 의미한다. 아무리 중요한 문학 이론이라고 하더라도 직접적으로 한국문학의 현상을 설명하고 평가하기 위한 것이 아니라 이론의 소개를 목표로 하는 경우 구체적인 한국문학의 현장과는 일정한 거리가 있다. 그렇기에 이러한 비평 자료들은 비교문학 또는 지식사의 영역에서 새로운 논의가 필요하다는 판단에 따라 논외로 했다는 것이다. 신동욱의 원칙은 비평의 범위를 작품 자체를 대상으로 하는 이른바 실천비평으로 한정하고 있음을 말한다. 문학에 관한 모든 담론이 비평사의 대상이 된다는 일반적 원칙과는 거리를 두고 있는 셈이다. 그런데 여기서 주목되는 것이 프로문학비평을 적극적으로 취급하는 점이다. 이것은 월북 문인들의 마르크스주의 문학비평을 논의할 수 없게 만든 반공 이데올로기에 대한 도전이기도 하지만 일제강점기에 항일문화운동의 하나로 프로문학운동이 존재했다는 사실을 인정하고자 한 점에서 이념 문제에 대한 개방적인 태도를 유지하고 있음을 보게 된다.

신동욱은 비평사의 연구 방법에서 그 논리와 형태를 규정하는 시대 구분 문제에 관해 소박한 문학주의의 입장을 견지했다. 그는 정치·경제·사회사적인 측면에서 시대 구분을 결정하는 일이 문학의 역사에도 반드시 적합하다고 보지 않는다는 사실을 전제했다. 이것은 비평사의 흐름 자체를 비평 관점과 방법의 변화 과정을 따라 내재적인 단계와 그 구분에 따라 시대적으로 구획한다는 점을 강조한 것이다. 그 결과 신동욱은 비평 자체의 기준이라든지 이론과 관점 그리고 흥미의 변모와 교체 과정에서 그 경계선을 찾으려고 노력했다. 미의 가치도 정치·경제·사회의 총합적인 가치 형성과 필연적인 상관성을 지니고 있음은 사실이지만 문학 자체의 독자적인 표현 방식과 논의의 흥미를 감안해 (1) 고전문학의 비판과 근대문학의 성격 제시(1920년대 전후), (2) 사회의식과 작품 해석(1930년대 전후), (3) 서구파의 이론과 고전문학의 재평가(1940년대 전후), (4) 해방 후의 제 경향(1950년대 전후) 등으로 시대를 구분했다.

내용 구성을 좀 더 자세히 살펴보면, 1장의 고전문학 비판과 근대문학의 성격 제시에서 신동욱이 주목한 것은 근대문학의 성립 과정에서 등장한 계몽주의적 문학관의 핵심에 해당하는 문학의 효용설이다. 이 책에서 문학의 사회적 효용과 기능의 중요성은 3·1운동 이후까지도 이어지면서 당대 문학의 퇴폐적이면서도 감상적 경향을 비판하기 위한 대안으로 제시된다. 말하자면 신동욱은 그의 비평사에서 비평적 관점으로서의 문학의 사회적 효용 문제에 대한 논의를 그 출발점으로 삼은 셈이다. 이와 관련해서는 당대 문단과 일정한 거리를 두고 있던 신채호의 주장도 끌어들였다. 신채호는 일제 치하에서 민족을 구원할 수 있는 혁명적 문학을 요구하면서 문학의 사회적 역할을 강조했기 때문이다.

사회의식과 작품 해석이라는 2장의 경우는 3·1운동 이후 문학이 자기 주체에 대한 자각과 현실 인식의 중요성을 강조했던 경향에 주목한다. 염상섭이나 현진건과 같은 작가를 통해 구체화된 사실주의 성향이나 계급문학의 등장이 이를 대변한다. 그러나 여기서 신동욱은 계급문학운동의 조직 과정이나 창작 방법에 관한 논쟁을 구체적으로 다루지 않았다. 문학과 이념의 요구라는 비평 쟁점을 도외시하는 태도는 여전히 1970년대의 시대적 조건과 정치적 제약을 염두에 두었던 것으로 볼 수 있다.

3장의 경우는 서구파의 이론이라는 주제로 해외 문학파의 비평 활동과 주지주의 문학론 등을 검토하고 있다. 이 시기에 이루어진 고전에 대한 새로운 논의도 함께 포함하고 있다. 한국의 현대비평이 당대 서구 문학비평과 동시대적 감각을 유지하기 시작한 점을 놓치지 않은 것은 주목할 만한 대목이다.

4장에서는 해방 공간에서 문단의 이념적 분열을 좌파의 지도 비평과 민족파의 순수주의로 구분해 개략적으로 검토한다. 이와 같이 신동욱의 현대비평사는 그 자신의 주장대로 한국문학의 주체적인 흐름을 위주로 각 시기의 작품에 대한 평가가 어떠한 관점에서 이루어져 왔는가를 주안점으로 하며, 구체적인 작품과 결부된 실천비평을 근거로 논의를 전개한다. 그러므로 비평의 주요 방법이나 문학적 개념에 관한 논의를 충실하게 검토하지 못한 한계를 보여 준다. 물론 한국 근대문학의 성립 이후 전개된 비평사의 체계화를 위해 하나의 구도와 설계를 제시했다는 점을 간과할 수 없다.

하나의 매듭

1) 한국문학의 모더니티

한국 현대문학비평은 19세기 중반부터 오늘에 이르기까지 이루어진 문학에 관한 모든 비평 담론을 포괄한다. 현대문학은 한국 사회의 근대화 과정을 배경으로 성립된 문학이다. 고전문학이 기반하던 봉건적인 사회제도와 관습이 붕괴된 자리에 새롭게 자리 잡은 것이 현대문학이다. 현대문학에는 한문학의 경우와 같이 지배 계층의 이념을 대변하고 그 정서를 표현하는 독점적이면서도 폐쇄적인 문학이 존재하지 않는다. 현대문학은 국문 글쓰기에 의해 양식이 확립되고, 국문을 통해 대중적으로 확산된다. 그리고 대중매체로 새롭게 각광을 받게 된 신문과 잡지를 통해 폭넓은 독자층과 만난다. 현대문학비평은 현대문학 양식의 성립과 그 개방적 확대를 기반으로 하여 현대문학이 추구하는 가치와 미학이 핵심 요건이 된다.

현대문학의 역사적 전개 과정은 한 세기 정도에 불과한 짧은 기간이지만 시기별로 개화계몽시대의 문학, 일제강점기의 문학, 분단시대의 문학이라는 세 단계로 구분된다. 학계에서는 이를 크게 '근대문학'과 '현대문학'이라는 이름으로 구분해 부르기도 한다. 개화계몽시대의 문학에서부터 일제강점기의 문학을 통틀어서 근대문학이라고 하고, 해방 이후 민족분단시대의 문학을 현대문학이라고 칭하는 것이 보통이다. 물론 이러한 구분법은 지극히 편의적인 판단 기준에 따른 것이다. 한국 사회의 근대화 과정이 지니는 역사적 특수성을 놓고 본다면 한국문학에서 근대 또는 현대의 개념을 정확하게 구분하기가 쉽지 않다. 고전문학이 동양적인 토양과 배경 위에서 싹트고 발전·성장해 온 데 반해, 한국의 현대문학은 서구적인 영향이 크게 작용하는 가운데 변혁의 과정을 거쳐 온 문학이라고 할 수 있다. 고전문학은 고려시대 문학에 이르기까지 불교의 영향이 크게 반영되어 있으며, 조선시대에는 유교, 특히 성리학의 이념이 주축을 이룬다. 그러나 현대문학은 서구 문물과의 본격적인 접촉을 통해 기독교 사상뿐만 아니라 다양한 서구 문예사조를 수용한다. 한국의 현대문학은 동양적인 전통 위에서 보편적인 것으로서의 서구적 현대성을 함께 추구하면서 그 가치와 미의식을 확립했다. 고전문학은 신화적 상상력에 의해 인간의 삶이 초현실적인 신성의 세계와 함께 그려지나, 현대문학의 세계는 경험적인 일상의 현실이 중심이 된다. 현대문학은 경험주의적 합리성에 근거해 초인간적이며 초자연적 세계로부터 벗어난다. 이러한 탈마법화(脫魔法化)의 과정은 현대문학이 근대적 계몽의식에 근거해 성립되었음을 의미한다.

현대문학비평은 국문 글쓰기를 기반으로 새로운 '문학'이라는 개념을 제도적으로 정착시키면서 등장했다. 이광수가 '문학'이라는 용어를 서양의 '문학(literature)'과 일치시키고 그 개념을 '정적 분자(情的 分子)를 포함한 문장'이라고 한정한 바 있음은 널리 알려진 일이다. 문학의 영역에는 그 하위 단위로서 시, 소설, 희곡 등의 문학 양식이 포함되었다. 이광수는 문학이라는 말이 전통적인 글 또는 '문'의 개념을 벗어나 있음을 강조했다. 이는 가치와 윤리의 영역까지 포괄하고 있던 '문'의 개념이 정서와 취향의 영역에 자리하고 있는 새로운 '문학' 개념으로 전환됨을 뜻한다. 다시 말하자면, 이것은 학식과 교양과 덕망을 뜻하던 전통적인 '문'의 개념 대신에 '문학'이 상상력과 창조력의 소산이라는 특별한 예술의 영역으로 구분되는 비평 개념으로 등장했음을 의미하는 것이다. 이러한 인식의 변화는 이 시기에 심미적인 것이 하나의 새로운 인간적인 가치로 자리 잡기 시작했음을 뜻한다.

문학이라는 독자적 영역 안에서 새롭게 개념이 규정된 소설이나 시와 같은 새로운 문학 양식은 전문적인 문인 계층이 수행한 직업적 창작 활동의 산물이다. 이 시기부터 직업으로서의 문필업이 등장하게 된 것은 물론 국문 운동에 의한 독자 대중의 사회적 확대와 연관된다. 그리고 이 대중 독자층을 상대로 하는 서적 출판과 판매라는 자본주의적 유통 구조가 제도적으로 자리 잡으면서 전문적인 문필업이 정착되었다. 실제로 개화계몽시대에 등장한 신문사나 잡지사에는 신문·잡지의 읽을거리를 만들어 내는 전문적인 글쓰기에 종사하는 기자가 생겼고 소설을 쓰는 전문 작가도 등장했다. 이들이 쓰는 글은 조선시대의 지식층이 인간의 도리를 익히고 덕망을 쌓기 위해 행하는 글쓰기와는 그 성격이 전혀 다르다. 그것은 현실적 목적에 따라 이루어지는 하나의 문화적 생산에 해당하기 때문이다. 실제로 현대문학의 성립 과정에서 크게 기여한 대중적인 신문과 잡지는 전문적인 문필업의 형성을 위한 사회적 기반을 제공한 바 있다. 상업적인 출판사는 전문적인 글쓰기에 종사하는 사람들과 여러 가지 방식으로 연관을 맺으면서 그들의 글쓰기 활동을 지원했고, 신문사는 전문적인 문필가들을 기자로 채용하면서 직업적인 문필가와 대중 독자 사이를 연결하는 매개 역할을 담당했다. 문필가들이 쓰는 글은 출판사에서 서적으로 발간되어 일반 독자들에게 읽을거리로 제공되었다. 이에 따라 일반 독자들은 마치 취향과 욕구에 맞는 물건을 구입하고 소비하듯이 글을 대하며 책을 구입했으며, 출판사는 일정한 이익을 문필가에게 제공했다. 개화계몽시대에 신문에 연재된 후 단행본으로 출판되었던 신소설은 바로 이 같은 대중적 욕구를 고려한 최초의 현대적인 글쓰기의 산물이다. 창작물에 해당하는 소설이 본격적으로 상품화되어 상업적 유통 관계에 의해 독자 대중과 만나는 새로운 사례가 바로 신소설인 셈이다. 국문을 통한 개방적인 문자 언어생활이 가능해지기 시작한 새로운 글쓰기의 시대, 바로 이때 현대문학은 사회제도의 변화를 내포하는 현대성의 의미를 드러낸 것이다.

개화계몽시대는 넓은 의미에서 현대문학의 성립기로서 현대문학비평의 출발점이 된다. 19세기 후반부터 한국 사회는 봉건적인 사회체제의 모순 극복을 위한 개혁운동이 각 방면에서 활발하게 전개되었고, 침략적인 외세의 위협에 대응하기 위한 자주독립운동이 지식층을 중심으로 점차 확대된 바 있다. 정치적인 차원에서는 갑오개혁의 근대화 작업이 시도된 바 있으며, 동학농민혁명을 통해 민중의식의 성장도 분명하게 드러났다. 그리고 독립협회와 같은 사회 단체가 결성되어 민권운동이 전개되기도 했으며, 많은 지식인이 국권 회복을 위한 애국계몽운동을 추진하기도 했다. 현대문학은 이러한 사회 변동 속에서 새로운 국문 글쓰기를 통해 다양한 양식들을 정착시킨다. 고전문학은 문학의 향수 방식 자체가 바뀌면서 근대적 변혁 과정을 거친다. 문학의 가치와 이념, 정신이 모두 새롭게 전환되고 문학의 양식과 기법도 변화를 추구한다. 개화계몽시대에 새롭게 등장한 신문과 잡지 등을 통해 문학의 대중적 기반이 확대되자, 새로운 문학 양식들이 시대적 요구에 부합되는 주제를 담고 국문문학의 형태로 등장한다. 소설이 대중적인 문학 양식으로 자리 잡고, 새로운 자유시 형식이 실험되기 시작한다. 그리고 근대적인 연극 공연이 처음으로 무대 위에서 이루어지기도 한다.[1]

그런데 현대문학은 그 형성 단계에서 일본의 침략으로 말미암아 결정적인 한계에 부딪힌다. 1910년부터 1945년까지 지속된 일본의 식민지 통치는 한국 민족의 모든 권한과 소유를 박탈하는 것으로부터 시작되어 민족의 존재와 정신마저 말살시키고자 하는 방향으로 전개되었다. 그렇기에 한국 사회에는 모방과 굴종, 창조와 저항이라는 양가적 속성을 지니는 독특한 식민지 문화가 성립된다. 현대문학비평은 식민지 현실 문제에 대한 비판적 인식을 바탕으로 다양한 문학 양식과 개념을 정착시키면서 민족적 주체의 확립에 힘을 기울인다. 그 결과 개인과 사회, 민족과 계급의 문제에 관심을 기울이는 다양한 주제의 장편소설이 출현하고 소설 기법과 서사의 미학을 여러 각도에서 실험하는 단편소설이 등장해 소설 문단을 주도한다. 한국인의 정서와 호흡을 바탕으로 형성된 자유시는 그 형식적 개방성을 독특한 시적 개성으로 발전시킨다. 새로운 희곡문학이 등장해 무대 공연을 실현함으로써 공연 예술로서 연극의 대중화가 가능해진다. 한국문학은 일본어라는 지배 제국의 언어에 대응하는 식민지 민족어의 보루로서 문화적 자기 정체성을 지켜 나갈 수 있는 정신적 근거가 된다.

1945년 한국의 해방은 민족문학의 방향과 지표를 재정립하고자 하는 새로운 계기가 된다. 일제강점기의 모든 반민족적인 문화 잔재를 청산하고 새로운 민족국가의 수립과 함께 참다운 민족문학을 건설해야 한다는 비평의 요구는 당연한 시대적 요청이었다. 한국문학은 일본의 식민지 지배를 벗어나면서 새로운 민족문학 건설을 위해 문단의 정비 작업을 감행한다. 이 작업은 창작 활동의 사회적 기반을 확립하기 위한 것이었지만 식민지 문화에 대한 청산이라는 탈식민화의 실현을 목표로 한 것이었음은 물론이다.

그러나 정치적 이념의 대립과 갈등 속에서 문단의 여러 분파가 생겨났고 서로 다른 이념을 내세우며 대립했다. 1948년 한국 정부 수립 이전에

---

1 권영민, 『한국 현대문학사 1 개정판』(민음사, 2020) 참조.

북한으로 넘어간 이른바 '월북 문인'이 생겼고 1950년 한국전쟁 시기에는 상당수의 문인이 납북되는 상황이 벌어졌다. 결국 한국문학은 자연스럽게 남북 분단 상황으로 빠져들었다. 한국의 남북 분단은 해방 이후 한국 사회가 처한 정치·사회·역사·문화적 상황과 성격을 규정하는 역사적 조건이 되었다. 이것은 한국 민족의 요구와는 상관없이 강대국의 지배 논리와 이데올로기의 대립에 의해 강요된 것이라는 점에서 더 큰 문제성을 드러낸다. 특히 한국 사회는 남북 분단으로 인해 6·25전쟁과 그 뒤를 이어 지속된 냉전 체제에 의해 분단의식을 일상화하는 민족사적 모순을 노정하게 되었다. 그 결과 남북 분단의 상황 속에서 이념과 체제를 달리하는 정치권력의 확대를 초래했고, 각각의 정치권력이 자체의 모순을 은폐하기 위해 분단의 상황을 더욱 과장해 왔음을 쉽게 확인할 수 있다. 실제로 분단의 현실 속에서 노정된 정치·사회적 모순이 거듭되는 동안 남북한 사회의 모든 영역에 분단의식이 일상적인 것으로 확대되었고, 그로 인한 의식의 편향이 두드러지게 드러났다. 그리고 6·25전쟁을 겪은 뒤부터 이데올로기의 적대적인 대립 양상은 냉전의 논리에 따라 자연스럽게 고정되었다. 북한은 자유민주주의 사상을 자본주의의 모순과 부르주아의 타락을 의미하는 것으로 보고 배척했으며, 마르크스-레닌주의의 전체주의적 변형에 다름 아닌 김일성의 주체사상을 모든 가치 개념의 정점으로 내세웠다. 남한의 경우에는 이데올로기에 대한 극심한 피해의식을 벗어나지 못한 채 사회주의 이념을 철저히 배제했다. 그 결과 진보적인 사회사상이 지지 기반을 갖지 못한 채 반체제의 논리로 비판되기도 했고, 분단의 상황에 안주할 수밖에 없는 의식의 편향이 초래되기도 했다.

한국문학은 1960년 4·19혁명을 통해 무기력한 '전후의식'의 함정을 벗어날 수 있었다. 자유와 민주에 대한 개인적인 자기 각성, 사회 현실에 대한 비판적 인식, 민족과 역사에 대한 새로운 신념이 사회적으로 확산되자, 문학과 현실, 역사에 대한 폭넓은 관심이 비평 담론의 형태로 새롭게 대두되었다. 여기서 가장 크게 주목된 것은 문학의 사회적 역할에 대한 비판적 인식을 기반으로 사회 현실 조건에 대한 비판과 저항의식의 문학적 표현이 강조된 점이었다. 새로운 순문예지가 등장하면서 창작 활동의 영역이 확장되자 다양한 언론매체가 비판적 지성을 대변해 주었다. 문단에서는 역사의식에 근거한 민족문학의 전통에 대한 재인식이 촉구되기도 했고, 민족분단의 역사적 모순에 대한 비판적인 인식을 기반으로 분단 상황에 대응하는 문학의 새로운 지표가 논의되기도 했다.

한국 사회는 1960년대를 넘어서면서 산업화 과정에 접어들었다. 급속도로 이루어진 경제 개발의 성과는 외형적 성장을 이루었으나 토대의 취약성을 드러냈다. 더구나 정치적으로는 5·18민주화운동 이후에도 한동안 군부세력의 폭력적 정치 탄압이 지속되면서 지역적·계층적 갈등과 대립을 낳았다. 산업화 과정에서 드러나는 사회 변화와 갈등 양상은 문학을 통해 다양한 방식으로 표출된 바 있다. 소설의 경우, 현실 사회의 모순에 대한 비판적 관심이 확대되었으며, 시의 경우에도 일상적인 삶에 접근해 체험적 진실성을 추구하고자 하는 노력이 두드러졌다. 문학작품의 생산 못지않게 수요의 영역에서도 물량의 확대가 이루어졌다. 문학의 대중 독자가 증가하면서 본격문학이 많은 독자층을 끌어모으고, 시집의 간행이 활발하게 이루어졌다. 특히 이 시기에는 문학이 삶의 한복판에 보다 치열하게 나서야 한다는 요구가 일었다. 이에 문학은 독자와 공감대를 형성하면서 정치·문화의 독단과 폐쇄성에 대응했다. 이러한 문학적 경향은 개인과 현실, 더 나아가서는 인간과 사회의 균형 있는 발전과 조화를 추구하는 정신적 노력의 일환으로 그 문학사적 의미가 인정된다.

한국 사회는 1990년대에 이르러 정치·사회적 민주화를 완성했으며, 산업화의 과정에서 겪어야 했던 혼란을 수습했다. 한국 사회의 민주화 과정에서는 문학을 통해 추구했던 치열한 역사의식이나 비판 정신 대신에 문학 자체의 예술적 가치를 고양하고자 하는 움직임이 뚜렷하게 나타났다. 오늘의 문학비평은 한국적 특수성의 울타리 안에서 벗어나 세계화의 변화를 포섭하고 인류적 보편성의 가치 구현에 더 큰 관심을 기울이고 있다.

2) 문학비평과 문학 연구

한국문학 연구는 근대적인 학문의 체계를 놓고 본다면 일제강점기에 문단 비평이 확립되면서 그 방법론적 출발이 가능했다. 그리고 경성제국대학(1927)의 성립 이후 '조선문학'이 전문적인 학문 영역으로 규정되면서 그 방법론의 체계를 점차 갖추게 되었다. 물론 초창기의 한국문학 연구는 일본의 식민지 지배 아래 일본을 통해 수용한 연구 방법을 그대로 따를 수밖에 없었으므로 한국의 전통적인 심미사상을 제대로 계승하지 못했다.

한국문학 연구의 개척적인 역할을 담당했던 안확, 이병기, 조윤제, 양주동, 손진태, 김태준, 고정옥, 임화, 백철, 김기림 등은 한국문학의 학문적 체계화를 위한 통사적 개관과 함께 문헌의 조사와 정리 작업을 통해 한국문학의 범주를 규정했다. 안확의 『조선문학사』(1922)는 한국문학의 역사적 전개 양상을 통사적 형식으로 기술한 최초의 업적이었고, 중국의 거대한 문화적 영향 속에서 성장한 한국문학의 독자성을 규명하는 데 기여했다. 김태준은 『조선한문학사』(1931)를 통해 중국의 한문과는 다른 조선의 한문을 본격적인 연구 대상으로 삼았으며 한문학의 역사적 흐름을 처음으로 체계화했다. 그의 『조선소설사』(1933)는 한낱 '이야기책'으로 치부되던 한국소설의 형성과 발전 과정을 총체적으로 규명함으로써 소설이라는 특정 장르의 '양식사'를 처음으로 확립했다. 조윤제는 『조선시가사강』(1937)을 통해 한국의 시가문학을 처음으로 학문적인 체계를 세워 서술했고, 본격적인 문학사 연구로 손꼽히는 『국문학사』(1949)에서 한국문학의 형성과 발전을 한국 민족의 형성 발전과 연관시켜 역사적으로 서술했다. 양주동은 고시가의 해독과 주석 작업에 주력해 향가 25수 전편에 대한 해독을 『조선고가연구』(1942)를 통해 발표했고, 『여요전주(麗謠箋注)』(1947)를 통해 고려가요에 대한 주석을 집대성했다. 이 밖에도 손진태의 『조선민족설화의 연구』(1947), 고정옥의 『조선민요연구』(1949) 그리고 이병기의 시조 연구 등이 이 세대를 대표하는 업적으로 평가받았다. 한국의 근대문학에 대한 연구는 임화가 시도한 신문학사의 서술을 통해 본격적인 관심사가 되었고, 해방 후 백철이 완성한 『조선 신문학사 조사』(1949)에 이르러 외래적 문학사조의 수용 양상을 배경으로 한국 근대문학의 역사적 전개 과정을 체계화한 최초의 근대문학사가 되었다. 이 밖에도 김기림의 『문학 개론』(1946), 『시론』(1947), 『시의 이해』(1950) 등이 주목되는 업적으로 손꼽힌다.

한국에서 현대적인 의미의 문학 연구는 1945년 해방과 함께 고등교육기관으로서의 대학이 정비되면서 가능해졌다. 식민지 지배를 벗어나면서부터 '국문학' 또는 '한국문학'이라는 범주 설정이 가능해졌고 연구 방법의 과학성과 다양성을 확립할 수 있었다. 한국문학 연구에서 1945년 해방 직후부터 1950년대 후반까지는 한국문학의 교육과 연구를 위한 제도와 기반의 확립기에 해당한다. 이 시기에 국립대학 학제와 교육제도가 정비되고 사립대학이 육성되면서 '국어국문학과'가 여러 대학에 설치되었다. 그리고 전문적인 연구 인력이 대학을 중심으로 조직화하면서 '국어문학학회'(1952)와 같은 학술 단체의 결성도 이루어졌다. 특히 1950년대 이후 서구 문예 이론을 폭넓게 수용하면서 방법론 자체에 대한 이해와 함께 문학적 현상에 대한 새로운 분석과 해석을 시도할 수 있었다. 그 결과로 오늘의 한국문학 연구는 일반적인 의미의 한국학 분야에서 가장 많은 연구자를 양성했고, 다양한 연구 실적을 산출할 수 있었다.

1950년대에는 이가원, 김동욱, 이능우, 정병욱, 심재완, 조연현, 장덕순, 전광용, 정한모, 이두현, 정한숙, 김기동, 임동권, 박성의, 송민호, 정규복 등이 한국문학 연구의 영역을 확대하고 실증주의의 방법과 문헌학적 고증 등을 통해 문학 연구의 방법론을 전문화했다. 이들은 해방 이후 등장한 국문학 연구의 1세대로서 국문학 연구 영역의 확대와 전문 분야의 분화를 위해 노력하면서 근대적 학문으로서 인문학의 중심을 이루는 문학의 연구와 교육 방법에 대한 이론적 체계를 확립했다. 특히 한국문학 연구를 대학 교육의 중심에 자리 잡게 하고 그 교육제도를 정비하면서 학문 후속 세대의 등장을 도왔다.

이가원의 『한국 한문학사』(1961)는 특히 실학시대의 박지원에 대한 본격적인 연구를 가능하게 했으며, 이능우의 『고시가논고』(1966), 김동욱의 『한국가요의 연구』(1975), 정병욱의 『한국 고전시가론』(1982), 심재완의 『시조의 문헌적 연구』(1972) 등은 고전시가의 중심을 이루는 시조문학의 문헌학적 정리 작업은 물론 그 미학적 특성에 대한 깊이 있는 연구를 선도했다. 장덕순의 『한국 설화문학 연구』(1970), 임동권의 『한국민요 연구』(1974), 이두현의 『한국신극사연구』(1966)와 가면극 연구, 정병욱의 『한국의 판소리』(1979) 등은 구비문학의 전통을 서사적인 것과 서정적인 것 그리고 극적인 것 등으로 세분화하면서 각각의 연구 방법을 정립했다. 김동욱의 『춘향전 연구』(1965), 정규복의 『구운몽 연구』(1974) 등은 고전소설의 다양한 판본을 조사해 정리하고 유형을 분류함으로써 그 서사적 미학의 확립에 크게 기여했다. 한국문학에서 현대문학이 고전문학과 함께 양립할 수 있도록 하는 데는 이병기·백철의 『국문학전사』(1972), 조연현의 『한국현대문학사』(1961), 전광용의 『신소설 연구』(1986), 정한모의 『한국현대시문학사』(1974), 송민호의 『한국 개화기 소설의 사적 연구』(1975) 등이 큰 역할을 했다.

1960년대부터 1970년대 후반까지는 한국문학의 연구 영역이 세분화되고 그 전문성이 제고되면서 한국문학은 한국학의 중심에 자리했다. 이 시기부터 한국문학은 크게 고전문학과 현대문학으로 구분되었으며, 대학에서 본격적으로 독립된 교과 과정을 운영할 수 있도록 제도화되었다. 그리고 구비문학과 한문학이 각각 독자적인 영역으로 인정받으면서 그 연구 방법도 전문화되었다. 더불어 1960년대부터는 한국전쟁을 겪은 후 새로운 학제에 따라 대학 교육을 받고 대학원에서 정규 과정을 수학한 새로운 세대의 연구자들이 여러 대학으로 진출했다. 한국문학 연구의 '2세대'라고 할 수 있는 김열규, 신동욱, 채훈, 황패강, 김용직, 김윤식, 민병수, 유민영, 이재선, 윤홍로, 김학동, 인권환, 소재영, 김상태, 최철, 사재동 등에 이어 1970년대에는 이상택, 조동일, 서대석, 오세영, 조희웅, 임형택, 김대행, 김시업 등이 이에 가세했다. 이들은 한국문학 연구에서 요구되는 새로운 방법론을 모색하기 위해 서구에서 소개된 신비평, 구조주의 방법, 문학사회학 등을 적극 수용해 독자적인 연구 성과를 거두었다. 한국문학의 다양한 양식에 대한 분류사적인 체계화 작업은 대부분 이들이 그 기반을 확립했다. 이들은 한문학, 구비문학, 극문학과 같은 새로운 연구 분야의 확대 등에 앞장섰다.

1980년대부터는 대학의 규모가 커지고, 국어국문학과와 국어교육과 이외에도 한문학과, 문예창작과 등이 개설되면서 한국문학의 연구 인력이 크게 증가했다. 이 시기에 김학성, 서연호, 설성경, 성기옥, 김재홍, 김흥규, 권영민, 조남현, 김인환, 최동호, 최원식, 김현자, 임재해 등이 활발한 연구 활동을 전개했다. 한국문학 연구의 3세대에 해당하는 이들이 한국문학 연구에 가세하면서 연구 방법의 다양한 모색이 이루어졌고 개별 작가와 작품에 대한 본격적인 연구 성과가 축적되었다. 권영민의 문학사와 비평사 연구, 조남현과 최원식 등의 소설사 연구, 오세영과 김재홍 등의 시문학사 연구 그리고 서연호의 희곡사 연구 등은 1970년대부터 1990년대에 이루어진 현대문학의 장르사적 체계화 작업의 주요 성과로 평가된다. 이 시기에 고전문학의 영역에서도 사재동과 설성경 등의 고소설 연구, 김학성과 성기옥 등의 고시가 연구, 민병수와 임형택, 송재소, 정요일 등의 한문학 연구 등이 한국문학 연구의 수준을 한 단계 높이는 새로운 업적이 되었다.

한국문학 연구는 2000년대 이후 매체 환경의 변화에 따라 문화 연구로의 확대가 눈에 띄게 나타나고 있다. 새로운 연구 인력 증가, 연구 영역의 다변화 등이 가능해졌고, 특히 해외 대학에서의 한국학 연구 기반이 확립되면서 일본, 미국, 중국 등 해외 대학에서 이루어진 외국인 한국문학 전공자들의 연구 성과들도 주목되기 시작했다. 이러한 현상은 한국문학 연구의 영역이 세계적으로 넓어지고 있음을 말해 준다.

3) 문학비평의 관점과 지향

한국의 문학비평은 해방 직후 방법론적 모색의 과정에서부터 정치·사회적 현실의 변화와 맞물려 문학 자체에 대한 표현론의 관점과 가치론적 관점의 충돌과 갈등을 야기했다. 이것은 비평의 대상이 되는 문학 자체가 시대적 조건이나 상황에 따라 크게 변화해 온 데서 비롯된 현상이 아닌가 생각된다. 해방 이후 한국전쟁을 거치면서 모든 문학 담론은 '순수론'이라는 일종의 이데올로기에 의해 표현론의 관점에 따라 문학의 성격을 규정하게 되었다. 남북 분단이 고정되면서 좌우 이데올로기의 대립과 정치적 이념의 분열이 민족 내부의 갈등을 야기하게 되자 정치적 이념의 요구에서 자유로운 문학의 독자성과 그 순수한 예술적 가치를 지켜야 한다는 '순수론'이 강조되었다. 이러한 주장은 창작 방면에서 문학의 순수성에 대한 지향을 강화했고, 문학 연구의 영역에서 문학작품 자체의 미적 가치를 중시하는 순수주의를 확대했다. 더구나 분단 상황에 따라 좌익 이데올로기에 대한 논의 자체가 불가능해지면서 '순수론'은 문학의 방법과 관점을 규정하는 가장 중요한 논리가 되었다. 그렇기 때문에 '순수론'은 문학의 자율성을 강조하면서 순수 미적 가치를 절대 개념으로 내세운다 하더라도, 분단 상황에서 구축된 정치 이데올로기를 암묵적으로 추종하는 또 다른 하나의 이데올로기로 자리 잡는 아이러니를 드러냈다. 문학이 정치와 무관함을 강조하거나 문학에서 이데올로기를 배격한다는 주장 자체가 또 다른 의미의 문학의 정치성을 말하는 것임을 부인할 수 없기 때문이다.

그런데 문학의 자율성과 순수한 미적 가치의 중요성을 강조하는 '순수론'은 문학 연구의 영역에서 분석주의 방법에 의해 그 영향력을 확대해왔음을 확인할 수 있다. 1950년대 후반부터 본격적으로 수용되기 시작한 분석주의 방법은 그 실천적 모델이 되었던 미국의 신비평이 백철을 비롯한 영문학자들에 의해 소개되면서 문학 교육과 연구에서 문학의 내재적 연구의 중요성을 크게 부각시켰다. 특히 미국의 신비평은 백철을 비롯한 영문학자들에 의해 소개된 이후 분석주의 비평의 실천적 모델이 되었는데, 영문학자인 김용권의 이론 소개 작업과 함께 송욱, 김종길, 이상섭 등에 의해 이론적 해명이 이루어지고, 이어령, 유종호 등에 의해 현장 비평에 폭넓게 적용되었다. 국문학 연구에서는 60년대 이후 신동욱, 김용직 등이 신비평의 이론에 기초한 분석주의 비평을 문학작품의 분석과 해석에 적용하면서 새로운 성과를 거둔 바 있고, 박철희, 오세영, 이승훈 등도 현대시 연구에서 이 같은 비평 방법론을 상당 부분 차용했다.

분석주의 방법에서는 작품 자체에 대한 분석과 해석이 문학 연구의 출발이자 목표가 되었다. 그 이유는 작품 자체만이 그 작품을 창조해 낸 작가와 작가의 삶, 작가의 사회적 환경에 대한 모든 관심을 정당화하기 때문이다. 이 같은 이유 때문에 분석주의 방법의 수용은 문학작품의 해석에 있어서 분석적 방법의 실천성을 담보하고 문학의 본질적 의미를 문하 내직 원리로 이해할 수 있는 미학적 방법론을 확립할 수 있게 했다. 이 새로운 접근법은 우선 문학작품 자체를 연구 대상으로 내세웠으므로 문학 연구에서 작가를 제거하고 작품과 그 사회적인 연관성을 차단시킨 채, 문학작품의 내재적 요소로서의 이미지, 상징, 리듬, 비유, 메타포, 시점 등을 분석하는 데 치중했다. 작품의 내적 구조의 원리에 입각해 구성 요소의 상호 관계를 파악하고, 작품 발전의 과정이나 단계를 이해하고자 했기 때문이다. 여기서 작품의 내용과 형식, 구조는 하나의 전체로 이해해야 한다는 것이 필수 요건이었다. 작품의 구조 개념은 부분의 통일을 통해 확립되며, 부분의 다양성이 또한 문제시되었다.

그렇지만 작품 구조 자체는 텍스트 내적인 미학상의 원칙에 근거해 판단하는 것이므로 철저하게 역사적 상황이나 현실적 조건과 단절된 상태에서 그 기준을 정할 수밖에 없는 일이다. 그렇기 때문에 표현론적 관점의 순수론과 방법론으로서의 분석주의 비평의 만남은 문학의 영역을 지나치게 협소하게 제한하는 반역사주의의 경향에 빠져들게 했다. 문학의 미적인 본질 개념에 집착한 나머지 삶의 조건과 역사적 현실로부터의 문학이 일정한 거리를 두도록 하는 결과를 초래하기도 했고, 문학의 연구에서 문학 외적인 사회 현실과 이념의 문제를 배제함으로써 이른바 '분석주의 또는 형식주의의 오류'에 빠져든 경우도 적지 않았다. 특히 민족분단의 상황에서 야기된 정치·사회적 모순을 극복하기 위한 노력보다는 분단의 현실에 안주하며 문학의 순수와 초월을 강조했던 점을 지적하지 않을 수 없게 한다.

문학비평에서 분석주의 방법은 1960년대 후반에 들어서면서 구조주의의 수용과 함께 더욱 논리적인 성격을 갖추었다. 구조주의의 수용은 문학비평의 방법론의 조직화 또는 과학화를 더욱 가능하게 하는 중요한 계기가 되었다. 실제로 한국문학 연구와 비평에서 구조주의 방법은 서사 양식에서의 신화소, 기능 단위, 모티프, 테마 등에 대한 새로운 인식을 심어 놓았다. 그러므로 구조주의 방법은 그 비역사적 성격이나 추상적 보편주의에 대한 비판에도, 문학작품의 내재적 원리와 구조적 특성, 체계로서의 양식 등을 해명할 수 있게 함으로써, 한국문학 연구의 방법론적 보편성을 확립할 수 있게 했다. 한편 구조주의 방법은 그 이론의 출발점이 되는 언어학의 이론에 대한 이해를 전제로 한다는 점에서 고도의 논리성을 필요로 하는데, 이와 맥락을 같이하며 서구에서 발전해 온 기호학의 방법이 한국에서는 폭넓게 수용되지 못했다.

한국의 문학비평은 민족과 국토의 분단이라는 역사적 질곡과 한국전쟁이라는 고통의 현실을 겪으면서 인간의 삶과 그 존재 방식에 대한 회의와 비판을 중요한 문학적 지향으로 내세웠다. 전후의식의 극복 과정에서 가장 커다란 진폭을 남긴 비평 쟁점은 문학의 현실 참여와 관련된 문단의 분파적 논쟁이다. 1960년대 중반 혼란한 현실 속에서 인간의 삶과 존재 방식에 대한 회의와 저항이 노골화되자, 현실에 대응할 수 있는 문학의 힘이 요구되기 시작했다. 문학이 사회 현실과 역사에 적극적인 관심을 갖고 능동적으로 참여해야 한다는 입장은 당대 상황에 대한 비판적 인식에서 비롯되었으나, 그러한 지적인 분위기는 제2차 세계대전 이후 장 폴 사르트르를 중심으로 하는 프랑스 실존주의자들의 앙가주망 운동에 간접적으로 영향받은 바가 크다. 문학에서의 현실 참여는 우선적으로 작가 자신이 현실에 대해 각별한 관심을 표명하는 데서 출발한다. 그리고 현실에 입각해 시대와 상황에 대한 문학의 역할을 자각하는 것이 필요하다. 이러한 문학의 기능을 '저항의 문학'이라는 테마로 규정한 이가 이어령이다. 그러나 보다 적극적인 문학의 사회 참여를 주장하며, 현실의 부조리를 비판하고 고발하는 문학 정신을 강조하는 견해들이 4·19혁명 이후 문단의 관심을 모았다. 김우종, 홍사중, 김병걸, 장백일, 임중빈 등이 내세운 참여문학론은 순수문학의 예술지상주의가 지닌 허구성을 지적하고 비판하면서 새로운 파문을 일으켰다. 이들은 문학의 비판 정신을 리얼리즘의 정신과 연결시키기도 하고, 역사의식에 바탕을 둔 작가의 사회적 태도와 책임을 모럴의식으로 내세우기도 했다. 문학의 사회 참여론이 문학의 사회적 역할이라는 효용적 기능론에서 벗어난 시점은 김붕구가 앙가주망 운동의 이데올로기적 편향에 대한 경고한 뒤부터다. 정치적인 사회 참여의 경향을 따르기 시작한 한국 문단에서는 이 무렵에 작가의 글쓰기 행위가 지니는 의미를 본질적으로 검토할 기회를 갖는다.

참여론은 문화의 자율성에 대한 인식 문제와 충돌하면서 문학의 효용과 가치에 대한 새로운 미학적 기반을 요구하게 된다. 그리고 표현론적 차원의 순수성을 절대적인 기준으로 설정하고 있던 순수문학에 대한 반발이라는 점에서보다는 문학의 사회적 기능과 작가의 양심이라는 사회·윤리적 가치론의 차원을 리얼리즘의 정신과 방법에 연결시켰다는 점에서 중요한 의미를 갖는다.

문학비평에서 표현론적 관점은 순수/참여 논쟁을 거치면서 크게 약화되었으며 이에 대신해 가치론적 관점이 우위를 점하게 되었다. 여기서 주목되는 것이 문학 연구의 방법에 있어서도 사회·역사적 방법이라고 말할 수 있는 새로운 비평 방법이 널리 확산된 점이다. 특히 문학 현장에서 '민족문학론'이라는 비평 쟁점이 확대되면서 리얼리즘에 대한 인식이 제고되었으며, 민족문학론의 논리적 전개 과정은 민족문학의 방법과 그 실천 방향에 대한 논의로 이어졌다. 이 단계에서 가장 주목되는 것은 민족문학의 방법으로서의 리얼리즘론과 민족문학을 보는 관점으로서의 제3세계 문학론, 문학적 실천의 주체로서의 민중론의 확대다. 백낙청은 방법으로서의 리얼리즘론과 관점으로서의 제3세계 문학론 그리고 주체로서의 민중론을 모두 민족문학의 틀 속에 포괄시키고자 하는 의욕을 보여 주었다. 민족문학론은 그 방법적 실천으로서의 리얼리즘론을 근거로 구체적인 문학적 성과를 낳았으며, 민족문학에 대한 논의의 시각도 제3세계 문학론에 입각해 새로운 전망을 획득했다. 특히 민족문학의 실천적 방법으로서의 리얼리즘론은 염무웅, 백낙청, 김병익, 구중서, 김종철, 유종호 등에 의해 현실적인 삶에 근거한 경험적 진실의 추구라는 어느 정도 합의된 지표에 도달했다. 그리고 역사의식의 문학적 인식이 중요시되면서 구조주의 관점이나 신화적 해석이 갖는 반역사주의적 맹점이 지적되기도 했다. 문학과 역사, 현실을 총체적으로 인식해야 한다는 요구가 증대되면서 죄르지 루카치, 아널드 하우저 등의 마르크스주의 미학에 기초한 문학론들이 폭넓게 수용되기 시작했다. 당시 문단 비평의 주제로 부각된 민족문학론은 한국 민족의 당대적 현실 문제에 관심을 기울이면서 산업화시대 문학의 사회적 역할에 대한 새로운 인식을 강조했다. 그리고 민족문학의 이념적 지표를 한국 정치·사회의 민주화로 규정하게 되었다. 이 시기에 발생론적 구조주의 입장에서 문학과 사회의 상동 구조를 규명하고자 하는 문학사회학의 방법도 폭넓게 소개되었다.

이러한 문학비평의 새로운 변화에 따라 문학 연구의 영역에서도 새로운 관점과 방법의 전환이 이루어졌다. 여기서 말하는 방법과 관점의 전환은 궁극적으로 문학 연구의 논리와 방법의 확대로 귀결되면서 문학과 전통 문제를 비롯한 문학사 연구에 대한 다양한 비평적 논의가 이루어졌고, 시대의 요구에 따라 새로운 문학사의 출간이 이어졌다. 문학의 여러 장르에 대한 체계적인 정리 작업과 함께 일종의 분류사의 개념에 속하는 장르사의 확립도 가능해졌다. 문학사 이외에서 소설사, 시문학사, 희곡문학사, 비평사, 한문학사 등에 대한 서술 작업도 활발하게 이루어졌다. 특히 1980년대 말 월북 문인의 해금 조치는 문학 연구의 영역 내에 덮어 두고 있던 '금기'의 지대를 제거함으로써 문학 연구의 논리와 방법의 대전환을 가능하게 했다. 문학 연구 방법에 있어서는 마르크스주의 미학, 문학사회학, 비교문학 연구 방법 등을 통해 전통적인 역사주의적 접근법이 더욱 확장되었고, 한국문학의 총체성에 대한 인식 확립을 위한 문학 텍스트와 자료의 역사적 정리 작업이 가능해졌다. 그리고 문학 연구에서 소외되었던 구비문학 연구, 한문학 연구, 희곡문학 연구 등이 새로운 영역으로 자리 잡으면서 많은 연구 성과가 제출되었다.

한국의 문학비평에서 사회·역사적 방법의 확대는 문학 연구의 한국적 방법과 모델을 확립해야 한다는 요구와 맞물리면서 방법론에 관한 다양한 논의를 가능하게 했다. 한국문학은 한국 민족의 특수한 역사적 조건 속에서 형성된 것이므로 이러한 요건을 주체적으로 인식하고 문제화하면서도, 문학의 보편적인 가치를 찾아가는 폭넓은 관점과 논리가 필요했던 것이다. 문학 작품에 담겨져 있는 사회 현상의 총체적 인식을 위해서는 문학과 사회의 외적 연관성만이 아니라 그 내적 관계를 중시해 역사적 현실과 사회적 상황이 문학 속에서 어떻게 미학적으로 형상화되는가를 해명할 수 있는 통합적 관점이 필요했다. 하지만 한국문학 연구는 이 시기에 가치론적 관점에 지나치게 경도되어 문학의 내재적 원리나 미적 요소에 앞서 문학의 역사적 성격이나 현실적 조건을 중시하는 편향적 태도를 드러낸 경우도 적지 않았다.

4) 새로운 가능성 혹은 문제성

한국의 문학비평은 해방 이후 반세기를 지나는 동안 다양한 서구 문학 이론을 수용하고 그 방법의 가능성을 적극적으로 모색하면서 상당한 성과를 거두었다. 하지만 여전히 연구 방법의 논리적 주체화를 확립하지 못하고 있는 것이 사실이다. 한국문학 연구의 학문적 위상을 한국학의 중심에 자리하게 하기 위해서는 한국문학의 성격과 범주, 체계에 대한 보편적 이해가 가능하도록 문학비평의 관점과 지향의 편협성을 극복해야 하며, 한국적 특수성에만 집착해 온 연구 태도를 반성해야 한다. 특히 방법의 전문성을 더욱 제고하고 주체적인 방법론도 확립해야 한다. 문학비평의 전문성은 물론 그 방법과 논리의 전문성을 제고할 것을 뜻하는 것이다. 문학이라는 복잡한 사회적 산물을 하나의 전체적인 논리 속에 질서화하는 보편적인 방법은 목적에 도달하기 위한 인식의 과정이라는 측면에서 이미 그 중요성이 인정된다. 말하자면 문학비평이 스스로 감당해야 하는 자기 논리를 지켜야 한다. 문학비평은 새로운 방법에만 집착할 경우 문학적 텍스트에 대한 총체적 인식에 도달할 수 없으며, 그 해석과 평가 자체도 보편성을 가지기 어렵다.

문학비평은 그 방법론적 기초가 되는 실증주의적인 자료 조사, 문헌학적인 정리 작업 등이 여전히 부족하다. 한국 한문학의 핵심에 해당하는 엄청난 분량의 개인 문집들에 대한 조사 연구는 거의 이루어지지 못하고 있으며, 근대문학의 중요 자료가 담긴 신문과 잡지 등에 대한 서지적 정리 작업도 미비하다. 개인의 문학적 업적으로 남아 있는 많은 작품에 대한 정본화 작업도 제대로 이루어진 경우가 많지 않다. 이런 작업은 개인 연구자들의 노력만으로는 성과를 기대하기 어렵다. 연구 기관이나 단체가 장기간의 연구 과제로 삼고 많은 인력을 투입해야 한다.

한국의 문학비평이 자리해야 할 곳은 한국인의 역사적 삶 속에서 생성된 문학의 한복판이다. 문학이란 언제나 한 시대의 살아 있는 정신으로 기록되고, 그 정신의 자체적인 척도라는 점에서 문학비평은 문학의 본질적인 영역에 속한다. 그러나 여기서 척도라는 말의 의미를 정확·면밀한 기준으로 한정시킬 필요는 없다. 문학비평은 그 의미가 문학에 대한 어떤 요구에 있는 것이 아니다. 좁은 의미에서 문학비평은 예술적 체험에 의해 이루어진 작품을 지적 표현으로 바꾸어 놓지만, 문학을 어떤 다른 사상으로 대치시키지는 않는다. 문학비평은 문학의 존재 의미를 가능하게 하는 여러 가지 속성을 밝히면서 삶의 현실과 역사에 대한 전망을 진실하게 표현할 수 있어야 한다. 그렇게 될 때 문학비평은 그 제한된 담론의 영역을 넘어서 새로운 문화적 지평을 확대할 수 있을 것이다.

중요 참고문헌

강상희, 『한국 모더니즘 소설론』, 문예출판사, 1999.

강영주, 『한국 역사소설의 재인식』, 창작과비평사, 1991.

강인숙, 『자연주의 문학론』, 고려원, 1987.

고석규, 『고석규 전집』, 지평, 1993.

고영근, 『한국의 언어연구』, 역락, 2001.

구인환, 『한국근대소설연구』, 삼영사, 1980.

구인환, 『근대문학의 형성과 현실인식』, 한샘, 1983.

구인환, 『이광수소설연구』, 삼영사, 1983.

구중서, 『한국문학사론』, 대학도서, 1979.

국어학회 편, 『국어학자료선집 V』, 일조각, 1973.

권성우, 『모더니티와 타자의 현상학』, 솔출판사, 1999.

권영민, 『해방직후의 민족문학운동연구』, 서울대학교출판부, 1987.

권영민, 『한국 민족문학론 연구』, 민음사, 1988.

권영민, 『소설과 운명의 언어』, 현대소설사, 1992.

권영민, 『서사양식과 담론의 근대성』, 서울대학교출판부, 1999.

권영민, 『한국계급문학운동연구』, 서울대학교출판문화원, 2014.

권영민, 『이상연구』, 민음사, 2019.

권영민, 『한국현대문학사 1·2 개정판』, 민음사, 2020.

권영민 편, 『염상섭문학 연구』, 민음사, 1987.

권영민 편, 『김동인문학 연구』, 조선일보사, 1989.

권영민 편, 『한국현대비평사 자료 1-5』, 한국학술정보, 2004 .

권오만, 『개화기시가연구』, 새문사, 1989.

김경수, 『현대 소설의 유형』, 솔출판사, 1997.

김광식, 『한용운 연구』, 동국대학교출판부, 2011.

김기림, 『시론』, 백양당, 1947.

김기림, 『시의 이해』, 을유문화사, 1950.
김기진, 『김팔봉문학전집 1-7』, 문학과지성사, 1989.
김동리, 『문학과 인간』, 백민문화사, 1948.
김동석, 『뿌르조아의 인간상』, 탐구당, 1949.
김동석, 『예술과 생활』, 박문출판사, 1947.
김동인, 『춘원 연구』, 신구문화사, 1956.
김민수, 『주시경 연구』, 탑출판사, 1978.
김병걸, 『민중문학과 민족현실』, 풀빛, 1989.
김병익, 『지성과 문학』, 문학과지성사, 1982.
김병철, 『한국근대번역문학사연구』, 을유문화사, 1981.
김병철, 『한국근대서양문학이입사연구』, 을유문화사, 1983.
김병철, 『한국현대번역문학사연구』, 을유문화사, 1998.
김붕구, 『작가와 사회』, 일조각, 1973.
김수영, 『김수영 전집 2: 산문』, 민음사, 1981.
김수영, 『시여 침을 뱉어라』, 민음사, 1975.
김시태, 『식민지시대의 비평 문학』, 이우출판사, 1982.
김시태, 『한국 프로문학비평 연구』, 아세아문화사, 1978.
김열규, 『한국 민속과 문학 연구』, 일조각, 1971.
김열규 편, 『최남선과 이광수의 문학』, 새문사, 1986.
김영민, 『한국 근대문학비평사 연구』, 세계사, 1989.
김영민, 『한국 문학비평논쟁사』, 한길사, 1992.
김영철, 『한국개화기시가의 장르연구』, 사사연, 1987.
김용직, 『한국문학의 비평적 성찰』, 민음사, 1974.
김용직, 『한국현대시연구』, 일지사, 1974.
김용직, 『한국근대문학의 사적 이해』, 삼영사, 1977.
김용직, 『전형기의 한국 문예비평』, 열화당, 1979.
김용직, 『한국근대문학의 사적 이해』, 삼영사, 1982.
김용직, 『한국근대문학논고』, 서울대학교출판부, 1985.
김용직, 『한국근대시사(상·하)』, 학연사, 1986.
김용직, 『해방기 한국 시문학사』, 민음사, 1989.
김용직, 『임화문학연구』, 세계사, 1991.
김용직, 『한국 현대시사』, 한국문연, 1996.
김용직, 『한국 현대문학의 사적 탐색』, 서울대학교출판부, 1997.
김용직 외, 『한국현대시사연구』, 일지사, 1983.

김용직 외 편, 『한국문학연구입문』, 지식산업사, 1982.
김우종, 『한국 현대소설사』, 성문각, 1968.
김우종, 『순수문학비판』, 자유문학사, 1989.
김우창, 『궁핍한 시대의 시인』, 민음사, 1977.
김우창, 『지상의 척도』, 민음사, 1981.
김우창, 『김우창전집 1-5』, 민음사, 1993.
김윤식, 『한국근대문예비평사연구』, 일지사, 1976.
김윤식, 『한국근대문학사상비판』, 일지사, 1982.
김윤식, 『한국현대문학비평사』, 서울대학교출판부, 1982.
김윤식, 『한국근대문학사상사』, 한길사, 1984.
김윤식, 『한국근대문학사상사연구 I』, 일지사, 1984.
김윤식, 『이광수와 그의 시대 1-3』, 한길사, 1986.
김윤식, 『김동인 연구』, 민음사, 1987.
김윤식, 『염상섭연구』, 서울대학교출판부, 1987.
김윤식, 『이상 연구』, 문학사상사, 1988.
김윤식, 『박영희 연구』, 열음사, 1989.
김윤식, 『임화연구』, 문학사상사, 1989.
김윤식, 『해방공간의 문학사론』, 서울대학교출판부, 1989.
김윤식, 『한국현대문학사상사론』, 일지사, 1992.
김윤식, 『이상문학 텍스트 연구』, 서울대학교출판부, 1998.
김윤식, 『한국현대문학비평사론』, 서울대학교출판부, 2000.
김윤식·김현, 『한국문학사』, 민음사, 1973.
김윤식·정호웅, 『한국 소설사』, 문학동네, 2000.
김은전 편, 『한국 현대시사의 쟁점』, 시와시학사, 1991.
김인환, 『한국 문학이론의 연구』, 을유문화사, 1987.
김준오 외, 『구조주의』, 고려원, 1992.
김재용, 『민족문학 운동의 역사와 이론』, 한길사, 1990.
김재용 편, 『카프비평의 이해』, 풀빛, 1989.
김재철, 『조선연극사』, 조선어문학회, 1933.
김재홍, 『한용운문학연구』, 일지사, 1982.
김재홍, 『한국 현대시형성론』, 인하대학교출판부, 1985.
김재홍, 『한국 현대시인 연구』, 일지사, 1987.
김재홍, 『한국 현대시인비판』, 시와시학사, 1994.
김재홍, 『한국 현대시의 사적 탐구』, 일지사, 1998.

김제현, 『이병기: 그 난초 같은 삶과 문학』, 건국대학교출판부, 1995.

김종길, 『시론』, 탐구당, 1965.

김종길 편, 『조지훈 연구』, 고려대학교출판부, 1978.

김종균, 『염상섭연구』, 고려대학교출판부, 1974.

김주연, 『문학비평론』, 열화당, 1974.

김주연, 『변동사회와 작가』, 문학과지성사, 1979.

김주연, 『문학과 정신의 힘』, 문학과지성사, 1990.

김준엽·김창순, 『한국공산주의운동사 1-5』, 청계연구소, 1986.

김준오, 『시론』, 삼우출판사, 1988.

김준오, 『한국 현대 장르비평론』, 문학과지성사, 1991.

김춘수, 『한국 현대시 형태론』, 해동문화사, 1958.

김춘수, 『시론』, 문호사, 1961.

김춘수, 『의미와 무의미』, 문학과지성사, 1982.

김치수, 『문학사회학을 위하여』, 문학과지성사, 1979.

김치수, 『구조주의와 문학비평』, 홍성사, 1983.

김치수, 『문학과 비평의 구조』, 문학과지성사, 1984.

김학동, 『한국문학의 비교문학적 연구』, 일지사, 1972.

김학동, 『한국 근대시인 연구』, 일조각, 1974.

김학동, 『한국 개화기시가 연구』, 시문학사, 1980.

김학동, 『한국근대시의 비교문학적 연구』, 일조각, 1981.

김학동, 『현대시인연구 II』, 새문사, 1995.

김학동, 『정지용 연구』, 민음사, 1997.

김학동, 『김기림 평전』, 새문사, 2001.

김학동 외, 『김안서 연구』, 새문사, 1996.

김현, 『문학사회학』, 민음사, 1983.

김현, 『김현 문학전집 1-16』, 문학과지성사, 1993.

김현자, 『시와 상상력의 구조』, 문학과지성사, 1982.

김환태, 『김환태전집(권영민 편)』, 문학사상사, 2009.

김흥규, 『한국문학의 이해』, 민음사, 1987.

나인호, 『개념사란 무엇인가』, 역사비평사, 2011.

단재신채호선생 기념사업회 편, 『단재신채호전집』, 을유문화사, 1972.

도산사상연구회 편, 『도산 안창호의 사상과 민족운동』, 학문사, 1995.

류시현, 『최남선 연구』, 역사비평사, 2009.

문덕수, 『한국 모더니즘시 연구』, 시문학사, 1981.

문혜원, 『한국근현대시론사』, 역락, 2007.
민병욱, 『한국서사시와 서사시인연구』, 태학사, 1998.
민족문학사연구소 편, 『민족문학사강좌 (상·하)』, 창작과비평사, 1996.
박영희, 『소설·평론집』, 삼천리사, 1930.
박은식, 『박은식전서(상·중·하)』, 단국대학교출판부, 1975.
박용철, 『박용철전집 II』, 동광당서점, 1940.
박철희, 『한국 시사 연구』, 일조각, 1980.
박치우, 『사상과 현실』, 백양당, 1946.
백낙청, 『리얼리즘과 모더니즘』, 창작과비평사, 1984.
백낙청, 『민족문학과 세계문학』, 창작과비평사, 1978.
백낙청, 『민족문학과 세계문학 II』, 창작과비평사, 1985.
백철, 『백철전집 1-4』, 신구문화사, 1972.
백철, 『인간 탐구의 문학』, 창미사, 1986.
백철, 『조선신문학사조사(상)』, 수선사, 1947.
백철, 『조선신문학사조사(하)』, 백양당, 1949.
서대숙, 『한국공산주의운동사연구』, 화다, 1985.
서연호, 『한국근대희곡사』, 고려대학교출판부, 1994.
서종택, 『한국 현대 소설사론』, 고려대학교출판부, 1999.
서준섭, 『한국 모더니즘문학 연구』, 일지사, 1988.
송건호 외, 『해방 전후사의 인식』, 한길사, 1979.
송건호·장만길 편, 『한국민족주의론』, 창작과비평사, 1982.
송민호, 『한국 개화기소설의 사적 연구』, 일지사, 1975.
송민호, 『일제말 암흑기문학 연구』, 새문사, 1991.
송백헌, 『한국 근대역사소설 연구』, 삼지원, 1985.
송욱, 『시학평전』, 일조각, 1963.
송욱, 『문학평전』, 일조각, 1969.
송철의, 『주시경의 언어이론과 표기법』, 서울대학교출판문화원, 2010.
송희복, 『한국 문학사론 연구』, 문예출판사, 1995.
스칼라피노·이정식 외, 『신간회연구』, 동녘, 1983.
신경림, 『문학과 민중』, 민음사, 1977.
신동욱, 『한국현대문학론』, 박영사, 1972.
신동욱, 『한국현대비평사』, 한국일보사, 1975.
신동욱, 『문학의 해석』, 고려대학교출판부, 1976.
신동욱, 『문학의 비평적 해석』, 연세대학교출판부, 1981.

신동욱, 『우리시의 역사적 연구』, 새문사, 1982.
신용하, 『박은식의 사회사상연구』, 서울대학교출판부, 1982.
신용하, 『신채호의 사회사상연구』, 한길사, 1984.
신용하, 『한국근대사회사상사연구』, 일지사, 1987.
신용하, 『한국현대사와 민족문제』, 문학과지성사, 1990.
신용하, 『독립협회연구(상·중·하)』, 일조각, 2006.
신일철, 『신채호의 역사사상연구』, 고려대학교출판부, 1981.
신창순, 『국어근대표기법의 전개』, 태학사, 2003.
신형기, 『해방 직후의 문학운동론』, 화다, 1989.
안병직·박성수 외, 『한국근대민족운동사』, 돌베개, 1980.
안확, 『조선문학사』, 한일서점, 1922.
안확, 『시조시학』, 조광사, 1940.
양승국, 『한국 근대연극비평사 연구』, 태학사, 1996.
양승국, 『한국현대희곡론』, 연극과인간, 2001.
양왕용, 『한국근대시연구』, 삼영사, 1982.
양왕용, 『정지용 시 연구』, 삼영사, 1989.
양주동, 『양주동 전집 1-4』, 동국대학교출판부, 1995.
역사문제연구소 문학사연구모임, 『카프문학운동연구』, 역사비평사, 1989.
염무웅, 『민중시대의 문학』, 창작과비평사, 1978.
엽건곤, 『양계초와 구한말 문학』, 법전출판사, 1980.
오세영, 『한국 낭만주의시 연구』, 일지사, 1980.
오세영, 『한국 근대문학론과 근대시』, 민음사, 1996.
오양호, 『농민소설론』, 형설출판사, 1984.
우림걸, 『한국 개화기문학과 양계초』, 박이정, 2002.
유길준, 『유길준전서 1-5』, 일조각, 1971.
유민영, 『한국현대희곡사』, 홍성사, 1982.
유민영, 『개화기연극사회사』, 새문사, 1987.
유종호, 『비순수의 선언』, 신구문화사, 1962.
유종호, 『문학예술과 사회 상황』, 민음사, 1979.
유종호, 『사회역사적 상상력』, 민음사, 1987.
유종호, 『유종호전집 1-5』, 민음사, 1995.
육당연구학회, 『최남선 다시 읽기』, 현실문화, 2009.
윤병로, 『한국 현대 비평 문학론』, 청록출판사, 1982.
윤병희, 『유길준 연구』, 국학자료원, 1998.

윤홍로, 『한국 근대소설 연구』, 일조각, 1980.
이광린, 『한국개화사상연구』, 일조각, 1979.
이광수, 『이광수전집 1-20』, 삼중당, 1967.
이균영, 『신간회연구』, 역사비평사, 1993.
이기문, 『개화기의 국문연구』, 일조각, 1970.
이두현, 『한국신극사연구(증보)』, 서울대학교출판부, 1971.
이두현, 『한국 연극사』, 민중서관, 1973.
이반송·김정명 편, 『식민지시대 사회운동(한대희 역)』, 한울림, 1986.
이병근·송철의 외, 『한국 근대초기의 언어와 문학』, 서울대학교출판부, 2005.
이상섭, 『문학연구의 방법』, 탐구당, 1972.
이상섭, 『언어와 상상』, 문학과지성사, 1980.
이상섭, 『복합성의 시학: 뉴크리티시즘 연구』, 민음사, 1987.
이선영, 『소외와 참여』, 연세대학교출판부, 1972.
이숭원, 『20세기 한국시인론』, 국학자료원, 1997.
이숭원, 『정지용 시의 심층적 탐구』, 태학사, 1999.
이승훈, 『모더니즘 시론』, 문예출판사, 1995.
이어령, 『저항의 문학』, 경지사, 1959.
이어령, 『전후문학의 새 물결』, 신구문화사, 1962.
이인복, 『한국 문학사상사』, 숙명여자대학교출판부, 1987.
이재선, 『한국 개화기소설 연구』, 일조각, 1972.
이재선, 『한국 단편소설 연구』, 일조각, 1975.
이재선, 『한국현대소설사』, 홍성사, 1979.
이재선, 『현대한국소설사』, 민음사, 1991.
이재선, 『이광수 문학의 지적 편력』, 서강대학교출판부, 2010.
이주형, 『한국 근대소설 연구』, 창작과비평사, 1995.
이헌구, 『문화와 자유』, 삼화출판사, 1952.
임규찬, 『일본 프로문학과 한국 문학』, 연구사, 1987.
임규찬 편, 『카프비평자료총서 1-7』, 태학사, 1989.
임규찬·한기형 편, 『카프 해산 후의 문예동향』, 태학사, 1990.
임영태, 『식민지시대 한국 사회와 운동』, 사계절, 1985.
임종국, 『친일문학론』, 평화출판사, 1966.
임종국, 『한국문학의 사회사』, 정음사, 1974.
임종국, 『일제하의 사상탄압』, 평화출판사, 1985.
임헌영, 『한국 현대 문학사상사』, 한길사, 1988.

임헌영 편, 『문학 논쟁집』, 태극출판사, 1976.
임형택, 『한국 문학사의 시각』, 창작과비평사, 1984.
임화, 『문학의 논리』, 학예사, 1940.
임화, 『임화문학예술전집 1-5』, 소명출판, 2009.
장덕순, 『국문학통론』, 신구문화사, 1960.
장덕순, 『한국문학사의 쟁점』, 집문당, 1986.
장사선, 『한국 리얼리즘문학론』, 새문사, 1988.
장지연, 『위암문고』, 국사편찬위원회, 1971.
전광용, 『신소설 연구』, 새문사, 1986.
전광용, 『한국 현대 문학논고』, 민음사, 1986.
전복희, 『사회진화론과 국가사상』, 한울아카데미, 1996.
정노식, 『조선창극사』, 조선일보사, 1940.
정명환, 『한국 작가와 지성』, 문학과지성사, 1978.
정명환, 『문학을 찾아서』, 민음사, 1994.
정병욱, 『한국 고전의 재인식』, 홍성사, 1979.
정우택, 『황석우 연구』, 박이정, 2008.
정지용, 『산문』, 동지사, 1949.
정한모, 『한국현대시문학사』, 일지사, 1974.
정한모 편, 『최남선작품집』, 형설출판사, 1977.
정한숙, 『해방문단사』, 고려대학교출판부, 1980.
정호웅, 『한국 현대 소설사론』, 새미, 1996.
조남현, 『한국 지식인소설 연구』, 일지사, 1984.
조남현, 『한국 현대 소설 연구』, 민음사, 1988.
조남현, 『한국 현대 문학사상 연구』, 서울대학교출판부, 1994.
조남현, 『한국 현대 소설 유형론 연구』, 집문당, 1999.
조동일, 『신소설의 문학사적 성격,』, 서울대학교출판부, 1973.
조동일, 『한국소설의 이론』, 지식산업사, 1977.
조동일, 『한국 문학사상사 시론』, 지식산업사, 1978.
조동일, 『한국문학통사 1-5』, 지식산업사, 1982-1988.
조동일, 『국문학 연구의 방향과 과제』, 새문사, 1983.
조동일, 『한국문학의 갈래 이론』, 집문당, 1992.
조선문학가동맹 편, 『건설기의 조선문학』, 조선문학가동맹중앙집행위원회서기국, 1946.
조연현, 『한국현대문학사』, 인간사, 1961.
조연현, 『문학과 생활』, 탐구당, 1964.

조연현, 『한국 신문학고』, 문화당, 1966.
조연현, 『조연현 문학전집 1-5』, 어문각, 1977.
조영복, 『한국 모더니즘문학의 근대성과 일상성』, 다운샘, 1997.
조용만, 『육당 최남선』, 삼중당, 1964.
조용만, 『일제하 한국 신문화운동사』, 정음사, 1974.
조용만, 『울밑에 핀 봉선화야: 30년대 문화계 산책』, 정음사, 1984.
조윤제, 『조선시가사강』, 동광당서점, 1937.
조윤제, 『조선시가의 연구』, 을유문화사, 1948.
조윤제, 『국문학사』, 동국문화사, 1949.
조윤제, 『한국문학사』, 탐구당, 1976.
조지훈, 『시의 원리』, 산호장, 1953.
주종연, 『한국 근대단편소설 연구』, 형설출판사, 1981.
채호석, 『한국 근대문학과 계몽의 서사』, 소명출판, 1999.
채훈, 『1920년대 한국 작가 연구』, 일지사, 1976.
천관우 외, 『위암 장지연의 사상과 활동』, 민음사, 1993.
천관우·이광린 외 편, 『한국의 근대사상』, 삼성출판사, 1977.
최남선, 『육당최남선전집』, 현암사, 1975.
최동호, 『현대시의 정신사』, 열음사, 1985.
최라영, 『김억의 창작적 역시와 근대시 형성』, 소명출판, 2014.
최승범, 『스승 가람 이병기』, 범우사, 2001.
최원식, 『민족문학의 논리』, 창작과비평사, 1982.
최원식, 『한국 근대소설사론』, 창작사, 1987.
최재서, 『문학과 지성』, 인문사, 1938.
최재서, 『최재서평론집』, 청운출판사, 1961.
최홍규, 『신채호의 민족주의 사상』, 단재신채호선생기념사업회, 1983.
편집부 편역, 『코민테른자료선집 1-3』, 동녘, 1989.
하동호, 『한국 근대문학의 서지 연구』, 깊은샘, 1981.
한계전, 『한국현대시론연구』, 일지사, 1983.
한계전 외, 『한국 현대시론사 연구』, 문학과지성사, 1998.
한국문인협회 편, 『해방문학 20년』, 정음사, 1966.
한국고전문학연구회 편, 『근대문학의 형성과정』, 문학과지성사, 1983.
한승옥, 『이광수 연구』, 선일문화사, 1983.
한승옥, 『한국 전통 비평론 탐구』, 숭실대학교출판부, 1995.
한용운, 『한용운전집2: 조선불교유신론』(신구문화사, 1974).

한원영, 『한국 근대 신문연재소설 연구』, 일지사, 1996.
홍기삼, 『문학사의 기술과 이해』, 평민사, 1981.
홍문표, 『한국 현대문학논쟁의 비평사적 연구』, 양문각, 1980.
홍일식, 『한국 개화기의 문학사상 연구』, 열화당, 1982.
홍효민, 『행동지성과 민족문학』, 일신출판사, 1980.
황동규 편, 『김수영의 문학』, 민음사, 1983.
황현, 『매천야록』, 대양서적, 1980.

坪内逍遙, 『小説神髄』, 岩波文庫, 2010.
小林秀雄, 『小林秀雄初期文芸論集』, 岩波文庫, 1980.
中野重治, 『中野重治評論集』, 平凡社, 1996.
平野謙, 『芸術と実生活』, 岩波現代文庫, 2001.
柄谷行人, 『近代日本の批評1 昭和篇(上)』, 講談社, 1997.
柄谷行人, 『近代日本の批評2 昭和篇(下)』, 講談社, 1997.
柄谷行人, 『近代日本の批評3 明治大正篇』, 講談社, 1997.
栗原幸夫, 『プロレタリア文學とその時代』, 平凡社, 1971.
山田清三郎, 『プロレタリア文學史 (上·下)』, 理論社, 1954.
山田清三郎, 『近代日本農民文學史』, 理論社, 1976.
藏原惟人 外 編, 『日本プロレタリア文學大系』, 三一書房, 1955.
『資料昭和プロレタリア文化運動史(復刻)』, 武藏野學問の力舍, 1975.
小島 亮編, 『福本和夫の思想』, こぶし書房, 2005.
阿部知二, 『主知的文学論』, 厚生閣店, 1930.
金正明 編, 『朝鮮獨立運動 4, 共産主義運動編』, 原書房, 1967.
駒込 武, 『植民地帝國日本の文化統治』, 岩波書店, 1996.
久松潛一, 『日本文學評論史-近世最近世』, 至文堂, 1936.
飛鳥井雅道, 『日本プロレタリア文學史論』, 八木書店, 1982.
吉田精一, 『自然主義研究 上·下』, 櫻楓社, 1981.

Abrams, M. H., *The Mirror and the Lamp: Romantic Theory and the Critical Tradition*, Oxford University Press, 1953.
Anderson, Benedict, *Imagined Communities*. (윤형숙 역, 『민족주의의 기원과 전파』, 나남, 1991.)
Arvon, Henri, *Marxist Aesthetics*, translated by H. Lane, Cornell University Press, 1973.
Bakhtin, Mikhail, *The Formal Method in Literary Scholarship*, Johns Hopkins University

Press, 1991.

Bertens, Hans, *Literary Theory: The Basics*, Routledge, 2013.

Borland, Harriet, *Soviet Literary Theory and Practice during the First Five-year Plan 1928-1932*, Columbia University Press, 1950.

Bradbury, Malcon, "An Approach through Structure," *Towards a Poetics of Fiction*, edited by Mark Spilka, Indiana University Press, 1977.

Brown, Edward J., *Russian Literature since the Revolution*, Harvard University Press, 1982.

Brown, Marshall. (ed.), *The Cambridge History of Literary Criticism, Vol. 5: Romanticism*, Cambridge University Press, 2000.

Carroll, Joseph, *Literary Darwinism*, Routledge and Kegan Paul, 2004.

Culler, Jonathan, *Structuralist Poetics*, Routledge and Kegan Paul, 1975.

Demetz, Peter, *Marx Engels and the Poets*, translated by J. L. Sammons, The University of Chicago Press, 1967.

Eagleton, Terry, *Marxism and Literary Criticism*, Methuen, 1976.

Eagleton, Terry, *Literary Theory: An Introduction*, University of Minnesota Press, 2008.

Erlich, Victor, *Russian Formalism: History, Doctrine*. (박거용 역, 『러시아 형식주의』, 문학과지성사, 1983.)

Frow, John, *Marxism and Literary History*, Harvard University Press, 1986.

Gay, Peter, *Modernism*, Norton, 2008.

Goulimari, Pelagia, *Literary Criticism and Theory: From Plato to Postcolonialism*, Routledge, 2014.

Groden, Michael and Martin, Kreiswirth (eds.), *The Johns Hopkins Guide to Literary Theory and Criticism*, The Johns Hopkins University Press, 1993.

Hauser, Arnold, *Philosophie der Kunstgeschichte*, C. H. Beck, 1958.

Hauser, Arnold, *Soziologie der Kunst*, Büchergilde Gutenberg, 1978.

Hawkes, Terence, *Structuralism and Semiotics*, University of California Press, 1977.

Hegel, G. W. F., *Hegel on the Arts*, edited by Henry Paolucci, Ungar, 1979.

Jakobson, Roman, *Language in Literature*, edited by K. Pomorska and S. Rudy, Harvard University Press, 1987.

James, C. Vaughan, *Soviet Socialist Realism: Origins and Theory*, Macmillan, 1973.

Jameson, Fredric, *Marxism and Form*, Princeton University Press, 1971.

Jameson, Fredric, *The Prison-House of Language: A Critical Account of Structuralism and Russian Formalism*. (윤지관 역, 『언어의 감옥』, 까치, 1996.)

Jameson, Fredric, *The Political Unconscious: Narrative as a Socially Symbolic Act*, Cornell University Press, 1981.

Kahn, Sholom J., *Science and Aesthetic Judgement: A Study of Taine's Critical Method*, Colombia University Press, 1953.

Knellwolf, Christa and Norris, Christopher (eds.), *The Cambridge History of Literary Criticism, Vol. 9: Twentieth-Century Historical, Philosophical and Psychological Perspectives*, Cambridge University Press, 2007.

Koselleck, Reinhart, *The Practice of Conceptual History*, translated by Todd Samuel Presner et al., Stanford University Press, 2002.

Laing, Dave, *The Marxist Theory of Art*, Harvester Press, 1978.

Leibowith, Judith, *Narrative Purpose in the Novella,* Mouton, 1974.

Lentricchia, Frank and McLaughlin, Thomas (eds.), *Critical Terms for Literary Study*, Routledge, 1995.

Lenin, V. I., *On Literature and Art*. (이길주 역, 『레닌의 문학예술론』, 논장, 1988.)

Litz, A. Walton, Menand, Louis and Rainey, Lawrence (eds.), *The Cambridge History of Literary Criticism, Vol. 7: Modernism and the New Criticism*, Cambridge University Press, 2006.

Lodge, David (ed.), *Modern Criticism and Theory*, Longman, 1988.

Lukacs, Georg, *Studies in European Realism*, Merlin Press, 1972.

Lukacs, Georg, *The Meaning of Contemporary Realism*, Merlin Press, 1963.

Lukacs, Georg, *The Historical Novel*, Merlin Press, 1962. (이영욱 역, 『역사소설론』, 거름, 1999.)

Lukacs, Georg, *The Meaning of Contemporary Realism*, Merlin Press, 1963.

Lukacs, Georg, *History and Class Consciousness*, Merlin Press, 1971. (박정호·조만영 역, 『역사와 계급의식』, 거름, 1992.)

Lukacs, Georg, *The Theory of the Novel*. (반성완 역, 『소설의 이론』, 심설당, 1985.)

Lukacs, Georg, *Studies in European Realism*, Merlin Press, 1972.

Lukacs, Georg, *Soul and Form*, Merlin Press, 1974.

Perkins David (ed.), *Theoretical Issues in Literay History*, Harvard University Press, 1991.

Pollard, Arthur, *Satire*, Methuen & Co, 1970.

Richards, I. A., *The Principles of Literary Criticism*, Routledge, 2001.

Richards, I. A., *Science and Poetry*, Kegan Paul, 1970.

Richards, I. A., *Practical Criticism*, Kegan Paul, 1930.

Richards, I. A., *Coleridge on Imagination*, Kegan Paul, 1950.

Richards, I. A., *The Philosophy of Rhetoric*, Oxford University Press, 1936.

Ruthven, K. K., *Critical Assumptions*, Cambridge University Press, 1979.

Saussure, Ferdinand de, *Course in General Linguistics*, translated by W. Baskin, McGraw-Hill, 1959.

Scalapino, Robert. A. and Lee, Chong-Sik, *Communism in Korea*. (한홍구 역, 『한국공산주의운동사 1-3』, 돌베게, 1987.)

Scholes, Robert, *Structuralism in Literature*, Yale University Press, 1974.

Selden, Raman (ed.), *The Cambridge History of Literary Criticism, Vol. 8: From Formalism to Poststructuralism*, Cambridge University Press, 2005.

Siegel, Paul N. (ed.), *Leon Trotsky on Literature and Art*, Pathfinder Press, 1981.

Slaughter, Cliff, *Marxism, Ideology and Literature*, Macmillan, 1980.

Springer, Mary D., *Forms of the Modern Novella*, University of Chicago Press, 1975.

Swingewood, Alan and Laurenson, Diana, *The Sociology of Literature*, Schocken, 1972.

Mills, Sara, *Discourse*, Routledge, 1997.

Wellek, R., *A History of Modern Criticism IV*, Yale University Press, 1965.

Wellek, R., *Theory of Literature*, Harcourt, Brace, and Co., 1949.

Wellek, R., *A History of Modern Criticism 1750-1950* (8 vols), Yale University Press, 1992.

Wellek, R., *Concepts of Criticism,* edited by Stephen G. Nichols, Jr., Yale University Press, 1963.

Wellek, R., *The Literary Theory and Aesthetics of the Prague School*, University of Michigan, 1969.

Wellek, R., *Discriminations: Further Concepts of Criticism*, Yale University Press, 1971.

Whatmore, Richard, *What is Intellectual History*? (이우창 역, 『지성사란 무엇인가?』, 오월의봄, 2020.)

Williams, Raymond, *Marxism and Literature*, Oxford University Press, 1977.

Williams, Raymond, *Culture and Society*, Columbia University Press, 1963.

Williams, Raymond, *Keywords: A Vocabulary of Culture and Society*. (김성기·유리 역, 『키워드』, 민음사, 2010.)

Willmsatt, W. K., *The Verbal Icon: Studies in the Meaning of Poetry*, University Press of Kentucky, 1954.

Wolfreys, Julian, *Critical Keywords in Literary and Cultural Theory*, Palgrave McMillan, 2004.

Young, Robert C., *Postcolonialism: An Historical Introduction*, Blackwell Publishing Ltd., 2001.

찾아보기

저자소개

권영민

충남 보령에서 태어났다. 서울대학교 국문학과를 졸업하고 동 대학원에서 문학박사 학위를 받았다. 서울대학교 국문학과 교수로 재직했고, 하버드대학교 객원교수, 도쿄대학교 한국문학 객원교수, 캘리포니아 버클리대학교 한국문학 겸임 교수 등을 역임했다. 현재는 서울대학교 명예교수이자 중국 산동대학 석좌교수, 대한민국 예술원 종신회원으로 활동 중이다.
주요 저서로 『한국현대문학사 1, 2』, 『서사 양식과 담론의 근대성』, 『정지용 시 126편 다시 읽기』, 『문학사와 문학 비평』, 『오감도의 탄생』, 『한국 계급문학 운동 연구』, 『이상 연구』, 『한국문학이란 무엇인가』, 『분석과 해석』 등이 있다. 만해대상 학술상, 서울대학교 학술연구상, 세종문화상, 민세상 등을 수상했다.